컴퓨터활용능력

2급 실기

길벗알앤디 지음

길벗

지은이 길벗알앤디
강윤석, 김용갑, 김우경, 김종일
IT 서적을 기획하고 집필하는 출판 기획 전문 집단으로, 2003년부터 길벗출판사의 IT 수험서인 〈시험에 나오는 것만 공부한다!〉 시리즈를 기획부터 집필 및 편집까지 총괄하고 있다.
30여 년간 자격증 취득에 관한 교육, 연구, 집필에 몰두해 온 강윤석 실장을 중심으로 IT 자격증 시험의 분야별 전문가들이 모여 국내 IT 수험서의 수준을 한 단계 높이기 위한 다양한 연구와 집필 활동에 전념하고 있다.

컴퓨터활용능력 2급 실기 – 시나공 시리즈 ⑩
The Practical Examination for Intermediate Computer Proficiency Certificate

초판 발행 · 2024년 8월 26일
초판 2쇄 발행 · 2024년 12월 9일

발행인 · 이종원
발행처 · (주)도서출판 길벗
출판사 등록일 · 1990년 12월 24일
주소 · 서울시 마포구 월드컵로 10길 56(서교동)
주문 전화 · 02)332-0931 팩스 · 02)323-0586
홈페이지 · www.gilbut.co.kr 이메일 · gilbut@gilbut.co.kr

기획 및 책임 편집 · 강윤석(kys@gilbut.co.kr), 김미정(kongkong@gilbut.co.kr), 정혜린(sunriin@gilbut.co.kr)
디자인 · 강은경, 윤석남 제작 · 이준호, 손일순, 이진혁 마케팅 · 조승모, 유영은
영업관리 · 김명자 독자지원 · 윤정아 독자혁신팀 · 한준희

편집진행 및 교정 · 길벗알앤디(강윤석 · 김용갑 · 김우경 · 김종일) 일러스트 · 윤석남
전산편집 · 예다움 CTP 출력 및 인쇄 · 정민 제본 · 정민

ISBN 979-11-407-1067-6 13000
(길벗 도서번호 030937)

가격 24,000원

독자의 1초까지 아껴주는 길벗출판사
(주)도서출판 길벗 | 교육서, IT단행본, 경제경영서, 어학&실용서, 인문교양서, 자녀교육서 www.gilbut.co.kr
길벗스쿨 | 국어학습, 수학학습, 어린이교양, 주니어 어학학습, 학습단행본 www.gilbutschool.co.kr

시나공 홈페이지 • http://www.sinagong.co.kr

짜잔~ '시나공' 시리즈를 소개합니다~

자격증 취득, 가장 효율적으로 공부하고 싶으시죠?
보통 사람들의 공부 패턴과 자격증 시험을 분석하여 최적의 내용을 담았습니다.

최대한 단시간에 취득할 수 있도록 노력했습니다.

엑셀 같은 업무용 프로그램의 기능을 공부할 때는 다양한 프로그램의 기능을 최대한 응용하여 원하는 작업을 빨리 끝낼 수 있도록 여러 가지 기능을 폭넓게 익히는 것이 중요합니다. 하지만 이 책은 자격증 취득을 목적으로 구성된 만큼 중요한 기능일지라도 시험 문제와 거리가 있는 기능은 배제했습니다. 또한 지금까지 출제된 모든 기출문제를 기능별로 분석하여 합격이 가능한 수준을 정한 후, 출제 비중이 낮은 내용은 과감히 빼고 중요한 기능은 어떤 변형 문제에도 대처할 수 있도록 최대한 자세하고 쉽게 설명했습니다.

공부하면서 답답함을 느끼지 않도록 노력했습니다.

엑셀 같은 컴퓨터 프로그램을 사용해 본 사람이라면 누구나 경험해 봤겠지만 모르는 기능을 배울 때 주어진 기능을 설명대로 따라하다 중간에서 막히면 대책이 없습니다. 이 책은 따라하다 보면 누구라도 쉽게 결과를 얻을 수 있도록 한 단계도 빼놓지 않고 자세하게 설명하고 있습니다. 특히 책 출간 전에 초보자 여러 명이 직접 따라해 보면서 수정에 수정을 거듭했기 때문에 안심하고 따라 해도 됩니다.

학습 방향을 제시하기 위해 노력했습니다.

이 시험을 준비하는 수험생이 대부분 비전공자이다 보니 학습 방향을 잡는 데 어려움이 따를 것입니다. 교재에 수록된 내용을 학습 방향도 파악하지 못한 채 무작정 따라하는 것은 비효율적입니다. '전문가의 조언', '시나공 Q&A 베스트', '잠깐만요' 등의 코너를 두어 "지금 이것을 왜 하는지?", "왜 안 되는지?", "더 효율적인 방법은 없는지?" 등 옆에서 선생님이 지도하는 것처럼 친절한 가이드라인을 제공합니다.

합격 점수인 70점 이상을 얻기 위한 득점 전략을 세웠습니다.

합격 점수는 100점이 아닌 70점입니다. 지금까지 실시된 2급 실기 시험에서 합격 점수인 70점을 얻지 못할 만큼 모든 문제가 어렵게 출제된 적은 한 번도 없습니다. 어떻게 하면 최단시간 내에 70점 이상을 얻을 수 있는지 과목별, 문제별로 전략을 세웠습니다. 이 책에서 제시한 합격 전략대로 공부하세요. 반드시 합격할 것입니다.

끝으로 이 책으로 공부하는 모든 수험생들이 한 번에 합격할 수 있기를 기원합니다.

2024년 여름날에
강윤석

Special thanks to …

이 책이 나오기까지 '감 놔라, 배 놔라' 미주알 고주알 참견해(?) 주시고 설문조사에 응해 주신 300여 명의 수험생, 길벗출판사 독자, 고등학교 선생님, 학원 선생님들께 깊이 감사드립니다.

*각 섹션은 출제 빈도에 따라 A, B, C, D로 등급이 분류되어 있습니다. 공부할 시간이 없는 분들은 출제 빈도가 높은 순서대로 공부하세요.

출제 빈도

A 매 시험마다 꼭 나오는 부분
B 두 번 시험 보면 한 번은 꼭 나오는 부분
C 세 번 시험 보면 한 번은 꼭 나오는 부분
D 출제 범위에는 포함되지만 아직 출제되지 않은 부분

동영상 강의

교재에 수록된 모든 내용이 동영상 강의로 제공됩니다.

*동영상 강의는 [시나공 홈페이지] → [컴퓨터활용능력] → [2급 실기] → [동영상 강좌] → [토막강의]에서 시청하면 됩니다.

01 기본 모의고사

02 실전 모의고사

'C:\길벗컴활2급' 폴더에 "실전모의고사.pdf" 파일로 저장되어 있습니다.

3부 최신기출문제

최신기출문제

'C:\길벗컴활2급' 폴더에 "최신기출문제.pdf" 파일로 저장되어 있습니다.

1등만이 드릴 수 있는 1등 혜택!!

수험생을 위한 아주 특별한 서비스

시나공 홈페이지

시험 정보 제공!

IT 자격증 시험, 혼자 공부하기 막막하다고요? 시나공 홈페이지에서 대한민국 최대, 50만 회원들과 함께 공부하세요.

지금 sinagong.co.kr에 접속하세요!

시나공 홈페이지에서는 최신기출문제와 해설, 선배들의 합격 수기와 합격 전략, 책 내용에 대한 문의 및 관련 자료 등 IT 자격증 시험을 위한 모든 정보를 제공합니다.

수험생 지원센터

무엇이든 물어보세요!

공부하다 답답하거나 궁금한 내용이 있으면, 시나공 홈페이지 도서별 '책 내용 질문하기' 게시판에 질문을 올리세요. 길벗알앤디의 전문가들이 빠짐없이 답변해 드립니다.

합격을 위한

학습 자료

시나공 홈페이지 회원으로 가입하면 시험 준비에 필요한 학습 자료를 내려받을 수 있습니다.

- **기출문제** : 최근에 출제된 기출문제를 제공합니다. 최신기출문제로 현장 감각을 키우세요.

서비스 넷

실기 시험 대비

온라인 특강 서비스

(주)도서출판 길벗에서는 실기 시험 준비를 위한 온라인 특강을 제공하고 있습니다. 다음과 같은 방법으로 이용하세요.

실기 특강 온라인 강좌는 이렇게 이용하세요!

1. 길벗출판사 홈페이지(gilbut.co.kr)에 접속하여 로그인하세요!
2. 상단 메뉴 중 [동영상 강좌] → [IT자격증] → [무료강좌]를 클릭하세요!
3. 실기 특강 목록에서 원하는 강좌를 클릭하여 시청하세요.

시나공 만의

동영상 강좌

독학이 가능한 친절한 교재가 있어도 준비할 시간이 부족하다면?

길벗출판사의 '동영상 강좌(유료)' 이용 안내

1. 길벗출판사 홈페이지(gilbut.co.kr)에 접속하여 로그인하세요.
2. 상단 메뉴 중 [동영상 강좌]를 클릭하세요.
3. 'IT자격증' 카테고리에서 원하는 강좌를 선택하고 [수강 신청하기]를 클릭하세요.
4. 우측 상단의 [마이길벗] → [나의 동영상 강좌]로 이동하여 강좌를 수강하세요.

※ 기타 동영상 이용 문의 : 독자지원(02-332-0931)

시나공 홈페이지 회원 가입 방법

1. 시나공 홈페이지(sinagong.co.kr)에 접속하여 우측 상단의 〈회원가입〉을 클릭하고 〈이메일 주소로 회원가입〉을 클릭합니다.
   ※ 회원가입은 소셜 계정으로도 가입할 수 있습니다.
2. 가입 약관 동의를 선택한 후 〈동의〉를 클릭합니다.
3. 회원 정보를 입력한 후 〈이메일 인증〉을 클릭합니다.
4. 회원 가입 시 입력한 이메일 계정으로 인증 메일이 발송됩니다. 수신한 인증 메일을 열어 이메일 계정을 인증하면 회원가입이 완료됩니다.

시나공 시리즈는 단순한 책 한 권이 아닙니다. 여러분이 시나공 시리즈 책 한 권을 구입한 순간, Q&A 서비스에서 최신기출문제 등 각종 학습 자료까지 IT 자격증 최고 전문가들이 제공하는 온라인&오프라인 합격 보장 교육 프로그램이 함께합니다.

2025년 한 번에 합격을 위한 특별 서비스 하나 더

혼자 공부하다가 어려운 부분이 나와도 고민하지 말고, 다음의 세 가지 방법을 이용하여
시나공 저자의 속 시원한 강의를 바로 동영상으로 확인하세요.

1. 스마트폰으로 QR코드를 찍어보세요!

STEP 1

스마트폰의 QR코드 리더 앱을 실행하세요.

STEP 2

시나공 토막강의 QR코드를 스캔하세요.

STEP 3

스마트폰을 통해 토막강의가 시작됩니다.

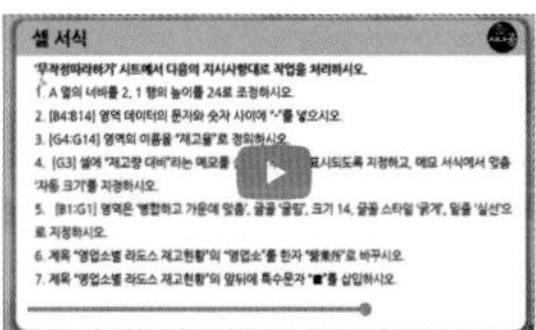

2. 시나공 홈페이지에서 토막강의 번호를 입력하세요!

STEP 1

시나공 홈페이지에 접속한 후 [컴퓨터활용능력] → [2급 실기] → [동영상 강좌] → [토막강의]를 클릭하세요.

STEP 2

'강의번호'에 토막강의 번호를 입력하면 강의목록이 표시됩니다.

STEP 3

강의명을 클릭하면 토막강의를 볼 수 있습니다.

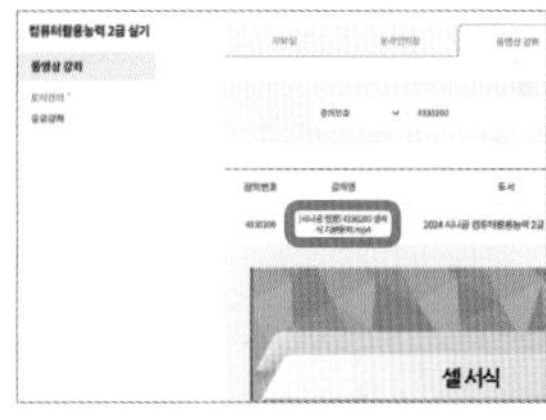

3. 유튜브에서는 이렇게 이용하세요!

STEP 1

유튜브 검색 창에 "시나공"+토막강의 번호를 입력하세요.

STEP 2

검색된 항목 중 원하는 토막강의를 클릭하여 시청하세요.

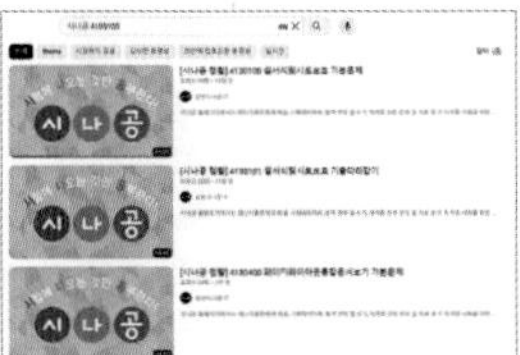

★ 토막강의가 지원되는 도서는 시나공 홈페이지를 통해 확인할 수 있습니다.

★ 스마트폰을 이용하실 경우 무선랜(Wi-Fi)에 연결되지 않은 상태에서 토막강의를 이용하시면 가입하신 요금제에 따라 과금이 됩니다.

한눈에 살펴보는 시나공의 구성

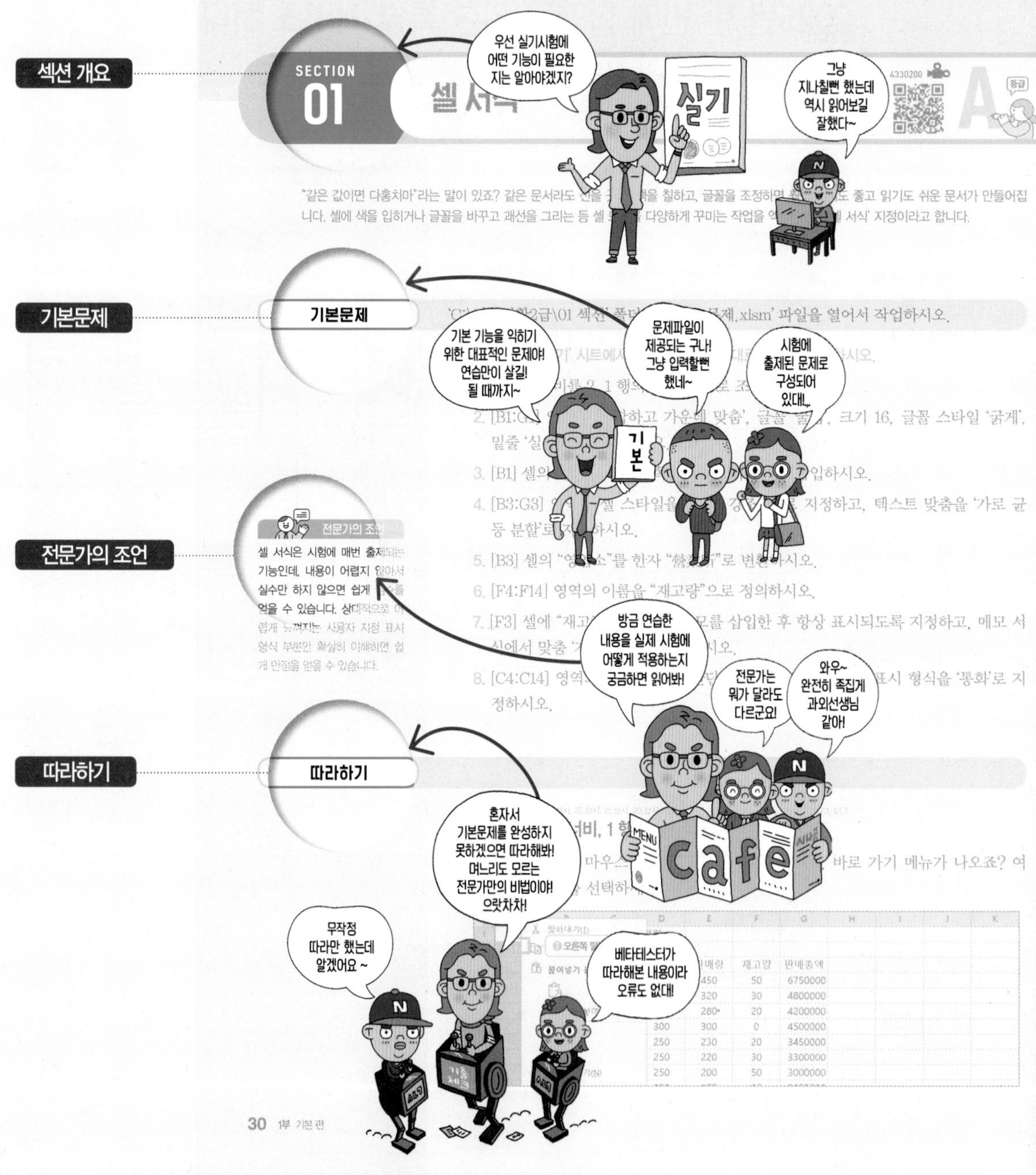

시험에 꼭 나오는 엑셀 기능 16가지, 완전 마스터 — '기본' 편

이 책은 기초를 탄탄히 다질 수 있는 기본 편과 다양한 실전 유형을 익힐 수 있는 실전 편으로 구성되었습니다. 여러분은 이 기본 편의 예제와 따라하기를 통해 시험에서 만나게 될 16가지의 엑셀 기능을 익힐 수 있습니다.

한눈에 살펴보는 시나공의 구성

수험서의 핵심은 문제 풀이, 실제 시험 따라하기 & 모의고사 & 최신기출문제 — '실전' 편

기본 편에서 배운 내용이 시험에서는 어떻게 적용되는지 다양한 실전 문제를 통해 반복 학습함으로써 어느새 컴활 시험에 고수가 되어 있는 자신을 발견할 수 있을 것입니다.

채점 프로그램을 사용하려면?

❶ 채점하기

1. 시나공 홈페이지(sinagong.co.kr)에 접속하여 오른쪽 상단의 〈로그인〉을 클릭한 후 아이디와 패스워드를 넣고 로그인하세요.

※ '이메일 주소(아이디)'가 없는 경우에는 〈회원가입〉을 클릭하여 회원으로 가입한 후 구입한 도서를 등록하세요. '회원가입'에 대한 내용은 6쪽을 참고하세요.

2. 위쪽의 메인 메뉴에서 [컴퓨터활용능력] → [2급 실기] → [온라인채점] → [채점하기]를 클릭하세요.

3. '온라인채점'에서 채점할 도서로 '2025 시나공 컴퓨터활용능력 2급 실기 기본서'를 클릭하세요.

※ 간혹 '2025 시나공 컴퓨터활용능력 2급 실기 총정리'를 선택하는 경우가 있습니다. 교재명을 잘 확인한 후 꼭 '2025 시나공 컴퓨터활용능력 2급 실기 기본서'를 선택하세요.

4. '시험 유형 선택'에서 채점할 파일의 '과목', '시험 유형', '시험 회차'를 차례로 선택하세요. 아래쪽에 '채점할 파일 등록' 창이 나타납니다.

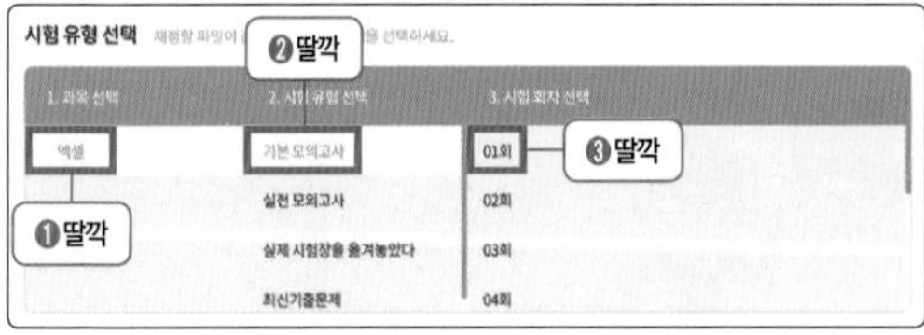

5. 채점할 파일을 '채점할 파일 등록' 창으로 드래그하거나 〈파일 업로드〉를 클릭한 후 '열기' 대화상자에서 채점할 파일을 선택하고 〈열기〉를 클릭하세요.

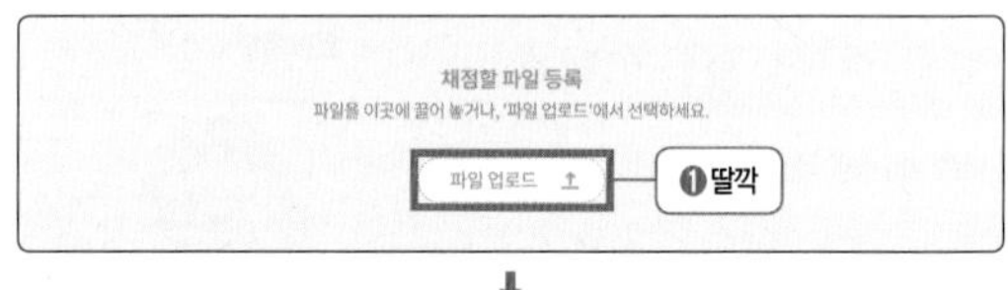

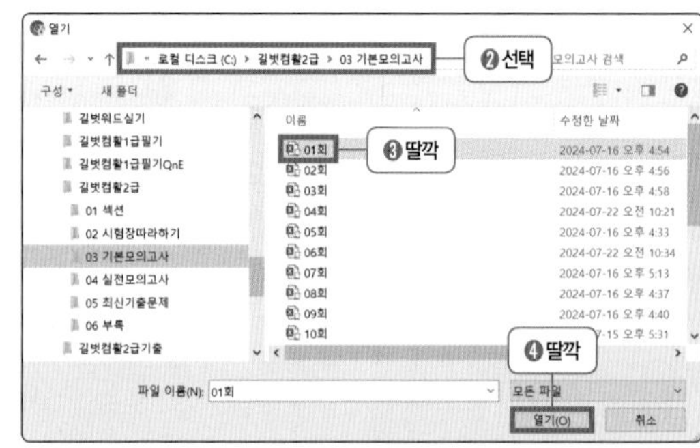

6. 파일이 업로드 된 후 〈채점하기〉를 클릭하면 채점이 수행됩니다.

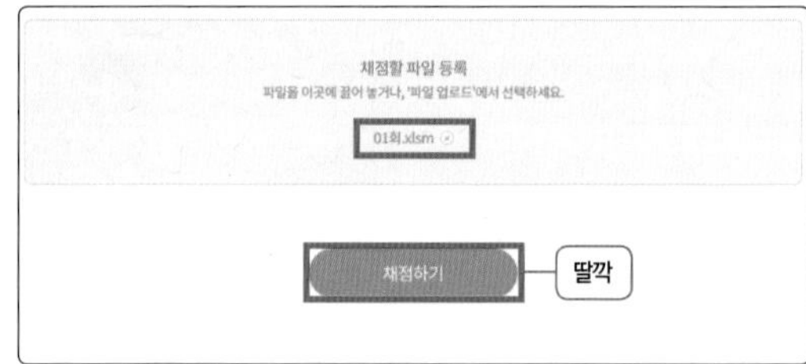

7. 채점이 완료되면 '채점결과'가 표시됩니다.

❷ 틀린 부분 확인하기

'채점결과'는 시험 유형, 점수, 합격여부 그리고 감점 내역이 표시되며, 왼쪽의 문제 번호를 클릭하면 해당 문제의 감점 내역을 확인할 수 있습니다. 올바르게 작성했는데도 틀리다고 표시된 경우에는 시나공 홈페이지 위쪽의 메인 메뉴에서 [커뮤니티]를 클릭하여 해당 문제에 대해 궁금한 점을 문의할 수 있습니다.

실습용 데이터 파일을 사용하려면?

1. 시나공 홈페이지에 접속하여 오른쪽 상단의 〈로그인〉을 클릭한 후 아이디와 패스워드를 넣고 로그인하세요.

2. 위쪽의 메뉴에서 [컴퓨터활용능력] → [2급 실기] → [도서자료실]을 클릭하세요.

3. 자료실 도서목록에서 [2025 시나공 컴퓨터활용능력 2급 실기 기본서]를 클릭한 후 [실습예제]를 클릭합니다.

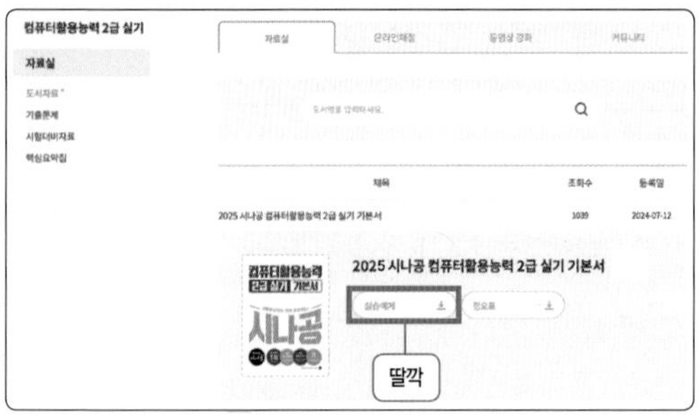

4. 내 컴퓨터의 '다운로드' 폴더에서 실습 예제 파일의 압축을 해제합니다.

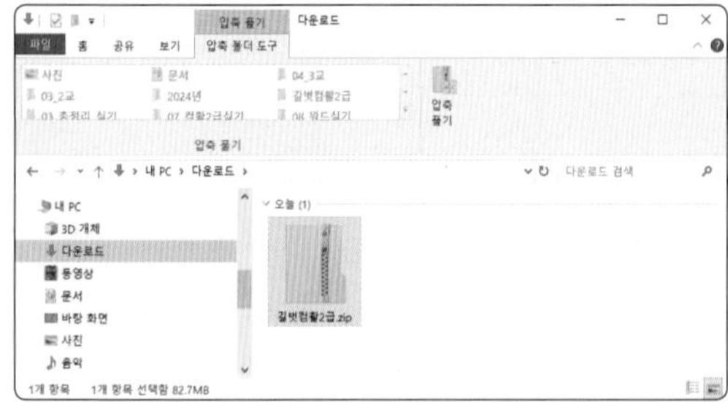

5. 압축을 해제하면 실행 파일과 압축 파일이 있습니다. 이 중 '길벗컴활2급.exe' 파일을 더블클릭하여 실행하세요. '로컬 디스크 C:\길벗컴활2급' 폴더에 문제 및 정답 파일이 자동으로 설치됩니다.

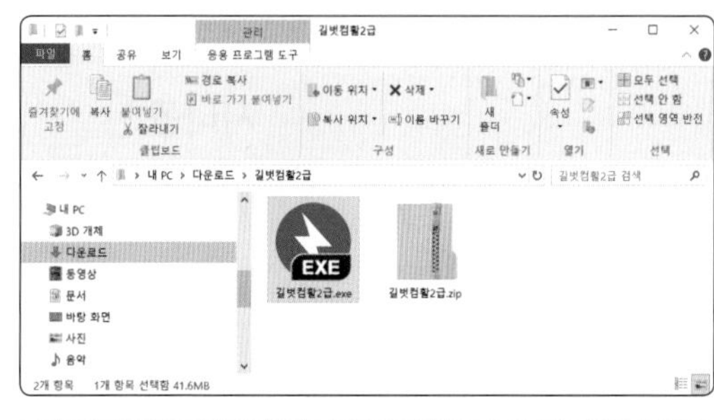

※ 실행 파일이 실행되지 않는 경우 압축 파일을 해제하여 사용하면 됩니다.

6. 정상적인 복사가 수행되었는지 '로컬 디스크 C:\길벗컴활2급' 폴더를 확인하세요. 이 폴더에 저장된 파일은 책에 수록된 문제를 풀 때 사용됩니다.

폴더 및 파일의 용도

- 01 **섹션** : 각 섹션에서 사용되는 문제 및 정답 파일
- 02 **시험장따라하기** : 기본 편 5장 '실제 시험장을 옮겨 놓았다!'에서 사용되는 문제 및 정답 파일
- 03 **기본모의고사** : 기본 모의고사에서 사용되는 문제 및 정답 파일
- 04 **실전모의고사** : 실전 모의고사에서 사용되는 문제 및 정답 파일
- 05 **최신기출문제** : 최신기출문제에서 사용되는 문제 및 정답 파일
- 06 **부록** : 별책 부록의 컴활 함수 사전에서 사용되는 문제 및 정답 파일
- **계산작업문제모음**.xlsm : 별책 부록의 계산작업 문제 모음에서 사용되는 문제 파일
- **실전모의고사**.pdf : '길벗컴활2급' 폴더에만 들어있는 실전모의고사 5회분 파일
- **최신기출문제**.pdf : '길벗컴활2급' 폴더에만 들어있는 최신기출문제 5회분 파일
- AdbeRdr90_kor_full.exe : PDF 파일을 읽고 인쇄할 수 있는 아크로벳 리더 프로그램의 설치용 파일입니다. 더블클릭하여 설치한 후 실전모의고사와 최신기출문제를 출력할 때 사용하세요.

준비운동

컴퓨터활용능력 실기 시험, 이렇게 준비하세요.

컴퓨터활용능력 실기 시험은 엑셀 기능에 대한 확실한 이해와 이를 바탕으로 빠른 시간 안에 작성해야 하는, 한마디로 2마리 토끼를 모두 잡아야 하는 어려운 시험입니다. 그렇지만 방법이 없는 것은 아닙니다. 이미 시험이 여러 번 시행되면서 이제 어느정도 틀이 잡혔다고 할 수 있으며, 2025년에도 큰 변화는 없을 것으로 예상됩니다.

컴퓨터활용능력 2급 실기 문제 분석

컴퓨터활용능력 실기 시험은 크게 4가지의 작업 영역, 즉 기본작업(20점), 계산작업(40점), 분석작업(20점), 기타작업(20점)으로 구성되어 있습니다. 여러분은 여기서 자신 있게 풀 수 있는 문제부터 하나씩 해결해 가면서 합격 점수인 70점을 만들어야 합니다. 100점 만점을 맞는다면 더할 나위 없이 좋겠지만 최소한 70점만 넘으면 됩니다. 실기 시험에 대한 문제 분석 내용을 살펴보면서 합격을 위해 어떻게 공부해야 할지 전략을 수립해 보세요.

작업유형	구성 요소	배점	최소 목표 점수
기본작업	입력, 서식 설정, 조건부 서식, 필터, 텍스트 나누기, 외부 데이터, 연결하여 붙여넣기	20	15
계산작업	수식/함수	40	24
분석작업	정렬, 부분합, 피벗 테이블, 데이터 표, 시나리오, 통합, 목표값 찾기	20	20
기타작업	매크로, 차트	20	20
합계		100	79

문제 1 기본작업 – 15점을 목표로 합니다.

기본작업은 입력, 서식 설정, 조건부 서식, 자동 필터, 고급 필터, 텍스트 나누기, 외부 데이터, 연결하여 붙여넣기 중에서 3문제가 나옵니다. 총 배점 20점 중에서 서식 설정에 10점 그리고 나머지 2문제에 각각 5점씩 배정됩니다. 50여 개의 셀에 데이터를 입력하는 문제와 서식을 설정하는 문제는 고정적으로 나오고, 나머지 기능 중에서 한 문제가 번갈아가며 출제되고 있습니다. 1번 입력과 2번 서식 설정은 주어진 대로 따라하기만 하면 점수를 얻을 수 있는 쉬운 문제이므로 별도의 설명이 필요 없습니다. 정확하게 지시사항을 빼놓지 말고 처리하면 됩니다. 번갈아가며 출제되고 있는 나머지 1문제, 즉 조건부 서식, 자동 필터, 고급 필터 등은 모두 조건을 지정하는 방법만 알면 쉽게 점수를 얻을 수 있습니다. AND와 OR 조건에 따른 조건식을 세우는 방법을 반복 연습하세요. 만약 시간이 없다면 3문제 중 조건부 서식, 자동 필터, 고급 필터 등이 포함된 마지막 문제를 포기하세요. 최악의 경우에도 15점은 취득합니다.

구성 요소	세부 항목
입력	약 50여 개의 셀에 데이터 입력
서식 설정	표시 형식, 사용자 지정 표시 형식, 한자 변환, 셀 병합, 테두리, 메모, 이름 정의, 글꼴 속성, 채우기, 정렬, 셀 스타일 등

필터	단순 자동 필터, 복수 개의 조건을 필요로 하는 필터, 사용자 지정 자동 필터, 고급 필터
조건부 서식	특정 셀의 서식 변경, 수식을 통해 조건을 설정하는 경우, 서식을 전체 행에 대해서 설정하는 경우, 계산된 값을 조건으로 설정하는 경우
텍스트 나누기	텍스트 마법사 사용하기
외부 데이터	텍스트 파일(.txt) 불러오기
연결하여 붙여넣기	특정 영역을 복사한 후 지정된 영역에 연결하여 붙여넣기

문제 2 계산작업 – 24점을 목표로 합니다.

계산작업은 보통 40점이 배정되므로, 다른 작업 영역의 문제를 모두 맞혀도 계산 문제를 제외하면 60점밖에 되지 않습니다. 즉 어떤 경우에도 계산 문제를 제외할 수는 없습니다. 계산작업은 보통 5문제 정도 출제됩니다. 문제당 배점은 8점인데, 최근에는 논리식을 세워야 하는 까다로운 문제들이 출제되고 있습니다. 함수를 학습할 때는 함수에서 사용되는 인수를 모두 외우려 하지 말고 일단 어떤 경우에 어떤 함수를 이용하는지만 정확히 알아두세요. 함수 마법사를 이용하면 각 인수에 대한 설명이 나오므로 어떤 인수를 지정해야 할지는 몇 번만 실습해 보면 쉽게 알 수 있습니다.
그리고 잊지 말아야 할 것이 계산작업은 다른 작업을 모두 마친 다음에 해야 한다는 것입니다. 풀릴 듯 말 듯한 계산 문제를 잡고 고민하다 보면 시험 종료 시간이 돌아옵니다. 다음은 계산작업 문제에 대한 학습 방법입니다.

1. 함수의 사용법은 기본입니다.

함수 사용에 익숙하지 않은 수험생은 제공된 부록을 이용하여 기본적인 함수 사용법을 충분히 학습하세요. 시험 범위로 주어진 80개 함수 중 한 번이라도 시험에 출제된 함수는 62개입니다. 함수 이름을 보면 어떤 기능을 하는 함수인지, 어떤 용도로 사용하는지 바로 알 수 있을 정도로 연습합니다.

2. 논리에 맞게 수식을 세울 수 있어야 합니다.

섹션05~08 함수편에는 논리에 맞게 단계적으로 수식 세우는 방법을 수록하였습니다. 수식에는 난이도의 차이가 있지만 수식을 세우는 원리는 난이도에 관계없이 모두 동일합니다. 수식 세우는 방법을 숙지하세요.

3. 모의고사, 기출문제에서 계산문제만 골라서 풀어 봅니다.

함수 섹션을 끝냈으면 기본 모의고사 10회, 실전 모의고사 10회, 최신기출문제 10회 중 2번 계산 문제만 골라서 컴퓨터로 직접 모두 풀어 봅니다.

4. 수식이 바로 만들어질 때까지 반복합니다.

모의고사를 모두 풀어보았다고 수식 공부가 끝난 것이 아닙니다. 논리 수식이나 중첩 함수식은 평소에 사용하지 않는 논리를 수식으로 변환하는 것이라 단기간에 숙달되지 않습니다. 제공된 별책 부록에는 컴퓨터 없이도 문제를 풀어볼 수 있도록 계산 문제만 수록하여 놓았습니다. 문제를 읽으면 대충의 계산식이 바로 만들어질 때까지 반복하여 연습하세요.

한 번이라도 시험에 출제된 함수

논리 함수	IF, AND, OR, IFERROR
찾기 함수	VLOOKUP, HLOOKUP, CHOOSE, INDEX, MATCH
텍스트 함수	MID, LEFT, RIGHT, PROPER, TRIM, UPPER, LOWER, SEARCH
수학/삼각 함수	SUM, SUMIF, SUMIFS, ABS, MOD, ROUND, ROUNDUP, ROUNDDOWN, INT, TRUNC, POWER
통계 함수	COUNT, COUNTA, COUNTIF, COUNTIFS, RANK.EQ, LARGE, SMALL, AVERAGE, AVERAGEIF, AVERAGEIFS, COUNTBLANK, MAX, MIN, MEDIAN, STDEV.S, MODE.SNGL
데이터베이스 함수	DAVERAGE, DMAX, DMIN, DSUM, DCOUNTA, DCOUNT
날짜/시간 함수	DATE, DAY, DAYS, YEAR, WEEKDAY, WORKDAY, TODAY, MONTH, TIME, HOUR, MINUTE, SECOND

문제 3 분석작업 – 20점을 목표로 합니다.

분석작업은 피벗 테이블, 부분합, 정렬, 시나리오, 목표값 찾기, 데이터 표, 통합 중 2문제가 출제됩니다. 분석작업에 배정된 점수는 20점이므로 각 문제는 10점입니다. 피벗 테이블, 부분합, 정렬, 시나리오, 목표값 찾기, 통합은 데이터 표에 비해 상대적으로 자주 출제되므로 우선적으로 학습해야 합니다. 분석작업은 개념만 정확히 파악하면 1~2회 반복 연습으로 누구나 쉽게 풀 수 있습니다. 분석작업에 배정되어 있는 20점은 모두 얻을 수 있도록 충분히 연습해야 합니다. 분석작업은 문제를 확인하자마자 가장 먼저 풀어야 할 문제입니다.

구성 요소	세부 항목
정렬	기본 정렬, 복합 정렬(기준이 2~3개), 사용자 지정 정렬
부분합	단일 필드를 기준으로 부분합 표시, 여러 필드를 기준으로 부분합 표시, 소수점 자릿수 지정, 표 서식 지정
피벗 테이블	기본 피벗 테이블, 피벗 테이블 옵션, 그룹, 표시 형식, 피벗 스타일, 보고서 레이아웃 지정, 특정 필드만 표시
데이터 표	하나의 변수에 대한 값의 변화, 두 개의 변수에 대한 값의 변화
시나리오	입력값에 따른 결과값의 변화를 시나리오 보고서로 작성, 시나리오 요약 보고서 위치 지정
통합	기본 데이터 통합(사용 방법을 알려주는 경우), 기본 데이터 통합(사용 방법을 알려주지 않는 경우), 열 필드명 입력 후 통합
목표값 찾기	단일 셀의 값을 찾는 문제

문제 4 기타작업 – 20점을 목표로 합니다.

기타작업은 매크로와 차트가 고정적으로 출제되고 있습니다. 매크로에 10점, 차트에 10점이 배정됩니다. 대부분의 수험생들이 매크로를 어렵게 생각하는데, 절대 그렇지 않습니다. 매크로는 몇 가지만 이해하면 손쉽게 점수를 얻을 수 있는 부분이므로 절대 놓치면 안 됩니다. 매크로를 기록하기 전에 반드시 예행 연습을 하여 순서를 정해 놓은 다음 '매크로 기록'을 수행하세요. 매크로를 기록하거나 실행하는 과정에서 오류가 발생하면 잘못된 매크로를 고치려고 애쓰지 말고, '매크로 기록'을 중지하고 다시 처음부터 작성하도록 하세요. 차트는 차트에 사용할 범위만 정확히 지정하고, 나머지는 문제에 주어진 대로 따라하기만 하면 쉽게 작성할 수 있습니다. 기타작업은 분석작업 후에 바로 풀어야 할 문제입니다.

구성 요소	세부 항목
매크로	매크로 자동 작성, 매크로 작성 및 실행 단추, 도형 작성, 도형의 텍스트 맞춤 지정
차트	차트 작성, 데이터 범위 변경, 차트의 다양한 서식 설정(축, 눈금선, 범례, 계열 등), 차트 레이아웃, 차트 스타일, 색 변경, 이중 축 차트, 혼합형 차트, 눈금 조정, 추세선 추가, 텍스트 상자 추가, 설명선 추가 등

시험 접수부터 자격증을 받기까지 **한눈에 살펴볼까요?**

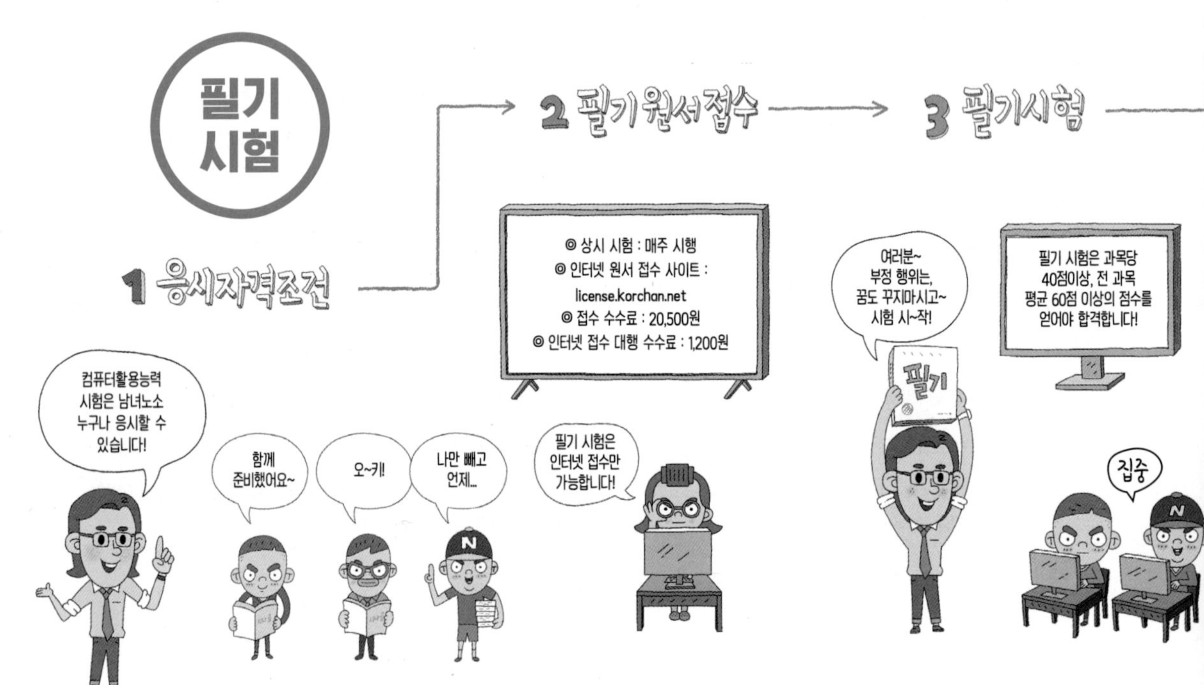

★ 자격증 신청 및 수령 ★

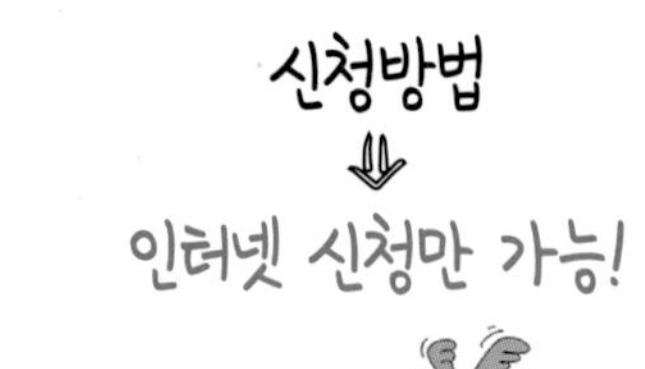

신청방법

⇓

인터넷 신청만 가능!

수령방법

⇓

등기 우편으로만 수령 가능!

※ 신청할 때 준비할 것은~

▶인터넷 신청 : 접수 수수료 3,100원, 등기 우편 수수료 3,000원

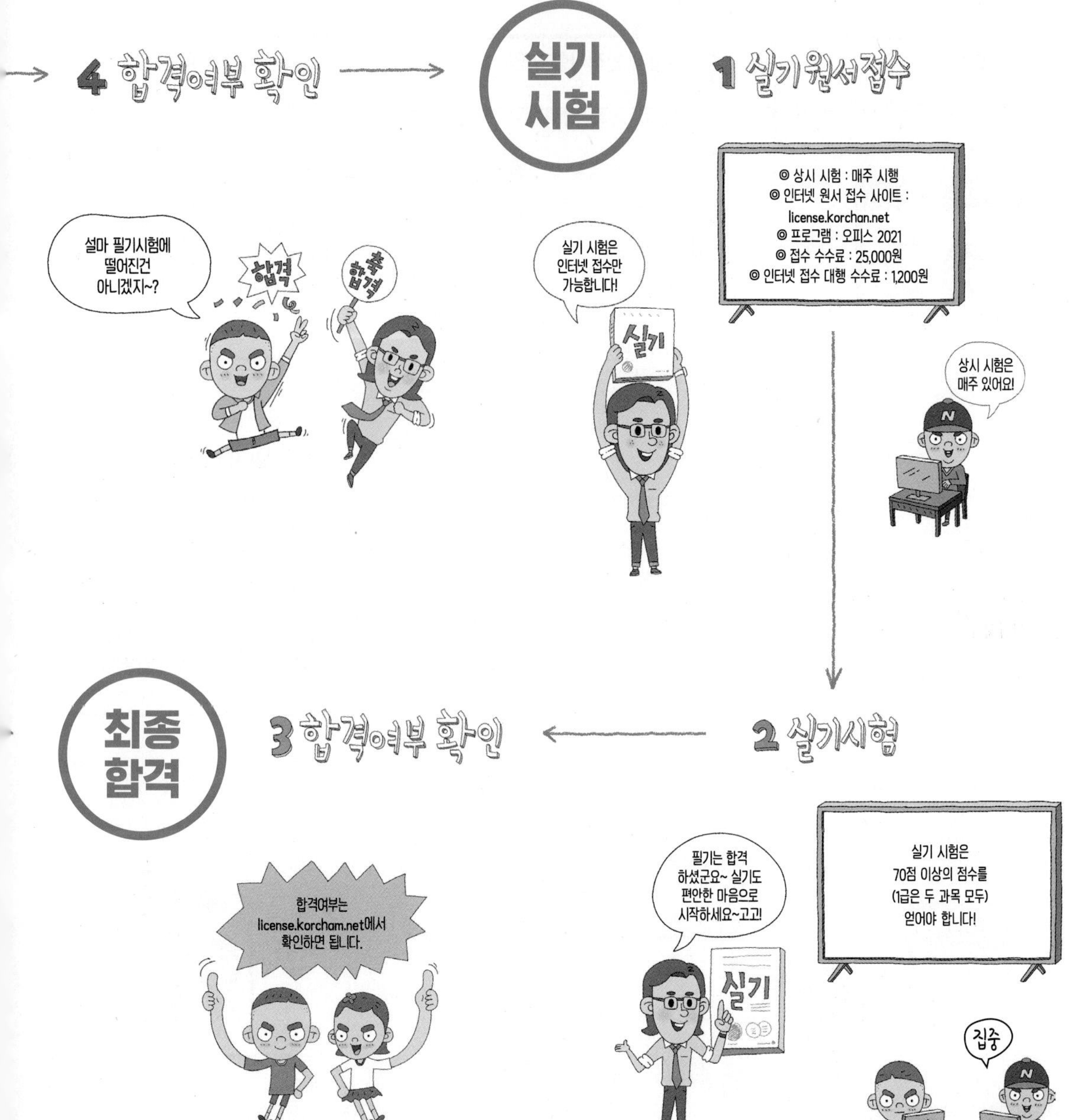

4 합격여부 확인
실기 시험
1 실기원서접수
◎ 상시 시험 : 매주 시행
◎ 인터넷 원서 접수 사이트 :
license.korchan.net
◎ 프로그램 : 오피스 2021
◎ 접수 수수료 : 25,000원
◎ 인터넷 접수 대행 수수료 : 1,200원
설마 필기시험에 떨어진건 아니겠지~?
합격
축 합격
실기 시험은 인터넷 접수만 가능합니다!
실기
상시 시험은 매주 있어요!
최종 합격
3 합격여부 확인
2 실기시험
합격여부는 license.korcham.net에서 확인하면 됩니다.
필기는 합격 하셨군요~ 실기도 편안한 마음으로 시작하세요~고고!
실기
실기 시험은 70점 이상의 점수를 (1급은 두 과목 모두) 얻어야 합니다!
집중

한눈에 보는 컴퓨터활용능력 2급 실기 시험 절차

시험 시작 10분 전

시험장 입실

10분 전까지 시험장에 들어가 있어야 합니다.

수험자 인적사항 확인

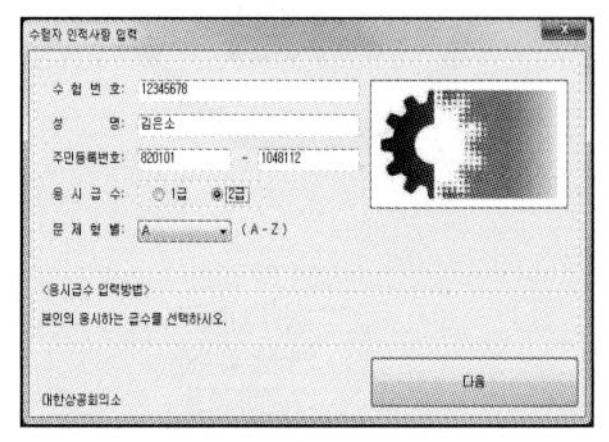

여러분의 인적사항이 자동으로 표시됩니다. 수험표에 표시된 자신의 인적사항과 비교하여 이상이 없으면 〈다음〉을 클릭하세요.

시험 유의사항 확인

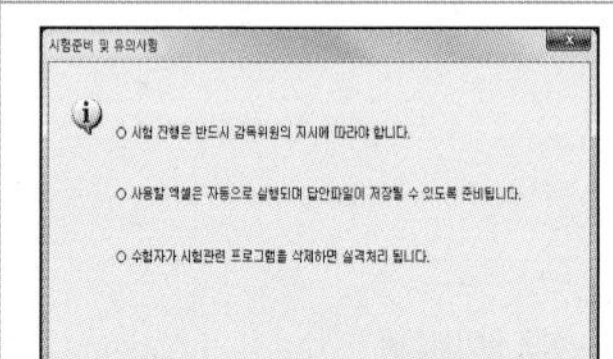

시험에 대한 유의사항이 화면에 표시됩니다. 감독관의 지시에 따라 시험이 시작될 때까지 아무것도 손대지 말고 기다리세요.

시험 시작 5분전

컴퓨터 확인

컴퓨터 화면에 나타난 대화상자에서 〈연습하기〉 버튼을 누른 후, 자신의 컴퓨터에서 엑셀이 정상적으로 작동하는지 확인합니다. 문제가 있는 경우 손을 들고 감독관을 불러 조치를 받으세요.

시험 시작

문제 확인

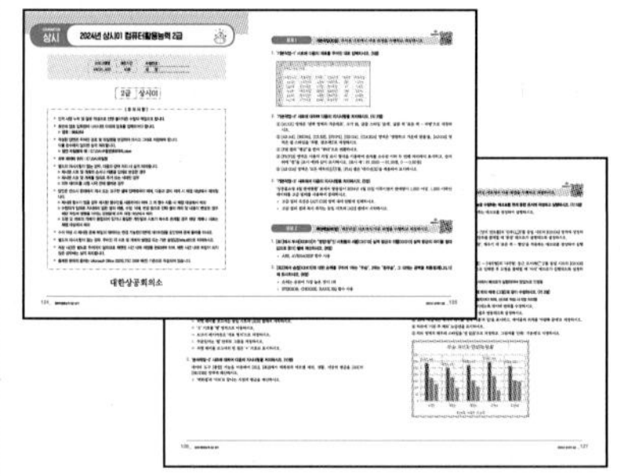

지시사항 1쪽, 문제 3쪽 분량의 문제가 화면에 표시됩니다. 평소 연습하던 내용과 다른 부분이 있는지 지시사항을 자세히 읽어보세요.

작업 수행

주어진 시간은 40분입니다.

1. 시험 시작을 알리면 문제 파일이 열립니다.
   ※ 암호 입력 대화상자가 표시되는 경우 문제 1면의 〈유의사항〉에 표시된 암호를 직접 입력하면 됩니다.
2. 작업을 시작하세요.

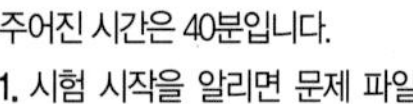

시험 시작 40분 후

시험 종료

감독관이 시험 종료를 알리면 작업한 내용을 마지막으로 한번 더 저장하세요.

퇴실

※ 자세한 내용은 '실제 시험장을 옮겨 놓았다!' 부분을 참고하세요.

시험 도중 컴퓨터가 다운되면 손해본 시간은 시험 시간에서 제외되지만 저장하지 않은 자료에 대해서는 본인의 책임입니다. 반드시 시험 중간 중간 자주 저장하는 것을 잊지마세요.

모의고사 기능 정리표

기본 모의고사

기본작업	계산작업(함수)	분석작업	기타작업
1회 텍스트 나누기, 자동 필터	IF, COUNTIF, CHOOSE, LEFT, DSUM, TRUNC, DAVERAGE, COUNTIFS, SUMIFS, VLOOKUP, MID	부분합, 피벗 테이블, 통합	매크로, 차트
2회 조건부 서식, 고급 필터	IFS, MID, IF, MOD, DAY, PROPER, LEFT, HLOOKUP, RIGHT, ROUND, DSUM	부분합, 피벗 테이블, 시나리오	매크로, 차트
3회 조건부 서식, 텍스트 나누기	ROUNDUP, STDEV.S, VAR.S, IF, OR, AVERAGE, CHOOSE, RANK.EQ, INDEX, HLOOKUP, MID, YEAR	정렬, 피벗 테이블, 목표값 찾기	매크로, 차트
4회 조건부 서식, 고급 필터	IF, OR, SMALL, COUNTIFS, AVERAGE, MONTH, WORKDAY, DAY, VLOOKUP, LEFT, MID, SEARCH	부분합, 피벗 테이블, 데이터 표	매크로, 차트
5회 조건부 서식, 고급 필터	CHOOSE, INT, SUMIF, SUM, VLOOKUP, DMAX, TRIM, UPPER, LEFT, IFS, RIGHT, DMIN	통합, 피벗 테이블, 시나리오	매크로, 차트
6회 텍스트 나누기, 조건부 서식	DSUM, DCOUNTA, COUNTIF, MODE.SNGL, CHOOSE, MID, IF, LARGE, LEFT, LEN	부분합, 통합, 목표값 찾기	매크로, 차트
7회 조건부 서식, 고급 필터	HOUR, MINUTE, IF, OR, RANK.EQ, SUMIFS, HLOOKUP, LEFT, IFERROR	부분합, 피벗 테이블, 시나리오	매크로, 차트
8회 고급 필터, 조건부 서식	IFS, RANK.EQ, IFERROR, HLOOKUP, ABS, SUMIF, CHOOSE, AVERAGE, INT, SWITCH, MID	부분합, 통합, 목표값 찾기	매크로, 차트
9회 텍스트 나누기, 고급 필터	ROUNDUP, AVERAGE, DMAX, HOUR, SMALL, MINUTE, SECOND, UPPER, TRIM, ROUNDUP, AVERAGEIFS, IF, POWER	부분합, 피벗 테이블, 목표값 찾기	매크로, 차트
10회 조건부 서식, 고급 필터	ABS, AVERAGEIF, COUNTIFS, LARGE, CHOOSE, MOD, IF, SUM, INDEX, MATCH, LEFT	부분합, 피벗 테이블, 데이터 표	매크로, 차트

실전 모의고사

기본작업	계산작업(함수)	분석작업	기타작업
A형 고급 필터	IF, YEAR, AVERAGE, ROUND, DAVERAGE, HOUR, MINUTE, VLOOKUP, RIGHT, INT, SUMIF, COUNTIF	부분합, 피벗 테이블	매크로, 차트
B형 조건부 서식	HLOOKUP, AVERAGE, IFS, OR, LEFT, ROUND, STDEV.S, ROUNDDOWN, DSUM, MOD, MID, DATE	피벗 테이블, 시나리오	매크로, 차트
C형 고급 필터	IF, COUNTBLANK, UPPER, LOWER, COUNTIFS, COUNTA, VLOOKUP, LARGE, IF, WEEKDAY	데이터 표, 통합	매크로, 차트
D형 조건부 서식	CHOOSE, WEEKDAY, IF, OR, MID, INT, DAVERAGE, SUMIF, MODE.SNGL, MOD	통합, 목표값 찾기	매크로, 차트
E형 텍스트 나누기	IF, IFS, LARGE, SMALL, ROUNDUP, DAVERAGE, RANK.EQ, CHOOSE, HLOOKUP, LEFT	부분합, 정렬	매크로, 차트
F형 고급 필터	IF, OR, MONTH, MEDIAN, SWITCH, SMALL, COUNT, COUNTIF, TRUNC, SUMIF	피벗 테이블, 데이터 표	매크로, 차트
G형 조건부 서식	IF, RANK.EQ, AVERAGEIFS, ROUND, DSUM, VLOOKUP, MOD, SUMIF, COUNTIF	부분합, 목표값 찾기	매크로, 차트
H형 조건부 서식	IF, TIME, RIGHT, COUNTIF, ABS, SUMIF, COUNTIFS, ROUNDDOWN, DAVERAGE, IFERROR, CHOOSE, RANK.EQ	피벗 테이블, 통합	매크로, 차트
I형 자동 필터	AVERAGEIFS, DCOUNT, CHOOSE, RIGHT, TRUNC, AVERAGEIF, VLOOKUP, WEEKDAY	시나리오, 목표값 찾기	매크로, 차트
J형 텍스트 나누기	IF, AND, WEEKDAY, ABS, DSUM, INDEX, MATCH, MAX, COUNTA, ROUNDDOWN, STDEV.S	부분합, 통합	매크로, 차트

최신기출문제

기본작업		계산작업(함수)	분석작업	기타작업
24년상시01	고급 필터	ABS, AVERAGEIF, CHOOSE, IFERROR, RANK, UPPER, LEFT, VLOOKUP, COUNTIF, MODE, IF, AND, WEEKDAY	피벗 테이블, 통합	매크로, 차트
24년상시02	조건부 서식	IF, MID, AND, HLOOKUP, RANK.EQ, ROUNDDOWN, DAVERAGE, COUNT, COUNTIF, INDEX, MATCH, DMAX	부분합, 시나리오	매크로, 차트
24년상시03	고급 필터	IF, OR, MONTH, SUM, SUMIF, CHOOSE, MID, ROUNDUP, AVERAGE, DMAX, VLOOKUP, YEAR	부분합, 데이터 표	매크로, 차트
24년상시04	텍스트 나누기	IF, WEEKDAY, ROUND, AVERAGEIFS, LARGE, SMALL, CHOOSE, AVERAGE, INT, VLOOKUP, LEFT, MID	피벗 테이블, 정렬	매크로, 차트
23년상시01	조건부 서식	IF, LEFT, AVERAGE, DMIN, COUNTIFS, COUNT, HOUR, SMALL, MINUTE, SECOND, HLOOKUP, MID	부분합, 통합	매크로, 차트
23년상시02	고급 필터	IF, MINUTE, HOUR, ROUNDDOWN, DAVERAGE, COUNTIFS, COUNTA, IF, MAX, VLOOKUP, LEFT	부분합, 통합	매크로, 차트
23년상시03	텍스트 나누기	MONTH, WORKDAY, DAY, DAVERAGE, AVERAGE, SUMIFS, AVERAGE, IF, LARGE, SMALL	피벗 테이블, 시나리오	매크로, 차트
23년상시04	고급 필터	COUNTIFS, AVERAGE, COUNTA, IF, MOD, DAY, UPPER, LEFT, RIGHT, CHOOSE, RANK.EQ, AVERAGEIF, MEDIAN	부분합, 목표값 찾기	매크로, 차트
22년상시01	고급 필터	VLOOKUP, DMAX, IF, OR, AVERAGE, ABS, SUMIF, CHOOSE, RANK.EQ, ROUNDUP, DSUM	시나리오, 목표값 찾기	매크로, 차트
22년상시02	조건부 서식	COUNTIF, DMAX, DMIN, ROUNDUP, VLOOKUP, IF, RANK.EQ, TRUNC, INDEX, MATCH	부분합, 피벗 테이블	매크로, 차트

컴퓨터활용능력 시험, 이것이 궁금하다!

Q 시험 접수를 취소하고 환불받을 수 있나요? 받을 수 있다면 환불 방법을 알려주세요.

A 네, 가능합니다. 대한상공회의소 자격평가사업단 홈페이지의 상단 메뉴에서 [개별접수] → [환불신청]을 클릭하여 신청하면 됩니다. 하지만 환불 신청 기간 및 사유에 따라 환불 비율에 차이가 있습니다.

환불 기준일	환불 비율
접수일 ~ 시험일 4일 전	100% 반환
시험일 3일 전 ~ 시험일	반환 불가

※ 100% 반환 시에도 인터넷 접수 수수료는 제외하고 반환됩니다.

Q 필기 시험에 합격하면 2년 동안 필기 시험이 면제된다고 하던데, 필기 시험에 언제 합격했는지 기억이 나지 않을 경우 실기 시험 유효 기간이 지났는지 어떻게 확인해야 하나요?

A 대한상공회의소 자격평가사업단 홈페이지에 로그인한 후 [마이페이지] 코너에서 확인할 수 있습니다.

Q 컴퓨터활용능력 필기 응시 수수료와 실기 응시 수수료는 얼마인가요?

A 급수에 관계없이 필기는 20,500원이고, 실기는 25,000원입니다.

Q 시험 날짜를 변경할 수 있나요?

A 네, 가능합니다. 시험일 4일전까지 홈페이지에서 총 3번까지 변경할 수 있습니다.

Q 실기 시험 볼 때 가져갈 준비물로는 어떤 것들이 있나요?

A 수검표, 신분증(주민등록증, 운전면허증 등)을 지참해야 합니다.
※ 신분증을 지참하지 않으면 시험에 응시할 수 없으니 반드시 신분증을 지참하세요.

Q 신분증을 분실하였을 경우에는 어떻게 해야 하나요?

A 신분증을 분실했을 경우 주민센터에서 주민등록증 발급 신청 확인서를 발부해 오면 됩니다. 그 외에 운전면허증, 학생증 및 청소년증(초 · 중 · 고등학생 한정), 유효기간 내의 여권, 국가기술 자격증이 있어도 됩니다.

Q 실기 시험 합격 여부를 확인하기 전에 다시 상시 시험에 접수하여 응시할 수 있나요?

A 네, 상시 시험은 같은 날 같은 급수만 아니면, 합격 발표 전까지 계속 접수 및 응시가 가능합니다. 그러나 합격한 이후에 접수한 시험은 모두 무효가 되며, 접수한 시험에 대해서는 취소 및 환불이 되지 않으니 주의하기 바랍니다.

Ⓠ 자격증 분실 시 재발급 받으려면 어떻게 해야 하나요?

Ⓐ 처음 자격증 신청할 때와 동일하게 인터넷으로 신청하면 됩니다.

Ⓠ 컴퓨터활용능력 1급 필기 시험에 합격하면 2급은 필기 시험 없이 실기 시험에 바로 응시할 수 있나요?

Ⓐ 네, 그렇습니다. 1급 필기 시험에 합격하면 1, 2급 실기 시험에 모두 응시할 수 있습니다.

Ⓠ 필기 시험에 합격한 후 바로 상시 시험에 접수할 수 있나요?

Ⓐ 네. 가능합니다. license.korcham.net에서 접수하면 됩니다.

Ⓠ '입력작업' 시 내용을 입력할 때 쉼표 스타일이나 날짜 형식 등의 서식을 이용해 지정해도 되나요?

Ⓐ 안됩니다. '입력작업'은 말 그대로 단순히 데이터를 입력하는 작업이므로 서식이나 기타 도구를 이용해 표시 형식을 지정하면 안됩니다.

Ⓠ 사용자 지정 표시 형식을 사용하여 1000 단위 구분 기호를 지정할 때 정답은 **#,##0**입니다. **#,###**으로 적으면 틀리나요?

Ⓐ 문제의 지시사항에 따라 다릅니다. 지시사항이 '표시 예 : 1234 → 1,234원, 0 → 0원'으로 제시되면 **#,##0**을, '표시 예 : 1234 → 1,234원'으로 제시되면 **#,##0**과 **#,###** 중 어떤 것을 사용해도 관계 없습니다.

Ⓠ 조건부 서식에서 결과가 정답과 일치하는데 개수가 다르다고 감점됩니다. 왜 그렇죠?

Ⓐ 조건부 서식에 여러 개의 규칙이 지정되어 있기 때문입니다. [홈] → [스타일] → 조건부 서식 → **규칙 관리**를 선택한 후 '조건부 서식 규칙 관리자' 대화상자에서 한 개의 규칙만 남기고 나머지 규칙은 모두 삭제하세요.

Ⓠ 조건부 서식에서는 셀 주소의 열 문자 앞에 $를 붙이는데, 고급 필터에서 조건을 작성할 때는 $를 안 붙입니다. 이유가 있나요?

Ⓐ 조건부 서식은 셀 단위로 서식이 적용되기 때문에 행 전체에 서식을 적용하려면 셀 주소의 열 문자 앞에 $를 붙여 열을 고정해야 하지만, 고급 필터는 행 단위로 작업이 이뤄지므로 $를 붙이지 않아도 됩니다.

Ⓠ 고급 필터에서 조건을 올바로 입력했는데 결과가 이상해요.

Ⓐ 필드명을 확인해 보세요. 고급 필터에서 조건을 입력할 때 사용하는 필드명은 데이터 영역의 필드명과 동일해야 합니다. 예를 들어, **판매총액**을 중간에 공백을 두어 **판매 총액**이라고 입력하면 정확한 결과가 표시되지 않습니다. 가장 좋은 방법은 필드명을 복사하여 붙여넣는 것입니다.

컴퓨터활용능력 시험, 이것이 궁금하다!

Ⓠ 계산작업 문제는 책에 있는 수식과 똑같을 때만 정답으로 인정되나요?

Ⓐ 아닙니다. 수식은 작성하는 사람에 따라 다를 수 있으므로, 문제에 제시된 함수를 사용하였고, 수식의 결과가 일치하면 정답으로 인정됩니다.

Ⓠ 문제에서 제시한 함수 말고 다른 함수를 사용해도 되나요?

Ⓐ 안됩니다. 반드시 문제에 제시된 함수를 사용하여 수식을 작성해야 합니다. 제시되지 않은 함수를 추가로 사용하거나, 제시된 함수를 모두 넣어서 수식을 작성하지 않으면 틀린 것으로 처리됩니다.

Ⓠ 수식을 작성할 때 $를 붙여 절대 참조로 지정하는 것이 헷갈립니다. 어떤 경우에 절대 참조를 지정하나요?

Ⓐ 절대 참조를 지정하는 이유는 참조하는 셀의 위치가 변경되어도 수식에 사용된 주소가 변하지 않게 하려는 것입니다. 즉 채우기 핸들을 드래그하여 수식을 복사할 때, 변경되면 안 되는 수식의 주소들은 절대 참조로 지정해야 합니다.
예를 들어, [D3] 셀에 [C3] 셀의 순위를 계산하고 나머지 사람들의 순위는 [D3] 셀의 채우기 핸들을 드래그하여 계산하려면 각각의 평균인 [C4], [C5], [C6], [C7] 셀은 수식이 입력된 위치에 따라 변해야 하지만 전체 평균의 범위인 [C3:C7]은 절대 변하면 안 되므로 절대 주소로 지정해야 합니다.

	A	B	C	D	E
1	성적표				
2	이름	반	평균	순위	순위
3	김예소	1	84	4	=RANK.EQ(C3,$C$3:$C$7)
4	이동준	1	92	2	=RANK.EQ(C4,$C$3:$C$7)
5	임영우	2	96	1	=RANK.EQ(C5,$C$3:$C$7)
6	서현진	2	76	5	=RANK.EQ(C6,$C$3:$C$7)
7	최진성	2	88	3	=RANK.EQ(C7,$C$3:$C$7)

[절대 참조 지정]

	A	B	C	D	E
1	성적표				
2	이름	반	평균	순위	순위
3	김예소	1	84	4	=RANK.EQ(C3,C3:C7)
4	이동준	1	92	2	=RANK.EQ(C4,C4:C8)
5	임영우	2	96	1	=RANK.EQ(C5,C5:C9)
6	서현진	2	76	2	=RANK.EQ(C6,C6:C10)
7	최진성	2	88	1	=RANK.EQ(C7,C7:C11)

[상대 참조 지정(오류)]

Ⓠ 수식을 입력할 때 셀을 선택할 수 없습니다.
예를 들어, [D3] 셀에 **=RANK.EQ(C3, $C$3:$C$7)**을 입력할 때 **=IF(RANK.EQ(** 다음에 [C3] 셀과 [C3:C7] 영역을 마우스로 선택하려는데 안 됩니다. 어떻게 해야 하나요?

	A	B	C	D	E	F
1	[표1] 성적표					
2	성명	성별	성적	순위		
3	강성권			=RANK.EQ(		
4	이길순	남	94	RANK.EQ(number, ref, [order])		
5	하길주	여	97	1등		
6	이선호	여	90			
7	강성수	남	95			
8						

Ⓐ 선택하려는 셀이 수식에 가려 선택하기 힘들 때는 셀 주소를 직접 입력하거나 선택할 셀 주위의 아무 셀을 클릭한 후 방향키를 이용하여 해당 셀로 이동하면 됩니다. 여러 개의 셀을 범위를 지정할 때는 선택할 수 있는 셀부터 드래그하면 됩니다. 즉 [C7] 셀을 클릭한 후 [C3] 셀까지 위쪽으로 드래그하면 됩니다.

Ⓠ COUNTIFS 함수를 사용하여 조건식을 입력할 때 &를 꼭 입력해야 하나요?
예를 들어, **=COUNTIFS(A3:A10, "망원", B3:B10, ">="&AVERAGE(B3:B10))**을
=COUNTIFS(A3:A10, "망원", B3:B10, ">=AVERAGE(B3:B10)")으로 입력하면 안 되나요?

Ⓐ 안됩니다. 함수를 큰따옴표 안에 입력하면 함수가 아닌 텍스트로 인식되기 때문에 올바른 결과가 나오지 않습니다. 함수를 이용하여 조건을 지정할 때는 다음의 규칙을 지켜야 합니다.
1. 관계연산자(>=, >, <=)와 함수를 분리합니다. → >= AVERAGE(B3:B10)
2. 관계연산자는 큰따옴표(" ")로 묶습니다. → ">=" AVERAGE(B3:B10)
3. 둘을 &로 연결합니다. → ">=" & AVERAGE(B3:B10)

Ⓠ [D3] 셀의 수식 **=CHOOSE(RANK.EQ(C3, $C$3:$C$7), "1등", " ", " ", " ", " ")**에서 " "을 4번 입력하는 이유가 뭐죠?

D3 | =CHOOSE(RANK.EQ(C3,$C$3:$C$7),"1등","","","","")

	A	B	C	D	E	F	G	H	I
1	[표1] 성적표								
2	성명	성별	성적	순위					
3	강성권	남	89						
4	이길순	남	94						
5	하길주	여	97	1등					
6	이선호	여	90						
7	강성수	남	95						
8									

Ⓐ 순위가 2~5위인 자료에 공백을 표시하기 위해서입니다. CHOOSE(값, 인수1, 인수2, … 인수n) 함수는 '값'만큼 '인수'를 입력해야 하는데, '값'으로 사용된 RANK.EQ 함수가 1~5를 반환하므로 5개의 '인수'를 입력해야 합니다. 즉 '값'이 1일 때는 '인수1'에 해당하는 "1등"을 찾아서 표시하고, 나머지 2~5일 때는 각각 " "을 찾아서 표시합니다. '값'에 해당하는 숫자보다 '인수'의 개수가 적을 경우 에러가 발생합니다.

Ⓠ MID 함수를 사용할 때, **MID(I3, 4, 1)="1"**처럼 숫자 1을 큰따옴표로 묶어준 이유는 무엇인가요?

Ⓐ 숫자를 문자로 변환하기 위해서입니다. 텍스트 함수(LEFT, RIGHT, MID)의 반환값은 문자 데이터이므로 이와 비교하는 대상도 문자여야 합니다. 즉 숫자 데이터를 문자 데이터로 변환하기 위해서 큰따옴표로 묶은 것입니다.

Ⓠ 매크로를 잘못 만들었어요. 어떻게 해야 하나요?

Ⓐ 매크로를 잘못 만들었을 때는 다음과 같이 작성한 매크로를 삭제한 후 다시 작성하면 됩니다.
1. [개발 도구] → 코드 → **매크로**를 클릭한다.
2. '매크로' 대화상자에서 삭제할 매크로를 선택한 후 〈삭제〉를 클릭한다.
3. 매크로를 새로 작성한다.

Ⓠ 문제의 지시사항을 모두 수행했는데 결과 화면이 문제와 다릅니다. 어떻게 해야 하나요?

Ⓐ 모든 지시사항을 올바르게 수행했다면 문제의 그림과 엑셀의 결과 화면이 같아야 합니다. 수행하지 않은 지시사항은 없는지, 잘못된 순서로 작업하지는 않았는지 다시 한번 확인해 보세요.

1부 기본 편

1장 기본작업

2장 계산작업

3장 분석작업

4장 기타작업

5장 실제 시험장을 옮겨 놓았다!

1 장

기본 작업

Section 01 셀 서식

Section 02 조건부 서식

Section 03 고급 필터 / 자동 필터

Section 04 텍스트 나누기

SECTION 01

셀 서식

"같은 값이면 다홍치마"라는 말이 있죠? 같은 문서라도 선을 긋고, 색을 칠하고, 글꼴을 조정하면 훨씬 보기도 좋고 읽기도 쉬운 문서가 만들어집니다. 셀에 색을 입히거나 글꼴을 바꾸고 괘선을 그리는 등 셀 모양을 다양하게 꾸미는 작업을 엑셀에서는 '셀 서식' 지정이라고 합니다.

기본문제 'C:\길벗컴활2급\01 섹션' 폴더의 '섹션01문제.xlsm' 파일을 열어서 작업하시오.

전문가의 조언

셀 서식은 시험에 매번 출제되는 기능인데, 내용이 어렵지 않아서 실수만 하지 않으면 쉽게 점수를 얻을 수 있습니다. 상대적으로 어렵게 느껴지는 사용자 지정 표시 형식 부분만 확실히 이해하면 쉽게 만점을 얻을 수 있습니다.

'무작정따라하기' 시트에서 다음의 지시사항대로 작업을 처리하시오.

1. A 열의 너비를 2, 1 행의 높이를 24로 조정하시오.
2. [B1:G1] 영역은 '병합하고 가운데 맞춤', 글꼴 '굴림', 크기 16, 글꼴 스타일 '굵게', 밑줄 '실선'으로 지정하시오.
3. [B1] 셀의 제목 문자열 양쪽에 특수문자 "■"를 삽입하시오.
4. [B3:G3] 영역은 셀 스타일을 '파랑, 강조색5'로 지정하고, 텍스트 맞춤을 '가로 균등 분할'로 지정하시오.
5. [B3] 셀의 "영업소"를 한자 "營業所"로 변환하시오.
6. [F4:F14] 영역의 이름을 "재고량"으로 정의하시오.
7. [F3] 셀에 "재고량 대비"라는 메모를 삽입한 후 항상 표시되도록 지정하고, 메모 서식에서 맞춤 '자동 크기'를 지정하시오.
8. [C4:C14] 영역의 표시 형식을 '간단한 날짜'로, [C16] 셀의 표시 형식을 '통화'로 지정하시오.
9. [D4:F14] 영역은 사용자 지정 표시 형식을 이용하여 숫자 뒤에 "개"를 [표시 예]와 같이 표시하시오. [표시 예 : 5 → 5개, 0 → 0개]
10. [G4:G14] 영역은 사용자 지정 표시 형식을 이용하여 천 단위 구분 기호와 숫자 뒤에 "원"을 [표시 예]와 같이 표시하시오. [표시 예 : 12345 → 12,345원, 0 → 0원]
11. [F16] 셀은 사용자 지정 표시 형식을 이용하여 날짜를 [표시 예]와 같이 표시하시오. [표시 예 : 2024-01-01 → 2024년01월01일]
12. [B3:G14] 영역에 '모든 테두리(⊞)'를 적용한 후 '굵은 바깥쪽 테두리(⊞)'를 적용하시오.

	A	B	C	D	E	F	G	H
1		영업소별 라도스 재고현황						
2								
3		영업소	입고일	입고량	판매량	재고량	판매총액	
4		서울	8월 1일	500	450	50	6750000	
5		경기	8월 1일	350	320	30	4800000	
6		인천	8월 1일	300	280	20	4200000	
7		강원	8월 1일	300	300	0	4500000	
8		부산	8월 2일	250	230	20	3450000	
9		대구	8월 2일	250	220	30	3300000	
10		광주	8월 2일	250	200	50	3000000	
11		대전	8월 3일	200	175	25	2625000	
12		충청	8월 3일	200	170	30	2550000	
13		경상	8월 3일	150	135	15	2025000	
14		제주	8월 3일	150	140	10	2100000	
15								
16		판매가 :	15000		작성일 :	2024-08-31		

⬇

	A	B	C	D	E	F	G	H
1		■영업소별 라도스 재고현황■						
2								
3		營 業 所	입 고 일	입 고 량	판 매 량	재 고 량	판 매 총 액	
4		서울	2024-08-01	500개	450개	50개	6,750,000원	
5		경기	2024-08-01	350개	320개	30개	4,800,000원	
6		인천	2024-08-01	300개	280개	20개	4,200,000원	
7		강원	2024-08-01	300개	300개	0개	4,500,000원	
8		부산	2024-08-02	250개	230개	20개	3,450,000원	
9		대구	2024-08-02	250개	220개	30개	3,300,000원	
10		광주	2024-08-02	250개	200개	50개	3,000,000원	
11		대전	2024-08-03	200개	175개	25개	2,625,000원	
12		충청	2024-08-03	200개	170개	30개	2,550,000원	
13		경상	2024-08-03	150개	135개	15개	2,025,000원	
14		제주	2024-08-03	150개	140개	10개	2,100,000원	
15								
16		판매가 :	₩15,000		작성일 :	2024년08월31일		

따라하기

24.상시, 23.상시, 22.상시, 21.상시, 20.상시, 19.상시, 18.1, 17.1, 16.3, 16.2, 16.1, 14.1, 10.2, 02.1, 01.3

1 A 열의 너비, 1 행의 높이 조정하기

1. A열 머리글을 마우스 오른쪽 버튼으로 클릭하세요. 바로 가기 메뉴가 나오죠? 여기서 **[열 너비]**를 선택하세요.

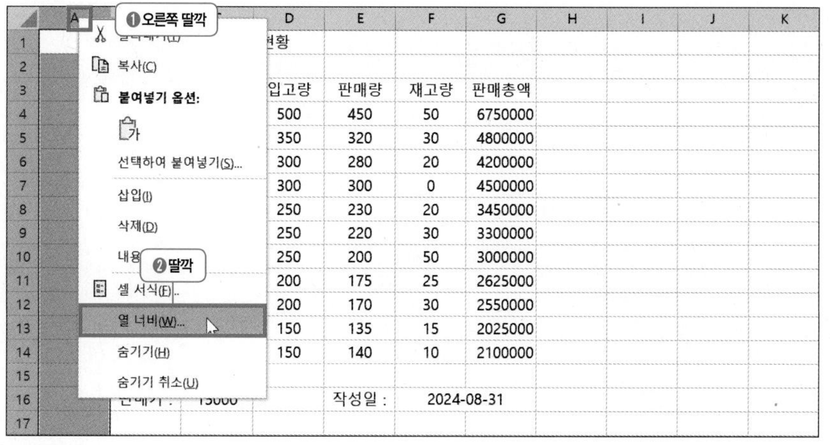

바로 가기 메뉴는 마우스 오른쪽 버튼으로 클릭했을 때 표시되는 메뉴를 말합니다.

열과 열 사이의 경계선을 마우스로 드래그하여 열 너비를 변경할 수도 있습니다. A열의 너비를 변경하려면 A열과 B열 사이의 경계선을 마우스로 드래그하면 됩니다. 그러나 정해진 수치로 변경하려면 [열 너비] 메뉴를 이용하는 것이 편리합니다.

2. '열 너비' 대화상자에서 변경하고자 하는 열의 너비 **2**를 입력한 후 〈확인〉을 클릭하세요. A 열의 너비가 줄어듭니다.

	A	B	C	D	E	F	G	H	I	J	K
1		영업소별 라도스 재고현황									
2											
3		영업소	입고일	입고량	판매량	재고량	판매총액				
4		서울	8월 1일	500	450	50	6750000				
5		경기				30	4800000				
6		인천				20	4200000				
7		강원				0	4500000				
8		부산				20	3450000				
9		대구				30	3300000				
10		광주	8	250	200	50	3000000				
11		대전	8	200	175	25	2625000				
12		충청	8월 3일	200	170	30	2550000				
13		경상	8월 3일	150	135	15	2025000				
14		제주	8월 3일	150	140	10	2100000				
15											
16		판매가 :	15000		작성일 :	2024-08-31					
17											

열 너비 ? ×
열 너비(C): 2 ❶입력
확인 취소
❷딸깍

3. 1행 머리글을 마우스 오른쪽 버튼으로 클릭한 후 바로 가기 메뉴에서 **[행 높이]**를 선택하세요.

❶오른쪽 딸깍
복사(C)
붙여넣기 옵션:
선택하여 붙여넣기(S)...
삽입(I)
삭제(D)
내용 ❷딸깍
셀 서식(F)...
행 높이(R)...
숨기기(H)
숨기기 취소(U)

	D	E	F	G	H	I	J	K
1	재고현황							
2								
3	입고량	판매량	재고량	판매총액				
4	500	450	50	6750000				
5	350	320	30	4800000				
6	300	280	20	4200000				
7	300	300	0	4500000				
8	250	230	20	3450000				
9	250	220	30	3300000				
10	250	200	50	3000000				
11	200	175	25	2625000				
12	200	170	30	2550000				
13	150	135	15	2025000				
14	150	140	10	2100000				
15								
16		작성일 :	2024-08-31					
17								

마우스로 드래그하여 행 높이를 변경할 수도 있습니다. 1행의 높이를 변경하려면 1행과 2행 사이의 경계선을 마우스로 드래그하면 됩니다. 그러나 정해진 수치로 변경하려면 [행 높이] 메뉴를 이용하는 것이 편리합니다.

4. '행 높이' 대화상자에 **24**를 입력한 후 〈확인〉을 클릭하세요. 1행의 높이가 높아집니다.

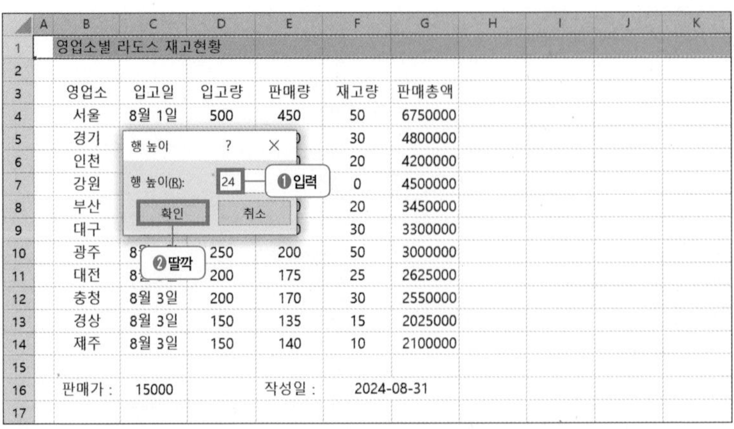

2 [B1:G1] 영역에 서식 지정하기

24.상시, 24.공개, 23.상시, 22.상시, 21.상시, 21.공개, 20.상시, 19.상시, 18.상시, 18.1, 17.상시, 17.1, 16.3, 16.2, 16.1, 15.3, 15.상시, 15.1, 14.3, 14.2, …

1. [B1:G1] 영역을 블록으로 지정하고 [홈] → 맞춤 → **병합하고 가운데 맞춤**을 클릭한 후 [홈] → **글꼴**에서 글꼴 '굴림', 크기 16, 글꼴 스타일 '굵게(가)', 밑줄 '실선(가)'을 지정하세요.

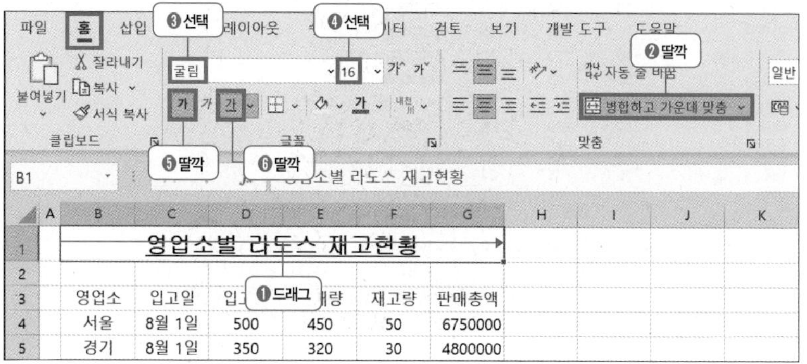

3 특수문자(■) 삽입하기

24.상시, 23.상시, 22.상시, 21.상시, 19.상시, 18.2, 17.1, 06.3, 05.1, 03.3, 03.2

1. [B1] 셀을 선택한 후 F2를 누르거나 마우스로 더블클릭하여 셀 편집 상태로 만드세요.

2. 제목 맨 앞(Home)에 커서를 놓고 한글 자음 **ㅁ(미음)**을 입력한 후 한자를 누르세요. 특수문자를 선택할 수 있는 선택상자가 아래쪽에 나타납니다.

	A	B	C	D	E	F	G
1		ㅁ영 입력→한자 라도스 재고현황					
2			1 //				
3		영업		고량	판매량	재고량	판매총액
4		서울	2 &	00	450	50	6750000
5		경기	3 *	50	320	30	4800000
6		인천	4 @	00	280	20	4200000
7		강원	5 §	00	300	0	4500000
8		부산	6 ※	50	230	20	3450000
9		대구	7 ☆	50	220	30	3300000
10		광주	8 ★	50	200	50	3000000
11		대전	9 ○	00	175	25	2625000
12		충청		00	170	30	2550000
13		경상		150	135	15	2025000
14		제주	8월 3일	150	140	10	2100000
15							
16		판매가 :	15000		작성일 :	2024-08-31	
17							

궁금해요 시나공 Q&A 베스트

Q 특수문자 선택상자가 나오지 않고 '한글/한자 변환' 대화상자가 나와요.

A **ㅁ(미음)**을 입력중인 상태에서 한자를 눌러야 합니다. 즉 커서가 역상으로 반짝이는 상태에서 한자를 눌러야 합니다. 오른쪽 그림과 같이 **ㅁ(미음)**이 완전히 입력된 상태에서는 **ㅁ(미음)** 뒤에 있는 한글을 인식하여 '한글/한자 변환' 대화상자가 나타납니다.

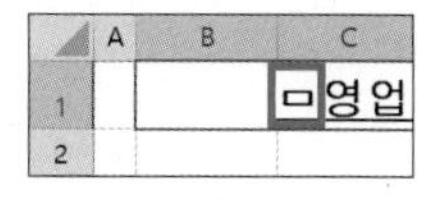

궁금해요 시나공 Q&A 베스트

Q '병합하고 가운데 맞춤'의 아이콘은 보이는데 아이콘 이름이 보이지 않아요!

A 엑셀 실행 화면이 좁아서 그렇습니다. 창의 오른쪽 상단에 있는 최대화 버튼(□)을 눌러 화면을 넓혀주면 아이콘 이름이 보입니다.

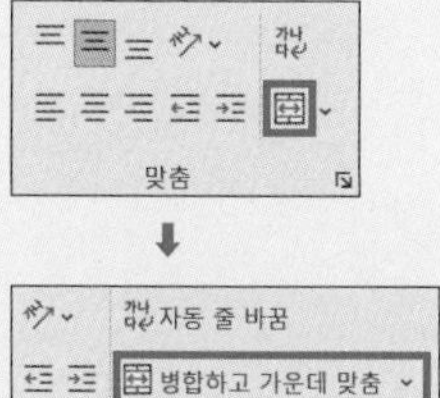

전문가의 조언

리본 메뉴에 있는 '가(밑줄)'은 '셀 서식' 대화상자에서 '실선'을 선택한 것과 같고 '가(이중 밑줄)'은 '이중 실선'과 같습니다. 지시사항으로 '실선(회계용)'이나 '이중 실선(회계용)'이 나오면 '셀 서식' 대화상자의 '글꼴' 탭의 '밑줄'에서 선택해야 합니다.

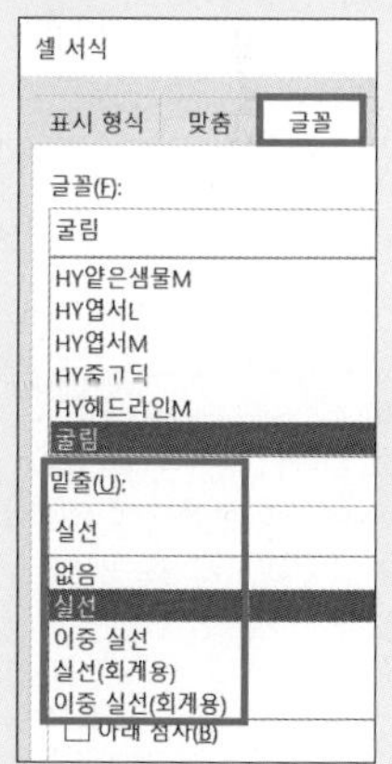

전문가의 조언

시험에 출제되는 대부분의 특수문자는 한글 자음 중 **ㅁ(미음)**을 누르면 나오는 특수문자 선택상자에 있습니다.

특수문자 선택상자에서 아래쪽 화살표(▼) 또는 아래쪽 방향키(↓), PgDn을 이용하여 원하는 문자를 선택해도 됩니다.

3. 특수문자 선택상자 오른쪽 하단의 '»(보기 변경)'을 클릭하면 해당 그룹의 모든 특수문자가 표시됩니다. 이 중에서 원하는 특수문자(■)를 클릭하세요.

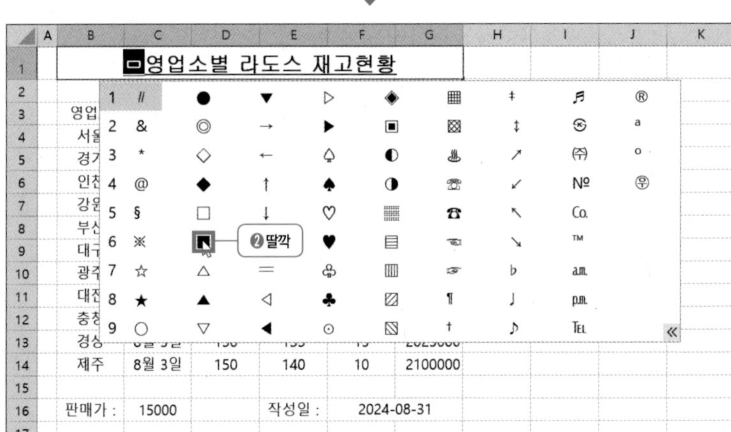

제목 앞쪽에 삽입된 특수문자(■)를 복사(Ctrl+C)한 후 제목 뒤쪽에 붙여넣기(Ctrl+V) 해도 됩니다.

4. 동일한 방법으로 제목 뒤에도 특수문자 "■"을 삽입하세요.

궁금해요 **시나공 Q&A 베스트**

Q 'ㅁ(미음)'을 입력하고 한자를 눌러 나타나는 특수문자 선택상자 모양이 달라요. 그리고 마우스로 특수문자를 클릭하면 대화상자가 사라져요. 왜 그런거죠?

A 오른쪽의 그림은 한컴 입력기를 사용할 경우 나타나는 특수문자 선택상자입니다. 이 선택상자에서는 마우스가 아닌 키보드를 이용하여 특수문자를 선택해야 합니다. 즉 키보드의 방향키(→, ←, ↑, ↓)를 이용하여 원하는 특수문자로 이동한 후 Enter를 눌러 입력해야 합니다.

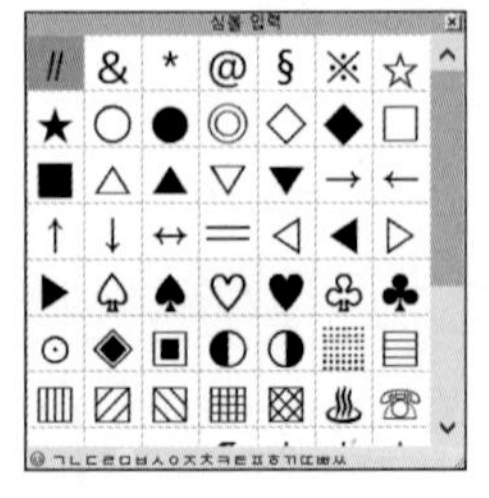

4 [B3:G3] 영역에 서식 지정하기

24.상시, 24.공개, 23.상시, 22.상시, 21.상시, 21.공개, 20.상시, 19.상시, 18.상시, 18.2, 18.1, 17.1, 16.3, 15.3, 14.3, 14.1, 13.3, 11.3

1. [B3:G3] 영역을 블록으로 지정한 후 [홈] → 스타일 → 셀 스타일 → **파랑, 강조색 5**를 선택하세요.

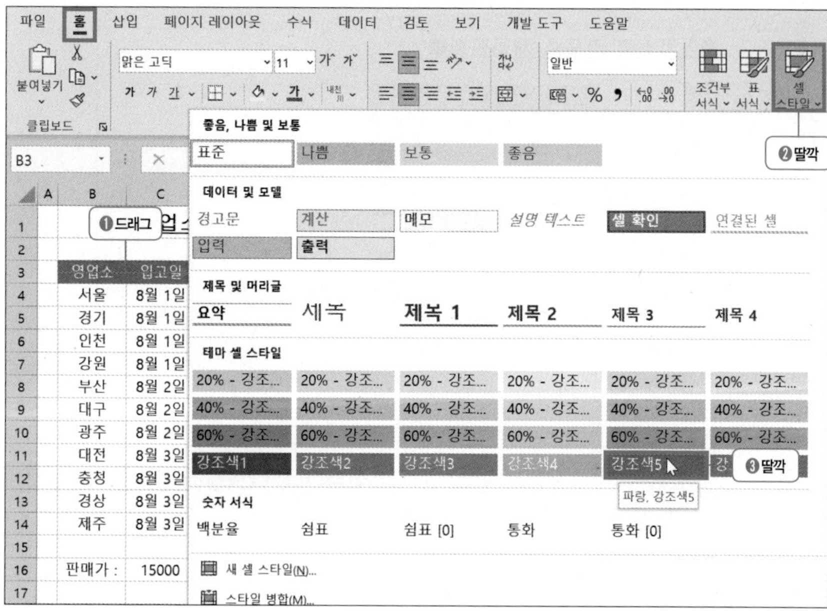

2. 텍스트 맞춤을 지정하기 위해 [B3:G3] 영역이 블록으로 지정된 상태에서 Ctrl + 1 을 누르세요. '셀 서식' 대화상자가 나타납니다.

3. '셀 서식' 대화상자의 '맞춤' 탭에서 '텍스트 맞춤'의 '가로'를 '균등 분할(들여쓰기)'로 지정한 후 〈확인〉을 클릭하세요.

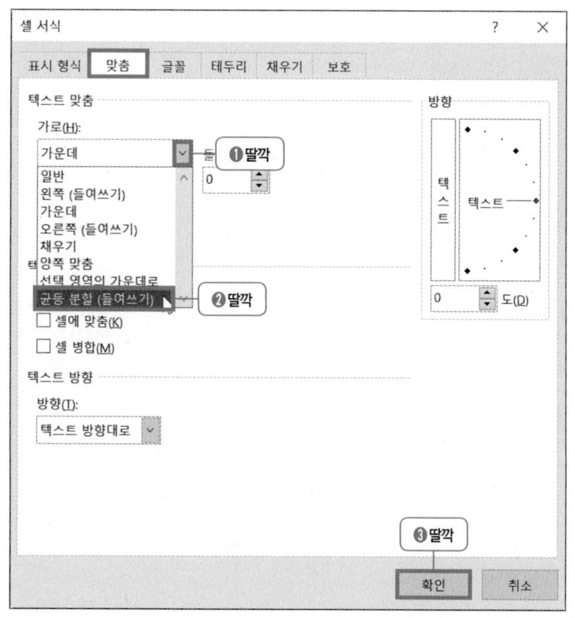

전문가의 조언

'셀 서식' 대화상자를 실행시키는 방법에는 [홈] → 글꼴/맞춤/표시 형식의 ◲ 클릭, 바로 가기 메뉴에서 [셀 서식] 선택, 바로 가기 키 Ctrl + 1 을 누르는 방법이 있습니다. 시간을 조금이라도 절약할 수 있는 바로 가기 키를 이용하는 것이 좋겠죠!

5 24.상시, 23.상시, 22.상시, 21.상시, 20.상시, 19.상시, 17.상시, 16.2, 16.1, 15.상시, 14.2, 13.3, 13.상시, 12.1, 11.3, 09.2, 08.4, 08.3, 08.1, 06.2, 05.3, …

한자 변환하기

1. [B3] 셀을 클릭한 후 F2를 누르거나 마우스로 더블클릭하여 셀 편집 상태로 만든 후 한자를 누르세요.

	A	B	C	D	E	F	G	H	I	J	K
1		■영업소별 라도스 재고현황■									
2											
3		영업소	입 딸깍→한자	량	판 매 량	재 고 량	판매총액				
4		서울	8월 1일	500	450	50	6750000				
5		경기	8월 1일	350	320	30	4800000				
6		인천	8월 1일	300	280	20	4200000				
7		강원	8월 1일	300	300	0	4500000				
8		부산	8월 2일	250	230	20	3450000				
9		대구	8월 2일	250	220	30	3300000				
10		광주	8월 2일	250	200	50	3000000				
11		대전	8월 3일	200	175	25	2625000				
12		충청	8월 3일	200	170	30	2550000				
13		경상	8월 3일	150	135	15	2025000				
14		제주	8월 3일	150	140	10	2100000				
15											
16		판매가 :	15000		작성일 :	2024-08-31					
17											

2. '한글/한자 변환' 대화상자에서 바꿀 한자를 선택하고 〈변환〉을 클릭한 후 임의의 셀을 클릭하여 셀 편집 상태에서 빠져 나오세요.

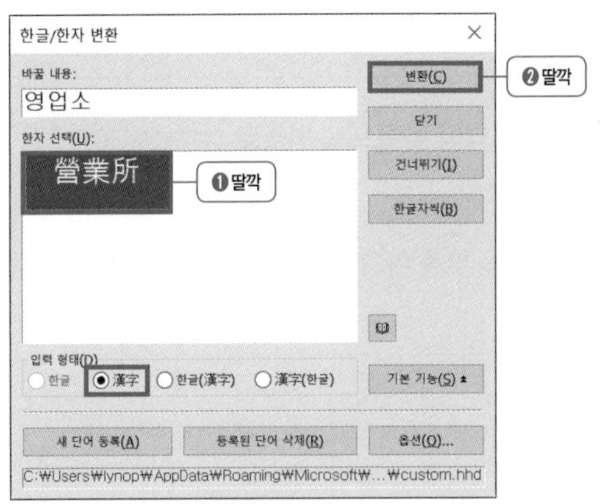

궁금해요 **시나공 Q&A 베스트**

Q '한글/한자 변환' 대화상자가 나오지 않아요!

A 왼쪽 아래 그림과 같이 커서가 역상으로 나오는 상태, 즉 한글 입력중에 한자를 누르면 '한글/한자 변환' 대화상자가 표시되지 않고, 마지막으로 입력한 문자 아래쪽으로 한자를 선택할 수 있는 선택상자가 나옵니다. '한글/한자 변환' 대화상자를 나오게 하려면 오른쪽 아래 그림과 같이 단어 입력이 완료된 상태에서 한자를 눌러야 합니다.

특수문자 선택상자가 표시되는 상태

'한글/한자 변환' 대화상자가 표시되는 상태

6 이름 정의하기

24.상시, 24.공개, 23.상시, 22.상시, 21.상시, 21.공개, 20.상시, 19.상시, 18.1, 14.1, 13.1, 12.3, 11.2, 11.1, 10.1, 09.3, 08.3, 07.4, 07.3, 06.2, 06.1, …

[F4:F14] 영역을 블록으로 지정하고 이름 상자에 **재고량**을 입력한 후 Enter를 눌러 이름 정의를 완료하세요.

재고량 ── ❷입력 → Enter ✓ fx 50

	A	B	C	D	E	F	G	H	I	J	K
1		■영업소별 라도스 재고현황■									
2											
3		營業所	입고일	입고량	판매량	재고량	판매총액				
4		서울	8월 1일	500	450	50	6750000				
5		경기	8월 1일	350	320	30	4800000				
6		인천	8월 1일	300	280	20	4200000				
7		강원	8월 1일	300	300	0	4500000				
8		부산	8월 2일	250	230	20	❶드래그				
9		대구	8월 2일	250	220	30					
10		광주	8월 2일	250	200	50	3000000				
11		대전	8월 3일	200	175	25	2625000				
12		충청	8월 3일	200	170	30	2550000				
13		경상	8월 3일	150	135	15	2025000				
14		제주	8월 3일	150	140	10	2100000				
15											
16		판매가 :	15000		작성일 :	2024-08-31					
17											

7 메모 삽입하기

24.공개, 23.상시, 22.상시, 21.상시, 21.공개, 20.상시, 19.상시, 18.상시, 16.3, 16.2, 16.1, 15.3, 15.1, 14.3, 13.3, 12.2, 10.3, 09.4, 09.3, 09.2, 08.4, …

1. [F3] 셀을 선택한 후 메모를 삽입하는 바로 가기 키 Shift + F2를 누르세요.

	A	B	C	D	E	F	G	H	I	J	K
1		■영업소별 라도스 딸깍 → Shift + F2									
2											
3		營業所	입고일	입고량	판매량	재고량	판매총액				
4		서울	8월 1일	500	450	50	6750000				
5		경기	8월 1일	350	320	30	4800000				
6		인천	8월 1일	300	280	20	4200000				
7		강원	8월 1일	300	300	0	4500000				
8		부산	8월 2일	250	230	20	3450000				
9		대구	8월 2일	250	220	30	3300000				
10		광주	8월 2일	250	200	50	3000000				
11		대전	8월 3일	200	175	25	2625000				
12		충청	8월 3일	200	170	30	2550000				
13		경상	8월 3일	150	135	15	2025000				
14		제주	8월 3일	150	140	10	2100000				
15											
16		판매가 :	15000		작성일 :	2024-08-31					
17											

메모를 삽입하는 다른 방법

엑셀 2021의 버전에 따라 메뉴 명칭이 다를 수 있습니다. [F3] 셀을 선택하고 마우스 오른쪽 단추를 클릭한 후 바로 가기 메뉴에서 **[메모 삽입]** 또는 **[새 노트]**를 선택하면 됩니다.

2. 메모에 입력되어 있는 내용을 모두 삭제한 후 **재고량 대비**를 입력하세요.

3. 마우스 포인터를 메모의 외곽선으로 가져가 마우스 포인터가 ✥ 모양으로 바뀌면 마우스 오른쪽 버튼을 클릭한 후 바로 가기 메뉴에서 [메모 서식]을 선택하세요.

	A	B	C	D	E	F	G
1		■영업소별 라도스 재고현황■					
2							
3		營業所	입고일	입고량	판매량	재고량	판
4		서울	8월 1일	500	450	50	
5		경기	8월 1일	350	320	30	
6		인천	8월 1일	300	280	20	4200000
7		강원	8월 1일	300	300	0	4500000
8		부산	8월 2일	250	230	20	3450000
9		대구	8월 2일	250	220	30	3300000
10		광주	8월 2일	250	200	50	3000000
11		대전	8월 3일	200	175	25	2625000
12		충청	8월 3일	200	170	30	2550000
13		경상	8월 3일	150	135	15	2025000
14		제주	8월 3일	150	140	10	2100000
15							
16		판매가 :	15000		작성일 :	2024-08-31	
17							
18							

재고량 대비

❶오른쪽 딸깍

복사(C)
붙여넣기 옵션:
텍스트 편집(X)
그룹화(G)
순서(R)
❷딸깍
기본 도형 설정(D)
메모 서식(O)...
링크(I)
스마트 조회(L)

4. '메모 서식' 대화상자의 '맞춤' 탭에서 '자동 크기'를 선택한 후 〈확인〉을 클릭하세요.

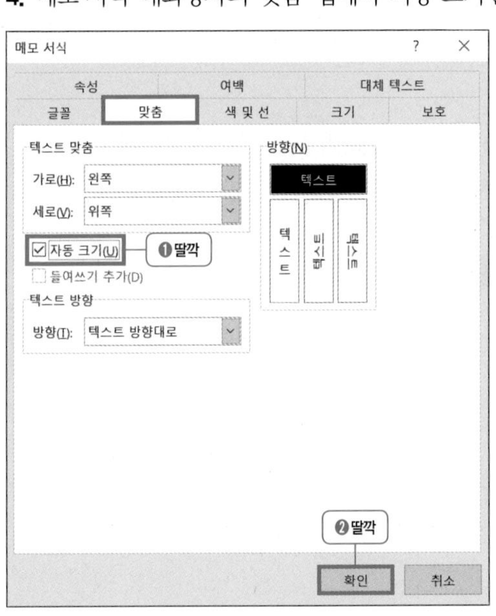

궁금해요 시나공 Q&A 베스트

Q '메모 서식' 대화상자에 '글꼴' 탭만 표시되요. 왜 그런가요?

A 메모 안에서 마우스 오른쪽 버튼을 클릭했기 때문입니다. 마우스 포인터를 메모의 외곽선으로 가져가 마우스 포인터의 모양이 아래 그림처럼 ✥ 모양으로 바뀌었을 때 마우스 오른쪽 버튼을 클릭한 후 바로 가기 메뉴에서 **[메모 서식]**을 선택해야 합니다.

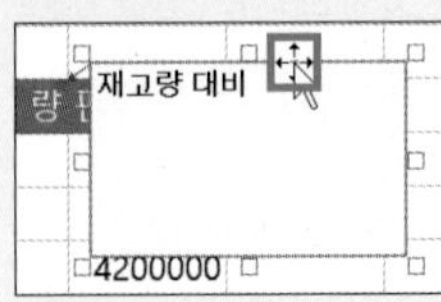

5. 메모가 항상 표시되도록 하기 위해 [F3] 셀을 마우스 오른쪽 버튼을 클릭한 후 바로 가기 메뉴에서 **[메모 표시/숨기기]**를 선택하세요. 메모가 항상 표시됩니다.

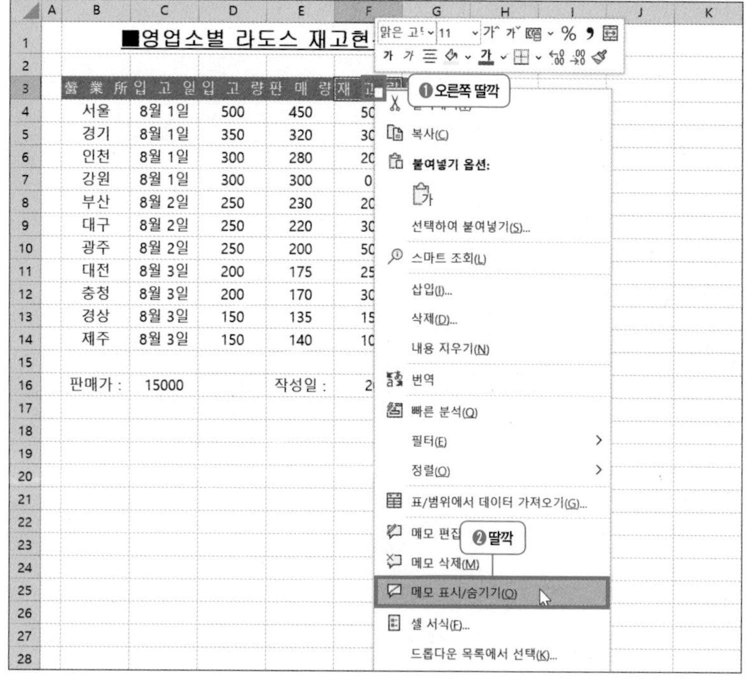

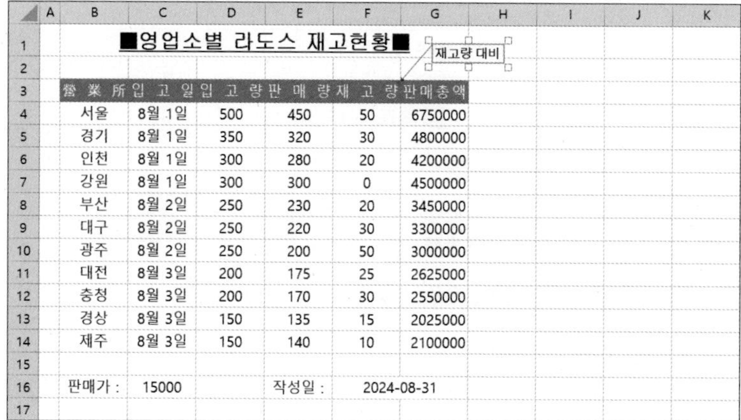

營業所	입고일	입고량	판매량	재고량	판매총액
서울	8월 1일	500	450	50	6750000
경기	8월 1일	350	320	30	4800000
인천	8월 1일	300	280	20	4200000
강원	8월 1일	300	300	0	4500000
부산	8월 2일	250	230	20	3450000
대구	8월 2일	250	220	30	3300000
광주	8월 2일	250	200	50	3000000
대전	8월 3일	200	175	25	2625000
충청	8월 3일	200	170	30	2550000
경상	8월 3일	150	135	15	2025000
제주	8월 3일	150	140	10	2100000
판매가 :	15000		작성일 :	2024-08-31	

전문가의 조언

메모 삽입 후 메모가 항상 표시되도록 설정하였을 때 메모 창의 크기가 커서 다른 셀들을 가려 안 보이는 경우에는 메모의 내용이 있는 부분을 드래그하여 다른 곳으로 이동해도 됩니다.

궁금해요 시나공 Q&A 베스트

Q1 메모가 항상 표시되어 있어요!

A1 메모를 삽입하고 [메모 표시/숨기기]를 선택하지 않았는데도 메모가 항상 표시되어 나타난다면, [파일] → **옵션**을 클릭하여 나타나는 'Excel 옵션' 대화상자의 '고급' 탭에서 '표시' 항목 중 '표시기와 메모, 마우스를 가져가면 댓글 표시'가 선택된 경우입니다. '표시기만, 마우스를 가져가면 댓글 및 메모 표시'를 선택하면 메모를 삽입한 후 [메모 표시/숨기기]를 선택한 경우에만 메모가 항상 화면에 표시됩니다.

Q2 저는 메모가 처음 삽입된 그 상태에서 위치를 변경하지 않았는데 답안지에는 메모가 위쪽으로 올라가 있더군요. 문제에 어디에 놓으란 말이 없어서 신경 안 썼는데, 어떻게 해야 하나요?

A2 문제에 특별한 지시사항이 없으면 메모의 크기나 위치는 신경 쓰지 않아도 됩니다. 교재에서는 메모가 다른 데이터 영역을 가리지 않도록 크기와 위치를 조절한 것입니다.

8 [C4:C14], [C16] 영역에 표시 형식 지정하기

24.상시, 23.상시, 22.상시, 21.상시

1. [C4:C14] 영역을 블록으로 지정한 후 [홈] → 표시 형식 → 표시 형식의 ⌄ → **간단한 날짜**를 선택하세요.

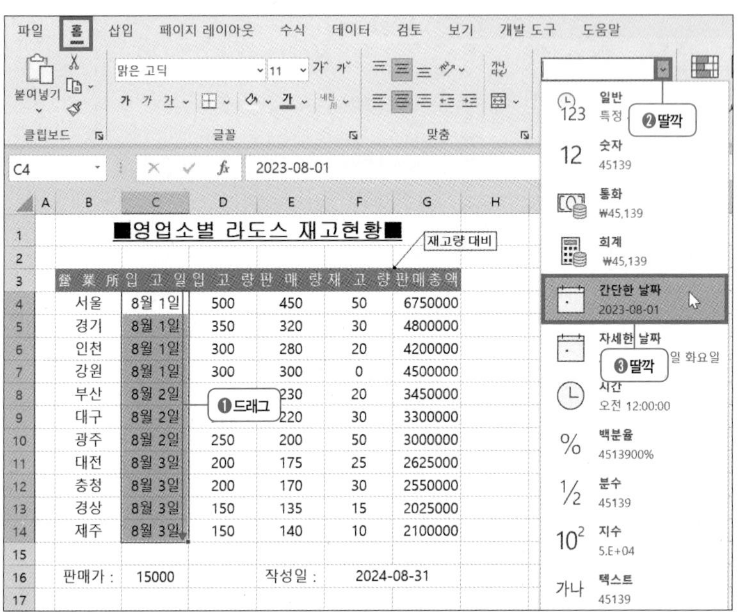

2. [C16] 셀을 클릭한 후 [홈] → 표시 형식 → 표시 형식의 ⌄ → **통화**를 선택하세요.

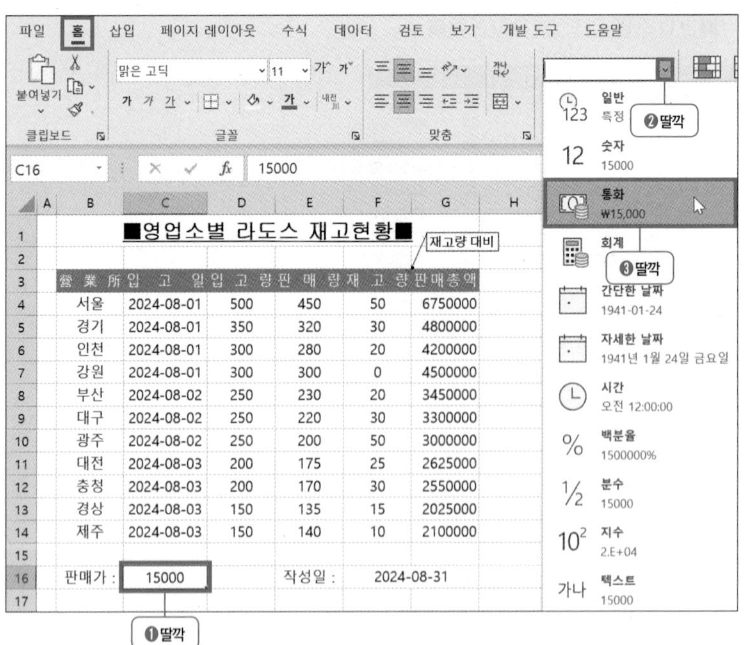

24.상시, 24.공개, 23.상시, 22.상시, 21.상시, 21.공개, 20.상시, 19.상시, 18.상시, 18.2, 17.상시, 17.1, 16.3, 16.2, 15.3, 15.상시, 15.1, 14.3, 14.2, 14.1, …

9 [D4:F14] 영역에 사용자 지정 표시 형식 지정하기

1. [D4:F14] 영역을 블록으로 지정한 후 Ctrl + 1 을 누르세요.

2. '셀 서식' 대화상자의 '표시 형식' 탭에서 '범주'의 '사용자 지정'을 선택하고, '형식'에 0"개"를 입력한 후 〈확인〉을 클릭하세요. 숫자 뒤에 "개"가 붙어 표시됩니다.

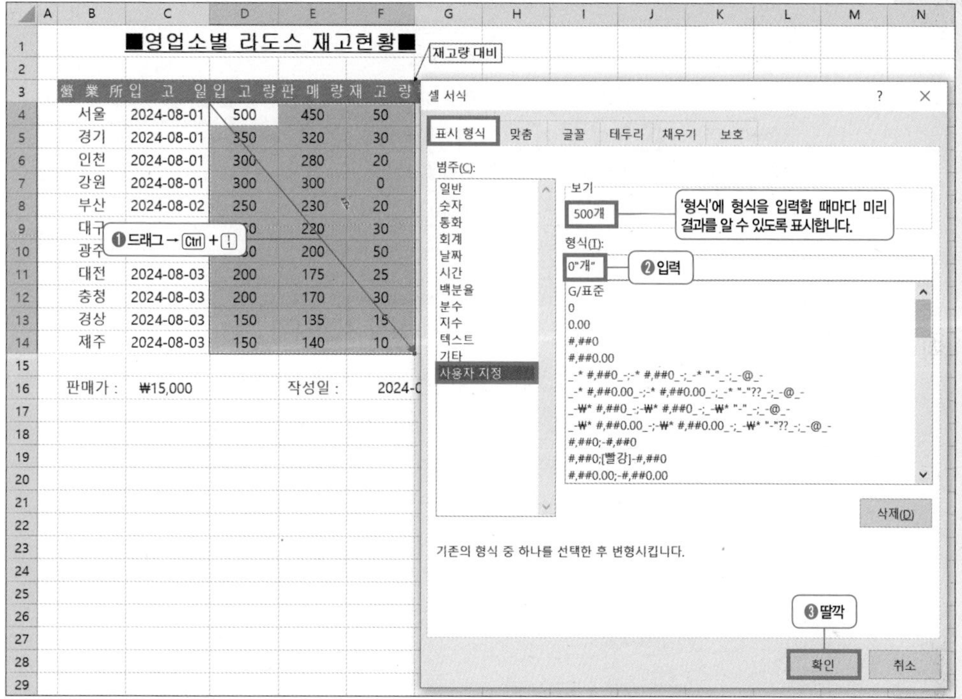

궁금해요 시나공 Q&A 베스트

Q 표시 형식이 '0"개"'로 되어 있던데 '#"개"'는 안 되나요?

A 안됩니다. 문제의 [표시 예]에 '0 → 0개'라는 지시사항이 있기 때문에 반드시 '0"개"'로 지정해야 합니다. 표시 형식을 '#"개"'로 지정할 경우 셀 값이 0이면 '개'로 표시되기 때문입니다. 단, 문제에 특별한 지시사항이 없을 때는 '#"개"'나 '0"개"' 중 아무거나 지정해도 됩니다.

#과 0의 차이점

#과 0 둘다 숫자 한자리를 대신하는 특수문자로, #은 가치가 없는 0일 때는 아무것도 표시하지 않고, 0은 가치가 없는 0일 때도 0으로 표시합니다. 예를 들어 재고량이 0일 때 표시 형식을 '#"개"'로 지정하면 '개'라고 표시되고, '0"개"'로 지정하면 '0개'로 표시됩니다. 결국 셀에 입력된 값이 0일 경우 0을 표시하느냐 표시하지 않느냐의 차이입니다.

전문가의 조언

서식 코드(#,##0) 뒤에 ,(콤마)를 하나씩 입력할 때마다 천 단위씩 생략됩니다.

원본 데이터	서식	결과
1000000	#,##0	1,000,000
1000000	#,##0,	1,000
1000000	#,##0,,	1

잠깐만요 자주 출제되는 사용자 지정 표시 형식

셀값	형식	결과
1000	0"개"	1000개
1000	#,##0"원"	1,000원
1000000	#,##0,"천원"*	1,000천원
2024년	@"까지"	2024년까지
0~100	@"%"	0~100%
2024-01-01	mm"월" dd"일"	01월 01일
2024-01-01	yy"年" mm"月" dd"日"	24年 01月 01日
2024-01-01	dd"일"(aaaa)	01일(월요일)
2024-01-01	m/d(aaa)	1/1(월)

한자는 **년**, **월**, **일**을 입력한 후 한자를 누르면 나타나는 한자 목록에서 선택합니다.

10 [G4:G14] 영역에 사용자 지정 표시 형식 지정하기

24.상시, 23.상시, 22.상시, 21.상시, 20.상시, 19.상시, 18.상시, 16.3, 16.2, 15.3, 15.1, 14.2, 13.2, 13.1, 12.3, 12.1, 11.2

1. [G4:G14] 영역을 블록으로 지정한 후 Ctrl + 1 을 누르세요.

2. '셀 서식' 대화상자의 '표시 형식' 탭에서 '범주'의 '사용자 지정'을 선택하고, '형식'에 **#,##0"원"**을 입력한 후 〈확인〉을 클릭하세요.

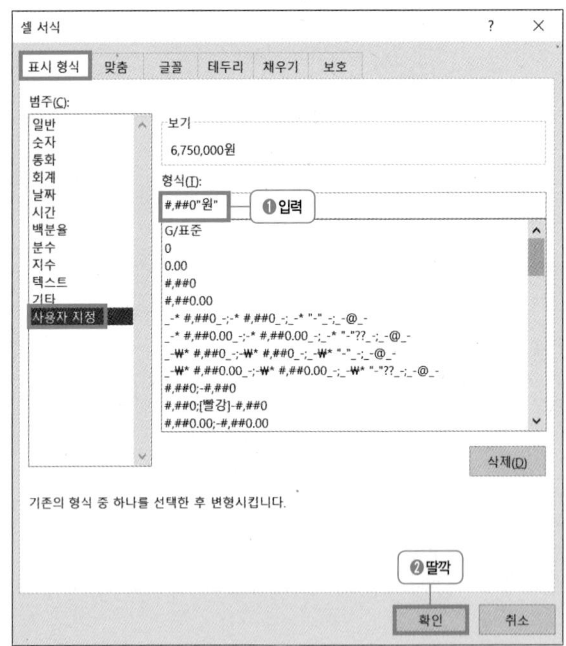

11 [F16] 셀에 사용자 지정 표시 형식 지정하기

24.상시, 23.상시, 22.상시, 21.상시, 20.상시, 19.상시, 18.상시

1. [F16] 셀을 클릭한 후 Ctrl + 1을 누르세요.

2. '셀 서식' 대화상자의 '표시 형식' 탭에서 '범주'의 '사용자 지정'을 선택하고, '형식'에 **yyyy"년"mm"월"dd"일"**을 입력한 후 〈확인〉을 클릭하세요.

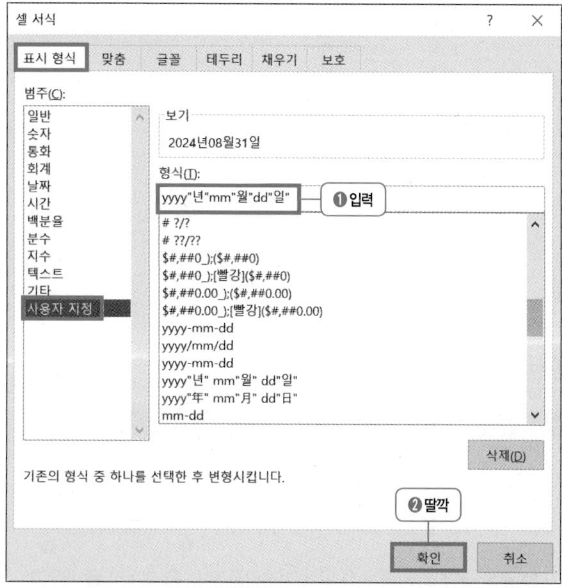

12 [B3:G14] 영역에 테두리 적용하기

24.상시, 24.공개, 23.상시, 22.상시, 21.상시, 21.공개, 20.상시, 19.상시, 18.상시, 18.2, 18.1, 17.상시, 17.1, 16.3, 16.2, 16.1, 15.3, 15.상시, 15.1, 14.3, 14.2, …

[B3:G14] 영역을 블록으로 지정하고 [홈] → **글꼴**에서 테두리(⊞ ⌄)의 ⌄을 클릭한 후 '모든 테두리(⊞)'와 '굵은 바깥쪽 테두리(⊡)'를 차례로 클릭하세요.

⬇

■영업소별 라도스 재고현황■

재고량 대비

	A	B	C	D	E	F	G
3		營 業 所	입 고 일	입 고 량	판 매 량	재 고 량	판 매 총 액
4		서울	2024-08-01	500개	450개	50개	6,750,000원
5		경기	2024-08-01	350개	320개	30개	4,800,000원
6		인천	2024-08-01	300개	280개	20개	4,200,000원
7		강원	2024-08-01	300개	300개	0개	4,500,000원
8		부산	2024-08-02	250개	230개	20개	3,450,000원
9		대구	2024-08-02	250개	220개	30개	3,300,000원
10		광주	2024-08-02	250개	200개	50개	3,000,000원
11		대전	2024-08-03	200개	175개	25개	2,625,000원
12		충청	2024-08-03	200개	170개	30개	2,550,000원
13		경상	2024-08-03	150개	135개	15개	2,025,000원
14		제주	2024-08-03	150개	140개	10개	2,100,000원
16		판매가 :	₩15,000		작성일 :	2024년08월31일	

잠깐만요 [홈] 메뉴의 주요 서식 관련 도구 모음

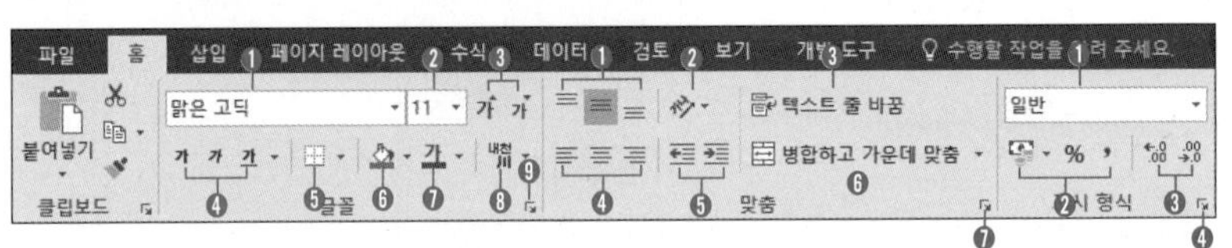

- **글꼴** : ❶ 글꼴 종류 ❷ 글꼴 크기 ❸ 글꼴 크기 크게/작게 ❹ 굵게/기울임꼴/밑줄 ❺ 테두리 ❻ 채우기 색 ❼ 글꼴 색 ❽ 윗주 ❾ 셀 서식 대화상자
- **맞춤** : ❶ 위쪽/가운데/아래쪽 맞춤 ❷ 방향 ❸ 자동 줄 바꿈 ❹ 왼쪽/가운데/오른쪽 맞춤 ❺ 내어쓰기/들여쓰기 ❻ 병합하고 가운데 맞춤 ❼ 셀 서식 대화상자
- **표시 형식** : ❶ 표시 형식 종류 ❷ 회계 표시 형식/백분율 스타일/쉼표 스타일 ❸ 자릿수 늘림/줄임 ❹ 셀 서식 대화상자

표시 형식의 '사용자 지정'

기본적으로 제공하는 표시 형식으로 표현할 수 없을 때 사용합니다.

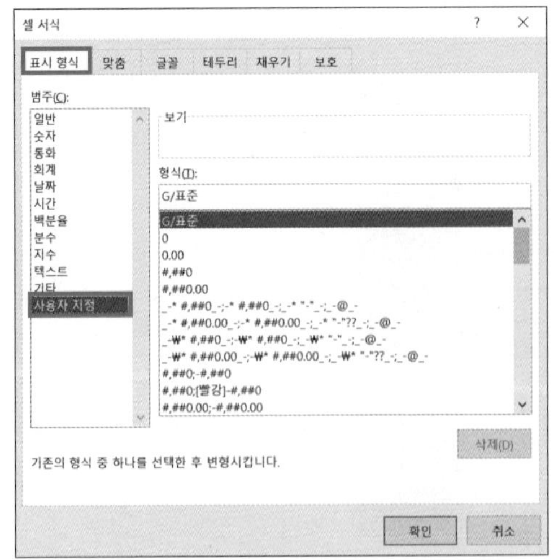

서식 코드	의미
#	유효 자릿수만 나타내고 유효하지 않은 0은 나타내지 않습니다.
0	유효하지 않은 0을 나타냅니다.
@	문자열 뒤에 특정 문자를 붙여 표시할 때 사용합니다.
,	천 단위 구분 기호로 ,(콤마)를 사용합니다.
[ ]	조건이나 색을 지정합니다.
yy	yy는 두 자리로, yyyy는 네 자리로 연도를 표시합니다.
m	m은 1~12, mm은 01~12, mmm은 Jan~Dec, mmmm은 January~December로 월을 표시합니다.
d	• d는 1~31, dd는 01~31로 일을 표시합니다. • ddd는 Sun~Sat로, dddd는 Sunday~Saturday로 요일을 표시합니다.
aaa	aaa는 일~월로, aaaa는 일요일~월요일로 요일을 표시합니다.

예제 숫자 서식 코드 사용하기

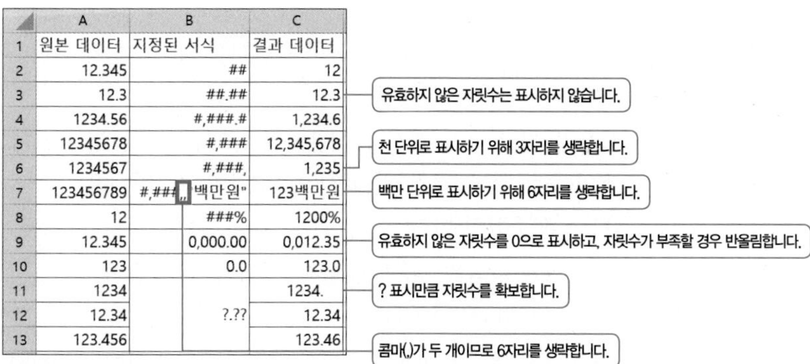

	A	B	C
1	원본 데이터	지정된 서식	결과 데이터
2	12.345	##	12
3	12.3	##.##	12.3
4	1234.56	#,###.#	1,234.6
5	12345678	#,###	12,345,678
6	1234567	#,###,	1,235
7	123456789	#,###,,"백만원"	123백만원
8	12	###%	1200%
9	12.345	0,000.00	0,012.35
10	123	0.0	123.0
11	1234	?.??	1234.
12	12.34		12.34
13	123.456		123.46

'이름 관리자' 대화상자

[수식] → 정의된 이름 → **이름 관리자**를 클릭하면 '이름 관리자' 대화상자가 나타납니다. '이름 관리자' 대화상자를 이용하여 새로운 이름을 정의할 수 있고, 정의된 이름을 수정하거나 삭제할 수 있습니다.

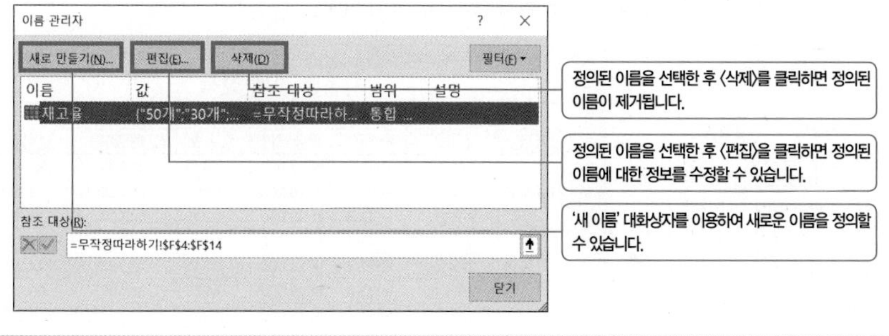

전문가의 조언

먼저 '기출01' 시트를 선택한 후 작업해야 합니다. '기출01' 시트는 워크시트의 맨 아래쪽에 있는 시트 탭에서 선택하면 됩니다.

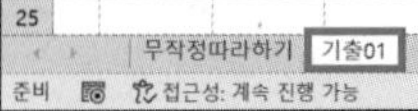

문제 1 'C:\길벗컴활2급\01 섹션' 폴더의 '섹션01문제.xlsm' 파일을 열어서 작업하시오.

'기출01' 시트에서 다음의 지시사항대로 작업을 처리하시오.

1. [A1:G1] 영역은 '선택 영역의 가운데로', 셀 스타일을 '제목 1'로 지정하시오.
2. [A4:A6], [A7:A9], [A10:A12], [A13:D13] 영역은 '병합하고 가운데 맞춤'을, [A3:G3] 영역은 '가로 가운데 맞춤', 채우기 색 '표준 색 – 노랑'을 지정하시오.
3. [D4:D12] 영역은 표시 형식을 '회계 표시 형식'으로, [E4:E13] 영역은 표시 형식을 '쉼표 스타일(,)'로 지정하시오.
4. [G4:G12] 영역은 표시 형식을 '백분율 스타일(%)', 소수 둘째 자리까지 지정하시오.
5. [A4:A12] 영역은 사용자 지정 표시 형식을 이용하여 문자 뒤에 "지점"을 [표시 예]와 같이 표시하시오. [표시 예 : 서교 → 서교지점]
6. [B4:B12] 영역은 사용자 지정 표시 형식을 이용하여 날짜를 [표시 예]와 같이 표시하시오. [표시 예 : 2024-01-02 → 1/2(화)]
7. [F4:F13] 영역은 사용자 지정 표시 형식을 이용하여 1,000의 배수로 표시하고, 1000 단위 구분 기호와 숫자 뒤에 "천원"을 [표시 예]와 같이 표시하시오.
   [표시 예 : 34567000 → 34,567천원]
8. [F15] 셀은 사용자 지정 표시 형식을 이용하여 날짜를 [표시 예]와 같이 표시하시오.
   [표시 예 : 2024-01-02 → 23年01月02日]
9. [F16] 셀은 사용자 지정 표시 형식을 이용하여 날짜를 [표시 예]와 같이 표시하시오.
   [표시 예 : 2024-01-02 → 02일(화요일)]
10. [A3:G13] 영역에 '모든 테두리(田)'를, [A3:G3] 영역에 '아래쪽 이중 테두리(⊟)'를, [G13] 셀에 '대각선(×)'을 적용하여 표시하시오.

	A	B	C	D	E	F	G
1	지점별 판매 실적						
2							
3	지점	입고일	제품코드	판매단가	판매량	매출액	달성률
4	서울	2024-09-04	HSD-1	15000	2459	36885000	1.2295
5		2024-09-05	HSD-2	18000	1866	33588000	0.933
6		2024-09-06	HSD-3	20000	2245	44900000	1.1225
7	경기	2024-09-04	HSD-1	15000	1686	25290000	0.843
8		2024-09-05	HSD-2	18000	2341	42138000	1.1705
9		2024-09-06	HSD-3	20000	1925	38500000	0.9625
10	인천	2024-09-04	HSD-1	15000	2208	33105000	1.1035
11		2024-09-05	HSD-2	18000	1530	27540000	0.765
12		2024-09-06	HSD-3	20000	2163	43260000	1.0815
13	평균				2047	36134000	
14							
15					조사일 :	2024-09-28	
16					작성일 :	2024-09-30	

➡

	A	B	C	D	E	F	G
1	지점별 판매 실적						
2							
3	지점	입고일	제품코드	판매단가	판매량	매출액	달성률
4	서울지점	9/4(수)	HSD-1	₩ 15,000	2,459	36,885천원	122.95%
5		9/5(목)	HSD-2	₩ 18,000	1,866	33,588천원	93.30%
6		9/6(금)	HSD-3	₩ 20,000	2,245	44,900천원	112.25%
7	경기지점	9/4(수)	HSD-1	₩ 15,000	1,686	25,290천원	84.30%
8		9/5(목)	HSD-2	₩ 18,000	2,341	42,138천원	117.05%
9		9/6(금)	HSD-3	₩ 20,000	1,925	38,500천원	96.25%
10	인천지점	9/4(수)	HSD-1	₩ 15,000	2,208	33,105천원	110.35%
11		9/5(목)	HSD-2	₩ 18,000	1,530	27,540천원	76.50%
12		9/6(금)	HSD-3	₩ 20,000	2,163	43,260천원	108.15%
13	평균				2,047	36,134천원	
14							
15					조사일 :	24年09月28日	
16					작성일 :	30일(월요일)	

기출문제 따라하기

문제 1

24.상시, 24.공개, 23.상시, 22.상시, 21.상시, 21.공개, 20.상시, 19.상시, 18.상시, 18.2, 18.1, 17.1, …

1 [A1:G1] 영역에 서식 지정하기

1. '기출01' 시트에서 [A1:G1] 영역을 블록으로 지정한 후 Ctrl + 1을 누르세요.
2. '셀 서식' 대화상자의 '맞춤' 탭에서 '텍스트 맞춤'을 '선택 영역의 가운데로'로 지정한 후 〈확인〉을 클릭하세요.

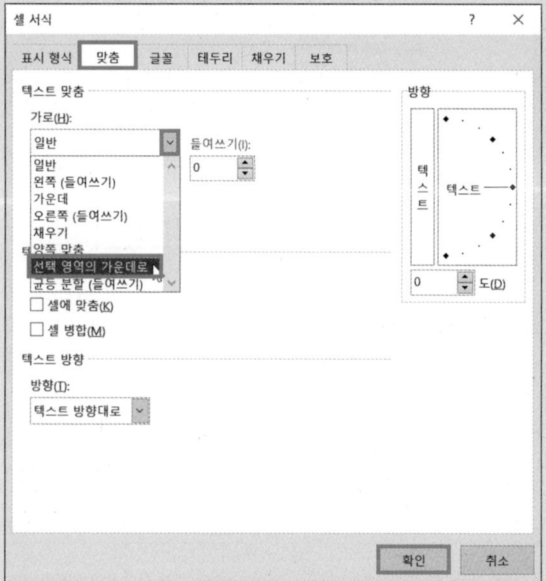

3. 이어서 [홈] → 스타일 → 셀 스타일 → **제목 1**을 선택하세요.

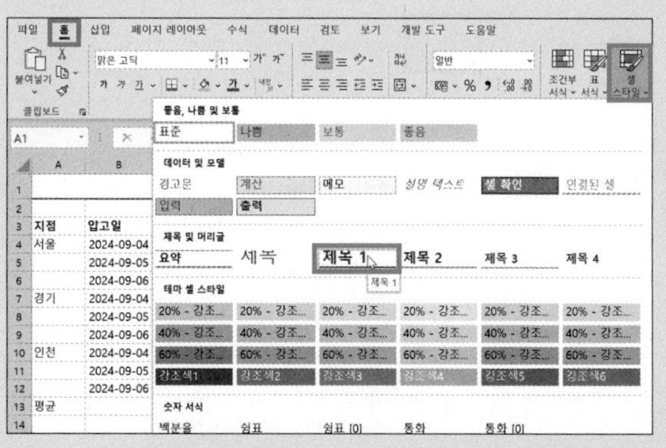

24.상시, 24.공개, 23.상시, 22.상시, 21.상시, 21.공개, 20.상시, 19.상시, 18.상시, 18.2, 18.1, 17.1, …

2 [A4:A6], [A7:A9], [A10:A12], [A13:D13], [A3:G3] 영역에 서식 지정하기

1. [A4:A6], [A7:A9], [A10:A12], [A13:D13] 영역을 블록으로 지정한 후 [홈] → 맞춤 → **병합하고 가운데 맞춤**을 클릭하세요.
2. [A3:G3] 영역을 블록으로 지정한 후 [홈] → 맞춤 → **(가운데 맞춤)**을 클릭하세요.
3. 이어서 [홈] → 글꼴 → (채우기 색)의 ▾ → **노랑**을 선택하세요.

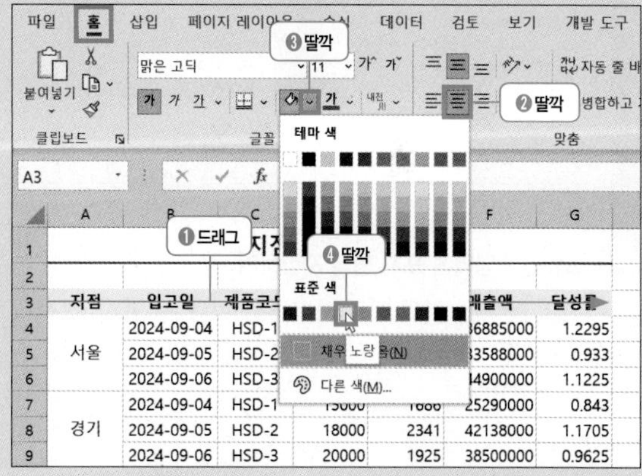

24.상시, 23.상시, 22.상시, 21.상시, 20.상시, 19.상시, 18.상시, 18.2, 15.3

3 [D4:D12], [E4:E13] 영역에 표시 형식 지정하기

1. [D4:D12] 영역을 블록으로 지정한 후 [홈] → 표시 형식 → **(회계 표시 형식)**을 클릭하세요.

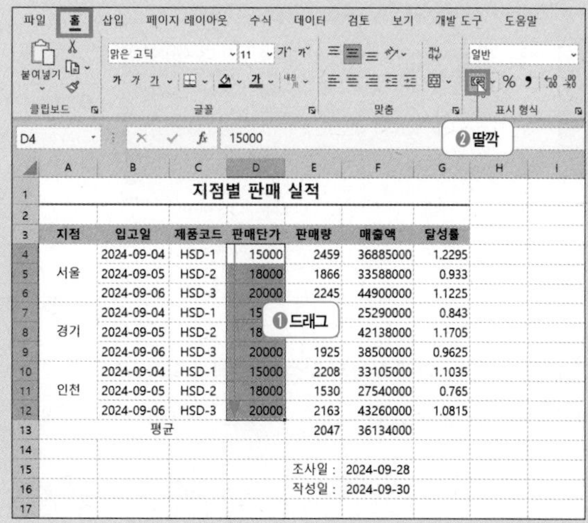

2. [E4:E13] 영역을 블록으로 지정한 후 [홈] → 표시 형식 → **❟(쉼표 스타일)**을 클릭하세요.

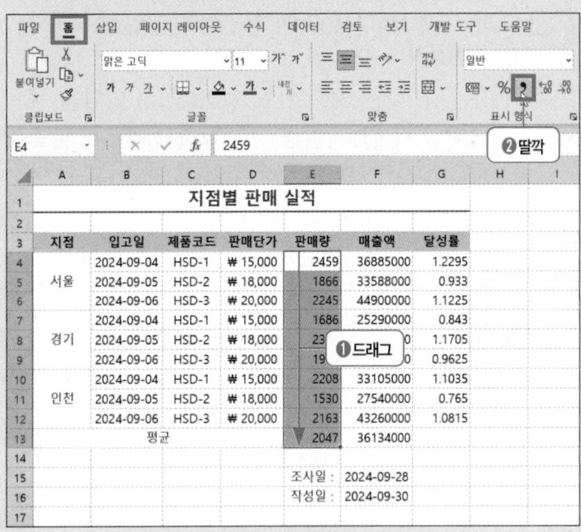

24.상시, 23.상시, 22.상시, 21.상시, 20.상시, 19.상시, 18.상시

4 [G4:G12] 영역에 표시 형식 지정하기

[G4:G12] 영역을 블록으로 지정하고 [홈] → **표시 형식**에서 %(백분율 스타일)을 클릭한 후 ←.0 .00(자릿수 늘림)을 두 번 클릭하세요.

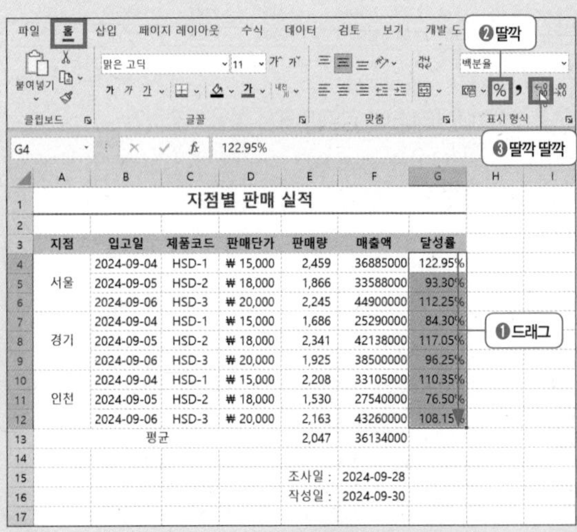

24.상시, 24.공개, 23.상시, 22.상시, 21.상시, 20.상시, 19.상시, 18.상시, 17.1

5 [A4:A12] 영역에 사용자 지정 표시 형식 지정하기

1. [A4:A12] 영역을 블록으로 지정한 후 Ctrl + 1을 누르세요.
2. '셀 서식' 대화상자의 '표시 형식' 탭에서 '범주'의 '사용자 지정'을 선택하고, '형식'에 **@"지점"**을 입력한 후 〈확인〉을 클릭하세요.

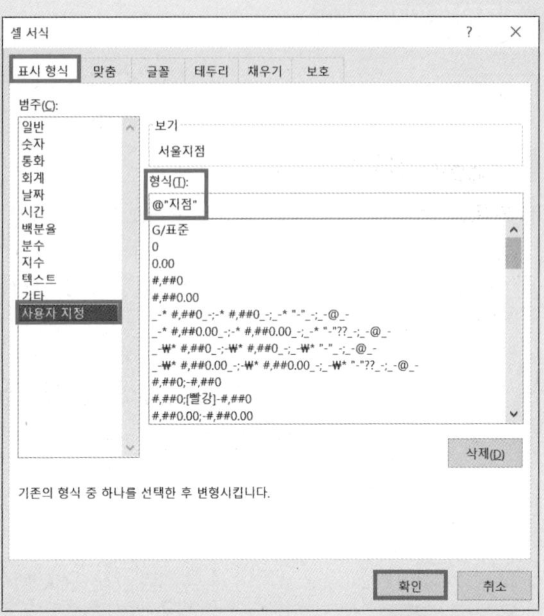

24.상시, 23.상시, 22.상시, 21.상시

6 [B4:B12] 영역에 사용자 지정 표시 형식 지정하기

1. [B4:B12] 영역을 블록으로 지정한 후 Ctrl + 1을 누르세요.
2. '셀 서식' 대화상자의 '표시 형식' 탭에서 '범주'의 '사용자 지정'을 선택하고, '형식'에 **m/d(aaa)**를 입력한 후 〈확인〉을 클릭하세요.

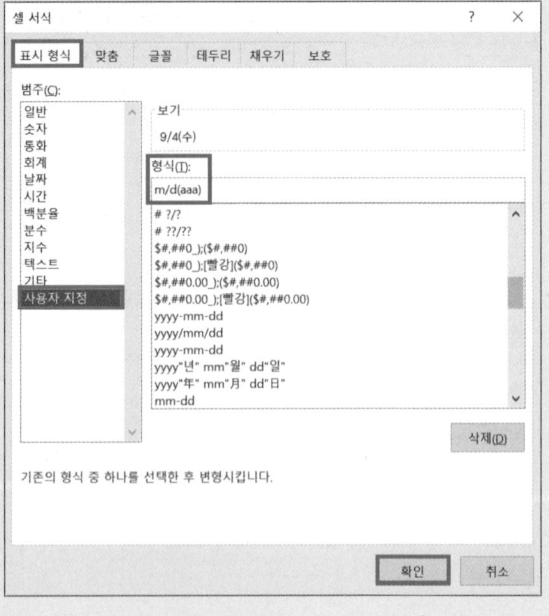

24.상시, 23.상시, 22.상시, 21.상시, 20.상시, 19.상시, 18.상시, 11.2

7 [F4:F13] 영역에 사용자 지정 표시 형식 지정하기

1. [F4:F13] 영역을 블록으로 지정한 후 Ctrl + 1을 누르세요.
2. '셀 서식' 대화상자의 '표시 형식' 탭에서 '범주'의 '사용자 지정'을 선택하고, '형식'에 **#,##0,"천원"**을 입력한 후 〈확인〉을 클릭하세요.

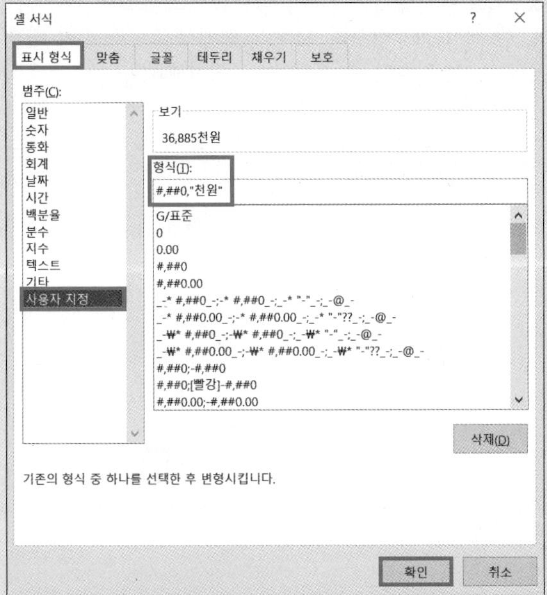

서식 코드(#,##0) 뒤에 ,(콤마)를 하나씩 입력할 때마다 천 단위씩 생략됩니다.

원본 데이터	서식	결과
1000000	#,##0	1,000,000
	#,##0,	1,000
	#,##0,,	1

24.상시, 23.상시, 22.상시, 21.상시, 20.상시, 19.상시, 18.상시

8 [F15] 셀에 사용자 지정 표시 형식 지정하기

1. [F15] 셀을 선택한 지정한 후 Ctrl + 1을 누르세요.
2. '셀 서식' 대화상자의 '표시 형식' 탭에서 '범주'의 '사용자 지정'을 선택한 후 '형식'에 **yy"년"**을 입력하세요.
3. **년** 자 앞에 커서를 놓은 후 한자를 누르세요.
4. 한자 선택 대화상자에서 **年(해 년)**이 선택된 상태에서 Enter를 눌러 입력하세요.

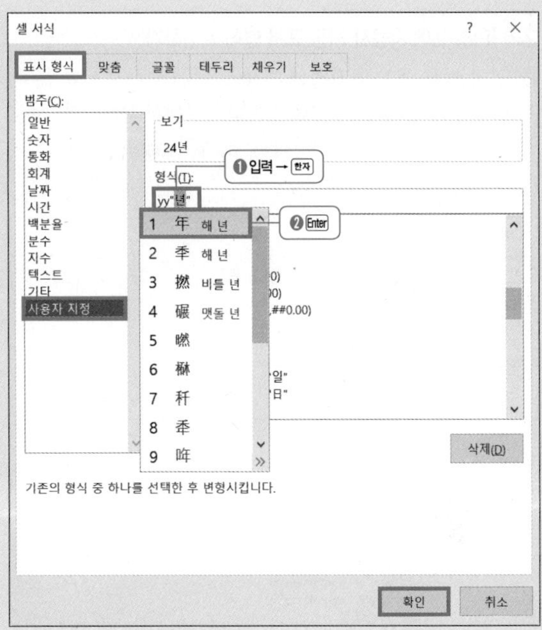

5. 동일한 방법으로 다음과 같이 **yyyy"年"mm"月"dd"日"**을 입력한 후 〈확인〉을 클릭하세요.

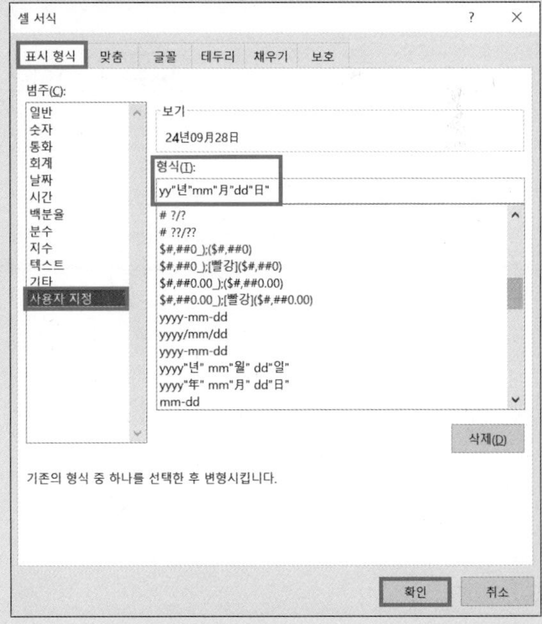

9 [F16] 셀에 사용자 지정 표시 형식 지정하기

24.상시, 23.상시, 22.상시, 21.상시

1. [F16] 셀을 선택한 지정한 후 Ctrl + 1을 누르세요.
2. '셀 서식' 대화상자의 '표시 형식' 탭에서 '범주'의 '사용자 지정'을 선택하고, '형식'에 **dd"일"(aaaa)**를 입력한 후 〈확인〉을 클릭하세요.

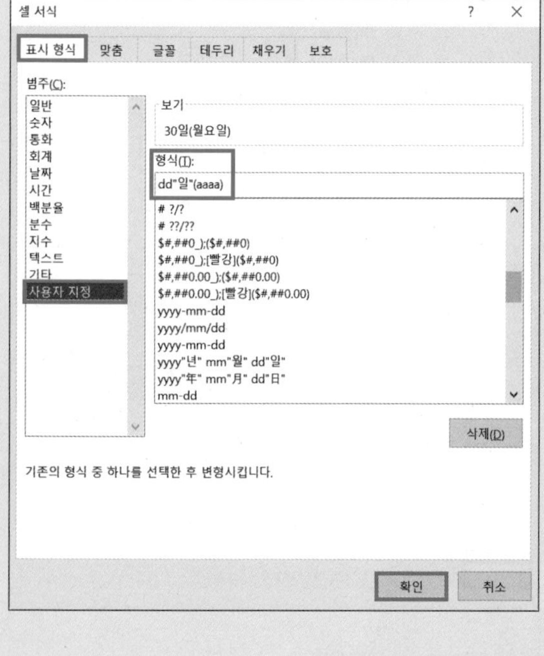

10 [A3:G13], [A3:G3], [G13] 영역에 테두리 지정하기

24.상시, 24.공개, 23.상시, 22.상시, 21.상시, 21.공개, 20.상시, 19.상시, 18.상시, 18.2, 18.1, …

1. [A3:G13] 영역을 블록으로 지정한 후 [홈] → 글꼴 → (테두리)의 → **모든 테두리**를 선택하세요.
2. [A3:G3] 영역을 블록으로 지정한 후 [홈] → 글꼴 → (테두리)의 → **아래쪽 이중 테두리**를 선택하세요.
3. [G13] 셀을 클릭한 후 Ctrl + 1을 누르세요.
4. '셀 서식' 대화상자의 '테두리' 탭에서 그림과 같이 대각선(×)을 지정한 후 〈확인〉을 클릭하세요.

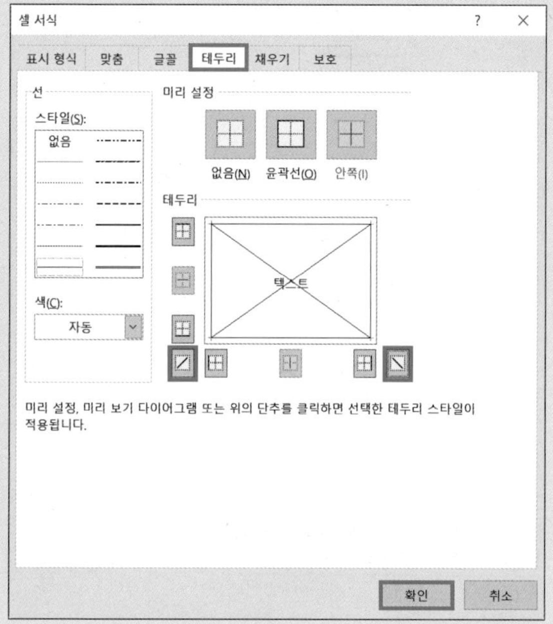

SECTION 02

조건부 서식

조건부 서식은 특정 조건에 맞는 특정 셀이나 행 전체에 서식을 적용하는 기능입니다. 예를 들어, 성적을 관리할 때 평균보다 낮은 점수를 받아 반 평균을 낮추는 학생의 데이터만 진하게 강조하여 표시하면 좀더 신경 써서 성적을 관리할 수 있겠죠?

기본문제 'C:\길벗컴활2급\01 섹션' 폴더의 '섹션02문제.xlsm' 파일을 열어서 작업하시오.

'무작정따라하기' 시트에서 다음의 지시사항대로 작업을 처리하시오.

[A4:E12] 영역에서 계획수량이 250 이상인 행 전체에 대하여 밑줄을 '실선', 글꼴 스타일을 '굵게', 150 미만이면 글꼴 색을 '표준 색 – 빨강', 글꼴 스타일을 '기울임꼴'로 지정하는 조건부 서식을 작성하시오.

▶ 단, 규칙 유형은 '수식을 사용하여 서식을 지정할 셀 결정'을 사용하시오.

	A	B	C	D	E
1	지역별 판매 현황				
2					
3	지역	상점명	전년도 판매수량	계획수량	판매수량
4	성북	한신	460	200	220
5	강남	고려	560	150	170
6	성북	영광	580	120	150
7	강북	부광	300	200	210
8	강북	다솔	480	150	180
9	강남	현대	350	120	130
10	강남	알뜰	240	100	115
11	성북	성심	680	350	380
12	강북	한국	300	200	235
13					

	A	B	C	D	E
1	지역별 판매 현황				
2					
3	지역	상점명	전년도 판매수량	계획수량	판매수량
4	성북	한신	460	200	220
5	강남	고려	560	150	170
6	*성북*	*영광*	*580*	*120*	*150*
7	강북	부광	300	200	210
8	강북	다솔	480	150	180
9	*강남*	*현대*	*350*	*120*	*130*
10	*강남*	*알뜰*	*240*	*100*	*115*
11	**성북**	**성심**	**680**	**350**	**380**
12	강북	한국	300	200	235
13					

전문가의 조언

조건부 서식은 자주 출제되므로 기능을 반드시 숙지해야 합니다. 하지만 까다로운 논리 조건을 만들기보다는 조건과 서식을 정확하게 입력하는 방법만 알면 쉽게 해결할 수 있는 문제가 대부분이니 너무 걱정하지는 마세요. 행 전체를 대상으로 할 때는 열 문자 앞에 '$'를 붙인다는 것을 잊지마세요.

따라하기

조건부 서식

1. 조건부 서식을 적용할 [A4:E12] 영역을 블록으로 지정한 후 [홈] → 스타일 → 조건부 서식 → **새 규칙**을 선택하세요.

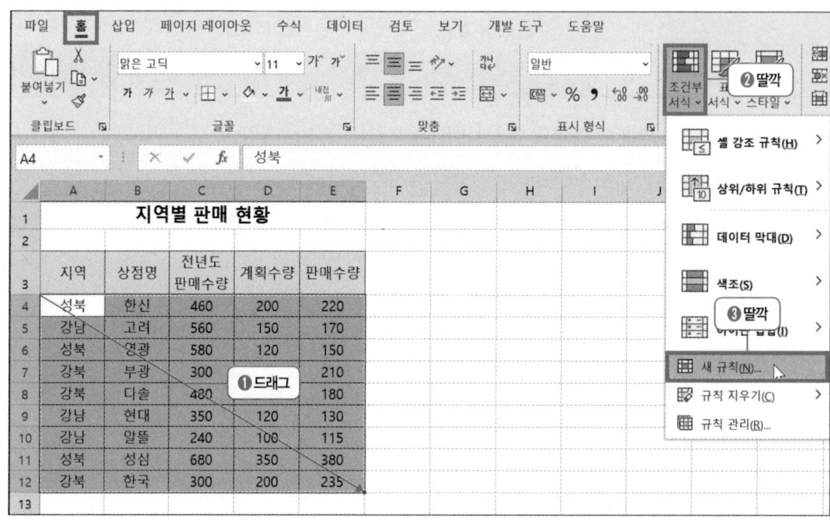

조건부 서식에 사용되는 데이터 영역을 범위로 지정할 때는 필드명(A3:E3)은 제외하고 범위를 지정해야 합니다.

2. '새 서식 규칙' 대화상자에서 '수식을 사용하여 서식을 지정할 셀 결정'을 선택하고 수식 입력란에 **=$D4>=250**을 입력한 후 〈서식〉을 클릭하세요.

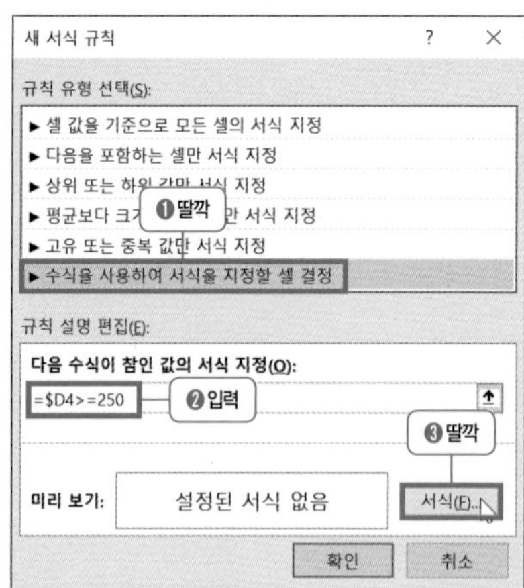

- 조건을 수식으로 설정하려면 '새 서식 규칙' 대화상자에서 '수식을 사용하여 서식을 지정할 셀 결정'을 선택해야 합니다.
- 일반 수식이나 함수를 입력하는 경우처럼 수식을 입력할 경우에는 반드시 '='을 먼저 입력해야 합니다.
- 수식 입력 시 셀 주소에 '$'를 붙이는 이유는 조건에 맞는 데이터가 있는 셀 전체 행에 서식을 적용하기 위한 것입니다. '$'를 붙이지 않으면 상대 주소가 적용되어 엉뚱한 곳에 서식이 적용됩니다.

3. '셀 서식' 대화상자의 '글꼴' 탭에서 밑줄을 '실선', 글꼴 스타일을 '굵게'로 지정한 후 〈확인〉을 클릭하세요.

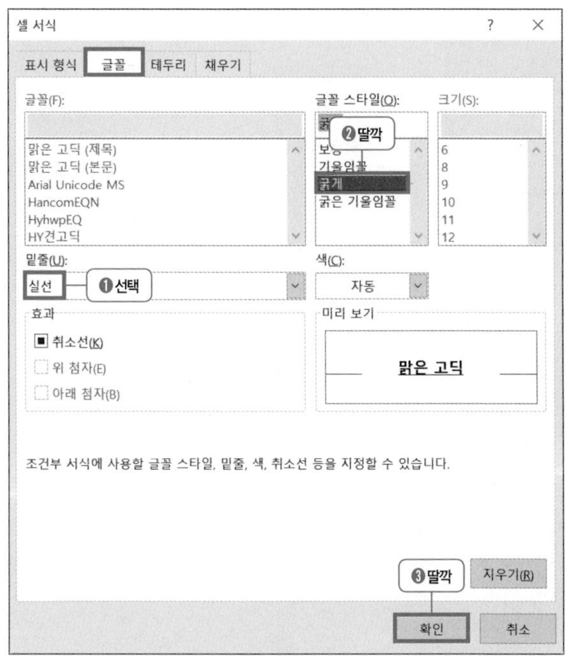

4. '새 서식 규칙' 대화상자에서 적용될 서식을 확인한 후 〈확인〉을 클릭하세요. 조건에 맞는 셀에만 서식이 적용된 것을 확인할 수 있습니다.

5. 두 번째 조건부 서식을 지정하기 위해 [A4:E12] 영역이 블록으로 지정된 상태에서 [홈] → 스타일 → 조건부 서식 → **새 규칙**을 선택하세요.

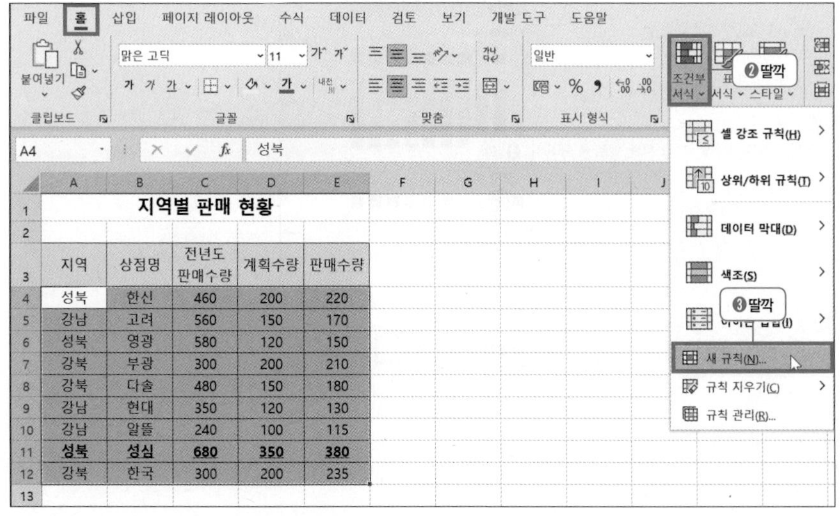

6. '새 서식 규칙' 대화상자에서 '수식을 사용하여 서식을 지정할 셀 결정'을 선택하고 수식 입력란에 **=$D4<150**을 입력한 후 〈서식〉을 클릭하세요.

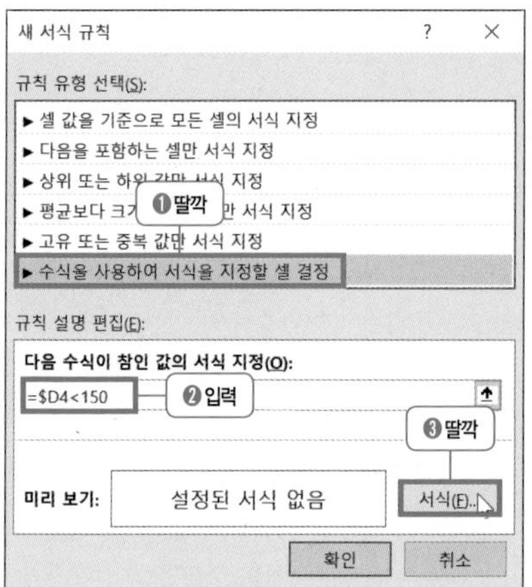

'색' 대화상자에서 목록 단추(⌄)를 클릭하면 아래 그림과 같이 색상 지정 부분이 나타납니다. 선택하고자 하는 색이 혼동될 경우에는 색상 위로 마우스 포인터를 이동하세요. 풍선 도움말이 나타나 색상을 알려줍니다.

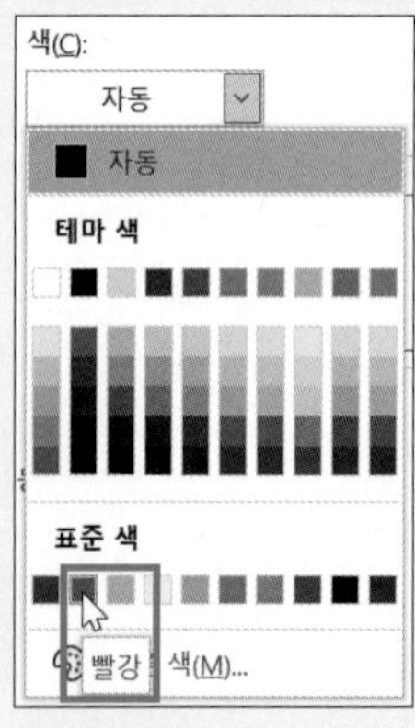

7. '셀 서식' 대화상자의 '글꼴' 탭에서 글꼴 스타일을 '기울임꼴', 글꼴 색을 '빨강'으로 지정한 후 〈확인〉을 클릭하세요.

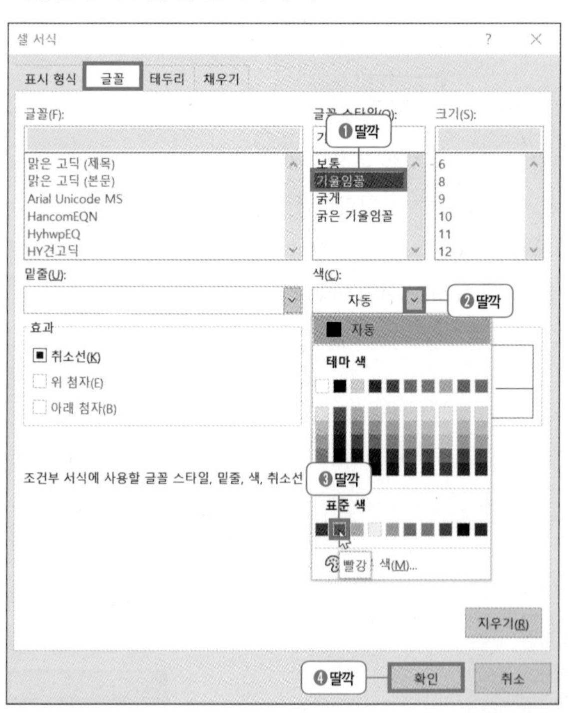

8. '새 서식 규칙' 대화상자에서도 〈확인〉을 클릭하세요. 다음과 같이 계획수량이 150 미만인 부분에 대한 조건부 서식이 추가로 적용된 것을 확인할 수 있습니다.

	A	B	C	D	E
1	**지역별 판매 현황**				
2					
3	지역	상점명	전년도 판매수량	계획수량	판매수량
4	성북	한신	460	200	220
5	강남	고려	560	150	170
6	*성북*	*영광*	*580*	*120*	*150*
7	강북	부광	300	200	210
8	강북	다솔	480	150	180
9	*강남*	*현대*	*350*	*120*	*130*
10	*강남*	*알뜰*	*240*	*100*	*115*
11	**성북**	**성심**	**680**	**350**	**380**
12	강북	한국	300	200	235
13					

잠깐만요

조건부 서식을 특정 셀에 적용하는 것과 행 전체에 동일하게 적용하는 것은 '$' 차이!

52쪽 따라하기 2번에서 수식에 =$D4>=250이라고 입력한 것 기억나세요?

여기서 열 이름 앞에 '$'를 붙인 이유는 행 전체에 조건부 서식을 동일하게 적용하기 위해서라고 했죠? 열 이름 앞에 '$'를 붙이지 않으면 아래와 같이 원하지 않는 엉뚱한(?) 곳에 결과가 나타납니다. 상대 주소를 이해하면 아래 그림을 이해할 수 있습니다. 어렵다고요? 그렇다면 범위의 행 전체에 동일한 서식을 적용할 때는 항상 열 번호 앞에 '$'를 붙인다는 것과 '수식을 사용하여 서식을 지정할 셀 결정'을 이용하여 조건을 입력한다는 것만 잊지마세요.

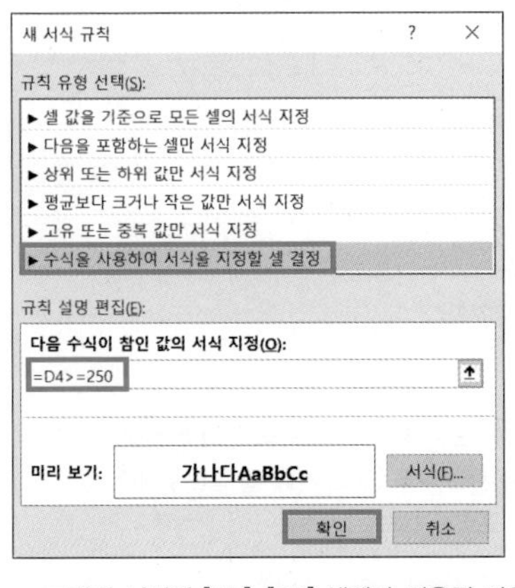

	A	B	C	D	E
1	**지역별 판매 현황**				
2					
3	지역	상점명	전년도 판매수량	계획수량	판매수량
4	성북	한신	460	200	220
5	강남	고려	560	150	170
6	성북	영광	580	120	150
7	강북	부광	300	200	210
8	강북	다솔	480	150	180
9	강남	현대	350	120	130
10	강남	알뜰	240	100	115
11	**성북**	**성심**	680	350	380
12	강북	한국	300	200	235
13					

※ 그런데 서식이 [A11], [B11] 셀에만 적용된 이유는 뭘까요? 상대 주소를 사용했으므로 [D11] 셀과 [E11] 셀의 데이터가 250 이상이기 때문에 적용된 것입니다. 셀 포인터가 [A4] 셀에 있을 때 [D4] 셀이 250 이상인 셀이라고 지정했으니까요.

상대 주소란 현재 위치로부터 얼마나 떨어져 있느냐를 의미합니다. 즉 셀 포인터가 [A4] 셀에 있을 때, 수식에 [D4] 셀이 250 이상이라고 지정했다는 것은 현재 위치에서 3칸 오른쪽 셀이 250 이상이면 그 셀에 서식을 적용하라는 의미입니다. [A11] 셀은 3칸 오른쪽에 있는 [D11] 셀이 250 이상이고, [B11] 셀은 [E11] 셀이 250이므로 서식이 적용된 겁니다.

이제 알겠죠! [$D4]라고 지정하면 D열은 고정되므로 4행의 모든 셀들은 [D4] 셀과 비교하게 되는 것입니다.

조건부 서식 편집하기

❶ 조건부 서식이 적용된 임의의 셀을 클릭한 후 [홈] → 스타일 → 조건부 서식 → **규칙 관리**를 선택하세요.

❷ '조건부 서식 규칙 관리자' 대화상자에서 수정할 규칙을 선택한 후 〈규칙 편집〉을 클릭하세요.

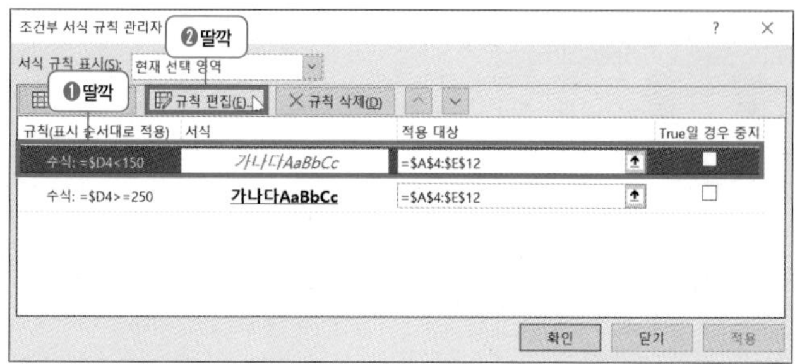

❸ '서식 규칙 편집' 대화상자에서 조건부 서식의 조건 및 서식을 수정한 후 〈확인〉을 클릭하세요.

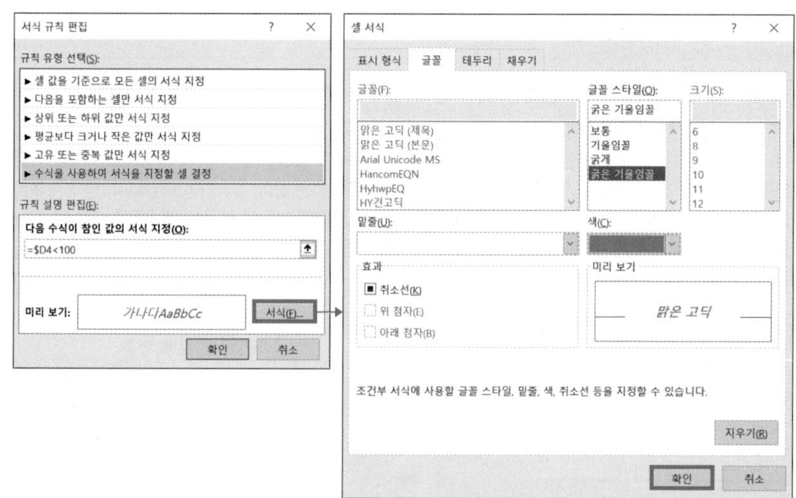

❹ '조건부 서식 규칙 관리자' 대화상자에서 〈확인〉을 클릭하세요.

적용된 조건부 서식 해제하기

❶ 조건부 서식이 적용된 범위를 선택한 후 [홈] → 스타일 → 조건부 서식 → **규칙 관리**를 선택하세요.

❷ '조건부 서식 규칙 관리자' 대화상자에서 삭제할 조건을 선택한 후 〈규칙 삭제〉를 클릭하세요.

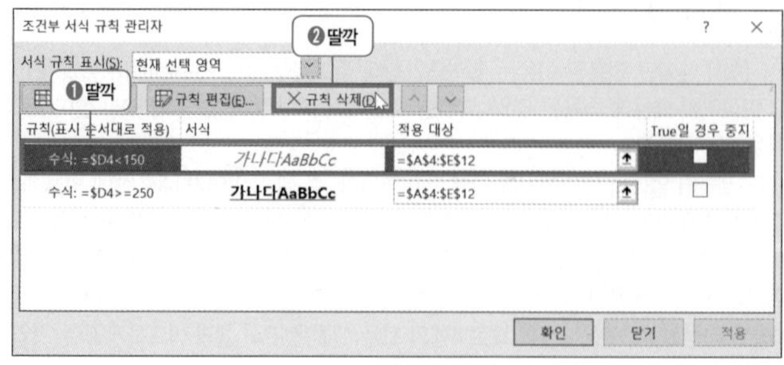

❸ '조건부 서식 규칙 관리자' 대화상자에서 선택한 조건이 삭제된 것을 확인한 후 〈확인〉을 클릭하세요.

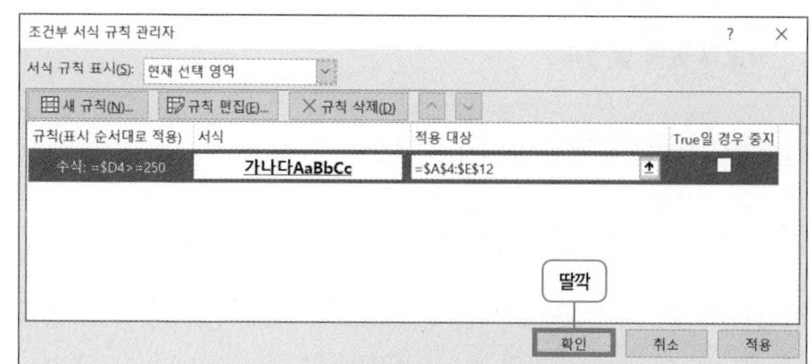

❹ 조건부 서식이 적용된 범위에서 삭제된 조건에 해당하는 서식이 해제된 것을 확인할 수 있습니다.

	A	B	C	D	E
1	지역별 판매 현황				
2					
3	지역	상점명	전년도 판매수량	계획수량	판매수량
4	성북	한신	460	200	220
5	강남	고려	560	150	170
6	성북	영광	580	120	150
7	강북	부광	300	200	210
8	강북	다솔	480	150	180
9	강남	현대	350	120	130
10	강남	알뜰	240	100	115
11	**성북**	**성심**	**680**	**350**	**380**
12	강북	한국	300	200	235
13					

기출 따라잡기

Section 02

문제 1 'C:\길벗컴활2급\01 섹션' 폴더의 '섹션02문제.xlsm' 파일을 열어서 작업하시오.

'기출01' 시트에서 다음의 지시사항대로 작업을 처리하시오.

[A5:G12] 영역에서 입사일이 10월에 해당하는 행 전체에 대하여 글꼴 색을 '표준 색 – 빨강', 채우기 색을 '표준 색 – 노랑'으로 지정하는 조건부 서식을 작성하시오.

▶ MONTH 함수 사용

▶ 단, 규칙 유형은 '수식을 사용하여 서식을 지정할 셀 결정'을 사용하고, 한 개의 규칙으로만 작성하시오.

	A	B	C	D	E	F	G
1	사원별 판매 실적표						
2							
3	이름	입사일	판매실적		점수		
4			상반기	하반기	근무	능력	실적
5	최시아	2018-08-01	100	86	100	100	93
6	고강민	2015-02-01	96	85	100	100	90.5
7	김상욱	2016-10-25	100	85	85	80	92.5
8	이서현	2019-08-01	85	100	80	85	92.5
9	임영우	2014-10-25	90	78	78	40	84
10	김은소	2016-10-01	70	60	100	60	65
11	박혜진	2014-10-25	66	87	40	40	76.5
12	김동준	2017-02-01	64	8	50	40	36
13							

전문가의 조언

- 조건을 수식으로 설정하려면 '새 서식 규칙' 대화상자에서 '수식을 사용하여 서식을 지정할 셀 결정'을 선택해야 합니다.
- 입사일은 년, 월, 일로 구성되어 있는데, 월만 비교해야 하므로 MONTH 함수로 월을 추출하는 수식을 작성한 후 조건을 지정해야 합니다.

⬇

	A	B	C	D	E	F	G
1	사원별 판매 실적표						
2							
3	이름	입사일	판매실적		점수		
4			상반기	하반기	근무	능력	실적
5	최시아	2018-08-01	100	86	100	100	93
6	고강민	2015-02-01	96	85	100	100	90.5
7	김상욱	2016-10-25	100	85	85	80	92.5
8	이서현	2019-08-01	85	100	80	85	92.5
9	임영우	2014-10-25	90	78	78	40	84
10	김은소	2016-10-01	70	60	100	60	65
11	박혜진	2014-10-25	66	87	40	40	76.5
12	김동준	2017-02-01	64	8	50	40	36
13							

문제 2 'C:\길벗컴활2급\01 섹션' 폴더의 '섹션02문제.xlsm' 파일을 열어서 작업하시오.

'기출02' 시트에서 다음의 지시사항대로 작업을 처리하시오.

조건을 셀 값으로 설정하려면 '새 서식 규칙' 대화상자에서 '다음을 포함하는 셀만 서식 지정'을 선택해야 합니다.

'개인 성적 현황' 표에서 [C5:G12] 영역의 각 셀에 대해 90 이상인 경우에는 밑줄을 '이중 실선', 글꼴 스타일을 '굵게'로 지정하고, 80 미만인 경우에는 글꼴 스타일을 '기울임꼴', 글꼴 색을 '표준 색 – 빨강'으로 지정하는 조건부 서식을 작성하시오.

▶ 단, 규칙 유형은 '다음을 포함하는 셀만 서식 지정'을 사용하시오.

	A	B	C	D	E	F	G
1	개인 성적 현황						
2							
3	접수번호	이름	내신등급			면접	
4			1학년	2학년	3학년	태도	적성
5	1	김준용	90	80	90	80	89
6	2	고회식	70	80	80	96	80
7	3	최미경	60	70	70	94	90
8	4	김예소	60	50	80	80	97
9	5	김한순	50	70	90	80	99
10	6	이향기	50	50	70	91	85
11	7	임선호	60	60	70	93	90
12	8	고인숙	80	80	80	93	92
13							

⬇

	A	B	C	D	E	F	G
1	개인 성적 현황						
2							
3	접수번호	이름	내신등급			면접	
4			1학년	2학년	3학년	태도	적성
5	1	김준용	**90**	80	**90**	80	89
6	2	고회식	*70*	80	80	**96**	80
7	3	최미경	*60*	*70*	*70*	**94**	**90**
8	4	김예소	*60*	*50*	80	80	**97**
9	5	김한순	*50*	*70*	**90**	80	**99**
10	6	이향기	*50*	*50*	*70*	**91**	85
11	7	임선호	*60*	*60*	*70*	**93**	**90**
12	8	고인숙	80	80	80	**93**	**92**
13							

기출문제 따라하기

문제 1

24.상시, 24.공개, 23.상시, 22.상시, 21.상시, 21.공개, 20.상시, 19.상시, 18.상시, 17.상시, 15.1, …

1 조건부 서식

1. '기출01' 시트에서 [A5:G12] 영역을 블록으로 지정한 후 [홈] → 스타일 → 조건부 서식 → **새 규칙**을 선택하세요.
2. '새 서식 규칙' 대화상자에서 '수식을 사용하여 서식을 지정할 셀 결정'을 선택하고 수식 입력란에 =MONTH($B5)=10을 입력한 후 〈서식〉을 클릭하세요.
3. '셀 서식' 대화상자의 '글꼴' 탭에서 글꼴 색을 '빨강', '채우기' 탭에서 배경색을 '노랑'으로 지정한 후 〈확인〉을 클릭하세요.
4. '새 서식 규칙' 대화상자에서도 〈확인〉을 클릭하세요.

새 서식 규칙 ? ×
규칙 유형 선택(S):
▸ 셀 값을 기준으로 모든 셀의 서식 지정
▸ 다음을 포함하는 셀만 서식 지정
▸ 상위 또는 하위 값만 서식 지정
▸ 평균보다 크거나 작은 값만 서식 지정
▸ 고유 또는 중복 값만 서식 지정
▸ 수식을 사용하여 서식을 지정할 셀 결정
규칙 설명 편집(E):
다음 수식이 참인 값의 서식 지정(O):
=MONTH($B5)=10
미리 보기: 가나다AaBbCc 서식(F)...
확인 취소

문제 2

19.상시, 16.1, 01.2

1 조건부 서식

1. '기출02' 시트에서 [C5:G12] 영역을 블록으로 지정한 후 [홈] → 스타일 → 조건부 서식 → **새 규칙**을 선택하세요.
2. '새 서식 규칙' 대화상자에서 '다음을 포함하는 셀만 서식 지정'을 선택하고 '규칙 설명 편집'에서 '셀 값', '>=', 90을 지정한 후 〈서식〉을 클릭하세요.
3. '셀 서식' 대화상자의 '글꼴' 탭에서 밑줄을 '이중 실선', 글꼴 스타일을 '굵게'로 지정한 후 〈확인〉을 클릭하세요.
4. '새 서식 규칙' 대화상자에서도 〈확인〉을 클릭하세요.

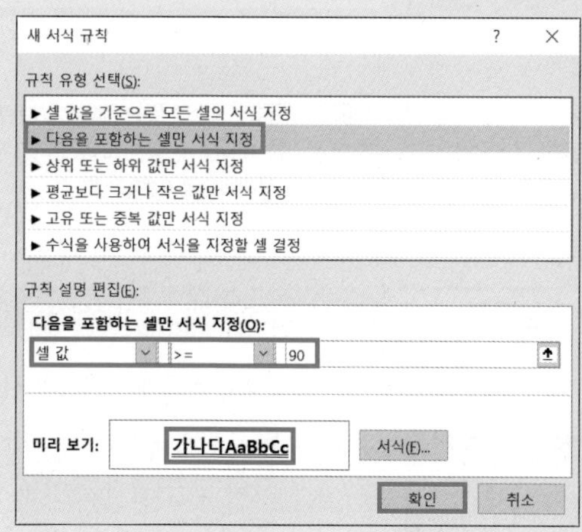

5. 두 번째 조건과 서식을 지정하기 위해 [C5:G12] 영역이 블록으로 지정된 상태에서 [홈] → 스타일 → 조건부 서식 → **새 규칙**을 선택하세요.
6. '새 서식 규칙' 대화상자에서 '다음을 포함하는 셀만 서식 지정'을 선택하고 '규칙 설명 편집'에서 '셀 값', '<', 80을 지정한 후 〈서식〉을 클릭하세요.
7. '셀 서식' 대화상자의 '글꼴' 탭에서 글꼴 스타일을 '기울임꼴', 글꼴 색을 '빨강'으로 지정한 후 〈확인〉을 클릭하세요.
8. '새 서식 규칙' 대화상자에서도 〈확인〉을 클릭하세요.

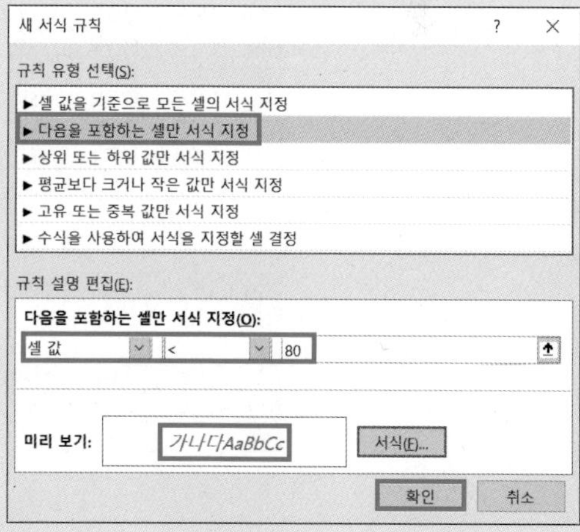

SECTION 03

고급 필터/자동 필터

필터(Filter)는 많은 데이터 중에서 특정한 조건에 맞는 데이터만을 추출하는 기능으로, 항상 원래의 데이터 위치에만 데이터를 추출할 수 있는 자동 필터와 다른 위치에도 추출한 결과를 표시할 수 있는 고급 필터가 있습니다. 고급 필터는 자동 필터에서 지정할 수 없는 다양한 조건을 지정할 수 있는 반면, 조건을 지정하는 방법이 상대적으로 어렵습니다.

기본문제

'C:\길벗컴활2급\01 섹션' 폴더의 '섹션03문제.xlsm' 파일을 열어서 작업하시오.

전문가의 조언

필터는 제시된 조건에 만족하는 데이터를 추출하는 문제가 출제되고 있습니다. 제시된 조건을 논리에 맞게 조건식으로 표현하는 방법만 알고 있으면 사용법은 간단합니다. 2급 시험에서는 대부분 고급 필터가 출제된다는 것도 알아두세요.

주어진 시트에서 다음의 지시사항대로 작업을 처리하시오.

▶ 조건 : 근속기간이 15년 이상이고, 퇴직금이 50,000원 이하인 데이터를 자동 필터와 고급 필터를 이용하여 각각 추출하시오.

▶ 자동 필터 : '무작정따라하기' 시트의 [A3:H13] 영역의 데이터를 이용하여 추출하시오.

▶ 고급 필터 : '무작정따라하기2' 시트의 [A15:H18] 영역 내에 조건을 입력하고, 결과는 '무작정따라하기2' 시트의 [A20] 셀에 추출하시오.

	A	B	C	D	E	F	G	H
1	퇴직금 정산 내역							
2								
3	성명	부서명	직책	근속기간	기본급	상여금	수당	퇴직금
4	김민서	회계부	부장	25	2,800	11,200	140	81,340
5	박해수	회계부	과장	12	2,000	8,000	40	32,040
6	최경민	인사부	부장	21	2,800	11,200	140	70,140
7	이가영	영업부	차장	25	2,500	10,000	125	72,625
8	강호정	영업부	대리	9	1,800	7,200	36	23,436
9	황경엽	회계부	과장	18	2,000	8,000	40	44,040
10	윤소정	회계부	차장	22	2,500	10,000	125	65,125
11	조경원	인사부	대리	14	1,800	7,200	36	32,436
12	황진주	회계부	대리	7	1,800	7,200	36	19,836
13	유병문	영업부	대리	7	1,800	7,200	36	19,836
14								

⬇

	A	B	C	D	E	F	G	H
1	퇴직금 정산 내역							
2								
3	성명	부서명	직책	근속기간	기본급	상여금	수당	퇴직금
9	황경엽	회계부	과장	18	2,000	8,000	40	44,040
14								

자동 필터

	A	B	C	D	E	F	G	H
14								
15	근속기간	퇴직금						
16	>=15	<=50000						
17								
18								
19								
20	성명	부서명	직책	근속기간	기본급	상여금	수당	퇴직금
21	황경엽	회계부	과장	18	2,000	8,000	40	44,040
22								

고급 필터

따라하기

19.상시, 16.2

1 자동 필터

1. '무작정따라하기' 시트에서 데이터 영역([A3:H13])의 임의의 셀을 선택한 후 [데이터] → 정렬 및 필터 → **필터**를 클릭하세요. 각 필드명의 오른쪽에 자동 필터 목록 단추(▾)가 표시됩니다.

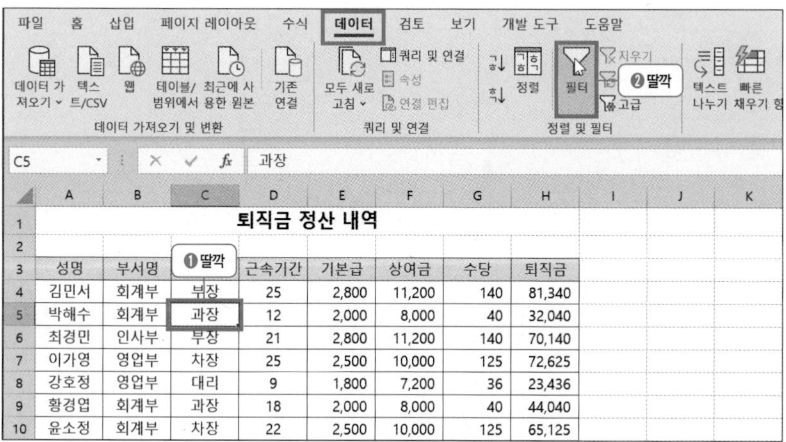

2. 근속기간이 15년 이상인 조건을 지정하기 위해 '근속기간' 필드의 자동 필터 목록 단추(▾)를 클릭한 후 [숫자 필터] → **사용자 지정 필터**를 선택하세요.

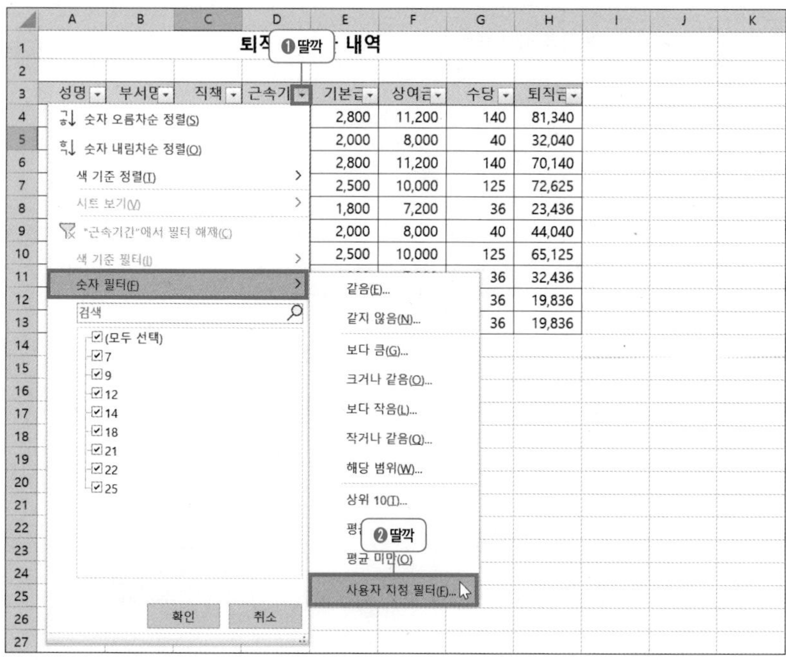

전문가의 조언

각 필드명의 오른쪽에 표시되어야 할 자동 필터 목록 단추(▾)가 엉뚱한 곳에 표시된 분, '목록이 없다.'는 메시지가 표시된 분! 손 드세요. 빨랑빨랑 드세요.
자동 필터는 메뉴를 선택하기 전에 반드시 데이터 범위(A3:H13) 안에 셀 포인터를 놓거나 필드명(A3:H3)을 블록으로 지정한 후 시작해야 합니다.

전문가의 조언

- '근속기간' 필드의 자동 필터 목록 단추(▾)를 클릭한 후 [숫자 필터] → **크거나 같음**을 선택해도 됩니다.
- 문자 데이터인 경우 '숫자 필터' 메뉴가 '텍스트 필터'로 표시됩니다.

'사용자 지정 자동 필터' 대화상자에서는 다양한 연산자를 제공합니다. 자세한 내용은 66쪽을 참고하세요.

자동 필터의 결과는 원본 데이터가 있는 곳에 그대로 추출됩니다. 조건을 지정한 필드명의 오른쪽에 있는 자동 필터 목록 단추(▾)에 필터 아이콘이 표시되고, 추출된 결과의 행 번호가 파란색으로 바뀌어서 표시됩니다. 직접 확인해 보세요!

전문가의 조언

'퇴직금' 필드의 자동 필터 목록 단추(▾)를 클릭한 후 [숫자 필터] → **작거나 같음**을 선택해도 됩니다.

3. '사용자 지정 자동 필터' 대화상자의 찾을 조건에서 '>='을 선택한 후 **15**를 입력하세요. '>='는 '보다 크거나 같다'는 의미인데 오른쪽에 15를 입력했으니 '15 이상'이라는 의미입니다. 〈확인〉을 클릭하면 '근속기간'이 15 이상인 데이터만 표시됩니다.

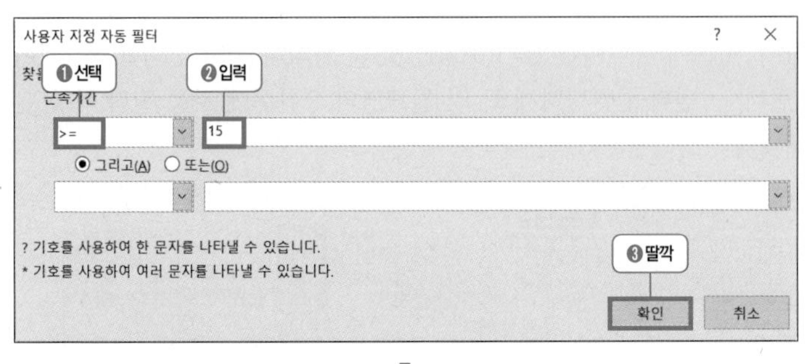

	A	B	C	D	E	F	G	H
1	퇴직금 정산 내역							
2								
3	성명	부서명	직책	근속기간	기본급	상여금	수당	퇴직금
4	김민서	회계부	부장	25	2,800	11,200	140	81,340
6	최경민	인사부	부장	21	2,800	11,200	140	70,140
7	이가영	영업부	차장	25	2,500	10,000	125	72,625
9	황경엽	회계부	과장	18	2,000	8,000	40	44,040
10	윤소정	회계부	차장	22	2,500	10,000	125	65,125
14								

4. 퇴직금이 50,000원 이하인 조건을 지정하기 위해 '퇴직금' 필드의 자동 필터 목록 단추(▾)를 클릭한 후 [숫자 필터] → **사용자 지정 필터**를 선택하세요.

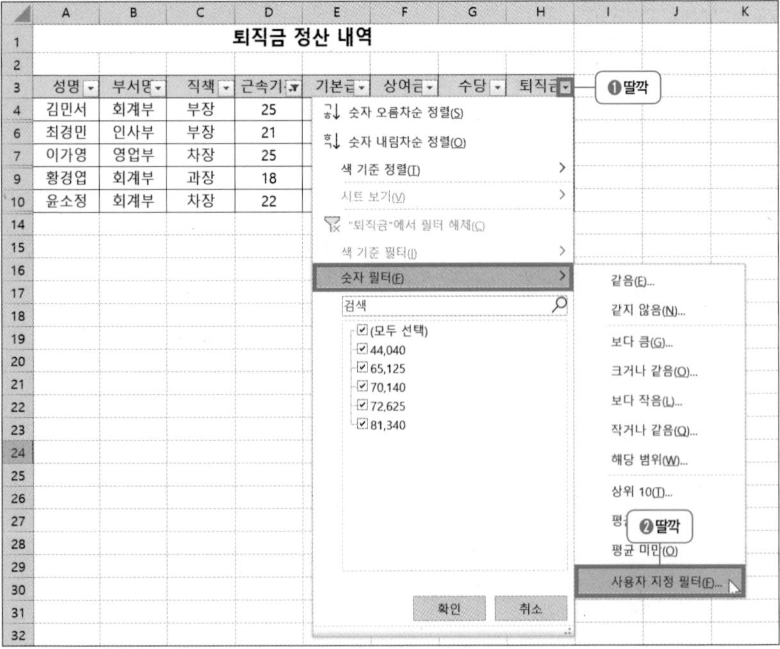

5. '사용자 지정 자동 필터' 대화상자의 찾을 조건에서 '<='를 선택한 후 **50000**을 입력하고 〈확인〉을 클릭하세요. 근속기간이 15 이하이고 퇴직금이 50000 이하인 데이터만 표시됩니다.

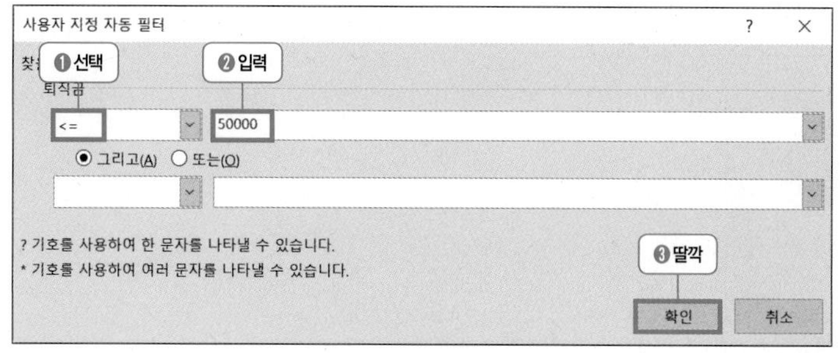

⬇

	A	B	C	D	E	F	G	H	I	J	K
1				퇴직금 정산 내역							
2											
3	성명	부서명	직책	근속기간	기본급	상여금	수당	퇴직금			
9	황경엽	회계부	과장	18	2,000	8,000	40	44,040			
14											

2 고급 필터

24.상시, 23.상시, 22.상시, 21.상시, 20.상시, 19.상시, 18.상시, 18.2, 18.1, 17.1, 16.3, 14.2, 11.3, 10.3, 09.4, 08.3, 07.3, 07.1, 06.4, 05.2, 04.4, 04.3, …

1. '무작정따라하기2' 시트를 선택한 후 [A15:B16] 영역에 그림과 같이 조건을 입력하세요.

	A	B	C
14			
15	근속기간	퇴직금	
16	>=15	<=50000	
17			

2. 조건을 입력했으면, 데이터 영역(A3:H13)의 임의의 셀을 선택한 후 [데이터] → 정렬 및 필터 → **고급**을 클릭하세요.

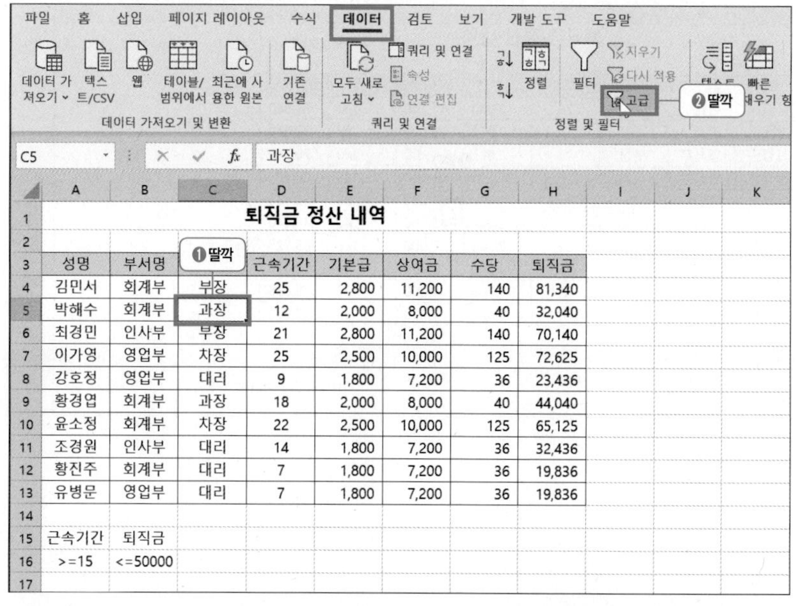

	A	B	C	D	E	F	G	H
1				퇴직금 정산 내역				
2								
3	성명	부서명	직책	근속기간	기본급	상여금	수당	퇴직금
4	김민서	회계부	부장	25	2,800	11,200	140	81,340
5	박해수	회계부	과장	12	2,000	8,000	40	32,040
6	최경민	인사부	부장	21	2,800	11,200	140	70,140
7	이가영	영업부	차장	25	2,500	10,000	125	72,625
8	강호정	영업부	대리	9	1,800	7,200	36	23,436
9	황경엽	회계부	과장	18	2,000	8,000	40	44,040
10	윤소정	회계부	차장	22	2,500	10,000	125	65,125
11	조경원	인사부	대리	14	1,800	7,200	36	32,436
12	황진주	회계부	대리	7	1,800	7,200	36	19,836
13	유병문	영업부	대리	7	1,800	7,200	36	19,836
14								
15	근속기간	퇴직금						
16	>=15	<=50000						
17								

전문가의 조언

자동 필터를 해제하려면 [데이터] → 정렬 및 필터 → **필터**를 다시 한 번 클릭하면 됩니다.

전문가의 조언

- 고급 필터를 적용하려면 먼저 조건을 입력해야 합니다. 문제에 제시된 조건 영역 중 첫 행에는 필드명을 입력하고 다음 행부터 조건을 입력한다는 것! 꼭 기억하세요! 자세한 내용은 67쪽을 참고하세요.
- 필드명은 데이터 영역의 필드명을 복사하여 붙여넣기 해도 됩니다. 방법은 [D3] 셀(근속기간)을 선택하고 Ctrl을 누른 채 [H3] 셀(퇴직금)을 선택하여 블록으로 지정한 후 복사(Ctrl+C)합니다. 이어서 [A15] 셀을 선택한 후 붙여넣기(Ctrl+V) 하면 됩니다.

전문가의 조언

- '고급 필터' 대화상자에서 '현재 위치에 필터'를 선택할 경우에는 현재 사용하는 원본 데이터가 있는 위치에 결과가 추출되기 때문에 '복사 위치', 즉 추출한 데이터의 표시 위치를 지정할 수 없습니다. 자세한 내용은 67쪽을 참고하세요.
- 자동으로 지정되어 있는 '목록 범위'가 잘못되어 있다면 범위 지정 단추(⬆)를 클릭한 후 올바르게 다시 지정하면 됩니다.

3. '고급 필터' 대화상자에서 '목록 범위', '조건 범위', 추출한 데이터의 '복사 위치' 등을 지정해야 합니다. 현재 데이터가 있는 영역이 아닌 다른 장소에 추출하기 위해 '다른 장소에 복사'를 선택하세요. '목록 범위'는 고급 필터를 시작할 때 지정하였으므로 '조건 범위'와 '복사 위치'만 지정하면 됩니다.

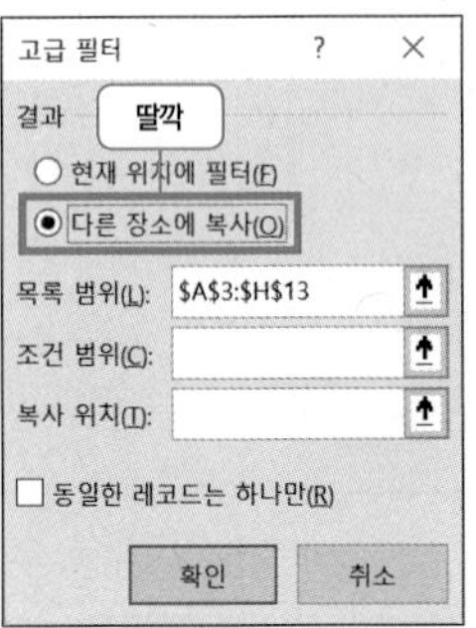

4. '조건 범위'를 지정하기 위해 '조건 범위'의 범위 지정 단추(⬆)를 클릭한 후 [A15:B16] 영역을 마우스로 드래그하세요. 셀 주소가 '조건 범위'에 표시됩니다.

5. 범위 지정 단추(⬇)를 다시 한번 클릭하세요. '고급 필터' 대화상자로 돌아갑니다.

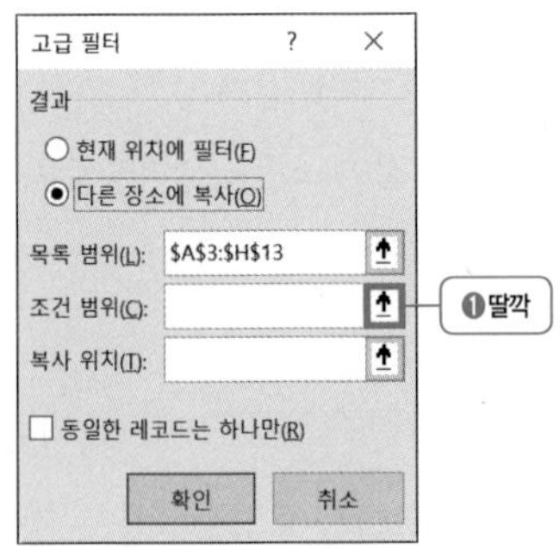

⬇

	A	B	C	D	E	F	G	H	I	J	K
1	퇴직금 정산 내역										
2											
3	성명	부서명	직책	근속기간	기본급	상여금	수당	퇴직금			
4	김민서	회계부	부장	25	2,800	11,200	140	81,340			
5	박해수	회계부	과장	12	2,000	8,000	40	32,040			
6	최경민	인사부	부장	21	[illegible]	[illegible]	140	70,140			
7	이가영	영업부	[illegible]	[illegible]	[illegible]	[illegible]	125	72,625			
8	강호정	영업부	[illegible]	[illegible]	[illegible]	7,200	36	23,436			
9	황경엽	회계부	[illegible]	[illegible]	[illegible]	8,000	40	44,040			
10	윤소정	회계부	차장	22	2,500	10,000	125	65,125			
11	조경원	인사부	대리	14	1,800	7,200	36	32,436			
12	황진주	회계부	대리	7	1,800	7,200	36	19,836			
13	유병문	영업부	대리	7	1,800	7,200	36	19,836			
14											
15	근속기간	퇴직금									
16	>=15	<=50000									
17											

고급 필터 - 조건 범위: ? ✕

무작정따라하기2!$A$15:$B$16

❷드래그 ❸딸깍

6. 마지막으로 '복사 위치'를 지정할 차례입니다. 이번에는 범위 지정 단추(↑)를 클릭하지 말고 지정해 보죠! 마우스로 '복사 위치'를 클릭하고 결과가 추출될 위치인 [A20] 셀을 클릭한 후 〈확인〉을 클릭하세요. [A20] 셀에서부터 결과가 표시됩니다.

	A	B	C	D	E	F	G	H
1				퇴직금 정산 내역				
2								
3	성명	부서명	직책	근속기간	기본급	상여금	수당	퇴직금
4	김민서	회계부	부장	25	2,800	11,200	140	81,340
5	박해수	회계부	과장	12	2,000	8,000	40	32,040
6	최경민	인사부	부장				140	70,140
7	이가영	영업부	차장				125	72,625
8	강호정	영업부	대리				36	23,436
9	황경엽	회계부	과장				40	44,040
10	윤소정	회계부	차장				125	65,125
11	조경원	인사부	대리				36	32,436
12	황진주	회계부	대리				36	19,836
13	유병문	영업부	대리				36	19,836
14								
15	근속기간	퇴직금						
16	>=15	<=50000						
17								
18								
19								
20								
21								

고급 필터 ? ×

결과

○ 현재 위치에 필터(F)

◉ 다른 장소에 복사(O)

목록 범위(L): $A

조건 범위(C): 2!$A$15:$B$16

복사 위치(T): 라하기2!$A$20

☐ 동일한 레코드는 하나만(R)

확인 취소

❶딸깍 ❷딸깍 ❸딸깍

⬇

	A	B	C	D	E	F	G	H
14								
15	근속기간	퇴직금						
16	>=15	<=50000						
17								
18								
19								
20	성명	부서명	직책	근속기간	기본급	상여금	수당	퇴직금
21	황경엽	회계부	과장	18	2,000	8,000	40	44,040
22								

전문가의 조언

입력란을 클릭하고 범위를 지정하면, 범위를 지정한 후 범위 지정 단추(↑)를 다시 클릭하지 않아도 된다는 장점이 있지만, 두 방법이 비슷하죠? 사용하기 편리한 방법을 이용하세요. 참고로 저는 후자를 사용합니다.

궁금해요 시나공 Q&A 베스트

Q1 결과가 이상해요.

A1 고급 필터에서 조건을 입력할 때 사용한 필드명은 실제 데이터의 필드명과 동일하게 입력해야 합니다. 예를 들어, '근속기간'을 중간에 공백을 두어 '근속 기간'이라고 입력하면 정확한 결과가 출력되지 않습니다. 가장 좋은 방법은 필드명을 복사하여 붙여 넣는 것입니다.

Q2 고급 필터는 일단 만들고 나면 수정할 수 없나요? 그렇다면 한 번 밖에 기회가 없는 건가요?

A2 아닙니다. 고급 필터를 잘못 지정했을 때는 다음과 같은 방법으로 결과를 삭제한 후 다시 고급 필터를 지정하면 됩니다.

- **방법** : 잘못된 결과가 표시된 영역이 있는 행 머리글을 마우스로 드래그하여 선택한 후 마우스 오른쪽 버튼을 클릭하여 나타나는 바로 가기 메뉴에서 **[삭제]**를 선택합니다.

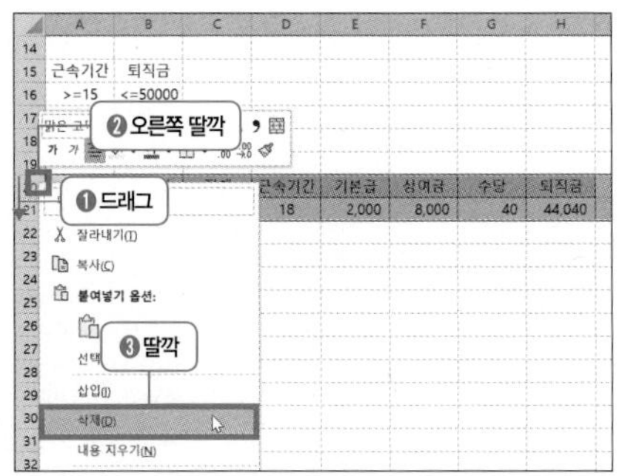

잠깐만요

'사용자 지정 자동 필터' 대화상자

- 하나의 필드를 AND나 OR 조건으로 연결하여 2개까지 조건을 지정할 수 있습니다.
- 만능 문자를 사용하여 데이터를 추출할 수 있습니다.
- 다음 그림과 같은 다양한 비교 연산자를 제공합니다.

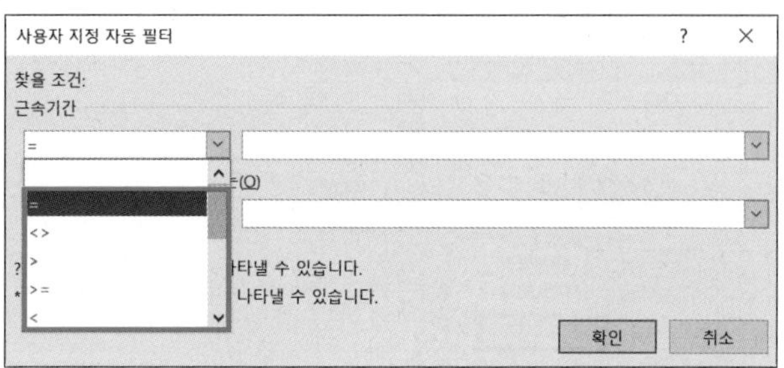

- **'그리고(AND)'와 '또는(OR)'** : "이고", "이면서" 등으로 두 문장이 연결되면, 두 문장에 대한 조건을 모두 만족하는 데이터를 찾는 AND(그리고) 조건이고, "또는", "이거나" 등이 문장 중에 포함되어 있으면 두 문장의 조건 중 하나라도 만족하는 데이터를 찾는 OR(또는) 조건입니다.

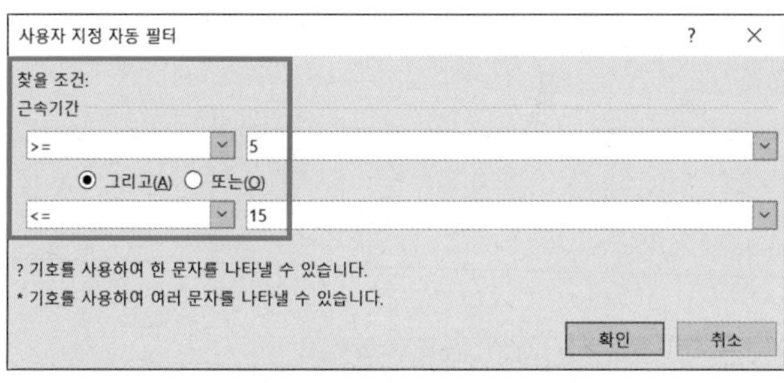

근속기간이 5년 이상이고, 15년 이하인 데이터

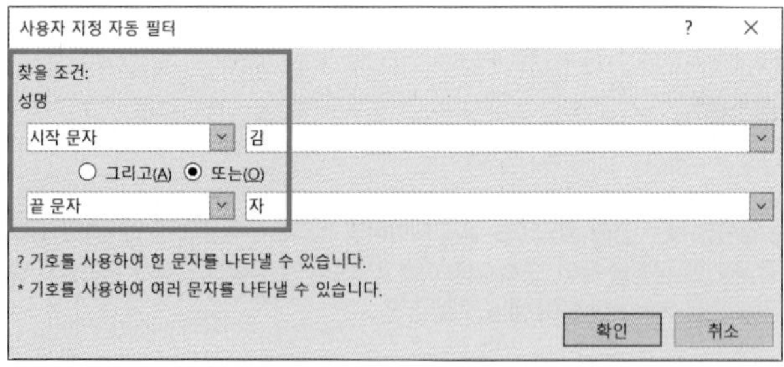

성명의 시작 문자가 "김"이거나 끝 문자가 "자"인 데이터

'고급 필터' 대화상자

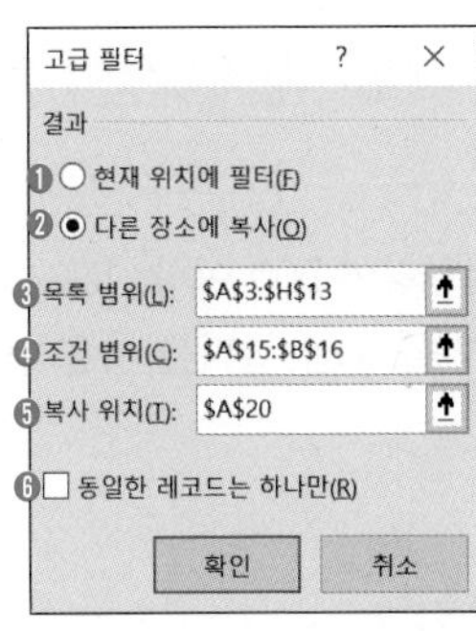

❶ **현재 위치에 필터** : 결과 데이터를 현재 원본 데이터가 위치한 곳에 표시합니다.
❷ **다른 장소에 복사** : '복사 위치'로 지정한 위치에 결과 데이터를 표시합니다.
❸ **목록 범위** : 필터 기능이 적용될 원본 데이터가 있는 위치를 지정합니다.
❹ **조건 범위** : 사용자가 지정한 조건이 입력된 위치를 지정합니다.
❺ **복사 위치** : 결과가 추출될 위치를 지정합니다.
❻ **동일한 레코드는 하나만** : 조건을 만족하는 행 중에서 같은 내용의 행이 있을 경우 한 행만 표시합니다.

고급 필터의 조건 지정 방법

고급 필터는 조건을 정확하게 지정하는 것이 가장 중요합니다. 조건에는 AND와 OR 조건이 있으며, 조건이 입력된 행의 위치에 따라 구분됩니다.

- **AND 조건** : 조건과 조건 사이에 '~이고', '~이면서' 등이 있는 조건으로, 같은 행에 조건을 입력합니다.

나이	급여
〉=20	〉=800000

나이가 20 이상이고,
급여가 800000 이상인 데이터

나이	급여	지역
〉=20	〉=800000	서울

나이가 20 이상이고, 급여가 800000 이상이고,
지역이 "서울"인 데이터

- **OR 조건** : 조건과 조건 사이에 '~ 또는', '~이거나' 등이 있는 조건으로, 다른 행에 조건을 입력합니다.

나이	급여
〉=20	
	〉=800000

나이가 20 이상이거나,
급여가 800000 이상인 데이터

나이	급여	지역
〉=20		
	〉=800000	
		서울

나이가 20 이상이거나, 급여가 800000 이상이거나,
지역이 "서울"인 데이터

지역
서울
부산

지역이 "서울"이거나, "부산"인 데이터

- **AND와 OR 결합 조건** : 하나의 필드에 여러 조건을 지정합니다. AND 조건이 먼저 계산됩니다.

나이	지역
〉=20	서울
〉=60	부산

나이가 20 이상이고 지역이 "서울"이거나,
나이가 60 이상이고 지역이 "부산"인 데이터

문제 1 'C:\길벗컴활2급\01 섹션' 폴더의 '섹션03문제.xlsm' 파일을 열어서 작업하시오.

'기출01' 시트에서 다음의 지시사항대로 작업을 처리하시오.

▶ '제품 생산 현황' 표에서 생산부서가 "생산2부"이거나 생산량이 900 이상, 1500 이하인 데이터의 '제품코드', '생산부서', '생산량', '불량률'만을 고급 필터를 사용하여 검색하시오.

▶ 조건은 [A14:E17] 영역 내에 알맞게 입력하시오.

▶ 결과의 복사 위치는 동일 시트의 [A18] 셀에서 시작하시오.

	A	B	C	D	E
1	제품 생산 현황				
2					
3	제품코드	생산부서	생산량	불량률	최대생산량
4	PE-12	생산1부	800	0%	1,000
5	PE-23	생산2부	2,000	4%	2,500
6	PE-34	생산3부	960	0%	1,200
7	CE-10	생산1부	720	0%	900
8	CE-20	생산2부	720	2%	1,500
9	CE-30	생산3부	2,800	4%	3,500
10	PE-12	생산1부	800	0%	1,000
11	PE-23	생산2부	2,000	4%	2,500
12	AM-33	생산3부	1,200	2%	1,500
13					

	A	B	C	D
13				
14	생산부서	생산량	생산량	
15	생산2부			
16		>=900	<=1500	
17				
18	제품코드	생산부서	생산량	불량률
19	PE-23	생산2부	2,000	4%
20	PE-34	생산3부	960	0%
21	CE-20	생산2부	720	2%
22	PE-23	생산2부	2,000	4%
23	AM-33	생산3부	1,200	2%
24				

전문가의 조언

- 생산부서가 '생산2부'이거나 '생산량이 900 이상 1500 이하'인 데이터를 표시하는 것이므로 AND와 OR 조건이 함께 사용됩니다.
- AND 조건은 조건식을 서로 같은 행에, OR 조건은 조건식을 서로 다른 행에 입력합니다.
- 특정 필드만 추출해야 하므로 추출할 필드를 미리 입력한 후 고급 필터를 적용해야 합니다.

문제 2 'C:\길벗컴활2급\01 섹션' 폴더의 '섹션03문제.xlsm' 파일을 열어서 작업하시오.

'기출02' 시트에서 다음의 지시사항대로 작업을 처리하시오.

▶ '고객포인트 관리' 표에서 생년월일의 월이 5월인 사람을 고급 필터를 사용하여 추출하시오.

▶ 조건은 [A15:D17] 영역 내에 알맞게 입력하시오.

▶ 결과의 복사 위치는 동일 시트의 [A19] 셀에서 시작하시오.

	A	B	C	D	E	F	G
1	고객포인트 관리						
2							
3	고객번호	이름	생년월일	구매실적	거래회수	구매포인트	설문포인트
4	C94023	오규남	1985-06-21	950,000	20	190	80
5	B90120	김종숙	1992-12-01	950,000	45	190	70
6	A93055	이미현	1988-05-21	1,300,000	60	260	50
7	C92050	한수진	1990-03-25	900,000	50	180	65
8	B96255	김정준	1986-05-05	775,000	43	155	85
9	B99130	이진녀	1987-09-14	755,000	35	151	75
10	C98030	노미경	1991-05-25	805,000	25	161	25
11	A88001	최대건	1996-05-18	500,000	30	100	35
12	A95010	서기운	1998-07-25	1,250,000	40	250	85
13	B91038	김청욱	1991-03-30	1,000,000	45	200	98
14							

⬇

	A	B	C	D	E	F	G
14							
15	월						
16	FALSE						
17							
18							
19	고객번호	이름	생년월일	구매실적	거래회수	구매포인트	설문포인트
20	A93055	이미현	1988-05-21	1,300,000	60	260	50
21	B96255	김정준	1986-05-05	775,000	43	155	85
22	C98030	노미경	1991-05-25	805,000	25	161	25
23	A88001	최대건	1996-05-18	500,000	30	100	35
24							

전문가의 조언

고급 필터의 조건에 수식이나 함수를 이용하는 문제가 종종 출제되고 있습니다. 수식이나 함수식이 조건으로 사용되는 경우에는 조건에 사용되는 필드명을 생략하거나 데이터 영역에 있는 필드명(A3:G3)과 다른 필드명을 사용해야 한다는 것을 기억하세요.

기출문제 따라하기 Section 03

문제 1

1 고급 필터

24.상시, 23.상시, 22.상시, 21.상시, 20.상시, 19.상시, 18.상시, 18.2, 18.1, 17.1, 16.3, 14.2, 11.3, …

1. 생산부서가 '생산2부'이거나(OR) 생산량이 900 이상, 1500 이하인 것(AND)이므로 OR 조건 형식은 다른 행에, AND 조건 형식은 같은 행에 입력하면 됩니다. '기출01' 시트의 [A14:C16] 영역에 그림과 같이 조건을 입력하세요.

	A	B	C	D
13				
14	생산부서	생산량	생산량	
15	생산2부			
16		>=900	<=1500	
17				

2. 모든 필드를 표시할 때는 이 단계에서 바로 '고급 필터' 대화상자를 이용하여 필요한 범위를 지정하지만, 특정 항목의 데이터만 표시하려면 먼저 문제에 제시된 필드명을 [A18] 셀부터 입력해야 합니다. 필드명은 직접 입력해도 되지만 오타를 방지하기 위해서 데이터 영역

의 필드명을 복사한 후 붙여넣기 하는 것이 좋습니다. [A3:D3] 영역을 블록으로 지정한 후 복사(Ctrl + C)하세요.

3. [A18] 셀을 클릭한 후 붙여넣기(Ctrl + V)합니다.

	A	B	C	D	E
13					
14	생산부서	생산량	생산량		
15	생산2부				
16		>=900	<=1500		
17					
18	제품코드	생산부서	생산량	불량률	
19					

4. 데이터 영역(A3:E12)의 임의의 셀을 선택한 후 [데이터] → 정렬 및 필터 → **고급**을 클릭하세요.

5. '고급 필터' 대화상자에서 '다른 장소에 복사'를 선택하고, 목록 범위와 조건 범위, 복사 위치를 그림과 같이 지정한 후 〈확인〉을 클릭하세요.

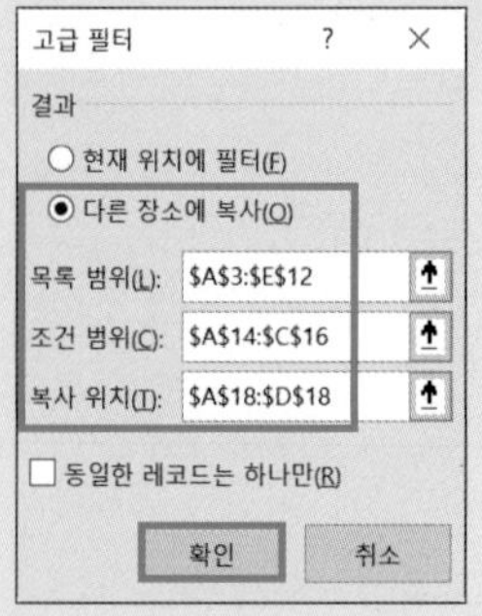

문제 2

24.상시, 23.상시, 22.상시, 21.상시, 20.상시, 19.상시, 09.3

1 고급 필터

1. '기출02' 시트에서 [A15] 셀에 **월**, [A16] 셀에 **=MONTH(C4)=5**를 입력하세요.

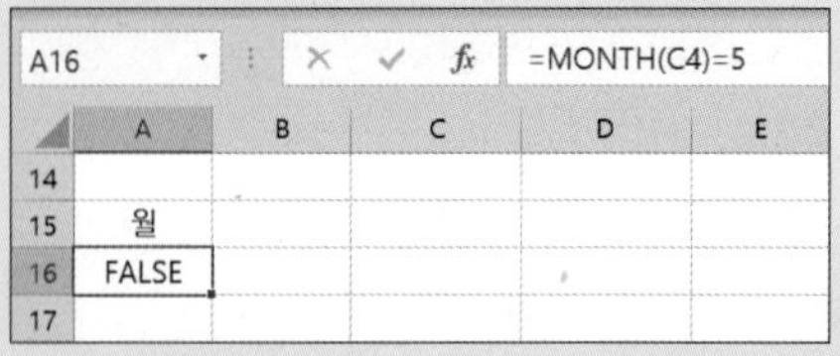

A16 =MONTH(C4)=5

	A	B	C	D	E
14					
15	월				
16	FALSE				
17					

- 셀에 수식이나 함수식을 입력할 경우 결과는 'TRUE' 또는 'FALSE'로 표시됩니다.
- [A15] 셀에 '월' 대신 'MONTH', '생년월' 등 데이터 영역의 필드명(A3:G3)과 다른 이름이라면 아무것이나 임의로 입력해도 됩니다.

2. 데이터 영역(A3:G13)의 임의의 셀을 선택한 후 [데이터] → 정렬 및 필터 → **고급**을 클릭하세요.

3. '고급 필터' 대화상자에서 '다른 장소에 복사'를 선택하고, 목록 범위와 조건 범위, 복사 위치를 그림과 같이 지정한 후 〈확인〉을 클릭하세요.

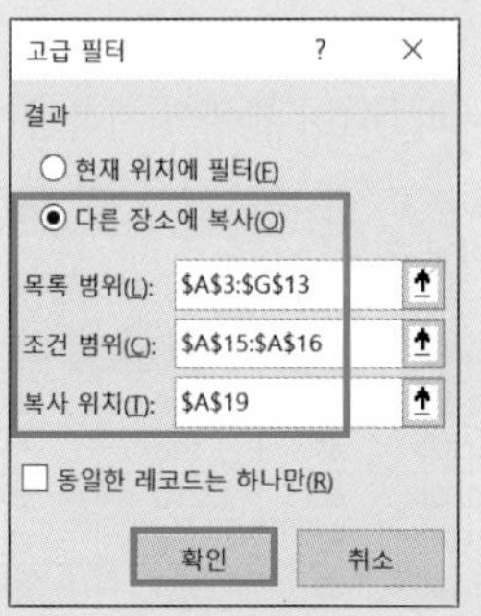

궁금해요 시나공 Q&A 베스트

Q '문제2'를 풀 때, [A15] 셀에 월, [A16] 셀에 =MONTH(C4)=5를 입력하라고 했는데, 꼭 이렇게만 해야 하는 겁니까?

A 꼭 그렇지는 않습니다. [A15] 셀에는 아무것도 입력하지 않거나 필드명(A3:G3)으로 사용되지 않은 **태어난 월**과 같은 문자열을 입력해도 됩니다. 그리고 [A16] 셀은 5월임을 비교하는 다른 수식이 있으면 그 수식을 적으면 됩니다. 고급 필터의 조건으로 수식을 사용할 때는 필드명을 입력하지 않거나 데이터 영역에 이미 있는 필드명과는 다른 필드명을 입력해야 하는 것이 규칙입니다. 위에서 만든 수식이 실제로 적용될 때는 다음 그림과 같이 가상의 필드인 '월'을 만들어서 계산한 후 추출한다고 생각하면 됩니다. 그런데 여기서 '월' 대신 '생년월일'을 필드명으로 사용한다면 [C3] 셀의 필드명과 중복되어 결과가 표시되지 않겠죠.

	A	B	C	D	E	F	G	H
1	고객포인트 관리							
2								
3	고객번호	이름	생년월일	구매실적	거래회수	구매포인트	설문포인트	월
4	C94023	오규남	1985-06-21	950,000	20	190	80	FALSE
5	B90120	김종숙	1992-12-01	950,000	45	190	70	FALSE
6	A93055	이미현	1988-05-21	1,300,000	60	260	50	TRUE
7	C92050	한수진	1990-03-25	900,000	50	180	65	FALSE
8	B96255	김정준	1986-05-05	775,000	43			TRUE
9	B99130	이진녀	1987-09-14	755,000	35	151	75	FALSE
10	C98030	노미경	1991-05-25	805,000	25	161	25	TRUE
11	A88001	최대건	1996-05-18	500,000	30	100	35	TRUE
12	A95010	서기운	1998-07-25	1,250,000	40	250	85	FALSE
13	B91038	김청욱	1991-03-30	1,000,000	45	200	98	FALSE

가상의 필드

※ 실제로 '월' 필드가 워크시트에 만들어지는 것은 아닙니다.

고급 필터의 조건에 수식이 사용되지 않을 때는 데이터 영역의 필드명과 반드시 동일한 필드명을 사용하고, 조건에 수식이 사용될 때는 필드명을 입력하지 않거나 데이터 영역의 필드명과 다른 필드명을 입력해야 한다는 것을 꼭 기억해 두세요.

SECTION 04

텍스트 나누기

4330100

텍스트 나누기는 한 셀이나 한 열에 입력되어 있는 데이터를 구분 기호나 일정한 너비로 분리하여 각 셀에 입력하는 기능으로, 다양한 정보가 취합되어 있는 데이터를 분할하는데 유용하게 사용할 수 있습니다.

기본문제 'C:\길벗컴활2급\01 섹션' 폴더의 '섹션04문제.xlsm' 파일을 열어서 작업하시오.

'무작정따라하기' 시트에서 다음의 지시사항대로 작업을 처리하시오.

[B2:B9] 영역의 데이터를 텍스트 나누기를 실행하여 나타내시오.

▶ 데이터는 쉼표(,)로 구분되어 있음

▶ '판매금액' 열은 제외할 것

	A	B	C	D	E
1					
2		사원이름,부서명,판매금액,활동수당,직급수당			
3		김예소,인사팀,2300000,1150000,500000			
4		지승대,R&D팀,1500000,225000,250000			
5		조경아,기획팀,2498000,1249000,500000			
6		유하은,인사팀,2988000,448200,250000			
7		임선호,생산팀,3250000,812500,400000			
8		이서현,경리팀,2580000,1290000,500000			
9		김준용,관리팀,1200000,180000,250000			
10					

	A	B	C	D	E
1					
2		사원이름	부서명	활동수당	직급수당
3		김예소	인사팀	1150000	500000
4		지승대	R&D팀	225000	250000
5		조경아	기획팀	1249000	500000
6		유하은	인사팀	448200	250000
7		임선호	생산팀	812500	400000
8		이서현	경리팀	1290000	500000
9		김준용	관리팀	180000	250000
10					

전문가의 조언

텍스트 나누기는 고급 필터나 조건부 서식에 비해 자주 출제되는 문제는 아닙니다. 텍스트 마법사의 각 단계에서 설정해야 할 사항들을 정확히 알아두세요.

따라하기

텍스트 나누기는 하나의 열에 입력된 데이터를 각 셀에 나누어 입력하는 것으로, [데이터] → 데이터 도구 → **텍스트 나누기**를 클릭하기 전에 블록을 지정해야 하는데, 반드시 데이터가 입력된 하나의 열만 선택해야 합니다.

1 텍스트 나누기

24.상시, 23.상시, 22.상시, 21.상시, 15.상시

1. [B2:B9] 영역을 블록으로 지정한 후 [데이터] → 데이터 도구 → **텍스트 나누기**를 클릭하세요.

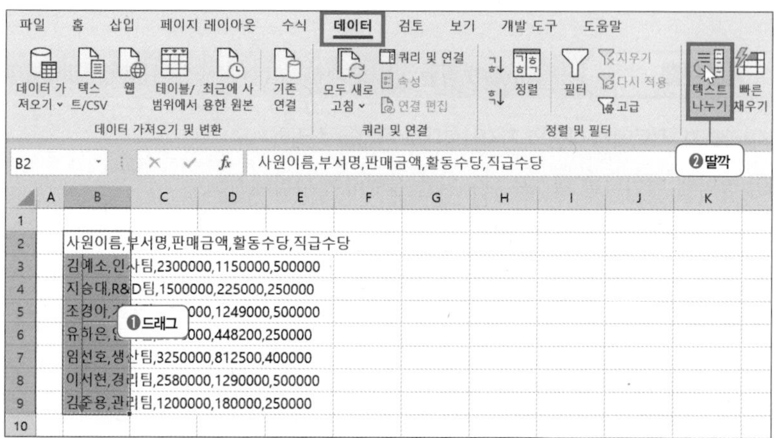

데이터가 탭, 콜론, 세미콜론 등과 같은 문자로 구분되어 있으면 '구분 기호로 분리됨'을 선택하고, 항목의 길이가 모두 같으면 '너비가 일정함'을 선택합니다.

2. 데이터는 쉼표(,)로 구분되어 있으므로 '텍스트 마법사 – 3단계 중 1단계' 대화상자에서 '구분 기호로 분리됨'을 선택한 후 〈다음〉을 클릭하세요.

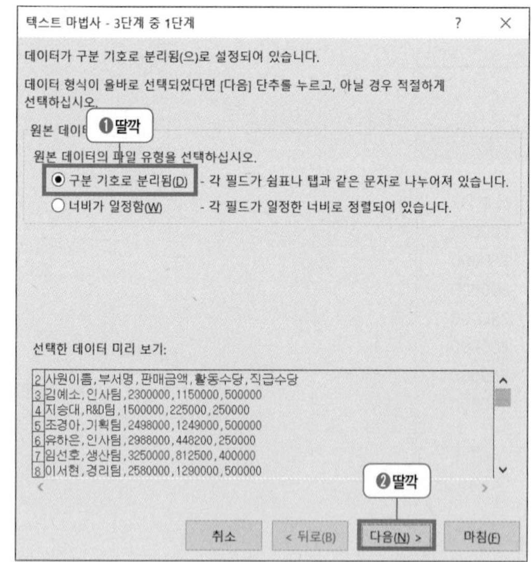

3. '텍스트 마법사 – 3단계 중 2단계' 대화상자에서 '탭'을 클릭하여 선택을 해제하고, '쉼표'를 클릭하여 선택한 후 〈다음〉을 클릭하세요.

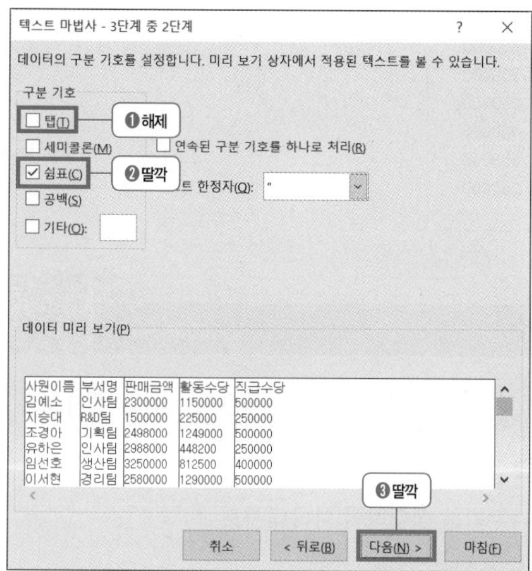

4. '텍스트 마법사 – 3단계 중 3단계' 대화상자에서 '판매금액' 열을 제외하기 위해 '데이터 미리 보기'에서 '판매금액'을 클릭하고 '열 가져오지 않음(건너뜀)'을 선택한 후 〈마침〉을 클릭합니다.

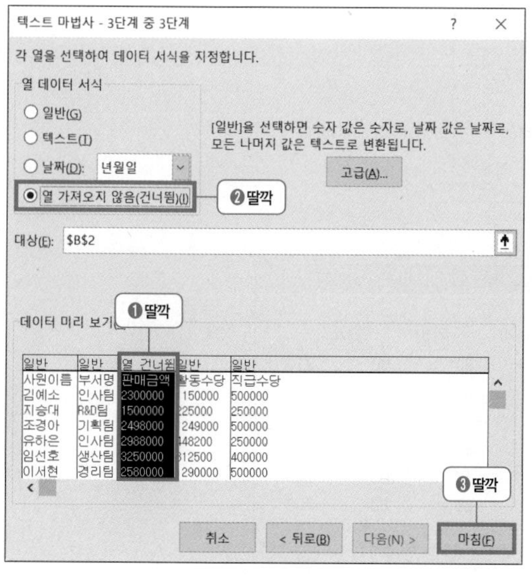

전문가의 조언

- **구분 기호** : 데이터에 사용된 구분 기호 선택. 사용된 기호가 없으면 '기타'를 선택한 후 사용된 구분 기호를 직접 입력함
- **연속된 구분 기호를 하나로 처리** : 같은 구분 기호가 중복되어 있을 경우 하나로 취급함
- **텍스트 한정자** : 문자 데이터를 구분하기 위한 기호를 지정함

전문가의 조언

- **일반** : 숫자 값은 숫자로, 날짜 값은 날짜로, 나머지는 텍스트로 변환
- **텍스트** : 데이터를 텍스트 형식으로 변환
- **날짜** : 데이터를 날짜 형식으로 변환
- **열 가져오지 않음(건너뜀)** : 선택한 열을 워크시트로 가져오지 않음
- **고급** : 숫자 데이터의 표시 형식을 지정하기 위한 기능 제공

	A	B	C	D	E
1					
2		사원이름	부서명	활동수당	직급수당
3		김예소	인사팀	1150000	500000
4		지승대	R&D팀	225000	250000
5		조경아	기획팀	1249000	500000
6		유하은	인사팀	448200	250000
7		임선호	생산팀	812500	400000
8		이서현	경리팀	1290000	500000
9		김준용	관리팀	180000	250000
10					

4330101 

기출 따라잡기

Section 04

문제 1 'C:\길벗컴활2급\01 섹션' 폴더의 '섹션04문제.xlsm' 파일을 열어서 작업하시오.

'기출01' 시트에서 다음의 지시사항대로 작업을 처리하시오.

[B2:B8] 영역의 데이터를 텍스트 나누기를 실행하여 나타내시오.

▶ 데이터는 세미콜론(;)으로 구분되어 있음

▶ '성별', '평균' 열은 제외할 것

	A	B	C	D	E
1					
2		학번;이름;성별;과제;중간;기말;합계;평균			
3		253001;김동준;남;60;60;90;210;70			
4		253003;고강민;남;50;80;90;220;73			
5		253030;이향기;여;60;100;100;260;87			
6		253014;김은소;여;90;80;80;250;83			
7		252020;임영우;남;90;50;100;240;80			
8		252030;김단비;여;40;80;80;200;67			
9					

	A	B	C	D	E	F	G
1							
2		학번	이름	과제	중간	기말	합계
3		253001	김동준	60	60	90	210
4		253003	고강민	50	80	90	220
5		253030	이향기	60	100	100	260
6		253014	김은소	90	80	80	250
7		252020	임영우	90	50	100	240
8		252030	김단비	40	80	80	200
9							

문제 1

24.상시, 23.상시, 22.상시, 21.상시, 15.상시

1 텍스트 나누기

1. '기출01' 시트에서 [B2:B8] 영역을 블록으로 지정한 후 [데이터] → 데이터 도구 → **텍스트 나누기**를 클릭하세요.
2. '텍스트 마법사 – 3단계 중 1단계' 대화상자에서 '구분 기호로 분리됨'을 선택한 후 〈다음〉을 클릭하세요.
3. 데이터는 세미콜론(;)으로 구분되어 있으므로 '텍스트 마법사 – 3단계 중 2단계'에서 '탭'을 해제하고, '세미콜론'을 선택한 후 〈다음〉을 클릭하세요.

텍스트 마법사 - 3단계 중 2단계

데이터의 구분 기호를 설정합니다. 미리 보기 상자에서 적용된 텍스트를 볼 수 있습니다.

구분 기호

☐ 탭(T)
☑ 세미콜론(M)
☐ 쉼표(C)
☐ 공백(S)
☐ 기타(O):

☐ 연속된 구분 기호를 하나로 처리(R)

텍스트 한정자(Q): "

데이터 미리 보기(P)

학번	이름	성별	과제	중간	기말	합계	평균
253001	김동준	남	60	60	90	210	70
253003	고강민	남	50	80	90	220	73
253030	이향기	여	60	100	100	260	87
253014	김은소	여	90	80	80	250	83
252020	임영우	남	90	50	100	240	80
252030	김단비	여	40	80	80	200	67

취소 | < 뒤로(B) | 다음(N) > | 마침(F)

4. '텍스트 마법사 – 3단계 중 3단계' 대화상자에서 '성별'과 '평균' 열을 제외하기 위해 '데이터 미리 보기'에서 '성별'을 클릭한 후 '열 가져오지 않음(건너뜀)'을 선택하세요.
5. 이어서 '평균'을 클릭하고 '열 가져오지 않음(건너뜀)'을 선택한 후 〈마침〉을 클릭하세요.

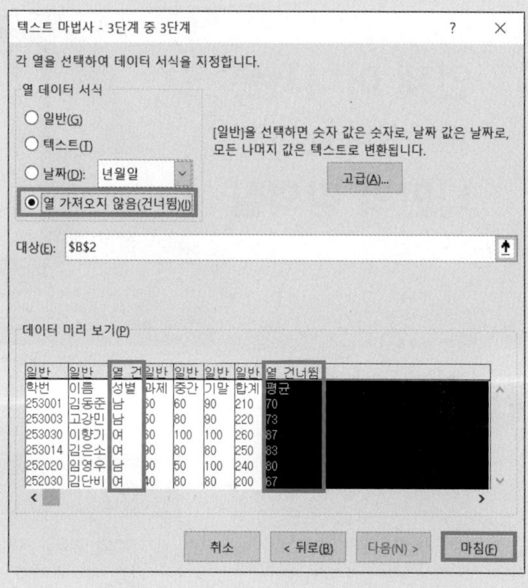

시나공 동영상 강좌

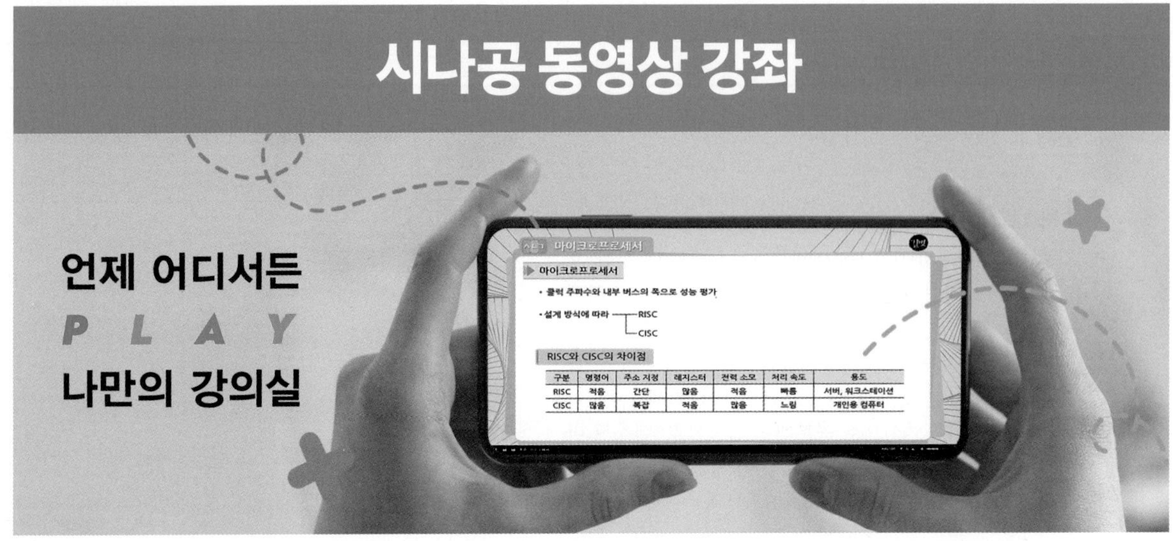

동영상 강좌 특징

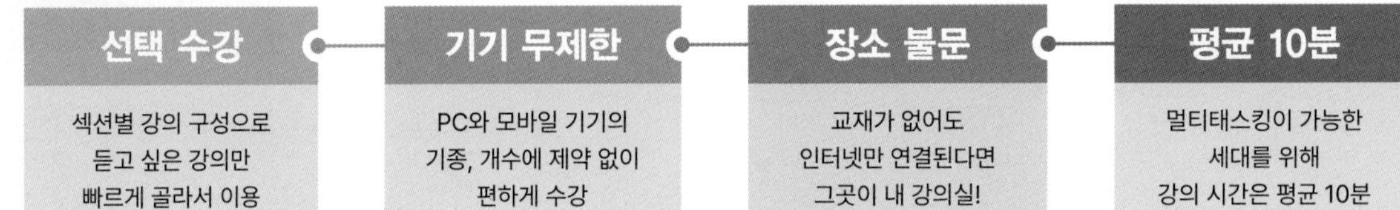

섹션별 강의 구성으로 듣고 싶은 강의만 빠르게 골라서 이용

PC와 모바일 기기의 기종, 개수에 제약 없이 편하게 수강

교재가 없어도 인터넷만 연결된다면 그곳이 내 강의실!

멀티태스킹이 가능한 세대를 위해 강의 시간은 평균 10분

강좌 종류

구분	강좌	수강일 및 가격
단과	컴퓨터활용능력 필기(1/2급 선택)	150일 수강, 55,000원
	컴퓨터활용능력 실기(1/2급 선택)	150일 수강, 60,000원
속성반	컴퓨터활용능력 필+실기(1/2급 선택)	필기+실기 합해서 30일 수강, 59,000원
합격 보장반	컴퓨터활용능력 필+실기(1/2급 선택)	필기+실기 합해서 365일 수강, 129,000원

시험 적중률,
가격과 수강일 모두
시나공이
이상적 • 합리적

이용 방법

1. **시나공 홈페이지(sinagong.co.kr)**에 접속하여 로그인 하세요.
2. 시험 종목을 선택한 후 **[동영상 강의]** → **[유료강의]**를 클릭하세요.
3. 원하는 강좌를 선택하고 **[수강 신청하기]**를 클릭하세요.
4. 우측 상단의 **[마이길벗]** → **[나의 동영상 강좌]**로 이동하여 강좌를 수강하세요.

※ **동영상 강좌 이용 문의** : 독자지원 (02-332-0931) 또는 이메일 (content@gilbut.co.kr)

2 장

계산작업

SECTION 05

함수1 - 통계 함수, 텍스트 함수

- **통계 함수** : AVERAGE, AVERAGEA, AVERAGEIF, AVERAGEIFS, MAX, MAXA, MIN, MINA, RANK.EQ, VAR.S, STDEV.S, MODE.SNGL, MEDIAN, LARGE, SMALL, COUNT, COUNTA, COUNTBLANK, COUNTIF, COUNTIFS
- **텍스트 함수** : LEFT, MID, RIGHT, LOWER, UPPER, PROPER, TRIM, LEN, FIND, SEARCH

기본문제

'C:\길벗컴활2급\01 섹션' 폴더의 '섹션05문제.xlsm' 파일을 열어서 작업하시오.

'무작정따라하기' 시트에서 다음의 지시사항대로 작업을 처리하시오.

- 수험생들이 가장 어렵게 생각하는 부분 중 하나가 바로 함수입니다. 그러나 정확히 표현하자면 함수가 어렵다기보다는 함수를 여러 개 중첩해서 사용하는 계산식이 어려운 것이죠. 여러 개의 함수를 중첩해서 논리적인 계산식을 만드는 문제는 일단 기본적인 함수의 사용법을 익히고 많은 문제를 풀어 논리식에 익숙해지는 수밖에 없습니다. 논리식을 세우는 문제는 충분히 이해해 두면 그 다음부터는 특별히 암기하지 않아도 모든 문제에 적용할 수 있습니다. 기본적인 함수의 사용법을 모르고 있다면 부록의 함수 사전을 통해 충분히 익힌 후 섹션의 내용을 읽어 보기 바랍니다.
- 통계/텍스트 함수 중 한번이라도 실기 시험에 출제된 함수는 COUNT, COUNTA, RANK.EQ, COUNTBLANK, COUNTIF, COUNTIFS, MAX, MIN, AVERAGE, AVERAGEIF, AVERAGEIFS, LARGE, SMALL, MEDIAN, MID, RIGHT, UPPER, PROPER, LEFT, TRIM, STDEV.S, SEARCH 등으로 특정 함수가 반복 출제되고 있다는 것을 알 수 있습니다. AVERAGE, LARGE 등 IF 함수와 중첩되어 출제되는 문제만 신경 쓰면 쉽게 풀 수 있습니다.

	A	B	C	D	E	F	G	H
1	[표1]	학원 관리						
2	성명	성별	주민등록번호	수업료	중간	기말	평균	순위
3	신선미	여	080312-417****		79	87	83	5
4	이남규	남	071015-311****	납부	88	90	89	2
5	민철홍	남	060220-323****	납부	75	92	83.5	3
6	김미진	여	081101-442****		88	98	93	1
7	강민	여	061202-423****	납부	88	60	74	6
8	이명복	남	080411-342****	납부	90	77	83.5	3
9	조상희	남	071224-336****		58	45	51.5	8
10	윤정희	여	070729-416****		55	89	72	7
11	가장 큰 값과 두번째로 큰 값의 차이값				2	6	4	
12								
13	여학생 중간 평균		수업료 납부자수	기말점수가 90점 이상인 학생수			평균 80점대 학생수	
14	77.5		4	3			4	
15								
16								
17	[표2]	세계 클럽컵 축구대회						
18	순위	팀명	팀명2	국가	감독명	국가-감독		
19	1	susung	SUSUNG	korea	BENTO	Korea-bento		
20	2	chelsy	CHELSY	england	SALTOR	England-saltor		
21	3	roma	ROMA	italy	MANET	Italy-manet		
22	4	hoven	HOVEN	germany	MESUT	Germany-mesut		
23	5	isac	ISAC	france	ZIDANE	France-zidane		
24								

1. 중간[E3:E10], 기말[F3:F10], 평균[G3:G10]에서 가장 큰 점수와 두 번째로 큰 점수의 차이를 [E11:G11] 영역에 계산하시오.
   ▶ MAX, LARGE 함수 사용

2. 평균[G3:G10]을 기준으로 순위[H3:H10]를 구하여 표시하시오.
   ▶ 순위는 평균이 가장 큰 학생이 1위
   ▶ MEDIAN, RANK.EQ, COUNT 함수 중 알맞은 함수 사용

3. 성별[B3:B10]이 "여"인 학생들의 중간 점수 평균을 [A14] 셀에 계산하시오.
   ▶ AVERAGEIF, COUNTIF, COUNTA 함수 중 알맞은 함수 사용

4. 수업료[D3:D10]를 납부한 학생 수를 [C14] 셀에 계산하시오.

▶ COUNT, COUNTA, COUNTBLANK 함수 중 알맞은 함수 사용

5. 기말[F3:F10] 점수가 90 이상인 학생수를 [D14] 셀에 계산하시오.

▶ COUNT, COUNTA, COUNTIF 함수 중 알맞은 함수 사용

6. 평균[G3:G10] 점수가 80점 이상 90점 미만의 학생수를 [G14] 셀에 계산하시오.

▶ COUNTIFS, SUMIFS, COUNTBLANK 함수 중 알맞은 함수 사용

7. 팀명[B19:B23]의 앞 뒤에 있는 공백을 제거한 후 전체 문자를 대문자로 변환하여 팀명2[C19:C23] 영역에 표시하시오.

▶ UPPER, TRIM 함수 사용

8. 국가[D19:D23]의 첫 문자는 대문자로, 감독명[E19:E23]은 모두 소문자로 변환하여 국가-감독[F19:F23] 영역에 표시하시오.

▶ 표기 예 : 국가가 'spain', 감독명이 'DAVID'인 경우 'Spain-david'로 표시

▶ PROPER, LOWER 함수와 & 연산자 사용

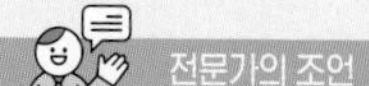

계산문제는 한번 풀어 보는 것으로 학습을 끝낼 수 없습니다. 문제를 읽고 머릿속에 바로 수식이 세워질 때까지 반복해서 연습해야 합니다. 별도의 실습 파일 없이도 계산문제 풀이를 연습할 수 있도록 부록에 수록하였으니 꼭 반복해서 연습하세요. 대부분의 불합격생들이 계산문제에서 과락이 발생한다는 것을 명심하세요!

따라하기

24.상시, 23.상시, 22.상시, 21.상시, 20.상시, 18.2, 14.2, 10.3, 09.2, 08.1, 07.2, 06.2, 05.1, 04.4

1 가장 큰 값과 두 번째로 큰 값의 차이값 계산하기

1. [E11] 셀을 클릭한 후 수식 입력줄 왼쪽에 있는 '함수 삽입(fx)'을 클릭하세요.

E11 | fx ❷딸깍 (함수 삽입)

	A	B	C	D	E	F	G	H	I
1	[표1]	학원 관리							
2	성명	성별	주민등록번호	수업료	중간	기말	평균	순위	
3	신선미	여	080312-417****		79	87	83		
4	이남규	남	071015-311****	납부	88	90	89		
5	민철홍	남	060220-323****	납부	75	92	83.5		
6	김미진	여	081101-442****		88	98	93		
7	강민	여	061202-423****	납부	88	60	74		
8	이명복	남	080411-342****	납부	90	77	83.5		
9	조상희	남	071224-336****			45	51.5		
10	윤정희	여	070729-416****		55	89	72		
11	가장 큰 값과 두번째로 큰 값의 차이값				❶딸깍				
12									

MAX 함수로 가장 큰 값을, LARGE 함수로 두 번째로 큰 값을 구한 후 가장 큰 값에서 두 번째로 큰 값을 빼서 결과를 구하면 됩니다.

MAX 함수가 어느 범주에 속하는지 모를 경우에는 '모두'를 선택하고 알파벳 순으로 찾으면 됩니다. 그러나 자주 사용하는 함수라면 함수 마법사를 사용하지 않고 직접 입력할 수 있도록 숙달하는 것이 바람직합니다.

2. '함수 마법사' 대화상자의 범주 선택에서 '통계'를, 함수 선택에서 'MAX'를 선택한 후 〈확인〉을 클릭하세요.

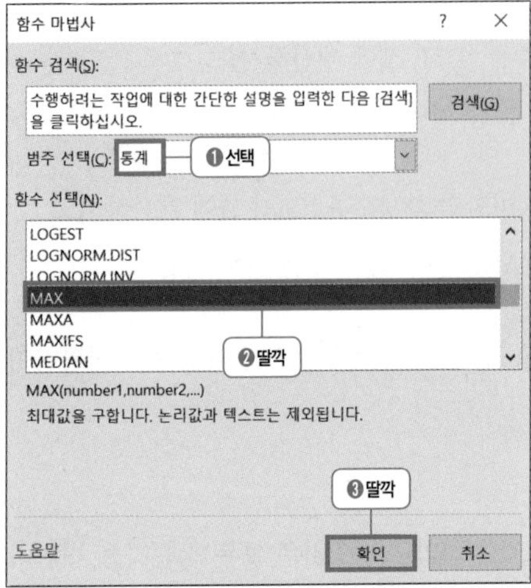

3. '함수 인수' 대화상자를 아래쪽으로 드래그하여 옮기면 데이터 영역을 보면서 작업할 수 있으므로 편리합니다. 가장 큰 점수를 구할 [E3:E10] 영역을 마우스로 드래그하면 'E3:E10'이 'Number1' 입력란에 입력되고, 대화상자에 미리 보기 결과가 나타납니다. 〈확인〉을 클릭하세요.

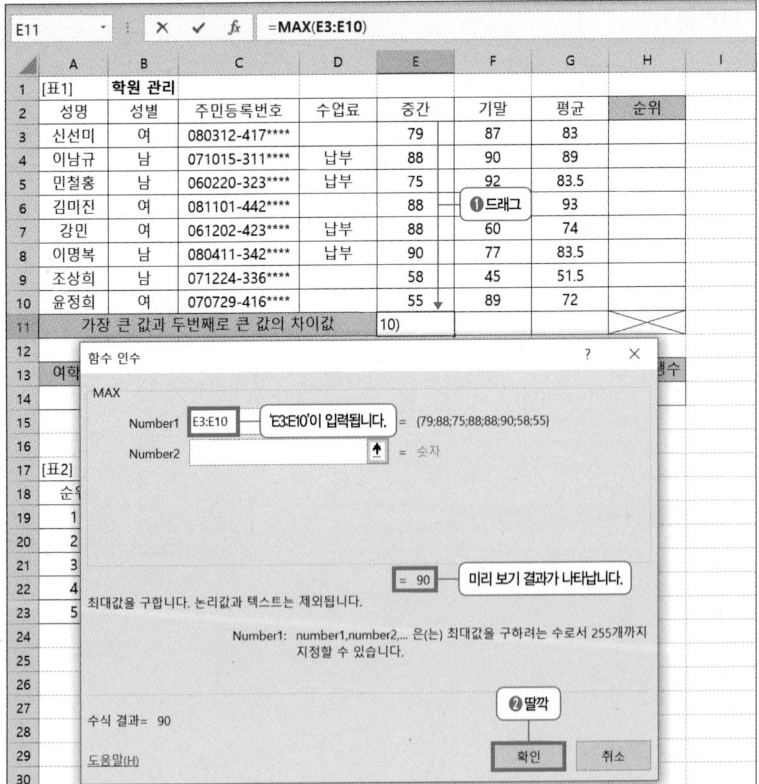

4. 수식 입력줄에 위에서 지정한 MAX에 대한 수식이 입력된 것을 확인할 수 있습니다. 가장 큰 값을 계산하는 수식이 입력된 상태에서 두 번째로 큰 값을 계산하는 수식을 지정하도록 하겠습니다. 수식 입력줄에서 MAX 함수식의 오른쪽 끝에 –를 입력한 후 수식 입력줄 왼쪽의 '함수 삽입(fx)'을 클릭하세요.

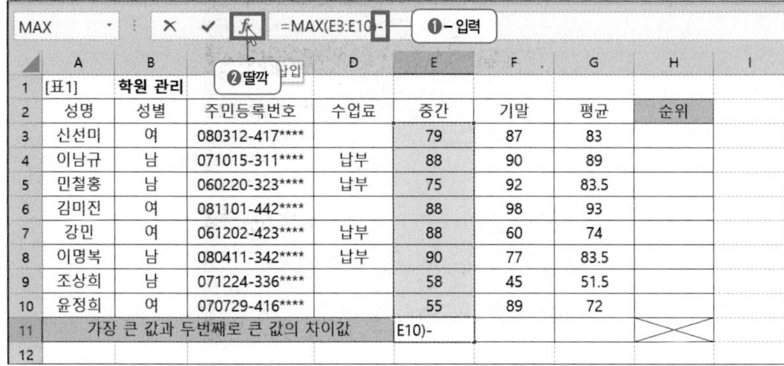

	A	B	C	D	E	F	G	H
1	[표1]	학원 관리						
2	성명	성별	주민등록번호	수업료	중간	기말	평균	순위
3	신선미	여	080312-417****		79	87	83	
4	이남규	남	071015-311****	납부	88	90	89	
5	민철홍	남	060220-323****	납부	75	92	83.5	
6	김미진	여	081101-442****		88	98	93	
7	강민	여	061202-423****	납부	88	60	74	
8	이명복	남	080411-342****	납부	90	77	83.5	
9	조상희	남	071224-336****		58	45	51.5	
10	윤정희	여	070729-416****		55	89	72	
11	가장 큰 값과 두번째로 큰 값의 차이값				E10)-			
12								

5. '함수 마법사' 대화상자의 범주 선택에서 '통계'를, 함수 선택에서 'LARGE'를 선택한 후 〈확인〉을 클릭하세요.

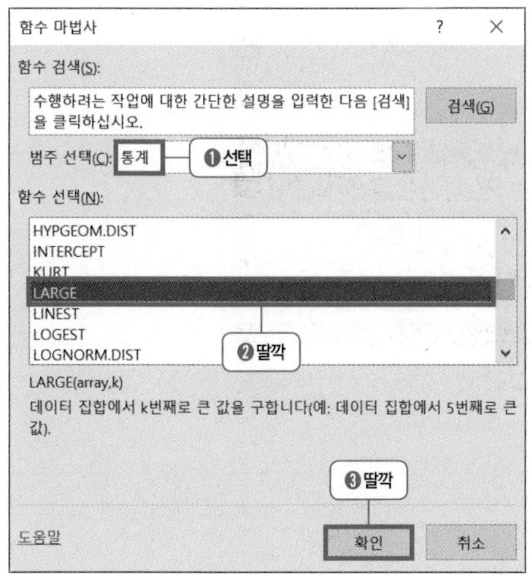

함수가 한 번만 사용되는 단일 함수식은 함수 마법사를 사용하는 것이 편리하지만, 이 문제처럼 2개 이상의 함수가 사용되는 중첩 함수식은 셀에 함수식을 직접 입력하는 것이 더 효율적입니다. 즉 [E11] 셀에 직접 '=MAX(E3:E10) – LARGE(E3:E10, 2)'를 입력해도 됩니다.

6. '함수 인수' 대화상자가 나타나면 대화상자를 아래쪽으로 드래그하여 옮긴 후 'Array' 입력란을 클릭하고 워크시트의 [E3:E10] 영역을 드래그하여 인수를 지정하세요.

7. 두 번째로 큰 값을 구해야 하므로 'K' 입력란에 **2**를 입력한 후 〈확인〉을 클릭하면 결과가 계산됩니다.

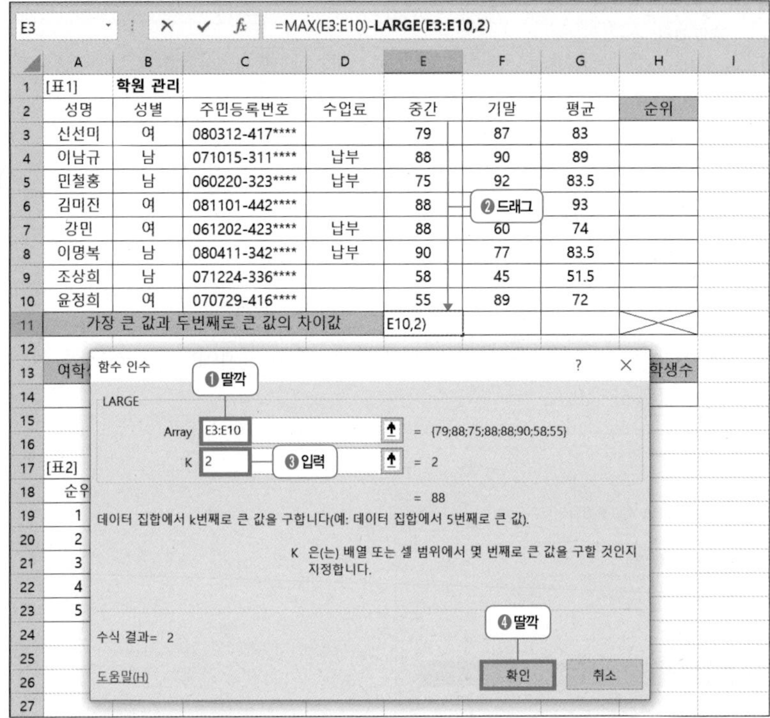

E3 =MAX(E3:E10)-LARGE(E3:E10,2)

	A	B	C	D	E	F	G	H
1	[표1]	학원 관리						
2	성명	성별	주민등록번호	수업료	중간	기말	평균	순위
3	신선미	여	080312-417****		79	87	83	
4	이남규	남	071015-311****	납부	88	90	89	
5	민철홍	남	060220-323****	납부	75	92	83.5	
6	김미진	여	081101-442****		88		93	
7	강민	여	061202-423****	납부	88	60	74	
8	이명복	남	080411-342****	납부	90	77	83.5	
9	조상희	남	071224-336****		58	45	51.5	
10	윤정희	여	070729-416****		55	89	72	
11	가장 큰 값과 두번째로 큰 값의 차이값				E10,2)			

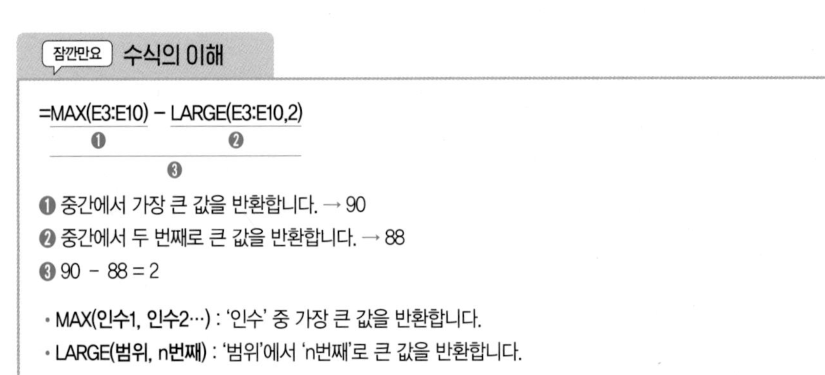

잠깐만요 수식의 이해

=MAX(E3:E10) – LARGE(E3:E10,2)

❶ ❷

❸

❶ 중간에서 가장 큰 값을 반환합니다. → 90

❷ 중간에서 두 번째로 큰 값을 반환합니다. → 88

❸ 90 – 88 = 2

- MAX(인수1, 인수2…) : '인수' 중 가장 큰 값을 반환합니다.
- LARGE(범위, n번째) : '범위'에서 'n번째'로 큰 값을 반환합니다.

8. [E11] 셀의 채우기 핸들을 [G11] 셀까지 드래그하여 나머지 셀의 값도 구하세요.

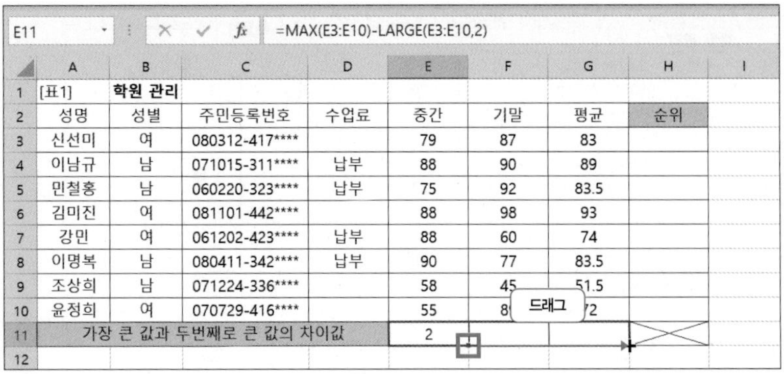

E11 =MAX(E3:E10)-LARGE(E3:E10,2)

	A	B	C	D	E	F	G	H	I
1	[표1]	학원 관리							
2	성명	성별	주민등록번호	수업료	중간	기말	평균	순위	
3	신선미	여	080312-417****		79	87	83		
4	이남규	남	071015-311****	납부	88	90	89		
5	민철홍	남	060220-323****	납부	75	92	83.5		
6	김미진	여	081101-442****		88	98	93		
7	강민	여	061202-423****	납부	88	60	74		
8	이명복	남	080411-342****	납부	90	77	83.5		
9	조상희	남	071224-336****		58	45	51.5		
10	윤정희	여	070729-416****		55	8	72		
11	가장 큰 값과 두번째로 큰 값의 차이값				2				
12									

드래그

2 순위 계산하기

24.상시, 23.상시, 22.상시, 21.상시, 20.상시, 19.상시, 18.1, 17.1, 16.1, 15.1, 14.3, 13.3, 13.1, 12.3, 12.2, 12.1, 11.3, 11.2, 11.1, 10.2, 09.4, 08.4, 08.1, …

1. [H3] 셀을 클릭한 후 수식 입력줄 왼쪽에 있는 '함수 삽입(fx)'을 클릭하세요.

2. '함수 마법사' 대화상자의 범주 선택에서 '통계'를, 함수 선택에서 'RANK.EQ'를 선택한 후 〈확인〉을 클릭하세요.

3. '함수 인수' 대화상자의 'Number' 입력란을 클릭한 후 평균이 있는 [G3] 셀을 클릭하세요.

4. 이어서 'Ref' 입력란을 클릭한 후 비교할 대상이 있는 [G3:G10] 영역을 마우스로 드래그하세요.

5. F4를 눌러 [G3:G10] 영역을 절대 주소로 변경한 후 〈확인〉을 클릭하면 결과가 계산됩니다. 순위는 '평균이 가장 큰 학생이 1위'이므로 'Order'를 내림차순으로 지정하면 되는데, 내림차순은 생략이 가능하므로 'Order' 입력란에 아무것도 입력하지 않은 상태에서 〈확인〉을 클릭한 것입니다.

전문가의 조언

수식을 채우는 다른 방법

- 끌기로 채울 만큼의 셀들이 왼쪽이나 오른쪽 열에 채워져 있으면, 채우기 핸들을 드래그하지 않고 채우기 핸들을 더블클릭해도 왼쪽이나 오른쪽 열의 셀 수만큼 채워집니다.
- 셀 포인터를 [E11] 셀에 놓고 Shift를 누른 채 오른쪽 방향키 →를 두 번 눌러 [E11:G11] 영역을 블록으로 지정한 후 Ctrl+R을 누릅니다. 키보드만을 이용하여 작업할 때 빠르게 수식을 채우는 방법입니다. 세로로 수식을 채울 때는 범위를 블록으로 지정한 후 Ctrl+D를 누릅니다.

전문가의 조언

[G3:G10] 영역에 '$'를 붙여 절대 주소로 입력한 이유는 [G4], [G5], … 셀의 순위를 구할 때도 비교 범위인 [G3:G10] 영역은 변하지 말아야 하기 때문입니다.

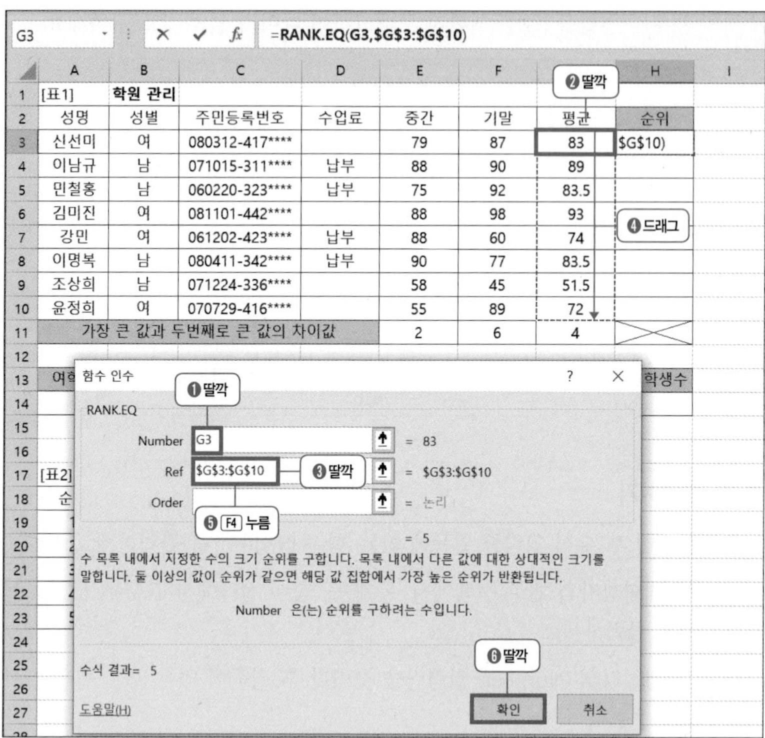

	A	B	C	D	E	F	G	H
1	[표1]	학원 관리						
2	성명	성별	주민등록번호	수업료	중간	기말	평균	순위
3	신선미	여	080312-417****		79	87	83	$G$10)
4	이남규	남	071015-311****	납부	88	90	89	
5	민철홍	남	060220-323****	납부	75	92	83.5	
6	김미진	여	081101-442****		88	98	93	
7	강민	여	061202-423****	납부	88	60	74	
8	이명복	남	080411-342****	납부	90	77	83.5	
9	조상희	남	071224-336****		58	45	51.5	
10	윤정희	여	070729-416****		55	89	72	
11	가장 큰 값과 두번째로 큰 값의 차이값				2	6	4	

6. [H3] 셀의 채우기 핸들을 [H10] 셀까지 드래그하여 나머지 셀의 값도 구하세요.

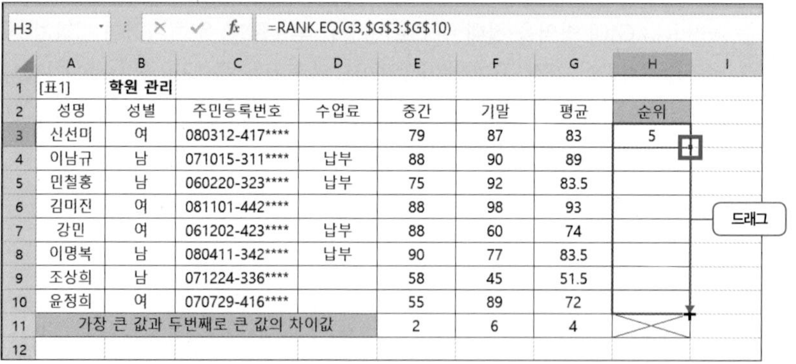

	A	B	C	D	E	F	G	H
1	[표1]	학원 관리						
2	성명	성별	주민등록번호	수업료	중간	기말	평균	순위
3	신선미	여	080312-417****		79	87	83	5
4	이남규	남	071015-311****	납부	88	90	89	
5	민철홍	남	060220-323****	납부	75	92	83.5	
6	김미진	여	081101-442****		88	98	93	
7	강민	여	061202-423****	납부	88	60	74	
8	이명복	남	080411-342****	납부	90	77	83.5	
9	조상희	남	071224-336****		58	45	51.5	
10	윤정희	여	070729-416****		55	89	72	
11	가장 큰 값과 두번째로 큰 값의 차이값				2	6	4	

RANK.EQ 함수에 대한 자세한 내용은 별책 부록의 64쪽을 참고하세요.

잠깐만요 수식의 이해

=RANK.EQ(G3, $G$3:$G$10) : 평균에서 83의 순위를 내림차순(옵션 생략)으로 반환합니다. → 5

- **RANK.EQ(인수, 범위, 옵션)** : 지정된 '범위' 안에서 '인수'의 순위를 '옵션'에 맞게 반환하는데, 동일한 값들은 동일하지 않을 경우 나올 수 있는 순위들 중 가장 높은 순위를 동일하게 표시합니다.

24.상시, 23.상시, 22.상시, 21.상시, 20.상시, 17.상시, 15.3, 14.1

3 여학생의 중간 점수 평균 계산하기

1. [A14] 셀을 클릭한 후 수식 입력줄 왼쪽에 있는 '함수 삽입(fx)'을 클릭하세요.

2. '함수 마법사' 대화상자의 범주 선택에서 '통계'를, 함수 선택에서 'AVEAGEIF'를 선택한 후 〈확인〉을 클릭하세요.

3. '함수 인수' 대화상자의 'Range' 입력란을 클릭한 후 성별이 있는 [B3:B10] 영역을 드래그하세요.

4. 성별이 "여"란 조건을 지정하기 위해 'Criteria' 입력란을 클릭하고 **여**를 입력합니다.

5. 'Average_range' 입력란을 클릭하고 중간 점수가 있는 [E3:E10] 영역을 드래그한 후 〈확인〉을 클릭하면 결과가 계산됩니다.

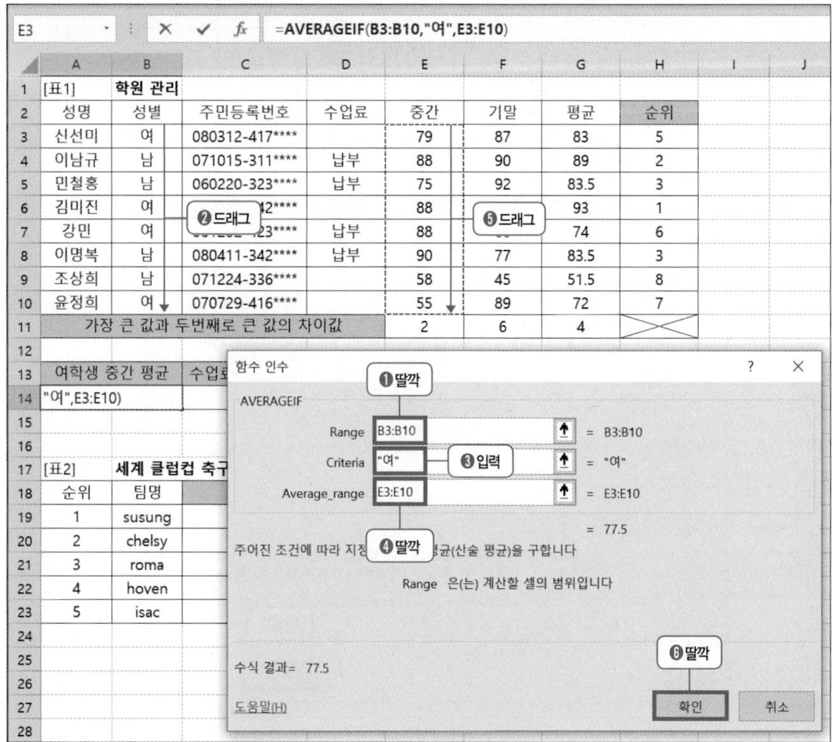

> **전문가의 조언**
> AVERAGEIF 함수의 'Criteria' 입력란에 문자 데이터를 입력하면 자동으로 큰따옴표("")로 묶입니다. **여**만 입력하고 'Average_ range' 입력란을 클릭하면 **"여"**로 변경됩니다.

잠깐만요 수식의 이해

=AVERAGEIF(B3:B10, "여", E3:E10) : 성별에서 "여"가 입력된 셀들(B3, B6, B7, B10)을 찾은 후 중간에서 같은 행들(E3, E6, E7, E10)에 있는 점수의 평균을 반환합니다. → 77.5

- **AVERAGEIF(조건이 적용될 범위, 조건, 평균을 구할 범위)** : '조건'에 맞는 셀들의 평균을 반환합니다.

24.상시, 23.상시, 22.상시, 21.상시, 20.상시, 15.상시, 07.1, 06.1

4 수업료 납부자수 계산하기

1. [C14] 셀을 클릭한 후 수식 입력줄 왼쪽에 있는 '함수 삽입(fx)'을 클릭하세요.

2. '함수 마법사' 대화상자의 범주 선택에서 '통계'를, 함수 선택에서 'COUNTA'를 선택한 후 〈확인〉을 클릭하세요.

3. '함수 인수' 대화상자의 'Value1' 입력란을 클릭하고 수업료 납부 결과가 있는 [D3:D10] 영역을 드래그한 후 〈확인〉을 클릭하면 결과가 계산됩니다.

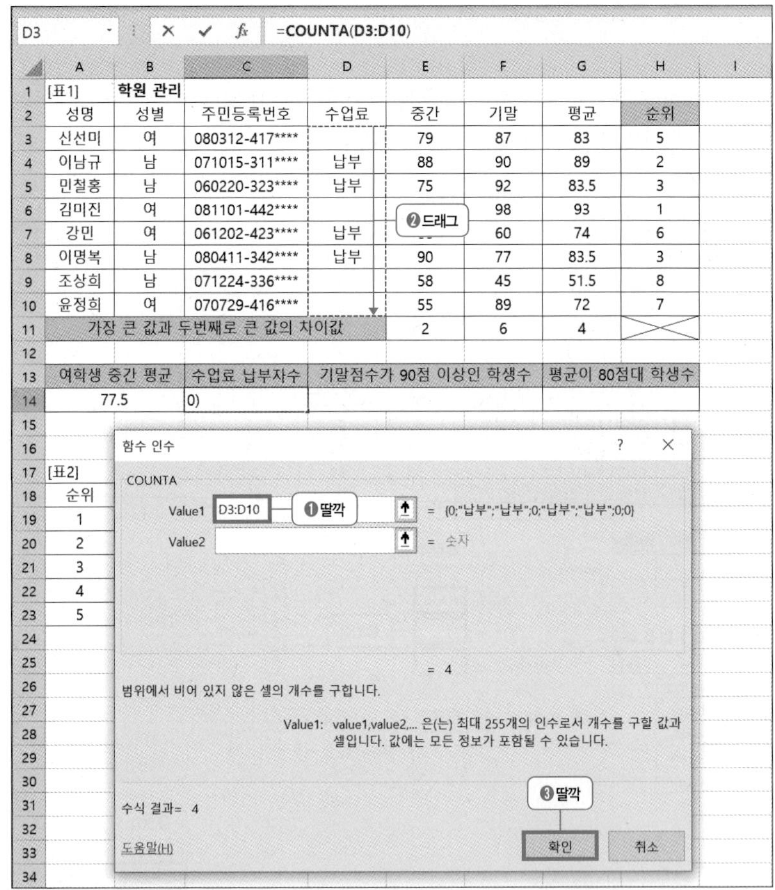

	A	B	C	D	E	F	G	H
1	[표1]	학원 관리						
2	성명	성별	주민등록번호	수업료	중간	기말	평균	순위
3	신선미	여	080312-417****		79	87	83	5
4	이남규	남	071015-311****	납부	88	90	89	2
5	민철홍	남	060220-323****	납부	75	92	83.5	3
6	김미진	여	081101-442****			98	93	1
7	강민	여	061202-423****	납부		60	74	6
8	이명복	남	080411-342****	납부	90	77	83.5	3
9	조상희	남	071224-336****		58	45	51.5	8
10	윤정희	여	070729-416****		55	89	72	7
11	가장 큰 값과 두번째로 큰 값의 차이값				2	6	4	
12								
13	여학생 중간 평균		수업료 납부자수	기말점수가 90점 이상인 학생수			평균이 80점대 학생수	
14	77.5		0)					
17	[표2]							
18	순위							
19	1							
20	2							
21	3							
22	4							
23	5							

잠깐만요 수식의 이해

=COUNTA(D3:D10) : 수업료에서 자료가 입력되어 있는 셀들(D4, D5, D7, D8)의 개수를 반환합니다. → 4

- COUNTA(인수1, 인수2, …) : '인수'로 주어진 값 중 자료가 입력되어 있는 있는 셀의 개수를 반환합니다.

24.상시, 22.상시, 21.상시, 18.상시, 18.1, 14.3, 12.1, 11.2, 10.3, 10.2, 09.3, 07.2, 05.4, 05.3, 04.4, 04.3, 01.3

5 기말 점수가 90점 이상인 학생의 인원수 계산하기

1. [D14] 셀을 클릭한 후 수식 입력줄 왼쪽에 있는 '함수 삽입(fx)'을 클릭하세요.

2. '함수 마법사' 대화상자의 범주 선택에서 '통계'를, 함수 선택에서 'COUNTIF'를 선택한 후 〈확인〉을 클릭하세요.

3. '함수 인수' 대화상자의 'Range' 입력란을 클릭한 후 기말 점수가 있는 [F3:F10] 영역을 드래그하세요.

4. 90점 이상인 조건을 지정하기 위해 'Criteria' 입력란을 클릭하고 **〉=90**을 입력한 후 〈확인〉을 클릭하면 결과가 계산됩니다.

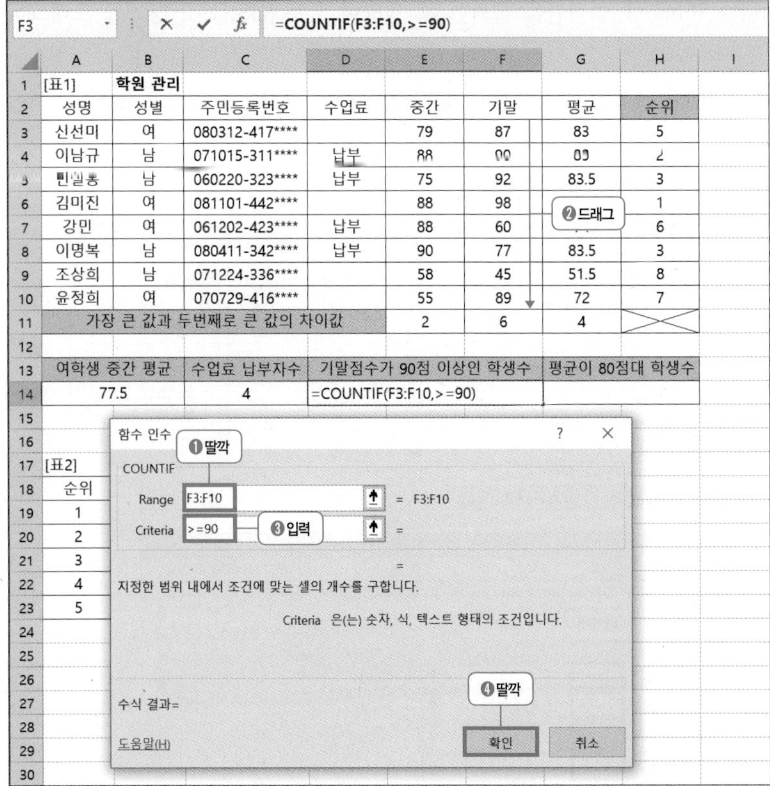

전문가의 조언

COUNTIF 함수의 'Criteria' 입력란에 문자 데이터를 입력하면 자동으로 큰따옴표("")로 묶입니다. 그러므로 **〉=90**만 입력하고 〈확인〉을 클릭하면 **"〉=90"**로 입력됩니다.

잠깐만요 수식의 이해

=COUNTIF(F3:F10, "〉=90") : 기말에서 90 이상인 셀들(F4, F5, F6)의 개수를 반환합니다. → 3

- **COUNTIF(범위, 조건)** : 지정된 '범위'에서 '조건'에 맞는 셀의 개수를 반환합니다.

24.상시, 24.공개, 23.상시, 22.상시, 21.상시, 20.상시, 18.2, 17.1, 15.3, 15.1, 13.3, 12.3, 12.2

6 평균 점수가 80점대인 학생의 인원수 계산하기

COUNTIFS 함수를 이용하여 평균 점수가 80점 이상 90점 미만인 학생수를 구하려면 첫 번째 조건은 80점 이상을, 두 번째 조건은 90점 미만을 지정하면 됩니다.

COUNTIFS 함수의 'Criteria1', 'Criteria2' 입력란에 문자 데이터를 입력하면 자동으로 큰따옴표("")로 묶입니다. >=80과 <90을 입력하고 〈확인〉을 클릭하면 ">=80"과 "<90"으로 변경됩니다.

1. [G14] 셀을 클릭한 후 수식 입력줄 왼쪽에 있는 '함수 삽입(fx)'을 클릭하세요.

2. '함수 마법사' 대화상자의 범주 선택에서 '통계'를, 함수 선택에서 'COUNTIFS'를 선택한 후 〈확인〉을 클릭하세요.

3. '함수 인수' 대화상자의 'Criteria_Range1' 입력란을 클릭한 후 평균이 있는 [G3:G10] 영역을 드래그하세요.

4. 80점 이상이란 조건을 지정하기 위해 'Criteria1' 입력란을 클릭하고 **>=80**을 입력합니다.

5. 'Criteria_Range2' 입력란을 클릭한 후 평균이 있는 [G3:G10] 영역을 드래그하세요.

6. 90점 미만이란 조건을 지정하기 위해 'Criteria2' 입력란을 클릭하고 **<90**을 입력한 후 〈확인〉을 클릭하면 결과가 계산됩니다.

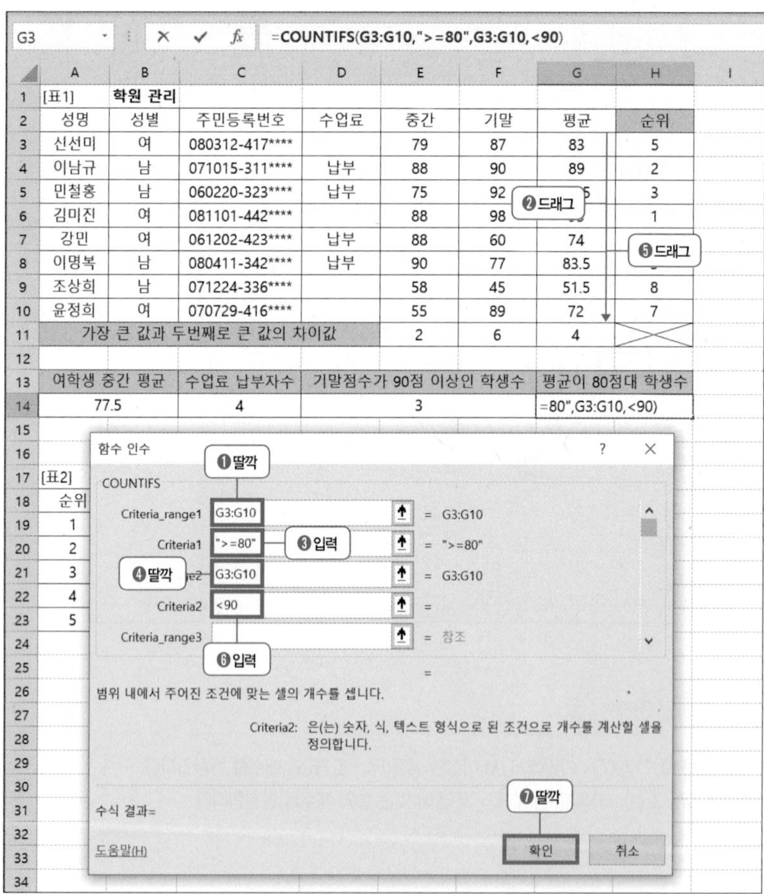

	A	B	C	D	E	F	G	H
1	[표1]	학원 관리						
2	성명	성별	주민등록번호	수업료	중간	기말	평균	순위
3	신선미	여	080312-417****		79	87	83	5
4	이남규	남	071015-311****	납부	88	90	89	2
5	민철홍	남	060220-323****	납부	75	92		3
6	김미진	여	081101-442****		88	98		1
7	강민	여	061202-423****	납부	88	60	74	
8	이명복	남	080411-342****	납부	90	77	83.5	
9	조상희	남	071224-336****		58	45	51.5	8
10	윤정희	여	070729-416****		55	89	72	7
11	가장 큰 값과 두번째로 큰 값의 차이값				2	6	4	
12								
13	여학생 중간 평균		수업료 납부자수	기말점수가 90점 이상인 학생수			평균이 80점대 학생수	
14	77.5		4	3			=80",G3:G10,<90)	

잠깐만요 수식의 이해

=COUNTIFS(G3:G10, ">=80", G3:G10, "<90") : 평균에서 80 이상인 셀들(G3, G4, G5, G6, G8)을 찾은 후 이 중에서 90 미만인 행들(G3, G4, G5, G8)의 개수를 반환합니다. → 4

- **COUNTIFS(첫 번째 조건이 적용될 범위, 첫 번째 조건, 두 번째 조건이 적용될 범위, 두 번째 조건, …)** : 여러 개의 '조건이 적용될 범위'에서 여러 개의 '조건'에 맞는 셀을 찾아 개수를 반환합니다.

궁금해요 시나공 Q&A 베스트

Q 실제 시험에서 COUNTIFS 함수 대신 COUNTIF 함수를 두 번 사용하여 수식을 작성해도 되나요?

A 안됩니다. 반드시 문제에 제시된 함수만 사용해야 합니다. 제시되지 않은 다른 함수를 사용해서 문제를 풀었을 때는 결과가 맞게 나와도 점수를 얻지 못합니다.

7 팀명의 공백 제거 후 대문자로 변환하기

24.상시, 23.상시, 22.상시, 21.상시, 20.상시, 19.상시, 17.상시, 11.1, 10.1, 08.3, 07.4, 05.2, 04.4

1. [C19] 셀을 클릭한 후 수식 입력줄 왼쪽에 있는 '함수 삽입(fx)'을 클릭하세요.

2. '함수 마법사' 대화상자의 범주 선택에서 '텍스트'를, 함수 선택에서 'UPPER'를 선택한 후 〈확인〉을 클릭하세요.

3. '함수 인수' 대화상자의 'Text' 입력란을 클릭하고 수식 입력줄 왼쪽의 목록 단추(▾)를 클릭한 후 '함수 추가'를 선택하세요.

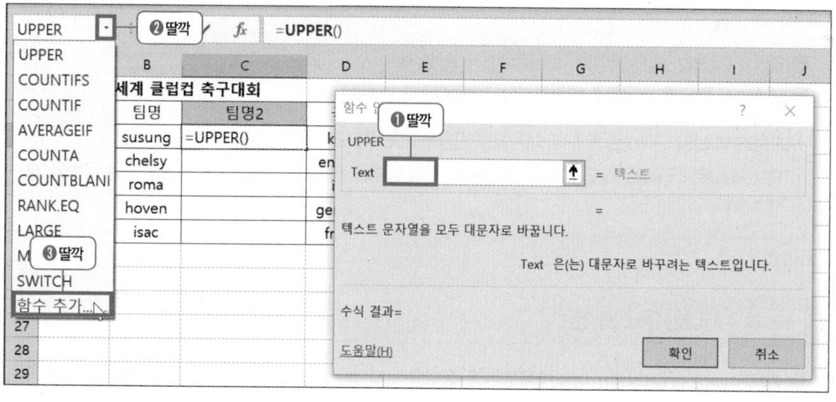

전문가의 조언

UPPER 함수의 인수를 다른 함수의 결괏값으로 부터 받아야 하므로 왼쪽 그림과 같이 UPPER 함수의 인수를 지정할 때 수식 입력줄 왼쪽에서 함수를 선택해야 합니다. 이와 같이 함수의 인수로 다른 함수를 사용하는 중첩 함수를 입력할 때는 수식 입력줄 왼쪽에서 함수를 선택해야 합니다.

4. '함수 마법사' 대화상자의 범주 선택에서 '텍스트'를, 함수 선택에서 'TRIM'을 선택한 후 〈확인〉을 클릭하세요.

5. '함수 인수' 대화상자의 'Text' 입력란을 클릭하고 팀명이 있는 [B19] 셀을 클릭한 후 〈확인〉을 클릭하면 결과가 계산됩니다.

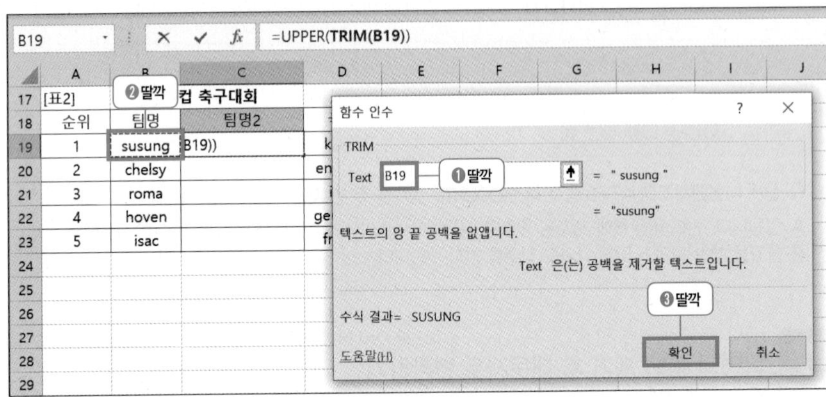

6. [C19] 셀의 채우기 핸들을 [C23] 셀까지 드래그하여 나머지 셀의 값도 구하세요.

전문가의 조언

대문자로 변환하는 작업이나 공백을 제거하는 작업은 작업의 순서를 바꿔도 결과가 같기 때문에 함수의 순서를 바꿔서 입력해도 결과는 동일하게 나옵니다. 아래처럼 말이죠.

=TRIM(UPPER(B19))

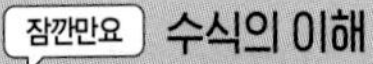
잠깐만요 수식의 이해

=UPPER(TRIM(B19))

❶ 팀명 " susung "에서 공백을 제거합니다. → susung

❷ "susung"를 모두 대문자로 변환합니다. → SUSUNG

- **UPPER(텍스트)** : '텍스트'를 모두 대문자로 반환합니다.
- **TRIM(텍스트)** : '텍스트'의 단어 사이에 있는 한 칸의 공백을 제외하고 '텍스트'에 포함된 모든 공백을 제거합니다.

궁금해요 시나공 Q&A 베스트

Q 저는 '=trim(upper(팀명))' 이렇게 풀었는데, 풀이를 보니 '=upper(trim(팀명))'으로 되어 있더군요. 제가 틀린 건가요?

A 아닙니다. 수식은 작성하는 사람에 따라 다를 수 있으므로 문제에 제시된 함수를 사용해서 결과가 맞게 나오면 모두 맞는 것으로 채점합니다.

21.상시, 20.상시, 18.2, 17.상시, 05.2

8 국가의 첫 글자를 대문자로, 감독명은 소문자로 변경하기

1. 국가의 첫 글자를 대문자로 변환하기 위해 [F19] 셀을 클릭한 후 수식 입력줄 왼쪽에 있는 '함수 삽입(fx)'을 클릭합니다.

2. '함수 마법사' 대화상자의 범주 선택에서 '텍스트'를, 함수 선택에서 'PROPER'를 선택한 후 〈확인〉을 클릭하세요.

3. '함수 인수' 대화상자의 'Text' 입력란을 클릭하고 국가가 있는 [D19] 셀을 클릭한 후 〈확인〉을 클릭하면 결과가 표시됩니다.

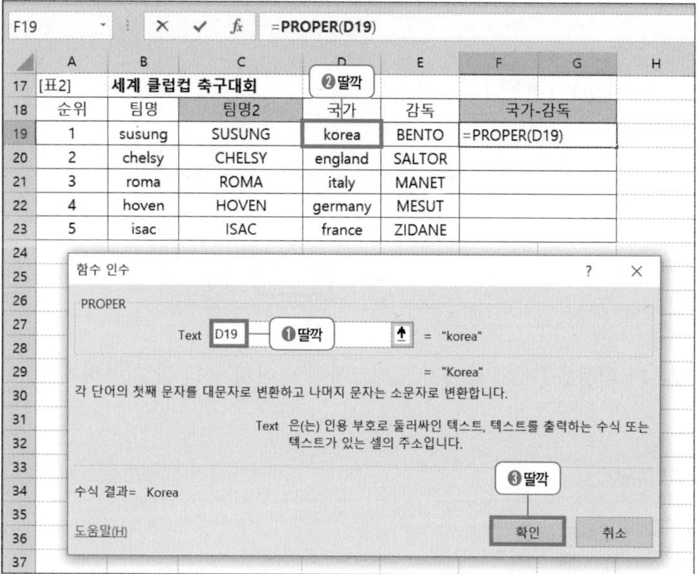

4. 이어서 국가와 감독명 사이에 –을 입력하기 위해 수식 입력줄에서 PROPER 함수식의 오른쪽 끝에 &"–"&를 입력합니다.

5. 감독명을 모두 소문자로 변환하는 수식을 추가하기 위해 수식 입력줄 왼쪽에 있는 '함수 삽입(fx)'을 클릭합니다.

PROPER | =PROPER(D19)&"-"& ❶입력 | ❷딸깍

	A	B	C	D	E	F	G	H
17	[표2]	세계 클럽컵 축구대회						
18	순위	팀명	팀명2	국가	감독명	국가-감독		
19	1	susung	SUSUNG	korea	BENTO	=PROPER(D19)&"-"&		
20	2	chelsy	CHELSY	england	SALTOR			
21	3	roma	ROMA	italy	MANET			
22	4	hoven	HOVEN	germany	MESUT			
23	5	isac	ISAC	france	ZIDANE			
24								

6. '함수 마법사' 대화상자의 범주 선택에서 '텍스트'를, 함수 선택에서 'LOWER'를 선택한 후 〈확인〉을 클릭하세요.

궁금해요 시나공 Q&A 베스트

Q &"–"&을 입력하고 Enter를 눌렀더니 오류 메시지가 나타났어요. 어떻게 해야 하나요?

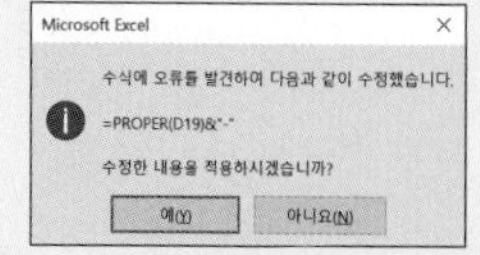

A 오류 메시지 창에서 〈아니요〉를 클릭하고 다른 오류 메시지가 나타나면 〈확인〉을 클릭하세요. &"–"&의 끝에 커서를 놓고 '함수 삽입(fx)'을 클릭하면 '함수 마법사' 대화상자가 나타납니다.

7. '함수 인수' 대화상자의 'Text' 입력란을 클릭하고 감독명이 있는 [E19] 셀을 클릭한 후 〈확인〉을 클릭하면 결과가 계산됩니다.

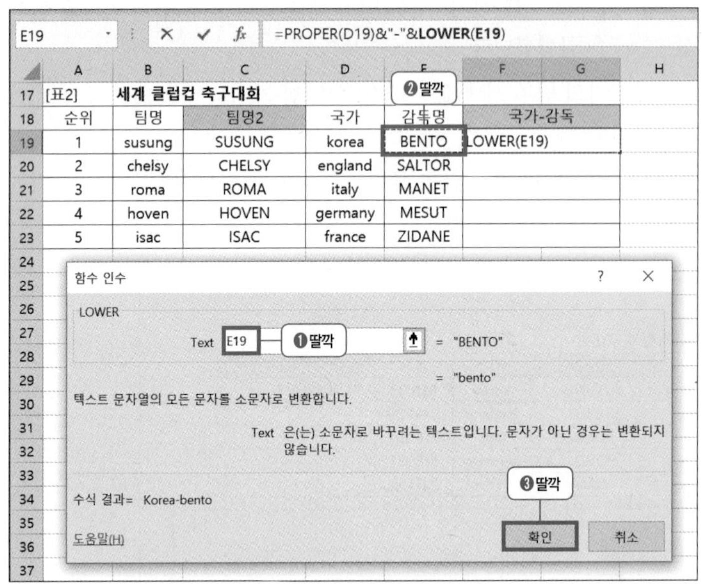

	A	B	C	D	E	F	G
18	순위	팀명	팀명2	국가	감독명	국가-감독	
19	1	susung	SUSUNG	korea	BENTO	LOWER(E19)	
20	2	chelsy	CHELSY	england	SALTOR		
21	3	roma	ROMA	italy	MANET		
22	4	hoven	HOVEN	germany	MESUT		
23	5	isac	ISAC	france	ZIDANE		

8. [F19] 셀의 채우기 핸들을 [F23] 셀까지 드래그하여 나머지 셀의 값도 구하세요.

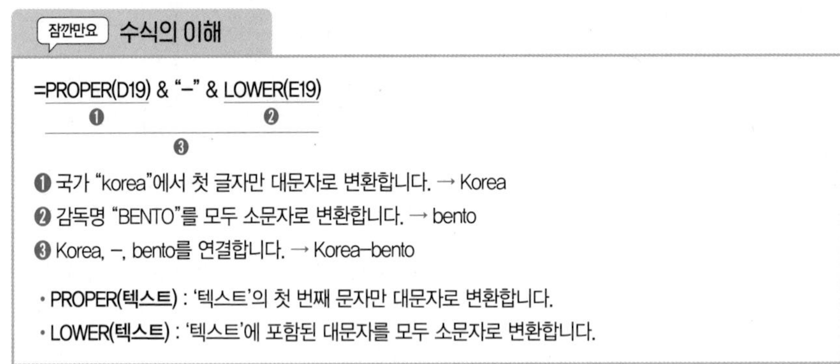

잠깐만요 **수식의 이해**

=PROPER(D19) & "–" & LOWER(E19)

❶ PROPER(D19), ❷ LOWER(E19), ❸ 전체

❶ 국가 "korea"에서 첫 글자만 대문자로 변환합니다. → Korea

❷ 감독명 "BENTO"를 모두 소문자로 변환합니다. → bento

❸ Korea, –, bento를 연결합니다. → Korea–bento

- **PROPER(텍스트)** : '텍스트'의 첫 번째 문자만 대문자로 변환합니다.
- **LOWER(텍스트)** : '텍스트'에 포함된 대문자를 모두 소문자로 변환합니다.

기출 따라잡기

문제 1 'C:\길벗컴활2급\01 섹션' 폴더의 '섹션05문제.xlsm' 파일을 열어서 작업하시오.

'기출01' 시트에서 다음의 지시사항대로 작업을 처리하시오.

	A	B	C	D	E	F	G	H	I
1	웹디자인 직무 연수								
2									
3	성명	직위	필기	실기	총점	이수여부	회사명	부서명	구분
4	김준용	부장	86	79	165	이수	adqua	design	BRANCH
5	이원경	과장	88	64	152				
6	임선호	대리	76	82	158	이수			
7	한미주	대리	56	78	134				
8	강동준	대리	74	76	150	이수			
9	고회식	사원	78	66	144	이수			
10	유보미	사원	62	68	130				
11									
12	이수자 총점 평균		70점 이상 총점 평균		대리 이수자수				
13	154.3		157.7		2				
14									
15	80점 이상인 수		부서코드		회사명(구분)				
16	3명		AD-SIGN		ADQUA(branch)				
17									

1. 이수여부[F4:F10]가 "이수"인 사원들의 총점 평균을 [A13] 셀에 계산하시오.
   ▶ COUNTIF, AVERAGEIF, COUNTBLANK 함수 중 알맞은 함수 사용

2. 필기[C4:C10]와 실기[D4:D10]가 모두 70 이상인 사원들의 총점 평균을 [C13] 셀에 계산하시오.
   ▶ COUNTA, AVERAGEIFS, COUNTIFS 함수 중 알맞은 함수 사용

3. 직위[B4:B10]가 "대리"이고, 이수여부[F4:F10]가 "이수"인 사원의 수를 [E13] 셀에 계산하시오.
   ▶ COUNTIFS, AVERAGEIFS, MEDIAN 함수 중 알맞은 함수 사용

4. 필기[C4:C10]가 80점 이상인 사원의 수와 실기[D4:D10]가 80점 이상인 사원의 수를 합하여 [A16] 셀에 표시하시오.
   ▶ 계산된 사원수 뒤에 "명"을 포함하여 표시 [표시 예 : 2명]
   ▶ COUNTIF 함수와 & 연산자 사용

5. 회사명[G4]의 앞 2글자와 부서명[H4]의 마지막 4글자를 이용하여 부서코드[C16]를 표시하시오.
   ▶ 부서코드는 모두 대문자로 표시
   ▶ 표시 예 : 회사명이 "gilbut", 부서명이 "business"인 경우 "GI-NESS"로 표시
   ▶ UPPER, LEFT, RIGHT 함수와 & 연산자 사용

6. 회사명[G4]은 모두 대문자로, 구분[I4]은 모두 소문자로 변환하여 회사명(구분)[E16]에 표시하시오.

▶ 표기 예 : 회사명이 'gilbut', 구분이 'HEAD'인 경우 'GILBUT(head)'로 표시

▶ UPPER, LOWER 함수와 & 연산자 사용

기출문제 따라하기

Section 05

문제 1

24.상시, 23.상시, 22.상시, 21.상시, 17.상시, 15.3, 14.1

1 이수자 총점 평균(A13)

=AVERAGEIF(F4:F10, "이수", E4:E10)

수식의 이해

이수여부에서 "이수"가 입력된 셀들(F4, F6, F8, F9)을 찾은 후 총점에서 같은 행들(E4, E6, E8, E9)에 있는 점수의 평균을 반환합니다. → 154.3

24.상시, 23.상시, 22.상시, 21.상시, 20.상시, 16.1

2 70점 이상 총점 평균(C13)

=AVERAGEIFS(E4:E10, C4:C10, ">=70", D4:D10, ">=70")

수식의 이해

필기에서 70 이상인 셀들(C4, C5, C6, C8, C9)을 찾고, 실기에서 같은 행들 중 70 이상인 셀들(D4, D6, D8)을 찾은 후 총점의 같은 행들(E4, E6, E8)에 있는 점수의 평균을 반환합니다. → 157.7

24.상시, 23.상시, 22.상시, 21.상시, 18.2, 17.1, 15.3, 15.1, 13.3, 12.3, 12.2

3 대리 이수자수(E13)

=COUNTIFS(B4:B10, "대리", F4:F10, "이수")

수식의 이해

직위에서 "대리"인 셀들(C6, C7, C8)을 찾은 후 이수여부에서 같은 행들에 "이수"가 입력된 셀들(F6, F8)의 개수를 반환니다. → 2

24.상시, 23.상시, 22.상시, 21.상시, 14.3, 06.2, 04.1, 03.4, 03.3, 03.2, 03.1

4 80점 이상인 수(A13)

=COUNTIF(C4:C10, ">=80") + COUNTIF(D4:D10, ">=80") & "명"

수식의 이해

=COUNTIF(C4:C10, ">=80") + COUNTIF(D4:D10, ">=80") & "명"

(❶ = COUNTIF(C4:C10, ">=80"), ❷ = COUNTIF(D4:D10, ">=80"), ❸ = ❶ + ❷, ❹ = "명")

❶ 필기에서 80 이상인 점수의 개수를 반환합니다. → 2

❷ 실기에서 80 이상인 점수의 개수를 반환합니다. → 1

❸ 2 + 1 = 3

❹ 3과 "명"을 연결합니다. → 3명

24.상시, 23.상시, 22.상시, 21.상시

5 부서코드(C16)

=UPPER(LEFT(G4, 2) & "-" & RIGHT(H4, 4))

수식의 이해

=UPPER(LEFT(G4, 2) & "-" & RIGHT(H4, 4))

(❶ = LEFT(G4, 2), ❷ = RIGHT(H4, 4), ❸ = LEFT(G4, 2) & "-" & RIGHT(H4, 4))

❶ 회사명 "adqua"의 왼쪽에서 2글자를 추출합니다. → AD

❷ 부서명 "design"의 오른쪽에서 4글자를 추출합니다. → SIGN

❸ AD, -, SIGN을 모두 연결한 후 대문자로 변환합니다. → AD-SIGN

24.상시, 23.상시, 22.상시, 21.상시

6 회사명(구분)(E16)

=UPPER(G4) & "(" & LOWER(I4) & ")"

수식의 이해

=UPPER(G4) & "(" & LOWER(I4) & ")"

(❶ = UPPER(G4), ❷ = LOWER(I4), ❸ = 전체 연결)

❶ 회사명 "adqua"를 모두 대문자로 변환합니다. → ADQUA

❷ 구분 "BRANCH"를 모두 소문자로 변환합니다. → branch

❸ ADQUA, (, branch,)를 연결합니다. → ADQUA(branch)

SECTION 06

함수2 – 수학/삼각 함수, 찾기/참조 함수

- **수학/삼각 함수** : SUM, ROUND, ROUNDUP, ROUNDDOWN, ABS, INT, SUMIF, SUMIFS, RAND, MOD, RANDBETWEEN, POWER, TRUNC
- **찾기/참조 함수** : VLOOKUP, HLOOKUP, CHOOSE, INDEX, MATCH, COLUMN, COLUMNS, ROW, ROWS

기본문제

'C:\길벗컴활2급\01 섹션' 폴더의 '섹션06문제.xlsm' 파일을 열어서 작업하시오.

'무작정따라하기' 시트에서 다음의 지시사항대로 작업을 처리하시오.

	A	B	C	D	E	F	G	H	I	J
1	[표1]	대출금 내역				[표2]	영어듣기 평가			
2	접수코드	고객명	대출금액	대출금리		이름	1차점수	2차점수	결과	
3	001-M-1121	김현민	15,000,000	4.2%		안기자	83	90	우수	
4	002-C-3241	우지혜	5,500,000	3.0%		여규식	77	72	보통	
5	003-S-2345	강수인	6,400,000	2.2%		오선길	93	92	최우수	
6	004-S-4532	안정호	20,000,000	2.2%		이준모	91	95	최우수	
7	005-C-3421	유현상	10,000,000	3.0%		강민찬	59	43	노력	
8	006-M-4567	도야지	90,000,000	4.2%		김현수	67	64	보통	
9	007-C-2341	최우영	4,500,000	3.0%		구성태	88	85	우수	
10										
11	코드	대출상품	대출금리			<결과기준표>				
12	S	학자금	2.2%			평균	0	60	80	90
13	C	출산	3.0%				59	79	89	100
14	M	결혼자금	4.2%			결과	노력	보통	우수	최우수
15										
16	[표3]	성적표				[표4]	영어회화 평가 결과			
17	성명	성별	성적	비고		사원코드	성적	성명	성명 (3등)	
18	강성권	남	89	노력		ds-043	85	정지호	도지영	
19	이길순	남	94	보통		ds-078	56	방정수		
20	하길주	여	83	노력		ds-053	90	도지영		
21	이선호	여	94	보통		ds-068	78	박철환		
22	강성수	남	95	우수		ds-063	53	성인수		
23	김보견	여	96	최우수		ds-048	45	소지성		
24	천수만	남	79	노력		ds-058	98	심학성		
25						ds-073	86	윤자요		
26	노력인 학생의 성적 합계			251		ds-083	100	최주영		
27										
28	[표5]	품목별 생산량								
29	품목	생산량	상자당 개수	상자(나머지)						
30	사과	255	24	10(15)						
31	배	185	35	5(10)						
32	복숭아	330	25	13(5)						
33										

전문가의 조언

수학/삼각 함수, 찾기/참조 함수 중 시험에 출제된 함수에는 SUM, SUMIF, SUMIFS, MOD, ROUNDUP, ABS, ROUND, ROUNDDOWN, TRUNC, INT, VLOOKUP, HLOOKUP, CHOOSE, INDEX 등으로 특정 함수가 반복 출제되고 있다는 것을 알 수 있습니다. CHOOSE, VLOOKUP, HLOOKUP 등과 같이 자주 출제되는 함수의 사용 방법은 반드시 기억하고 있어야 합니다.

1. [표1]에서 접수코드[A3:A9]의 다섯 번째 문자와 [A12:C14] 영역의 표를 이용하여 각 고객의 대출금리[D3:D9]를 계산하시오.

   ▶ VLOOKUP, MID 함수 사용

2. [표2]에서 1차점수[G3:G9], 2차점수[H3:H9]와 결과기준표[G12:J14]를 이용하여 결과[I3:I9]를 표시하시오.

   ▶ 평균은 1차점수와 2차점수로 구함

   ▶ HLOOKUP, AVERAGE 함수 사용

3. [표3]에서 성적[C18:C24]을 기준으로 순위를 구하여 1위는 "최우수", 2위는 "우수", 3위는 "보통", 나머지는 "노력"으로 비고[D18:D24]에 표시하시오.
   - ▶ 순위는 성적이 가장 높은 학생이 1위
   - ▶ CHOOSE, RANK.EQ 함수 사용

4. [표3]에서 비고[D18:D24]가 "노력"인 학생의 성적[C18:C24] 합계를 [D26] 셀에 계산하시오.
   - ▶ SUMIF 함수 사용

5. [표4]에서 성적[G18:G26] 중 세 번째로 높은 점수를 받은 사원의 성명[H18:H26]을 [I18] 셀에 표시하시오.
   - ▶ VLOOKUP, LARGE 함수 사용

6. [표5]에서 생산량[B30:B32]을 각 품목의 상자당 개수[C30:C32]만큼 담았을 때 상자의 수와 나머지는 얼마인지를 상자(나머지)[D30:D32]에 계산하시오.
   - ▶ 상자의 수와 나머지 표시 방법 : 상자의 수가 10, 나머지가 4 → 10(4)
   - ▶ INT, MOD 함수와 & 연산자 사용

따라하기

전문가의 조언

Section 05의 기본문제에서는 함수 마법사를 이용하여 문제를 풀었지만 이번 섹션부터는 함수식을 직접 입력해 보겠습니다.

전문가의 조언

수식이 [B3] 셀에 입력되는 것처럼 보이는 이유는 [D3] 셀에 입력한 수식이 [D3] 셀의 너비를 벗어났기 때문입니다. Enter를 누르면 결과는 정상적으로 표시됩니다.

24.상시, 23.상시, 22.상시, 21.상시, 20.상시, 19.상시, 09.4, 07.4, 06.1, 05.4, 04.2

1 대출금리 계산하기

1. [D3] 셀을 클릭하고 =VLOOKUP(MID(A3, 5, 1), $A$12:$C$14, 3, FALSE)를 입력한 후 Enter를 누릅니다.

SUM　=VLOOKUP(MID(A3,5,1),$A$12:$C$14,3,FALSE)

	A	B	C	D	E	F	G	H
1	[표1]	대출금 내역				[표2]	매장별 상품판매현황	
2	접수코드	고객명	대출금액	대출금리		매장명	사원명	상품코드
3	001-M-1121	=VLOOKUP(MID(A3,5,1),$A$12:$C$14,3,FALSE)						gi-3-sa
4	002-C-3241	우지혜	5,500,000			서부	여규식	ki-1-ko
5	003-S-2345	강수인	6,400,000			남부	오선길	si-2-ce
6	004-S-4532	안정호	20,000,000			남부	오준모	ki-1-ko
7	005-C-3421	유현상	10,000,000			남부	여민찬	gi-3-sa
8	006-M-4567	도야지	90,000,000			동부	김현수	si-2-ce
9	007-C-2341	최우영	4,500,000			동부	구성태	ki-1-ko
10								
11	코드	대출상품	대출금리			<판매금액표>		
12	S	학자금	2.2%			코드	ko	ce
13	C	출산	3.0%			판매금액	3,271,000	2,469,000
14	M	결혼자금	4.2%					
15								

잠깐만요 **수식의 이해 / VLOOKUP 함수**

수식의 이해

=VLOOKUP(MID(A3, 5, 1), $A$12:$C$14, 3, FALSE)

❶ MID(A3, 5, 1)
❷ VLOOKUP(MID(A3, 5, 1), $A$12:$C$14, 3, FALSE)

❶ 접수코드 "001-3-1121"의 다섯 번째부터 1개의 문자를 추출합니다. → M
❷ [A12:C14] 영역의 첫 번째 열에서 "M"과 정확히 일치하는 값을 찾습니다. → M
찾은 값이 있는 14행에서 열 번호(3)로 지정된 대출금리를 찾아서 반환합니다. → 4.2%

	A	B	C	D	E
1	[표1]	대출금 내역			
2	접수코드	고객명	대출금액	대출금리	
3	001-M-1121	김현민	15,000,000	4.2%	
4	002-C-3241	우지혜	5,500,000		
5	003-S-2345	강수인	6,400,000		
6	004-S-4532	안정호	20,000,000		
7	005-C-3421	유현상	10,000,000		
8	006-M-4567	도야지	90,000,000		
9	007-C-2341	최우영	4,500,000		
10					
11	코드	대출상품	대출금리		
12	S	학자금	2.2%		
13	C	출산	3.0%		
14	M	결혼자금	4.2%		
15					

- **MID(텍스트, 시작위치, 개수)** : '텍스트'의 '시작위치'부터 지정한 '개수'만큼 추출합니다.
- **VLOOKUP(찾을값, 범위, 열 번호, 옵션)** : '범위'의 맨 왼쪽 열에서 '찾을 값'과 같은 값을 찾은 후 '찾을 값'이 있는 행에서 지정된 '열 번호' 위치에 있는 데이터를 반환합니다.

VLOOKUP(찾을 값, 범위, 열 번호, 옵션) 함수

- '범위'의 첫 번째 열에서 '찾을 값'과 같은 데이터를 찾은 후 '찾을 값'이 있는 행에서 지정된 '열 번호' 위치에 있는 데이터를 표시합니다.
- **옵션** : '찾을 값'과 정확히 일치하는 값을 찾을 것인지 근사값을 찾을 것인지를 결정합니다. 생략하거나 'TRUE'를 입력하면 '찾을 값'과 정확히 일치하거나 '찾을 값'을 넘지 않는 가장 큰 값을 찾고, 'FALSE'를 입력하면 정확하게 일치하는 값을 찾습니다(옵션을 생략한 경우에는 'TRUE'로 인식합니다.).
- 옵션을 생략하거나 'TRUE'로 설정하려면 '범위'의 첫 번째 열은 반드시 오름차순으로 정렬되어 있어야 합니다. 'FALSE'인 경우에는 정렬되어 있지 않아도 됩니다.
- 일반적으로 '찾을 값'이 숫자면 'TRUE', 문자면 'FALSE'를 사용합니다.

2. 나머지 셀에 수식을 복사하기 위해 [D3] 셀의 채우기 핸들을 [D9] 셀까지 드래그합니다.

전문가의 조언

VLOOKUP 함수에 대한 자세한 내용은 별책 부록의 47쪽을 참고하세요.

HLOOKUP 함수에 대한 자세한 내용은 별책 부록의 46쪽을 참고하세요.

24.상시, 24.공개, 23.상시, 22.상시, 21.상시, 20.상시, 19.상시, 16.2, 14.3, 13.1, 11.3, 10.2, 08.4, 08.3, 07.1, 06.3, 05.4, 05.3, 05.1, 04.3, 03.4, 01.2

2 결과 표시하기

1. [I3] 셀을 클릭하고 **=HLOOKUP(AVERAGE(G3:H3), $G$12:$J$14, 3)**을 입력한 후 Enter를 누릅니다.

SUM | =HLOOKUP(AVERAGE(G3:H3),$G$12:$J$14,3)

	F	G	H	I	J	K	L	M	N
1	[표2]	영어듣기 평가							
2	이름	1차점수	2차점수	결과					
3	안기자	=HLOOKUP(AVERAGE(G3:H3),$G$12:$J$14,3)							
4	여규식	77	72						
5	오선길	93	92						
6	이준모	91	95						
7	강민찬	59	43						
8	김현수	67	64						
9	구성태	88	85						
10									
11	<결과기준표>								
12	평균	0	60	80	90				
13		59	79	89	100				
14	결과	노력	보통	우수	최우수				
15									

잠깐만요 수식의 이해 / HLOOKUP 함수

수식의 이해

=HLOOKUP(AVERAGE(G3:H3), $G$12:$J$14, 3)
➊ (AVERAGE(G3:H3))
➋ (HLOOKUP 전체)

➊ 1, 2차점수의 평균을 반환합니다. → 86.5

➋ 결과기준표의 첫 번째 행에서 86.5보다 크지 않은 값 중 근사값을 찾습니다. → 80
찾은 값이 있는 I열에서 행 번호(3)로 지정된 결과를 찾아서 반환합니다. → 우수

	F	G	H	I	J
1	[표2]	영어듣기 평가			
2	이름	1차점수	2차점수	결과	
3	안기자	83	90	우수	
4	여규식	77	72		
5	오선길	93	92		
6	이준모	91	95		
7	강민찬	59	43		
8	김현수	67	64		
9	구성태	88	85		
10					
11	<결과기준표>				
12	평균	0	60	80	90
13		59	79	89	100
14	결과	노력	보통	우수	최우수
15					

- **AVERAGE(인수1, 인수2, …)** : '인수'로 주어진 숫자들의 평균을 반환합니다.
- **HLOOKUP(찾을값, 범위, 행 번호, 옵션)** : '범위'의 첫 번째 행에서 '찾을값'과 같은 데이터를 찾은 후 '찾을값'이 있는 열에서 지정된 '행 번호' 위치에 있는 데이터를 반환합니다.

HLOOKUP(찾을 값, 범위, 행 번호, 옵션) 함수

- '범위'의 첫 번째 행에서 '찾을 값'과 같은 데이터를 찾은 후 '찾을 값'이 있는 열에서 지정된 '행 번호' 위치에 있는 데이터를 표시합니다.
- **옵션** : '찾을 값'과 정확히 일치하는 값을 찾을 것인지 근사값을 찾을 것인지를 결정합니다. 생략하거나 'TRUE'를 입력하면 '찾을 값'과 정확히 일치하거나 '찾을 값'을 넘지 않는 가장 큰 값을 찾고, 'FALSE'를 입력하면 정확하게 일치하는 값을 찾습니다(옵션을 생략한 경우에는 'TRUE'로 인식합니다).
- 옵션을 생략하거나 'TRUE'로 설정하려면 범위의 첫 번째 행은 반드시 오름차순으로 정렬되어 있어야 합니다. 'FALSE'인 경우에는 정렬되어 있지 않아도 됩니다.
- 일반적으로 '찾을 값'이 숫자면 'TRUE', 문자면 'FALSE'를 사용합니다.

2. 나머지 셀에 수식을 복사하기 위해 [I3] 셀의 채우기 핸들을 [I9] 셀까지 드래그합니다.

24.상시, 23.상시, 22.상시, 21.상시, 20.상시, 19.상시, 18.1, 17.1, 13.1, 11.3, 11.1, 09.4, 08.4, 08.1, 07.2, 06.2, 05.1, 04.3, 04.2, 04.1, 03.4, 03.1

3 비고 표시하기

1. [D18] 셀을 클릭하고 **=CHOOSE(RANK.EQ(C18, $C$18:$C$24), "최우수", "우수", "보통", "노력", "노력", "노력", "노력")**을 입력한 후 Enter를 누릅니다.

SUM | =CHOOSE(RANK.EQ(C18,$C$18:$C$24),"최우수","우수","보통","노력","노력","노력","노력")

	A	B	C	D	E	F	G	H	I	J	K
17	성명	성별	성적	비고		사원코드	성적	성명	성명 (3등)		
18	=CHOOSE(RANK.EQ(C18,$C$18:$C$24),"최우수","우수","보통","노력","노력","노력","노력")										
19	이길순	남	94			ds-078	56	방정수			
20	하길주	여	83			ds-053	90	도지영			
21	이선호	여	94			ds-068	78	박철환			
22	강성수	남	95			ds-063	53	성인수			
23	김보견	여	96			ds-048	45	소지성			
24	천수만	남	79			ds-058	98	심학성			
25						ds-073	86	윤자요			
26	노력인 학생의 성적 합계					ds-083	100	최주영			
27											

잠깐만요 수식의 이해

=CHOOSE(RANK.EQ(C18, $C$18:$C$24), "최우수", "우수", "보통", "노력", "노력", "노력", "노력")

❶ RANK.EQ(C18, $C$18:$C$24)
❷ CHOOSE(❶, "최우수", "우수", "보통", "노력", "노력", "노력", "노력")

❶ 성적에서 89의 순위를 내림차순(옵션 생략)으로 반환합니다. → 5

❷ ❶의 결과가 1이면 "최우수", 2이면 "우수", 3이면 "보통", 4~7이면 "노력"을 반환합니다. → 노력

※ 성적을 기준으로 순위를 계산하고, 순위가 1이면 "최우수", 2이면 "우수", 3이면 "보통", 그 외에는 "노력"을 반환하는 수식입니다.

- **CHOOSE(인수, 첫 번째, 두 번째, … n번째)** : '인수'가 1이면 '첫 번째'를, '인수'가 2이면 '두 번째'를, … '인수'가 n이면 'n번째'를 반환합니다.

2. 나머지 셀에 수식을 복사하기 위해 [D18] 셀의 채우기 핸들을 [D24] 셀까지 드래그합니다.

궁금해요 시나공 Q&A 베스트

Q1 왜 "노력"을 4번 써야 하는지 아무리 봐도 이해가 안돼요.

A1 순위가 4~7위인 자료에 대해 "노력"을 표시하기 위해서 입니다. '비고'를 구하기 위한 함수로 CHOOSE(인수, 첫 번째, 두 번째, … n번째)를 사용하며, CHOOSE 함수의 첫 번째 인수로 RANK.EQ 함수의 결과를 사용합니다. RANK.EQ 함수의 결과인 1~7을 첫 번째 인수로 이용하기 때문에 추가로 7개의 인수를 더 적어야 1일 때는 "최우수", 2일 때는 "우수", 3일 때는 "보통", 4일 때는 "노력", 5일 때도 "노력", 6일 때도 "노력", 7일 때도 "노력"을 찾아서 표시할 수 있습니다.

Q2 수식 중 왜 RANK.EQ(C18,$C$18:$C$24) 함수의 범위에만 절대 참조를 지정했나요?

A2 각 사람의 순위는 전체 사람들의 성적을 가지고 계산해야 하기 때문입니다. 다음 그림처럼 [D18] 셀에 [C18] 셀의 순위를 계산하고 나머지 사람들의 순위는 [D18] 셀의 채우기 핸들을 드래그 하여 계산하려면 각 사람의 성적은 셀의 위치에 따라 상대적으로 변해야 하지만 전체 성적의 범위는 절대 변하면 안 되므로 절대 주소를 사용하는 것입니다. 전체 성적의 범위를 상대 주소로 하면 정상적인 결과를 얻을 수 없습니다.

	A	B	C	D	E
16	[표3]	성적표			
17	성명	성별	성적	순위	순위
18	강성권	남	89	5	=RANK.EQ(C18,$C$18:$C$24)
19	이길순	남	94	3	=RANK.EQ(C19,$C$18:$C$24)
20	하길주	여	83	6	=RANK.EQ(C20,$C$18:$C$24)
21	이선호	여	94	3	=RANK.EQ(C21,$C$18:$C$24)
22	강성수	남	95	2	=RANK.EQ(C22,$C$18:$C$24)
23	김보견	여	96	1	=RANK.EQ(C23,$C$18:$C$24)
24	천수만	남	79	7	=RANK.EQ(C24,$C$18:$C$24)

[절대 참조가 적용된 RANK.EQ 함수]

➡

	A	B	C	D	E
16	[표3]	성적표			
17	성명	성별	성적	순위	순위
18	강성권	남	89	5	=RANK.EQ(C18,C18:C24)
19	이길순	남	94	3	=RANK.EQ(C19,C19:C25)
20	하길주	여	83	4	=RANK.EQ(C20,C20:C26)
21	이선호	여	94	3	=RANK.EQ(C21,C21:C27)
22	강성수	남	95	2	=RANK.EQ(C22,C22:C28)
23	김보견	여	96	1	=RANK.EQ(C23,C23:C29)
24	천수만	남	79	1	=RANK.EQ(C24,C24:C30)

[상대 참조가 적용된 RANK.EQ 함수]

24.상시, 23.상시, 22.상시, 21.상시, 20.상시, 19.상시, 17.상시, 15.상시, 13.상시, 10.3, 09.4, 08.4, 08.3, 06.3, 04.2, 03.1, 01.3

4 비고가 "노력"인 학생의 성적 합계 계산하기

[D26] 셀을 클릭하고 **=SUMIF(D18: D24, "노력", C18:C24)**를 입력한 후 Enter를 누릅니다.

SUM | =SUMIF(D18:D24,"노력",C18:C24)

	A	B	C	D	E	F	G
16	[표3]	성적표				[표4]	영어회화
17	성명	성별	성적	비고		사원코드	성적
18	강성권	남	89	노력		ds-043	85
19	이길순	남	94	보통		ds-078	56
20	하길주	여	83	노력		ds-053	90
21	이선호	여	94	보통		ds-068	78
22	강성수	남	95	우수		ds-063	53
23	김보견	여	96	최우수		ds-048	45
24	천수만	남	79	노력		ds-058	98
25						ds-073	86
26	노력인 학생의 성		=SUMIF(D18:D24,"노력",C18:C24)				100
27							

잠깐만요 수식의 이해

=SUMIF(D18:D24, "노력", C18:C24) : 비고에서 "노력"이 입력된 셀들(D18, D20, D24)을 찾은 후 성적에서 같은 행들(C18, C20, C24)에 있는 점수의 합계를 반환합니다. → 89 + 83 + 79 = 251

- **SUMIF(조건이 적용될 범위, 조건, 합계를 구할 범위)** : '조건'에 맞는 셀들의 '합계'를 반환합니다.

24.상시, 23.상시, 22.상시, 21.상시, 20.상시, 19.상시, 17.상시, 10.3, 09.3, 08.1, 06.2, 04.1, 03.1

5 성적 중 세 번째로 높은 점수를 받은 사원의 성명 표시하기

[I18] 셀을 클릭하고 =VLOOKUP(LARGE(G18:G26, 3), G18:H26, 2, FALSE)를 입력한 후 Enter를 누릅니다.

SUM | =VLOOKUP(LARGE(G18:G26,3),G18:H26,2,FALSE)

	F	G	H	I	J	K	L	M	N
16	[표4]	영어회화 평가 결과							
17	사원코드	성적	성명	성명 (3등)					
18	ds-043	=VLOOKUP(LARGE(G18:G26,3),G18:H26,2,FALSE)							
19	ds-078	56	방정수						
20	ds-053	90	도지영						
21	ds-068	78	박철환						
22	ds-063	53	성인수						
23	ds-048	45	소지성						
24	ds-058	98	심학성						
25	ds-073	86	윤자요						
26	ds-083	100	최주영						
27									

잠깐만요 수식의 이해

=VLOOKUP(LARGE(G18:G26, 3), G18:H26, 2, FALSE)

❶ 성적에서 세 번째로 큰 값을 반환합니다. → 90

❷ [G18:H26] 영역의 첫 번째 열에서 90과 정확히 일치하는 값을 찾습니다. → 90
찾은 값이 있는 20행에서 열 번호(2)로 지정된 성명을 찾아서 반환합니다. → 도지영

	F	G	H	I
16	[표4]	영어회화 평가 결과		
17	사원코드	성적	성명	성명 (3등)
18	ds-043	85	정지호	도지영
19	ds-078	❶	방정❷	
20	ds-053	90	도지영	
21	ds-068	78	박철환	
22	ds-063	53	성인수	
23	ds-048	45	소지성	
24	ds-058	98	심학성	
25	ds-073	86	윤자요	
26	ds-083	100	최주영	
27				

※ 일반적으로 '찾을 값'이 숫자일 때는 'TRUE', 문자일 때는 'FALSE'를 사용하지만 이 문제에서와 같이 범위(G18:H26)의 첫 번째 열이 정렬되어 있지 않을 때는 'FALSE'를 사용합니다.

궁금해요 **시나공 Q&A 베스트**

Q1 '=VLOOKUP(LARGE($G$18:$G$26, 3), $G$18:$H$26, 2, FALSE)' 이렇게 절대 참조를 지정하면 안 되나요?

A1 아닙니다. 절대 참조를 지정하여 작성해도 됩니다. 이 문제와 같이 한 개 셀에만 결과를 계산할 때는 상대 참조와 절대 참조 중 어떤 것을 사용해도 동일한 결과가 나오므로 참조 방법은 문제되지 않습니다.

Q2 VLOOKUP 함수에서 범위를 지정할 때 'F18:H26'로 지정하지 않고 왜 'G18:H26'으로 지정했나요?

A2 VLOOKUP(찾을 값, 범위, 열 번호, 옵션) 함수는 '범위'의 가장 왼쪽 열, 즉 첫 번째 열에서 '찾을 값'과 같은 값을 찾은 후 '찾을 값'이 있는 행에서 지정된 '열 번호' 위치에 있는 데이터를 반환하므로, '찾을 값'인 '성적(G18:G26)'이 있는 G열부터 범위를 지정해야 합니다.

19.상시, 18.상시, 18.2, 15.상시, 13.1, 09.3, 09.2, 08.4, 06.4

6 상자의 수와 나머지 계산하기

1. 상자의 수와 나머지를 구하기 위해 [D30] 셀을 클릭하고 **=INT(B30/C30) & "(" & MOD(B30, C30) & ")"**을 입력한 후 Enter를 누릅니다.

SUM | × ✓ fx | =INT(B30/C30)&"("&MOD(B30,C30)&")"

	A	B	C	D	E	F	G	H
28	[표5]	품목별 생산량						
29	품목	생산량	상자당 개수	상자(나머지)				
30	사과	255	=INT(B30/C30)&"("&MOD(B30,C30)&")"					
31	배	185	35					
32	복숭아	330	25					
33								

잠깐만요 **수식의 이해**

=INT(B30/C30) & "(" & MOD(B30, C30) & ")"

❶ INT(B30/C30), ❷ MOD(B30, C30), ❸ 전체

❶ 생산량 255를 상자당 개수 24로 나눈 후 정수를 반환합니다. → 255/24 = 10.625 = 10

❷ 생산량 255를 상자당 개수 24로 나눈 후 나머지를 반환합니다. → 255/24 = 몫 10, 나머지 15

❸ 10, (, 15,)를 연결합니다. → 10(15)

- **INT(인수)** : '인수'보다 크지 않은 정수를 반환합니다.
- **MOD(인수1, 인수2)** : '인수1'을 '인수2'로 나눈 나머지를 반환합니다.

2. 나머지 셀에 수식을 복사하기 위해 [D30] 셀의 채우기 핸들을 [D32] 셀까지 드래그합니다.

5330601 

기출 따라잡기

문제 1 'C:\길벗컴활2급\01 섹션' 폴더의 '섹션06문제.xlsm' 파일을 열어서 작업하시오.

'기출01' 시트에서 다음의 지시사항대로 작업을 처리하시오.

	A	B	C	D	E	F	G	H	I	J
1	[표1]	상공전자 사원 현황				[표2]	상공 문구 판매 현황			
2	사원코드	성명	근무년수	소속부서		제품명	판매가격	판매수량	판매금액	할인액
3	H203-1	이지원	12	영업부		다이어리	2,550	55	140,250	4,300
4	K102-2	나오미	13	인사부		수첩	12,350	65	802,750	24,100
5	B333-3	권경애	8	총무부		명함꽂이	3,450	60	207,000	6,300
6	D104-2	강수영	15	인사부		딱풀	765	100	76,500	4,600
7	F405-3	나우선	19	총무부		붓	7,650	77	589,050	35,400
8	G306-4	임철수	28	기획부						
9	H203-1	이미지	18	영업부		<할인율표>				
10	S592-2	김은소	9	인사부		판매수량	1	40	70	
11						할인율	0%	3%	6%	
12	[표3]	학생관리								
13	이름	성별	학생코드	학과		<학과표>				
14	최성완	남	s102935	SOFTWARE		코드	학과			
15	이안나	여	e569007	ELECTRONIC		b	business			
16	박영선	여	b667418	BUSINESS		s	software			
17	심재준	남	a963403	ARCHITECTURE		a	architecture			
18	이승호	남	e860225	ELECTRONIC		e	electronic			
19	신영숙	여	s439118	SOFTWARE						
20	김영수	남	b937474	BUSINESS						
21										
22	[표4]	급여 지급 현황				[표5]	화물운송비용			
23	사원명	부서명	근무년수	급여		거래처	지역	비용		
24	박소현	홍보부	14	4,350,000		튼튼산업	지방	360,000		
25	손동준	기획부	12	4,100,000		한국산업	수도권	210,000		
26	고현희	홍보부	11	3,900,000		하나산업	수도권	225,000		
27	윤정민	홍보부	8	3,500,000		대명산업	지방	385,000		
28	김민서	기획부	7	3,450,000		유진산업	지방	420,000		
29	이중희	기획부	6	3,200,000		국민산업	수도권	215,000	비용이 가장 비싼	
30	조현성	홍보부	3	2,750,000		유명산업	지방	465,000	지방 거래처	
31	홍보부 대리 급여 합계			8,250,000		군자산업	지방	390,000	유명산업	
32										

1. [표1]에서 사원코드[A3:A10]의 오른쪽 끝 문자가 1이면 "영업부", 2이면 "인사부", 3이면 "총무부", 4이면 "기획부"로 소속부서[D3:D10]에 표시하시오.
   - ▶ CHOOSE, RIGHT 함수 사용

2. [표2]에서 판매수량[H3:H7]과 할인율표[G10:I11]를 이용하여 할인액[J3:J7]을 계산하시오.
   - ▶ 할인액 = 판매금액 × 할인율
   - ▶ 할인액은 십의 자리에서 올림하여 백의 자리까지 표시
     [표시 예 : 34,530 → 34,600]
   - ▶ HLOOKUP, ROUNDUP 함수 사용

3. [표3]에서 학생코드[C14:C20]의 첫 번째 글자와 학과표[F15:G18]를 이용하여 학과 [D14:D20]를 표시하시오.

▶ 학과는 모두 대문자로 표시 [표시 예 : b12345 → BUSINESS]

▶ VLOOKUP, LEFT, UPPER 함수 사용

4. [표4]에서 부서명[B24:B30]이 "홍보부"이면서 근무년수[C24:C30]가 10년 이상인 사원들의 급여[D24:D30] 합계를 [D31] 셀에 계산하시오.

▶ AVERAGEIFS, SUMIFS, COUNTIFS 함수 중 알맞은 함수 사용

5. [표5]에서 지역[G24:G31]이 "지방"인 거래처 중 비용[H24:H31]이 가장 비싼 거래처[F24:F31]를 찾아 [I31] 셀에 표시하시오.

▶ INDEX, MATCH, DMAX 함수 사용

기출문제 따라하기

Section 06

문제 1

24.상시, 22.상시, 21.상시, 20.상시, 19.상시, 13.3, 07.2, 06.3, 05.2, 04.2, 03.4, 03.3

1 소속부서(D3)

=CHOOSE(RIGHT(A3, 1), "영업부", "인사부", "총무부", "기획부")

수식의 이해

=CHOOSE(RIGHT(A3, 1), "영업부", "인사부", "총무부", "기획부")

❶ RIGHT(A3, 1)
❷ 전체 CHOOSE 식

❶ 사원코드 "H203-1"의 오른쪽 끝 문자를 추출합니다. → 1
❷ ❶의 결과가 1이면 "영업부", 2이면 "인사부", 3이면 "총무부", 4이면 "기획부"를 반환합니다. → 영업부

24.상시, 22.상시, 21.상시, 05.1, 04.2

2 할인액(J3)

=ROUNDUP(I3 * HLOOKUP(H3, $G$10:$I$11, 2), -2)

수식의 이해

=ROUNDUP(I3 * HLOOKUP(H3, $G$10:$I$11, 2), -2)

❶ I3
❷ HLOOKUP(H3, $G$10:$I$11, 2)
❸ I3 * HLOOKUP(H3, $G$10:$I$11, 2)
❹ 전체 ROUNDUP 식

❶ 판매금액입니다. → 140,250
❷ 할인율표의 첫 번째 행에서 55보다 크지 않은 값 중 근사값을 찾습니다. → 40
찾은 값이 있는 H열에서 행 번호(2)로 지정된 할인율을 찾아서 반환합니다. → 3%
❸ 140,250 × 3% = 4,207.50
❹ 4,207.50를 십의 자리에서 올림하여 백의 자리까지 표시합니다. → 4,300

ROUND 관련 함수의 자릿수(ROUND, ROUNDUP, ROUNDDOWN)

ROUND 관련 함수는 자릿수로 지정된 자리까지 표시합니다.

3	8	6	4	.	5	5	8	8
-3자리	-2자리	-1자리	0자리		1자리	2자리	3자리	4자리

=ROUND(3864.5588, 3) → 3864.559(소수점 이하 넷째 자리에서 반올림하여 셋째 자리까지 표시합니다.)

=ROUND(3864.5588, 0) → 3865(소수점 이하 첫째 자리에서 반올림하여 정수 부분만 표시합니다.)

=ROUND(3864.5588, -2) → 3900(십의 자리에서 반올림하여 백의 자리까지 표시합니다.)

24.상시

3 학과(D14)

=UPPER(VLOOKUP(LEFT(C14, 1), $F$15:$G$18, 2, FALSE))

수식의 이해

=UPPER(VLOOKUP(LEFT(C14, 1), $F$15:$G$18, 2, FALSE))

❶ ❷ ❸

❶ 학생코드 "s102935"의 왼쪽에서 한 글자를 추출합니다. → s

❷ 학과표의 첫 번째 열에서 s와 정확히 일치(FALSE)하는 값을 찾습니다. → s 찾은 값이 있는 16행에서 열 번호(2)로 지정된 학과를 찾아서 반환합니다. → software

❸ 학과 "software"를 모두 대문자로 변환합니다. → SOFTWARE

23.상시, 22.상시, 21.상시, 20.상시, 16.2

4 홍보부 대리 급여 합계(D31)

=SUMIFS(D24:D30, B24:B30, "홍보부", C24:C30, ">=10")

수식의 이해

=SUMIFS(D24:D30, B24:B30, "홍보부", C24:C30, ">=10") : 부서명에서 "홍보부"가 입력된 셀들(B24, B26, B27, B30)을 찾고, 근무년수에서 같은 행들에 있는 10 이상인 셀들(C24, C26)을 찾아 급여의 같은 행들에 있는 급여(4,350,000, 3,900,000)의 합계를 반환합니다. → 8,250,000

- **SUMIFS(합계 범위, 첫 번째 조건 범위, 첫 번째 조건, 두 번째 조건 범위, 두 번째 조건, …)** : 여러 개의 '조건'에 맞는 셀들의 '합계'를 반환합니다.

24.상시

5 비용이 가장 비싼 지방 거래처(I31)

=INDEX(F24:F31, MATCH(DMAX(F23:H31, 3, G23:G24), H24:H31, 0), 1)

수식의 이해

=INDEX(F24:F31, MATCH(DMAX(F23:H31, 3, G23:G24), H24:H31, 0), 1)

❶ [F23:H31] 영역에서 지역이 "지방"인 거래처들의 비용을 3열(H)에서 찾은 후 비용들(360,000, 385,000, 420,000, 465,000, 390,000) 중에서 가장 큰 값을 반환합니다. → 465,000

❷ [H24:H31] 영역에서 465,000과 정확히 일치하는 값을 찾아 그 위치를 반환합니다. → 7

❸ [F24:F31] 영역에서 7행 1열의 값을 찾아서 반환합니다 → 유명산업

- **DMAX(범위, 열 번호, 조건)** : '범위'에서 '조건'에 맞는 자료 중 지정된 '열 번호'에서 가장 큰 값을 반환합니다.
- **INDEX(범위, 행 번호, 열 번호)** : 지정된 '범위'에서 '행 번호'와 '열 번호'에 위치한 데이터를 반환합니다.
- **MATCH(찾을값, 범위, 옵션)** : '범위'에서 '찾을값'과 같은 데이터를 찾아 '옵션'을 적용하여 그 위치를 일련번호로 반환합니다.

SECTION
07

함수3 – 데이터베이스 함수, 날짜/시간 함수

- **데이터베이스 함수** : DSUM, DAVERAGE, DCOUNT, DCOUNTA, DMAX, DMIN
- **날짜와 시간 함수** : WEEKDAY, WORKDAY, DAYS, DATE, EDATE, NOW, TIME, DAY, TODAY, YEAR, MONTH, EOMONTH, HOUR, MINUTE, SECOND

기본문제 'C:\길벗컴활2급\01 섹션' 폴더의 '섹션07문제.xlsm' 파일을 열어서 작업하시오.

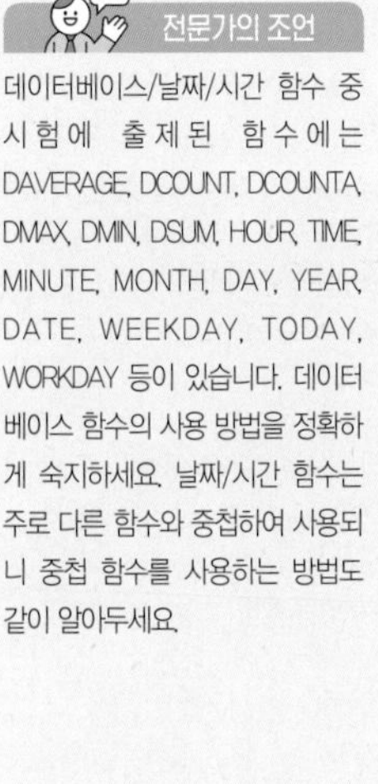

데이터베이스/날짜/시간 함수 중 시험에 출제된 함수에는 DAVERAGE, DCOUNT, DCOUNTA, DMAX, DMIN, DSUM, HOUR, TIME, MINUTE, MONTH, DAY, YEAR, DATE, WEEKDAY, TODAY, WORKDAY 등이 있습니다. 데이터베이스 함수의 사용 방법을 정확하게 숙지하세요. 날짜/시간 함수는 주로 다른 함수와 중첩하여 사용되니 중첩 함수를 사용하는 방법도 같이 알아두세요.

'무작정따라하기' 시트에서 다음의 지시사항대로 작업을 처리하시오.

	A	B	C	D	E	F	G	H	I	J
1	[표1]	동호회 회원 명단					[표2]	어린이집 원생 관리		
2	성명	주민등록번호		생년월일			이름	성별	생년월일	요일
3	이정우	911012-104****		1991-10-12			권민서	여	2019-05-03	금
4	남국현	861123-103****		1986-11-23			이승유	남	2021-11-15	월
5	연재식	970203-105****		1997-02-03			한석희	남	2020-06-21	일
6	송달호	870420-132****		1987-04-20			박정연	여	2021-03-24	수
7	원송희	890804-203****		1989-08-04			신서하	여	2020-07-19	일
8	김민자	951122-234****		1995-11-22			이한열	남	2019-08-06	화
9	고수영	881231-232****		1988-12-31			최연재	여	2020-10-14	수
10										
11	[표3]	경시대회 성적					[표4]	도서 거래 현황		
12	성명	출신고	필기	실기	종합		서점명	출고단가	거래량	금액
13	고영인	우주고	77	97	83		상공문고	5,600	12	67,200
14	성수영	대한고	77	89	83		대한서적	7,600	14	106,400
15	은혜영	상공고	56	76	63		세종서점	6,500	16	104,000
16	남민철	우주고	88	80	84		상공문고	7,300	13	94,900
17	구정철	상공고	88	93	90.5		대한서적	6,200	15	93,000
18	박대철	우주고	91	63	77		상공문고	9,800	17	166,600
19	전소영	상공고	85	83	70.5		세종서점	6,800	25	170,000
20										
21		출신고		우주고 종합 평균	차이값		서점명	대한서적의 금액 합계		
22		상공고		81.3	32		대한서적		200,000	
23										
24	[표5]	각종 대금 납부 현황								
25	학번	성명	학과	급식비						
26	321001	김미연	전자	납부						
27	321002	원동철	통신							
28	321003	이지함	전자	납부						
29	321004	한두리	통신	납부						
30	321005	신민영	통신	납부						
31	321006	구찬우	전자	납부						
32	전자학과 급식비 납부자수			3명						
33										

1. [표1]에서 주민등록번호[B3:C9]를 이용하여 생년월일[D3:D9]을 표시하시오.
   - ▶ DATE, LEFT, MID 함수와 & 연산자 사용

2. [표2]에서 생년월일[I3:I9]을 이용하여 태어난 해의 요일[J3:J9]을 표시하시오.
   - ▶ 요일의 계산방식은 월요일부터 시작하는 2번 방법으로 지정
   - ▶ 요일은 '월'~'일'과 같이 표시
   - ▶ CHOOSE, WEEKDAY 함수 사용

3. [표3]에서 출신고[B13:B19]가 "우주고"인 학생들의 종합[E13:E19] 평균을 [D22] 셀에 계산하시오.

▶ 우주고 종합 평균은 소수점 이하 둘째 자리에서 반올림하여 첫째 자리까지 표시 [표시 예 : 64.66 → 64.7]

▶ ROUND, DAVERAGE 함수 사용

4. [표3]에서 출신고[B13:B19]가 "상공고"인 학생들 중 필기[C13:C19]의 최고점수와 최저점수의 차이값을 [E22] 셀에 계산하시오.

▶ 조건은 [B21:B22] 영역에 입력하시오.

▶ DCOUNT, DMAX, DMIN, DSUM 함수 중 알맞은 함수들을 선택하여 사용

5. [표4]에서 서점명[G13:G19]이 "대한서적"인 서점의 금액[J13:J19] 합계를 [H22] 셀에 계산하시오.

▶ 대한서적 금액 합계는 백의 자리에서 올림하여 천의 자리까지 표시 [표시 예 : 12,345 → 13,000]

▶ 조건은 [G21:G22] 영역에 입력하시오.

▶ ROUNDUP, DSUM 함수 사용

6. [표5]에서 학과[C26:C31]가 "전자"인 학생들의 급식비[D26:D31] 납부자수를 [D32] 셀에 계산하시오.

▶ 계산된 납부자수 뒤에 "명"을 포함하여 표시 [표시 예 : 3명]

▶ DCOUNTA, DSUM, DMAX 함수 중 알맞은 함수와 & 연산자 사용

따라하기

19.상시, 12.3, 05.4

1 생년월일 표시하기

1. [D3] 셀을 클릭하고 **=DATE("19" & LEFT(B3, 2), MID(B3, 3, 2), MID(B3, 5, 2))**를 입력한 후 Enter를 누릅니다.

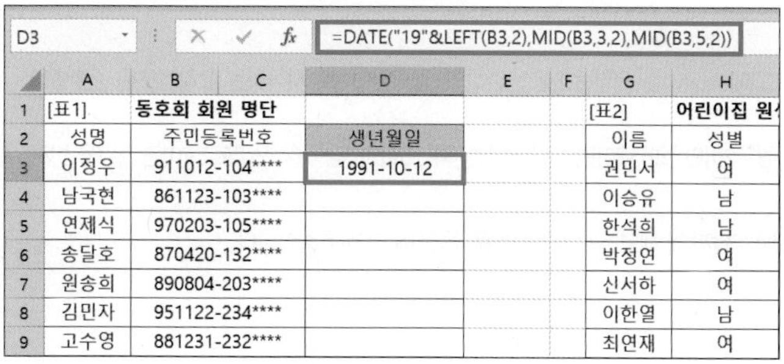

D3 =DATE("19"&LEFT(B3,2),MID(B3,3,2),MID(B3,5,2))

	A	B	C	D	E	F	G	H
1	[표1]	동호회 회원 명단					[표2]	어린이집 원
2	성명	주민등록번호		생년월일			이름	성별
3	이정우	911012-104****		1991-10-12			권민서	여
4	남국현	861123-103****					이승유	남
5	연제식	970203-105****					한석희	남
6	송달호	870420-132****					박정연	여
7	원송희	890804-203****					신서하	여
8	김민자	951122-234****					이한열	남
9	고수영	881231-232****					최연재	여

잠깐만요 수식의 이해

=DATE("19" & LEFT(B3, 2), MID(B3, 3, 2), MID(B3, 5, 2))
❶ ❷ ❸
❹

❶ 주민등록번호 "911012-104****"에서 앞의 2자리, 즉 년도를 추출한 후 "19"와 연결합니다. → 1991
❷ "911012-104****"에서 3번째 문자부터 2자리, 즉 월을 추출합니다. → 10
❸ "911012-104****"에서 5번째 문자부터 2자리, 즉 일을 추출합니다. → 12
❹ DATE("1991", "10", "12")에 대한 날짜 일련번호를 반환합니다. → 33523
※ DATE("1991", "10", "12")의 결과는 표시 형식에 따라 표시되는 형태는 다릅니다. 표시 형식이 '일반'일 경우 일련번호로, '날짜'일 경우 날짜 형태로 표시됩니다. 현재 [D3:D9] 영역에는 표시 형식이 '날짜'로 설정되어 있어 결과가 날짜 형태로 표시됩니다(1991-10-12).

- **DATE(년, 월, 일)** : '년', '월', '일'에 대한 일련번호를 반환합니다.
- **LEFT(텍스트, 개수)** : '텍스트'의 왼쪽부터 지정한 '개수'만큼 추출합니다.

2. [D3] 셀의 채우기 핸들을 [D9] 셀까지 드래그합니다.

24.상시, 23.상시, 22.상시, 21.상시, 20.상시, 11.2, 10.1, 04.4

2 요일 표시하기

1. 생년월일을 이용하여 요일을 표시하기 위해 [J3] 셀을 클릭하고 **=CHOOSE(WEEKDAY(I3, 2), "월", "화", "수", "목", "금", "토", "일")**을 입력한 후 Enter를 누릅니다.

J3 | =CHOOSE(WEEKDAY(I3,2),"월","화","수","목","금","토","일")

	G	H	I	J	K	L	M	N	O
1	[표2]	어린이집 원생 관리							
2	이름	성별	생년월일	요일					
3	권민서	여	2019-05-03	금					
4	이승유	남	2021-11-15	월					
5	한석희	남	2020-06-21	일					
6	박정연	여	2021-03-24	수					
7	신서하	여	2020-07-19	일					
8	이한열	남	2019-08-06	화					
9	최연재	여	2020-10-14	수					
10									

잠깐만요 수식의 이해

수식의 이해
=CHOOSE(WEEKDAY(I3, 2), "월", "화", "수", "목", "금", "토", "일")
❶
❷

❶ 생년월일 2019-05-03에 해당하는 요일번호를 반환하되, 월요일이 1로 시작하는 요일번호를 반환합니다. → 5
❷ ❶의 결과가 1이면 "월", 2이면 "화", 3이면 "수", 4이면 "목", 5이면 "금", 6이면 "토", 7이면 "일"을 반환합니다. → 금

- **WEEKDAY(날짜, 옵션)** : '날짜'에 해당하는 요일번호를 '옵션'에 맞게 추출합니다.

WEEKDAY(날짜, 옵션) 함수의 옵션
- **1 또는 생략** : 1(일요일)에서 7(토요일)까지의 숫자를 사용함
- **2** : 1(월요일)에서 7(일요일)까지의 숫자를 사용함
- **3** : 0(월요일)에서 6(일요일)까지의 숫자를 사용함

2. 나머지 셀에 수식을 복사하기 위해 [J3] 셀의 채우기 핸들을 [J9] 셀까지 드래그합니다.

24.상시, 24.공개, 23.상시, 22.상시, 21.상시, 21.공개, 20.상시, 19.상시, 18.2, 18.1, 17.1, 16.2, 12.1, 11.3, 09.4, 08.3, 07.3, 05.2, 04.4, 04.3, 04.2

3 "우주고"인 학생의 종합 점수 평균 계산하기

[D22] 셀을 클릭하고 **=ROUND(DAVERAGE(A12:E19, 5, B12:B13), 1)**을 입력한 후 Enter를 누릅니다.

D22 =ROUND(DAVERAGE(A12:E19,5,B12:B13),1)

	A	B	C	D	E	F	G	H
11	[표3]	경시대회 성적					[표4]	도서 거래 현
12	성명	출신고	필기	실기	종합		서점명	출고단가
13	고영인	우주고	77	97	83		상공문고	5,600
14	성수영	대한고	77	89	83		대한서적	7,600
15	은혜영	상공고	56	76	63		세종서점	6,500
16	남민철	우주고	88	80	84		상공문고	7,300
17	구정철	상공고	88	93	90.5		대한서적	6,200
18	박대철	우주고	91	63	77		상공문고	9,800
19	전소영	상공고	85	83	70.5		세종서점	6,800
20								
21				우주고 종합 평균	차이값			대한서적의
22				81.3				
23								

잠깐만요 수식의 이해 / 데이터베이스 함수의 일반 형식

수식의 이해

=ROUND(DAVERAGE(A12:E19, 5, B12:B13), 1)
(❶: DAVERAGE(A12:E19, 5, B12:B13), ❷: 전체 수식)

❶ [A12:E19] 영역에서 출신고가 "우주고"인 학생의 종합점수를 5열(E)에서 찾은 후 종합 점수들(83, 84, 77)의 평균을 반환합니다. → 81.3333

※ 열 번호(5) 대신 필드명인 "종합"이나 필드명의 주소인 "E12"를 입력해도 됩니다.

❷ 81.3333…을 소수점 이하 둘째 자리에서 반올림하여 첫째 자리까지 표시합니다. → 81.3

- **ROUND(인수, 반올림 자릿수)** : '인수'에 대하여 지정한 '자릿수'로 반올림합니다.

데이터베이스 함수(DSUM, DAVERAGE, DCOUNT, DCOUNTA 등)의 일반 형식

DAVERAGE(범위, 열 번호, 조건)
- **범위** : 레코드(행)와 필드(열)로 이루어진 관련 데이터의 목록으로, 첫 행에는 반드시 열 이름표가 있어야 합니다.
- **열 번호** : 함수에 사용되는 필드(열) 번호로 1, 2와 같은 필드 번호나 "직위", "나이"와 같은 필드명, A1, A2와 같은 필드명 주소로 지정할 수 있습니다.
- **조건** : 찾는 조건이 들어 있는 셀 범위로, 조건은 반드시 열 이름표를 함께 입력해야 합니다.

전문가의 조언

데이터베이스 함수를 사용할 때 문제에 조건을 지정하라는 지시사항이 없을 경우 제시된 데이터 목록에 조건으로 사용할 수 있는 내용이 포함되어 있습니다. 3번 문제는 조건 지정 위치가 없고, 4번 문제는 조건 지정 위치가 지시되어 있습니다. 3번 문제에서는 데이터 목록에서 조건을 찾아 지정해줘야 하고, 4번 문제에서는 문제에 지시된 위치에 조건을 직접 입력한 후 지정해줘야 합니다.

DAVERAGE 함수에 대한 자세한 내용은 별책 부록의 28쪽을 참고하세요.

데이터베이스 함수의 조건 지정 방법은 고급 필터 조건 지정 방식과 같습니다. 조건에 사용되는 필드명은 반드시 데이터 목록의 필드명과 같아야 하고, 조건은 문제에서 지시한 위치에 입력해야 합니다. 조건 지정 방법에 대한 자세한 내용은 67쪽을 참고하세요.

24.상시, 23.상시, 22.상시, 21.상시, 19.상시, 16.3, 09.2, 06.2, 05.4, 05.1, 04.4, 04.2, 04.1, 03.3, 03.1

4 "상공고"인 학생의 필기 최고점수와 최저점수의 차이값 계산하기

먼저 사용할 조건을 입력해야 합니다. [B21:B22] 영역에 그림과 같이 조건을 입력하세요. [E22] 셀을 클릭하고 **=DMAX(A12:E19, 3, B21:B22) – DMIN(A12:E19, 3, B21:B22)**를 입력한 후 Enter를 누릅니다.

E22 | =DMAX(A12:E19,3,B21:B22)-DMIN(A12:E19,3,B21:B22) | ❸입력 → Enter

	A	B	C	D	E	F	G	H	I
11	[표3]	경시대회 성적					[표4]	도서 거래 현황	
12	성명	출신고	필기	실기	종합		서점명	출고단가	거래량
13	고영인	우주고	77	97	83		상공문고	5,600	12
14	성수영	대한고	77	89	83		대한서적	7,600	14
15	은혜영	상공고	56	76	63		세종서점	6,500	16
16	남민철	우주고	88	80	84		상공문고	7,300	13
17	구정철	상공고	88	93	90.5		대한서적	6,200	15
18	박대철	우주고	91	63	77		상공문고	9,800	17
19	전소영	❶조건 입력	85	83	79.5		세종서점	6,800	25
20					❷딸깍				
21		출신고		우주고 종합 평균	차이값			대한서적의 금액 합계	
22		상공고		81.3	32				

잠깐만요 수식의 이해

=DMAX(A12:E19, 3, B21:B22) – DMIN(A12:E19, 3, B21:B22)

❶ = DMAX(A12:E19, 3, B21:B22), ❷ = DMIN(A12:E19, 3, B21:B22), ❸ = 전체

❶ [A12:E19] 영역에서 출신고가 "상공고"인 학생의 필기점수를 3열(C)에서 찾은 후 필기점수들(56, 88, 85) 중에서 가장 큰 값을 반환합니다. → 88

※ 열 번호(3) 대신 필드명인 "필기"나 필드명의 주소인 "C12"를 입력해도 됩니다.

❷ [A12:E19] 영역에서 출신고가 "상공고"인 학생의 필기점수를 3열(C)에서 찾은 후 필기점수들(56, 88, 85) 중에서 가장 작은 값을 반환합니다. → 56

❸ 88 – 56 = 32

24.상시, 24.공개, 23.상시, 22.상시, 21.상시, 21.공개, 20.상시, 19.상시, 10.3, 09.1, 08.3, 07.4, 07.1, 06.2, 05.1, 04.4, 03.4, 03.2

5 대한서적의 금액에 대한 합계 계산하기

먼저 사용할 조건을 입력해야 합니다. [G21:G22] 영역에 그림과 같이 조건을 입력하세요. [H22] 셀을 클릭하고 **=ROUNDUP(DSUM(G12:J19, 4, G21:G22), –3)**을 입력한 후 Enter를 누릅니다.

H22 | =ROUNDUP(DSUM(G12:J19,4,G21:G22),-3) | ❸입력 → Enter

	G	H	I	J	K	L	M	N
11	[표4]	도서 거래 현황						
12	서점명	출고단가	거래량	금액				
13	상공문고	5,600	12	67,200				
14	대한서적	7,600	14	106,400				
15	세종서점	6,500	16	104,000				
16	상공문고	7,300	13	94,900				
17	대한서적	6,200	15	93,000				
18	상공문고	9,800	17	166,600				
19	❶조건 입력	6,800	25	170,000				
20		❷딸깍						
21	서점명	대한서적의 금액 합계						
22	대한서적	200,000						

잠깐만요 **수식의 이해**

=ROUNDUP(DSUM(G12:J19, 4, G21:G22), -3)

❶ DSUM(G12:J19, 4, G21:G22)
❷ ROUNDUP(❶, -3)

❶ [G12:J19] 영역에서 서점명이 "대한서적"인 서점의 금액을 4열(J)에서 찾은 후 금액들(106,400, 93,000)의 합계를 반환합니다. → 199,400

❷ 199,400를 백의 자리에서 올림하여 천의 자리까지 표시합니다. → 200,000

- **ROUNDUP(인수, 올림 자릿수)** : '인수'에 대하여 지정한 '자릿수'로 올림합니다.

22.상시, 21.상시, 17.상시, 16.1, 13.3, 10.3, 10.1, 09.1, 06.4, 05.2, 04.4, 04.3

6 전자학과 학생 중 급식비 납부자수 계산하기

[D32] 셀을 클릭하고 **=DCOUNTA(A25:D31, 4, C25:C26) & "명"**을 입력한 후 Enter를 누릅니다.

D32 =DCOUNTA(A25:D31,4,C25:C26)&"명"

	A	B	C	D	E	F	G
24	[표5]	각종 대금 납부 현황					
25	학번	성명	학과	급식비			
26	321001	김미연	전자	납부			
27	321002	원동철	통신				
28	321003	이지함	전자	납부			
29	321004	한두리	통신	납부			
30	321005	신민영	통신	납부			
31	321006	구찬우	전자	납부			
32	전자학과 급식비 납부자수			3명			
33							

잠깐만요 **수식의 이해**

=DCOUNTA(A25:D31, 4, C25:C26) & "명"

❶ DCOUNTA(A25:D31, 4, C25:C26)
❷ ❶ & "명"

=ROUNDUP(DSUM(G12:J19, 4, G21:G22), -3)

❶ [A25:D31] 영역에서 학과가 "전자"인 학생의 급식비 납부를 4열(D)에서 찾은 후 납부들("납부", "납부", "납부")의 개수를 반환합니다. → 3

❷ 3과 "명"을 연결합니다. → 3명

문제 1 'C:\길벗컴활2급\01 섹션' 폴더의 '섹션07문제.xlsm' 파일을 열어서 작업하시오.

'기출01' 시트에서 다음의 지시사항대로 작업을 처리하시오.

	A	B	C	D	E	F	G	H	I	J
1	[표1]	학부생 정보					[표2]	가전제품 판매현황		
2	이름	학과	주민등록번호		생년월일		품목	수량	단가	매출액
3	고소은	건축학과	010604-456****		2001-06-04		세탁기	14	1,575,000	22,050,000
4	박철수	건축학과	030303-345****		2003-03-03		TV	17	2,287,000	38,879,000
5	김재영	건축학과	021105-323****		2002-11-05		냉장고	13	1,716,000	22,308,000
6	나빛나	토목과	220101-432****		2022-01-01		TV	11	2,687,000	29,557,000
7	최순애	토목과	011212-467****		2001-12-12		세탁기	21	1,874,000	39,354,000
8	강철준	토목과	030331-394****		2003-03-31		세탁기	18	1,959,000	35,262,000
9										
10	[표3]	신입사원 채용결과					세탁기 매출액 평균 - 전체 매출액 평균			
11	사원코드	사원명	부서명	시험점수			987,000			
12	SG-129	이영인	제작부	94						
13	SG-354	조정민	제작부	87			[표4]	시내버스운행표		
14	SG-417	안동수	영업부	91			도착지	출발시간	정류장수	도착시간
15	SG-609	강의수	영업부	82			경기대	9:35	4	9:51
16	SG-251	지원철	영업부	88			수원역	9:48	8	10:20
17	SG-390	유가온	생산부	89			망포역	10:02	5	10:22
18	SG-864	김미혜	생산부	90			구운동	10:14	6	10:38
19							대선초	10:29	9	11:05
20	부서명	영업부 시험점수 평균					영통주공	10:51	7	11:19
21	영업부	87					광교호	11:05	5	11:25
22										
23	[표5]	제품생산현황								
24	생산일자	생산량	분류	제품코드						
25	2024-03-15	650	hes	HES-3						
26	2024-04-21	800	ysg	YSG-4						
27	2024-05-04	700	eut	EUT-5						
28	2024-06-22	850	mkh	MKH-6						
29	2024-07-18	550	pad	PAD-7						
30	2024-08-09	750	nci	NCI-8						
31	2024-09-13	800	frb	FRB-9						
32										

1. [표1]에서 주민등록번호[C3:C8]의 앞 6자리를 이용하여 생년월일[E3:E8]을 표시하시오.

▶ DATE, LEFT, MID 함수와 & 연산자 사용

2. [표2]에서 품목[G3:G8]이 "세탁기"인 제품들의 매출액[J3:J8] 평균에서 전체 매출액 평균을 뺀 값을 [G11] 셀에 계산하시오.

▶ DAVERAGE, AVERAGE 함수 사용

3. [표3]에서 부서명[C12:C18]이 "영업부"인 사원들의 시험점수[D12:D18] 평균을 [B21] 셀에 계산하시오.

▶ 조건은 [A20:A21] 영역에 입력하시오.

▶ DCOUNTA, DSUM 함수 사용

4. [표4]에서 출발시간[H15:H21]과 정류장수[I15:I21]를 이용하여 도착시간[J15:J21]을 계산하시오.

▶ 도착시간 = 출발시간 + 정류장수 × 정류장 당 소요 시간(4분)
[표시 예 : 정류장수가 3개이고 출발시간이 9:00면 도착시간은 9:12임]

▶ TIME, HOUR, MINUTE 함수 사용

5. [표5]에서 생산일자[A25:A31]와 분류[C25:C31]를 이용하여 제품코드[D25:D31]를 표시하시오.

▶ 생산일자는 월만 추출하고, 분류는 모두 대문자로 변환하여 표시
[표시 예 : 생산일자가 2020-01-05이고, 분류가 "abc"인 경우 "ABC-1"로 표시]

▶ UPPER, MONTH 함수와 & 연산자 사용

기출문제 따라하기 Section 07

문제 1

19.상시, 12.3, 05.4
1 생년월일(E3)

=DATE("20" & LEFT(C3, 2), MID(C3, 3, 2), MID(C3, 5, 2))

수식의 이해

=DATE("20" & LEFT(C3, 2), MID(C3, 3, 2), MID(C3, 5, 2))
(❶ "20" & LEFT(C3, 2), ❷ MID(C3, 3, 2), ❸ MID(C3, 5, 2), ❹ 전체)

❶ 주민등록번호 "010604-456****"에서 앞의 2자리를 추출한 후 "20"과 연결합니다. → 2001
❷ MID(C3, 3, 2) : "010604-456****"에서 3번째 문자부터 2자리, 즉 월을 추출합니 다. → 06
❸ MID(C3, 5, 2) : "010604-456****"에서 5번째 문자부터 2자리, 즉 일을 추출합니 다. → 04
❹ DATE("2001", "06", "04")에 대한 날짜 일련번호를 반환합니다. → 37046
※ [E3:E8] 영역의 표시 형식이 '날짜'로 설정되어 있어 결과가 날짜 형태로 표시됩니다. → 2001-06-04

24.상시, 23.상시, 22.상시, 21.상시
2 세탁기 매출액 평균 – 전체 매출액 평균(G11)

=DAVERAGE(G2:J8, 4, G2:G3) – AVERAGE(J3:J8)

수식의 이해

=DAVERAGE(G2:J8, 4, G2:G3) – AVERAGE(J3:J8)
(❶ DAVERAGE(G2:J8, 4, G2:G3), ❷ AVERAGE(J3:J8), ❸ 전체)

❶ [G2:J8] 영역에서 품목이 "세탁기"인 제품들의 매출액을 4열(J)에서 찾은 후 매출액(22,050,000, 39,354,000, 35,262,000)의 평균을 반환합니다. → 32,222,000
❷ 매출액의 평균을 반환합니다. → 31,235,000
❸ 32,222,000 – 31,235,000 = 987,000

3 영업부 시험점수 평균(B21)

24.상시, 23.상시, 22.상시, 21.상시, 17.상시, 16.1, 13.3, 09.1, 06.4, 05.2

=DSUM(A11:D18, 4, A20:A21) / DCOUNTA(A11:D18, 4, A20:A21)

수식의 이해

=DSUM(A11:D18, 4, A20:A21) / DCOUNTA(A11:D18, 4, A20:A21)

❶ DSUM(A11:D18, 4, A20:A21) ❷ DCOUNTA(A11:D18, 4, A20:A21) ❸ 전체

❶ [A11:D18] 영역에서 부서명이 "영업부"인 사원들의 시험점수를 4열(D)에서 찾은 후 시험점수(91, 82, 88)의 합계를 반환합니다. → 261

❷ [A11:D18] 영역에서 부서명이 "영업부"인 사원들의 시험점수를 4열(D)에서 찾은 후 시험점수(91, 82, 88)의 개수를 반환합니다. → 3

❸ 261 / 3 = 87

4 도착시간(J15)

24.상시, 23.상시, 22.상시, 21.상시, 20.상시, 11.1

=TIME(HOUR(H15), MINUTE(H15)+I15*4, 0)

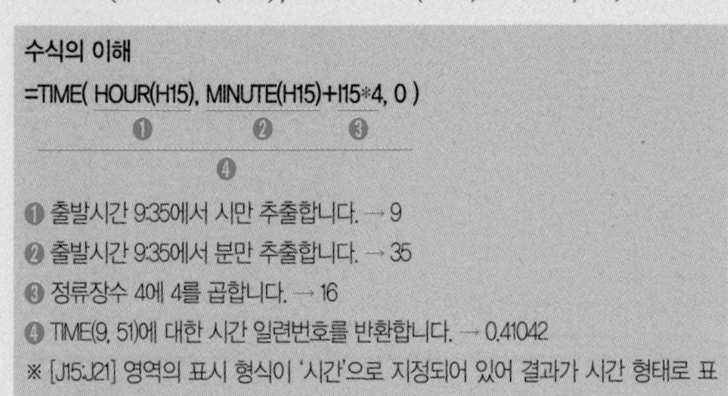

수식의 이해

=TIME(HOUR(H15), MINUTE(H15)+I15*4, 0)

❶ HOUR(H15) ❷ MINUTE(H15) ❸ I15*4 ❹ 전체

❶ 출발시간 9:35에서 시만 추출합니다. → 9

❷ 출발시간 9:35에서 분만 추출합니다. → 35

❸ 정류장수 4에 4를 곱합니다. → 16

❹ TIME(9, 51)에 대한 시간 일련번호를 반환합니다. → 0.41042

※ [J15:J21] 영역의 표시 형식이 '시간'으로 지정되어 있어 결과가 시간 형태로 표시됩니다. → 9:51

5 제품코드(D25)

24.상시, 23.상시, 22.상시, 21.상시, 20.상시, 08.3

=UPPER(C25) & "-" & MONTH(A25)

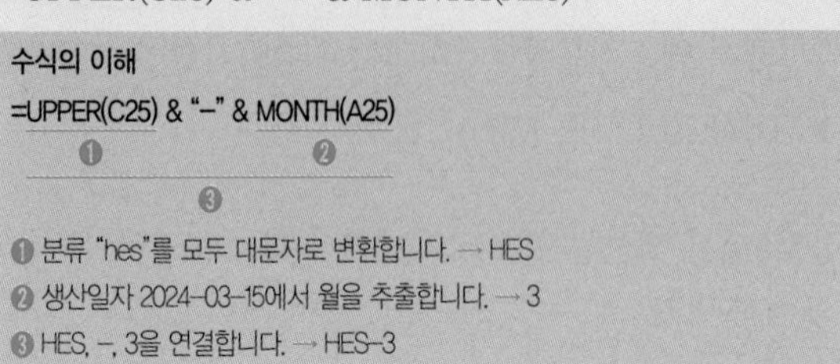

수식의 이해

=UPPER(C25) & "-" & MONTH(A25)

❶ UPPER(C25) ❷ MONTH(A25) ❸ 전체

❶ 분류 "hes"를 모두 대문자로 변환합니다. → HES

❷ 생산일자 2024-03-15에서 월을 추출합니다. → 3

❸ HES, -, 3을 연결합니다. → HES-3

SECTION 08

함수4 - 논리 함수

• **논리 함수** : IF, IFS, IFERROR, SWITCH, NOT, AND, OR, FALSE, TRUE

기본문제 'C:\길벗컴활2급\01 섹션' 폴더의 '섹션08문제.xlsm' 파일을 열어서 작업하시오.

'무작정따라하기' 시트에서 다음의 지시사항대로 작업을 처리하시오.

	A	B	C	D	E	F	G	H	I	J	K
1	[표1]	중고자동차 목록					[표2]	농구선수명단			
2	모델	연식	주행거리	정비	등급		팀명	선수명	관리코드	경력	포지션
3	오3245	2010년 9월	135,000				KCC	안전해	K99111	3년	센터
4	투5643	2016년 3월	66,000	보증	상급		TG	이기자	T02322	1년	가드
5	기6754	2013년 11월	113,000				SBS	왕눈이	S97101	5년	센터
6	그3425	2016년 10월	54,000				LG	오골인	L94303	8년	가드
7	에8907	2014년 12월	87,000	보증	상급		LG	최고인	L01202	2년	포드
8	그5813	2015년 10월	64,000				TG	최수비	T89322	13년	가드
9	카4532	2014년 3월	86,000	보증	상급		KCC	나도해	K95213	7년	포드
10	액6754	2017년 5월	32,000	보증	최상급						
11											
12	[표3]	1차 대회 성적					[표4]	카트 경기 대회			
13	성명	계획서	작품성	평점	평가		등번호	참가자	기록	등수	
14	이구연	90	78	84	통과		1	타탕가	2:00:46		
15	나잘해	78	80	79	통과		2	최모스	1:58:50		
16	정민철	92	70	81	통과		3	이배찌	1:57:02	2등	
17	최고다	45	34	39.5	탈락		4	우디지니	1:59:48		
18	한가위	56	45	50.5	탈락		5	성마리드	1:58:25	3등	
19	김사라	77	78	77.5	통과		6	배바니	1:59:40		
20	박철우	89	66	77.5	탈락		7	박우니	1:59:15		
21							8	김다오	1:57:00	1등	
22	[표5]	입원 환자 현황									
23	이름	주민등록번호	혈액형	담당의	성별						
24	한장석	880624-1******	B	구경민	남						
25	오명희	010506-4******	A	황경엽	여						
26	최철주	911009-0******	O	김원경	오류						
27	김은소	870820-2******	O	윤소정	여						
28	권길수	021121-3******	AB	김민수	남						
29	장도연	950217-2******	A	이도현	여						
30											

1. [표1]에서 주행거리[C3:C10]가 60,000 미만이고 정비[D3:D10]가 "보증"이면 "최상급", 주행거리가 100,000 미만이고 정비가 "보증"이면 "상급", 그 이외는 공백으로 등급[E3:E10]에 표시하시오.

   ▶ IF, AND 함수 사용

2. [표2]에서 관리코드[I3:I9]의 네 번째 문자가 "1"이면 "센터", "2"이면 "포드", "3"이면 "가드"로 포지션[K3:K9]에 표시하시오.

   ▶ IF, MID 함수 사용

전문가의 조언

논리 함수는 몇 개 되지 않지만 시험에 자주 출제됩니다. 논리 함수가 사용되는 논리 함수식에서는 주로 IF 함수를 많이 사용하는데, IF 함수는 AND, OR, MID, AVERAGE, RANK.EQ, MAX, MIN, MOD 등의 함수와 중첩하여 사용하는 문제가 주로 출제됩니다. IF 함수를 사용할 때는 문제에서 요구하는 논리식을 이해하여, 그 논리식대로 수식을 작성할 수 있어야 합니다.

3. [표3]에서 개인별로 계획서[B14:B20], 작품성[C14:C20], 평점[D14:D20] 중 한 항목이라도 점수가 70 미만이면 "탈락", 그 외에는 "통과"로 평가[E14:E20]에 표시하시오.

▶ IF, OR 함수 사용

4. [표4]에서 기록[I14:I21]에 대한 순위를 구하여 1위는 "1등", 2위는 "2등", 3위는 "3등", 그 외에는 공백으로 등수[J14:J21]에 표시하시오.

▶ 순위는 가장 작은 기록이 1위

▶ IF, RANK.EQ 함수와 & 연산자 사용

5. [표5]에서 주민등록번호[B24:B29]의 8번째 문자가 "1"이나 "3"이면 "남", "2"나 "4"면 "여", 그 외에는 "오류"를 성별[E24:E29]에 표시하시오.

▶ CHOOSE, IFERROR, MID 함수 사용

24.상시, 23.상시, 22.상시, 21.상시, 19.상시, 16.3, 16.2, 16.1, 14.3, 13.1, 12.3, 12.2, 11.3, 10.2, 09.4, 09.1, 08.3, 07.4, 07.2, 07.1, 06.3, 06.2, 05.4, …

1 주행거리와 정비에 따른 등급 표시하기

전문가의 조언

IF 함수에 대한 자세한 내용은 별책 부록의 22쪽을 참고하세요.

1. [E3] 셀을 클릭하고 **=IF(AND (C3〈60000, D3="보증"), "최상급", IF(AND(C3〈100000, D3="보증"), "상급", " "))**을 입력한 후 Enter를 누릅니다.

E3 | =IF(AND(C3<60000,D3="보증"),"최상급",IF(AND(C3<100000,D3="보증"),"상급",""))

	A	B	C	D	E	F	G	H	I	J	K
1	[표1]	중고자동차 목록					[표2]	농구선수명단			
2	모델	연식	주행거리	정비	등급		팀명	선수명	관리코드	경력	포지션
3	오3245	2010년 9월	135,000				KCC	안전해	K99111	3년	
4	투5643	2016년 3월	66,000	보증			TG	이기자	T02322	1년	
5	기6754	2013년 11월	113,000				SBS	왕눈이	S97101	5년	
6	그3425	2016년 10월	54,000				LG	오골인	L94303	8년	
7	에8907	2014년 12월	87,000	보증			LG	최고인	L01202	2년	
8	그5813	2015년 10월	64,000				TG	최수비	T89322	13년	
9	카4532	2014년 3월	86,000	보증			KCC	나도해	K95213	7년	
10	액6754	2017년 5월	32,000	보증							
11											

잠깐만요 수식 만들기

- IF 함수를 사용하는 논리 수식은 먼저 논리 함수의 규칙에 맞게 우리말로 개략적인 수식을 세운 후 차례대로 입력해 나가는 것이 쉽습니다.
- 이 문제는 ❶ 주행거리가 60000 미만이고 정비가 "보증"이면 ❷ "최상급"을 입력, 그렇지 않고 ❸ 주행거리가 100000 미만이고 정비가 "보증"이면 ❹ "상급"을 입력, 그 이외에는 ❺ 공백을 입력하는 것으로 다음과 같은 논리식이 됩니다.

=IF(주행거리가 60000 미만이고, 정비가 "보증", "최상급", IF(주행거리가 100000 미만이고, 정비가 "보증", "상급", 공백))
❶ ❷ ❸ ❹ ❺

위의 ❶과 ❸에 해당하는 논리식을 함수식으로 만들면 다음과 같습니다.

❶ AND(C3<60000, D3="보증")

❸ AND(C3<100000, D3="보증")

• ❶과 ❸에 수식을 대입하면 전체 수식은 다음과 같습니다.

=IF(AND(C3<60000, D3="보증"), "최상급", IF(AND(C3<100000, D3="보증"), "상급", " "))
❶ ❸

※ ❺는 공백이므로 " "을 입력하면 됩니다.

• **IF(조건, 인수1, 인수2)** : '조건'을 비교하여 참이면 '인수1', 거짓이면 '인수2'를 실행합니다.
• **AND(인수1, 인수2, …)** : '인수'가 모두 참이면 참입니다.

잠깐만요 **수식에서 괄호의 짝이 혼동되면**

복잡한 수식을 입력하면 좌우의 괄호가 맞지 않아 수식에 오류가 생기는 경우가 많습니다. 이런 경우에는 같은 레벨의 괄호 또는 인수 단위로 충분한 거리를 두고 수식을 입력하면 구분하기가 훨씬 쉽습니다.
=IF(AND(C3<60000, D3="보증"), "최상급", IF(AND(C3<100000, D3="보증"), "상급", " "))
이렇게 수식 중간에 공백을 주고 입력해도 결과는 올바르게 표시됩니다.

2. 나머지 셀에 수식을 복사하기 위해 [E3] 셀의 채우기 핸들을 [E10] 셀까지 드래그합니다.

2 관리코드에 따른 포지션 표시하기

22.상시, 21.상시, 20.상시, 18.1, 08.3, 06.4, 06.3, 03.4, 01.3, 01.2

1. [K3] 셀을 클릭하고 **=IF(MID(I3, 4, 1)="1", "센터", IF(MID(I3, 4, 1)="2", "포드", "가드"))**를 입력한 후 Enter를 누릅니다.

K3 | fx =IF(MID(I3,4,1)="1","센터",IF(MID(I3,4,1)="2","포드","가드"))

	G	H	I	J	K	L	M	N	O
1	[표2]	농구선수명단							
2	팀명	선수명	관리코드	경력	포지션				
3	KCC	안전해	K99111	3년	센터				
4	TG	이기자	T02322	1년					
5	SBS	왕눈이	S97101	5년					
6	LG	오골인	L94303	8년					
7	LG	최고인	L01202	2년					
8	TG	최수비	T89322	13년					
9	KCC	나도해	K95213	7년					
10									

궁금해요 **시나공 Q&A 베스트**

Q 'MID(I3, 4, 1)="1"'에서 숫자 1을 큰따옴표로 묶어준 이유는 무엇인가요?

A 텍스트 함수(LEFT, RIGHT, MID 등)를 이용하여 추출된 값 1, 2, 3은 숫자 데이터가 아니고 문자 데이터 "1", "2", "3"이므로 이 문자 데이터와 비교하기 위해 숫자 데이터를 큰따옴표로 묶어야 합니다.

잠깐만요 **수식 만들기**

이 문제는 ❶ 관리코드 중 네 번째 문자가 "1"이면 ❷ "센터" 입력, 그렇지 않고 ❸ 관리코드 중 네 번째 문자가 "2"이면 ❹ "포드" 입력, 그렇지 않고 ❺ 관리코드 중 네 번째 문자가 "3"이면 ❻ "가드"를 입력하는 것으로 다음과 같은 논리식이 됩니다.

IF(관리코드 중 네 번째 문자가 "1"❶, "센터"❷, IF(관리코드 중 네 번째 문자가 "2"❸, "포드"❹, IF(관리코드 중 네 번째 문자가 "3"❺, "가드"❻)))

❶ MID(I3, 4, 1) = "1"

❸ MID(I3, 4, 1) = "2"

❺ MID(I3, 4, 1) = "3"

• ❶, ❸, ❺에 수식을 대입하면 전체 수식은 다음과 같습니다.

=IF(MID(I3, 4 ,1)="1"❶, "센터", IF(MID(I3, 4, 1)="2"❸, "포드", IF(MID(I3, 4, 1)="3"❺, "가드")))

※ ❶과 ❸의 조건에 해당하지 않으면 무조건 "가드"이므로 관리코드 중 네 번째 문자가 "3"인지를 물어보는 ❺없이 다음과 같이 논리식을 만들어도 됩니다.

=IF(MID(I3, 4, 1)="1"❶, "센터"❷, IF(MID(I3, 4, 1)="2"❸, "포드"❹, "가드"❺))

2. 나머지 셀에 수식을 복사하기 위해 [K3] 셀의 채우기 핸들을 [K9] 셀까지 드래그합니다.

24.상시, 22.상시, 21.상시, 19.상시, 18.상시, 12.3, 12.2, 05.4, 03.2, 03.1

3 평가 표시하기

1. [E14] 셀을 클릭하고 **=IF(OR(B14<70, C14<70, D14<70), "탈락", "통과")**를 입력한 후 Enter를 누릅니다.

E14 =IF(OR(B14<70,C14<70,D14<70),"탈락","통과")

	A	B	C	D	E	F	G	H
12	[표3]	1차 대회 성적					[표4]	카트 경기
13	성명	계획서	작품성	평점	평가		등번호	참가자
14	이구연	90	78	84	통과		1	타탕가
15	나잘해	78	80	79			2	최모스
16	정민철	92	70	81			3	이배찌
17	최고다	45	34	39.5			4	우디지니
18	한가위	56	45	50.5			5	성마리드
19	김사라	77	78	77.5			6	배바니
20	박철우	89	66	77.5			7	박우니
21							8	김다오

잠깐만요 **수식 만들기**

이 문제는 개인별 ❶ 계획서, 작품성, 평점의 점수 중 한 항목이라도 70점 미만이면 ❷ "탈락" 입력, 그 외에는 ❸ "통과"를 입력하는 것으로 다음과 같은 논리식이 됩니다.

=IF(계획서, 작품성, 평점의 점수 중 한 항목이라도 70점 미만❶, "탈락"❷, "통과"❸)

❶에 해당하는 논리식을 함수식으로 만들면 다음과 같습니다.

❶ OR(B14<70, C14<70, D14<70)

• ❶에 수식을 대입하면 전체 수식은 다음과 같습니다.

=IF(OR(B14<70, C14<70, D14<70), "탈락", "통과")
❶

• OR(인수1, 인수2, …) : '인수' 중 하나라도 참이면 참입니다.

2. 나머지 셀에 수식을 복사하기 위해 [E14] 셀의 채우기 핸들을 [E20] 셀까지 드래그합니다.

24.상시, 22.상시, 21.상시, 20.상시, 19.상시, 17.상시, 15.1, 13.3, 12.3, 12.2, 11.2, 10.2, 07.4, 06.1, 04.4, 03.4, 03.3

4 기록 순위에 따른 등수 표시하기

1. [J14] 셀을 클릭하고 **=IF(RANK.EQ(I14, $I$14:$I$21, 1)<=3, RANK.EQ(I14, $I$14:$I$21, 1) & "등", " ")**을 입력한 후 Enter를 누릅니다.

J14 =IF(RANK.EQ(I14,$I$14:$I$21,1)<=3,RANK.EQ(I14,$I$14:$I$21,1)&"등","")

	G	H	I	J	K	L	M	N	O	P
12	[표4]	카트 경기 대회								
13	등번호	참가자	기록	등수						
14	1	타탕가	2:00:46							
15	2	최모스	1:58:50							
16	3	이배찌	1:57:02							
17	4	우디지니	1:59:48							
18	5	성마리드	1:58:25							
19	6	배바니	1:59:40							
20	7	박우니	1:59:15							
21	8	김다오	1:57:00							
22										

잠깐만요 **수식 만들기 / 수식의 이해**

수식 만들기

이 문제는 ❶ 등수가 3 이하이면 ❷ 등수 입력, 그렇지 않으면 ❸ 공백을 입력하는 것으로 다음과 같은 논리식이 됩니다.

=IF(등수가 3 이하, 등수, 공백)
❶ ❷ ❸

위의 ❶~❸에 해당하는 논리식을 함수식으로 만들면 다음과 같습니다.

❶ RANK.EQ(I14, $I$14:$I$21, 1) <= 3

❷ RANK.EQ(I14, $I$14:$I$21, 1) & "등" : 순위에 "등"을 연결하여 표시합니다.

❸ " "

• ❶, ❷, ❸에 수식을 대입하면 전체 수식은 다음과 같습니다.

=IF(RANK.EQ(I14, $I$14:$I$21, 1)<=3, RANK.EQ(I14, $I$14:$I$21, 1) & "등", " ")
❶ ❷ ❸

궁금해요 **시나공 Q&A 베스트**

Q [J14] 셀에 수식을 입력할 때 '=IF(RANK.EQ(' 다음에 [I14] 셀과 [I14:I21] 영역을 선택해야 하는데 선택이 안돼요.

A 하나의 셀이 수식에 가려 선택하기 힘들 때는 셀 주소를 직접 입력하거나 선택할 셀 주위의 아무 셀을 클릭한 후 방향 키를 이용하여 해당 셀로 이동하면 됩니다. 두 셀 이상의 영역을 선택할 때는 수식에 가려지지 않은 아래쪽을 먼저 클릭한 다음 위쪽 방향으로 이동하며 영역을 선택하면 됩니다. 영역 지정은 '왼쪽 → 오른쪽', '오른쪽 → 왼쪽', '위쪽 → 아래쪽', '아래쪽 → 위쪽', 어느 방향을 이용해도 범위가 올바르게 입력됩니다.

수식의 이해

=IF(RANK.EQ(I14, $I$14:$I$21, 1)<=3, RANK.EQ(I14, $I$14:$I$21, 1) & "등", " ")

❶ 순위를 구한 후 순위가 3 이하(1, 2, 3)일 경우 ❷ 순위를 구해 순위 뒤에 "등"을 표시하고, ❸ 그렇지 않을 경우 공백을 입력합니다.

2. 나머지 셀에 수식을 복사하기 위해 [J14] 셀의 채우기 핸들을 [J21] 셀까지 드래그합니다.

5 성별 표시하기

24.상시, 23.상시, 22.상시, 21.상시, 20.상시, 18.1, 16.2, 16.1, 14.3, 13.1, 12.3, 12.2

1. [E24] 셀을 클릭하고 =IFERROR(CHOOSE(MID(B24, 8, 1), "남", "여", "남", "여"), "오류")를 입력한 후 Enter를 누릅니다.

E24 =IFERROR(CHOOSE(MID(B24,8,1),"남","여","남","여"),"오류")

	A	B	C	D	E
22	[표5]	입원 환자 현황			
23	이름	주민등록번호	혈액형	담당의	성별
24	한장석	880624-1******	B	구경민	남
25	오명희	010506-4******	A	황경엽	
26	최철주	911009-0******	O	김원경	
27	김은소	870820-2******	O	윤소정	
28	권길수	021121-3******	AB	김민수	
29	장도연	950217-2******	A	이도현	
30					

잠깐만요 수식의 이해

=IFERROR(CHOOSE(MID(B24, 8, 1), "남", "여", "남", "여"), "오류")

❶ 주민등록번호 "880624-1******"의 8번째 문자부터 1글자를 추출합니다. → 1

❷ ❶의 결과가 1이면 "남", 2이면 "여", 3이면 "남", 4이면 "여"를 반환합니다. → 남

❸ ❷의 결과가 오류이면 "오류"를 반환하고, 그렇지 않으면 ❷의 결과를 반환합니다. → 남

- **IFERROR(인수, 오류 시 표시할 값)** : '인수'로 지정한 수식이나 셀에서 오류가 발생하면 '오류 시 표시할 값'을 반환하고, 그렇지 않으면 결과값을 반환합니다.

2. 나머지 셀에 수식을 복사하기 위해 [E24] 셀의 채우기 핸들을 [E29] 셀까지 드래그합니다.

기출 따라잡기

문제 1 'C:\길벗컴활2급\01 섹션' 폴더의 '섹션08문제.xlsm' 파일을 열어서 작업하시오.

'기출01' 시트에서 다음의 지시사항대로 작업을 처리하시오.

	A	B	C	D	E	F	G	H	I
1	[표1]	인터넷 중독 지수(재검사 학생 대상)					[표2]	스마트폰 가격 비교	
2	성명	검색지수	음란물지수	게임지수	치료여부		쇼핑몰	가격	비교
3	김진원	8	7	8	치료요망		F-MARKET	465,000	최고가
4	차진성	7	6	9	치료요망		K-MARKET	464,310	
5	최난여	6	3	8	주의		B-MARKET	449,820	
6	박진성	5	4	7	주의		A-MARKET	440,000	최저가
7	한혜정	3	1	3	주의		H-MARKET	459,620	
8	강수진	7	5	3	주의		D-MARKET	454,100	
9	진영한	9	4	8	치료요망		C-MARKET	453,000	
10									
11	[표3]	상공병원 환자명단					[표4]	지역별 세대수 현황	
12	진료일	환자명	주민등록번호		성별		지역	세대수	짝홀수
13	09월 09일	조영아	991019-215****		여		경기도	253,875	홀수
14	09월 10일	박근애	020210-402****		여		강원도	150,770	짝수
15	09월 11일	최진영	961103-162****		남		충청도	270,016	짝수
16	09월 12일	이필용	101209-321****		남		전라도	269,507	홀수
17	09월 13일	장세미	010729-482****		여		경상도	355,713	홀수
18	09월 14일	정대수	051212-367****		남		제주도	48,996	짝수
19									
20	[표5]	100m 달리기							
21	이름	소속	기록	순위					
22	하길주	서울	10.59	4					
23	이선호	인천	10.54	3					
24	강성수	경기	10.64	5					
25	김보견	인천	10.49	1					
26	천수만	서울	10.79	6					
27	이소영	서울		실격					
28	맹순자	경기	10.51	2					
29	전기수	경기	11.01	7					
30									

1. [표1]에서 검색지수[B3:B9], 음란물지수[C3:C9], 게임지수[D3:D9]를 이용하여 치료여부[E3:E9]를 표시하시오.

▶ 검색지수, 음란물지수, 게임지수의 값이 각각 4 이상이고, 이 세 값의 평균이 7 이상이면 "치료요망", 그렇지 않으면 "주의"로 표시

▶ IF, AND, AVERAGE 함수 사용

2. [표2]에서 가격[H3:H9]이 가장 높으면 "최고가", 가장 낮으면 "최저가", 나머지는 공백으로 비교[I3:I9]에 표시하시오.

▶ IF, MAX, MIN 함수 사용

3. [표3]에서 주민등록번호[C13:C18]를 이용하여 성별[E13:E18]을 표시하시오.

▶ 주민등록번호의 여덟 번째 숫자가 "1" 또는 "3"이면 "남", "2" 또는 "4"이면 "여"로 표시

▶ IF, OR, MID 함수 사용

4. [표4]에서 세대수[H13:H18]의 숫자가 짝수이면 "짝수", 홀수이면 "홀수"를 짝홀수[I13:I18]에 표시하시오.

▶ IF, MOD 함수 사용

5. [표5]에서 기록[C22:C29]에 대한 순위를 구하여 순위[D22:D29]에 표시하시오.

▶ 순위는 기록이 가장 빠른 것이 1위

▶ 기록이 비어있는 경우 "실격"으로 표시

▶ IFERROR, RANK.EQ 함수 사용

기출문제 따라하기

Section 08

문제 1

24.상시, 22.상시, 21.상시, 20.상시, 19.상시, 16.2, 14.3, 13.상시, 12.1, 09.4, 07.3, 06.3, 04.4, 04.2

1 치료여부(E3)

=IF(AND(B3>=4, C3>=4, D3>=4, AVERAGE(B3:D3)>=7), "치료요망" , "주의")

수식 만들기

❶ 검색지수가 4 이상이고, 음란물지수가 4 이상이고, 게임지수가 4 이상이고, (검색지수, 음란물지수, 게임지수)의 평균이 7 이상이면 ❷ "치료요망" 입력, 그렇지 않으면 ❸ "주의"를 입력합니다.

=IF(검색지수가 4 이상이고, 음란물지수가 4이상이고, 게임지수가 4이상이고, (검색지수, 음란물지수, 게임지수)의 평균이 7 이상이면, "치료요망", "주의")
❶ ❷ ❸

위의 ❶에 해당하는 논리식을 함수식으로 만들면 다음과 같습니다.

❶ AND(B3>=4, C3>=4, D3>=4, AVERAGE(B3:D3)>=7) : ❶에 해당하는 모든 조건을 만족해야 하므로 모든 조건이 AND 함수의 인수가 됩니다.

❶에 수식을 대입하면 전체 수식은 다음과 같습니다.

=IF(AND(B3>=4, C3>=4, D3>=4, AVERAGE(B3:D3)>=7), "치료요망", "주의")
❶

20.상시, 06.1

2 비교(I3)

=IF(MAX($H$3:$H$9)=H3, "최고가", IF(MIN($H$3:$H$9) =H3, "최저가", " "))

수식 만들기

❶ 가격이 가장 높으면 ❷ "최고가" 입력, 그렇지 않고 ❸ 가격이 가장 낮으면 ❹ "최저가" 입력, 그렇지 않으면 ❺ 공백을 입력합니다.

=IF(가격이 가장 높으면, "최고가", IF(가격이 가장 낮으면, "최저가", " "))
❶ ❷ ❸ ❹ ❺

위의 ❶, ❸에 해당하는 논리식을 함수식으로 만들면 다음과 같습니다.

❶ MAX($H$3:$H$9)=H3 : 가격(H3:H9)에서 가장 큰 값을 구한 후 H3(가격)과 비교하여 가장 높은 값인지 판별합니다.

❸ MIN($H$3:$H$9)=H3 : 가격(H3:H9)에서 가장 작은 값을 구한 후 H3(가격)과 비교하여 가장 작은 값인지 판별합니다.

• ❶, ❸에 수식을 대입하면 전체 수식은 다음과 같습니다.

=IF(MAX($H$3:$H$9)=H3, "최고가", IF(MIN($H$3:$H$9)=H3, "최저가", " "))
❶ ❸

22.상시, 21.상시, 19.상시, 05.1

3 성별(E13)

=IF(OR(MID(C13, 8, 1)="1", MID(C13, 8, 1)="3"), "남", "여")

수식 만들기

❶ 주민등록번호의 여덟 번째 숫자가 "1"이거나, 주민등록번호의 여덟 번째 숫자가 "3"이면 ❷ "남" 입력, 그렇지 않으면 ❸ "여"를 입력합니다.

=IF(여덟 번째 숫자가 "1" 또는 여덟 번째 숫자가 "3", "남", "여")
❶ ❷ ❸

위의 ❶에 해당하는 논리식을 함수식으로 만들면 다음과 같습니다.

❶ OR(MID(C13, 8, 1)="1", MID(C13, 8, 1)="3")

※ 주민등록번호의 여덟 번째 숫자는 1, 2, 3, 4 중 하나이므로 1과 3일 때의 조건을 만족하지 않으면 별도로 조건을 지정하지 않고 "여"를 바로 입력합니다.

• ❶에 수식을 대입하면 전체 수식은 다음과 같습니다.

=IF(OR(MID(C13, 8, 1)="1", MID(C13, 8, 1)="3"), "남", "여")
❶

※ MID 함수를 이용하여 추출된 값 1, 2, 3, 4는 숫자 데이터가 아니고 문자 데이터 "1", "2", "3", "4"이므로 이 문자 데이터와 비교하기 위해 숫자 데이터를 큰따옴표로 묶어야 합니다.

22.상시, 21.상시, 20.상시, 09.3, 08.4, 06.4, 03.2

4 짝홀수(I13)

=IF(MOD(H13, 2)=0, "짝수", "홀수")

수식 만들기

❶ 세대수가 짝수이면 ❷ "짝수" 입력, 그렇지 않으면 ❸ "홀수"를 입력합니다.

=IF(세대수가 짝수, "짝수", "홀수")
❶ ❷ ❸

위의 ❶에 해당하는 논리식을 함수식으로 만들면 다음과 같습니다.

❶ MOD(H13, 2)=0 : 세대수(H13)를 2로 나누어 나머지를 구합니다. 나머지가 0이면 짝수이고, 1이면 홀수입니다.

※ 숫자는 짝수 아니면 홀수이므로 별도로 조건을 지정하지 않고, 짝수가 아닐 경우 바로 "홀수"를 입력합니다.

• ❶에 수식을 대입하면 전체 수식은 다음과 같습니다.

=IF(MOD(H13, 2)=0, "짝수", "홀수")
❶

• MOD(인수1, 인수2) : '인수1'을 '인수2'로 나눈 나머지를 구하는 함수입니다.

24.상시, 23.상시, 22.상시, 21.상시, 20.상시, 18.1, 16.2, 16.1, 14.3, 13.1, 12.3, 12.2

5 순위(D22)

=IFERROR(RANK.EQ(C22, $C$22:$C$29, 1), "실격")

수식의 이해

=IFERROR(RANK.EQ(C22, $C$22:$C$29, 1), "실격")
❶
❷

❶ 기록에서 10.59의 순위를 오름차순으로 반환합니다. → 4

❷ ❶의 결과가 오류이면 "실격"을 반환하고, 그렇지 않으면 ❶의 결과를 반환합니다. → 4

합격수기 코너는 시나공으로 공부하신 독자분들이 시험에 합격하신 후에 직접 시나공 홈페이지(sinagong.co.kr)의 〈합격전략/후기〉에 올려주신 자료를 토대로 구성됩니다.

컴활 2급 최종 합격했습니다.

자격증을 공부하는 사람들에게 꼭 전하고 싶은 이야기 – 컴활 2급 공부하시는 분들에게, 조언을 해 드리고 싶습니다.

① 필기공부를 하실 때, 꼭 A, B 등급 위주로 공부하시기 바랍니다.

(시험문제를 볼 때, A, B 등급에서 시험문제가 모두 다 나왔습니다. 그리고 필기공부를 할때, 문제들을 꼭 풀어보셔야, 문제들이 어떻게 출제되는지 금방 이해할 수 있습니다. 정말 시간이 없다면 시나공 책 앞 페이지에 나오는 시험에 꼭나는 Section을 꼭 공부하시고 가시기 바랍니다. 저도 최종 마무리로 그 Section들을 보면서 정리했습니다. 그리고 시험장에서 시험 볼 때, 그 효과를 톡톡히 봤습니다. 여러분도 꼭 필기시험을 준비하실 때, 그 Section을 공부하셔서 한방에 합격하시기 바랍니다.)

② 시나공 홈페이지에서 기출문제들을 꼭 다운받아 풀어보시기 바랍니다.

(기출문제들을 많이 풀어봐야 시험장에 가서, 훨씬 익숙하게 시험을 보실 수 있습니다. 그리고 함수 문제들은 기출문제를 토대로 출제되는 경향이 있어서 꼭, 풀어보시고 가시기 바랍니다. 시나공 홈페이지에는 기출문제가 엄청 많습니다. 최신기출문제 위주로 연습하시고 가시면, 꼭 합격할 것입니다.)

③ 채점 프로그램을 꼭 사용하시기 바랍니다.

(채점 프로그램을 이용하면, 시험에 대한 불안감을 해소할 수 있습니다. 그리고 내가 몇 점 정도 나오는지 알 수 있으며 어느 부분에서 자주 틀리는지 알 수 있어서 유용합니다. 그래서 합격 할 수 있는 지름길입니다. 실기시험은 70점을 넘어야 합격입니다. 그러므로, 70점을 넘기겠다는 각오로 도전하시기 바랍니다. 100점이나 70점이나 똑같은 합격입니다. 겁내지 마시고, 도전하시면 합격으로 꼭 응답 받으실 겁니다.)

앞으로도 시나공 책과 함께, 이번에는 컴활 1급 자격증을 목표로 공부해 보려고 합니다.

열심히 해서 다시 합격수기를 올리겠습니다.

정태룡 • snufirst

3 장

분석작업

SECTION 09

정렬

정렬(Sort)은 불규칙하게 입력된 데이터 목록을 특정 기준에 따라 재배열하는 기능입니다. 셀에 입력된 데이터나 색상 등을 기준으로 정렬할 수 있고, 사용자가 등록한 정렬 목록을 이용하여 정렬할 수도 있습니다.

기본문제 'C:\길벗컴활2급\01 섹션' 폴더의 '섹션09문제.xlsm' 파일을 열어서 작업하시오.

정렬 문제가 가끔 출제되고 있습니다. '정렬' 대화상자에서 '정렬 기준'의 '셀 색'과 '정렬'의 '사용자 지정 목록'을 지정하는 방법을 정확히 숙지해 두세요.

'무작정따라하기' 시트에서 다음의 지시사항대로 작업을 처리하시오.

[정렬] 기능을 이용하여 '가전제품 판매 현황' 표에서 '지점명'을 '서울 – 경기 – 인천' 순으로 정렬하고, 동일한 지점명인 경우 '판매량'의 셀 색이 'RGB(255, 192, 0)'인 값이 위에 표시되도록 정렬하시오.

	A	B	C	D	E	F
1	가전제품 판매 현황					
2						
3	지점명	제품명	입고량	판매량	재고량	판매총액
4	경기	냉장고	300	257	43	38,550
5	서울	냉장고	400	342	58	51,300
6	인천	냉장고	250	222	28	33,300
7	경기	세탁기	500	448	52	43,008
8	서울	세탁기	800	731	69	70,176
9	인천	세탁기	600	543	57	52,128
10	경기	TV	750	716	34	128,880
11	서울	TV	950	867	83	156,060
12	인천	TV	600	561	39	100,980
13	경기	식기건조기	550	530	20	74,200
14	서울	식기건조기	700	668	32	93,520
15	인천	식기건조기	650	604	46	84,560
16						

	A	B	C	D	E	F
1	가전제품 판매 현황					
2						
3	지점명	제품명	입고량	판매량	재고량	판매총액
4	서울	냉장고	400	342	58	51,300
5	서울	세탁기	800	731	69	70,176
6	서울	TV	950	867	83	156,060
7	서울	식기건조기	700	668	32	93,520
8	경기	TV	750	716	34	128,880
9	경기	식기건조기	550	530	20	74,200
10	경기	냉장고	300	257	43	38,550
11	경기	세탁기	500	448	52	43,008
12	인천	냉장고	250	222	28	33,300
13	인천	세탁기	600	543	57	52,128
14	인천	TV	600	561	39	100,980
15	인천	식기건조기	650	604	46	84,560
16						

따라하기

24.상시, 24.공개, 23.상시, 22.상시, 21.상시, 21.공개, 18.1

1 정렬

1. 데이터 영역(A3:F15)에서 임의의 셀을 선택한 후 [데이터] → 정렬 및 필터 → **정렬**을 클릭하세요.

C5 400

	A	B	C	D	E	F
1	가전제품 판매 현황					
2						
3	지점명	제품명	❶딸깍	판매량	재고량	판매총액
4	경기	냉장고	300	257	43	38,550
5	서울	냉장고	400	342	58	51,300
6	인천	냉장고	250	222	28	33,300
7	경기	세탁기	500	448	52	43,008
8	서울	세탁기	800	731	69	70,176
9	인천	세탁기	600	543	57	52,128
10	경기	TV	750	716	34	128,880
11	서울	TV	950	867	83	156,060
12	인천	TV	600	561	39	100,980
13	경기	식기건조기	550	530	20	74,200
14	서울	식기건조기	700	668	32	93,520
15	인천	식기건조기	650	604	46	84,560
16						

2. 정렬의 첫째 기준은 '지점명'을 '서울, 경기, 인천' 순으로 지정해야 합니다. '서울, 경기, 인천'은 오름차순이나 내림차순으로 정렬할 수 없으므로 '사용자 지정 목록'을 이용하여 정렬 항목을 지정해야 합니다. '정렬' 대화상자에서 '정렬 기준'을 '지점명'으로 선택한 후 '정렬'에서 '사용자 지정 목록'을 선택하세요.

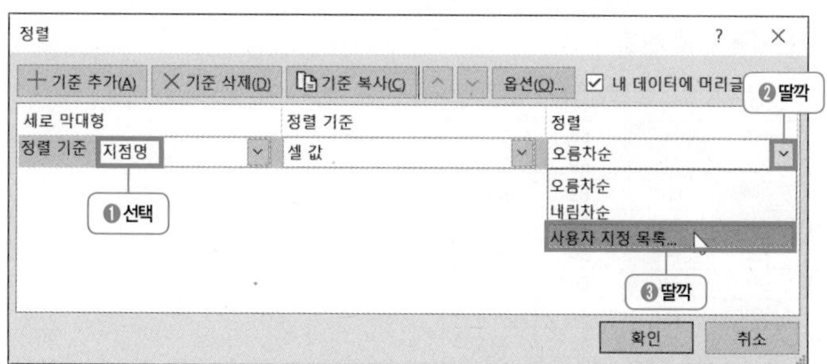

3. '사용자 지정 목록' 대화상자의 '목록 항목'에 **서울, 경기, 인천**을 입력한 후 〈추가〉를 클릭하세요. '사용자 지정 목록'의 가장 아래쪽에 '서울, 경기, 인천'이 추가됩니다. 〈확인〉을 클릭하세요.

전문가의 조언

데이터 영역 안에 셀 포인터를 놓고 정렬을 선택하면 전체 데이터가 정렬에 포함됩니다. 하지만 특정 영역, 예를 들어 합계가 있는 행이나 열을 제외할 경우에는 정렬할 부분을 반드시 블록으로 지정한 후 정렬을 수행해야 합니다.

정렬 방식

- **오름차순** : '1, 2, 3 …' 또는 '가, 나, 다 …'와 같이 작은 값에서 큰 값으로 올라가는 순서로 정렬함
- **내림차순** : 오름차순과 반대로 큰 값에서 작은 값으로 내려가는 순서로 정렬함
- **사용자 지정 목록** : 사용자가 직접 등록한 목록을 기준으로 정렬함

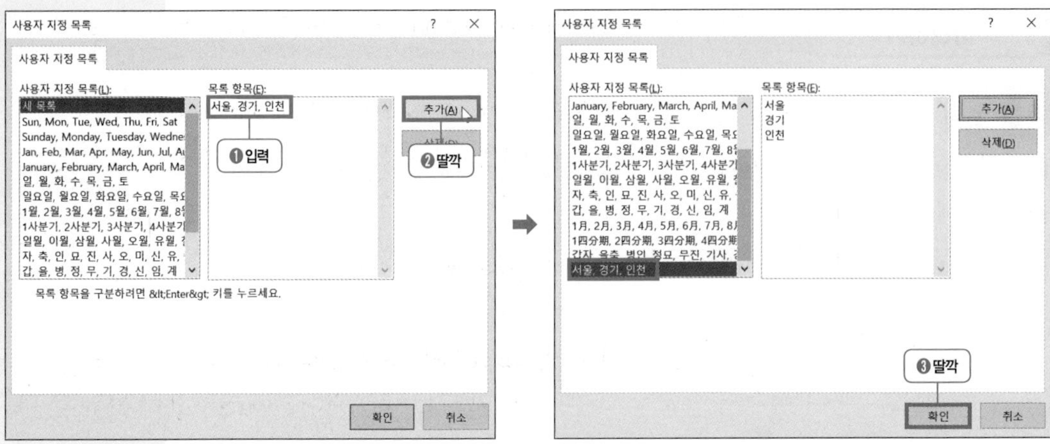

4. 정렬의 둘째 기준은 '판매량'의 셀 색 'RGB(255, 192, 0)'이 위에 표시되도록 지정해야 합니다. '정렬' 대화상자에서 '기준 추가'를 클릭하고 '다음 기준'에서 '판매량', '셀 색', 'RGB(255, 192, 0)'를 선택한 후 〈확인〉을 클릭하세요. 두 가지 정렬 기준에 맞게 데이터가 정렬되어 표시됩니다.

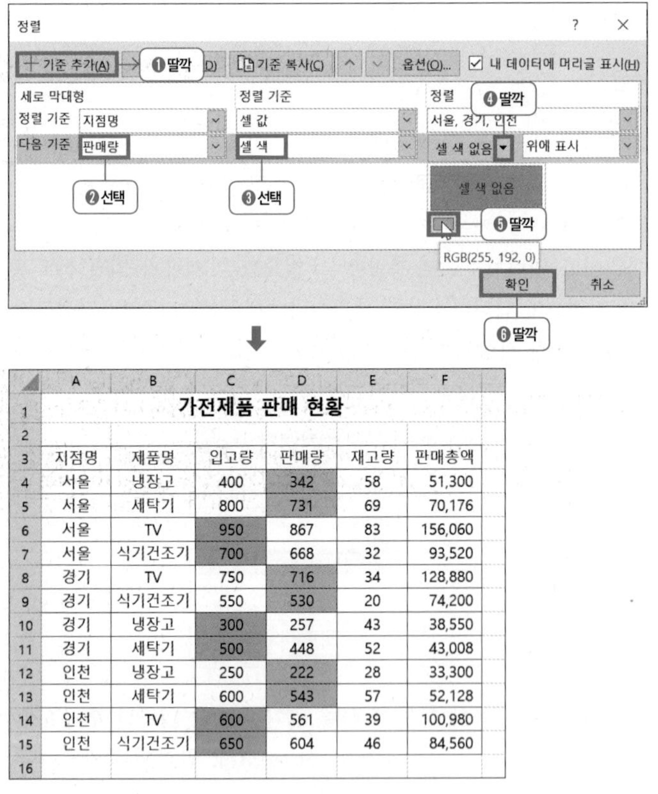

	A	B	C	D	E	F
1	가전제품 판매 현황					
2						
3	지점명	제품명	입고량	판매량	재고량	판매총액
4	서울	냉장고	400	342	58	51,300
5	서울	세탁기	800	731	69	70,176
6	서울	TV	950	867	83	156,060
7	서울	식기건조기	700	668	32	93,520
8	경기	TV	750	716	34	128,880
9	경기	식기건조기	550	530	20	74,200
10	경기	냉장고	300	257	43	38,550
11	경기	세탁기	500	448	52	43,008
12	인천	냉장고	250	222	28	33,300
13	인천	세탁기	600	543	57	52,128
14	인천	TV	600	561	39	100,980
15	인천	식기건조기	650	604	46	84,560
16						

4330951

기출 따라잡기 Section 09

문제 1 'C:\길벗컴활2급\01 섹션' 폴더의 '섹션09문제.xlsm' 파일을 열어서 작업하시오.

'기출01' 시트에서 다음의 지시사항대로 작업을 처리하시오.

[정렬] 기능을 이용하여 '1학기 성적표' 표에서 '학과'를 '건축 – 토목 – 환경 – 조경' 순으로 정렬하고, 동일한 학과인 경우 '총점'의 셀 색이 'RGB(248, 203, 173)'인 값이 위에 표시되도록 정렬하시오.

	A	B	C	D	E	F
1	1학기 성적표					
2						
3	학번	학과	이름	중간고사	기말고사	총점
4	3200543	건축	최미경	96	98	194
5	3200545	건축	유영선	76	82	158
6	3200541	토목	김원중	86	89	175
7	3200548	토목	황진주	86	81	167
8	3200550	토목	한현아	90	93	183
9	3200546	환경	강성현	79	83	162
10	3200542	환경	이예소	92	91	183
11	3200547	환경	조현우	91	92	183
12	3200544	조경	한성준	81	76	157
13	3200549	조경	김진수	68	65	133
14						

전문가의 조언

기본문제와 같은 문제입니다. 정렬 문제는 이와 유사한 형태로 계속 출제되고 있습니다. '사용자 지정 목록' 대화상자의 '목록 항목'에 내용 입력 시 오타가 나지 않도록 주의하세요.

기출문제 따라하기 Section 09

문제 1

24.상시, 24.공개, 23.상시, 22.상시, 21.상시, 21.공개, 18.1

1 정렬

1. '기출01' 시트에서 데이터 영역(A3:F13)의 임의의 셀을 선택한 후 [데이터] → 정렬 및 필터 → **정렬**을 클릭하세요.
2. '정렬' 대화상자에서 '정렬 기준'을 '학과'로 선택한 후 '정렬'에서 '사용자 지정 목록'을 선택하세요.

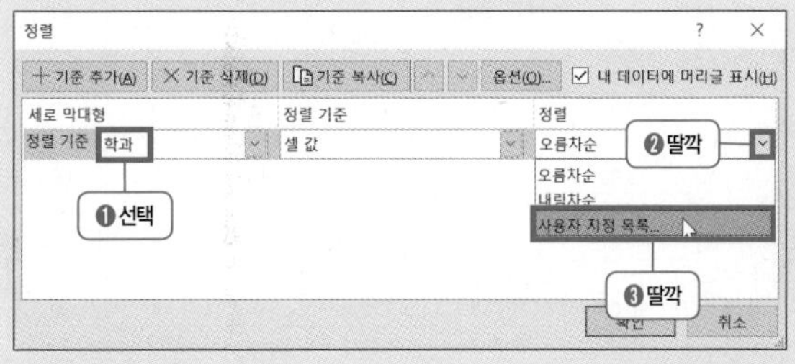

3. '사용자 지정 목록' 대화상자의 '목록 항목'에 **건축, 토목, 환경, 조경**을 입력한 후 〈추가〉와 〈확인〉을 차례대로 클릭하세요.

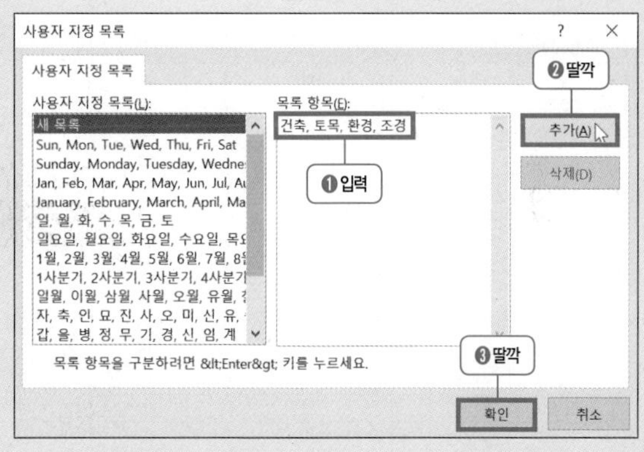

4. '정렬' 대화상자에서 '기준 추가'를 클릭하고 '다음 기준'에서 '총점', '셀 색', 'RGB(248, 203, 173)'를 선택한 후 〈확인〉을 클릭하세요.

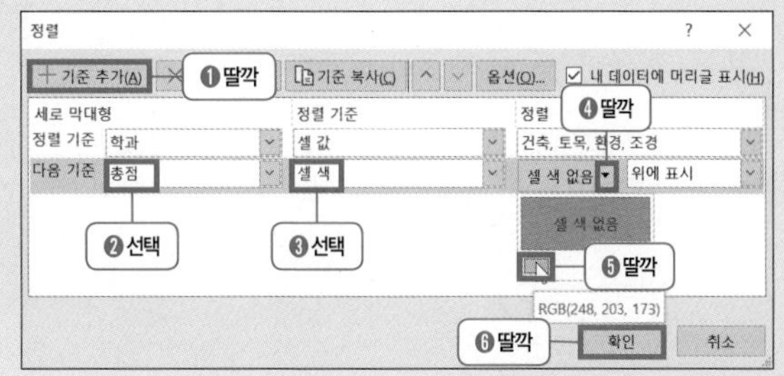

SECTION 10

부분합

부분합이란 입력된 데이터를 특정 필드를 기준으로 그룹화해서 각 그룹에 대한 통계를 계산하는 기능입니다. 부분합을 계산하기 전에 먼저 부분합을 구하려는 항목을 기준으로 데이터를 정렬하여 데이터 그룹을 만드는 일부터 해야 합니다.

기본문제 'C:\길벗컴활2급\01 섹션' 폴더의 '섹션10문제.xlsm' 파일을 열어서 작업하시오.

전문가의 조언

부분합은 자주 출제되는 부분입니다. 부분합을 계산하기 위해서는 반드시 정렬이 선행되어야 하므로 정렬 방법을 확실하게 익히고, 부분합을 수행하는 방법과 조건에 대해 이해해 두세요.

'무작정따라하기' 시트에서 다음의 지시사항대로 작업을 처리하시오.

[부분합] 기능을 이용하여 '한의원의 이용실태' 표에 〈그림〉과 같이 진료과목별 '인원', '연령대'의 평균을 계산한 후 거주지역별 '인원'의 최소를 계산하시오.

▶ 정렬의 첫째 기준은 '진료과목'의 오름차순, 둘째 기준은 '거주지역'의 내림차순으로 처리하시오.

▶ 인원의 평균 소수 자릿수는 소수 이하 2로 하시오.

▶ 평균과 최소는 위에 명시된 순서대로 처리하시오.

	A	B	C	D	E	F
1	한의원의 이용실태					
2						
3	진료시간대	진료과목	거주지역	성별	인원	연령대
4	10:00	내과	라인	남	3	60
5	10:00	침구과	라인	여	7	50
6	11:00	내과	금호	여	4	40
7	11:00	내과	현대	남	6	60
8	13:00	부인과	금호	여	8	60
9	14:00	부인과	현대	여	11	50
10	14:00	부인과	금호	여	7	60
11	14:00	침구과	금호	남	5	50
12	15:00	내과	현대	여	3	60
13	15:00	내과	라인	여	6	50
14	15:00	부인과	현대	여	3	60
15	16:00	내과	라인	여	9	40
16	16:00	침구과	라인	남	12	40
17	17:00	침구과	금호	여	7	40
18	18:00	내과	금호	남	6	60
19	18:00	부인과	현대	여	9	40
20	18:00	침구과	라인	여	10	60

➡

	A	B	C	D	E	F
1	한의원의 이용실태					
2						
3	진료시간대	진료과목	거주지역	성별	인원	연령대
4	11:00	내과	현대	남	6	60
5	15:00	내과	현대	여	3	60
6			**현대 최소**		3	
7	10:00	내과	라인	남	3	60
8	15:00	내과	라인	여	6	50
9	16:00	내과	라인	여	9	40
10			**라인 최소**		3	
11	11:00	내과	금호	여	4	40
12	18:00	내과	금호	남	6	60
13			**금호 최소**		4	
14		**내과 평균**			5.29	53
15	14:00	부인과	현대	여	11	50
16	15:00	부인과	현대	여	3	60
17	18:00	부인과	현대	여	9	40
18			**현대 최소**		3	
19	13:00	부인과	금호	여	8	60
20	14:00	부인과	금호	여	7	60
21			**금호 최소**		7	
22		**부인과 평균**			7.60	54
23	10:00	침구과	라인	여	7	50
24	16:00	침구과	라인	남	12	40
25	18:00	침구과	라인	여	10	60
26			**라인 최소**		7	
27	14:00	침구과	금호	남	5	50
28	17:00	침구과	금호	여	7	40
29			**금호 최소**		5	
30		**침구과 평균**			8.20	48
31			**전체 최소값**		3	
32		**전체 평균**			6.82	52

따라하기

1 부분합

24.상시, 24.공개, 23.상시, 22.상시, 21.상시, 21.공개, 20.상시, 19.상시, 18.상시, 18.2, 18.1, 17.1, 16.1, 15.상시, 14.3, 13.3, 13.상시, 12.2, 12.1, 11.3, 11.1, 09.4, …

1. 부분합을 수행하기 전에 먼저 '진료과목'을 기준으로 오름차순, '거주지역'을 기준으로 내림차순으로 정렬을 수행해야 합니다. 데이터 영역(A3:F20)의 임의의 셀을 선택한 후 [데이터] → 정렬 및 필터 → **정렬**을 클릭하세요.

데이터 영역 안에 셀 포인터를 놓고 정렬을 선택하면 전체 데이터가 정렬에 포함됩니다. 하지만 특정 영역, 예를 들어 합계가 있는 행이나 열을 제외할 경우에는 정렬할 부분을 반드시 블록으로 지정한 후 정렬을 수행해야 합니다.

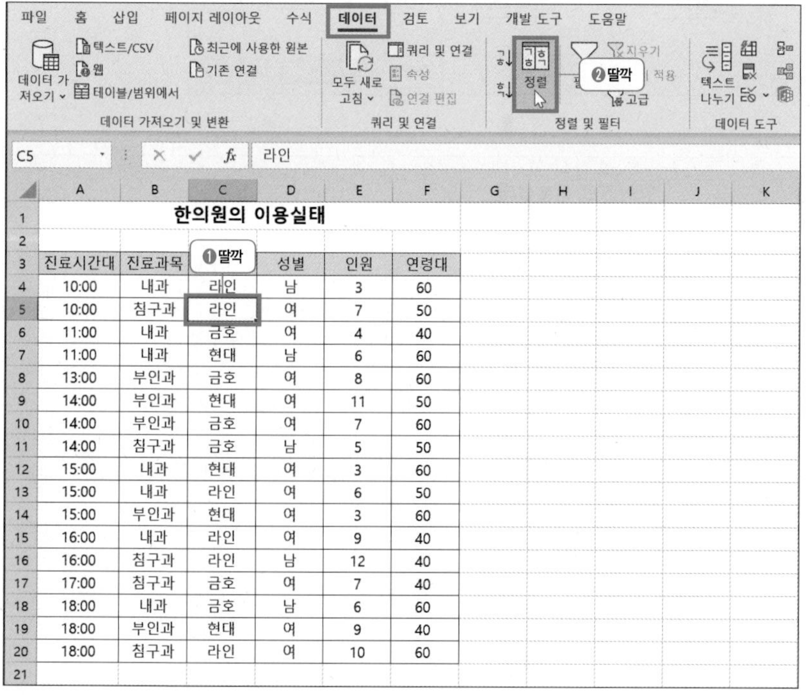

	A	B	C	D	E	F
1	한의원의 이용실태					
2						
3	진료시간대	진료과목		성별	인원	연령대
4	10:00	내과	라인	남	3	60
5	10:00	침구과	라인	여	7	50
6	11:00	내과	금호	여	4	40
7	11:00	내과	현대	남	6	60
8	13:00	부인과	금호	여	8	60
9	14:00	부인과	현대	여	11	50
10	14:00	부인과	금호	여	7	60
11	14:00	침구과	금호	남	5	50
12	15:00	내과	현대	여	3	60
13	15:00	내과	라인	여	6	50
14	15:00	부인과	현대	여	3	60
15	16:00	내과	라인	여	9	40
16	16:00	침구과	라인	남	12	40
17	17:00	침구과	금호	여	7	40
18	18:00	내과	금호	남	6	60
19	18:00	부인과	현대	여	9	40
20	18:00	침구과	라인	여	10	60
21						

2. 첫째 기준을 지정하기 위해 '정렬' 대화상자에서 '정렬 기준'을 그림과 같이 '진료과목', '셀 값', '오름차순'으로 지정하세요. 이어서 정렬 기준을 추가하기 위해 〈기준 추가〉를 클릭하세요.

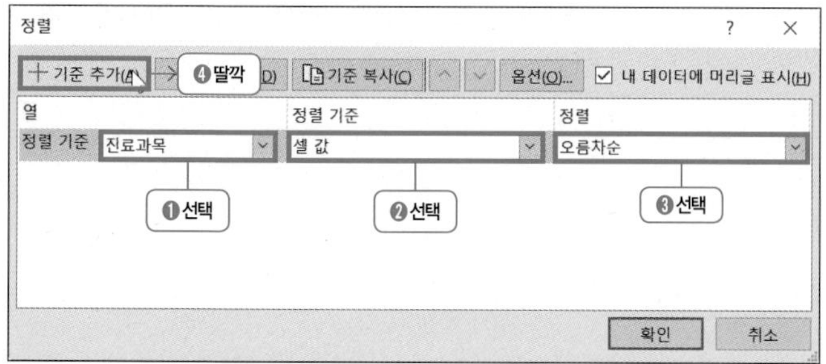

3. 둘째 기준을 지정하기 위해 '정렬' 대화상자의 '다음 기준'에서 그림과 같이 '거주지역', '셀 값', '내림차순'으로 지정한 후 〈확인〉을 클릭하세요.

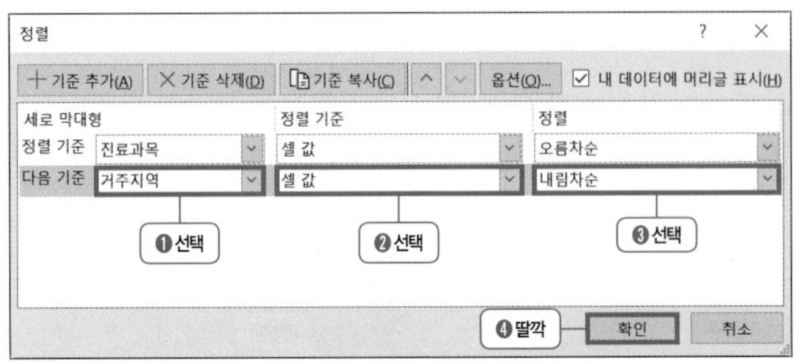

	A	B	C	D	E	F
1	한의원의 이용실태					
2						
3	진료시간대	진료과목	거주지역	성별	인원	연령대
4	11:00	내과	현대	남	6	60
5	15:00	내과	현대	여	3	60
6	10:00	내과	라인	남	3	60
7	15:00	내과	라인	여	6	50
8	16:00	내과	라인	여	9	40
9	11:00	내과	금호	여	4	40
10	18:00	내과	금호	남	6	60
11	14:00	부인과	현대	여	11	50
12	15:00	부인과	현대	여	3	60
13	18:00	부인과	현대	여	9	40
14	13:00	부인과	금호	여	8	60
15	14:00	부인과	금호	여	7	60
16	10:00	침구과	라인	여	7	50
17	16:00	침구과	라인	남	12	40
18	18:00	침구과	라인	여	10	60
19	14:00	침구과	금호	남	5	50
20	17:00	침구과	금호	여	7	40
21						

잠깐만요 정렬 기준에 따른 정렬 방식

정렬 기준이 한 가지인 경우에는 [데이터] → **정렬 및 필터**에서 '오름차순()'이나 '내림차순()' 단추를 이용하면 빠르고 간단하게 정렬할 수 있지만, 정렬 기준이 2가지 이상인 경우에는 반드시 [데이터] → 정렬 및 필터 → **정렬**을 이용하여 정렬해야 합니다.

4. 데이터 영역(A3:F20) 안에 셀 포인터가 놓여 있는 상태에서 [데이터] → 개요 → **부분합**을 클릭하세요.

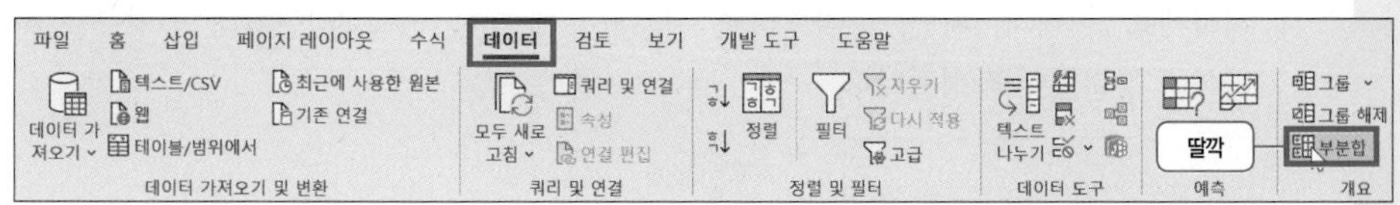

5. '부분합' 대화상자가 나타납니다. 첫 번째 부분합은 '진료과목'별 '인원'과 '연령대'의 평균을 계산하는 것이므로 '그룹화 할 항목'은 '진료과목'입니다. '진료과목'을 선택하세요.

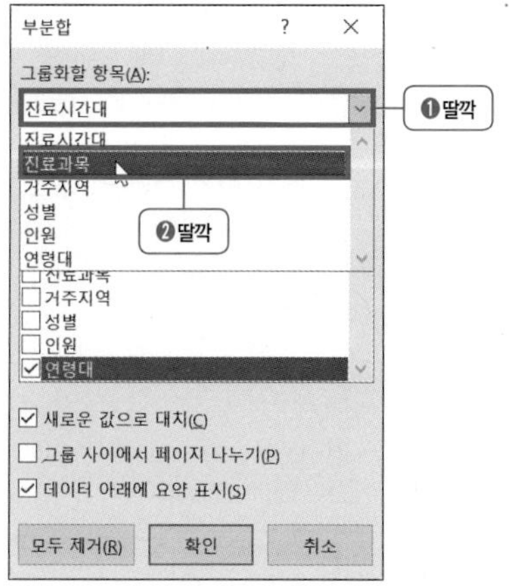

6. '사용할 함수'의 목록 단추(⌄)를 클릭하면 합계, 개수, 평균, 최대, 최소 등 부분합에서 사용 가능한 함수 목록이 나타납니다. 여기서는 문제의 지시사항대로 '평균'을 선택하세요.

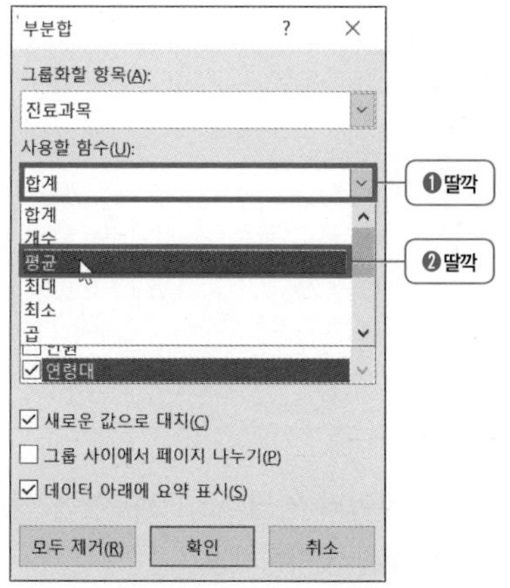

전문가의 조언

중첩 부분합

부분합이 계산된 상태에서 다시 부분합을 계산하여 추가하는 것을 중첩 부분합이라고 합니다. 중첩 부분합을 작성하려면 중첩할 부분합 그룹의 기준필드가 정렬(2차 정렬 기준)되어 있어야 합니다. 참 그리고 가장 중요한 것! 두 번째 부분합부터는 '부분합' 대화상자에서 반드시 '새로운 값으로 대치'를 해제해야 한다는 것! 잊으면 안 돼요.

정렬할 때 설정했던 정렬 기준, 즉 '진료과목'이 그룹화할 항목이 됩니다.

부분합에서 사용할 수 있는 함수 목록

합계, 개수, 평균, 최대, 최소, 곱, 숫자 개수, 표본 표준 편차, 표준 편차, 표본 분산, 분산

7. 함수가 적용될 항목을 선택할 차례입니다. 즉 무엇에 대한 평균을 구하는가? 여기서는 '인원'과 '연령대'의 평균을 계산하는 것이므로, '인원'과 '연령대'에 체크(☑)를 표시하세요. 이어서 〈확인〉을 클릭하면 '진료과목'에 대한 '인원'과 '연령대'의 평균을 계산하는 부분합이 작성됩니다.

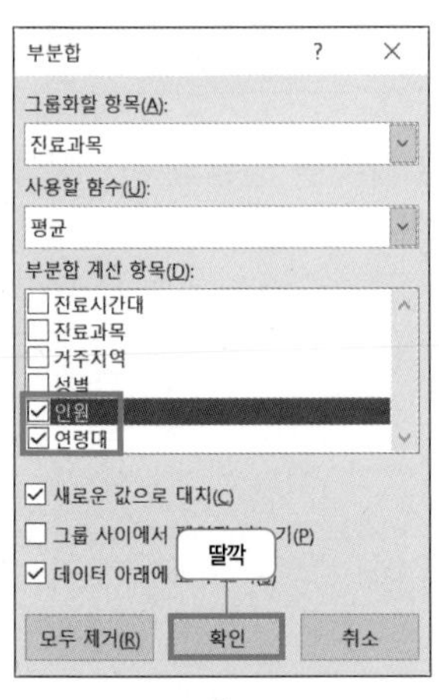

	A	B	C	D	E	F
1	한의원의 이용실태					
2						
3	진료시간대	진료과목	거주지역	성별	인원	연령대
4	11:00	내과	현대	남	6	60
5	15:00	내과	현대	여	3	60
6	10:00	내과	라인	남	3	60
7	15:00	내과	라인	여	6	50
8	16:00	내과	라인	여	9	40
9	11:00	내과	금호	여	4	40
10	18:00	내과	금호	남	6	60
11		**내과 평균**			5.285714	53
12	14:00	부인과	현대	여	11	50
13	15:00	부인과	현대	여	3	60
14	18:00	부인과	현대	여	9	40
15	13:00	부인과	금호	여	8	60
16	14:00	부인과	금호	여	7	60
17		**부인과 평균**			7.6	54
18	10:00	침구과	라인	여	7	50
19	16:00	침구과	라인	남	12	40
20	18:00	침구과	라인	여	10	60
21	14:00	침구과	금호	남	5	50
22	17:00	침구과	금호	여	7	40
23		**침구과 평균**			8.2	48
24		**전체 평균**			6.823529	52
25						

8. 이제 '거주지역'별 '인원'의 최소를 계산해야 합니다. 데이터 영역(A3:F24) 안에 셀 포인터가 놓여 있는 상태에서 [데이터] → 개요 → **부분합**을 클릭하세요.

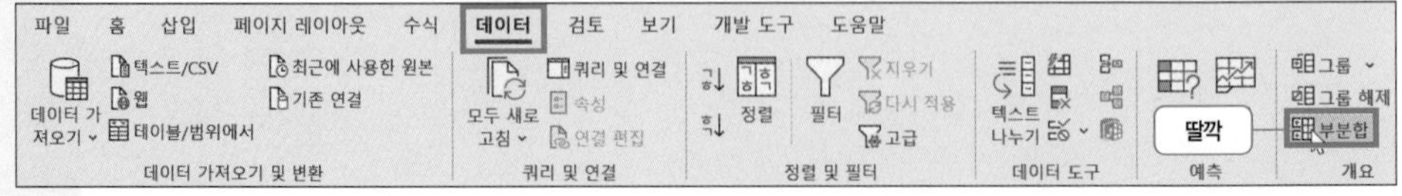

9. '부분합' 대화상자에서 그룹화할 항목, 사용할 함수, 부분합 계산 항목을 그림과 같이 지정하고, 가장 중요한 '새로운 값으로 대치'를 해제한 후 〈확인〉을 클릭하세요. 중첩된 부분합이 작성됩니다.

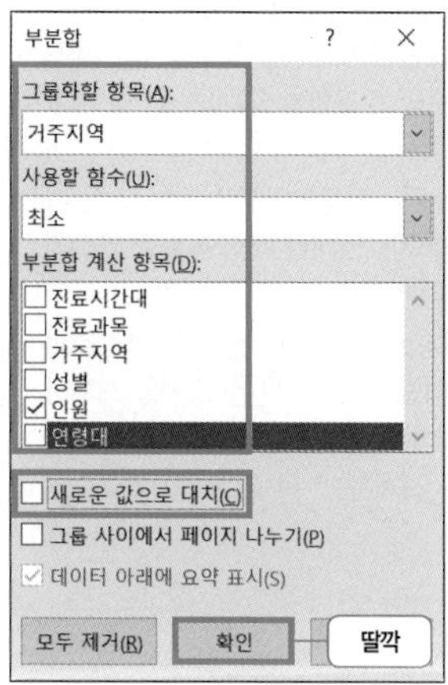

전문가의 조언

'새로운 값으로 대치'가 체크되어 있는 상태에서 〈확인〉을 클릭하면 이미 계산된 부분합을 지우고 새로운 부분합을 표시합니다.

10. 이제 평균을 소수 이하 2자리로 표시해야 합니다. 내과 평균이 표시된 [E14] 셀을 클릭하고 Ctrl을 누른 상태에서 [E22], [E30], [E32] 셀을 선택한 후 [홈] → 표시 형식 → **자릿수 줄임(.00→.0)**을 네 번 클릭하세요.

전문가의 조언

[E14], [E22], [E30], [E22] 셀들을 선택한 후 마우스 오른쪽 버튼을 클릭하여 나타나는 미니 도구 모음에서 '자릿수 줄임(.00→.0)'을 클릭해도 됩니다.

전문가의 조언

부분합 표시 순서

중첩 부분합을 수행하면 처음 작업한 부분합의 결과가 가장 아래에 표시되고 마지막에 작업한 부분합의 결과가 가장 위에 표시됩니다. 예를 들어, 합계와 평균을 표시하는 부분합을 수행했을 경우 평균이 위에, 합계가 아래에 표시됩니다.

잠깐만요 '부분합' 대화상자 / 개요 기호

'부분합' 대화상자

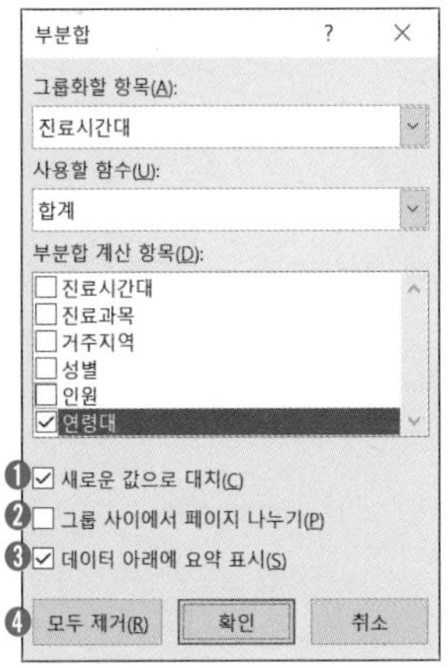

❶ **새로운 값으로 대치** : 이미 계산된 부분합이 있는 경우 기존의 부분합을 지우고 새로 계산된 부분합을 표시합니다. 체크(☑) 표시를 해제하면 기존의 부분합을 그대로 둔 채 새로 계산된 부분합을 추가합니다.

❷ **그룹 사이에서 페이지 나누기** : 부분합이 계산되는 그룹 사이에 페이지 구분선을 삽입하여, 인쇄할 때 그룹별로 별도의 페이지로 출력되도록 합니다.

❸ **데이터 아래에 요약 표시** : 그룹별로 계산된 부분합의 결과값이 해당 그룹 아래에 표시됩니다. 체크(☑) 표시를 해제하면 그룹의 위쪽에 부분합의 결과값이 표시됩니다.

❹ **모두 제거** : 부분합 결과를 삭제하고, 원래 데이터 목록으로 돌아갑니다.

개요 기호

개요 기호는 부분합 작업 후 개요가 설정된 워크시트의 모양을 바꿀 때 사용하는 기호로 [1], [2], [3], [4], [+], [-] 등이 있습니다.

- **개요 기호 [1] 선택** : 전체 결과(전체 평균, 전체 최소값)만 표시합니다.

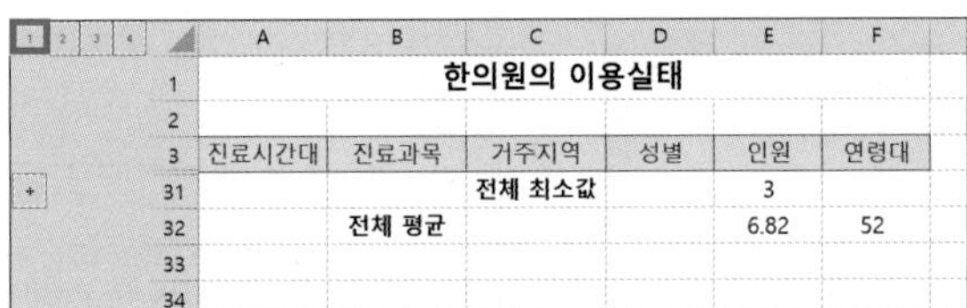

	A	B	C	D	E	F
1			한의원의 이용실태			
2						
3	진료시간대	진료과목	거주지역	성별	인원	연령대
31			전체 최소값		3	
32		전체 평균			6.82	52
33						
34						

- **개요 기호 [2], [3] 선택** : 전체 결과(전체 평균, 전체 최소값)와 그룹별 부분합(평균, 최소) 결과를 표시합니다.

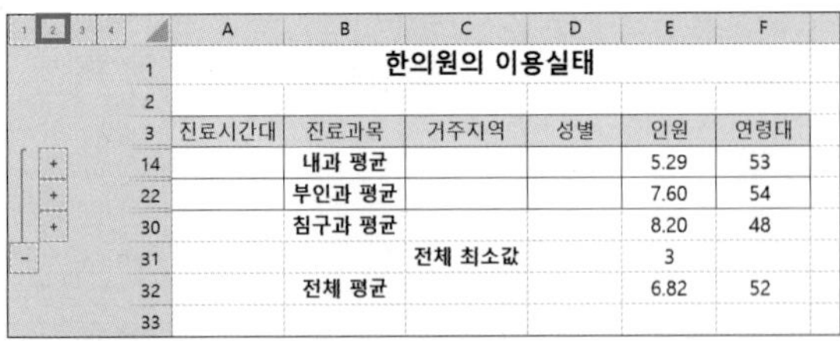

	A	B	C	D	E	F
1			한의원의 이용실태			
2						
3	진료시간대	진료과목	거주지역	성별	인원	연령대
14		내과 평균			5.29	53
22		부인과 평균			7.60	54
30		침구과 평균			8.20	48
31			전체 최소값		3	
32		전체 평균			6.82	52
33						

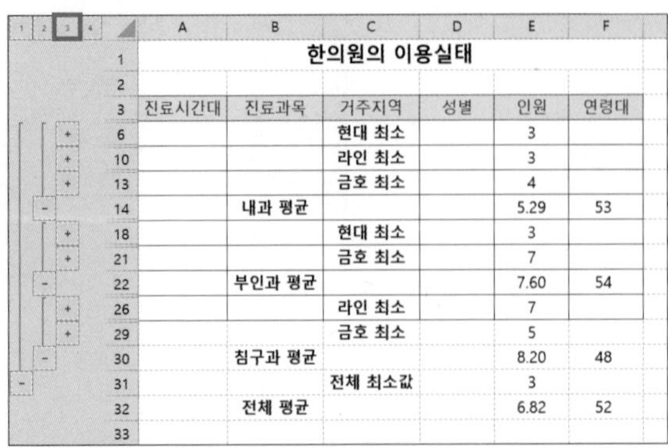

	A	B	C	D	E	F
1			한의원의 이용실태			
2						
3	진료시간대	진료과목	거주지역	성별	인원	연령대
6			현대 최소		3	
10			라인 최소		3	
13			금호 최소		4	
14		내과 평균			5.29	53
18			현대 최소		3	
21			금호 최소		7	
22		부인과 평균			7.60	54
26			라인 최소		7	
29			금호 최소		5	
30		침구과 평균			8.20	48
31			전체 최소값		3	
32		전체 평균			6.82	52
33						

• **개요 기호 [4] 선택** : 전체 결과(전체 평균, 전체 최소값)와 그룹별 부분합(평균, 최소값) 결과, 해당 데이터까지 모두 표시합니다.

	A	B	C	D	E	F
1	한의원의 이용실태					
2						
3	진료시간대	진료과목	거주지역	성별	인원	연령대
4	11:00	내과	현대	남	6	60
5	15:00	내과	현대	여	3	60
6			**현대 최소**		3	
7	10:00	내과	라인	남	3	60
8	15:00	내과	라인	여	6	50
9	16:00	내과	라인	여	9	40
10			**라인 최소**		3	
11	11:00	내과	금호	여	4	40
12	18:00	내과	금호	남	6	60
13			**금호 최소**		4	
14		**내과 평균**			5.29	53
15	14:00	부인과	현대	여	11	50
16	15:00	부인과	현대	여	3	60
17	18:00	부인과	현대	여	9	40
18			**현대 최소**		3	
19	13:00	부인과	금호	여	8	60
20	14:00	부인과	금호	여	7	60
21			**금호 최소**		7	
22		**부인과 평균**			7.60	54
23	10:00	침구과	라인	여	7	50
24	16:00	침구과	라인	남	12	40
25	18:00	침구과	라인	여	10	60
26			**라인 최소**		7	
27	14:00	침구과	금호	남	5	50
28	17:00	침구과	금호	여	7	40
29			**금호 최소**		5	
30		**침구과 평균**			8.20	48
31			**전체 최소값**		3	
32		**전체 평균**			6.82	52

• **개요 기호 [-] 선택** : 개요 기호가 [+]로 바뀌고, 하위 수준(그룹)의 데이터는 숨기며, 부분합 결과(평균, 최소)만 표시합니다.

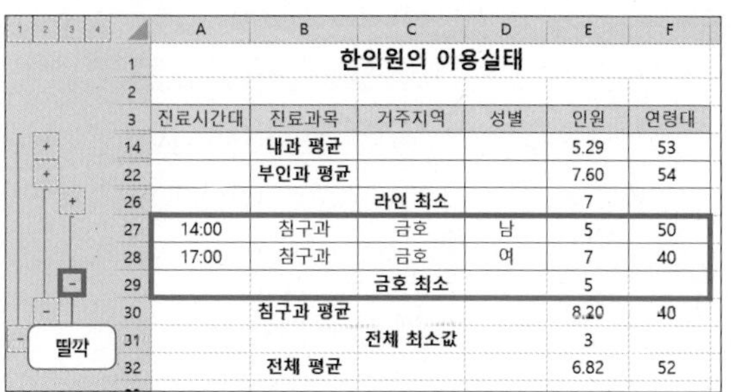

	A	B	C	D	E	F
1	한의원의 이용실태					
2						
3	진료시간대	진료과목	거주지역	성별	인원	연령대
14		**내과 평균**			5.29	53
22		**부인과 평균**			7.60	54
26			**라인 최소**		7	
27	14:00	침구과	금호	남	5	50
28	17:00	침구과	금호	여	7	40
29			**금호 최소**		5	
30		**침구과 평균**			8.20	40
31			**전체 최소값**		3	
32		**전체 평균**			6.82	52

	A	B	C	D	E	F
1	한의원의 이용실태					
2						
3	진료시간대	진료과목	거주지역	성별	인원	연령대
14		**내과 평균**			5.29	53
22		**부인과 평균**			7.60	54
26			**라인 최소**		7	
29			**금호 최소**		5	
30		**침구과 평균**			8.20	48
31			**전체 최소값**		3	
32		**전체 평균**			6.82	52

• **개요 기호 [+] 선택** : 개요 기호가 [-]로 바뀌고, 하위 수준(그룹)의 데이터와 부분합 결과를 표시합니다.

	A	B	C	D	E	F
1	한의원의 이용실태					
2						
3	진료시간대	진료과목	거주지역	성별	인원	연령대
14		**내과 평균**			5.29	53
22		**부인과 평균**			7.60	54
26			**라인 최소**		7	
29			**금호 최소**		5	
30		**침구과 평균**			8.20	48
31			**전체 최소값**		3	
32		**전체 평균**			6.82	52

딸깍

	A	B	C	D	E	F
1	한의원의 이용실태					
2						
3	진료시간대	진료과목	거주지역	성별	인원	연령대
14		**내과 평균**			5.29	53
22		**부인과 평균**			7.60	54
26			**라인 최소**		7	
27	14:00	침구과	금호	남	5	50
28	17:00	침구과	금호	여	7	40
29			**금호 최소**		5	
30		**침구과 평균**			8.20	48
31			**전체 최소값**		3	
32		**전체 평균**			6.82	52

4330901 

문제 1 'C:\길벗컴활2급\01 섹션' 폴더의 '섹션10문제.xlsm' 파일을 열어서 작업하시오.

'기출01' 시트에서 다음의 지시사항대로 작업을 처리하시오.

[부분합] 기능을 이용하여 '배달일지' 표에 〈그림〉과 같이 배달담당별 '배달량'과 '배달시간(분)'의 최대를 계산한 후 '배달량'의 합계를 계산하시오.

▶ 정렬은 '배달담당'을 기준으로 오름차순으로 처리하시오.

▶ 부분합에 '연한 파랑, 표 스타일 밝게 2' 서식을 적용하시오.

▶ 최대와 합계는 위에 명시된 순서대로 처리하시오.

	A	B	C	D	E	F
1			배달일지			
2						
3	일자	배달담당	배달지역	배달시간(분)	배달량	비고
4	1월 12일	도부영	산북지구	37	331	
5	1월 13일	도부영	산서지구	28	62	
6	1월 14일	도부영	산서지구	13	914	
7	1월 15일	도부영	산남지구	16	322	
8	1월 16일	도부영	산서지구	94	177	
9		도부영 요약			1,806	
10		도부영 최대		94	914	
11	1월 12일	배무현	산서지구	70	433	
12	1월 13일	배무현	산동지구	67	76	
13	1월 14일	배무현	산남지구	97	790	
14	1월 14일	배무현	산북지구	91	356	
15	1월 17일	배무현	산동지구	38	874	
16		배무현 요약			2,529	
17		배무현 최대		97	874	
18	1월 12일	장동욱	산동지구	11	362	
19	1월 12일	장동욱	산동지구	28	2	배달누락
20	1월 13일	장동욱	산남지구	83	471	
21	1월 13일	장동욱	산북지구	36	750	
22	1월 14일	장동욱	산서지구	5	336	
23	1월 16일	장동욱	산남지구	44	65	
24	1월 16일	장동욱	산북지구	51	908	
25		장동욱 요약			2,894	
26		장동욱 최대		83	908	
27		총합계			7,229	
28		전체 최대값		97	914	
29						

전문가의 조언

- 다중 함수를 이용한 중첩 부분합을 구하는 문제로, 2개 이상의 함수를 적용할 수 있습니다. 중첩 부분합을 추가할 때는 '부분합' 대화상자에서 그룹을 변경하지 않고 새로운 함수와 필요한 계산 항목을 추가하면 됩니다.
- '연한 파랑, 표 스타일 밝게 2' 서식은 [홈] → 스타일 → **표 서식**을 이용하여 지정하면 됩니다.

문제 2 'C:\길벗컴활2급\01 섹션' 폴더의 '섹션10문제.xlsm' 파일을 열어서 작업하시오.

'기출02' 시트에서 다음의 지시사항대로 작업을 처리하시오.

[부분합] 기능을 이용하여 '급여 분석 현황' 표에 〈그림〉과 같이 직위별 '급여계', '공제계', '실수령액'의 합계와 평균을 계산하시오.

▶ 정렬은 '직위'를 기준으로 내림차순으로 처리하시오.

▶ 합계와 평균은 위에 명시된 순서대로 처리하시오.

	A	B	C	D	E	F	G	H
1			**급여 분석 현황**					
2								
3	사원번호	성명	직위	기본급	상여금	급여계	공제계	실수령액
4	20016	마시리	사원	1,800,000	1,440,000	3,240,000	388,800	2,851,200
5	20023	백지경	사원	1,900,000	1,520,000	3,420,000	410,400	3,009,600
6	20027	유현인	사원	1,950,000	1,560,000	3,510,000	421,200	3,088,800
7	20038	피현정	사원	1,850,000	1,480,000	3,330,000	399,600	2,930,400
8			**사원 평균**			3,375,000	405,000	2,970,000
9			**사원 요약**			13,500,000	1,620,000	11,880,000
10	20022	오현명	부장	3,350,000	2,680,000	6,030,000	723,600	5,306,400
11	20031	이지형	부장	3,500,000	2,800,000	6,300,000	756,000	5,544,000
12			**부장 평균**			6,165,000	739,800	5,425,200
13			**부장 요약**			12,330,000	1,479,600	10,850,400
14	20024	정형수	대리	2,350,000	1,880,000	4,230,000	507,600	3,722,400
15	20036	나진의	대리	2,200,000	1,760,000	3,960,000	475,200	3,484,800
16	20037	진인진	대리	2,200,000	1,760,000	3,960,000	475,200	3,484,800
17			**대리 평균**			4,050,000	486,000	3,564,000
18			**대리 요약**			12,150,000	1,458,000	10,692,000
19	20011	차진수	과장	2,860,000	2,288,000	5,148,000	617,760	4,530,240
20	20017	하수진	과장	2,700,000	2,160,000	4,860,000	583,200	4,276,800
21			**과장 평균**			5,004,000	600,480	4,403,520
22			**과장 요약**			10,008,000	1,200,960	8,807,040
23			**전체 평균**			4,362,545	523,505	3,839,040
24			**총합계**			47,988,000	5,758,560	42,229,440
25								

기출문제 따라하기

Section 10

문제 1

24.상시, 23.상시, 22.상시, 21.상시, 20.상시, 19.상시, 18.1, 17.1, 16.1, 14.3, 13.3, 13.상시, 09.4, …

1 부분합

1. '기출 01' 시트에서 데이터 영역(A3:F20)의 임의의 셀을 클릭한 후 [데이터] → 정렬 및 필터 → **정렬**을 클릭하세요.
2. '정렬' 대화상자에서 '정렬 기준'을 그림과 같이 '배달담당', '셀 값', '오름차순'으로 지정한 후 〈확인〉을 클릭하세요.

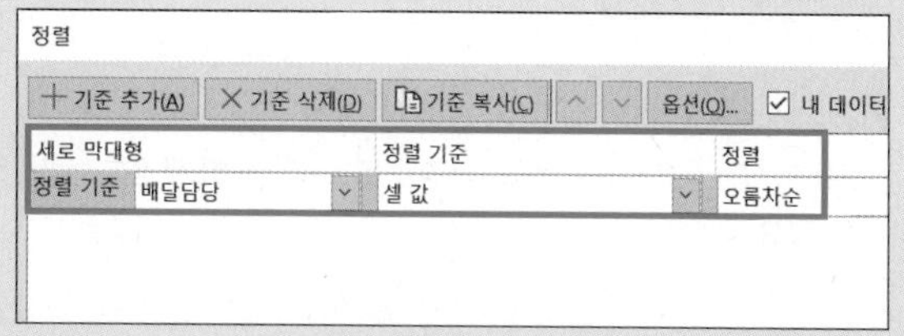

3. '배달담당'별 '배달량'과 '배달시간(분)'의 최대를 계산하기 위해 [데이터] → 개요 → **부분합**을 클릭하세요.

4. '부분합' 대화상자에서 그룹화할 항목, 사용할 함수, 부분합 계산 항목을 그림과 같이 지정한 후 〈확인〉을 클릭하세요.

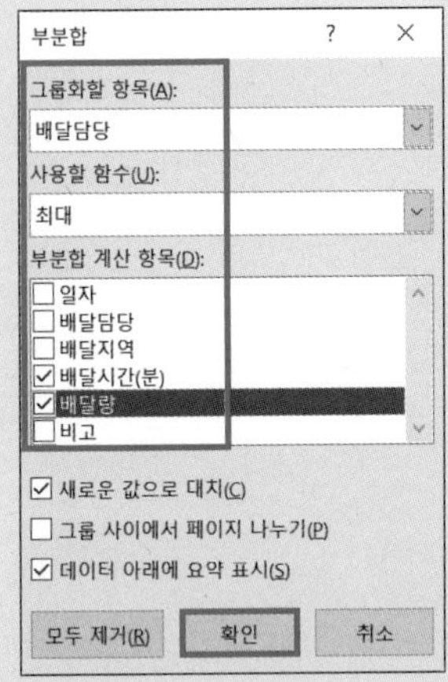

5. '배달담당'별 '배달량'의 합계를 계산하기 위해 [데이터] → 개요 → **부분합**을 클릭하세요.

6. '부분합' 대화상자에서 그룹화할 항목, 사용할 함수, 부분합 계산 항목을 그림과 같이 지정하고, '새로운 값으로 대치'를 해제한 후 〈확인〉을 클릭하세요.

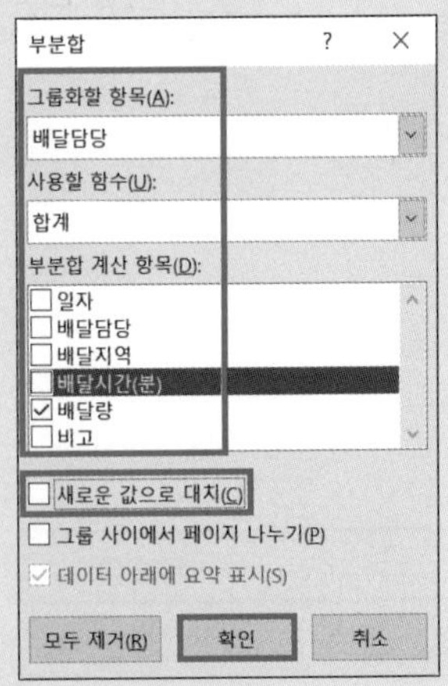

7. 부분합에 표 스타일을 지정하기 위해 [홈] → 스타일 → 표 서식 → 밝게 → **연한 파랑, 표 스타일 밝게 2**를 선택하세요.

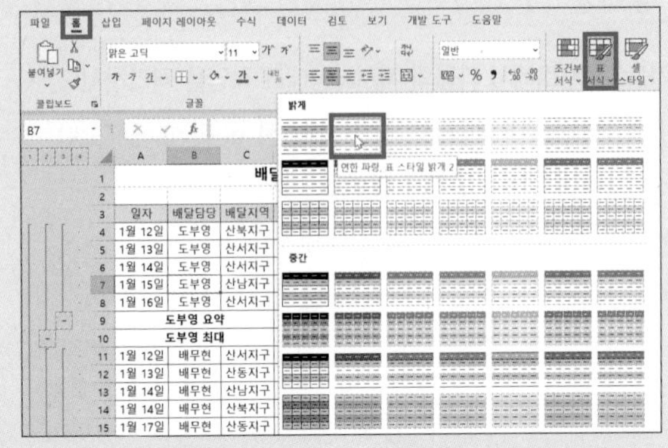

8. '표 서식' 대화상자에서 표에 사용할 데이터를 [A3:F28] 영역으로 지정하고 '머리글 포함'을 체크 표시한 후 〈확인〉을 클릭하세요.

※ '표 서식' 대화상자에서 데이터 범위를 지정하면 '표 서식' 대화상자가 '표 만들기'로 변경됩니다.

문제 2

24.상시, 23.상시, 22.상시, 21.상시, 20.상시, 19.상시, 18.상시, 15.상시, 12.1, 11.3, 11.1, 09.3, 09.2, …

1 부분합

1. '기출 02' 시트에서 데이터 영역(A3:H14)의 임의의 셀을 클릭한 후 [데이터] → 정렬 및 필터 → **정렬**을 클릭하세요.
2. '정렬' 대화상자에서 '정렬 기준'을 그림과 같이 '직위', '셀 값', '내림차순'으로 지정한 후 〈확인〉을 클릭하세요.

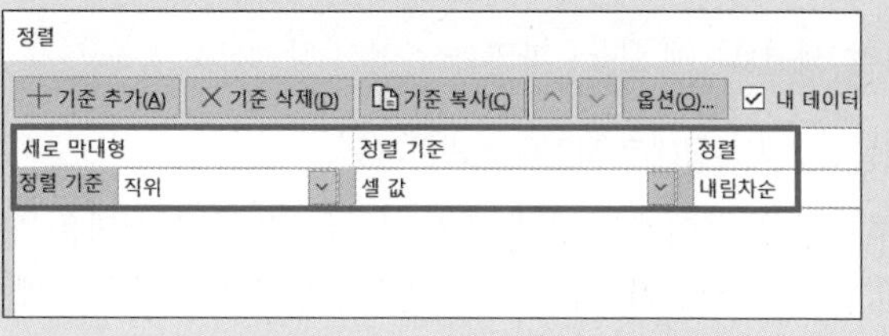

3. '직위'별 '급여계', '공제계', '실수령액'의 합계를 계산하기 위해 [데이터] → 개요 → **부분합**을 클릭하세요.
4. '부분합' 대화상자에서 그룹화할 항목, 사용할 함수, 부분합 계산 항목을 그림과 같이 지정한 후 〈확인〉을 클릭하세요.

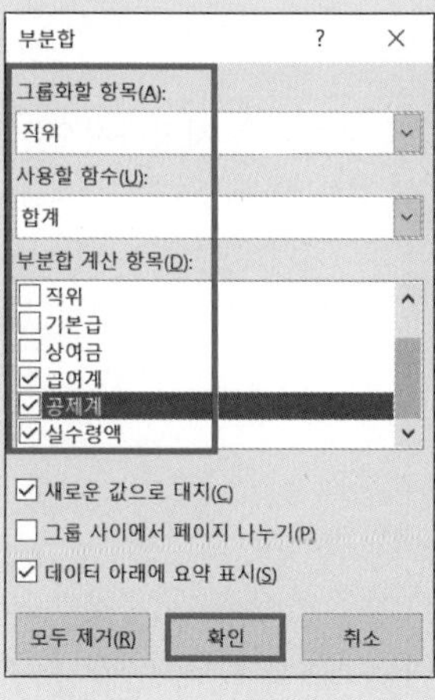

5. '직위'별 '급여계', '공제계', '실수령액'의 평균을 계산하기 위해 [데이터] → 개요 → **부분합**을 클릭하세요.
6. '부분합' 대화상자에서 그룹화할 항목, 사용할 함수, 부분합 계산 항목을 그림과 같이 지정하고, '새로운 값으로 대치'를 해제한 후 〈확인〉을 클릭하세요.

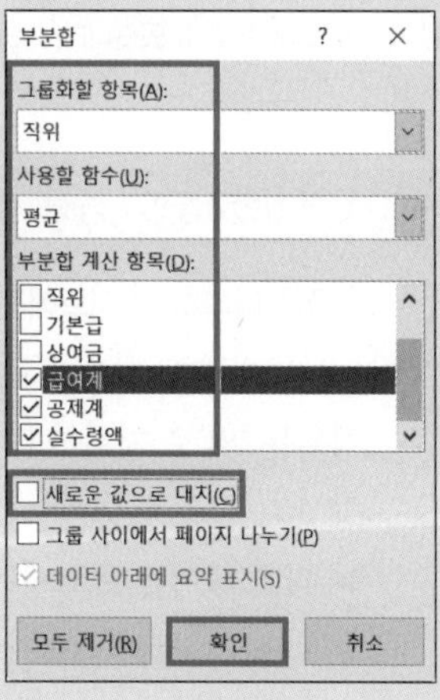

SECTION 11

피벗 테이블

4331000

피벗(Pivot)이란 '요점, 중심축, 주축을 중심으로 회전하다'를 뜻하며, 작성된 데이터 목록의 필드를 재구성하여 전체 데이터에 대한 통계를 한 눈에 파악할 수 있도록 정리된 표로 만드는 기능입니다. 피벗 테이블은 부분합, 자동 필터 등 엑셀에서 수행할 수 있는 다양한 기능을 실행할 수 있으므로 사용자의 요구에 맞는 통계 자료를 쉽게 만들 수 있습니다.

기본문제 'C:\길벗컴활2급\01 섹션' 폴더의 '섹션11문제.xlsm' 파일을 열어서 작업하시오.

전문가의 조언

피벗 테이블은 자주 출제되는 내용으로, 피벗 테이블을 구성하는 필터, 행, 열, 값 등의 구성 요소 지정 방법을 정확히 알고 있어야 합니다. 또한 사용할 함수의 변경이나 피벗 테이블 옵션 및 피벗 스타일 지정에 대한 내용도 정확히 숙지해야 합니다.

'무작정따라하기' 시트에서 다음의 지시사항대로 작업을 처리하시오.

[피벗 테이블] 기능을 이용하여 '2월 급여계산 내역' 표의 이름은 '필터', 부서명은 '행', 직위는 '열'로 처리하고, '값'에 상여급의 최대값과 실수령액의 평균을 순서대로 계산하시오.

▶ 피벗 테이블 보고서는 동일 시트의 [A18] 셀에서 시작하시오.

▶ 피벗 테이블 보고서는 행 및 열의 총합계를 해제하시오.

▶ 값 영역의 표시 형식은 '값 필드 설정'의 '셀 서식' 대화상자에서 '숫자' 범주와 '1000 단위 구분 기호 사용'을 이용하여 지정하시오.

▶ 피벗 테이블 보고서의 빈 셀은 "#" 기호로 표시하시오.

▶ 완성된 피벗 테이블 보고서에는 '연한 파랑, 피벗 스타일 보통 6'을 지정하시오.

	A	B	C	D	E	F	G
1	2월 급여계산 내역						
2							
3	이름	부서명	직위	기본급	상여급	세금	실수령액
4	김가네	경리부	과장	2,800	1,680	582	3,898
5	남이사	인사부	과장	2,750	1,650	572	3,828
6	이영감	영업부	과장	2,550	1,530	530	3,550
7	최참봉	경리부	대리	2,480	1,488	516	3,452
8	박달재	인사부	대리	2,400	1,440	499	3,341
9	서섭이	기획부	대리	2,350	1,410	489	3,271
10	장사진	경리부	사원	2,200	1,320	458	3,062
11	탁자용	기획부	사원	2,050	1,230	426	2,854
12	조갑이	영업부	사원	1,980	1,188	412	2,756
13	강두길	인사부	사원	1,890	1,134	393	2,631
14							

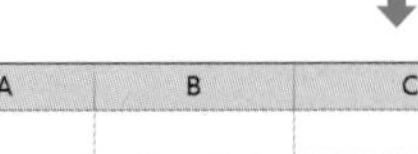

	A	B	C	D	E	F	G
15							
16	이름	(모두)					
17							
18		열 레이블					
19		과장		대리		사원	
20	행 레이블	최대 : 상여급	평균 : 실수령액	최대 : 상여급	평균 : 실수령액	최대 : 상여급	평균 : 실수령액
21	경리부	1,680	3,898	1,488	3,452	1,320	3,062
22	기획부	#	#	1,410	3,271	1,230	2,854
23	영업부	1,530	3,550	#	#	1,188	2,756
24	인사부	1,650	3,828	1,440	3,341	1,134	2,631
25							

따라하기

24.상시, 23.상시, 22.상시, 21.상시, 20.상시, 19.상시, 17.상시, 16.2, 15.3, 14.3, 14.2, 13.상시, 12.1, 11.2, 10.3, 10.2, 09.1, 08.4, 08.3, 07.2, 06.3, …

1 피벗 테이블

1. 데이터 영역(A3:G13)에서 임의의 셀을 선택한 후 [삽입] → 표 → (**피벗 테이블**)을 클릭하세요.

파일 홈 **삽입** 페이지 레이아웃 수식 데이터 검토 보기 개발 도구 도움말

피벗 테이블 (❷딸깍) · 추천 피벗 테이블 · 표 · 일러스트레이션 · 추가 기능 가져오기 · 내 추가 기능 · 추천 차트 · 지도 · 피벗 차트 · 3D 맵 · 꺾은선형 · 차트 · 투어 · 스파크

D5 | 2750

	A	B	C	D	E	F	G
1			2월 급여계산 내역				
2							
3	이름	부서명	직위	기본급	상여급	세금	실수령액
4	김가네	경리부	과장	2,800	1,680	582	3,898
5	남이사	인사부	과장	2,750 (❶딸깍)		572	3,828
6	이영감	영업부	과장	2,550	1,530	530	3,550
7	최참봉	경리부	대리	2,480	1,488	516	3,452
8	박달재	인사부	대리	2,400	1,440	499	3,341
9	서섭이	기획부	대리	2,350	1,410	489	3,271
10	장사진	경리부	사원	2,200	1,320	458	3,062
11	탁자용	기획부	사원	2,050	1,230	426	2,854
12	조갑이	영업부	사원	1,980	1,188	412	2,756
13	강두길	인사부	사원	1,890	1,134	393	2,631
14							

2. '피벗 테이블 만들기' 대화상자에서는 분석할 데이터의 범위와 피벗 테이블을 넣을 위치를 지정합니다. 데이터 범위는 데이터 영역 안에 커서가 놓인 상태에서 피벗 테이블 메뉴를 선택했기 때문에 자동으로 지정되어 있으므로 피벗 테이블을 넣을 위치만 지정하면 됩니다. '기존 워크시트'를 선택하고 [A18] 셀을 클릭한 후 〈확인〉을 클릭하세요.

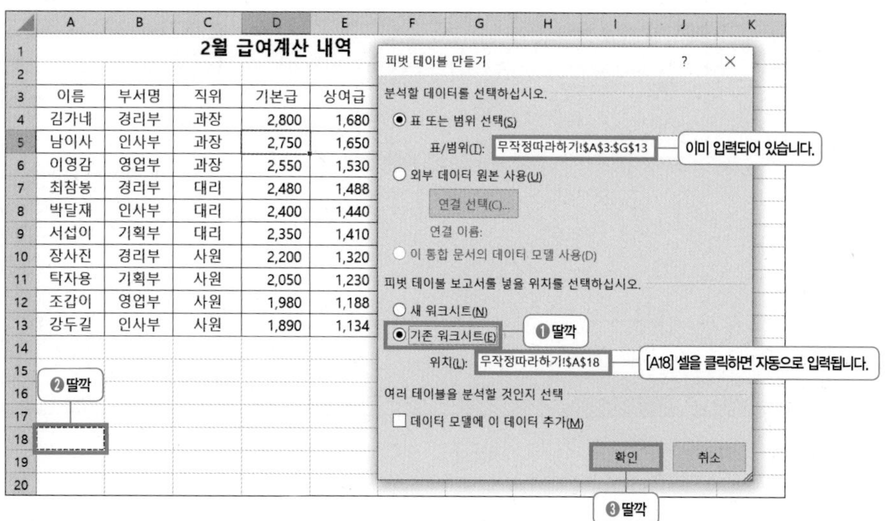

데이터 영역 안에 셀 포인터를 놓고 '피벗 테이블'을 클릭하면 전체 데이터가 피벗 테이블의 범위로 지정되기 때문에 합계나 평균이 있는 행이나 열을 제외하고 피벗 테이블을 작성해야 할 경우에는 사용할 영역만을 블록으로 지정한 후 (피벗 테이블)'을 클릭해야 합니다.

전문가의 조언

- '피벗 테이블 만들기' 대화상자의 각 옵션에 대한 자세한 설명은 150쪽을 참고하세요.
- 자동으로 지정되어 있는 '표/범위'가 잘못되어 있다면 범위 지정 단추(↑)를 클릭한 후 올바르게 다시 지정하면 됩니다.
- 피벗 테이블의 위치는 '새 워크시트'와 '기존 워크시트'의 2가지입니다. 새 워크시트를 선택하면 현재 작업중인 통합 문서 내의 새로운 워크시트에 작성되며, 기존 워크시트를 선택하면 현재 작업중인 워크시트에 표시됩니다.

궁금해요 시나공 Q&A 베스트

Q '표 또는 범위의 피벗 테이블' 대화상자가 나타나요!

A 단순히 엑셀 2021의 버전 차이입니다. '표 또는 범위의 피벗 테이블' 대화상자에서 '기존 워크시트'를 선택하고 [A18] 셀을 클릭한 후 〈확인〉을 클릭하면 됩니다.

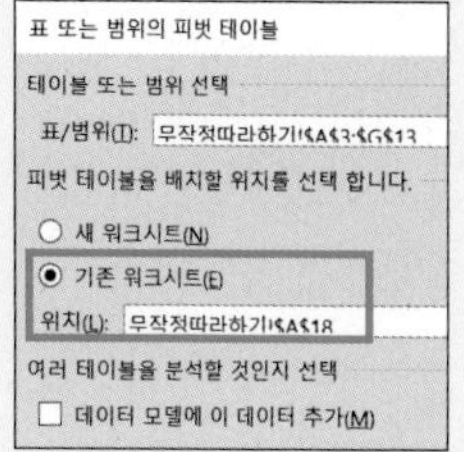

[피벗 테이블 분석]과 [디자인] 메뉴와 '피벗 테이블 필드' 창은 피벗 테이블을 선택했을 때만 표시됩니다. 주요 요소에 대한 설명은 151쪽을 참고하세요.

3. 지정된 위치에 빈 피벗 테이블이 만들어지고 메뉴에는 '피벗 테이블 분석'과 '디자인'이 추가되며, 화면 오른쪽에 '피벗 테이블 필드' 창이 표시됩니다.

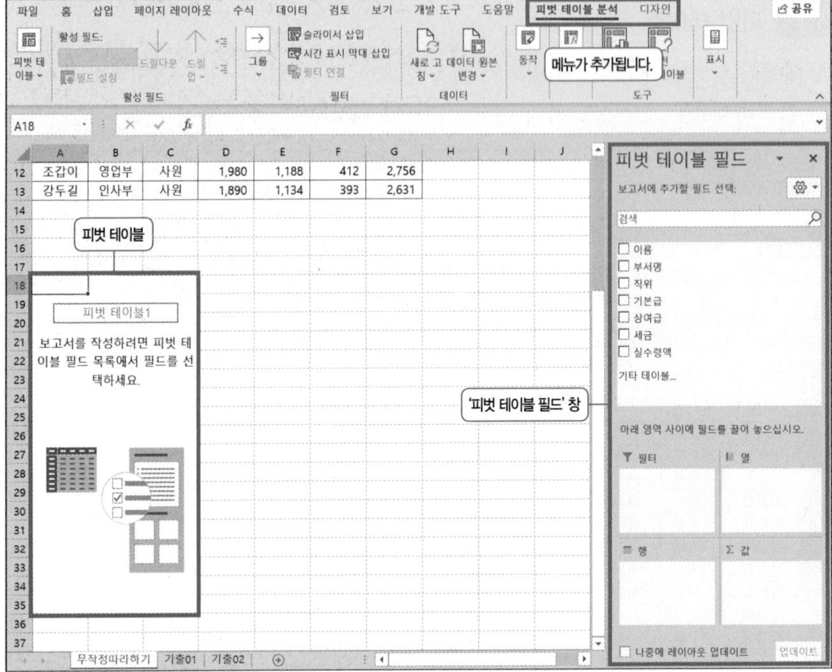

'피벗 테이블 필드' 창에서 추가할 필드를 피벗 테이블의 해당 영역으로 드래그 하여 추가할 때마다 왼쪽의 피벗 테이블에 데이터가 반영됩니다.

4. '피벗 테이블 필드' 창에서 '필터' 영역에 '이름', '행' 영역에 '부서명', '열' 영역에 '직위', '값' 영역에 '상여급'과 '실수령액'을 끌어다 놓으세요.

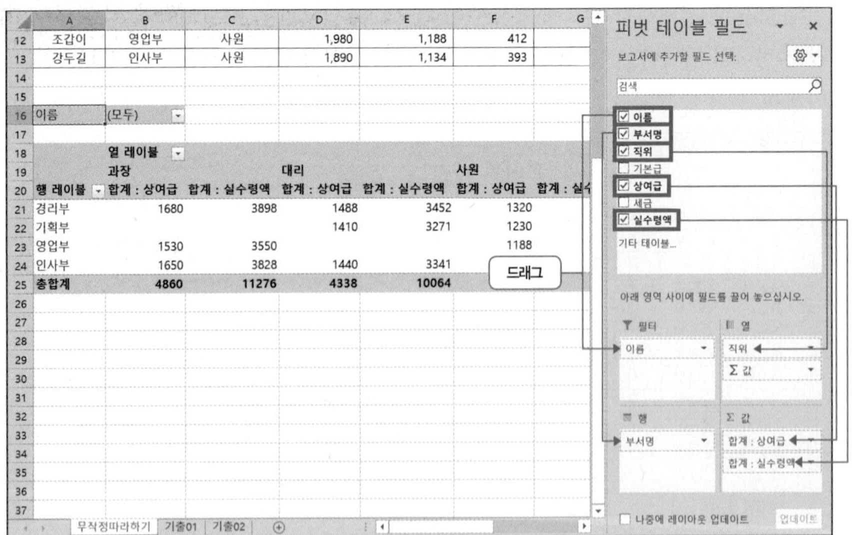

5. '값' 영역에 놓인 필드는 기본적으로 합계가 계산되는데 이것을 최대값과 평균으로 변경해야 합니다. 피벗 테이블에서 '합계 : 상여금(B20)'을 마우스 오른쪽 버튼으로 클릭한 후 바로 가기 메뉴에서 [값 요약 기준] → **최대값**을 선택하여 '합계 : 상여금'을 '최대 : 상여금'으로 변경하세요.

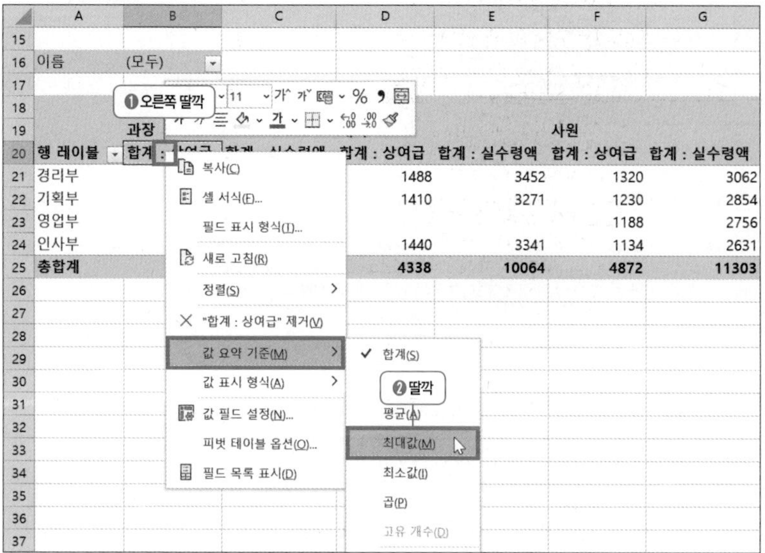

6. 동일한 방법으로 피벗 테이블에서 '합계 : 실수령액(C20)'을 마우스 오른쪽 버튼으로 클릭한 후 바로 가기 메뉴에서 [값 요약 기준] → **평균**을 선택하여 '합계 : 실수령액'을 '평균 : 실수령액'으로 변경하세요.

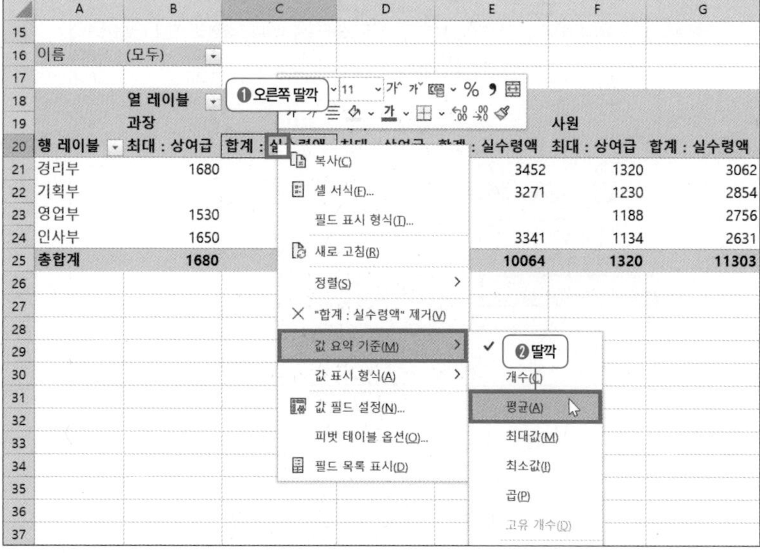

전문가의 조언

- 함수는 해당 값의 바로 가기 메뉴에서 '값 필드 설정'을 선택한 다음 '값 필드 설정' 대화상자에서도 변경할 수 있습니다.
- 피벗 테이블에 표시할 수 있는 함수의 종류에는 합계, 개수, 평균, 최대값, 최소값, 곱이 있습니다. 기타 옵션을 선택한 다음 '값 필드 설정' 대화상자에서 좀 더 다양하게 통계 데이터를 표시할 수 있습니다.

피벗 테이블의 바로 가기 메뉴에서 [피벗 테이블 옵션]을 선택하여 나타나는 '피벗 테이블 옵션' 대화상자의 '요약 및 필터' 탭에서 '행 총합계 표시'와 '열 총합계 표시'의 체크를 해제해도 됩니다.

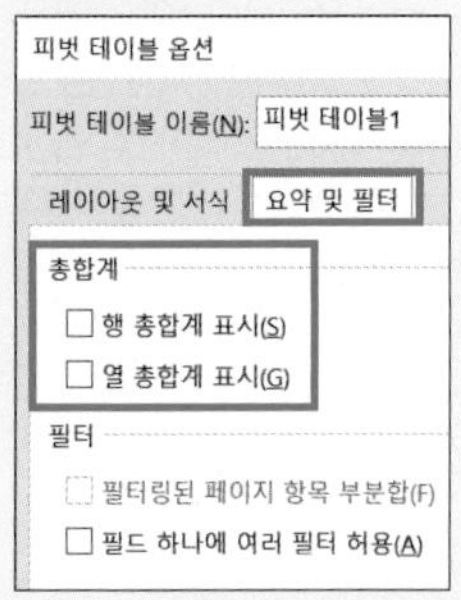

7. 피벗 테이블에 자동으로 표시되는 행과 열의 총합계를 제거할 차례입니다. 현재 셀 포인터가 [C20] 셀, 즉 피벗 테이블 안에 놓여 있는 상태에서 [디자인] → 레이아웃 → 총합계 → **행 및 열의 총합계 해제**를 선택하세요.

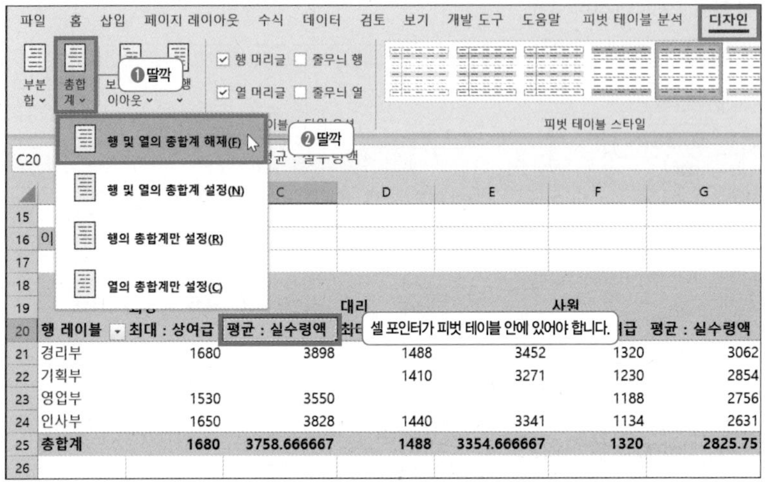

[B20] 셀을 선택한 후 [피벗 테이블 분석] → 활성 필드 → **필드 설정**을 클릭해도 됩니다.

8. 상여급의 최대값과 실수령액의 평균에 1000 단위 구분 기호를 지정해야 합니다. 피벗 테이블에서 '최대 : 상여급(B20)'을 마우스 오른쪽 버튼으로 클릭한 후 바로 가기 메뉴에서 **[값 필드 설정]**을 선택하세요.

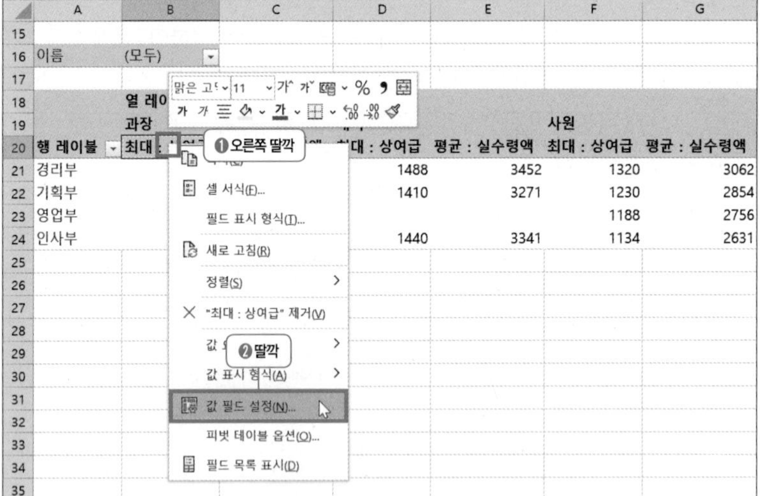

9. '값 필드 설정' 대화상자에서 〈표시 형식〉을 클릭합니다.

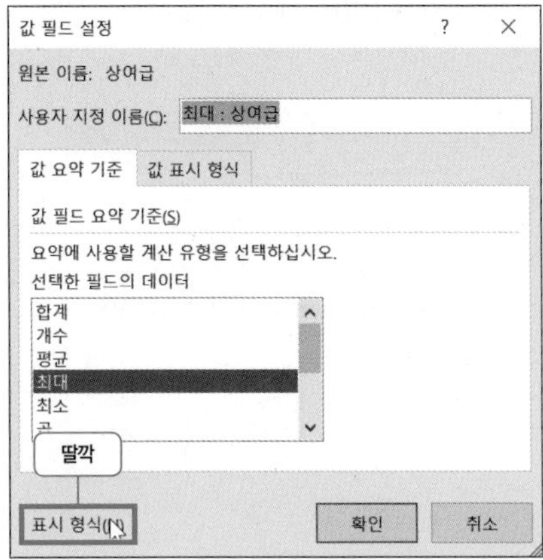

10. '셀 서식' 대화상자의 '표시 형식' 탭에서 범주의 '숫자'를 선택하고 '1000 단위 구분 기호(,) 사용'을 체크 표시한 후 〈확인〉을 클릭하세요.

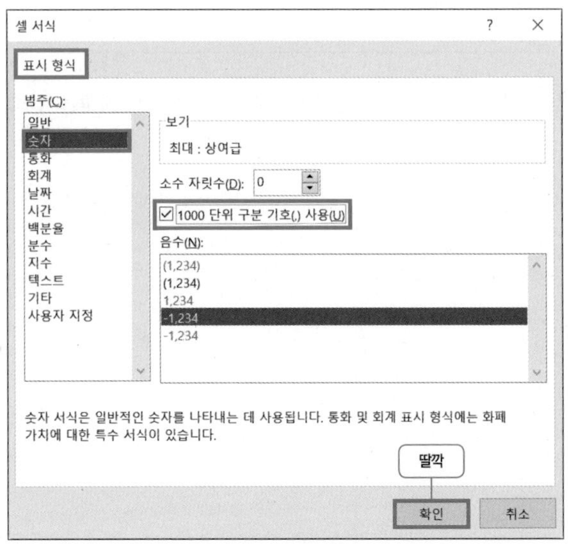

11. '값 필드 설정' 대화상자에서도 〈확인〉을 클릭하세요.

12. 동일한 방법으로 '평균 : 실수령액(C20)'의 **[값 필드 설정]**을 이용하여 실수령액 평균 영역에 '1000 단위 구분 기호(,) 사용'을 지정하세요.

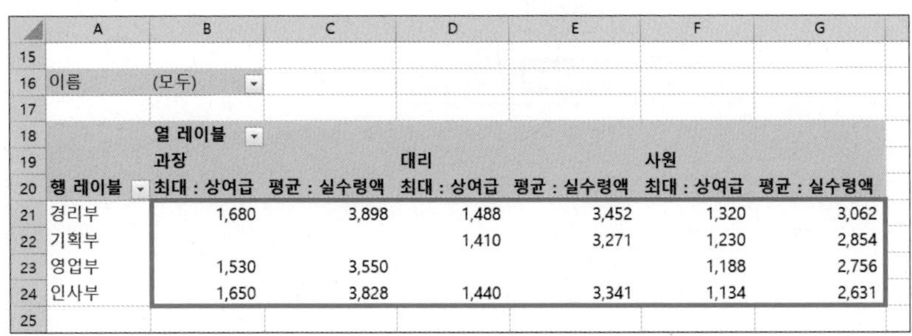

	A	B	C	D	E	F	G
15							
16	이름	(모두)					
17							
18		열 레이블					
19		과장		대리		사원	
20	행 레이블	최대 : 상여금	평균 : 실수령액	최대 : 상여금	평균 : 실수령액	최대 : 상여금	평균 : 실수령액
21	경리부	1,680	3,898	1,488	3,452	1,320	3,062
22	기획부			1,410	3,271	1,230	2,854
23	영업부	1,530	3,550			1,188	2,756
24	인사부	1,650	3,828	1,440	3,341	1,134	2,631
25							

[피벗 테이블 분석] → 피벗 테이블 → 옵션을 클릭해도 됩니다.

13. 피벗 테이블의 빈 셀에 '#' 기호를 표시해야 합니다. 피벗 테이블의 임의의 셀을 마우스 오른쪽 버튼으로 클릭한 후 바로 가기 메뉴에서 **[피벗 테이블 옵션]**을 선택하세요.

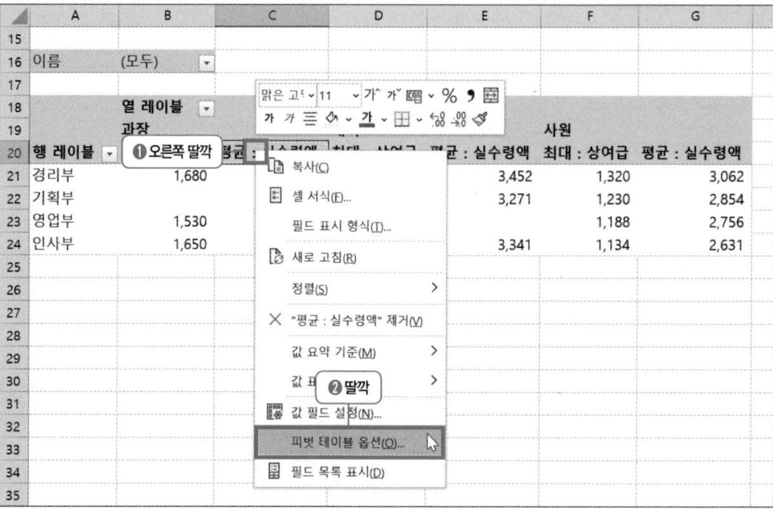

14. '피벗 테이블 옵션' 대화상자의 '레이아웃 및 서식' 탭에서 '빈 셀 표시'에 **#**을 입력한 후 〈확인〉을 클릭하세요.

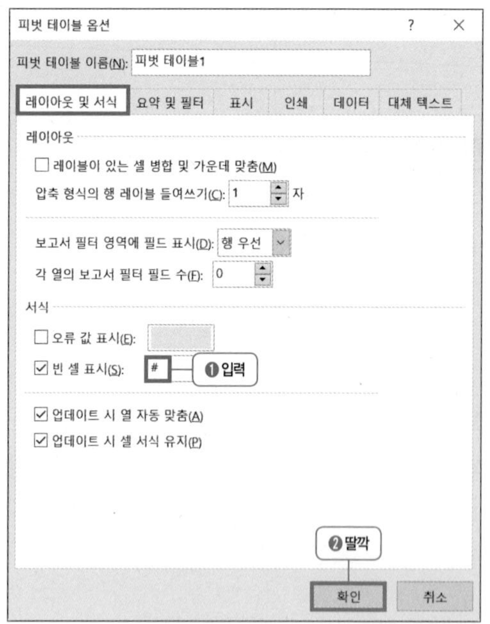

15. 마지막으로 피벗 테이블에 '연한 파랑, 피벗 스타일 보통 6'을 지정해야 합니다. 피벗 테이블 안에 셀 포인터가 놓여 있는 상태에서 [디자인] → 피벗 테이블 스타일의 ▽(자세히) → 중간 → **연한 파랑, 피벗 스타일 보통 6**을 선택하세요.

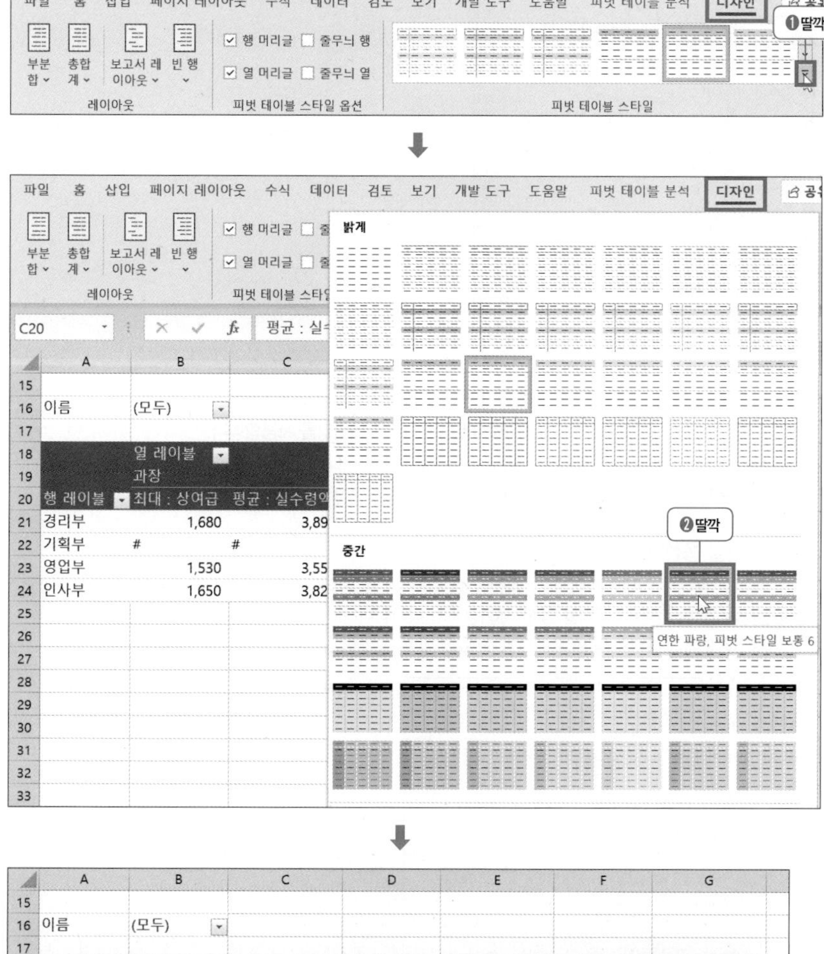

	A	B	C	D	E	F	G
15							
16	이름	(모두)					
17							
18		열 레이블					
19		과장		대리		사원	
20	행 레이블	최대 : 상여금	평균 : 실수령액	최대 : 상여금	평균 : 실수령액	최대 : 상여금	평균 : 실수령액
21	경리부	1,680	3,898	1,488	3,452	1,320	3,062
22	기획부	#	#	1,410	3,271	1,230	2,854
23	영업부	1,530	3,550	#	#	1,188	2,756
24	인사부	1,650	3,828	1,440	3,341	1,134	2,631
25							

궁금해요 시나공 Q&A 베스트

Q 저는 행 레이블이 '영업부, 인사부, 기획부, 경리부' 순으로 정렬되는데 왜 그런가요?

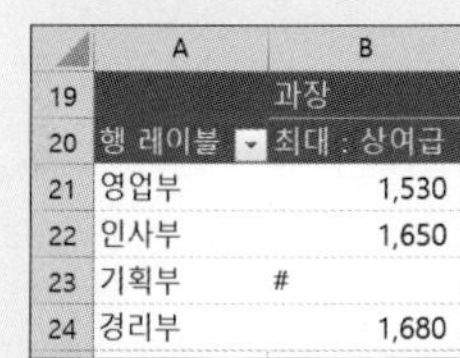

	A	B
19		과장
20	행 레이블	최대 : 상여금
21	영업부	1,530
22	인사부	1,650
23	기획부	#
24	경리부	1,680

A '사용자 지정 목록'에 '영업부, 인사부, 기획부, 경리부'가 포함된 항목이 추가되어 있기 때문입니다. [파일] → **옵션**을 클릭하면 나타나는 'Excel 옵션'의 '고급' 탭에서 '일반'의 '사용자 지정 목록 편집'을 클릭한 후 '사용자 지정 목록' 대화상자에서 '영업부, 인사부, 기획부, 경리부'가 포함된 항목을 삭제하면 됩니다.

잠깐만요 '피벗 테이블 만들기' 대화상자 / '피벗 테이블 옵션' 대화상자 / 피벗 테이블 분석

'피벗 테이블 만들기' 대화상자

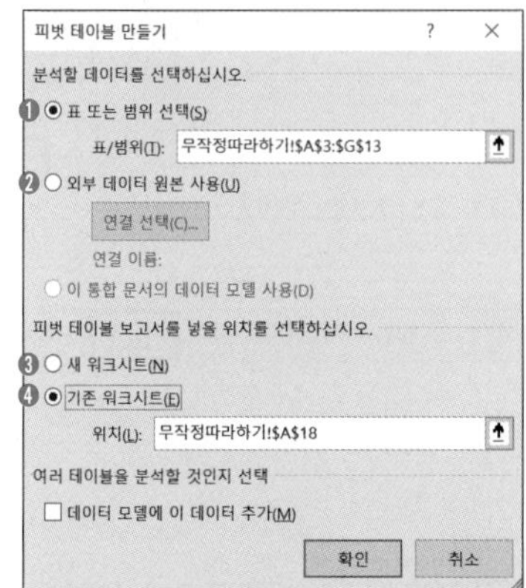

❶ **표 또는 범위 선택** : 현재 작업중인 통합 문서에 있는 표나 워크시트의 범위를 선택합니다.
❷ **외부 데이터 원본 사용** : 액세스(*.accdb) 파일 같은 외부 데이터를 사용합니다.
❸ **새 워크시트** : 새로운 빈 워크시트에 피벗 테이블을 작성합니다.
❹ **기존 워크시트** : 현재 작업중인 워크시트에 피벗 테이블을 작성합니다.

'피벗 테이블 옵션' 대화상자

[피벗 테이블 분석] → 피벗 테이블 → **옵션**을 클릭하거나 피벗 테이블의 바로 가기 메뉴에서 **[피벗 테이블 옵션]**을 선택하면 '피벗 테이블 옵션' 대화상자가 나타납니다. '피벗 테이블 옵션' 대화상자를 이용하여 피벗 테이블에 대한 다양한 내용을 설정할 수 있습니다.

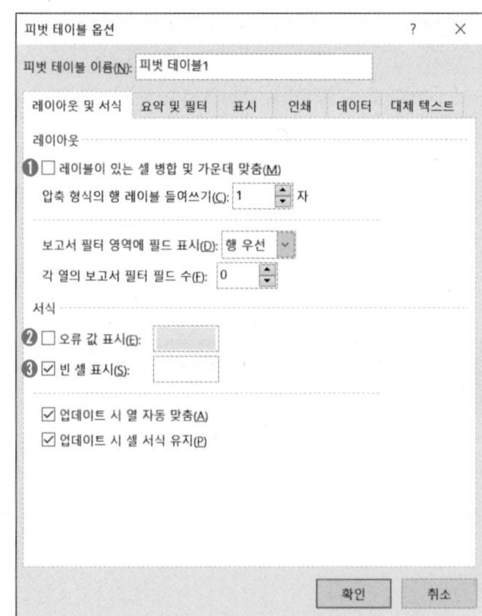

❶ **레이블이 있는 셀 병합 및 가운데 맞춤** : 열 레이블이나 행 레이블이 있는 셀들을 병합하거나 열/행 레이블의 내용을 셀의 가운데로 맞춥니다.
❷ **오류 값 표시** : 셀에 오류 메시지 대신 표시할 텍스트를 지정합니다.
❸ **빈 셀 표시** : 빈 셀에 표시할 텍스트를 지정합니다.

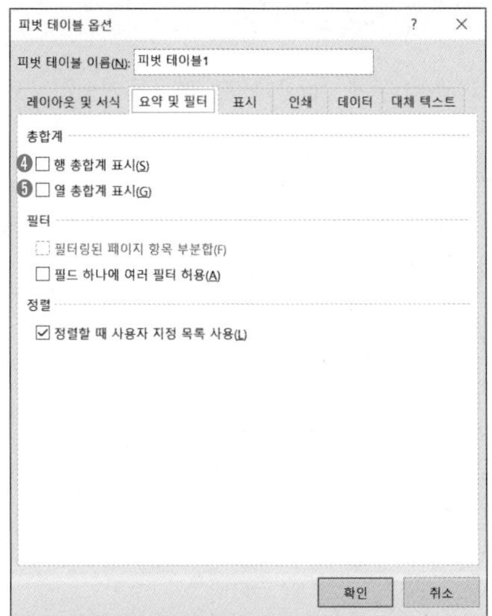

❹ **행 총합계 표시** : 행의 총합계를 표시합니다.
❺ **열 총합계 표시** : 열의 총합계를 표시합니다.

피벗 테이블 분석

피벗 테이블이 작성되면 자동으로 '피벗 테이블 분석'이 표시됩니다. '피벗 테이블 분석'이 표시되지 않을 경우 작성된 피벗 테이블을 클릭하면 표시됩니다.

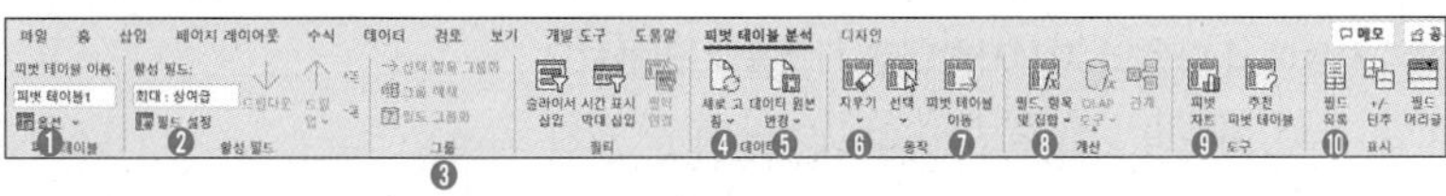

❶ **옵션** : '피벗 테이블 옵션' 대화상자가 표시되며, 피벗 테이블에 적용할 다양한 옵션을 설정합니다.
❷ **필드 설정** : '값 필드 설정' 대화상자가 표시되며, 사용할 함수나 표시 형식을 변경합니다.
❸ **그룹** : 그룹 지정/해제 또는 그룹을 선택할 때 사용합니다.
❹ **새로 고침** : 원본 데이터의 변경 내용을 피벗 테이블에 반영합니다.
❺ **데이터 원본 변경** : 원본 데이터를 변경합니다.
❻ **지우기** : 피벗 테이블에 설정된 필드나 서식 및 필터를 제거합니다.
❼ **피벗 테이블 이동** : 피벗 테이블의 위치를 변경합니다.
❽ **필드, 항목 및 집합** : 계산 필드를 추가하거나 변경합니다.
❾ **피벗 차트** : 피벗 테이블의 데이터를 이용하여 새로운 차트를 작성합니다.
❿ **필드 목록** : '필드 목록' 창의 표시 여부를 지정합니다.

4331001

문제 1 'C:\길벗컴활2급\01 섹션' 폴더의 '섹션11문제.xlsm' 파일을 열어서 작업하시오.

'기출01' 시트에서 다음의 지시사항대로 작업을 처리하시오.

전문가의 조언
기본문제와 다른 것은 그룹을 지정하는 것입니다. 그룹 지정은 판매일자의 바로 가기 메뉴에서 [그룹]을 선택하여 '월' 단위로 그룹을 지정하면 됩니다.

[피벗 테이블] 기능을 이용하여 '제품 판매 현황' 표의 제품코드는 '필터', 판매일자는 '행', 판매형태는 '열'로 처리하고, '값'에 납품수량의 합계를 계산하시오.

▶ 피벗 테이블 보고서는 동일 시트의 [A21] 셀에서 시작하시오.

▶ '판매일자'는 '월' 단위로 그룹을 지정하시오.

▶ 피벗 테이블 보고서는 행의 총합계만 설정하시오.

	A	B	C	D
18				
19	제품코드	(모두)		
20				
21	합계 : 납품수량	열 레이블		
22	행 레이블	부품	완제품	총합계
23	1월	627	491	1118
24	2월	1298	546	1844
25	3월	372	991	1363
26				

문제 2 'C:\길벗컴활2급\01 섹션' 폴더의 '섹션11문제.xlsm' 파일을 열어서 작업하시오.

'기출02' 시트에서 다음의 지시사항대로 작업을 처리하시오.

전문가의 조언
'Σ' 기호를 '행'으로 설정, 보고서 레이아웃 변경, 일부 항목만 표시하는 것이 기본문제와 다릅니다. 'Σ' 기호의 설정은 '열' 영역에 있는 'Σ 값'을 '행' 영역으로 드래그하고, 보고서 레이아웃 '개요 형식'은 '디자인' 메뉴를 이용하며, 표시 항목 중 '고급반'과 '중급반'만 표시하려면 '판매형태'를 선택한 후 '기초반'을 해제하면 됩니다.

[피벗 테이블] 기능을 이용하여 '연수 점수 현황' 표의 성명은 '필터', 과정코드는 '열', 등급은 '행'으로 처리하고, '값'에 근무점수의 최대값과 경력점수의 최소값을 순서대로 계산하시오.

▶ 피벗 테이블 보고서는 동일 시트의 [A16] 셀에서 시작하시오.

▶ 'Σ' 기호를 '행' 영역으로 이동하시오.

▶ 보고서 레이아웃은 '개요 형식'으로 지정하시오.

▶ 현재 시트에 '고급반'과 '중급반'만 표시하시오.

	A	B	C	D	E	F
13						
14	성명	(모두)				
15						
16			과정코드			
17	등급	값	마케팅	영어	전산	총합계
18	고급반					
19		최대 : 근무점수	8	20		20
20		최소 : 경력점수	3	7		3
21	중급반					
22		최대 : 근무점수		9	23	23
23		최소 : 경력점수		3	1	1
24	전체 최대 : 근무점수		8	20	23	23
25	전체 최소 : 경력점수		3	3	1	1
26						

문제 1

24.상시, 23.상시, 22.상시, 21.상시, 20.상시, 19.상시, 17.상시, 16.2, 15.3, 14.3, 14.2, 13.상시, 12.1, …

1 피벗 테이블

1. '기출 01' 시트에서 데이터 영역(A3:G15)의 임의의 셀을 선택한 후 [삽입] → 표 → **(피벗 테이블)**을 클릭하세요.
2. '피벗 테이블 만들기' 대화상자에서 '표/범위'에 입력된 범위가 맞는지 확인하세요.
3. 이어서 '기존 워크시트'를 선택하고 [A21] 셀을 클릭한 후 〈확인〉을 클릭하세요.
4. '피벗 테이블 필드' 창에서 '필터' 영역에 '제품코드', '행' 영역에 '판매일자', '열' 영역에 '판매형태', '값' 영역에 '납품수량'을 끌어다 놓으세요.

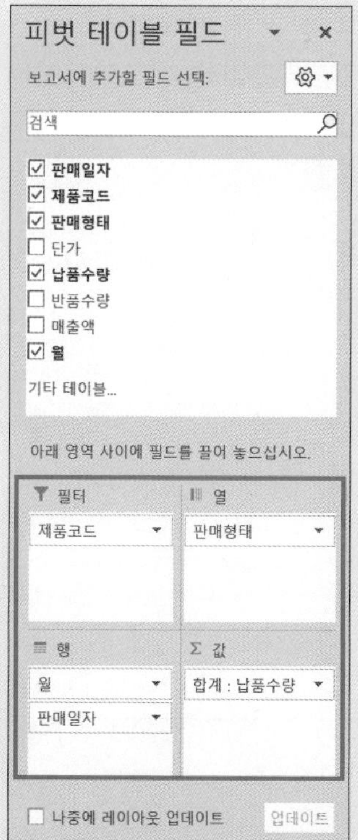

'행' 또는 '열' 영역에 날짜 형식의 필드(판매일자)를 지정하면 해당 필드의 데이터에 따라 자동으로 '연', '분기', '월(개월)', '일' 등의 필드가 생성되고 그룹이 자동으로 지정됩니다.

5. 판매일자를 '월' 단위로 그룹을 지정하기 위해 '1월(A23)'을 마우스 오른쪽 버튼으로 클릭한 후 바로 가기 메뉴에서 [그룹]을 선택합니다.

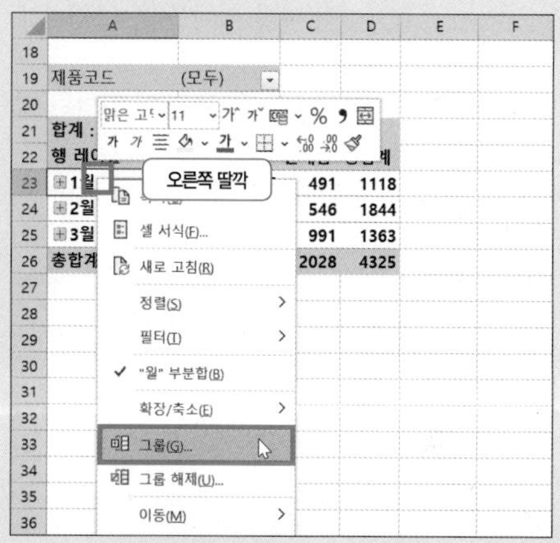

6. '그룹화' 대화상자에서 '일'을 클릭하여 해제한 후 〈확인〉을 클릭하세요.

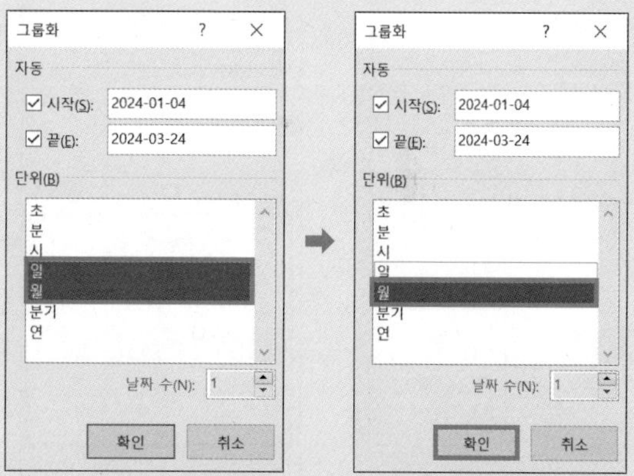

'판매일자'는 이미 '일'과 '월' 단위로 그룹이 지정되어 있습니다. 문제의 지시사항에 '판매일자'는 '월' 단위로 그룹을 지정하라고 제시되어 있으므로 '그룹화' 대화상자에서 '일'을 해제하고 '월'만 지정해야 합니다.

7. 행의 총합계만 설정하기 위해 피벗 테이블의 임의의 셀을 선택한 후 [디자인] → 레이아웃 → 총합계 → **행의 총합계만 설정**을 선택합니다.

문제 2

24.상시, 23.상시, 22.상시, 21.상시, 05.4, 03.4

1 피벗 테이블

1. '기출 02' 시트에서 데이터 영역(A3:G11)의 임의의 셀을 선택한 후 [삽입] → 표 → (피벗 테이블)을 클릭하세요.
2. '피벗 테이블 만들기' 대화상자에서 '표/범위'에 입력된 범위가 맞는지 확인하세요.
3. 이어서 '기존 워크시트'를 선택하고 [A16] 셀을 클릭한 후 〈확인〉을 클릭하세요.
4. '피벗 테이블 필드' 창에서 '필터' 영역에 '성명', '열' 영역에 '과정코드', '행' 영역에 '등급', '값' 영역에 '근무점수'와 '경력점수'를 끌어다 놓으세요.
5. '열' 영역에 있는 'Σ 값'을 '행' 영역으로 드래그하여 옮기세요.

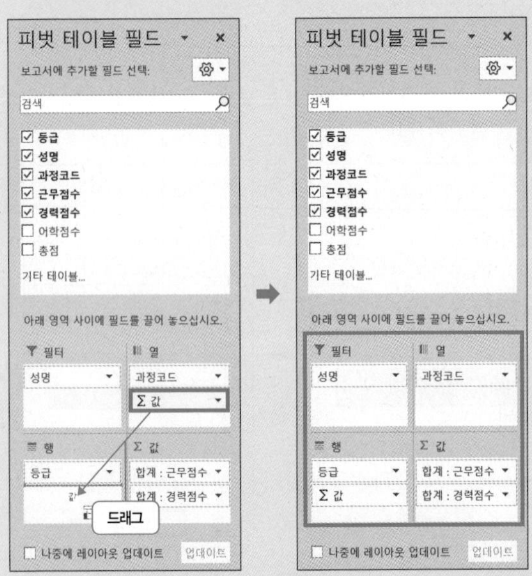

6. 근무점수의 최대값을 지정하기 위해 '합계 : 근무점수(A19)'를 마우스 오른쪽 버튼으로 클릭한 후 바로 가기 메뉴에서 [값 요약 기준] → **최대값**을 선택하세요.
7. 경력점수의 최소값을 지정하기 위해 '합계 : 경력점수(A20)'를 마우스 오른쪽 버튼으로 클릭한 후 바로 가기 메뉴에서 [값 요약 기준] → **최소값**을 선택하세요.
8. 보고서 레이아웃을 지정하기 위해 피벗 테이블의 임의의 셀을 선택한 후 [디자인] → 레이아웃 → 보고서 레이아웃 → **개요 형식으로 표시**를 선택합니다.

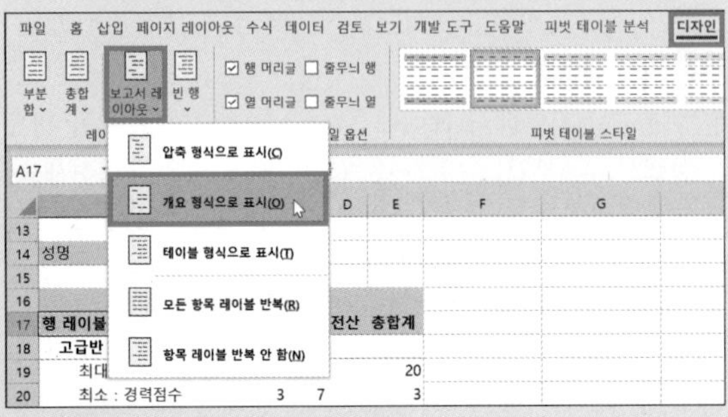

9. 등급 중 '고급반'과 '중급반'만 표시하기 위해 [A17] 셀의 목록 선택 단추(▼)를 클릭하여 나타나는 목록에서 '기초반'의 체크를 해제한 후 〈확인〉을 클릭하세요.

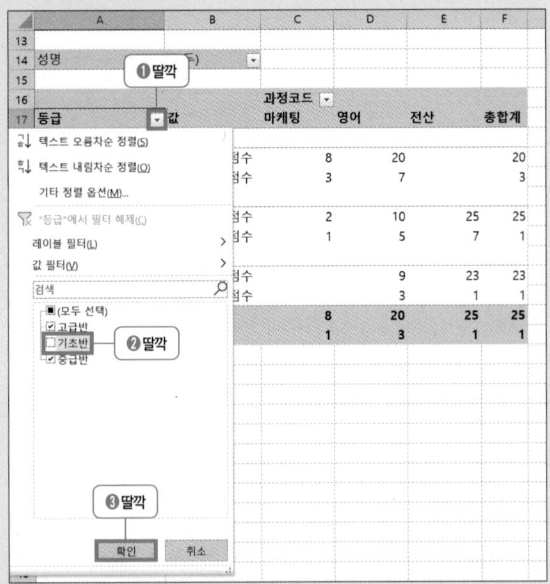

SECTION 12

데이터 표

4331100

데이터 표는 특정한 값의 변화에 따른 결과값의 변화를 표 형태로 보여주는 기능입니다. 예를 들어 기말고사에서 국어 점수를 60점 맞았다면 총점은 얼마일까? 70점 맞았다면, 80점 맞았다면, 90점 맞았다면… 평균은 얼마일까를 계산하는 것이 데이터 표의 기능입니다.

기본문제

'C:\길벗컴활2급\01 섹션' 폴더의 '섹션12문제.xlsm' 파일을 열어서 작업하시오.

'무작정따라하기' 시트에서 다음의 지시사항대로 작업을 처리하시오.

'광개토 학생의 중간고사 성적표'는 영어[B2], 수학[B3], 국어[B4]의 점수를 이용하여 합계[B5]를 계산한 것이다. [데이터 표] 기능을 이용하여 수학과 국어 점수의 변동에 따른 합계의 변화를 [C11:E12] 영역에 계산하시오.

	A	B	C	D	E
1	"광개토" 학생의 중간고사 성적표				
2	영어	90			
3	수학	80			
4	국어	70			
5	합계	240			
6					
7	수학과 국어점수 변동에 따른 총점표				
8					
9			국어		
10			80	90	100
11	수학	90			
12		100			
13					

➡

	A	B	C	D	E
1	"광개토" 학생의 중간고사 성적표				
2	영어	90			
3	수학	80			
4	국어	70			
5	합계	240			
6					
7	수학과 국어점수 변동에 따른 총점표				
8					
9			국어		
10		240	80	90	100
11	수학	90	260	270	280
12		100	270	280	290
13					

전문가의 조언

데이터 표는 가끔 출제되고 있습니다. 데이터 표 개념을 이해하고, '데이터 테이블' 대화상자의 행과 열을 설정하는 방법만 익히면 쉽게 해결할 수 있습니다.

따라하기

24.상시, 23.상시, 22.상시, 21.상시, 20.상시, 19.상시, 18.2, 17.1, 15.1, 13.3, 06.4, 06.2, 05.1, 04.4, 04.3, 02.1

1 데이터 표

1. 결과(합계)를 계산하는 수식을 표의 왼쪽 위, 즉 [B10] 셀에 복사해야 합니다. [B5] 셀을 클릭하고 수식 입력줄의 내용을 드래그하여 블록으로 지정한 후 Ctrl + C를 눌러 복사하세요. 이어서 Esc를 눌러 블록 지정을 해제하세요.

전문가의 조언

[B5] 셀에서 참조하는 [B2, B3, B4] 셀은 상대 주소이기 때문에 [B5] 셀을 복사해 [B10] 셀에 붙여넣으면 '=SUM(B7, B8, B9)'로 수식이 변경되어 복사됩니다. 그러므로 셀에 들어 있는 계산식을 변화없이 그대로 복사하기 위해서는 수식 입력줄에 있는 데이터를 복사해야 합니다.

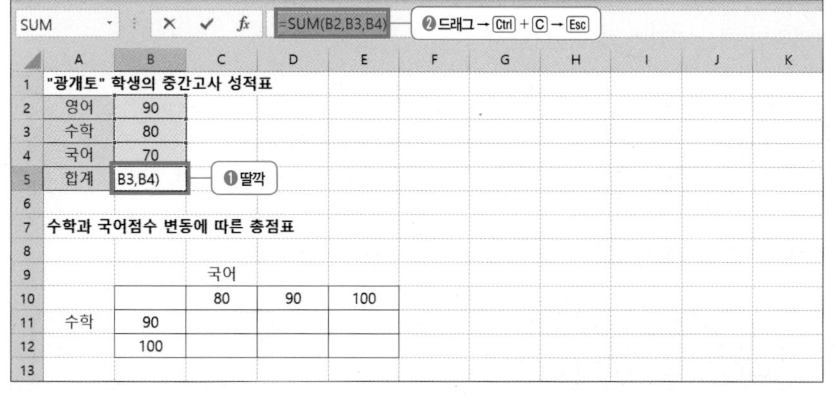

	A	B	C	D	E
1	"광개토" 학생의 중간고사 성적표				
2	영어	90			
3	수학	80			
4	국어	70			
5	합계	B3,B4)			
6					
7	수학과 국어점수 변동에 따른 총점표				
8					
9			국어		
10			80	90	100
11	수학	90			
12		100			
13					

궁금해요 시나공 Q&A 베스트

Q 수식 입력줄에서 복사한 수식을 붙여넣기 위해 [B10] 셀을 클릭하면 [B5] 셀에 [B10] 셀의 주소(=B10)가 표시됩니다. 왜 그런거죠?

A 수식 입력줄에서 수식을 복사한 후 Esc를 누르지 않았기 때문입니다. 이럴 때는 Esc를 눌러 셀 편집 상태를 해제한 후 [B10] 셀을 클릭하고 수식을 붙여넣으면 됩니다.

2. [B10] 셀을 클릭한 후 Ctrl + V를 눌러 복사한 수식을 붙여넣으세요. [B5] 셀과 동일한 결과가 [B10] 셀에 나타납니다.

B10 =SUM(B2,B3,B4)

	A	B	C	D	E
1	"광개토" 학생의 중간고사 성적표				
2	영어	90			
3	수학	80			
4	국어	70			
5	합계	240			
6					
7	수학과 국어점수 변동에 따른 총점표				
8					
9			국어		
10		240	80	90	100
11	수학	90			
12		100			

딸깍 → Ctrl + V

3. 데이터 표를 적용할 [B10:E12] 영역을 블록으로 지정한 후 [데이터] → 예측 → 가상 분석→ **데이터 표**를 선택하세요. '데이터 테이블' 대화상자가 나타납니다.

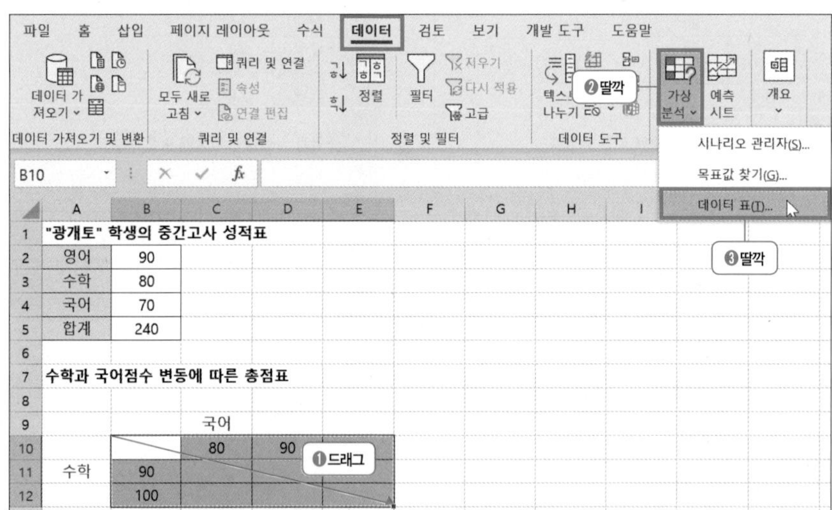

4. '데이터 테이블' 대화상자에서 '행 입력 셀'을 클릭한 후 실제 국어 점수가 있는 [B4] 셀을 클릭하세요. 셀 주소가 자동으로 절대 주소로 변경되어 입력됩니다.

5. 이번에는 '열 입력 셀'을 클릭하고 수학 점수가 있는 [B3] 셀을 클릭한 후 〈확인〉을 클릭하면 계산 결과가 표시됩니다.

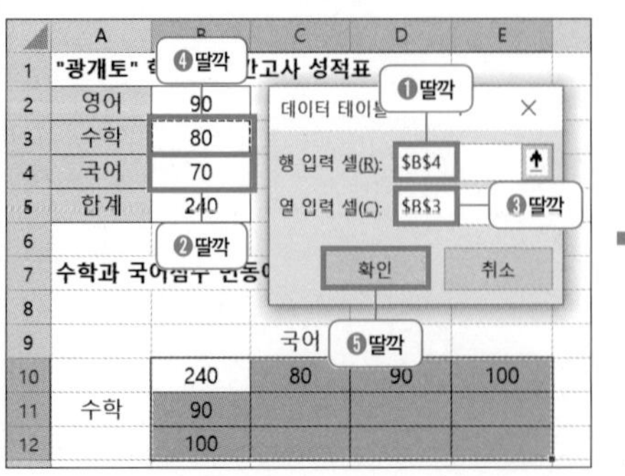

	A	B	C	D	E
1	"광개토" 학생의 중간고사 성적표				
2	영어	90			
3	수학	80			
4	국어	70			
5	합계	240			
6					
7	수학과 국어점수 변동에 따른 총점표				
8					
9			국어		
10		240	80	90	100
11	수학	90	260	270	280
12		100	270	280	290

잠깐만요 **[C11:E12] 영역의 계산 원리 / '데이터 테이블' 대화상자**

[C11:E12] 영역의 계산 원리

[C11:E12] 영역의 계산 결과는 모두 [B10] 셀에 들어 있는 수식을 이용하여 계산됩니다.

- **[B10] 셀의 수식** : =SUM(B2, B3, B4)
- **[C11] 셀의 계산** : 행 입력 셀로 지정된 [B4] 셀에 국어 점수 80, 열 입력 셀로 지정된 [B3] 셀에 수학 점수 90이 입력된 후 [B10] 셀의 수식 '=SUM(B2, B3, B4)'에 의해 '=SUM(90, 90, 80)'으로 적용되어 계산됩니다. 즉 합계 260이 계산되겠죠.
- **[D12] 셀의 계산** : 행 입력 셀로 지정된 [B4] 셀에 국어 점수 90, 열 입력 셀로 지정된 [B3] 셀에 수학 점수 100이 입력된 후 [B10] 셀의 수식 '=SUM(B2, B3, B4)'에 의해 '=SUM(90, 100, 90)'으로 적용되어 계산됩니다. 즉 합계 280이 계산되겠죠. 나머지도 모두 같은 방법으로 계산됩니다.

'데이터 테이블' 대화상자

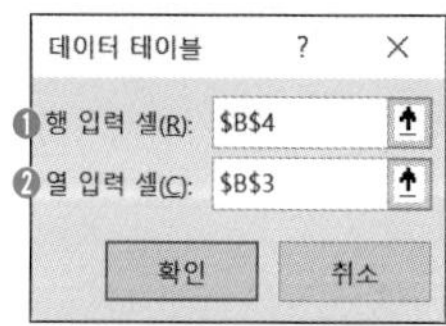

❶ **행 입력 셀** : 변화되는 값이 행을 기준으로 나열될 때 변화되는 원래 셀의 주소 지정. 변화되는 국어 점수가 10행에 있으므로 국어 점수의 원래 셀 주소 [B4]를 지정합니다.

❷ **열 입력 셀** : 변화되는 값이 열을 기준으로 나열될 때 변화되는 원래 셀의 주소 지정. 변화되는 수학 점수가 B열에 있으므로 수학 점수의 원래 셀 주소 [B3]을 지정합니다.

기출 따라잡기 Section 12

문제 1 'C:\길벗컴활2급\01 섹션' 폴더의 '섹션12문제.xlsm' 파일을 열어서 작업하시오.

'기출01' 시트에서 다음의 지시사항대로 작업을 처리하시오.

'대출금 상환 금액' 표는 대출금[B2], 연이율[B3], 상환기간[B4]을 이용하여 월 상환금액[B5]을 계산한 것이다. [데이터 표] 기능을 이용하여 연이율과 상환기간의 변동에 따른 월 상환금액의 변화를 [C12:F18] 영역에 계산하시오.

	A	B	C	D	E	F
1	대출금 상환 금액					
2	대출금	20,000,000				
3	연이율	12%				
4	상환기간(년)	5				
5	상환금액(월)	444,889				
6						
7						
8	연이율 및 상환기간 변동에 따른 상환금액(월) 조견표					
9						
10			상환기간(년)			
11		₩444,889	2	3	4	5
12	연이율	8%	₩904,546	₩626,727	₩488,258	₩405,528
13		9%	₩913,695	₩635,995	₩497,701	₩415,167
14		10%	₩922,899	₩645,344	₩507,252	₩424,941
15		11%	₩932,157	₩654,774	₩516,910	₩434,848
16		12%	₩941,469	₩664,286	₩526,677	₩444,889
17		14%	₩960,258	₩683,553	₩546,530	₩465,365
18		15%	₩969,733	₩693,307	₩556,615	₩475,799
19						

전문가의 조언

기본문제와 같은 문제입니다. 데이터 표 기능을 이용하는 문제는 이와 같이 동일한 형식으로 출제됩니다. 데이터 표에서는 수식 입력줄의 수식을 복사하는 것과 붙여넣기 전에 Esc를 누른다는 것을 기억하세요.

문제 1

1 데이터 표

24.상시, 23.상시, 22.상시, 21.상시, 20.상시, 19.상시, 18.2, 17.1, 15.1, 13.3, 06.4, 06.2, 05.1, …

1. '기출 01' 시트에서 [B5] 셀을 클릭한 다음 수식 입력줄의 수식을 블록으로 지정하고 복사(Ctrl + C)한 후 Esc를 눌러 블록 지정을 해제하세요.
2. [B11] 셀을 선택한 후 복사한 수식을 붙여넣기(Ctrl + V) 하세요. [B11] 셀에 [B5] 셀과 동일한 값이 표시됩니다.

B11 | =PMT(B3/12,B4 *12,-B2)

	A	B	C	D	E	F
1	대출금 상환 금액					
2	대출금	20,000,000				
3	연이율	12%				
4	상환기간(년)	5				
5	상환금액(월)	444,889				
6						
7						
8	연이율 및 상환기간 변동에 따른 상환금액(월) 조견표					
9						
10			상환기간(년)			
11		₩444,889	2	3	4	5
12	연이율	8%				
13		9%				
14		10%				
15		11%				
16		12%				
17		14%				
18		15%				
19						

PMT(이율, 상환기간, 현재가치, 미래가치) 함수

PMT는 돈을 빌리거나 빌려줬을 때 약정 이율을 계산하여 이자를 포함한 금액을 월별로 얼마를 갚아야 하는지 또는 얼마를 받아야 하는지를 계산하는 함수입니다.

- **이율** : 돈을 빌리거나 빌려 줄 때의 이자율로, 월 단위 이율을 입력합니다.
- **상환기간** : 돈을 갚을 기간으로, 월 단위로 기간을 입력합니다.
- **현재가치와 미래가치** : 2천만 원을 빌렸다면 현재가치가 2천만 원이지만, 적금을 불입하여 2년 후에 2천만 원을 받는다면 미래가치가 2천만 원입니다.

PMT(B3/12, B4*12, −B2)

- B3/12 : 월의 이율을 입력하기 위해 연이율 12%를 12로 나누었습니다.
- B4*12 : 상환기간을 월 단위로 만들기 위해 5년에 12를 곱했습니다.
- −B2 : 빌린 금액이므로 지출해야 할 금액입니다. 즉 PMT 함수는 지불해야 할 금액에 대해 결과를 −(음수)값으로 표시합니다. 그러므로 양수로 결과를 얻으려면 현재가치를 음수로 입력해야 합니다.

3. 데이터 표를 적용할 [B11:F18] 영역을 블록으로 지정한 후 [데이터] → 예측 → 가상 분석 → **데이터 표**를 선택하세요.
4. '데이터 테이블' 대화상자에서 행 입력 셀과 열 입력 셀을 그림과 같이 지정한 후 〈확인〉을 클릭하세요. 행 입력 셀과 열 입력 셀이 적용된 데이터 표가 완성됩니다.

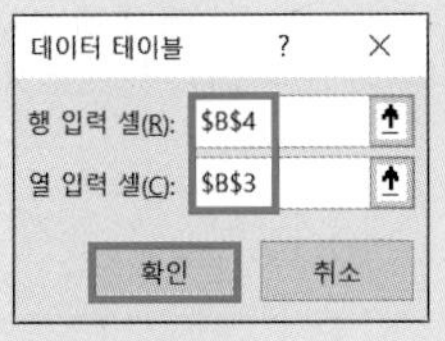

	A	B	C	D	E	F
1	대출금 상환 금액					
2	대출금	20,000,000				
3	연이율	12%				
4	상환기간(년)	5				
5	상환금액(월)	444,889				
6						
7						
8	연이율 및 상환기간 변동에 따른 상환금액(월) 조견표					
9						
10			상환기간(년)			
11		₩444,889	2	3	4	5
12	연이율	8%	₩904,546	₩626,727	₩488,258	₩405,528
13		9%	₩913,695	₩635,995	₩497,701	₩415,167
14		10%	₩922,899	₩645,344	₩507,252	₩424,941
15		11%	₩932,157	₩654,774	₩516,910	₩434,848
16		12%	₩941,469	₩664,286	₩526,677	₩444,889
17		14%	₩960,258	₩683,553	₩546,530	₩465,365
18		15%	₩969,733	₩693,307	₩556,615	₩475,799
19						

SECTION 13

시나리오

4331200

시나리오는 다양한 상황과 변수에 따른 여러 가지 결과값의 변화를 가상의 상황을 통해 예측하여 분석하는 기능입니다. 즉 'A, B, C 각 제품의 반품수량이 10개씩 줄면 매출액이 얼마나 증가할까? A, B, C각 제품의 반품수량이 10개씩 늘어나면 매출액이 얼마나 감소할까?'와 같은 물음에 답변을 하는 기능입니다.

기본문제

'C:\길벗컴활2급\01 섹션' 폴더의 '섹션13문제.xlsm' 파일을 열어서 작업하시오.

'무작정따라하기' 시트에서 다음의 지시사항대로 작업을 처리하시오.

[시나리오 관리자] 기능을 이용하여 '연간매출액' 표에서 'A', 'B' 물품의 반품수량[E4:E5]이 다음과 같이 변동하는 경우 매출액합계[H14]의 변동 시나리오를 작성하시오.

▶ [E4] 셀의 이름은 'A반품수량', [E5] 셀의 이름은 'B반품수량', [H14] 셀의 이름은 '매출액합계'로 정의하시오.

▶ 시나리오1 : 시나리오 이름은 '수익률증가', 'A', 'B' 물품의 반품수량을 9, 21로 설정하시오.

▶ 시나리오2 : 시나리오 이름은 '수익률감소', 'A', 'B' 물품의 반품수량을 29, 41로 설정하시오.

▶ 시나리오 요약 시트는 '무작정따라하기' 시트의 바로 왼쪽에 위치해야 함

※ 시나리오 요약 보고서 작성 시 정답과 일치하여야 하며, 오자로 인한 부분 점수는 인정하지 않음

시나리오는 이자율, 손익 분기점, 주가 분석 등에 많이 사용되는 기능입니다. 시나리오에서는 변경 셀과 결과 셀에 이름을 정의하는 것과 각 변경 값을 정확하게 지정해 주기만 하면 됩니다. 여기서 제시된 문제는 각 시나리오별로 2개의 값이 변경됩니다.

	A	B	C	D	E	F	G	H
1	연간매출액							
2								
3	번호	물품명	단가	매출수량	반품수량	매출액	수익율	순수매출액
4	2657	A	2,600	240	19	624,000	92%	574,600
5	4284	B	3,500	154	31	539,000	80%	430,500
6	3541	C	4,200	209	22	877,800	89%	785,400
7	2875	D	1,800	452	26	813,600	94%	766,800
8	3016	E	2,200	321	13	706,200	96%	677,600
9	4250	F	5,400	120	48	648,000	60%	388,800
10	2586	G	2,800	410	35	1,148,000	91%	1,050,000
11	1462	H	3,600	215	106	774,000	51%	392,400
12	2253	I	4,500	325	87	1,462,500	73%	1,071,000
13	2028	J	3,200	248	74	793,600	70%	556,800
14						매출액합계		6,693,900

⬇

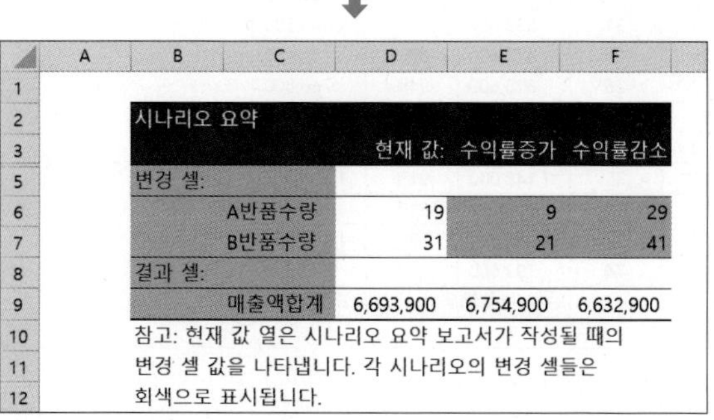

	A	B	C	D	E	F
1						
2		시나리오 요약				
3				현재 값:	수익률증가	수익률감소
5		변경 셀:				
6			A반품수량	19	9	29
7			B반품수량	31	21	41
8		결과 셀:				
9			매출액합계	6,693,900	6,754,900	6,632,900
10		참고: 현재 값 열은 시나리오 요약 보고서가 작성될 때의				
11		변경 셀 값을 나타냅니다. 각 시나리오의 변경 셀들은				
12		회색으로 표시됩니다.				

따라하기

24.상시, 24.공개, 23.상시, 22.상시, 21.상시, 21.공개, 20.상시, 18.상시, 16.3, 15.3, 15.1, 14.1, 13.1, 12.3, 12.2, 11.3, 10.3, 10.1, 07.3, 07.2, 05.2, …

1 이름 정의

이름 정의는 [수식] → 정의된 이름 → **이름 관리자**를 클릭한 후 '이름 관리자' 대화상자에서도 추가할 수 있으며, 변경 및 삭제도 가능합니다.

1. 먼저 시나리오에 사용될 변경 셀과 결과 셀의 이름을 정의해야 합니다. 셀 이름을 정의할 [E4] 셀을 클릭하고 이름 상자에 **A반품수량**을 입력한 후 Enter를 누릅니다.

A반품수량 | 19

❷입력 → Enter ❶딸깍

	A	B	C	D	E	F	G	H
1	연간매출액							
2								
3	번호	물품명	단가	매출수량	반품수량	매출액	수익율	순수매출액
4	2657	A	2,600	240	19	624,000	92%	574,600
5	4284	B	3,500	154	31	539,000	80%	430,500
6	3541	C	4,200	209	22	877,800	89%	785,400
7	2875	D	1,800	452	26	813,600	94%	766,800
8	3016	E	2,200	321	13	706,200	96%	677,600
9	4250	F	5,400	120	48	648,000	60%	388,800
10	2586	G	2,800	410	35	1,148,000	91%	1,050,000
11	1462	H	3,600	215	106	774,000	51%	392,400
12	2253	I	4,500	325	87	1,462,500	73%	1,071,000
13	2028	J	3,200	248	74	793,600	70%	556,800
14						매출액합계		6,693,900
15								

2. 동일한 방법으로 [E5] 셀의 이름을 **B반품수량**, [H14] 셀의 이름을 **매출액합계**로 정의하세요.

24.상시, 24.공개, 23.상시, 22.상시, 21.상시, 21.공개, 20.상시, 19.상시, 18.상시, 16.3, 15.3, 15.1, 14.1, 13.1, 12.3, 12.2, 11.3, 10.3, 10.1, 07.3, …

2 시나리오 작성

3. 이제 본격적으로 시나리오를 작성해 보도록 하겠습니다. [데이터] → 예측 → 가상 분석 → **시나리오 관리자**를 선택하세요.

	A	B	C	D	E	F	G	H
1	연간매출액							
2								
3	번호	물품명	단가	매출수량	반품수량	매출액	수익율	순수매출액
4	2657	A	2,600	240	19	624,000	92%	574,600
5	4284	B	3,500	154	31	539,000	80%	430,500
6	3541	C	4,200	209	22	877,800	89%	785,400
7	2875	D	1,800	452	26	813,600	94%	766,800
8	3016	E	2,200	321	13	706,200	96%	677,600
9	4250	F	5,400	120	48	648,000	60%	388,800
10	2586	G	2,800	410	35	1,148,000	91%	1,050,000
11	1462	H	3,600	215	106	774,000	51%	392,400
12	2253	I	4,500	325	87	1,462,500	73%	1,071,000
13	2028	J	3,200	248	74	793,600	70%	556,800
14						매출액합계		6,693,900
15								

4. '시나리오 관리자' 대화상자가 나타납니다. 첫 번째 시나리오를 설정하기 위해 〈추가〉를 클릭하세요.

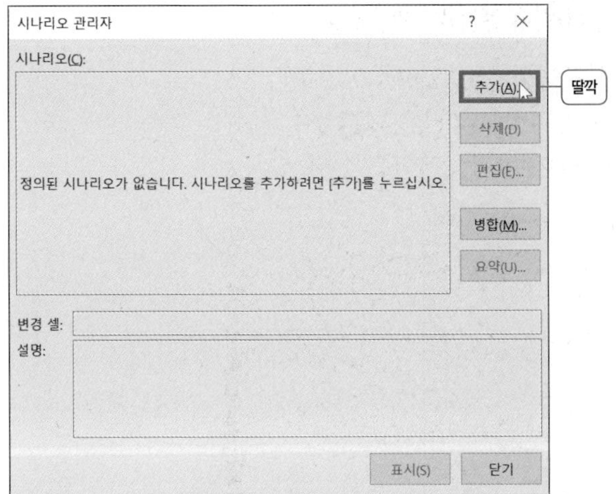

5. '시나리오 추가' 대화상자에서 '시나리오 이름'에 **수익률증가**를 입력하고, 변경 셀을 클릭한 후 'A', 'B' 물품의 반품수량이 있는 [E4:E5] 영역을 드래그하세요. [E4:E5] 영역의 주소가 절대 주소로 변경되어 '변경 셀'에 표시됩니다. 〈확인〉을 클릭하세요.

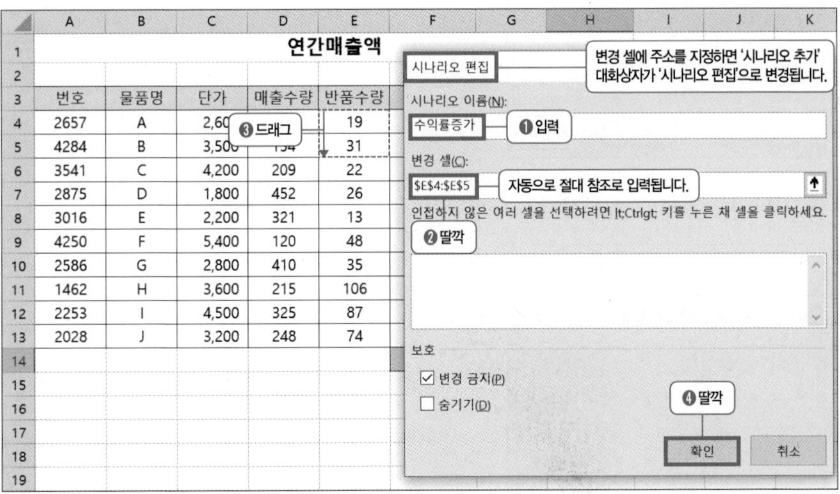

6. '시나리오 값' 대화상자가 나타납니다. '수익률증가' 시나리오의 변경될 값을 입력하면 됩니다. 각 반품수량에 **9, 21**을 입력한 후 '수익률감소' 시나리오를 추가하기 위해 〈추가〉를 클릭하세요.

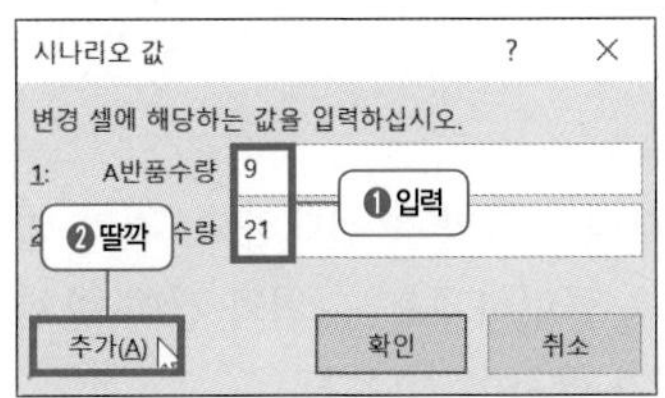

전문가의 조언

시나리오 작성에서 변경 셀이나 결과 셀을 상대 참조로 입력하면 자동으로 절대 참조로 변경됩니다. 즉 셀 주소를 입력할 때는 상대 참조와 절대 참조를 신경쓰지 않아도 됩니다.

두 번째 '시나리오 추가' 대화상자에서 '변경 셀'은 첫 번째 '시나리오 추가' 대화상자에서 지정한 영역이 상대 참조로 표시되므로 다시 영역을 지정할 필요는 없습니다.

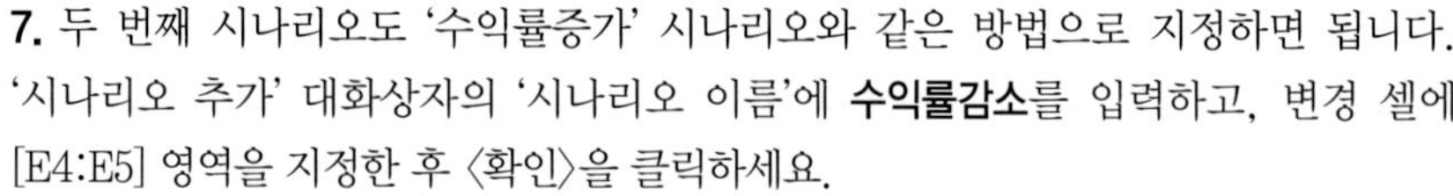

7. 두 번째 시나리오도 '수익률증가' 시나리오와 같은 방법으로 지정하면 됩니다. '시나리오 추가' 대화상자의 '시나리오 이름'에 **수익률감소**를 입력하고, 변경 셀에 [E4:E5] 영역을 지정한 후 〈확인〉을 클릭하세요.

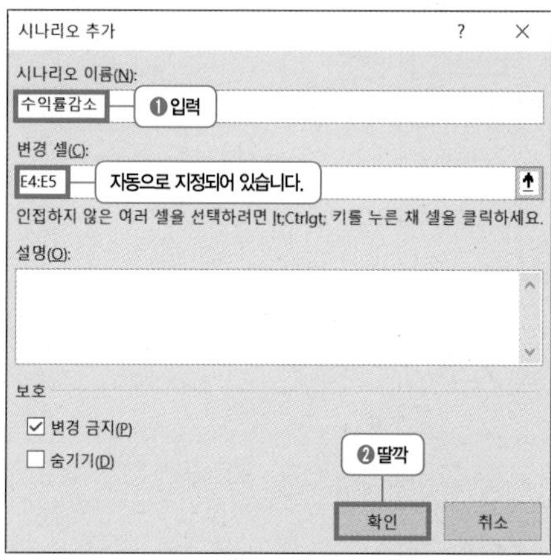

8. '시나리오 값' 대화상자가 나타납니다. 각 반품수량에 **29**, **41**을 입력한 후 〈확인〉을 클릭하세요.

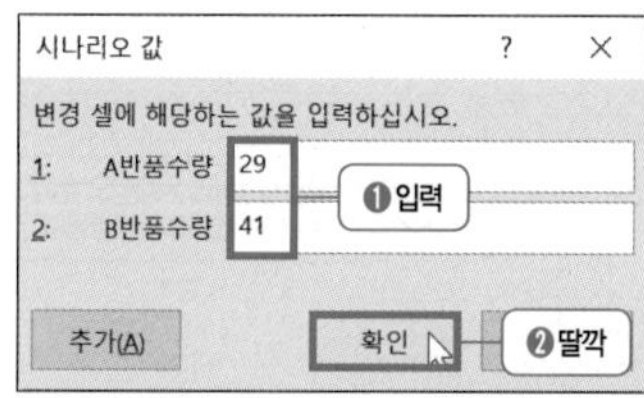

만약 시나리오 설정이 잘못되었다면 〈편집〉을 클릭하여 수정하면 됩니다.

9. '시나리오 관리자' 대화상자가 나타납니다. 〈요약〉을 클릭하세요.

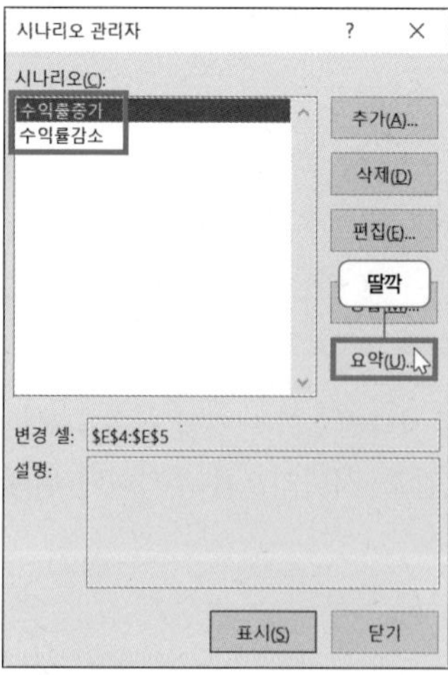

10. '시나리오 요약' 대화상자에서 보고서 종류로 '시나리오 요약'을 선택하고, 결과 셀로 매출액합계가 있는 [H14] 셀을 지정한 후 〈확인〉을 클릭하세요. 그림과 같이 현재 시트(무작정따라하기) 왼쪽에 '시나리오 요약' 보고서가 만들어 집니다.

	A	B	C	D	E	F	G	H
1	연간매출액							
3	번호	물품명	단가	매출수량	반품수량	매출액	수익율	순수매출액
4	2657	A	2			000	92%	574,600
5	4284	B	3			000	80%	430,500
6	3541		4			800	89%	785,400
7	2875	D	1			600	94%	766,800
8	3016	E	2			200	96%	677,600
9	4250		5			000	60%	388,800
10	2586		2			000	91%	1,050,000
11	1462	H	3			000	51%	[illegible]
12	2253	I	4			500	73%	[illegible]
13	2028	J	3,200	248	74	793,600	70%	556,800
14						매출액합계		6,693,900

시나리오 요약 ? ×
보고서 종류
◉ 시나리오 요약(S)
○ 시나리오 피벗 테이블 보고서(P)
결과 셀(R):
=$H$14
확인

❶딸깍
❷딸깍
❸딸깍
❹딸깍

⬇

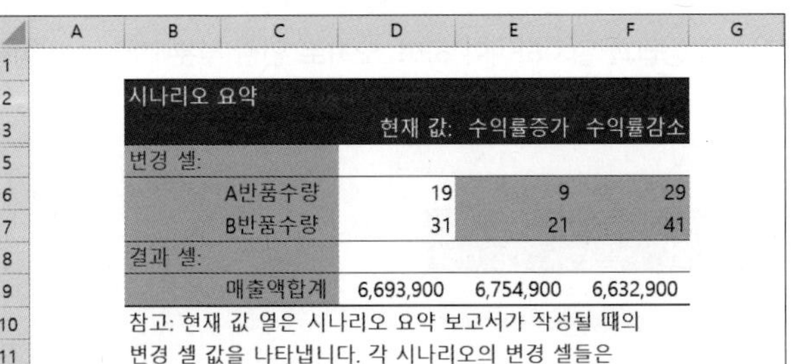

	현재 값:	수익률증가	수익률감소
시나리오 요약			
변경 셀:			
A반품수량	19	9	29
B반품수량	31	21	41
결과 셀:			
매출액합계	6,693,900	6,754,900	6,632,900

참고: 현재 값 열은 시나리오 요약 보고서가 작성될 때의
변경 셀 값을 나타냅니다. 각 시나리오의 변경 셀들은
회색으로 표시됩니다.

시나리오 요약 | 무작정따라하기 | 기출01 | 기출02

잠깐만요 '시나리오 관리자' 대화상자

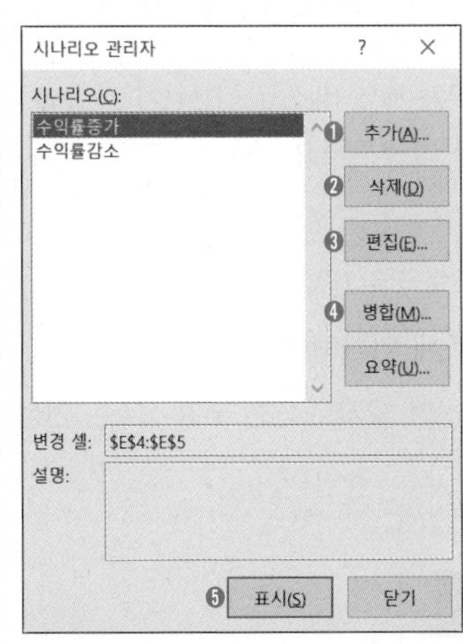

❶ **추가** : 새로운 시나리오를 작성할 때 클릭합니다.
❷ **삭제** : 작성된 시나리오를 지울 때 시나리오를 선택한 후 클릭합니다.
❸ **편집** : 이미 만들어진 시나리오를 수정할 때 클릭합니다.
❹ **병합** : 다른 통합 문서에 있는 시나리오와 합칠 때 클릭합니다.
❺ **표시** : 작성된 시나리오의 결과를 원본 데이터 표에 표시할 때 시나리오를 선택한 후 클릭합니다.

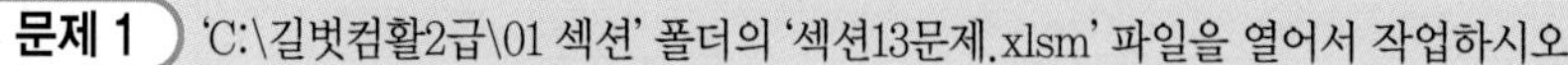

'C:\길벗컴활2급\01 섹션' 폴더의 '섹션13문제.xlsm' 파일을 열어서 작업하시오.

변경 셀과 결과 셀에 이름을 정의한 후 시나리오를 작성하면 됩니다. 여기서는 각 시나리오별로 하나의 값만 변동됩니다.

'기출01' 시트에서 다음의 지시사항대로 작업을 처리하시오.

[시나리오 관리자] 기능을 이용하여 '적금 만기 금액' 표에서 적금의 연이율[B4]이 다음과 같이 변동되는 경우 만기금액[B6]의 변동 시나리오를 작성하시오.

▶ [B4] 셀의 이름은 '이율', [B6] 셀의 이름은 '만기금액'으로 정의하시오.

▶ 시나리오1 : 시나리오 이름은 '이율10%', 연이율은 10%로 설정하시오.

▶ 시나리오2 : 시나리오 이름은 '이율11.5%', 연이율은 11.5%로 설정하시오.

▶ 시나리오 요약 시트는 '기출01' 시트의 바로 오른쪽에 위치해야 함

※ **시나리오 요약 보고서 작성 시 정답과 일치하여야 하며, 오자로 인한 부분 점수는 인정하지 않음**

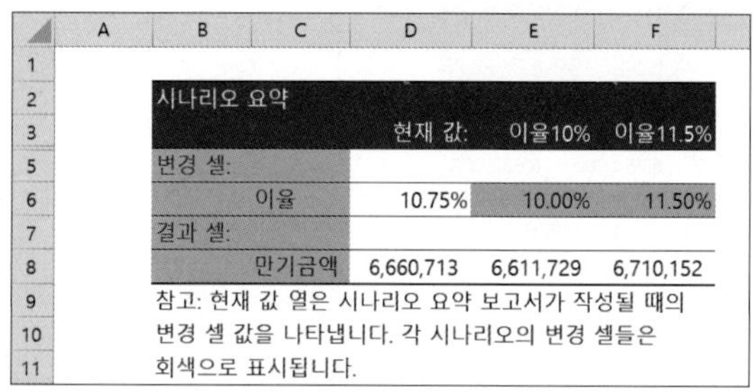

	A	B	C	D	E	F
1						
2		시나리오 요약				
3				현재 값:	이율10%	이율11.5%
5		변경 셀:				
6			이율	10.75%	10.00%	11.50%
7		결과 셀:				
8			만기금액	6,660,713	6,611,729	6,710,152
9		참고: 현재 값 열은 시나리오 요약 보고서가 작성될 때의				
10		변경 셀 값을 나타냅니다. 각 시나리오의 변경 셀들은				
11		회색으로 표시됩니다.				

문제 2 'C:\길벗컴활2급\01 섹션' 폴더의 '섹션13문제.xlsm' 파일을 열어서 작업하시오.

변경 셀과 결과 셀에 대한 이름 정의 지시사항이 없으므로 바로 시나리오를 작성하면 됩니다.

'기출02' 시트에서 다음의 지시사항대로 작업을 처리하시오.

[시나리오 관리자] 기능을 이용하여 '이익률 계산' 표에서 버스요금[B4]이 다음과 같이 변동하는 경우 영업이익[B8]의 변동 시나리오를 작성하시오.

▶ 시나리오1 : 시나리오 이름은 '200원인하', 버스요금은 1,300원으로 설정하시오.

▶ 시나리오2 : 시나리오 이름은 '200원인상', 버스요금은 1,700원으로 설정하시오.

▶ 시나리오 요약 시트는 '기출02' 시트의 바로 왼쪽에 위치해야 함

※ **시나리오 요약 보고서 작성 시 정답과 일치하여야 하며, 오자로 인한 부분 점수는 인정하지 않음**

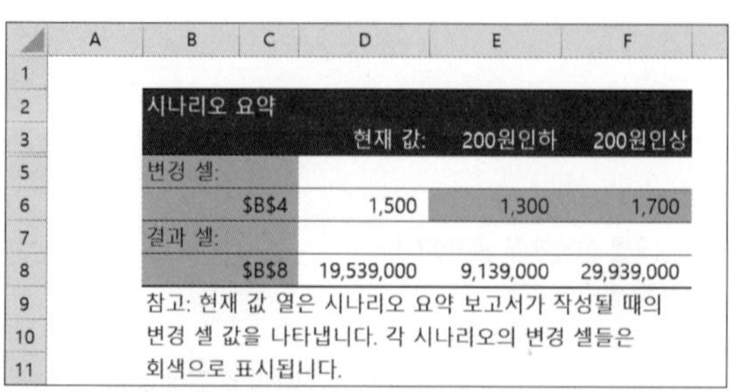

	A	B	C	D	E	F
1						
2		시나리오 요약				
3				현재 값:	200원인하	200원인상
5		변경 셀:				
6			$B$4	1,500	1,300	1,700
7		결과 셀:				
8			$B$8	19,539,000	9,139,000	29,939,000
9		참고: 현재 값 열은 시나리오 요약 보고서가 작성될 때의				
10		변경 셀 값을 나타냅니다. 각 시나리오의 변경 셀들은				
11		회색으로 표시됩니다.				

문제 1

24.상시, 24.공개, 23.상시, 22.상시, 21.상시, 21.공개, 20.상시, 19.상시, 18.상시, 16.3, 15.3, 15.1, …

1 시나리오

1. '기출 01' 시트에서 [B4] 셀을 클릭하고 이름 상자에 **이율**을 입력한 후 Enter를 누르세요.
2. 동일한 방법으로 [B6] 셀의 이름을 **만기금액**으로 정의하세요.
3. [데이터] → 예측 → 가상 분석 → **시나리오 관리자**를 선택하세요.
4. '시나리오 관리자' 대화상자에서 〈추가〉를 클릭하세요.
5. '시나리오 추가' 대화상자에서 '시나리오 이름'에 **이율10%**를 입력하고 변경 셀을 [B4] 셀로 지정한 후 〈확인〉을 클릭하세요.

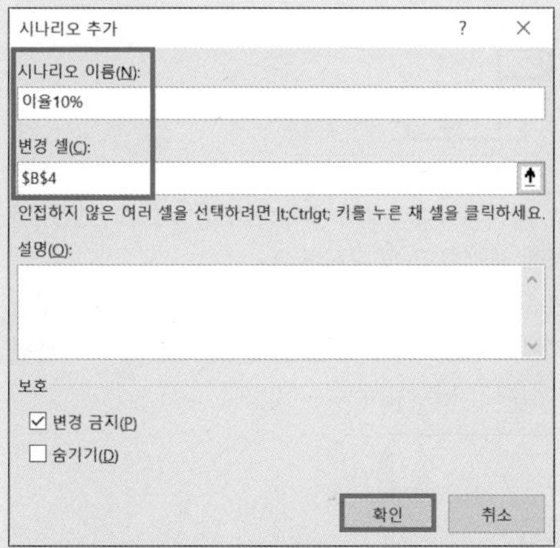

6. '시나리오 값' 대화상자의 '이율'에 변경될 값 **10%** 또는 **0.1**을 입력한 후 두 번째 시나리오 설정을 위해 〈추가〉를 클릭하세요.

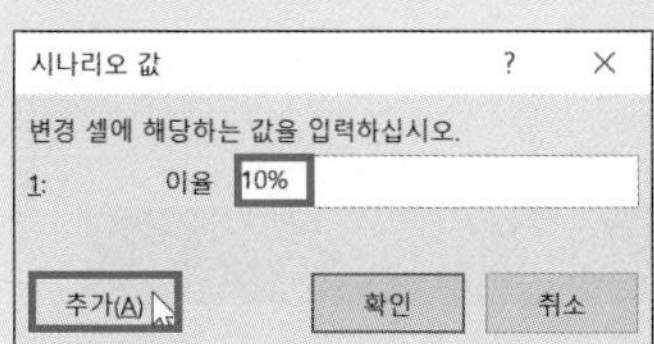

7. '시나리오 추가' 대화상자에서 '시나리오 이름'에 **이율11.5%**를 입력하고 변경 셀을 [B4] 셀로 지정한 후 〈확인〉을 클릭하세요.

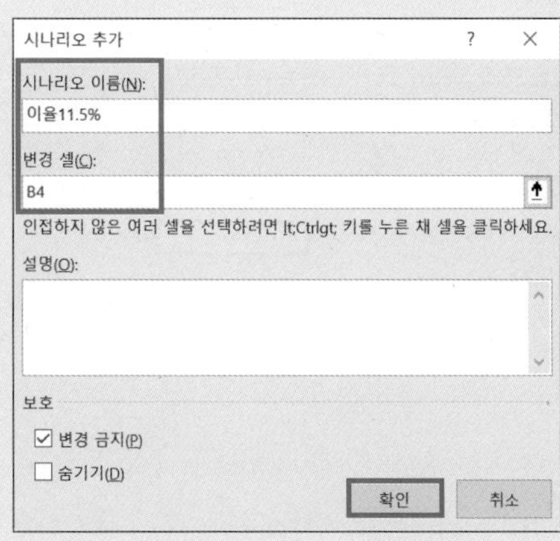

8. '시나리오 값' 대화상자의 '이율'에 변경될 값 **11.5%** 또는 **0.115**를 입력한 후 〈확인〉을 클릭하세요.

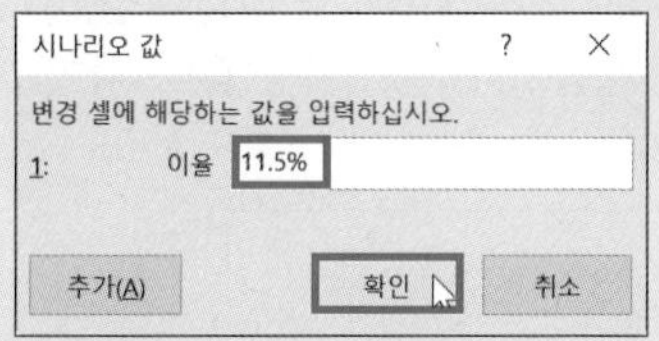

9. '시나리오 관리자' 대화상자에서 설정한 시나리오를 적용하기 위해 〈요약〉을 클릭하세요.
10. '시나리오 요약' 대화상자에서 '시나리오 요약'을 선택하고, 결과 셀에 [B6] 셀을 지정한 후 〈확인〉을 클릭하면 시나리오 결과가 나타납니다.

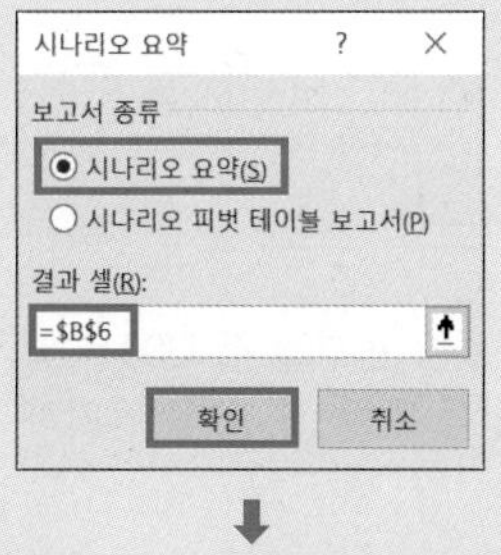

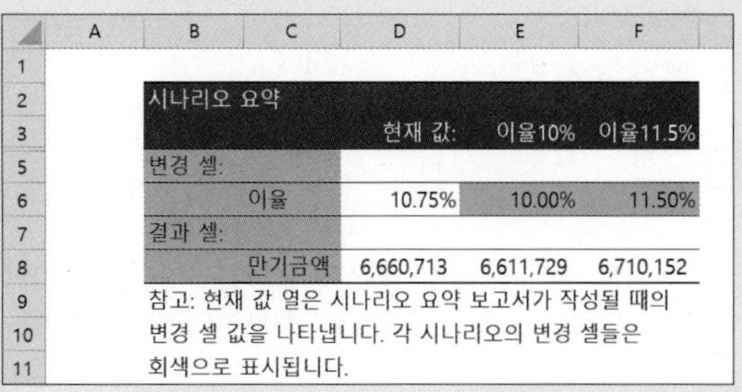

	A	B	C	D	E	F
1						
2		시나리오 요약				
3				현재 값:	이율10%	이율11.5%
5		변경 셀:				
6			이율	10.75%	10.00%	11.50%
7		결과 셀:				
8			만기금액	6,660,713	6,611,729	6,710,152
9		참고: 현재 값 열은 시나리오 요약 보고서가 작성될 때의				
10		변경 셀 값을 나타냅니다. 각 시나리오의 변경 셀들은				
11		회색으로 표시됩니다.				

11. '시나리오 요약2' 시트를 선택한 후 '기출01' 시트 뒤쪽으로 드래그하세요.

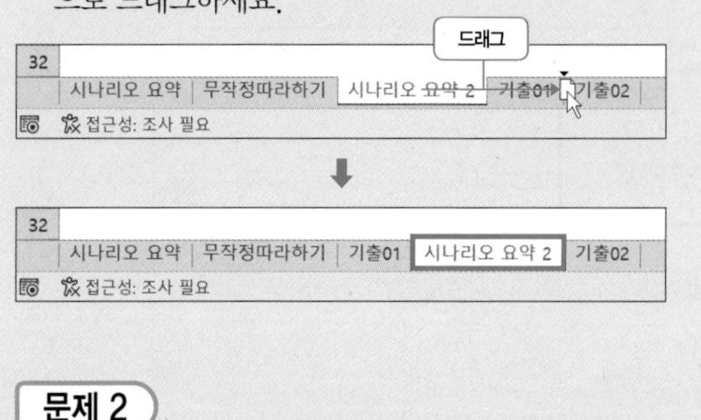

문제 2

24.상시, 23.상시, 22.상시, 21.상시, 20.상시, 19.상시, 18.상시, 15.3, 02.2

1 시나리오

1. '기출 02' 시트에서 [데이터] → 예측 → 가상 분석 → **시나리오 관리자**를 선택하세요.
2. '시나리오 관리자' 대화상자에서 〈추가〉를 클릭하세요.
3. '시나리오 추가' 대화상자에서 '시나리오 이름'에 **200원 인하**를 입력하고 변경 셀을 [B4] 셀로 지정한 후 〈확인〉을 클릭하세요.

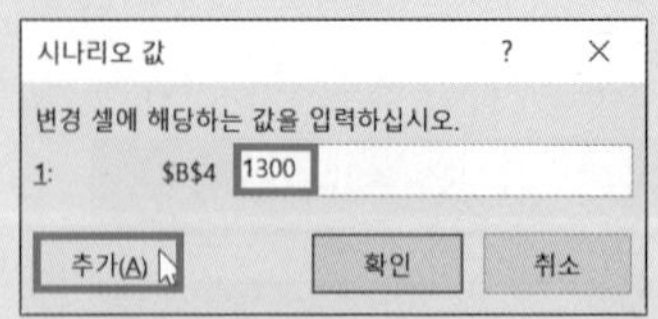

4. '시나리오 값' 대화상자의 입력란에 변경될 값 1300을 입력한 후 두 번째 시나리오 설정을 위해 〈추가〉를 클릭하세요.

5. '시나리오 추가' 대화상자에서 '시나리오 이름'에 **200원 인상**을 입력하고 변경 셀을 [B4] 셀로 지정한 후 〈확인〉을 클릭하세요.

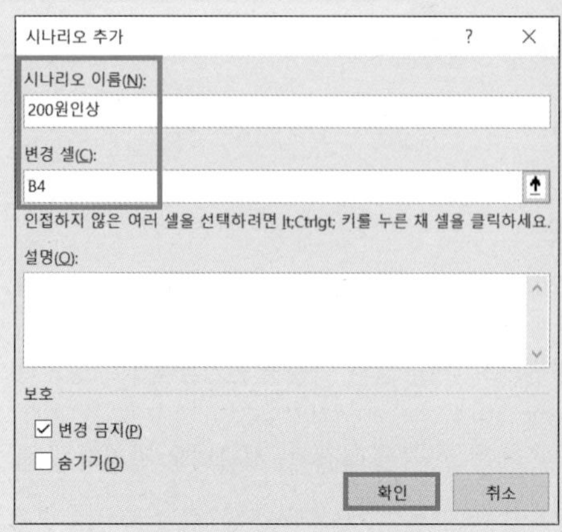

6. '시나리오 값' 대화상자의 입력란에 변경될 값 1700을 입력한 후 〈확인〉을 클릭하세요.

7. '시나리오 관리자' 대화상자에서 설정한 시나리오를 적용하기 위해 〈요약〉을 클릭하세요.
8. '시나리오 요약' 대화상자에서 '시나리오 요약'을 선택하고, 결과 셀에 [B8] 셀을 지정한 후 〈확인〉을 클릭하면 시나리오 결과가 나타납니다.

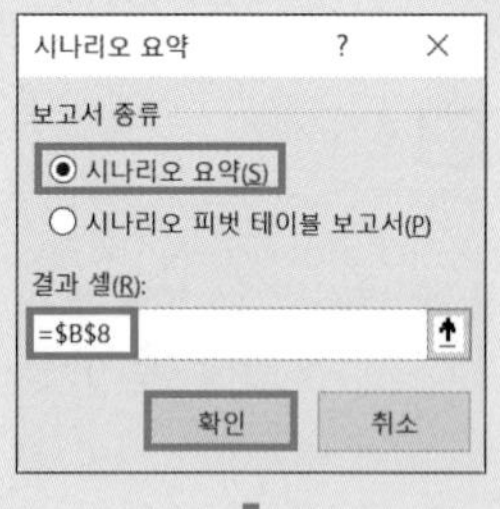

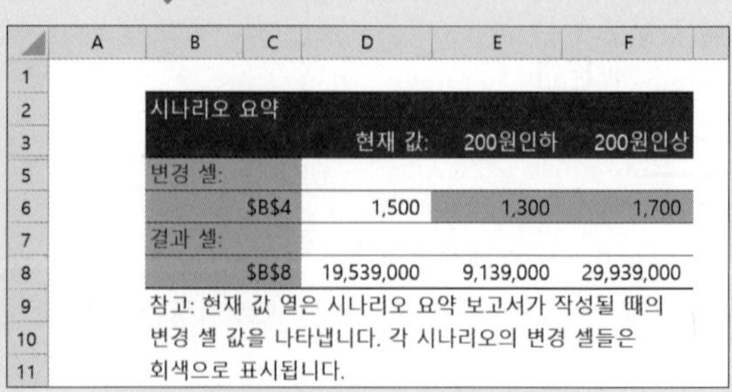

	A	B	C	D	E	F
1						
2		시나리오 요약				
3				현재 값:	200원인하	200원인상
5		변경 셀:				
6			$B$4	1,500	1,300	1,700
7		결과 셀:				
8			$B$8	19,539,000	9,139,000	29,939,000
9		참고: 현재 값 열은 시나리오 요약 보고서가 작성될 때의				
10		변경 셀 값을 나타냅니다. 각 시나리오의 변경 셀들은				
11		회색으로 표시됩니다.				

SECTION 14

통합

통합은 동일 시트 또는 여러 다른 시트에 각각 입력된 데이터를 일정한 기준에 의해 합쳐서 요약 · 계산해 주는 기능입니다. 예를 들어, 본점에서 각 지점별 판매 현황표를 모아서 총 판매 현황표를 작성할 때 통합 기능을 이용하면 보다 빠르고 효율적으로 총 판매 현황표를 완성할 수 있습니다.

기본문제

'C:\길벗컴활2급\01 섹션' 폴더의 '섹션14문제.xlsm' 파일을 열어서 작업하시오.

'무작정따라하기' 시트에서 다음의 지시사항대로 작업을 처리하시오.

데이터 도구 [통합] 기능을 이용하여 '서울 대리점 판매현황' 표와 '부산 대리점 판매현황' 표에 대한 품목별 '목표량', '판매량', '판매액'의 합계를 '서울/부산대리점 판매현황' 표의 [B17:D20] 영역에 계산하시오.

통합은 자주 출제되는 기능인 반면 다른 분석 기능보다 이해하기 쉬워 점수를 쉽게 얻을 수 있는 부분입니다.

	A	B	C	D	E	F	G	H	I
1									
2	서울 대리점 판매현황					부산 대리점 판매현황			
3	품목	목표량	판매량	판매액		품목	목표량	판매량	판매액
4	냉장고	9	15	14,250		냉장고	13	10	9,500
5	오디오	5	10	14,000		오디오	9	7	9,800
6	비디오	11	15	8,400		비디오	23	25	14,000
7	카메라	14	14	4,760		카메라	19	20	6,800
8	냉장고	15	20	19,000		오디오	13	15	21,000
9	냉장고	17	23	21,850		냉장고	8	10	9,500
10	카메라	12	10	3,400		냉장고	14	15	14,250
11	비디오	19	15	8,400		냉장고	9	15	14,250
12	오디오	20	15	21,000		카메라	12	15	5,100
13	비디오	21	16	8,960		비디오	19	25	14,000
14						오디오	24	30	42,000
15	서울/부산 대리점 판매현황					비디오	21	29	16,240
16	품목	목표량	판매량	판매액					
17	냉장고								
18	오디오								
19	비디오								
20	카메라								
21									

⬇

	A	B	C	D	E	F	G	H	I
1									
2	서울 대리점 판매현황					부산 대리점 판매현황			
3	품목	목표량	판매량	판매액		품목	목표량	판매량	판매액
4	냉장고	9	15	14,250		냉장고	13	10	9,500
5	오디오	5	10	14,000		오디오	9	7	9,800
6	비디오	11	15	8,400		비디오	23	25	14,000
7	카메라	14	14	4,760		카메라	19	20	6,800
8	냉장고	15	20	19,000		오디오	13	15	21,000
9	냉장고	17	23	21,850		냉장고	8	10	9,500
10	카메라	12	10	3,400		냉장고	14	15	14,250
11	비디오	19	15	8,400		냉장고	9	15	14,250
12	오디오	20	15	21,000		카메라	12	15	5,100
13	비디오	21	16	8,960		비디오	19	25	14,000
14						오디오	24	30	42,000
15	서울/부산 대리점 판매현황					비디오	21	29	16,240
16	품목	목표량	판매량	판매액					
17	냉장고	85	108	102,600					
18	오디오	71	77	107,800					
19	비디오	114	125	70,000					
20	카메라	57	59	20,060					
21									

따라하기

24.상시, 24.공개, 23.상시, 22.상시, 21.상시, 21.공개, 20.상시, 19.상시, 18.상시, 17.상시, 16.2, 16.1, 14.2, 14.1, 13.1, 12.3, 11.2, 10.1, 09.2, 08.3, …

1 통합

1. 통합 결과가 표시될 [A16:D20] 영역을 블록으로 지정한 후 [데이터] → 데이터 도구 → **통합**을 클릭하세요.

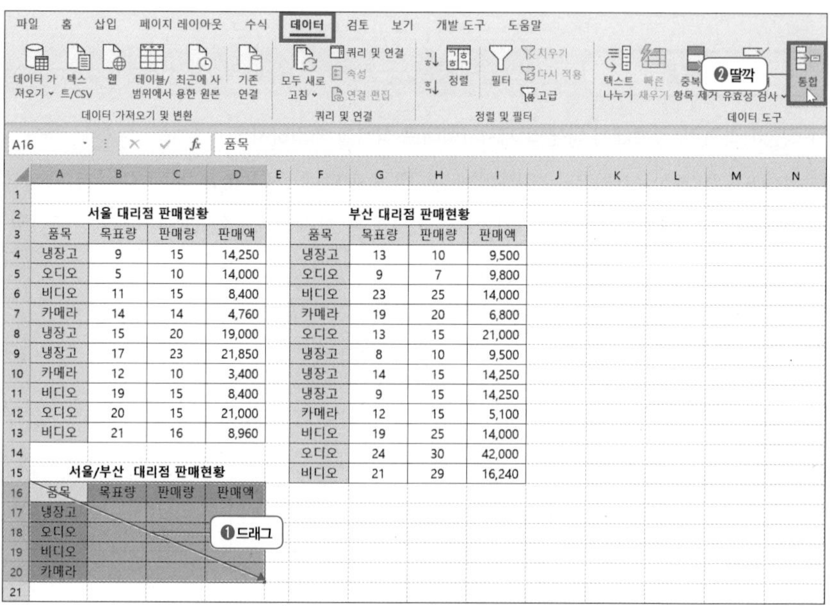

	A	B	C	D	E	F	G	H	I
1									
2	서울 대리점 판매현황					부산 대리점 판매현황			
3	품목	목표량	판매량	판매액		품목	목표량	판매량	판매액
4	냉장고	9	15	14,250		냉장고	13	10	9,500
5	오디오	5	10	14,000		오디오	9	7	9,800
6	비디오	11	15	8,400		비디오	23	25	14,000
7	카메라	14	14	4,760		카메라	19	20	6,800
8	냉장고	15	20	19,000		오디오	13	15	21,000
9	냉장고	17	23	21,850		냉장고	8	10	9,500
10	카메라	12	10	3,400		냉장고	14	15	14,250
11	비디오	19	15	8,400		냉장고	9	15	14,250
12	오디오	20	15	21,000		카메라	12	15	5,100
13	비디오	21	16	8,960		비디오	19	25	14,000
14						오디오	24	30	42,000
15	서울/부산 대리점 판매현황					비디오	21	29	16,240
16	품목	목표량	판매량	판매액					
17	냉장고								
18	오디오								
19	비디오								
20	카메라								

통합에서 사용할 수 있는 함수로는 합계, 개수, 평균, 최대, 최소, 곱, 숫자 개수, 표본 표준 편차, 표준 편차, 표본 분산, 분산 등이 있습니다.

2. '통합' 대화상자에서 사용할 함수로 '합계'를 선택하세요.

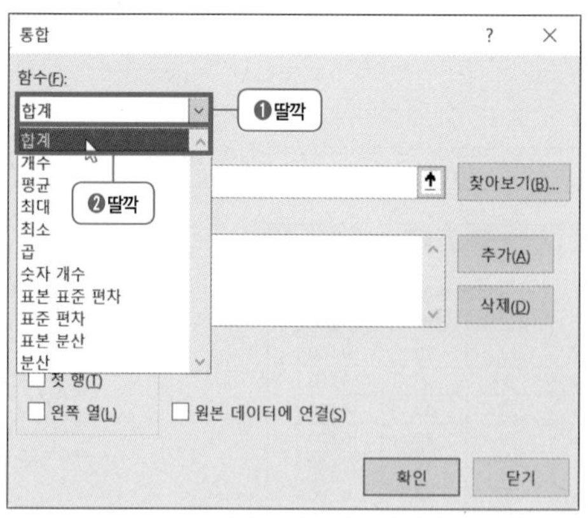

3. 이어서 통합에 사용할 데이터 범위를 지정해야 합니다. '참조'를 클릭한 후 [A3:D13] 영역을 마우스로 드래그하면 범위가 절대 주소로 지정되어 '참조'에 표시됩니다. 〈추가〉 버튼을 클릭하세요.

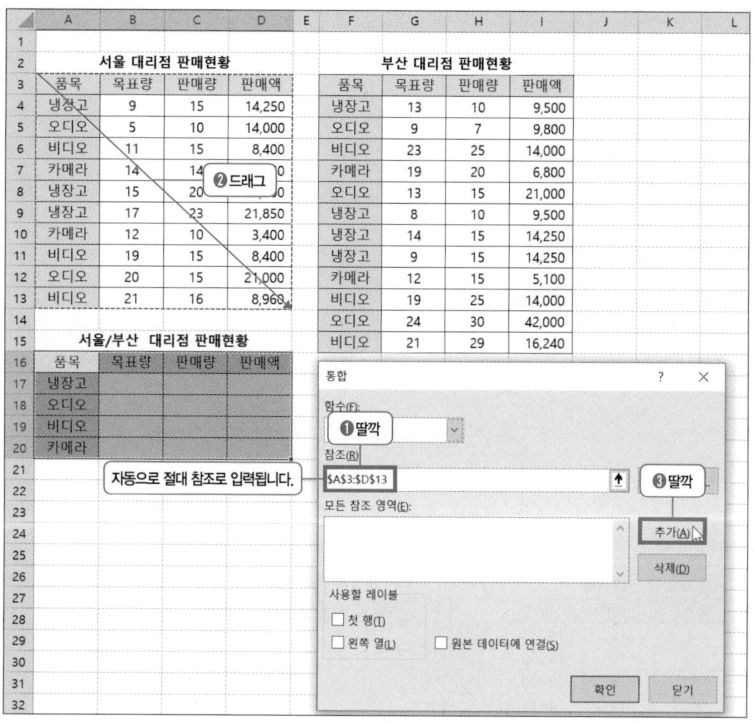

4. '모든 참조 영역'에 첫 번째 영역(A3:D13)이 추가되고, '참조'에는 주소가 역상으로 남아 있습니다. 그 상태에서 그대로 두 번째 영역으로 사용할 데이터 범위인 [F3:I15] 영역을 마우스로 드래그하면 '참조'에 절대 주소로 표시되어 나타납니다. 〈추가〉를 클릭하면 '모든 참조 영역'에 두 번째 영역 [F3:I15]가 추가됩니다.

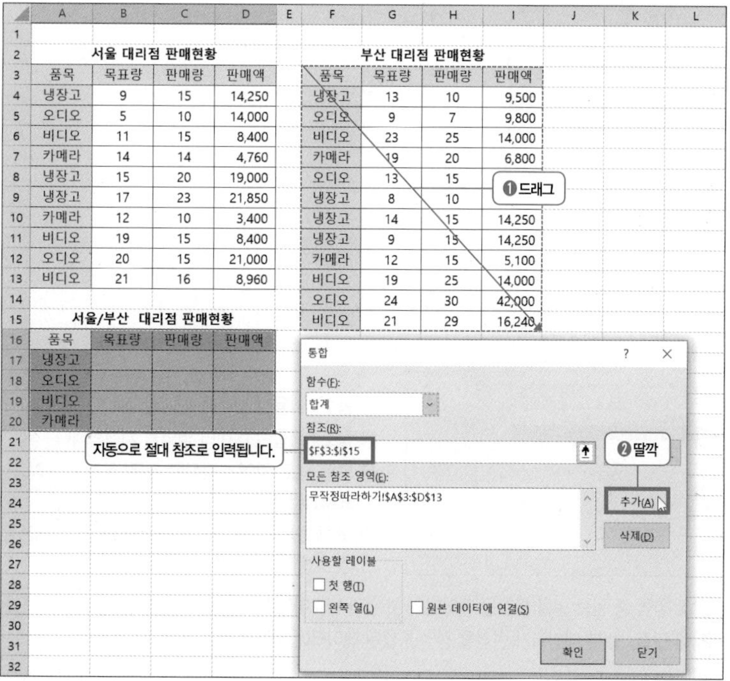

5. 마지막으로 '사용할 레이블'에서 '첫 행', '왼쪽 열'을 선택한 후 〈확인〉을 클릭하면 데이터 통합이 완성됩니다.

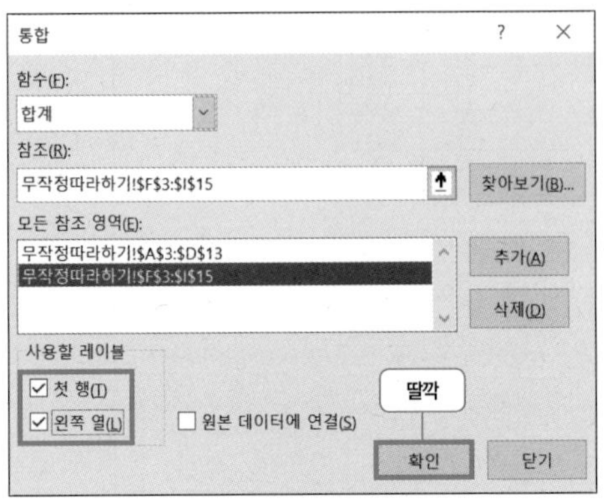

	A	B	C	D	E	F	G	H	I
1									
2	서울 대리점 판매현황					부산 대리점 판매현황			
3	품목	목표량	판매량	판매액		품목	목표량	판매량	판매액
4	냉장고	9	15	14,250		냉장고	13	10	9,500
5	오디오	5	10	14,000		오디오	9	7	9,800
6	비디오	11	15	8,400		비디오	23	25	14,000
7	카메라	14	14	4,760		카메라	19	20	6,800
8	냉장고	15	20	19,000		오디오	13	15	21,000
9	냉장고	17	23	21,850		냉장고	8	10	9,500
10	카메라	12	10	3,400		냉장고	14	15	14,250
11	비디오	19	15	8,400		냉장고	9	15	14,250
12	오디오	20	15	21,000		카메라	12	15	5,100
13	비디오	21	16	8,960		비디오	19	25	14,000
14						오디오	24	30	42,000
15	서울/부산 대리점 판매현황					비디오	21	29	16,240
16	품목	목표량	판매량	판매액					
17	냉장고	85	108	102,600					
18	오디오	71	77	107,800					
19	비디오	114	125	70,000					
20	카메라	57	59	20,060					
21									

잠깐만요 '통합' 대화상자

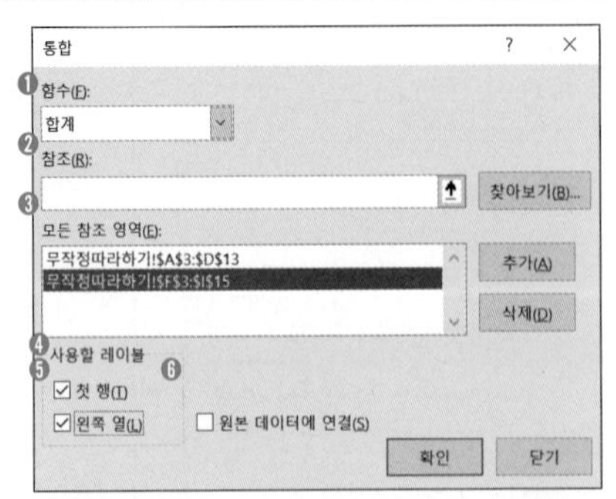

❶ **함수** : 사용할 함수를 선택합니다.

❷ **참조** : 통합할 데이터 영역을 지정합니다.

❸ **모든 참조 영역** : 지정한 모든 참조 영역이 표시됩니다.

❹ **첫 행** : 참조 영역 중 첫 행을 통합된 데이터의 첫 행과 비교하여 데이터를 통합합니다.

❺ **왼쪽 열** : 참조 영역 중 왼쪽 열을 통합된 데이터의 첫 열과 비교하여 데이터를 통합합니다.

❻ **원본 데이터에 연결** : 원본 데이터가 변경될 경우 통합된 데이터에 자동으로 반영됩니다.

전문가의 조언

'원본 데이터에 연결'은 통합할 데이터가 있는 워크시트와 통합 결과가 작성될 워크시트가 서로 다를 경우에만 적용할 수 있으며, 한 번 연결되면 새 데이터를 추가하거나 통합된 데이터 영역을 변경할 수 없습니다.

기출 따라잡기

문제 1 'C:\길벗컴활2급\01 섹션' 폴더의 '섹션14문제.xlsm' 파일을 열어서 작업하시오.

'기출01' 시트에서 다음의 지시사항대로 작업을 처리하시오.

데이터 도구 [통합] 기능을 이용하여 '김포공항 입국 현황' 표와 '부산공항 입국 현황' 표에 대한 국적별 평균 입국자수를 '국적별 평균 입국자수' 표의 [J5:J9] 영역에 계산하시오.

	A	B	C	D	E	F	G	H	I	J
1										
2	김포공항 입국 현황				부산공항 입국 현황				국적별 평균 입국자수	
3										
4	구분	국적	입국자수		구분	국적	입국자수		국적	입국자수
5	1월	미국	2,301		1월	미국	1,203		미국	2,246
6		영국	1,351			프랑스	585		영국	1,868
7		일본	2,456			일본	3,510		일본	2,025
8	2월	미국	5,421		2월	프랑스	251		프랑스	1,757
9		프랑스	2,123			영국	364		독일	1,550
10		영국	5,841			일본	1,230			
11		일본	2,165		3월	영국	254			
12	3월	미국	2,354			일본	654			
13		프랑스	2,478			독일	854			
14	4월	미국	1,245		4월	미국	953			
15		영국	1,532			독일	254			
16		일본	2,136			프랑스	895			
17		독일	3,541							
18		프랑스	4,210							
19										

전문가의 조언

기본문제와 다른 것은 평균 함수를 사용한다는 것입니다. 나머지는 모두 동일하므로 '통합' 대화상자에서 사용할 범위와 옵션만 정확하게 지정해 주세요.

문제 2 'C:\길벗컴활2급\01 섹션' 폴더의 '섹션14문제.xlsm' 파일을 열어서 작업하시오.

'기출02' 시트에서 다음의 지시사항대로 작업을 처리하시오.

데이터 도구 [통합] 기능을 이용하여 '서울지점 매출현황' 표에 대한 주요 매장명별 판매량의 합계를 '최대 매출현황' 표의 [F5:F6] 영역에 계산하시오.

▶ '현대'로 시작하는 매장과 '코리아'로 끝나는 매장의 판매량 합계를 계산하시오.

	A	B	C	D	E	F
1						
2	서울지점 매출현황				최대 매출현황	
3						
4	매장명	제품명	판매량		매장명	판매량
5	서울 코리아	프린터	28		현대*	155
6	현대 잠실	노트북	45		*코리아	118
7	갤러리아	스캐너	71			
8	현대 명동	모니터	42			
9	개렐리아	프린터	14			
10	현대 잠실	프린터	56			
11	갤러리아	노트북	28			
12	개러리아	모니터	45			
13	잠실 코리아	노트북	36			
14	명동 코리아	모니터	54			
15	현대 성북	스캐너	12			
16						

기본문제와 다른 것은 통합 조건을 직접 입력해야 하는 것입니다. [E5:E6] 영역에 조건을 입력한 후 '통합' 대화상자에서 사용할 범위와 옵션을 정확하게 지정해 주세요.

문제 1

24.상시, 23.상시, 22.상시, 21.상시, 21.공개, 20.상시, 19.상시, 18.상시, 17.상시, 16.2, 16.1, 14.2, …

1 통합

1. '기출01' 시트에서 통합 결과가 표시될 [I4:J9] 영역을 블록으로 지정한 후 [데이터] → 데이터 도구 → **통합**을 클릭하세요.
2. '통합' 대화상자에서 함수로 '평균'을 선택하고, '참조'를 클릭한 후 첫 번째 데이터 범위인 [B4:C18] 영역을 범위로 지정한 다음 〈추가〉를 클릭하세요.

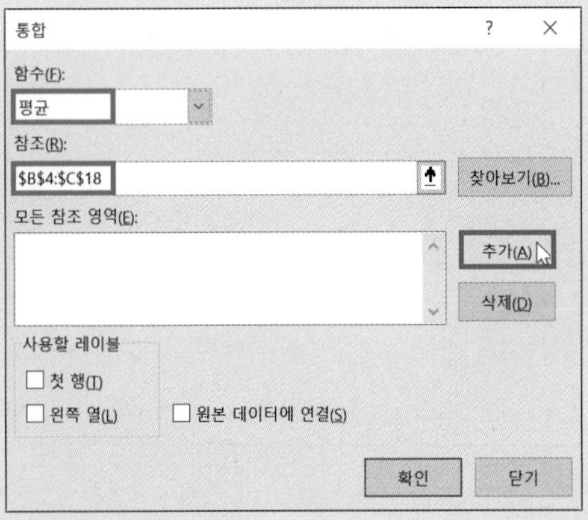

3. 두 번째 영역으로 사용할 데이터 범위인 [F4:G16] 영역을 범위로 지정한 후 〈추가〉를 클릭하세요.

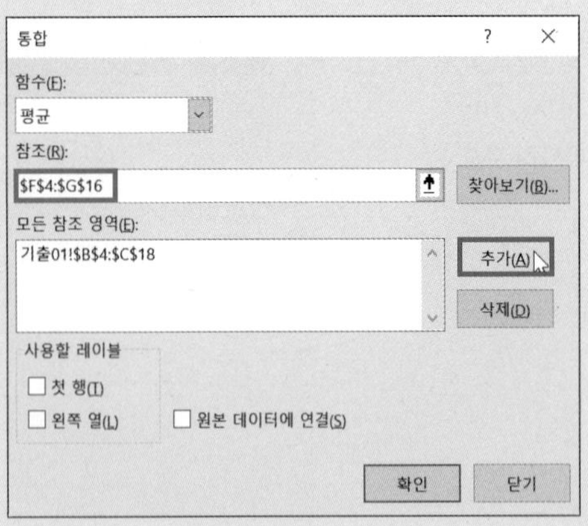

4. 마지막으로 '사용할 레이블'에서 '첫 행'과 '왼쪽 열'을 선택한 후 〈확인〉을 클릭하세요. 통합된 결과가 나타납니다.

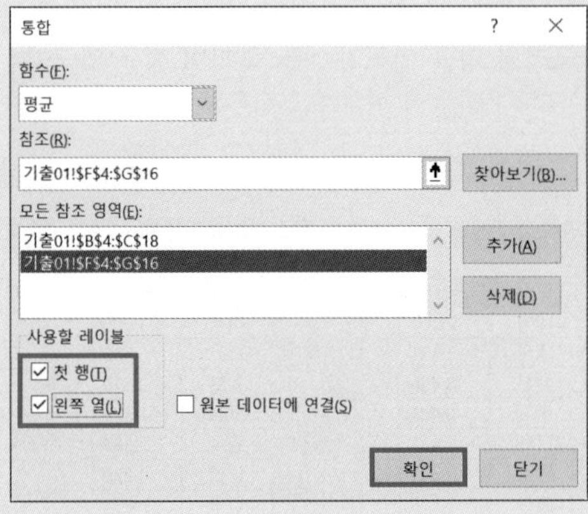

문제 2

24.상시, 19.상시, 05.4

1 통합

1. '기출02' 시트의 [E5:E6] 영역에 그림과 같이 매장명을 입력하세요.

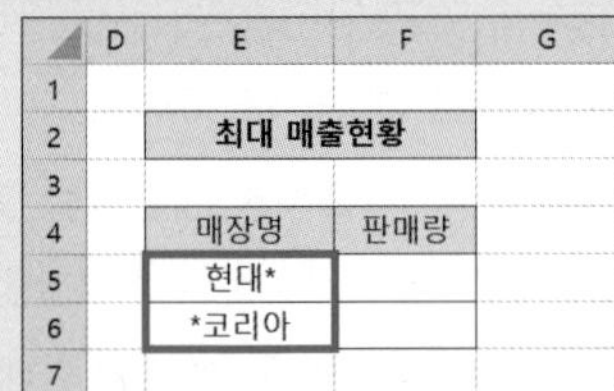

'*'는 임의의 모든 문자를 대신하는 특수문자입니다. '현대*'는 '현대'로 시작하는 모든 단어, '*코리아'는 '코리아'로 끝나는 모든 단어, '*공*'은 '공'이 포함되어 있는 모든 단어를 찾습니다.

2. 통합 결과가 표시될 [E4:F6] 영역을 블록으로 지정한 후 [데이터] → 데이터 도구 → **통합**을 클릭하세요.

3. '통합' 대화상자에서 함수로 '합계'를 선택하고, '참조'를 클릭한 후 데이터 범위인 [A4:C15] 영역을 범위로 지정한 다음 〈추가〉를 클릭하세요.

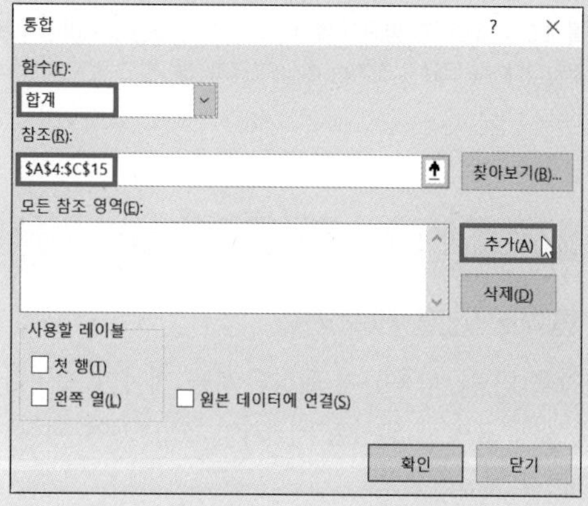

4. 마지막으로 '사용할 레이블'에서 '첫 행'과 '왼쪽 열'을 선택한 후 〈확인〉을 클릭하세요. 통합된 결과가 나타납니다.

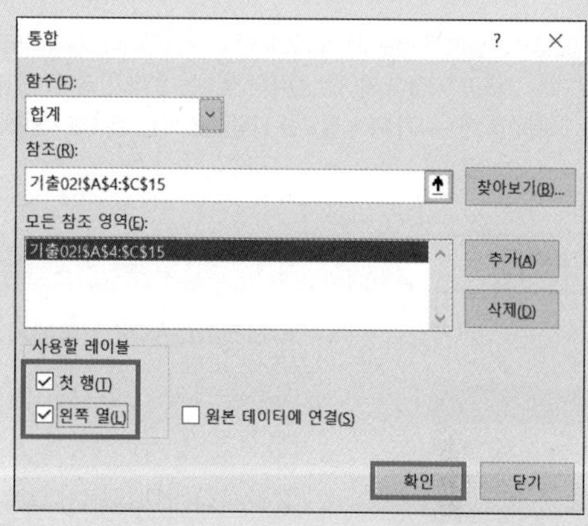

SECTION 15

목표값 찾기

목표값 찾기는 앞에서 배운 시나리오의 반대 개념입니다. 시나리오가 '컴퓨터 점수를 100점 맞았다면 평균이 얼마일까'를 계산하는 것이라면 목표값 찾기는 '평균이 95점이 되려면 컴퓨터 점수는 얼마가 되어야 할까'를 계산하는 것입니다. 즉 목표값 찾기는 수식의 결과값을 알고 있지만, 수식에서 그 결과를 계산하기 위해 필요한 입력값을 모를 경우에 사용하는 기능입니다.

기본문제

'C:\길벗컴활2급\01 섹션' 폴더의 '섹션15문제.xlsm' 파일을 열어서 작업하시오.

목표값 찾기는 '목표값 찾기' 대화상자를 구성하는 각 요소에 대한 개념만 확실하게 알아두면 쉽게 점수를 얻을 수 있는 부분입니다. 특별하게 어렵거나 복잡한 기능이 아니므로 한번 따라하는 것만으로도 쉽게 이해할 수 있습니다.

'무작정따라하기' 시트에서 다음의 지시사항대로 작업을 처리하시오.

대출금액과 상환기간(연), 그리고 이자율(연)을 이용하여 월상환액을 계산한 것이다. [목표값 찾기] 기능을 이용하여 '대출상환' 표에서 월상환액[E2]이 20,000이 되려면 상환기간(연)[B3]은 얼마가 되어야 하는지 계산하시오.

	A	B	C	D	E
1	대출상환				
2	대출금액	1,000,000		월상환액	44,000
3	상환기간(연)	2			
4	이자율(연)	6%			
5					

	A	B	C	D	E
1	대출상환				
2	대출금액	1,000,000		월상환액	20,000
3	상환기간(연)	5			
4	이자율(연)	6%			
5					

따라하기

24.상시, 23.상시, 22.상시, 21.상시, 20.상시, 19.상시, 18.상시, 16.3, 15.상시, 11.1, 10.2, 09.4, 09.3, 08.4, 07.4, 07.1, 06.3, 06.1, 05.4, 05.2, 05.1, …

1 목표값 찾기

1. [데이터] → 예측 → 가상 분석 → **목표값 찾기**를 선택하세요.

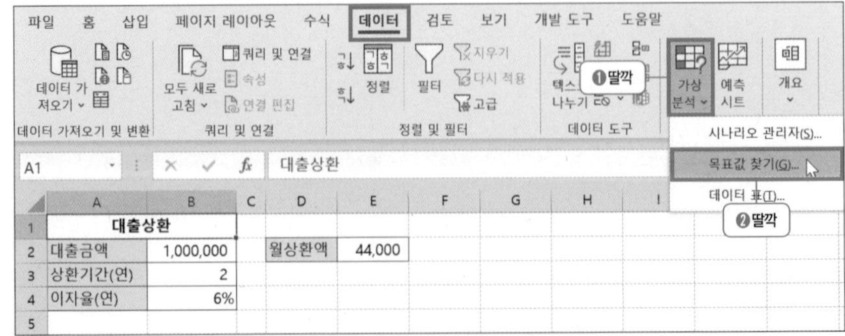

2. '목표값 찾기' 대화상자에서 '수식 셀'에 월상환액이 들어 있는 [E2] 셀을 지정하세요.

3. '찾는 값'에 **20000**을 입력하고 '값을 바꿀 셀'에 상환기간이 들어 있는 [B3] 셀을 지정한 후 〈확인〉을 클릭하세요.

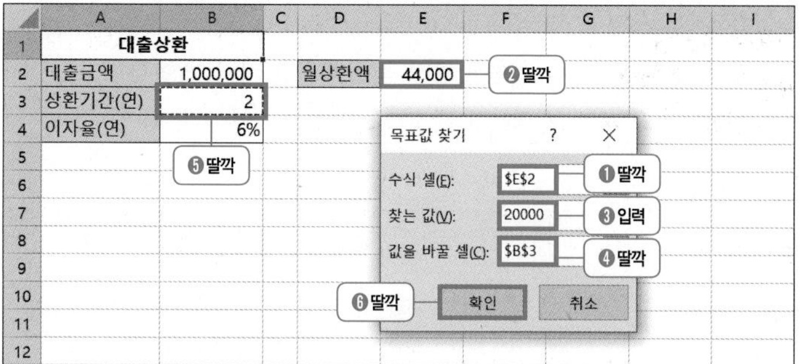

4. '목표값 찾기 상태' 대화상자에는 목표값 찾기 결과가 표시되고, 워크시트의 데이터도 변경되어 있습니다. 내용이 올바른지 확인한 후 〈확인〉을 클릭하세요.

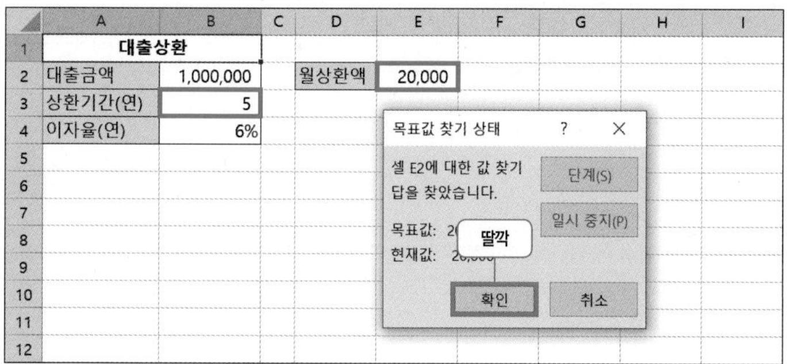

전문가의 조언

'목표값 찾기 상태' 대화상자에서 〈확인〉을 클릭하면 계산한 목표값을 시트에 적용하고, 〈취소〉를 클릭하면 적용하기 전의 원래 상태로 되돌아갑니다.

잠깐만요 '목표값 찾기' 대화상자

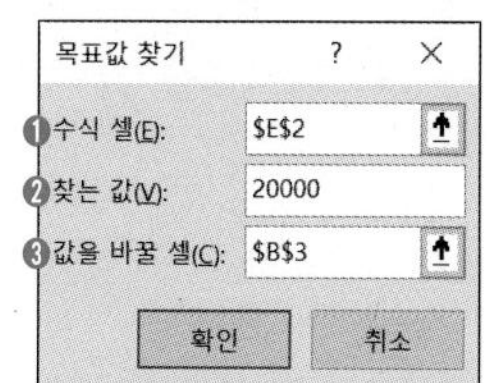

❶ **수식 셀(E2)** : 결과값이 출력되는 셀 주소로, 해당 셀에는 반드시 '값을 바꿀 셀'의 주소를 사용하는 수식이 있어야 합니다.

❷ **찾는 값(20000)** : 목표로 하는 값을 직접 입력합니다. 수식 셀(E2)의 값이 얼마로 변경되어야 하는지를 입력합니다.

❸ **값을 바꿀 셀(B3)** : 목표값을 만들기 위해 변경되어야 할 값이 들어 있는 셀의 주소를 지정합니다. 말로 풀어 쓰면 '찾는 값', 즉 [E2] 셀의 결과값이 20000이 되기 위해서는 '수식 셀'에서 사용하는 주소(값을 바꿀 셀 = 상환기간)의 값이 얼마가 되어야 하는가를 설정하는 것입니다. 어렵나요? '목표값 찾기' 대화상자는 반드시 이해하고 넘어가야 합니다.

4331401

기출 따라잡기

'수식 셀'은 광고 비용의 합계에 해당하는 셀, '찾는 값'은 50000, '값을 바꿀 셀'은 계열C의 광고 비용이 있는 셀입니다.

문제 1 'C:\길벗컴활2급\01 섹션' 폴더의 '섹션15문제.xlsm' 파일을 열어서 작업하시오.

'기출01' 시트에서 작업하시오.

[목표값 찾기] 기능을 이용하여 '길벗 계열회사별 손익계산표'에서 계열사별 광고 비용의 합계[F7]가 50,000이 되려면 계열C의 광고 비용[D7]이 얼마가 되어야 하는지 계산하시오.

	A	B	C	D	E	F
1	길벗 계열회사별 손익계산표					
2						
3		계열A	계열B	계열C	계열D	합계
4	판매 단위	3,592	4,390	3,192	4,789	15,963
5	판매 수입	143,680	175,600	127,680	191,560	638,520
6	판매 비용	89,800	109,750	79,800	119,725	399,075
7	광고 비용	14,251	12,346	13,368	15,263	55,228
8	설비 비용	21,549	26,338	19,155	28,732	95,774
9	이익	18,080	27,166	15,357	27,840	88,443
10	제품 가격	40				(단위:천)
11	제품 비용	25				
12						

➡

	A	B	C	D	E	F
1	길벗 계열회사별 손익계산표					
2						
3		계열A	계열B	계열C	계열D	합계
4	판매 단위	3,592	4,390	3,192	4,789	15,963
5	판매 수입	143,680	175,600	127,680	191,560	638,520
6	판매 비용	89,800	109,750	79,800	119,725	399,075
7	광고 비용	14,251	12,346	8,140	15,263	50,000
8	설비 비용	21,549	26,338	19,155	28,732	95,774
9	이익	18,080	27,166	20,585	27,840	93,671
10	제품 가격	40				(단위:천)
11	제품 비용	25				
12						

기출문제 따라하기

문제 1

24.상시, 23.상시, 22.상시, 21.상시, 20.상시, 19.상시, 18.상시, 16.3, 15.상시, 11.1, 10.2, 09.4, …

1 목표값 찾기

1. '기출01' 시트에서 [데이터] → 예측 → 가상 분석 → **목표값 찾기**를 선택하세요.
2. '목표값 찾기' 대화상자에서 그림과 같이 지정한 후 〈확인〉을 클릭하세요.

목표값 찾기 ? ×

수식 셀(E): $F$7

찾는 값(V): 50000

값을 바꿀 셀(C): $D$7

확인 취소

3. '목표값 찾기 상태' 대화상자에서도 〈확인〉을 클릭하세요.

목표값 찾기 상태 ? ×

셀 F7에 대한 값 찾기
답을 찾았습니다.

단계(S)

일시 중지(P)

목표값: 50000

현재값: 50,000

확인 취소

4 장

기타작업

SECTION 16

매크로

매크로는 간단히 말해서 명령들의 모임입니다. 엑셀을 사용하다 보면 같은 작업을 여러 번 반복해야 하는 경우가 있습니다. 이렇게 반복되는 작업을 진행하기 위해서는 매번 블록을 지정하고, 메뉴를 선택하고, 대화상자를 불러내고, 항목을 선택하는 과정을 되풀이해야 합니다. 하지만 엑셀에서는 이러한 일련의 작업을 매크로로 만들어 여러 단계를 일일이 거치지 않고 한 번의 명령으로 처리할 수 있습니다.

기본문제

'C:\길벗컴활2급\01 섹션' 폴더의 '섹션16문제.xlsm' 파일을 열어서 작업하시오.

> **전문가의 조언**
>
> 매크로는 매회 출제되고 있지만 간단한 수식을 계산하거나 서식, 셀 음영, 테두리 등을 설정하는 비교적 쉬운 내용이 출제되고 있습니다. 앞에서 배운 여러 기능에 매크로 기능을 연결하는 것만 정확하게 숙달한다면 큰 어려움은 없습니다.

'무작정따라하기' 시트의 [표]에서 다음과 같은 기능을 수행하는 매크로를 현재 통합 문서에 작성하고 실행하시오.

1. [F4:F12] 영역에 성명별 합계를 계산하는 매크로를 생성하여 실행하시오.
   - ▶ 매크로 이름 : 합계
   - ▶ SUM 함수 사용
   - ▶ [개발 도구] → [컨트롤] → [삽입] → [양식 컨트롤]의 '단추(▭)'를 동일 시트의 [B14:C15] 영역에 생성하고, 텍스트를 "합계"로 입력한 후 단추를 클릭할 때 '합계' 매크로가 실행되도록 설정하시오.
2. [A3:F3] 영역에 채우기 색을 '표준 색 – 빨강'으로 적용하는 매크로를 생성하여 실행하시오.
   - ▶ 매크로 이름 : 채우기
   - ▶ [삽입] → [일러스트레이션] → [도형] → [사각형]의 '사각형: 둥근 모서리(▢)'를 동일 시트의 [E14:F15] 영역에 생성하고, 텍스트를 "채우기"로 입력한 후 도형을 클릭할 때 '채우기' 매크로가 실행되도록 설정하시오.

※ 셀 포인터의 위치에 상관없이 현재 통합 문서에서 매크로가 실행되어야 정답으로 인정됨

	A	B	C	D	E	F
1	1학기 중간고사 성적					
2						
3	성명	국어	영어	수학	정보산업	합계
4	오철구	90	77	100	98	
5	이지현	79	98	93	96	
6	안남현	88	100	45	94	
7	김미현	56	67	78	92	
8	한평수	47	57	86	88	
9	판구철	89	88	95	86	
10	호지연	90	85	92	84	
11	구봉수	56	93	89	77	
12	유지표	78	94	88	80	
13						
14						
15						
16						

➡

	A	B	C	D	E	F
1	1학기 중간고사 성적					
2						
3	성명	국어	영어	수학	정보산업	합계
4	오철구	90	77	100	98	365
5	이지현	79	98	93	96	366
6	안남현	88	100	45	94	327
7	김미현	56	67	78	92	293
8	한평수	47	57	86	88	278
9	판구철	89	88	95	86	358
10	호지연	90	85	92	84	351
11	구봉수	56	93	89	77	315
12	유지표	78	94	88	80	340
13						
14		합계			채우기	
15						
16						

따라하기

24.상시, 23.상시, 22.상시, 21.상시, 20.상시, 19.상시, 18.상시, 18.1, 17.1, 16.1, 15.3, 15.상시, 14.2, 13.3, 13.상시, 12.3, 10.3, 10.1, 09.4, 08.3, 07.2, 07.1, …

1 '합계' 매크로 작성하기

1. 먼저 리본 메뉴에 '개발 도구' 탭을 추가해야 합니다. [파일] → **옵션**을 클릭하세요.

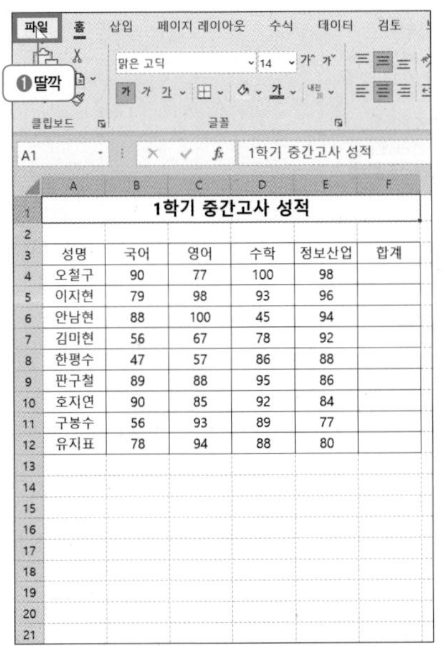

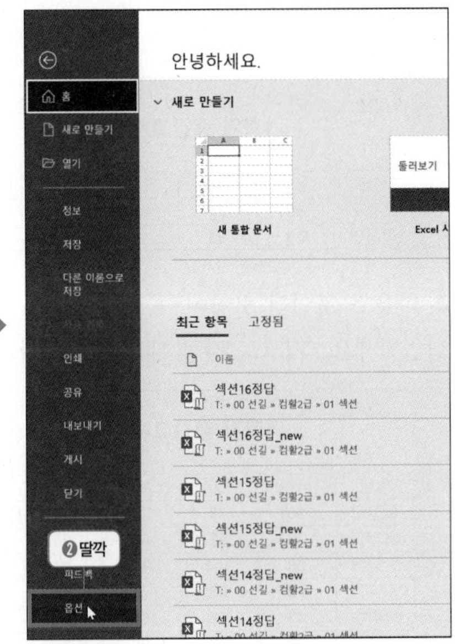

2. 'Excel 옵션' 대화상자의 '리본 사용자 지정' 탭에서 '기본 탭'의 '개발 도구'를 체크 표시한 후 〈확인〉을 클릭하세요.

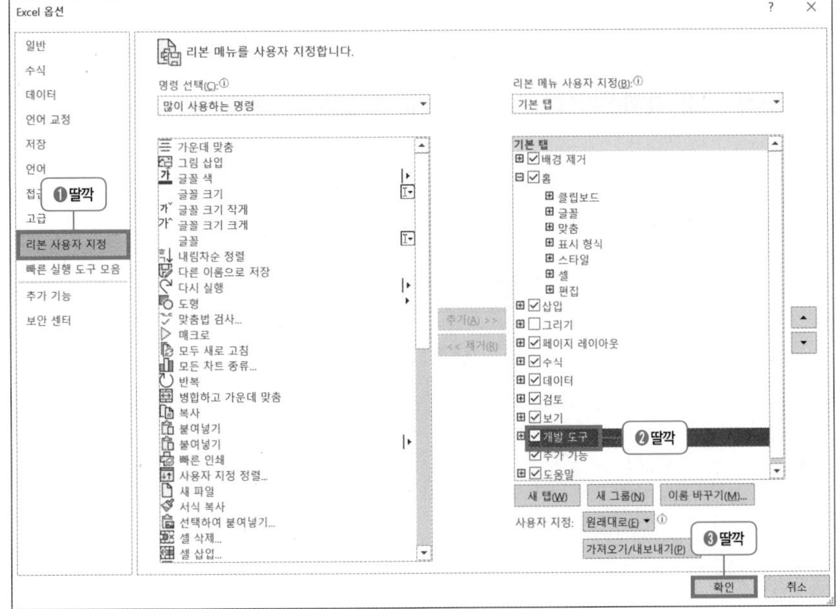

기본적으로 제공되는 '보기' 탭의 매크로 메뉴에는 '매크로 보기', '매크로 기록', '상대 참조로 기록'만 나와 있기 때문에 문제의 지시사항을 처리할 수 없습니다. 문제를 풀기 위해서는 기본 메뉴에 '개발 도구' 탭을 추가해야 합니다. '개발 도구' 탭은 한 번 추가하면 제거할 때까지 계속 표시됩니다.

3. 추가된 '개발 도구' 탭을 이용하여 첫 번째 매크로를 지정할 양식 컨트롤의 단추를 삽입해야 합니다. [개발 도구] → 컨트롤 → 삽입 → 양식 컨트롤 → □(**단추**)를 선택하세요.

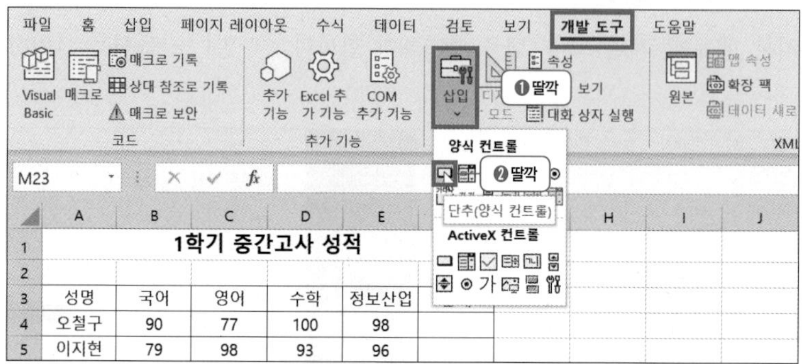

4. 마우스 포인터 모양이 '+'로 바뀝니다. [B14:C15] 영역에 맞게 드래그하여 단추를 삽입하세요. '매크로 지정' 대화상자가 나타납니다.

	A	B	C	D	E	F	G	H	I	J
1	1학기 중간고사 성적									
2										
3	성명	국어	영어	수학	정보산업	합계				
4	오철구	90	77	100	98					
5	이지현	79	98	93	96					
6	안남현	88	100	45	94					
7	김미현	56	67	78	92					
8	한평수	47	57	86	88					
9	판구철	89	88	95	86					
10	호지연	90	85	92	84					
11	구봉수	56	93	89	77					
12	유지표	78	94	88	80					
13										
14				드래그						
15										
16										

5. '매크로 지정' 대화상자에서 '매크로 이름'에 **합계**를 입력한 후 〈기록〉을 클릭하세요.

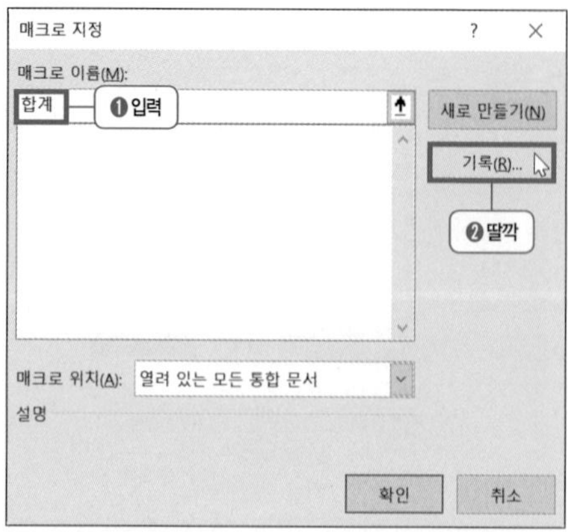

Alt를 누른 채 단추, 도형 등의 개체를 드래그하면 셀의 모서리에 맞게 삽입됩니다.

6. '매크로 기록' 대화상자에 자동으로 매크로 이름이 지정됩니다. 〈확인〉을 클릭하세요.

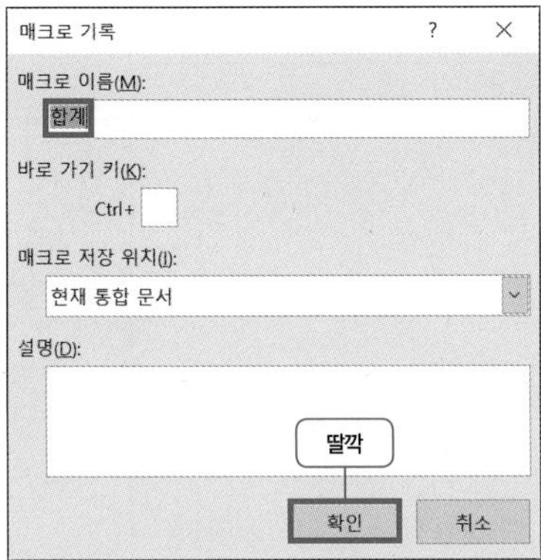

잠깐만요 잘못된 동작도 그대로 기록됩니다.

이제부터 매크로 기록이 시작되는 것입니다. 매크로 기록중에는 문제 풀이와 관계없는 불필요한 동작도 그대로 기록되기 때문에 실수 없이 작업을 마칠 수 있도록 매크로 기록을 시작하기 전에 충분한 예행연습이 필요한데, 실제 시험에서는 예행연습을 해 볼 시간적 여유가 없습니다. 예행연습 없이 완벽하게 매크로를 기록할 수 있도록 평소에 연습을 충분히 해두는 것이 좋습니다.

7. [F4] 셀을 클릭한 후 [수식] → 함수 라이브러리 → **∑(자동 합계)**를 클릭하세요.

8. 합계를 계산하는 SUM 함수와 적용 범위(인수)가 자동으로 표시됩니다. SUM 함수의 적용 범위가 올바른지 확인한 후 Enter를 누르세요.

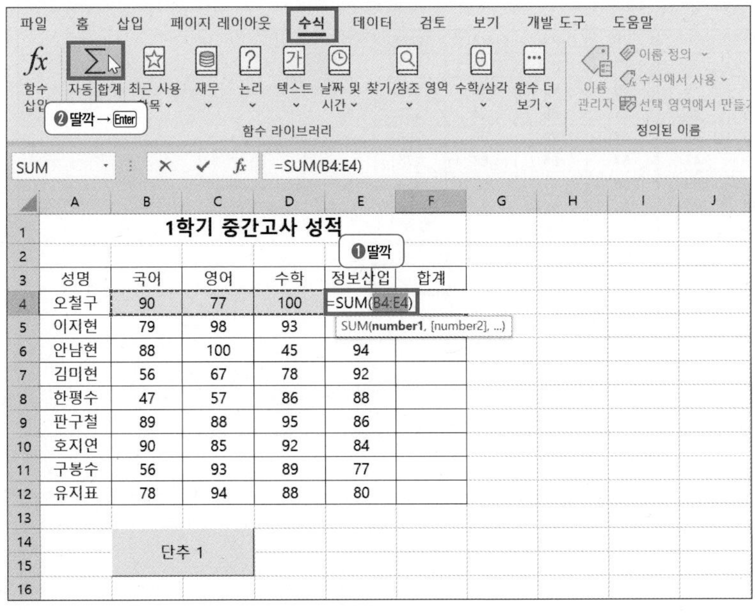

	A	B	C	D	E	F
1		1학기 중간고사 성적				
2						
3	성명	국어	영어	수학	정보산업	합계
4	오철구	90	77	100	=SUM(B4:E4)	
5	이지현	79	98	93		
6	안남현	88	100	45	94	
7	김미현	56	67	78	92	
8	한평수	47	57	86	88	
9	판구철	89	88	95	86	
10	호지연	90	85	92	84	
11	구봉수	56	93	89	77	
12	유지표	78	94	88	80	

- [홈] → 편집 → ∑(자동 합계)를 클릭해도 됩니다.
- 수식을 입력하고 Ctrl + Enter를 누르면 셀 포인터의 이동없이 수식이 완성되므로 셀을 다시 이동할 필요 없이 바로 끌어서 수식을 채울 수 있습니다.
- ∑(자동 합계)를 클릭하는 대신 [F4] 셀에 직접 **=SUM(B4:E4)** 수식을 입력해도 됩니다.

9. [F4] 셀의 채우기 핸들을 [F12] 셀까지 드래그하여 나머지 영역(F5:F12)의 값도 구하세요.

	A	B	C	D	E	F	G	H	I	J
1			1학기 중간고사 성적							
2										
3	성명	국어	영어	수학	정보산업	합계				
4	오철구	90	77	100	98	365				
5	이지현	79	98	93	96					
6	안남현	88	100	45	94					
7	김미현	56	67	78	92					
8	한평수	47	57	86	88					
9	판구철	89	88	95	86					
10	호지연	90	85	92	84					
11	구봉수	56	93	89	77					
12	유지표	78	94	88	80					
13										
14		단추 1								
15										
16										

드래그

임의의 셀(F13)을 클릭하지 않고 블록이 지정된 상태에서 〈기록 중지〉를 클릭해도 됩니다. 단지 블록이 지정된 상태에서 〈기록 중지〉를 클릭하면 매크로 실행 시 항상 블록이 지정되어 있어 결과를 확인하기 불편하므로 블록 지정을 해제하기 위해 임의의 셀을 클릭하는 것입니다.

매크로 기록을 중지할 때는 상태 표시줄의 '□(기록 중지)'를 클릭해도 됩니다.

10. 범위로 지정하지 않은 임의의 셀(F13)을 클릭하여 블록 지정을 해제한 후 [개발 도구] → 코드 → **기록 중지**를 클릭하세요. 매크로 기록이 종료됩니다.

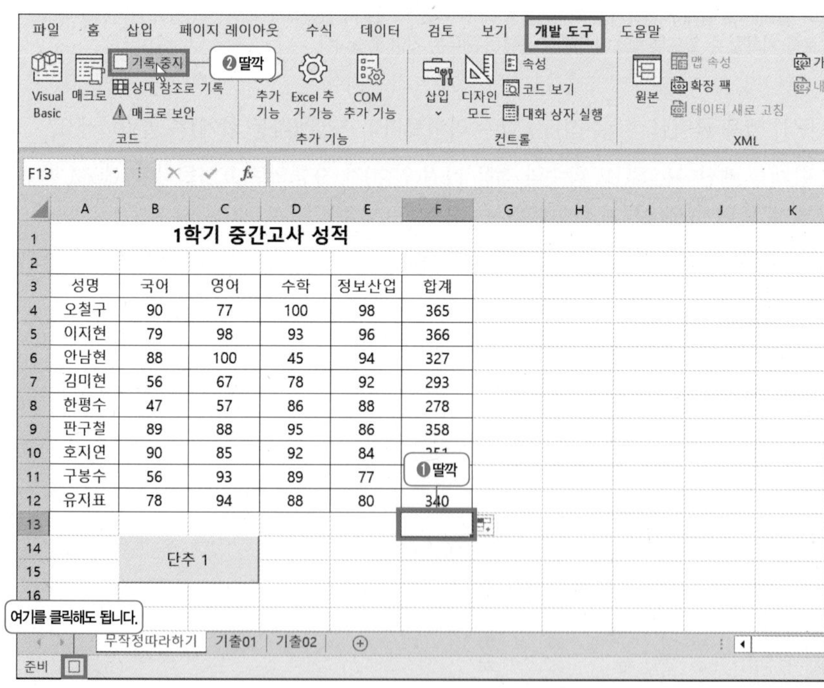

	A	B	C	D	E	F
1			1학기 중간고사 성적			
3	성명	국어	영어	수학	정보산업	합계
4	오철구	90	77	100	98	365
5	이지현	79	98	93	96	366
6	안남현	88	100	45	94	327
7	김미현	56	67	78	92	293
8	한평수	47	57	86	88	278
9	판구철	89	88	95	86	358
10	호지연	90	85	92	84	351
11	구봉수	56	93	89	77	
12	유지표	78	94	88	80	340
14		단추 1				

11. 단추에 입력된 텍스트를 수정해야 합니다. 단추를 마우스 오른쪽 버튼으로 클릭한 후 바로 가기 메뉴에서 [**텍스트 편집**]을 선택하세요.

	A	B	C	D	E	F	G	H	I	J
1	1학기 중간고사 성적									
2										
3	성명	국어	영어	수학	정보산업	합계				
4	오철구	90	77	100	98	365				
5	이지현	79	98	93	96	366				
6	안남현	88	100	45	94	327				
7	김미현	56	67	78	92	293				
8	한평수	47	57	86	88	278				
9	판구철	89	88	95	86	358				
10	호지연	90	85	92	84	351				
11	구봉수	56	93	89	77	315				
12	유지표	78	94	88	80	340				

❶오른쪽 딸깍

잘라내기(T)
복사(C)
붙여넣기(P)
텍스트 편집(X)
그룹화(G)
순서(R)
매크로 지정(N)...
컨트롤 서식(F)...

❷딸깍

12. 단추에 입력된 **단추 1**을 삭제하고 **합계**를 입력한 후 임의의 셀을 클릭하여 텍스트 편집 상태를 해제하세요.

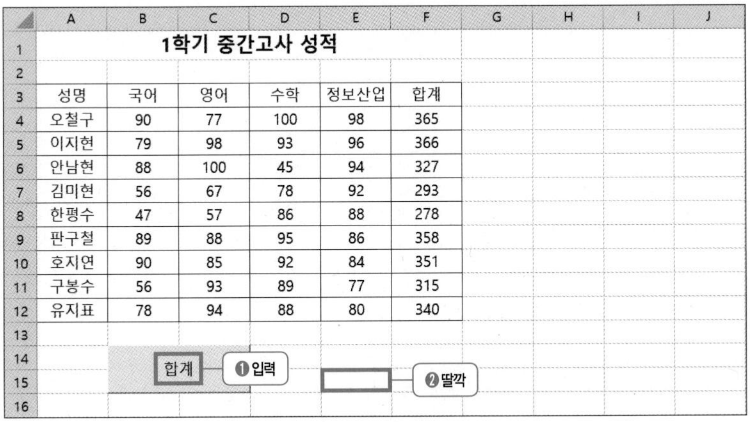

	A	B	C	D	E	F	G	H	I	J
1	1학기 중간고사 성적									
2										
3	성명	국어	영어	수학	정보산업	합계				
4	오철구	90	77	100	98	365				
5	이지현	79	98	93	96	366				
6	안남현	88	100	45	94	327				
7	김미현	56	67	78	92	293				
8	한평수	47	57	86	88	278				
9	판구철	89	88	95	86	358				
10	호지연	90	85	92	84	351				
11	구봉수	56	93	89	77	315				
12	유지표	78	94	88	80	340				

합계 ❶입력

❷딸깍

2 '채우기' 매크로 작성하기

24.상시, 24.공개, 23.상시, 22.상시, 21.상시, 21.공개, 20.상시, 19.상시, 18.상시, 18.2, 18.1, 17.1, 16.3, 16.1, 15.3, 14.3, 13.상시, 13.1, 12.3, 12.2, 12.1, 11.3, …

1. 두 번째 매크로를 지정할 도형을 삽입해야 합니다. [삽입] → 일러스트레이션 → 도형 → 사각형 → **사각형: 둥근 모서리(▢)**를 선택한 후 [E14:F15] 영역에 맞게 드래그하세요.

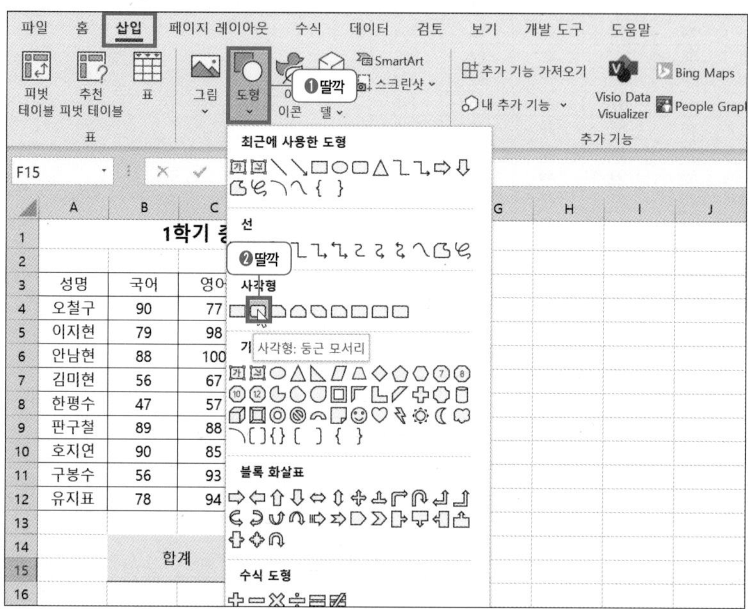

↓

	A	B	C	D	E	F
1	1학기 중간고사 성적					
2						
3	성명	국어	영어	수학	정보산업	합계
4	오철구	90	77	100	98	365
5	이지현	79	98	93	96	366
6	안남현	88	100	45	94	327
7	김미현	56	67	78	92	293
8	한평수	47	57	86	88	278
9	판구철	89	88	95	86	358
10	호지연	90	85	92	84	351
11	구봉수	56	93	89	77	315
12	유지표	78	94	88	80	340
13						
14		합계				
15						
16						

❸드래그

2. 삽입한 도형에 매크로를 지정해야 합니다. 도형을 마우스 오른쪽 버튼으로 클릭한 후 바로 가기 메뉴에서 **[매크로 지정]**을 선택하세요. '매크로 지정' 대화상자가 나타납니다.

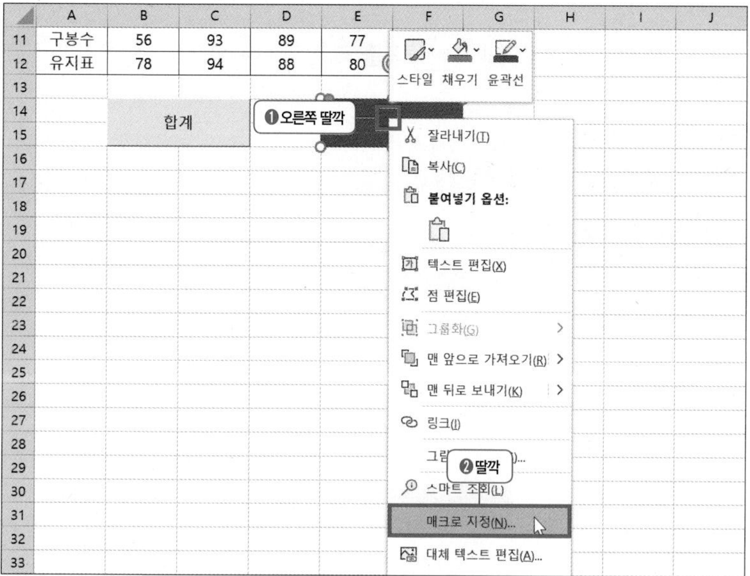

3. '매크로 지정' 대화상자에서 '매크로 이름'에 **채우기**를 입력한 후 〈기록〉을 클릭하세요.

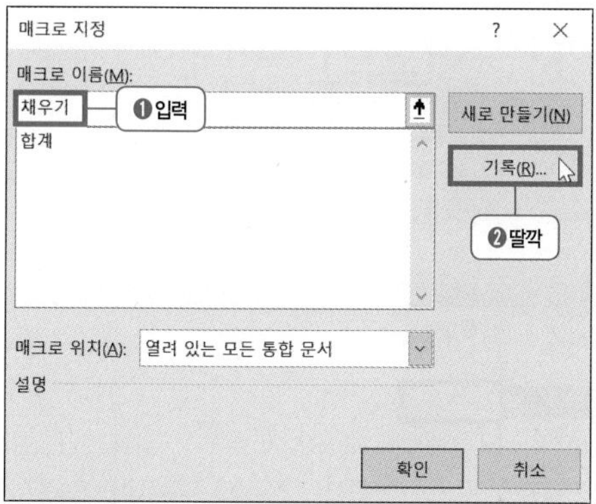

4. '매크로 기록' 대화상자에 자동으로 매크로 이름이 지정됩니다. 〈확인〉을 클릭하세요.

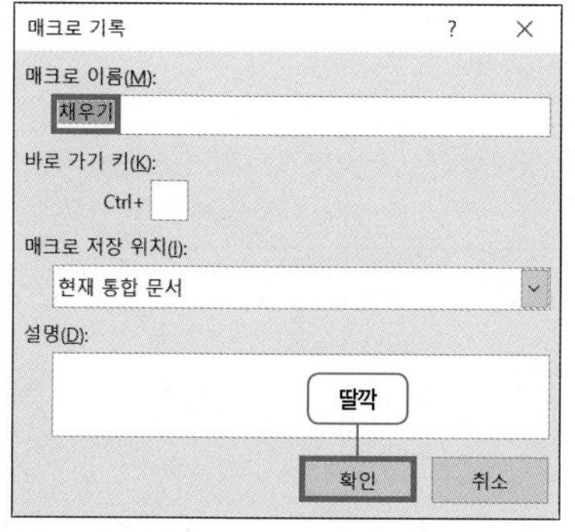

전문가의 조언

양식 컨트롤의 '단추'를 삽입하면 자동으로 '매크로 지정' 대화상자가 나타지만 도형을 삽입하면 아무것도 나타나지 않습니다. 그러므로 도형의 바로 가기 메뉴를 이용하여 '매크로 지정' 대화상자를 호출해야 합니다.

[A3:F3] 영역을 블록으로 지정하고 마우스 오른쪽 버튼을 클릭한 후 미니 도구 모음에서 채우기 색(⬚)의 ⬚ → **빨강**을 선택해도 됩니다.

5. [A3:F3] 영역에 채우기 색을 지정해야 합니다. [A3:F3] 영역을 블록으로 지정한 후 [홈] → 글꼴 → 채우기 색(⬚)의 ⬚ → **빨강**을 선택하세요.

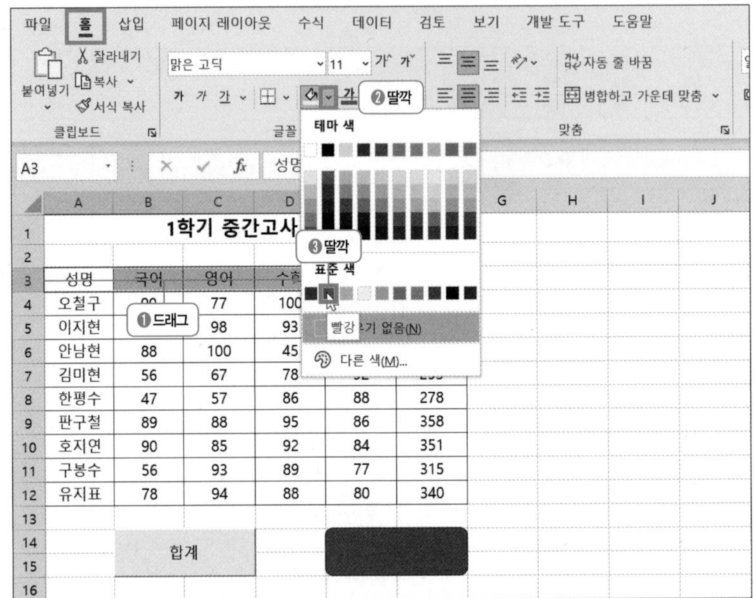

6. 범위로 지정하지 않은 임의의 셀(G3)을 클릭하여 블록 지정을 해제한 후 [개발 도구] → 코드 → **기록 중지**를 클릭하세요. 매크로 기록이 종료됩니다.

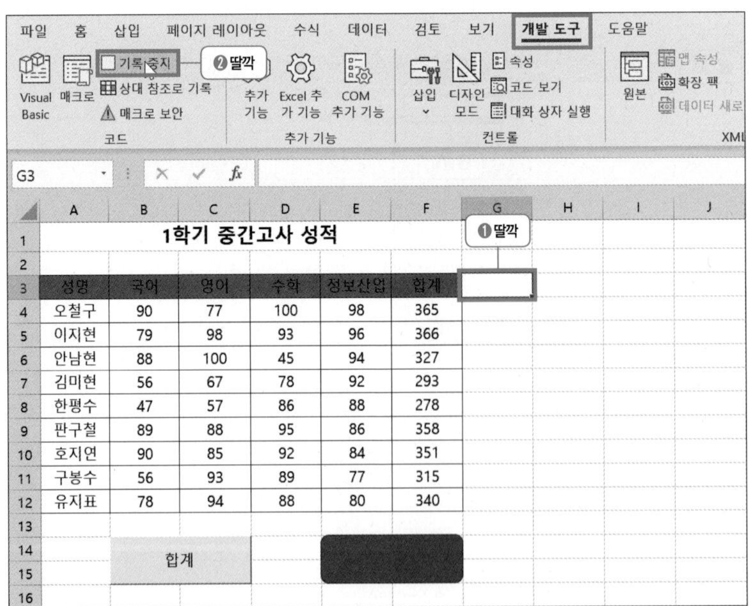

7. 도형에 텍스트를 입력하기 위해 도형을 마우스 오른쪽 버튼으로 클릭한 후 바로 가기 메뉴에서 **[텍스트 편집]**을 선택하세요.

	A	B	C	D	E	F	G	H	I	J
1	1학기 중간고사 성적									
2										
3	성명	국어	영어	수학	정보산업	합계				
4	오철구	90	77	100	98	365				
5	이지현	79	98	93	96	366				
6	안남현	88	100	45	94	327				
7	김미현	56	67	78	92	293				
8	한평수	47	57	86	88	278				
9	판구철	89	88	95	86	358				
10	호지연	90	85	92	84	351				
11	구봉수	56	93	89	77					
12	유지표	78	94	88	80					

합계 / ❶ 오른쪽 딸깍 / 스타일 채우기 윤곽선 / 잘라내기(T) / 복사(C) / 붙여 / ❷ 딸깍 / 텍스트 편집(X) / 점 편집(E)

8. 도형에 **채우기**를 입력한 후 임의의 셀을 클릭하여 텍스트 편집 상태를 해제하세요.

	A	B	C	D	E	F	G	H	I	J
1	1학기 중간고사 성적									
2										
3	성명	국어	영어	수학	정보산업	합계				
4	오철구	90	77	100	98	365				
5	이지현	79	98	93	96	366				
6	안남현	88	100	45	94	327				
7	김미현	56	67	78	92	293				
8	한평수	47	57	86	88	278				
9	판구철	89	88	95	86	358				
10	호지연	90	85	92	84	351				
11	구봉수	56	93	89	77	315				
12	유지표	78	94	88	80	340				

합계 / 채우기 / ❶ 입력 / ❷ 딸깍

9. [F4:F12] 영역의 합계를 삭제하고, [A3:F3] 영역의 채우기 색을 '채우기 없음'으로 지정한 후 〈합계〉 단추와 〈채우기〉 도형을 클릭하여 매크로가 정상적으로 동작하는지 확인하세요.

궁금해요 **시나공 Q&A 베스트**

Q1 도형에 입력된 글씨가 잘려서 보여요!

A1 이것은 채점과는 무관하므로 그대로 두어도 감점되지 않습니다. 점수와는 상관없지만 동일하게 만들고 싶다면 도형의 바로 가기 메뉴에서 **[도형 서식]**을 선택하여 나타나는 '도형 서식' 창의 [텍스트 옵션] → (텍스트 상자) → **텍스트 상자**에서 '도형의 텍스트 배치'의 체크 표시를 해제한 후 '닫기(X)'를 클릭하면 됩니다.

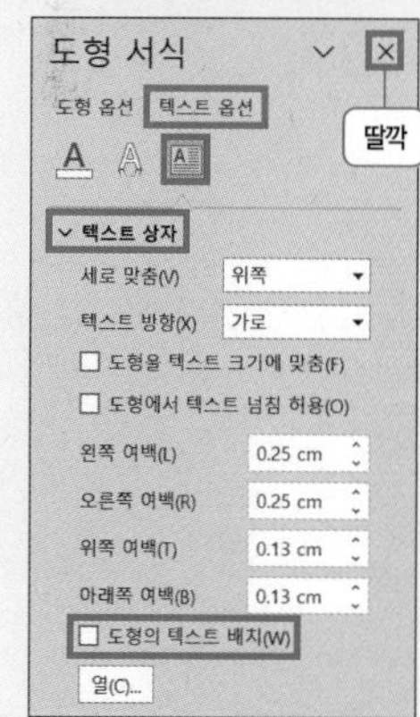

Q2 매크로를 잘못 만들었어요. 어떻게 수정해야 하나요?

A2 매크로 작성을 잘못하였을 경우에는 기존에 작성했던 매크로를 삭제한 후 다시 작성하면 됩니다. 매크로를 삭제하려면 [개발 도구] → 코드 → **매크로**를 선택하여 나타나는 '매크로' 대화상자에서 삭제할 매크로 이름을 선택한 후 〈삭제〉를 클릭하면 됩니다.

잠깐만요

다음과 같은 메시지가 나타난 다음 매크로가 실행되지 않은 경우

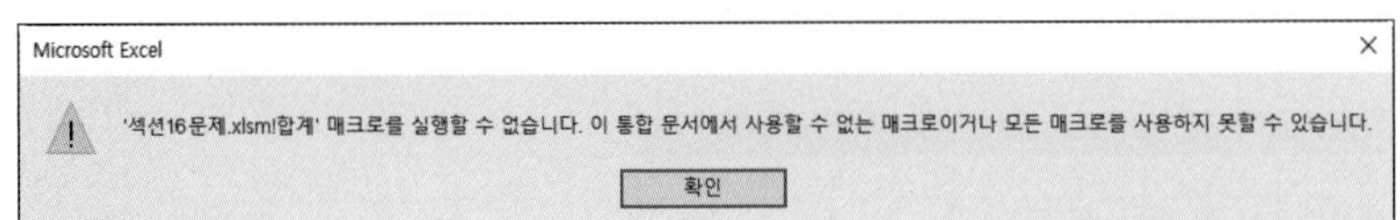

보안 때문이므로 위 메시지에서 〈확인〉을 클릭한 후 이름 상자 위에 표시된 보안 경고에 대한 〈콘텐츠 사용〉을 클릭하면 됩니다.

'매크로 기록' 대화상자

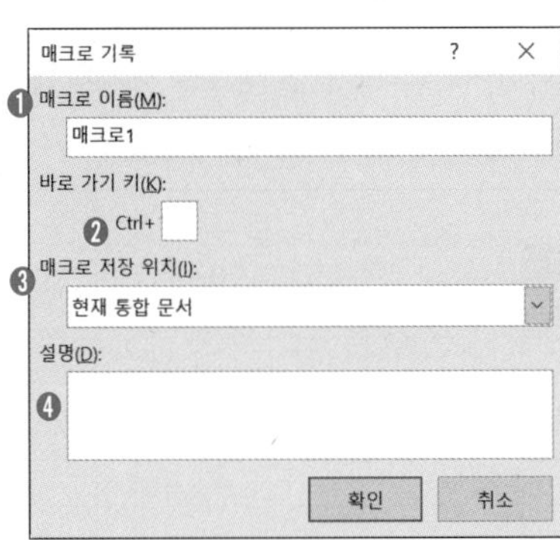

❶ **매크로 이름** : 매크로 이름을 지정합니다.
❷ **바로가기 키** : 매크로를 실행시킬 바로 가기 키를 지정합니다.
❸ **매크로 저장 위치** : 작성된 매크로가 저장될 위치를 지정합니다.
❹ **설명** : 매크로에 대한 간략한 설명을 기재합니다.

'셀 포인터의 위치에 상관없이 현재 통합 문서에서 매크로가 실행되어야 정답으로 인정됨'이라는 지시사항의 의미

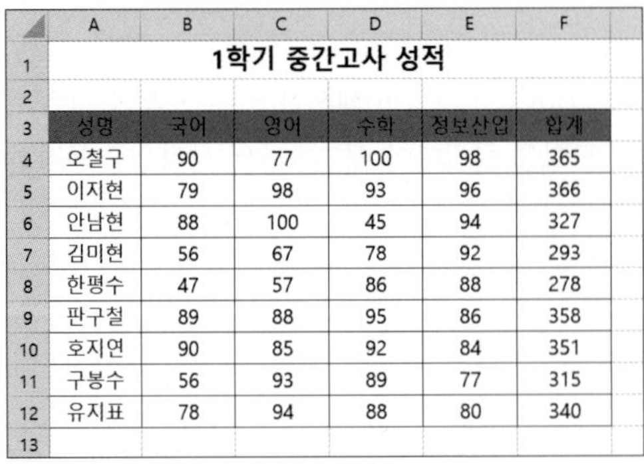

	A	B	C	D	E	F
1	1학기 중간고사 성적					
2						
3	성명	국어	영어	수학	정보산업	합계
4	오철구	90	77	100	98	365
5	이지현	79	98	93	96	366
6	안남현	88	100	45	94	327
7	김미현	56	67	78	92	293
8	한평수	47	57	86	88	278
9	판구철	89	88	95	86	358
10	호지연	90	85	92	84	351
11	구봉수	56	93	89	77	315
12	유지표	78	94	88	80	340
13						

그림에서 영어 점수를 기준으로 오름차순 정렬을 수행하는 매크로를 작성할 경우, 현재 셀 포인터의 위치가 영어 점수(C열)에 있다고 해서 C열의 선택 과정 없이 바로 정렬을 수행하는 매크로를 기록할 경우 매크로 실행 시 시작 위치를 지정하지 않은 것이 됩니다. 이럴 경우 매크로 실행 시 셀 포인터의 위치에 따라 매크로 수행 결과가 달라지거나, 오류가 발생될 수 있습니다. 즉 매크로를 실행하기 전 셀 포인터의 위치가 다행히 C열에 있다면 올바르게 수행 될 수 있으나, 실행하기 전 셀 포인터의 위치가 다른 곳에 있을 경우에는 그 열에서 정렬이 수행되므로 정확한 매크로 수행을 기대하기가 어렵습니다. 매크로를 기록할 때에는 매크로 기록 전 셀 포인터의 위치와 상관없이 매크로 시작 위치를 반드시 선택하고 매크로를 기록해야 합니다. 그림과 같은 경우 커서가 C열에 있더라도 매크로를 기록할 때는 먼저 C열을 선택한 후 정렬을 수행해야 매크로가 실행될 때 C열을 선택하면서 진행되므로 셀 포인터가 어느 위치에 있어도 정상적인 매크로 수행이 가능합니다.

기출 따라잡기 Section 16

문제 1 'C:\길벗컴활2급\01 섹션' 폴더의 '섹션16문제.xlsm' 파일을 열어서 작업하시오.

'기출01' 시트의 [표]에서 다음과 같은 기능을 수행하는 매크로를 현재 통합 문서에 작성하고 실행하시오.

1. [F4:F12] 영역에 성명별 수령액을 계산하는 매크로를 생성하여 실행하시오.
   ▶ 매크로 이름 : 수령액
   ▶ 수령액 = 본봉 + 수당 – 세금
   ▶ [개발 도구] → [컨트롤] → [삽입] → [양식 컨트롤]의 '단추(▭)'를 동일 시트의 [B14:C15] 영역에 생성하고, 텍스트를 "수령액"으로 입력한 후 단추를 클릭할 때 '수령액' 매크로가 실행되도록 설정하시오.
2. [A3:F12] 영역에 '모든 테두리(⊞)'를 적용하는 매크로를 생성하여 실행하시오.
   ▶ 매크로 이름 : 테두리
   ▶ [삽입] → [일러스트레이션] → [도형] → [기본 도형]의 '사각형: 빗면(▢)'을 동일 시트의 [E14:F15] 영역에 생성하고, 텍스트를 "테두리"로 입력한 후 도형을 클릭할 때 '테두리' 매크로가 실행되도록 설정하시오.

※ 셀 포인터의 위치에 상관없이 현재 통합 문서에서 매크로가 실행되어야 정답으로 인정됨

	A	B	C	D	E	F
1	3월 급여 수령액					
2						
3	성명	직급	기본급	수당	세금	수령액
4	오유미	과장	3,350,000	800,000	539,500	3,610,500
5	김두수	부장	4,750,000	1,200,000	773,500	5,176,500
6	표산해	사원	2,550,000	650,000	416,000	2,784,000
7	김석수	부장	4,700,000	1,100,000	754,000	5,046,000
8	부걸구	사원	2,500,000	500,000	390,000	2,610,000
9	모란아	과장	3,200,000	750,000	513,500	3,436,500
10	하선정	사원	2,400,000	600,000	390,000	2,610,000
11	임선향	부장	4,500,000	1,200,000	741,000	4,959,000
12	장산맥	부장	4,600,000	1,150,000	747,500	5,002,500
13						
14		수령액			테두리	
15						
16						

문제 2 'C:\길벗컴활2급\01 섹션' 폴더의 '섹션16문제.xlsm' 파일을 열어서 작업하시오.

'기출02' 시트의 [표]에서 다음과 같은 기능을 수행하는 매크로를 현재 통합 문서에 작성하고 실행하시오.

1. [D13:E13] 영역에 판매가격과 판매수량의 평균을 계산하는 매크로를 생성하여 실행하시오.
   - ▶ 매크로 이름 : 평균
   - ▶ AVERAGE 함수 사용
   - ▶ [개발 도구] → [컨트롤] → [삽입] → [양식 컨트롤]의 '단추(▭)'를 동일 시트의 [G3:G4] 영역에 생성하고, 텍스트를 "평균"으로 입력한 후 단추를 클릭할 때 '평균' 매크로가 실행되도록 설정하시오.
2. [D4:E13] 영역에 '쉼표 스타일(,)'을 지정하는 매크로를 생성하여 실행하시오.
   - ▶ 매크로 이름 : 쉼표
   - ▶ [삽입] → [일러스트레이션] → [도형] → [기본 도형]의 '육각형(⬡)'을 동일 시트의 [G6:G7] 영역에 생성하고, 텍스트를 "쉼표"로 입력한 후 텍스트 맞춤을 가로 '가운데', 세로 '가운데'로 설정하며, 도형을 클릭할 때 '쉼표' 매크로가 실행되도록 설정하시오.

※ 셀 포인터의 위치에 상관없이 현재 통합 문서에서 매크로가 실행되어야 정답으로 인정됨

	A	B	C	D	E	F	G
1	판매 현황						
2							
3	제품코드	공급지역	제품명	판매가격	판매수량		평균
4	1K	서울	키보드	15,000	1,564		
5	2K	부산	키보드	20,000	1,381		
6	3K	인천	키보드	25,000	1,050		쉼표
7	1P	서울	프린터	200,000	685		
8	3P	인천	프린터	230,000	332		
9	2P	부산	프린터	250,000	463		
10	3M	인천	모니터	300,000	566		
11	2M	부산	모니터	320,000	328		
12	1M	서울	모니터	350,000	274		
13	평균			190,000	738		
14							

기출문제 따라하기 Section 16

문제 1

24.상시, 24.공개, 23.상시, 22.상시, 21.상시, 21.공개, 20.상시, 19.상시, 17.상시, 14.3, 13.1, 12.1, …

1 '수령액' 매크로

1. '기출 01' 시트에서 [개발 도구] → 컨트롤 → 삽입 → 양식 컨트롤 → ▭(단추)를 선택한 후 [B14:C15] 영역에 맞게 드래그하세요.

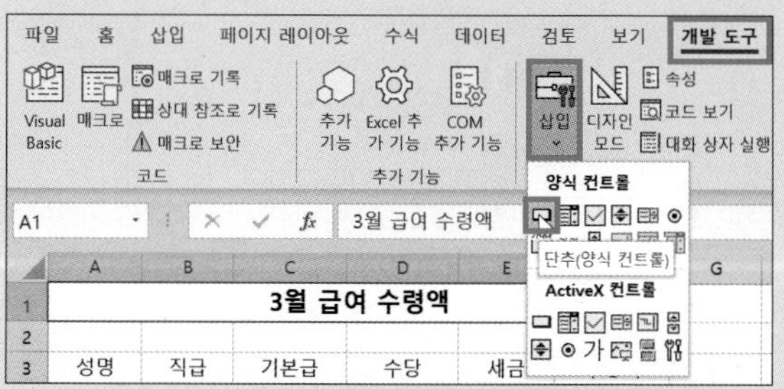

2. '매크로 지정' 대화상자의 '매크로 이름'에 **수령액**을 입력한 후 〈기록〉을 클릭하세요.
3. '매크로 기록' 대화상자에서 〈확인〉을 클릭하세요.
4. [F4] 셀을 클릭하고 **=C4+D4-E4**를 입력한 후 Enter를 누르세요.
5. [F4] 셀의 채우기 핸들을 [F12] 셀까지 드래그하여 수식을 복사하세요.

F4 =C4+D4-E4

	A	B	C	D	E	F
1	3월 급여 수령액					
2						
3	성명	직급	기본급	수당	세금	수령액
4	오유미	과장	3,350,000	800,000	539,500	3,610,500
5	김두수	부장	4,750,000	1,200,000	773,500	5,176,500
6	표산해	사원	2,550,000	650,000	416,000	2,784,000
7	김석수	부장	4,700,000	1,100,000	754,000	5,046,000
8	부걸구	사원	2,500,000	500,000		2,610,000
9	모란아	과장	3,200,000	750,000	513,500	3,436,500
10	하선정	사원	2,400,000	600,000	390,000	2,610,000
11	임선향	부장	4,500,000	1,200,000	741,000	4,959,000
12	장산맥	부장	4,600,000	1,150,000	747,500	5,002,500
13						
14		단추 1				
15						
16						

드래그

6. 임의의 셀(F13)을 클릭한 후 매크로 [개발 도구] → 코드 → **기록 중지**를 클릭하세요.
7. 단추의 바로 가기 메뉴에서 **[텍스트 편집]**을 선택한 후 입력된 내용을 **수령액**으로 수정하세요.

24.상시, 23.상시, 22.상시, 21.상시, 19.상시, 09.1, 08.4, 07.4, 06.2, 05.4, 05.2, 04.4

2 '테두리' 매크로

1. [삽입] → 일러스트레이션 → 도형 → 기본 도형 → **사각형: 빗면**(□)을 선택한 후 [E14:F15] 영역에 맞게 드래그하세요.

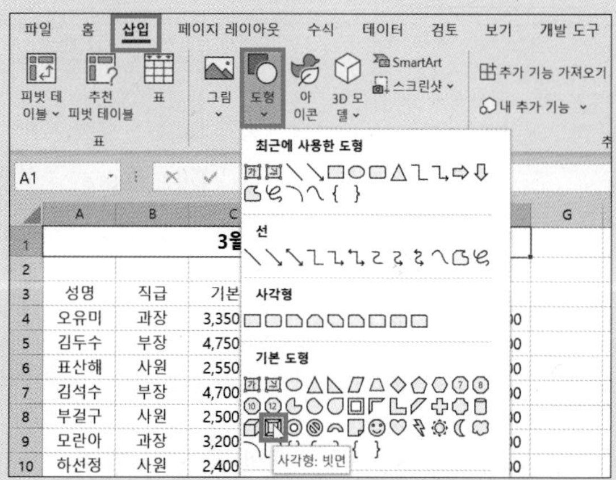

2. 도형의 바로 가기 메뉴에서 **[매크로 지정]**을 선택하세요.
3. '매크로 지정' 대화상자의 '매크로 이름'에 **테두리**를 입력한 후 〈기록〉을 클릭하세요.
4. '매크로 기록' 대화상자에서 〈확인〉을 클릭하세요.
5. [A3:F12] 영역을 블록으로 지정한 후 [홈] → 글꼴 → 테두리(⊞ ⌄)의 ⌄ → **모든 테두리**(⊞)를 선택하세요.

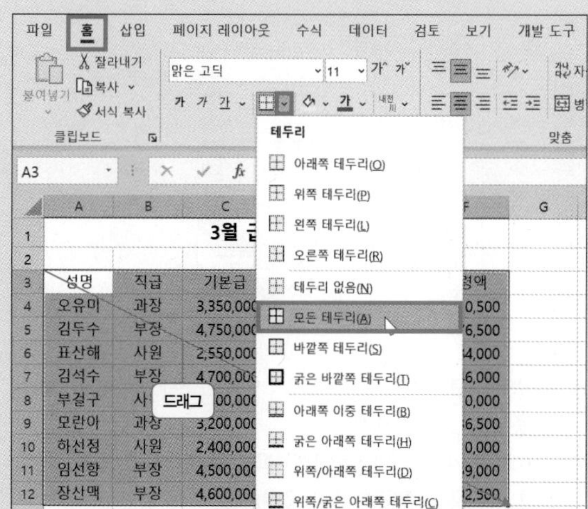

6. 임의의 셀(G12)을 클릭한 후 매크로 [개발 도구] → 코드 → **기록 중지**를 클릭하세요.
7. 도형의 바로 가기 메뉴에서 [텍스트 편집]을 선택한 후 **테두리**를 입력하세요.

문제 2

24.상시, 23.상시, 22.상시, 21.상시, 21.공개, 20.상시, 19.상시, 16.3, 16.2, 15.1, 14.1, 12.2, 11.3, …

1 '평균' 매크로

1. '기출 02' 시트에서 [개발 도구] → 컨트롤 → 삽입 → 양식 컨트롤 → ▭(**단추**)를 선택한 후 [G3:G4] 영역에 맞게 드래그하세요.

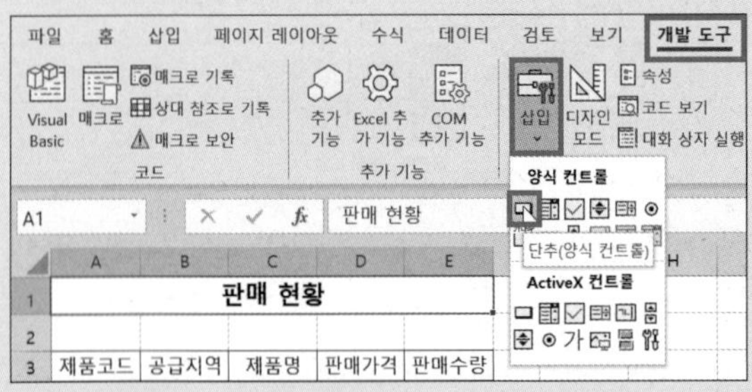

2. '매크로 지정' 대화상자의 '매크로 이름'에 **평균**을 입력한 후 〈기록〉을 클릭하세요.
3. '매크로 기록' 대화상자에서 〈확인〉을 클릭하세요.
4. [D13] 셀을 클릭하고 **=AVERAGE(D4:D12)**를 입력한 후 Enter를 누르세요.
5. [D13] 셀의 채우기 핸들을 [E13] 셀까지 드래그하여 수식을 복사하세요.

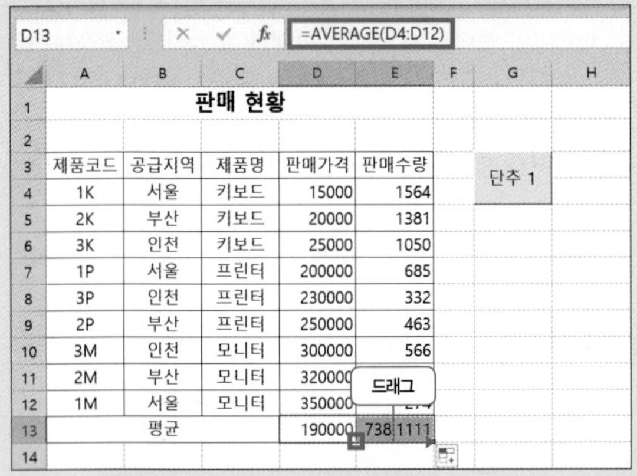

6. 임의의 셀(E14)을 클릭한 후 [개발 도구] → 코드 → **기록 중지**를 클릭하세요.
7. 단추의 바로 가기 메뉴에서 [**텍스트 편집**]을 선택한 후 입력된 내용을 **평균**으로 수정하세요.

24.상시, 23.상시, 22.상시, 21.상시, 20.상시, 19.상시, 15.1, 13.3, 09.1, 06.2, 05.4, 05.3, 05.2, …

2 '쉼표' 매크로

1. [삽입] → 일러스트레이션 → 도형 → 기본 도형 → **육각형**(⬡)을 선택한 후 [G6:G7] 영역에 맞게 드래그하세요.

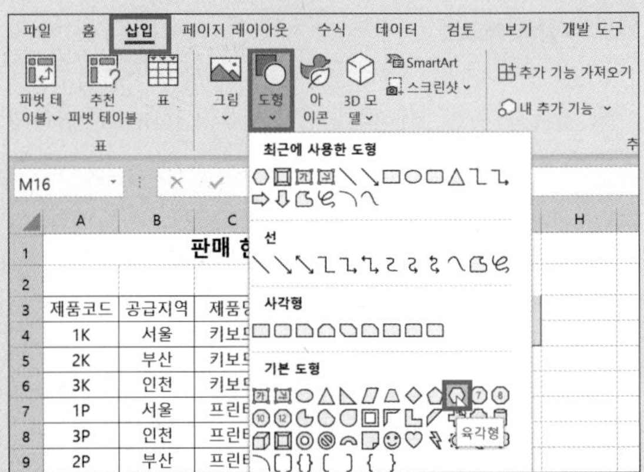

2. 도형의 바로 가기 메뉴에서 [**매크로 지정**]을 선택하세요.
3. '매크로 지정' 대화상자의 '매크로 이름'에 **쉼표**를 입력한 후 〈기록〉을 클릭하세요.
4. '매크로 기록' 대화상자에서 〈확인〉을 클릭하세요.
5. [D4:E13] 영역을 블록으로 지정한 후 [홈] → 표시 형식 → **쉼표 스타일**(❟)을 클릭하세요.

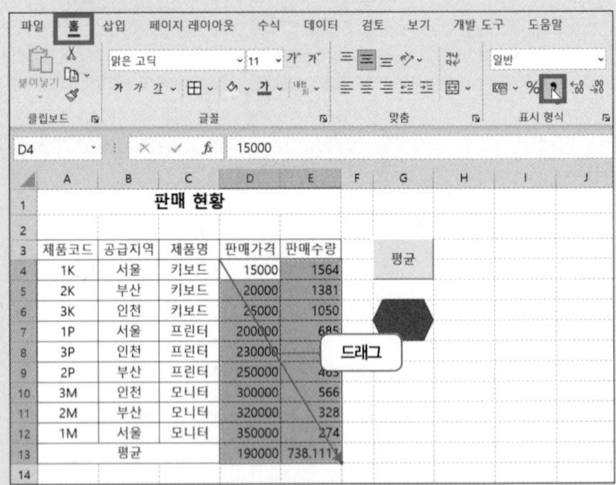

6. 임의의 셀(E14)을 클릭한 후 매크로 [개발 도구] → 코드 → **기록 중지**를 클릭하세요.
7. 도형의 바로 가기 메뉴에서 [**텍스트 편집**]을 선택하세요.
8. [홈] → **맞춤**에서 '세로 가운데 맞춤(☰)'과 '가로 가운데 맞춤(☰)'을 차례로 클릭한 후 **쉼표**를 입력하세요.

SECTION 17

차트

차트는 데이터를 한눈에 파악하고 비교 분석할 수 있도록 도표를 시각화하는 기능입니다. 차트 기능을 이용하면 워크시트에 작성한 표를 2차원이나 3차원의 막대, 원, 선 등 다양한 형태의 차트로 바꾸어 표현할 수 있습니다.

기본문제 'C:\길벗컴활2급\01 섹션' 폴더의 '섹션17문제.xlsm' 파일을 열어서 작업하시오.

'무작정따라하기' 시트의 차트를 지시사항에 따라 아래 그림과 같이 수정하시오.

※ 차트는 반드시 문제에서 제공한 차트를 사용하여야 하며, 신규로 작성 시 0점 처리됨

1. '생산비용' 계열이 제거되도록 데이터 범위를 수정하시오.
2. '생산량' 계열의 차트 종류를 '표식이 있는 꺾은 선형'으로 변경하고, '보조 축'으로 지정하시오.
3. 차트 제목은 '차트 위'로 추가하여 〈그림〉과 같이 입력한 후 글꼴 '굴림', 크기 16, 글꼴 스타일 '굵게'로 지정하시오.
4. 세로(값) 축 제목은 '기본 세로', 보조 세로(값) 축 제목은 '보조 세로'로 추가하여 〈그림〉과 같이 입력하시오.
5. 세로(값) 축의 최대값은 0.05, 보조 세로(값) 축의 최대값은 100,000, 기본 단위는 20,000으로 지정하시오.
6. 범례는 위쪽에 배치하고, 글꼴 '궁서', 크기 11, 글꼴 스타일 '굵게'로 지정하시오.
7. '불량률' 계열에만 데이터 레이블 '값'을 표시하고, 레이블의 위치를 '바깥쪽 끝에'로 지정하시오.
8. '생산량' 계열의 선은 너비 '4pt', 선 색 '표준 색 – 녹색', 선 스타일 '완만한 선'으로 지정하시오.
9. 차트 영역의 테두리에는 그림자 '오프셋 오른쪽 아래'를 설정하고, '둥근 모서리'를 지정하시오.

전문가의 조언

차트는 시험에 매회 빠지지 않고 출제되는 부분입니다. 차트가 만들어진 상태에서 데이터 범위를 변경, 추가 또는 삭제하고, 서식을 지정하는 문제가 출제되고 있으니 차트가 만들어진 상태에서 각 구성 요소를 변경하는 작업을 차분히 따라하며 꼭 숙지하기 바랍니다. 차트의 구성 요소를 이해해야 지시사항을 수행할 수 있다는 걸 명심하세요.

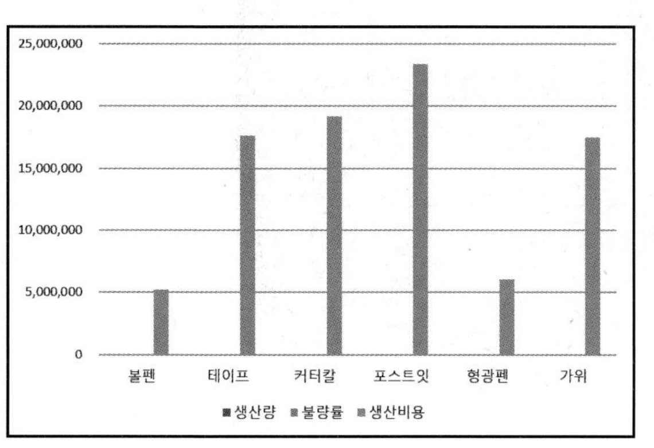

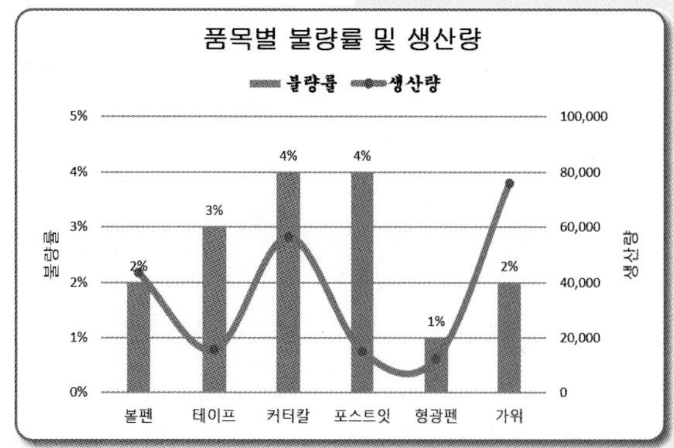

1 데이터 계열 삭제하기

24.상시, 24.공개, 23.상시, 22.상시, 21.상시, 21.공개, 20.상시, 19.상시, 17.1, 15.1, 14.3, 14.1, 13.1, 11.1, 08.3, 08.1

'생산비용' 계열을 제거해야 합니다. 그림 영역에서 '생산비용' 계열을 선택한 후 Delete를 눌러 삭제하세요.

전문가의 조언

'생산비용' 계열의 바로 가기 메뉴에서 [삭제]를 선택하거나 차트 필터(▽)를 클릭한 후 '계열'에서 '생산비용'의 체크 표시를 해제하고 〈적용〉을 클릭해도 됩니다.

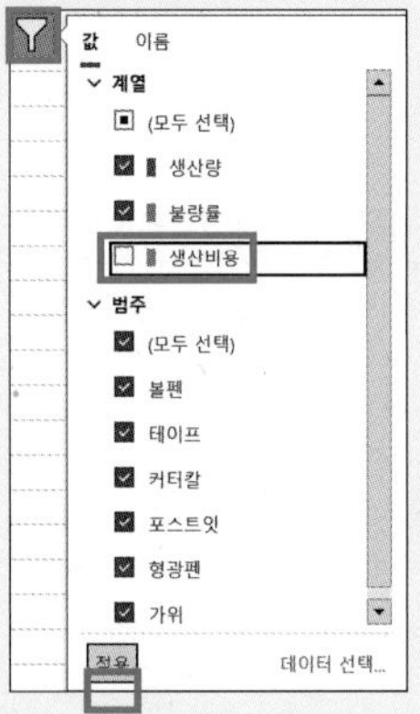

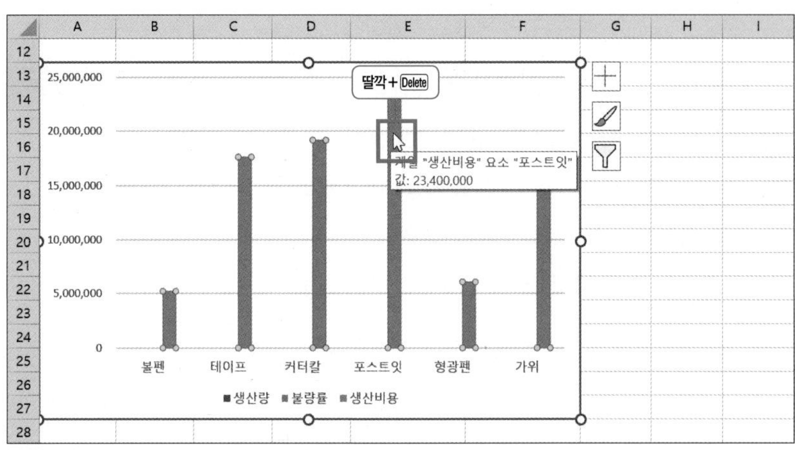

2 차트 종류 변경 및 보조 축 지정하기

24.상시, 23.상시, 22.상시, 21.상시, 21.공개, 20.상시, 18.2, 18.1, 17.상시, 16.3, 16.2, 15.3, 15.1, 14.3, 13.2, 13.1, 12.3, 12.2, 11.3, 11.2, 11.1, 09.4, 09.3, …

1. '생산량' 계열의 차트 종류를 변경하고 보조 축으로 지정해야 합니다. '생산량' 계열을 마우스 오른쪽 버튼으로 클릭한 후 바로 가기 메뉴에서 **[계열 차트 종류 변경]**을 선택하세요.

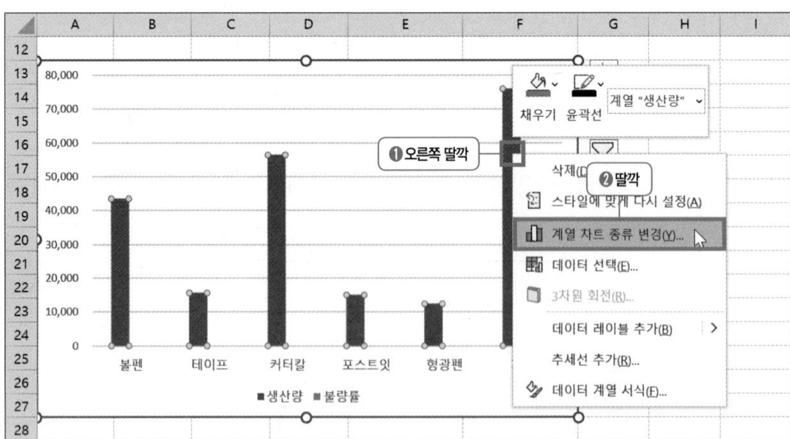

2. '차트 종류 변경' 대화상자의 '혼합' 탭에서 '생산량' 계열의 '차트 종류'를 '표식이 있는 꺾은선형'으로 선택하고, '보조 축'에 체크 표시를 한 후 〈확인〉을 클릭하세요.

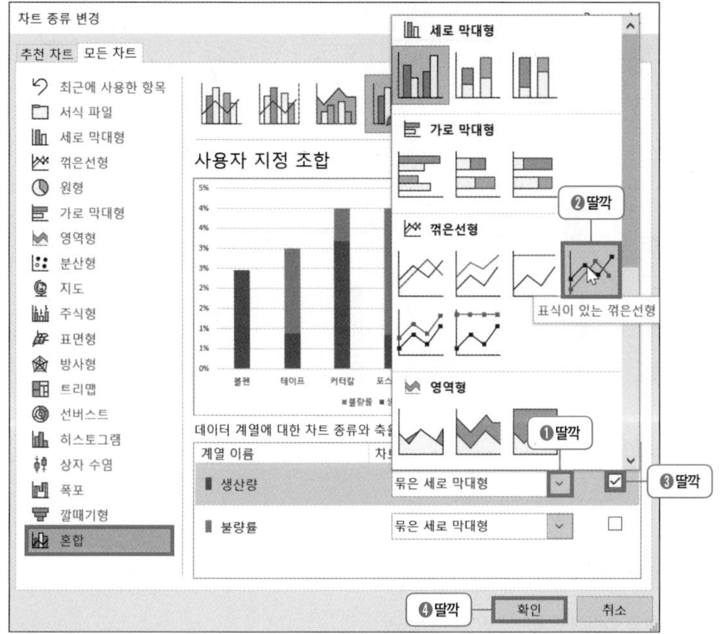

3 차트 제목 작성 및 서식 지정하기

24.상시, 24.공개, 23.상시, 22.상시, 21.상시, 20.상시, 19.상시, 18.상시, 18.2, 18.1, 17.상시, 17.1, 16.1, 15.3, 15.상시, 15.1, 14.2, 14.1, 13.상시, 13.1, 12.3, …

1. 차트 제목을 작성한 후 서식을 지정해야 합니다. 차트를 선택한 후 [차트 디자인] → 차트 레이아웃 → 차트 요소 추가 → 차트 제목 → **차트 위**를 선택하세요.

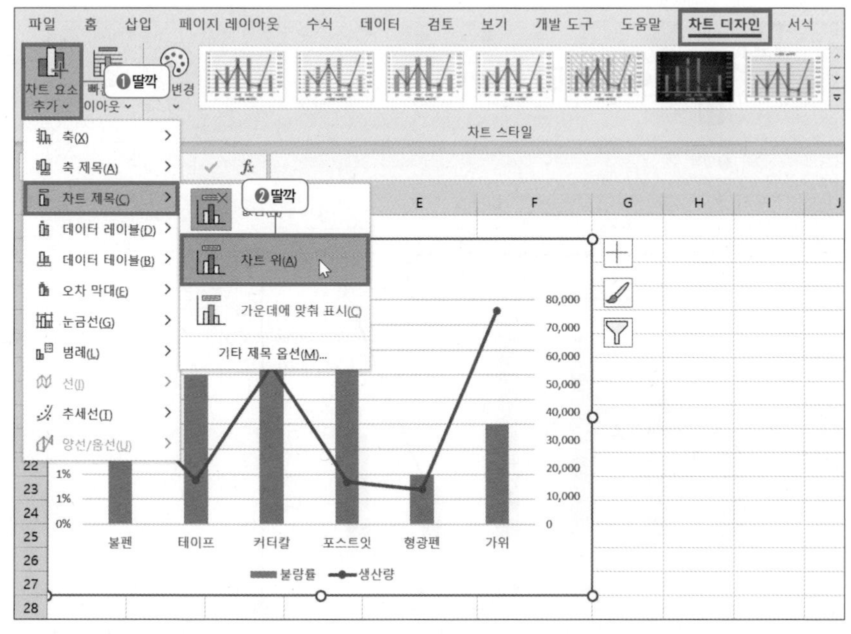

차트 요소(⊞)를 클릭한 후 '차트 제목'의 ▷를 클릭하고 '차트 위'를 선택해도 됩니다.

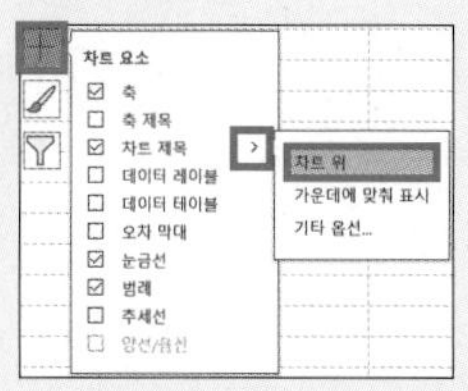

'차트 디자인' 메뉴는 차트를 선택했을 때만 나타납니다.

차트 제목을 수식 입력줄에 입력하지 않고 자동으로 입력된 **차트 제목** 부분을 마우스로 드래그하여 지운 다음 입력해도 결과는 같습니다.

2. 차트 제목이 선택된 상태에서 수식 입력줄에 **품목별 불량률 및 생산량**을 입력한 후 Enter를 누르세요. **차트 제목**이 **품목별 불량률 및 생산량**으로 변경됩니다.

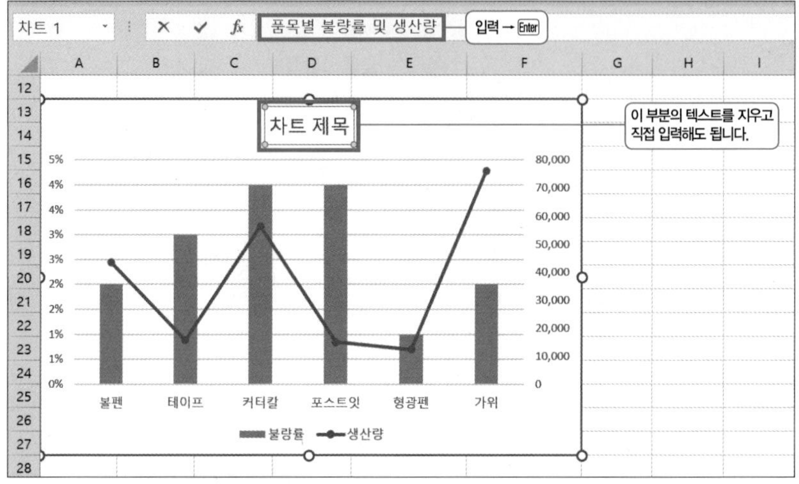

궁금해요 시나공 Q&A 베스트

Q 수식 입력줄에 제목을 입력해도 차트에 반영이 안돼요!

A 차트 제목을 선택하지 않았기 때문입니다. 차트 제목의 외곽선을 클릭하여 선택한 후 수식 입력줄에 원하는 내용을 입력해 보세요.

3. 차트 제목이 선택된 상태에서 [홈] → **글꼴**에서 글꼴 '굴림', 크기 16, 글꼴 스타일 '굵게(가)'를 지정하세요.

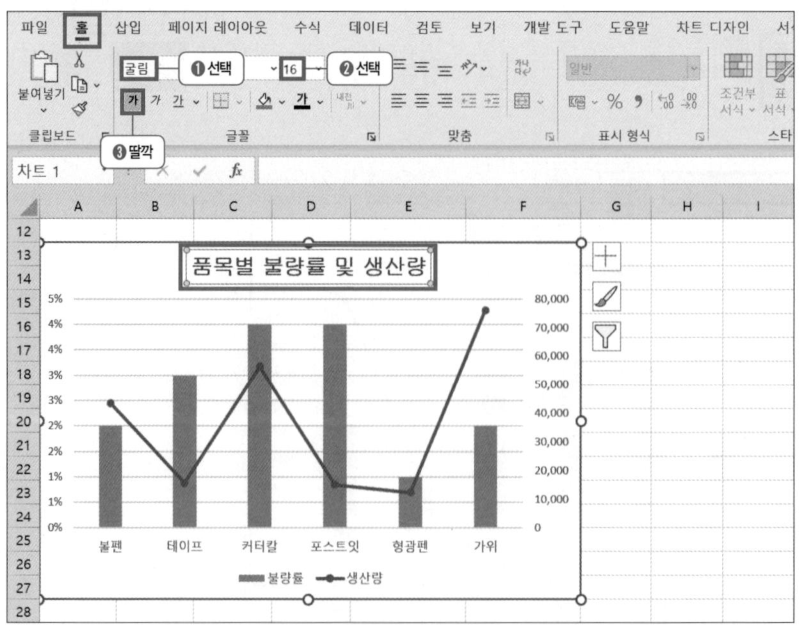

차트 요소(⊞)를 클릭한 후 '축 제목'의 [>]를 클릭하고 '기본 세로'를 선택해도 됩니다.

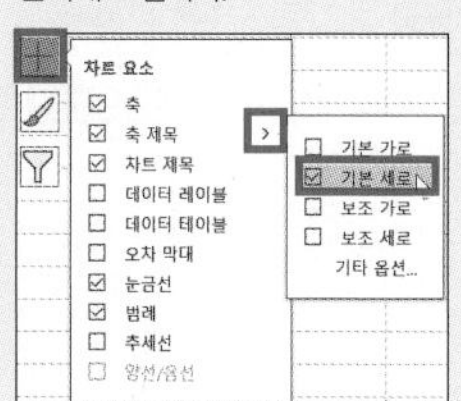

24.상시, 23.상시, 22.상시, 21.상시, 19.상시, 18.상시, 18.2, 18.1, 17.상시, 17.1, 16.1, 15.3, 15.상시, 15.1, 14.2, 14.1, 13.상시, 13.1, 12.3, 12.2, 12.1, 11.3, …

4 축 제목 지정하기

1. 세로(값) 축 제목을 삽입해야 합니다. 차트를 선택한 후 [차트 디자인] → 차트 레이아웃 → 차트 요소 추가 → 축 제목 → **기본 세로**를 선택하세요.

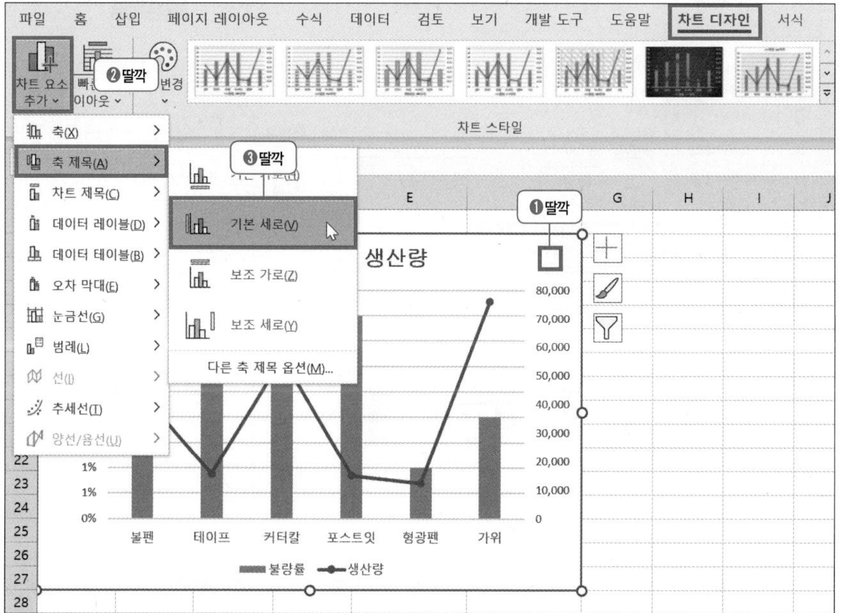

2. 세로(값) 축 제목 부분에 **축 제목**이 삽입됩니다. 세로(값) 축 제목이 선택된 상태에서 수식 표시줄에 **불량률**을 입력한 후 Enter를 누르세요. **축 제목**이 **불량률**로 변경됩니다.

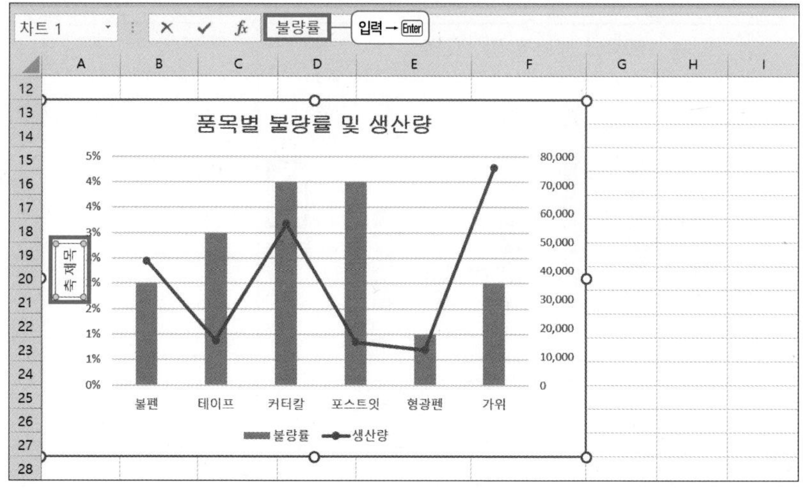

차트 요소(⊞)를 클릭한 후 '축 제목'의 [>]를 클릭하고 '보조 세로'를 선택해도 됩니다.

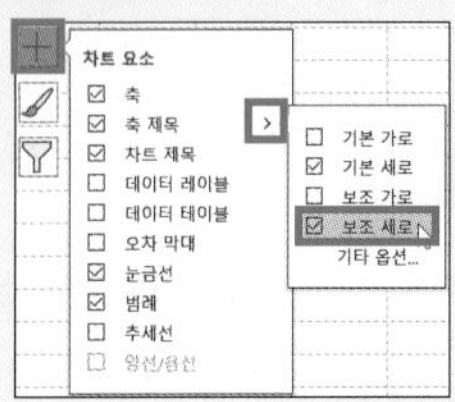

3. 보조 세로(값) 축 제목을 삽입해야 합니다. 차트를 선택한 후 [차트 디자인] → 차트 레이아웃 → 차트 요소 추가 → 축 제목 → **보조 세로**를 선택하세요.

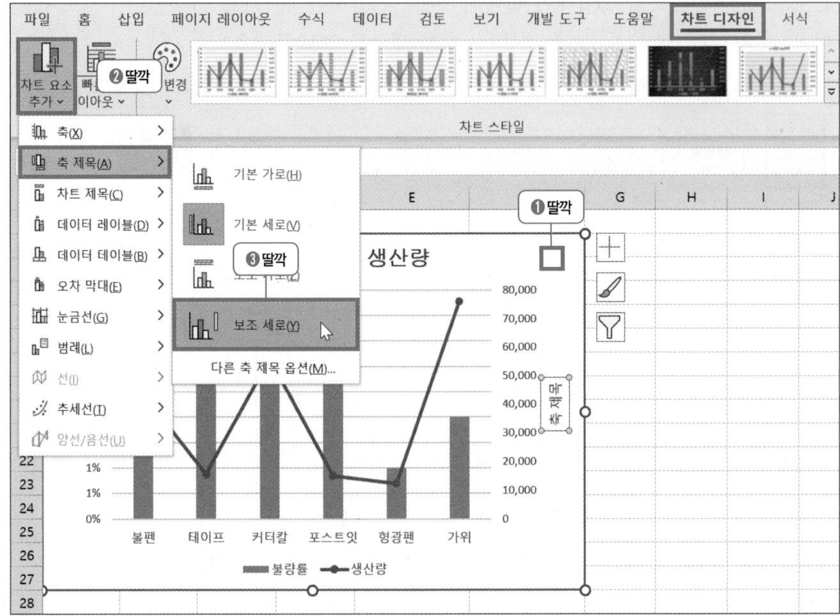

4. 보조 세로(값) 축 제목이 선택된 상태에서 수식 표시줄에 **생산량**을 입력한 후 Enter를 누르세요. **축 제목**이 **생산량**으로 변경됩니다.

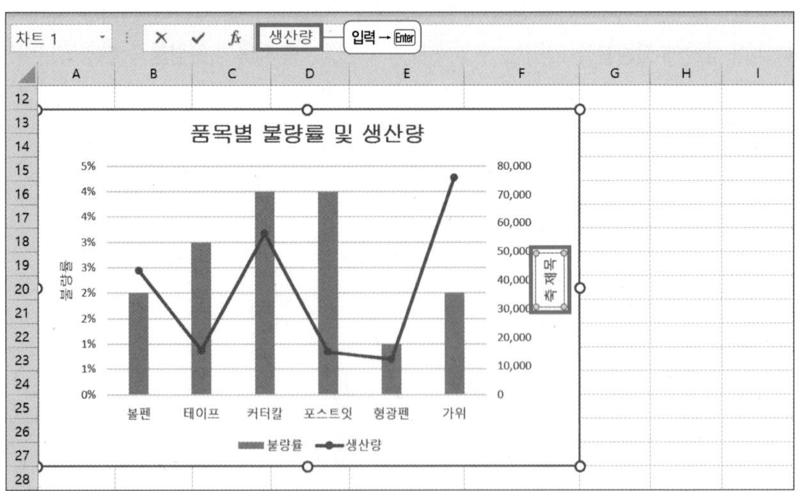

24.상시, 23.상시, 22.상시, 21.상시, 20.상시, 19.상시, 18.상시, 18.1, 17.1, 16.2, 16.1, 15.3, 15.상시, 15.1, 13.상시, 13.1, 12.3, 12.2, 11.2, 08.3, 06.3, …

5 축 서식 지정하기

세로(값) 축을 더블클릭해도 됩니다.

1. 세로(값) 축과 보조 세로(값) 축의 최대값, 기본 단위를 지정해야 합니다. 세로(값) 축을 마우스 오른쪽 버튼으로 클릭한 후 바로 가기 메뉴에서 **[축 서식]**을 선택하세요.

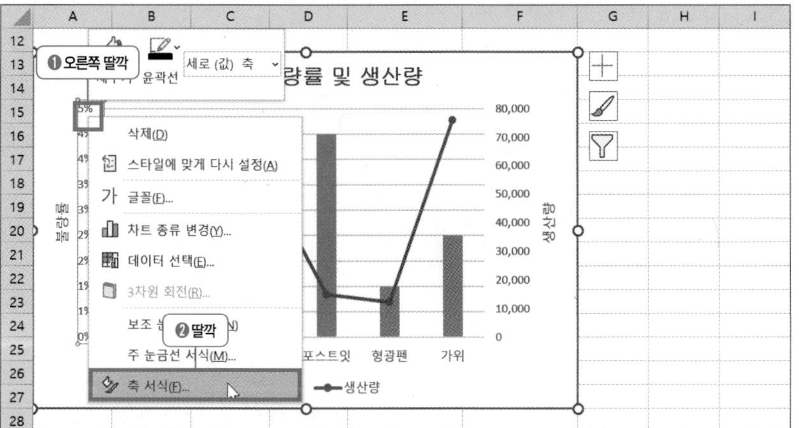

2. '축 서식' 창의 [축 옵션] → (축 옵션) → **축 옵션**에서 경계의 '최대값'을 0.05로 지정한 후 '닫기(☒)'를 클릭하세요.

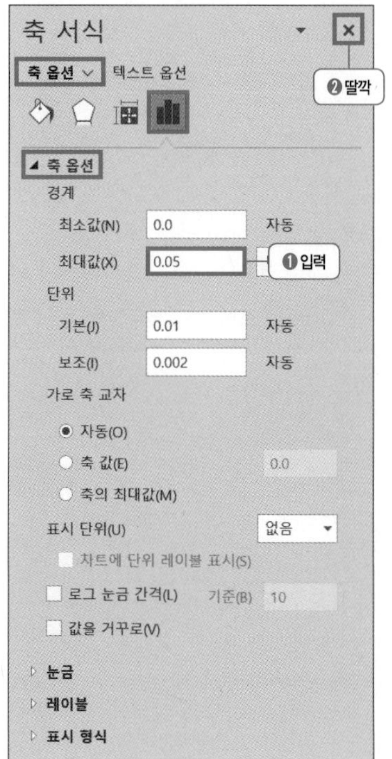

보조 세로(값) 축을 더블클릭해도 됩니다.

3. 보조 세로(값) 축을 마우스 오른쪽 버튼으로 클릭한 후 바로 가기 메뉴에서 **[축 서식]**을 선택하세요.

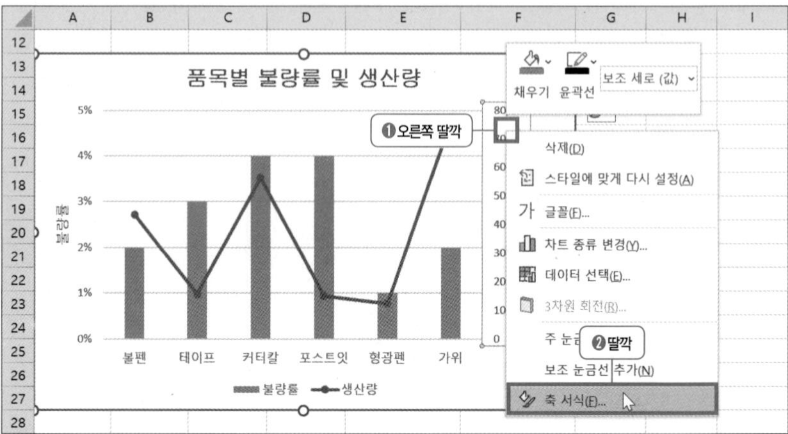

최대값에 100000을 입력한 후 Enter를 누르면 자동으로 100000.0으로 변경되어 입력됩니다.

4. '축 서식' 창의 [축 옵션] → (축 옵션) → **축 옵션**에서 경계의 '최대값'을 100,000, 단위의 '기본'을 20,000으로 지정한 후 '닫기(☒)'를 클릭하세요.

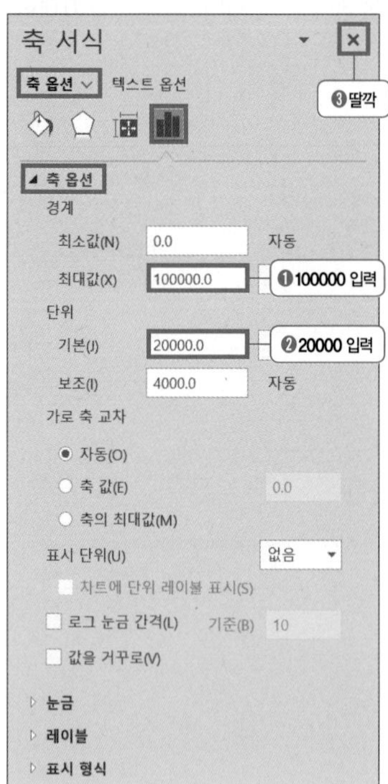

6 24.상시, 23.상시, 22.상시, 21.상시, 20.상시, 19.상시, 17.상시, 16.3, 16.2, 15.상시, 14.3, 14.2, 14.1, 13.3, 13.상시, 13.1, 11.3, 11.2, 11.1, 10.3, 10.2, …

범례 위치 및 서식 지정하기

1. 범례의 위치 및 글꼴 서식을 지정해야 합니다. 차트를 선택한 후 [차트 디자인] → 차트 레이아웃 → 차트 요소 추가 → 범례 → **위쪽**을 선택하세요.

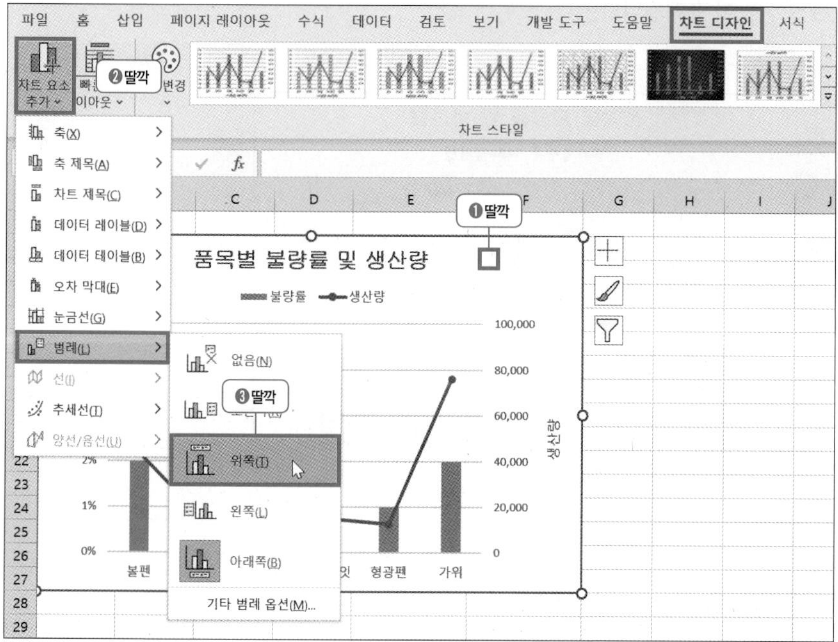

2. 범례를 선택한 후 [홈] → **글꼴**에서 글꼴 '궁서', 크기 11, 글꼴 스타일 '굵게(가)'를 지정하세요.

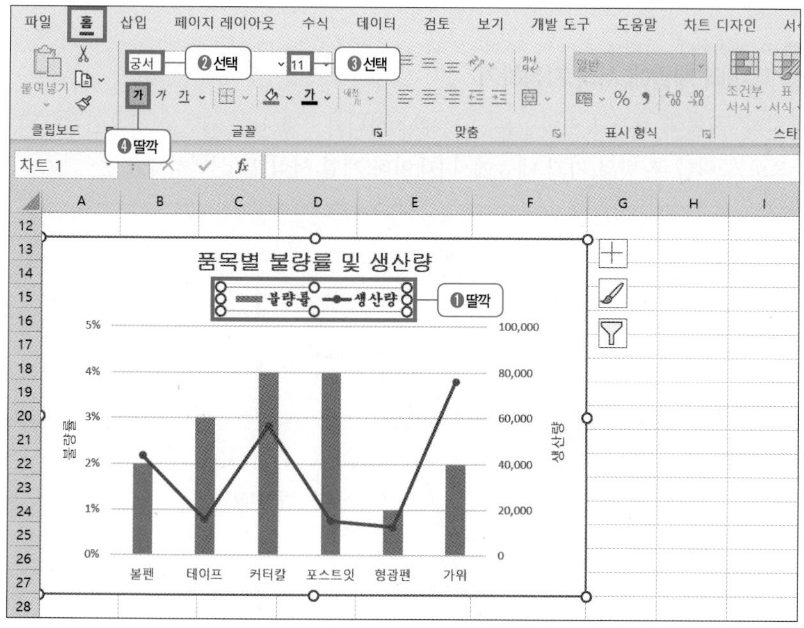

전문가의 조언

차트 요소(⊞)를 클릭한 후 '범례'의 [>]를 클릭하고 '위쪽'을 선택해도 됩니다.

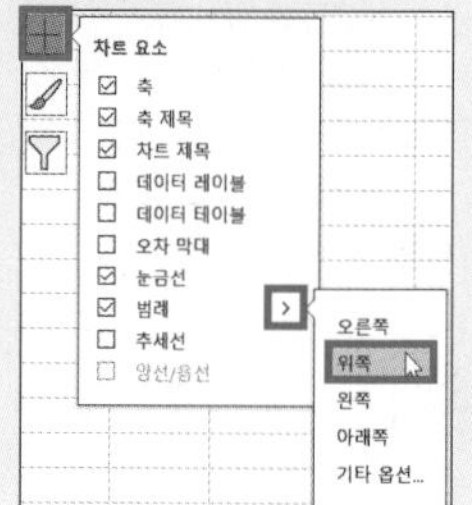

전문가의 조언

- '불량률' 계열을 선택한 후 [차트 디자인] → 차트 레이아웃 → 차트 요소 추가 → 데이터 레이블 → **바깥쪽 끝에**를 선택하거나 차트 요소(⊞)를 클릭한 후 '데이터 레이블'의 ▷를 클릭하고 '바깥쪽 끝에'를 선택해도 됩니다.

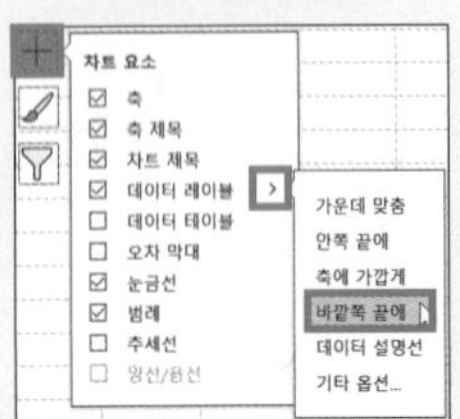

- 세로 또는 가로 막대형 차트는 계열의 바로 가기 메뉴에서 [**데이터 레이블 추가**]를 선택하면 기본적으로 '바깥쪽 끝에'로 지정되고, 꺾은선형 차트는 '오른쪽'으로 지정됩니다.

24.상시, 24.공개, 23.상시, 22.상시, 21.상시, 21.공개, 20.상시, 19.상시, 18.상시, 18.2, 18.1, 17.상시, 15.3, 14.3, 14.2, 12.3, 10.2, 07.3, 07.2, 06.1, …

7 데이터 레이블 지정하기

데이터 레이블 '값'을 '바깥쪽 끝에'로 지정해야 합니다. '불량률' 계열을 마우스 오른쪽 버튼으로 클릭한 후 바로 가기 메뉴에서 [**데이터 레이블 추가**]를 선택하세요. '불량률' 계열에 값이 표시됩니다.

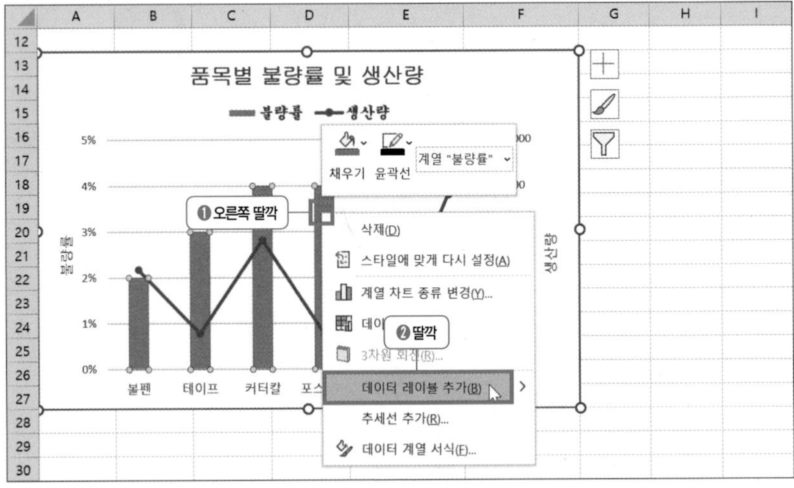

잠깐만요 데이터 레이블 삭제하기

- **방법 1** : 데이터 레이블을 선택한 후 Delete를 누릅니다.
- **방법 2** : 데이터 레이블이 추가된 계열을 선택한 후 [차트 디자인] → 차트 레이아웃 → 차트 요소 추가 → 데이터 레이블 → **없음**을 선택합니다.

전문가의 조언

'생산량' 계열을 더블클릭해도 됩니다.

24.상시, 23.상시, 22.상시, 21.상시, 19.상시, 16.2, 08.1, 07.4, 06.2, 02.1

8 데이터 계열에 서식 지정하기

1. '생산량' 계열에 서식과 스타일을 지정해야 합니다. '생산량' 계열을 마우스 오른쪽 버튼으로 클릭한 후 바로 가기 메뉴에서 [**데이터 계열 서식**]을 선택하세요.

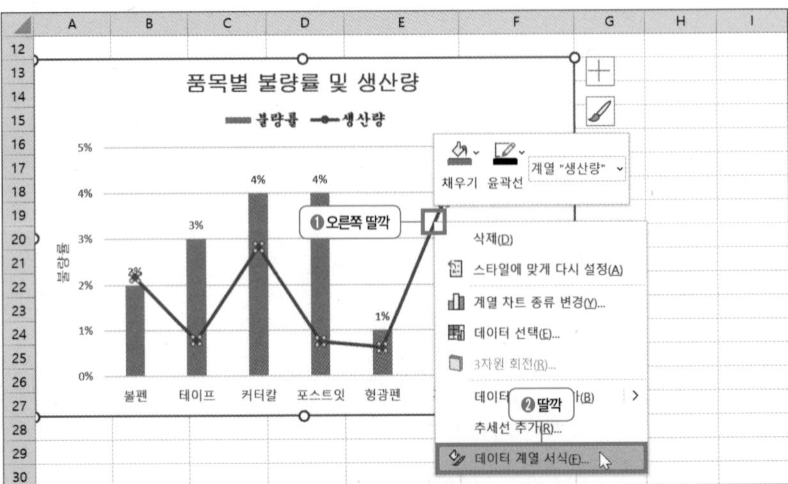

2. '데이터 계열 서식' 창의 [계열 옵션] → (채우기 및 선) → 선 → **선**에서 '실선'을 선택하고, 색 '녹색', 너비 4pt, '완만한 선'을 지정한 후 '닫기(☒)'를 클릭하세요.

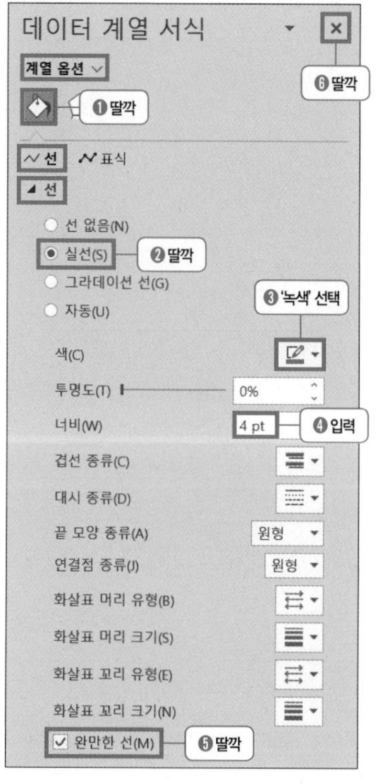

전문가의 조언

'너비'에 4를 입력한 후 Enter를 누르면 값 뒤에 'pt'가 자동으로 표시됩니다.

9 차트 영역 서식 지정하기

24.상시, 24.공개, 23.상시, 22.상시, 21.상시, 21.공개, 20.상시, 19.상시, 18.상시, 17.상시, 17.1, 15.3, 14.2, 12.3, 12.2, 12.1, 10.1, 09.4, 09.3, 07.2, …

1. 마지막으로 차트 영역에 그림자와 둥근 모서리를 지정해야 합니다. 차트 영역을 마우스 오른쪽 버튼으로 클릭한 후 바로 가기 메뉴에서 **[차트 영역 서식]**을 선택하세요.

전문가의 조언

차트 영역을 더블클릭해도 됩니다.

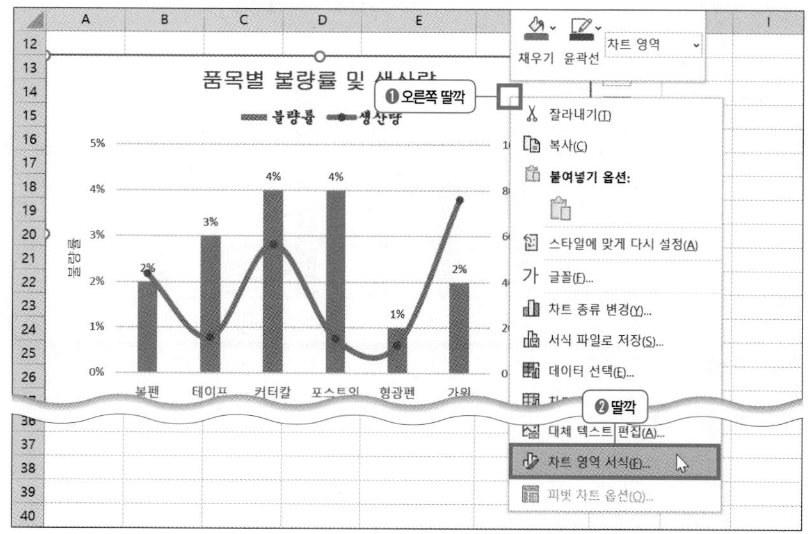

2. '차트 영역 서식' 창에서 [차트 옵션] → (채우기 및 선) → 테두리 → **둥근 모서리**를 선택하세요. 그림자를 지정해야 하니 아직 '닫기(⊠)'를 클릭하지 마세요.

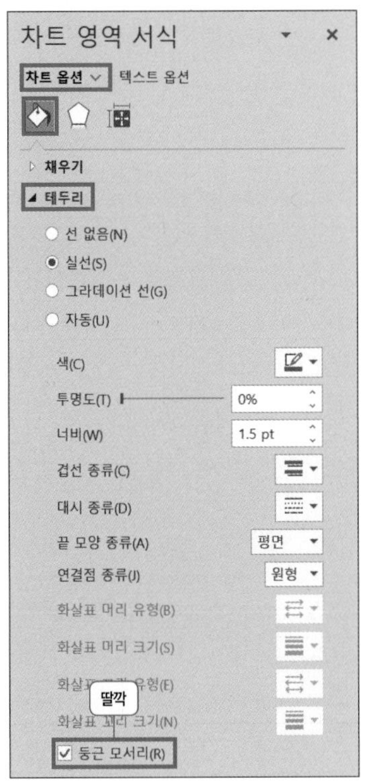

전문가의 조언

그림자는 [서식] → 도형 스타일 → 도형 효과 → 그림자 → **오프셋: 오른쪽 아래**를 선택해도 됩니다.

3. 이어서 [차트 옵션] → (효과) → 그림자 → 미리 설정(□ ▾) → **오프셋: 오른쪽 아래**를 선택한 후 '닫기(⊠)'를 클릭하세요.

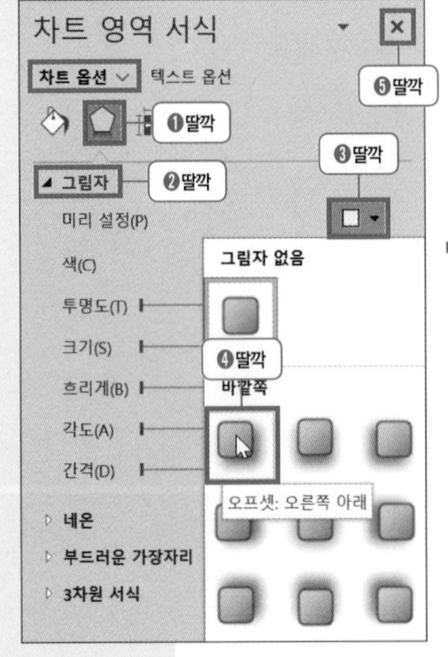

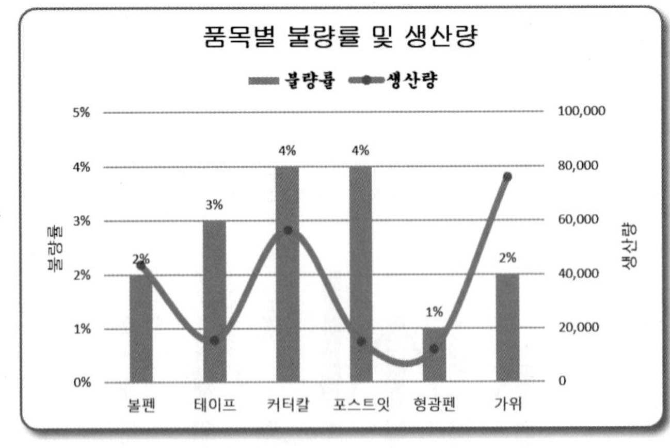

기출 따라잡기

문제 1 'C:\길벗컴활2급\01 섹션' 폴더의 '섹션17문제.xlsm' 파일을 열어서 작업하시오.

'기출01' 시트의 '컴퓨터개론 성적 일람표'를 이용하여 다음과 같은 지시사항대로 차트를 수정하시오.

※ 차트는 반드시 문제에서 제공한 차트를 사용하여야 하며, 신규로 작성 시 0점 처리됨

1. 성별이 '남'인 자료의 '출석' 점수가 〈그림〉과 같이 추가되도록 데이터 범위를 변경하시오.
2. 차트 제목은 '차트 위'로 추가하여 〈그림〉과 같이 입력하시오.
3. 차트 제목은 글꼴 '굴림체', 크기 15, 글꼴 스타일 '굵게', 글꼴 색 '표준 색 – 노랑', 채우기 색 '표준 색 – 파랑'으로 지정하시오.
4. 세로 값(축)의 최소값은 0, 최대값은 50, 기본 단위는 10으로 지정하시오.
5. '기말' 계열의 '강정국' 요소에만 데이터 레이블 '항목 이름'을 표시하고, 레이블 위치를 '안쪽 끝에'로 지정하시오.
6. 전체 계열의 계열 겹치기를 50%, 간격 너비를 100%로 지정하시오.
7. 차트 영역에 '데이터 테이블'을 '범례 표지 포함'으로 지정하시오.
8. 그림 영역의 채우기 색을 '표준 색 – 노랑'으로 지정하시오.
9. 차트에 '기본 주 세로' 눈금선을 표시하시오.

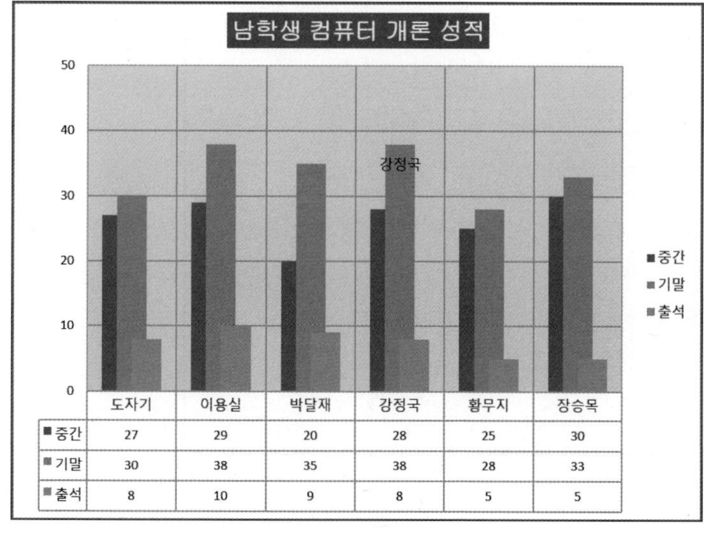

	도자기	이용실	박달재	강정국	황무지	장승목
중간	27	29	20	28	25	30
기말	30	38	35	38	28	33
출석	8	10	9	8	5	5

전문가의 조언

여러 셀에 분산된 데이터를 이용하여 차트를 작성할 경우 데이터 범위를 정확하게 설정해야 합니다.

문제 2 'C:\길벗컴활2급\01 섹션' 폴더의 '섹션17문제.xlsm' 파일을 열어서 작업하시오.

'기출02' 시트의 '(주) 대구상사 사원별 영업실적' 표를 이용하여 다음과 같은 지시사항대로 차트를 수정하시오.

※ 차트는 반드시 문제에서 제공한 차트를 사용하여야 하며, 신규로 작성 시 0점 처리됨

1. 부서가 '영업2부'인 정보만 '이름'별로 '1월', '2월', '3월'이 차트에 표시되도록 데이터 범위를 변경하시오.
2. 차트 제목은 '차트 위'로 지정한 후 [G1] 셀과 연동되도록 지정하고, 가로(항목) 축 제목은 '기본 가로'로 추가하여 〈그림〉과 같이 입력하시오.
3. 차트 영역은 차트 스타일을 '스타일 5'로 지정하고, 차트 스타일의 '색 변경'을 '다양한 색상표 1'로 지정하시오.
4. 세로(값) 축의 표시 단위를 '천', 텍스트 방향을 '세로'로 지정하고, 주 눈금선이 보이지 않게 지정하시오.
5. 그림 영역은 도형 스타일을 '미세 효과 – 황금색, 강조 4'로, 차트 영역은 패턴 채우기를 전경색의 '테마 색 – 주황, 강조 2'로 지정하시오.
6. 범례는 오른쪽에 배치한 후 도형 스타일을 '미세 효과 – 파랑, 강조 5'로 지정하시오.
7. '1월' 계열에 '지수' 추세선을 지정하시오.
8. 차트 영역의 테두리 스타일을 선 색 '검정, 텍스트 1', '너비' 2pt, '둥근 모서리'로 지정하시오.

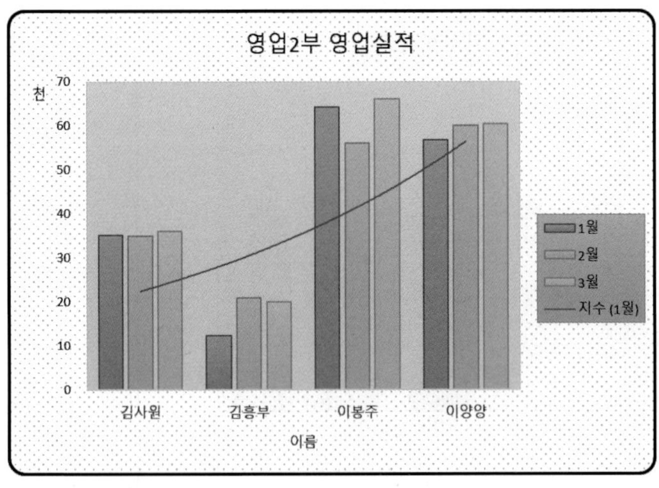

기출문제 따라하기

문제 1

23.상시, 22.상시, 21.상시, 20.상시, 19.상시, 18.상시, 18.2, 15.3, 14.2, 13.3, 12.3, 12.2, 11.2, 10.1, …

1 차트 데이터 추가하기

1. '기출 01' 시트에서 차트에 데이터를 추가하기 위해 [G3:G5] 영역을 드래그하고 Ctrl을 누른 채 [G8:G9] 영역과 [G11:G12] 영역을 드래그하여 블록으로 지정한 후 Ctrl + C를 눌러 복사하세요.
2. 차트를 선택한 후 Ctrl + V를 눌러 붙여넣기하세요.

	D	E	F	G	H	I	J
1	컴퓨터개론 성적 일람표						
2							
3	성별	중간	기말	출석	과제	총점	합계
4	남	27	30	8	12	77	57
5	남	29	38	10	19	96	67
6	여	25	34	8	20	87	59
7	여	29	40	10	18	97	69
8	남	20	35	9	18	82	55
9	남	28	38	8	17	91	66
10	여	30	37	8	18	93	67
11	남	25	28	5	15	73	53
12	남	30	33	5	20	88	63
13	여	26	32	10	18	86	58
14		26.9	34.5	8.1	17.5	87	
15							

24.상시, 24.공개, 23.상시, 22.상시, 21.상시, 21.공개, 20.상시, 19.상시, 18.상시, 18.1, 17.상시, …

2 차트 제목 작성하기

1. 차트를 선택한 후 [차트 디자인] → 차트 레이아웃 → 차트 요소 추가 → 차트 제목 → **차트 위**를 선택하세요.
2. 차트 제목이 선택된 상태에서 수식 입력줄에 **남학생 컴퓨터 개론 성적**을 입력한 후 Enter를 누르세요.

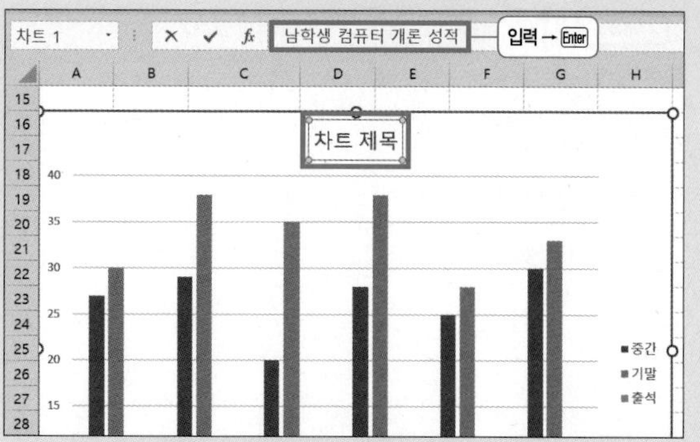

24.상시, 23.상시, 22.상시, 21.상시, 20.상시, 19.상시, 17.1, 15.3, 15.상시, 14.1, 13.상시, 13.1, 12.3, …

3 차트 제목 서식 지정하기

차트 제목을 선택한 후 [홈] → **글꼴**에서 글꼴 '굴림체', 크기 15, 글꼴 스타일 '굵게(가)', 채우기 색(◇ ⌄) '파랑', 글꼴 색(가 ⌄) '노랑'으로 지정하세요.

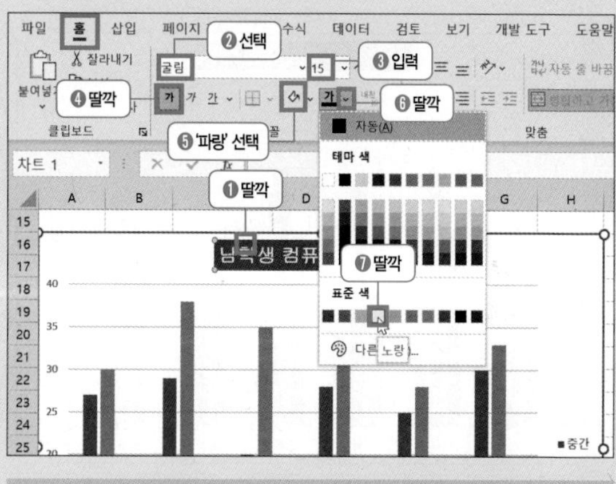

'글꼴 크기'에서 15를 선택할 수 없기 때문에 '글꼴 크기'에 15를 입력한 후 Enter를 눌러 지정해야 합니다.

24.상시, 23.상시, 22.상시, 21.상시, 20.상시, 17.1, 16.1, 15.3, 13.상시, 13.1, 12.3, 12.2, 06.2, 06.1, …

4 축 서식 지정하기

1. 세로(값) 축을 마우스 오른쪽 버튼으로 클릭한 후 바로 가기 메뉴에서 **[축 서식]**을 선택하세요.
2. '축 서식' 창의 [축 옵션] → (축 옵션) → **축 옵션**에서 경계의 '최소값'을 0, '최대값'을 50, 단위의 '기본'을 10으로 지정한 후 '닫기(☒)'를 클릭하세요.

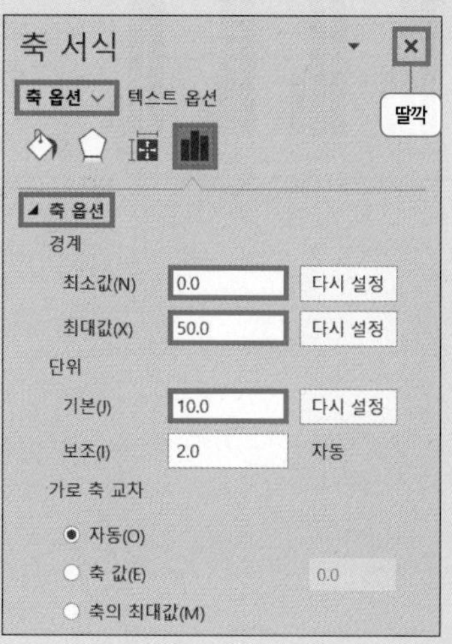

5 '강정국'의 기말 점수에 데이터 레이블 표시하기

24.상시, 24.공개, 23.상시, 22.상시, 21.상시, 21.공개, 20.상시, 19.상시, 18.상시, 18.2, 18.1, …

1. '기말' 계열 중 '강정국' 요소만 선택하기 위해 '기말' 계열의 '강정국' 요소를 클릭하면 '기말' 계열전체가 선택됩니다. 이 상태에서 다시 '강정국' 요소를 클릭하면 '강정국' 요소만 선택됩니다.

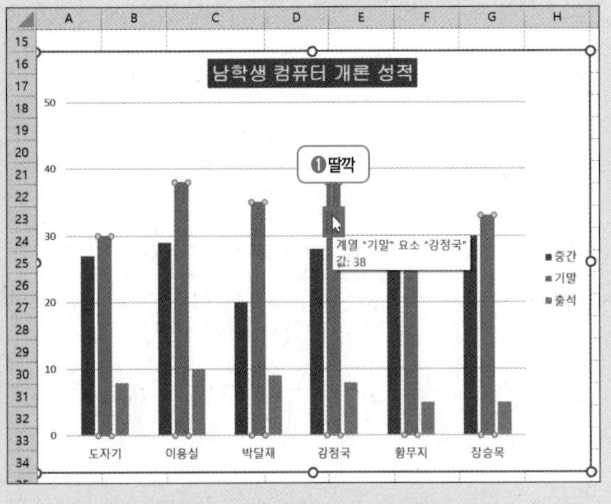

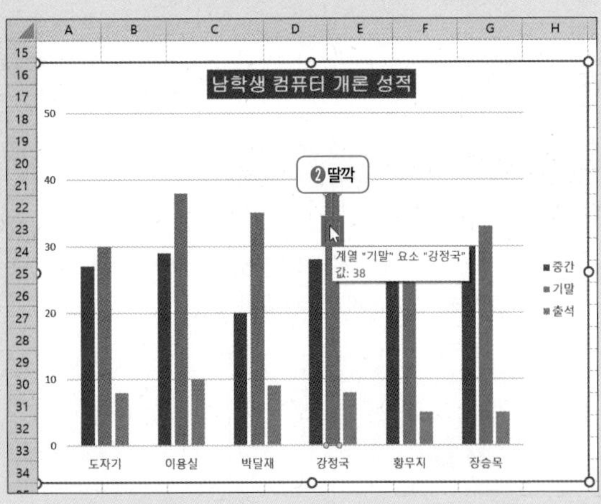

2. '강정국' 요소만 선택된 상태에서 [차트 디자인] → 차트 레이아웃 → 차트 요소 추가 → 데이터 레이블 → **기타 데이터 레이블 옵션**을 선택하세요.

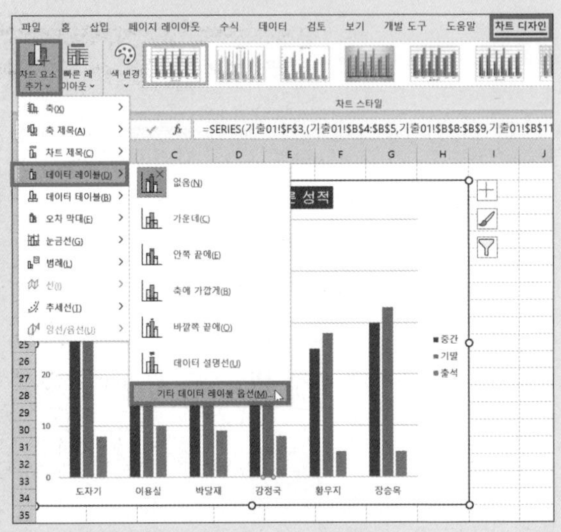

3. '데이터 레이블 서식' 창의 [레이블 옵션] → (레이블 옵션) → **레이블 옵션**에서 레이블 내용의 '항목 이름'은 선택하고 '값'은 해제하세요.
4. 이어서 레이블 위치의 '안쪽 끝에'를 선택한 후 '닫기(☒)'를 클릭하세요.

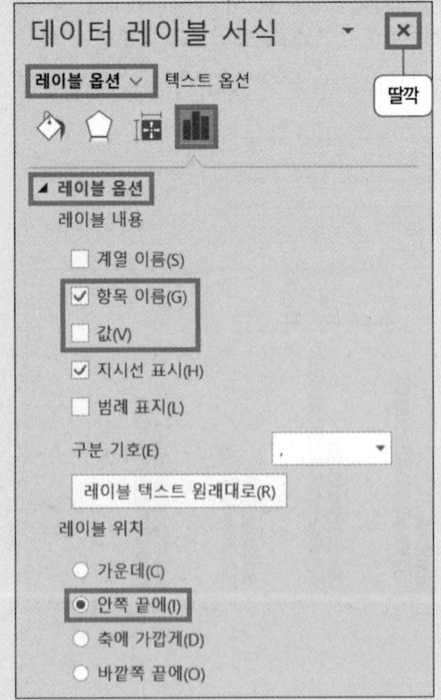

24.상시, 24.공개, 23.상시, 22.상시, 21.상시, 21.공개, 20.상시, 19.상시, 08.4

6 전체 계열의 서식 지정하기

1. 그림 영역에서 임의의 계열을 마우스 오른쪽 버튼으로 클릭한 후 바로 가기 메뉴에서 **[데이터 계열 서식]**을 선택하세요.
2. '데이터 계열 서식' 창의 [계열 옵션] → (계열 옵션) → **계열 옵션**에서 '계열 겹치기'를 50%, '간격 너비'를 100%로 지정한 후 '닫기(X)'를 클릭하세요.

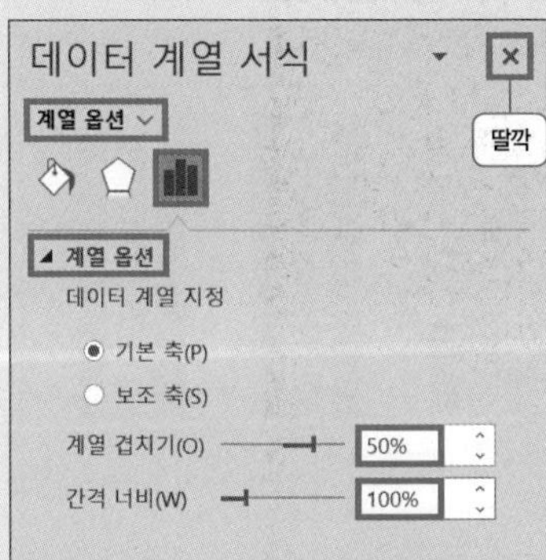

'계열 겹치기'와 '간격 너비'에 50과 100을 입력한 후 Enter를 누르면 값 뒤에 '%'가 자동으로 표시됩니다.

24.상시, 23.상시, 22.상시, 21.상시, 19.상시, 17.1

7 데이터 테이블 지정하기

차트를 선택한 후 [차트 디자인] → 차트 레이아웃 → 차트 요소 추가 → 데이터 테이블 → **범례 표지 포함**을 선택하세요.

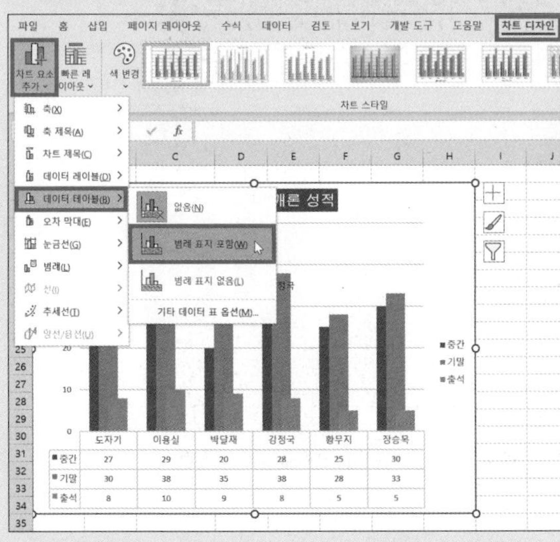

24.상시, 23.상시, 22.상시, 21.상시, 19.상시, 08.1

8 그림 영역 서식 지정하기

그림 영역을 선택한 후 [서식] → 도형 스타일 → 도형 채우기 → **노랑**을 선택하세요.

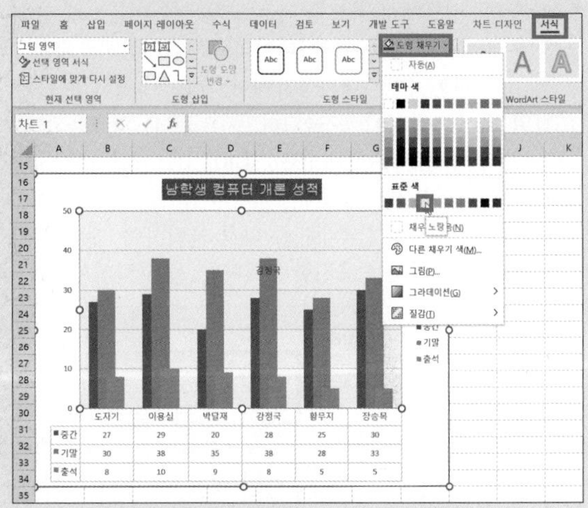

24.상시, 23.상시, 22.상시, 21.상시

9 '기본 주 세로' 눈금선 표시하기

차트를 선택한 후 [차트 디자인] → 차트 레이아웃 → 차트 요소 추가 → 눈금선 → **기본 주 세로**를 선택하세요.

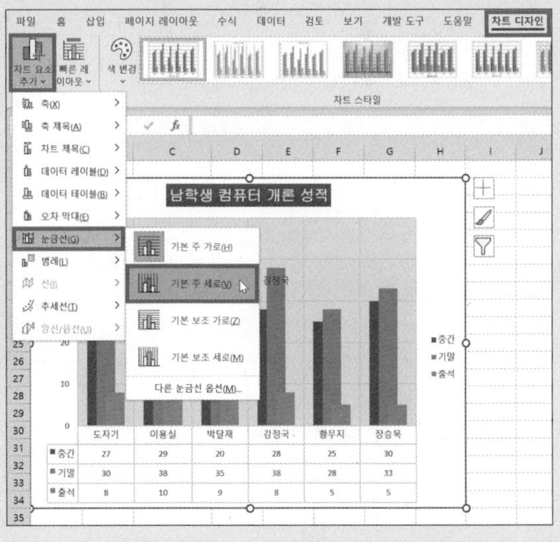

문제 2

24.상시, 24.공개, 23.상시, 22.상시, 21.상시, 20.상시, 19.상시, 18.1, 17.상시, 16.2, 09.4, 08.1, …

1 데이터 범위 변경하기

1. '기출 02' 시트에서 차트를 마우스 오른쪽 버튼으로 클릭한 후 바로 가기 메뉴에서 **[데이터 선택]**을 선택하세요.
2. '데이터 원본 선택' 대화상자에서 '차트 데이터 범위'의 범위 지정 단추(⬆)를 클릭하고 [B2:B4] 영역을 드래그 한 후 Ctrl을 누른 채 [B8], [B10], [E2:G4], [E8:G8], [E10:G10] 영역을 드래그하여 데이터 범위로 지정하세요.
3. 이어서 범위 지정 단추(⬇)를 다시 클릭하여 '데이터 원본 선택' 대화상자를 표시한 후 〈확인〉을 클릭하세요.

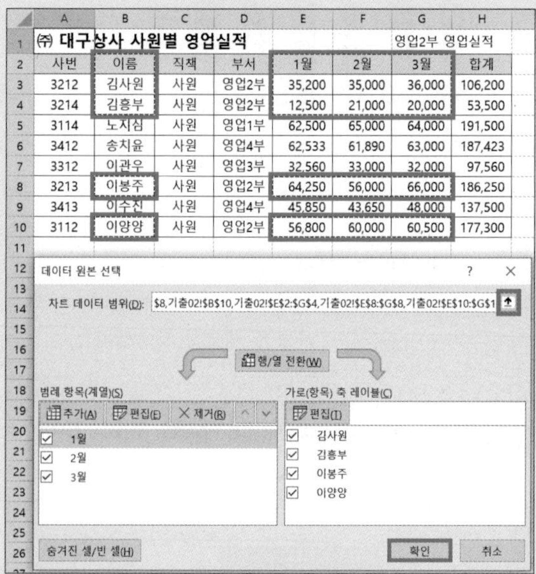

24.상시, 24.공개, 23.상시, 22.상시, 21.상시, 21.공개, 20.상시, 19.상시, 18.상시, 18.2, 18.1, …

2 차트 제목 및 축 제목 작성하기

1. 차트 제목을 삽입하기 위해 차트를 선택한 후 [차트 디자인] → 차트 레이아웃 → 차트 요소 추가 → 차트 제목 → **차트 위**를 선택하세요.
2. 차트 제목이 선택된 상태에서 수식 입력줄을 클릭하고 =을 입력한 후 [G1] 셀을 클릭하고 Enter를 누르세요.

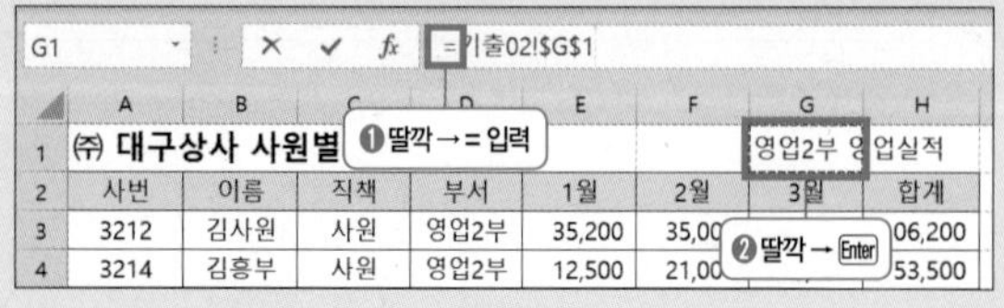

3. 가로(항목) 축 제목을 삽입하기 위해 [차트 디자인] → 차트 레이아웃 → 차트 요소 추가 → 축 제목 → **기본 가로**를 선택하세요.
4. 가로(항목) 축 제목이 선택된 상태에서 수식 입력줄에 **이름**을 입력한 후 Enter를 누르세요.

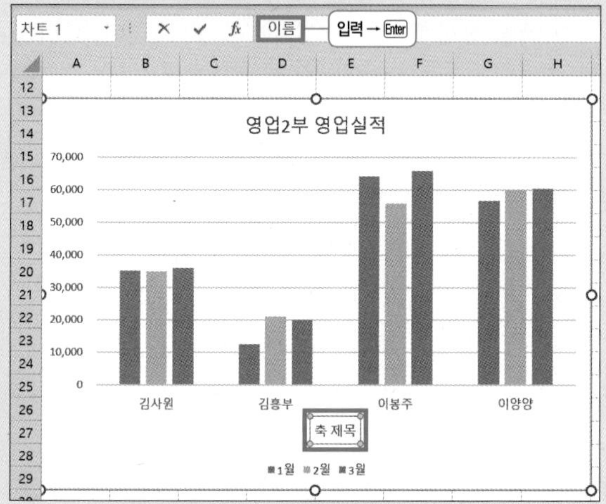

23.상시, 22.상시, 21.상시, 20.상시, 19.상시, 18.2, 16.1

3 차트 스타일 및 색 변경 지정하기

1. 차트를 선택한 후 [차트 디자인] → 차트 스타일 → **스타일 5**를 클릭하세요.

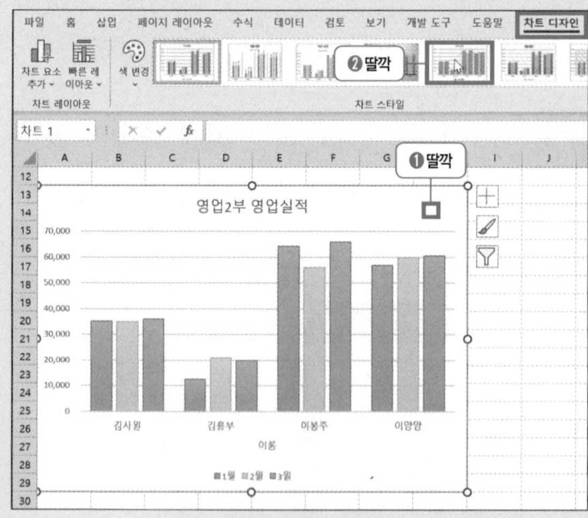

2. 이어서 [차트 디자인] → 차트 스타일 → 색 변경 → **다양한 색상표** 1을 선택하세요.

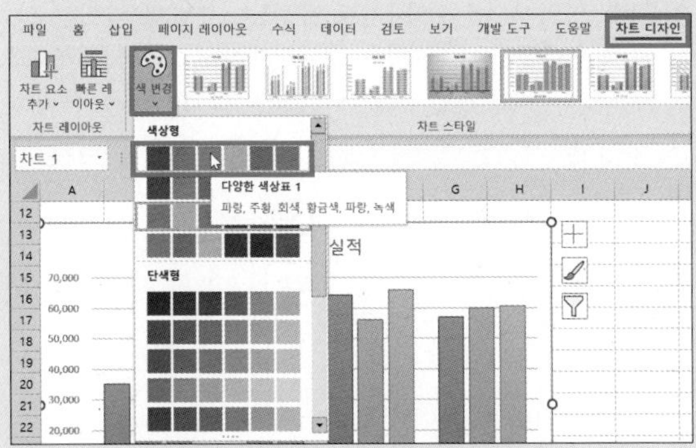

23.상시, 11.1, 07.3, 07.2, 07.1, 06.3, 06.2

4 세로(값) 축의 눈금 표시 단위 지정 및 주 눈금선 숨기기

1. 세로(값) 축을 마우스 오른쪽 버튼으로 클릭한 후 바로 가기 메뉴에서 **[축 서식]**을 선택하세요.
2. '축 서식' 창에서 [축 옵션] → (축 옵션) → 축 옵션 → 표시 단위 → **천**을 선택한 후 '닫기(☒)'를 클릭하세요.

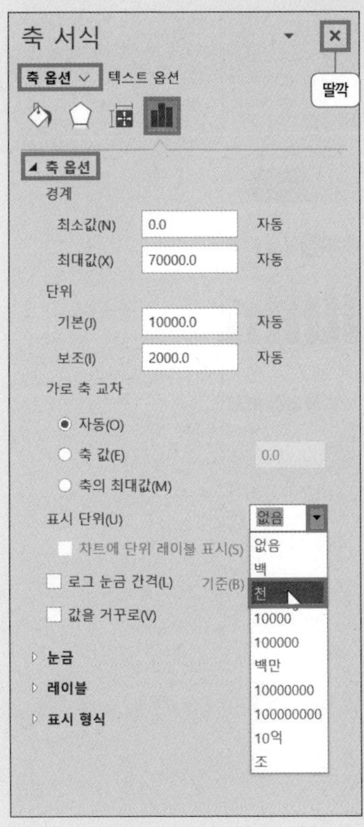

3. 추가한 표시 단위가 270도 회전되어 표시되므로 세로로 표시되게 해야 합니다. 표시 단위를 마우스 오른쪽 버튼으로 클릭한 후 바로 가기 메뉴에서 **[표시 단위 서식]**을 선택하세요.

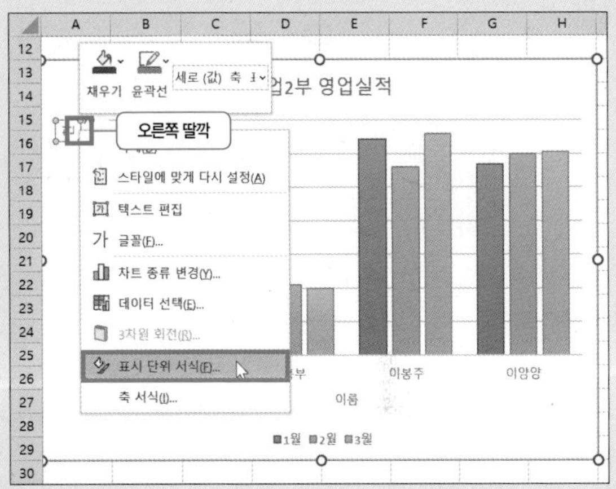

4. '표시 단위 레이블 서식' 창에서 [텍스트 옵션] → (텍스트 상자) → 텍스트 상자 → 텍스트 방향 → **세로**를 선택한 후 '닫기(☒)'를 클릭하세요.

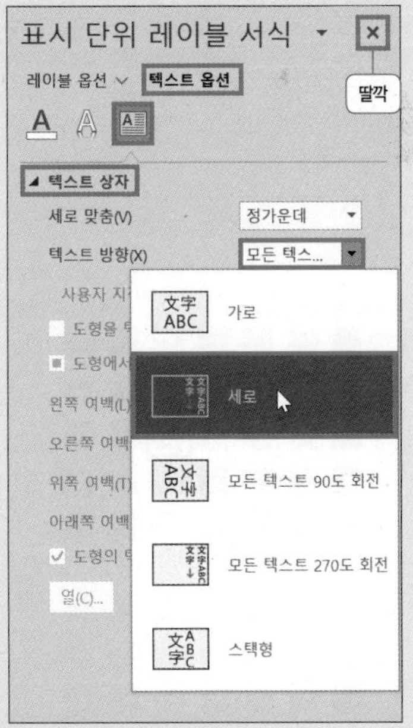

5. 주 눈금선을 선택한 후 Delete를 눌러 삭제하세요.

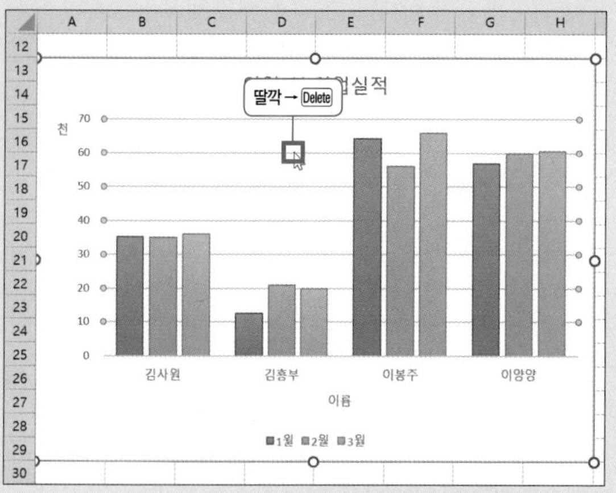

차트를 선택한 후 [차트 디자인] → 차트 레이아웃 → 차트 요소 추가 → 눈금선 → 기본 주 가로를 선택하여 해제해도 됩니다.

24.상시, 23.상시, 22.상시, 21.상시

5 그림 영역 스타일 및 차트 영역 서식 지정하기

1. 그림 영역을 선택한 후 [서식] → 도형 스타일의 ▿ → **미세 효과 – 황금색, 강조 4**를 선택하세요.

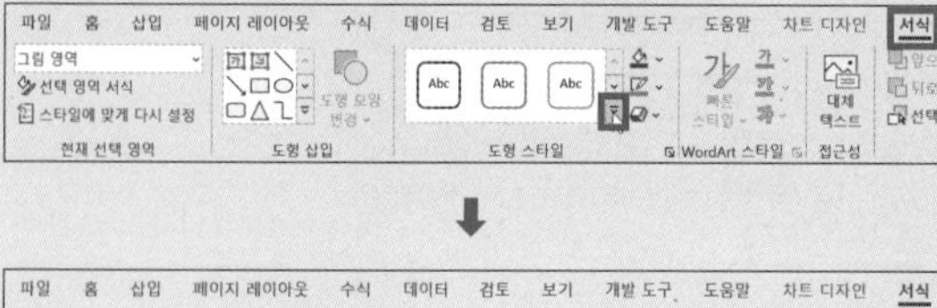

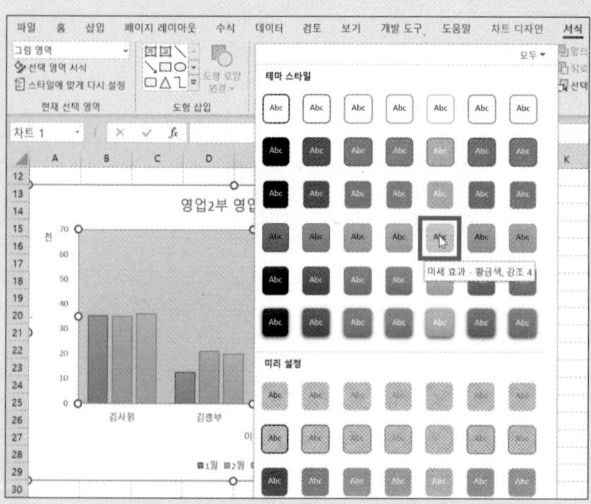

2. 차트 영역의 바로 가기 메뉴에서 **[차트 영역 서식]**을 선택하세요.

3. '차트 영역 서식' 창의 [차트 옵션] → (채우기 및 선) → **채우기**에서 패턴 채우기를 선택하고 전경색에서 '테마 색 – 주황, 강조 2'를 선택한 후 '닫기(✕)'를 클릭하세요.

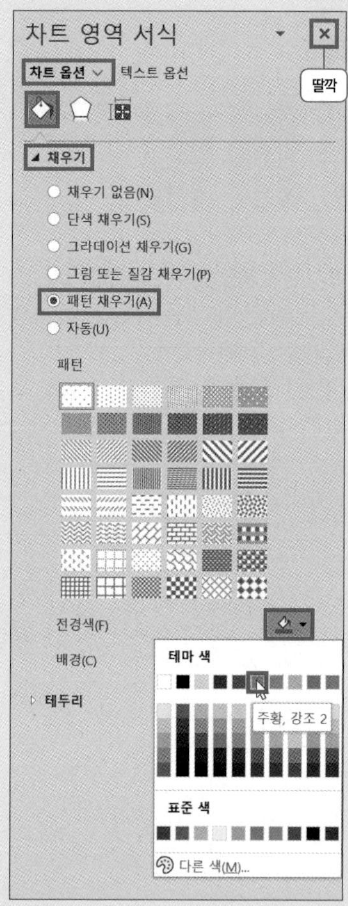

24.상시, 23.상시, 22.상시, 21.상시, 20.상시, 19.상시, 17.상시, 16.3, 16.2, 14.2, 13.3

6 범례 서식 지정하기

1. 차트를 선택한 후 [차트 디자인] → 차트 레이아웃 → 차트 요소 추가 → 범례 → **오른쪽**을 선택하세요.

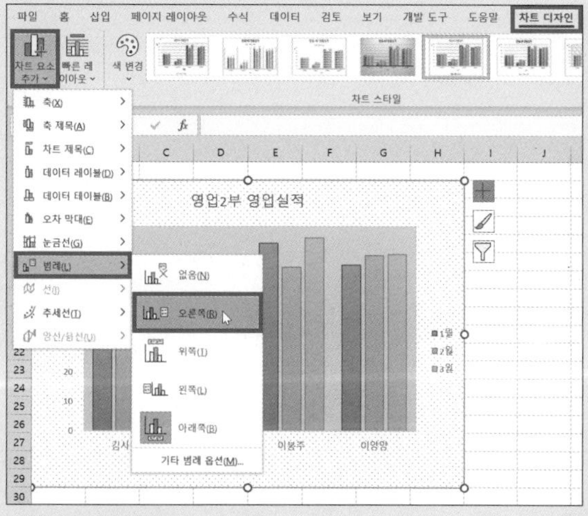

2. 범례를 선택한 후 [서식] → 도형 스타일의 ⊽ → **미세 효과 – 파랑, 강조 5**를 선택하세요.

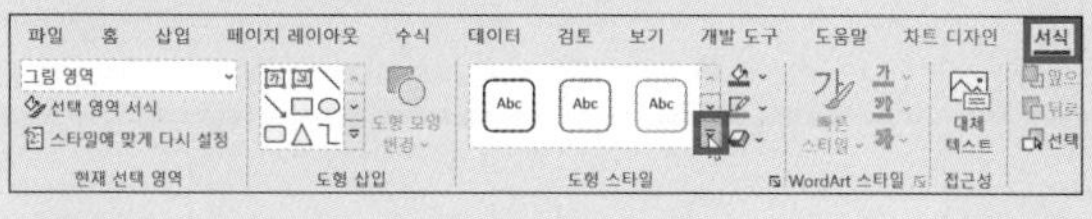

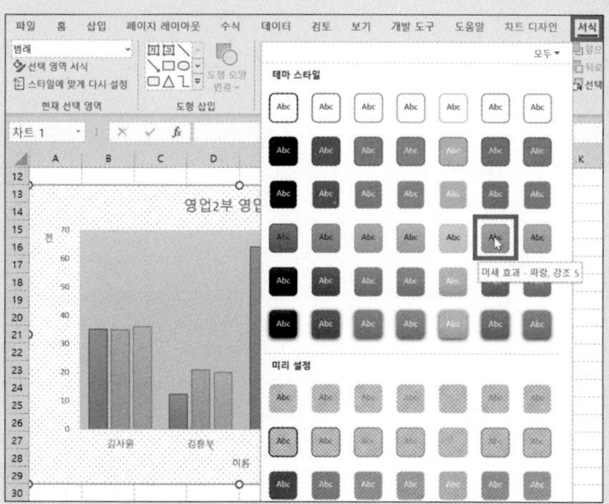

24.상시, 23.상시, 22.상시, 21.상시

7 추세선 지정하기

그림 영역에서 '1월' 계열을 선택한 후 [차트 디자인] → 차트 레이아웃 → 차트 요소 추가 → 추세선 → **지수**를 선택하세요.

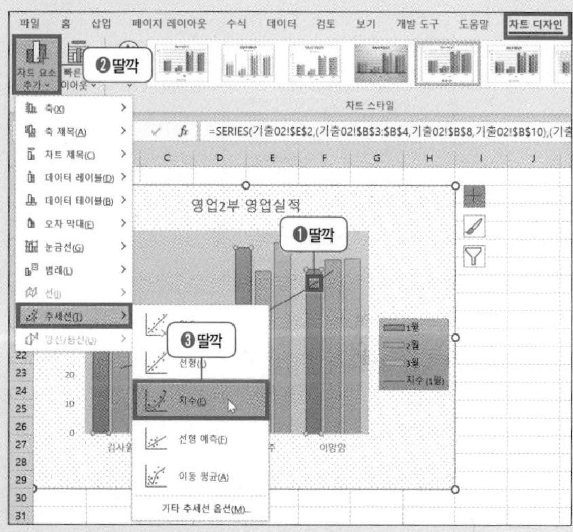

24.상시, 24.공개, 23.상시, 22.상시, 21.상시, 21.공개, 20.상시, 18.상시, 17.상시, 17.1, 16.2, 15.1, …

8 차트 영역 서식 지정하기

1. 차트 영역을 마우스 오른쪽 버튼으로 클릭한 후 바로 가기 메뉴에서 **[차트 영역 서식]**을 선택하세요.
2. '차트 영역 서식' 창에서 [차트 옵션] → (채우기 및 선) → **테두리**에서 색 '검정, 텍스트 1', 너비 2 pt, '둥근 모서리'를 지정한 후 '닫기(☒)'를 클릭하세요.

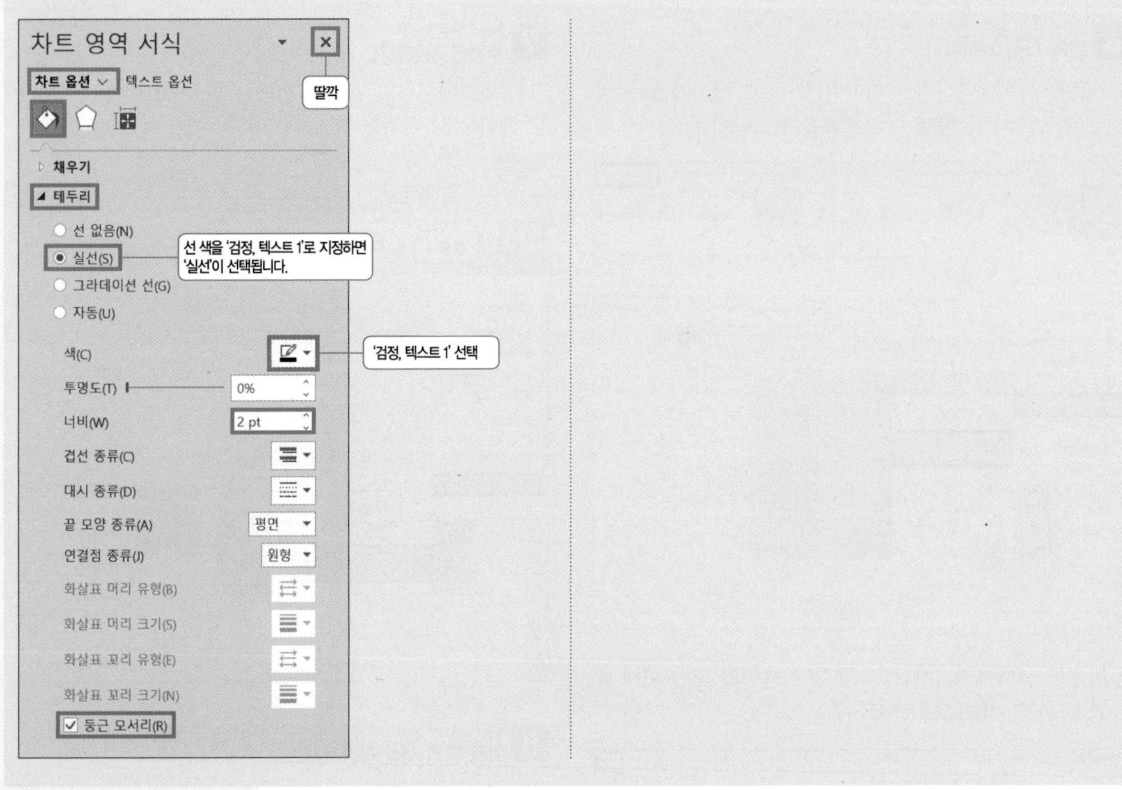
차트 영역 서식
차트 옵션
텍스트 옵션
딸깍
채우기
테두리
선 없음(N)
실선(S)
선 색을 '검정, 텍스트 1'로 지정하면 '실선'이 선택됩니다.
그라데이션 선(G)
자동(U)
색(C)
'검정, 텍스트 1' 선택
투명도(T)
0%
너비(W)
2 pt
겹선 종류(C)
대시 종류(D)
끝 모양 종류(A)
평면
연결점 종류(J)
원형
화살표 머리 유형(B)
화살표 머리 크기(S)
화살표 꼬리 유형(E)
화살표 꼬리 크기(N)
둥근 모서리(R)

5 장

실제 시험장을 옮겨 놓았다!

SECTION 18

실제 시험장을 옮겨 놓았다!

시험이란 항상 긴장되고, 마음이 두근거리기 마련입니다. 이번 Section에서는 수험자가 입실하여 문제를 풀고, 퇴실하는 과정을 상세히 다루었습니다. 입실에서 퇴실까지 차근차근 따라하며 시험에 대비하세요.

1 입실(시험 시작 10분 전)

컴퓨터활용능력 2급 실기 시험은 40분 동안 치뤄지는데 보통 시험장에 도착하여 대기하다 10분 전에 입실합니다. 수험표에 지정된 시간까지 도착하지 않으면 입실을 거부당해 시험에 응시하실 수 없습니다. 또한 시험장 입실 시 수험표와 자신을 증명할 수 있는 신분증을 반드시 지참해야 합니다. 시험장에 입실하여 자신의 인적사항과 자리 번호가 표시된 컴퓨터에 앉아서 기다리면 시험 감독위원이 여러분의 인적사항을 확인합니다.

2 신분증 및 수험표 확인

본인 확인을 위해 수험생이 소지한 신분증과 수험표를 확인하는 과정을 거칩니다. 신분증은 주민등록증, 운전면허증을 포함하여 '대한상공회의소'가 공지한 신분증 인정 범위에 속한 증명서만이 신분증으로 인정됩니다.

3 유의사항 및 컴퓨터 확인

컴퓨터 화면 상단에는 시험 관련 유의사항이, 하단에는 〈연습하기〉 버튼이 표시됩니다. 유의사항을 꼼꼼하게 읽어본 후 〈연습하기〉 버튼을 눌러 자신의 컴퓨터에서 엑셀이 정상적으로 작동하는지 확인합니다. 문제가 있는 경우 손을 들고 감독관을 불러 조치를 받아야 합니다.

4 문제 확인

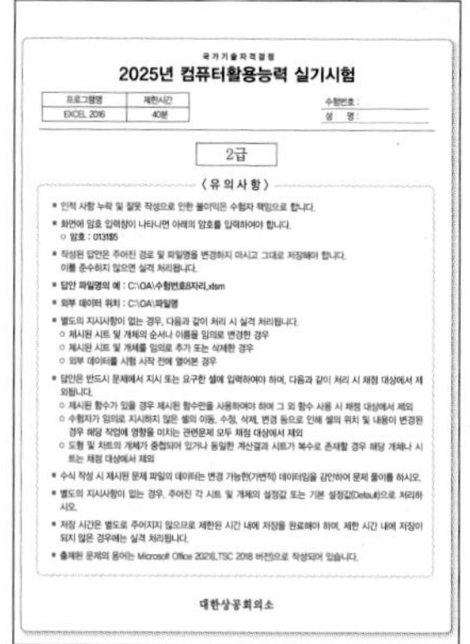
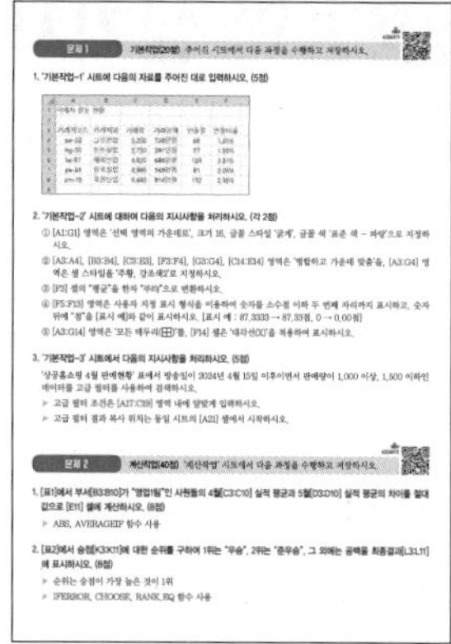
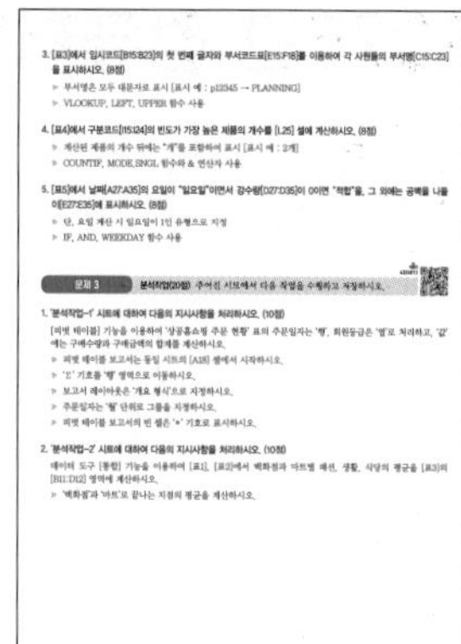
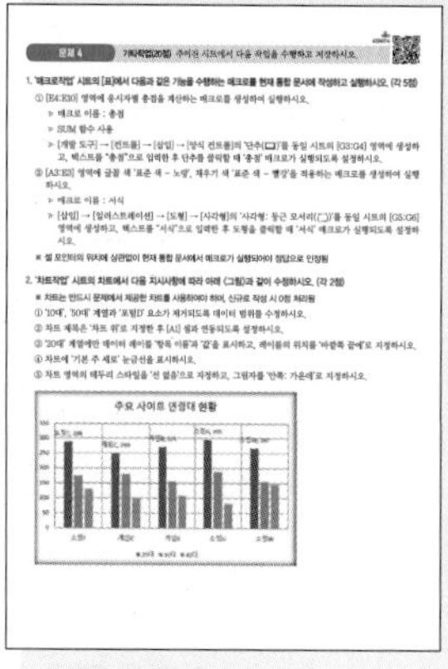

지시사항 1쪽, 문제 3쪽 분량의 문제가 모니터 화면에 표시됩니다. 평소 연습하던 내용과 다른 부분이 있는지 지시사항을 자세히 읽어보세요.

실제 시험장에서 엑셀 문제를 풀 때는 몇 가지 요령이 필요합니다.

첫째, 아는 문제는 바로 풀지만 모르거나 바로 생각나지 않는 문제는 일단 표시해 두고 다음 문제를 풉니다.

둘째, [문제 2] 계산작업은 다른 모든 문제를 푼 다음 가장 나중에 풉니다.

셋째, [문제 2] 계산작업을 풀 때, 머릿속에 대략의 수식이 바로 세워지는 문제는 바로 풀어야 하지만, 수식이 바로 세워지지 않는 문제는 일단 표시해 두고 다음 문제를 풀어야 합니다.

이런 순서로 문제를 푸는 이유는 풀릴 듯 말 듯한 문제를 고민하다 시간을 다 허비하는 실수를 방지하기 위해서입니다.

공부할 때는 [문제2 계산작업]을 가장 먼저 공부해야 하지만, 실제 시험장에서는 가장 나중에 푸는 것이 좋습니다.

다음은 최근 출제 경향이 잘 반영된 기출문제입니다. 풀이 과정을 따라하면서 전반적인 시험 분위기를 익히기 바랍니다.

다음에 제시된 문제는 시험을 치룬 학생들의 기억을 토대로 복원한 것이므로, 일부 내용이 실제 시험과 다를 수 있습니다.

국가기술자격검정

2025년 컴퓨터활용능력 실기시험

프로그램명	제한시간
EXCEL 2021	40분

수험번호 :

성　　명 :

2급

〈유의사항〉

- 인적 사항 누락 및 잘못 작성으로 인한 불이익은 수험자 책임으로 합니다.
- 화면에 암호 입력창이 나타나면 아래의 암호를 입력하여야 합니다.
  - ○ **암호 : 0131$5**
- 작성된 답안은 주어진 경로 및 파일명을 변경하지 마시고 그대로 저장해야 합니다. 이를 준수하지 않으면 실격 처리됩니다.
- **답안 파일명의 예 : C:\OA\수험번호8자리.xlsm**
- **외부 데이터 위치 : C:\OA\파일명**
- 별도의 지시사항이 없는 경우, 다음과 같이 처리 시 실격 처리됩니다.
  - ○ 제시된 시트 및 개체의 순서나 이름을 임의로 변경한 경우
  - ○ 제시된 시트 및 개체를 임의로 추가 또는 삭제한 경우
  - ○ 외부 데이터를 시험 시작 전에 열어본 경우
- 답안은 반드시 문제에서 지시 또는 요구한 셀에 입력하여야 하며, 다음과 같이 처리 시 채점 대상에서 제외됩니다.
  - ○ 제시된 함수가 있을 경우 제시된 함수만을 사용하여야 하며 그 외 함수 사용 시 채점 대상에서 제외
  - ○ 수험자가 임의로 지시하지 않은 셀의 이동, 수정, 삭제, 변경 등으로 인해 셀의 위치 및 내용이 변경된 경우 해당 작업에 영향을 미치는 관련문제 모두 채점 대상에서 제외
  - ○ 도형 및 차트의 개체가 중첩되어 있거나 동일한 계산결과 시트가 복수로 존재할 경우 해당 개체나 시트는 채점 대상에서 제외
- 수식 작성 시 제시된 문제 파일의 데이터는 변경 가능한(가변적) 데이터임을 감안하여 문제 풀이를 하시오.
- 별도의 지시사항이 없는 경우, 주어진 각 시트 및 개체의 설정값 또는 기본 설정값(Default)으로 처리하시오.
- 저장 시간은 별도로 주어지지 않으므로 제한된 시간 내에 저장을 완료해야 하며, 제한 시간 내에 저장이 되지 않은 경우에는 실격 처리됩니다.
- 출제된 문제의 용어는 Microsoft Office 2021(LTSC 2018 버전)으로 작성되어 있습니다.

대한상공회의소

4331702

문제 1 기본작업(20점) 주어진 시트에서 다음 과정을 수행하고 저장하시오.

1. '기본작업-1' 시트에 다음의 자료를 주어진 대로 입력하시오. (5점)

	A	B	C	D	E	F
1	배드민턴센터 회원명단					
2						
3	회원명	성별	회원코드	수강일	연락처	납입회비
4	박영민	남	YM-1035	월, 수, 금	010-6954-8697	120,000
5	조호준	남	HJ-1068	화, 목, 토	010-6847-6833	100,000
6	윤미나	여	MN-1086	화, 목, 토	010-9853-2381	90,000
7	김은소	여	ES-1268	월, 수, 금	010-7895-5552	120,000
8	민나영	여	NY-2305	화, 목, 토	010-3218-9987	120,000
9	김진성	남	JS-2048	월, 수, 금	010-5874-6985	110,000
10						

2. '기본작업-2' 시트에 대하여 다음의 지시사항을 처리하시오. (각 2점)

① [A1:H1] 영역은 '병합하고 가운데 맞춤', 글꼴 '궁서체', 크기 16, 글꼴 스타일 '굵은 기울임꼴', 밑줄 '실선'으로 지정하시오.

② [A4:A6], [A7:A9], [A10:A12] 영역은 '병합하고 가운데 맞춤'을 지정하고, [A3:H3] 영역은 셀 스타일 '파랑, 강조색5'를 적용하시오.

③ [F3] 셀의 "자격증"을 한자 "資格證"으로 변환하고, [G4:G12] 영역의 이름을 "입사년도"로 정의하시오.

④ [H4:H12] 영역은 사용자 지정 표시 형식을 이용하여 1000 단위 구분 기호와 숫자 뒤에 "만원"을 [표시 예]와 같이 표시하시오. [표시 예 : 4500 → 4,500만원]

⑤ [A3:H12] 영역은 '모든 테두리(田)'를 적용한 후 '굵은 바깥쪽 테두리(田)'를 적용하여 표시하시오.

3. '기본작업-3' 시트에서 다음의 지시사항을 처리하시오. (5점)

[A4:F15] 영역에서 '구분'이 "일반"이면서 분양가가 10,000,000 미만인 행 전체에 대하여 글꼴 색을 '표준 색 – 파랑', 글꼴 스타일을 '굵게'로 지정하는 조건부 서식을 작성하시오.

▶ AND 함수 사용

▶ 단, 규칙 유형은 '수식을 사용하여 서식을 지정할 셀 결정'을 사용하고, 한 개의 규칙으로만 작성하시오.

4331703

문제 2 계산작업(40점) '계산작업' 시트에서 다음 과정을 수행하고 저장하시오.

1. [표1]에서 성별[B3:B11]이 "남"이면서 영어[D3:D11]가 90 이상이거나 성별[B3:B11]이 "여"이면서 수학[E3:E11]이 90 이상인 학생의 총점[F3:F11] 평균을 [D14] 셀에 계산하시오. (8점)
   - ▶ 조건은 [A13:C15] 영역에 입력하시오.
   - ▶ 총점 평균은 소수점 이하 둘째 자리에서 반올림하여 첫째 자리까지 표시 [표시 예 : 272.75 → 272.8]
   - ▶ ROUND, DAVERAGE 함수 사용

2. [표2]에서 제품코드[H3:H11]와 판매량[J3:J11], 판매가표[N4:O6]를 이용하여 총판매액[L3:L11]을 계산하시오. (8점)
   - ▶ 총판매액 = 판매량 × 판매가
   - ▶ 판매가는 제품코드의 첫 번째 문자와 판매가표를 참조하여 계산
   - ▶ HLOOKUP, VLOOKUP, RIGHT, LEFT 함수 중 알맞은 함수들을 선택하여 사용

3. [표3]에서 1월[C19:C26], 2월[D19:D26], 3월[E19:E26]의 매출이 해당 월의 매출 평균 이상이면 "효자도서", 그렇지 않으면 공백으로 결과[F19:F26]에 표시하시오. (8점)
   - ▶ IF, AND, AVERAGE 함수 사용

4. [표4]에서 주민등록번호[L15:L26]의 8번째 문자가 "1"이거나 "3"이면 "남", "2"이거나 "4"이면 "여"로 성별[J15:J26]에 표시하시오. (8점)
   - ▶ CHOOSE, MID 함수 사용

5. [표5]에서 성별[B30:B38]이 "여"이면서 승진여부[F30:F38]가 "승진"인 여사원 승진자수를 [H30] 셀에 계산하시오. (8점)
   - ▶ 계산된 여사원 승진자수 뒤에 "명"을 포함하여 표시 [표시 예 : 3명]
   - ▶ COUNTIF, COUNTIFS, SUMIF, SUMIFS 중 알맞은 함수와 & 연산자 사용

4331704

문제 3 분석작업(20점) 주어진 시트에서 다음 작업을 수행하고 저장하시오.

1. '분석작업-1' 시트에 대하여 다음의 지시사항을 처리하시오. (10점)

   [피벗 테이블] 기능을 이용하여 '통조림 가공생산 현황' 표의 가공품명은 '필터', 생산일은 '행', 가공팀은 '열'로 처리하고, '값'에 목표매출액의 평균을 계산하시오.
   - ▶ 피벗 테이블 보고서는 동일 시트의 [A20] 셀에서 시작하시오.
   - ▶ 피벗 테이블 보고서는 열의 총합계만 설정하시오.

▶ 생산일은 '월' 단위로 그룹을 지정하시오.

▶ 값 영역의 표시 형식은 '값 필드 설정'의 '셀 서식' 대화상자에서 '숫자' 범주와 '1000 단위 구분 기호 사용'을 이용하여 지정하시오.

2. '분석작업-2' 시트에 대하여 다음의 지시사항을 처리하시오. (10점)

[부분합] 기능을 이용하여 '동호회 회원 현황' 표에 〈그림〉과 같이 지역별로 '나이'의 최대와 '기부금'의 합계를 계산하시오.

▶ 정렬은 '지역'을 기준으로 내림차순으로 처리하시오.

▶ 최대와 합계는 위에 명시된 순서대로 처리하시오.

	A	B	C	D	E	F	G
1	동호회 회원 현황						
2							
3	지역	성명	성별	나이	직업	연락처	기부금
4	충북	현도용	남	42	대학교수	010-3214-6987	350,000
5	충북	전용택	남	30	회사원	010-6757-2121	300,000
6	충북	장수옥	여	32	회계사	010-5798-3127	350,000
7	**충북 요약**						1,000,000
8	**충북 최대**			42			
9	서울	한동호	남	35	회사원	010-6547-3274	250,000
10	서울	무진장	남	45	대학교수	010-3355-6674	250,000
11	서울	우양아	여	24	대학생	010-2178-2008	120,000
12	서울	전대용	남	28	자영업	010-9357-9956	600,000
13	**서울 요약**						1,220,000
14	**서울 최대**			45			
15	부산	조금만	남	31	회사원	010-3247-5665	200,000
16	부산	강도인	남	29	자영업	010-3547-8222	380,000
17	부산	유인원	남	41	회사원	010-3617-5744	200,000
18	**부산 요약**						780,000
19	**부산 최대**			41			
20	대전	고기주	여	34	자영업	010-9374-5274	300,000
21	대전	허수리	여	34	변호사	010-7827-1610	400,000
22	대전	감사용	남	27	대학생	010-3274-1092	100,000
23	**대전 요약**						800,000
24	**대전 최대**			34			
25	경기	김만우	남	28	대학생	010-3488-3541	100,000
26	경기	고향이	여	33	의사	010-3574-7257	500,000
27	경기	선구안	여	29	자영업	010-6279-2918	550,000
28	경기	이리온	여	34	회사원	010-4698-1007	250,000
29	**경기 요약**						1,400,000
30	**경기 최대**			34			
31	**총합계**						5,200,000
32	**전체 최대값**			45			
33							

문제 4

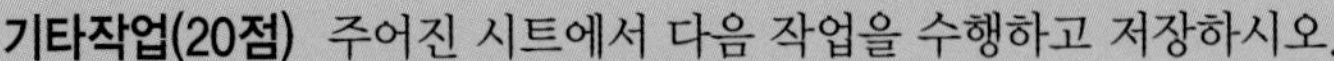

1. '매크로작업' 시트의 [표]에서 다음과 같은 기능을 수행하는 매크로를 현재 통합 문서에 작성하고 실행하시오. (각 5점)

① [D15:F15] 영역에 항목별 합계를 계산하는 매크로를 생성하여 실행하시오.

- ▶ 매크로 이름 : 합계
- ▶ SUM 함수 사용
- ▶ [개발 도구] → [컨트롤] → [삽입] → [양식 컨트롤]의 '단추(▭)'를 동일 시트의 [H3:I5] 영역에 생성하고, 텍스트를 "합계"로 입력한 후 단추를 클릭할 때 '합계' 매크로가 실행되도록 설정하시오.

② [A3:F3] 영역에 글꼴 색을 '표준 색 – 빨강', 채우기 색을 '표준 색 – 파랑'으로 적용하는 매크로를 생성하여 실행하시오.

- ▶ 매크로 이름 : 서식
- ▶ [삽입] → [일러스트레이션] → [도형] → [기본 도형]의 '사각형: 빗면(▢)'을 동일 시트의 [H7:I9] 영역에 생성하고, 텍스트를 "서식"으로 입력한 후 도형을 클릭할 때 '서식' 매크로가 실행되도록 설정하시오.

※ 셀 포인터의 위치에 상관없이 현재 통합 문서에서 매크로가 실행되어야 정답으로 인정됨

2. '차트작업' 시트의 차트를 지시사항에 따라 아래 〈그림〉과 같이 수정하시오. (각 2점)

※ 차트는 반드시 문제에서 제공한 차트를 사용하여야 하며, 신규로 작성 시 0점 처리됨

① '수출총액' 계열의 차트 종류를 '표식이 있는 꺾은선형'으로 변경하고, '보조 축'으로 지정하시오.

② 차트 제목은 '차트 위'로 추가하여 〈그림〉과 같이 입력하고, 글꼴 '궁서체', 크기 16, 글꼴 스타일 '굵은 기울임꼴'로 지정하시오.

③ 세로(값) 축의 기본 단위는 400,000, 보조 세로(값) 축의 기본 단위는 1,000,000,000으로 지정하시오.

④ '수출총액' 계열의 '3D TV' 요소에만 데이터 레이블 '값'을 표시하고, 레이블의 위치를 '위쪽'으로 지정하시오.

⑤ 범례는 오른쪽에 배치하고, 차트 영역의 테두리는 '너비' 3pt의 '둥근 모서리'로 지정하시오.

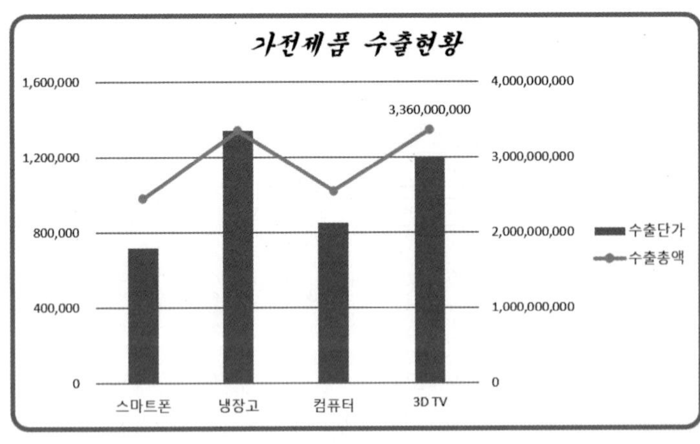

5 문제 풀이

감독위원이 시험 시작을 알리면 시험 관련 유의사항이 화면에서 사라지고 파일명이 수험번호로 지정된 문제 파일이 화면에 나타납니다.

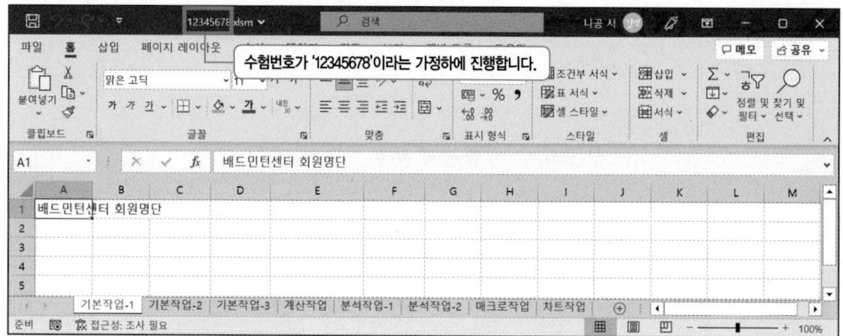

> **전문가의 조언**
> - 수험생 여러분은 'C:\길벗컴활2급\02 시험장따라하기' 폴더에서 '12345678.xlsm'를 실행시킨 다음 따라하시면 됩니다.
> - 실제 시험장에서는 자동으로 '수험번호.xlsm' 파일이 생성됩니다. 수험번호가 12345678이라면 '12345678.xlsm' 파일이 자동으로 생성됩니다.
> - 시험이 시작되면 바로 문제 파일이 열립니다. 만약 암호 입력 대화상자가 표시된다면, 문제 1면의 〈유의사항〉에 표시된 암호를 입력하세요.

문제 1 기본작업 풀이

01. 자료 입력

'기본작업-1' 시트를 선택한 후 다음의 내용을 정확하게 입력하세요.

	A	B	C	D	E	F
1	배드민턴센터 회원명단					
2						
3	회원명	성별	회원코드	수강일	연락처	납입회비
4	박영민	남	YM-1035	월, 수, 금	010-6954-8697	120,000
5	조호준	남	HJ-1068	화, 목, 토	010-6847-6833	100,000
6	윤미나	여	MN-1086	화, 목, 토	010-9853-2381	90,000
7	김은소	여	ES-1268	월, 수, 금	010-7895-5552	120,000
8	민나영	여	NY-2305	화, 목, 토	010-3218-9987	120,000
9	김진성	남	JS-2048	월, 수, 금	010-5874-6985	110,000
10						

> **전문가의 조언**
> [F4:F9] 영역의 표시 형식이 '쉼표 스타일(,)'로 지정되어 있으므로 숫자만 입력하면 자동으로 1000 단위 구분 기호가 지정됩니다.

02. 서식 설정

1. '기본작업-2' 시트를 선택한 후 [A1:H1] 영역을 블록으로 지정하세요. [홈] → 맞춤 → **병합하고 가운데 맞춤**을 클릭한 후 [홈] → **글꼴**에서 글꼴 '궁서체', 크기 16, 글꼴 스타일 '굵게(가)', '기울임꼴(가)', 밑줄 '실선(가)'을 지정하세요.

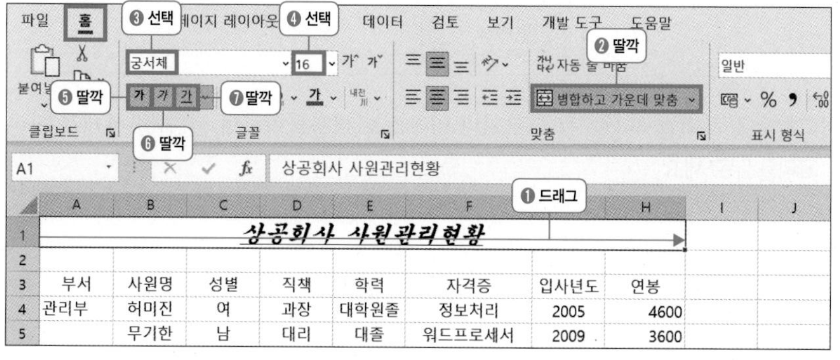

> **전문가의 조언**
> - 리본 메뉴에 있는 '가(밑줄)'은 '셀 서식' 대화상자에서 '실선'을 선택한 것과 같고 '가(이중 밑줄)'은 '이중 실선'과 같습니다. 지시사항으로 '실선(회계용)'이나 '이중 실선(회계용)'이 나오면 '셀 서식' 대화상자의 '글꼴' 탭의 '밑줄'에서 선택해야 합니다.

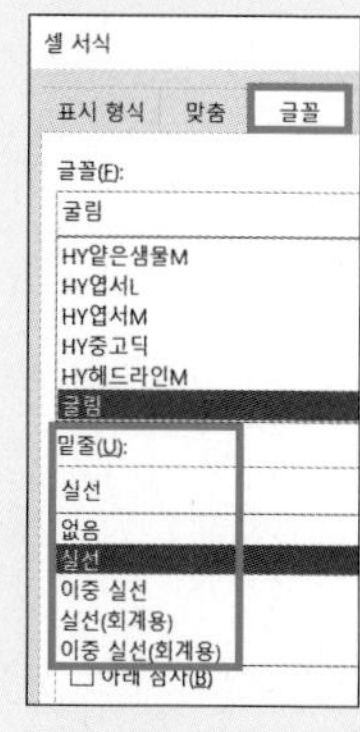

> - 글꼴 스타일 '굵은 기울임꼴'은 리본 메뉴에서 '굵게(가)'와 '기울임꼴(가)'을 차례로 클릭하면 됩니다.

2. [A4:A6], [A7:A9], [A10:A12] 영역을 블록으로 지정한 후 [홈] → 맞춤 → **병합하고 가운데 맞춤**을 클릭하세요.

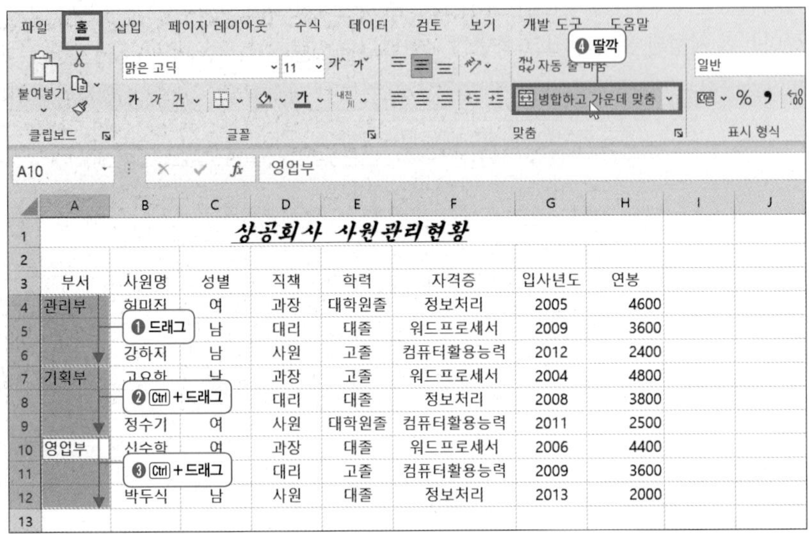

전문가의 조언

엑셀 프로그램이 화면 전체 크기로 최대화된 상태에서는 [홈] → 스타일의 ▽(자세히) → 테마 셀 스타일 → 파랑, 강조색5를 선택하세요.

3. [A3:H3] 영역을 블록으로 지정한 후 [홈] → 스타일 → 셀 스타일 → 테마 셀 스타일 → **파랑, 강조색5**를 선택하세요.

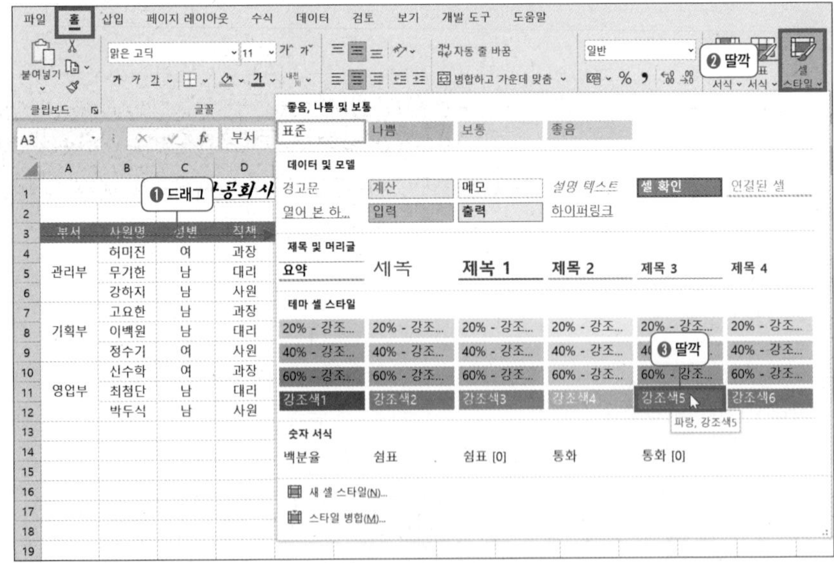

4. [F3] 셀을 클릭한 후 F2를 누르거나 마우스로 더블클릭하여 셀 편집 상태로 만든 후 한자를 누르세요.

5. '한글/한자 변환' 대화상자에서 바꿀 한자(資格證)를 선택하고 〈변환〉을 클릭한 후 임의의 셀을 클릭하여 셀 편집 상태를 해제하세요.

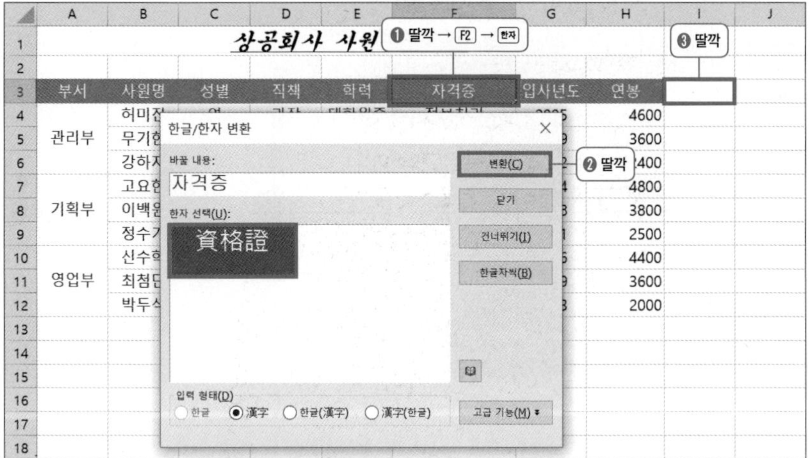

6. [G4:G12] 영역을 블록으로 지정하고 이름 상자에 **입사년도**를 입력한 후 Enter를 눌러 이름 정의를 완료하세요.

입사년도 | ❷ 입력 → Enter | 2005

상공회사 사원관리현황

부서	사원명	성별	직책	학력	資格證	입사년도	연봉
관리부	허미진	여	과장	대학원졸	정보처리	2005	4600
	무기한	남	대리	대졸	워드프로세서	2009	3600
	강하지	남	사원	고졸	컴퓨터활용능력	2012	2400
기획부	고요한	남	과장	고졸	워드프로세서	2004	4800
	이백원	남	대리	대졸	정보처리	2008	❶ 드래그
	정수기	여	사원	대학원졸	컴퓨터활용능력	2011	2500
영업부	신수학	여	과장	대졸	워드프로세서	2006	4400
	최첨단	남	대리	고졸	컴퓨터활용능력	2009	3600
	박두식	남	사원	대졸	정보처리	2013	2000

7. [H4:H12] 영역을 블록으로 지정한 후 Ctrl + 1을 누르세요. '셀 서식' 대화상자가 나타납니다.

상공회사 사원관리현황

부서	사원명	성별	직책	학력	資格證	입사년도	연봉
관리부	허미진	여	과장	대학원졸	정보처리	2005	4600
	무기한	남	대리	대졸	워드프로세서	2009	3600
	강하지	남	사원	고졸	컴퓨터활용능력	2012	2400
기획부	고요한	남	과장	고졸	워드프로세서	2004	4800
	이백원	남	대리	대졸	정보처리	2008	3800
	정수기	여	사원	대학원졸	컴퓨터활용능력	2011	2500
영업부	신수학	여	과장	대졸	워드프로세서	2006	4400
	최첨단	남	대리	고졸	컴퓨터활용능력	2009	3600
	박두식	남	사원	대졸	정보처리	2013	2000

전문가의 조언

'셀 서식' 대화상자를 실행시키는 방법에는 [홈] → 글꼴/맞춤/표시 형식의 ⧉ 클릭, 바로 가기 메뉴에서 [셀 서식] 선택, 바로 가기 키 Ctrl+1을 누르는 방법이 있습니다. 시간을 조금이라도 절약할 수 있는 바로 가기 키를 이용하는 것이 좋습니다.

8. '셀 서식' 대화상자의 '표시 형식' 탭에서 '범주'의 '사용자 지정'을 선택하고 '형식'에 **#,##0"만원"**을 입력한 후 〈확인〉을 클릭하세요.

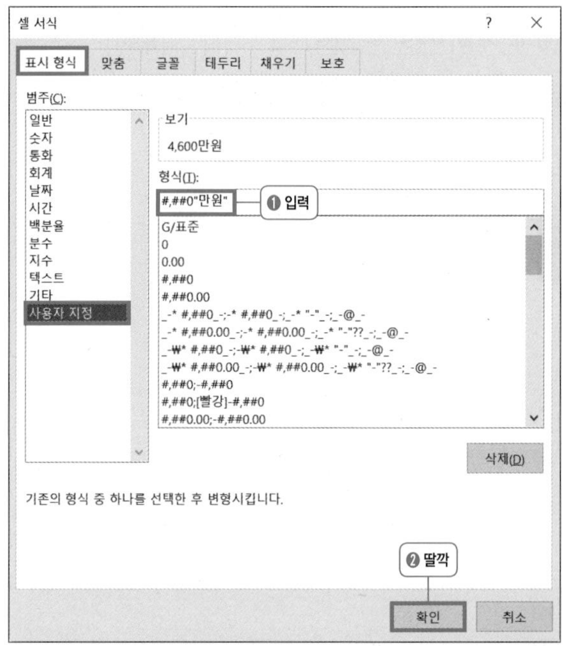

9. [A3:H12] 영역을 블록으로 지정한 후 [홈] → **글꼴**에서 테두리(⊞ ⌄)의 ⌄을 클릭한 후 '모든 테두리(⊞)'와 '굵은 바깥쪽 테두리(⊡)'를 차례로 선택하세요.

> **전문가의 조언**
> [A3:H12] 영역을 블록으로 지정하고 마우스 오른쪽 버튼을 클릭한 후 미니 도구 모음에서 테두리의 '모든 테두리(⊞)'와 '굵은 바깥쪽 테두리(⊡)'를 선택해도 됩니다.

	A	B	C	D	E	F	G	H	I	J
1	상공회사 사원관리현황									
2										
3	부서	사원명	성별	직책	학력	資格證	입사년도	연봉		
4	관리부	허미진	여	과장	대학원졸	정보처리	2005	4,600만원		
5		무기한	남	대리	대졸	워드프로세서	2009	3,600만원		
6		강하지	남	사원	고졸	컴퓨터활용능력	2012	2,400만원		
7	기획부	고요한	남	과장	고졸	워드프로세서	2004	4,800만원		
8		이백원	남	대리	대졸	정보처리	2008	3,800만원		
9		정수기	여	사원	대학원졸	컴퓨터활용능력	2011	2,500만원		
10	영업부	신수학	여	과장	대졸	워드프로세서	2006	4,400만원		
11		최첨단	남	대리	고졸	컴퓨터활용능력	2009	3,600만원		
12		박두식	남	사원	대졸	정보처리	2013	2,000만원		
13										

03. 조건부 서식 작성

1. '기본작업-3' 시트에서 [A4:F15] 영역을 블록으로 지정한 후 [홈] → 스타일 → 조건부 서식 → **새 규칙**을 선택하세요.

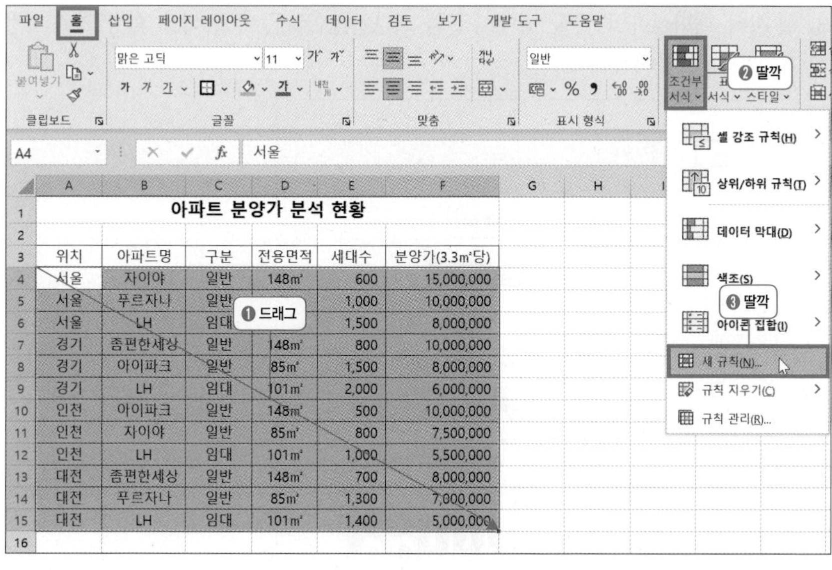

전문가의 조언

조건부 서식에 사용되는 데이터 영역을 범위로 지정할 때는 필드명(A3:F3)은 제외하고 범위를 지정해야 합니다.

전문가의 조언

- 일반 수식이나 함수를 입력하는 경우처럼 수식을 입력할 때는 반드시 '='를 먼저 입력해야 합니다.
- 수식 입력 시 셀 주소에 '$'를 붙이는 이유는 조건에 맞는 데이터가 있는 셀의 전체 행에 서식을 적용하기 위한 것입니다. '$'를 붙이지 않으면 상대 주소가 적용되어 엉뚱한 곳에 서식이 적용됩니다.

2. '새 서식 규칙' 대화상자에서 '수식을 사용하여 서식을 지정할 셀 결정'을 선택하고 수식 입력란에 **=AND($C4="일반", $F4<10000000)**을 입력한 후 〈서식〉을 클릭하세요.

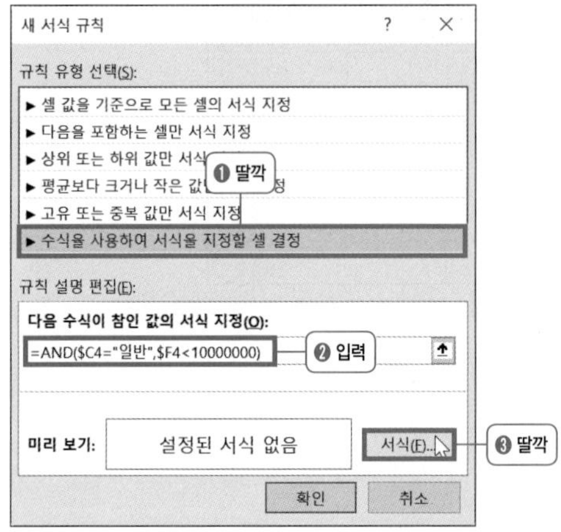

전문가의 조언

'색' 대화상자에서 목록 단추(▾)를 클릭하면 아래 그림과 같이 색상 지정 부분이 나타납니다. 선택하고자 하는 색이 혼동될 경우에는 색상 위로 마우스 포인터를 이동하세요. 풍선 도움말이 나타나 색상을 알려줍니다.

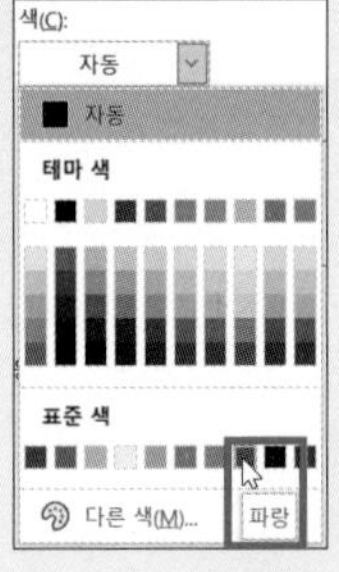

3. '셀 서식' 대화상자의 '글꼴' 탭에서 글꼴 스타일을 '굵게', 글꼴 색을 '파랑'으로 지정한 후 〈확인〉을 클릭하세요.

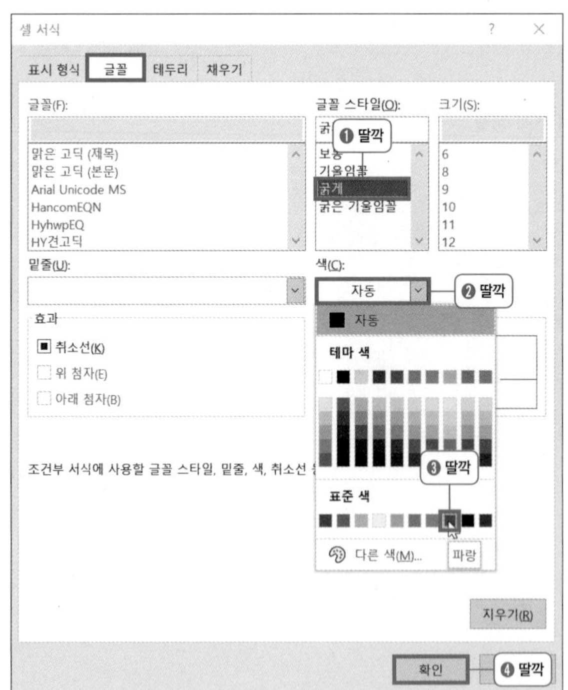

4. '새 서식 규칙' 대화상자에서도 〈확인〉을 클릭하세요. 그림과 같이 구분이 '일반'이면서 분양가가 10,000,000원 미만인 부분에 서식이 적용됩니다.

	A	B	C	D	E	F	G	H	I	J
1	아파트 분양가 분석 현황									
2										
3	위치	아파트명	구분	전용면적	세대수	분양가(3.3㎡당)				
4	서울	자이야	일반	148㎡	600	15,000,000				
5	서울	푸르자나	일반	85㎡	1,000	10,000,000				
6	서울	LH	임대	101㎡	1,500	8,000,000				
7	경기	좀편한세상	일반	148㎡	800	10,000,000				
8	**경기**	**아이파크**	**일반**	**85㎡**	**1,500**	**8,000,000**				
9	경기	LH	임대	101㎡	2,000	6,000,000				
10	인천	아이파크	일반	148㎡	500	10,000,000				
11	**인천**	**자이야**	**일반**	**85㎡**	**800**	**7,500,000**				
12	인천	LH	임대	101㎡	1,000	5,500,000				
13	**대전**	**좀편한세상**	**일반**	**148㎡**	**700**	**8,000,000**				
14	**대전**	**푸르자나**	**일반**	**85㎡**	**1,300**	**7,000,000**				
15	대전	LH	임대	101㎡	1,400	5,000,000				
16										

문제 2 계산작업 풀이

1 조건에 맞는 학생의 총점 평균을 소수점 이하 첫째 자리까지 계산하기

• '계산작업' 시트의 [A13:C15] 셀에 다음과 같이 조건을 입력하세요.

	A	B	C
13	성별	영어	수학
14	남	>=90	
15	여		>=90
16			

• [D14] 셀에 다음과 같이 수식을 입력하세요.

```
=ROUND( DAVERAGE(A2:F11, 6, A13:C15), 1 )
```

• 데이터베이스 함수는 반드시 조건이 있어야 합니다. 데이터베이스 함수의 조건 지정 방법은 고급 필터의 조건 지정 방법과 같으므로, 조건 지정 방법이 생각나지 않는다면 67쪽을 참고하세요.
• 수식을 입력하고 Ctrl+Enter를 누르면 셀의 이동없이 수식이 완성되므로 셀을 다시 이동할 필요없이 채우기 핸들을 드래그하여 수식을 채울 수 있습니다.

2 제품코드, 판매량, 판매가표를 이용하여 '총판매액' 계산하기

[L3] 셀에 다음과 같이 수식을 입력한 후 [L11] 셀까지 채우기 핸들을 드래그하세요.

```
=J3 * VLOOKUP( LEFT(H3, 1), $N$4:$O$6, 2, FALSE )
```

3 1월, 2월, 3월을 이용하여 '결과' 표시하기

[F19] 셀에 다음과 같이 수식을 입력한 후 [F26] 셀까지 채우기 핸들을 드래그하세요.

```
=IF( AND( C19>=AVERAGE($C$19:$C$26), D19>=AVERAGE($D$19:$D$26),
  E19>=AVERAGE($E$19:$E$26) ), "효자도서", " " )
```

4 회원들의 '성별' 표시하기

[J15] 셀에 다음과 같이 수식을 입력한 후 [J26] 셀까지 채우기 핸들을 드래그하세요.

```
=CHOOSE( MID(L15, 8, 1), "남", "여", "남", "여" )
```

5 '여사원 승진자수' 계산하기

[H30] 셀에 다음과 같이 수식을 입력하세요.

```
=COUNTIFS(B30:B38, "여", F30:F38, "승진") & "명"
```

모든 계산작업을 마치면 다음 그림과 같은 결과가 표시됩니다.

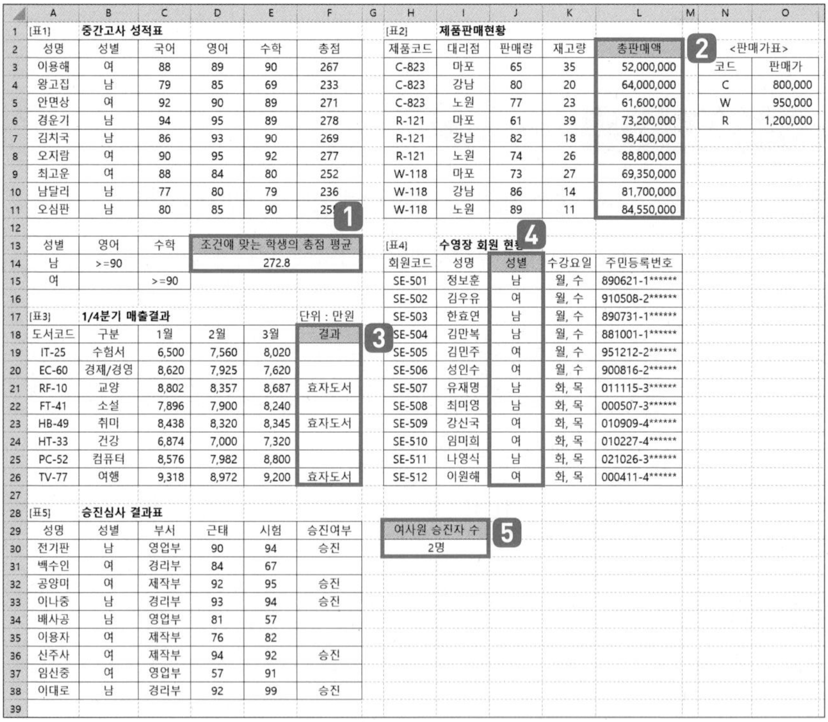

	A	B	C	D	E	F	G	H	I	J	K	L	M	N	O
1	[표1]	중간고사 성적표						[표2]	제품판매현황						
2	성명	성별	국어	영어	수학	총점		제품코드	대리점	판매량	재고량	총판매액	2	<판매가표>	
3	이용해	여	88	89	90	267		C-823	마포	65	35	52,000,000		코드	판매가
4	왕고집	남	79	85	69	233		C-823	강남	80	20	64,000,000		C	800,000
5	안면상	여	92	90	89	271		C-823	노원	77	23	61,600,000		W	950,000
6	경운기	남	94	95	89	278		R-121	마포	61	39	73,200,000		R	1,200,000
7	김치국	남	86	93	90	269		R-121	강남	82	18	98,400,000			
8	오지람	여	90	95	92	277		R-121	노원	74	26	88,800,000			
9	최고운	여	88	84	80	252		W-118	마포	73	27	69,350,000			
10	남달리	남	77	80	79	236		W-118	강남	86	14	81,700,000			
11	오심판	남	80	85	90	25	1	W-118	노원	89	11	84,550,000			
12															
13	성별	영어	수학	조건에 맞는 학생의 총점 평균				[표4]	수영장 회원 현	4					
14	남	>=90		272.8				회원코드	성명	성별	수강요일	주민등록번호			
15	여		>=90					SE-501	정보훈	남	월, 수	890621-1******			
16								SE-502	김우유	여	월, 수	910508-2******			
17	[표3]	1/4분기 매출결과				단위 : 만원		SE-503	한효연	남	월, 수	890731-1******			
18	도서코드	구분	1월	2월	3월	결과	3	SE-504	김만복	남	월, 수	881001-1******			
19	IT-25	수험서	6,500	7,560	8,020			SE-505	김민주	여	월, 수	951212-2******			
20	EC-60	경제/경영	8,620	7,925	7,620			SE-506	성인수	여	월, 수	900816-2******			
21	RF-10	교양	8,802	8,357	8,687	효자도서		SE-507	유재명	남	화, 목	011115-3******			
22	FT-41	소설	7,896	7,900	8,240			SE-508	최미영	남	화, 목	000507-3******			
23	HB-49	취미	8,438	8,320	8,345	효자도서		SE-509	강신국	여	화, 목	010909-4******			
24	HT-33	건강	6,874	7,000	7,320			SE-510	임미희	여	화, 목	010227-4******			
25	PC-52	컴퓨터	8,576	7,982	8,800			SE-511	나영식	남	화, 목	021026-3******			
26	TV-77	여행	9,318	8,972	9,200	효자도서		SE-512	이원해	여	화, 목	000411-4******			
27															
28	[표5]	승진심사 결과표													
29	성명	성별	부서	근태	시험	승진여부		여사원 승진자 수		5					
30	전기판	남	영업부	90	94	승진		2명							
31	백수인	여	경리부	84	67										
32	공양미	여	제작부	92	95	승진									
33	이나중	남	경리부	93	94	승진									
34	배사공	남	영업부	81	57										
35	이용자	여	제작부	76	82										
36	신주사	여	제작부	94	92	승진									
37	임신중	여	영업부	57	91										
38	이대로	남	경리부	92	99	승진									
39															

문제 3 분석작업 풀이

01. 피벗 테이블 작성

1. '분석작업-1' 시트에서 데이터 영역(A3:H15)의 임의의 셀을 선택한 후 [삽입] → 표 → **(피벗 테이블)**을 클릭하세요.

파일 홈 **삽입** 페이지 레이아웃 수식 데이터 검토 보기 개발 도구 도움말

피벗 테이블 ❷ 딸깍 / 추천 피벗 테이블 / 표 / 일러스트레이션 / 추가 기능 가져오기 / 내 추가 기능 / 추천 차트 / 지도 / 피벗 차트 / 3D 맵 / 꺾은선형

D5 파인애플

	A	B	C	D	E	F	G	H
1				통조림 가공생산 현황				
2								
3	생산코드	생산일	가공팀	❶ 딸깍	생산원가	생산수량	불량율	목표매출액
4	35-T-01	1월 15일	가공1팀	참치	980	100,000	0.91%	132,300,000
5	12-P-01	2월 4일	가공1팀	파인애플	54	셀 포인터가 데이터 영역 안에 있어야 합니다.		
6	90-C-01	1월 16일	가공1팀	닭가슴살	700	135,000	0.53%	127,575,000
7	48-S-01	1월 5일	가공1팀	꽁치	980	120,000	0.54%	158,760,000
8	35-T-02	1월 19일	가공2팀	참치	540	135,000	0.58%	98,415,000
9	12-P-02	2월 8일	가공2팀	파인애플	700	120,000	0.88%	113,400,000
10	90-C-02	1월 21일	가공2팀	닭가슴살	980	125,000	0.76%	165,375,000
11	48-S-02	2월 11일	가공2팀	꽁치	540	125,000	0.50%	91,125,000
12	35-T-03	2월 15일	가공3팀	참치	700	115,000	0.47%	108,675,000
13	12-P-03	2월 24일	가공3팀	파인애플	980	100,000	0.90%	132,300,000
14	90-C-03	2월 13일	가공3팀	닭가슴살	540	115,000	0.57%	83,835,000
15	48-S-03	1월 17일	가공3팀	꽁치	700	120,000	0.54%	113,400,000
16								

2. 데이터 범위는 데이터 영역 안에 커서가 놓인 상태에서 피벗 테이블 메뉴를 선택했기 때문에 자동으로 지정되어 있으므로 피벗 테이블을 넣을 위치만 지정하면 됩니다. '피벗 테이블 만들기' 대화상자에서 '기존 워크시트'를 선택하고, [A20] 셀을 클릭한 후 〈확인〉을 클릭하세요.

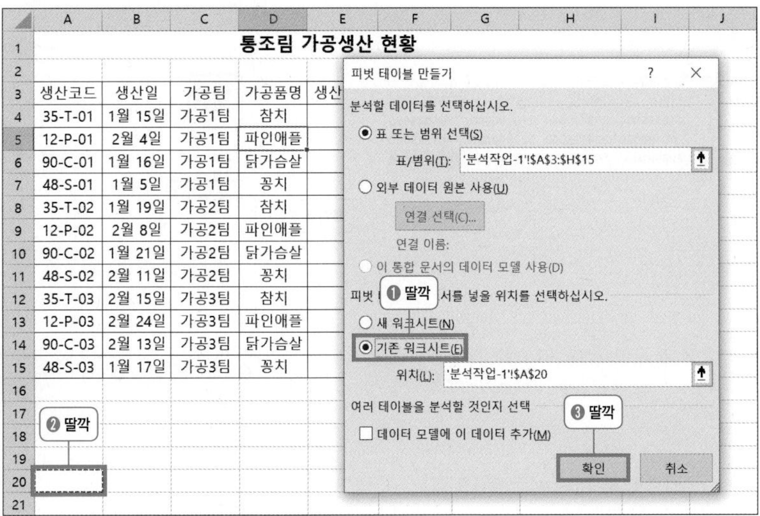

전문가의 조언

데이터 영역 안에 셀 포인터를 놓고 '피벗 테이블'을 클릭하면 전체 데이터가 피벗 테이블의 범위로 지정되기 때문에 합계나 평균이 있는 행이나 열을 제외하고 피벗 테이블을 작성해야 할 경우에는 사용할 영역만을 블록으로 지정한 후 '(피벗 테이블)'을 클릭해야 합니다.

전문가의 조언

- 자동으로 지정되어 있는 '표/범위'가 잘못되어 있다면 범위 지정 단추(↑)를 클릭한 후 올바르게 다시 지정하면 됩니다
- 피벗 테이블의 위치는 '새 워크시트'와 '기존 워크시트'의 2가지입니다. 새 워크시트를 선택하면 현재 작업중인 통합 문서 내의 새로운 워크시트에 작성되며, 기존 워크시트를 선택하면 현재 작업중인 워크시트에 표시됩니다.

궁금해요 시나공 Q&A 베스트

Q '표 또는 범위의 피벗 테이블' 대화상자가 나타나요!

A 단순히 엑셀 2021의 버전 차이입니다. '표 또는 범위의 피벗 테이블' 대화상자에서 '기존 워크시트'를 선택하고 [A18] 셀을 클릭한 후 〈확인〉을 클릭하면 됩니다.

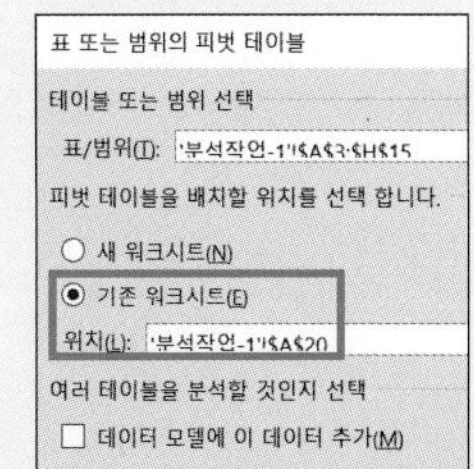

전문가의 조언

[피벗 테이블 분석], [디자인] 메뉴와 '피벗 테이블 필드' 창은 피벗 테이블을 선택했을 때만 표시됩니다. 주요 요소에 대한 설명은 151쪽을 참고하세요.

3. 지정된 위치에 빈 피벗 테이블이 만들어지고 메뉴에는 '피벗 테이블 분석'과 '디자인'이 추가되며, 화면 오른쪽에 '피벗 테이블 필드' 창이 표시됩니다.

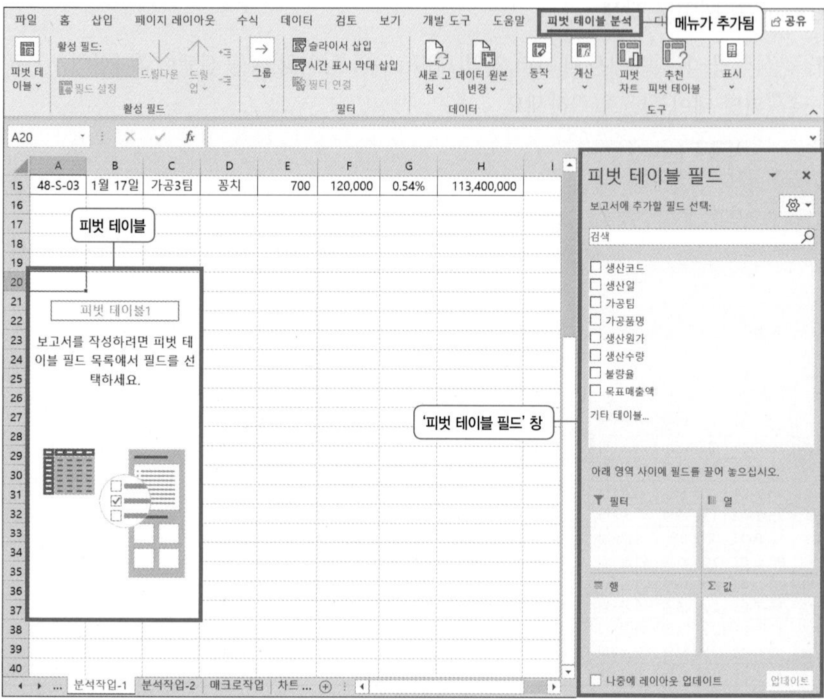

전문가의 조언

- '피벗 테이블 필드' 창에서 추가할 필드를 피벗 테이블의 해당 영역으로 드래그 하여 추가할 때마다 왼쪽의 피벗 테이블에 데이터가 반영됩니다.
- '행' 또는 '열' 영역에 날짜 형식의 필드(생산일)를 지정하면 해당 필드의 데이터에 따라 자동으로 '연', '분기', '월(개월)', 일 등의 필드가 생성되고 그룹이 자동으로 지정됩니다.

4. '피벗 테이블 필드' 창에서 '필터' 영역에 '가공품명', '행' 영역에 '생산일', '열' 영역에 '가공팀', 값에 '목표매출액'을 끌어다 놓으세요.

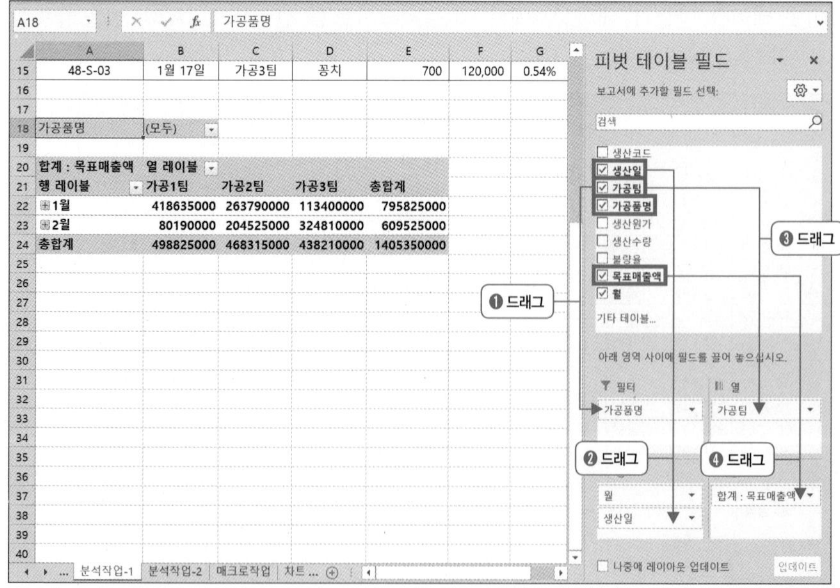

5. '값' 부분에 놓인 필드(목표매출액)는 기본적으로 합계가 계산되는데 이것을 평균으로 변경해야 합니다. 피벗 테이블에서 '합계 : 목표매출액'(A20)을 마우스 오른쪽 버튼으로 클릭한 후 바로 가기 메뉴에서 [값 요약 기준] → **평균**을 선택하세요.

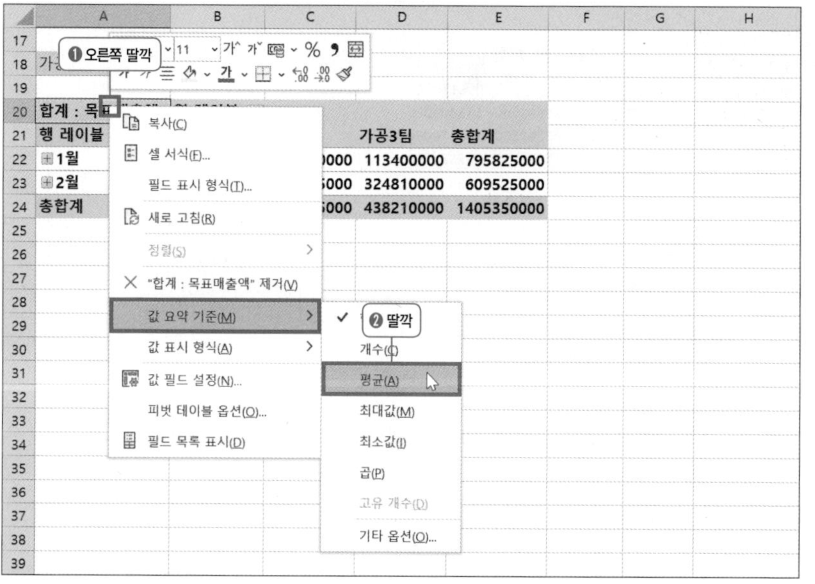

전문가의 조언

- 함수는 해당 값의 바로 가기 메뉴에서 [**값 필드 설정**]을 선택한 후 '값 필드 설정' 대화상자에서도 변경할 수 있습니다.
- 피벗 테이블에 표시할 수 있는 함수의 종류에는 합계, 개수, 평균, 최대값, 최소값, 곱이 있습니다. 기타 옵션을 선택한 후 '값 필드 설정' 대화상자에서 좀 더 다양하게 통계 데이터를 표시할 수 있습니다.

6. 열의 총합계만 표시해야 합니다. 피벗 테이블의 임의의 셀을 선택한 후 [디자인] → 레이아웃 → 총합계 → **열의 총합계만 설정**을 선택하세요.

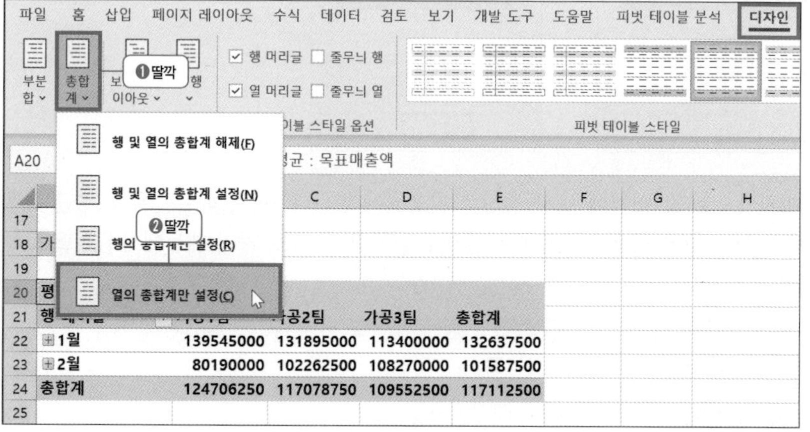

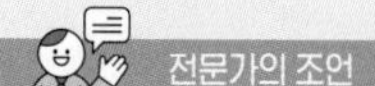

피벗 테이블의 바로 가기 메뉴에서 [**피벗 테이블 옵션**]을 선택한 후 '피벗 테이블 옵션' 대화상자의 '요약 및 필터' 탭에서 '행 총합계 표시'의 체크를 해제해도 됩니다.

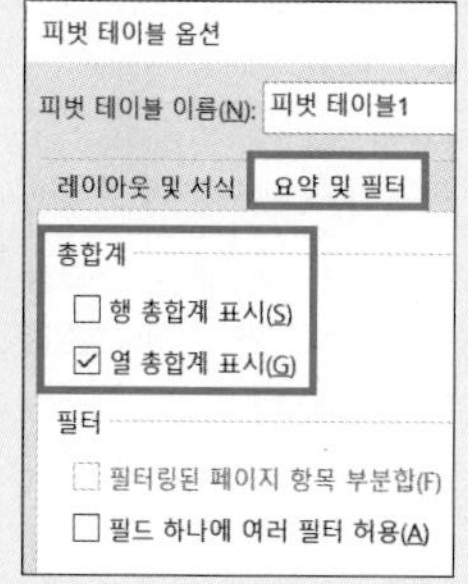

[피벗 테이블 분석] → 그룹 → **선택 항목 그룹화**를 클릭해도 됩니다.

7. '생산일'을 기준으로 '월' 단위로 그룹을 지정해야 합니다. 생산일이 표시된 임의의 셀(A22)을 마우스 오른쪽 버튼으로 클릭한 후 바로 가기 메뉴에서 **[그룹]**을 선택하세요.

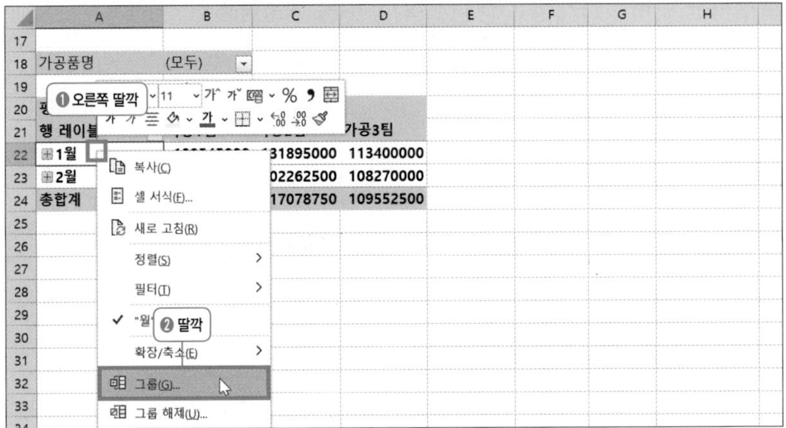

'생산일'은 이미 '일'과 '월' 단위로 그룹이 지정되어 있습니다. 문제의 지시사항에 '생산일'은 '월' 단위로 그룹을 지정하라고 제시되어 있으므로 '그룹화' 대화상자에서 '일'을 해제하여 '월'만 지정해야 합니다.

8. '그룹화' 대화상자에서 '일'을 클릭하여 해제한 후 〈확인〉을 클릭하세요.

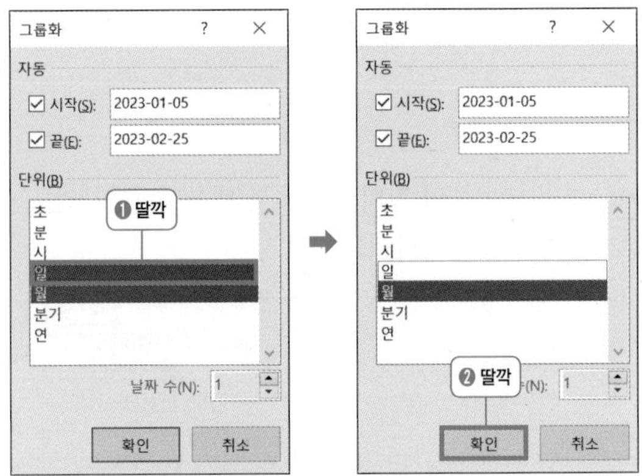

[A20] 셀을 선택한 후 [피벗 테이블 분석] → 활성 필드 → **필드 설정**을 클릭해도 됩니다.

9. 마지막으로 값 영역에 표시 형식을 지정해야 합니다. 피벗 테이블에서 '평균 : 목표매출액(A20)'을 마우스 오른쪽 버튼으로 클릭한 후 바로 가기 메뉴에서 **[값 필드 설정]**을 선택하세요.

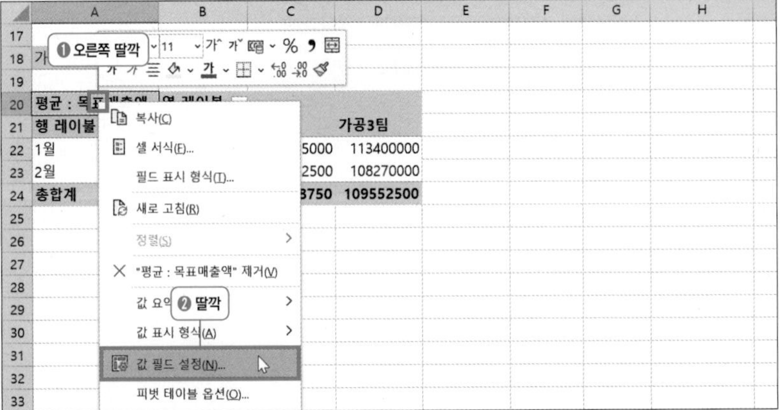

10. '값 필드 설정' 대화상자에서 〈표시 형식〉을 클릭합니다.

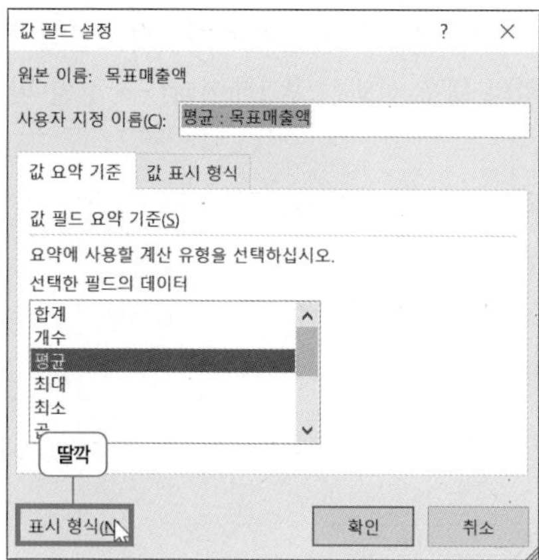

11. '셀 서식' 대화상자의 '표시 형식' 탭에서 범주로 '숫자'를 선택하고 '1000 단위 구분 기호(,) 사용'에 체크 표시를 한 후 〈확인〉을 클릭하세요.

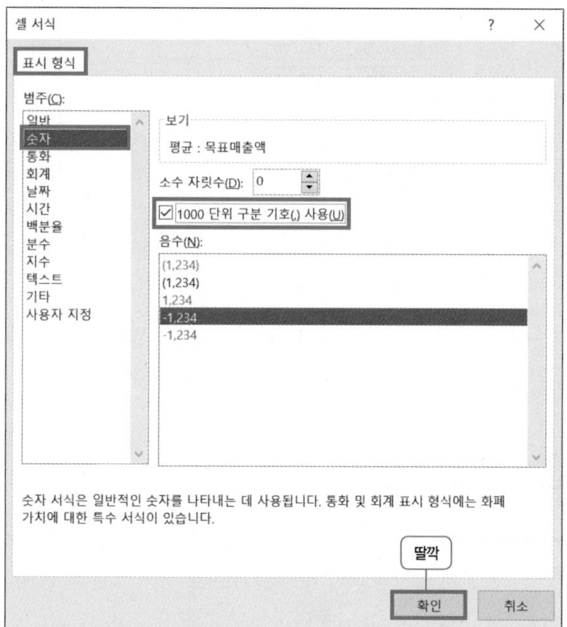

12. '값 필드 설정' 대화상자에서도 〈확인〉을 클릭하세요. 피벗 테이블 완성됩니다.

	A	B	C	D	E	F	G	H
17								
18	가공품명	(모두)						
19								
20	**평균 : 목표매출액**	**열 레이블**						
21	**행 레이블**	**가공1팀**	**가공2팀**	**가공3팀**				
22	1월	139,545,000	131,895,000	113,400,000				
23	2월	80,190,000	102,262,500	108,270,000				
24	**총합계**	**124,706,250**	**117,078,750**	**109,552,500**				
25								

02. 부분합 작성

데이터 영역 안에 셀 포인터를 놓고 정렬을 선택하면 전체 데이터가 정렬에 포함됩니다. 하지만 특정 영역, 예를 들어 합계가 있는 행이나 열을 제외할 경우에는 정렬할 부분을 반드시 블록으로 지정한 후 정렬을 수행해야 합니다.

1. 부분합을 수행하기 전 '지역'을 기준으로 내림차순으로 정렬해야 합니다. '분석작업-2' 시트에서 데이터 영역(A3:G20)의 임의의 셀을 선택한 후 [데이터] → 정렬 및 필터 → **정렬**을 클릭하세요.

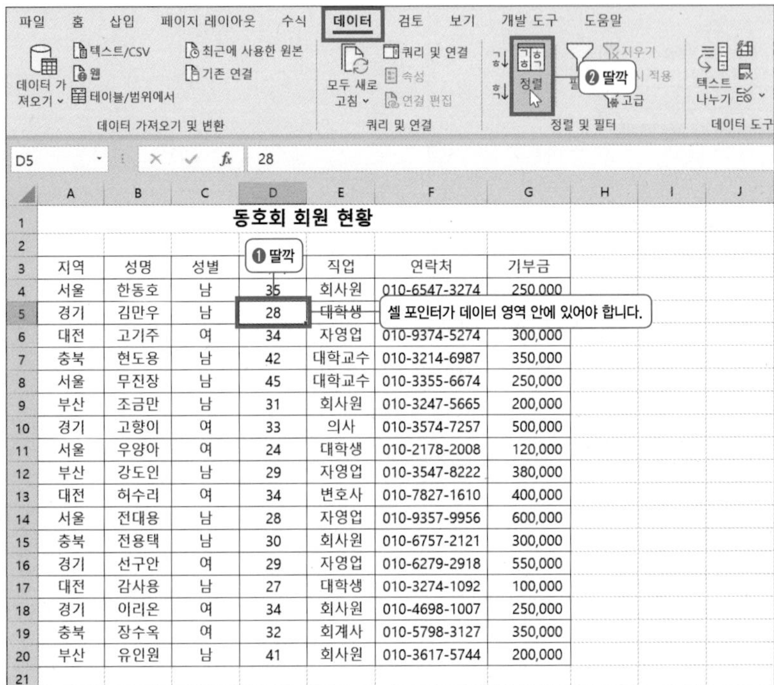

동호회 회원 현황

지역	성명	성별	나이	직업	연락처	기부금
서울	한동호	남	35	회사원	010-6547-3274	250,000
경기	김만우	남	28	대학생		
대전	고기주	여	34	자영업	010-9374-5274	300,000
충북	현도용	남	42	대학교수	010-3214-6987	350,000
서울	무진장	남	45	대학교수	010-3355-6674	250,000
부산	조금만	남	31	회사원	010-3247-5665	200,000
경기	고향이	여	33	의사	010-3574-7257	500,000
서울	우양아	여	24	대학생	010-2178-2008	120,000
부산	강도인	남	29	자영업	010-3547-8222	380,000
대전	허수리	여	34	변호사	010-7827-1610	400,000
서울	전대용	남	28	자영업	010-9357-9956	600,000
충북	전용택	남	30	회사원	010-6757-2121	300,000
경기	선구안	여	29	자영업	010-6279-2918	550,000
대전	감사용	남	27	대학생	010-3274-1092	100,000
경기	이리온	여	34	회사원	010-4698-1007	250,000
충북	장수옥	여	32	회계사	010-5798-3127	350,000
부산	유인원	남	41	회사원	010-3617-5744	200,000

정렬 기준이 지역 하나이므로 '지역' 열(A4:A20)의 임의의 셀을 클릭한 후 [데이터] → 정렬 및 필터→ **내림차순 정렬**(↓)을 클릭해도 됩니다. 그러나 정렬 기준이 2가지 이상인 경우에는 반드시 [데이터] → 정렬 및 필터 → **정렬**을 이용하여 정렬해야 합니다.

2. '정렬' 대화상자의 정렬 기준에서 정렬 기준을 그림과 같이 '지역', '셀 값', '내림차순'으로 지정한 후 〈확인〉을 클릭하세요. 지역을 기준으로 데이터가 정렬됩니다.

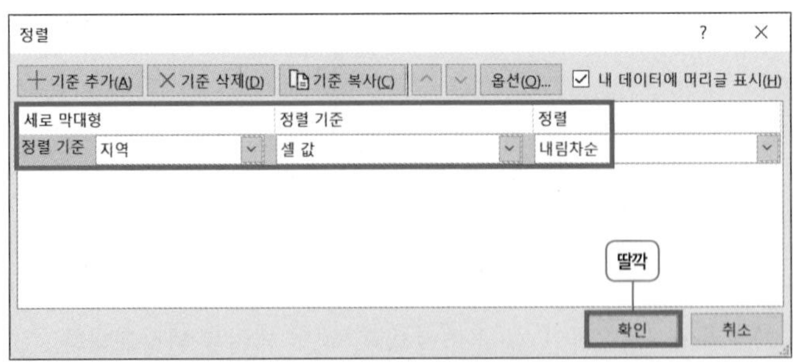

	A	B	C	D	E	F	G	H
1	동호회 회원 현황							
2								
3	지역	성명	성별	나이	직업	연락처	기부금	
4	충북	현도용	남	42	대학교수	010-3214-6987	350,000	
5	충북	전용택	남	30	회사원	010-6757-2121	300,000	
6	충북	장수옥	여	32	회계사	010-5798-3127	350,000	
7	서울	한동호	남	35	회사원	010-6547-3274	250,000	
8	서울	무진장	남	45	대학교수	010-3355-6674	250,000	
9	서울	우양아	여	24	대학생	010-2178-2008	120,000	
10	서울	전대용	남	28	자영업	010-9357-9956	600,000	
11	부산	조금만	남	31	회사원	010-3247-5665	200,000	
12	부산	강도인	남	29	자영업	010-3547-8222	380,000	
13	부산	유인원	남	41	회사원	010-3617-5744	200,000	
14	대전	고기주	여	34	자영업	010-9374-5274	300,000	
15	대전	허수리	여	34	변호사	010-7827-1610	400,000	
16	대전	감사용	남	27	대학생	010-3274-1092	100,000	
17	경기	김만우	남	28	대학생	010-3488-3541	100,000	
18	경기	고향이	여	33	의사	010-3574-7257	500,000	
19	경기	선구안	여	29	자영업	010-6279-2918	550,000	
20	경기	이리온	여	34	회사원	010-4698-1007	250,000	
21								

3. '지역'별 '나이'의 최대를 계산하는 부분합을 작성해야 합니다. 셀 포인터가 데이터 영역(A3:G20) 안에 놓여 있는 상태에서 [데이터] → 개요 → **부분합**을 클릭하세요.

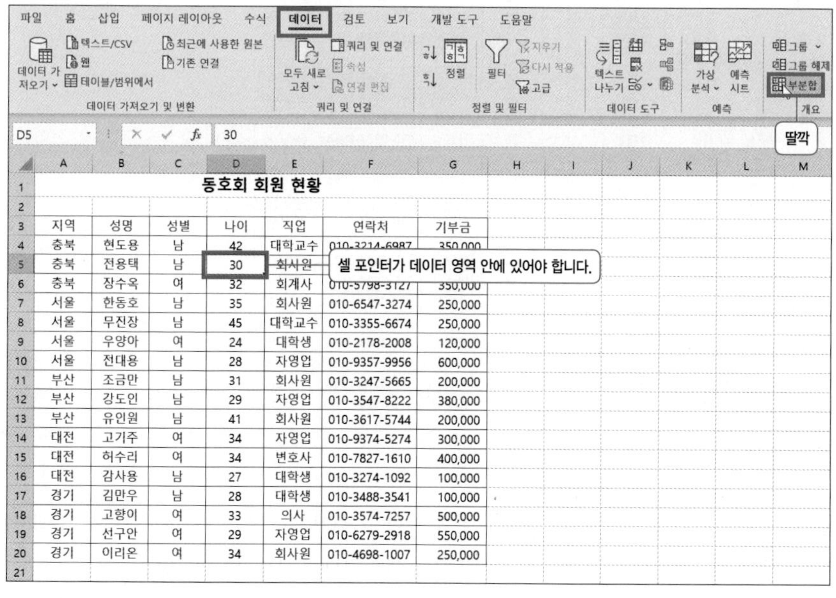

전문가의 조언

부분합이 계산된 상태에서 다시 부분합을 계산하여 추가하는 것을 중첩 부분합이라고 합니다. 중첩 부분합을 작성하려면 중첩할 부분합 그룹의 기준 필드가 정렬되어 있어야 합니다. 그리고 중요한 것은 두 번째 부분합부터는 '부분합' 대화상자에서 반드시 '새로운 값으로 대치'를 해제해야 한다는 것을 기억해 두세요.

정렬할 때 설정했던 정렬 기준, 즉 '지역'이 그룹화할 항목이 됩니다.

4. '부분합' 대화상자에서 '그룹화할 항목', '사용할 함수', '부분합 계산 항목'을 그림과 같이 지정한 후 〈확인〉을 클릭하세요. 지역별로 '나이'의 최대를 계산하는 부분합이 작성됩니다.

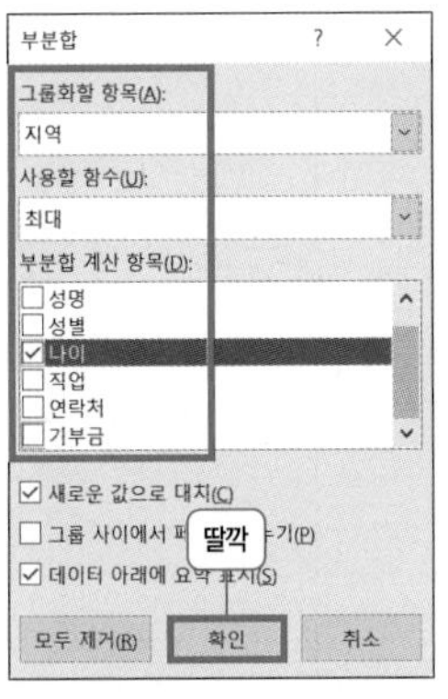

	A	B	C	D	E	F	G
1	동호회 회원 현황						
2							
3	지역	성명	성별	나이	직업	연락처	기부금
4	충북	현도용	남	42	대학교수	010-3214-6987	350,000
5	충북	전용택	남	30	회사원	010-6757-2121	300,000
6	충북	장수옥	여	32	회계사	010-5798-3127	350,000
7	**충북 최대**			42			
8	서울	한동호	남	35	회사원	010-6547-3274	250,000
9	서울	무진장	남	45	대학교수	010-3355-6674	250,000
10	서울	우양아	여	24	대학생	010-2178-2008	120,000
11	서울	전대용	남	28	자영업	010-9357-9956	600,000
12	**서울 최대**			45			
13	부산	조금만	남	31	회사원	010-3247-5665	200,000
14	부산	강도인	남	29	자영업	010-3547-8222	380,000
15	부산	유인원	남	41	회사원	010-3617-5744	200,000
16	**부산 최대**			41			
17	대전	고기주	여	34	자영업	010-9374-5274	300,000
18	대전	허수리	여	34	변호사	010-7827-1610	400,000
19	대전	감사용	남	27	대학생	010-3274-1092	100,000
20	**대전 최대**			34			
21	경기	김만우	남	28	대학생	010-3488-3541	100,000
22	경기	고향이	여	33	의사	010-3574-7257	500,000
23	경기	선구안	여	29	자영업	010-6279-2918	550,000
24	경기	이리온	여	34	회사원	010-4698-1007	250,000
25	**경기 최대**			34			
26	**전체 최대값**			45			
27							

5. '지역'별 '기부금'의 합계를 계산하는 부분합을 추가해야 합니다. 셀 포인터가 데이터 영역(A3:G20) 안에 놓여 있는 상태에서 [데이터] → 개요 → **부분합**을 클릭하세요.

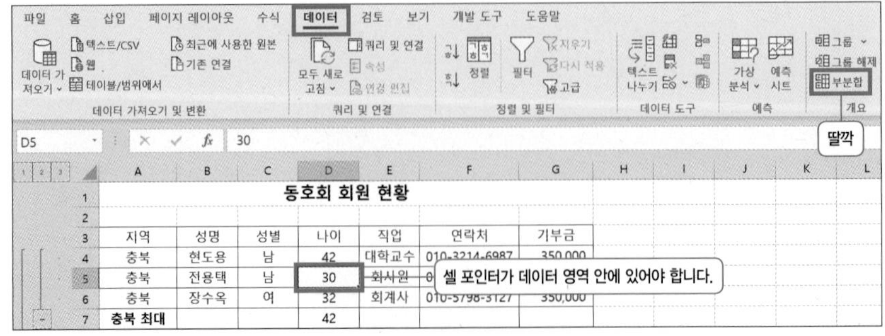

6. '부분합' 대화상자에서 '그룹화할 항목', '사용할 함수', '부분합 계산 항목'을 그림과 같이 지정하고 '새로운 값으로 대치'를 해제한 후 〈확인〉을 클릭하세요. 중첩 부분합이 작성됩니다.

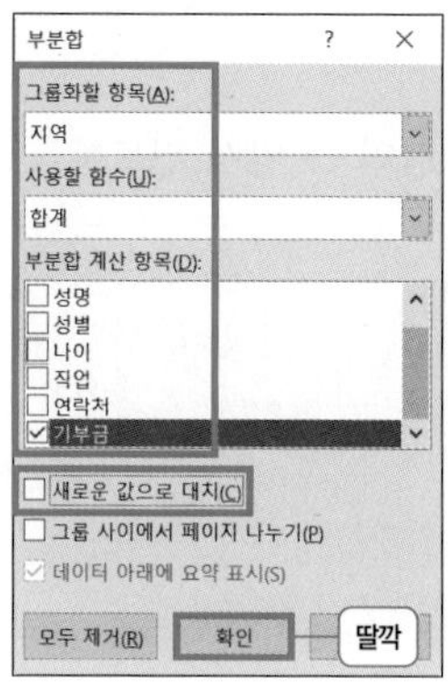

	A	B	C	D	E	F	G	H
1				동호회 회원 현황				
2								
3	지역	성명	성별	나이	직업	연락처	기부금	
4	충북	현도용	남	42	대학교수	010-3214-6987	350,000	
5	충북	전용택	남	30	회사원	010-6757-2121	300,000	
6	충북	장수옥	여	32	회계사	010-5798-3127	350,000	
7	**충북 요약**						1,000,000	
8	**충북 최대**			42				
9	서울	한동호	남	35	회사원	010-6547-3274	250,000	
10	서울	무진장	남	45	대학교수	010-3355-6674	250,000	
11	서울	우양아	여	24	대학생	010-2178-2008	120,000	
12	서울	전대용	남	28	자영업	010-9357-9956	600,000	
13	**서울 요약**						1,220,000	
14	**서울 최대**			45				
15	부산	조금만	남	31	회사원	010-3247-5665	200,000	
16	부산	강도인	남	29	자영업	010-3547-8222	380,000	
17	부산	유인원	남	41	회사원	010-3617-5744	200,000	
18	**부산 요약**						780,000	
19	**부산 최대**			41				
20	대전	고기주	여	34	자영업	010-9374-5274	300,000	
21	대전	허수리	여	34	변호사	010-7827-1610	400,000	
22	대전	감사용	남	27	대학생	010-3274-1092	100,000	
23	**대전 요약**						800,000	
24	**대전 최대**			34				
25	경기	김만우	남	28	대학생	010-3488-3541	100,000	
26	경기	고향이	여	33	의사	010-3574-7257	500,000	
27	경기	선구안	여	29	자영업	010-6279-2918	550,000	
28	경기	이리온	여	34	회사원	010-4698-1007	250,000	
29	**경기 요약**						1,400,000	
30	**경기 최대**			34				
31	**총합계**						5,200,000	
32	**전체 최대값**			45				
33								

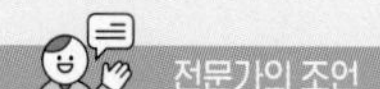

'새로운 값으로 대치'가 체크되어 있는 상태에서 〈확인〉을 클릭하면 이미 계산된 부분합을 지우고 새로운 부분합을 표시합니다.

부분합 표시 순서

중첩 부분합을 수행하면 처음 작업한 부분합의 결과가 가장 아래에 표시되고 마지막에 작업한 부분합의 결과가 가장 위에 표시됩니다. 예를 들어, 최대와 합계를 표시하는 부분합을 수행했을 경우 합계가 위에, 최대가 아래에 표시됩니다.

문제 4 기타작업 풀이

01. 매크로 작성

1 '합계' 매크로 작성

전문가의 조언

- 리본 메뉴에 '개발 도구' 탭이 없으면 [파일] → **옵션**을 클릭하면 나타나는 'Excel 옵션' 대화상자의 '리본 사용자 지정' 탭에서 '기본 탭'의 '개발 도구'를 선택한 후 〈확인〉을 클릭하세요.
- Alt를 누른 채 단추, 도형 등의 개체를 드래그하면 셀의 모서리에 맞게 삽입됩니다.

1. '매크로 작업' 시트를 선택하고, [개발 도구] → 컨트롤 → 삽입 → 양식 컨트롤 → ▭(**단추**)를 선택한 후 [H3:I5] 영역에 맞게 드래그하세요.

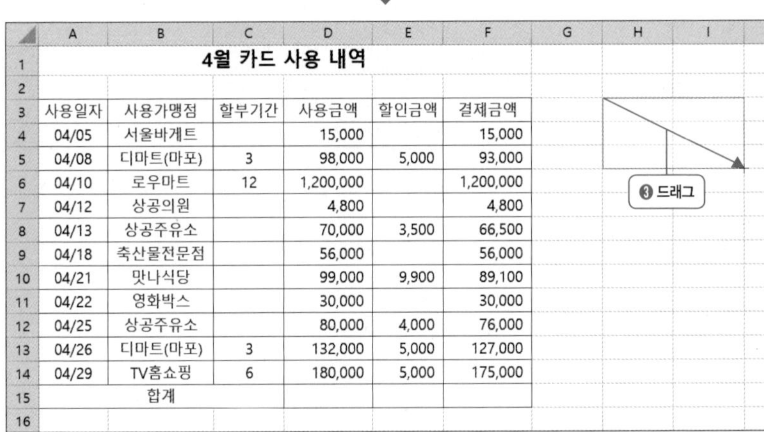

	A	B	C	D	E	F	G	H	I
1	4월 카드 사용 내역								
2									
3	사용일자	사용가맹점	할부기간	사용금액	할인금액	결제금액			
4	04/05	서울바게트		15,000		15,000			
5	04/08	디마트(마포)	3	98,000	5,000	93,000			
6	04/10	로우마트	12	1,200,000		1,200,000			
7	04/12	상공의원		4,800		4,800			
8	04/13	상공주유소		70,000	3,500	66,500			
9	04/18	축산물전문점		56,000		56,000			
10	04/21	맛나식당		99,000	9,900	89,100			
11	04/22	영화박스		30,000		30,000			
12	04/25	상공주유소		80,000	4,000	76,000			
13	04/26	디마트(마포)	3	132,000	5,000	127,000			
14	04/29	TV홈쇼핑	6	180,000	5,000	175,000			
15	합계								
16									

전문가의 조언

매크로를 기록하기 전에는 작업 순서대로 먼저 수행해본 후 이상이 없으면 기록을 시작하세요.

2. '매크로 지정' 대화상자의 매크로 이름에 **합계**를 입력한 후 〈기록〉을 클릭하세요.

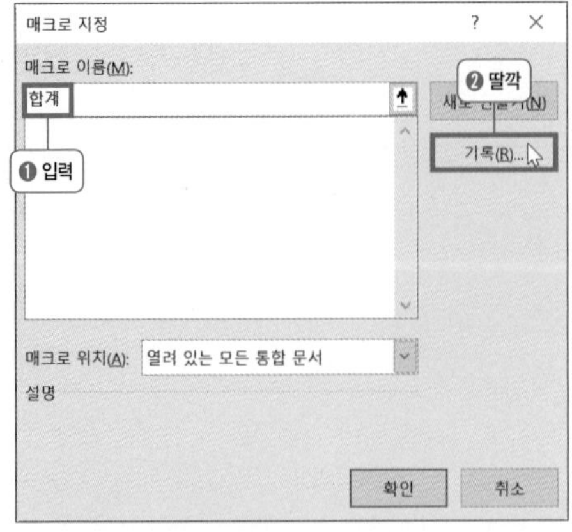

3. '매크로 기록' 대화상자의 매크로 이름에 '합계'가 자동으로 입력됩니다. 〈확인〉을 클릭하세요.

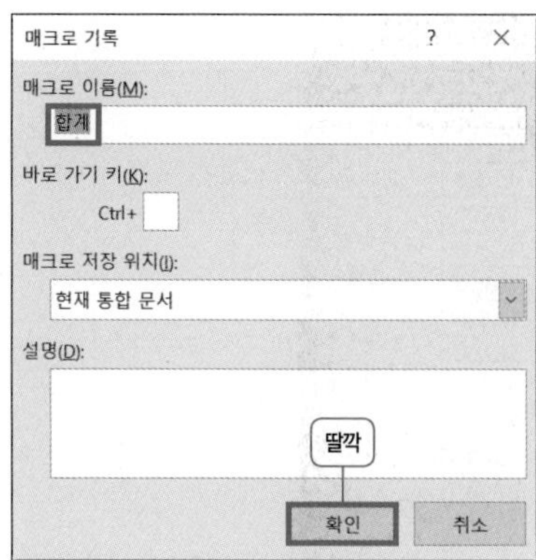

4. 지금부터 수행하는 모든 작업은 매크로로 기록되므로 신중하게 작업해야 합니다. [D15:F15] 영역에 합계를 계산하기 위해 [D15] 셀을 클릭한 후 [수식] → 함수 라이브러리 → **∑(자동 합계)**를 클릭하세요.

5. SUM 함수의 적용 범위가 올바른지 확인한 후 Enter를 누르세요.

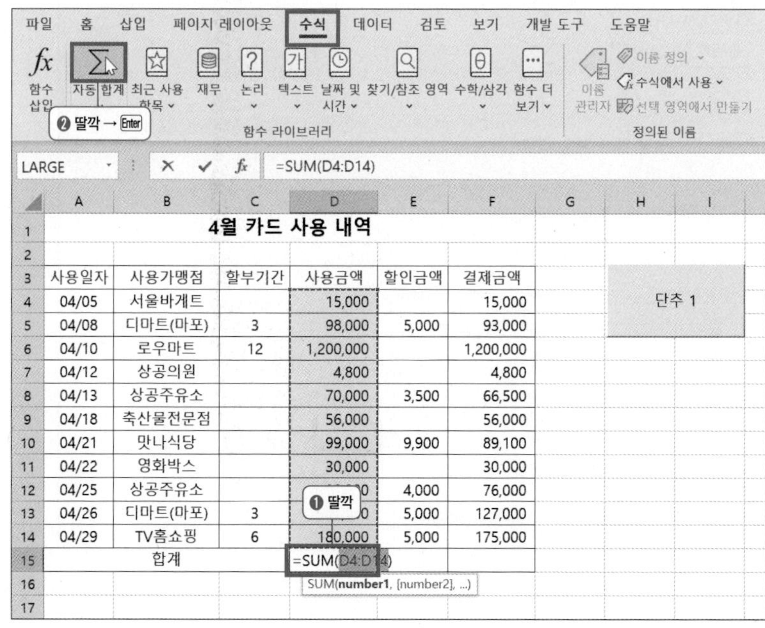

	A	B	C	D	E	F
1	4월 카드 사용 내역					
2						
3	사용일자	사용가맹점	할부기간	사용금액	할인금액	결제금액
4	04/05	서울바게트		15,000		15,000
5	04/08	디마트(마포)	3	98,000	5,000	93,000
6	04/10	로우마트	12	1,200,000		1,200,000
7	04/12	상공의원		4,800		4,800
8	04/13	상공주유소		70,000	3,500	66,500
9	04/18	축산물전문점		56,000		56,000
10	04/21	맛나식당		99,000	9,900	89,100
11	04/22	영화박스		30,000		30,000
12	04/25	상공주유소		[illegible]	4,000	76,000
13	04/26	디마트(마포)	3	[illegible]	5,000	127,000
14	04/29	TV홈쇼핑	6	180,000	5,000	175,000
15	합계			=SUM(D4:D14)		

전문가의 조언

- [홈] → 편집 → ∑(자동 합계)를 클릭해도 됩니다.
- 수식을 입력하고 Ctrl+Enter를 누르면 셀 포인터의 이동없이 수식이 완성되므로 셀을 다시 이동할 필요 없이 바로 끌어서 수식을 채울 수 있습니다.
- ∑(자동 합계)를 클릭하는 대신 [D15] 셀에 수식(=SUM(D4:D14))을 직접 입력해도 됩니다.

6. [D15] 셀을 클릭하고 [D15] 셀의 채우기 핸들을 [F15] 셀까지 드래그하여 수식을 복사하세요.

	A	B	C	D	E	F	G	H	I
1	4월 카드 사용 내역								
2									
3	사용일자	사용가맹점	할부기간	사용금액	할인금액	결제금액		단추 1	
4	04/05	서울바게트		15,000		15,000			
5	04/08	디마트(마포)	3	98,000	5,000	93,000			
6	04/10	로우마트	12	1,200,000		1,200,000			
7	04/12	상공의원		4,800		4,800			
8	04/13	상공주유소		70,000	3,500	66,500			
9	04/18	축산물전문점		56,000		56,000			
10	04/21	맛나식당		99,000	9,900	89,100			
11	04/22	영화박스		30,000		30,000			
12	04/25	상공주유소		80,000	4,000	76,000			
13	04/26	디마트(마포)	3	132,000	5,0	127,000			
14	04/29	TV홈쇼핑	6	180,000	5,0	175,000			
15	합계			1,964,800					
16									

드래그

7. 범위로 지정하지 않은 임의의 셀(G15)을 클릭하여 블록 지정을 해제한 후 [개발 도구] → 코드 → **기록 중지**를 클릭하여 매크로를 종료하세요.

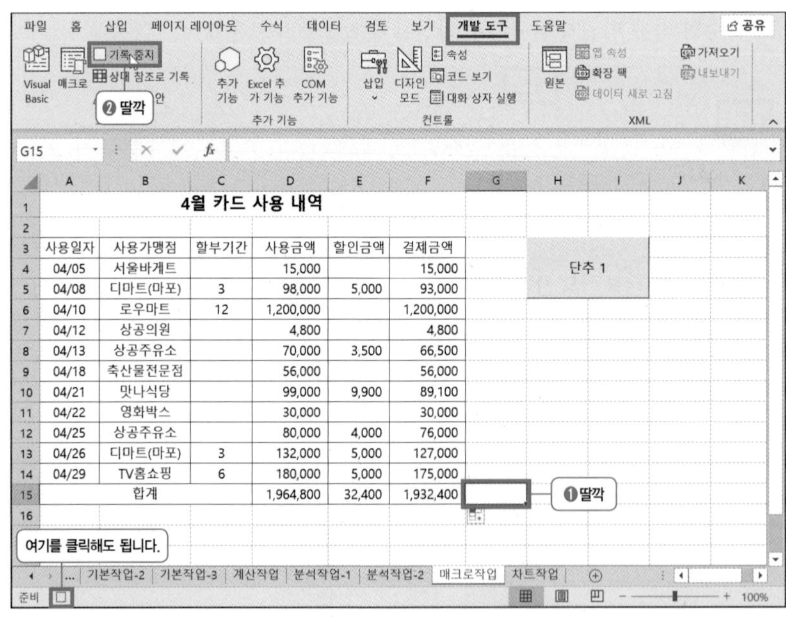

	A	B	C	D	E	F
1	4월 카드 사용 내역					
2						
3	사용일자	사용가맹점	할부기간	사용금액	할인금액	결제금액
4	04/05	서울바게트		15,000		15,000
5	04/08	디마트(마포)	3	98,000	5,000	93,000
6	04/10	로우마트	12	1,200,000		1,200,000
7	04/12	상공의원		4,800		4,800
8	04/13	상공주유소		70,000	3,500	66,500
9	04/18	축산물전문점		56,000		56,000
10	04/21	맛나식당		99,000	9,900	89,100
11	04/22	영화박스		30,000		30,000
12	04/25	상공주유소		80,000	4,000	76,000
13	04/26	디마트(마포)	3	132,000	5,000	127,000
14	04/29	TV홈쇼핑	6	180,000	5,000	175,000
15	합계			1,964,800	32,400	1,932,400

전문가의 조언

- 임의의 셀(G15)을 클릭하지 않고 블록이 지정된 상태에서 〈기록 중지〉를 클릭해도 됩니다. 단지 블록이 지정된 상태에서 〈기록 중지〉를 클릭하면 매크로 실행 시 항상 블록이 지정되어 있어 결과를 확인하기 불편하므로 블록 지정을 해제하기 위해 임의의 셀을 클릭하는 것입니다.
- 매크로 기록을 중지할 때는 상태 표시줄 왼쪽 하단의 '□(기록 중지)'를 클릭해도 됩니다.

8. 단추에 입력된 텍스트를 수정해야 합니다. 단추를 마우스 오른쪽 버튼으로 클릭한 후 바로 가기 메뉴에서 **[텍스트 편집]**을 선택하세요.

	A	B	C	D	E	F	G	H	I
1	4월 카드 사용 내역								
2									
3	사용일자	사용가맹점	할부기간	사용금액	할인금액	결제금액			
4	04/05	서울바게트		15,000		15,000		단추 1	
5	04/08	디마트(마포)	3	98,000	5,000	93,000			
6	04/10	로우마트	12	1,200,000		1,200,000			
7	04/12	상공의원		4,800		4,800			
8	04/13	상공주유소		70,000	3,500	66,500			
9	04/18	축산물전문점		56,000		56,000			
10	04/21	맛나식당		99,000	9,900	89,100			
11	04/22	영화박스		30,000		30,000			
12	04/25	상공주유소		80,000	4,000	76,000			
13	04/26	디마트(마포)	3	132,000	5,000	127,000			
14	04/29	TV홈쇼핑	6	180,000	5,000	175,000			
15	합계			1,964,800	32,400	1,932,400			
16									

❶오른쪽 딸깍
잘라내기(T)
복사(C)
❷딸깍
붙여넣기(P)
텍스트 편집(X)
그룹화(G)
순서(R)
매크로 지정(N)...
컨트롤 서식(F)...

9. 단추에 입력된 **단추 1**을 삭제하고 **합계**를 입력한 후 임의의 셀을 클릭하여 텍스트 편집 상태를 해제하세요.

	A	B	C	D	E	F	G	H	I
1	4월 카드 사용 내역								
2									
3	사용일자	사용가맹점	할부기간	사용금액	할인금액	결제금액			
4	04/05	서울바게트		15,000		15,000		합계	
5	04/08	디마트(마포)	3	98,000	5,000	93,000			
6	04/10	로우마트	12	1,200,000		1,200,000			
7	04/12	상공의원		4,800		4,800			
8	04/13	상공주유소		70,000	3,500	66,500			

❶입력
❷딸깍

2 '서식' 매크로 작성

1. [삽입] → 일러스트레이션 → 도형 → **기본 도형**에서 '사각형: 빗면(□)'을 선택한 후 [H7:I9] 영역에 맞게 드래그하세요.

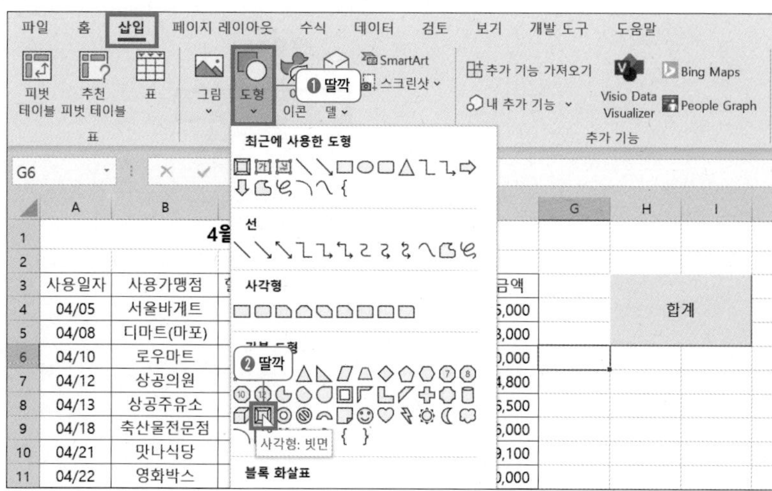

⬇

	A	B	C	D	E	F	G	H	I
1	4월 카드 사용 내역								
2									
3	사용일자	사용가맹점	할부기간	사용금액	할인금액	결제금액		합계	
4	04/05	서울바게트		15,000		15,000			
5	04/08	디마트(마포)	3	98,000	5,000	93,000			
6	04/10	로우마트	12	1,200,000		1,200,000			
7	04/12	상공의원		4,800		4,800			
8	04/13	상공주유소		70,000	3,500	66,500			
9	04/18	축산물전문점		56,000		56,000			
10	04/21	맛나식당		99,000	9,900	89,100			
11	04/22	영화박스		30,000		30,000		❸ 드래그	
12	04/25	상공주유소		80,000	4,000	76,000			
13	04/26	디마트(마포)	3	132,000	5,000	127,000			
14	04/29	TV홈쇼핑	6	180,000	5,000	175,000			
15	합계			1,964,800	32,400	1,932,400			
16									

양식 컨트롤의 '단추'를 삽입하면 자동으로 '매크로 지정' 대화상자가 나타나지만 도형을 삽입하면 아무것도 나타나지 않습니다. 그러므로 도형의 바로 가기 메뉴를 이용하여 '매크로 지정' 대화상자를 호출해야 합니다.

2. 삽입한 도형에 매크로를 지정해야 합니다. 도형을 마우스 오른쪽 버튼으로 클릭한 후 바로 가기 메뉴에서 **[매크로 지정]**을 선택하세요.

	A	B	C	D	E	F
1	4월 카드 사용 내역					
2						
3	사용일자	사용가맹점	할부기간	사용금액	할인금액	결제금액
4	04/05	서울바게트		15,000		15,000
5	04/08	디마트(마포)	3	98,000	5,000	93,000
6	04/10	로우마트	12	1,200,000		1,200,000
7	04/12	상공의원		4,800		4,800
8	04/13	상공주유소		70,000	3,500	66,5
9	04/18	축산물전문점		56,000		56,0
10	04/21	맛나식당		99,000	9,900	89,1
11	04/22	영화박스		30,000		30,0
12	04/25	상공주유소		80,000	4,000	76,0
13	04/26	디마트(마포)	3	132,000	5,000	127,0
14	04/29	TV홈쇼핑	6	180,000	5,000	175,0
15	합계			1,964,800	32,400	1,932,4

합계

스타일 채우기

❶ 오른쪽 딸깍

잘라내기(T)
복사(C)
붙여넣기 옵션:
텍스트 편집(X)
점 편집(E)
그룹화(G)
맨 앞으로 가져오기(R)
맨 뒤로 보내기(K)
링크(I)
그림 ❷ 딸깍
스마트 조회(L)
매크로 지정(N)...
대체 텍스트 편집(A)...
기본 도형으로 설정(D)
크기 및 속성(Z)...
도형 서식(O)...

3. '매크로 지정' 대화상자의 매크로 이름에 **서식**을 입력한 후 〈기록〉을 클릭하세요.

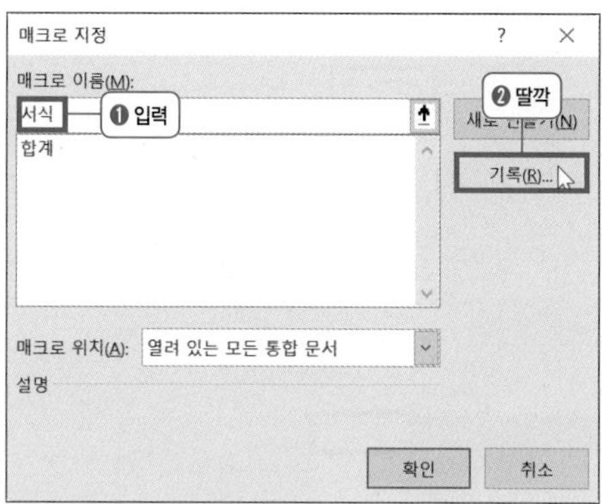

4. '매크로 기록' 대화상자의 매크로 이름에 '서식'이 자동으로 입력됩니다. 〈확인〉을 클릭하세요.

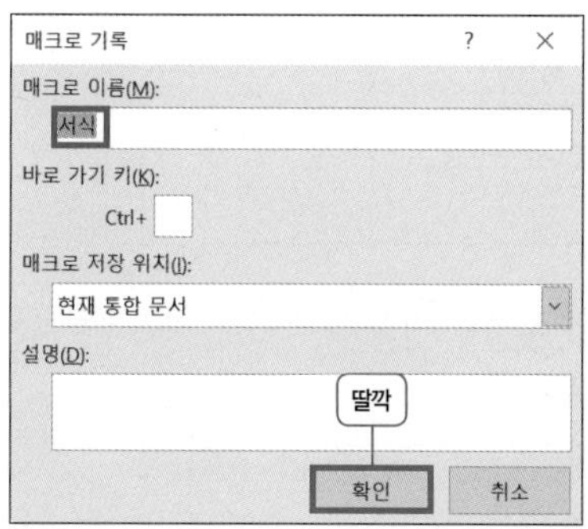

5. [A3:F3] 영역에 채우기 색을 지정해야 합니다. [A3:F3] 영역을 블록으로 지정한 후 [홈] → **글꼴**에서 채우기 색( ) '파랑', 글꼴 색( ) '빨강'을 선택하세요.

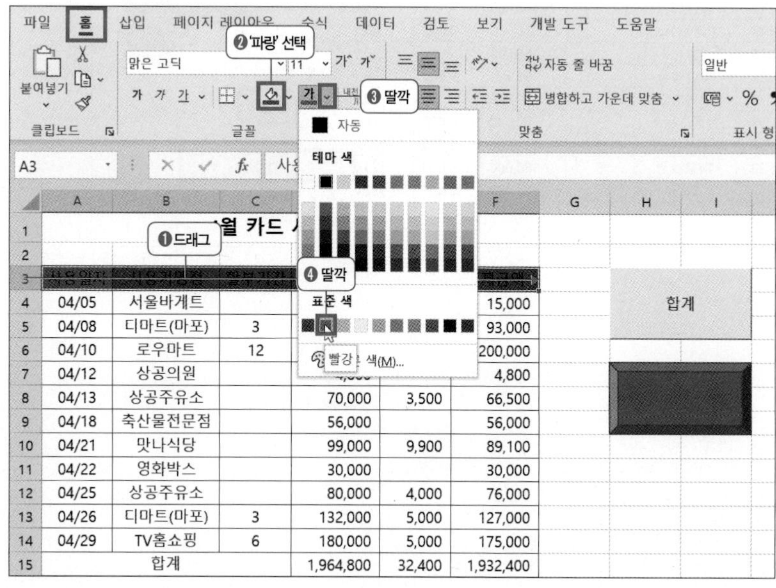

전문가의 조언

[A3:F3] 영역을 블록으로 지정하고 마우스 오른쪽 버튼을 클릭한 후 미니 도구 모음에서 채우기 색( )과 글꼴 색( )을 지정해도 됩니다.

6. 범위로 지정하지 않은 임의의 셀(G3)을 클릭하여 블록 지정을 해제한 후 [개발 도구] → 코드 → **기록 중지**를 클릭하여 매크로를 종료하세요.

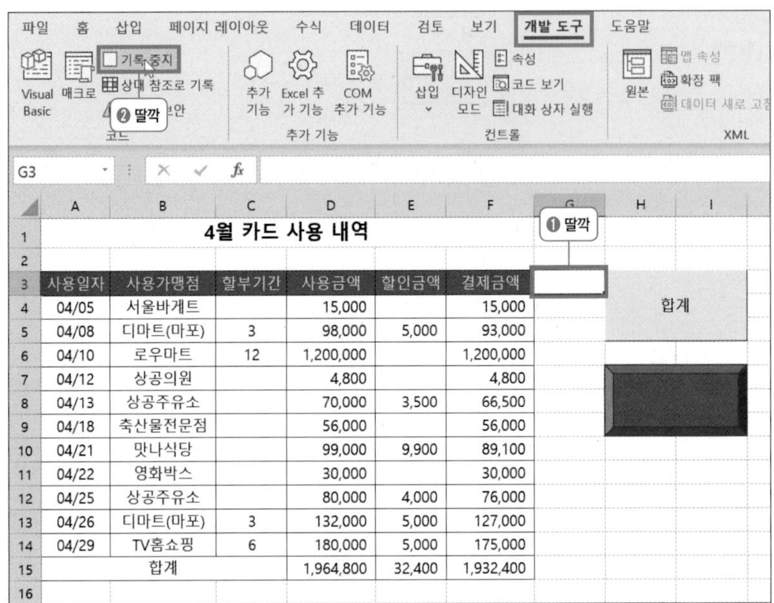

사용일자	사용가맹점	할부기간	사용금액	할인금액	결제금액
04/05	서울바게트		15,000		15,000
04/08	디마트(마포)	3	98,000	5,000	93,000
04/10	로우마트	12	1,200,000		1,200,000
04/12	상공의원		4,800		4,800
04/13	상공주유소		70,000	3,500	66,500
04/18	축산물전문점		56,000		56,000
04/21	맛나식당		99,000	9,900	89,100
04/22	영화박스		30,000		30,000
04/25	상공주유소		80,000	4,000	76,000
04/26	디마트(마포)	3	132,000	5,000	127,000
04/29	TV홈쇼핑	6	180,000	5,000	175,000
합계			1,964,800	32,400	1,932,400

7. 마지막으로 도형에 텍스트를 입력해야 합니다. 도형을 마우스 오른쪽 버튼으로 클릭한 후 바로 가기 메뉴에서 **[텍스트 편집]**을 선택하세요.

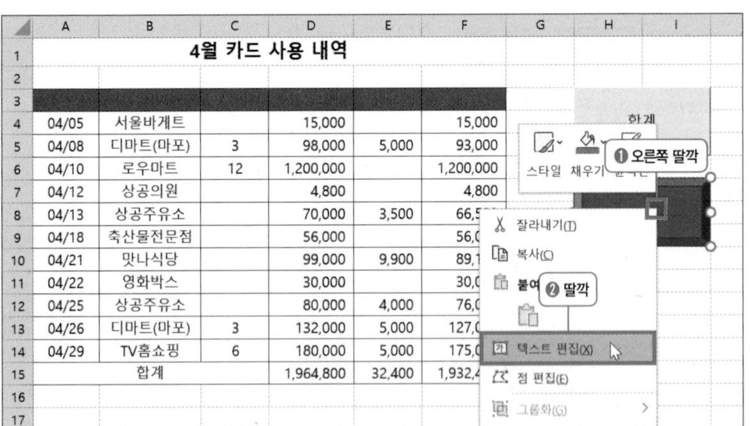

8. 도형에 **서식**을 입력한 후 임의의 셀을 클릭하여 도형의 텍스트 편집 상태를 해제하세요.

	A	B	C	D	E	F
1	4월 카드 사용 내역					
2						
3	사용일자	사용가맹점	할부기간	사용금액	할인금액	결제금액
4	04/05	서울바게트		15,000		15,000
5	04/08	디마트(마포)	3	98,000	5,000	93,000
6	04/10	로우마트	12	1,200,000		1,200,000
7	04/12	상공의원		4,800		4,800
8	04/13	상공주유소		70,000	3,500	66,500
9	04/18	축산물전문점		56,000		56,000
10	04/21	맛나식당		99,000	9,900	89,100
11	04/22	영화박스		30,000		30,000
12	04/25	상공주유소		80,000	4,000	76,000
13	04/26	디마트(마포)	3	132,000	5,000	127,000
14	04/29	TV홈쇼핑	6	180,000	5,000	175,000
15	합계			1,964,800	32,400	1,932,400
16						

합계

① 입력

서식

② 딸깍

9. [D15:F15] 영역에 입력된 값을 삭제하고, [A3:F3] 영역의 글꼴 색과 채우기 색을 임의로 변경한 후 〈합계〉 단추와 〈서식〉 도형을 클릭하여 올바르게 작동하는지 확인하세요.

궁금해요 **시나공 Q&A 베스트**

Q 매크로를 잘못 만들었어요. 어떻게 수정해야 하나요?

A 매크로 작성을 잘못하였을 경우에는 기존에 작성했던 매크로를 삭제한 후 다시 작성하면 됩니다. 매크로를 삭제하려면 [개발 도구] → 코드 → **매크로**를 클릭한 후 '매크로' 대화상자에서 삭제할 매크로 이름을 선택한 후 〈삭제〉를 클릭하면 됩니다.

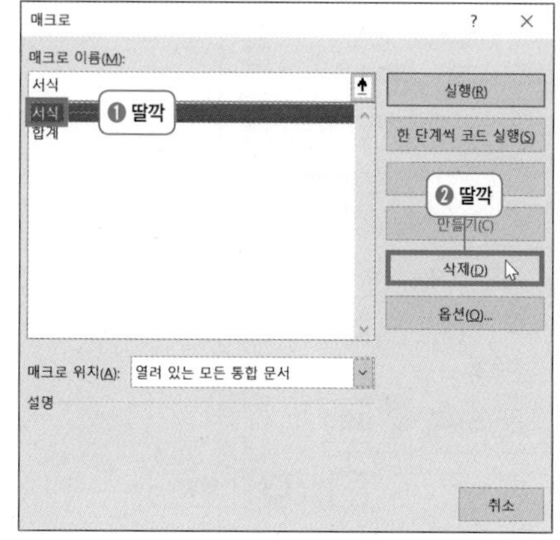

02. 차트 수정

1. '수출총액' 계열의 차트 종류를 변경하고 보조 축으로 지정해야 합니다. '차트작업' 시트를 선택하고, '수출총액' 계열을 마우스 오른쪽 버튼으로 클릭한 후 바로 가기 메뉴에서 [**계열 차트 종류 변경**]을 선택하세요.

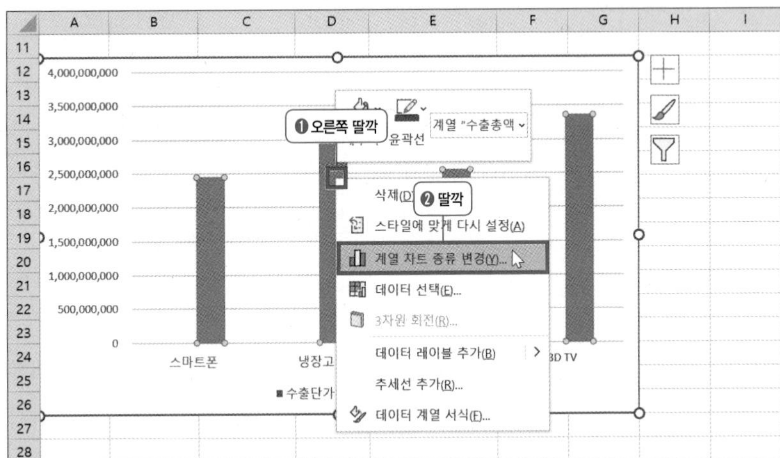

2. '차트 종류 변경' 대화상자의 '혼합' 탭에서 '수출총액' 계열의 '차트 종류'를 '표식이 있는 꺾은선형'으로 선택하고, '보조 축'에 체크 표시를 한 후 〈확인〉을 클릭하세요.

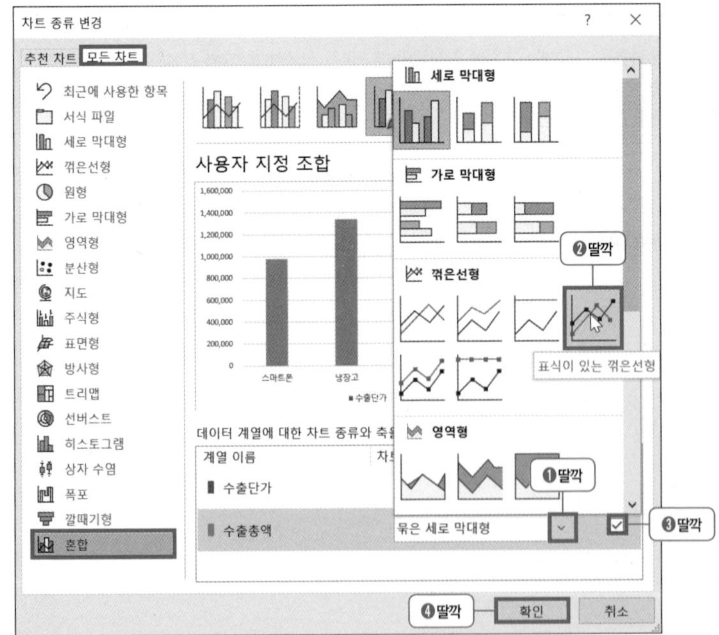

3. 차트 제목을 삽입하고 글꼴 속성을 지정해야 합니다. 차트 제목을 삽입하기 위해 차트를 선택한 후 [차트 디자인] → 차트 레이아웃 → 차트 요소 추가 → 차트 제목 → **차트 위**를 선택하세요.

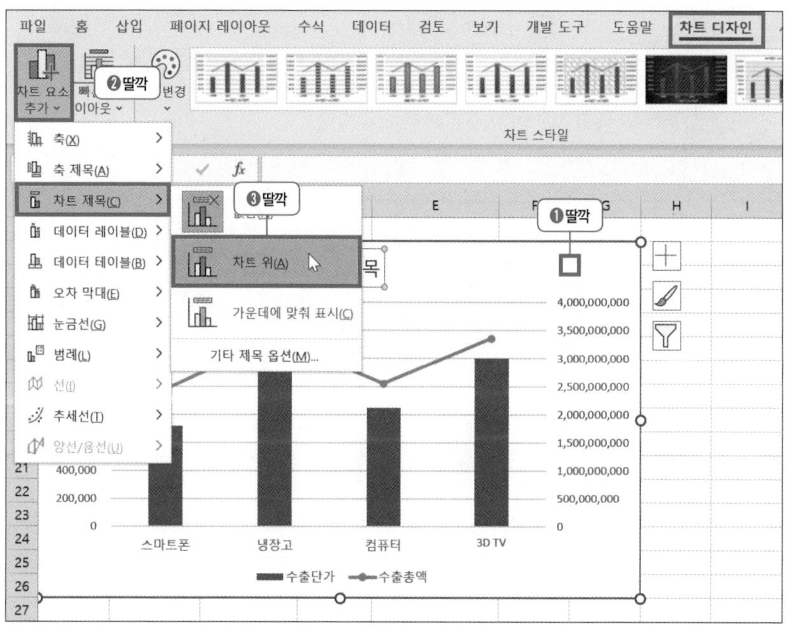

4. 차트의 제목 부분에 **차트 제목**이 삽입됩니다. 차트 제목이 선택된 상태에서 수식 입력줄에 **가전제품 수출현황**을 입력한 후 Enter를 누르세요. **차트 제목**이 **가전제품 수출현황**으로 변경됩니다.

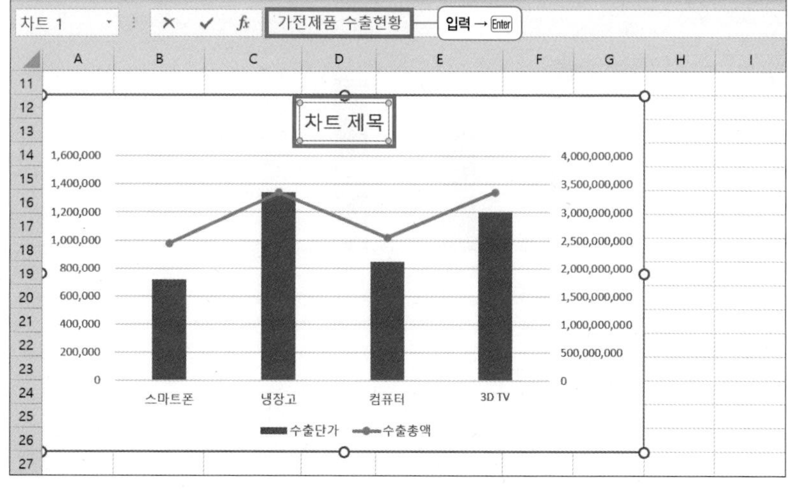

전문가의 조언

차트 요소(⊞)를 클릭한 후 '차트 제목'의 ▷를 클릭하고 '차트 위'를 선택해도 됩니다.

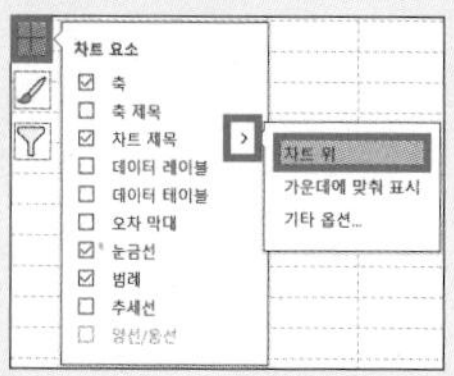

'차트 디자인' 메뉴는 차트를 선택했을 때만 나타납니다.

전문가의 조언

차트 제목을 수식 입력줄에 입력하지 않고 자동으로 입력된 **차트 제목** 부분을 마우스로 드래그하여 삭제한 다음 입력해도 결과는 같습니다.

궁금해요 시나공 Q&A 베스트

Q1 수식 입력줄에 제목을 입력해도 차트에 반영이 안돼요!

A1 차트 제목을 선택하지 않았기 때문입니다. 먼저 차트 제목을 선택한 후 수식 입력줄에 원하는 내용을 입력해 보세요.

글꼴 스타일 '굵은 기울임꼴'은 '굵게(가)'와 '기울임꼴(가)'을 차례로 클릭하여 지정하면 됩니다.

5. 차트 제목이 선택된 상태에서 [홈] → **글꼴**에서 글꼴 '궁서체', 크기 16, 글꼴 스타일 '굵게(가)'와 '기울임꼴(가)'을 지정하세요.

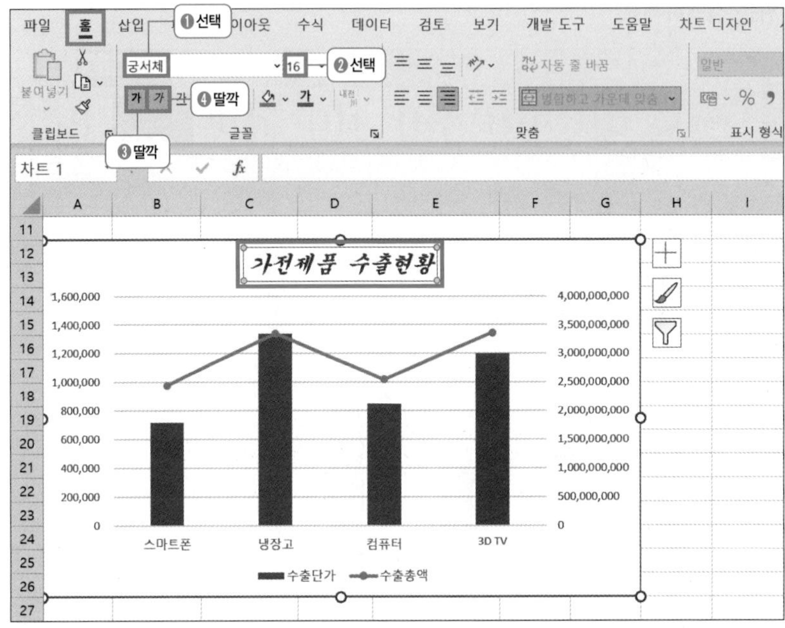

세로(값) 축을 더블클릭해도 됩니다.

6. 세로(값) 축과 보조 세로(값) 축의 기본 단위를 지정해야 합니다. 먼저 세로(값) 축을 마우스 오른쪽 버튼으로 클릭한 후 바로 가기 메뉴에서 **[축 서식]**을 선택하세요.

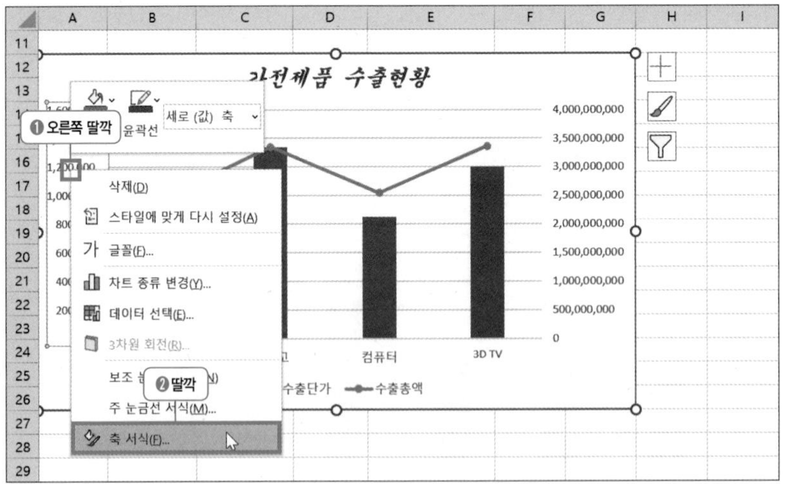

7. '축 서식' 창의 [축 옵션] → (축 옵션) → **축 옵션**에서 '기본' 단위를 **400,000**으로 지정한 후 '닫기(X)'를 클릭하세요.

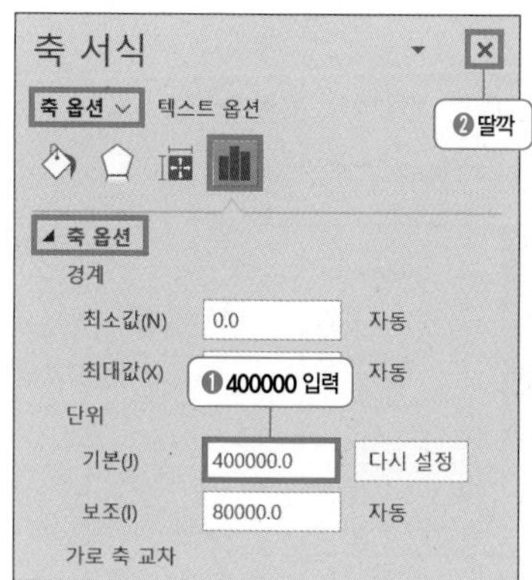

전문가의 조언

'기본' 단위에 **400000**을 입력하고 Enter를 누르면 자동으로 **400000.0**으로 변경됩니다.

8. 동일한 방법으로 보조 세로(값) 축의 '기본' 단위를 **1,000,000,000**으로 지정하세요.

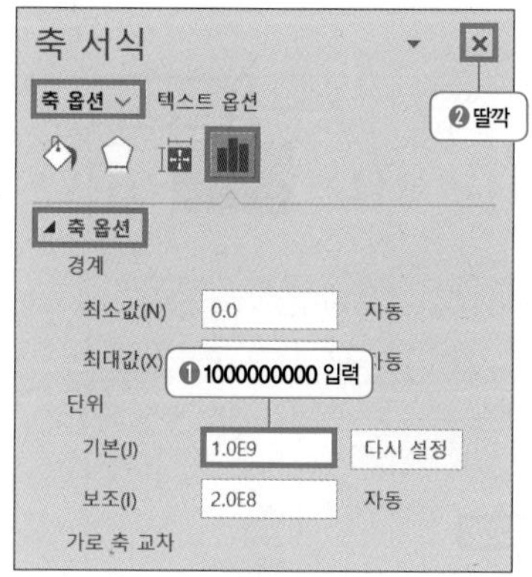

전문가의 조언

'기본' 단위에 **1000000000**을 입력하고 Enter를 누르면 자동으로 **1.0E9**, 즉 지수로 변경됩니다.

9. '수출총액' 계열의 '3D TV' 요소에만 데이터 레이블을 표시해야 합니다. '수출총액' 계열 중 '3D TV' 요소만 선택하기 위해 '수출총액' 계열의 '3D TV' 요소를 클릭한 후 다시 한 번 클릭하세요. '3D TV' 요소만 선택됩니다.

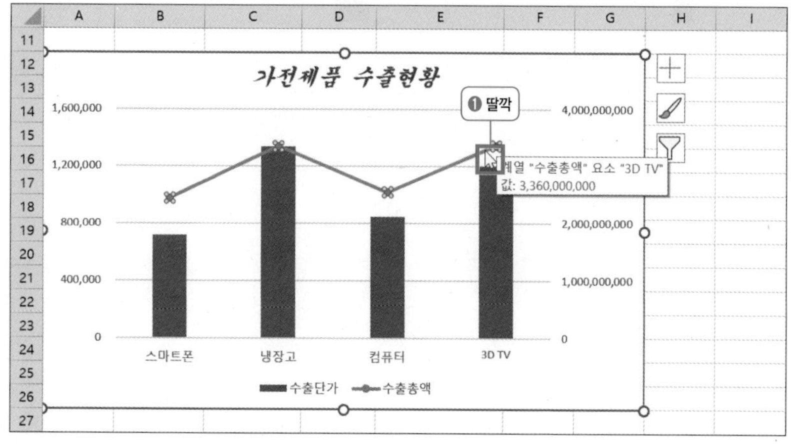

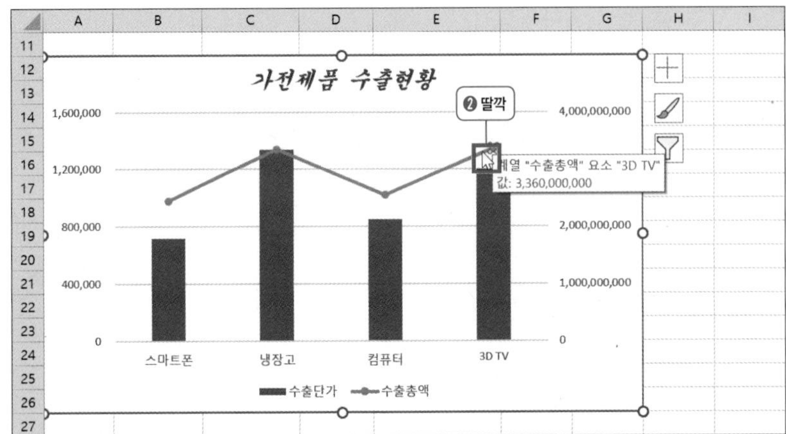

차트 요소(⊞)를 클릭한 후 '데이터 레이블'의 ▷를 클릭하고 '위쪽'을 선택해도 됩니다.

10. '3D TV' 요소만 선택된 상태에서 [차트 디자인] → 차트 레이아웃 → 차트 요소 추가 → 데이터 레이블 → **위쪽**을 선택하세요.

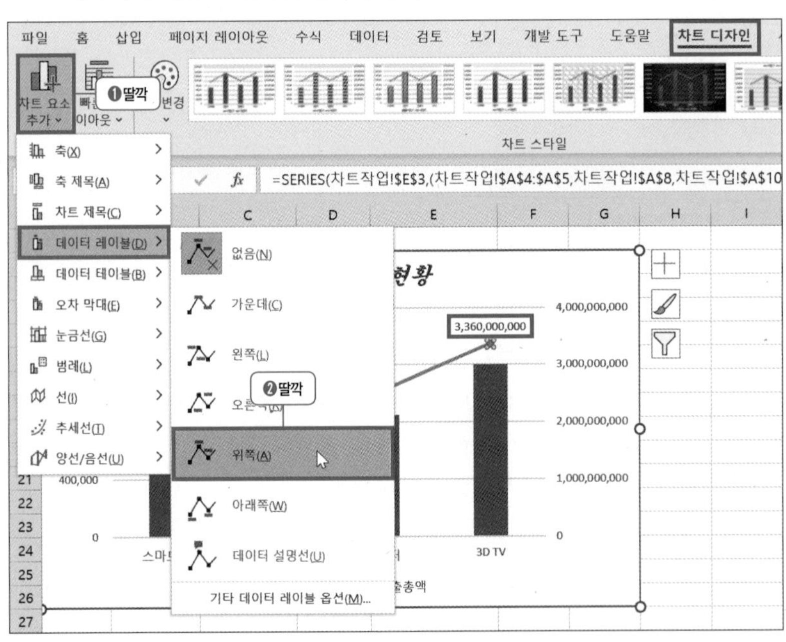

11. 범례의 위치를 오른쪽으로 배치해야 합니다. 차트를 선택한 후 [차트 디자인] → 차트 레이아웃 → 차트 요소 추가 → 범례 → **오른쪽**을 선택하세요.

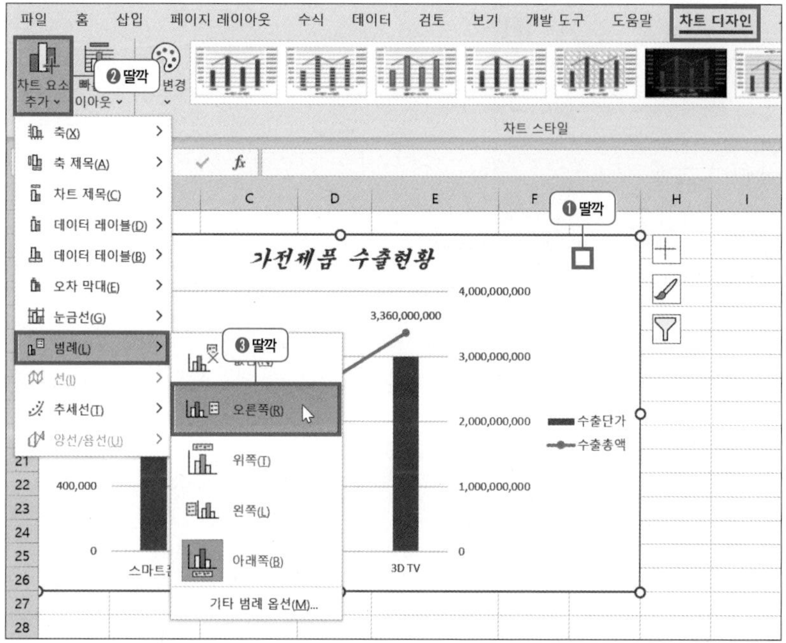

차트 요소(⊞)를 클릭한 후 '데이터 레이블'의 ▷를 클릭하고 '오른쪽'을 선택해도 됩니다.

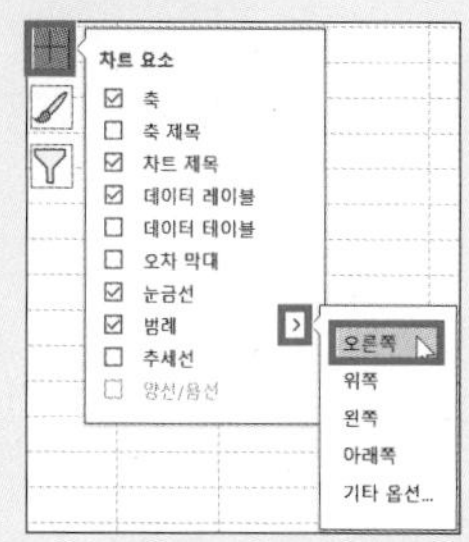

12. 마지막으로 차트 영역의 테두리 스타일을 지정해야 합니다. 차트 영역을 마우스 오른쪽 버튼으로 클릭한 후 바로 가기 메뉴에서 **[차트 영역 서식]**을 선택하세요.

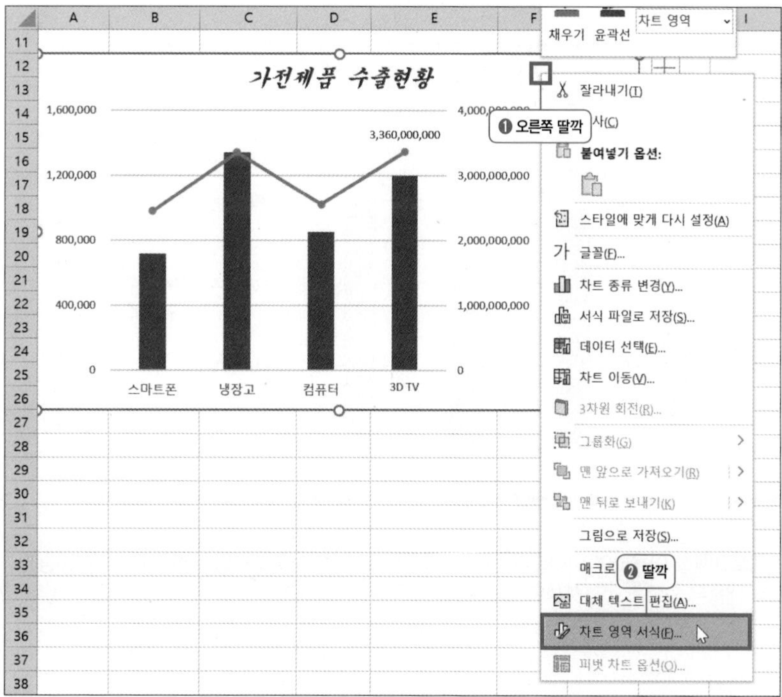

차트 영역을 더블클릭해도 됩니다.

14. '차트 영역 서식' 창의 [차트 옵션] → (채우기 및 선) → **테두리**에서 너비 3 pt와 '둥근 모서리'를 지정한 후 '닫기(X)'를 클릭하세요.

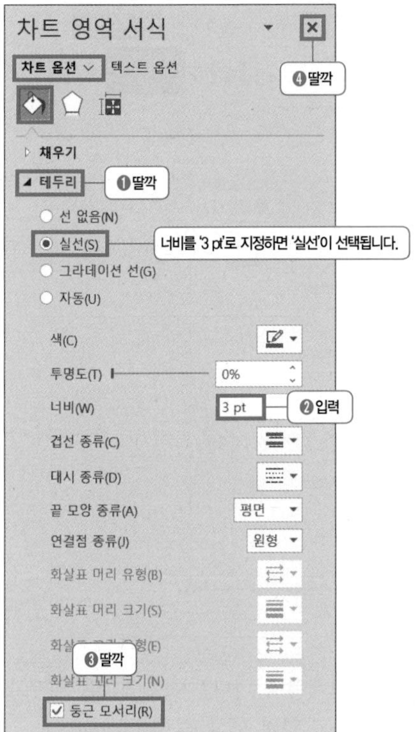

가전제품 수출현황

1,600,000 / 1,200,000 / 800,000 / 400,000 / 0

4,000,000,000 / 3,000,000,000 / 2,000,000,000 / 1,000,000,000 / 0

3,360,000,000

스마트폰 냉장고 컴퓨터 3D TV

수출단가 수출총액

채점 프로그램을 이용하여 여러분이 완성한 답안 파일을 채점해 보세요. 채점 프로그램 사용법에 대한 내용은 12쪽을 참고하세요.

'너비'에 3을 입력한 후 Enter를 누르면 값 뒤에 'pt'가 자동으로 표시됩니다.

6 퇴실(시험 종료)

놓고 가는 소지품은 없는지 확인한 후 퇴실하면 됩니다. 시험 결과는 시험일을 포함한 주를 제외하고 2주 뒤 금요일, https://license.korcham.net/에서 확인할 수 있습니다.

2부 실전 편

1장 기본 모의고사

2장 실전 모의고사

1 장

기본 모의고사

EXAMINATION **01**회

기본 모의고사

• 준 비 하 세 요 : 'C:\길벗컴활2급\03 기본모의고사' 폴더에서 '01회.xlsm' 파일을 열어서 작업하시오.

문제 1 기본작업(20점) 주어진 시트에서 다음 과정을 수행하고 저장하시오.

1. '기본작업-1' 시트에 다음의 자료를 주어진 대로 입력하시오.

	A	B	C	D	E	F	G	H
1	농산물표준규격							
2								
3	품명	포장재질	단량(kg)	길이(mm)	너비(mm)	높이(mm)	높이허용	적재효율
4	단감	C.C(Corrugated Cardboard)	5	440	330	100	20	96
5	기장쌀	C.C	10	293	220	215	10	95.9
6	들깨	P.E(Polyethlene)	1	300	200	0.03	10	97
7	백합	C.C	300	1100	366	300	20	99.8
8	영지버섯	C.C	1	440	330	80	20	96
9								

전문가의 조언

2.
• 한자 변환은 F2를 눌러, 셀 편집 상태에서 문자열을 블록으로 지정한 후 한자를 누르면 됩니다.
• '셀 서식' 대화상자를 호출하는 바로 가기 키는 Ctrl+1입니다.
• 사용자 지정 표시 형식은 '셀 서식' 대화상자의 '표시 형식' 탭에서 지정하면 됩니다.

3.
• 텍스트 나누기를 수행할 때는 사용된 구분 기호를 정확하게 파악하고 지정해야 합니다.
• 데이터에서 특정 열을 제외하려면 '텍스트 마법사 3단계' 대화상자에서 '열 데이터 서식'의 '열 가져오지 않음(건너뜀)'을 선택하세요.

4. 사용자 지정 필터는 [데이터] → 정렬 및 필터 → **필터**를 클릭한 후 '필기시험'과 '실기시험' 필드의 자동 필터 목록 단추(▼) → [숫자 필터] → **사용자 지정 필터**를 선택하여 지정하면 됩니다.

2. '기본작업-2' 시트에 대하여 다음의 지시사항을 처리하시오.

① [A1:G1] 영역은 '병합하고 가운데 맞춤', 글꼴 '굴림체', 크기 16, 글꼴 스타일 '기울임꼴', 밑줄 '실선'으로 지정하시오.
② [F3] 셀의 "할인 요금T"의 "요금"을 한자 "料金"으로 변환하고, [C4:F17] 영역은 표시 형식을 '통화'로 지정하시오.
③ [A3:G3] 영역은 '가로 가운데 맞춤'을 지정하고, 채우기 색 '표준 색 – 주황'을 지정하시오.
④ [B4:B17] 영역은 사용자 지정 표시 형식을 이용하여 숫자 뒤에 "초"를 [표시 예]와 같이 표시하시오. [표시 예 : 10 → 10초]
⑤ [A3:G17] 영역에 '모든 테두리(⊞)'를 적용하여 표시하시오.

3. '기본작업-3' 시트에서 다음의 지시사항을 처리하시오.

[B4:B13] 영역의 데이터를 텍스트 나누기를 실행하여 나타내시오.
▶ 데이터는 세미콜론(;)으로 구분되어 있음
▶ '입고일' 열은 제외할 것

4. '기본작업-4' 시트에서 다음의 지시사항을 처리하시오.

'전자상거래 시험 성적' 표에서 필기시험이 80 이상이고, 실기시험이 70 이상인 데이터를 사용자 지정 필터를 사용하여 검색하시오.
▶ 사용자 지정 필터의 결과는 [A4:G18] 영역의 데이터를 이용하여 추출하시오.

4332012

문제 2 계산작업(40점) '계산작업' 시트에서 다음 과정을 수행하고 저장하시오.

1. [표1]에서 업체명[B3:B8]에 동일한 업체명이 2개 이상이면 "우수", 그렇지 않으면 "일반"을 등급[B11:D11]에 표시하시오.

▶ IF, COUNTIF 함수 사용

2. [표2]에서 접수번호[G3:G12]의 첫 자리가 1이면 "사회", 2이면 "과학", 3이면 "직업"으로 선택과목[J3:J12]에 표시하시오.

▶ CHOOSE, LEFT 함수 사용

전문가의 조언

2. 접수번호의 첫 자리를 추출하기 위해 LEFT 함수가 사용됩니다.

3. [표3]에서 주소[B15:B22]가 "서초"이면서 구매실적[C15:C22]이 1,000,000 이상이거나 주소가 "강남"이면서 구매실적이 1,000,000 이상인 고객의 실적포인트 합계[D25]와 거래빈도 평균[E25]을 계산하시오.

▶ 조건은 [A24:C27] 영역에 입력하시오.

▶ 거래빈도 평균은 반올림 없이 정수로 표시

▶ AVERAGE, DSUM, DAVERAGE, TRUNC 함수 중 알맞은 함수들을 선택하여 사용

3.
- 데이터베이스 함수는 반드시 조건이 있어야 합니다. 데이터베이스 함수의 조건 지정 방법은 고급 필터의 조건 지정 방법과 같으므로, 조건 지정 방법이 생각나지 않는다면 67쪽을 참고하세요.
- 반올림 없이 정수로 표시하려면 TRUNC를 사용해야 합니다.

4. [표4]에서 경기고교의 3학년 학생수[J27]와 경기고교의 2학년 영어점수의 합계[J28]를 계산하시오.

▶ 계산된 학생수 뒤에는 "명"을, 합계 뒤에는 "점"을 포함하여 표시
[표시 예 : 3 → 3명 / 85 → 85점]

▶ AVERAGEIFS, SUMIFS, COUNTIFS 함수 중 알맞은 함수와 & 연산자 사용

5. [표5]에서 제품코드[A30:A38]와 할인율표[G36:H38]를 이용하여 할인율[E30:E38]을 계산하시오.

▶ '할인율표'의 '코드'는 '제품코드'의 네 번째 문자를 의미함

▶ VLOOKUP, HLOOKUP, LEFT, MID, RIGHT 함수 중 알맞은 함수들을 선택하여 사용

5. 참조표에서 찾아야 할 값이 첫 번째 행에 있으면 HLOOKUP, 첫 번째 열에 있으면 VLOOKUP을 사용하세요.

분석작업(20점) 주어진 시트에서 다음 작업을 수행하고 저장하시오.

1. 중첩 부분합 수행 시 두 번째 부분합부터는 반드시 '새로운 값으로 대치' 항목을 해제해야 합니다.

1. '분석작업-1' 시트에 대하여 다음의 지시사항을 처리하시오.

[부분합] 기능을 이용하여 '식품단속일지' 표에 〈그림〉과 같이 검사지역별 '유통기한 위반'과 '가격표시 위반'의 합계와 평균을 계산하시오.

▶ 정렬은 '검사지역'을 기준으로 오름차순으로 처리하시오.
▶ 평균의 소수 자릿수는 1로 지정하시오.
▶ 합계와 평균은 위에 명시된 순서대로 처리하시오.

	A	B	C	D	E	F	G
1				식품단속일지			
2							
3	일자	검사자	검사지역	유통기한 위반	생산지표시 위반	가격표시 위반	기타
4	01월 04일	홍부남	강남지역	8	1	0	9
5	01월 13일	김창준	강남지역	7	7	5	3
6	01월 17일	홍부남	강남지역	2	4	7	6
7			**강남지역 평균**	5.7		4.0	
8			**강남지역 요약**	17		12	
9	01월 09일	홍부남	강동지역	6	1	7	4
10	01월 10일	이창룡	강동지역	9	8	7	3
11	01월 17일	김창준	강동지역	2	6	3	3
12	01월 19일	홍부남	강동지역	8	3	0	9
13			**강동지역 평균**	6.3		4.3	
14			**강동지역 요약**	25		17	
15	01월 03일	이창룡	강북지역	2	5	7	5
16	01월 05일	김창준	강북지역	6	7	2	9
17	01월 10일	김창준	강북지역	6	7	8	8
18	01월 12일	김창준	강북지역	5	7	0	10
19	01월 13일	홍부남	강북지역	0	8	10	8
20	01월 19일	이창룡	강북지역	8	8	6	3
21	01월 19일	김창준	강북지역	3	6	8	10
22			**강북지역 평균**	4.3		5.9	
23			**강북지역 요약**	30		41	
24	01월 08일	이창룡	강서지역	9	7	4	2
25	01월 11일	홍부남	강서지역	6	8	8	2
26	01월 17일	이창룡	강서지역	4	10	8	6
27			**강서지역 평균**	6.3		6.7	
28			**강서지역 요약**	19		20	
29			**전체 평균**	5.4		5.3	
30			**총합계**	91		90	
31							

2. 특정 필드를 대상으로 그룹을 지정할 경우 피벗 테이블을 완성한 후 해당 필드의 바로 가기 메뉴에서 [그룹]을 선택하여 수행하면 됩니다.

2. '분석작업-2' 시트에 대하여 다음의 지시사항을 처리하시오.

[피벗 테이블] 기능을 이용하여 '상공콘도 이용 현황' 표의 고객명은 '행', 이용일수는 '열'로 처리하고, '값'에 결재금액의 평균을 계산하시오.

▶ 피벗 테이블 보고서는 동일 시트의 [A18] 셀에서 시작하시오.
▶ 이용일수는 1-35까지 5 단위로 그룹을 지정하시오.

3. 통합할 데이터의 첫 행과 왼쪽 열을 사용하려면 '통합' 대화상자에서 '첫 행'과 '왼쪽 열'을 선택해야 합니다.

3. '분석작업-3' 시트에 대하여 다음의 지시사항을 처리하시오.

데이터 도구 [통합] 기능을 이용하여 [표1], [표2]에 대한 제품별 '최대 생산량', '불량품수', '재고량', '총보유량'의 합계를 [표3]의 [B27:E30] 영역에 계산하시오.

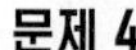

문제 4 기타작업(20점) 주어진 시트에서 다음 작업을 수행하고 저장하시오.

4332014

1. '매크로작업' 시트의 [표]에서 다음과 같은 기능을 수행하는 매크로를 현재 통합 문서에 작성하고 실행하시오.

① [G4:G9] 영역에 학번별 총점을 계산하는 매크로를 생성하여 실행하시오.
- ▶ 매크로 이름 : 총점
- ▶ SUM 함수 사용
- ▶ [개발 도구] → [컨트롤] → [삽입] → [양식 컨트롤]의 '단추(▭)'를 동일 시트의 [H13:H14] 영역에 생성하고, 텍스트를 "총점"으로 입력한 후 단추를 클릭할 때 '총점' 매크로가 실행되도록 설정하시오.

② [A3:J3] 영역에 채우기 색을 '표준 색 – 연한 파랑'으로 적용하는 매크로를 생성하여 실행하시오.
- ▶ 매크로 이름 : 서식
- ▶ [삽입] → [일러스트레이션] → [도형] → [사각형]의 '사각형: 둥근 모서리(▢)'를 동일 시트의 [J13:J14] 영역에 생성하고, 텍스트를 "서식"으로 입력한 후 도형을 클릭할 때 '서식' 매크로가 실행되도록 설정하시오.

※ 셀 포인터의 위치에 상관없이 현재 통합 문서에서 매크로가 실행되어야 정답으로 인정됨

2. '차트작업' 시트의 차트를 지시사항에 따라 아래 〈그림〉과 같이 수정하시오.

※ 차트는 반드시 문제에서 제공한 차트를 사용하여야 하며, 신규로 작성 시 0점 처리됨

① 학과가 '경영'인 자료 중 '기말' 점수가 〈그림〉과 같이 추가되도록 데이터 범위를 변경하시오.

② 세로(값) 축 제목은 '기본 세로'로 추가하여 〈그림〉과 같이 입력하고, 텍스트 방향을 '세로'로 지정하시오.

③ 세로(값) 축 눈금의 최대값은 100, 기본 단위는 20으로 지정하시오.

④ 그림 영역은 도형 스타일을 '미세 효과 – 주황, 강조 2'로, 차트 영역은 패턴 채우기를 전경색의 '테마 색 – 파랑, 강조 1'로 지정하시오.

⑤ '전체' 계열의 계열 겹치기를 50%, 간격 너비를 100%로 지정하시오.

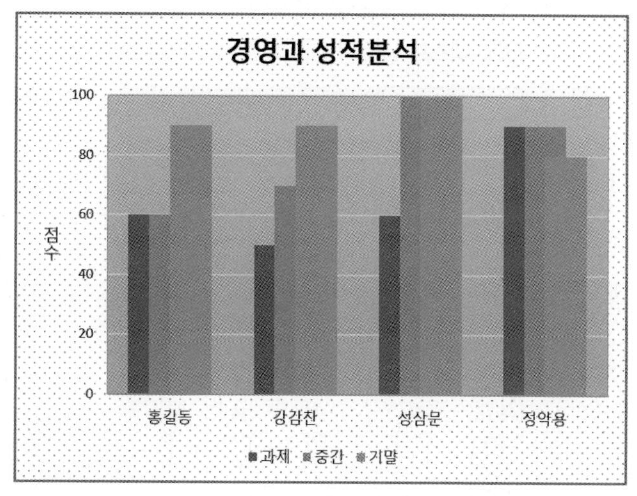

전문가의 조언

1.
- 매크로를 기록하기 전에 먼저 예행 연습을 해보세요.
- 개체를 셀의 경계선에 정확하게 맞추려면 Alt를 누른 채 마우스로 해당 개체(단추, 차트 등)를 드래그하세요.

2.
- 데이터 범위 추가 시 반드시 조건을 확인하세요. 여기서는 학과가 '경영'이라는 조건이 있네요!
- 축 눈금 변경은 세로(값) 축의 바로 가기 메뉴에서 **[축 서식]**을 선택하여 나타나는 '축 서식' 창에서 수행하면 됩니다.
- 겹치기와 간격 너비 지정은 데이터 계열의 바로 가기 메뉴에서 **[데이터 계열 서식]**을 선택하여 나타나는 '데이터 계열 서식' 창의 '계열 옵션'에서 수행하세요.
- 문제의 지시사항에 대해서만 채점하므로 지시사항을 반드시 준수하세요.

EXAMINATION 01회

기본 모의고사 정답 및 해설

채점 프로그램을 이용하여 여러분이 완성한 답안 파일을 채점해 보세요. 채점 프로그램 사용법에 대한 내용은 12쪽을 참고하세요.

문제 1 기본작업

02. 셀 서식

정답

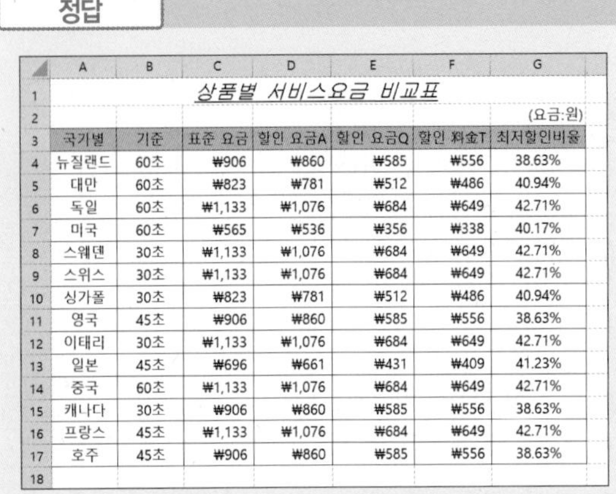

	A	B	C	D	E	F	G
1	상품별 서비스요금 비교표						
2							(요금:원)
3	국가별	기준	표준 요금	할인 요금A	할인 요금Q	할인 料金T	최저할인비율
4	뉴질랜드	60초	₩906	₩860	₩585	₩556	38.63%
5	대만	60초	₩823	₩781	₩512	₩486	40.94%
6	독일	60초	₩1,133	₩1,076	₩684	₩649	42.71%
7	미국	60초	₩565	₩536	₩356	₩338	40.17%
8	스웨덴	30초	₩1,133	₩1,076	₩684	₩649	42.71%
9	스위스	30초	₩1,133	₩1,076	₩684	₩649	42.71%
10	싱가폴	30초	₩823	₩781	₩512	₩486	40.94%
11	영국	45초	₩906	₩860	₩585	₩556	38.63%
12	이태리	30초	₩1,133	₩1,076	₩684	₩649	42.71%
13	일본	45초	₩696	₩661	₩431	₩409	41.23%
14	중국	60초	₩1,133	₩1,076	₩684	₩649	42.71%
15	캐나다	30초	₩906	₩860	₩585	₩556	38.63%
16	프랑스	45초	₩1,133	₩1,076	₩684	₩649	42.71%
17	호주	45초	₩906	₩860	₩585	₩556	38.63%
18							

2 한자 변환

1. [F3] 셀을 클릭하고 F2를 눌러 편집 상태를 만든다.
2. '요금'의 '요'자 앞에 커서를 놓거나 '요금'을 블록으로 지정한 후 한자를 누른다.
3. '한글/한자 변환' 대화상자에서 '料金'을 선택한 후 〈변환〉을 클릭한다.

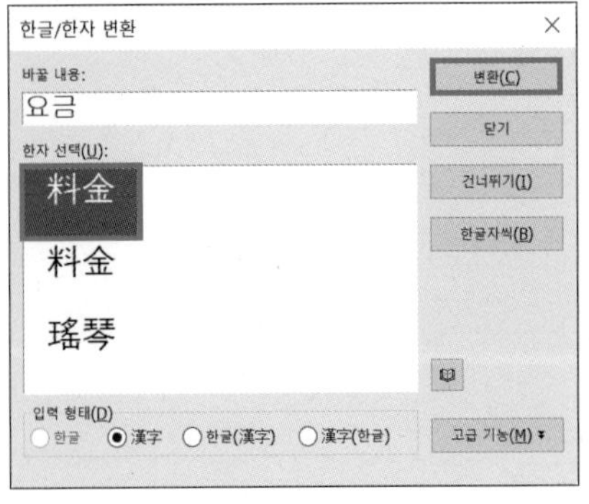

4 사용자 지정 표시 형식

1. [B4:B17] 영역을 블록으로 지정한 후 Ctrl + 1을 누른다.
2. '셀 서식' 대화상자의 '표시 형식' 탭에서 범주와 형식을 그림과 같이 지정한 후 〈확인〉을 클릭한다.

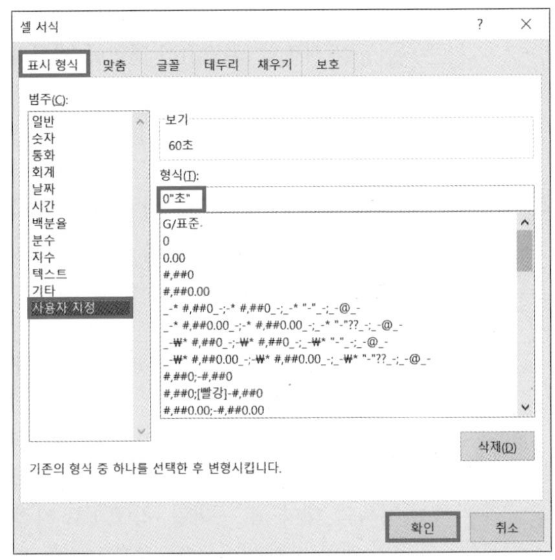

03. 텍스트 나누기

정답

	A	B	C	D	E
1					
2		과일 재고 현황			
3					
4		과일명	입고량	판매량	재고량
5		사과	500	458	42
6		배	300	255	45
7		수박	250	214	36
8		딸기	680	621	59
9		바나나	1000	875	125
10		파인애플	350	249	101
11		키위	800	756	44
12		포도	850	675	175
13		단감	1000	955	45
14					

1. [B4:B13] 영역을 블록으로 지정한 후 [데이터] → 데이터 도구 → **텍스트 나누기**를 클릭한다.
2. '텍스트 마법사 1단계' 대화상자에서 '구분 기호로 분리됨'을 선택한 후 〈다음〉을 클릭한다.
3. '텍스트 마법사 2단계' 대화상자에서 '탭'을 해제하고, '세미콜론'을 선택한 후 〈다음〉을 클릭한다.

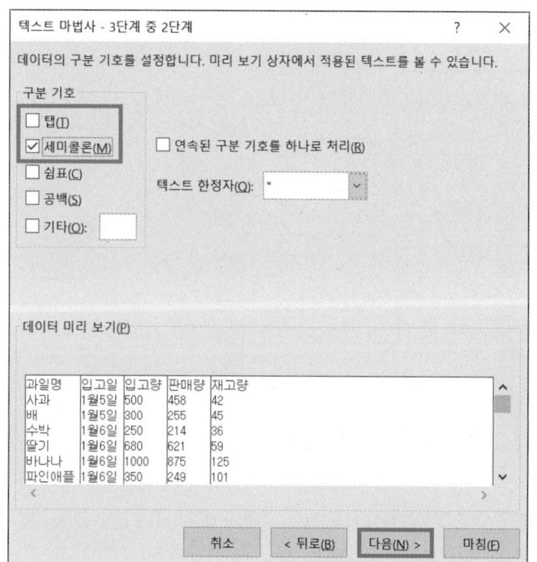

4. '텍스트 마법사 3단계' 대화상자에서 '입고일' 열을 클릭하고 '열 가져오지 않음(건너뜀)'을 선택한 후 〈마침〉을 클릭한다.

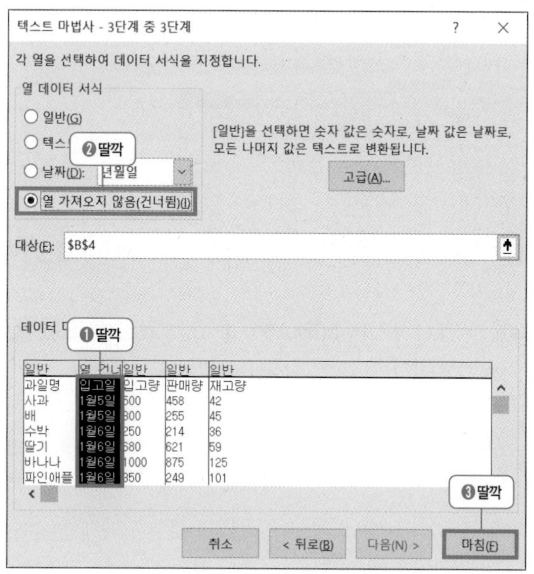

04. 사용자 지정 필터(자동 필터)

정답

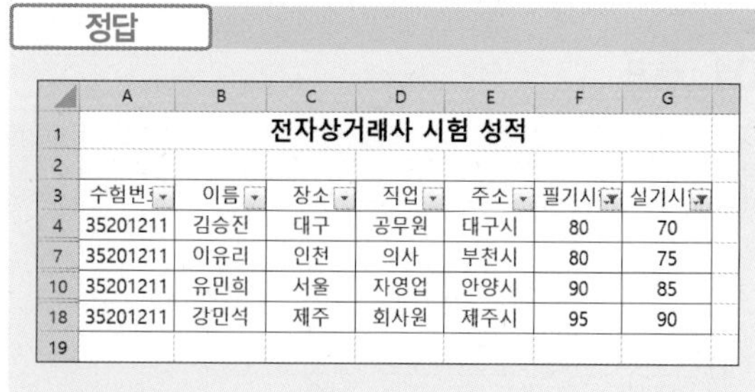

	A	B	C	D	E	F	G
1	전자상거래사 시험 성적						
2							
3	수험번호	이름	장소	직업	주소	필기시험	실기시험
4	35201211	김승진	대구	공무원	대구시	80	70
7	35201211	이유리	인천	의사	부천시	80	75
10	35201211	유민희	서울	자영업	안양시	90	85
18	35201211	강민석	제주	회사원	제주시	95	90
19							

1. '필기시험'이 80 이상인 조건을 지정하기 위해 데이터 영역(A3:G18)에서 임의의 셀을 선택한 후 [데이터] → 정렬 및 필터 → **필터**를 클릭한다.
2. '필기시험' 필드의 자동 필터 목록 단추(▾)를 클릭한 후 [숫자 필터] → **사용자 지정 필터**를 선택한다.

'필기시험' 필드의 자동 필터 목록 단추(▾)를 클릭한 후 [숫자 필터] → **크거나 같음**을 선택해도 됩니다.

3. '사용자 지정 자동 필터' 대화상자에서 그림과 같이 지정한 후 〈확인〉을 클릭한다.

사용자 지정 자동 필터
찾을 조건:
필기시험
>= 80
그리고(A) 또는(O)

4. '실기시험'이 70 이상인 조건을 지정하기 위해 '실기시험' 필드의 자동 필터 목록 단추(▾)를 클릭한 후 [숫자 필터] → **사용자 지정 필터**를 선택한다.

'실기시험' 필드의 자동 필터 목록 단추(▾)를 클릭한 후 [숫자 필터] → **크거나 같음**을 선택해도 됩니다.

5. '사용자 지정 자동 필터' 대화상자에서 그림과 같이 지정한 후 〈확인〉을 클릭한다.

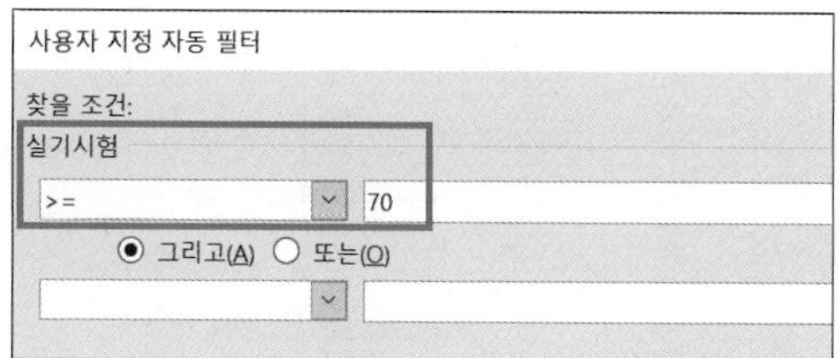

문제 2 계산작업

01. 등급

정답

	A	B	C	D
1	[표1]	납품현황		
2	납품일자	업체명	담당자	납품수량
3	5월3일	유명상사	김영식	850
4	5월3일	진성산업	박상민	500
5	5월10일	국민상사	이철호	750
6	5월10일	유명상사	김영식	450
7	5월17일	진성산업	박상민	600
8	5월17일	유명상사	김영식	600
9				
10	업체명	국민상사	유명상사	진성산업
11	등급	일반	우수	우수

[B11] : =IF(COUNTIF($B$3:$B$8, B10)>=2, "우수", "일반")

02. 선택과목

정답

	G	H	I	J
1	[표2]	학력평가 접수현황		
2	접수번호	학교명	성명	선택과목
3	10238	상공고	전현우	사회
4	20472	대한고	이승완	과학
5	10635	서울고	조인호	사회
6	30987	고려고	정명우	직업
7	20345	조선고	김충협	과학
8	10572	강북고	손세준	사회
9	30634	강남고	김효상	직업
10	20981	제일고	박태진	과학
11	15820	상공고	김우리	사회
12	36854	서울고	나한전	직업

[J3] : =CHOOSE(LEFT(G3, 1), "사회", "과학", "직업")

03. 실적포인트 합계 / 거래빈도 평균

정답

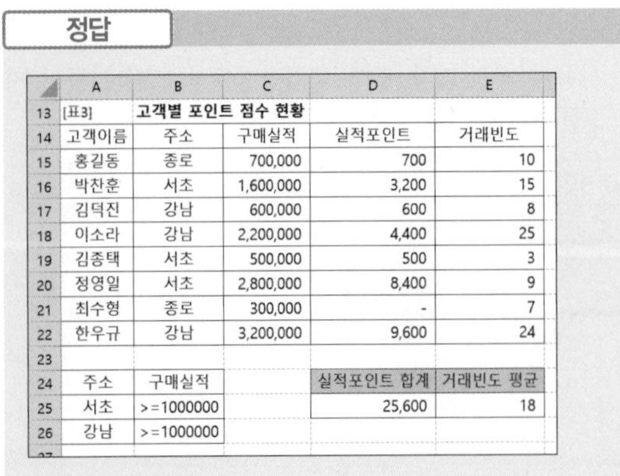

	A	B	C	D	E
13	[표3]	고객별 포인트 점수 현황			
14	고객이름	주소	구매실적	실적포인트	거래빈도
15	홍길동	종로	700,000	700	10
16	박찬훈	서초	1,600,000	3,200	15
17	김덕진	강남	600,000	600	8
18	이소라	강남	2,200,000	4,400	25
19	김종택	서초	500,000	500	3
20	정영일	서초	2,800,000	8,400	9
21	최수형	종로	300,000	-	7
22	한우규	강남	3,200,000	9,600	24
23					
24	주소	구매실적		실적포인트 합계	거래빈도 평균
25	서초	>=1000000		25,600	18
26	강남	>=1000000			

[D25] : =DSUM(A14:E22, 4, A24:B26)

[E25] : =TRUNC(DAVERAGE(A14:E22, 5, A24:B26))

04. 경기고교 3학년 학생수 / 경기고교 2학년 점수 합계

정답

	G	H	I	J
13				
14	[표4]	영어경시대회 점수분포		
15	성명	학교명	학년	점수
16	박동수	한국고교	3	76
17	정중한	서울고교	2	88
18	홍백전	경기고교	3	90
19	강태공	한국고교	2	70
20	안두리	경기고교	2	70
21	노고단	서울고교	2	82
22	안정이	한국고교	3	50
23	이성민	경기고교	3	82
24	고소인	경기고교	2	75
25	김치국	서울고교	3	85
26				
27	경기고교 3학년 학생수			2명
28	경기고교 2학년 점수 합계			145점

[J27] : =COUNTIFS(H16:H25, "경기고교", I16:I25, 3) & "명"

[J28] : =SUMIFS(J16:J25, H16:H25, "경기고교", I16:I25, 2) & "점"

05. 할인율

정답

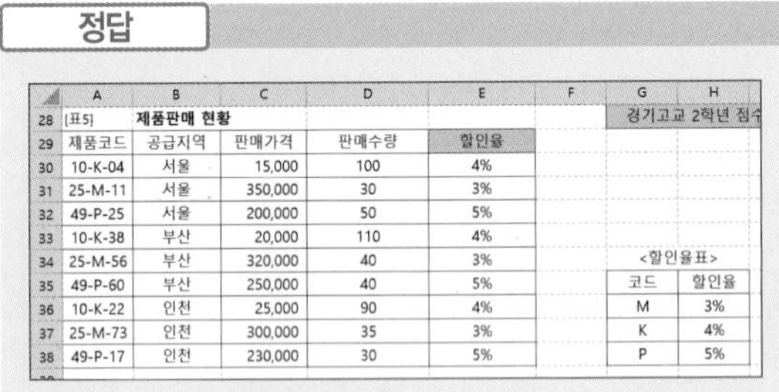

	A	B	C	D	E	F	G	H
28	[표5]	제품판매 현황					경기고교 2학년 점수	
29	제품코드	공급지역	판매가격	판매수량	할인율			
30	10-K-04	서울	15,000	100	4%			
31	25-M-11	서울	350,000	30	3%			
32	49-P-25	서울	200,000	50	5%			
33	10-K-38	부산	20,000	110	4%			
34	25-M-56	부산	320,000	40	3%		<할인율표>	
35	49-P-60	부산	250,000	40	5%		코드	할인율
36	10-K-22	인천	25,000	90	4%		M	3%
37	25-M-73	인천	300,000	35	3%		K	4%
38	49-P-17	인천	230,000	30	5%		P	5%

[E30] : =VLOOKUP(MID(A30, 4, 1), $G$36:$H$38, 2, FALSE)

문제 3 분석작업

01. 부분합

1. 데이터 영역(A3:G20)의 임의의 셀을 선택한 후 [데이터] → 정렬 및 필터 → **정렬**을 클릭한다.
2. '정렬' 대화상자에서 그림과 같이 지정한 후 〈확인〉을 클릭한다.

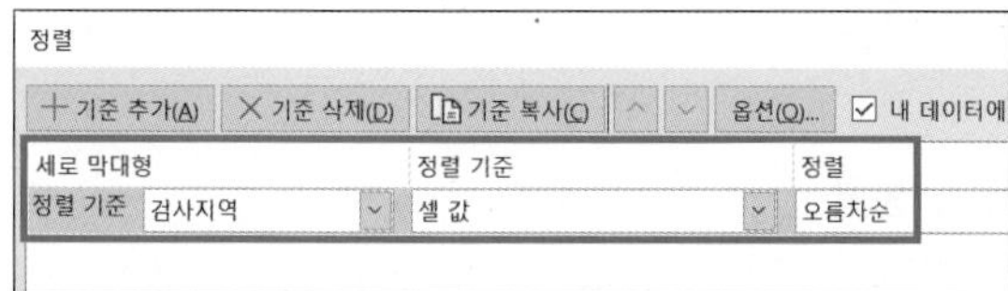

3. 데이터 영역(A3:G20) 안에 셀 포인터가 놓여 있는 상태에서 [데이터] → 개요 → **부분합**을 클릭한다.
4. '부분합' 대화상자에서 그림과 같이 지정한 후 〈확인〉을 클릭한다.

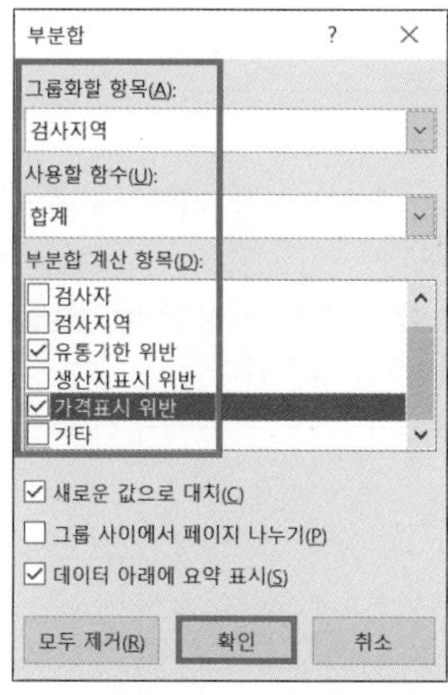

5. '검사지역'별 '유통기한 위반'과 '가격표시 위반'의 평균을 계산하기 위해 [데이터] → 개요 → **부분합**을 클릭한다.
6. '부분합' 대화상자에서 그림과 같이 지정하고, '새로운 값으로 대치'를 해제한 후 〈확인〉을 클릭한다.

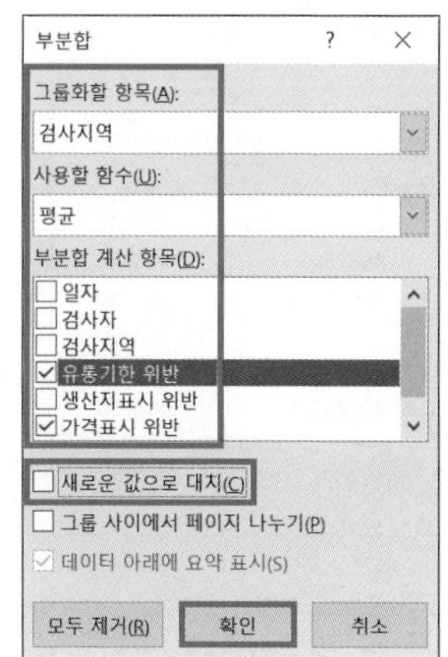

7. 강남지역 평균이 표시된 [D7] 셀을 클릭하고 Ctrl을 누른 상태에서 [D13], [D22], [D27], [D29], [F7], [F13], [F22], [F27], [F29] 셀을 선택한 후 [홈] → **표시 형식**에서 '자릿수 줄임()'을 8번 클릭한다.

궁금해요 시나공 Q&A 베스트

Q 정답 그림에서 C열의 평균하고 요약이 잘려 나왔는데 채점 결과 감점은 없더군요. 정답에는 내용에 맞춰서 열이 넓게 표시되었던데 제 답은 왜 그런가요? 그냥 둬도 되나요?

A 그냥 둬도 됩니다. C열의 너비보다 '강남지역 평균'과 '강남지역 요약'의 너비가 더 길기 때문에 가려보이는 것입니다. 교재는 수험생 여러분이 부분합의 결과를 정확히 확인할 수 있도록 각 열의 너비를 넓혀 내용을 모두 표시한 것입니다. 참고로 셀에 입력된 내용이 셀의 너비보다 길어 '######'으로 표시되는 경우에도 셀의 너비를 넓히지 않고 그냥 둬도 됩니다.

02. 피벗 테이블

정답

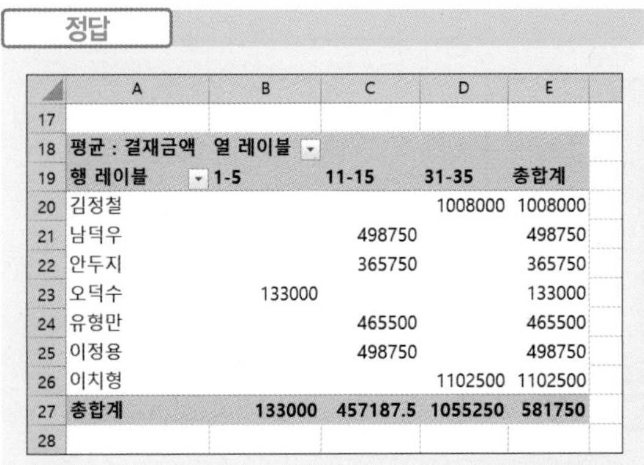

	A	B	C	D	E
17					
18	평균 : 결재금액	열 레이블			
19	행 레이블	1-5	11-15	31-35	총합계
20	김정철			1008000	1008000
21	남덕우		498750		498750
22	안두지		365750		365750
23	오덕수	133000			133000
24	유형만		465500		465500
25	이정용		498750		498750
26	이치형			1102500	1102500
27	총합계	133000	457187.5	1055250	581750
28					

1. 데이터 영역(A3:F10)의 임의의 셀을 선택한 후 [삽입] → 표 → (피벗 테이블)을 클릭한다.
2. '피벗 테이블 만들기' 대화상자에서 피벗 테이블을 넣을 위치를 '기존 워크시트', 'A18'로 지정한 후 〈확인〉을 클릭한다.
3. '피벗 테이블 필드' 창에서 그림과 같이 각 필드를 지정한다.

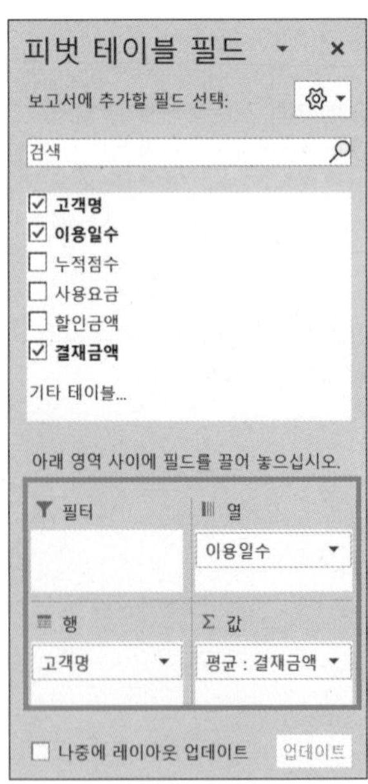

4. 작성된 피벗 테이블에서 '합계 : 결재금액(A18)'의 바로 가기 메뉴에서 [값 요약 기준] → **평균**을 선택한다.
5. '이용일수(B19)'의 바로 가기 메뉴에서 **[그룹]**을 선택한다.
6. '그룹화' 대화상자에서 그림과 같이 지정한 후 〈확인〉을 클릭한다.

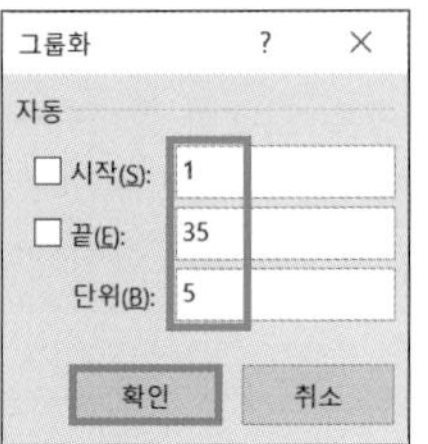

03. 통합

정답

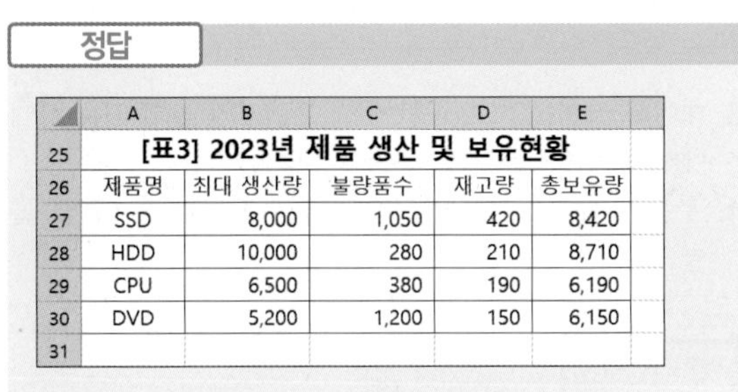

	A	B	C	D	E
25	[표3] 2023년 제품 생산 및 보유현황				
26	제품명	최대 생산량	불량품수	재고량	총보유량
27	SSD	8,000	1,050	420	8,420
28	HDD	10,000	280	210	8,710
29	CPU	6,500	380	190	6,190
30	DVD	5,200	1,200	150	6,150
31					

1. [A26:E30] 영역을 블록으로 지정한 후 [데이터] → 데이터 도구 → **통합**을 클릭한다.
2. '통합' 대화상자에서 함수, 참조 범위, 사용할 레이블을 그림과 같이 지정한 후 〈확인〉을 클릭한다.

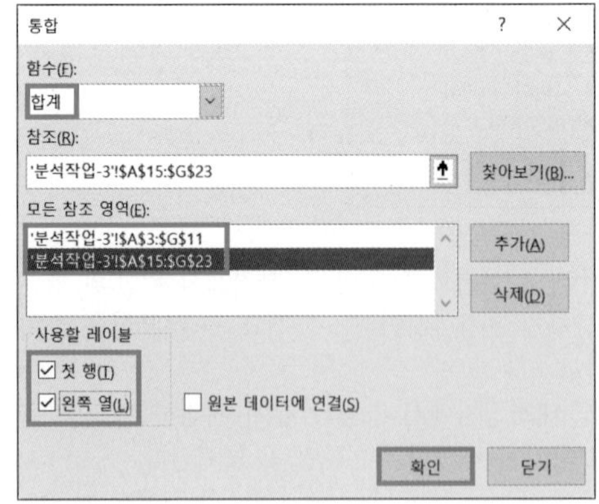

01. 매크로

정답

	A	B	C	D	E	F	G	H	I	J
1	컴퓨터 기초 성적처리									
2										
3	학번	이름	학과	과제	중간	기말	총점	가중평균	중간석차	기말학점
4	233001	홍길동	경영	60	60	90	210	76.5	5	C
5	233003	강감찬	경영	50	70	90	210	77.5	4	C
6	232020	이순신	전산	90	50	100	240	85	3	B
7	232030	이율곡	전산	40	80	80	200	74	6	C
8	233030	성삼문	경영	60	100	100	260	95	1	A
9	233014	정약용	경영	90	90	80	260	90	2	A
10	최저점수			40	50	80		74		
11										
12	<학점기준표>									
13	가중평균	0	60	70	80	90		총점		서식
14	평점	F	D	C	B	A				
15										

1 '총점' 매크로

1. [개발 도구] → 컨트롤 → 삽입 → 양식 컨트롤 → □(**단추**)를 선택한 후 [H13:H14] 영역에 맞게 드래그한다.
2. '매크로 지정' 대화상자의 '매크로 이름'에 **총점**을 입력한 후 〈기록〉을 클릭한다.
3. '매크로 기록' 대화상자에서 〈확인〉을 클릭한다.
4. [G4] 셀을 클릭하고, **=SUM(D4:F4)**를 입력한 후 Enter를 누른다.

리본 메뉴의 [수식] → 함수 라이브러리 → **Σ(합계)**를 클릭해도 됩니다.

5. [G4] 셀의 채우기 핸들을 [G9] 셀까지 드래그하여 수식을 복사한다.

=SUM(D4:F4)

D	E	F	G	H	I	J
컴퓨터 기초 성적처리						
과제	중간	기말	총점	가중평균	중간석차	기말학점
60	60	90	210	76.5	5	C
50	70	90		77.5	4	C
90	50	100		85	3	B
40	80	80		드래그	6	C
60	100	100		95	1	A
90	90	80		90	2	A
40	50	80		74		

6. 임의의 셀을 클릭한 후 [개발 도구] → 코드 → **기록 중지**를 클릭한다.
7. 단추의 바로 가기 메뉴에서 **[텍스트 편집]**을 선택한 후 입력된 내용을 **총점**으로 수정한다.

2 '서식' 매크로

1. [삽입] → 일러스트레이션 → 도형 → 사각형 → **사각형: 둥근 모서리(▢)**를 선택한 후 [J13:J14] 영역에 맞게 드래그한다.
2. 도형의 바로 가기 메뉴에서 **[매크로 지정]**을 선택한다.
3. '매크로 지정' 대화상자의 '매크로 이름'에 **서식**을 입력한 후 〈기록〉을 클릭한다.
4. '매크로 기록' 대화상자에서 〈확인〉을 클릭한다.
5. [A3:J3] 영역을 블록으로 지정한 후 [홈] → 글꼴 → 채우기 색(🖌)의 ⌄ → **연한 파랑**을 선택한다.

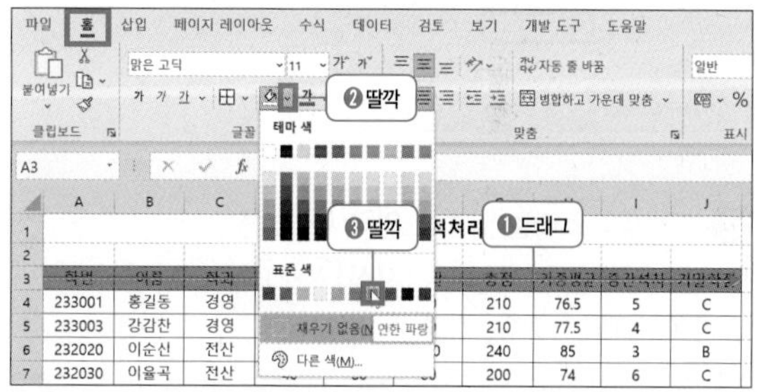

6. 임의의 셀을 클릭한 후 [개발 도구] → 코드 → **기록 중지**를 클릭한다.
7. 도형의 바로 가기 메뉴에서 **[텍스트 편집]**을 선택한 후 **서식**을 입력한다.

02. 차트

1 데이터 범위 추가

1. [F3:F7] 영역을 블록으로 지정한 후 복사(Ctrl + C)한다.
2. 차트를 선택한 후 붙여넣기(Ctrl + V)한다.

2 세로(값) 축 제목 지정

1. 차트를 선택한 후 [차트 디자인] → 차트 레이아웃 → 차트 요소 추가 → 축 제목 → **기본 세로**를 선택한다.
2. 세로(값) 축 제목이 선택된 상태에서 수식 입력줄에 **점수**를 입력한 후 Enter를 누른다.
3. 세로(값) 축 제목의 바로 가기 메뉴에서 **[축 제목 서식]**을 선택한다.
4. '축 제목 서식' 창에서 [텍스트 옵션] → (텍스트 상자) → 텍스트 상자 → 텍스트 방향 → **세로**를 선택한 후 '닫기(☒)'를 클릭한다.

3 세로(값) 축 눈금 지정

1. 세로(값) 축의 바로 가기 메뉴에서 **[축 서식]**을 선택한다.
2. '축 서식' 창의 [축 옵션] → (축 옵션) → **축 옵션**에서 경계의 '최대값'을 100, 단위의 '기본'을 20으로 지정한 후 '닫기(☒)'를 클릭한다.

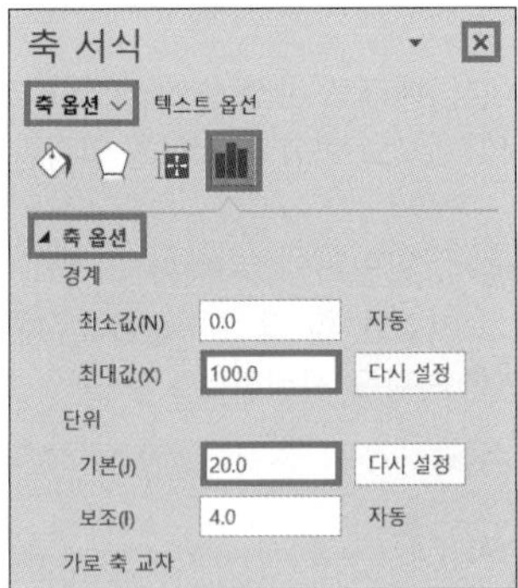

4 그림 영역 스타일 및 차트 영역 서식 지정

1. 그림 영역을 선택한 후 [서식] → 도형 스타일의 ▾ → **미세 효과 – 주황, 강조 2**를 선택한다.

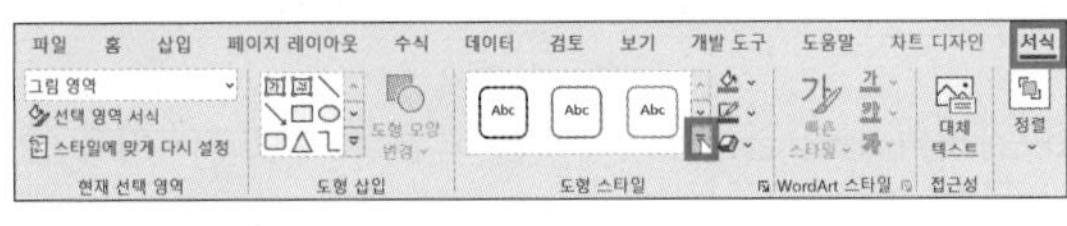

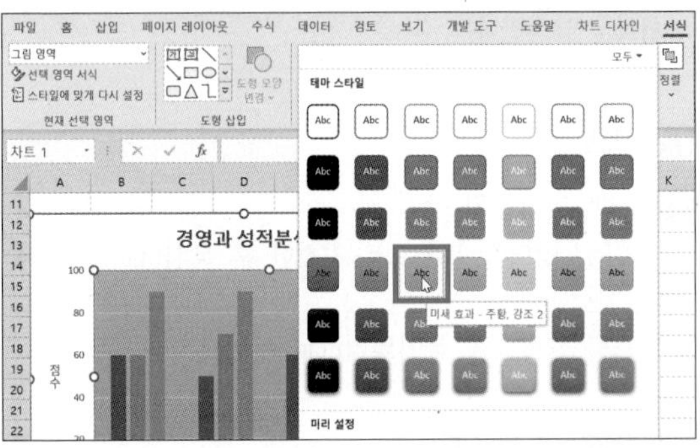

2. 차트 영역의 바로 가기 메뉴에서 **[차트 영역 서식]**을 선택한다.
3. '차트 영역 서식' 창의 [차트 옵션] → (채우기 및 선) → **채우기**에서 패턴 채우기를 선택하고 전경색에서 '테마 색 – 파랑, 강조 1'을 선택한 후 '닫기(☒)'를 클릭한다.

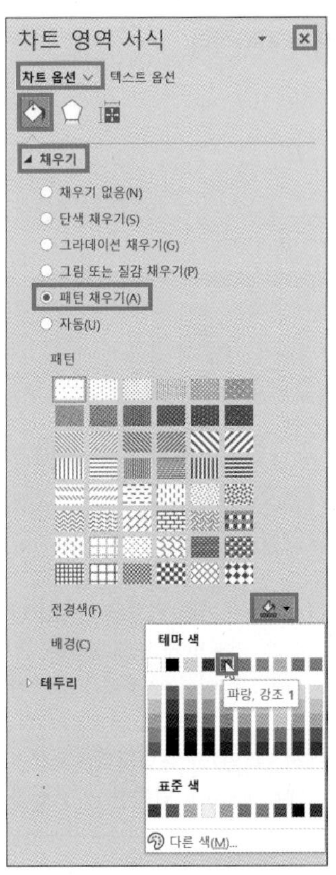

5 데이터 계열 서식 지정

1. 임의의 계열의 바로 가기 메뉴에서 **[데이터 계열 서식]**을 선택한다.
2. '데이터 계열 서식' 창의 [계열 옵션] → (계열 옵션) → **계열 옵션**에서 '계열 겹치기'를 50%, '간격 너비'를 100%로 지정한 후 '닫기(☒)'를 클릭한다.

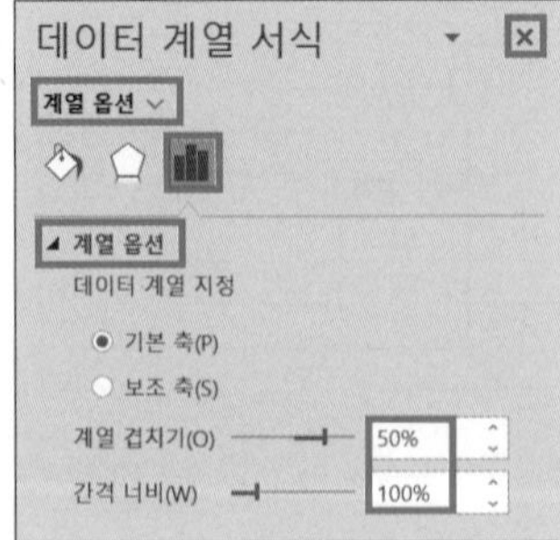

EXAMINATION

02회 기본 모의고사

• 준 비 하 세 요 : 'C:\길벗컴활2급\03 기본모의고사' 폴더에서 '02회.xlsm' 파일을 열어서 작업하시오.

4332021

문제 1 기본작업(20점) 주어진 시트에서 다음 과정을 수행하고 저장하시오.

1. '기본작업-1' 시트에 다음의 자료를 주어진 대로 입력하시오.

	A	B	C	D	E	F	G
1	고객 관리 현황						
2							
3	고객코드	성명	주민등록번호	성별	거래시작일	주문금액	누적점수
4	H101	허지혜	740507-270****	여	2016-03-02	430,000	570
5	H102	김상두	790805-148****	남	2017-04-06	230,000	450
6	H103	사오정	820420-103****	남	2017-05-21	275,000	450
7	S101	이구철	820525-167****	남	2018-01-29	326,000	380
8	S102	강수옥	830930-209****	여	2018-10-12	125,000	120
9	B101	나도연	821115-212****	여	2016-01-23	670,000	215
10							

2. '기본작업-2' 시트에 대하여 다음의 지시사항을 처리하시오.

① [A1:G1] 영역은 '선택 영역의 가운데로', 셀 스타일 '제목 2', 행 높이 25로 지정하시오.

② [D4:D10], [F4:F10] 영역은 사용자 지정 표시 형식을 이용하여 1000 단위 구분 기호와 값 뒤에 "원"을 [표시 예]와 같이 표시하시오.
[표시 예 : 123456 → 123,456원, 0 → 0원]

③ [E4:E9], [G4:G9] 영역은 표시 형식을 '백분율 스타일(%)'로 지정하시오.

④ [A3:G3] 영역은 셀 스타일 '연한 파랑, 60% - 강조색1'로 지정하고, [A4:G9] 영역의 이름을 "판매현황"으로 정의하시오.

⑤ [A3:G10] 영역에 '모든 테두리(田)'를 적용한 후 '굵은 바깥쪽 테두리(□)'를 적용하고, [E10], [G10] 셀은 '대각선(X)'으로 적용하여 표시하시오.

2.
• '셀 서식' 대화상자를 호출하는 바로 가기 키는 Ctrl+1입니다.
• '선택 영역의 가운데로'는 '셀 서식' 대화상자의 '맞춤' 탭에서 지정하세요.
• 사용자 지정 표시 형식은 '셀 서식' 대화상자의 '표시 형식' 탭에서 지정하세요.

3. '기본작업-3' 시트에서 다음의 지시사항을 처리하시오.

[A5:K12] 영역에서 차량번호가 짝수인 행 전체에 대하여 채우기 색을 '표준 색 – 노랑'으로 지정하는 조건부 서식을 작성하시오.

▶ MOD 함수 사용

▶ 단, 규칙 유형은 '수식을 사용하여 서식을 지정할 셀 결정'을 사용하고, 한 개의 규칙으로만 작성하시오.

3.
• 행 전체에 대하여 동일한 서식을 지정하려면 조건으로 지정할 셀의 열 문자 앞에 '$'를 붙여 열을 고정시켜야 합니다.
• 차량번호가 짝수인 행은 차량번호를 2로 나눴을 때 나머지가 0인 행입니다.

4.
- '~이면서'는 같은 행에 조건을 입력해야 하는 AND 조건입니다.
- 수식이 들어간 고급 필터의 조건에 대한 필드명은 원본 데이터에 사용된 필드명과 다른 이름을 사용해야 합니다.

4. '기본작업-4' 시트에서 다음의 지시사항을 처리하시오.

'1분기 맥주 판매량' 표에서 매출수량이 매출수량 평균 이상이면서 차월이월이 50 이하인 데이터를 고급 필터를 사용하여 검색하시오.

▶ AVERAGE 함수 사용
▶ 고급 필터 조건은 [A14:I16] 영역 내에 알맞게 입력하시오.
▶ 고급 필터 결과 복사 위치는 동일 시트의 [A18] 셀에서 시작하시오.

4332022

문제 2 계산작업(40점) '계산작업' 시트에서 다음 과정을 수행하고 저장하시오.

1. [표1]에서 사원코드[A3:A12]의 3번째 문자가 "1"이면 "개발"을, "2"이면 "홍보"를, 그 외에는 "무역"을 소속부서[C3:C12]에 표시하시오.

▶ IFS, MID 함수 사용

2. 근무일자에 "일"이 5의 배수인 것은 근무일자를 5로 나눴을 때 나머지가 0인 것으로 하면 됩니다.

2. [표2]에서 근무일자[H4:H12]의 "일"이 5의 배수이면 "야간", 그 외에는 "주간"으로 근무[I3:I12]에 표시하시오.

▶ IF, MOD, DAY 함수 사용

3. [표3]에서 닉네임[C16:C23]의 왼쪽 세 문자와 가입일자[D16:D23]의 연도를 이용하여 회원코드[E16:E23]를 표시하시오.

▶ 닉네임의 첫 글자만 대문자로 표시
[표시 예 : 닉네임이 'STARLOAD', 가입일자가 '2019-01-10'인 경우 → Sta2019]
▶ PROPER, LEFT, YEAR 함수와 & 연산자 사용

4. 참조표에서 찾아야 할 값이 첫 번째 행에 있으면 HLOOKUP, 첫 번째 열에 있으면 VLOOKUP을 사용하세요.

4. [표4]에서 공장위치[G16:G23]와 제품코드[H16:H23]의 마지막 한 문자, 제품납품가표[H26:K27]를 이용하여 납품가를 구한 후 납품총액[J16:J23]을 계산하시오.

▶ 납품총액 = 납품수량 × 납품가
▶ HLOOKUP, RIGHT 함수와 & 연산자 사용

5. 문제의 지문에 데이터베이스 함수의 '조건'을 입력하라는 내용이 없을 경우 '조건'에 사용할 필드명과 데이터를 찾아서 사용해야 합니다. 이 문제에서는 '부서명'과 '영업부'가 입력되어 있는 [B26:B27] 영역을 '조건'으로 사용하면 됩니다.

5. [표5]에서 부서명[B27:B34]이 "영업부"인 직원들의 수령액[D27:D34]의 합계를 [A37] 셀에 계산하시오.

▶ 수령액 합계는 백의 자리에서 반올림하여 천의 자리까지 표시
[표시 예 : 1,456,789 → 1,457,000]
▶ ROUND, ROUNDUP, ROUNDDOWN, DSUM, DCOUNT 함수 중 알맞은 함수들을 선택하여 사용

문제 3 분석작업(20점) 주어진 시트에서 다음 작업을 수행하고 저장하시오.

1. '분석작업-1' 시트에 대하여 다음의 지시사항을 처리하시오.

[부분합] 기능을 이용하여 '보수 지급 현황' 표에 〈그림〉과 같이 직위별 '연봉'과 '성과급'의 합계를 계산한 후 '지급액'의 최대를 계산하시오.

▶ 정렬은 '직위'를 기준으로 오름차순으로 처리하시오.

▶ 합계와 최대는 위에 명시된 순서대로 처리하시오.

	A	B	C	D	E	F	G	H	I
1	보수 지급 현황								
2									(단위 :천원)
3	성명	팀명	직위	근무년수	연봉	성과급	지급액	지급월	비고
4	도지연	3팀	과장	17	3,400	170	3,570	FEB	기타
5	이세돌	2팀	과장	17	3,400	170	3,570	JUN	기타
6			**과장 최대**				3,570		
7			**과장 요약**		6,800	340			
8	강구철	1팀	부장	20	4,600	200	4,800	JAN	장기근속
9	한석봉	3팀	부장	20	4,000	200	4,200	MAY	장기근속
10			**부장 최대**				4,800		
11			**부장 요약**		8,600	400			
12	안수영	2팀	사원	4	800	40	840	MAR	기타
13	김인철	1팀	사원	2	400	20	420	APR	기타
14	유창혁	1팀	사원	4	800	40	840	JUL	기타
15	서도연	3팀	사원	2	400	20	420	AUG	기타
16	장인철	2팀	사원	5	1,000	50	1,050	SEP	기타
17			**사원 최대**				1,050		
18			**사원 요약**		3,400	170			
19			**전체 최대값**				4,800		
20			**총합계**		18,800	910			
21									

2. '분석작업-2' 시트에 대하여 다음의 지시사항을 처리하시오.

[피벗 테이블] 기능을 이용하여 '성적 현황(교양)' 표의 성명은 '행', 전공학과는 '열'로 처리하고, '값'에 평점의 합계를 계산하시오.

▶ 피벗 테이블 보고서 시트는 '분석작업-2' 시트의 바로 앞에 위치시키시오.

▶ 피벗 테이블 보고서의 빈 셀은 '#' 기호로 표시하시오.

▶ 피벗 테이블에 '흰색, 피벗 스타일 보통 15' 서식을 적용하시오.

3. '분석작업-3' 시트에 대하여 다음의 지시사항을 처리하시오.

[시나리오 관리자] 기능을 이용하여 '급여 분석 현황' 표에서 '상여급비율[C16]'과 '공제계비율[G16]'이 다음과 같이 변동하는 경우 '이지형' 부장의 실수령액[G4]과 '오지명' 부장의 실수령액[G6]의 변동 시나리오를 작성하시오.

▶ 셀 이름 정의 : [C16] 셀은 '상여급비율', [G16] 셀은 '공제계비율', [G4] 셀은 '이지형부장', [G6] 셀은 '오지명부장'으로 정의하시오.

▶ 시나리오1 : 시나리오 이름은 '상여급/공제계비율인하', 상여급비율은 70%, 공제계비율은 11%로 설정하시오.

▶ 시나리오2 : 시나리오 이름은 '상여급/공제계비율인상', 상여급비율은 90%, 공제계비율은 13%로 설정하시오.

▶ 시나리오 요약 시트는 '분석작업-3' 시트의 바로 오른쪽에 위치해야 함

※ 시나리오 요약 보고서 작성 시 정답과 일치하여야 하며, 오자로 인한 부분 점수는 인정하지 않음

전문가의 조언

1\.

• 부분합을 수행하려면 먼저 그룹화할 항목을 기준으로 정렬을 수행해야 합니다.

• [I2] 셀이 데이터 영역(A3:I12)과 붙어 있으므로 [A3:I12] 영역을 블록으로 지정한 후 정렬과 부분합 메뉴를 선택해야 합니다.

• 중첩 부분합 수행 시 두 번째 부분합부터는 반드시 '새로운 값으로 대치' 항목을 해제해야 합니다.

3\. 오자가 발생되지 않게 차분히 하세요. 오자로 인해 잘못된 결과가 산출되면 점수는 없어요!

문제 4 **기타작업(20점)** 주어진 시트에서 다음 작업을 수행하고 저장하시오.

1. '매크로작업' 시트의 [표]에서 다음과 같은 기능을 수행하는 매크로를 현재 통합 문서에 작성하고 실행하시오.

① [G4:G9] 영역에 도서별 대여일수를 계산하는 매크로를 생성하여 실행하시오.
- ▶ 매크로 이름 : 대여일수
- ▶ 대여일수 = 반납일 − 대여일
- ▶ [개발 도구] → [컨트롤] → [삽입] → [양식 컨트롤]의 '단추(▭)'를 동일 시트의 [B11:C12] 영역에 생성하고, 텍스트를 "대여일수"로 입력한 후 단추를 클릭할 때 '대여일수' 매크로가 실행되도록 설정하시오.

② [A3:J3] 영역에 글꼴 색을 '표준 색 − 빨강', 채우기 색을 '표준 색 − 노랑'으로 지정하는 매크로를 생성하여 실행하시오.
- ▶ 매크로 이름 : 서식
- ▶ [삽입] → [일러스트레이션] → [도형] → [기본 도형]의 '사각형: 빗면(▢)'을 동일 시트의 [E11:F12] 영역에 생성하고, 텍스트를 "서식"으로 입력한 후 텍스트 맞춤을 가로 '가운데', 세로 '가운데'로 설정하며, 도형을 클릭할 때 '서식' 매크로가 실행되도록 설정하시오.

※ 셀 포인터의 위치에 상관없이 현재 통합 문서에서 매크로가 실행되어야 정답으로 인정됨

전문가의 조언

2.
- 특정 계열과 요소를 삭제하려면 차트의 바로 가기 메뉴에서 **[데이터 선택]**을 선택하여 나타나는 '데이터 원본 선택' 대화상자에서 '차트 데이터 범위'를 새로 지정해야 합니다.
- 축 눈금 변경은 차트가 완성된 후 세로(값) 축의 바로 가기 메뉴에서 **[축 서식]**을 선택하면 나타나는 '축 서식' 창에서 수행하면 됩니다.

2. '차트작업' 시트의 차트를 지시사항에 따라 아래 〈그림〉과 같이 수정하시오.

※ 차트는 반드시 문제에서 제공한 차트를 사용하여야 하며, 신규로 작성 시 0점 처리됨

① '총점' 계열과 '웹디자인과' 요소가 제거되도록 데이터 범위를 수정하시오.

② 차트 종류를 '누적 세로 막대형'으로 변경하시오.

③ 차트 제목은 '차트 위'로 지정한 후 [A1] 셀과 연동되도록 지정하고, 가로(항목) 축 제목은 '기본 가로'로 추가하여 〈그림〉과 같이 입력하시오.

④ 세로(값) 축의 눈금은 최소값을 0, 최대값을 100, 기본 단위를 20으로 지정하시오.

⑤ 차트 영역은 '차트 스타일 6'을 지정하고, 테두리를 선 색 '검정, 텍스트 1', 너비 '2pt'의 '둥근 모서리'로 지정하시오.

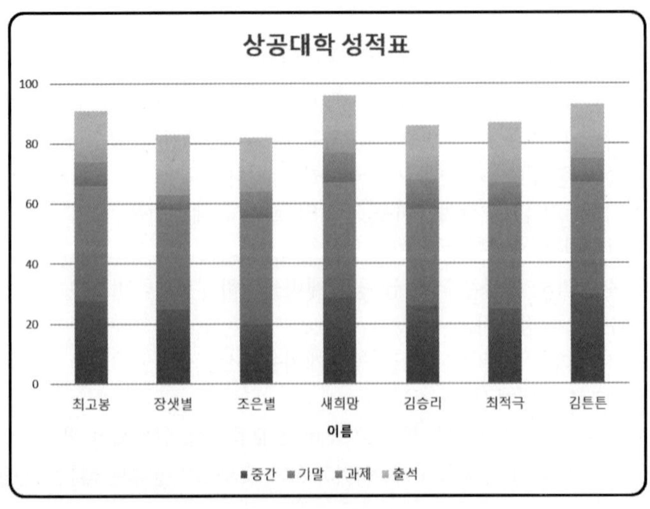

EXAMINATION 02회 기본 모의고사 정답 및 해설

문제 1 기본작업

02. 셀 서식

정답

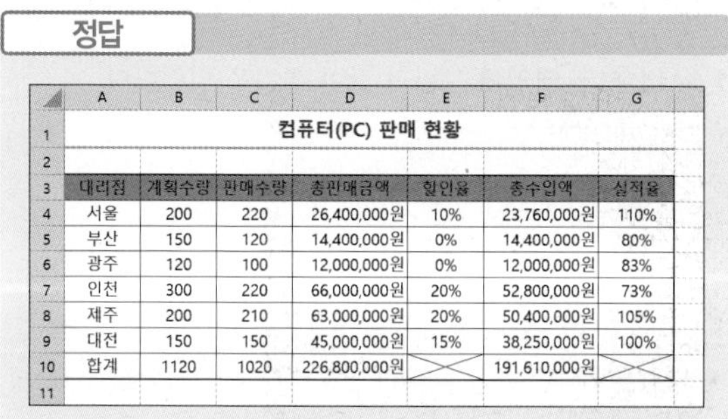

	A	B	C	D	E	F	G
1	컴퓨터(PC) 판매 현황						
2							
3	대리점	계획수량	판매수량	총판매금액	할인율	총수입액	실적율
4	서울	200	220	26,400,000원	10%	23,760,000원	110%
5	부산	150	120	14,400,000원	0%	14,400,000원	80%
6	광주	120	100	12,000,000원	0%	12,000,000원	83%
7	인천	300	220	66,000,000원	20%	52,800,000원	73%
8	제주	200	210	63,000,000원	20%	50,400,000원	105%
9	대전	150	150	45,000,000원	15%	38,250,000원	100%
10	합계	1120	1020	226,800,000원		191,610,000원	
11							

1 텍스트 맞춤

1. [A1:G1] 영역을 블록으로 지정한 후 Ctrl + 1을 누른다.
2. '셀 서식' 대화상자의 '맞춤' 탭에서 텍스트 맞춤을 그림과 같이 지정한 후 〈확인〉을 클릭한다.

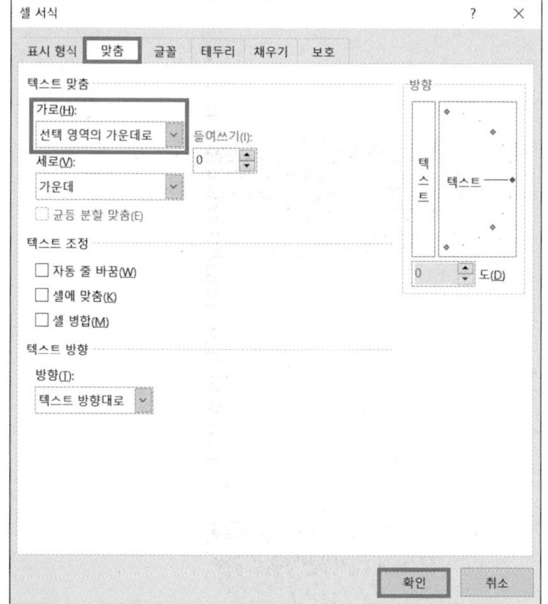

2 사용자 지정 표시 형식

1. [D4:D10], [F4:F10] 영역을 블록으로 지정한 후 Ctrl + 1을 누른다.
2. '셀 서식' 대화상자의 '표시 형식' 탭에서 범주와 형식을 그림과 같이 지정한 후 〈확인〉을 클릭한다.

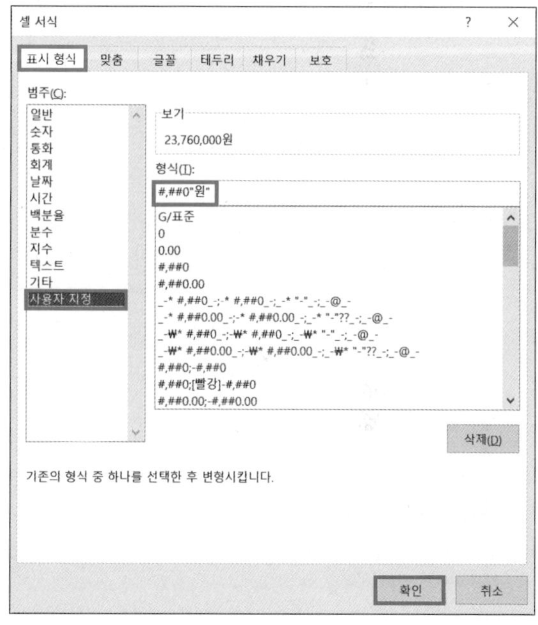

03. 조건부 서식

정답

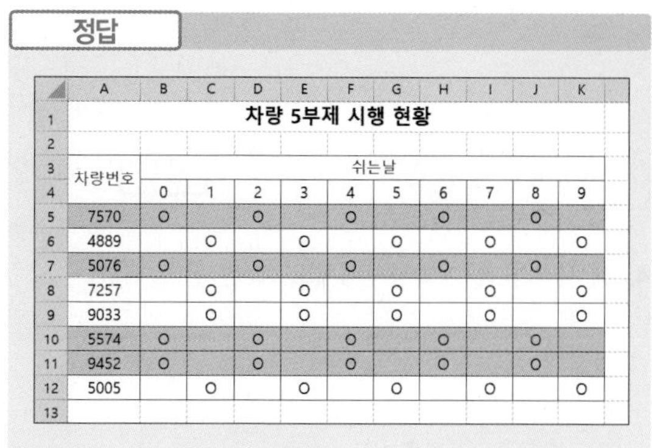

	A	B	C	D	E	F	G	H	I	J	K
1	차량 5부제 시행 현황										
2											
3	차량번호	쉬는날									
4		0	1	2	3	4	5	6	7	8	9
5	7570	O		O		O		O		O	
6	4889		O		O		O		O		O
7	5076	O		O		O		O		O	
8	7257		O		O		O		O		O
9	9033		O		O		O		O		O
10	5574	O		O		O		O		O	
11	9452	O		O		O		O		O	
12	5005		O		O		O		O		O
13											

1. [A5:K12] 영역을 블록으로 지정한 후 [홈] → 스타일 → 조건부 서식 → **새 규칙**을 선택한다.
2. '새 서식 규칙' 대화상자에서 '수식을 사용하여 서식을 지정할 셀 결정'을 선택하고 수식 입력란에 **=MOD($A5, 2)=0**을 입력한 후 〈서식〉을 클릭한다.

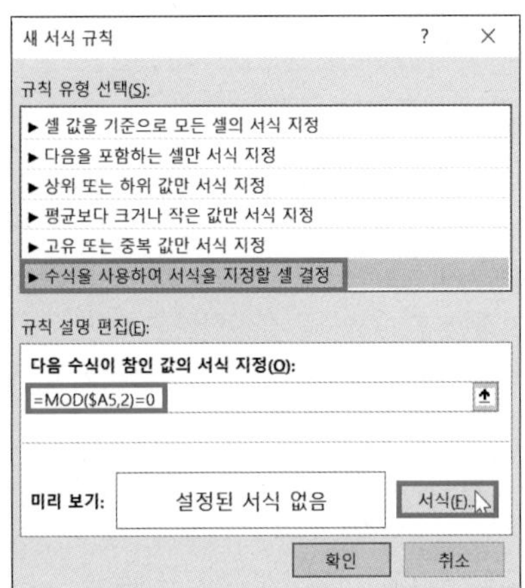

3. '셀 서식' 대화상자의 '채우기' 탭에서 배경색을 '표준색 – 노랑'으로 지정한 후 〈확인〉을 클릭한다.

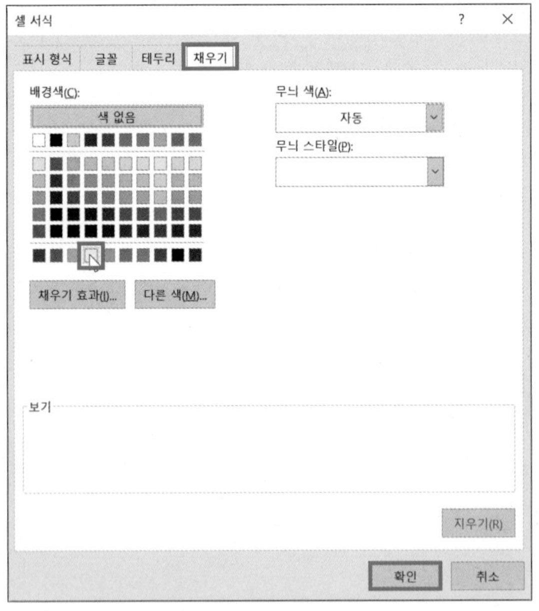

4. '새 서식 규칙' 대화상자에서도 〈확인〉을 클릭한다.

04. 고급 필터

정답

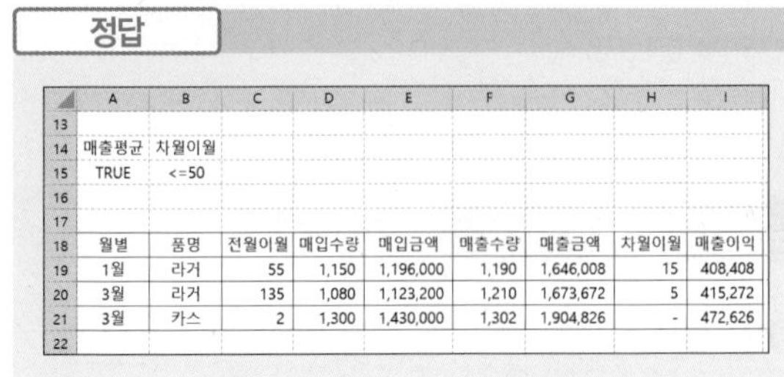

	A	B	C	D	E	F	G	H	I
13									
14	매출평균	차월이월							
15	TRUE	<=50							
16									
17									
18	월별	품명	전월이월	매입수량	매입금액	매출수량	매출금액	차월이월	매출이익
19	1월	라거	55	1,150	1,196,000	1,190	1,646,008	15	408,408
20	3월	라거	135	1,080	1,123,200	1,210	1,673,672	5	415,272
21	3월	카스	2	1,300	1,430,000	1,302	1,904,826	-	472,626
22									

1. [A14:B15] 영역에 그림과 같이 조건을 입력한다.

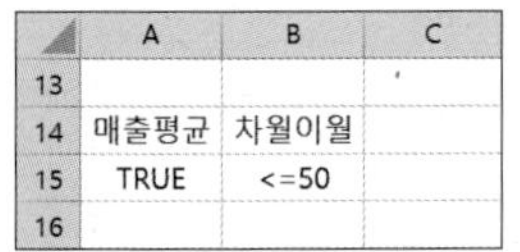

	A	B	C
13			
14	매출평균	차월이월	
15	TRUE	<=50	
16			

- [A15] : =F4>=AVERAGE($F$4:$F$12)
- 조건에 수식이나 함수식이 사용되는 경우 필드명을 입력하지 않거나 데이터 영역의 필드명(A3:I3)과 다른 필드명을 사용해야 합니다.

2. 데이터 영역(A3:I12)의 임의의 셀을 선택한 후 [데이터] → 정렬 및 필터 → **고급**을 클릭한다.
3. '고급 필터' 대화상자에서 그림과 같이 지정한 후 〈확인〉을 클릭한다.

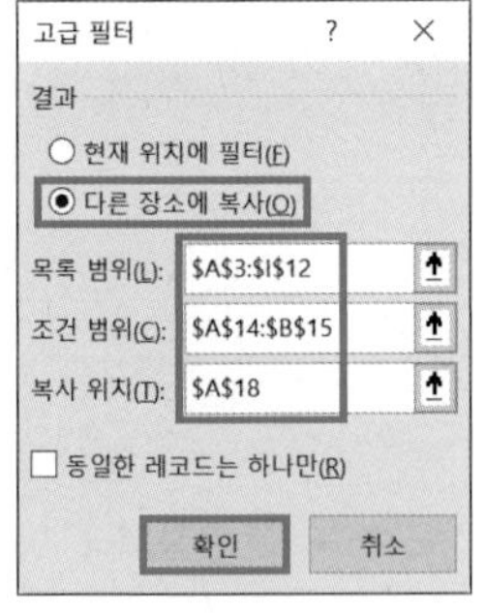

문제 2 계산작업

01. 소속부서

정답

	A	B	C	D	E
1	[표1]	사원관리현황			
2	사원코드	사원명	소속부서	전년도 매출	매출계획
3	A-1011	박정숙	개발	700	600
4	A-2123	박정현	홍보	650	900
5	C-3012	신민정	무역	560	550
6	B-5103	오정아	무역	430	600
7	H-2012	윤선화	홍보	1,260	1,250
8	A-1023	윤지은	개발	980	1,000
9	B-2311	나기림	홍보	850	550
10	B-1585	윤지민	개발	800	1,000
11	P-6368	김유정	무역	600	800
12	G-1857	한정민	개발	700	900

[C3] : =IFS(MID(A3, 3, 1)=“1”, “개발”, MID(A3, 3, 1)=“2”, “홍보”, TRUE, “무역”)

02. 근무

정답

	G	H	I
1	[표2]	6월 근무계획표	
2	사원명	근무일자	근무
3	윤석남	2024-06-04	주간
4	김미영	2024-06-05	야간
5	안현승	2024-06-06	주간
6	정은주	2024-06-10	야간
7	박해수	2024-06-13	주간
8	정성하	2024-06-14	주간
9	심선희	2024-06-15	야간
10	김유진	2024-06-17	주간
11	최정욱	2024-06-20	야간
12	이영진	2024-06-21	주간

[I3] : =IF(MOD(DAY(H3), 5)=0, “야간”, “주간”)

03. 회원코드

정답

	A	B	C	D	E
14	[표3]	회원관리현황			
15	성명	성별	닉네임	가입일자	회원코드
16	최정욱	남	GLORIA	2015-03-25	Glo2015
17	유승희	여	BELITA	2022-09-10	Bel2022
18	강민주	여	ANDREA	2020-06-21	And2020
19	김선영	여	CHRISTINE	2021-05-04	Chr2021
20	정영진	남	WHITNEY	2017-08-08	Whi2017
21	이상민	남	SHADOW	2018-12-01	Sha2018
22	전지현	여	CAMILLA	2019-07-24	Cam2019
23	김상욱	남	DORIS	2017-11-17	Dor2017

[E16] : =PROPER(LEFT(C16, 3)) & YEAR(D16)

04. 납품총액

정답

	G	H	I	J	K
14	[표4]	제품납품현황			
15	공장위치	제품코드	납품수량	납품총액	
16	경기	MOU-C	100	960,000	
17	경기	KEY-K	80	760,000	
18	부산	KEY-K	100	860,000	
19	부산	MOU-C	90	792,000	
20	부산	KEY-K	100	860,000	
21	경기	MOU-C	80	768,000	
22	부산	MOU-C	100	880,000	
23	경기	KEY-K	90	855,000	
24					
25	<제품납품가표>				
26	구분	경기C	부산C	경기K	부산K
27	납품가	9,600	8,800	9,500	8,600

[J16] : =I16 * HLOOKUP(G16 & RIGHT(H16, 1), $H$26:$K$27, 2, FALSE)

HLOOKUP(찾을값, 범위, 행 번호, 옵션) 함수의 '찾을값'은 '공장위치'와 '제품코드'의 마지막 한 문자를 연결한 것이므로, &를 이용하여 'G16 & RIGHT(H16, 1)'과 같이 연결하면 됩니다.

05. 영업부 직원들의 수령액 합계

정답

	A	B	C	D
25	[표5]	급여지급현황		
26	사원명	부서명	직위	수령액
27	전현수	영업부	부장	5,371,650
28	김명훈	생산부	과장	4,765,200
29	하현호	홍보부	과장	4,650,000
30	강진성	영업부	과장	4,559,320
31	박희선	홍보부	대리	3,450,000
32	엄정희	생산부	대리	3,348,510
33	이성식	생산부	사원	2,764,900
34	김영희	영업부	사원	3,642,570
35				
36	영업부 직원들의 수령액 합계			
37				13,574,000

[A37] : =ROUND(DSUM(A26:D34, 4, B26:B27), −3)

문제 3 분석작업

01. 부분합

1. [A3:I12] 영역을 블록으로 지정한 후 [데이터] → 정렬 및 필터 → **정렬**을 클릭한다.

> 궁금해요 **시나공 Q&A 베스트**
>
> **Q [A3:I12] 영역 안에 커서를 놓고 '정렬' 메뉴를 클릭하면 오류 메시지가 나타나요.**
>
> A [I2] 셀이 데이터 영역(A3:I12)과 붙어 있기 때문입니다. [A3:I12] 영역을 블록으로 지정한 후 정렬과 부분합 메뉴를 선택해야 합니다.

2. '정렬' 대화상자에서 그림과 같이 지정한 후 〈확인〉을 클릭한다.

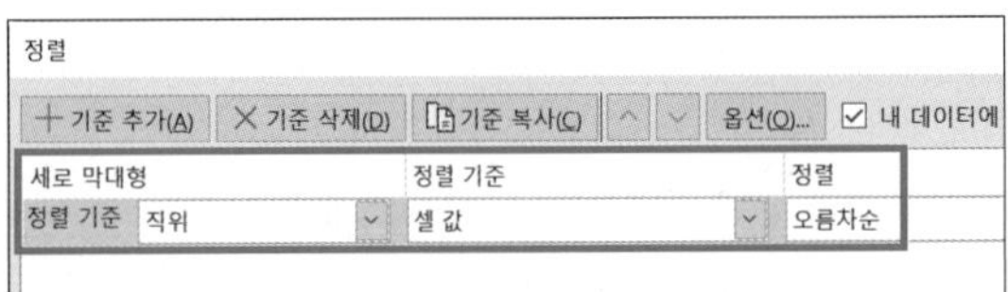

3. [A3:I12] 영역이 블록으로 지정된 상태에서 [데이터] → 개요 → **부분합**을 클릭한다.
4. '부분합' 대화상자에서 그림과 같이 지정한 후 〈확인〉을 클릭한다.

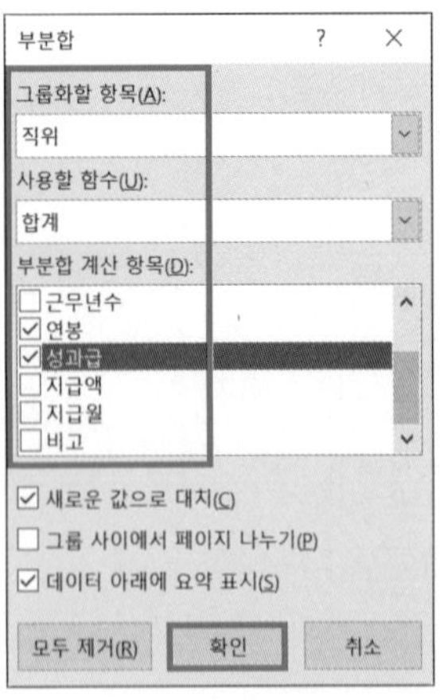

5. '직위'별 '지급액'의 최대를 계산하기 위해 [데이터] → 개요 → **부분합**을 클릭한다.
6. '부분합' 대화상자에서 그림과 같이 지정하고, '새로운 값으로 대치'를 해제한 후 〈확인〉을 클릭한다.

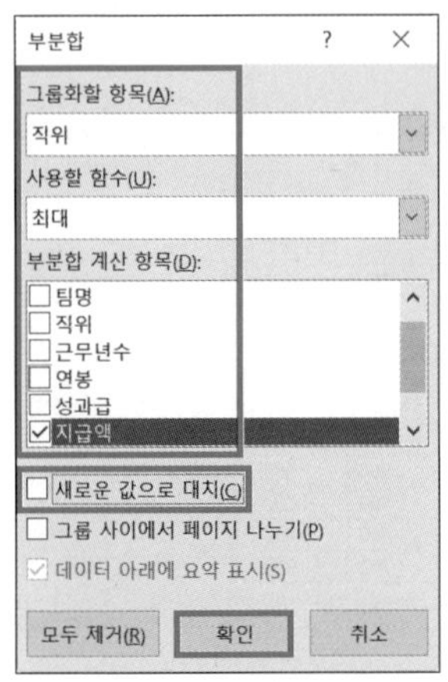

02. 피벗 테이블

정답

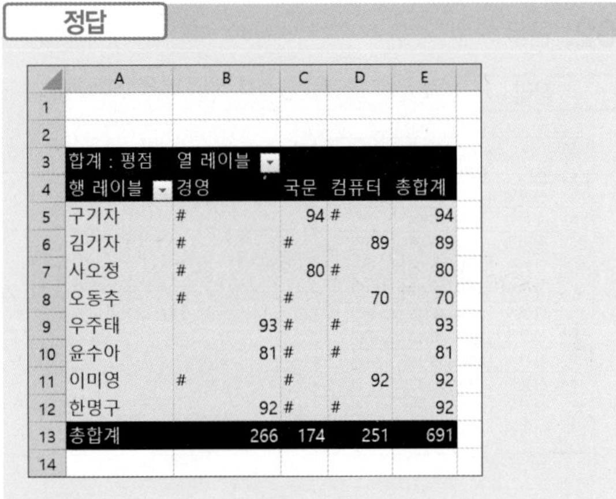

	A	B	C	D	E
1					
2					
3	합계 : 평점	열 레이블			
4	행 레이블	경영	국문	컴퓨터	총합계
5	구기자	#	94	#	94
6	김기자	#	#	89	89
7	사오정	#	80	#	80
8	오동추	#	#	70	70
9	우주태	93	#	#	93
10	윤수아	81	#	#	81
11	이미영	#	#	92	92
12	한명구	92	#	#	92
13	총합계	266	174	251	691
14					

1. 데이터 영역(A3:G11)의 임의의 셀을 선택한 후 [삽입] → 표 → **(피벗 테이블)**을 클릭한다.
2. '피벗 테이블 만들기' 대화상자에서 피벗 테이블을 넣을 위치를 '새 워크시트'로 선택한 후 〈확인〉을 클릭한다.
3. '피벗 테이블 필드' 창에서 그림과 같이 각 필드를 지정한다.

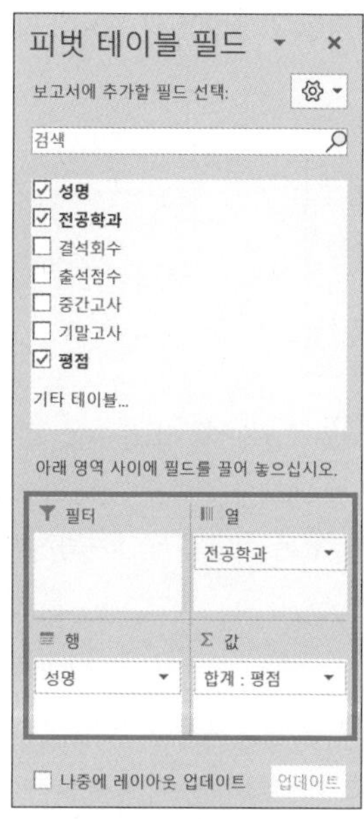

4. 피벗 테이블의 임의의 셀을 클릭한 후 바로 가기 메뉴에서 [**피벗 테이블 옵션**]을 선택한다.
5. '피벗 테이블 옵션' 대화상자의 '레이아웃 및 서식' 탭에서 '빈 셀 표시'에 **#**을 입력한 후 〈확인〉을 클릭한다.

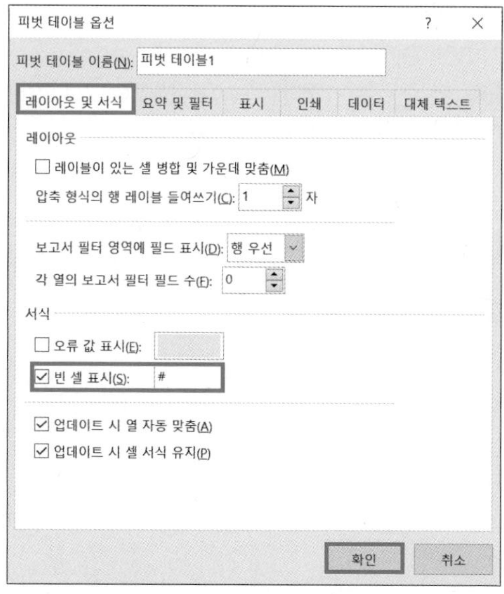

6. 피벗 테이블 안에 셀 포인터가 놓여 있는 상태에서 [디자인] → 피벗 테이블 스타일의 ⊽ → 중간 → **흰색, 피벗 스타일 보통 15**를 선택한다.

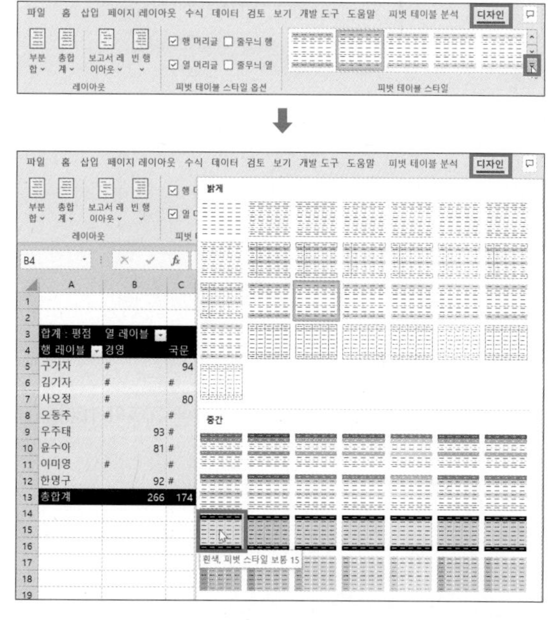

03. 시나리오

정답

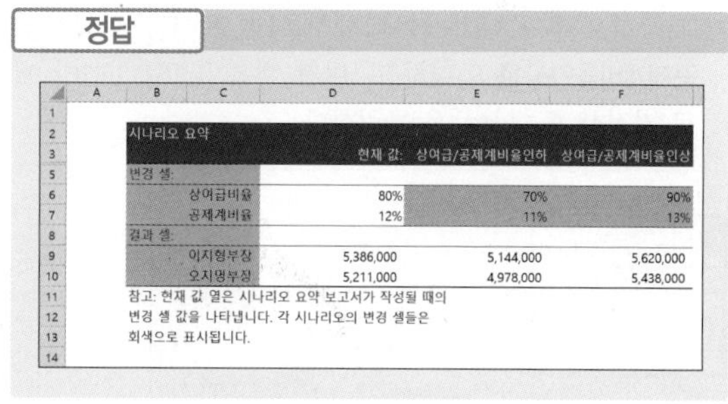

		현재 값:	상여급/공제계비율인하	상여급/공제계비율인상
시나리오 요약				
변경 셀:				
	상여급비율	80%	70%	90%
	공제계비율	12%	11%	13%
결과 셀:				
	이지형부장	5,386,000	5,144,000	5,620,000
	오지명부장	5,211,000	4,978,000	5,438,000

참고: 현재 값 열은 시나리오 요약 보고서가 작성될 때의 변경 셀 값을 나타냅니다. 각 시나리오의 변경 셀들은 회색으로 표시됩니다.

1. [C16] 셀을 클릭하고 이름 상자에 **상여급비율**을 입력한 후 Enter를 누른다.
2. 동일한 방법으로 [G16] 셀은 **공제계비율**, [G4] 셀은 **이지형부장**, [G6] 셀은 **오지명부장**으로 이름을 정의한다.
3. [데이터] → 예측 → 가상 분석 → **시나리오 관리자**를 선택한다.
4. '시나리오 관리자' 대화상자에서 〈추가〉를 클릭한다.
5. '시나리오 추가' 대화상자에서 '시나리오 이름'에 **상여급/공제계비율인하**를 입력하고, 변경 셀을 [C16], [G16] 셀로 지정한 후 〈확인〉을 클릭한다.

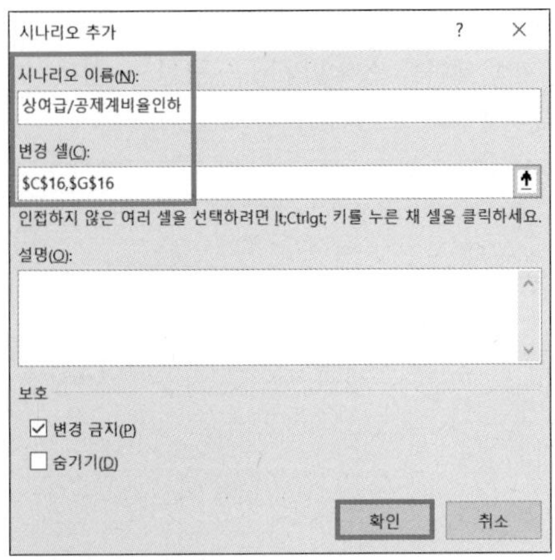

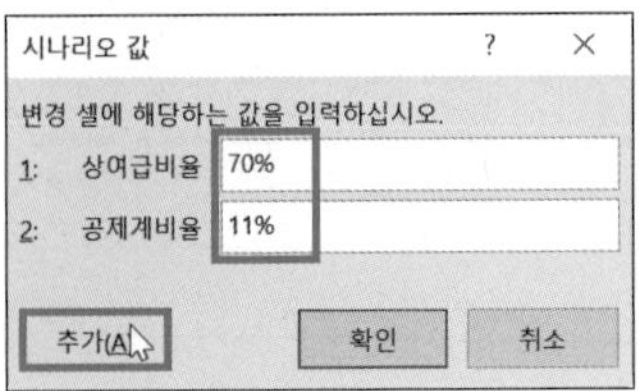

변경 셀은 Ctrl을 누른 상태에서 차례로 해당 셀을 클릭하면 됩니다.

6. '시나리오 값' 대화상자의 변경될 값에 **70%**와 **11%**를 입력한 후 〈추가〉를 클릭한다.

7. '시나리오 추가' 대화상자에서 '시나리오 이름'에 **상여급/공제계비율인상**을 입력하고, 변경 셀을 [C16], [G16] 셀로 지정한 후 〈확인〉을 클릭한다.

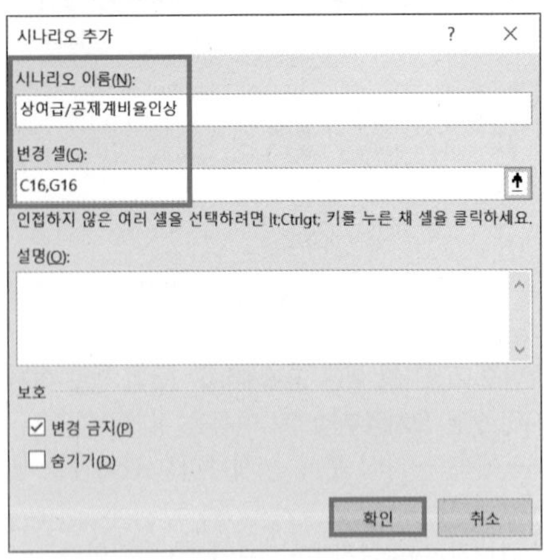

8. '시나리오 값' 대화상자의 변경될 값에 **90%**와 **13%**를 입력한 후 〈확인〉을 클릭한다.

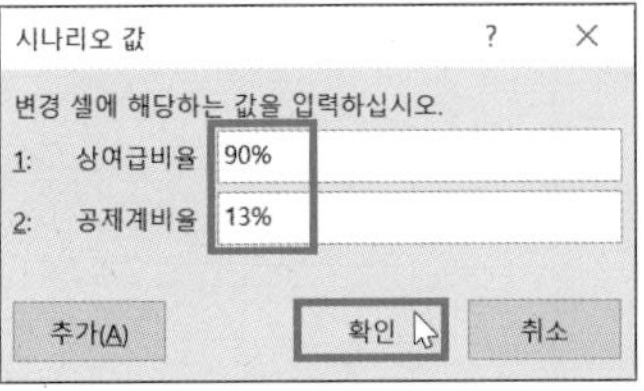

9. '시나리오 관리자' 대화상자에서 〈요약〉을 클릭한다.

10. '시나리오 요약' 대화상자에서 보고서 종류를 '시나리오 요약', 결과 셀을 [G4], [G6] 셀로 지정한 후 〈확인〉을 클릭한다.

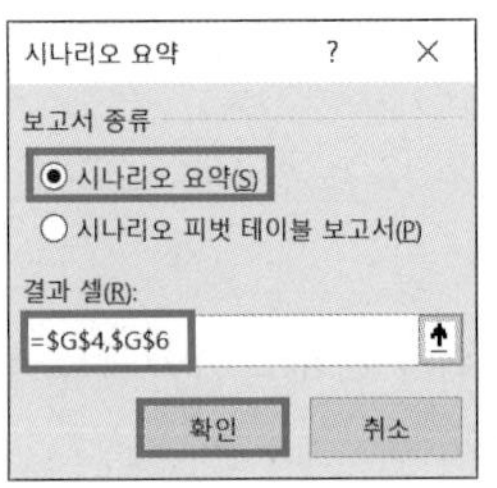

11. '시나리오 요약' 시트를 선택한 후 '분석작업-3' 시트 뒤쪽으로 드래그한다.

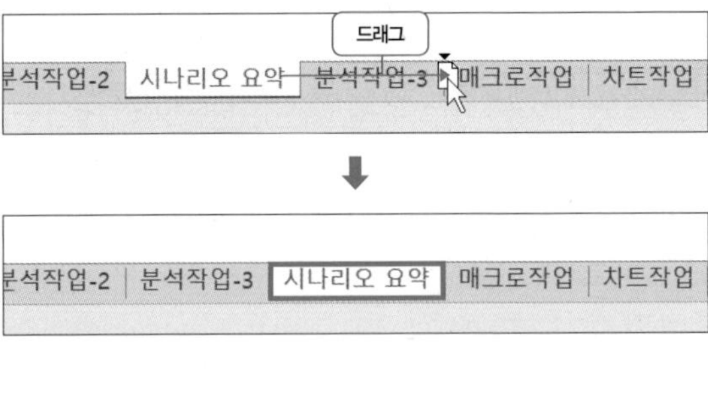

문제 4 기타작업

01. 매크로

정답

	A	B	C	D	E	F	G	H	I	J
1	도서 대여 현황									
2										
3	이름	도서코드	도서명	성별	대여일	반납일	대여일수	대여횟수	연체횟수	회원등급
4	이연실	A101	슈퍼가르침	여	02월 01일	02월 02일	1	21	3	A
5	정상욱	A102	푸른사자	남	02월 02일	02월 04일	2	15	12	C
6	임연주	F101	마음세탁소	여	02월 08일	02월 10일	2	16	2	A
7	한민구	S101	사소한추억	남	02월 13일	02월 14일	1	14	4	A
8	권중현	S102	무한계단	남	02월 15일	02월 16일	1	25	17	C
9	오연심	F102	흔한소통	여	02월 20일	02월 22일	2	8	3	A
10										
11		대여일수			서식					
12										
13										

1 '대여일수' 매크로

1. [개발 도구] → 컨트롤 → 삽입 → 양식 컨트롤 → □(단추)를 선택한 후 [B11:C12] 영역에 맞게 드래그한다.
2. '매크로 지정' 대화상자의 '매크로 이름'에 **대여일수**를 입력한 후 〈기록〉을 클릭한다.
3. '매크로 기록' 대화상자에서 〈확인〉을 클릭한다.
4. [G4] 셀을 클릭하고, **=F4-E4**를 입력한 후 Enter를 누른다.
5. [G4] 셀의 채우기 핸들을 [G9] 셀까지 드래그하여 수식을 복사한다.

G4 | =F4-E4

	A	B	C	D	E	F	G	H
1	도서 대여 현황							
2								
3	이름	도서코드	도서명	성별	대여일	반납일	대여일수	대여횟수
4	이연실	A101	슈퍼가르침	여	02월 01일	02월 02일	1	21
5	정상욱	A102	푸른사자	남	02월 02일	02월 04일		15
6	임연주	F101	마음세탁소	여	02월 08일	02월 10일		16
7	한민구	S101	사소한추억	남	02월 13일	02월	드래그	14
8	권중현	S102	무한계단	남	02월 15일	02월 16일		25
9	오연심	F102	흔한소통	여	02월 20일	02월 22일		8
10								
11		단추 1						
12								
13								

6. 임의의 셀을 클릭한 후 [개발 도구] → 코드 → **기록 중지**를 클릭한다.
7. 단추의 바로 가기 메뉴에서 [텍스트 편집]을 선택한 후 입력된 내용을 **대여일수**로 수정한다.

2 '서식' 매크로

1. [삽입] → 일러스트레이션 → 도형 → 기본 도형 → **사각형: 빗면(□)**을 선택한 후 [E11:F12] 영역에 맞게 드래그한다.
2. 도형의 바로 가기 메뉴에서 **[매크로 지정]**을 선택한다.
3. '매크로 지정' 대화상자의 '매크로 이름'에 **서식**을 입력한 후 〈기록〉을 클릭한다.
4. '매크로 기록' 대화상자에서 〈확인〉을 클릭한다.
5. [A3:J3] 영역을 블록으로 지정한 후 [홈] → **글꼴**에서 채우기 색(◇ ⌄)을 '노랑', 글꼴 색(가 ⌄)을 '빨강'으로 지정한다.
6. 임의의 셀을 클릭한 후 [개발 도구] → 코드 → **기록 중지**를 클릭한다.
7. 도형의 바로 가기 메뉴에서 **[텍스트 편집]**을 선택한다.
8. [홈] → **맞춤**에서 '세로 가운데 맞춤(☰)'과 '가로 가운데 맞춤(☰)'을 차례로 클릭한 후 **서식**을 입력한다.

02. 차트

1 데이터 범위 변경

1. 차트의 바로 가기 메뉴에서 **[데이터 선택]**을 선택한다.
2. '데이터 원본 선택' 대화상자에서 '차트 데이터 범위'의 범위 지정 단추(↑)를 클릭하고 데이터 범위를 [B3:B7], [B9:B10], [B12], [E3:H7], [E9:H10], [E12:H12] 영역으로 변경한 후 범위 지정 단추(▣)를 클릭한다.
3. '데이터 원본 선택' 대화상자에서 〈확인〉을 클릭한다.

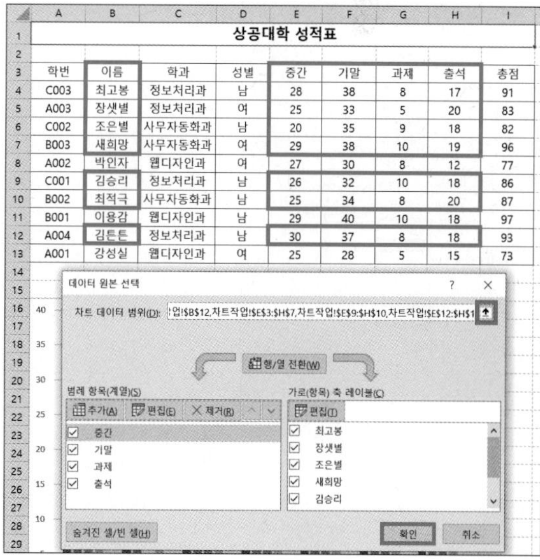

	A	B	C	D	E	F	G	H	I
1	상공대학 성적표								
2									
3	학번	이름	학과	성별	중간	기말	과제	출석	총점
4	C003	최고봉	정보처리과	남	28	38	8	17	91
5	A003	장샛별	정보처리과	여	25	33	5	20	83
6	C002	조은별	사무자동화과	남	20	35	9	18	82
7	B003	새희망	사무자동화과	여	29	38	10	19	96
8	A002	박인자	웹디자인과	여	27	30	8	12	77
9	C001	김승리	정보처리과	남	26	32	10	18	86
10	B002	최적극	사무자동화과	남	25	34	8	20	87
11	B001	이용감	웹디자인과	남	29	40	10	18	97
12	A004	김튼튼	정보처리과	남	30	37	8	18	93
13	A001	강성실	웹디자인과	여	25	28	5	15	73

3 차트 제목 연동

1. 차트를 선택한 후 [차트 디자인] → 차트 레이아웃 → 차트 요소 추가 → 차트 제목 → **차트 위**를 선택하여 차트 제목을 삽입한다.
2. 차트 제목이 선택된 상태에서 수식 입력줄을 클릭하고 =을 입력한 후 [A1] 셀을 클릭하고 Enter를 누른다.

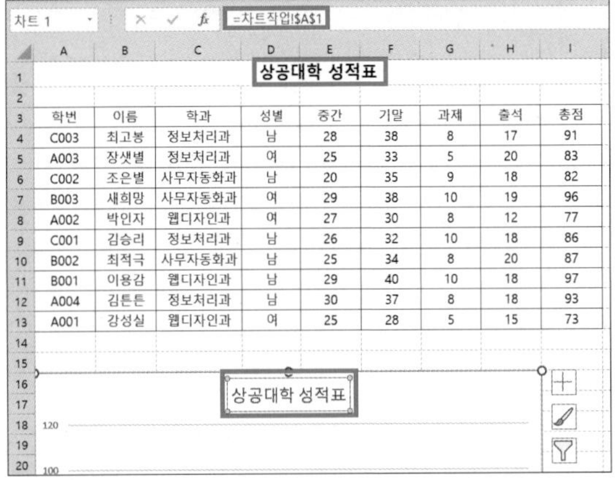

차트 1 | =차트작업!$A$1

학번	이름	학과	성별	중간	기말	과제	출석	총점
C003	최고봉	정보처리과	남	28	38	8	17	91
A003	장샛별	정보처리과	여	25	33	5	20	83
C002	조은별	사무자동화과	남	20	35	9	18	82
B003	새희망	사무자동화과	여	29	38	10	19	96
A002	박인자	웹디자인과	여	27	30	8	12	77
C001	김승리	정보처리과	남	26	32	10	18	86
B002	최적극	사무자동화과	남	25	34	8	20	87
B001	이용감	웹디자인과	남	29	40	10	18	97
A004	김튼튼	정보처리과	남	30	37	8	18	93
A001	강성실	웹디자인과	여	25	28	5	15	73

4 세로(값) 축 서식 지정

1. 세로(값) 축의 바로 가기 메뉴에서 **[축 서식]**을 선택한다.
2. '축 서식' 창의 [축 옵션] → (축 옵션) → **축 옵션**에서 경계의 '최소값'을 0, '최대값'을 100, '기본' 단위를 20으로 지정한 후 '닫기(☒)'를 클릭한다.

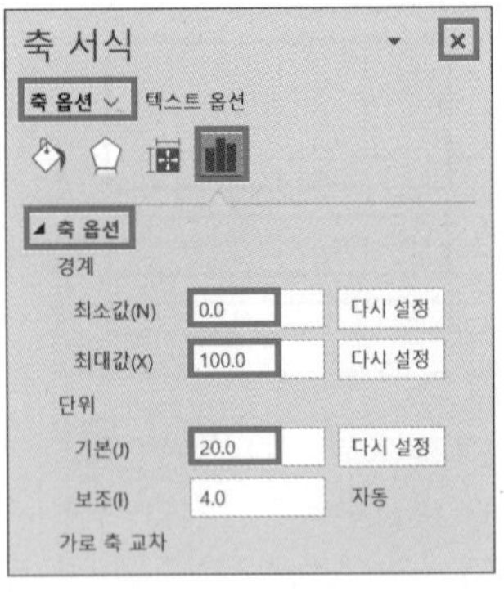

5 차트 스타일 및 테두리 지정

1. 차트를 선택한 후 [차트 디자인] → 차트 스타일 → **스타일 6**을 클릭한다.
2. 차트 영역의 바로 가기 메뉴에서 **[차트 영역 서식]**을 선택한다.
3. '차트 영역 서식' 창의 [차트 옵션] → (채우기 및 선) → **테두리**에서 색 '검정, 텍스트 1', 너비 2 pt, '둥근 모서리'를 지정한 후 '닫기(☒)'를 클릭한다.

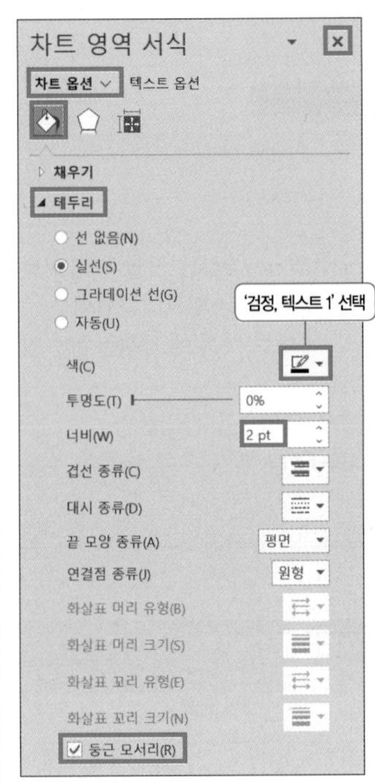

EXAMINATION

03회 기본 모의고사

• 준 비 하 세 요 : 'C:\길벗컴활2급\03 기본모의고사' 폴더에서 '03회.xlsm' 파일을 열어서 작업하시오.

4332031

문제 1 기본작업(20점) 주어진 시트에서 다음 과정을 수행하고 저장하시오.

1. '기본작업-1' 시트에 다음의 자료를 주어진 대로 입력하시오.

	A	B	C	D	E	F	G
1	㈜서울상사의 건물관리 대장						
2							단위 : 만원
3	번호	건물명	파일명	소재지	평수	계약자	계약금액
4	1001	대화201호	DA-10001	서울 강남	21	정찬후	13,000
5	1002	대화202호	DA-10002	서울 강남	21	나도명	13,000
6	1003	대화203호	DA-10003	서울 강남	45	이범수	20,000
7	1011	목련101호	MA-10003	서울 강남	18	강남구	11,000
8	1021	고려601호	GB-10011	서울 강북	31	진달호	11,000
9	1022	고려602호	GB-10012	서울 강북	31	정영근	11,000
10							

2. '기본작업-2' 시트에 대하여 다음의 지시사항을 처리하시오.

① [A3:A4], [B3:B4], [C3:H3] 영역은 '병합하고 가운데 맞춤'을 지정하고, [C4:H4] 영역은 글꼴 스타일 '굵게', 채우기 색 '표준 색 – 노랑'으로 지정하시오.

② [A1] 셀 제목의 문자열 양쪽에 특수문자 "♣"를 삽입하고, "성적"을 한자 "成績"으로 변환하시오.

③ [C3] 셀에 "2024학년도 1학기"라는 메모를 삽입한 후 항상 표시되도록 지정하고, 메모 서식에서 맞춤 '자동 크기', 글꼴 '굴림체', 크기 12, 채우기 색 '표준 색 – 주황'으로 지정하시오.

④ [G15] 셀의 표시 형식을 '간단한 날짜'로 지정하시오.

⑤ [A3:H13] 영역에 '모든 테두리(田)'를 적용하고, [A4:H4] 영역은 '아래쪽 이중 테두리(▭)'를 적용하여 표시하시오.

3. '기본작업-3' 시트에서 다음의 지시사항을 처리하시오.

[A4:G12] 영역에서 필기 점수가 90 이상인 행 전체에 대하여 밑줄을 '이중 실선', 글꼴 스타일을 '기울임꼴'로, 90 미만인 행 전체에 대하여 채우기 색을 '표준 색 – 연한 파랑'으로 지정하는 조건부 서식을 작성하시오.

▶ 단, 규칙 유형은 '수식을 사용하여 서식을 지정할 셀 결정'을 사용하시오.

궁금해요 시나공 Q&A 베스트

Q 입력할 때 연속되는 번호는 채우기 핸들을 이용해도 되나요? 그리고 동일하거나 비슷한 내용은 복사해서 사용해도 되나요? 아니면 하나하나 모두 직접 입력해야 되나요?

A 아닙니다. '기본작업-1'의 데이터는 채우기 핸들을 사용하거나 내용을 복사하여 수정하는 등 방법에 관계없이 내용만 올바르게 입력하면 됩니다.

2.

• 특수문자 "♣"는 한글 자음 **미음(ㅁ)**을 입력한 후 한자를 누르면 나타나는 문자표에 있습니다.

• 한자 변환은 F2를 눌러, 셀 편집 상태에서 문자열을 블록으로 지정한 후 한자를 누르면 됩니다.

• 메모를 삽입하는 바로 가기 키는 Shift+F2입니다.

• '셀 서식' 대화상자를 호출하는 바로 가기 키는 Ctrl+1입니다.

3. 조건부 서식을 지정할 때는 반드시 문제에 제시된 범위를 정확히 지정한 후 조건을 적용해야 합니다.

4.
- 텍스트 나누기를 수행할 때는 사용된 구분 기호를 정확하게 파악하고 지정해야 합니다.
- 데이터에서 특정 열을 제외하려면 '텍스트 마법사 3단계' 대화상자에서 '열 데이터 서식'의 '열 가져오지 않음(건너뜀)'을 선택하세요.

4. '기본작업-4' 시트에서 다음의 지시사항을 처리하시오.

[A3:A14] 영역의 데이터를 텍스트 나누기를 실행하여 나타내시오.

▶ 데이터는 쉼표(,)로 구분되어 있음

▶ '장문등수' 열은 제외할 것

4332032

문제 2 계산작업(40점) '계산작업' 시트에서 다음 과정을 수행하고 저장하시오.

1. 올림을 하려면 ROUNDUP 함수를 사용해야 합니다.

3. 점수가 가장 높은 것이 1위라는 건 내림차순을 의미합니다.

4. INDEX는 특정 위치를 행과 열로 지정하여 추출할 때 사용합니다.

1. [표1]에서 영어[C3:C10]와 수학[D3:D10]의 표준편차[C11:D11]와 분산[C12:D12]을 계산하시오.

▶ 표준편차와 분산은 소수점 이하 셋째 자리에서 올림하여 둘째 자리까지 표시 [표시 예 : 12.345 → 12.35]

▶ AVERAGE, ROUNDDOWN, MODE.SNGL, STDEV.S, VAR.S, ROUNDUP 함수 중 알맞은 함수들을 선택하여 사용

2. [표2]에서 매출액[G3:G12]이 매출액의 평균보다 크거나 거래기간[H3:H12]이 5 이상이면 "우수영업소", 그렇지 않으면 공백으로 평가[I3:I12]에 표시하시오.

▶ AVERAGE, IF, OR 함수 사용

3. [표3]에서 득점[C16:C24]을 기준으로 순위를 구하여 1위는 "1등", 2위는 "2등", 3위는 "3등", 나머지는 공백을 결과[D16:D24]에 표시하시오.

▶ 순위는 점수가 가장 높은 것이 1위임

▶ CHOOSE, RANK.EQ 함수 사용

4. [표4]의 택배 요금표[G16:J19]와 지역번호표[G22:J23]를 이용하여 인천[H26]에서 제주[I26]까지의 택배요금[J26]을 계산하시오.

▶ INDEX, HLOOKUP 함수 사용

5. [표5]에서 회원코드[A28:A35]와 가입일[D28:D35]을 이용하여 가입기간[E28:E35]을 계산하시오.

▶ 가입기간 = (2000 + 회원코드의 3, 4번째 문자) – 가입일의 년도

▶ MID, YEAR 함수 사용

4332033

문제 3 　 분석작업(20점) 주어진 시트에서 다음 작업을 수행하고 저장하시오.

1. '분석작업-1' 시트에 대하여 다음의 지시사항을 처리하시오.

[정렬] 기능을 이용하여 '영업사원별 급여 현황' 표에서 '소속지점'을 '서초-종로-강남-강북' 순으로 정렬하고, 동일한 소속지점인 경우 '직급'의 셀 색이 'RGB(217, 225, 242)'인 값이 위에 표시되도록 정렬하시오.

2. '분석작업-2' 시트에 대하여 다음의 지시사항을 처리하시오.

[피벗 테이블] 기능을 이용하여 '8월 컴퓨터(PC) 판매현황' 표의 성명은 '필터', 사원코드는 '행', 소속팀은 '열'로 처리하고, '값'에는 이익금의 평균을 계산하시오.

▶ 피벗 테이블 보고서는 동일 시트의 [A17] 셀에서 시작하시오.
▶ 보고서 레이아웃은 '개요 형식'으로 지정하시오.
▶ 이익금 평균의 표시 형식은 '값 필드 설정'의 '셀 서식' 대화상자에서 '숫자' 범주와 '1000 단위 구분 기호 사용'을 이용하여 지정하시오.
▶ '영업A팀'만 표시되도록 하시오.

3. '분석작업-3' 시트에 대하여 다음의 지시사항을 처리하시오.

[목표값 찾기] 기능을 이용하여 '영업 현황표'에서 '자바' 교재의 이익금[F8]이 2,000,000이 되려면 판매량[D8]이 얼마가 되어야 하는지 계산하시오.

1. '서초, 종로, 강남, 강북' 순으로 정렬하려면 '정렬' 대화상자의 '정렬 기준'에서 '사용자 지정 목록'을, '직급'의 셀 색을 기준으로 정렬하려면 '정렬 기준'에서 '셀 색'을 이용하면 됩니다.

2.
- 합계(A13:I13) 행은 목록 범위에 포함되지 않아야 하므로 [A3:I12] 영역을 블록으로 지정한 후 '피벗 테이블' 메뉴를 선택해야 합니다.
- 보고서 레이아웃 '개요 형식'은 [디자인] → 레이아웃 → 보고서 레이아웃 → **개요 형식**을 선택하면 됩니다.
- 이익금 평균의 '1000 단위 구분 기호'는 '평균 : 이익금'의 바로 가기 메뉴에서 **[값 필드 설정]**을 선택하여 지정하면 됩니다.
- '영업A팀'만 표시하려면 완성된 피벗 테이블에서 [B17] 셀의 목록 단추를 클릭한 후 '영업B팀'과 '영업 C팀'의 체크 표시를 해제하면 됩니다.

3. '수식 셀'은 결과값이 출력되는 셀 주소, '찾는 값'은 목표로 하는 값, '값을 바꿀 셀'은 변경되어야 할 값이 들어 있는 셀 주소를 지정해야 합니다.

문제 4 기타작업(20점) 주어진 시트에서 다음 작업을 수행하고 저장하시오.

1. '매크로작업' 시트의 [표]에서 다음과 같은 기능을 수행하는 매크로를 현재 통합 문서에 작성하고 실행하시오.

① [I4:I13] 영역에 학생별 평균을 계산하는 매크로를 생성하여 실행하시오.
- ▶ 매크로 이름 : 평균
- ▶ AVERAGE 함수 사용
- ▶ [개발 도구] → [컨트롤] → [삽입] → [양식 컨트롤]의 '단추(▭)'를 동일 시트의 [D15:E16] 영역에 생성하고, 텍스트를 "평균"으로 입력한 후 단추를 클릭할 때 '평균' 매크로가 실행되도록 설정하시오.

② [A3:I3] 영역에 셀 스타일을 '파랑, 강조색5'로 지정하는 매크로를 생성하여 실행하시오.
- ▶ 매크로 이름 : 셀스타일
- ▶ [삽입] → [일러스트레이션] → [도형] → [기본 도형]의 '육각형(⬡)'을 동일 시트의 [F15:G16] 영역에 생성하고, 텍스트를 "셀스타일"로 입력한 후 도형을 클릭할 때 '셀스타일' 매크로가 실행되도록 설정하시오.

※ 셀 포인터의 위치에 상관없이 현재 통합 문서에서 매크로가 실행되어야 정답으로 인정됨

2. 데이터 계열을 클릭한 후 다시 클릭하면 한 개의 데이터 요소만 선택할 수 있습니다.

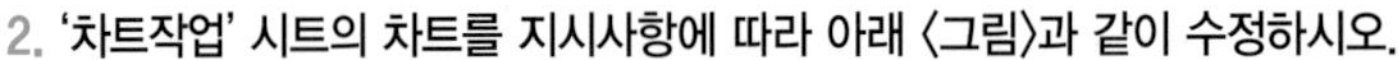
2. '차트작업' 시트의 차트를 지시사항에 따라 아래 〈그림〉과 같이 수정하시오.

※ 차트는 반드시 문제에서 제공한 차트를 사용하여야 하며, 신규로 작성 시 0점 처리됨

① 차트 종류를 '3차원 원형'으로 변경하시오.

② 차트 제목은 글꼴 '굴림', 크기 18, 글꼴 색 '표준 색 – 노랑', 채우기 색 '표준 색 – 빨강'으로 지정하시오.

③ 데이터 계열에서 '박거상' 요소만 데이터 레이블 '백분율'을 표시한 후 레이블 위치를 '안쪽 끝에'로 지정하고, 돌출되도록 하시오.

④ 범례는 아래쪽에 배치하고, 글자 크기 10, 글꼴 스타일 '굵게', 채우기 색 '표준 색 – 녹색', 네온 '파랑, 8 pt 네온, 강조색 1'로 지정하시오.

⑤ 차트 데이터 계열 서식에서 '첫째 조각의 각'을 15도로 지정하시오.

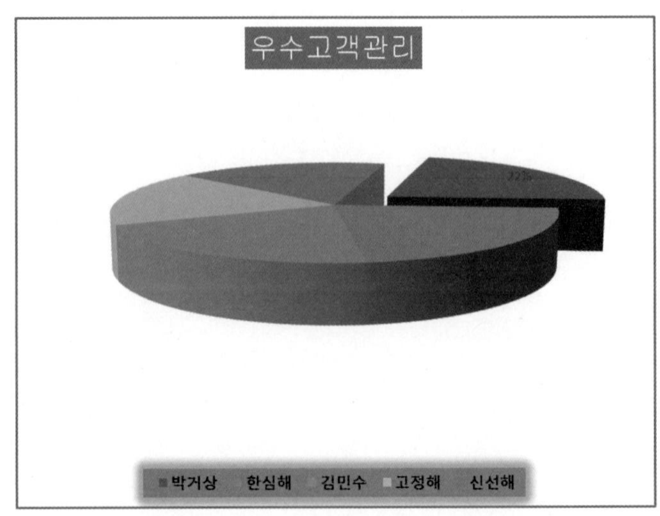

EXAMINATION
03회 기본 모의고사 정답 및 해설

문제 1 기본작업

02. 셀 서식

정답

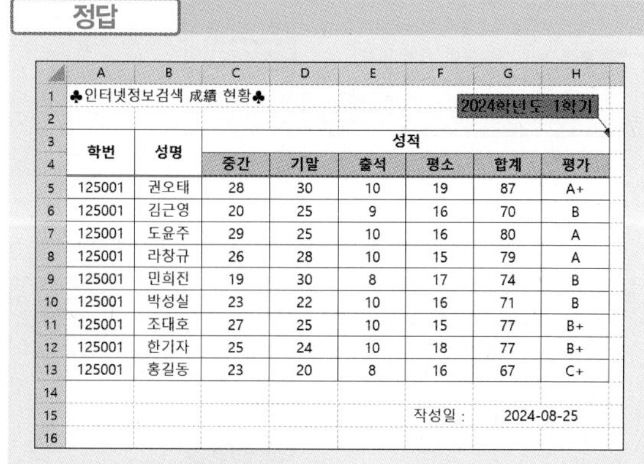

	A	B	C	D	E	F	G	H
1	♣인터넷정보검색 成績 현황♣						2024학년도 1학기	
2								
3	학번	성명	성적					
4			중간	기말	출석	평소	합계	평가
5	125001	권오태	28	30	10	19	87	A+
6	125001	김근영	20	25	9	16	70	B
7	125001	도윤주	29	25	10	16	80	A
8	125001	라창규	26	28	10	15	79	A
9	125001	민희진	19	30	8	17	74	B
10	125001	박성실	23	22	10	16	71	B
11	125001	조대호	27	25	10	15	77	B+
12	125001	한기자	25	24	10	18	77	B+
13	125001	홍길동	23	20	8	16	67	C+
14								
15						작성일 :	2024-08-25	
16								

3 메모 삽입

1. [C3] 셀을 선택한 후 Shift + F2 를 누른다.
2. 메모에 입력된 내용을 삭제하고 **2024학년도 1학기**를 입력한다.
3. 마우스 포인터를 메모의 경계선으로 옮겨 마우스 포인터가 ✣ 모양으로 바뀌면 오른쪽 버튼으로 클릭한 후 바로 가기 메뉴에서 **[메모 서식]**을 선택한다.

4. '메모 서식' 대화상자의 '글꼴' 탭에서 글꼴 '굴림체', 크기 12를 지정한다.

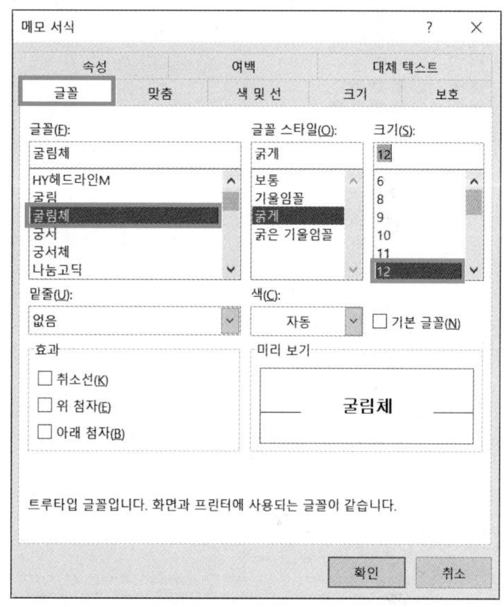

5. '맞춤' 탭에서 '자동 크기'를 지정한다.

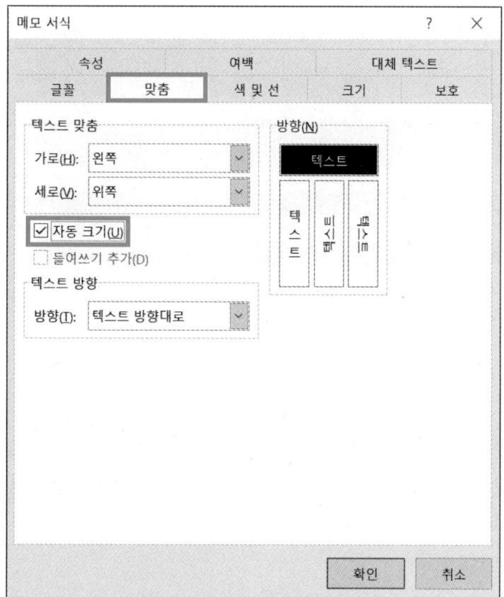

6. '색 및 선' 탭에서 채우기 색을 '주황'으로 지정한 후 〈확인〉을 클릭한다.

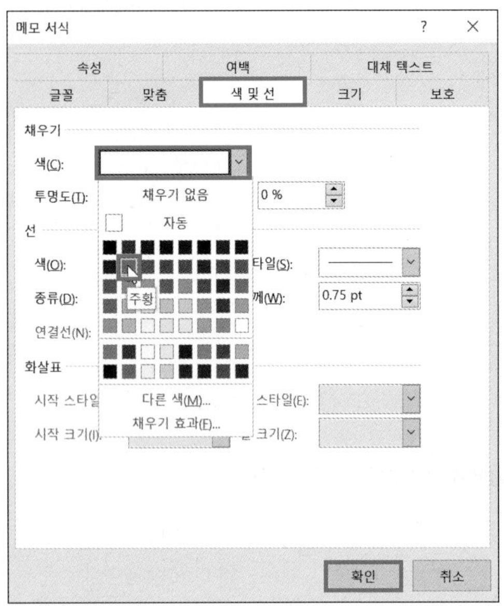

7. 메모를 항상 표시하기 위해 [C3] 셀의 바로 가기 메뉴에서 [**메모 표시/숨기기**]를 선택한다.

03. 조건부 서식

정답

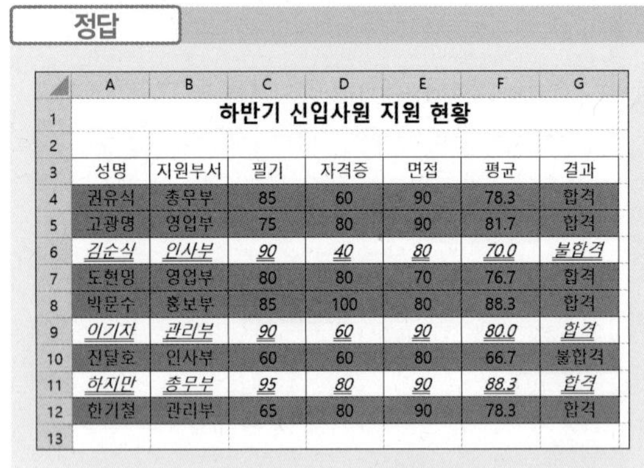

	A	B	C	D	E	F	G
1	하반기 신입사원 지원 현황						
2							
3	성명	지원부서	필기	자격증	면접	평균	결과
4	권유식	총무부	85	60	90	78.3	합격
5	고광명	영업부	75	80	90	81.7	합격
6	*김순식*	*인사부*	*90*	*40*	*80*	*70.0*	*불합격*
7	도현명	영업부	80	80	70	76.7	합격
8	박문수	홍보부	85	100	80	88.3	합격
9	*이기자*	*관리부*	*90*	*60*	*90*	*80.0*	*합격*
10	진달호	인사부	60	60	80	66.7	불합격
11	*하지만*	*총무부*	*95*	*80*	*90*	*88.3*	*합격*
12	한기철	관리부	65	80	90	78.3	합격
13							

1. [A4:G12] 영역을 블록으로 지정한 후 [홈] → 스타일 → 조건부 서식 → **새 규칙**을 선택한다.
2. '새 서식 규칙' 대화상자에서 '수식을 사용하여 서식을 지정할 셀 결정'을 선택하고 수식 입력란에 =$C4>=90을 입력한 후 〈서식〉을 클릭한다.

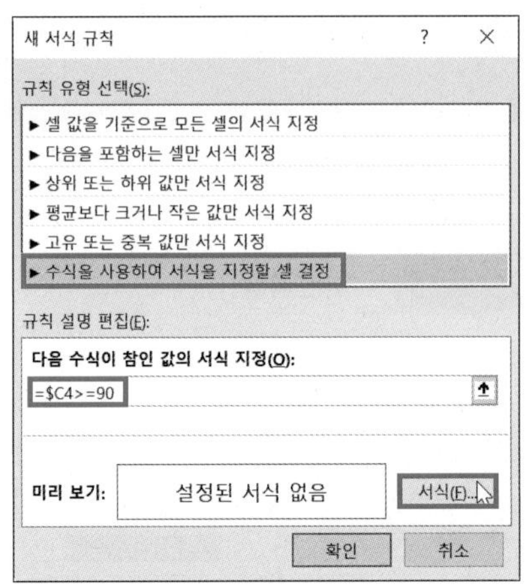

3. '셀 서식' 대화상자의 '글꼴' 탭에서 밑줄 '이중 실선', 글꼴 스타일 '기울임꼴'을 지정한 후 〈확인〉을 클릭한다.

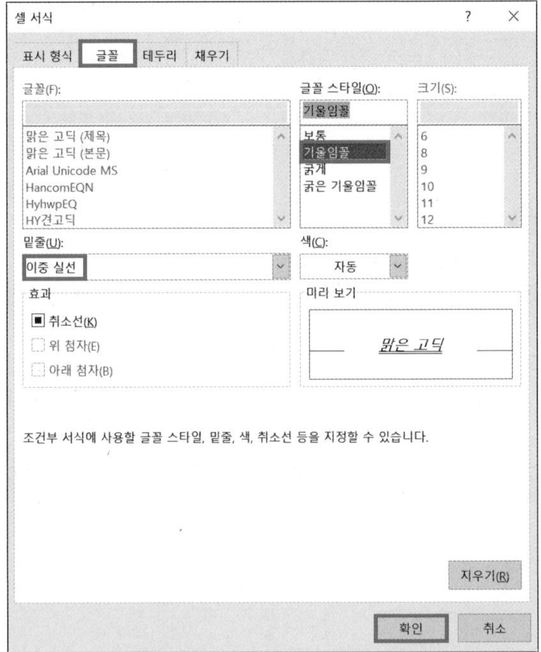

4. '새 서식 규칙' 대화상자에서도 〈확인〉을 클릭한다.
5. [홈] → 스타일 → 조건부 서식 → **새 규칙**을 선택한다.
6. '새 서식 규칙' 대화상자에서 '수식을 사용하여 서식을 지정할 셀 결정'을 선택하고 수식 입력란에 =$C4<90을 입력한 후 〈서식〉을 클릭한다.

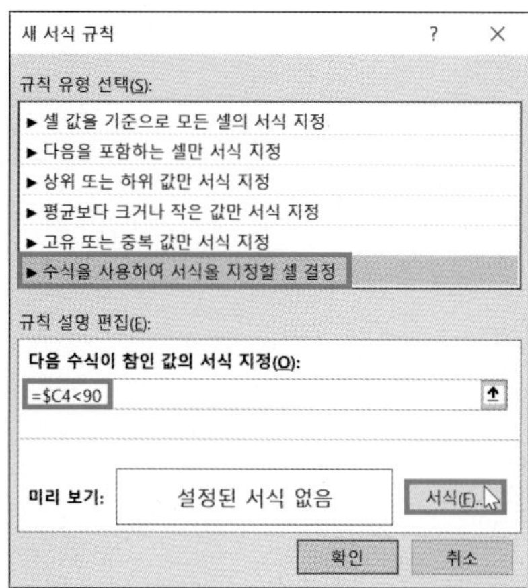

7. '셀 서식' 대화상자의 '채우기' 탭에서 배경색을 '연한 파랑'으로 지정한 후 〈확인〉을 클릭한다.

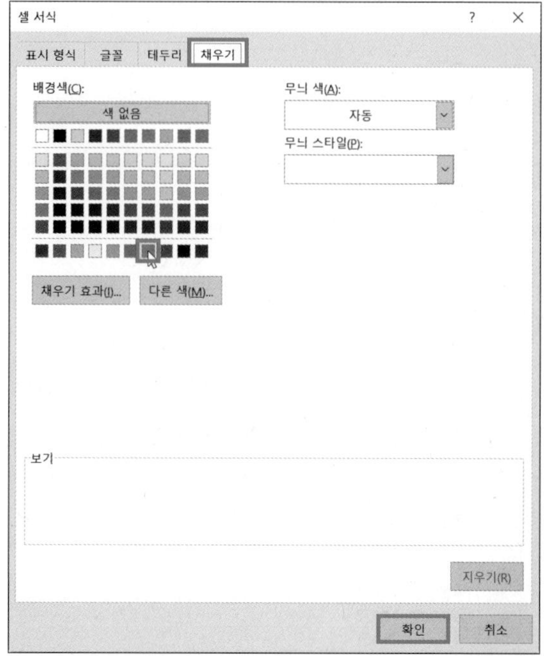

8. '새 서식 규칙' 대화상자에서도 〈확인〉을 클릭한다.

04. 텍스트 나누기

정답

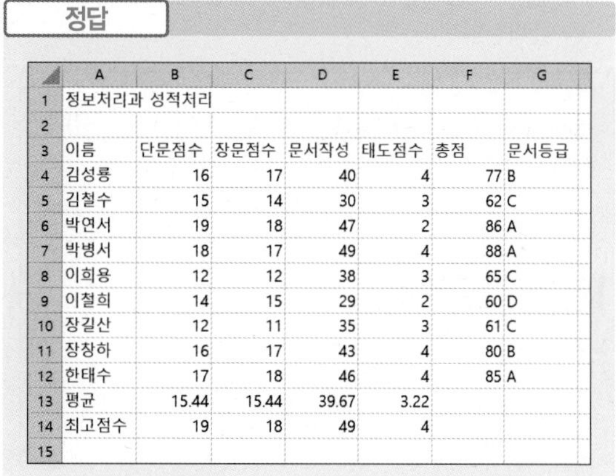

	A	B	C	D	E	F	G
1	정보처리과 성적처리						
2							
3	이름	단문점수	장문점수	문서작성	태도점수	총점	문서등급
4	김성룡	16	17	40	4	77	B
5	김철수	15	14	30	3	62	C
6	박연서	19	18	47	2	86	A
7	박병서	18	17	49	4	88	A
8	이희용	12	12	38	3	65	C
9	이철희	14	15	29	2	60	D
10	장길산	12	11	35	3	61	C
11	장창하	16	17	43	4	80	B
12	한태수	17	18	46	4	85	A
13	평균	15.44	15.44	39.67	3.22		
14	최고점수	19	18	49	4		
15							

1. [A3:A14] 영역을 블록으로 지정한 후 [데이터] → 데이터 도구 → **텍스트 나누기**를 클릭한다.
2. '텍스트 마법사 1단계' 대화상자에서 '구분 기호로 분리됨'을 선택한 후 〈다음〉을 클릭한다.
3. '텍스트 마법사 2단계' 대화상자에서 '탭'을 해제하고 '쉼표'를 선택한 후 〈다음〉을 클릭한다.

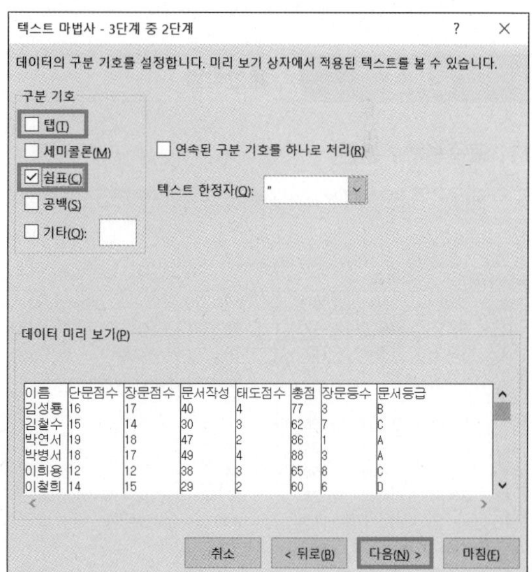

4. '텍스트 마법사 3단계' 대화상자에서 '장문등수' 열을 클릭하고 '열 가져오지 않음(건너뜀)'을 선택한 후 〈마침〉을 클릭한다.

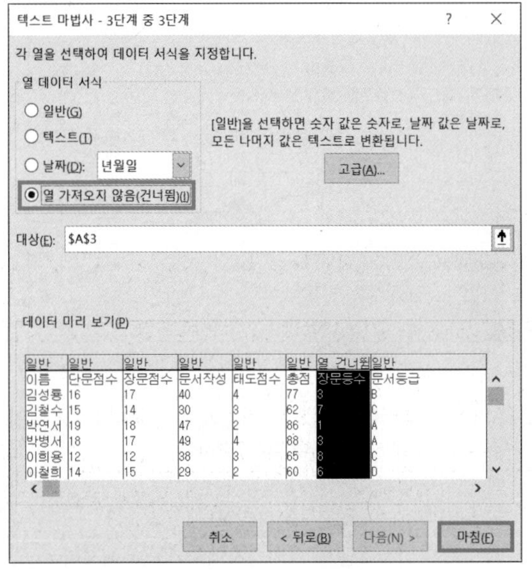

문제 2 계산작업

01. 표준편차 / 분산

정답

	A	B	C	D
1	[표1]	성적표		
2	성명	학과	영어	수학
3	전현수	건축과	72	88
4	김명훈	기계과	82	70
5	하현호	경영과	98	80
6	강진성	기계과	76	94
7	박희선	건축과	68	74
8	엄정희	건축과	84	90
9	이성식	기계과	58	64
10	김영희	건축과	78	82
11	표준편차		11.86	10.39
12	분산		140.58	107.93

[C11] : =ROUNDUP(STDEV.S(C3:C10), 2)
[C12] : =ROUNDUP(VAR.S(C3:C10), 2)

02. 평가

정답

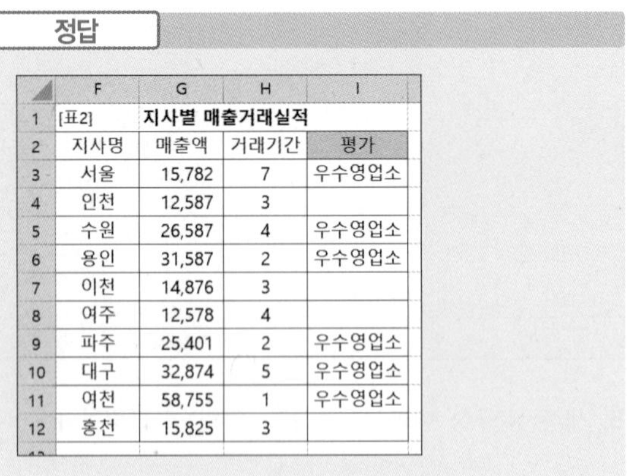

	F	G	H	I
1	[표2]	지사별 매출거래실적		
2	지사명	매출액	거래기간	평가
3	서울	15,782	7	우수영업소
4	인천	12,587	3	
5	수원	26,587	4	우수영업소
6	용인	31,587	2	우수영업소
7	이천	14,876	3	
8	여주	12,578	4	
9	파주	25,401	2	우수영업소
10	대구	32,874	5	우수영업소
11	여천	58,755	1	우수영업소
12	홍천	15,825	3	

[I3] : =IF(OR(G3>AVERAGE($G$3:$G$12), H3>=5), "우수영업소", " ")

03. 결과

정답

	A	B	C	D
14	[표3]	수학경시대회 결과		
15	참가번호	학교명	득점	결과
16	1046001	성산중	91	
17	1046002	성서중	88	
18	1046003	신수중	95	2등
19	1046004	중암중	90	
20	1046005	동도중	94	3등
21	1046006	상암중	92	
22	1046007	아현중	89	
23	1046008	군자중	97	1등
24	1046009	마포중	87	

[D16] : =CHOOSE(RANK.EQ(C16, $C$16:$C$24), "1등", "2등", "3등", " ", " ", " ", " ", " ", " ")

CHOOSE(인수, 첫 번째, 두 번째, …)는 '인수'가 1이면 '첫 번째'를, '인수'가 2이면 '두 번째'를, … '인수'가 n이면 'n번째'를 반환하는 함수입니다. 이 문제에서 '인수'인 득점 순위는 1~9위까지이므로 4~9번째에는 모두 공백(" ")을 입력해야 합니다.

04. 택배요금

정답

	F	G	H	I	J
14	[표4]	택배 요금표			
15		서울	인천	광주	제주
16	서울	4,000	5,000	6,500	10,000
17	인천	5,000	4,000	5,500	9,000
18	광주	6,500	5,500	4,000	7,500
19	제주	10,000	9,000	7,500	7,000
20					
21	<지역번호표>				
22	지역	서울	인천	광주	제주
23	번호	1	2	3	4
24					
25			출발	도착	택배요금
26			인천	제주	9,000

[J26] : =INDEX(G16:J19, HLOOKUP(H26, G22:J23, 2, FALSE), HLOOKUP(I26, G22:J23, 2, FALSE))

05. 가입기간

정답

	A	B	C	D	E
26	[표5]	회원관리현황			
27	회원코드	회원명	성별	가입일	가입기간
28	g-21-h	박지연	여	2012-05-15	9
29	f-22-w	김은기	남	2016-12-09	6
30	n-20-v	이시아	여	2010-09-22	10
31	g-22-y	조민선	여	2019-01-07	3
32	k-21-e	유준상	남	2014-10-30	7
33	g-22-k	허영민	남	2020-06-21	2
34	c-20-s	홍은희	여	2017-02-03	3
35	a-21-r	서하윤	여	2013-08-16	8

[E28] : =(2000 + MID(A28, 3, 2)) – YEAR(D28)

문제 3 분석작업

01. 정렬

정답

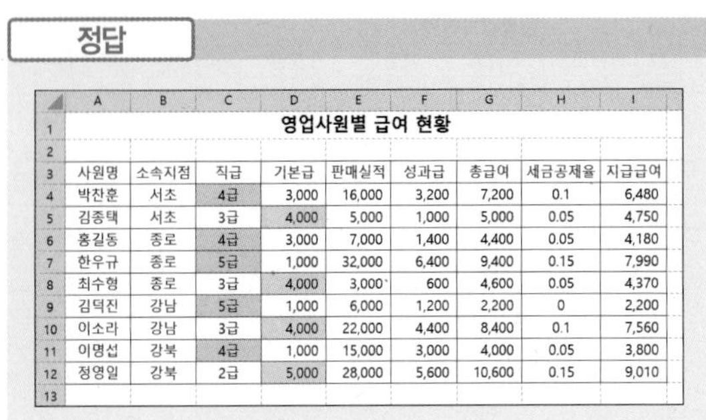

	A	B	C	D	E	F	G	H	I
1	영업사원별 급여 현황								
2									
3	사원명	소속지점	직급	기본급	판매실적	성과급	총급여	세금공제율	지급급여
4	박찬훈	서초	4급	3,000	16,000	3,200	7,200	0.1	6,480
5	김종택	서초	3급	4,000	5,000	1,000	5,000	0.05	4,750
6	홍길동	종로	4급	3,000	7,000	1,400	4,400	0.05	4,180
7	한우규	종로	5급	1,000	32,000	6,400	9,400	0.15	7,990
8	최수형	종로	3급	4,000	3,000	600	4,600	0.05	4,370
9	김덕진	강남	5급	1,000	6,000	1,200	2,200	0	2,200
10	이소라	강남	3급	4,000	22,000	4,400	8,400	0.1	7,560
11	이명섭	강북	4급	1,000	15,000	3,000	4,000	0.05	3,800
12	정영일	강북	2급	5,000	28,000	5,600	10,600	0.15	9,010
13									

1. 데이터 영역(A3:I12)에서 임의의 셀을 선택한 후 [데이터] → 정렬 및 필터 → **정렬**을 선택한다.
2. '정렬' 대화상자에서 '정렬 기준'을 '소속지점'으로 선택한 후 '정렬'에서 '사용자 지정 목록'을 선택한다.

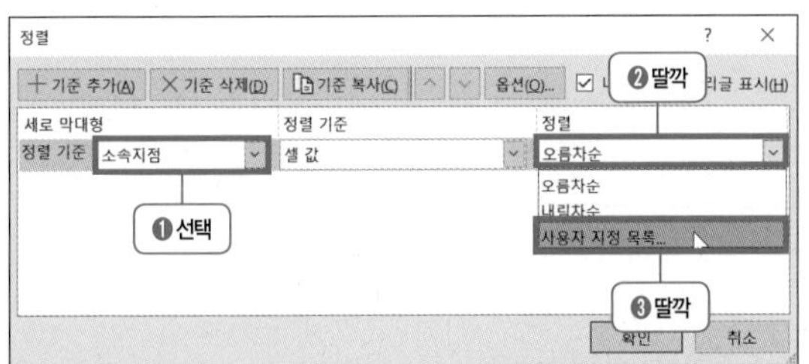

3. '사용자 지정 목록' 대화상자의 '목록 항목'에 **서초, 종로, 강남, 강북**을 입력한 후 〈추가〉와 〈확인〉을 차례대로 클릭한다.

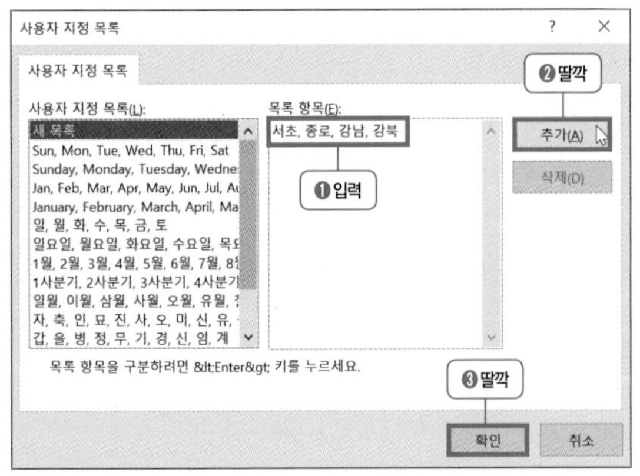

4. '정렬' 대화상자에서 '기준 추가'를 클릭하고 '다음 기준'에서 '직급', '셀 색', 'RGB (217, 225, 242)'를 선택한 후 〈확인〉을 클릭한다.

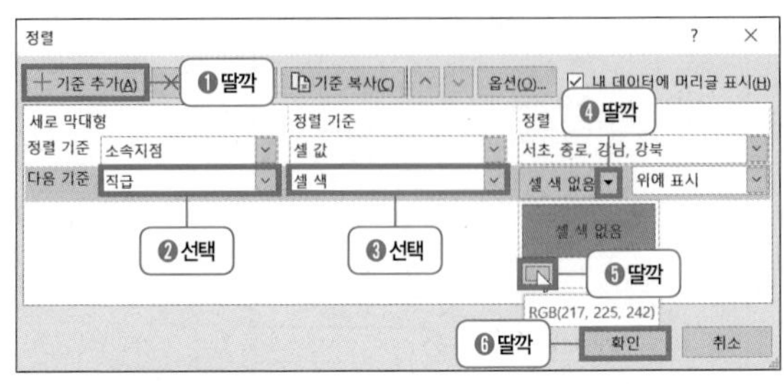

02. 피벗 테이블

정답

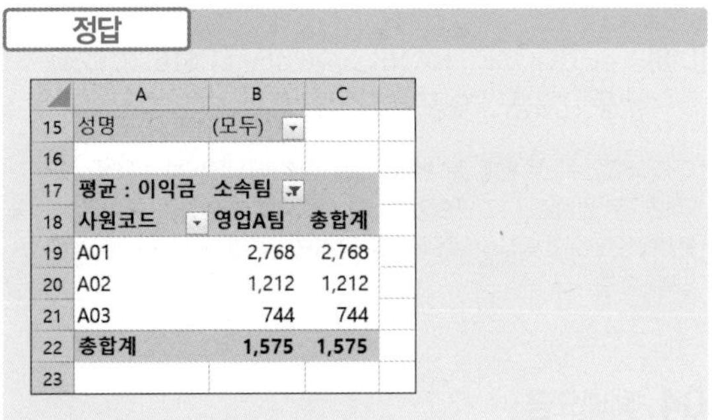

	A	B	C
15	성명	(모두)	
16			
17	평균 : 이익금	소속팀	
18	사원코드	영업A팀	총합계
19	A01	2,768	2,768
20	A02	1,212	1,212
21	A03	744	744
22	총합계	1,575	1,575
23			

1. [A3:I12] 영역을 블록으로 지정한 후 [삽입] → 표 → **(피벗 테이블)**을 클릭한다.
2. '피벗 테이블 만들기' 대화상자에서 피벗 테이블을 넣을 위치를 '기존 워크시트', 'A17'로 지정한 후 〈확인〉을 클릭한다.
3. '피벗 테이블 필드' 창에서 그림과 같이 각 필드를 지정한다.

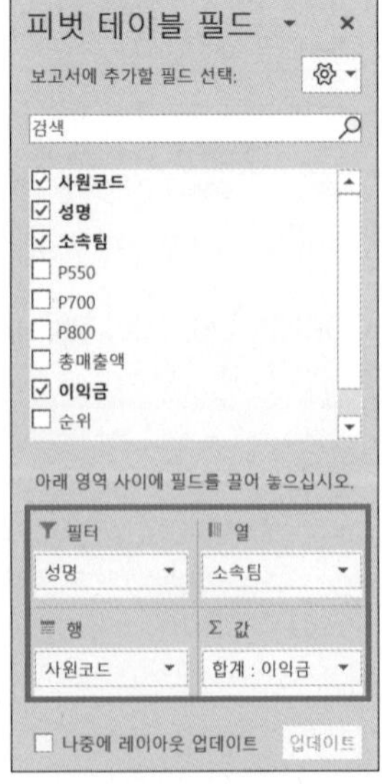

4. 작성된 피벗 테이블에서 '합계 : 이익금(A17)'의 바로 가기 메뉴에서 [값 요약 기준] → **평균**을 선택한다.
5. 피벗 테이블의 임의의 셀을 선택한 후 [디자인] → 레이아웃 → 보고서 레이아웃 → **개요 형식으로 표시**를 선택한다.
6. 소속팀(B17)의 목록 선택 단추(▾)를 클릭한 후 목록에서 '영업A팀'만 표시되도록 지정한 후 〈확인〉을 클릭한다.

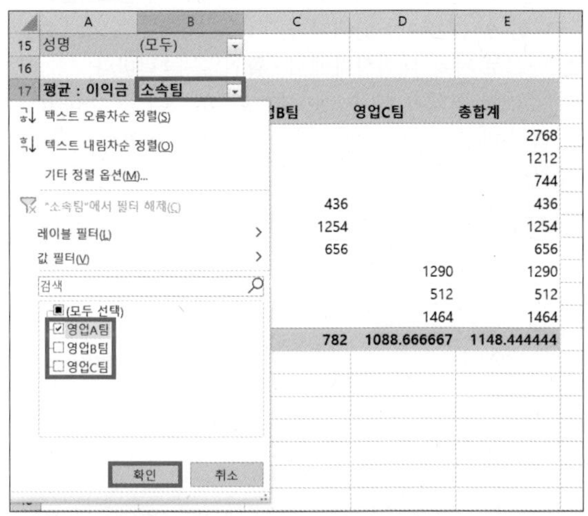

7. 피벗 테이블에서 '평균 : 이익금(A17)'의 바로 가기 메뉴에서 [**값 필드 설정**]을 선택한다.
8. '값 필드 설정' 대화상자에서 〈표시 형식〉을 클릭한다.
9. '셀 서식' 대화상자의 '표시 형식' 탭에서 범주의 '숫자'와 '1000 단위 구분 기호(,) 사용'을 차례로 선택한 후 〈확인〉을 클릭한다.

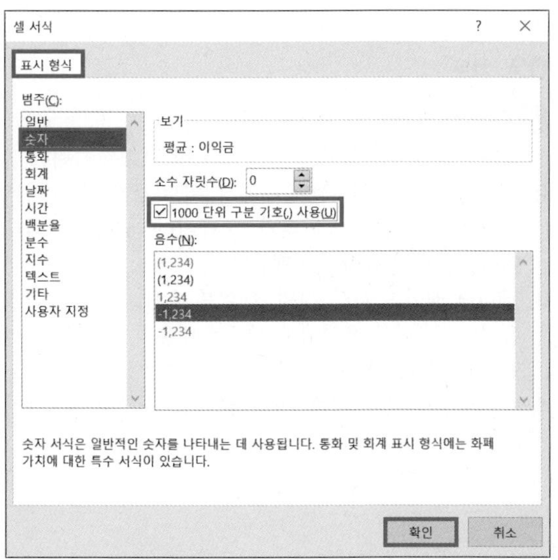

10. '값 필드 설정' 대화상자에서도 〈확인〉을 클릭한다.

03. 목표값 찾기

정답

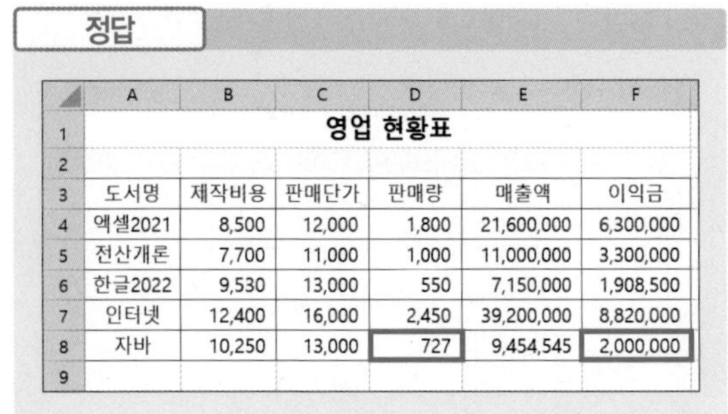

	A	B	C	D	E	F
1	영업 현황표					
2						
3	도서명	제작비용	판매단가	판매량	매출액	이익금
4	엑셀2021	8,500	12,000	1,800	21,600,000	6,300,000
5	전산개론	7,700	11,000	1,000	11,000,000	3,300,000
6	한글2022	9,530	13,000	550	7,150,000	1,908,500
7	인터넷	12,400	16,000	2,450	39,200,000	8,820,000
8	자바	10,250	13,000	727	9,454,545	2,000,000
9						

1. [데이터] → 예측 → 가상 분석 → **목표값 찾기**를 선택한다.
2. '목표값 찾기' 대화상자에서 수식 셀, 찾는 값, 값을 바꿀 셀을 그림과 같이 지정한 후 〈확인〉을 클릭한다.

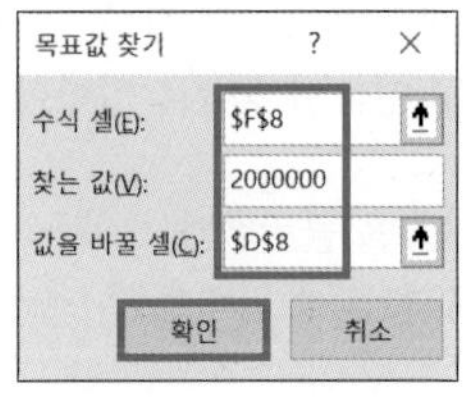

3. '목표값 찾기 상태' 대화상자에서 〈확인〉을 클릭한다.

문제 4 기타작업

01. 매크로

정답

	A	B	C	D	E	F	G	H	I
1	전자상거래 성적 일람표								
2									
3	이름	학번	학과	성별	중간	기말	과제	출석	평균
4	김선희	A001	전자상거래과	F	88	92	80	90	87.5
5	권진현	B001	E-BUSINESS과	F	75	85	88	92	85
6	안진이	C001	인터넷정보과	F	45	76	55	96	68
7	이종택	A004	전자상거래과	M	99	97	90	88	93.5
8	허진희	C003	인터넷정보과	F	80	93	86	90	87.25
9	박선교	D001	컴퓨터과	M	52	23	15	95	46.25
10	최석두	B002	E-BUSINESS과	M	80	75	86	85	81.5
11	홍나리	D002	컴퓨터과	F	95	96	97	98	96.5
12	박인숙	C002	인터넷정보과	F	75	58	95	92	80
13	나진규	D003	컴퓨터과	M	64	85	50	90	72.25
14									
15				평균		셀스타일			
16									
17									

1 '평균' 매크로

1. [개발 도구] → 컨트롤 → 삽입 → 양식 컨트롤 → □(단추)를 선택한 후 [D15:E16] 영역에 맞게 드래그한다.
2. '매크로 지정' 대화상자의 '매크로 이름'에 **평균**을 입력한 후 〈기록〉을 클릭한다.
3. '매크로 기록' 대화상자에서 〈확인〉을 클릭한다.
4. [I4] 셀을 클릭하고, =AVERAGE(E4:H4)를 입력한 후 Enter를 누른다.

리본 메뉴의 [수식] → 함수 라이브러리 → 자동 합계 → **평균**을 선택해도 됩니다.

5. [I4] 셀의 채우기 핸들을 [I13] 셀까지 드래그하여 수식을 복사한다.

I4 =AVERAGE(E4:H4)

	A	B	C	D	E	F	G	H	I
1	전자상거래 성적 일람표								
2									
3	이름	학번	학과	성별	중간	기말	과제	출석	평균
4	김선희	A001	전자상거래과	F	88	92	80	90	87.5
5	권진현	B001	E-BUSINESS과	F	75	85	88	92	
6	안진이	C001	인터넷정보과	F	45	76	55	96	
7	이종택	A004	전자상거래과	M	99	97	90	88	
8	허진희	C003	인터넷정보과	F	80	93	86	90	
9	박선교	D001	컴퓨터과	M	52	23	15	95	
10	최석두	B002	E-BUSINESS과	M	80	75	86	85	
11	홍나리	D002	컴퓨터과	F	95	96	97	98	
12	박인숙	C002	인터넷정보과	F	75	58	95	92	
13	나진규	D003	컴퓨터과	M	64	85	50	90	
14									
15				단추 1					
16									
17									

드래그

6. 임의의 셀을 클릭한 후 [개발 도구] → 코드 → **기록 중지**를 클릭한다.
7. 단추의 바로 가기 메뉴에서 **[텍스트 편집]**을 선택한 후 입력된 내용을 **평균**으로 수정한다.

2 '셀스타일' 매크로

1. [삽입] → 일러스트레이션 → 도형 → 기본 도형 → **육각형**(⬡)을 선택한 후 [F15:G16] 영역에 맞게 드래그한다.
2. 도형의 바로 가기 메뉴에서 **[매크로 지정]**을 선택한다.
3. '매크로 지정' 대화상자의 '매크로 이름'에 **셀스타일**을 입력한 후 〈기록〉을 클릭한다.
4. '매크로 기록' 대화상자에서 〈확인〉을 클릭한다.
5. [A3:I3] 영역을 블록으로 지정한 후 [홈] → 스타일 → 셀 스타일 → 테마 셀 스타일 → **파랑, 강조색 5**를 선택한다.

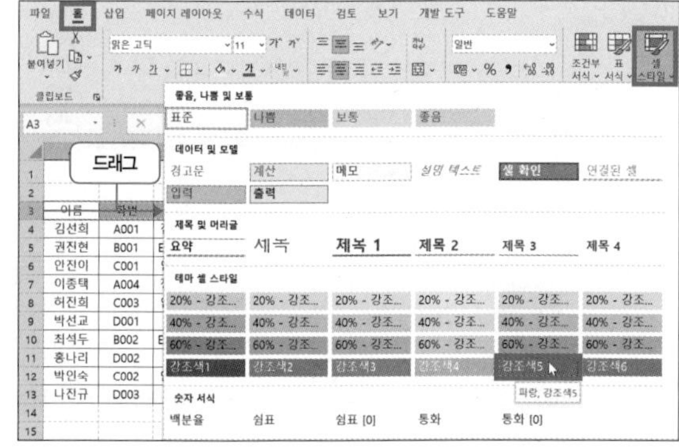

6. 임의의 셀을 클릭한 후 [개발 도구] → 코드 → **기록 중지**를 클릭한다.
7. 도형의 바로 가기 메뉴에서 **[텍스트 편집]**을 선택한 후 **셀스타일**을 입력한다.

02. 차트

3 데이터 레이블 추가 및 돌출 효과

1. '박거상' 요소를 클릭한 후 다시 '박거상' 요소를 클릭한다.
2. '박거상' 요소만 선택된 상태에서 [차트 디자인] → 차트 레이아웃 → 차트 요소 추가 → 데이터 레이블 → **기타 데이터 레이블 옵션**을 선택한다.
3. '데이터 레이블 서식' 창의 [레이블 옵션] → ▮(레이블 옵션) → **레이블 옵션**에서 레이블 내용의 '백분율'은 선택하고, '값'은 해제한다.
4. 이어서 레이블 위치를 '안쪽 끝에'로 선택한 후 '닫기(☒)'를 클릭한다.

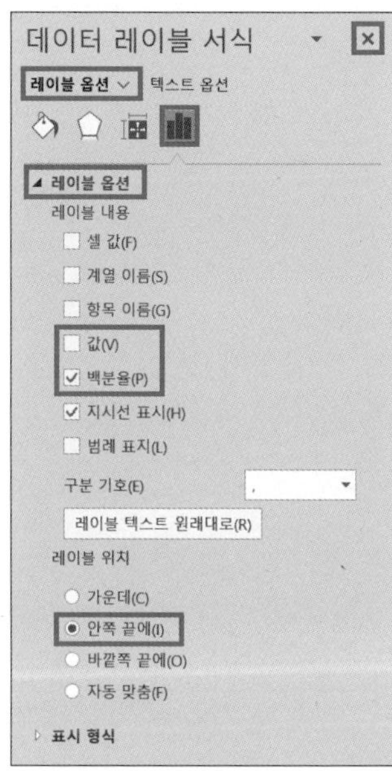

5. 다시 '박거상' 요소만 선택한 후 바깥쪽으로 적당히 드래그하여 분리한다.

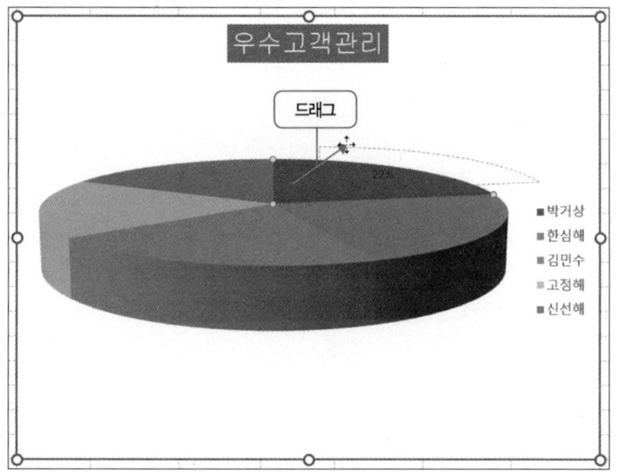

4 범례 위치 및 서식 지정

1. 차트를 선택한 후 [차트 디자인] → 차트 레이아웃 → 차트 요소 추가 → 범례 → **아래쪽**을 선택한다.
2. 범례를 선택한 후 [홈] → **글꼴**에서 크기 10, '굵게(**가**)'를 지정한다.
3. [서식] → **도형 스타일**에서 도형 채우기를 '녹색', 도형 효과를 '네온: 파랑, 8 pt 네온, 강조색 1'로 지정한다.

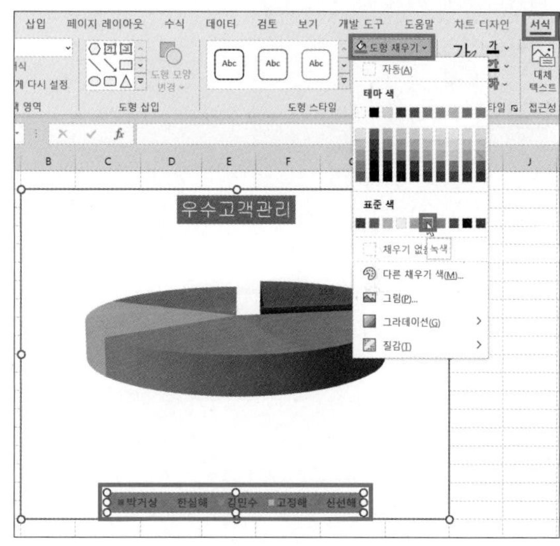

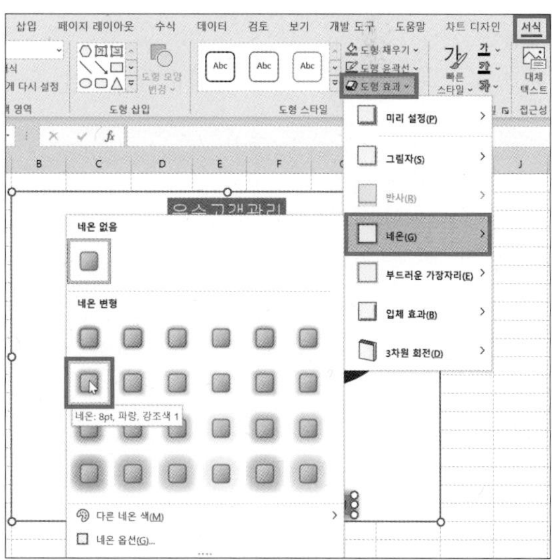

5 첫째 조각의 각 지정

1. 데이터 계열의 바로 가기 메뉴에서 **[데이터 계열 서식]**을 선택한다.
2. '데이터 계열 서식' 창에서 [계열 옵션] → (계열 옵션) → 계열 옵션 → 첫째 조각의 각 → 15를 지정한 후 '닫기(X)'를 클릭한다.

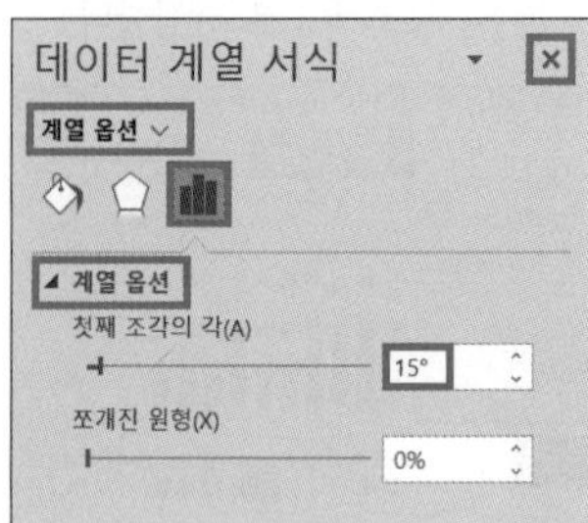

EXAMINATION

04회 기본 모의고사

• 준 비 하 세 요 : 'C:\길벗컴활2급\03 기본모의고사' 폴더에서 '04회.xlsm' 파일을 열어서 작업하시오.

4332041

문제 1 기본작업(20점) 주어진 시트에서 다음 과정을 수행하고 저장하시오.

1. '기본작업-1' 시트에 다음의 자료를 주어진 대로 입력하시오.

	A	B	C	D	E
1	거래처 연락현황				
2					
3	거래처코드	거래처명	전화번호	대표자명	업태명
4	JNK001	세기정보통신	02)7779-2525	송준석	정보서비스
5	JNK002	나노테크노시스템	02)7766-8976	김지민	정보서비스
6	JNK003	한국유통시스템	02)826-7200	남호진	도소매
7	SUB001	21세기광고기획	031)565-8986	양순호	광고
8	SUB002	한신은행	031)747-0112	은수저	금융
9	SUB003	유명종합증권	031)711-4041	이수상	금융
10					

2. '기본작업-2' 시트에 대하여 다음의 지시사항을 처리하시오.

① [A1:H1] 영역은 '선택 영역의 가운데로', 셀 스타일 '제목 1', 행의 높이를 28로 지정하시오.

② [A4:A5], [A6:A7], [A8:A9], [A10:A11], [A12:A13] 영역은 '병합하고 가운데 맞춤'을, [H4:H13] 영역은 '회계 표시 형식(₩)'을 지정하시오.

③ [D4:F13] 영역은 '오른쪽 들여쓰기 1'을 지정하시오.

④ [G4:G13] 영역은 사용자 지정 표시 형식을 이용하여 문자 뒤에 "%"를 [표시 예]와 같이 표시하시오. [표시 예 : 10~20 → 10~20%]

⑤ [A3:H13] 영역의 테두리는 '모든 테두리(田)', 테두리 색 '빨강'으로 적용하여 표시하시오.

3. '기본작업-3' 시트에서 다음의 지시사항을 처리하시오.

[G4:G12] 영역에서 수익금액이 많은 상위 5곳에 대해 글꼴 스타일을 '굵은 기울임꼴', 밑줄을 '이중 실선'으로 지정하는 조건부 서식을 작성하시오.

▶ 단, 규칙 유형은 '상위 또는 하위 값만 서식 지정'을 사용하고, 한 개의 규칙으로만 작성하시오.

전문가의 조언

2.
• '셀 서식' 대화상자를 호출하는 바로 가기 키는 Ctrl + 1입니다.
• '선택 영역의 가운데로'는 '셀 서식' 대화상자의 '맞춤' 탭에서 지정하세요.
• '오른쪽 들여쓰기 1'은 [홈] → 맞춤에서 '오른쪽 맞춤(≡)'과 '들여쓰기(⇥)'를 클릭하면 됩니다.
• 사용자 지정 표시 형식은 '셀 서식' 대화상자의 '표시 형식' 탭에서 지정하세요.

3. 조건부 서식을 지정할 때는 반드시 문제에 제시된 범위를 정확히 지정한 후 조건을 적용해야 합니다.

4.
- '~하고', '판매수량'이 ~이상 ~이하는 AND 조건이므로 같은 행에 조건을 입력해야 합니다.
- 특정 필드만 추출해야 하므로 추출할 필드를 미리 입력한 후 고급 필터를 적용해야 합니다.
- 합계(A13:I13) 행은 목록 범위에 포함되지 않아야 하므로 [A3:I12] 영역을 블록으로 지정한 후 고급 필터 메뉴를 선택하세요.

4. '기본작업-4' 시트에서 다음의 지시사항을 처리하시오.

'11월 판매 현황' 표에서 공급지역이 "경"으로 시작하고, 판매수량이 50 이상 100 이하인 데이터를 고급 필터를 사용하여 검색하시오.

▶ 고급 필터 조건은 [A17:D20] 영역 내에 알맞게 입력하시오.
▶ 고급 필터 결과는 제품명, 판매가격, 판매수량, 수익, 할인율만 순서대로 표시하시오.
▶ 고급 필터 결과 복사 위치는 동일 시트의 [A21] 셀에서 시작하시오.

5332042

문제 2 계산작업(40점) '계산작업' 시트에서 다음 과정을 수행하고 저장하시오.

1. 빠른 것을 기준으로 기록의 순위가 2위 이내인 것은 기록 중 두 번째로 작은 값 이하로 구하면 됩니다.

1. [표1]에서 1차[C3:C9] 또는 2차[D3:D9] 기록의 순위가 2위 이내이면 "본선진출", 그 외에는 공백을 결과[E3:E9]에 표시하시오.

▶ 순위는 기록이 가장 빠른 것이 1위
▶ IF, OR, SMALL 함수 사용

2. 함수를 이용하여 '판매량의 평균 이상'이란 조건을 지정하려면 "">="&AVERAGE(인수)'으로 수식을 작성하면 됩니다.

2. [표2]에서 판매액[I3:I9]이 1,000,000 보다 크면서 판매량[H3:H9]이 판매량의 평균 이상인 과일수를 [J9] 셀에 계산하시오.

▶ 계산된 과일수 뒤에 "개"를 포함하여 표시 [표시 예 : 3개]
▶ AVERAGE, COUNTIFS 함수와 & 연산자 사용

3. [표3]에서 대여일[B13:B22]과 대여기간[C13:C22]을 이용하여 반납일[D13:D22]을 계산하시오.

▶ 반납일 = 대여일 + 대여기간, 단 주말(토, 일요일)은 제외
[표시 예 : 대여일이 2024-01-10, 대여기간이 5인 경우 1/17로 표시]
▶ MONTH, DAY, WORKDAY 함수와 & 연산자 사용

4. 결국 '사원번호 앞 4글자' & "년입사 " & '사원번호 5번째 글자로 추출된 부서'로 표현됩니다.

4. [표4]에서 사원번호[G13:G22]와 부서번호표[G26:H28]를 이용하여 사원정보[J13:J22]를 표시하시오.

▶ 입사년도는 사원번호의 앞 4글자로 표시하고, 부서는 사원번호의 5번째 글자를 이용하여 3이면 "판매부", 2이면 "관리부", 1이면 "영업부"로 표시
[표시 예 : 사원번호가 '202010001'이면 '2020년입사 영업부'로 표시]
▶ VLOOKUP, LEFT, MID 함수와 & 연산자 사용

5. [표5]의 사원코드[E26:E35]에서 부서명만 추출하여 부서명[C26:C35]에 표시하시오.

▶ 부서명은 사원코드에서 "-" 앞의 문자열임
▶ MID, SEARCH 함수 사용

4332043 

문제 3 분석작업(20점) 주어진 시트에서 다음 작업을 수행하고 저장하시오.

1. '분석작업-1' 시트에 대하여 다음의 지시사항을 처리하시오.

[부분합] 기능을 이용하여 '하반기 신입사원 지원 현황' 표에 〈그림〉과 같이 결과별 '평균'의 최소를 계산한 후 지원부서별 '필기', '자격증', '면접'의 평균을 계산하시오.

▶ 정렬은 첫째 기준 '결과', 둘째 기준 '지원부서'를 기준으로 내림차순으로 처리하시오.

▶ 부분합에 '연한 파랑, 표 스타일 밝게 16' 서식을 적용하시오.

▶ 최소와 평균은 위에 명시된 순서대로 처리하시오.

	A	B	C	D	E	F	G
1	하반기 신입사원 지원 현황						
2							
3	성명	지원부서	필기	자격증	면접	평균	결과
4	박문수	홍보부	85	100	80	88.3	합격
5		홍보부 평균	85	100	80		
6	권유식	총무부	85	60	90	78.3	합격
7	하지만	총무부	95	80	90	88.3	합격
8		총무부 평균	90	70	90		
9	고광명	영업부	75	80	90	81.7	합격
10	도현명	영업부	80	80	70	76.7	합격
11		영업부 평균	77.5	80	80		
12	이기자	관리부	90	60	90	80.0	합격
13	한기철	관리부	65	80	90	78.3	합격
14		관리부 평균	77.5	70	90		
15						76.7	합격 최소
16	김순식	인사부	90	40	80	70.0	불합격
17	진달호	인사부	60	60	80	66.7	불합격
18		인사부 평균	75	50	80		
19						66.7	불합격 최소
20		전체 평균	80.55556	71.11111	84.44444		
21						66.7	전체 최소값
22							

2. '분석작업-2' 시트에 대하여 다음의 지시사항을 처리하시오.

[피벗 테이블] 기능을 이용하여 '부서별 비품관리' 표의 지급일은 '필터', 부서는 '행', 비품은 '열'로 처리하고, '값'에 금액의 합계를 계산하시오.

▶ 피벗 테이블 보고서는 동일 시트의 [A15] 셀에서 시작하시오.

▶ 피벗 테이블 보고서의 빈 셀은 "*" 기호로 표시하시오.

3. '분석작업-3' 시트에 대하여 다음의 지시사항을 처리하시오.

'영업이익 분석표'는 상품단가[B3], 판매수량[B4], 지출[B5], 매출액[B6], 영업이익[B7]을 이용하여 영업이익률[B8]을 계산한 것이다. [데이터 표] 기능을 이용하여 판매수량 및 지출 변동에 따른 영업이익률을 [F4:I8] 영역에 계산하시오.

전문가의 조언

1.
- 부분합을 수행하려면 먼저 그룹화할 항목을 기준으로 정렬해야 합니다.
- 중첩 부분합 수행 시 두 번째 부분합부터는 반드시 '새로운 값으로 대치' 항목을 해제해야 합니다.

3. 사용할 수식은 수식 입력줄에서 복사한다는 것을 꼭 기억하세요.

문제 4 기타작업(20점) 주어진 시트에서 다음 작업을 수행하고 저장하시오.

1. '매크로작업' 시트의 [표]에서 다음과 같은 기능을 수행하는 매크로를 현재 통합 문서에 작성하고 실행하시오.

① [E4:E18] 영역에 날짜별 매입금액을 계산하는 매크로를 생성하여 실행하시오.
- ▶ 매크로 이름 : 매입금액
- ▶ 매입금액 = 매입단가 × 매입수량
- ▶ [개발 도구] → [컨트롤] → [삽입] → [양식 컨트롤]의 '단추(▭)'를 동일 시트의 [C20:D21] 영역에 생성하고, 텍스트를 "매입금액"으로 입력한 후 단추를 클릭할 때 '매입금액' 매크로가 실행되도록 설정하시오.

② [C4:C18], [E4:E18] 영역에 '쉼표 스타일(,)'을 지정하는 매크로를 생성하여 실행하시오.
- ▶ 매크로 이름 : 쉼표
- ▶ [삽입] → [일러스트레이션] → [도형] → [기본 도형]의 '사각형: 빗면(▣)'을 동일 시트의 [F20:G21] 영역에 생성하고, 텍스트를 "쉼표"로 입력한 후 도형을 클릭할 때 '쉼표' 매크로가 실행되도록 설정하시오.

※ 셀 포인터의 위치에 상관없이 현재 통합 문서에서 매크로가 실행되어야 정답으로 인정됨

2. 분기란 일 년을 4등분 한 3개월의 기간을 말합니다. 즉, 1/4분기는 1~3월, 2/4분기는 4~6월, 3/4분기 7~9월, 4/4분기는 10~12월입니다.

2. '차트작업' 시트의 차트를 지시사항에 따라 아래 〈그림〉과 같이 수정하시오.

※ 차트는 반드시 문제에서 제공한 차트를 사용하여야 하며, 신규로 작성 시 0점 처리됨

① '제품명'별로 '1/4분기(1~3월)' 생산량만 표시되도록 데이터 범위를 수정하시오.

② 차트 제목은 '차트 위', 가로(항목) 축 제목은 '기본 가로', 세로(값) 축 제목은 '기본 세로'로 추가하여 〈그림〉과 같이 입력하시오.

③ 차트에 '레이아웃 9'를 지정하고, 범례의 도형 스타일을 '미세 효과 – 파랑, 강조 5'로 지정하시오.

④ '3월' 계열에만 데이터 레이블 '값'을 표시하고, 레이블의 위치를 '바깥쪽 끝에'로 지정하시오.

⑤ 차트에 '기본 주 세로' 눈금선을 표시하고, '3월' 계열에 '지수' 추세선을 지정하시오.

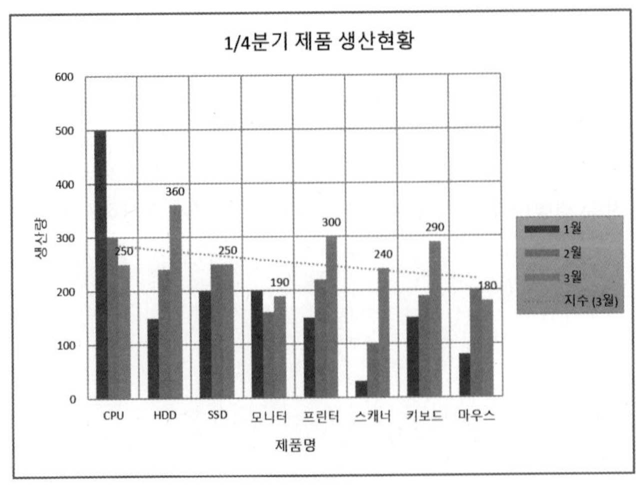

EXAMINATION
04회

기본 모의고사 정답 및 해설

문제 1 기본작업

02. 셀 서식

정답

	A	B	C	D	E	F	G	H
1	영업소별 라도스 재고현황							
2								
3	지역	영업소코드	담당자명	입고량	판매량	재고량	평균재고율	재고금액
4	서울	SE-001	김장철	500	450	50	6~10%	₩ 150,000
5		SE-002	고인숙	250	220	30	8~12%	₩ 90,000
6	부산	BU-001	나진만	350	320	30	8~12%	₩ 90,000
7		BU-002	이다음	250	230	20	5~8%	₩ 60,000
8	대구	DA-001	도우미	300	280	20	5~8%	₩ 60,000
9		DA-002	조용희	200	175	25	6~10%	₩ 75,000
10	광주	GW-001	이영심	300	290	10	3~6%	₩ 30,000
11		GW-002	차주인	200	170	30	8~12%	₩ 90,000
12	대전	TA-001	임보미	400	350	50	6~10%	₩ 150,000
13		TA-002	박소희	250	230	20	5~8%	₩ 60,000
14								

3 오른쪽 들여쓰기

[D4:F13] 영역을 블록으로 지정한 후 [홈] → **맞춤**에서 '오른쪽 맞춤(☰)'과 '들여쓰기(⇥)'를 차례로 클릭한다.

4 사용자 지정 표시 형식

1. [G4:G13] 영역을 블록으로 지정한 후 Ctrl + 1 을 누른다.
2. '셀 서식' 대화상자의 '표시 형식' 탭에서 범주와 형식을 그림과 같이 지정한 후 〈확인〉을 차례로 클릭한다.

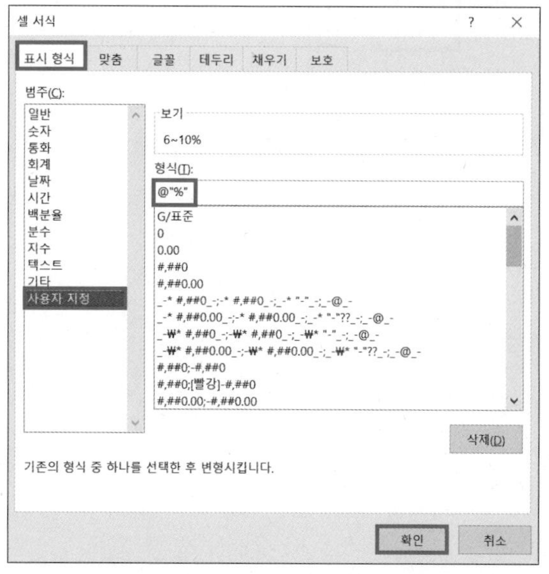

5 테두리

1. [A3:H13] 영역을 블록으로 지정한 후 Ctrl + 1 을 누른다.
2. '셀 서식' 대화상자의 '테두리' 탭에서 선 스타일 '실선', 색 '빨강'을 선택하고, '미리 설정'에서 '윤곽선'과 '안쪽'을 차례로 클릭한 후 〈확인〉을 클릭한다.

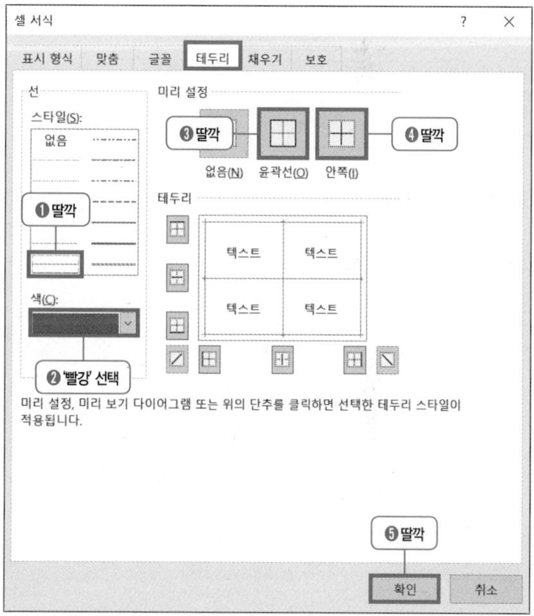

03. 조건부 서식

정답

	A	B	C	D	E	F	G	H
1	자동차 판매 현황							
2	1/4분기						단위 : 천원	
3	사원명	지점	DC560	DC650	SJ 790	매출액	수익금액	순위
4	은종서	서울	22	8	10	37,000	***7,400***	2
5	김미향	부산	18	5	5	23,800	4,760	9
6	우태영	대전	15	3	10	27,300	5,460	6
7	강다구	대전	10	10	6	26,000	5,200	8
8	사미인	광주	20	7	5	27,200	5,440	7
9	왕건이	부산	22	11	4	31,300	***6,260***	4
10	안태호	서울	30	13	5	39,800	***7,960***	1
11	홍태완	인천	15	8	12	35,800	***7,160***	3
12	황국영	서울	10	9	8	27,900	***5,580***	5
13								

1. [G4:G12] 영역을 블록으로 지정한 후 [홈] → 스타일 → 조건부 서식 → **새 규칙**을 클릭한다.
2. '새 서식 규칙' 대화상자에서 '상위 또는 하위 값만 서식 지정'을 선택하고, 조건을 '상위', 5로 지정한 후 〈서식〉을 클릭한다.

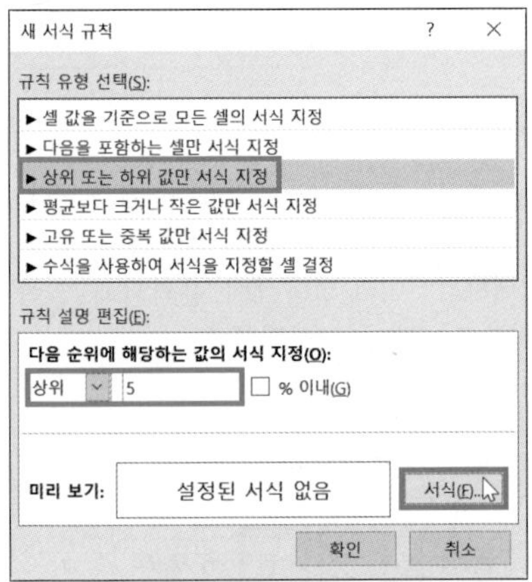

3. '셀 서식' 대화상자의 '글꼴' 탭에서 밑줄 '이중 실선', 글꼴 스타일 '굵은 기울임꼴'을 지정한 후 〈확인〉을 클릭한다.

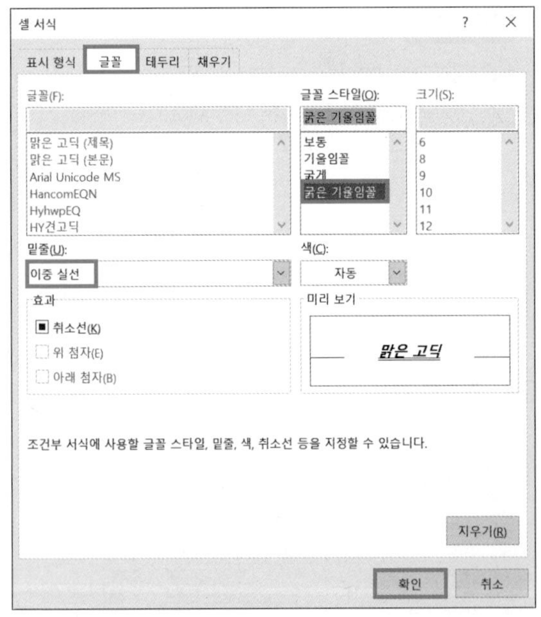

4. '새 서식 규칙' 대화상자에서도 〈확인〉을 클릭한다.

04. 고급 필터

정답

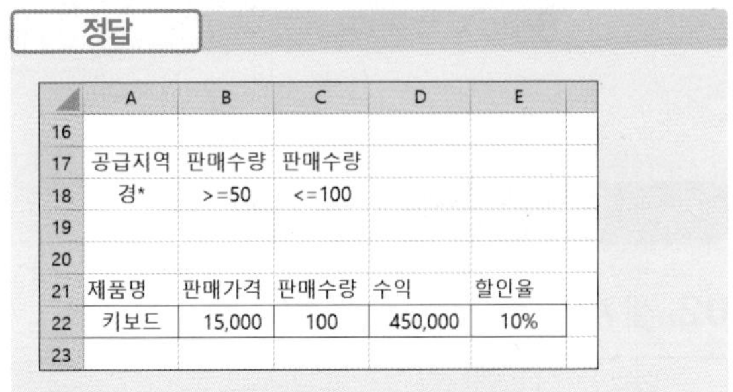

	A	B	C	D	E
16					
17	공급지역	판매수량	판매수량		
18	경*	>=50	<=100		
19					
20					
21	제품명	판매가격	판매수량	수익	할인율
22	키보드	15,000	100	450,000	10%
23					

1. [A17:C18] 영역에 조건을, [A21:E21] 영역에 결과를 표시할 필드명을 그림과 같이 입력한다.

	A	B	C	D	E
16					
17	공급지역	판매수량	판매수량		
18	경*	>=50	<=100		
19					
20					
21	제품명	판매가격	판매수량	수익	할인율
22					

2. [A3:I12] 영역을 블록으로 지정한 후 [데이터] → 정렬 및 필터 → **고급**을 클릭한다.
3. '고급 필터' 대화상자에서 그림과 같이 지정한 후 〈확인〉을 클릭한다.

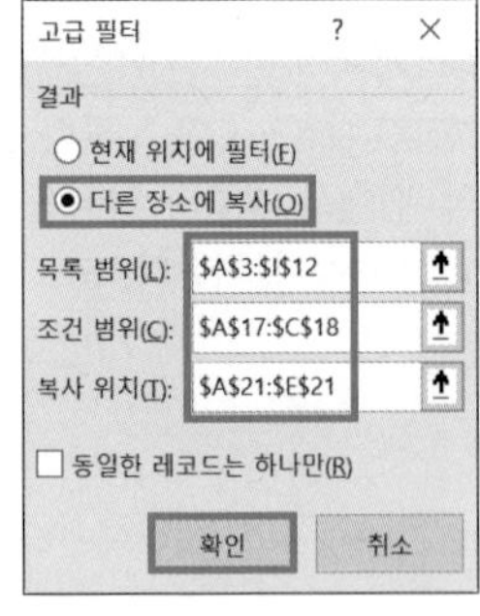

문제 2 계산작업

01. 결과

정답

	A	B	C	D	E
1	[표1]	봅슬레이 예선			
2	참가번호	지역	1차	2차	결과
3	15001	인천	48.61	48.28	
4	15002	부산	45.55	46.13	본선진출
5	15003	서울	49.79	48.36	
6	15004	경기	47.86	48.15	
7	15005	광주	46.04	46.41	본선진출
8	15006	제주	48.22	48.19	
9	15007	강원	46.17	45.99	본선진출
10					

[E3] : =IF(OR(C3〈=SMALL($C$3:$C$9, 2), D3〈=SMALL($D$3:$D$9, 2)), "본선진출", " ")

02. 판매액이 1,000,000 초과, 평균 판매량 이상인 수

정답

	G	H	I	J
1	[표2]	과일 판매 현황		
2	과일명	판매량	판매액	
3	포도	135	1,147,500	
4	사과	87	1,000,500	
5	딸기	168	1,344,000	
6	바나나	210	945,000	
7	키위	109	654,000	판매액이 1,000,000 초과
8	귤	264	1,452,000	평균 판매량 이상인 수
9	파인애플	67	435,500	2개
10				

[J9] : =COUNTIFS(I3:I9, "〉1000000", H3:H9, "〉=" &AVERAGE(H3:H9)) & "개"

궁금해요 시나공 Q&A 베스트

Q '평균 판매량 이상'의 수식을 "〉=AVERAGE(H3:H9)"으로 입력하면 안되나요?

A 안됩니다. 함수를 큰따옴표(" ")로 묶어서 입력하면 함수가 아닌 텍스트로 인식하여 올바른 결과가 나오지 않습니다. 함수를 이용하여 조건을 지정하려면 "〉="&AVERAGE(H3:H9)와 같이 관계연산자(〉=, 〉, 〈=)와 함수를 분리하여 입력하고, 관계연산자는 큰따옴표(" ")로 묶어줘야 합니다. 그리고 두 개의 문자열을 &로 연결합니다.

03. 반납일

정답

	A	B	C	D
11	[표3]	장난감 대여 현황		
12	품명	대여일	대여기간	반납일
13	블럭놀이	2024-05-09	7	5/20
14	인형뽑기	2024-05-11	8	5/22
15	블링블링	2024-05-15	5	5/22
16	렛츠고	2024-05-16	9	5/29
17	범퍼카	2024-05-22	6	5/30
18	춤추는인형	2024-05-22	7	5/31
19	마운틴로드	2024-05-25	5	5/31
20	타요경찰	2024-05-26	9	6/6
21	실바니안	2024-05-29	8	6/10
22	해피플레이	2024-05-30	6	6/7
23				

[D13] : =MONTH(WORKDAY(B13, C13)) & "/" & DAY(WORKDAY(B13, C13))

04. 사원정보

정답

	G	H	I	J
11	[표4]	사원 현황		
12	사원번호	사원명	직위	사원정보
13	200612054	신소진	부장	2006년입사 영업부
14	201428619	이은철	과장	2014년입사 관리부
15	201819342	박희천	대리	2018년입사 영업부
16	201337023	노수용	과장	2013년입사 판매부
17	201929855	조명섭	대리	2019년입사 관리부
18	200929944	이기수	부장	2009년입사 관리부
19	201813058	최신호	대리	2018년입사 영업부
20	200835196	박건창	부장	2008년입사 판매부
21	201310487	김재규	과장	2013년입사 영업부
22	201931199	김은소	대리	2019년입사 판매부
23				
24	<부서번호표>			
25	부서번호	부서		
26	3	판매부		
27	2	관리부		
28	1	영업부		
29				

[J13] : =LEFT(G13, 4) & "년입사 " & VLOOKUP(MID(G13, 5, 1)*1, $G$26:$H$28, 2, FALSE)

MID 함수의 결과값은 문자 데이터이고, '부서번호표'의 '부서번호'는 숫자 데이터이므로 MID 함수의 수식 뒤에 *1을 입력하여 숫자 데이터로 변환해야 합니다.

05. 부서명

정답

	A	B	C	D	E
24	[표5]	신입사원 정보			
25	성명	성별	부서명	생년월일	사원코드
26	신라명	남	기획1	97.01.16	기획1-001
27	김용종	남	생산1	99.05.22	생산1-001
28	모애정	여	영업	98.12.24	영업-001
29	유진선	여	홍보	98.10.30	홍보-001
30	이만손	남	기획2	98.08.23	기획2-001
31	박명희	여	생산2	99.02.07	생산2-001
32	강비한	남	생산3	97.11.19	생산3-001
33	윤정수	여	홍보	98.08.17	홍보-002
34	김산덕	남	영업	97.09.05	영업-002
35	한지만	여	기획3	98.06.21	기획3-001

[C26] : =MID(E26, 1, SEARCH("−", E26, 1)−1)

=MID(E26, 1, SEARCH("−", E26, 1)−1)의 의미

- MID(텍스트, 시작위치, 개수) 함수는 '텍스트'의 '시작위치'부터 지정한 '개수'만큼 추출합니다.
- SEARCH(찾을 텍스트, 문자열, 시작위치) 함수는 '문자열'의 '시작위치'에서부터 '찾을 텍스트'를 찾아 그 위치를 반환합니다.
- [E26] 셀에는 '기획1−001'이 들어 있으므로 다음과 같은 순서로 계산됩니다.

❶ SEARCH("−", E26, 1)−1 : [E26] 셀의 첫 번째 글자에서부터 "−"을 찾아 그 위치인 4에서 1을 뺍니다(부서명은 사원코드에서 "−" 앞 문자이므로 "−"의 위치값에서 1을 빼줘야 합니다.).

❷ MID(E26, 1, 3) : [E26] 셀의 1, 2, 3번째 문자(기획1)를 추출합니다.

문제 3 분석작업

01. 부분합

1. 데이터 영역(A3:G12)의 임의의 셀을 선택한 후 [데이터] → 정렬 및 필터 → **정렬**을 클릭한다.
2. '정렬' 대화상자에서 그림과 같이 지정한 후 〈확인〉을 클릭한다.

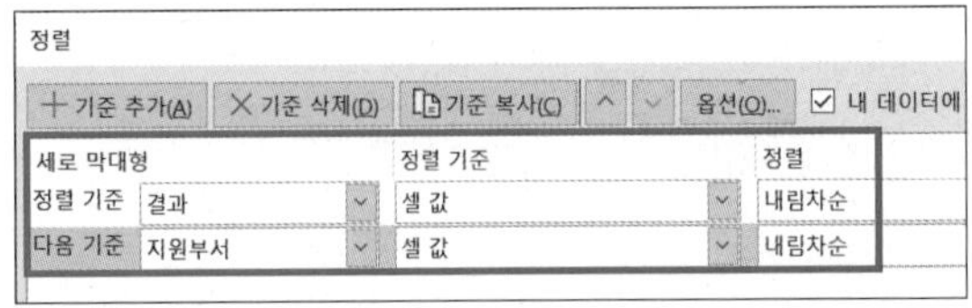

두 번째 정렬 기준은 〈기준 추가〉를 클릭한 후 지정하면 됩니다.

3. 데이터 영역(A3:G12) 안에 셀 포인터가 놓여 있는 상태에서 [데이터] → 개요 → **부분합**을 클릭한다.
4. '부분합' 대화상자에서 그림과 같이 지정한 후〈확인〉을 클릭한다.

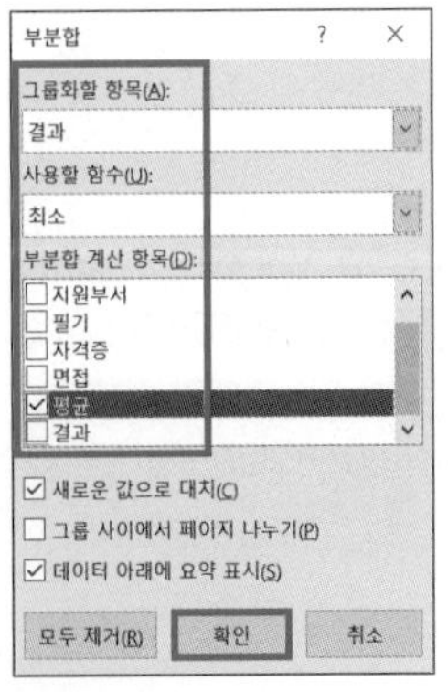

5. '지원부서'별 '필기', '자격증', '면접'의 평균을 계산하기 위해 [데이터] → 개요 → **부분합**을 클릭한다.
6. '부분합' 대화상자에서 그림과 같이 지정하고, '새로운 값으로 대치'를 해제한 후 〈확인〉을 클릭한다.

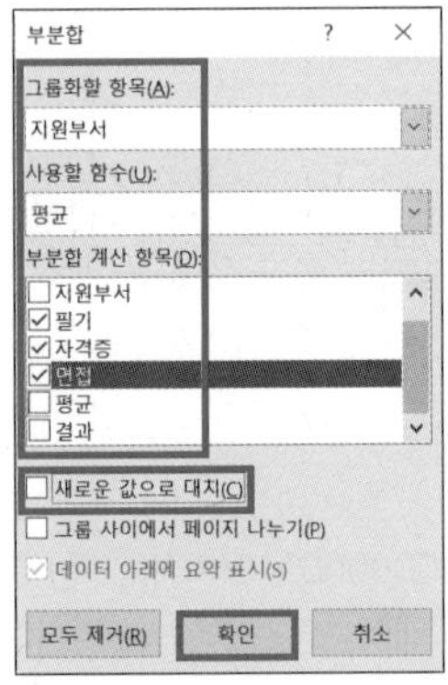

7. [홈] → 스타일 → 표 서식 → 밝게 → **연한 파랑, 표 스타일 밝게 16**을 선택한다.
8. '표 서식' 대화상자에서 표에 사용할 데이터를 [A3:G21]로 지정하고 '머리글 포함'에 체크 표시를 한 후 〈확인〉을 클릭한다.

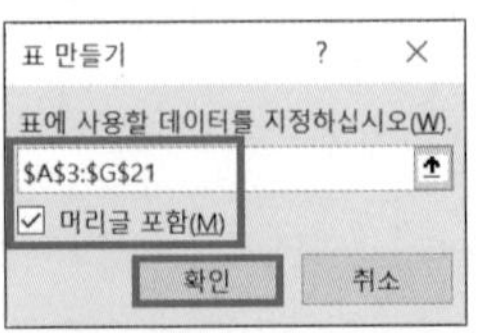

※ '표 서식' 대화상자에서 데이터 범위를 지정하면 '표 서식' 대화상자가 '표 만들기'로 변경됩니다.

02. 피벗 테이블

정답

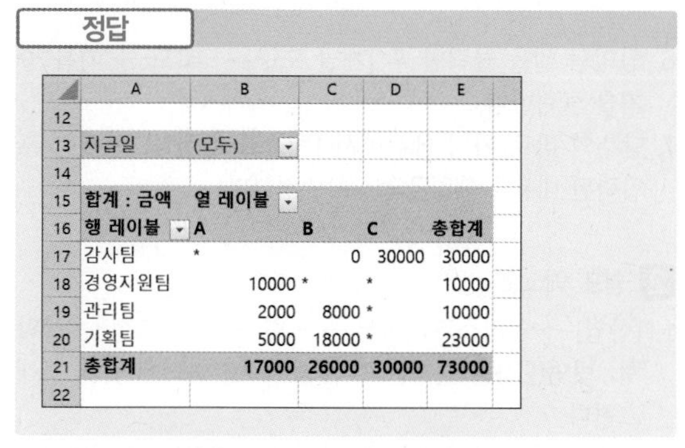

	A	B	C	D	E
12					
13	지급일	(모두)			
14					
15	합계 : 금액	열 레이블			
16	행 레이블	A	B	C	총합계
17	감사팀	*		0 30000	30000
18	경영지원팀	10000 *		*	10000
19	관리팀	2000	8000 *		10000
20	기획팀	5000	18000 *		23000
21	총합계	17000	26000	30000	73000
22					

1. 데이터 영역(A3:I10)의 임의의 셀을 선택한 후 [삽입] → 표 → (피벗 테이블)을 클릭한다.
2. '피벗 테이블 만들기' 대화상자에서 피벗 테이블을 넣을 위치를 '기존 워크시트', 'A15'로 지정한 후 〈확인〉을 클릭한다.
3. '피벗 테이블 필드' 창에서 그림과 같이 각 필드를 지정한다.

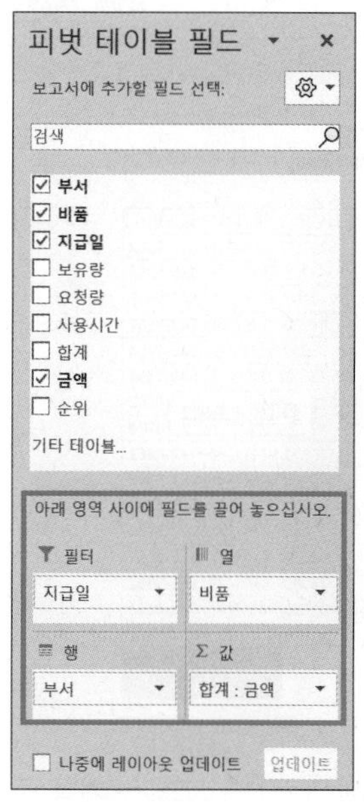

4. 피벗 테이블의 임의의 셀을 클릭한 후 바로 가기 메뉴에서 [**피벗 테이블 옵션**]을 선택한다.
5. '피벗 테이블 옵션' 대화상자의 '레이아웃 및 서식' 탭에서 '빈 셀 표시'에 *을 입력한 후 〈확인〉을 클릭한다.

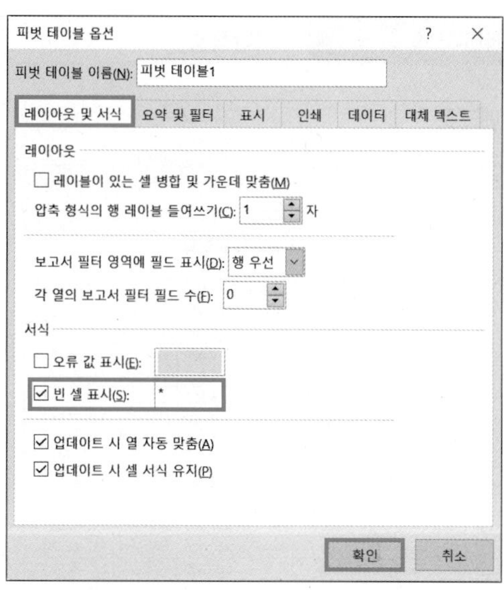

03. 데이터 표

정답

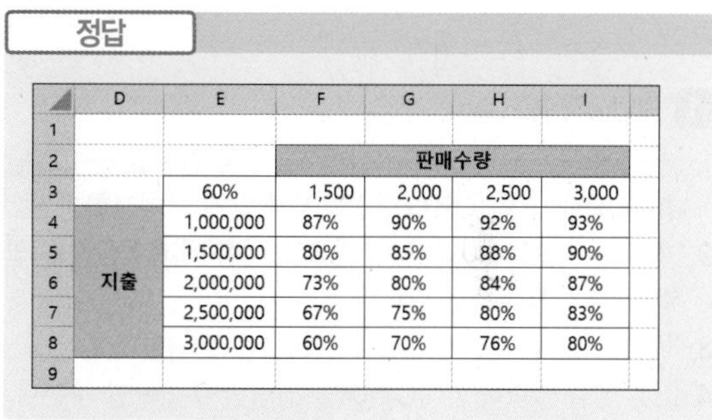

	D	E	F	G	H	I
1						
2			판매수량			
3		60%	1,500	2,000	2,500	3,000
4	지출	1,000,000	87%	90%	92%	93%
5		1,500,000	80%	85%	88%	90%
6		2,000,000	73%	80%	84%	87%
7		2,500,000	67%	75%	80%	83%
8		3,000,000	60%	70%	76%	80%
9						

1. [B8] 셀의 수식 '=B7/B6'을 수식 입력줄에서 복사(Ctrl + C)한 후 Esc를 누른다.
2. [E3] 셀을 클릭한 후 복사한 수식을 붙여넣기(Ctrl + V)한다.
3. [E3:I8] 영역을 블록으로 지정한 후 [데이터] → 예측 → 가상 분석 → **데이터 표**를 선택한다.
4. '데이터 테이블' 대화상자에서 '행 입력 셀'과 열 '입력 셀'을 그림과 같이 지정한 후 〈확인〉을 클릭한다.

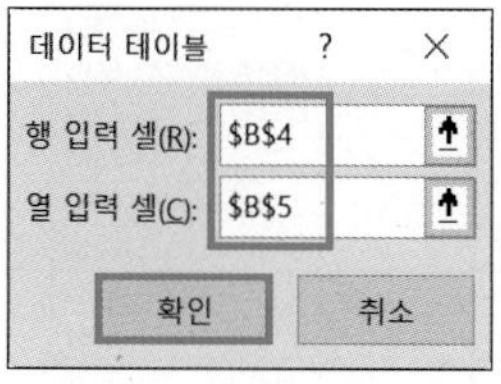

문제 4 기타작업

01. 매크로

정답

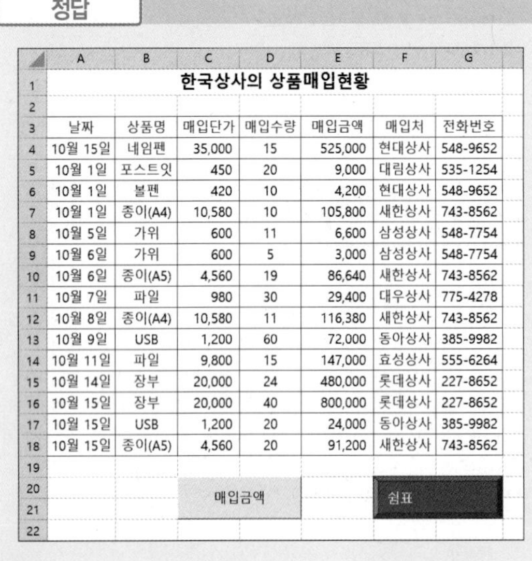

	A	B	C	D	E	F	G
1	한국상사의 상품매입현황						
2							
3	날짜	상품명	매입단가	매입수량	매입금액	매입처	전화번호
4	10월 15일	네임펜	35,000	15	525,000	현대상사	548-9652
5	10월 1일	포스트잇	450	20	9,000	대림상사	535-1254
6	10월 1일	볼펜	420	10	4,200	현대상사	548-9652
7	10월 1일	종이(A4)	10,580	10	105,800	새한상사	743-8562
8	10월 5일	가위	600	11	6,600	삼성상사	548-7754
9	10월 6일	가위	600	5	3,000	삼성상사	548-7754
10	10월 6일	종이(A5)	4,560	19	86,640	새한상사	743-8562
11	10월 7일	파일	980	30	29,400	대우상사	775-4278
12	10월 8일	종이(A4)	10,580	11	116,380	새한상사	743-8562
13	10월 9일	USB	1,200	60	72,000	동아상사	385-9982
14	10월 11일	파일	9,800	15	147,000	효성상사	555-6264
15	10월 14일	장부	20,000	24	480,000	롯데상사	227-8652
16	10월 15일	장부	20,000	40	800,000	롯데상사	227-8652
17	10월 15일	USB	1,200	20	24,000	동아상사	385-9982
18	10월 15일	종이(A5)	4,560	20	91,200	새한상사	743-8562
19							
20			매입금액			쉼표	
21							
22							

1 '매입금액' 매크로

1. [개발 도구] → 컨트롤 → 삽입 → 양식 컨트롤 → ▭(단추)를 선택한 후 [C20:D21] 영역에 맞게 드래그한다.
2. '매크로 지정' 대화상자의 '매크로 이름'에 **매입금액**을 입력한 후 〈기록〉을 클릭한다.
3. '매크로 기록' 대화상자에서 〈확인〉을 클릭한다.
4. [E4] 셀을 클릭하고, **=C4*D4**를 입력한 후 Enter를 누른다.
5. [E4] 셀의 채우기 핸들을 [E18] 셀까지 드래그하여 수식을 복사한다.

E4 =C4*D4

	A	B	C	D	E	F	G
1	한국상사의 상품매입현황						
2							
3	날짜	상품명	매입단가	매입수량	매입금액	매입처	전화번호
4	10월 15일	네임펜	35000	15	525000	현대상사	548-9652
5	10월 1일	포스트잇	450	20		대림상사	535-1254
6	10월 1일	볼펜	420	10		현대상사	548-9652
7	10월 1일	종이(A4)	10580	10		새한상사	743-8562
8	10월 5일	가위	600	11		삼성상사	548-7754
9	10월 6일	가위	600	5		삼성상사	548-7754
10	10월 6일	종이(A5)	4560	19		새한상사	743-8562
11	10월 7일	파일	980	30		대우상사	775-4278
12	10월 8일	종이(A4)	10580	11		새한상사	743-8562
13	10월 9일	USB	1200	60		동아상사	385-9982
14	10월 11일	파일	9800	15		효성상사	555-6264
15	10월 14일	장부	20000	24		롯데상사	227-8652
16	10월 15일	장부	20000	40		롯데상사	227-8652
17	10월 15일	USB	1200	20		동아상사	385-9982
18	10월 15일	종이(A5)	4560	20		새한상사	743-8562
19							

6. 임의의 셀을 클릭한 후 [개발 도구] → 코드 → **기록 중지**를 클릭한다.
7. 단추의 바로 가기 메뉴에서 **[텍스트 편집]**을 선택한 후 입력된 내용을 **매입금액**으로 수정한다.

2 '쉼표' 매크로

1. [삽입] → 일러스트레이션 → 도형 → 기본 도형 → **사각형: 빗면(▢)**을 선택한 후 [F20:G21] 영역에 맞게 드래그한다.
2. 도형의 바로 가기 메뉴에서 **[매크로 지정]**을 선택한다.
3. '매크로 지정' 대화상자의 '매크로 이름'에 **쉼표**를 입력한 후 〈기록〉을 클릭한다.
4. '매크로 기록' 대화상자에서 〈확인〉을 클릭한다.
5. [C4:C18], [E4:E18] 영역을 블록으로 지정한 후 [홈] → 표시 형식 → **❟(쉼표 스타일)**을 클릭한다.

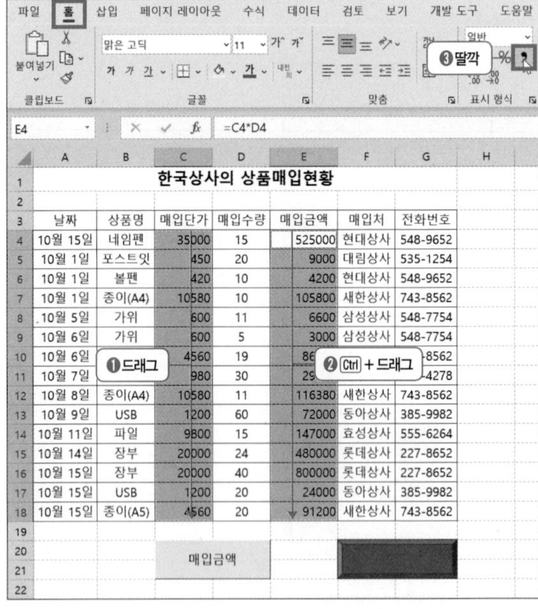

6. 임의의 셀을 클릭한 후 [개발 도구] → 코드 → **기록 중지**를 클릭한다.
7. 도형의 바로 가기 메뉴에서 **[텍스트 편집]**을 선택한 후 **쉼표**를 입력한다.

02. 차트

1 데이터 계열 삭제

그림 영역에서 '4월' 계열을 선택한 후 Delete를 눌러 삭제한다.

3 레이아웃 및 범례 서식 지정

1. 차트를 선택한 후 [차트 디자인] → 차트 레이아웃 → 빠른 레이아웃 → **레이아웃 9**를 선택한다.

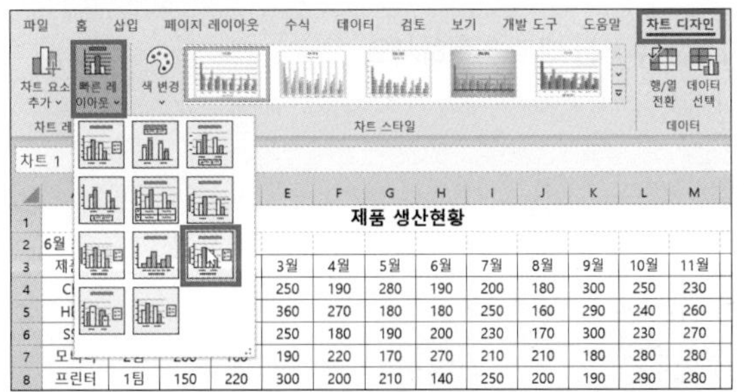

2. 범례를 선택한 후 [서식] → 도형 스타일의  → **미세 효과 – 파랑, 강조 5**를 선택한다.

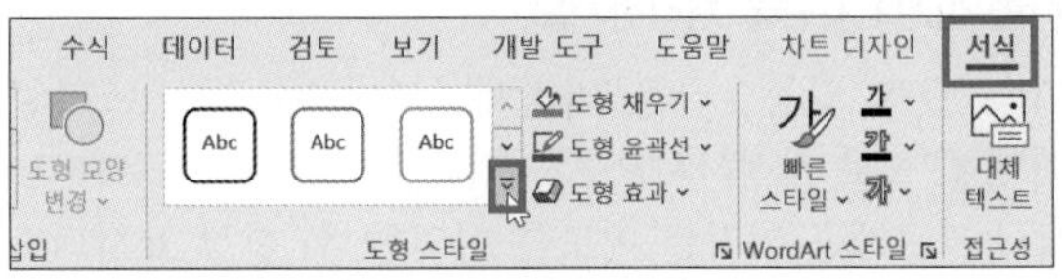

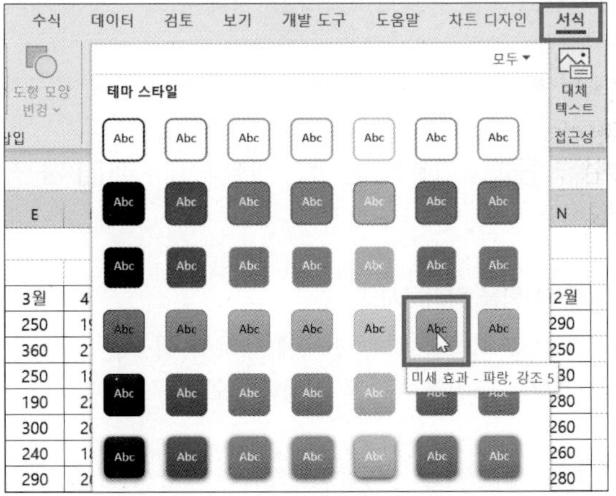

4 데이터 레이블 추가

'3월' 계열을 마우스 오른쪽 버튼으로 클릭한 후 바로 가기 메뉴에서 **[데이터 레이블 추가]**를 선택한다.

5 눈금선 및 추세선 지정

1. 차트를 선택한 후 [차트 디자인] → 차트 레이아웃 → 차트 요소 추가 → 눈금선 → **기본 주 세로**를 선택한다.
2. 그림 영역에서 '3월' 계열을 선택한 후 [차트 디자인] → 차트 레이아웃 → 차트 요소 추가 → 추세선 → **지수**를 선택한다.

EXAMINATION
05회 기본 모의고사

• 준 비 하 세 요 : 'C:\길벗컴활2급\03 기본모의고사' 폴더에서 '05회.xlsm' 파일을 열어서 작업하시오.

4332051

문제 1 기본작업(20점) 주어진 시트에서 다음 과정을 수행하고 저장하시오.

1. '기본작업-1' 시트에 다음의 자료를 주어진 대로 입력하시오.

	A	B	C	D	E	F	G
1	농약안전사용기준						
2							
3	작물	농약품목명	상표	병충해	종류	독성	보증기간(년)
4	벼	가드 수화제	올타	도열병	살균제	보통독성	3
5	보리	triflumizole	트리후민	흰가루병	살균제	보통독성	3
6	감귤	mancozeb	다이센엠-45	녹응애	살균제	저독성	3
7	대추	myclobutanil	시스텐	녹병	살균제	저독성	3
8	복숭아	chloropyrifos	그로포	심식나방	살충제	보통독성	3
9	유채	빈졸 수화제	놀란	균핵병	살균제	저독성	3
10							

전문가의 조언

2.
• '셀 서식' 대화상자를 호출하는 바로 가기 키는 Ctrl+1입니다.
• '이중 실선(회계형)'은 '셀 서식' 대화상자의 '글꼴' 탭에서 지정하세요.
• 메모를 삽입하는 바로 가기 키는 Shift+F2입니다.
• 사용자 지정 표시 형식은 '셀 서식' 대화상자의 '표시 형식' 탭에서 지정하세요.

3.
• 'LEFT(텍스트, 개수)' 함수는 '텍스트'의 왼쪽부터 지정한 '개수'만큼 추출합니다.
• 전체 행에 대해 조건을 적용하려면 수식에 열 고정 혼합 참조($B4) 형태로 셀 주소를 적용해야 합니다.

2. '기본작업-2' 시트에 대하여 다음의 지시사항을 처리하시오.

① [A1:H1] 영역은 '병합하고 가운데 맞춤', 글꼴 '바탕체', 크기 18, 글꼴 스타일 '굵게', 밑줄 '이중 실선(회계형)'으로 지정하시오.

② [A1] 셀에 "산업자원부에서 자료제공"이라는 메모를 삽입한 후 항상 표시되도록 지정하고, 메모 서식에서 맞춤 '자동 크기'를 지정하시오.

③ [A4:H4], [A5:A9] 영역은 '가로 균등 분할'로, [E5:H9] 영역은 소수 첫째 자리까지 표시되도록 지정하시오.

④ [G3] 셀은 사용자 지정 표시 형식을 이용하여 날짜를 [표시 예]와 같이 표시하시오. [표시 예 : 2024-01-01 → 2024년 01월 01일]

⑤ [A4:H9] 영역은 '모든 테두리(⊞)'를 적용한 후 '굵은 바깥쪽 테두리(□)'를 적용하여 표시하시오.

3. '기본작업-3' 시트에서 다음의 지시사항을 처리하시오.

[A4:F12] 영역에서 산지가 "경"으로 시작하는 행 전체에 대하여 밑줄을 '이중 실선', 글꼴 스타일을 '굵게'로 지정하는 조건부 서식을 지정하시오.

▶ LEFT 함수 사용

▶ 단, 규칙 유형은 '수식을 사용하여 서식을 지정할 셀 결정'을 사용하고, 한 개의 규칙으로만 작성하시오.

4. '기본작업-4' 시트에서 다음의 지시사항을 처리하시오.

'1학기 성적 평가' 표에서 평균이 90 초과이거나 봉사가 60 미만인 데이터를 고급 필터를 사용하여 검색하시오.

▶ 고급 필터 조건은 [A15:C17] 영역 내에 알맞게 입력하시오.
▶ 고급 필터 결과 복사 위치는 동일 시트의 [A20] 셀에서 시작하시오.

4. 평균이 90 초과이거나 봉사가 60 미만, 즉 '~이거나'는 OR 조건이므로 다른 행에 조건을 입력해야 합니다.

4332052 

문제 2 계산작업(40점) '계산작업' 시트에서 다음 과정을 수행하고 저장하시오.

1. [표1]에서 총점[D3:D9]이 90 이상이면 "A", 70 이상이면 "B", 50 이상이면 "C", 30 이상이면 "D", 30 미만이면 "F"를 평점[E3:E9]에 표시하시오.

▶ CHOOSE, INT 함수 사용

2. [표2]에서 제품명[G3:G11]이 "다이어리"인 제품의 수출량[J3:J11] 비율을 [K3] 셀에 계산하시오.

▶ 수출량 비율은 '다이어리 수출량/전체 수출량'으로 구하시오.
▶ SUM, SUMIF 함수 사용

3. [표3]에서 직위[A13:A20]가 "대리"인 직원 중 호봉[B13:B20]이 가장 높은 직원의 이름을 [C22] 셀에 표시하시오.

▶ VLOOKUP, DMAX 함수 사용

4. [표4]에서 제품코드[G15:G23]의 앞 세 자리를 이용하여 제품명[H15:H23]을, 맨 끝의 한 자리를 이용하여 등급[I15:I23]을 표시하시오.

▶ 제품명 : 제품코드 중 앞의 세 자리를 양쪽 공백 없이 대문자로 표시
▶ 등급 : 제품코드 맨 끝의 한 자리가 "a"이면 "고급형", "b"이면 "중급형", "c"이면 "보급형"을 표시
▶ LOWER, UPPER, PROPER, TRIM, LEFT, RIGHT, IFS 함수 중 알맞은 함수들을 선택하여 사용

5. [표5]에서 지점[B26:B37]이 "강북"인 판매처에서 냉장고[C26:C37]를 가장 많이 판매한 월과 가장 적게 판매한 월의 차이를 [G31] 셀에 계산하시오.

▶ 판매 차이는 일의 자리에서 반올림하여 십의 자리까지 표시
[표시 예 : 456 → 460]
▶ ROUND, DMAX, DMIN 함수 사용

전문가의 조언

1. CHOOSE 함수의 인수로 0을 사용할 수 없습니다. 그러므로 'INT(총점/10)'의 결과값이 0인 경우를 대비하여 인수에 1을 더해야 합니다.

3.
- DMAX 함수를 사용하여 직위가 대리인 직원의 최대 호봉 값을 찾은 후 VLOOKUP 함수를 이용하여 이름을 찾습니다.
- 문제의 지문에 데이터베이스 함수의 '조건'을 입력하라는 내용이 없을 경우 '조건'에 사용할 필드명과 데이터를 찾아서 사용해야 합니다. 이 문제에서는 '직위'과 '대리'가 입력되어 있는 [A12:A13] 영역을 '조건'으로 사용하면 됩니다.

4. '공백 제거 함수(대문자 표시 함수(앞의 세 자리 추출 함수))' 형태로 사용됩니다.

문제 3　분석작업(20점) 주어진 시트에서 다음 작업을 수행하고 저장하시오.

1.
• [A20:A21] 영역에 통합 조건을 입력한 후 '통합' 대화상자에서 사용할 범위와 옵션을 정확하게 지정하세요.
• 통합할 데이터의 첫 행과 왼쪽 열을 사용하려면 '통합' 대화상자에서 '첫 행'과 '왼쪽 열'을 선택해야 합니다.

2. 매출액과 수량의 최대값 영역에 '1000 단위 구분 기호'를 지정하려면 각 값 영역의 바로 가기 메뉴에서 **[값 필드 설정]**을 선택하여 지정하면 됩니다.

3. 오자가 생기지 않게 차분히 하세요. 오자로 인해 잘못된 결과가 산출되면 점수는 없어요!

1. '분석작업-1' 시트에 대하여 다음의 지시사항을 처리하시오.

데이터 도구 [통합] 기능을 이용하여 [표1], [표2]에 대한 특정 지역별 국어 점수, 영어 점수의 평균을 [표3]의 [B20:C21] 영역에 계산하시오.

▶ '충북'과 '경기'로 시작하는 지역의 점수 평균을 계산하시오.

2. '분석작업-2' 시트에 대하여 다음의 지시사항을 처리하시오.

[피벗 테이블] 기능을 이용하여 '문구 도매상 판매현황' 표의 제품코드는 '필터', 판매지역은 '행', 제품명은 '열'로 처리하고, '값'에 수량과 매출액의 최대값을 계산하시오.

▶ 피벗 테이블 보고서는 동일 시트의 [A16]에 시작하시오.
▶ 'Σ' 기호를 '행' 영역으로 이동하시오.
▶ 피벗 테이블 보고서는 열의 총합계만 설정하시오.
▶ 수량과 매출액 최대값의 표시 형식은 '값 필드 설정'의 '셀 서식' 대화상자에서 '숫자' 범주와 '1000 단위 구분 기호 사용'을 이용하여 지정하시오.
▶ 완성된 피벗 테이블 보고서에는 '연한 녹색, 피벗 스타일 밝게 21'을 지정하시오.

3. '분석작업-3' 시트에 대하여 다음의 지시사항을 처리하시오.

[시나리오 관리자] 기능을 이용하여 '판매현황' 표에서 A-134 제품의 단가[B20]와 B-312 제품의 단가[B21]가 다음과 같이 변동하는 경우 매출액합계[E17]의 변동 시나리오를 작성하시오.

▶ 시나리오1 : 시나리오 이름은 '단가인상', A-134는 450, B-312는 680으로 설정하시오.
▶ 시나리오2 : 시나리오 이름은 '단가인하', A-134는 250, B-312는 480으로 설정하시오.
▶ 시나리오 요약 시트는 '분석작업-3' 시트의 바로 왼쪽에 위치해야 함

※ 시나리오 요약 보고서 작성 시 정답과 일치하여야 하며, 오자로 인한 부분 점수는 인정하지 않음

4332054

문제 4 기타작업(20점) 주어진 시트에서 다음 작업을 수행하고 저장하시오.

1. '매크로작업' 시트의 [표]에서 다음과 같은 기능을 수행하는 매크로를 현재 통합 문서에 작성하고 실행하시오.

① [E21] 셀에 사원번호별 본봉합계를 계산하는 매크로를 생성하여 실행하시오.
- ▶ 매크로 이름 : 본봉합계
- ▶ SUM 함수 사용
- ▶ [개발 도구] → [컨트롤] → [삽입] → [양식 컨트롤]의 '단추(▭)'를 동일 시트의 [G18:H19] 영역에 생성하고, 텍스트를 "본봉합계"로 입력한 후 단추를 클릭할 때 '본봉합계' 매크로가 실행되도록 설정하시오.

② [E4:E21] 영역을 '회계 표시 형식(₩)'으로 지정하는 매크로를 생성하여 실행하시오.
- ▶ 매크로 이름 : 회계
- ▶ [삽입] → [일러스트레이션] → [도형] → [사각형]의 '직사각형(□)'을 동일 시트의 [G20:H21] 영역에 생성하고, 텍스트를 "회계"로 입력한 후 도형을 클릭할 때 '회계' 매크로가 실행되도록 설정하시오.

※ 셀 포인터의 위치에 상관없이 현재 통합 문서에서 매크로가 실행되어야 정답으로 인정됨

전문가의 조언

1. '회계 표시 형식'은 [홈] → 표시 형식이나 미니 도구 모음에서 '회계 표시 형식(₩)'을 클릭하면 됩니다.

2. '차트작업' 시트의 차트를 지시사항에 따라 아래 <그림>과 같이 수정하시오.

※ 차트는 반드시 문제에서 제공한 차트를 사용하여야 하며, 신규로 작성 시 0점 처리됨

① 직위가 '사원'인 정보만 '이름'별 '목표액'과 '달성액'이 차트에 표시되도록 데이터 범위를 수정하고, '달성액' 계열을 '보조 축'으로 지정하시오.

② 차트 스타일의 '색 변경'을 '다양한 색상표 4'로 지정하시오.

③ 세로(값) 축은 표시 형식을 '1000 단위 구분 기호'로 설정하고, 보조 세로(값) 축의 눈금 표시 단위를 '만'으로 지정한 후 텍스트 방향을 '가로'로 변경하시오.

④ '달성액' 계열은 선의 너비를 '3pt'로, 표식을 형식 '마름모(◆)', 크기 10으로 지정하시오.

⑤ 차트 영역에 '데이터 테이블'을 '범례 표지 포함'으로 지정하고, 테두리에 그림자 '오프셋: 오른쪽 위'를 설정하시오.

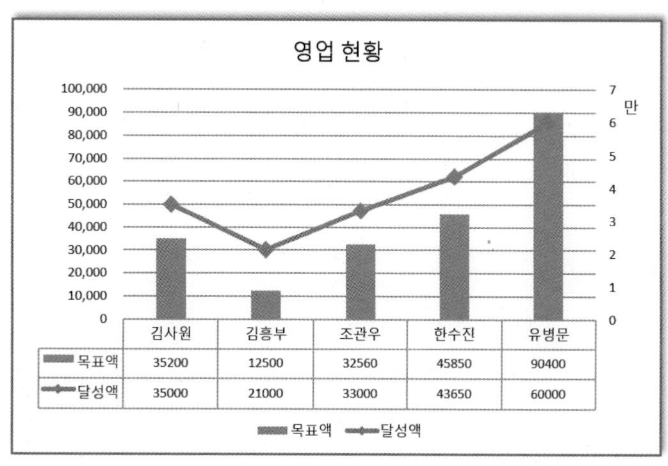

EXAMINATION

05회 기본 모의고사 정답 및 해설

문제 1 기본작업

02. 셀 서식

정답

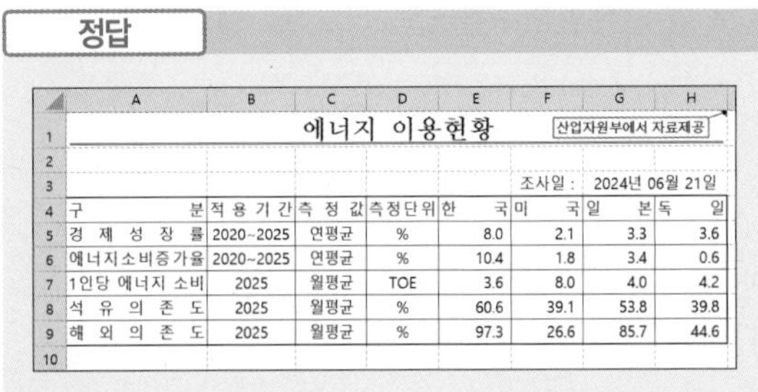

	A	B	C	D	E	F	G	H
1	에너지 이용현황						산업자원부에서 자료제공	
2								
3						조사일 :	2024년 06월 21일	
4	구 분	적 용 기 간	측 정 값	측정단위	한 국	미 국	일 본	독 일
5	경 제 성 장 률	2020~2025	연평균	%	8.0	2.1	3.3	3.6
6	에너지소비증가율	2020~2025	연평균	%	10.4	1.8	3.4	0.6
7	1인당 에너지 소비	2025	월평균	TOE	3.6	8.0	4.0	4.2
8	석 유 의 존 도	2025	월평균	%	60.6	39.1	53.8	39.8
9	해 외 의 존 도	2025	월평균	%	97.3	26.6	85.7	44.6
10								

1 이중 실선(회계형)

1. [A1:H1] 영역을 블록으로 지정한 후 Ctrl + 1을 누른다.
2. '셀 서식' 대화상자의 '글꼴' 탭에서 그림과 같이 지정한 후 〈확인〉을 클릭한다.

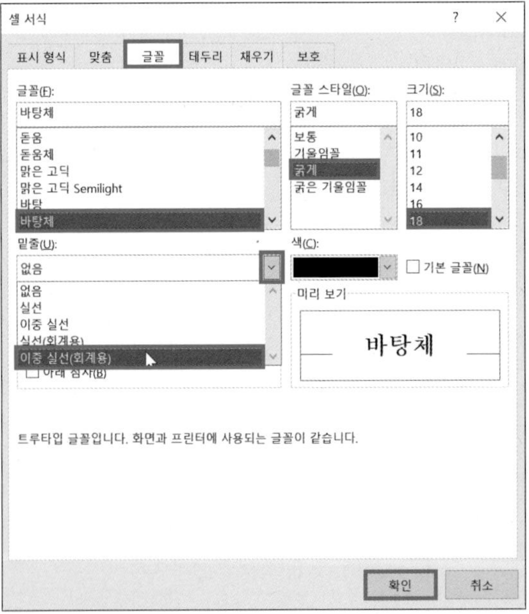

3 가로 균등 분할

1. [A4:H4], [A5:A9] 영역을 블록으로 지정한 후 Ctrl + 1을 누른다.
2. '셀 서식' 대화상자의 '맞춤' 탭에서 '텍스트 맞춤'의 '가로'를 '균등 분할(들여쓰기)'로 지정한 후 〈확인〉을 클릭한다.

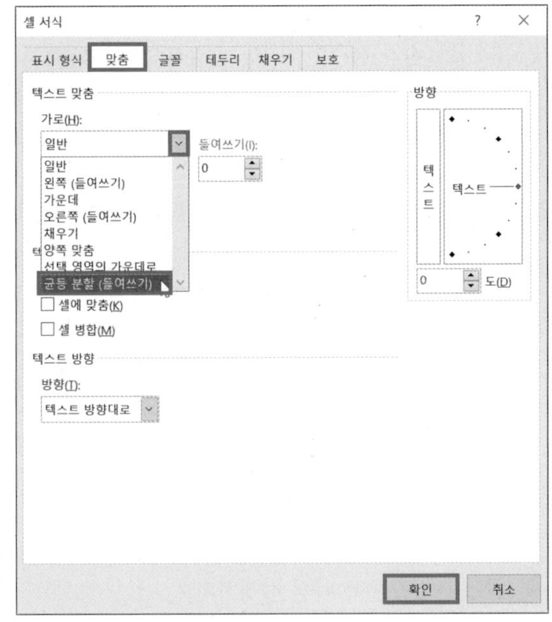

4 사용자 지정 표시 형식

1. [G3] 셀을 클릭한 후 Ctrl + 1을 누른다.
2. '셀 서식' 대화상자의 '표시 형식' 탭에서 범주와 형식을 그림과 같이 지정한 후 〈확인〉을 클릭한다.

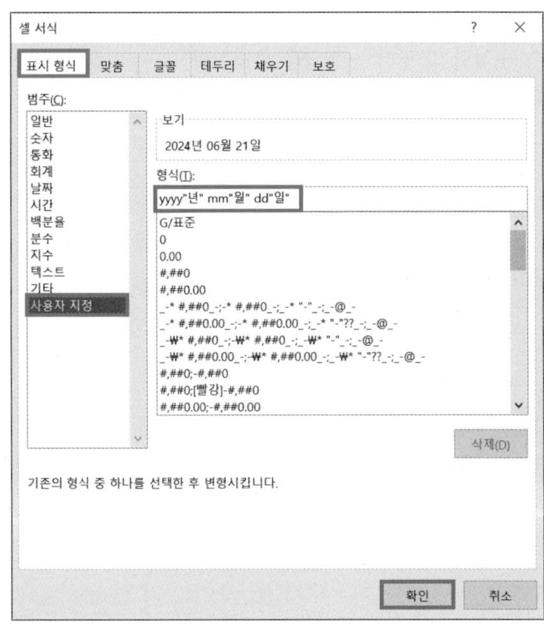

03. 조건부 서식

정답

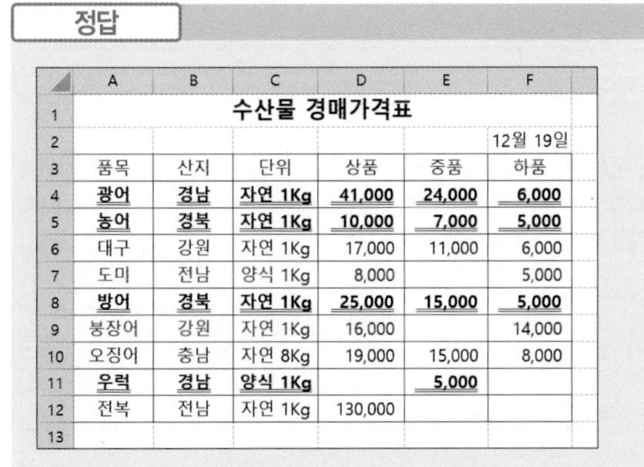

	A	B	C	D	E	F
1	수산물 경매가격표					
2						12월 19일
3	품목	산지	단위	상품	중품	하품
4	**광어**	**경남**	**자연 1Kg**	**41,000**	**24,000**	**6,000**
5	**농어**	**경북**	**자연 1Kg**	**10,000**	**7,000**	**5,000**
6	대구	강원	자연 1Kg	17,000	11,000	6,000
7	도미	전남	양식 1Kg	8,000		5,000
8	**방어**	**경북**	**자연 1Kg**	**25,000**	**15,000**	**5,000**
9	붕장어	강원	자연 1Kg	16,000		14,000
10	오징어	충남	자연 8Kg	19,000	15,000	8,000
11	**우럭**	**경남**	**양식 1Kg**		**5,000**	
12	전복	전남	자연 1Kg	130,000		
13						

1. [A4:F12] 영역을 블록으로 지정한 후 [홈] → 스타일 → 조건부 서식 → **새 규칙**을 선택한다.
2. '새 서식 규칙' 대화상자에서 '수식을 사용하여 서식을 지정할 셀 결정'을 선택하고 수식 입력란에 **=LEFT($B4, 1)="경"**을 입력한 후 〈서식〉을 클릭한다.

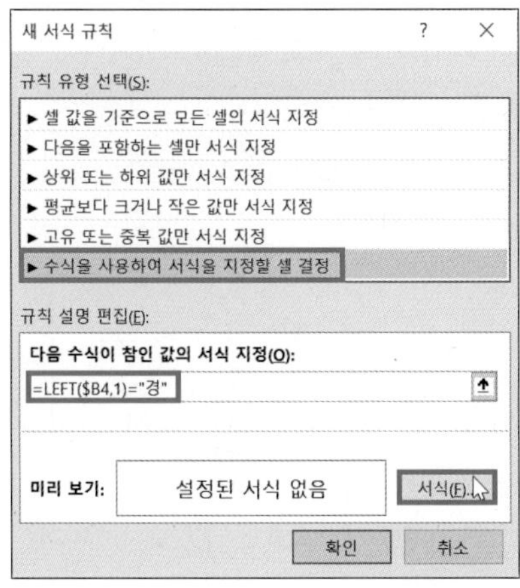

3. '셀 서식' 대화상자의 '글꼴' 탭에서 밑줄 '이중 실선', 글꼴 스타일 '굵게'를 지정한 후 〈확인〉을 클릭한다.

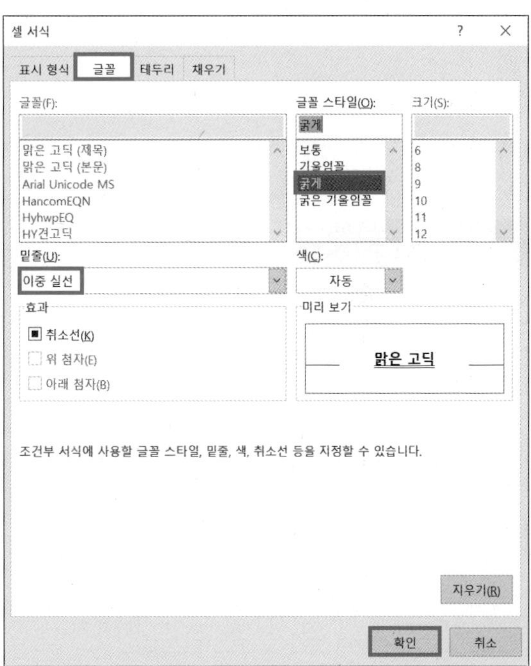

4. 새 서식 규칙' 대화상자에서도 〈확인〉을 클릭한다.

04. 고급 필터

정답

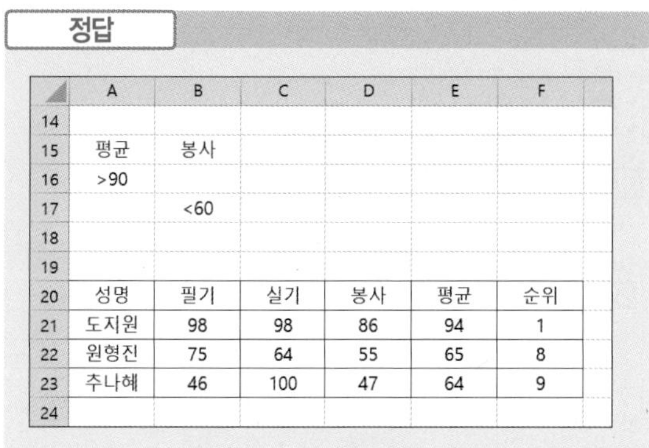

	A	B	C	D	E	F
14						
15	평균	봉사				
16	>90					
17		<60				
18						
19						
20	성명	필기	실기	봉사	평균	순위
21	도지원	98	98	86	94	1
22	원형진	75	64	55	65	8
23	추나혜	46	100	47	64	9
24						

1. [A15:B17] 영역에 그림과 같이 조건을 입력한다.

	A	B	C
14			
15	평균	봉사	
16	>90		
17		<60	
18			

2. 데이터 영역(A3:F12)의 임의의 셀을 선택한 후 [데이터] → 정렬 및 필터 → **고급**을 클릭한다.

3. '고급 필터' 대화상자에서 그림과 같이 지정한 후 〈확인〉을 클릭한다.

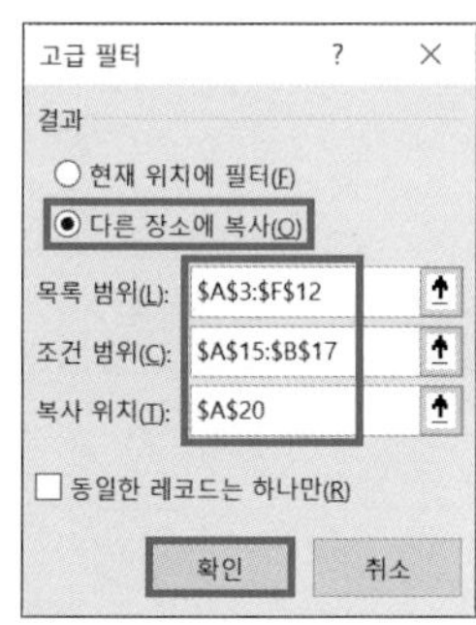

문제 2 계산작업

01. 평점

정답

	A	B	C	D	E
1	[표1]	중간고사 성적현황			
2	성명	시험	과제	총점	평점
3	이덕환	48	42	90	A
4	안치연	39	40	79	B
5	강청기	42	38	80	B
6	연구현	18	26	44	D
7	사은숙	29	23	52	C
8	봉하영	41	20	61	C
9	오지락	8	0	8	F

[E3] : =CHOOSE(INT(D3/10)+1, "F", "F", "F", "D", "D", "C", "C", "B", "B", "A", "A")

CHOOSE(인수, 첫 번째, 두 번째, … n번째) 함수는 '인수'로 0을 사용할 수 없습니다. 총점이 0~9인 경우 'INT(총점/10)'의 결과값이 0, 즉 '인수'가 0이 되므로 '인수'에 1을 더해 준 것입니다.

총점	인수 (INT(총점/10)+1)	평점(n번째)
0~9	1	F(1번째)
10~19	2	F(2번째)
20~29	3	F(3번째)
30~39	4	D(4번째)
40~49	5	D(5번째)
50~59	6	C(6번째)
60~69	7	C(7번째)
70~79	8	B(8번째)
80~89	9	B(9번째)
90~99	10	A(10번째)
100	11	A(11번째)

02. 다이어리 비율

정답

	G	H	I	J	K	L
1	[표2]	문구 수출 실적표				
2	제품명	제조회사	수출단가	수출량	다이어리 비율	
3	만년필	그린문구	6,100	240,000	36%	
4	다이어리	그린문구	6,800	300,000		
5	수성펜	그린문구	5,300	270,000		
6	만년필	해피문구	6,200	350,000		
7	다이어리	해피문구	6,600	420,000		
8	수성펜	해피문구	5,500	220,000		
9	만년필	동경문구	6,000	280,000		
10	다이어리	동경문구	7,000	200,000		
11	수성펜	동경문구	5,200	300,000		

[K3] : =SUMIF(G3:G11, "다이어리", J3:J11)/SUM(J3:J11)

03. 대리직 최고호봉자

정답

	A	B	C	D
11	[표3]	호봉 현황표		
12	직위	호봉	부서	이름
13	대리	14	영업부	김민정
14	과장	27	총무부	김애정
15	과장	17	영업부	김윤성
16	대리	13	인사부	김준현
17	과장	29	수출부	박경미
18	대리	24	총무부	박민수
19	부장	22	관리부	박은경
20	차장	14	관리부	이성훈
21				
22	대리직 최고호봉자		박민수	

[C22] : =VLOOKUP(DMAX(A12:D20, 2, A12:A13), B13:D20, 3, FALSE)

04. 제품명 / 등급

정답

	G	H	I	J	K
13	[표4]	제품 판매 현황			
14	제품코드	제품명	등급	판매량	단가
15	cd -a	CD	고급형	35	1,200
16	cd -b	CD	중급형	60	800
17	cd -c	CD	보급형	120	600
18	ssd-b	SSD	중급형	10	800
19	ssd-b	SSD	중급형	34	600
20	ssd-c	SSD	보급형	60	500
21	cpu-a	CPU	고급형	25	1,200
22	cpu-b	CPU	중급형	54	800
23	cpu-c	CPU	보급형	110	500

[H15] : =TRIM(UPPER(LEFT(G15, 3)))

[I15] : =IFS(RIGHT(G15, 1)="a", "고급형", RIGHT(G15, 1)="b", "중급형", RIGHT(G15, 1)="c", "보급형")

수식에서 마지막 조건인 RIGHT(G15, 1)="c" 대신 TRUE를 입력해도 결과는 동일합니다.

05. 차이

정답

	A	B	C	D	E	F	G
24	[표5]	가전 제품 판매 현황					
25	월별	지점	냉장고	청소기	세탁기		
26	1월	강북	550	56	340		
27		강남	440	47	300		
28	2월	강북	345	89	110		
29		강남	456	234	322		
30	3월	강북	789	456	70		차이
31		강남	556	556	220		670
32	4월	강북	120	98	20		
33		강남	234	100	30		
34	5월	강북	345	123	98		
35		강남	556	145	78		
36	6월	강북	666	110	89		
37		강남	675	98	65		
38							

[G31] : =ROUND(DMAX(A25:E37, 3, B25:B26) – DMIN(A25:E37, 3, B25:B26), –1)

문제 3 분석작업

01. 통합

정답

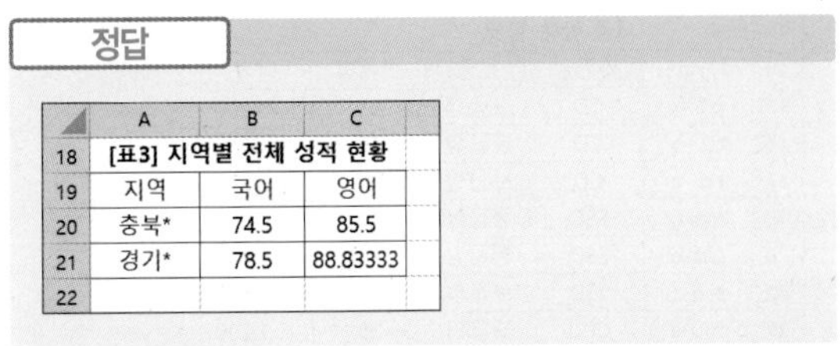

	A	B	C
18	[표3] 지역별 전체 성적 현황		
19	지역	국어	영어
20	충북*	74.5	85.5
21	경기*	78.5	88.83333
22			

1. [A20] 셀에 **충북***을, [A21] 셀에 **경기***를 입력한다.
2. [A19:C21] 영역을 블록으로 지정한 후 [데이터] → 데이터 도구 → **통합**을 클릭한다.
3. '통합' 대화상자에서 함수, 참조 범위, 사용할 레이블을 그림과 같이 지정한 후 〈확인〉을 클릭한다.

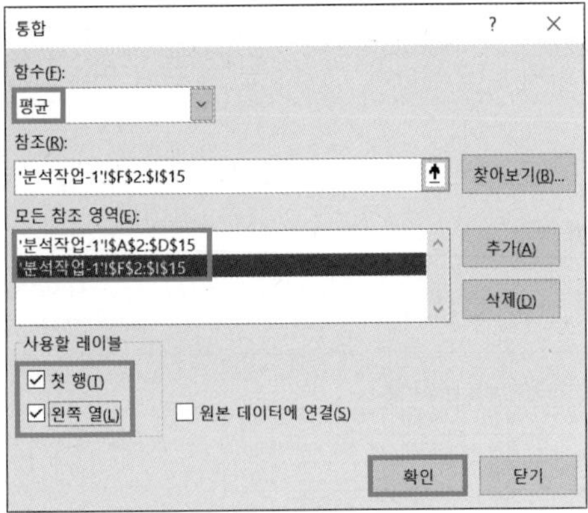

02. 피벗 테이블

정답

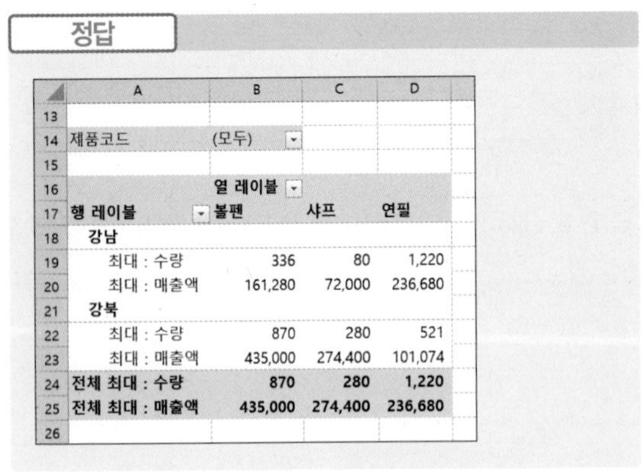

	A	B	C	D
13				
14	제품코드	(모두)		
15				
16		열 레이블		
17	행 레이블	볼펜	샤프	연필
18	강남			
19	최대 : 수량	336	80	1,220
20	최대 : 매출액	161,280	72,000	236,680
21	강북			
22	최대 : 수량	870	280	521
23	최대 : 매출액	435,000	274,400	101,074
24	전체 최대 : 수량	870	280	1,220
25	전체 최대 : 매출액	435,000	274,400	236,680
26				

1. 데이터 영역(A3:H11)의 임의의 셀을 선택한 후 [삽입] → 표 → (**피벗 테이블**)을 클릭한다.
2. '피벗 테이블 만들기' 대화상자에서 피벗 테이블을 넣을 위치를 '기존 워크시트', 'A16'으로 지정한 후 〈확인〉을 클릭한다.
3. '피벗 테이블 필드' 창에서 그림과 같이 각 필드를 지정한 후 '열' 영역에 자동으로 생긴 'Σ 값'을 '행' 영역으로 드래그하여 이동한다.

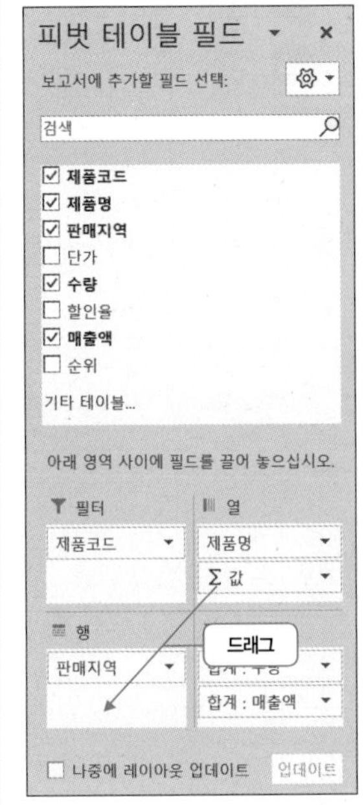

4. 작성된 피벗 테이블에서 '합계 : 수량(A19)'의 바로 가기 메뉴에서 [값 요약 기준] → **최대값**을 선택한다.
5. 이어서 '합계 : 매출액(A20)'의 바로 가기 메뉴에서 [값 요약 기준] → **최대값**을 선택한다.
6. 피벗 테이블의 임의의 셀을 클릭한 후 [디자인] → 레이아웃 → 총합계 → **열의 총합계만 설정**을 선택한다.
7. 피벗 테이블에서 '최대 : 수량(A19)'의 바로 가기 메뉴에서 [**값 필드 설정**]을 선택한다.

8. '값 필드 설정' 대화상자에서 〈표시 형식〉을 클릭한다.

9. '셀 서식' 대화상자의 '표시 형식' 탭에서 범주의 '숫자'와 '1000 단위 구분 기호(,) 사용'을 차례로 선택한 후 〈확인〉을 클릭한다.

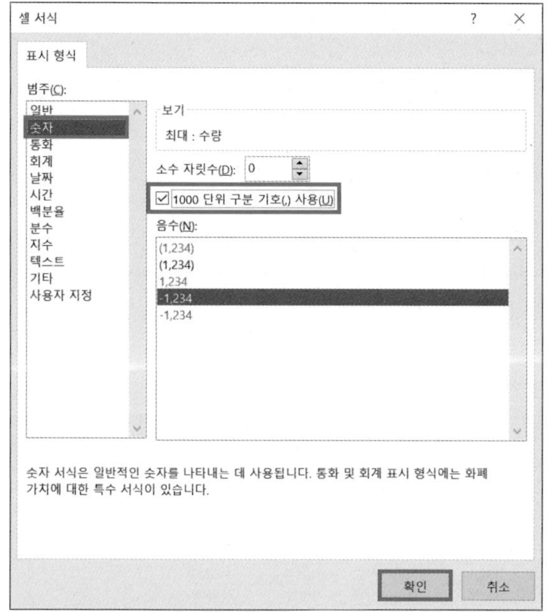

10. '값 필드 설정' 대화상자에서도 〈확인〉을 클릭한다.

11. 동일한 방법으로 매출액의 최대값에도 '1000 단위 구분 기호'를 지정한다.

12. 피벗 테이블의 임의의 셀을 클릭한 후 [디자인] → 피벗 테이블 스타일의 ▾ → 밝게 → **연한 녹색, 피벗 스타일 밝게 21**을 선택한다.

03. 시나리오

정답

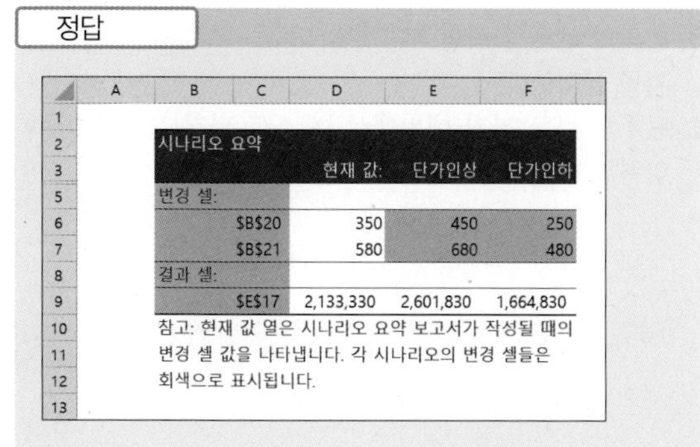

	A	B	C	D	E	F
1						
2		시나리오 요약				
3				현재 값:	단가인상	단가인하
5		변경 셀:				
6			$B$20	350	450	250
7			$B$21	580	680	480
8		결과 셀:				
9			$E$17	2,133,330	2,601,830	1,664,830
10		참고: 현재 값 열은 시나리오 요약 보고서가 작성될 때의				
11		변경 셀 값을 나타냅니다. 각 시나리오의 변경 셀들은				
12		회색으로 표시됩니다.				
13						

1. [데이터] → 예측 → 가상 분석 → **시나리오 관리자**를 선택한다.

2. '시나리오 관리자' 대화상자에서 〈추가〉를 클릭한다.

3. '시나리오 추가' 대화상자에서 '시나리오 이름'에 **단가인상**을 입력하고, 변경 셀을 [B20:B21] 영역으로 지정한 후 〈확인〉을 클릭한다.

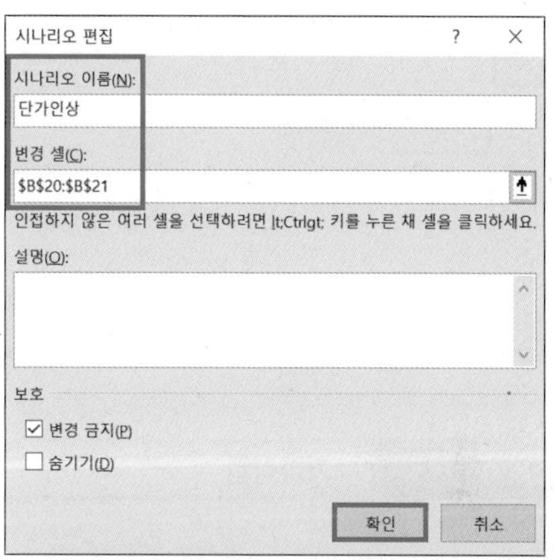

'시나리오 추가' 대화상자에서 '변경 셀'에 연속된 범위를 마우스로 드래그하여 지정하면 대화상자의 이름이 '시나리오 편집'으로 변경됩니다.

4. '시나리오 값' 대화상자의 변경될 값에 **450**과 **680**을 입력한 후 〈추가〉를 클릭한다.

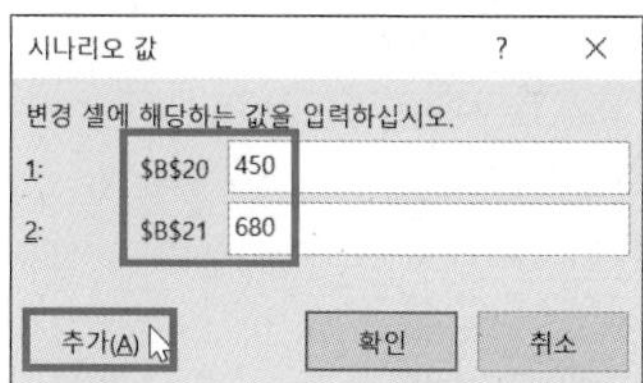

5. '시나리오 추가' 대화상자에서 '시나리오 이름'에 **단가인하**를 입력하고, 변경 셀을 [B20:B21] 영역으로 지정한 후 〈확인〉을 클릭한다.

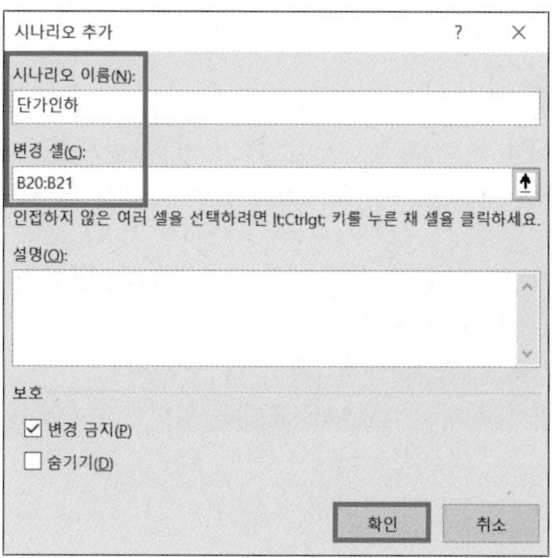

6. '시나리오 값' 대화상자의 변경될 값에 **250**과 **480**을 입력한 후 〈확인〉을 클릭한다.

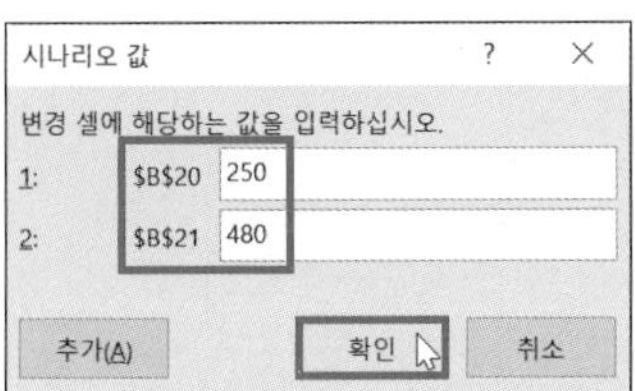

7. '시나리오 관리자' 대화상자에서 〈요약〉을 클릭한다.
8. '시나리오 요약' 대화상자에서 보고서 종류를 '시나리오 요약', 결과 셀을 [E17] 셀로 지정한 후 〈확인〉을 클릭한다.

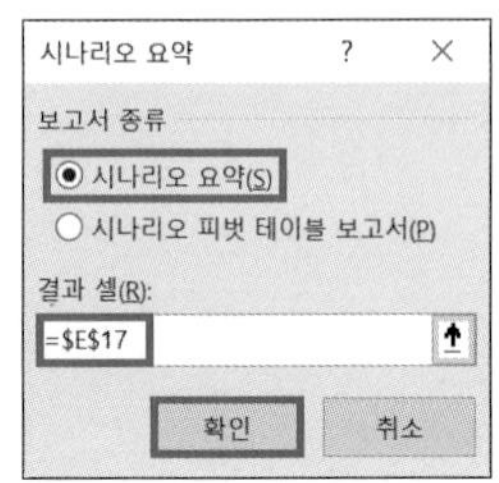

문제 4 기타작업

01. 매크로

정답

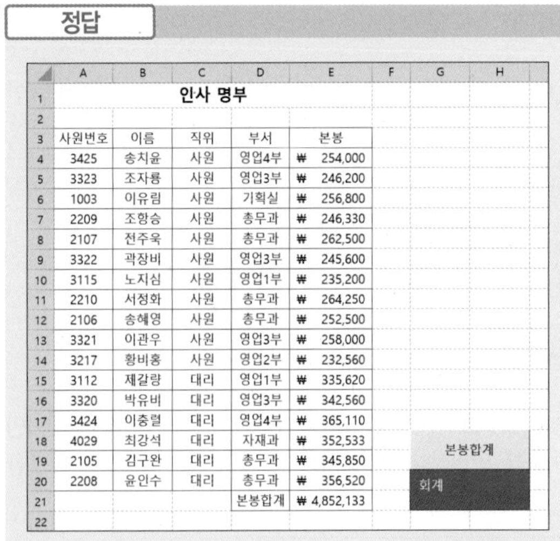

	A	B	C	D	E
1	인사 명부				
2					
3	사원번호	이름	직위	부서	본봉
4	3425	송치윤	사원	영업4부	₩ 254,000
5	3323	조자룡	사원	영업3부	₩ 246,200
6	1003	이유림	사원	기획실	₩ 256,800
7	2209	조항승	사원	총무과	₩ 246,330
8	2107	전주욱	사원	총무과	₩ 262,500
9	3322	곽장비	사원	영업3부	₩ 245,600
10	3115	노지심	사원	영업1부	₩ 235,200
11	2210	서정화	사원	총무과	₩ 264,250
12	2106	송혜영	사원	총무과	₩ 252,500
13	3321	이관우	사원	영업3부	₩ 258,000
14	3217	황비홍	사원	영업2부	₩ 232,560
15	3112	제갈량	대리	영업1부	₩ 335,620
16	3320	박유비	대리	영업3부	₩ 342,560
17	3424	이충렬	대리	영업4부	₩ 365,110
18	4029	최강석	대리	자재과	₩ 352,533
19	2105	김구완	대리	총무과	₩ 345,850
20	2208	윤인수	대리	총무과	₩ 356,520
21				본봉합계	₩ 4,852,133
22					

1 '본봉합계' 매크로

1. [개발 도구] → 컨트롤 → 삽입 → 양식 컨트롤 → ▭(**단추**)를 선택한 후 [G18:H19] 영역에 맞게 드래그한다.
2. '매크로 지정' 대화상자의 '매크로 이름'에 **본봉합계**를 입력한 후 〈기록〉을 클릭한다.
3. '매크로 기록' 대화상자에서 〈확인〉을 클릭한다.
4. [E21] 셀을 클릭하고, **=SUM(E4:E20)**을 입력한 후 Enter를 누른다.

E21 =SUM(E4:E20)

	A	B	C	D	E
1	인사 명부				
2					
3	사원번호	이름	직책	부서	본봉
4	3425	송치윤	사원	영업4부	254000
5	3323	조자룡	사원	영업3부	246200
6	1003	이유림	사원	기획실	256800
7	2209	조항승	사원	총무과	246330
8	2107	전주욱	사원	총무과	262500
9	3322	곽장비	사원	영업3부	245600
10	3115	노지심	사원	영업1부	235200
11	2210	서정화	사원	총무과	264250
12	2106	송혜영	사원	총무과	252500
13	3321	이관우	사원	영업3부	258000
14	3217	황비홍	사원	영업2부	232560
15	3112	제갈량	대리	영업1부	335620
16	3320	박유비	대리	영업3부	342560
17	3424	이충렬	대리	영업4부	365110
18	4029	최강석	대리	자재과	352533
19	2105	김구완	대리	총무과	345850
20	2208	윤인수	대리	총무과	356520
21				본봉합계	4852133
22					

단추 1

5. 임의의 셀을 클릭한 후 [개발 도구] → 코드 → **기록 중지**를 클릭한다.
6. 단추의 바로 가기 메뉴에서 **[텍스트 편집]**을 선택한 후 입력된 내용을 **본봉합계**로 수정한다.

2 '회계' 매크로

1. [삽입] → 일러스트레이션 → 도형 → 사각형 → **직사각형(□)**을 선택한 후 [G20:H21] 영역에 맞게 드래그한다.
2. 도형의 바로 가기 메뉴에서 **[매크로 지정]**을 선택한다.
3. '매크로 지정' 대화상자의 '매크로 이름'에 **회계**를 입력한 후 〈기록〉을 클릭한다.
4. '매크로 기록' 대화상자에서 〈확인〉을 클릭한다.
5. [E4:E21] 영역을 블록으로 지정한 후 [홈] → 표시 형식 → **회계 표시 형식(▦)**을 클릭한다.

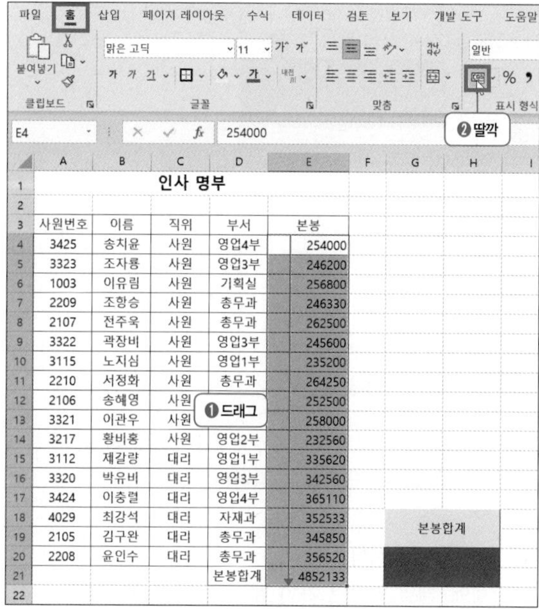

6. 임의의 셀을 클릭한 후 [개발 도구] → 코드 → **기록 중지**를 클릭한다.
7. 도형의 바로 가기 메뉴에서 **[텍스트 편집]**을 선택한 후 **회계**를 입력한다.

02. 차트

1 데이터 범위 및 보조 축 지정

1. 차트의 바로 가기 메뉴에서 **[데이터 선택]**을 선택한다.
2. '데이터 원본 선택' 대화상자에서 '차트 데이터 범위'의 범위 지정 단추(⬆)를 클릭하고 데이터 범위를 [A3:A5], [A8], [A10:A11], [D3:E5], [D8:E8], [D10:E11] 영역으로 변경한 후 범위 지정 단추(▣)를 클릭한다.
3. '데이터 원본 선택' 대화상자에서 〈확인〉을 클릭한다.

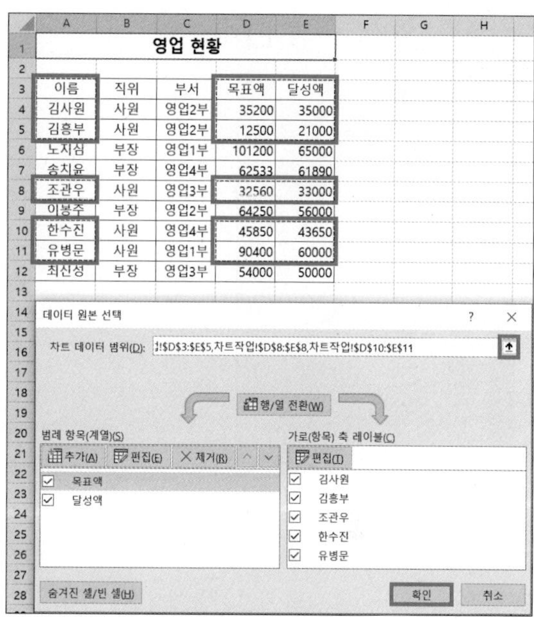

4. '보조 축'으로 지정할 '달성액' 계열의 바로 가기 메뉴에서 **[데이터 계열 서식]**을 선택한다.
5. '데이터 계열 서식' 창에서 [계열 옵션] → ▮(계열 옵션) → 계열 옵션 → 데이터 계열 지정 → **보조 축**을 선택한 후 '닫기(☒)'를 클릭한다.

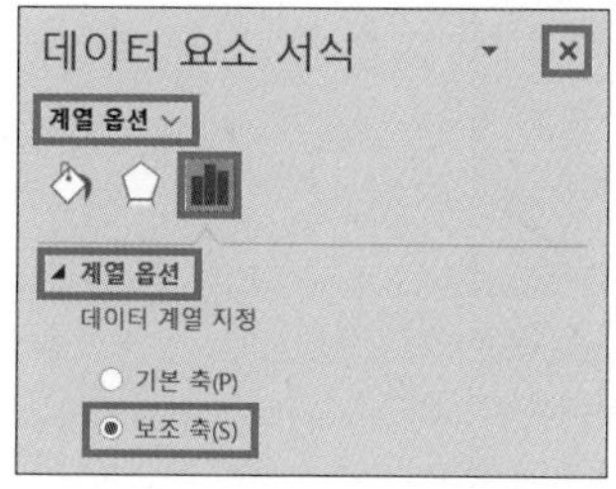

2 차트 스타일 색 변경 지정

차트를 선택한 후 [차트 디자인] → 차트 스타일 → 색 변경 → **다양한 색상표 4**를 선택한다.

3 세로(값) 축 및 보조 세로(값) 축 서식 지정

1. 세로(값) 축의 바로 가기 메뉴에서 **[축 서식]**을 선택한다.
2. '축 서식' 창의 [축 옵션] → ▮(축 옵션) → **표시 형식**에서 '범주'를 '숫자'로 선택하고 '1000 단위 구분 기호(,) 사용'을 체크 표시한 후 '닫기(☒)'를 클릭한다.

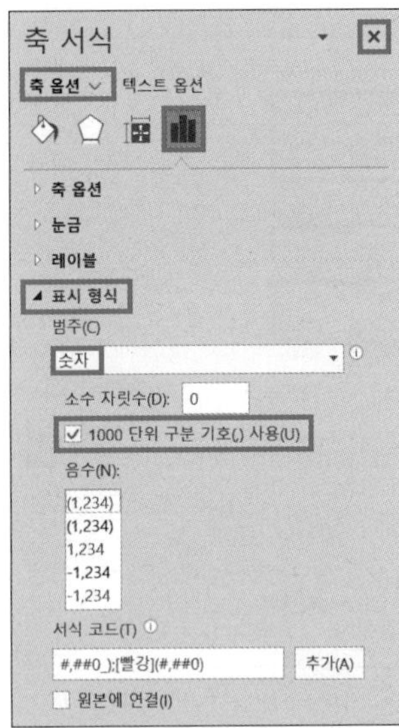

3. 보조 세로(값) 축의 바로 가기 메뉴에서 **[축 서식]**을 선택한다.
4. '축 서식' 창에서 [축 옵션] → (축 옵션) → 축 옵션 → 표시 단위 → 10000을 선택한 후 '닫기(☒)'를 클릭한다.

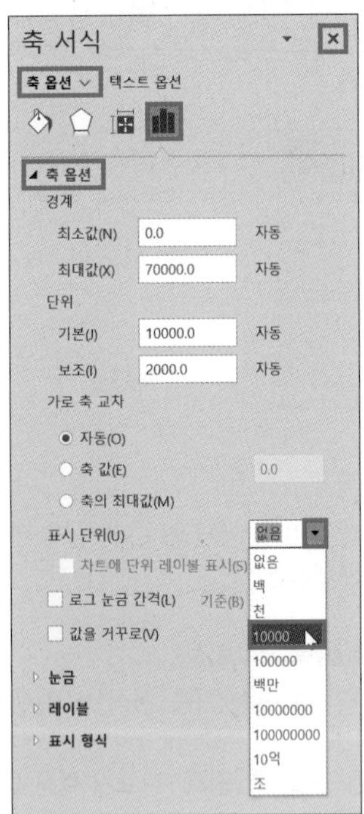

5. 표시 단위(×10000)의 바로 가기 메뉴에서 **[표시 단위 서식]**을 선택한다.
6. '표시 단위 레이블 서식' 창에서 [텍스트 옵션] → (텍스트 상자) → 텍스트 상자 → 텍스트 방향 → **가로**를 선택한 후 '닫기(☒)'를 클릭한다.

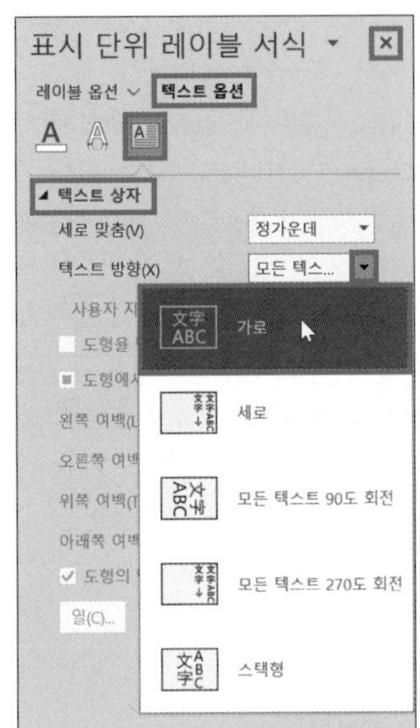

7. 표시 단위의 바로 가기 메뉴에서 **[텍스트 편집]**을 선택한 후 ×10000을 **만**으로 수정한다.

4 '달성액' 계열 서식 지정

1. '달성액' 계열의 바로 가기 메뉴에서 **[데이터 계열 서식]**을 선택한다.
2. '데이터 계열 서식' 창에서 [계열 옵션] → (채우기 및 선) → 선 → 선 → 너비 → 3 pt를 지정한다.

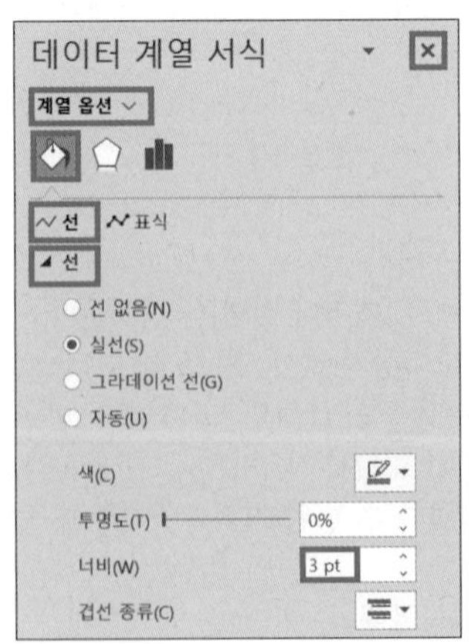

3. 이어서 [계열 옵션] → (채우기 및 선) → **표식**에서 '표식 옵션'의 '기본 제공'을 선택하고 형식 '◆', 크기 10을 지정한 후 '닫기(☒)'를 클릭한다.

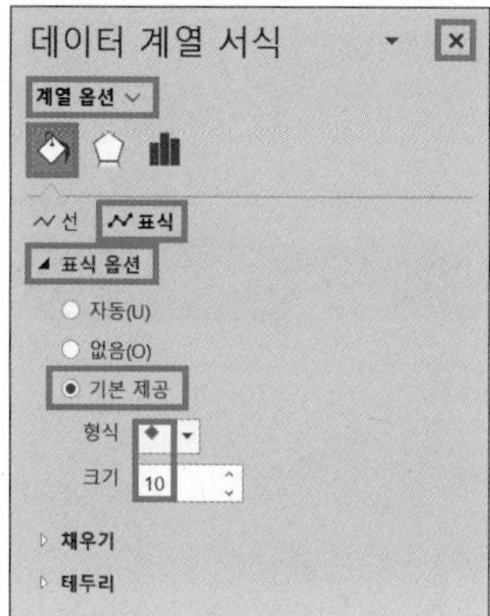

5 범례 표지 및 그림자 지정

1. 차트를 선택한 후 [차트 디자인] → 차트 레이아웃 → 차트 요소 추가 → 데이터 테이블 → **범례 표지 포함**을 선택한다.
2. 차트가 선택된 상태에서 [서식] → 도형 스타일 → 도형 효과 → 그림자 → **오프셋: 오른쪽 위**를 선택한다.

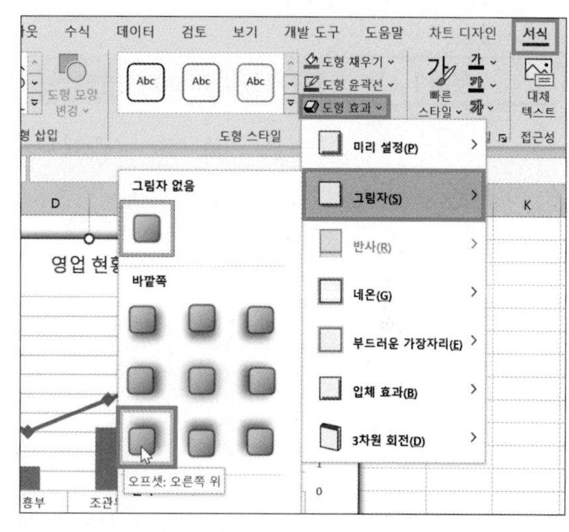

EXAMINATION **06회**

기본 모의고사

• 준 비 하 세 요 : 'C:\길벗컴활2급\03 기본모의고사' 폴더에서 '06회.xlsm' 파일을 열어서 작업하시오.

문제 1 기본작업(20점) 주어진 시트에서 다음 과정을 수행하고 저장하시오.

1. '기본작업-1' 시트에 다음의 자료를 주어진 대로 입력하시오.

	A	B	C	D	E	F	G	H	I
1		교육 성적 현황							
2									
3		등급	성명	과정코드	결석감점	근무년수	필기점수	총점	분기연수
4		고급반	김현중	ele-1-sw	0	20	70	90	1사분기
5		중급반	이사랑	ele-2-ru	2	4	80	82	2사분기
6		기초반	김국토	ele-3-bo	6	2	75	71	3사분기
7		고급반	진선미	eng-1-ex	0	10	74	84	4사분기
8		중급반	구영후	eng-2-mi	4	23	60	79	1사분기
9		기초반	민정식	eng-3-ch	0	35	59	94	2사분기
10									

전문가의 조언

2.
• '셀 서식' 대화상자를 호출하는 바로 가기 키는 Ctrl+1입니다.
• 사용자 지정 표시 형식은 '셀 서식' 대화상자의 '표시 형식' 탭에서 지정하세요.

3. 텍스트 나누기를 수행할 때는 사용된 구분 기호를 정확하게 파악하고 지정해 줘야 합니다.

2. '기본작업-2' 시트에 대하여 다음의 지시사항을 처리하시오.

① [A1:G1] 영역은 '병합하고 가운데 맞춤', 글꼴 '궁서체', 크기 16, 글꼴 스타일 '굵게'로 지정하시오.

② [A3:G3], [A4:A13] 영역은 셀 스타일 '주황, 강조색2', '가로 가운데 맞춤'을 지정하시오.

③ [B15] 셀의 이름을 "판매단가"로 정의하고, [B4:D13] 영역은 '쉼표 스타일(,)'로 지정하시오.

④ [F4:F12] 영역은 사용자 지정 표시 형식을 이용하여 숫자 앞에 "*"을, 숫자 뒤에 "위"를 [표시 예]와 같이 표시하시오. [표시 예 : 3 → *3위, 0 → *0위]

⑤ [A3:G13] 영역은 '모든 테두리(⊞)'를 적용한 후 '굵은 바깥쪽 테두리(□)'를 적용하여 표시하시오.

3. '기본작업-3' 시트에서 다음의 지시사항을 처리하시오.

[B3:B12] 영역의 데이터를 텍스트 나누기를 실행하여 나타내시오.

▶ 데이터는 기타 문자('ㅋ')로 구분되어 있음

4. '기본작업-4' 시트에서 다음의 지시사항을 처리하시오.

[I4:I23] 영역의 각 셀에 대하여 총구매액 평균 이상이면 글꼴 스타일을 '굵게', 글꼴 색을 '표준 색 – 파랑'으로 지정하는 조건부 서식을 작성하시오.

▶ 단, 규칙 유형은 '평균보다 크거나 작은 값만 서식 지정'을 사용하고, 한 개의 규칙으로만 작성하시오.

4. 조건부 서식을 지정할 때는 반드시 문제에 제시된 범위를 정확히 지정한 후 조건을 적용해야 합니다.

문제 2 **계산작업(40점)** '계산작업' 시트에서 다음 과정을 수행하고 저장하시오.

1. [표1]에서 계열[A3:A9]이 "인문"인 학생들의 영어[D3:D9] 점수 평균을 [C12] 셀에 계산하시오.

▶ 조건은 [B11:B12] 영역에 입력하시오.

▶ DCOUNTA, DSUM 함수 사용

2. [표2]에서 품목코드[G3:G12]의 빈도가 가장 높은 품목의 개수를 [I12] 셀에 계산하시오.

▶ 계산된 품목의 개수 뒤에는 "개"를 포함하여 표시 [표시 예 : 3개]

▶ COUNTIF, MODE.SNGL 함수와 & 연산자 사용

3. [표3]에서 학번[A16:A22]의 다섯 번째 자리가 1이면 "전자과", 2이면 "경영과", 3이면 "음악과", 4이면 "회계과"로 학과[C16:C22]에 표시하시오.

▶ CHOOSE, MID 함수 사용

4. [표4]에서 점수[G16:G22]가 높은 순으로 3명은 "입상", 나머지는 공백으로 결과[H16:H22]에 표시하시오.

▶ IF, LARGE 함수 사용

5. [표5]에서 초과강의명[A26:B31]을 이용하여 강의기호[C26:D31]를 표시하시오.

▶ 강의기호는 초과강의명 뒤의 4글자를 뺀 나머지임

▶ LEFT, LEN 함수 사용

4332063

문제 3

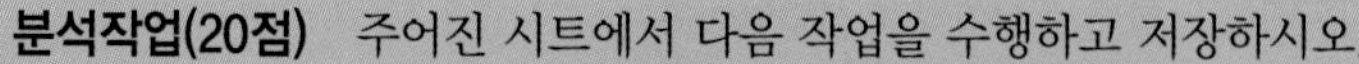

분석작업(20점) 주어진 시트에서 다음 작업을 수행하고 저장하시오.

전문가의 조언

1.
- 부분합을 수행하려면 먼저 그룹화할 항목을 기준으로 정렬을 수행해야 합니다.
- 중첩 부분합 수행 시 두 번째 부분합부터는 반드시 '새로운 값으로 대치' 항목을 해제해야 합니다.

1. '분석작업-1' 시트에 대하여 다음의 지시사항을 처리하시오.

[부분합] 기능을 이용하여 '1사분기 맥주 판매현황' 표에 〈그림〉과 같이 품명별 '매출수량'의 평균을 계산한 후 '매출이익'의 합계를 계산하시오.

▶ 정렬은 '품명'을 기준으로 오름차순으로 처리하시오.

▶ 평균과 합계는 위에 명시된 순서대로 처리하시오.

	A	B	C	D	E	F
1	1사분기 맥주 판매현황					
2						
3	월별	품명	매입수량	매입금액	매출수량	매출이익
4	1월	라거	800	1,040,000	1,000	500,000
5	2월	라거	800	1,040,000	700	350,000
6	3월	라거	1,300	1,690,000	1,200	600,000
7		**라거 요약**				1,450,000
8		**라거 평균**			967	
9	1월	카스	900	1,170,000	1,000	500,000
10	2월	카스	700	910,000	850	425,000
11	3월	카스	1,200	1,560,000	1,100	550,000
12		**카스 요약**				1,475,000
13		**카스 평균**			983	
14	1월	하이트	1,200	1,560,000	1,300	650,000
15	2월	하이트	1,000	1,300,000	1,050	525,000
16	3월	하이트	1,100	1,430,000	1,000	500,000
17		**하이트 요약**				1,675,000
18		**하이트 평균**			1,117	
19		**총합계**				4,600,000
20		**전체 평균**			1,022	
21						

2. '분석작업-2' 시트에 대하여 다음의 지시사항을 처리하시오.

데이터 도구 [통합] 기능을 이용하여 [표1], [표2]에 대한 학번별 중간, 기말 점수의 평균을 [표3]의 [B13:C18] 영역에 계산하시오.

3. '분석작업-3' 시트에 대하여 다음의 지시사항을 처리하시오.

[목표값 찾기] 기능을 이용하여 '사원별 근무년수 현황' 표에서 '김현국' 사원의 상여금[D7]이 500,000이 되려면 본봉[B7]이 얼마가 되어야 하는지 계산하시오.

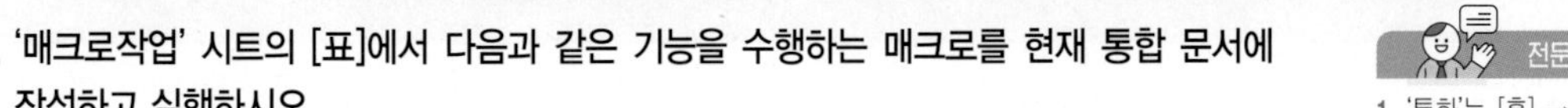

1. '매크로작업' 시트의 [표]에서 다음과 같은 기능을 수행하는 매크로를 현재 통합 문서에 작성하고 실행하시오.

① [F4:F10] 영역에 고객별 결제금액을 계산하는 매크로를 생성하여 실행하시오.
- ▶ 매크로 이름 : 결제금액
- ▶ 결제금액 = 사용요금 – 할인금액
- ▶ [개발 도구] → [컨트롤] → [삽입] → [양식 컨트롤]의 '단추(▭)'를 동일 시트의 [B12:C13] 영역에 생성하고, 텍스트를 "결제금액"으로 입력한 후 단추를 클릭할 때 '결제금액' 매크로가 실행되도록 설정하시오.

② [D4:F10] 영역에 표시 형식을 '통화'로 적용하는 매크로를 생성하여 실행하시오.
- ▶ 매크로 이름 : 통화
- ▶ [삽입] → [일러스트레이션] → [도형] → [사각형]의 '사각형: 둥근 모서리(▢)'를 동일 시트의 [E12:F13] 영역에 생성하고, 텍스트를 "통화"로 입력한 후 도형을 클릭할 때 '통화' 매크로가 실행되도록 설정하시오.

※ 셀 포인터의 위치에 상관없이 현재 통합 문서에서 매크로가 실행되어야 정답으로 인정됨

전문가의 조언

1. '통화'는 [홈] → 표시 형식 → 일반 (표시 형식)의 ⌄ → **통화**를 선택하면 됩니다.

2. '차트작업' 시트의 차트를 지시사항에 따라 아래 〈그림〉과 같이 수정하시오.

※ 차트는 반드시 문제에서 제공한 차트를 사용하여야 하며, 신규로 작성 시 0점 처리됨

① '최종점수' 계열이 제거되도록 데이터 범위를 수정하시오.

② 차트 제목은 '차트 위'로 추가하여 〈그림〉과 같이 입력하고, 글꼴 '굴림체', 크기 16, 글꼴 스타일 '굵게'로 지정하시오.

③ 세로(값) 축의 최대값을 100, 기본 단위를 25로 지정하시오.

④ '중간' 계열의 '이지형' 요소에만 데이터 레이블 '값'을 표시하고, 레이블의 위치를 '안쪽 끝에'로 지정하시오.

⑤ 그림 영역의 스타일을 '미세 효과 - 녹색, 강조 6'으로 지정하고, 차트 영역의 테두리 스타일을 '너비' 3pt와 '둥근 모서리'로 지정하시오.

2. '중간'과 '기말' 계열만 표시하려면 '최종점수' 계열을 삭제하면 됩니다.

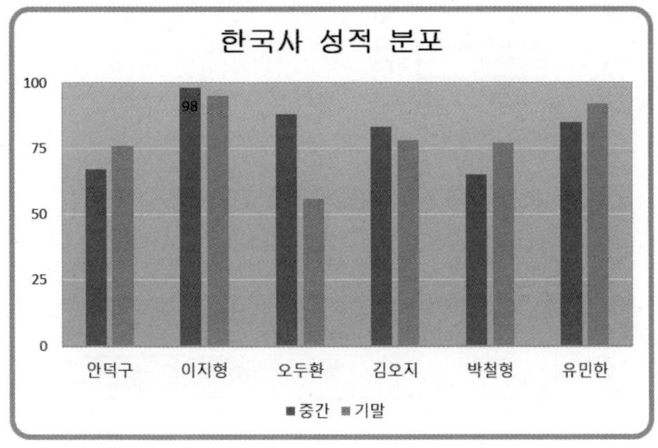

EXAMINATION
06회 기본 모의고사 정답 및 해설

문제 1 기본작업

02. 셀 서식

정답

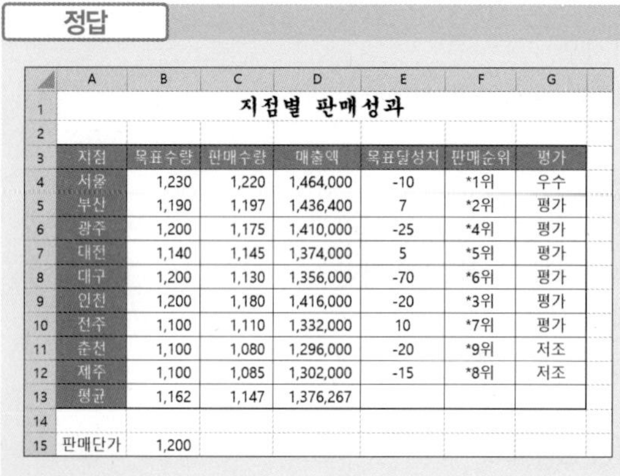

	A	B	C	D	E	F	G
1	지점별 판매성과						
2							
3	지점	목표수량	판매수량	매출액	목표달성치	판매순위	평가
4	서울	1,230	1,220	1,464,000	-10	*1위	우수
5	부산	1,190	1,197	1,436,400	7	*2위	평가
6	광주	1,200	1,175	1,410,000	-25	*4위	평가
7	대전	1,140	1,145	1,374,000	5	*5위	평가
8	대구	1,200	1,130	1,356,000	-70	*6위	평가
9	인천	1,200	1,180	1,416,000	-20	*3위	평가
10	전주	1,100	1,110	1,332,000	10	*7위	평가
11	춘천	1,100	1,080	1,296,000	-20	*9위	저조
12	제주	1,100	1,085	1,302,000	-15	*8위	저조
13	평균	1,162	1,147	1,376,267			
14							
15	판매단가	1,200					

4 사용자 지정 표시 형식

1. [F4:F12] 영역을 블록으로 지정한 후 Ctrl + 1을 누른다.
2. '셀 서식' 대화상자의 '표시 형식' 탭에서 범주와 형식을 그림과 같이 지정한 후 〈확인〉을 클릭한다.

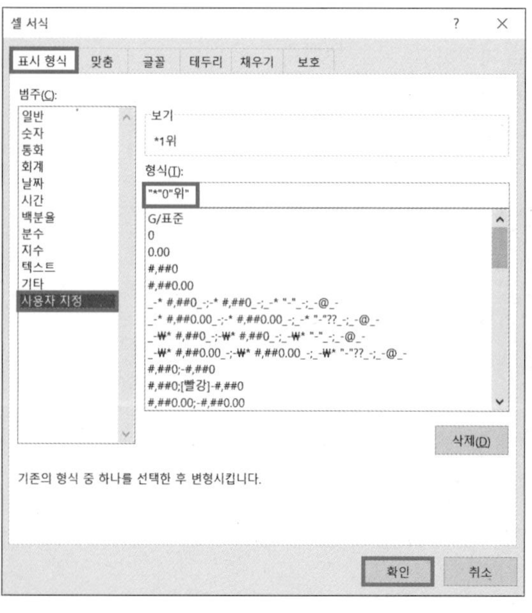

03. 텍스트 나누기

정답

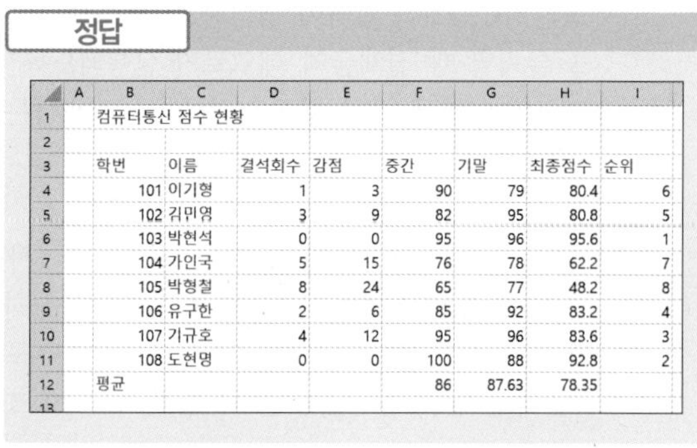

	A	B	C	D	E	F	G	H	I
1		컴퓨터통신 점수 현황							
2									
3		학번	이름	결석회수	감점	중간	기말	최종점수	순위
4		101	이기형	1	3	90	79	80.4	6
5		102	김민영	3	9	82	95	80.8	5
6		103	박현석	0	0	95	96	95.6	1
7		104	가인국	5	15	76	78	62.2	7
8		105	박형철	8	24	65	77	48.2	8
9		106	유구한	2	6	85	92	83.2	4
10		107	기규호	4	12	95	96	83.6	3
11		108	도현명	0	0	100	88	92.8	2
12		평균				86	87.63	78.35	

1. [B3:B12] 영역을 블록으로 지정한 후 [데이터] → 데이터 도구 → **텍스트 나누기**를 클릭한다.
2. '텍스트 마법사 1단계' 대화상자에서 '구분 기호로 분리됨'을 선택한 후 〈다음〉을 클릭한다.
3. '텍스트 마법사 2단계' 대화상자에서 '탭'을 해제하고 '기타'에 ㅋ을 입력한 후 〈다음〉을 클릭한다.

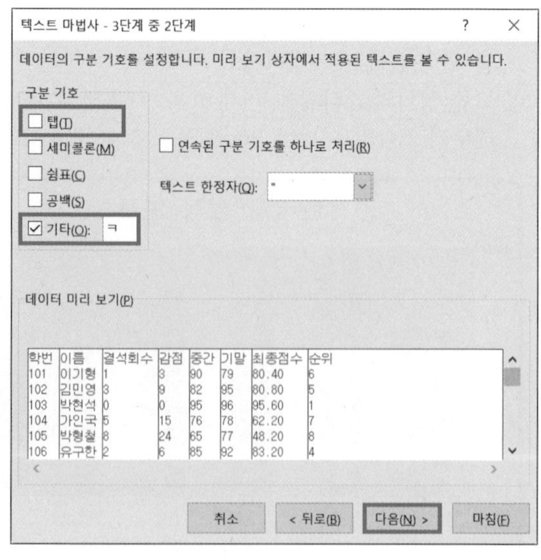

4 '텍스트 마법사 3단계' 대화상자에서 〈마침〉을 클릭한다.

04. 조건부 서식

정답

	A	B	C	D	E	F	G	H	I
1					고객 데이터베이스				
2									
3	고객ID	성명	성별	학력	연령	직업	월평균수입	총구매횟수	총구매액
4	1	김성수	남	고졸	19	인터넷 관련직	1,830,000	11	356,000
5	2	차태현	남	대졸	32	사무/관리직	1,800,000	23	**982,000**
6	3	소미선	여	대졸	21	인터넷 관련직	2,700,000	12	653,000
7	4	최재형	남	고졸	18	인터넷 관련직	2,550,000	21	720,000
8	5	최지원	여	대졸	33	사무/관리직	1,400,000	18	**895,000**
9	6	김미연	여	대졸	42	일반영업직	2,300,000	17	653,000
10	7	김영수	남	고졸	38	자영업	2,100,000	13	812,000
11	8	박진희	여	대졸	25	인터넷 관련직	2,000,000	28	**1,500,000**
12	9	최대근	남	고졸	28	일반영업직	1,800,000	17	**980,000**
13	10	이민형	남	대졸	32	자영업	1,600,000	13	**1,280,000**
14	11	임정수	남	고졸	35	자영업	1,500,000	14	632,000
15	12	하용수	남	대졸	28	일반영업직	1,300,000	15	**856,000**
16	13	유지환	남	대졸	31	자영업	1,400,000	23	**1,170,000**
17	14	이병택	남	고졸	25	사무/관리직	2,100,000	24	**1,260,000**
18	15	박경완	남	고졸	29	사무/관리직	2,300,000	21	**1,310,000**
19	16	이유림	여	대졸	26	일반영업직	2,700,000	18	530,000
20	17	유석민	남	고졸	25	사무/관리직	2,550,000	11	245,000
21	18	김영철	남	대졸	35	자영업	1,250,000	12	752,000
22	19	이태림	여	대졸	32	일반영업직	1,200,000	15	420,000
23	20	강성실	여	고졸	24	자영업	950,000	21	782,000
24									

1. [I4:I23] 영역을 블록으로 지정한 후 [홈] → 스타일 → 조건부 서식 → **새 규칙**을 선택한다.

2. '새 서식 규칙' 대화상자에서 '평균보다 크거나 작은 값만 서식 지정'을 선택하고 조건을 '이상'으로 지정한 후 〈서식〉을 클릭한다.

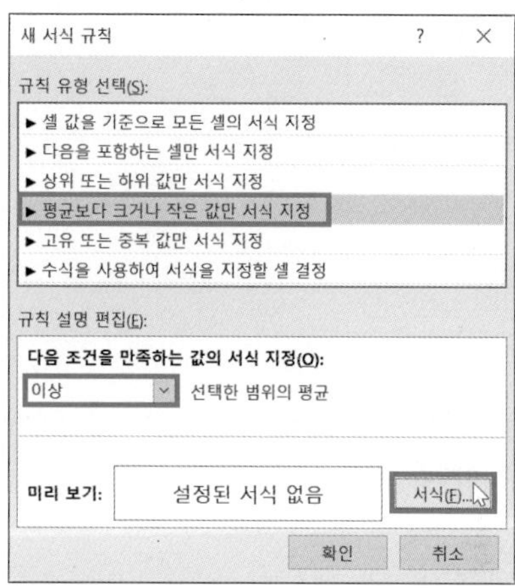

3. '셀 서식' 대화상자의 '글꼴' 탭에서 글꼴 스타일 '굵게', 글꼴 색 '파랑'으로 지정한 후 〈확인〉을 클릭한다.

4. '새 서식 규칙' 대화상자에서도 〈확인〉을 클릭한다.

문제 2 계산작업

01. 인문계열 영어 평균

정답

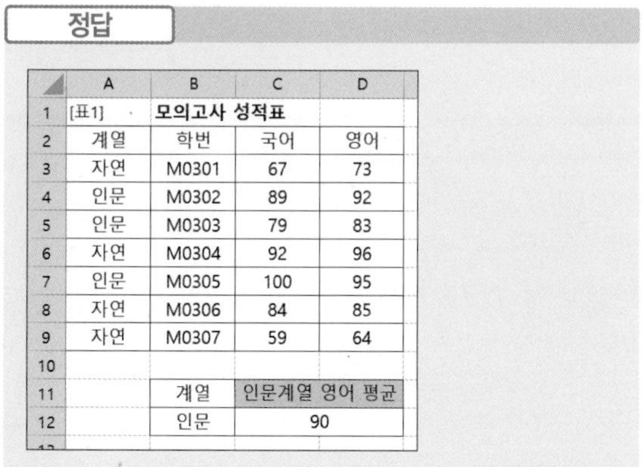

	A	B	C	D
1	[표1]	모의고사 성적표		
2	계열	학번	국어	영어
3	자연	M0301	67	73
4	인문	M0302	89	92
5	인문	M0303	79	83
6	자연	M0304	92	96
7	인문	M0305	100	95
8	자연	M0306	84	85
9	자연	M0307	59	64
10				
11		계열	인문계열 영어 평균	
12		인문	90	

[C12] : =DSUM(A2:D9, 4, B11:B12) / DCOUNTA(A2:D9, 1, B11:B12)

DCOUNTA(범위, 열 번호, 조건)는 '범위'에서 '조건'에 맞는 자료를 대상으로 지정된 '열 번호'에서 비어 있지 않는 셀의 개수를 구하는 함수이므로 1~4열 중 아무 열을 '열 번호'로 지정하면 됩니다.

02. 빈도가 가장 높은 품목 수

정답

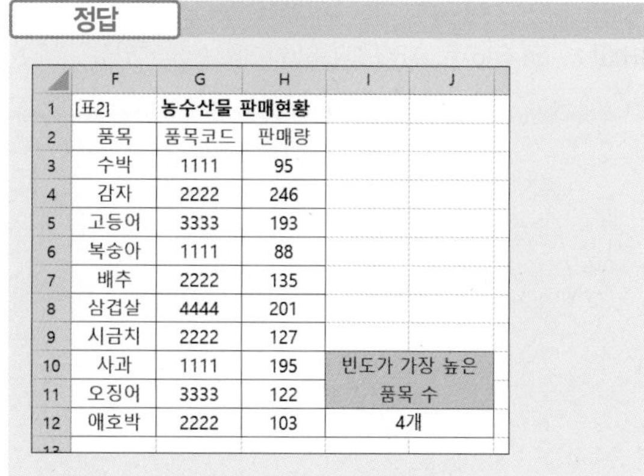

	F	G	H	I	J
1	[표2]	농수산물 판매현황			
2	품목	품목코드	판매량		
3	수박	1111	95		
4	감자	2222	246		
5	고등어	3333	193		
6	복숭아	1111	88		
7	배추	2222	135		
8	삼겹살	4444	201		
9	시금치	2222	127		
10	사과	1111	195	빈도가 가장 높은 품목 수	
11	오징어	3333	122		
12	애호박	2222	103	4개	

[I12] : =COUNTIF(G3:G12, MODE.SNGL(G3:G12)) & "개"

03. 학과

정답

	A	B	C
14	[표3]	학과 정보	
15	학번	이름	학과
16	2024101	김성식	전자과
17	2024201	김천일	경영과
18	2024102	나한일	전자과
19	2024301	박정아	음악과
20	2024202	성진희	경영과
21	2024402	이명호	회계과
22	2024203	최진성	경영과

[C16] : =CHOOSE(MID(A16, 5, 1), "전자과", "경영과", "음악과", "회계과")

04. 결과

정답

	F	G	H
14	[표4]	수학경진대회	
15	성명	점수	결과
16	박시영	78	
17	김명훈	91	입상
18	서태훈	83	
19	강수현	92	입상
20	정미숙	96	입상
21	김보람	80	
22	최정민	87	

[H16] : =IF(G16>=LARGE($G$16:$G$22, 3), "입상", " ")

05. 강의기호

정답

	A	B	C	D
24	[표5]	강의 신청 현황		
25	초과강의명		강의기호	
26	ASP(공개)_WEB		ASP(공개)	
27	JSP(재수강)_WEB		JSP(재수강)	
28	CGI(교양)_WEB		CGI(교양)	
29	NSAPI(교양)_ASP		NSAPI(교양)	
30	ISAPI(교양)_ASP		ISAPI(교양)	
31	PHP(재수강)_WEB		PHP(재수강)	

[C26] : =LEFT(A26, LEN(A26)−4)

=LEFT(A26, LEN(A26)−4)의 의미

- LEFT(텍스트, 개수) 함수는 '텍스트'의 왼쪽부터 지정한 '개수'만큼 추출합니다.
- LEN(텍스트) 함수는 '텍스트'의 길이(글자 수)를 구합니다.
- [A26] 셀에는 'ASP(공개)_WEB'가 들어 있으므로 다음과 같은 순서로 계산됩니다.

❶ LEN(A26)−4 : [A26] 셀의 글자 수에서 4를 뺍니다(글자수는 11이므로 11 − 4 = 7을 반환).

❷ LEFT(A26, 7) : [A26] 셀의 왼쪽 7글자(ASP(공개))를 반환합니다.

문제 3 분석작업

01. 부분합

1. 데이터 영역(A3:F12)의 임의의 셀을 선택한 후 [데이터] → 정렬 및 필터 → **정렬**을 클릭한다.
2. '정렬' 대화상자에서 그림과 같이 지정한 후 〈확인〉을 클릭한다.

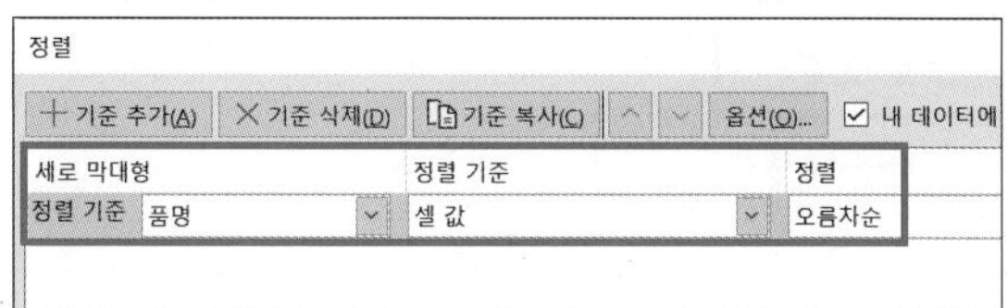

3. 데이터 영역(A3:F12) 안에 셀 포인터가 놓여 있는 상태에서 [데이터] → 개요 → **부분합**을 클릭한다.
4. '부분합' 대화상자에서 그림과 같이 지정한 후 〈확인〉을 클릭한다.

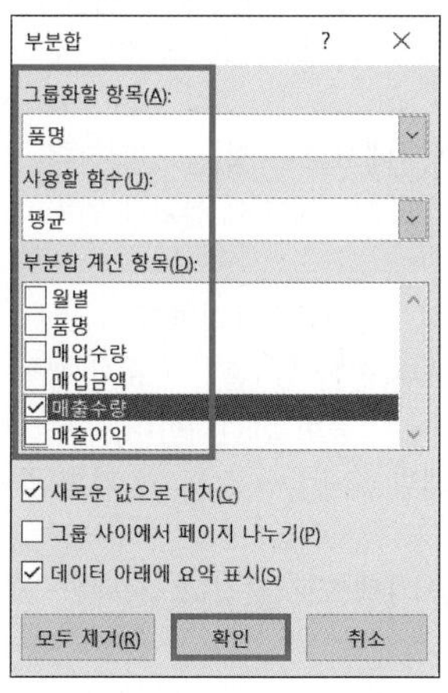

5. '품명'별 '매출이익'의 합계를 계산하기 위해 [데이터] → 개요 → **부분합**을 클릭한다.
6. '부분합' 대화상자에서 그림과 같이 지정하고, '새로운 값으로 대치'를 해제한 후 〈확인〉을 클릭한다.

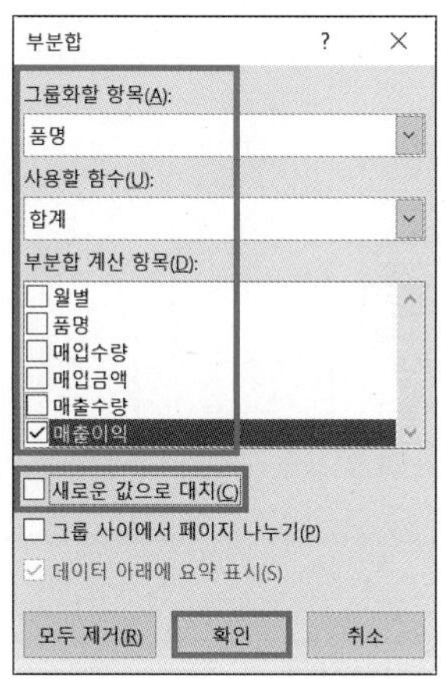

02. 통합

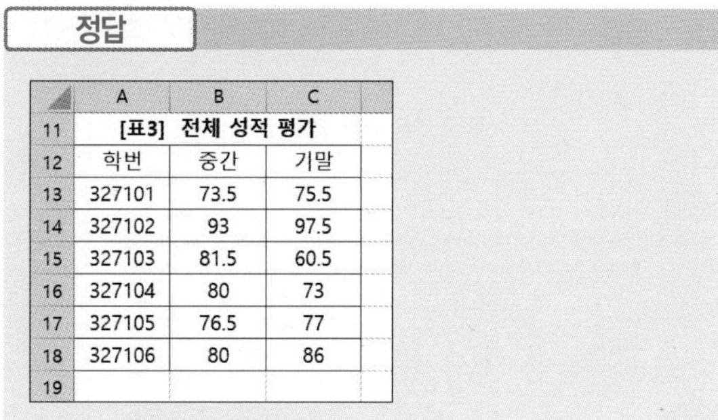

정답

	A	B	C
11	[표3] 전체 성적 평가		
12	학번	중간	기말
13	327101	73.5	75.5
14	327102	93	97.5
15	327103	81.5	60.5
16	327104	80	73
17	327105	76.5	77
18	327106	80	86
19			

1. [A12:C18] 영역을 블록으로 지정한 후 [데이터] → 데이터 도구 → **통합**을 클릭한다.
2. '통합' 대화상자에서 함수, 참조 범위, 사용할 레이블을 그림과 같이 지정한 후 〈확인〉을 클릭한다.

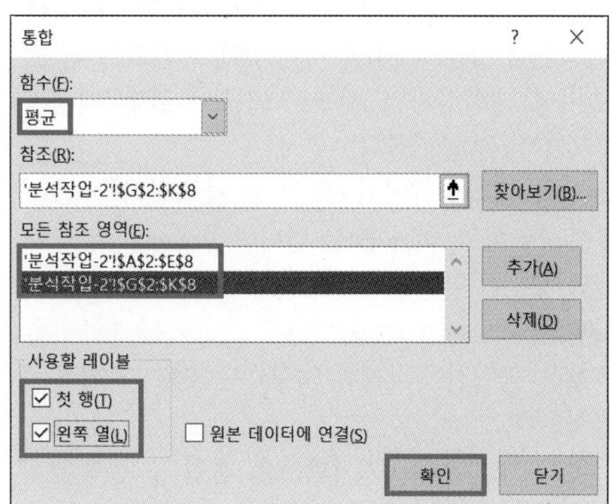

03. 목표값 찾기

정답

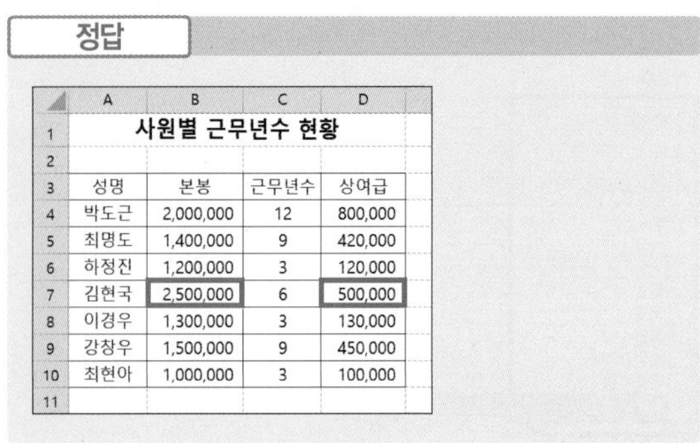

	A	B	C	D
1	사원별 근무년수 현황			
2				
3	성명	본봉	근무년수	상여금
4	박도근	2,000,000	12	800,000
5	최명도	1,400,000	9	420,000
6	하정진	1,200,000	3	120,000
7	김현국	2,500,000	6	500,000
8	이경우	1,300,000	3	130,000
9	강창우	1,500,000	9	450,000
10	최현아	1,000,000	3	100,000
11				

1. [데이터] → 예측 → 가상 분석 → **목표값 찾기**를 선택한다.
2. '목표값 찾기' 대화상자에서 수식 셀, 찾는 값, 값을 바꿀 셀을 그림과 같이 지정한 후 〈확인〉을 클릭한다.
3. '목표값 찾기 상태' 대화상자에서 〈확인〉을 클릭한다.

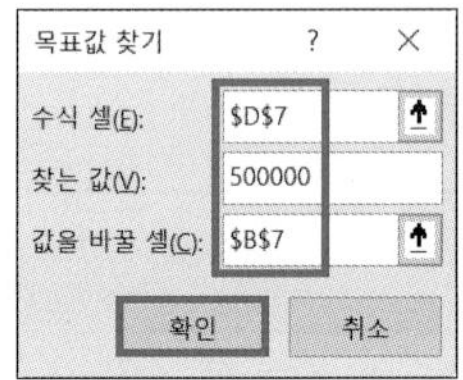

문제 4 기타작업

01. 매크로

정답

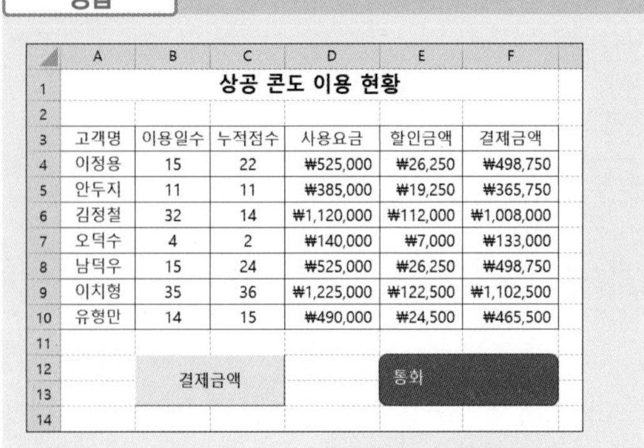

	A	B	C	D	E	F
1	상공 콘도 이용 현황					
2						
3	고객명	이용일수	누적점수	사용요금	할인금액	결제금액
4	이정용	15	22	₩525,000	₩26,250	₩498,750
5	안두지	11	11	₩385,000	₩19,250	₩365,750
6	김정철	32	14	₩1,120,000	₩112,000	₩1,008,000
7	오덕수	4	2	₩140,000	₩7,000	₩133,000
8	남덕우	15	24	₩525,000	₩26,250	₩498,750
9	이치형	35	36	₩1,225,000	₩122,500	₩1,102,500
10	유형만	14	15	₩490,000	₩24,500	₩465,500
11						
12		결제금액			통화	
13						
14						

1 '결제금액' 매크로

1. [개발 도구] → 컨트롤 → 삽입 → 양식 컨트롤 → ▭(**단추**)를 선택한 후 [B12:C13] 영역에 맞게 드래그한다.
2. '매크로 지정' 대화상자의 '매크로 이름'에 **결제금액**을 입력한 후 〈기록〉을 클릭한다.
3. '매크로 기록' 대화상자에서 〈확인〉을 클릭한다.
4. [F4] 셀을 클릭하고, **=D4-E4**를 입력한 후 Enter를 누른다.
5. [F4] 셀의 채우기 핸들을 [F10] 셀까지 드래그하여 수식을 복사한다.
6. 임의의 셀을 클릭한 후 [개발 도구] → 코드 → **기록 중지**를 클릭한다.
7. 단추의 바로 가기 메뉴에서 **[텍스트 편집]**을 선택한 후 입력된 내용을 **결제금액**으로 수정한다.

2 '통화' 매크로

1. [삽입] → 일러스트레이션 → 도형 → 사각형 → **사각형: 둥근 모서리(▢)**를 선택한 후 [E12:F13] 영역에 맞게 드래그한다.
2. 도형의 바로 가기 메뉴에서 **[매크로 지정]**을 선택한다.
3. '매크로 지정' 대화상자의 '매크로 이름'에 **통화**를 입력한 후 〈기록〉을 클릭한다.
4. '매크로 기록' 대화상자에서 〈확인〉을 클릭한다.
5. [D4:F10] 영역을 블록으로 지정한 후 [홈] → 표시 형식 → 일반 (표시 형식)의 ⌄ → **통화**를 선택한다.
6. 임의의 셀을 클릭한 후 [개발 도구] → 코드 → **기록 중지**를 클릭한다.
7. 도형의 바로 가기 메뉴에서 **[텍스트 편집]**을 선택한 후 **통화**를 입력한다.

02. 차트

1 데이터 계열 삭제

그림 영역에서 '최종점수' 계열을 선택한 후 Delete를 눌러 삭제한다.

3 세로(값) 축 서식 지정

1. 세로(값) 축 서식의 바로 가기 메뉴에서 **[축 서식]**을 선택한다.
2. '축 서식' 창의 [축 옵션] → (축 옵션) → **축 옵션**에서 경계의 '최대값'을 100, 단위의 '기본'을 25로 지정한 후 '닫기(☒)'를 클릭한다.

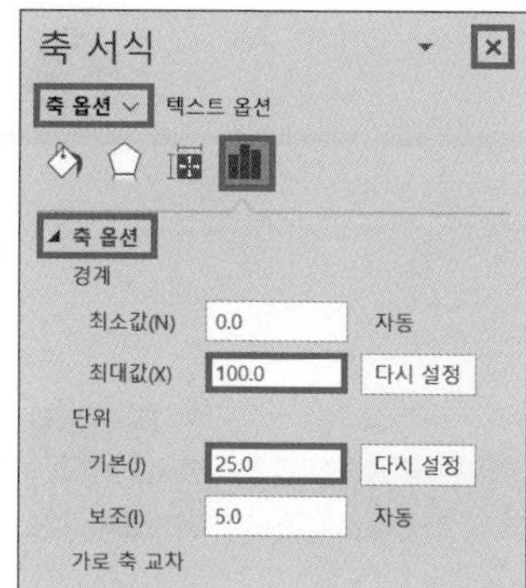

4 데이터 레이블 추가

1. '중간' 계열의 '이지형' 요소를 클릭한 후 다시 '이지형' 요소를 클릭한다.
2. '이지형' 요소만 선택된 상태에서 [차트 디자인] → 차트 레이아웃 → 차트 요소 추가 → 데이터 레이블 → **안쪽 끝에**를 선택한다.

5 그림 영역 스타일 지정

그림 영역을 선택한 후 [서식] → 도형 스타일의 ▾ → **미세 효과 - 녹색, 강조 6**을 선택한다.

EXAMINATION

07회

기본 모의고사

• 준 비 하 세 요 : 'C:\길벗컴활2급\03 기본모의고사' 폴더에서 '07회.xlsm' 파일을 열어서 작업하시오.

문제 1 기본작업(20점) 주어진 시트에서 다음 과정을 수행하고 저장하시오.

1. '기본작업-1' 시트에 다음의 자료를 주어진 대로 입력하시오.

	A	B	C	D	E	F
1	등산동아리 회원					
2						
3	소속부서	직위	이름	입사일	거주지역	ID
4	기획조정실	대리	김혜란	2019-03-01	망원동	Pass-T
5	관리부	과장	최용석	2017-03-02	성산동	Pass-K
6	업무부	사원	정지혜	2021-04-05	서교동	Pass-M
7	관리부	과장	윤광수	2016-10-20	합정동	Sun-1
8	관리부	대리	최석훈	2018-10-21	공덕동	Sun-2
9	기획조정실	사원	김명윤	2022-10-22	염리동	Sun-3
10						

전문가의 조언

2.
• 메모를 삽입하는 바로 가기 키는 Shift+F2입니다.
• '셀 서식' 대화상자를 호출하는 바로 가기 키는 Ctrl+1입니다.
• 사용자 지정 표시 형식은 '셀 서식' 대화상자의 '표시 형식' 탭에서 지정하세요.

2. '기본작업-2' 시트에 대하여 다음의 지시사항을 처리하시오.

① [C1] 셀에 "2024년도 상반기"라는 메모를 삽입한 후 항상 표시되도록 지정하고, 메모 서식에서 맞춤 '자동 크기'를 설정하시오.

② [A3:A4], [B3:B4], [C3:G3] 영역은 '병합하고 가운데 맞춤', 글꼴 스타일 '굵은 기울임꼴'로 지정하시오.

③ [F5:F13] 영역은 소수 첫째 자리까지 지정하시오.

④ [G5:G13] 영역은 사용자 지정 표시 형식을 이용하여 문자 뒤에 "등급"을 [표시 예]와 같이 표시하시오. [표시 예 : A → A등급]

⑤ [A3:G13] 영역은 '모든 테두리(⊞)'로 적용하고, [A4:G4] 영역의 영역은 '아래쪽 이중 테두리(⊞)'를 적용하여 표시하시오.

3. 조건부 서식을 지정할 때는 반드시 문제에 제시된 범위를 정확히 지정한 후 조건을 적용해야 합니다.

3. '기본작업-3' 시트에서 다음의 지시사항을 처리하시오.

[C5:E12] 영역에서 '내신등급'이 70을 초과하는 셀에는 '진한 노랑 텍스트가 있는 노랑 채우기'를, [F5:G12] 영역에서 '면접'이 평균 미만인 셀에는 채우기 색을 '표준 색 – 빨강', 글꼴 색을 '표준 색 – 녹색'으로 지정하는 조건부 서식을 작성하시오.

▶ 단, 규칙 유형은 '셀 강조 규칙'과 '상위/하위 규칙'을 사용하시오.

4. '대'로 시작하거나 100 이상, 즉 '~이거나'는 OR 조건이므로 다른 행에 조건을 입력해야 합니다.

4. '기본작업-4' 시트에서 다음의 지시사항을 처리하시오.

'4분기 주식 거래현황' 표에서 종목명이 '대'로 시작하거나 보유량이 100 이상인 데이터를 고급 필터를 사용하여 검색하시오.

▶ 고급 필터 조건은 [A16:J18] 영역 내에 알맞게 입력하시오.

▶ 고급 필터 결과 복사 위치는 동일 시트 [A21] 셀에서 시작하시오.

문제 2 계산작업(40점) '계산작업' 시트에서 다음 과정을 수행하고 저장하시오.

1. [표1]에서 도착시간[C3:C10]과 출발시간[B3:B10]의 차이를 이용하여 요금[D3:D10]을 계산하시오.

▶ 요금은 10분당 1,200원임
▶ HOUR, MINUTE 함수 사용

2. [표2]에서 면접점수[G3:G10]의 순위가 1~3위거나 필기점수[H3:H10]의 순위가 1~3위면 "통과"를, 그렇지 않으면 공백을 결과[I3:I10]에 표시하시오.

▶ 순위는 값이 가장 큰 것이 1위
▶ IF, OR, RANK.EQ 함수 사용

3. [표3]에서 부서명[B14:B21]이 "판매부"이면서 직위[C14:C21]가 "대리"인 직원들의 성과급[D14:D21] 합계를 [D22] 셀에 계산하시오.

▶ SUMIF, COUNTIF, SUMIFS, COUNTIFS 함수 중 알맞은 함수 사용

4. [표4]에서 사원코드[G14:G21]의 첫 번째 문자와 소속코드표[F24:I25]를 이용하여 소속[H14:H21]을 표시하시오.

▶ HLOOKUP, LEFT 함수 사용

5. [표5]에서 기록[B26:B33]에 대한 순위를 구하여 순위[C26:C33]에 표시하시오.

▶ 순위는 기록이 가장 빠른 것이 1위
▶ 기록이 비어있는 경우 "실격"으로 표시
▶ IFERROR, RANK.EQ 함수 사용

전문가의 조언

1. 요금은 10분당 1,200원이므로 '(도착시간의 시 – 출발시간의 시)×6×1200 + (도착시간의 분 – 출발시간의 분)/10×1200'으로 구하면 됩니다.

2. 값이 가장 큰 것이 1위라는 것은 내림차순을 의미합니다.

3. 여러 개의 조건일 경우 함수 이름에 'IFS'가 포함되고, 합계를 구할 경우 함수명에 'SUM'이 포함되는 함수를 사용해야 합니다.

5. 기록이 가장 빠른 것이 1위라는 것은 오름차순을 의미합니다.

문제 3 분석작업(20점) 주어진 시트에서 다음 작업을 수행하고 저장하시오.

1. '분석작업-1' 시트에 대하여 다음의 지시사항을 처리하시오.

[부분합] 기능을 이용하여 '한국상사의 상품매입현황' 표에 〈그림〉과 같이 상품명별 '매입수량'의 합계를 계산한 후 '매입금액'의 최대를 계산하시오.

▶ 정렬은 '상품명'을 기준으로 내림차순으로 처리하시오.
▶ 합계와 최대는 위에 명시된 순서대로 처리하시오.

1.
- 부분합을 수행하려면 먼저 그룹화할 항목을 기준으로 정렬을 수행해야 합니다.
- 중첩 부분합 수행 시 두 번째 부분합부터는 반드시 '새로운 값으로 대치' 항목을 해제해야 합니다.

	A	B	C	D	E	F
1		**한국상사의 상품매입현황**				
2						
3	날짜	상품명	매입단가	매입수량	매입금액	매입처
4	10월 11일	파일	9,800	15	147,000	효성상사
5	10월 7일	파일	980	30	29,400	대우상사
6		**파일 최대**			147,000	
7		**파일 요약**		45		
8	10월 15일	장부	20,000	40	800,000	롯데상사
9	10월 14일	장부	20,000	24	480,000	롯데상사
10		**장부 최대**			800,000	
11		**장부 요약**		64		
12	10월 8일	용지(A4)	10,580	11	116,380	새한상사
13	10월 1일	용지(A4)	10,580	10	105,800	새한상사
14		**용지(A4) 최대**			116,380	
15		**용지(A4) 요약**		21		
16	10월 15일	용지(A3)	15,560	20	91,200	새한상사
17	10월 6일	용지(A3)	15,560	19	86,640	새한상사
18		**용지(A3) 최대**			91,200	
19		**용지(A3) 요약**		39		
20	10월 6일	샤프	600	5	3,000	삼성상사
21	10월 5일	샤프	600	11	6,600	삼성상사
22		**샤프 최대**			6,600	
23		**샤프 요약**		16		
24	10월 15일	USB	1,200	20	24,000	동아상사
25	10월 9일	USB	1,200	60	72,000	동아상사
26		**USB 최대**			72,000	
27		**USB 요약**		80		
28		**전체 최대값**			800,000	
29		**총합계**		265		
30						

2. '분석작업-2' 시트에 대하여 다음의 지시사항을 처리하시오.

[피벗 테이블] 기능을 이용하여 '부서별 근무년수 현황' 표의 성명은 '필터', 부서는 '행', 직위는 '열'로 처리하고, '값'에는 근무년수의 최소값을 계산하시오.

▶ 피벗 테이블 보고서는 동일 시트의 [A16] 셀에서 시작하시오.

▶ 피벗 테이블 보고서는 행 및 열의 총합계를 해제하시오.

3. 오자가 생기지 않게 차분히 입력하세요. 오자로 인해 잘못된 결과가 산출되면 점수는 없어요!

3. '분석작업-3' 시트에 대하여 다음의 지시사항을 처리하시오.

[시나리오 관리자] 기능을 이용하여 '일일 가공 현황' 표에서 목표수익률[B3]이 다음과 같이 변동하는 경우 목표매출액 평균[H14]의 변동 시나리오를 작성하시오.

▶ [B3] 셀의 이름은 '목표수익률', [H14] 셀의 이름은 '목표매출액평균'으로 정의하시오.

▶ 시나리오1 : 시나리오 이름은 '목표수익률증가1', 목표수익률을 20%로 설정하시오.

▶ 시나리오2 : 시나리오 이름은 '목표수익률증가2', 목표수익률을 25%로 설정하시오.

▶ 시나리오3 : 시나리오 이름은 '목표수익률증가3', 목표수익률을 30%로 설정하시오.

▶ 시나리오 요약 시트는 '분석작업-3' 시트의 바로 왼쪽에 위치해야 함

※ 시나리오 요약 보고서 작성 시 정답과 일치하여야 하며, 오자로 인한 부분 점수는 인정하지 않음

문제 4 기타작업(20점) 주어진 시트에서 다음 작업을 수행하고 저장하시오.

1. '매크로작업' 시트의 [표]에서 다음과 같은 기능을 수행하는 매크로를 현재 통합 문서에 작성하고 실행하시오.

① [E4:E12] 영역에 중간고사의 평균을 계산하는 매크로를 생성하여 실행하시오.
▶ 매크로 이름 : 평균
▶ AVERAGE 함수 사용
▶ [개발 도구] → [컨트롤] → [삽입] → [양식 컨트롤]의 '단추(□)'를 동일 시트의 [G3:H5] 영역에 생성하고, 텍스트를 "평균"으로 입력한 후 단추를 클릭할 때 '평균' 매크로가 실행되도록 설정하시오.

② [E4:E12] 영역에 표시 형식을 소수점 이하 첫째 자리로 적용하는 매크로를 생성하여 실행하시오.
▶ 매크로 이름 : 소수
▶ [삽입] → [일러스트레이션] → [도형] → [기본 도형]의 '사각형: 빗면(□)'을 동일 시트의 [G7:H9] 영역에 생성하고, 텍스트를 "소수"로 입력한 후 도형을 클릭할 때 '소수' 매크로가 실행되도록 설정하시오.

※ 셀 포인터의 위치에 상관없이 현재 통합 문서에서 매크로가 실행되어야 정답으로 인정됨

2. '차트작업' 시트의 차트를 지시사항에 따라 아래 〈그림〉과 같이 수정하시오.

※ 차트는 반드시 문제에서 제공한 차트를 사용하여야 하며, 신규로 작성 시 0점 처리됨

① '경기 대리점 판매현황' 표에서 '목표량', '판매량'만 차트에 표시되도록 데이터 범위를 수정하고, 가로(항목) 축을 〈그림〉과 같이 지정하시오.

② '목표량' 계열의 차트 종류를 '표식이 있는 꺾은선형'으로 변경하고, 선 스타일을 '완만한 선'으로 지정하시오.

③ 범례에 대하여 글꼴 크기 11, 테두리 '실선', 테두리 색 '검정, 텍스트 1', 채우기 색 '흰색, 배경 1', 테두리에 그림자 '오프셋: 오른쪽 아래'를 지정하시오.

④ [서식] → 도형 삽입 → 설명선: 굽은 이중선을 사용하여 '최저판매량'이라고 설명선을 추가하고, 글꼴 '굴림', 글꼴 색 '검정, 텍스트 1', 선 색 '빨강', 선 너비 '1pt', 채우기 색 '흰색, 배경1'로 설정한 후 설명선의 크기를 텍스트의 크기에 맞추시오.

⑤ 차트 영역의 테두리는 테두리 색 '표준 색 – 파랑, '둥근 모서리'로 지정하시오.

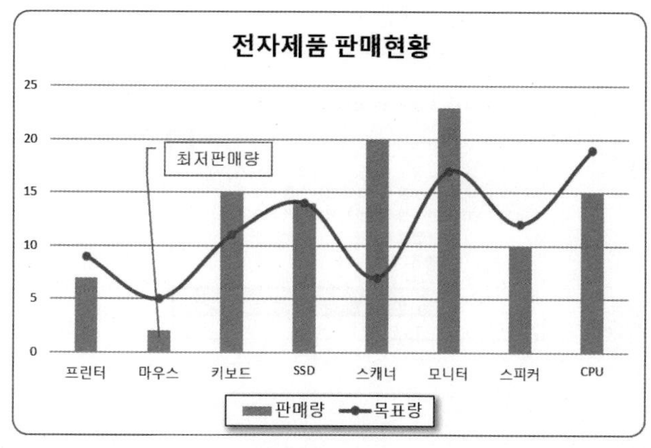

전문가의 조언

2. 현재 차트에서 특정 계열을 제거하려면 해당 데이터 계열을 선택한 후 Delete를 누르면 되고, 가로(항목) 축은 '데이터 원본 선택' 대화상자에서 지정합니다.

기본 모의고사 정답 및 해설

문제 1 기본작업

02. 셀 서식

정답

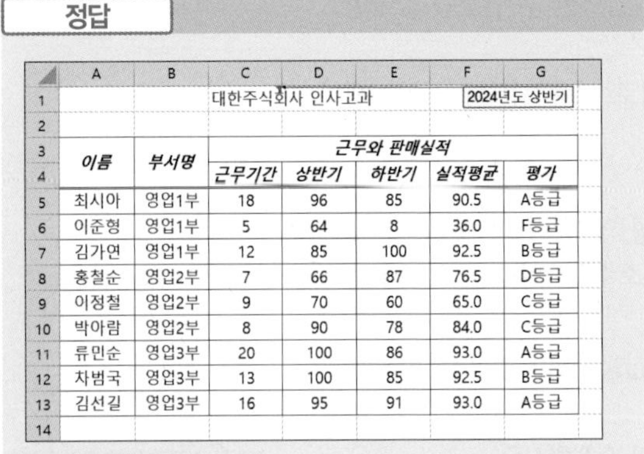

	A	B	C	D	E	F	G
1			대한주식회사 인사고과			2024년도 상반기	
2							
3	이름	부서명	근무와 판매실적				
4			근무기간	상반기	하반기	실적평균	평가
5	최시아	영업1부	18	96	85	90.5	A등급
6	이준형	영업1부	5	64	8	36.0	F등급
7	김가연	영업1부	12	85	100	92.5	B등급
8	홍철순	영업2부	7	66	87	76.5	D등급
9	이정철	영업2부	9	70	60	65.0	C등급
10	박아람	영업2부	8	90	78	84.0	C등급
11	류민순	영업3부	20	100	86	93.0	A등급
12	차범국	영업3부	13	100	85	92.5	B등급
13	김선길	영업3부	16	95	91	93.0	A등급
14							

4 사용자 지정 표시 형식

1. [G5:G13] 영역을 블록으로 지정한 후 Ctrl + 1을 누른다.
2. '셀 서식' 대화상자의 '표시 형식' 탭에서 범주와 형식을 그림과 같이 지정한 후 〈확인〉을 클릭한다.

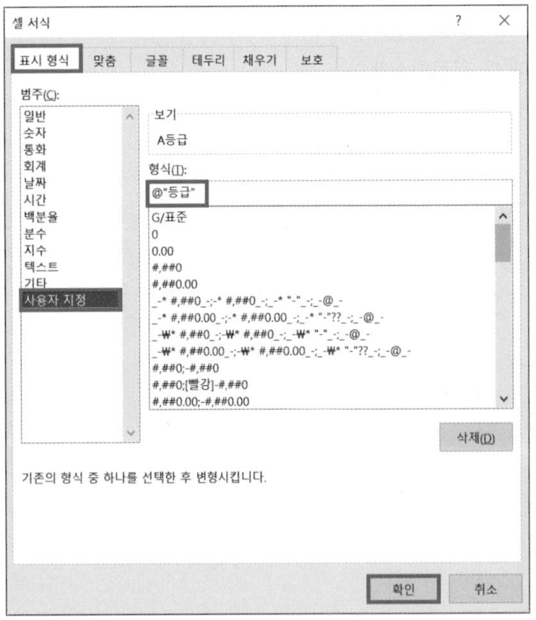

03. 조건부 서식

정답

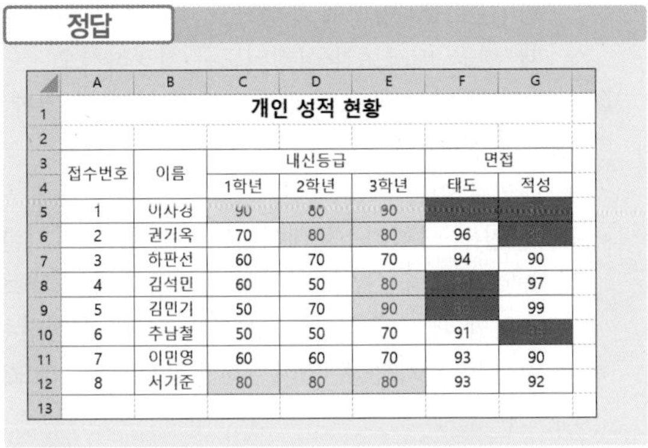

	A	B	C	D	E	F	G
1	개인 성적 현황						
2							
3	접수번호	이름	내신등급			면접	
4			1학년	2학년	3학년	태도	적성
5	1	이사강	90	80	90		
6	2	권기옥	70	80	80	96	
7	3	하판선	60	70	70	94	90
8	4	김석민	60	50	80		97
9	5	김민기	50	70	90		99
10	6	추남철	50	50	70	91	
11	7	이민영	60	60	70	93	90
12	8	서기준	80	80	80	93	92
13							

1. [C5:E12] 영역을 블록으로 지정한 후 [홈] → 스타일 → 조건부 서식 → 셀 강조 규칙 → **보다 큼**을 선택한다.
2. '보다 큼' 대화상자에서 '값'은 70을, '적용할 서식'은 '진한 노랑 텍스트가 있는 노랑 채우기'를 지정한 후 〈확인〉을 클릭한다.

3. [F5:G12] 영역을 블록으로 지정한 후 [홈] → 스타일 → 조건부 서식 → 상위/하위 규칙 → **평균 미만**을 선택한다.
4. '평균 미만' 대화상자에서 '적용할 서식'의 '사용자 지정 서식'을 선택한다.

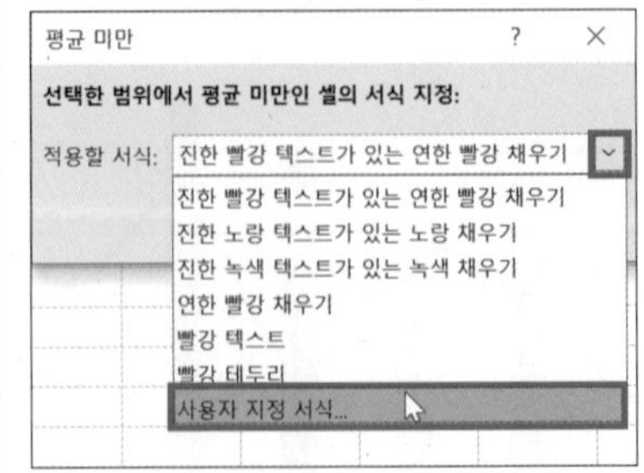

5. '셀 서식' 대화상자의 '글꼴' 탭에서 글꼴 색 '녹색'을, '채우기' 탭에서 배경색 '빨강'을 지정한 후 〈확인〉을 클릭한다.

6. '평균 미만' 대화상자에서도 〈확인〉을 클릭한다.

04. 고급 필터

정답

	A	B	C	D	E	F	G	H	I	J
15										
16	종목명	보유량								
17	대*									
18		>=100								
19										
20	주식 종목									
21	종목명	매수가	보유량	매수금액	매수 수수료	매수단가	현재가	현재금액	평가손익	수익률
22	대한제약	18,500	30	555,000	1,388	19,888	25,000	750,000	195,000	35%
23	상공증권	8,700	295	2,566,500	6,416	15,116	7,650	2,256,750	-309,750	-12%
24	대연주조	9,900	10	99,000	248	10,148	7,700	77,000	-22,000	-22%
25	KR타이어	23,000	273	6,279,000	15,698	38,698	25,000	6,825,000	546,000	8%
26	대신전자	25,000	30	750,000	1,875	26,875	89,000	2,670,000	1,920,000	255%
27	진텔레콤	6,600	120	792,000	1,980	8,580	12,000	1,440,000	648,000	81%
28	대운건설	20,000	200	4,000,000	10,000	30,000	23,500	4,700,000	700,000	17%
29										

1. [A16:B18] 영역에 그림과 같이 조건을 입력한다.

	A	B	C
15			
16	종목명	보유량	
17	대*		
18		>=100	
19			

2. 데이터 영역의(A3:J13) 임의의 셀을 선택한 후 [데이터] → 정렬 및 필터 → **고급**을 클릭한다.

3. '고급 필터' 대화상자에서 그림과 같이 지정한 후 〈확인〉을 클릭한다.

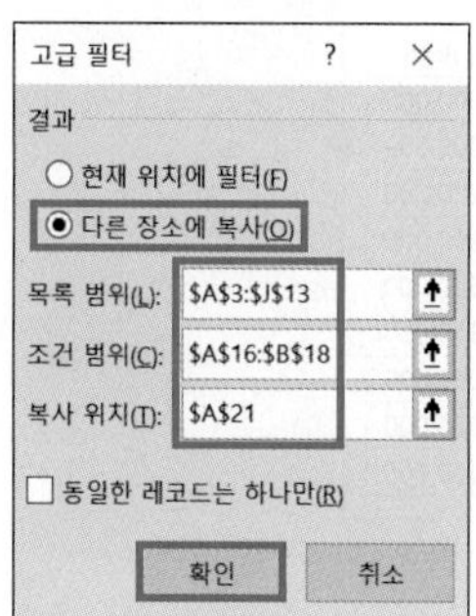

문제 2 계산작업

01. 요금

정답

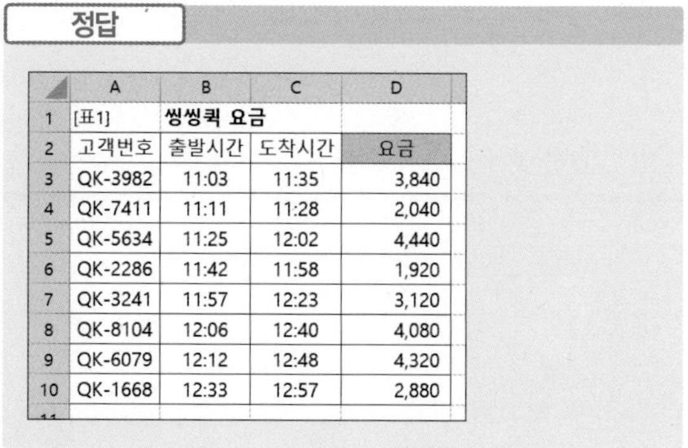

	A	B	C	D
1	[표1]	씽씽퀵 요금		
2	고객번호	출발시간	도착시간	요금
3	QK-3982	11:03	11:35	3,840
4	QK-7411	11:11	11:28	2,040
5	QK-5634	11:25	12:02	4,440
6	QK-2286	11:42	11:58	1,920
7	QK-3241	11:57	12:23	3,120
8	QK-8104	12:06	12:40	4,080
9	QK-6079	12:12	12:48	4,320
10	QK-1668	12:33	12:57	2,880

[D3] : =HOUR(C3−B3)*6*1200 + MINUTE(C3−B3)/10*1200

02. 결과

정답

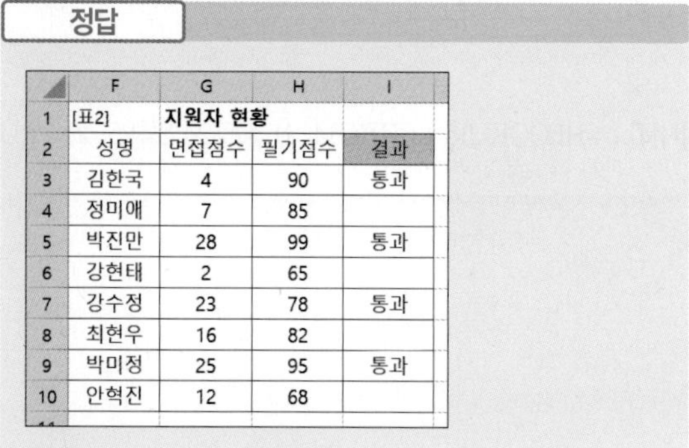

	F	G	H	I
1	[표2]	지원자 현황		
2	성명	면접점수	필기점수	결과
3	김한국	4	90	통과
4	정미애	7	85	
5	박진만	28	99	통과
6	강현태	2	65	
7	강수정	23	78	통과
8	최현우	16	82	
9	박미정	25	95	통과
10	안혁진	12	68	

[I3] : =IF(OR(RANK.EQ(G3, $G$3:$G$10)〈=3, RANK.EQ(H3, $H$3:$H$10)〈=3), "통과", " ")

03. 판매부 대리 합계

정답

	A	B	C	D
12	[표3]	성과급		
13	성명	부서명	직위	성과급
14	전현수	영업부	대리	1,500,000
15	김명훈	영업부	과장	2,000,000
16	하현호	판매부	대리	1,700,000
17	강진성	판매부	과장	2,200,000
18	박희선	판매부	대리	1,600,000
19	엄정희	영업부	대리	1,600,000
20	이성식	판매부	사원	1,250,000
21	김영희	영업부	사원	1,300,000
22	판매부 대리 합계			3,300,000

[D22] : =SUMIFS(D14:D21, B14:B21, "판매부", C14:C21, "대리")

04. 소속

정답

	F	G	H	I
12	[표4]	인사 자료		
13	성명	사원코드	소속	평점
14	김진국	Y120	영업부	87
15	박동희	K250	관리부	64
16	서영수	Y320	영업부	72
17	강남영	P952	판매부	70
18	명운수	G650	경리부	86
19	이성철	K320	관리부	72
20	김소연	G623	경리부	70
21	최고수	Y012	영업부	68
22				
23	<소속코드표>			
24	Y	K	G	P
25	영업부	관리부	경리부	판매부

[H14] : =HLOOKUP(LEFT(G14, 1), $F$24:$I$25, 2, FALSE)

05. 순위

정답

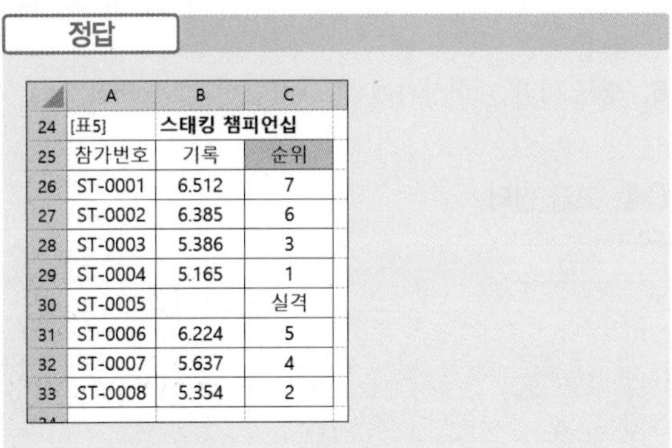

	A	B	C
24	[표5]	스태킹 챔피언십	
25	참가번호	기록	순위
26	ST-0001	6.512	7
27	ST-0002	6.385	6
28	ST-0003	5.386	3
29	ST-0004	5.165	1
30	ST-0005		실격
31	ST-0006	6.224	5
32	ST-0007	5.637	4
33	ST-0008	5.354	2

[C26] : =IFERROR(RANK.EQ(B26, $B$26:$B$33, 1), "실격")

문제 3 분석작업

01. 부분합

1. 데이터 영역(A3:F15)의 임의의 셀을 선택한 후 [데이터] → 정렬 및 필터 → **정렬**을 클릭한다.
2. '정렬' 대화상자에서 그림과 같이 지정한 후 〈확인〉을 클릭한다.

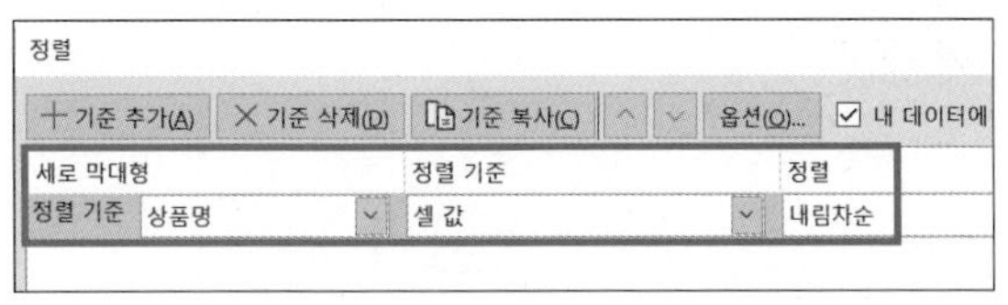

3. 데이터 영역(A3:F15) 안에 셀 포인터가 놓여 있는 상태에서 [데이터] → 개요 → **부분합**을 클릭한다.
4. '부분합' 대화상자에서 그림과 같이 지정한 후 〈확인〉을 클릭한다.

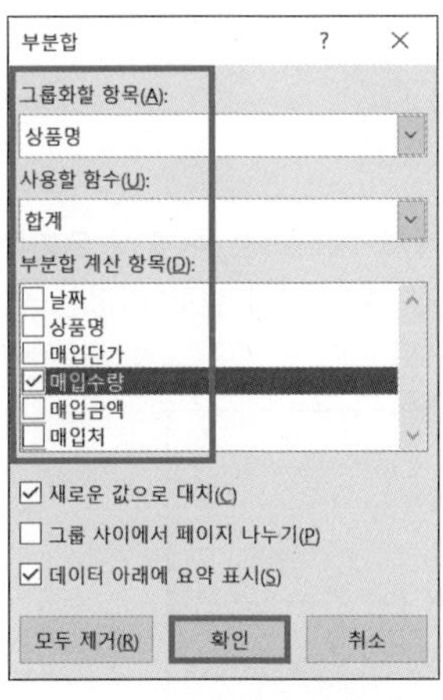

5. '상품명'별 '매입금액'의 최대를 계산하기 위해 [데이터] → 개요 → **부분합**을 클릭한다.
6. '부분합' 대화상자에서 그림과 같이 지정하고, '새로운 값으로 대치'를 해제한 후 〈확인〉을 클릭한다.

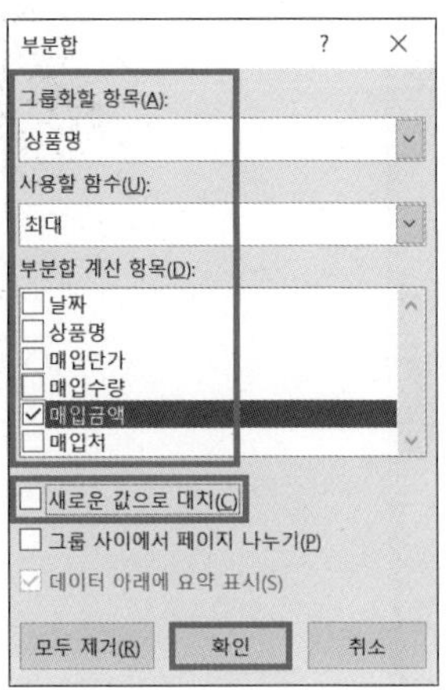

02. 피벗 테이블

정답

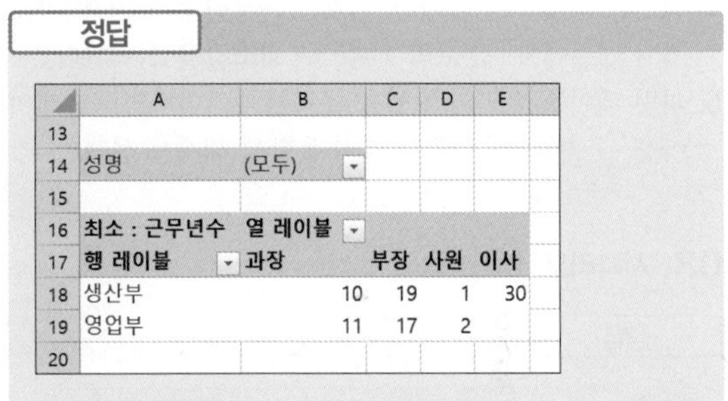

	A	B	C	D	E
13					
14	성명	(모두)			
15					
16	최소 : 근무년수	열 레이블			
17	행 레이블	과장	부장	사원	이사
18	생산부	10	19	1	30
19	영업부	11	17	2	
20					

1. 데이터 영역(A3:E11)의 임의의 셀을 선택한 후 [삽입] → 표 → **(피벗 테이블)**을 클릭한다.
2. '피벗 테이블 만들기' 대화상자에서 피벗 테이블을 넣을 위치를 '기존 워크시트', 'A16'으로 지정한 후 〈확인〉을 클릭한다.
3. '피벗 테이블 필드' 창에서 그림과 같이 각 필드를 지정한다.

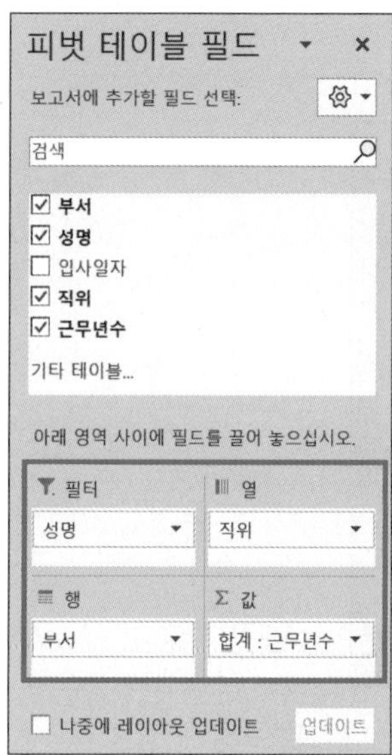

4. 작성된 피벗 테이블에서 '합계 : 근무년수(A16)'의 바로 가기 메뉴에서 [값 요약 기준] → **최소값**을 선택한다.
5. 피벗 테이블의 임의의 셀을 클릭한 후 [디자인] → 레이아웃 → 총합계 → **행 및 열의 총합계 해제**를 선택한다.

03. 시나리오

정답

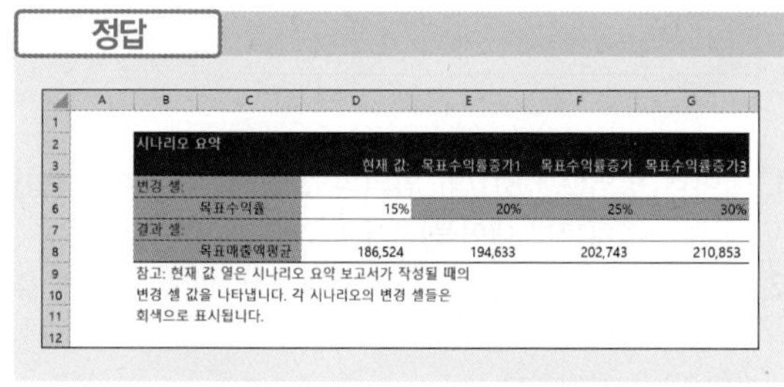

	A	B	C	D	E	F	G
1							
2		시나리오 요약					
3				현재 값:	목표수익률증가1	목표수익률증가	목표수익률증가3
5		변경 셀:					
6			목표수익률	15%	20%	25%	30%
7		결과 셀:					
8			목표매출액평균	186,524	194,633	202,743	210,853
9		참고: 현재 값 열은 시나리오 요약 보고서가 작성될 때의					
10		변경 셀 값을 나타냅니다. 각 시나리오의 변경 셀들은					
11		회색으로 표시됩니다.					
12							

1. [B3] 셀을 클릭하고 이름 상자에 **목표수익률**을 입력한 후 Enter를 누른다.
2. 동일한 방법으로 [H14] 셀의 이름을 **목표매출액평균**으로 정의한다.
3. [데이터] → 예측 → 가상 분석 → **시나리오 관리자**를 선택한다.
4. '시나리오 관리자' 대화상자에서 〈추가〉를 클릭한다.
5. '시나리오 추가' 대화상자에서 '시나리오 이름'에 **목표수익률증가1**을 입력하고, 변경 셀을 [B3] 셀로 지정한 후 〈확인〉을 클릭한다.

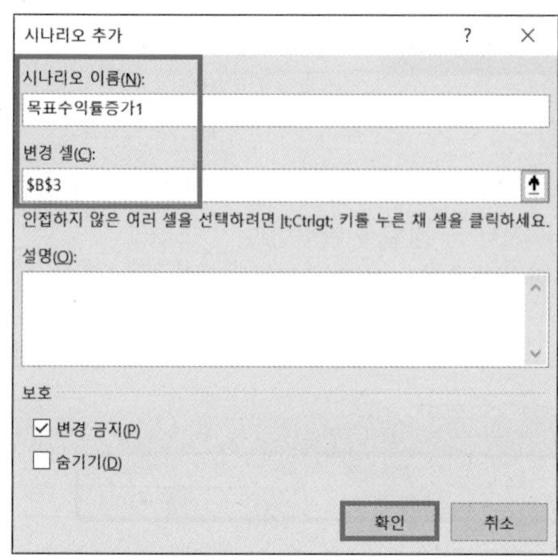

6. '시나리오 값' 대화상자의 변경될 값에 **20%**를 입력한 후 〈추가〉를 클릭한다.

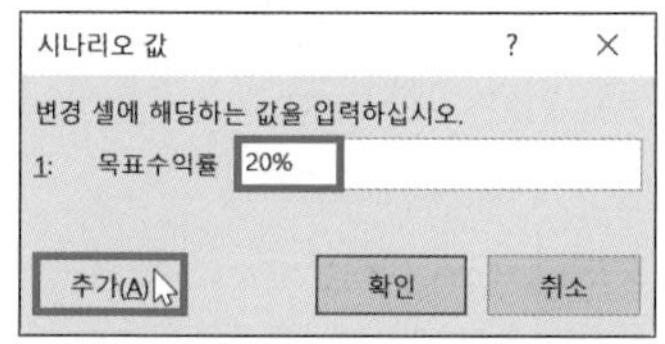

7. '시나리오 추가' 대화상자에서 '시나리오 이름'에 **목표수익률증가2**를 입력하고, 변경 셀을 [B3] 셀로 지정한 후 〈확인〉을 클릭한다.

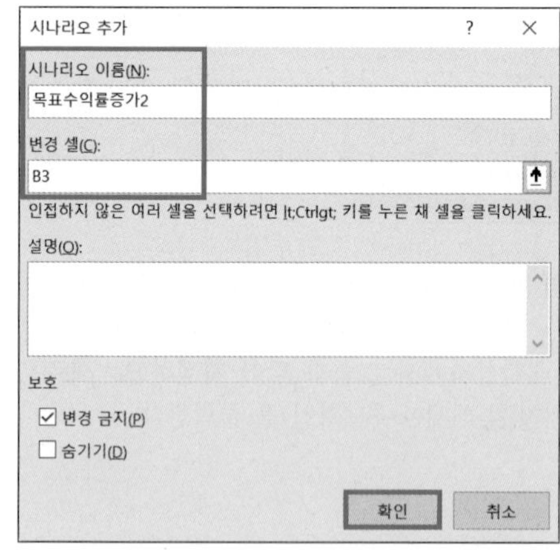

8. '시나리오 값' 대화상자의 변경될 값에 **25%**를 입력한 후 〈추가〉를 클릭한다.

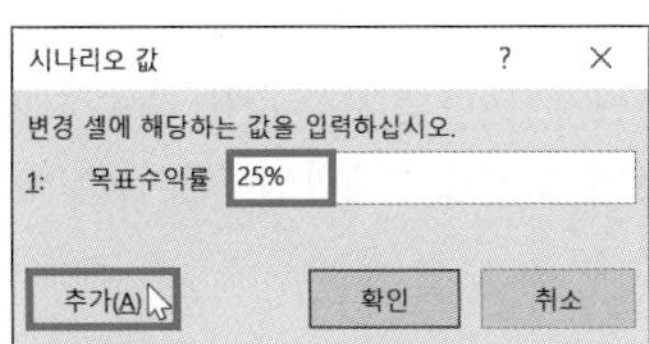

9. '시나리오 추가' 대화상자에서 '시나리오 이름'에 **목표수익률증가3**을 입력하고, 변경 셀을 [B3] 셀로 지정한 후 〈확인〉을 클릭한다.

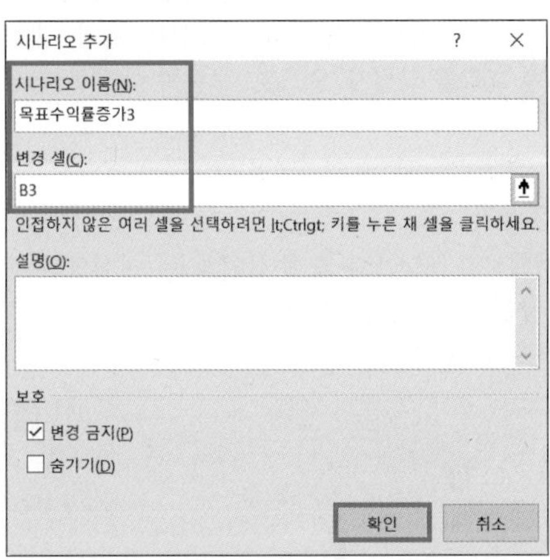

10. '시나리오 값' 대화상자의 변경될 값에 **30%**를 입력한 후 〈확인〉을 클릭한다.

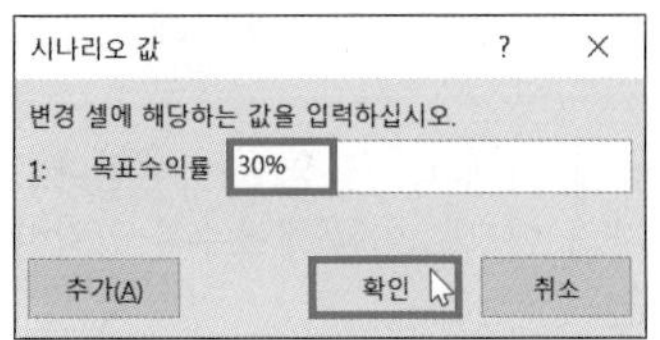

11. '시나리오 관리자' 대화상자에서 〈요약〉을 클릭한다.
12. '시나리오 요약' 대화상자에서 보고서 종류를 '시나리오 요약', 결과 셀을 [H14] 셀로 지정한 후 〈확인〉을 클릭한다.

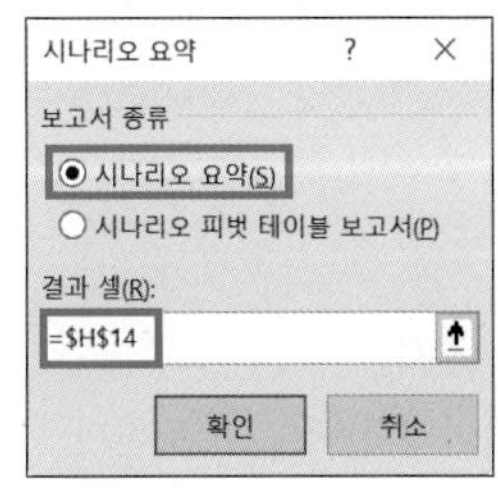

문제 4 기타작업

01. 매크로

정답

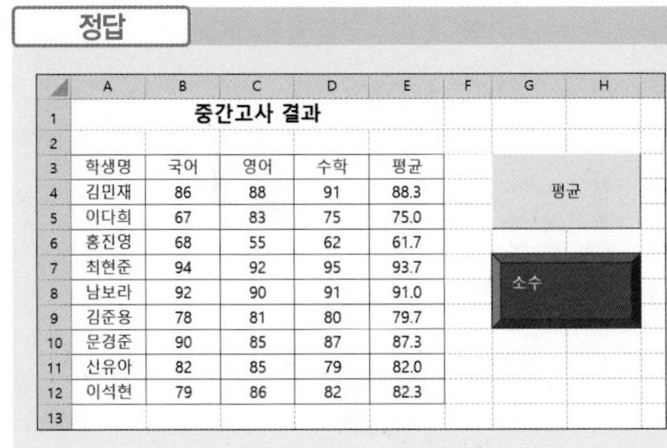

	A	B	C	D	E	F	G	H
1	중간고사 결과							
2								
3	학생명	국어	영어	수학	평균			
4	김민재	86	88	91	88.3			
5	이다희	67	83	75	75.0			
6	홍진영	68	55	62	61.7			
7	최현준	94	92	95	93.7			
8	남보라	92	90	91	91.0			
9	김준용	78	81	80	79.7			
10	문경준	90	85	87	87.3			
11	신유아	82	85	79	82.0			
12	이석현	79	86	82	82.3			
13								

1 '평균' 매크로

1. [개발 도구] → 컨트롤 → 삽입 → 양식 컨트롤 → **□(단추)**를 선택한 후 [G3:H5] 영역에 맞게 드래그한다.
2. '매크로 지정' 대화상자의 '매크로 이름'에 **평균**을 입력한 후 〈기록〉을 클릭한다.
3. '매크로 기록' 대화상자에서 〈확인〉을 클릭한다.
4. [E4] 셀을 클릭하고, **=AVERAGE(B4:D4)**를 입력한 후 Enter를 누른다.
5. [E4] 셀의 채우기 핸들을 [E12] 셀까지 드래그하여 수식을 복사한다.
6. 임의의 셀을 클릭한 후 [개발 도구] → 코드 → **기록 중지**를 클릭한다.
7. 단추의 바로 가기 메뉴에서 **[텍스트 편집]**을 선택한 후 입력된 내용을 **평균**으로 수정한다.

2 '소수' 매크로

1. [삽입] → 일러스트레이션 → 도형 → 기본 도형 → **사각형: 빗면(□)**을 선택한 후 [G7:H9] 영역에 맞게 드래그한다.
2. 도형의 바로 가기 메뉴에서 **[매크로 지정]**을 선택한다.
3. '매크로 지정' 대화상자의 '매크로 이름'에 **소수**를 입력한 후 〈기록〉을 클릭한다.
4. '매크로 기록' 대화상자에서 〈확인〉을 클릭한다.
5. [E4:E12] 영역을 블록으로 지정한 후 [홈] → 표시 형식 → **(자릿수 줄임)**을 4번 클릭한다.
6. 임의의 셀을 클릭한 후 [개발 도구] → 코드 → **기록 중지**를 클릭한다.
7. 도형의 바로 가기 메뉴에서 **[텍스트 편집]**을 선택한 후 **소수**를 입력한다.

02. 차트

1 데이터 계열 삭제 및 가로(항목) 축 지정

1. 차트의 바로 가기 메뉴에서 **[데이터 선택]**을 선택한다.
2. '데이터 원본 선택' 대화상자에서 '판매액'을 선택한 후 〈제거〉를 클릭한다.

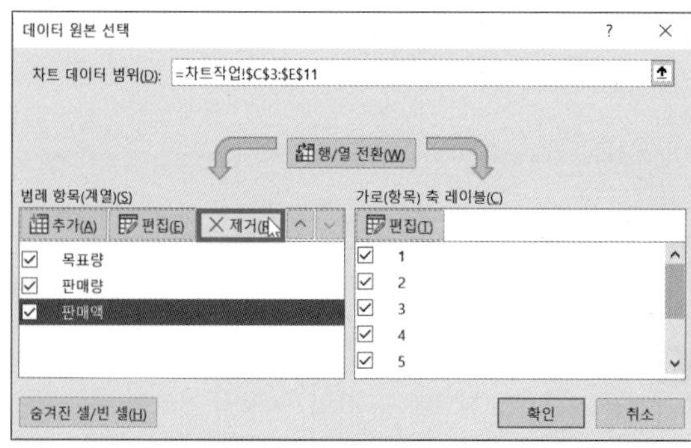

3. 이어서 '가로(항목) 축 레이블'의 〈편집〉을 클릭한다.
4. '축 레이블' 대화상자의 '축 레이블 범위'에 입력되어 있는 내용을 모두 삭제하고 [B4:B11] 영역을 지정한 후 〈확인〉을 클릭한다.

5. '데이터 원본 선택' 대화상자에서도 〈확인〉을 클릭한다.

2 선을 완만하게 지정

1. '목표량' 계열의 바로 가기 메뉴에서 **[데이터 계열 서식]**을 선택한다.
2. '데이터 계열 서식' 창에서 [계열 옵션] → (채우기 및 선) → 선 → 선 → **완만한 선**을 선택한 후 '닫기(☒)'를 클릭한다.

3 범례 서식 지정

1. 범례를 선택한 후 [홈] → **글꼴**에서 글꼴 크기를 11로 지정한다.
2. 범례가 선택된 상태에서 [서식] → **도형 스타일**에서 도형 채우기를 '흰색, 배경 1', 도형 윤곽선을 '검정, 텍스트 1', 도형 효과를 그림자 '오프셋: 오른쪽 아래'로 지정한다.

4 '설명선 3' 추가

1. 차트를 선택하고 [서식] → 도형 삽입의 ▾ → 설명선 → **설명선: 굽은 이중선(□)**을 선택한 후 적당한 크기로 드래그하여 삽입한다.

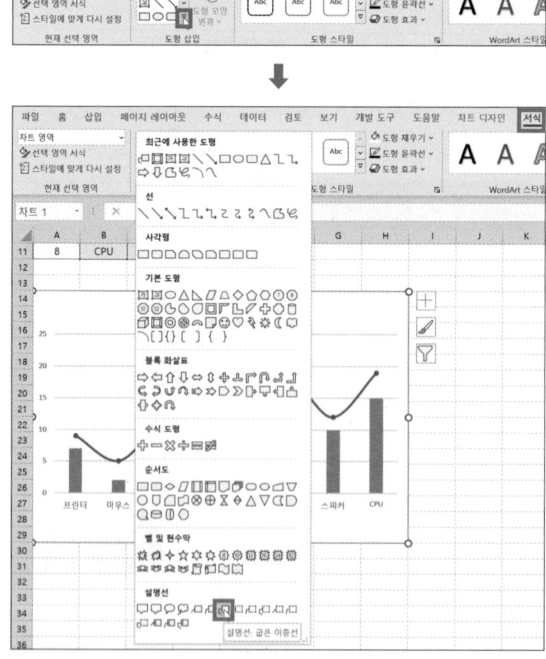

2. 삽입한 설명선에 **최저판매량**을 입력한다.

3. 설명선을 선택한 후 [홈] → **글꼴**에서 글꼴 '굴림', 글꼴 색(가) '검정, 텍스트 1', 채우기 색() '흰색, 배경 1'로 지정한다.
4. 설명선의 바로 가기 메뉴에서 **[개체 서식]**을 선택한다.
5. '도형 서식' 창의 [도형 옵션] → (채우기 및 선) → 선에서 색 '빨강', 너비 1 pt를 지정한다.

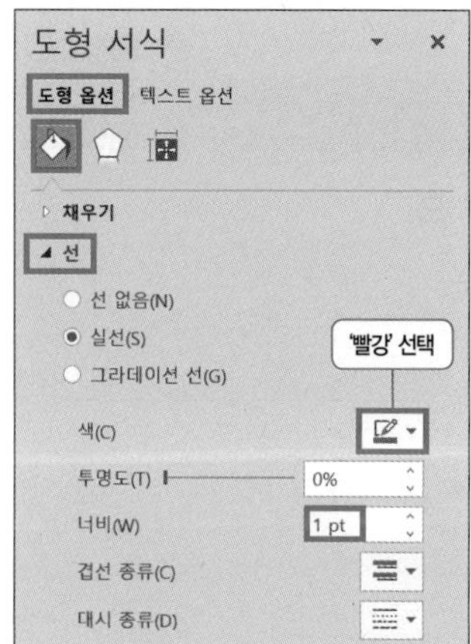

6. 이어서 '도형 서식' 창의 [텍스트 옵션] → (텍스트 상자) → 텍스트 상자 → **도형을 텍스트 크기에 맞춤**을 선택한 후 '닫기(☒)'를 클릭한다.

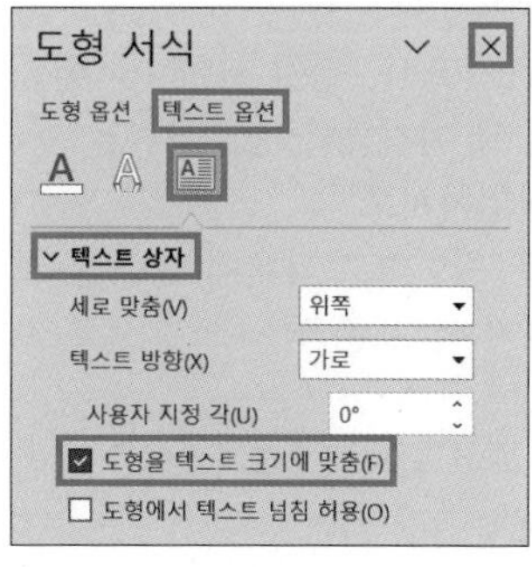

7. 설명선의 가장 아래 노란색 조절점을 이용하여 문제에 제시된 그림과 비슷하게 만든다.

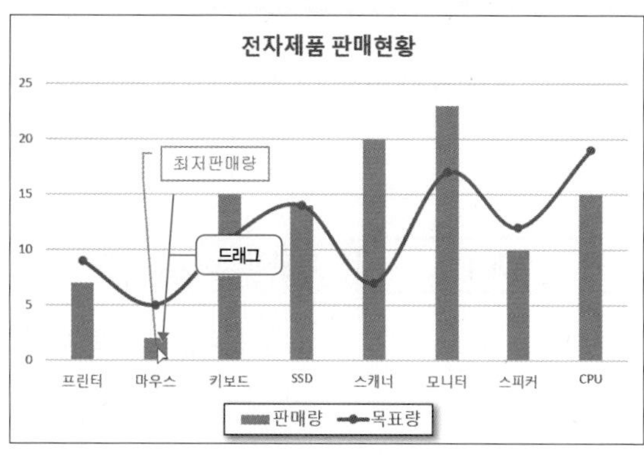

EXAMINATION **08회**

기본 모의고사

• 준 비 하 세 요 : 'C:\길벗컴활2급\03 기본모의고사' 폴더에서 '08회.xlsm' 파일을 열어서 작업하시오.

문제 1 기본작업(20점) 주어진 시트에서 다음 과정을 수행하고 저장하시오.

1. '기본작업-1' 시트에 다음의 자료를 주어진 대로 입력하시오.

	A	B	C	D	E	F
1		제품 생산 현황				
2						
3		제품코드	생산부서	생산량	불량률	최대생산량
4		PE-12	생산1부	800	0.00%	1,000
5		PE-23	생산2부	2,000	4.12%	2,500
6		PE-34	생산3부	960	0.35%	1,200
7		CE-10	제조1부	720	0.57%	900
8		CE-20	제조2부	1,200	2.14%	1,500
9		CE-30	제조3부	2,800	3.84%	3,500
10		AM-11	생산1부	640	0.62%	800
11		AM-22	생산2부	720	0.84%	900
12		AM-33	생산3부	1,200	2.39%	1,500
13						

2.
- 글꼴 속성과 밑줄을 지정한 후 셀 스타일을 지정하면 셀 스타일의 기본값이 적용되어 글꼴 속성과 밑줄이 해제되므로 반드시 셀 스타일을 지정한 후 글꼴 속성과 밑줄을 지정해야 합니다.
- 특수문자 "●"는 한글 자음 **미음(ㅁ)**을 입력한 후 한자를 눌러 나타나는 문자표에 있습니다.
- '셀 서식' 대화상자를 호출하는 바로 가기 키는 Ctrl+1입니다.
- 사용자 지정 표시 형식은 '셀 서식' 대화상자의 '표시 형식' 탭에서 지정합니다.

3. 요금제가 '영상'이고 통화요금이 40,000 초과, 즉 '~이고'는 AND 조건이므로 같은 행에 조건을 입력해야 합니다.

2. '기본작업-2' 시트에 대하여 다음의 지시사항을 처리하시오.

① [A1:H1] 영역은 '병합하고 가운데 맞춤', 글꼴 'HY견고딕', 글꼴 크기 16, 밑줄 '이중 밑줄', 행 높이 30, 셀 스타일 '주황, 강조색2'로 지정하시오.

② [A1] 셀의 제목 문자열 양쪽에 특수문자 "●"를 삽입하시오.

③ [A4:A6], [A7:A9], [A10:A12], [A13:C13] 영역은 '병합하고 가운데 맞춤'을 지정하고, [A3:H3] 영역은 글꼴 스타일 '굵게', 채우기 색 '표준 색 – 노랑'으로 지정하시오.

④ [H4:H12] 영역은 사용자 지정 표시 형식을 이용하여 날짜를 [표시 예]와 같이 표시하시오. [표시 예 : 2024-01-01 → 01일(월요일)]

⑤ [A3:H13] 영역은 '모든 테두리(田)'를, [H13] 셀은 '×' 모양으로 적용하여 표시하시오.

3. '기본작업-3' 시트에서 다음의 지시사항을 처리하시오.

'고객별 통화요금' 표에서 요금제가 '영상'이고 통화요금이 40,000 초과인 데이터를 고급 필터를 사용하여 검색하시오.

▶ 고급 필터 조건은 [A16:C18] 영역 내에 알맞게 입력하시오.

▶ 고급 필터 결과 복사 위치는 동일 시트의 [A20] 셀에서 시작하시오.

4. '기본작업-4' 시트에서 다음의 지시사항을 처리하시오.

[A4:I10] 영역에서 지급일이 2024년 7월 31일 이전인 행 전체에 대하여 글꼴 스타일을 '굵은 기울임꼴', 글꼴 색을 '표준 색 – 주황'으로 지정하는 조건부 서식을 작성하시오.

▶ DATE 함수 사용

▶ 단, 규칙 유형은 '수식을 사용하여 서식을 지정할 셀 결정'을 사용하고, 한 개의 규칙으로만 작성하시오.

4. 조건부 서식에서 전체 행에 대해 셀 서식을 적용하려면 열 고정 혼합 참조($A4) 형태로 셀 주소를 적용해야 합니다.

5332082

문제 2 계산작업(40점) '계산작업' 시트에서 다음 과정을 수행하고 저장하시오.

1. [표1]에서 실적[D3:D7]을 기준으로 순위를 구하여 1위는 100%, 2위는 50%, 나머지는 10%를 포상금지급율[F3:F7]에 표시하시오.

▶ 순위는 실적이 가장 큰 사원이 1위임

▶ IFS, RANK.EQ 함수 사용

전문가의 조언

1. 실적이 가장 큰 사원이 1위라는 것은 내림차순을 의미합니다.

2. [표2]에서 참여횟수[C11:C17]와 참여분석표[B19:D20]를 이용하여 참여도[D11:D17]를 표시하시오. 단, 참여횟수가 5 미만이면 참여도에 "참여횟수미달"로 표시하시오.

▶ 참여 분석표의 의미 : 참여횟수가 5~9이면 "소극적", 10~14이면 "보통", 15 이상이면 "적극적"을 적용함

▶ HLOOKUP, VLOOKUP, CHOOSE, IFERROR 함수 중 알맞은 함수들을 선택하여 사용

2. 참조표에서 찾아야 할 값이 첫 번째 행에 있으면 HLOOKUP, 첫 번째 열에 있으면 VLOOKUP을 사용하세요.

3. [표3]에서 근무년수[G11:G15]가 10년 이상인 사원의 수당[J11:J15] 합계와 근무년수가 10년 미만인 사원의 수당 합계의 차이를 계산하여 수당차이[J17]에 절대값으로 표시하시오.

▶ ABS, SUMIF 함수 사용

4. [표4]에서 1학기[B24:B32]와 2학기[C24:C32]의 평균이 1이면 "D", 2면 "C", 3이면 "B", 4면 "A"를 학점[D24:D32]에 표시하시오.

▶ CHOOSE, AVERAGE, INT 함수 사용

5. [표5]에서 제품코드[F24:F32]의 세 번째 문자가 "k"이면 "키보드", "m"이면 "마우스", 나머지는 "기타"로 제품명[I24:I32]에 표시하시오.

▶ SWITCH, MID 함수 사용

4332083

문제 3 분석작업(20점) 주어진 시트에서 다음 작업을 수행하고 저장하시오.

전문가의 조언

1.
• 부분합을 수행하려면 먼저 그룹화할 항목을 기준으로 정렬을 수행해야 합니다.
• 중첩 부분합 수행 시 두 번째 부분합부터는 반드시 '새로운 값으로 대치' 항목을 해제해야 합니다.

1. '분석작업-1' 시트에 대하여 다음의 지시사항을 처리하시오.

[부분합] 기능을 이용하여 '전자상거래 성적 일람표' 표에 〈그림〉과 같이 학과별 '중간', '기말', '과제', '출석'의 평균을 계산한 후 성별별 '출석'의 최대를 계산하시오.

▶ 정렬은 첫째 기준 '학과'에 대한 정렬 기준은 오름차순, 둘째 기준 '성별'에 대한 정렬 기준은 내림차순으로 하시오.

▶ 평균과 최대는 위에 명시된 순서대로 처리하시오.

▶ 평균의 소수 자릿수는 1로 하시오.

	A	B	C	D	E	F	G	H
1	전자상거래 성적 일람표							
2								
3	이름	학번	학과	성별	중간	기말	과제	출석
4	최석두	B002	E-BUSINESS과	M	80	75	86	85
5				**M 최대**				85
6	권진현	B001	E-BUSINESS과	F	75	85	88	92
7				**F 최대**				92
8			**E-BUSINESS과 평균**		77.5	80.0	87.0	88.5
9	안진이	C001	인터넷정보과	F	45	76	55	96
10	허진희	C003	인터넷정보과	F	80	93	86	90
11	박인숙	C002	인터넷정보과	F	75	58	95	92
12				**F 최대**				96
13			**인터넷정보과 평균**		66.7	75.7	78.7	92.7
14	이종택	A004	전자상거래과	M	99	97	90	88
15				**M 최대**				88
16	김선희	A001	전자상거래과	F	88	92	80	90
17				**F 최대**				90
18			**전자상거래과 평균**		93.5	94.5	85.0	89.0
19	박선교	D001	컴퓨터과	M	52	23	15	95
20	나진규	D003	컴퓨터과	M	64	85	50	90
21				**M 최대**				95
22	홍나리	D002	컴퓨터과	F	95	96	97	98
23				**F 최대**				98
24			**컴퓨터과 평균**		70.3	68.0	54.0	94.3
25				**전체 최대값**				98
26			**전체 평균**		75.3	78.0	74.2	91.6
27								

2. [A24:A25] 영역에 통합 조건을 입력한 후 '통합' 대화상자에서 사용할 범위와 옵션을 정확하게 지정하세요.

2. '분석작업-2' 시트에 대하여 다음의 지시사항을 처리하시오.

데이터 도구 [통합] 기능을 이용하여 [표1], [표2], [표3]에서 국어와 영어 과목에 대한 요일별 개수를 [표4]의 [B24:F25] 영역에 계산하시오.

3. '분석작업-3' 시트에 대하여 다음의 지시사항을 처리하시오.

[목표값 찾기] 기능을 이용하여 '네트워크 장비 판매 내역' 표에서 달성율 평균[F12]이 100%가 되려면 RACK 판매량[C6]이 얼마가 되어야 하는지 계산하시오.

문제 4 기타작업(20점) 주어진 시트에서 다음 작업을 수행하고 저장하시오.

1. '매크로작업' 시트의 [표]에서 다음과 같은 기능을 수행하는 매크로를 현재 통합 문서에 작성하고 실행하시오.

① [E15] 셀에 공급가액의 합계를 계산하는 매크로를 생성하여 실행하시오.

▶ 매크로 이름 : 합계

▶ SUM 함수 사용

▶ [개발 도구] → [컨트롤] → [삽입] → [양식 컨트롤]의 '단추(▭)'를 동일 시트의 [G3:G5] 영역에 생성하고, 텍스트를 "합계"로 입력한 후 단추를 클릭할 때 '합계' 매크로가 실행되도록 설정하시오.

② [A3:E15] 영역에 '모든 테두리(⊞)'를 지정한 후 '굵은 바깥쪽 테두리(▣)'를 지정하는 매크로를 생성하여 실행하시오.

▶ 매크로 이름 : 테두리

▶ [삽입] → [일러스트레이션] → [도형] → [기본 도형]의 '십자형(✚)'을 동일 시트의 [G7:G9] 영역에 생성하고, 텍스트를 "테두리"로 입력한 후 도형을 클릭할 때 '테두리' 매크로가 실행되도록 설정하시오.

※ 셀 포인터의 위치에 상관없이 현재 통합 문서에서 매크로가 실행되어야 정답으로 인정됨

2. '차트작업' 시트의 차트를 지시사항에 따라 아래 〈그림〉과 같이 수정하시오.

※ 차트는 반드시 문제에서 제공한 차트를 사용하여야 하며, 신규로 작성 시 0점 처리됨

① '제품명'별로 '추정이익'이 차트에 표시되도록 데이터 범위를 변경하시오.

② 차트 제목은 '차트 위'로 추가한 후 [A1] 셀과 연동하고, 글꼴 스타일 '굵게', 크기 16으로 지정하시오.

③ 데이터 계열에 데이터 레이블 '값'을 표시하고, 레이블의 위치를 '바깥쪽 끝에'로 지정한 후 표시된 값에 1000 단위 구분 기호를 표시하시오.

④ 세로(값) 축은 기본 단위와 가로 축 교차를 100,000으로 수정하고, 〈그림〉과 같이 오른쪽에 위치시키시오.

⑤ 차트 영역에 그림자는 '안쪽: 가운데', 테두리는 '둥근 모서리'로 지정하고, 범례를 제거하시오.

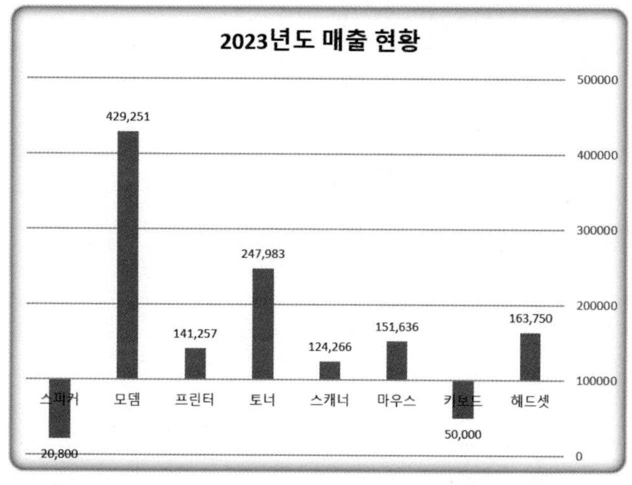

2.
- 데이터 레이블(값)에 천 단위 구분 기호를 표시할 때는 '데이터 레이블 서식' 대화상자의 '표시 형식' 탭을 이용합니다.
- '기본' 단위 눈금 변경과 가로 축 교차는 세로(값) 축의 바로 가기 메뉴의 **[축 서식]**을, 세로(값) 축을 오른쪽에 위치시키는 것은 가로(항목) 축의 바로 가기 메뉴의 **[축 서식]**을 선택하여 나타나는 '축 서식' 대화상자를 이용합니다.

EXAMINATION

08회 기본 모의고사 정답 및 해설

문제 1 기본작업

02. 셀 서식

정답

	A	B	C	D	E	F	G	H
1	●교육 성적 현황●							
2								
3	과정코드	등급	성명	결석감점	근무년수	필기점수	총점	수료일
4	전산	고급반	김현종	0	20	70	90	04일(화요일)
5		중급반	이사랑	2	4	80	86	04일(화요일)
6		기초반	김국토	6	2	75	83	04일(화요일)
7	영어	고급반	전선미	0	10	74	84	11일(화요일)
8		중급반	구영후	4	23	60	87	11일(화요일)
9		기초반	민정식	0	35	59	94	11일(화요일)
10	마케팅	고급반	도현국	0	8	64	72	18일(화요일)
11		중급반	박지예	2	9	78	89	19일(수요일)
12		기초반	최하늘	8	9	78	95	20일(목요일)
13	합계			22	120	638	780	
14								

4 사용자 지정 표시 형식

1. [H4:H12] 영역을 블록으로 지정한 후 Ctrl + 1을 누른다.
2. '셀 서식' 대화상자의 '표시 형식' 탭에서 범주와 형식을 그림과 같이 지정한 후 〈확인〉을 클릭한다.

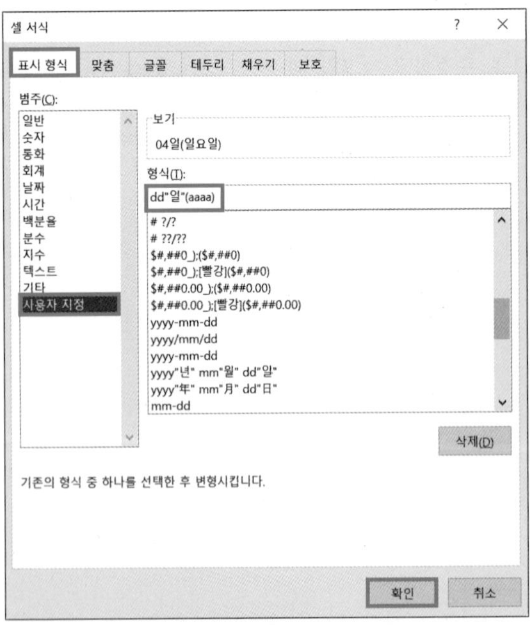

03. 고급 필터

정답

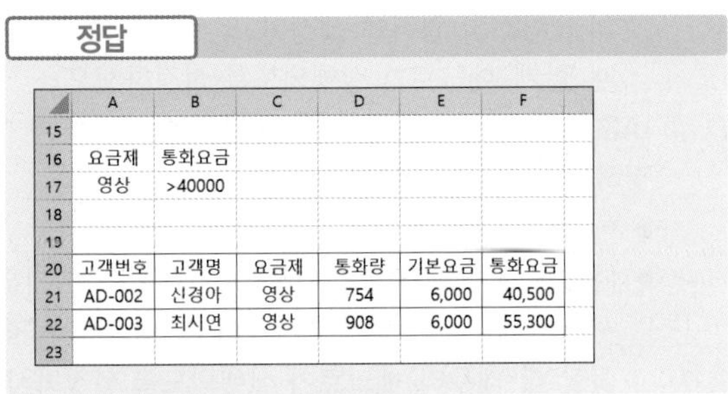

	A	B	C	D	E	F
15						
16	요금제	통화요금				
17	영상	>40000				
18						
19						
20	고객번호	고객명	요금제	통화량	기본요금	통화요금
21	AD-002	신경아	영상	754	6,000	40,500
22	AD-003	최시연	영상	908	6,000	55,300
23						

1. [A16:B17] 영역에 그림과 같이 조건을 입력한다.

	A	B	C
15			
16	요금제	통화요금	
17	영상	>40000	
18			

2. 데이터 영역(A3:F13)의 임의의 셀을 선택한 후 [데이터] → 정렬 및 필터 → **고급**을 클릭한다.
3. '고급 필터' 대화상자에서 그림과 같이 지정한 후 〈확인〉을 클릭한다.

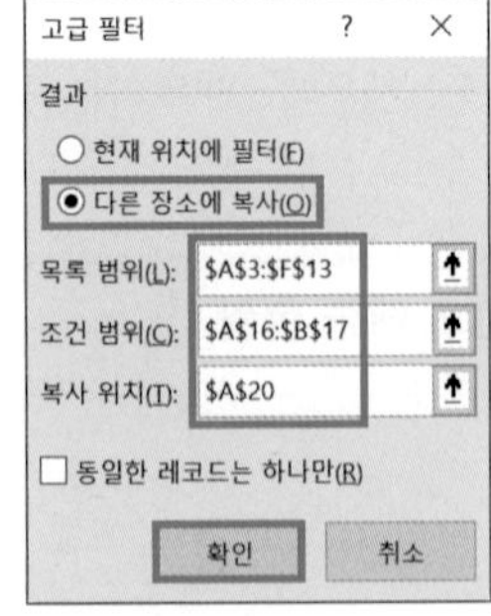

04. 조건부 서식

정답

	A	B	C	D	E	F	G	H	I
1	부서별 비품관리								
2									
3	부서	비품	지급일	보유량	요청량	사용연수	합계	금액	순위
4	기획팀	A	2024-08-08	25	5	1	30	5,000	6
5	*관리팀*	*B*	*2024-07-21*	*15*	*20*	*1*	*35*	*40,000*	*4*
6	총무팀	B	2024-09-01	32	9	1	41	18,000	3
7	인사팀	A	2024-09-01	22	25	1	47	25,000	1
8	회계팀	B	2024-09-02	18	5	1	23	10,000	7
9	*경영팀*	*A*	*2024-03-02*	*15*	*18*	*1*	*33*	*18,000*	*5*
10	*감사팀*	*C*	*2024-02-10*	*25*	*19*	*1*	*44*	*57,000*	*2*
11	합계			152	101	7	253	173,000	
12									

1. [A4:I10] 영역을 블록으로 지정한 후 [홈] → 스타일 → 조건부 서식 → **새 규칙**을 선택한다.
2. '새 서식 규칙' 대화상자에서 '수식을 사용하여 서식을 지정할 셀 결정'을 선택하고 수식 입력란에 **=$C4<=DATE(2024, 7, 31)**을 입력한 후 〈서식〉을 클릭한다.

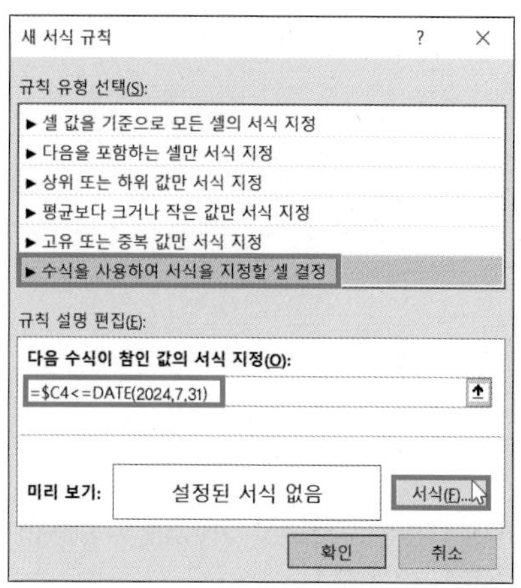

3. '셀 서식' 대화상자의 '글꼴' 탭에서 글꼴 스타일 '굵은 기울임꼴', 글꼴 색 '주황'을 지정한 후 〈확인〉을 클릭한다.
4. '새 서식 규칙' 대화상자에서도 〈확인〉을 클릭한다.

문제 2 계산작업

01. 포상금지급율

정답

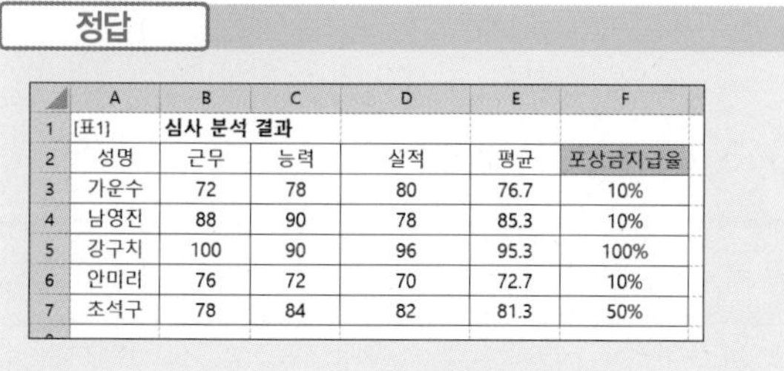

	A	B	C	D	E	F
1	[표1]	심사 분석 결과				
2	성명	근무	능력	실적	평균	포상금지급율
3	가운수	72	78	80	76.7	10%
4	남영진	88	90	78	85.3	10%
5	강구치	100	90	96	95.3	100%
6	안미리	76	72	70	72.7	10%
7	조석구	78	84	82	81.3	50%

[F3] : =IFS(RANK.EQ(D3, $D$3:$D$7)=1, 100%, RANK.EQ(D3, $D$3:$D$7)=2, 50%, TRUE, 10%)

02. 참여도

정답

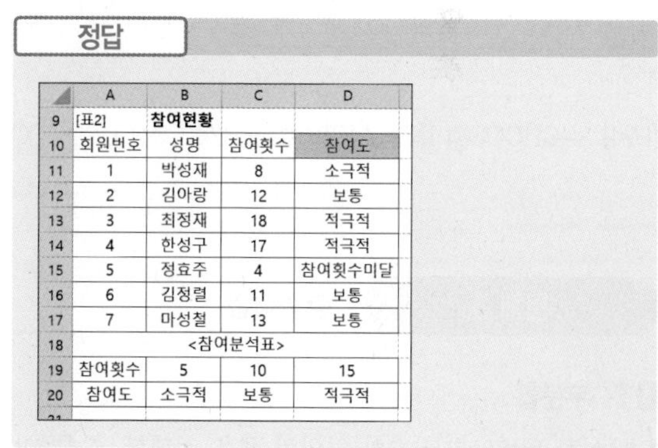

	A	B	C	D
9	[표2]	참여현황		
10	회원번호	성명	참여횟수	참여도
11	1	박성재	8	소극적
12	2	김아랑	12	보통
13	3	최정재	18	적극적
14	4	한성구	17	적극적
15	5	정효주	4	참여횟수미달
16	6	김정렬	11	보통
17	7	마성철	13	보통
18	<참여분석표>			
19	참여횟수	5	10	15
20	참여도	소극적	보통	적극적

[D11] : =IFERROR(HLOOKUP(C11, $B$19:$D$20, 2), "참여횟수미달")

03. 수당차이

정답

	F	G	H	I	J
9	[표3]	사원별 수당지급현황			
10	사원명	근무년수	기본급	상여비율	수당
11	홍기재	15	2,550,000	15%	3,060,000
12	이민찬	9	1,500,000	10%	1,725,000
13	가영수	10	2,000,000	12%	2,340,000
14	류민완	8	2,200,000	10%	2,530,000
15	강술래	4	1,300,000	7%	1,456,000
16					
17				수당차이	311,000

[J17] : =ABS(SUMIF(G11:G15, ">=10", J11:J15) – SUMIF(G11:G15, "<10", J11:J15))

04. 학점

정답

	A	B	C	D
22	[표4]	1학년 성적표		
23	이름	1학기	2학기	학점
24	김갑수	3.1	3.0	B
25	최욱희	2.8	3.1	C
26	이연지	4.1	4.2	A
27	정세화	3.5	3.4	B
28	마지민	3.0	2.8	C
29	한나영	1.5	1.4	D
30	최연지	4.2	4.2	A
31	신민서	3.9	3.7	B
32	조현일	4.0	4.1	A

[D24] : =CHOOSE(INT(AVERAGE(B24:C24)), "D", "C", "B", "A")

05. 제품명

정답

	F	G	H	I
22	[표5]	제품판매현황		
23	제품코드	1월판매량	2월판매량	제품명
24	1-m-gb	1,452	1,614	마우스
25	1-s-ne	1,647	1,541	기타
26	1-k-ld	1,328	1,475	키보드
27	2-e-ua	1,601	1,513	기타
28	2-m-os	1,683	1,457	마우스
29	2-k-fv	1,724	1,919	키보드
30	3-m-xe	1,399	1,555	마우스
31	3-i-xt	1,482	1,686	기타
32	3-k-hm	1,536	1,708	키보드

[I24] : =SWITCH(MID(F24, 3, 1), "k", "키보드", "m", "마우스", "기타")

문제 3 분석작업

01. 부분합

1. 데이터 영역(A3:H13)의 임의의 셀을 선택한 후 [데이터] → 정렬 및 필터 → **정렬**을 클릭한다.
2. '정렬' 대화상자에서 그림과 같이 지정한 후 〈확인〉을 클릭한다.

정렬

+ 기준 추가(A) | × 기준 삭제(D) | 기준 복사(C) | 옵션(O)... | ☑ 내 데이터에

세로 막대형		정렬 기준	정렬
정렬 기준	학과	셀 값	오름차순
다음 기준	성별	셀 값	내림차순

두 번째 정렬 기준은 〈기준 추가〉를 클릭한 후 지정하면 됩니다.

3. 데이터 영역(A3:H13) 안에 셀 포인터가 놓여 있는 상태에서 [데이터] → 개요 → **부분합**을 클릭한다.
4. '부분합' 대화상자에서 그림과 같이 지정한 후 〈확인〉을 클릭한다.

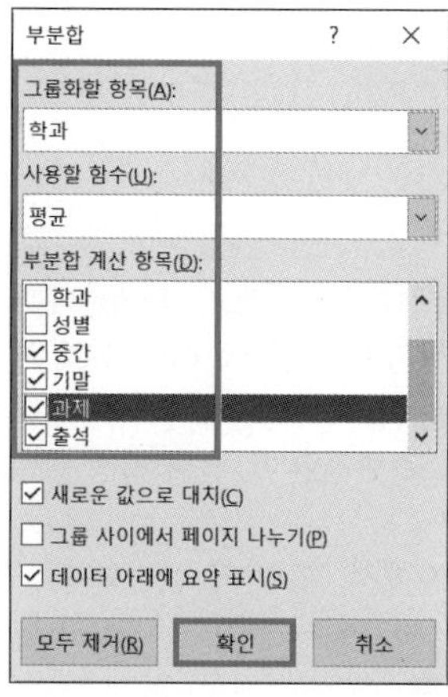

5. '성별'별 '출석'의 최대를 계산하기 위해 [데이터] → 개요 → **부분합**을 클릭한다.
6. '부분합' 대화상자에서 그림과 같이 지정하고, '새로운 값으로 대치'를 해제한 후 〈확인〉을 클릭한다.

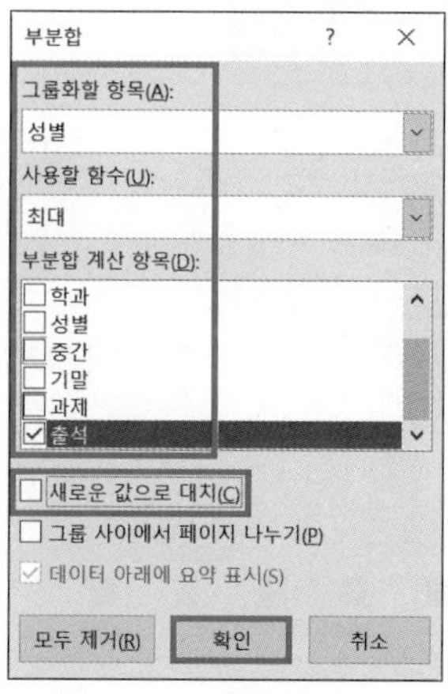

7. 평균이 계산된 [E8:H8], [E13:H13], [E18:H18], [E24:H24], [E26:H26] 영역을 블록으로 지정한 후 [홈] → **표시 형식**에서 '자릿수 늘림( )'과 '자릿수 줄임( )'을 차례로 클릭한다.

02. 통합

정답

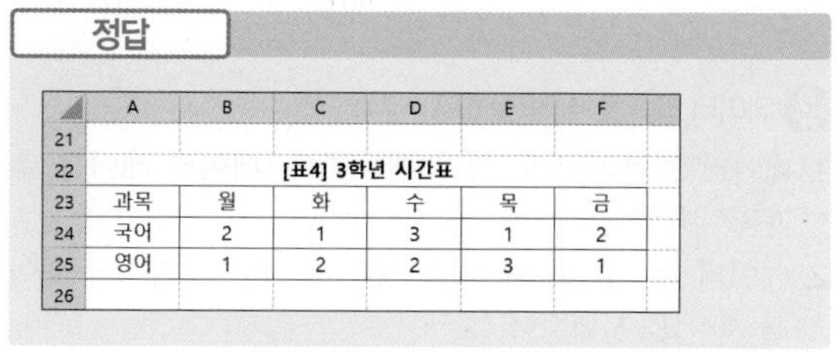

	A	B	C	D	E	F
21						
22	[표4] 3학년 시간표					
23	과목	월	화	수	목	금
24	국어	2	1	3	1	2
25	영어	1	2	2	3	1
26						

1. [A24] 셀에 **국어**를, [A25] 셀에 **영어**를 입력한다.
2. [A23:F25] 영역을 블록으로 지정한 후 [데이터] → 데이터 도구 → **통합**을 클릭한다.
3. '통합' 대화상자에서 함수, 참조 범위, 사용할 레이블을 그림과 같이 지정한 후 〈확인〉을 클릭한다.

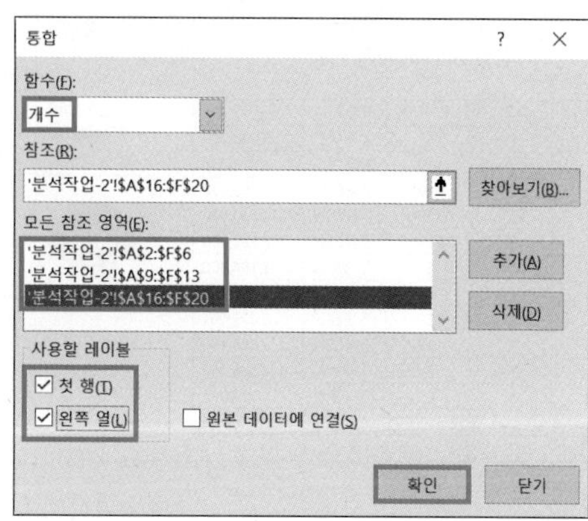

03. 목표값 찾기

정답

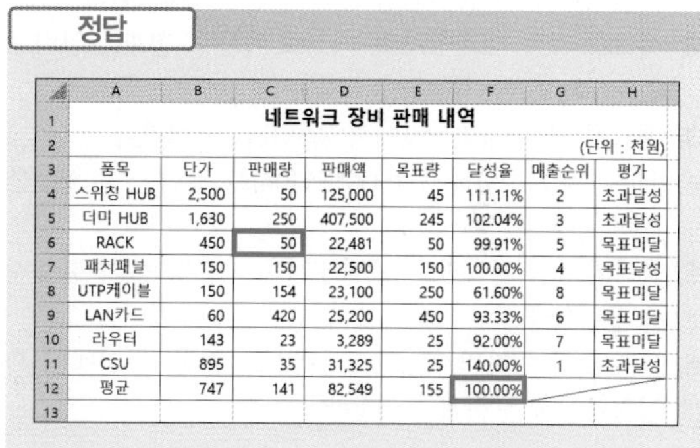

	A	B	C	D	E	F	G	H
1	네트워크 장비 판매 내역							
2								(단위 : 천원)
3	품목	단가	판매량	판매액	목표량	달성율	매출순위	평가
4	스위칭 HUB	2,500	50	125,000	45	111.11%	2	초과달성
5	더미 HUB	1,630	250	407,500	245	102.04%	3	초과달성
6	RACK	450	50	22,481	50	99.91%	5	목표미달
7	패치패널	150	150	22,500	150	100.00%	4	목표달성
8	UTP케이블	150	154	23,100	250	61.60%	8	목표미달
9	LAN카드	60	420	25,200	450	93.33%	6	목표미달
10	라우터	143	23	3,289	25	92.00%	7	목표미달
11	CSU	895	35	31,325	25	140.00%	1	초과달성
12	평균	747	141	82,549	155	100.00%		
13								

1. [데이터] → 예상 → 가상 분석 → **목표값 찾기**를 선택한다.
2. '목표값 찾기' 대화상자에서 수식 셀, 찾는 값, 값을 바꿀 셀을 그림과 같이 지정한 후 〈확인〉을 클릭한다.

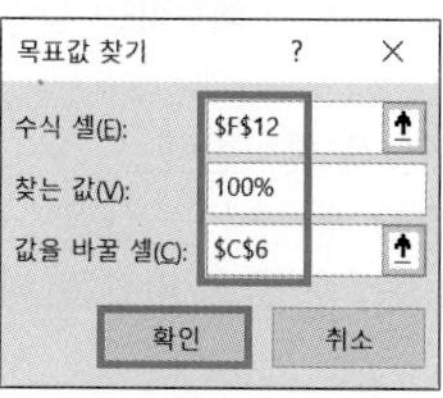

3. '목표값 찾기 상태' 대화상자에서 〈확인〉을 클릭한다.

문제 4 기타작업

01. 매크로

정답

	A	B	C	D	E	F	G
1	충남 지역 거래처 현황						
2							
3	매출번호	순번	거래처코드	거래처명	공급가액		합계
4	1	1	4	SU게이트	8,000,000		
5	1	2	119	한솔CSN	4,000,000		
6	2	1	119	한솔CSN	5,681,818		
7	2	2	119	한솔CSN	1,600,000		테두리
8	2	3	119	한솔CSN	2,320,000		
9	5	2	2	가나통상	5,184,000		
10	6	2	2	가나통상	636,364		
11	6	3	2	가나통상	3,409,091		
12	6	1	119	한솔CSN	568,182		
13	7	1	2	가나통상	568,182		
14	8	1	2	가나통상	559,091		
15	합계				32,526,728		
16							

1 '합계' 매크로

1. [개발 도구] → 컨트롤 → 삽입 → 양식 컨트롤 → **□(단추)**를 선택한 후 [G3:G5] 영역에 맞게 드래그한다.
2. '매크로 지정' 대화상자의 '매크로 이름'에 **합계**를 입력한 후 〈기록〉을 클릭한다.
3. '매크로 기록' 대화상자에서 〈확인〉을 클릭한다.
4. [E15] 셀을 클릭하고 **=SUM(E4:E14)**를 입력한 후 Enter를 누른다.
5. 임의의 셀을 클릭하고 [개발 도구] → 코드 → **기록 중지**를 클릭한다.
6. 단추의 바로 가기 메뉴에서 **[텍스트 편집]**을 선택한 후 입력된 내용을 **합계**로 수정한다.

2 '테두리' 매크로

1. [삽입] → 일러스트레이션 → 도형 → 기본 도형 → **십자형(✚)**을 선택한 후 [G7:G9] 영역에 맞게 드래그한다.
2. 도형의 바로 가기 메뉴에서 **[매크로 지정]**을 선택한다.
3. '매크로 지정' 대화상자의 '매크로 이름'에 **테두리**를 입력한 후 〈기록〉을 클릭한다.
4. '매크로 기록' 대화상자에서 〈확인〉을 클릭한다.
5. [A3:E15] 영역을 블록으로 지정한 후 [홈] → 글꼴 → **테두리(⊞ ˅)**에서 '모든 테두리(⊞)'와 '굵은 바깥쪽 테두리(◘)'를 차례로 선택한다.
6. 임의의 셀을 클릭한 후 [개발 도구] → 코드 → **기록 중지**를 클릭한다.
7. 도형의 바로 가기 메뉴에서 **[텍스트 편집]**을 선택한 후 **테두리**를 입력한다.

02. 차트

1 데이터 범위 변경

1. 차트의 바로 가기 메뉴에서 **[데이터 선택]**을 선택한다.
2. '데이터 원본 선택' 대화상자에서 '차트 데이터 범위'의 범위 지정 단추(⬆)를 클릭하고 데이터 범위를 [B3:B11], [F3:F11] 영역으로 변경한 후 범위 지정 단추(⬇)를 클릭한다.
3. '데이터 원본 선택' 대화상자에서 〈확인〉을 클릭한다.

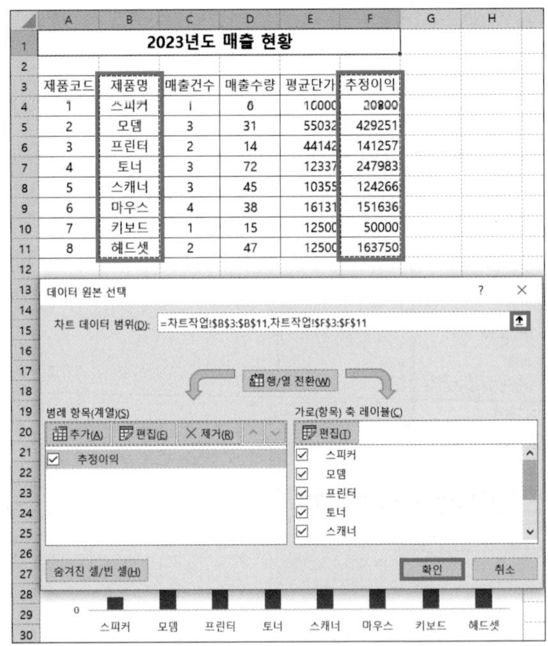

제품코드	제품명	매출건수	매출수량	평균단가	추정이익
1	스피커	1	6	10000	20800
2	모뎀	3	31	55032	429251
3	프린터	2	14	44142	141257
4	토너	3	72	12337	247983
5	스캐너	3	45	10355	124266
6	마우스	4	38	16131	151636
7	키보드	1	15	12500	50000
8	헤드셋	2	47	12500	163750

2 제목 연동

1. 차트를 선택한 후 [차트 디자인] → 차트 레이아웃 → 차트 요소 추가 → 차트 제목 → **차트 위**를 선택하여 차트 제목을 삽입한다.
2. 차트 제목이 선택된 상태에서 수식 입력줄을 클릭하고 **=**을 입력한 후 [A1] 셀을 클릭하고 Enter를 누른다.
3. [홈] → **글꼴**에서 크기 16, '굵게(**가**)'를 지정한다.

3 데이터 레이블 추가 및 표시 형식 지정

1. 데이터 계열의 바로 가기 메뉴에서 **[데이터 레이블 추가]**를 선택한다.
2. 데이터 레이블(값)의 바로 가기 메뉴에서 [데이터 레이블 서식]을 선택한다.

3. '데이터 레이블 서식' 창의 [레이블 옵션] → (레이블 옵션) → **표시 형식**에서 범주로 '숫자'를 선택하고, '1000 단위 구분 기호(,) 사용'에 체크 표시를 한 후 '닫기(☒)'를 클릭한다.

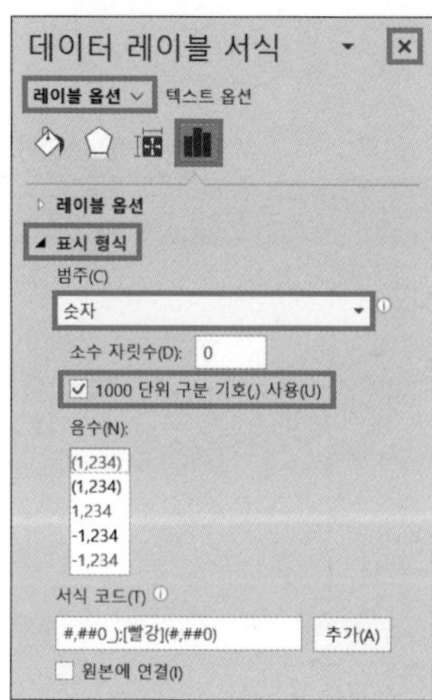

4 축 서식 및 위치 지정

1. 세로(값) 축의 바로 가기 메뉴에서 **[축 서식]**을 선택한다.
2. '축 서식' 창의 [축 옵션] → (축 옵션) → **축 옵션**에서 '기본' 단위를 100,000, '가로 축 교차'의 '축 값'을 100,000으로 지정한 후 '닫기(☒)'를 클릭한다.

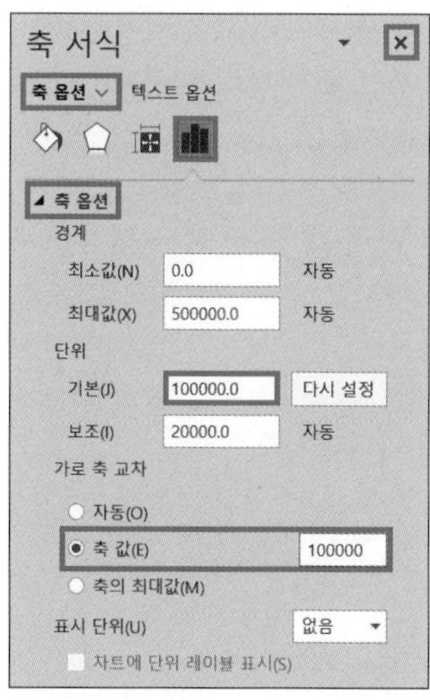

3. 가로(항목) 축의 바로 가기 메뉴에서 **[축 서식]**을 선택한다.

4. '축 서식' 창의 [축 옵션] → (축 옵션) → 축 옵션 → 세로 축 교차 → **최대 항목**을 선택한 후 '닫기(☒)'를 클릭한다.

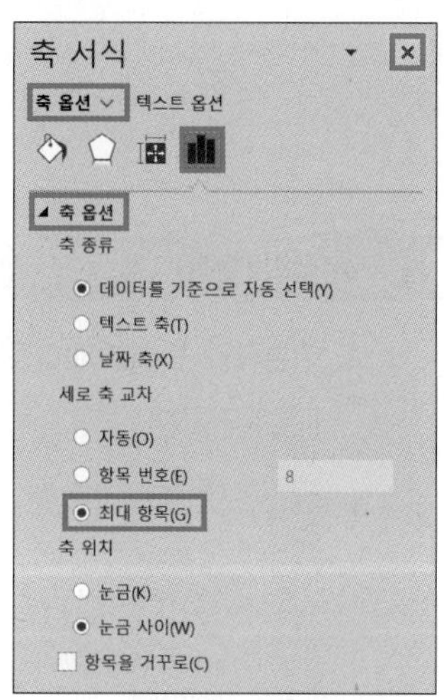

궁금해요 **시나공 Q&A 베스트**

Q 세로(값) 축의 위치를 오른쪽으로 지정할 때 가로(항목) 축의 '축 서식' 창에서 '축 옵션'의 '항목을 거꾸로'를 선택해도 되나요?

A 안됩니다. 가로(항목) 축의 '축 서식' 창에서 '축 옵션'의 '항목을 거꾸로'를 선택하면 아래 그림처럼 세로(값) 축과 가로(항목) 축의 항목 위치가 함께 변경됩니다. 345쪽의 차트 그림처럼 세로(값) 축의 위치만 변경하려면 반드시 '세로 축 교차'의 '최대 항목'을 선택해야 합니다.

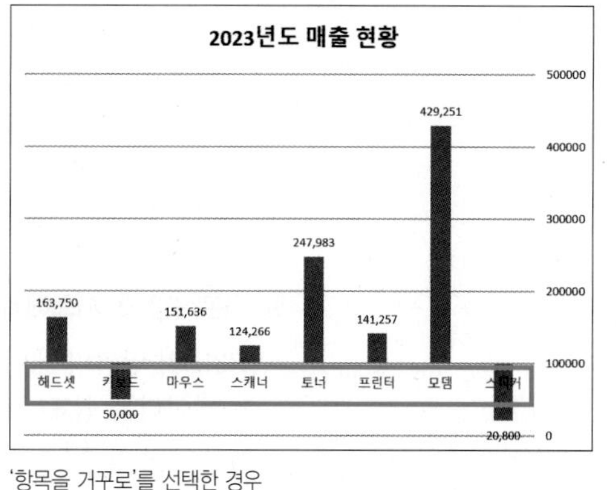

'항목을 거꾸로'를 선택한 경우

EXAMINATION **09**회

기본 모의고사

• 준 비 하 세 요 : 'C:\길벗컴활2급\03 기본모의고사' 폴더에서 '09회.xlsm' 파일을 열어서 작업하시오.

문제 1 기본작업(20점) 주어진 시트에서 다음 과정을 수행하고 저장하시오.

1. '기본작업-1' 시트에 다음의 자료를 주어진 대로 입력하시오.

	A	B	C	D	E	F	G
1							
2		한국상사의 사원 명부					
3							
4		사원번호	이름	부서	호봉	급여	전화번호
5		BA-20003	김미속	경리부	7	3,550,000	010-656-8549
6		BA-20005	이관우	생산부	5	3,050,000	010-767-3454
7		SH-10036	이야망	영업부	6	3,300,000	010-747-6215
8		BA-20004	장유비	홍보부	4	2,650,000	010-656-9167
9		SH-10035	제갈량	제작부	5	2,700,000	010-545-9088
10							

2.
- '셀 서식' 대화상자를 호출하는 바로 가기 키는 Ctrl+1입니다.
- 사용자 지정 표시 형식은 '셀 서식' 대화상자의 '표시 형식' 탭에서 지정하면 됩니다.

2. '기본작업-2' 시트에 대하여 다음의 지시사항을 처리하시오.

① A 열의 너비를 2로 지정하고, 2행의 높이를 24로 지정하시오.
② [B2:G2] 영역은 '선택 영역의 가운데로', 글꼴 '궁서체', 크기 16, 글꼴 스타일 '굵게'로 지정하시오.
③ [B4:G4] 영역은 글꼴 스타일 '굵게', 채우기 색 '표준 색 – 노랑'으로 지정하시오.
④ [B5:B12] 영역은 '셀에 맞춤'을 지정하고, 사용자 지정 표시 형식을 이용하여 날짜를 [표시 예]와 같이 표시하시오.
[표시 예 : 2024-01-01 → 2024年 01月 01日]
⑤ [B4:G12] 영역의 테두리는 '모든 테두리(田)'를 테두리 색 '표준 색 – 빨강'으로 적용하여 표시하시오.

3.
- 텍스트 나누기를 수행할 때는 사용된 구분 기호를 정확하게 파악하고 지정해야 합니다.
- 데이터에서 특정 열을 제외하려면 '텍스트 마법사 3단계' 대화상자에서 '열 데이터 서식'의 '열 가져오지 않음(건너뜀)'을 선택하세요.

3. '기본작업-3' 시트에서 다음의 지시사항을 처리하시오.

[B3:B9] 영역의 데이터를 텍스트 나누기를 실행하여 나타내시오.
▶ 데이터는 쉼표(,)로 구분되어 있음
▶ '누계비율' 열은 제외할 것

4. '기본작업-4' 시트에서 다음의 지시사항을 처리하시오.

'지점별 판매현황' 표에서 지점명이 "강릉"이거나 "대전"이면서, 판매금액이 800 이하인 데이터를 고급 필터를 사용하여 검색하시오.

▶ 고급 필터 조건은 [A17:D19] 영역 내에 알맞게 입력하시오.

▶ 고급 필터 결과 복사 위치는 동일 시트 [A22] 셀에서 시작하시오.

4. '~이거나'는 OR 조건이므로 다른 행에, '~이면서'는 AND 조건이므로 같은 행에 조건을 입력해야 합니다.

문제 2 계산작업(40점) '계산작업' 시트에서 다음 과정을 수행하고 저장하시오.

1. [표1]에서 학과[C3:C9]가 "생물학과"인 학생의 최대 점수[D3:D9]와 학과가 "물리학과"인 학생의 최대 점수의 평균을 [C12] 셀에 계산하시오.

▶ 조건은 [A11:B12] 영역에 입력하시오.

▶ 점수 평균은 소수점 이하 둘째 자리에서 내림하여 첫째 자리까지 표시
[표시 예 : 87.67 → 87.6]

▶ ROUNDDOWN, AVERAGE, DMAX 함수 사용

전문가의 조언

1. 데이터베이스 함수는 반드시 조건이 있어야 합니다. 데이터베이스 함수에서 조건 지정 방법은 고급 필터의 조건 지정 방법과 같으니 조건 지정 방법이 생각나지 않으면 67쪽을 참고하세요.

2. [표2]에서 기록[I3:I11]이 가장 빠른 선수의 기록을 [H12] 셀에 표시하시오.

▶ 표시 예 : 1:15:28 → 1시간15분28초

▶ HOUR, MINUTE, SECOND, SMALL 함수와 & 연산자 사용

2. 기록이 가장 빠른 것은 기록이 가장 작은 것을 의미합니다.

3. [표3]에서 주문코드[B16:B23]의 앞뒤 공백을 제거한 후 전체 문자를 대문자로 변환하여 배송코드[C16:C23]에 표시하시오.

▶ 표시 예 : abc123 → ABC123

▶ TRIM, UPPER 함수 사용

3. 문자의 공백을 제거한 후 대문자로 변환해도 되고, 대문자로 변환한 후 공백을 제거해도 됩니다.

4. [표4]에서 부서명[F16:F23]이 "영업A"이고 판매량[H16:H23]이 800 이상인 직원들의 판매량 평균을 [H24] 셀에 계산하시오.

▶ 판매량 평균은 소수점 이하 둘째 자리에서 올림하여 첫째 자리까지 표시
[표시 예 : 12.34 → 12.4]

▶ AVERAGEIF, AVERAGEIFS, ROUND, ROUNDUP, ROUNDDOWN 함수 중 알맞은 함수들을 사용

4. 조건이 여러 개일 경우 함수 이름에 'IFS'가 포함된 함수를 사용하면 됩니다.

5. [표5]에서 체질량지수가 20 미만이면 "저체중", 20 이상 25 미만이면 "정상", 25 이상이면 "비만"으로 체질량지수[D27:D34]에 표시하시오.

▶ 체질량지수 = 체중 ÷ $(신장)^2$

▶ IF, POWER 함수 사용

5. IF 함수가 사용되며 조건 안에 POWER 함수가 사용됩니다.

4332093

문제 3 분석작업(20점) 주어진 시트에서 다음 작업을 수행하고 저장하시오.

전문가의 조언

1.
- 부분합을 수행하려면 먼저 그룹화할 항목을 기준으로 정렬을 수행해야 합니다.
- 중첩 부분합 수행시 두 번째 부분합부터는 반드시 '새로운 값으로 대치' 항목을 해제해야 합니다.

1. '분석작업-1' 시트에 대하여 다음의 지시사항을 처리하시오.

[부분합] 기능을 이용하여 '급여명세 목록' 표에 〈그림〉과 같이 소속부서별 '월급'의 합계를 계산한 후 '상여급'의 평균을 계산하시오.

▶ 정렬은 '소속부서'를 기준으로 오름차순으로 처리하시오.
▶ 합계와 평균은 위에 명시된 순서대로 처리하시오.
▶ 부분합에 '연한 파랑, 표 스타일 밝게 2' 서식을 적용하시오.

	A	B	C	D	E	F
1			급여명세 목록			
2						
3	이름	성별	소속부서	직위	월급	상여급
4	강성실	여	생산부	대리	950,000	420,000
5	김영철	남	생산부	대리	1,250,000	145,000
6	유석민	여	생산부	대리	1,300,000	530,000
7	유지환	남	생산부	대리	1,400,000	789,000
8	윤계열	남	생산부	사원	950,000	856,000
9	최대근	남	생산부	과장	1,800,000	530,000
10	최재형	남	생산부	부장	2,550,000	420,000
11			생산부 평균			527,143
12			생산부 요약		10,200,000	
13	박경완	남	영업부	대리	1,350,000	323,000
14	최지원	여	영업부	부장	2,400,000	782,000
15			영업부 평균			552,500
16			영업부 요약		3,750,000	
17	김성수	남	총무부	부장	3,500,000	540,000
18	김영수	여	총무부	과장	2,100,000	423,000
19	이병택	남	총무부	대리	1,350,000	756,000
20	임정수	남	총무부	대리	1,500,000	752,000
21	차태현	남	총무부	부장	3,300,000	247,000
22	하용수	여	총무부	대리	1,300,000	420,000
23			총무부 평균			523,000
24			총무부 요약		13,050,000	
25			전체 평균			528,867
26			총합계		27,000,000	
27						

2. 특정 필드를 대상으로 그룹을 지정할 경우 피벗 테이블을 완성한 후 해당 필드의 바로 가기 메뉴에서 **[그룹]**을 선택하여 수행하면 됩니다.

2. '분석작업-2' 시트에 대하여 다음의 지시사항을 처리하시오.

[피벗 테이블] 기능을 이용하여 '부서별 급여 지급 내역서' 표의 성명은 '필터', 근무년수는 '행', 직위는 '열'로 처리하고, '값'에 상여급과 수당의 평균을 계산하시오.

▶ 피벗 테이블 보고서는 동일 시트의 [A17] 셀에서 시작하시오.
▶ 'Σ' 기호를 '행' 영역으로 이동하시오.
▶ 피벗 테이블 보고서는 열의 총합계만 설정하시오.
▶ 근무년수는 1-16까지 4단위로 그룹을 지정하시오.
▶ 상여급과 수당 평균의 표시 형식은 '값 필드 설정'의 '셀 서식' 대화상자에서 '숫자' 범주와 '1000 단위 구분 기호 사용'을 이용하여 지정하시오.

3. '분석작업-3' 시트에 대하여 다음의 지시사항을 처리하시오.

[목표값 찾기] 기능을 이용하여 '매출이익 분석' 표에서 매출이익[G4]이 4,000,000이 되려면 상품단가[A4]가 얼마가 되어야 하는지 계산하시오.

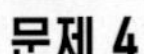

문제 4 기타작업(20점) 주어진 시트에서 다음 작업을 수행하고 저장하시오.

1. '매크로작업' 시트의 [표]에서 다음과 같은 기능을 수행하는 매크로를 현재 통합 문서에 작성하고 실행하시오.

① [C12:F12] 영역에 각 항목별 합계를 계산하는 매크로를 생성하여 실행하시오.
- ▶ 매크로 이름 : 합계
- ▶ SUM 함수 사용
- ▶ [개발 도구] → [컨트롤] → [삽입] → [양식 컨트롤]의 '단추(▭)'를 동일 시트의 [B14:C15] 영역에 생성하고, 텍스트를 "합계"로 입력한 후 단추를 클릭할 때 '합계' 매크로가 실행되도록 설정하시오.

② [B4:B11], [E4:F12] 영역에 글꼴 색을 '표준 색 – 빨강'으로 적용하는 매크로를 생성하여 실행하시오.
- ▶ 매크로 이름 : 서식
- ▶ [삽입] → [일러스트레이션] → [도형] → [기본 도형]의 '사각형: 빗면(▢)'을 동일 시트의 [E14:F15] 영역에 생성하고, 텍스트를 "서식"으로 입력한 후 텍스트 맞춤을 가로 '가운데', 세로 '가운데'로 설정하며, 도형을 클릭할 때 '서식' 매크로가 실행되도록 설정하시오.

※ 셀 포인터의 위치에 상관없이 현재 통합 문서에서 매크로가 실행되어야 정답으로 인정됨

2. '차트작업' 시트의 차트를 지시사항에 따라 아래 〈그림〉과 같이 수정하시오.

※ 차트는 반드시 문제에서 제공한 차트를 사용하여야 하며, 신규로 작성 시 0점 처리됨

① '판매액' 계열이 추가되도록 데이터 범위를 수정하시오.

② '판매액' 계열은 차트 종류를 '표식이 있는 꺾은선형'으로 변경하고, '보조 축'으로 지정하시오.

③ 범례는 테두리 '실선', 테두리 색 '표준 색 – 빨강', 채우기 색 '표준 색 – 노랑'으로 지정하고, 차트의 '아래쪽'에 배치시키시오.

④ 세로(값) 축 눈금의 최대값을 800, 기본 단위를 200으로 지정하시오.

⑤ '판매액' 계열에서 '더미 HUB' 요소에만 데이터 레이블 '값'을 표시하고, 레이블의 위치를 '오른쪽'으로 지정하시오.

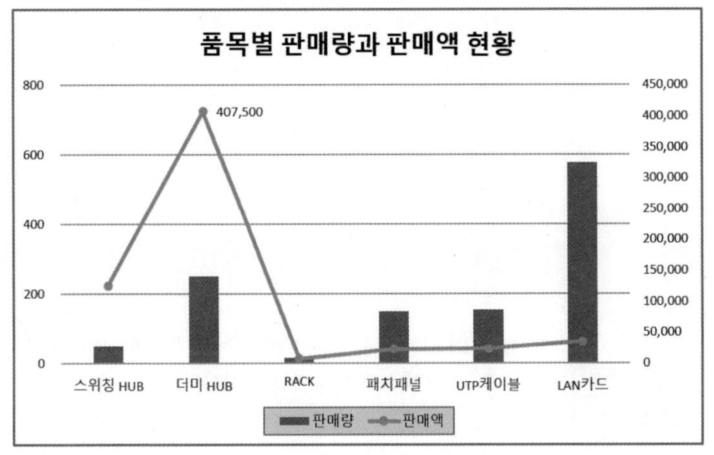

2.
- 기본 단위 눈금 변경은 세로(값) 축의 바로 가기 메뉴의 **[축 서식]**을 선택하여 나타나는 '축 서식' 대화상자를 이용하면 됩니다.
- '더미 HUB'의 값 표시는 '판매액' 계열을 클릭한 후 다시 한번 '더미 HUB' 요소를 클릭하고 바로 가기 메뉴의 **[데이터 레이블 추가]**를 선택합니다.

EXAMINATION 09회

기본 모의고사 정답 및 해설

문제 1 기본작업

02. 셀 서식

정답

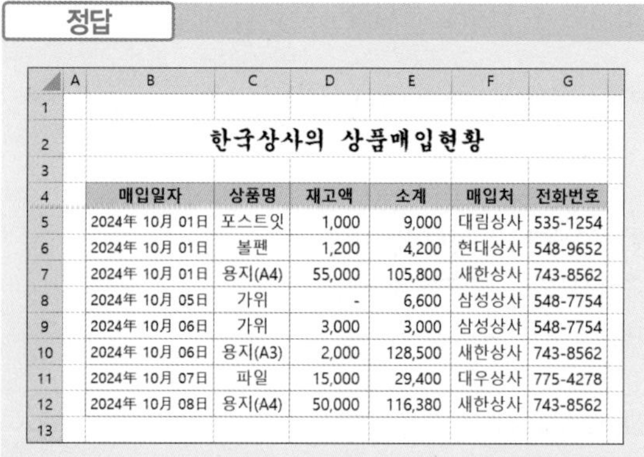

	A	B	C	D	E	F	G
1							
2		한국상사의 상품매입현황					
3							
4		매입일자	상품명	재고액	소계	매입처	전화번호
5		2024年 10月 01日	포스트잇	1,000	9,000	대림상사	535-1254
6		2024年 10月 01日	볼펜	1,200	4,200	현대상사	548-9652
7		2024年 10月 01日	용지(A4)	55,000	105,800	새한상사	743-8562
8		2024年 10月 05日	가위	-	6,600	삼성상사	548-7754
9		2024年 10月 06日	가위	3,000	3,000	삼성상사	548-7754
10		2024年 10月 06日	용지(A3)	2,000	128,500	새한상사	743-8562
11		2024年 10月 07日	파일	15,000	29,400	대우상사	775-4278
12		2024年 10月 08日	용지(A4)	50,000	116,380	새한상사	743-8562
13							

4 사용자 지정 표시 형식 및 셀에 맞춤

1. [B5:B12] 영역을 블록으로 지정한 후 Ctrl + 1을 누른다.
2. '셀 서식' 대화상자의 '표시 형식' 탭에서 범주와 형식을 그림과 같이 지정한다.

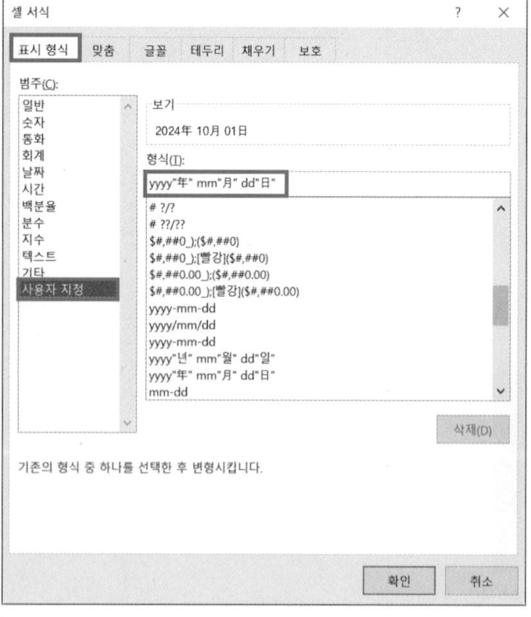

3. 이어서 '맞춤' 탭에서 텍스트 조정의 '셀에 맞춤'을 선택한 후 〈확인〉을 클릭한다.

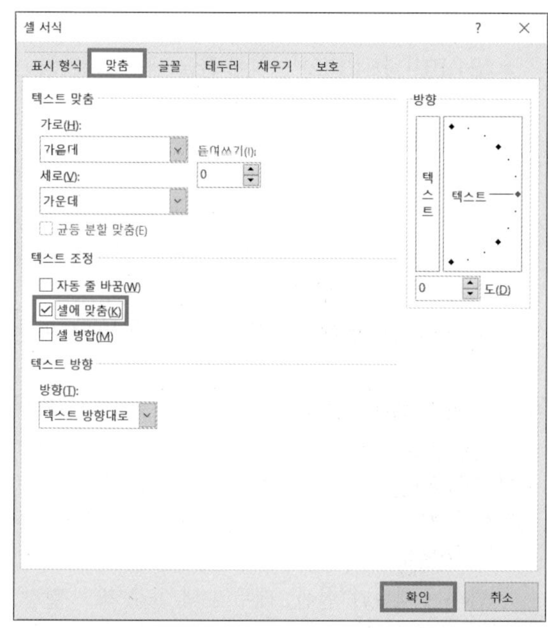

03. 텍스트 나누기

정답

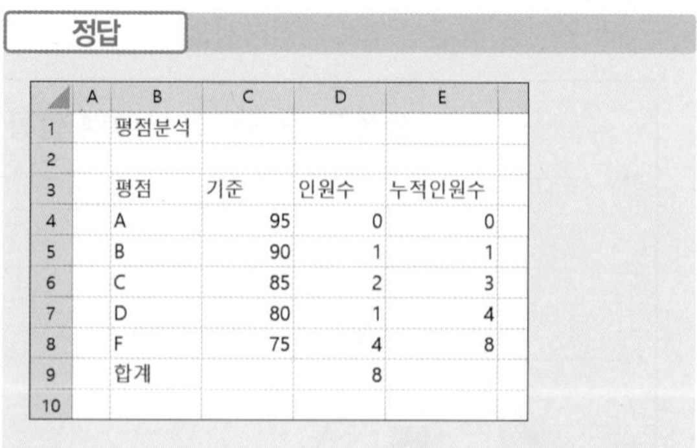

	A	B	C	D	E
1		평점분석			
2					
3		평점	기준	인원수	누적인원수
4		A	95	0	0
5		B	90	1	1
6		C	85	2	3
7		D	80	1	4
8		F	75	4	8
9		합계		8	
10					

1. [B3:B9] 영역을 블록으로 지정한 후 [데이터] → 데이터 도구 → **텍스트 나누기**를 클릭한다.

2. '텍스트 마법사 1단계' 대화상자에서 '구분 기호로 분리됨'을 선택한 후 〈다음〉을 클릭한다.
3. '텍스트 마법사 2단계' 대화상자에서 '탭'을 해제하고, '쉼표'를 선택한 후 〈다음〉을 클릭한다.

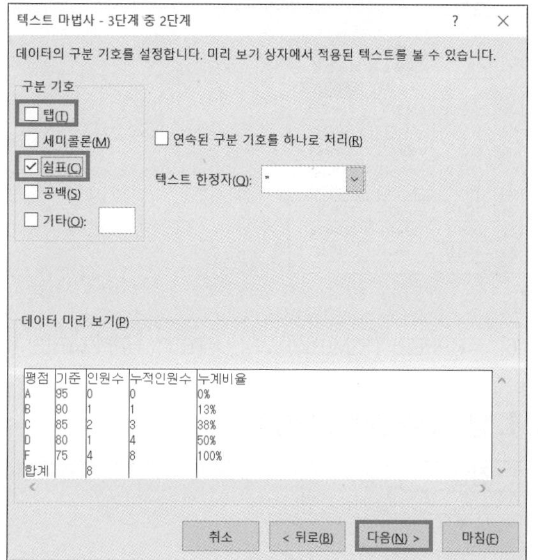

4. '텍스트 마법사 3단계' 대화상자에서 '누계비율' 열을 클릭하고 '열 가져오지 않음(건너뜀)'을 선택한 후 〈마침〉을 클릭한다.

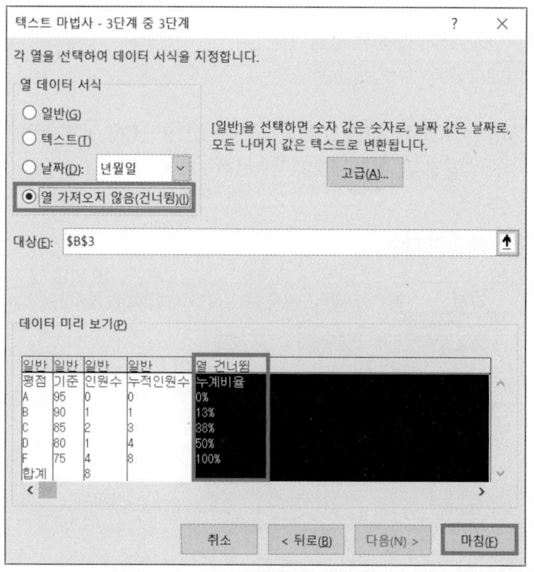

04. 고급 필터

정답

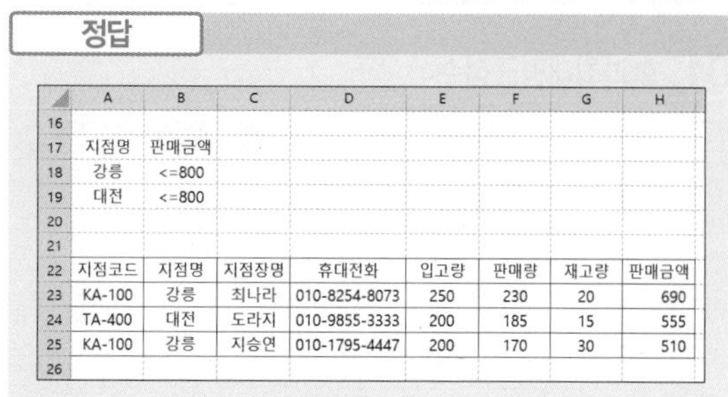

	A	B	C	D	E	F	G	H
16								
17	지점명	판매금액						
18	강릉	<=800						
19	대전	<=800						
20								
21								
22	지점코드	지점명	지점장명	휴대전화	입고량	판매량	재고량	판매금액
23	KA-100	강릉	최나라	010-8254-8073	250	230	20	690
24	TA-400	대전	도라지	010-9855-3333	200	185	15	555
25	KA-100	강릉	지승연	010-1795-4447	200	170	30	510
26								

1. [A17:B19] 영역에 그림과 같이 조건을 입력한다.

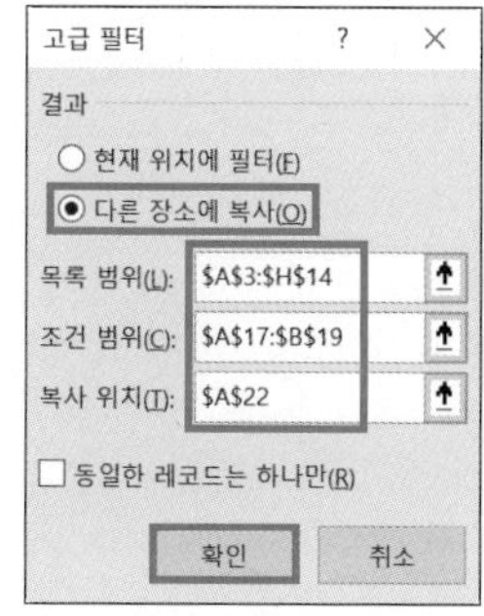

	A	B	C
16			
17	지점명	판매금액	
18	강릉	<=800	
19	대전	<=800	
20			

2. 데이터 영역(A3:H14)의 임의의 셀을 선택한 후 [데이터] → 정렬 및 필터 → **고급**을 클릭한다.
3. '고급 필터' 대화상자에서 그림과 같이 지정한 후 〈확인〉을 클릭한다.

문제 2 계산작업

01. 학과최대평균점수

정답

	A	B	C	D
1	[표1]	성적표		
2	이름	성별	학과	점수
3	김성식	남	생물학과	70.9
4	신유진	여	물리학과	77.2
5	나한일	남	생물학과	90.6
6	박정아	여	물리학과	92.4
7	성진희	여	생물학과	88.7
8	이명호	남	물리학과	80.3
9	최진성	남	생물학과	95.3
10				
11	학과	학과	학과최대평균점수	
12	생물학과	물리학과	93.8	

[C12] : =ROUNDDOWN(AVERAGE(DMAX(A2:D9, 4, A11:A12), DMAX(A2:D9, 4, B11:B12)), 1)

02. 1위 기록

정답

	F	G	H	I
1	[표2]	철인3종 경기 결과		
2	선수명	배번	소속	기록
3	신예진	15	통영시청	1:07:44
4	이혜랑	6	대전시청	1:13:40
5	황가연	27	서울시청	1:06:06
6	안희진	65	천안시청	1:09:13
7	유솔지	24	천안시청	1:11:39
8	김정원	33	서울시청	1:06:53
9	조은진	9	대전시청	1:12:09
10	이연우	31	통영시청	1:14:39
11	지차희	57	서울시청	1:10:57
12	1위 기록		1시간6분6초	

[H12] : =HOUR(SMALL(I3:I11, 1)) & "시간" & MINUTE (SMALL(I3:I11, 1)) & "분" & SECOND(SMALL (I3:I11, 1)) & "초"

03. 배송코드

정답

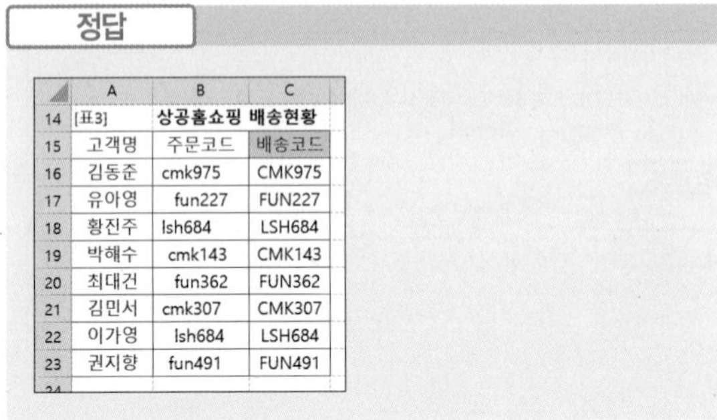

	A	B	C
14	[표3]	상공홈쇼핑 배송현황	
15	고객명	주문코드	배송코드
16	김동준	cmk975	CMK975
17	유아영	fun227	FUN227
18	황진주	lsh684	LSH684
19	박해수	cmk143	CMK143
20	최대건	fun362	FUN362
21	김민서	cmk307	CMK307
22	이가영	lsh684	LSH684
23	권지향	fun491	FUN491

[C16] : =UPPER(TRIM(B16)) 또는 =TRIM(UPPER(B16))

04. 영업A 우수직원 판매량 평균

정답

	E	F	G	H
14	[표4]	직원별 실적		
15	사원명	부서명	직위	판매량
16	이경환	영업A	과장	624
17	김지영	영업B	과장	756
18	최고은	영업A	대리	959
19	유경남	영업A	대리	812
20	정진수	영업B	대리	507
21	오나라	영업B	대리	682
22	정해진	영업A	사원	877
23	김지해	영업B	사원	860
24	영업A 우수직원 판매량 평균			882.7

[H24] : =ROUNDUP(AVERAGEIFS(H16:H23, F16:F23, "영업A", H16:H23, "〉=800"), 1)

05. 체질량지수

정답

	A	B	C	D
25	[표5]	신체검사결과		
26	성명	신장(m)	체중(kg)	체질량지수
27	이원철	1.76	75	정상
28	김민천	1.68	78	비만
29	고인숙	1.61	50	저체중
30	박철수	1.73	70	정상
31	권지향	1.64	71	비만
32	정은경	1.58	51	정상
33	이진녀	1.71	65	정상
34	김정민	1.83	70	정상

[D27] : =IF(C27/POWER(B27, 2)〈20, "저체중", IF(C27/POWER(B27, 2)〈25, "정상", "비만"))

문제 3 분석작업

01. 부분합

1. 데이터 영역(A3:F18)의 임의의 셀을 선택한 후 [데이터] → 정렬 및 필터 → **정렬**을 클릭한다.
2. '정렬' 대화상자에서 그림과 같이 지정한 후 〈확인〉을 클릭한다.

3. 데이터 영역(A3:F18) 안에 셀 포인터가 놓여 있는 상태에서 [데이터] → 개요 → **부분합**을 클릭한다.
4. '부분합' 대화상자에서 그림과 같이 지정한 후 〈확인〉을 클릭한다.

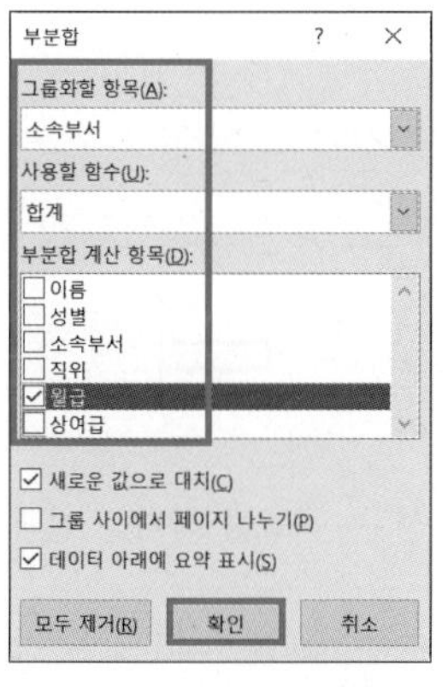

5. '소속부서'별 '상여급'의 평균을 계산하기 위해 [데이터] → 개요 → **부분합**을 클릭한다.
6. '부분합' 대화상자에서 그림과 같이 지정하고, '새로운 값으로 대치'를 해제한 후 〈확인〉을 클릭한다.

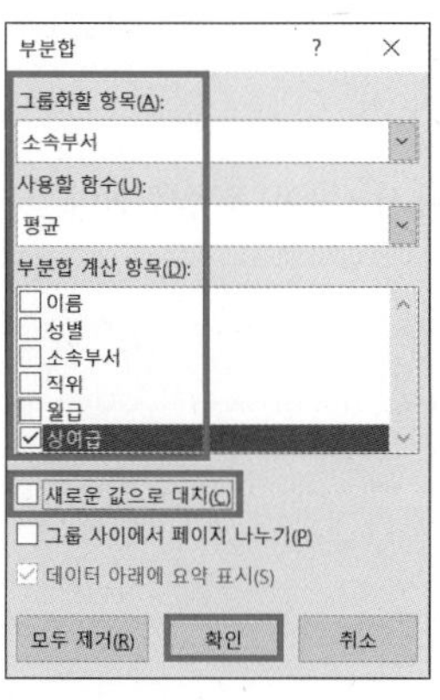

7. [홈] → 스타일 → 표 서식 → 밝게 → **연한 파랑, 표 스타일 밝게 2**를 선택한다.
8. '표 서식' 대화상자에서 표에 사용할 데이터를 [A3:F26]으로 지정하고 '머리글 포함'에 체크 표시를 한 후 〈확인〉을 클릭한다.

※ '표 서식' 대화상자에서 데이터 범위를 지정하면 '표 서식' 대화상자가 '표 만들기'로 변경됩니다.

02. 피벗 테이블

정답

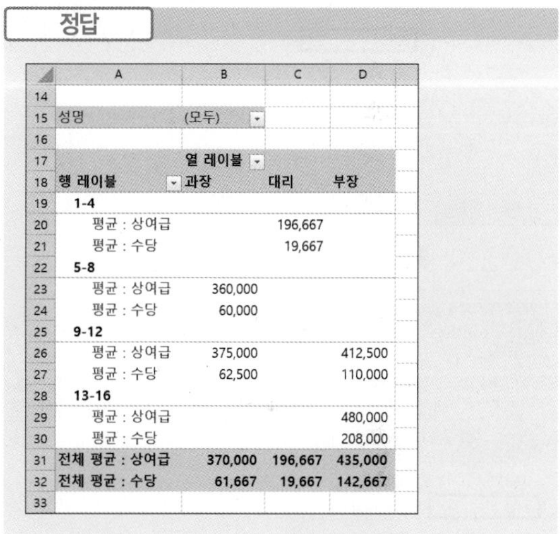

	A	B	C	D
14				
15	성명	(모두)		
16				
17		열 레이블		
18	행 레이블	과장	대리	부장
19	1-4			
20	평균 : 상여급		196,667	
21	평균 : 수당		19,667	
22	5-8			
23	평균 : 상여급	360,000		
24	평균 : 수당	60,000		
25	9-12			
26	평균 : 상여급	375,000		412,500
27	평균 : 수당	62,500		110,000
28	13-16			
29	평균 : 상여급			480,000
30	평균 : 수당			208,000
31	전체 평균 : 상여급	370,000	196,667	435,000
32	전체 평균 : 수당	61,667	19,667	142,667
33				

1. 데이터 영역(A3:I12)의 임의의 셀을 선택한 후 [삽입] → 표 → **(피벗 테이블)**을 클릭한다.
2. '피벗 테이블 만들기' 대화상자에서 피벗 테이블을 넣을 위치를 '기존 워크시트', 'A17'로 지정한 후 〈확인〉을 클릭한다.
3. '피벗 테이블 필드' 창에서 그림과 같이 각 필드를 지정한 후 '열' 영역에 자동으로 생긴 'Σ 값'을 '행' 영역으로 드래그하여 이동한다.

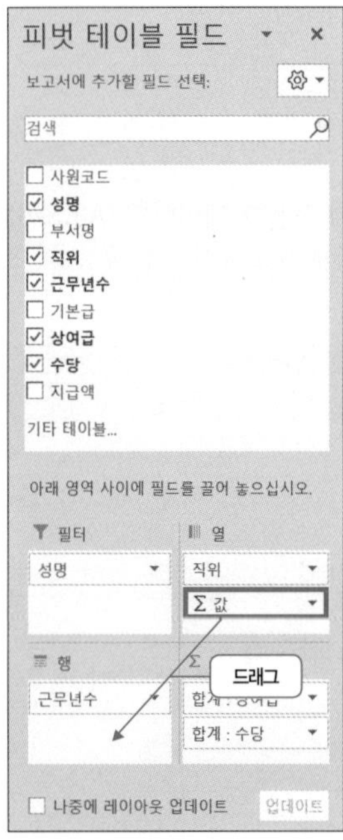

4. 작성된 피벗 테이블에서 '합계 : 상여금(A20)'의 바로 가기 메뉴에서 [값 요약 기준] → **평균**을 선택한다.
5. 이어서 '합계 : 수당(A21)'의 바로 가기 메뉴에서 [값 요약 기준] → **평균**을 선택한다.
6. 피벗 테이블의 임의의 셀을 클릭한 후 [디자인] → 레이아웃 → 총합계 → **열의 총합계만 설정**을 선택한다.
7. 피벗 테이블에서 '근무년수(A19)'의 바로 가기 메뉴에서 **[그룹]**을 선택한다.
8. '그룹화' 대화상자에서 그림과 같이 지정한 후 〈확인〉을 클릭한다.

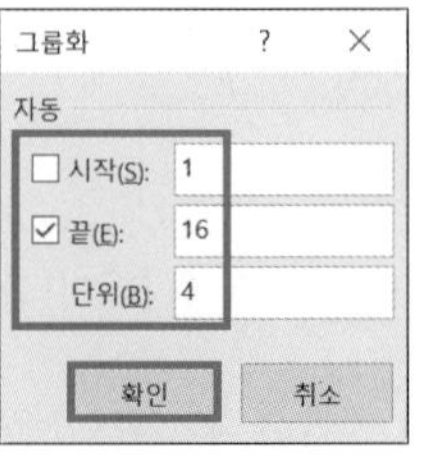

9. 피벗 테이블에서 '평균 : 상여금(A20)'의 바로 가기 메뉴에서 **[값 필드 설정]**을 선택한다.
10. '값 필드 설정' 대화상자에서 〈표시 형식〉을 클릭한다.
11. '셀 서식' 대화상자의 '표시 형식' 탭에서 범주의 '숫자'와 '1000 단위 구분 기호(,) 사용'을 차례로 선택한 후 〈확인〉을 클릭한다.
12. '값 필드 실정' 대화상자에서도 〈확인〉을 클릭힌다.
13. 동일한 방법으로 수당의 평균에도 '1000 단위 구분 기호'를 지정한다.

03. 목표값 찾기

정답

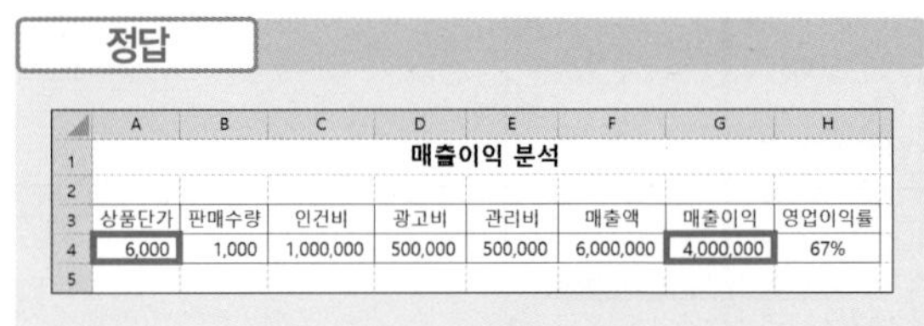

	A	B	C	D	E	F	G	H
1	매출이익 분석							
2								
3	상품단가	판매수량	인건비	광고비	관리비	매출액	매출이익	영업이익률
4	6,000	1,000	1,000,000	500,000	500,000	6,000,000	4,000,000	67%
5								

1. [데이터] → 예측 → 가상 분석 → **목표값 찾기**를 선택한다.
2. '목표값 찾기' 대화상자에서 수식 셀, 찾는 값, 값을 바꿀 셀을 그림과 같이 지정한 후 〈확인〉을 클릭한다.

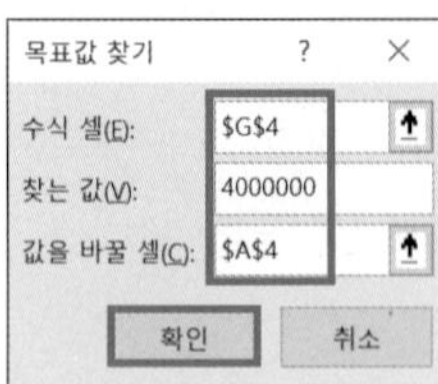

3. '목표값 찾기 상태' 대화상자에서 〈확인〉을 클릭한다.

문제 4 기타작업

01. 매크로

정답

	A	B	C	D	E	F	G
1	수출 내역						
2							
3	종류	단가(달러)	1사분기 수출량	2사분기 수출량	단가(원)	수출액	순위
4	백상지1	70	85	100	93,240	17,249,400	8
5	백상지2	75	265	175	99,900	43,956,000	4
6	아트지	90	300	240	119,880	64,735,200	3
7	판지	45	120	315	59,940	26,073,900	5
8	신문용지	50	550	550	66,600	73,260,000	2
9	감열지	100	570	30	133,200	79,920,000	1
10	골판지1	35	173	254	46,620	19,906,740	6
11	골판지2	40	150	180	53,280	17,582,400	7
12	합계		2,213	1,844	672,660	342,683,640	
13							
14		합계			서식		
15							
16							

1 '합계' 매크로

1. [개발 도구] → 컨트롤 → 삽입 → 양식 컨트롤 → □(**단추**)를 선택한 후 [B14:C15] 영역에 맞게 드래그한다.
2. '매크로 지정' 대화상자의 '매크로 이름'에 **합계**를 입력한 후 〈기록〉을 클릭한다.
3. '매크로 기록' 대화상자에서 〈확인〉을 클릭한다.
4. [C12] 셀을 클릭하고, **=SUM(C4:C11)**를 입력한 후 Enter를 누른다.
5. [C12] 셀의 채우기 핸들을 [F12] 셀까지 드래그하여 수식을 복사한다.
6. 임의의 셀을 클릭한 후 [개발 도구] → 코드 → **기록 중지**를 클릭한다.
7. 단추의 바로 가기 메뉴에서 [텍스트 편집]을 선택한 후 입력된 내용을 **합계**로 수정한다.

2 '서식' 매크로

1. [삽입] → 일러스트레이션 → 도형 → 기본 도형 → **사각형: 빗면(□)**을 선택한 후 [E14:F15] 영역에 맞게 드래그한다.
2. 도형의 바로 가기 메뉴에서 [**매크로 지정**]을 선택한다.
3. '매크로 지정' 대화상자의 '매크로 이름'에 **서식**을 입력한 후 〈기록〉을 클릭한다.
4. '매크로 기록' 대화상자에서 〈확인〉을 클릭한다.
5. [B4:B11], [E4:F12] 영역을 블록으로 지정한 후 [홈] → **글꼴**에서 글꼴 색(가)을 '빨강'으로 지정한다.
6. 임의의 셀을 클릭한 후 [개발 도구] → 코드 → **기록 중지**를 클릭한다.
7. 도형의 바로 가기 메뉴에서 [**텍스트 편집**]을 선택한다.
8. [홈] → **맞춤**에서 '세로 가운데 맞춤(≡)'과 '가로 가운데 맞춤(≡)'을 차례로 클릭한 후 **서식**을 입력한다.

02. 차트

1 데이터 범위 추가

1. [D3:D9] 영역을 블록으로 지정한 후 복사(Ctrl+C)한다.
2. 차트를 선택한 후 붙여넣기(Ctrl+V)한다.

2 차트 종류 변경 및 보조 축 지정

1. '판매액' 계열의 바로 가기 메뉴에서 [**계열 차트 종류 변경**]을 선택한다.
2. '차트 종류 변경' 대화상자의 '혼합' 탭에서 '판매액' 계열의 '차트 종류'를 '표식이 있는 꺾은선형'으로 선택하고 '보조 축'에 체크 표시를 한 후 〈확인〉을 클릭한다.

4 세로(값) 축 눈금 지정

1. 세로(값) 축의 바로 가기 메뉴에서 [**축 서식**]을 선택한다.
2. '축 서식' 창의 [축 옵션] → (축 옵션) → **축 옵션**에서 경계의 '최대값'을 800, 단위의 '기본'을 200으로 지정한 후 '닫기(☒)'를 클릭한다.

5 데이터 레이블 추가

1. '판매액' 계열의 '더미 HUB' 요소를 클릭한 후 다시 '더미 HUB' 요소를 클릭한다.
2. '더미 HUB' 요소만 선택된 상태에서 바로 가기 메뉴를 호출하여 [**데이터 레이블 추가**]를 선택한다.

EXAMINATION

10회 기본 모의고사

• 준 비 하 세 요 : 'C:\길벗컴활2급\03 기본모의고사' 폴더에서 '10회.xlsm' 파일을 열어서 작업하시오.

4332101

문제 1 기본작업(20점) 주어진 시트에서 다음 과정을 수행하고 저장하시오.

1. '기본작업-1' 시트에 다음의 자료를 주어진 대로 입력하시오.

	A	B	C	D	E	F
1	정심회 회원 연락처					
2						
3	사원번호	소속부서	직위	이름	연락처	입사년도
4	BF-20205	관리부	과장	윤광수	010-8734-0988	2014
5	AU-30238	업무부	대리	최석훈	010-887-9928	2019
6	GT-84735	기획조정실	사원	김명윤	010-3895-4334	2022
7	BF-20284	관리부	과장	박경미	010-8542-1931	2013
8	GT-84726	기획조정실	사원	박은경	010-9573-3247	2021
9	AU-30219	업무부	과장	박동수	010-3209-0326	2012
10						

> **전문가의 조언**
>
> 2.
> • 이름 정의는 해당 영역을 블록으로 지정한 후 이름 상자에 직접 입력하세요.
> • 한자 변환은 변경할 문자를 블록으로 지정한 후 한자를 누르면 됩니다.
> • 메모를 삽입하는 바로 가기 키는 Shift+F2입니다.
> • '셀 서식' 대화상자를 호출하는 바로 가기 키는 Ctrl+1입니다.
> • 사용자 지정 표시 형식은 '셀 서식' 대화상자의 '표시 형식' 탭에서 지정하면 됩니다.
>
> 3. RIGHT 함수는 'RIGHT(텍스트, 개수)'로 '텍스트'의 오른쪽부터 지정한 '개수'만큼 추출합니다.

2. '기본작업-2' 시트에 대하여 다음의 지시사항을 처리하시오.

① [B4:B5], [C4:C5], [D4:D5], [E4:I4] 영역은 '병합하고 가운데 맞춤'을 지정하고, [B4:I5] 영역은 셀 스타일 '파랑, 강조색1'을 지정하시오.

② [I6:I13] 영역의 셀 이름을 "평가"로 정의하고, [I5] 셀의 문자열 "평가"를 한자 "評價"로 변환하시오.

③ [H10] 셀에 "최대판매실적"이라는 메모를 삽입한 후 항상 표시되도록 지정하고, 메모 서식에서 맞춤 '자동 크기'를 설정하시오.

④ [H6:H13] 영역은 사용자 지정 표시 형식을 이용하여 1,000,000의 배수와 숫자 뒤에 "백만원"을 [표시 예]와 같이 표시하시오. [표시 예 : 12000000 → 12백만원]

⑤ [B4:I13] 영역에 '모든 테두리(田)'를 적용한 후 '굵은 바깥쪽 테두리(◘)'를 적용하여 표시하시오.

3. '기본작업-3' 시트에서 다음의 지시사항을 처리하시오.

[B5:H12] 영역에서 국가가 "드"로 끝나는 행 전체에 대하여 밑줄을 '이중 실선', 글꼴 스타일을 '굵게'로 지정하는 조건부 서식을 작성하시오.

▶ RIGHT 함수 사용

▶ 단, 규칙 유형은 '수식을 사용하여 서식을 지정할 셀 결정'을 사용하고, 한 개의 규칙으로만 작성하시오.

4. '기본작업-4' 시트에서 다음의 지시사항을 처리하시오.

'월말 상여급 지급 내역서' 표에서 근무년수가 7년 이상이면서 상여비율이 7% 미만인 데이터를 고급 필터를 사용하여 검색하시오.

▶ 고급 필터 조건은 [H16:J18] 영역 내에 알맞게 입력하시오.

▶ 고급 필터 결과는 사원명, 관리부서, 직위, 기본급, 수당, 지급액만 순서대로 표시하시요.

▶ 고급 필터 결과 복사 위치는 동일 시트의 [B21] 셀에서 시작하시오.

4.
- '~이면서'는 AND 조건으로 같은 행에 조건을 입력해야 합니다.
- 특정 필드만 추출해야 하므로 추출할 필드를 미리 입력한 후 고급 필터를 적용해야 합니다.

문제 2 계산작업(40점) '계산작업' 시트에서 다음 과정을 수행하고 저장하시오.

1. [표1]에서 성별[B3:B11]이 "남"인 학생들의 중간고사[C3:C11]와 기말고사[D3:D11] 평균의 차이를 절대값으로 [D12] 셀에 계산하시오.

▶ ABS, AVERAGEIF 함수 사용

2. [표2]에서 전반기[H3:H11]와 후반기[I3:I11] 실적이 모두 3위 이내인 사원의 수를 [I12] 셀에 계산하시오.

▶ COUNTIFS, LARGE 함수와 & 연산자 사용

3. [표3]에서 지역번호[B17:B24]의 마지막 숫자가 0이면 "청주", 1이면 "제주", 2이면 "대구", 3이면 "광주", 4이면 "속초", 5이면 "목포", 6이면 "경주", 7이면 "고성", 8이면 "군산", 9이면 "강릉"으로 출장지역[D17:D24]에 표시하시오.

▶ CHOOSE, MOD 함수 사용

4. [표4]에서 판매량[G17:G24]의 누적량이 600 이상이면 "2차달성", 400 이상 600 미만이면 "1차달성", 400 미만이면 공백을 판매현황[I17:I24]에 표시하시오.

▶ IF, SUM 함수 사용

5. [표5]에서 제품코드[A28:A35]의 앞 세 문자와 수출총액[B28:B35], 국가별환율표[F34:H35]를 이용하여 환전총액[C28:C35]을 계산하시오.

▶ 환전총액 = 수출총액 / 국가별 환율

▶ INDEX, MATCH, LEFT 함수 사용

전문가의 조언

2. '실적 3위 이내'는 실적이 3번째로 많은 사원과 같거나 많다는 의미이므로 ">="&LARGE(실적, 3)으로 수식을 작성하면 됩니다.

3. CHOOSE 함수는 '인수'로 0을 사용할 수 없으므로 '인수'로 사용되는 MOD 함수의 결과값에 1을 더해 줘야 합니다.

4. 누적 합계는 'SUM($A$1:A1)'처럼 SUM 함수 '인수'의 시작 주소를 절대 주소로 지정하고 끝 주소는 상대 주소로 지정하면 됩니다.

5. INDEX는 특정 위치를 행과 열로 지정하여 추출할 때 사용합니다.

4332103

문제 3 분석작업(20점) 주어진 시트에서 다음 작업을 수행하고 저장하시오.

전문가의 조언

1.
- 부분합을 수행하려면 먼저 그룹화할 항목을 기준으로 정렬을 수행해야 합니다.
- 중첩 부분합 수행 시 두 번째 부분합부터는 반드시 '새로운 값으로 대치' 항목을 해제해야 해요!

1. '분석작업-1' 시트에 대하여 다음의 지시사항을 처리하시오.

[부분합] 기능을 이용하여 '영업사원별 성과 점수표' 표에 〈그림〉과 같이 부서별 '판매량'과 '총점수'의 평균을 계산한 후 담당지역별 '보너스점수'의 합계를 계산하시오.

▶ 정렬은 첫째 기준 '부서', 둘째 기준 '담당지역'을 기준으로 오름차순으로 처리하시오.

▶ 평균과 합계는 위에 명시된 순서대로 처리하시오.

	A	B	C	D	E	F	G	H	I
1		영업사원별 성과 점수표							
2									
3		성명	부서	인사코드	담당지역	판매량	총점수	보너스점수	보너스비중
4		김정원	판매1부	P1-A	강서구	90	30	8	27%
5		박경진	판매1부	P1-B	강서구	300	100	65	65%
6					강서구 요약			73	
7		어지순	판매1부	P1-C	성북구	85	30	9	30%
8					성북구 요약			9	
9			판매1부 평균			158.3333	53.33333		
10		이순자	판매2부	P2-A	강동구	250	100	75	75%
11		제장부	판매2부	P2-B	강동구	45	60	15	25%
12					강동구 요약			90	
13		반상현	판매2부	P2-C	성북구	190	70	21	30%
14					성북구 요약			21	
15			판매2부 평균			161.6667	76.66667		
16		유건석	판매3부	P3-A	강동구	160	70	18	26%
17		은지은	판매3부	P3-B	강동구	180	70	55	79%
18					강동구 요약			73	
19		최지열	판매3부	P3-C	성북구	210	100	30	30%
20					성북구 요약			30	
21			판매3부 평균			183.3333	80		
22					총합계			296	
23			전체 평균			167.7778	70		
24									

2.
- 숫자 및 1000 단위 구분 기호는 '셀 서식' 대화상자의 '표시 형식' 탭에서 범주를 '숫자'로 선택하여 지정하면 됩니다.
- '1월'과 '2월'만 표시하려면 완성된 피벗 테이블에서 [B18] 셀의 목록 단추를 클릭한 후 '3월'의 체크 표시를 해제하면 됩니다.

2. '분석작업-2' 시트에 대하여 다음의 지시사항을 처리하시오.

[피벗 테이블] 기능을 이용하여 '월별 주류 판매현황' 표의 품명은 '행', 판매월은 '열'로 처리하고, '값'에 매출이익의 합계를 계산하시오.

▶ 피벗 테이블 보고서는 동일 시트의 [A18] 셀에서 시작하시오.

▶ 보고서 레이아웃은 '개요 형식'으로 지정하시오.

▶ 시트에 '1월'과 '2월'만 표시되도록 하시오.

▶ 매출이익 합계의 표시 형식은 '값 필드 설정'의 '셀 서식' 대화상자에서 '숫자' 범주와 '1000 단위 구분 기호 사용'을 이용하여 지정하시오.

3. 사용할 수식은 수식 입력줄에서 복사해야 한다는 것을 꼭 기억하세요.

3. '분석작업-3' 시트에 대하여 다음의 지시사항을 처리하시오.

'상반기 판매현황' 표의 실적율[B6]은 계획수량[B4]과 판매수량[B5]을 이용하여 계산한 것이다. [데이터 표] 기능을 이용하여 판매수량의 변동에 따른 실적율을 [E5:E8] 영역에 계산하시오.

4332104

문제 4　기타작업(20점)　주어진 시트에서 다음 작업을 수행하고 저장하시오.

1. '매크로작업' 시트의 [표]에서 다음과 같은 기능을 수행하는 매크로를 현재 통합 문서에 작성하고 실행하시오.

① [E4:E12] 영역에 '백분율 스타일(%)'을 지정하는 매크로를 생성하여 실행하시오.
- ▶ 매크로 이름 : 백분율
- ▶ [개발 도구] → [컨트롤] → [삽입] → [양식 컨트롤]의 '단추(▭)'를 동일 시트의 [B14:C15] 영역에 생성하고, 텍스트를 "백분율"로 입력한 후 단추를 클릭할 때 '백분율' 매크로가 실행되도록 설정하시오.

② [I4:I12] 영역에 고객번호별 총포인트를 계산하는 매크로를 생성하여 실행하시오.
- ▶ 매크로 이름 : 총포인트
- ▶ 총포인트 = 실적포인트 + 빈도포인트
- ▶ [삽입] → [일러스트레이션] → [도형] → [기본 도형]의 '타원(◯)'을 동일 시트의 [E14:F15] 영역에 생성하고, 텍스트를 "총포인트"로 입력한 후 도형을 클릭할 때 '총포인트' 매크로가 실행되도록 설정하시오.

※ 셀 포인터의 위치에 상관없이 현재 통합 문서에서 매크로가 실행되어야 정답으로 인정됨

2. '차트작업' 시트의 차트를 지시사항에 따라 아래 〈그림〉과 같이 수정하시오.

※ 차트는 반드시 문제에서 제공한 차트를 사용하여야 하며, 신규로 작성 시 0점 처리됨

① 등급이 '고급반', '중급반'인 정보만 '성명'별 '총점'이 차트에 표시되도록 데이터 범위를 수정하시오.

② 차트 제목은 '차트 위'로 추가하여 〈그림〉과 같이 입력하고, 글꼴 스타일 '굵게', 글꼴 크기 16으로 지정하시오.

③ 3차원 회전에서 'Y 회전'을 45도로 지정하시오.

④ 범례는 차트의 오른쪽에 배치하고, 도형 스타일 '미세 효과 – 파랑, 강조 1'을 지정하시오.

⑤ 범례의 위쪽에 텍스트 상자를 추가하고, 테두리 색 '검정, 텍스트 1', 글꼴 '굴림', 크기 14, 글꼴 스타일 '굵게'로 지정하시오.

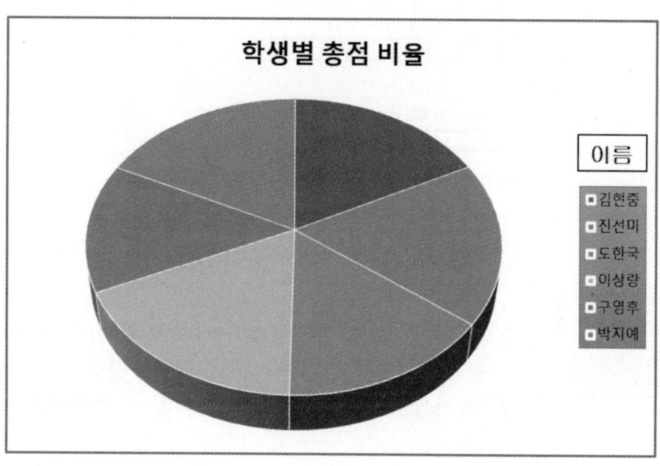

EXAMINATION
10회
기본 모의고사 정답 및 해설

문제 1 기본작업

02. 셀 서식

정답

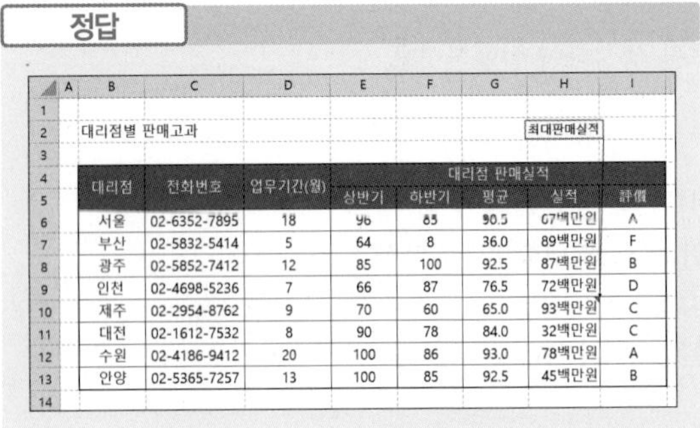

대리점별 판매고과 | 최대판매실적

대리점	전화번호	업무기간(월)	대리점 판매실적				
			상반기	하반기	평균	실적	評價
서울	02-6352-7895	18	96	85	90.5	67백만원	A
부산	02-5832-5414	5	64	8	36.0	89백만원	F
광주	02-5852-7412	12	85	100	92.5	87백만원	B
인천	02-4698-5236	7	66	87	76.5	72백만원	D
제주	02-2954-8762	9	70	60	65.0	93백만원	C
대전	02-1612-7532	8	90	78	84.0	32백만원	C
수원	02-4186-9412	20	100	86	93.0	78백만원	A
안양	02-5365-7257	13	100	85	92.5	45백만원	B

4 사용자 지정 표시 형식

1. [H6:H13] 영역을 블록으로 지정한 후 Ctrl + 1을 누른다.
2. '셀 서식' 대화상자의 '표시 형식' 탭에서 범주와 형식을 그림과 같이 지정한 후 〈확인〉을 클릭한다.

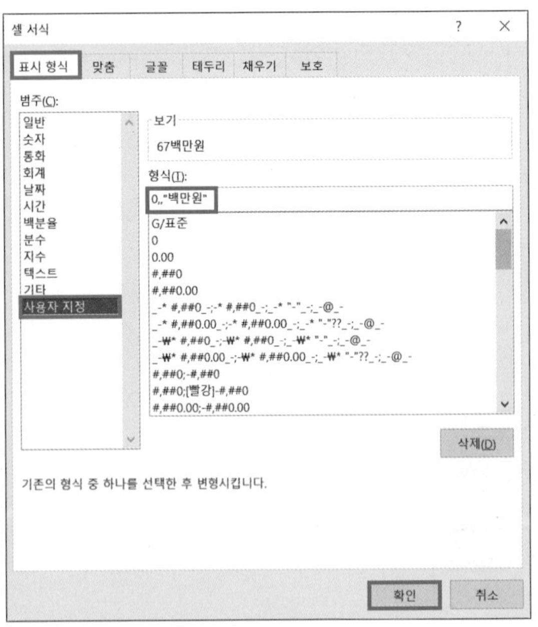

03. 조건부 서식

정답

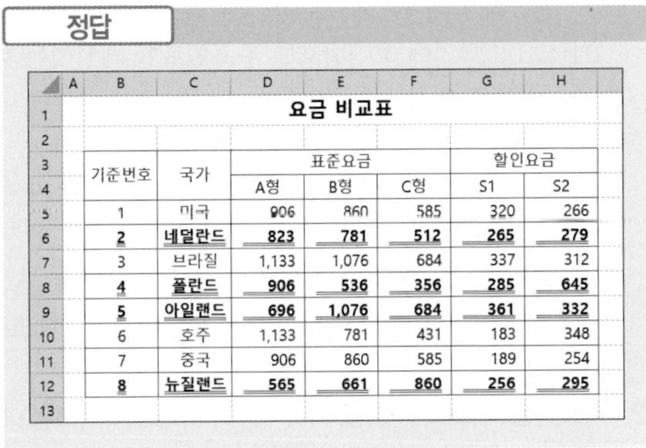

요금 비교표

기준번호	국가	표준요금			할인요금	
		A형	B형	C형	S1	S2
1	미국	906	860	585	320	266
2	**네덜란드**	**823**	**781**	**512**	**265**	**279**
3	브라질	1,133	1,076	684	337	312
4	**폴란드**	**906**	**536**	**356**	**285**	**645**
5	**아일랜드**	**696**	**1,076**	**684**	**361**	**332**
6	호주	1,133	781	431	183	348
7	중국	906	860	585	189	254
8	**뉴질랜드**	**565**	**661**	**860**	**256**	**295**

1. [B5:H12] 영역을 블록으로 지정한 후 [홈] → 스타일 → 조건부 서식 → **새 규칙**을 선택한다.
2. '새 서식 규칙' 대화상자에서 '수식을 사용하여 서식을 지정할 셀 결정'을 선택하고 수식 입력란에 **=RIGHT($C5,1)="드"**를 입력한 후 〈서식〉을 클릭한다.

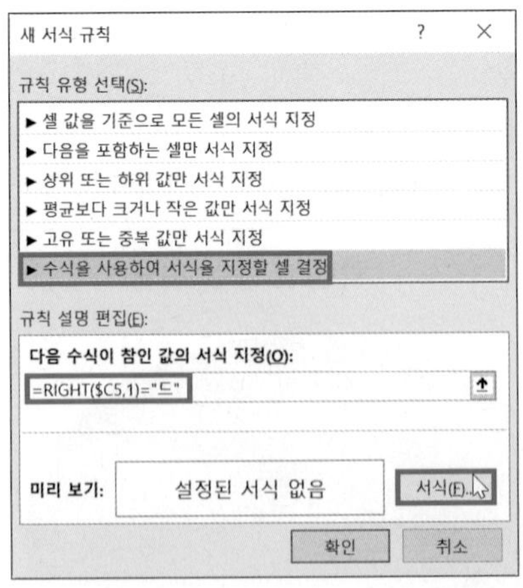

3. '셀 서식' 대화상자의 '글꼴' 탭에서 밑줄 '이중 실선', 글꼴 스타일 '굵게'를 지정한 후 〈확인〉을 클릭한다.
4. '새 서식 규칙' 대화상자에서도 〈확인〉을 클릭한다.

04. 고급 필터

정답

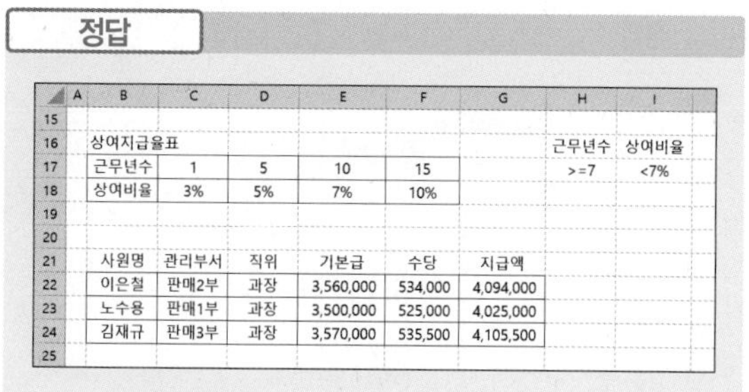

	A	B	C	D	E	F	G	H	I
15									
16		상여지급율표						근무년수	상여비율
17		근무년수	1	5	10	15		>=7	<7%
18		상여비율	3%	5%	7%	10%			
19									
20									
21		사원명	관리부서	직위	기본급	수당	지급액		
22		이은철	판매2부	과장	3,560,000	534,000	4,094,000		
23		노수용	판매1부	과장	3,500,000	525,000	4,025,000		
24		김재규	판매3부	과장	3,570,000	535,500	4,105,500		
25									

1. [H16:I17] 영역에 조건을, [B21:G21] 영역에 결과를 표시할 필드명을 그림과 같이 입력한다.

	A	B	C	D	E	F	G	H	I
15									
16		상여지급율표						근무년수	상여비율
17		근무년수	1	5	10	15		>=7	<7%
18		상여비율	3%	5%	7%	10%			
19									
20									
21		사원명	관리부서	직위	기본급	수당	지급액		
22									

2. 데이터 영역(B3:J12)의 임의의 셀을 선택한 후 [데이터] → 정렬 및 필터 → **고급**을 클릭한다.
3. '고급 필터' 대화상자에서 그림과 같이 지정한 후 〈확인〉을 클릭한다.

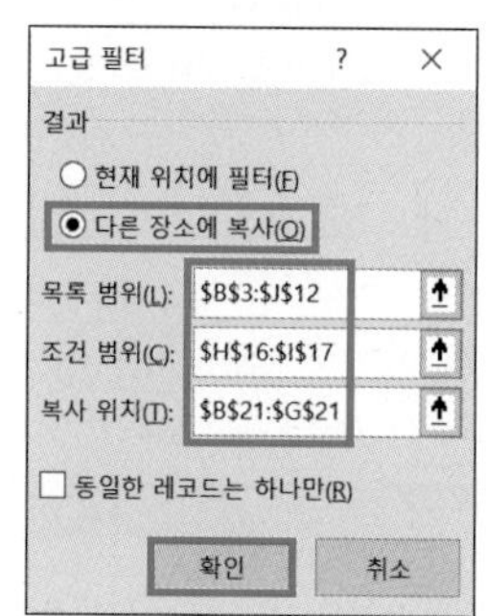

문제 2 계산작업

01. 남학생 중간, 기말고사 평균 차이

정답

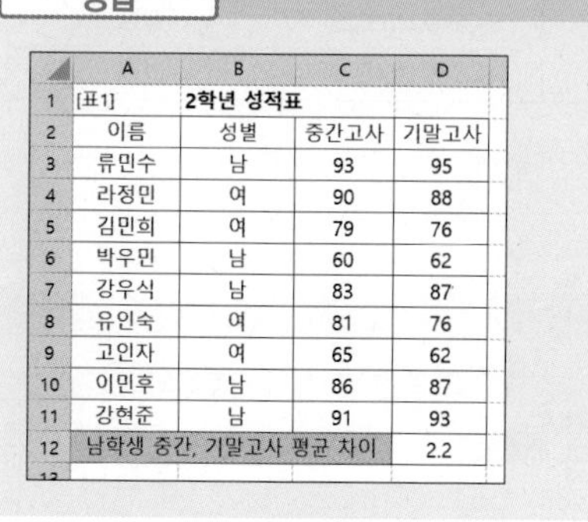

	A	B	C	D
1	[표1]	2학년 성적표		
2	이름	성별	중간고사	기말고사
3	류민수	남	93	95
4	라정민	여	90	88
5	김민희	여	79	76
6	박우민	남	60	62
7	강우식	남	83	87
8	유인숙	여	81	76
9	고인자	여	65	62
10	이민후	남	86	87
11	강현준	남	91	93
12	남학생 중간, 기말고사 평균 차이			2.2

[D12] : =ABS(AVERAGEIF(B3:B11, "남", C3:C11) − AVERAGEIF(B3:B11, "남", D3:D11))

02. 실적 우수 사원 수

정답

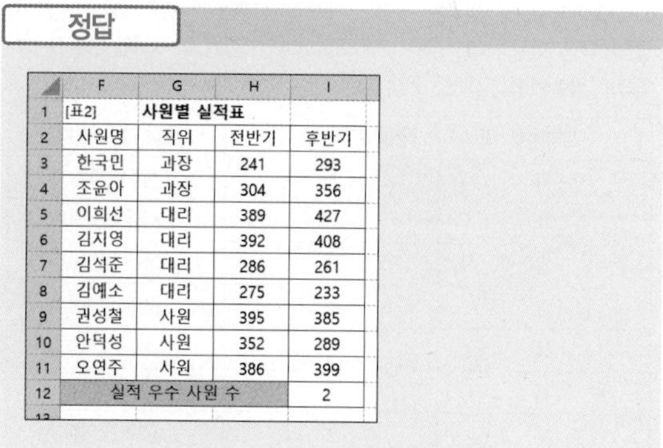

	F	G	H	I
1	[표2]	사원별 실적표		
2	사원명	직위	전반기	후반기
3	한국민	과장	241	293
4	조윤아	과장	304	356
5	이희선	대리	389	427
6	김지영	대리	392	408
7	김석준	대리	286	261
8	김예소	대리	275	233
9	권성철	사원	395	385
10	안덕성	사원	352	289
11	오연주	사원	386	399
12	실적 우수 사원 수			2

[I12] : =COUNTIFS(H3:H11, ">="&LARGE(H3:H11, 3), I3:I11, ">="&LARGE(I3:I11, 3))

궁금해요 **시나공 Q&A 베스트**

Q '실적이 3위 이내'의 수식을 ")=LARGE(H3:H11, 3)"으로 입력하면 안되나요?

A 안됩니다. 함수를 큰따옴표(" ")로 묶어서 입력하면 함수가 아닌 텍스트로 인식하여 올바른 결과가 나오지 않습니다. 함수를 이용하여 조건을 지정하려면 ")="&LARGE(H3:H11, 3)와 같이 관계연산자(>=, >, <=)와 함수를 분리하여 입력하고, 관계연산자는 큰따옴표(" ")로 묶어줘야 합니다. 그리고 두 개의 문자열을 &로 연결합니다.

03. 출장지역

정답

	A	B	C	D
15	[표3]	3월 출장자 현황		
16	사원명	지역번호	기간	출장지역
17	사인종	88	5	군산
18	하비자	61	7	제주
19	강화문	44	2	속초
20	김혜자	96	4	경주
21	김선미	85	6	목포
22	김종구	70	4	청주
23	최불암	69	3	강릉
24	고수돌	92	5	대구

[D17] : =CHOOSE(MOD(B17,10)+1, "청주", "제주", "대구", "광주", "속초", "목포", "경주", "고성", "군산", "강릉")

CHOOSE(인수, 첫 번째, 두 번째, … n번째) 함수는 '인수'로 0을 사용할 수 없습니다. 나머지가 0인 경우 'MOD(B17, 10)'의 결과값이 0, 즉 '인수'가 0이 되므로 '인수'에 1을 더해 준 것입니다.

지역번호	인수(MOD(B17, 10)+1)	출장지역(n번째)
10	1	청주(1번째)
11	2	제주(2번째)
12	3	대구(3번째)
13	4	광주(4번째)
14	5	속초(5번째)
15	6	목포(6번째)
16	7	경주(7번째)
17	8	고성(8번째)
18	9	군산(9번째)
19	10	강릉(10번째)

04. 판매현황

정답

	F	G	H	I
15	[표4]	가전 제품 판매현황		
16	판매일	판매량	반품량	판매현황
17	03월10일	96	6	
18	03월11일	85	1	
19	03월12일	102	4	
20	03월13일	128	2	1차달성
21	03월14일	93	8	1차달성
22	03월15일	76	4	1차달성
23	03월16일	89	3	2차달성
24	03월17일	111	5	2차달성

[I17] : =IF(SUM($G$17:G17)>=600, "2차달성", IF(SUM($G$17:G17)>=400, "1차달성", ""))

SUM 함수를 이용하여 누적 합계를 구하려면 [I17] 셀에 수식을 입력할 때, '=SUM($G$17:G17)'처럼 SUM 함수 '인수'의 시작 주소를 절대 주소로 지정하고 끝 주소는 상대 주소로 지정하면 됩니다. 그러고 나서 [I17] 셀의 채우기 핸들을 [I24] 셀까지 드래그하면 상대 참조로 지정된 [G17]만 [G18], [G19], … [G24]로 증가하여 판매량의 누적 합계가 계산됩니다.

셀	수식	누적 합계
[I17]	SUM($G$17:G17)	96
[I18]	SUM($G$17:G18)	181
[I19]	SUM($G$17:G19)	283
[I20]	SUM($G$17:G20)	411
[I21]	SUM($G$17:G21)	504
[I22]	SUM($G$17:G22)	580
[I23]	SUM($G$17:G23)	669
[I24]	SUM($G$17:G24)	780

05. 환전총액

정답

	A	B	C	D	E	F	G	H
26	[표5]	제품수출현황						
27	제품코드	수출총액	환전총액					
28	AUD-9-TS	6,841,000	7,890					
29	USD-3-RF	8,200,000	7,308					
30	USD-5-HT	4,985,000	4,443					
31	GBP-4-SE	7,650,000	4,808					
32	AUD-7-KN	6,683,000	7,708					
33	GBP-1-CL	6,150,000	3,865		<국가별환율표>			
34	AUD-2-MI	7,240,000	8,351		국가코드	USD	AUD	GBP
35	USD-6-BU	8,060,000	7,184		환율	1,122	867	1,591

[C28] : =B28 / INDEX($F$34:$H$35, 2, MATCH(LEFT(A28, 3), $F$34:$H$34, 0))

문제 3 분석작업

01. 부분합

1. 데이터 영역(B3:I12)의 임의의 셀을 선택한 후 [데이터] → 정렬 및 필터 → **정렬**을 클릭한다.
2. '정렬' 대화상자에서 그림과 같이 지정한 후 〈확인〉을 클릭한다.

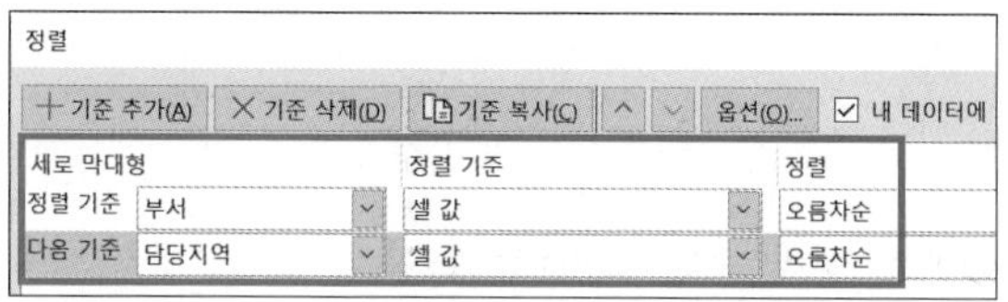

3. 데이터 영역(B3:I12) 안에 셀 포인터가 놓여 있는 상태에서 [데이터] → 개요 → **부분합**을 클릭한다.
4. '부분합' 대화상자에서 그림과 같이 지정한 후 〈확인〉을 클릭한다.

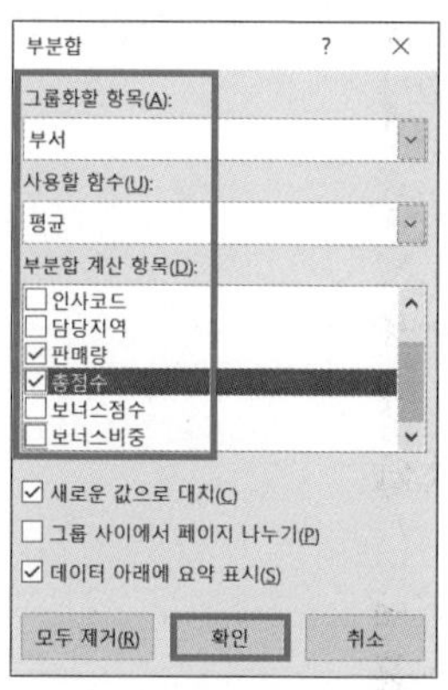

5. '담당지역'별 '보너스점수'의 합계를 계산하기 위해 [데이터] → 개요 → **부분합**을 클릭한다.
6. '부분합' 대화상자에서 그림과 같이 지정하고, '새로운 값으로 대치'를 해제한 후 〈확인〉을 클릭한다.

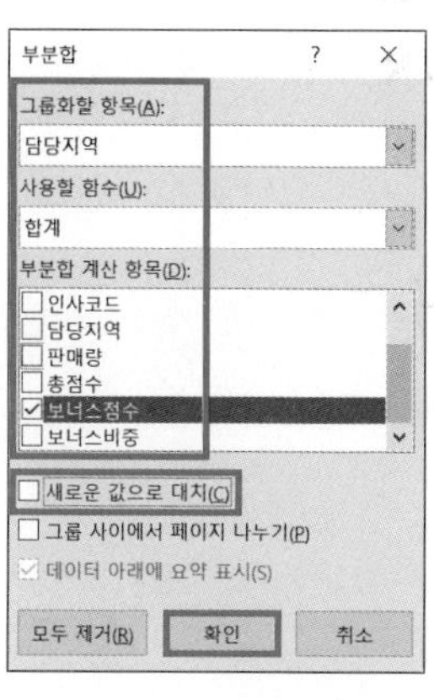

02. 피벗 테이블

정답

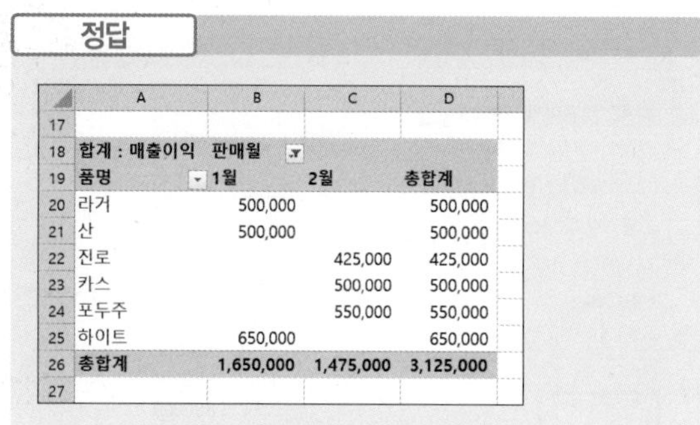

	A	B	C	D
17				
18	합계 : 매출이익	판매월		
19	품명	1월	2월	총합계
20	라거	500,000		500,000
21	산	500,000		500,000
22	진로		425,000	425,000
23	카스		500,000	500,000
24	포두주		550,000	550,000
25	하이트	650,000		650,000
26	총합계	1,650,000	1,475,000	3,125,000
27				

1. 데이터 영역(A3:G12)의 임의의 셀을 선택한 후 [삽입] → 표 → **(피벗 테이블)**을 클릭한다.
2. '피벗 테이블 만들기' 대화상자에서 피벗 테이블을 넣을 위치를 '기존 워크시트', 'A18'로 지정한 후 〈확인〉을 클릭한다.
3. '피벗 테이블 필드' 창에서 그림과 같이 각 필드를 지정한다.

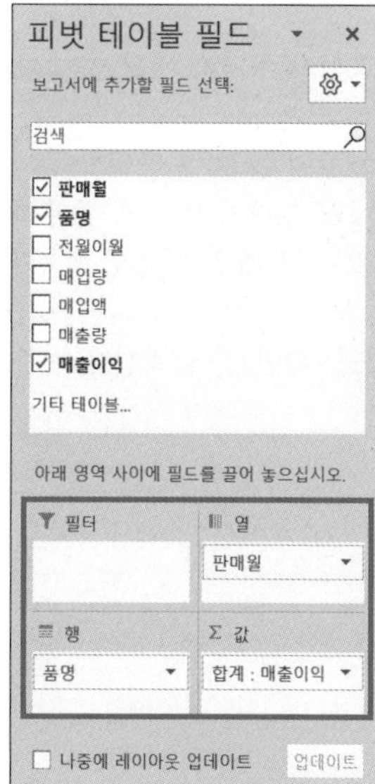

4. 피벗 테이블의 임의의 셀을 선택한 후 [디자인] → 레이아웃 → 보고서 레이아웃 → **개요 형식으로 표시**를 선택한다.

5. 판매월 중 '1월'과 '2월'만 표시되도록 하기 위해 판매월(B18)의 목록 선택 단추(▼)를 클릭하여 나타나는 목록에서 '1월'과 '2월'만 표시되도록 지정한 후 〈확인〉을 클릭한다.

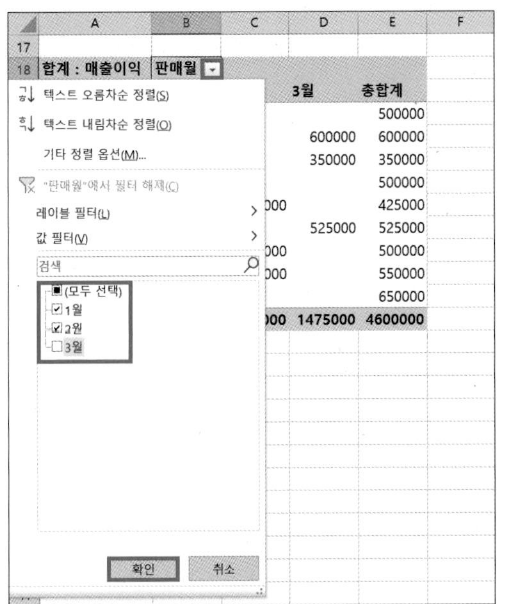

6. 피벗 테이블에서 '합계 : 매출이익(A18)'의 바로 가기 메뉴에서 **[값 필드 설정]**을 선택한다.
7. '값 필드 설정' 대화상자에서 〈표시 형식〉을 클릭한다.
8. '셀 서식' 대화상자의 '표시 형식' 탭에서 범주의 '숫자'와 '1000 단위 구분 기호(,) 사용'을 차례로 선택한 후 〈확인〉을 클릭한다.
9. '값 필드 설정' 대화상자에서도 〈확인〉을 클릭한다.

03. 데이터 표

정답

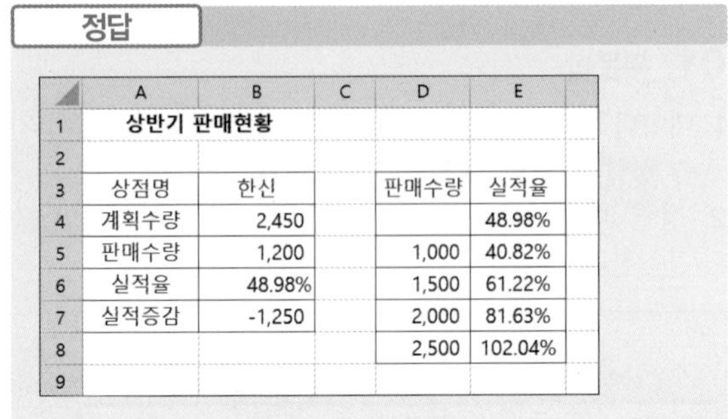

	A	B	C	D	E
1	상반기 판매현황				
2					
3	상점명	한신		판매수량	실적율
4	계획수량	2,450			48.98%
5	판매수량	1,200		1,000	40.82%
6	실적율	48.98%		1,500	61.22%
7	실적증감	-1,250		2,000	81.63%
8				2,500	102.04%
9					

1. [B6] 셀의 수식 '=B5/B4'를 수식 입력줄에서 복사(Ctrl + C)한 후 Esc를 누른다.
2. [E4] 셀을 클릭한 후 복사한 수식을 붙여넣기(Ctrl + V)한다.
3. [D4:E8] 영역을 블록으로 지정한 후 [데이터] → 예측 → 가상 분석 → **데이터 표**를 선택한다.
4. '데이터 테이블' 대화상자에서 열 입력 셀을 그림과 같이 지정한 후 〈확인〉을 클릭한다.

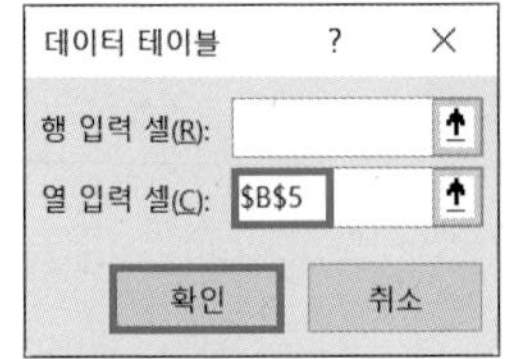

문제 4 기타작업

01. 매크로

정답

고객별 포인트 점수 현황								
고객번호	고객이름	지역	구매실적	적용비율	실적포인트	거래빈도	빈도포인트	총포인트
C111	홍길동	종로	700,000	10%	700	10	200	900
C112	박찬훈	서초	1,600,000	20%	3,200	15	300	3,500
C113	김덕진	강남	600,000	10%	600	8	160	760
C114	이소라	강남	2,200,000	20%	4,400	25	500	4,900
C115	김종택	서초	500,000	10%	500	3	60	560
C116	정영일	서초	2,800,000	30%	8,400	9	180	8,580
C117	최수형	종로	300,000	0%	-	7	140	140
C118	한우규	종로	3,200,000	30%	9,600	24	480	10,080
C119	이명섭	서초	1,500,000	20%	3,000	13	260	3,260

백분율 총포인트

1 '백분율' 매크로

1. [개발 도구] → 컨트롤 → 삽입 → 양식 컨트롤 → □(단추)를 선택한 후 [B14:C15] 영역에 맞게 드래그한다.
2. '매크로 지정' 대화상자의 '매크로 이름'에 **백분율**을 입력한 후 〈기록〉을 클릭한다.
3. '매크로 기록' 대화상자에서 〈확인〉을 클릭한다.
4. [E4:E12] 영역을 블록으로 지정한 후 [홈] → 표시 형식 → %(**백분율 스타일**)을 클릭한다.
5. 임의의 셀을 클릭한 후 [개발 도구] → 코드 → **기록 중지**를 클릭한다.
6. 단추의 바로 가기 메뉴에서 **[텍스트 편집]**을 선택한 후 입력된 내용을 **백분율**로 수정한다.

2 '총포인트' 매크로

1. [삽입] → 일러스트레이션 → 도형 → 기본 도형 → **타원**(◯)을 선택한 후 [E14:F15] 영역에 맞게 드래그한다.
2. 도형의 바로 가기 메뉴에서 **[매크로 지정]**을 선택한다.
3. '매크로 지정' 대화상자의 '매크로 이름'에 **총포인트**를 입력한 후 〈기록〉을 클릭한다.
4. '매크로 기록' 대화상자에서 〈확인〉을 클릭한다.
5. [I4] 셀을 클릭하고, **=F4+H4**를 입력한 후 Enter를 누른다.
6. [I4] 셀의 채우기 핸들을 [I12] 셀까지 드래그하여 수식을 복사한다.
7. 임의의 셀을 클릭한 후 [개발 도구] → 코드 → **기록 중지**를 클릭한다.
8. 도형의 바로 가기 메뉴에서 **[텍스트 편집]**을 선택한 후 **총포인트**를 입력한다.

02. 차트

1 데이터 범위 변경

1. 차트의 바로 가기 메뉴에서 **[데이터 선택]**을 선택한다.
2. '데이터 원본 선택' 대화상자에서 '차트 데이터 범위'의 범위 지정 단추(↑)를 클릭하고 데이터 범위를 [B3:B6], [B10:B12], [H3:H6], [H10:H12] 영역으로 변경한 후 범위 지정 단추(▣)를 클릭한다.
3. '데이터 원본 선택' 대화상자에서 〈확인〉을 클릭한다.

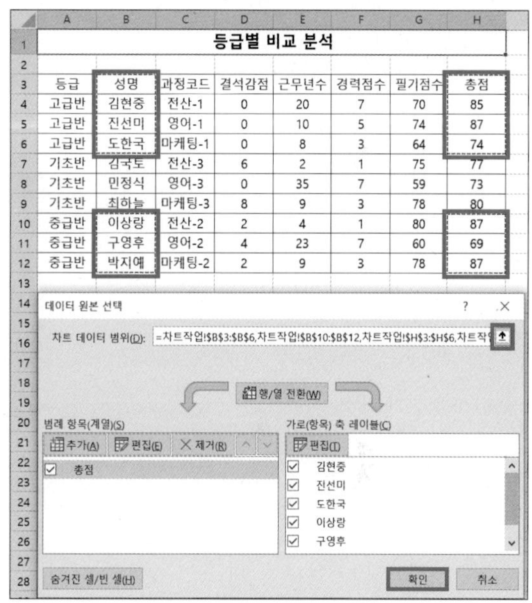

등급별 비교 분석							
등급	성명	과정코드	결석감점	근무년수	경력점수	필기점수	총점
고급반	김현중	전산-1	0	20	7	70	85
고급반	진선미	영어-1	0	10	5	74	87
고급반	도한국	마케팅-1	0	8	3	64	74
기초반	김국토	전산-3	6	2	1	75	77
기초반	민정식	영어-3	0	35	7	59	73
기초반	최하늘	마케팅-3	8	9	3	78	80
중급반	이상랑	전산-2	2	4	1	80	87
중급반	구영후	영어-2	4	23	7	60	69
중급반	박지예	마케팅-2	2	9	3	78	87

3 3차원 회전 지정

1. 차트 영역의 바로 가기 메뉴에서 **[3차원 회전]**을 선택한다.
2. '차트 영역 서식' 창의 [차트 옵션] → ⬠(효과) → 3차원 회전 → Y 회전 → 45로 지정한 후 '닫기(✕)'를 클릭한다.

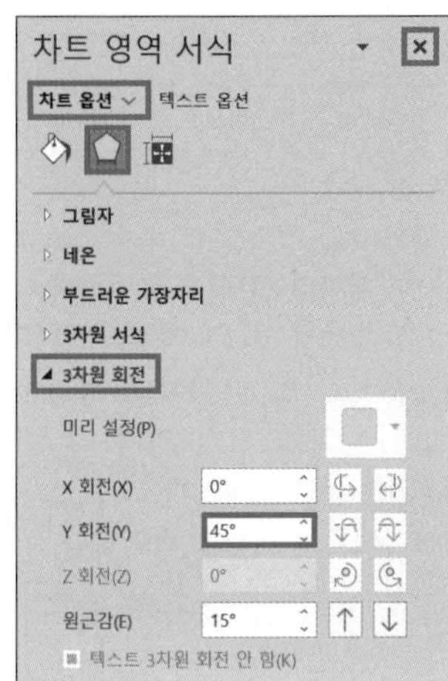

5 텍스트 상자 추가

1. 차트를 선택하고 [삽입] → 텍스트 → **가로 텍스트 상자 그리기(가)**를 클릭한 후 범례 위쪽에 적당한 크기로 드래그하여 삽입한다.
2. 삽입한 텍스트 상자에서 **이름**을 입력한다.
3. 텍스트 상자의 테두리를 클릭하여 선택한 후 [홈] → **글꼴**에서 글꼴 '굴림', 크기 14, 글꼴 스타일 '굵게(**가**)'를 지정한다.
4. 텍스트 상자가 선택된 상태에서 [도형 서식] → 도형 스타일 → 도형 윤곽선 → **검정, 텍스트 1**을 선택한다.

실전 모의고사

실전 모의고사 A형

실전 모의고사 B형

실전 모의고사 C형

실전 모의고사 D형

실전 모의고사 E형

실전 모의고사 F형

실전 모의고사 G형

실전 모의고사 H형

실전 모의고사 I형

실전 모의고사 J형

'C:\길벗컴활2급' 폴더에 "실전모의고사.pdf" 파일로 저장되어 있습니다.

EXAMINATION A 형

실전 모의고사

프로그램명	제한시간
EXCEL 2021	40분

수험번호 :

성　　명 :

〈 유 의 사 항 〉

- 인적 사항 누락 및 잘못 작성으로 인한 불이익은 수험자 책임으로 합니다.
- 화면에 암호 입력창이 나타나면 아래의 암호를 입력하여야 합니다.
  - ○ **암호 : 59&027**
- 작성된 답안은 주어진 경로 및 파일명을 변경하지 마시고 그대로 저장해야 합니다.
  이를 준수하지 않으면 실격 처리됩니다.
  - ○ **답안 파일명의 예 : C:\OA\수험번호8자리.xlsm**
- **외부 데이터 위치 : C:\OA\파일명**
- 별도의 지시사항이 없는 경우, 다음과 같이 처리 시 실격 처리됩니다.
  - ○ 제시된 시트 및 개체의 순서나 이름을 임의로 변경한 경우
  - ○ 제시된 시트 및 개체를 임의로 추가 또는 삭제한 경우
  - ○ 외부 데이터를 시험 시작 전에 열어본 경우
- 답안은 반드시 문제에서 지시 또는 요구한 셀에 입력하여야 하며, 다음과 같이 처리 시 채점 대상에서 제외됩니다.
  - ○ 제시된 함수가 있을 경우 제시된 함수만을 사용하여야 하며 그 외 함수 사용 시 채점 대상에서 제외
  - ○ 수험자가 임의로 지시하지 않은 셀의 이동, 수정, 삭제, 변경 등으로 인해 셀의 위치 및 내용이 변경된 경우 해당 작업에 영향을 미치는 관련문제 모두 채점 대상에서 제외
  - ○ 도형 및 차트의 개체가 중첩되어 있거나 동일한 계산결과 시트가 복수로 존재할 경우 해당 개체나 시트는 채점 대상에서 제외
- 수식 작성 시 제시된 문제 파일의 데이터는 변경 가능한(가변적) 데이터임을 감안하여 문제 풀이를 하시오.
- 별도의 지시사항이 없는 경우, 주어진 각 시트 및 개체의 설정값 또는 기본 설정값(Default)으로 처리하시오.
- 저장 시간은 별도로 주어지지 않으므로 제한된 시간 내에 저장을 완료해야 하며, 제한 시간 내에 저장이 되지 않은 경우에는 실격 처리됩니다.
- 출제된 문제의 용어는 Microsoft Office 2021(LTSC 2108 버전) 기준으로 작성되어 있습니다.

대한상공회의소

문제 1 기본작업(20점) 주어진 시트에서 다음 과정을 수행하고 저장하시오.

1. '기본작업-1' 시트에 다음의 자료를 주어진 대로 입력하시오. (5점)

	A	B	C	D	E	F
1	한국상사의 상품매입현황					
2						
3	판매일	상품명	판매가	상품코드	매입수량	매입처
4	2024-10-10	볼펜	1,240	Ball-100	10	현대상사
5	2024-10-11	볼펜	2,450	Ball-101	20	대림상사
6	2024-10-12	볼펜	1,400	Ball-102	35	동아상사
7	2024-10-26	네임펜	2,300	Name-a	5	삼성상사
8	2024-10-27	네임펜	1,500	Name-b	11	삼성상사
9	2024-10-28	포스트잇	1,670	Post-ad	30	현대상사
10						

전문가의 조언

실제 시험에서는 문제 파일을 자동으로 불러오지만 교재에서는 'C:\길벗컴활2급\04 실전모의고사' 폴더에서 해당 유형의 '문제파일(2급A형.xlsm)'을 직접 찾아 실행시켜야 합니다.

2. '기본작업-2' 시트에 대하여 다음의 지시사항을 처리하시오. (각 2점)

① [A1:F1] 영역은 '병합하고 가운데 맞춤', 글꼴 '맑은 고딕', 크기 18, 글꼴 스타일 '굵게', 밑줄 '이중 실선(회계형)'으로 지정하시오.

② [A1] 셀의 제목 문자열 양쪽에 특수문자 "★"을 삽입하고, [A3:F3] 영역은 채우기 색 '표준 색 – 주황'으로 지정하시오.

③ [E3] 셀에 "개월 수"라는 메모를 삽입한 후 항상 표시되도록 지정하고, 메모 서식에서 맞춤 '자동 크기'를 지정하시오.

④ [F2] 셀은 사용자 지정 표시 형식을 이용하여 날짜를 [표시 예]와 같이 표시하시오. [표시 예 : 2024-01-02 → 1/2(화)]

⑤ [A3:F16] 영역은 '가로 가운데 맞춤'을 지정하고, '모든 테두리(田)'로 적용하여 표시하시오.

3. '기본작업-3' 시트에서 다음의 지시사항을 처리하시오. (5점)

'퇴직금 정산 내역' 표에서 퇴직금이 50,000 이상 80,000 이하이고, 상여금이 10,000 이상인 데이터를 고급 필터를 사용하여 검색하시오.

▶ 고급 필터 조건은 [A16:H18] 영역 내에 알맞게 입력하시오.

▶ 고급 필터 결과 복사 위치는 동일 시트의 [A20] 셀에서 시작하시오.

4333012

문제 2 계산작업(40점) '계산작업' 시트에서 다음 과정을 수행하고 저장하시오.

전문가의 조언

특수문자(★, ☆)는 한글 자음 ㅁ(미음)을 입력한 후 [한자]를 눌러 나타나는 특수문자 선택상자를 이용하여 입력하면 됩니다.

1. [표1]에서 [D2] 셀을 기준으로 근무기간이 10년 이상이면 "★", 10년 미만 5년 이상이면 "☆", 5년 미만이면 공백을 근무[D4:D9]에 표시하시오. (8점)

▶ IF, YEAR 함수 사용

2. [표2]에서 부서명[G3:G9]이 "관리부"인 사원들의 상여급[J3:J9] 평균을 [L9] 셀에 계산하시오. (8점)

▶ 상여급 평균은 십의 자리에서 반올림하여 백의 자리까지 표시
[표시 예 : 123,456 → 123,500]

▶ 조건은 [L5:L6] 영역에 입력하시오.

▶ DAVERAGE, ROUND 함수 사용

3. [표3]에서 입실시간[B13:B20]과 퇴실시간[C13:C20]을 이용하여 이용시간[D13:D20]을 계산하시오. (8점)

▶ 이용시간 = 퇴실시간 – 입실시간, 단 '퇴실시간 – 입실시간'의 '분'이 30분을 초과한 경우 이용시간에 1을 더하시오.
[표시 예 : 이용시간이 2:00 → 2시간, 2:40 → 3시간]

▶ IF, HOUR, MINUTE 함수와 & 연산자 사용

4. [표4]에서 제품코드[F13:F20]의 마지막 문자와 제품 코드표[F24:H28], 판매량[H13:H20]을 이용하여 판매금액[I13:I20]을 계산하시오. (8점)

▶ 판매금액 = 판매량×판매단가

▶ VLOOKUP, RIGHT 함수 사용

5. [표5]에서 거래처명[A24:A30]이 "삼화페인트"인 거래처의 판매금액[D24:D30] 평균을 정수로 [D32] 셀에 계산하시오. (8점)

▶ SUMIF, COUNTIF, INT 함수 사용

4333013

문제 3 분석작업(20점) 주어진 시트에서 다음 작업을 수행하고 저장하시오.

1. '분석작업-1' 시트에 대하여 다음의 지시사항을 처리하시오. (10점)

[부분합] 기능을 이용하여 '대구상사 사원별 영업실적' 표에 〈그림〉과 같이 부서별 '1월 실적'과 '2월 실적'의 합계를 계산한 후 최소를 계산하시오.

▶ 정렬은 '부서'를 기준으로 오름차순으로 처리하시오.

▶ 합계와 최소는 위에 명시된 순서대로 처리하시오.

	A	B	C	D	E	F
1	대구상사 사원별 영업실적					
2						
3	사번	이름	직위	부서	1월 실적	2월 실적
4	3111	제갈량	대리	영업1부	46,200	45,000
5	3114	노지심	사원	영업1부	62,500	65,000
6	3112	이양양	사원	영업1부	56,800	60,000
7	3113	황충일	사원	영업1부	46,330	55,000
8				**영업1부 최소**	46,200	45,000
9				**영업1부 요약**	211,830	225,000
10	3214	김흥부	사원	영업2부	12,500	21,000
11	3211	조조아	대리	영업2부	45,600	43,000
12	3212	김사원	사원	영업2부	35,200	35,000
13	3213	이봉주	사원	영업2부	64,250	56,000
14				**영업2부 최소**	12,500	21,000
15				**영업2부 요약**	157,550	155,000
16	3312	이관우	대리	영업3부	32,560	33,000
17	3311	장유비	대리	영업3부	58,000	60,000
18	3313	최장비	사원	영업3부	95,620	95,480
19	3314	조자룡	사원	영업3부	32,560	32,660
20				**영업3부 최소**	32,560	32,660
21				**영업3부 요약**	218,740	221,140
22				**전체 최소값**	12,500	21,000
23				**총합계**	588,120	601,140
24						

2. '분석작업-2' 시트에 대하여 다음의 지시사항을 처리하시오. (10점)

[피벗 테이블] 기능을 이용하여 '사원별 급여 현황' 표의 성명은 '필터', 부서는 '행', 직위는 '열'로 처리하고, '값'에 기본급의 평균과 총급여액의 최소값을 계산하시오.

▶ 피벗 테이블 보고서는 동일 시트의 [A19] 셀에 위치시키시오.

▶ 'Σ' 기호를 '행' 영역으로 이동하시오.

▶ 피벗 테이블 보고서는 행의 총합계만 설정하시오.

▶ 보고서 레이아웃은 '개요 형식'으로 지정하시오.

▶ 값 영역의 표시 형식은 '값 필드 설정'의 '셀 서식' 대화상자에서 '숫자' 범주와 '1000 단위 구분 기호 사용'을 이용하여 지정하시오.

문제 4 기타작업(20점) 주어진 시트에서 다음 작업을 수행하고 저장하시오.

1. '매크로작업' 시트의 [표]에서 다음과 같은 기능을 수행하는 매크로를 현재 통합 문서에 작성하고 실행하시오. (각 5점)

① [G4:G13] 영역에 코드번호별 판매금액을 계산하는 매크로를 생성하여 실행하시오.

▶ 매크로 이름 : 판매금액

▶ 판매금액 = 수량 × 단가

▶ [개발 도구] → [컨트롤] → [삽입] → [양식 컨트롤]의 '단추(▭)'를 동일 시트의 [B15:D16] 영역에 생성하고, 텍스트를 "판매금액"으로 입력한 후 단추를 클릭할 때 '판매금액' 매크로가 실행되도록 설정하시오.

② [A3:G3] 영역에 글꼴 색 '표준 색 – 노랑', 채우기 색 '표준 색 – 빨강'을 지정하는 매크로를 생성하여 실행하시오.

▶ 매크로 이름 : 셀서식

▶ [삽입] → [일러스트레이션] → [도형] → [기본 도형]의 '사각형: 빗면(▢)'을 동일 시트의 [E15:G16] 영역에 생성하고, 텍스트를 "셀서식"으로 입력한 후 도형을 클릭할 때 '셀서식' 매크로가 실행되도록 설정하시오.

※ 셀 포인터의 위치에 상관없이 현재 통합 문서에서 매크로가 실행되어야 정답으로 인정됨

2. '차트작업' 시트의 차트를 지시사항에 따라 아래 〈그림〉과 같이 수정하시오. (각 2점)

※ 차트는 반드시 문제에서 제공한 차트를 사용하여야 하며, 신규로 작성 시 0점 처리됨

① 차트에서 '면접점수' 계열을 제거하고, 가로(항목) 축을 〈그림〉과 같이 지정하시오.

② 차트 제목은 '차트 위'로 지정한 후 [A1] 셀과 연동되도록 설정하시오.

③ 세로(값) 축의 기본 단위를 200로 지정하시오.

④ '정창준' 요소에만 데이터 레이블 '값'을 표시하고, 레이블의 위치를 '안쪽 끝에'로 지정하시오.

⑤ 차트 영역은 테두리에 그림자 '오프셋: 오른쪽 아래'를 설정하고, '둥근 모서리'로 지정하시오.

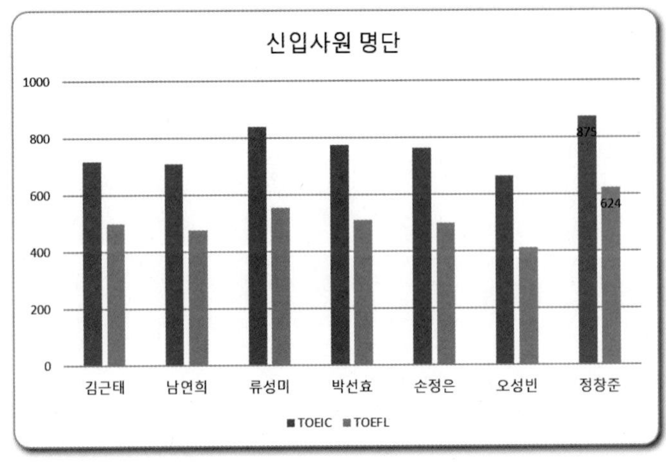

실전 모의고사 정답 및 해설

문제 1 기본작업

02. 셀 서식

정답

	A	B	C	D	E	F	G
1	★인사명부★						
2					작성일 :	8/24(토)	
3	입사일자	사원명	부서명	직위	경력	자격증	
4	2003-03-25	윤영근	기획부	부장	240	컴활2급	
5	2014-06-07	이수안	기획부	과장	108	워드	
6	2019-12-04	이인상	기획부	대리	48	정보처리	
7	2013-01-02	최예인	총무부	과장	120	컴활2급	
8	2019-07-09	윤인수	총무부	대리	48	컴활1급	
9	2021-11-06	김구완	총무부	사원	24	사무자동화	
10	2002-05-01	재갈량	영업부	부장	252	워드	
11	2012-04-21	서정화	영업부	과장	132	사무자동화	
12	2018-09-20	송혜영	영업부	대리	60	컴활2급	
13	2022-05-12	노지심	영업부	사원	12	정보처리	
14	2013-10-18	전주욱	마케팅부	과장	120	정보처리	
15	2023-02-22	조항승	마케팅부	사원	7	컴활1급	
16	2022-12-17	이유림	마케팅부	사원	12	워드	
17							

(메모: 개월 수)

4 사용자 지정 표시 형식

1. [F2] 셀을 선택한 후 Ctrl+1을 누른다.
2. '셀 서식' 대화상자의 '표시 형식' 탭에서 범주와 형식을 그림과 같이 지정한 후 〈확인〉을 클릭한다.

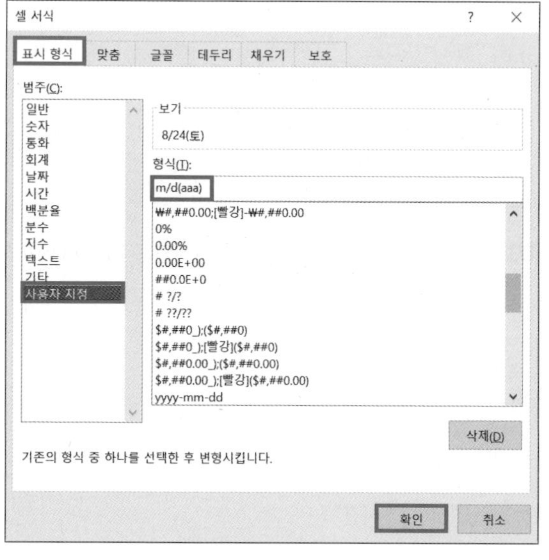

03. 고급 필터

정답

	A	B	C	D	E	F	G	H
15								
16	퇴직금	퇴직금	상여급					
17	>=50000	<=80000	>=10000					
18								
19								
20	성명	부서명	직위	근속기간	기본급	상여급	수당	퇴직금
21	최강석	기획인사부	부장	21	2,800	11,200	1,400	71,400
22	조민준	영업부	차장	25	2,500	10,000	1,250	73,750
23	서정화	회계부	차장	22	2,500	10,000	1,250	66,250
24								

1. [A16:C17] 영역에 그림과 같이 조건을 입력한다.

	A	B	C	D
15				
16	퇴직금	퇴직금	상여급	
17	>=50000	<=80000	>=10000	
18				

2. [A3:H13] 영역을 블록으로 지정한 후 [데이터] → 정렬 및 필터 → **고급**을 클릭한다.

[H2] 셀은 목록 범위에 포함되지 않아야 하므로 [A3:H13] 영역을 블록으로 지정한 후 고급 필터 메뉴를 선택해야 합니다.

3. '고급 필터' 대화상자에서 그림과 같이 지정한 후 〈확인〉을 클릭한다.

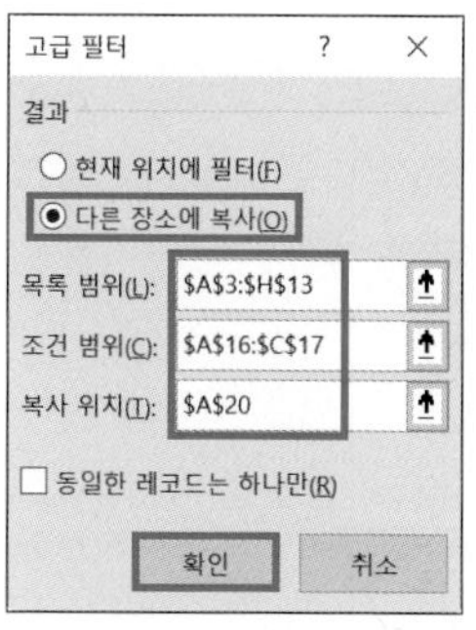

문제 2 계산작업

01. 근무

정답

	A	B	C	D
1	[표1]	사원 관리 현황		
2			기준일 :	2024-05-01
3	사원명	부서명	입사일자	근무
4	나영희	생산부	2016-03-24	☆
5	박시영	생산부	2019-11-18	☆
6	임영아	영업부	2010-05-09	★
7	안효동	영업부	2013-10-22	★
8	이신세	기획부	2018-06-07	☆
9	강진성	기획부	2020-09-03	

[D4] : =IF(YEAR($D$2)−YEAR(C4)>=10, "★", IF (YEAR($D$2)−YEAR(C4)>=5, "☆", " "))

02. 상여급 평균

정답

	F	G	H	I	J	K	L
1	[표2]	근무자료					
2	성명	부서명	본봉총액	수당	상여급		
3	갈석근	임원실	20,400	9,600	20,000		
4	김원택	기술부	12,000	3,600	10,400		
5	목공순	관리부	21,600	9,600	20,800		부서명
6	박원점	관리부	14,400	3,600	12,000		관리부
7	염옥희	관리부	15,600	6,000	14,400		
8	우명덕	기술부	19,200	9,600	19,200		상여급 평균
9	우산해	기술부	13,200	3,600	11,200		15,700

[L9] : =ROUND(DAVERAGE(F2:J9, 5, L5:L6), −2)

03. 이용시간

정답

	A	B	C	D
11	[표3]	키즈카페 이용현황		
12	이름	입실시간	퇴실시간	이용시간
13	김대호	13:08	14:44	2시간
14	유아영	13:22	16:11	3시간
15	김서하	13:36	15:29	2시간
16	고시아	14:11	16:21	2시간
17	안보현	14:33	15:58	1시간
18	김주원	14:46	16:04	1시간
19	이유진	15:23	17:43	2시간
20	고강민	15:29	16:27	1시간

[D13] : =IF(MINUTE(C13−B13)>30, HOUR(C13−B13)+1, HOUR(C13−B13)) & "시간"

04. 판매금액

정답

	F	G	H	I
11	[표4]	완구류 매출		
12	제품코드	품명	판매량	판매금액
13	Y201K	곰인형	45	135,000
14	B450N	놀이동산	89	400,500
15	Y203D	딸랑이	230	345,000
16	Y012G	꼬마인형	30	168,000
17	Y305K	곰인형	120	360,000
18	Y365Y	우유병	120	384,000
19	B304N	놀이동산	125	562,500
20	B123D	딸랑이	60	90,000
21				
22	<제품 코드표>			
23	코드	품명	판매단가	
24	K	곰인형	3,000	
25	N	놀이동산	4,500	
26	D	딸랑이	1,500	
27	G	꼬마인형	5,600	
28	Y	우유병	3,200	

[I13] : =H13 * VLOOKUP(RIGHT(F13, 1), $F$24:$H$28, 3, FALSE)

05. 삼화페인트 판매금액 평균

정답

	A	B	C	D
22	[표5]	미수금 현황		
23	거래처명	품목명	수량	판매금액
24	고려화학	Blue	20	240,000
25	명지페인트	Red300	7	84,000
26	삼화페인트	Violet550	7	80,500
27	고려화학	Red334	12	300,000
28	삼화페인트	Yellow	12	150,000
29	명지페인트	Violet550	7	80,500
30	삼화페인트	Violet600	15	278,250
31				
32	삼화페인트 판매금액 평균			169,583

[D32] : =INT(SUMIF(A24:A30, "삼화페인트", D24:D30) / COUNTIF(A24:A30, "삼화페인트"))

문제 3 분석작업

01. 부분합

1. 데이터 영역(A3:F15)의 임의의 셀을 선택한 후 [데이터] → 정렬 및 필터 → **정렬**을 클릭한다.
2. '정렬' 대화상자에서 그림과 같이 지정한 후 〈확인〉을 클릭한다.

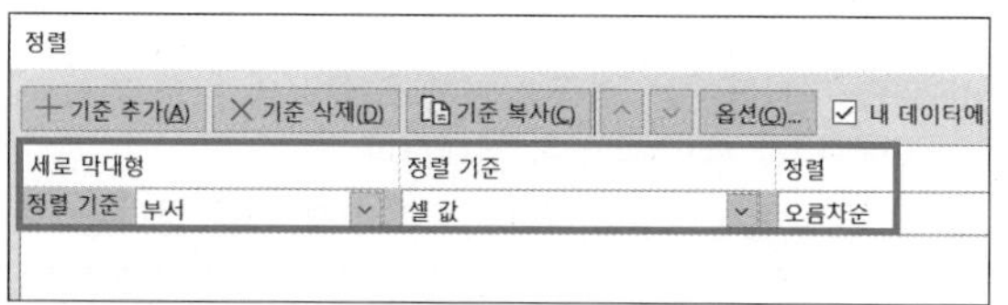

3. 데이터 영역(A3:F15) 안에 셀 포인터가 놓여 있는 상태에서 [데이터] → 개요 → **부분합**을 클릭한다.
4. '부분합' 대화상자에서 그림과 같이 지정한 후 〈확인〉을 클릭한다.

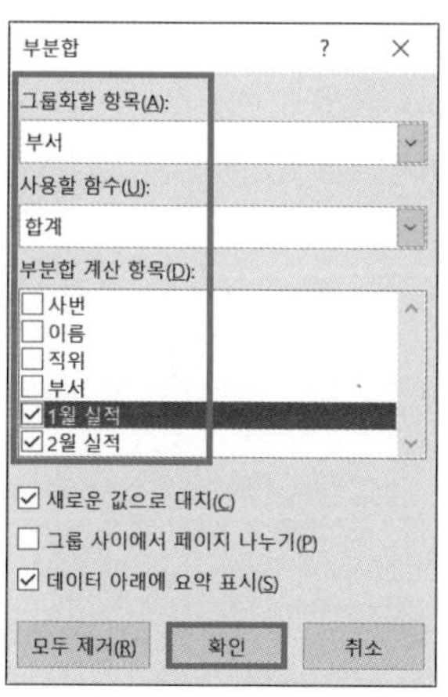

5. '부서'별 '1월 실적'과 '2월 실적'의 최소를 계산하기 위해 [데이터] → 개요 → **부분합**을 클릭한다.
6. '부분합' 대화상자에서 그림과 같이 지정하고, '새로운 값으로 대치'를 해제한 후 〈확인〉을 클릭한다.

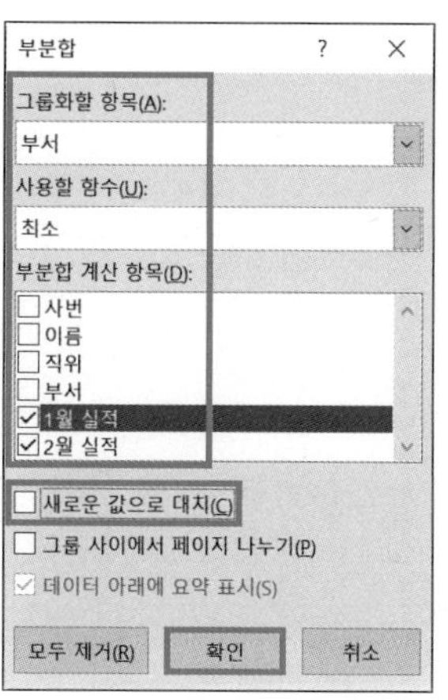

02. 피벗 테이블

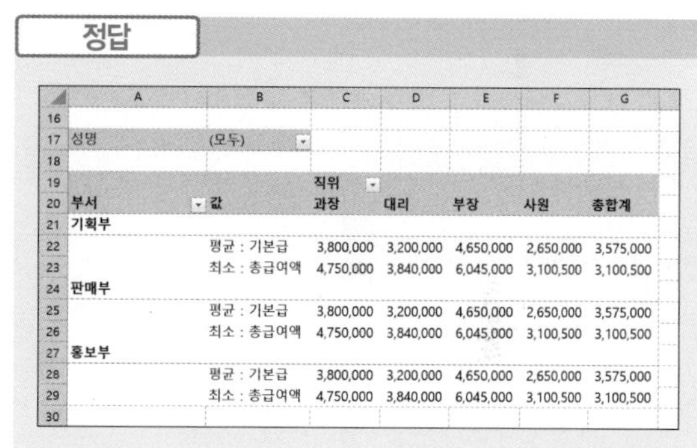

정답

	A	B	C	D	E	F	G
16							
17	성명	(모두)					
18							
19			직위				
20	부서	값	과장	대리	부장	사원	총합계
21	기획부						
22		평균 : 기본급	3,800,000	3,200,000	4,650,000	2,650,000	3,575,000
23		최소 : 총급여액	4,750,000	3,840,000	6,045,000	3,100,500	3,100,500
24	판매부						
25		평균 : 기본급	3,800,000	3,200,000	4,650,000	2,650,000	3,575,000
26		최소 : 총급여액	4,750,000	3,840,000	6,045,000	3,100,500	3,100,500
27	홍보부						
28		평균 : 기본급	3,800,000	3,200,000	4,650,000	2,650,000	3,575,000
29		최소 : 총급여액	4,750,000	3,840,000	6,045,000	3,100,500	3,100,500
30							

1. [A3:H15] 영역을 블록으로 지정한 후 [삽입] → 표 → **(피벗 테이블)**을 클릭한다.

[H2] 셀은 목록 범위에 포함되지 않아야 하므로 [A3:H15] 영역을 블록으로 지정한 후 피벗 테이블 삽입 메뉴를 선택해야 합니다.

2. '피벗 테이블 만들기' 대화상자에서 피벗 테이블을 넣을 위치를 '기존 워크시트', 'A19'로 지정한 후 〈확인〉을 클릭한다.
3. '피벗 테이블 필드' 창에서 그림과 같이 각 필드를 지정한 후 '열' 영역에 자동으로 생긴 'Σ 값'을 '행' 영역으로 드래그하여 이동한다.

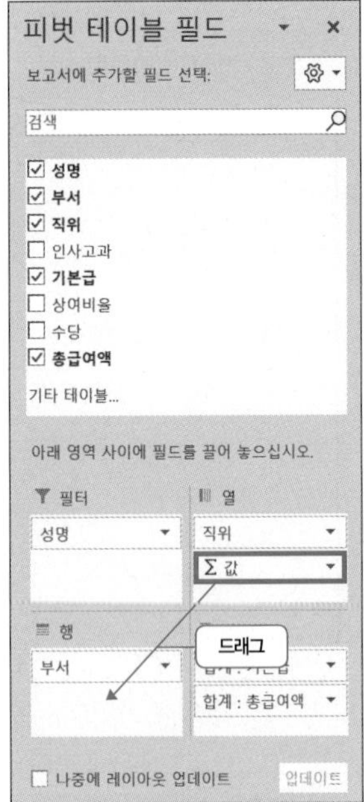

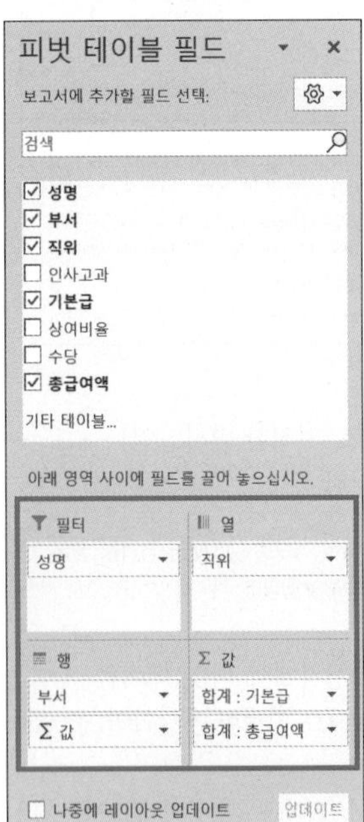

4. 작성된 피벗 테이블에서 '합계 : 기본급(A22)'의 바로 가기 메뉴에서 [값 요약 기준] → **평균**을 선택한다.
5. '합계 : 총급여액(A23)'의 바로 가기 메뉴에서 [값 요약 기준] → **최소값**을 선택한다.
6. 피벗 테이블의 임의의 셀을 클릭한 후 [디자인] → 레이아웃 → 총합계 → **행의 총합계만 설정**을 선택한다.
7. 피벗 테이블의 임의의 셀이 선택된 상태에서 [디자인] → 레이아웃 → 보고서 레이아웃 → **개요 형식으로 표시**를 선택한다.
8. 피벗 테이블에서 '평균 : 기본급(B22)'의 바로 가기 메뉴에서 **[값 필드 설정]**을 선택한다.
9. '값 필드 설정' 대화상자에서 〈표시 형식〉을 클릭한다.
10. '셀 서식' 대화상자의 '표시 형식' 탭에서 범주의 '숫자'와 '1000 단위 구분 기호(,) 사용'을 차례로 선택한 후 〈확인〉을 클릭한다.
11. '값 필드 설정' 대화상자에서도 〈확인〉을 클릭한다.
12. 동일한 방법으로 총급여액의 최소값에도 '1000 단위 구분 기호'를 지정한다.

문제 4 기타작업

01. 매크로

정답

	A	B	C	D	E	F	G
1	4/4분기 소모품 구매 신청서						
2							
3	코드번호	품명	규격	단위	수량	단가	판매금액
4	A-002	복사용지1	B4	박스	30	10,000	300,000
5	A-003	볼펜	흑색	개	15	50,000	750,000
6	B-001	연필	흑색	타스	20	2,500	50,000
7	A-004	복사용지2	A4	박스	50	15,000	750,000
8	B-001	볼펜	적색	타스	20	2,500	50,000
9	A-005	네임펜	파랑색	개	20	30,000	600,000
10	B-005	포스트잇	50*50	타스	20	3,000	60,000
11	B-010	테이프	투명	장	200	2,000	400,000
12	C-001	수정액	극세식	박스	10	3,000	30,000
13	C-005	건전지	중	개	10	2,000	20,000
14							
15		판매금액			셀서식		
16							
17							

1 '판매금액' 매크로

1. [개발 도구] → 컨트롤 → 삽입 → 양식 컨트롤 → ▭(**단추**)를 선택한 후 [B15:D16] 영역에 맞게 드래그한다.
2. '매크로 지정' 대화상자의 '매크로 이름'에 **판매금액**을 입력한 후 〈기록〉을 클릭한다.
3. '매크로 기록' 대화상자에서 〈확인〉을 클릭한다.
4. [G4] 셀을 클릭하고, **=E4*F4**를 입력한 후 Enter를 누른다.
5. [G4] 셀의 채우기 핸들을 [G13] 셀까지 드래그하여 수식을 복사한다.
6. 임의의 셀을 클릭한 후 [개발 도구] → 코드 → **기록 중지**를 클릭한다.
7. 단추의 바로 가기 메뉴에서 **[텍스트 편집]**을 선택한 후 입력된 내용을 **판매금액**으로 수정한다.

2 '셀서식' 매크로

1. [삽입] → 일러스트레이션 → 도형 → 기본 도형 → **사각형: 빗면**(▣)을 선택한 후 [E15:G16] 영역에 맞게 드래그한다.
2. 도형의 바로 가기 메뉴에서 **[매크로 지정]**을 선택한다.
3. '매크로 지정' 대화상자의 '매크로 이름'에 **셀서식**을 입력한 후 〈기록〉을 클릭한다.
4. '매크로 기록' 대화상자에서 〈확인〉을 클릭한다.
5. [A3:G3] 영역을 블록으로 지정한 후 [홈] → **글꼴**에서 채우기 색(◇ ⌄)을 '빨강', 글꼴 색(가 ⌄)을 '노랑'으로 지정한다.
6. 임의의 셀을 클릭한 후 [개발 도구] → 코드 → **기록 중지**를 클릭한다.
7. 도형의 바로 가기 메뉴에서 **[텍스트 편집]**을 선택한 후 **셀서식**을 입력한다.

02. 차트

1 계열 삭제 및 가로(항목) 축 지정

1. 차트의 바로 가기 메뉴에서 **[데이터 선택]**을 선택한다.
2. '데이터 원본 선택' 대화상자에서 '범례 항목(계열)'의 '면접점수'를 선택한 후 〈제거〉를 클릭한다.
3. 이어서 '가로(항목) 축 레이블'의 〈편집〉을 클릭한다.
4. '축 레이블' 대화상자에서 '축 레이블 범위'를 [B4:B10] 영역으로 지정한 후 〈확인〉을 클릭한다.
5. '데이터 원본 선택' 대화상자에서도 〈확인〉을 클릭한다.

2 제목 연동

1. 차트를 선택한 후 [차트 디자인] → 차트 레이아웃 → 차트 요소 추가 → 차트 제목 → **차트 위**를 선택하여 차트 제목을 삽입한다.
2. 차트 제목이 선택된 상태에서 수식 입력줄을 클릭하고 **=**을 입력한 후 [A1] 셀을 클릭하고 Enter를 누른다.

3 세로(값) 축 눈금 지정

1. 세로(값) 축의 바로 가기 메뉴에서 **[축 서식]**을 선택한다.
2. '축 서식' 창의 [축 옵션] → ▥(축 옵션) → **축 옵션**에서 '기본' 단위를 **200**으로 지정한 후 '닫기(☒)'를 클릭한다.

4 데이터 레이블 추가

1. 'TOEIC' 계열의 '정창준' 요소를 클릭한 후 다시 '정창준' 요소를 클릭한다.
2. '정창준' 요소만 선택된 상태에서 [차트 디자인] → 차트 레이아웃 → 차트 요소 추가 → 데이터 레이블 → **안쪽 끝에**를 선택한다.
3. 동일한 방법으로 'TOEFL' 계열의 '정창준' 요소에도 데이터 레이블 '값'을 추가한다.

EXAMINATION

B 형

실전 모의고사

프로그램명	제한시간
EXCEL 2021	40분

수험번호 :

성　명 :

〈 유 의 사 항 〉

- 인적 사항 누락 및 잘못 작성으로 인한 불이익은 수험자 책임으로 합니다.
- 화면에 암호 입력창이 나타나면 아래의 암호를 입력하여야 합니다.
  - ○ **암호 : 51@582**
- 작성된 답안은 주어진 경로 및 파일명을 변경하지 마시고 그대로 저장해야 합니다. 이를 준수하지 않으면 실격 처리됩니다.
  - ○ **답안 파일명의 예 : C:\OA\수험번호8자리.xlsm**
- **외부 데이터 위치 : C:\OA\파일명**
- 별도의 지시사항이 없는 경우, 다음과 같이 처리 시 실격 처리됩니다.
  - ○ 제시된 시트 및 개체의 순서나 이름을 임의로 변경한 경우
  - ○ 제시된 시트 및 개체를 임의로 추가 또는 삭제한 경우
  - ○ 외부 데이터를 시험 시작 전에 열어본 경우
- 답안은 반드시 문제에서 지시 또는 요구한 셀에 입력하여야 하며, 다음과 같이 처리 시 채점 대상에서 제외됩니다.
  - ○ 제시된 함수가 있을 경우 제시된 함수만을 사용하여야 하며 그 외 함수 사용 시 채점 대상에서 제외
  - ○ 수험자가 임의로 지시하지 않은 셀의 이동, 수정, 삭제, 변경 등으로 인해 셀의 위치 및 내용이 변경된 경우 해당 작업에 영향을 미치는 관련문제 모두 채점 대상에서 제외
  - ○ 도형 및 차트의 개체가 중첩되어 있거나 동일한 계산결과 시트가 복수로 존재할 경우 해당 개체나 시트는 채점 대상에서 제외
- 수식 작성 시 제시된 문제 파일의 데이터는 변경 가능한(가변적) 데이터임을 감안하여 문제 풀이를 하시오.
- 별도의 지시사항이 없는 경우, 주어진 각 시트 및 개체의 설정값 또는 기본 설정값(Default)으로 처리하시오.
- 저장 시간은 별도로 주어지지 않으므로 제한된 시간 내에 저장을 완료해야 하며, 제한 시간 내에 저장이 되지 않은 경우에는 실격 처리됩니다.
- 출제된 문제의 용어는 Microsoft Office 2021(LTSC 2108 버전) 기준으로 작성되어 있습니다.

대한상공회의소

문제 1 기본작업(20점) 주어진 시트에서 다음 과정을 수행하고 저장하시오.

1. '기본작업-1' 시트에 다음의 자료를 주어진 대로 입력하시오. (5점)

	A	B	C	D	E	F	G
1	상품별 서비스 요금 비교표						
2							
3	국가별	기준	표준요금	할인요금A	할인요금Q	할인요금T	최저할인비율
4	뉴질랜드	60	906	860	585	556	38.63%
5	대만	60	823	781	512	486	40.94%
6	독일	60	1,133	1,076	684	649	42.71%
7	미국	60	565	536	356	338	40.17%
8	스웨덴	30	1,133	1,076	684	649	42.71%
9	스위스	30	1,133	1,076	684	338	42.71%
10							

2. '기본작업-2' 시트에 대하여 다음의 지시사항을 처리하시오. (각 2점)

① [A1:G1] 영역은 '병합하고 가운데 맞춤', 셀 스타일 '제목 1', 행의 높이를 30으로 지정하시오.
② [A1] 셀의 문자열 중 "판매"를 한자 "販賣"로 변환하고, [A4:A13] 영역의 이름을 "대리점"으로 정의하시오.
③ [A3:G3], [A4:A13] 영역은 '가로 가운데 맞춤', 글꼴 스타일 '굵게', 채우기 색 '표준 색 – 노랑'으로 지정하시오.
④ [D4:D13], [F4:F13] 영역은 사용자 지정 표시 형식을 이용하여 1000 단위 구분 기호와 숫자 뒤에 "원"을 [표시 예]와 같이 표시하시오.
[표시 예 : 12000 → 12,000원, 0 → 0원]
⑤ [A3:G13] 영역에 '모든 테두리(田)'를 적용한 후 '굵은 바깥쪽 테두리(□)'를 적용하여 표시하시오.

3. '기본작업-3' 시트에서 다음의 지시사항을 처리하시오. (5점)

[A4:G12] 영역에서 경매번호가 '2020'으로 시작하는 행 전체에 대하여 글꼴 스타일을 '굵게', 글꼴 색을 '표준 색 – 빨강'으로 지정하는 조건부 서식을 작성하시오.
▶ LEFT 함수 사용
▶ 단, 규칙 유형은 '수식을 사용하여 서식을 지정할 셀 결정'을 사용하고, 한 개의 규칙으로만 작성하시오.

문제 2 계산작업(40점) '계산작업' 시트에서 다음 과정을 수행하고 저장하시오.

1. [표1]에서 근태[B3:B8], 실적[C3:C8]과 평가표[B11:D12]를 참조하여 평가[D3:D8]를 표시하시오. (8점)

▶ 평균은 각 사원의 근태와 실적으로 계산함
▶ AVERAGE, HLOOKUP 함수 사용

2. [표2]에서 지점코드[F3:F9]의 첫 번째 자리가 "S"이거나 "K"이면 "수도권", "D"이거나 "B"이면 "경상도", 나머지는 "전라도"로 지역[J3:J9]에 표시하시오. (8점)

▶ IFS, OR, LEFT 함수 사용

3. [표3]에서 단가(B)[C16:C21]와 최종요금[D16:D21]의 표준편차[C22:D22]를 반올림하여 백의 자리까지 계산하시오. (8점)

▶ STDEV.S, ROUND 함수 사용

4. [표4]에서 생산부서[G15:G22]가 "생산B"인 부서의 생산량[H15:H22] 합계를 [J22] 셀에 계산하시오. (8점)

▶ 생산량 합계는 일의 자리에서 내림하여 십의 자리까지 표시
[표시 예 : 1,234 → 1,230]
▶ 조건은 [I21:I22] 영역에 입력하시오.
▶ ROUNDDOWN, DSUM 함수 사용

5. [표5]에서 주민등록번호[B26:B31]를 이용하여 성별[D26:D31]과 생년월일[E26:E31]에 해당하는 날짜를 표시하시오. (8점)

▶ 성별은 주민등록번호의 앞에서 여덟 번째 숫자가 짝수이면 "여자", 홀수이면 "남자"로 표시
▶ 주민등록번호의 앞에서 여덟 번째 숫자가 2보다 크면 2000년대에 태어난 것이고, 아니면 1900년대에 태어난 것임
▶ IF, DATE, MID, MOD 함수중 알맞은 함수들과 & 연산자 사용

4333023

문제 3 분석작업(20점) 주어진 시트에서 다음 작업을 수행하고 저장하시오.

1. '분석작업-1' 시트에 대하여 다음의 지시사항을 처리하시오. (10점)

[피벗 테이블] 기능을 이용하여 '거래처별 미수금 현황' 표의 거래처명은 '행', 품목명은 '열'로 처리하고, '값'에 미수금의 합계를 계산하시오.

▶ 피벗 테이블 보고서는 동일 시트의 [A17] 셀에서 시작하시오.
▶ 피벗 테이블 보고서의 빈 셀은 '*' 기호로 표시하시오.
▶ 피벗 테이블에 '진한 파랑, 피벗 스타일 어둡게 2' 서식을 적용하시오.

2. '분석작업-2' 시트에 대하여 다음의 지시사항을 처리하시오. (10점)

[시나리오 관리자] 기능을 이용하여 '단가표'에 단가[H3:H6]가 다음과 같이 변동하는 경우 냉장고, 세탁기, 청소기, 스타일러의 판매액[E3:E6] 변동 시나리오를 작성하시오.

▶ 셀 이름 정의 : [H3] 셀은 '냉장고', [H4] 셀은 '세탁기', [H5] 셀은 '청소기', [H6] 셀은 '스타일러', [E3] 셀은 '냉장고판매액', [E4] 셀은 '세탁기판매액', [E5] 셀은 '청소기판매액', [E6] 셀은 '스타일러판매액'으로 정의하시오.
▶ 시나리오1 : 시나리오 이름은 '단가인상', 단가 [H3:H6] 영역을 각각 1100, 1600, 700, 450으로 설정하시오.
▶ 시나리오2 : 시나리오 이름은 '단가인하', 단가 [H3:H6] 영역을 각각 700, 1300, 450, 300으로 설정하시오.
▶ 시나리오 요약 시트는 '분석작업-2' 시트의 바로 오른쪽에 위치해야 함

※ 시나리오 요약 보고서 작성 시 정답과 일치하여야 하며, 오자로 인한 부분 점수는 인정하지 않음

문제 4 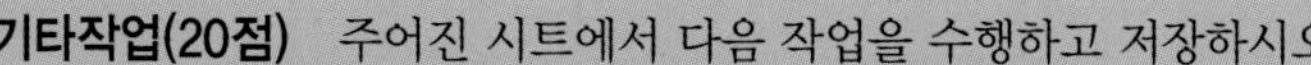 기타작업(20점) 주어진 시트에서 다음 작업을 수행하고 저장하시오.

1. '매크로작업' 시트의 [표]에서 다음과 같은 기능을 수행하는 매크로를 현재 통합 문서에 작성하고 실행하시오. (각 5점)

① [D12:G12] 영역에 항목별 평균을 계산하는 매크로를 생성하여 실행하시오.
- ▶ 매크로 이름 : 평균
- ▶ AVERAGE 함수 사용
- ▶ [개발 도구] → [컨트롤] → [삽입] → [양식 컨트롤]의 '단추(▭)'를 동일 시트의 [C14:D15] 영역에 생성하고, 텍스트를 "평균"으로 입력한 후 단추를 클릭할 때 '평균' 매크로가 실행되도록 설정하시오.

② [A3:G12] 영역에 '모든 테두리(⊞)'를 지정하는 매크로를 생성하여 실행하시오.
- ▶ 매크로 이름 : 테두리
- ▶ [삽입] → [일러스트레이션] → [도형] → [사각형]의 '직사각형(□)'을 동일 시트의 [F14:G15] 영역에 생성하고, 텍스트를 "테두리"로 입력한 후 도형을 클릭할 때 '테두리' 매크로가 실행되도록 설정하시오.

※ 셀 포인터의 위치에 상관없이 현재 통합 문서에서 매크로가 실행되어야 정답으로 인정됨

2. '차트작업' 시트의 차트를 지시사항에 따라 아래 〈그림〉과 같이 수정하시오. (각 2점)

※ 차트는 반드시 문제에서 제공한 차트를 사용하여야 하며, 신규로 작성 시 0점 처리됨

① 차트에 '판매액' 계열이 추가되도록 데이터 범위를 수정하시오.

② '판매액' 계열은 차트 종류를 '표식이 있는 꺾은선형'으로 변경하고, '보조 축'으로 지정하시오.

③ 차트 제목은 '차트 위', 가로(항목) 축은 '기본 가로', 세로(값) 축은 '기본 세로', 보조 세로(값) 축은 '보조 세로'로 추가하여 〈그림〉과 같이 입력하시오.

④ '판매액' 계열은 선의 너비를 '3pt'로, 표식을 형식 '다이아몬드(◆)', 크기 10으로 지정하시오.

⑤ 그림 영역의 스타일을 '미세 효과 – 황금색, 강조 4'로 지정하고, 주 눈금선을 제거하시오.

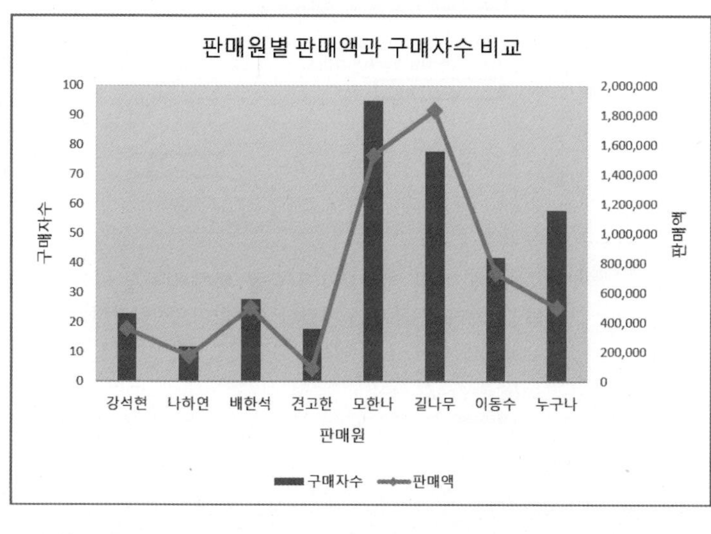

실전 모의고사 정답 및 해설

문제 1 기본작업

02. 셀 서식

정답

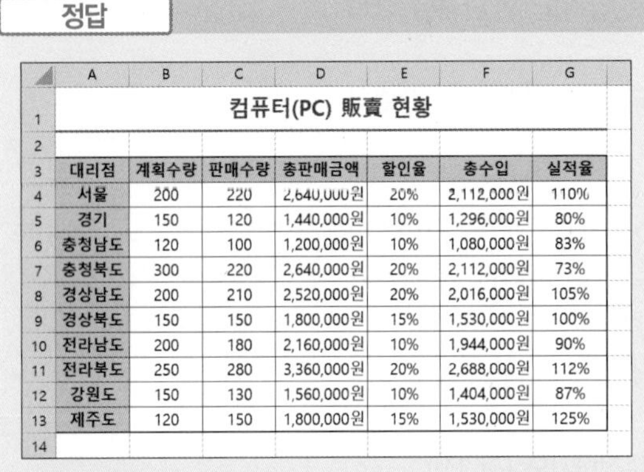

컴퓨터(PC) 販賣 현황

대리점	계획수량	판매수량	총판매금액	할인율	총수입	실적율
서울	200	220	2,640,000원	20%	2,112,000원	110%
경기	150	120	1,440,000원	10%	1,296,000원	80%
충청남도	120	100	1,200,000원	10%	1,080,000원	83%
충청북도	300	220	2,640,000원	20%	2,112,000원	73%
경상남도	200	210	2,520,000원	20%	2,016,000원	105%
경상북도	150	150	1,800,000원	15%	1,530,000원	100%
전라남도	200	180	2,160,000원	10%	1,944,000원	90%
전라북도	250	280	3,360,000원	20%	2,688,000원	112%
강원도	150	130	1,560,000원	10%	1,404,000원	87%
제주도	120	150	1,800,000원	15%	1,530,000원	125%

4 사용자 지정 표시 형식

1. [D4:D13], [F4:F13] 영역을 블록으로 지정한 후 Ctrl+1 을 누른다.
2. '셀 서식' 대화상자의 '표시 형식' 탭에서 범주와 형식을 그림과 같이 지정한 후 〈확인〉을 클릭한다.

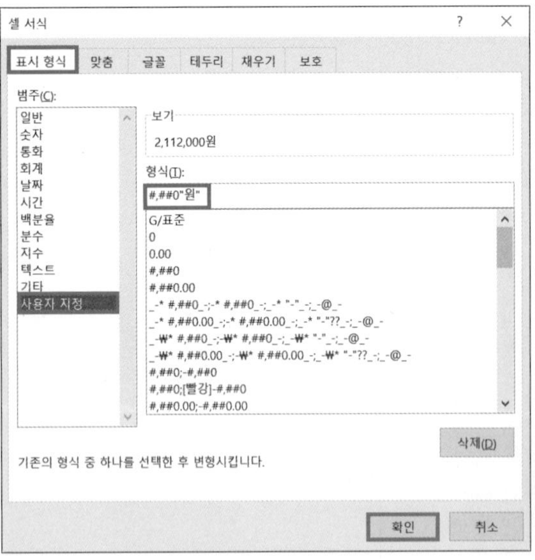

03. 조건부 서식

정답

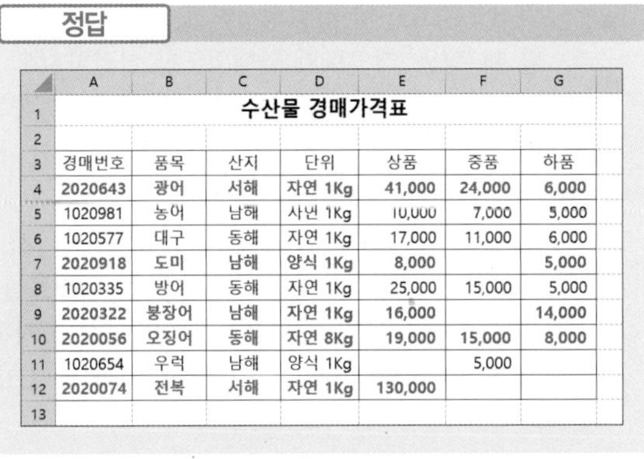

수산물 경매가격표

경매번호	품목	산지	단위	상품	중품	하품
2020643	광어	서해	자연 1Kg	41,000	24,000	6,000
1020981	농어	남해	자연 1Kg	10,000	7,000	5,000
1020577	대구	동해	자연 1Kg	17,000	11,000	6,000
2020918	도미	남해	양식 1Kg	8,000		5,000
1020335	방어	동해	자연 1Kg	25,000	15,000	5,000
2020322	붕장어	남해	자연 1Kg	16,000		14,000
2020056	오징어	동해	자연 8Kg	19,000	15,000	8,000
1020654	우럭	남해	양식 1Kg		5,000	
2020074	전복	서해	자연 1Kg	130,000		

1. [A4:G12] 영역을 블록으로 지정한 후 [홈] → 스타일 → 조건부 서식 → **새 규칙**을 선택한다.
2. '새 서식 규칙' 대화상자에서 '수식을 사용하여 서식을 지정할 셀 결정'을 선택하고 수식 입력란에 **=LEFT($A4, 4)="2020"**을 입력한 후 〈서식〉을 클릭한다.

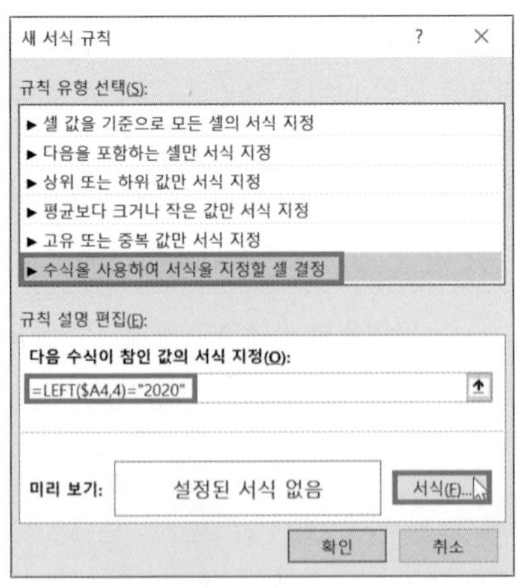

3. '셀 서식' 대화상자의 '글꼴' 탭에서 글꼴 색 '빨강', 글꼴 스타일 '굵게'를 지정한 후 〈확인〉을 클릭한다.
4. '새 서식 규칙' 대화상자에서도 〈확인〉을 클릭한다.

문제 2 계산작업

01. 평가

정답

	A	B	C	D
1	[표1]	인사고과 결과		
2	사원코드	근태	실적	평가
3	SG-001	86	82	준수
4	SG-002	94	93	우수
5	SG-003	73	86	준수
6	SG-004	91	95	우수
7	SG-005	90	81	준수
8	SG-006	67	61	노력
9				
10	<평가표>			
11	평균	0	70	90
12	평가	노력	준수	우수

[D3] : =HLOOKUP(AVERAGE(B3:C3), $B$11:$D$12, 2)

02. 지역

정답

	F	G	H	I	J
1	[표2]	지점별 경영성과			
2	지점코드	총매출액	매출원가	매출이익	지역
3	S01	1,137	823	314	수도권
4	D02	1,027	720	307	경상도
5	G03	923	792	131	전라도
6	B04	1,278	879	399	경상도
7	K05	1,087	811	276	수도권
8	S06	987	823	163	수도권
9	B07	1,234	983	251	경상도

[J3] : =IFS(OR(LEFT(F3, 1)="S", LEFT(F3, 1)="K"), "수도권", OR(LEFT(F3, 1)="D", LEFT(F3, 1)="B"), "경상도", TRUE, "전라도")

03. 표준편차

정답

	A	B	C	D
14	[표3]	수송 요금표		
15	고객명	종류	단가(B)	최종요금
16	김정숙	특송	7,900	47,400
17	김수자	일반	9,400	84,600
18	이민정	일반	9,400	42,300
19	김영균	특송	1,500	9,000
20	박경석	일반	5,800	46,400
21	박영은	일반	3,000	36,000
22	표준편차		3,300	24,300

[C22] : =ROUND(STDEV.S(C16:C21), −2)

04. 생산량 합계

정답

	F	G	H	I	J
14	생산기간	생산부서	생산량		
15	1월	생산A	2,287		
16	1월	생산B	2,200		
17	2월	생산A	3,128		
18	2월	생산B	3,153		
19	3월	생산A	1,780		
20	3월	생산B	3,300		
21	4월	생산A	2,865	생산부서	생산량 합계
22	4월	생산B	3,094	생산B	11,740

[J22] : =ROUNDDOWN(DSUM(F14:H22, 3, I21:I22), −1)

05. 성별 / 생년월일

정답

	A	B	C	D	E
24	[표5]	병원환자현황			
25	이름	주민등록번호	가족수	성별	생년월일
26	김민국	780723-106****	4	남자	1978-07-23
27	김수영	010125-326****	3	남자	2001-01-25
28	김영숙	851120-215****	2	여자	1985-11-20
29	김영한	871230-112****	5	남자	1987-12-30
30	남시정	790519-178****	3	남자	1979-05-19
31	민형자	010706-468****	6	여자	2001-07-06

[D26] : =IF(MOD(MID(B26, 8, 1), 2)=0, "여자", "남자")
[E26] : =DATE(IF(MID(B26, 8, 1)〉"2", "20", "19") & MID(B26, 1, 2), MID(B26, 3, 2), MID(B26, 5, 2))

MOD(MID(B26, 8, 1), 2)=0

MOD 함수의 인수 'MID(B26, 8, 1)'의 결과 값은 문자 데이터지만 MOD 함수는 결과를 숫자 데이터로 반환합니다. 그러므로 성별을 구하는 함수식 'MOD(MID(B26, 8, 1), 2)=0'에서는 비교값을 문자가 아닌 숫자(1)로 지정해야 합니다.

MID(B26, 8, 1) 〉 "2"

MID 함수는 특정 위치의 문자값을 추출하는데, 추출한 값은 숫자 데이터처럼 보여도 문자 데이터이므로 이 값과 비교하는 값("2")도 문자 데이터로 취급하도록 큰따옴표로 묶어("2")줘야 합니다.

문제 3 분석작업

01. 피벗 테이블

정답

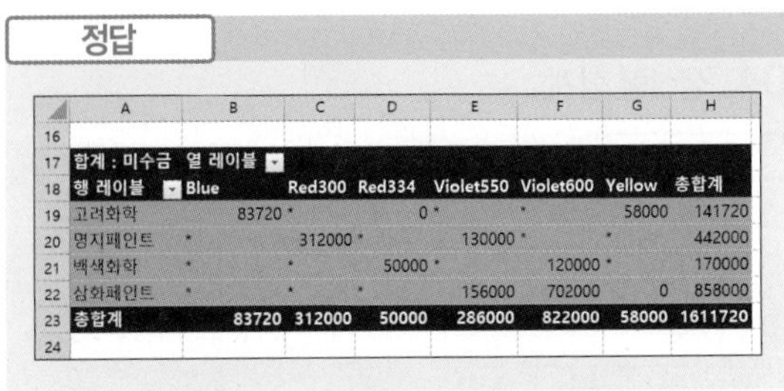

합계 : 미수금	열 레이블						
행 레이블	Blue	Red300	Red334	Violet550	Violet600	Yellow	총합계
고려화학	83720	*	0	*	*	58000	141720
명지페인트	*	312000	*	130000	*	*	442000
백색화학	*	*	50000	*	120000	*	170000
삼화페인트	*	*	*	156000	702000	0	858000
총합계	83720	312000	50000	286000	822000	58000	1611720

1. 데이터 영역(A3:E13)의 임의의 셀을 선택한 후 [삽입] → 표 → (피벗 테이블)을 클릭한다.
2. '피벗 테이블 만들기' 대화상자에서 피벗 테이블을 넣을 위치를 '기존 워크시트', [A17] 셀로 지정한 후 〈확인〉을 클릭한다.
3. '피벗 테이블 필드' 창에서 그림과 같이 각 필드를 지정한다.

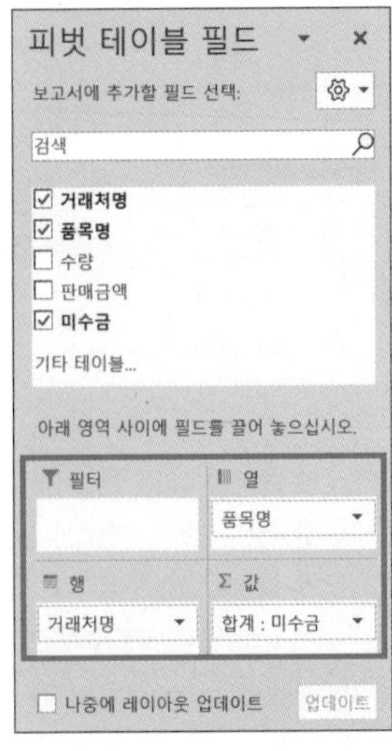

4. 피벗 테이블에서 임의의 셀을 클릭한 후 바로 가기 메뉴에서 **[피벗 테이블 옵션]**을 선택한다.
5. '피벗 테이블 옵션' 대화상자의 '레이아웃 및 서식' 탭에서 '빈 셀 표시'에 *을 입력한 후 〈확인〉을 클릭한다.
6. 피벗 테이블의 임의의 셀이 선택된 상태에서 [디자인] → 피벗 테이블 스타일의 → 어둡게 → **진한 파랑, 피벗 스타일 어둡게 2**를 선택한다.

02. 시나리오

정답

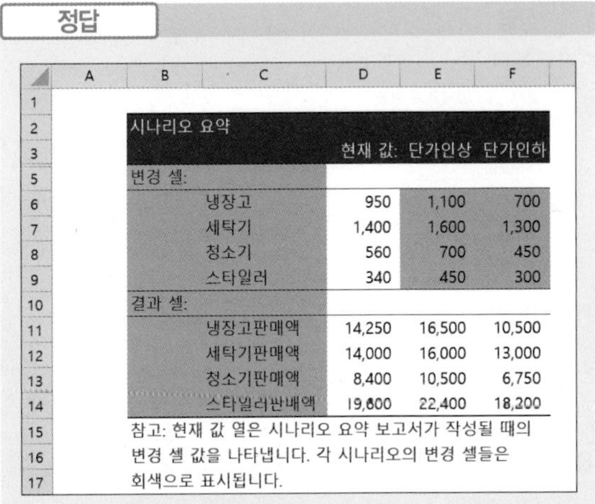

시나리오 요약				
		현재 값:	단가인상	단가인하
변경 셀:				
	냉장고	950	1,100	700
	세탁기	1,400	1,600	1,300
	청소기	560	700	450
	스타일러	340	450	300
결과 셀:				
	냉장고판매액	14,250	16,500	10,500
	세탁기판매액	14,000	16,000	13,000
	청소기판매액	8,400	10,500	6,750
	스타일러판매액	19,600	22,400	18,200

참고: 현재 값 열은 시나리오 요약 보고서가 작성될 때의 변경 셀 값을 나타냅니다. 각 시나리오의 변경 셀들은 회색으로 표시됩니다.

1. [H3] 셀을 클릭하고 이름 상자에 **냉장고**를 입력한 후 Enter를 누른다.
2. 동일한 방법으로 [H4] 셀은 **세탁기**, [H5] 셀은 **청소기**, [H6] 셀은 **스타일러**, [E3] 셀은 **냉장고판매액**, [E4] 셀은 **세탁기판매액**, [E5] 셀은 **청소기판매액**, [E6] 셀은 **스타일러판매액**으로 정의한다.
3. [데이터] → 예측 → 가상 분석 → **시나리오 관리자**를 선택한다.
4. '시나리오 관리자' 대화상자에서 〈추가〉를 클릭한다.
5. '시나리오 추가' 대화상자에서 '시나리오 이름'에 **단가인상**을 입력하고, 변경 셀을 [H3:H6] 영역으로 지정한 후 〈확인〉을 클릭한다.

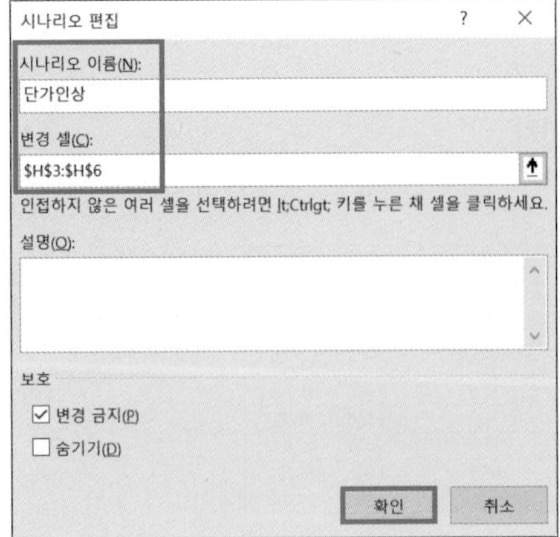

6. '시나리오 값' 대화상자의 변경될 값에 1100, 1600, 700, 450을 입력한 후 〈추가〉를 클릭한다.

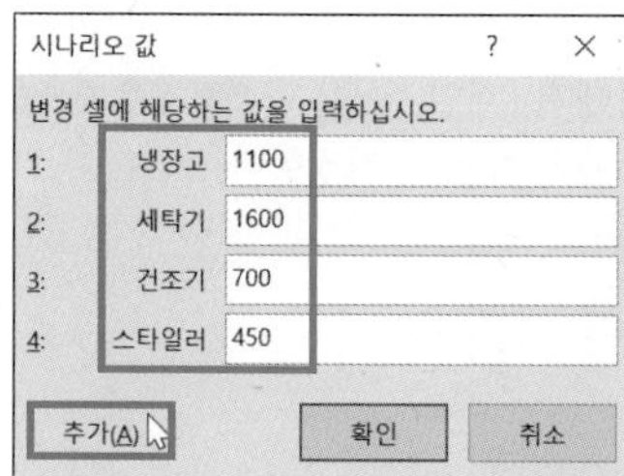

7. '시나리오 추가' 대화상자에서 '시나리오 이름'에 **단가인하**를 입력하고, 변경 셀을 [H3:H6] 영역으로 지정한 후 〈확인〉을 클릭한다.

8. '시나리오 값' 대화상자의 변경될 값에 700, 1300, 450, 300을 입력한 후 〈확인〉을 클릭한다.

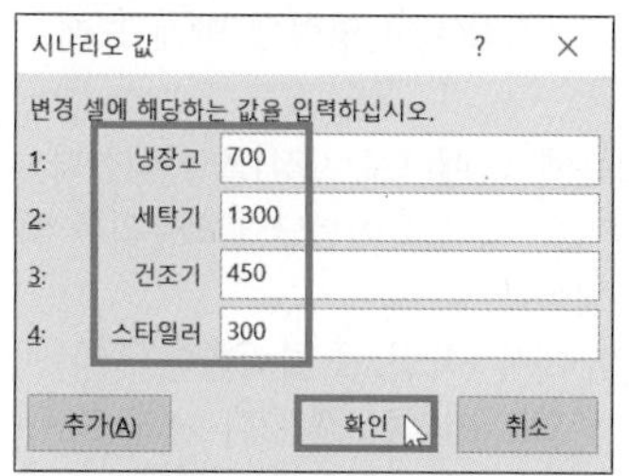

9. '시나리오 관리자' 대화상자에서 〈요약〉을 클릭한다.

10. '시나리오 요약' 대화상자에서 보고서 종류를 '시나리오 요약', 결과 셀을 [E3:E6] 영역으로 지정한 후 〈확인〉을 클릭한다.

11. '시나리오 요약' 시트를 선택한 후 '분석작업-2' 시트 뒤쪽으로 드래그한다.

문제 4 기타작업

01. 매크로

정답

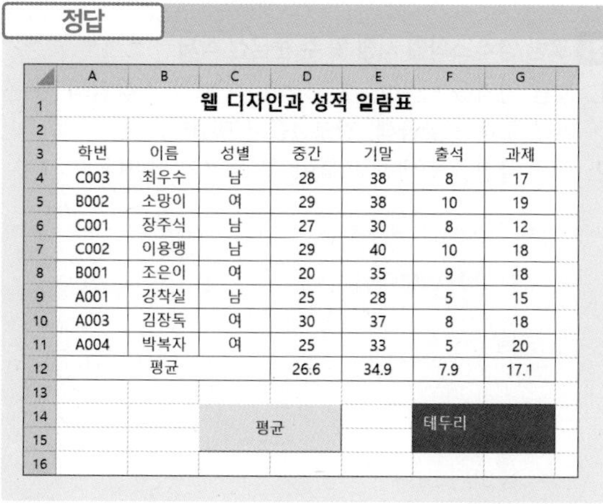

	A	B	C	D	E	F	G
1	웹 디자인과 성적 일람표						
2							
3	학번	이름	성별	중간	기말	출석	과제
4	C003	최우수	남	28	38	8	17
5	B002	소망이	여	29	38	10	19
6	C001	장주식	남	27	30	8	12
7	C002	이용맹	남	29	40	10	18
8	B001	조은이	여	20	35	9	18
9	A001	강착실	남	25	28	5	15
10	A003	김장독	여	30	37	8	18
11	A004	박복자	여	25	33	5	20
12	평균			26.6	34.9	7.9	17.1
13							
14			평균			테두리	
15							
16							

1 '평균' 매크로

1. [개발 도구] → 컨트롤 → 삽입 → 양식 컨트롤 → □(단추)를 선택한 후 [C14:D15] 영역에 맞게 드래그한다.
2. '매크로 지정' 대화상자의 '매크로 이름'에 **평균**을 입력한 후 〈기록〉을 클릭한다.
3. '매크로 기록' 대화상자에서 〈확인〉을 클릭한다.
4. [D12] 셀을 클릭하고, =AVERAGE(D4:D11)을 입력한 후 Enter를 누른다.
5. [D12] 셀의 채우기 핸들을 [G12] 셀까지 드래그하여 수식을 복사한다.
6. 임의의 셀을 클릭한 후 [개발 도구] → 코드 → **기록 중지**를 클릭한다.
7. 단추의 바로 가기 메뉴에서 **[텍스트 편집]**을 선택한 후 입력된 내용을 **평균**으로 수정한다.

2 '테두리' 매크로

1. [삽입] → 일러스트레이션 → 도형 → 사각형 → **직사각형**(□)을 선택한 후 [F14:G15] 영역에 맞게 드래그한다.
2. 도형의 바로 가기 메뉴에서 **[매크로 지정]**을 선택한다.
3. '매크로 지정' 대화상자의 매크로 이름난에 **테두리**를 입력한 후 〈기록〉을 클릭한다.
4. '매크로 기록' 대화상자에서 〈확인〉을 클릭한다.
5. [A3:G12] 영역을 블록으로 지정한 후 [홈] → 글꼴 → 테두리(⊞ ⌄)의 ⌄ → **모든 테두리(⊞)**를 선택한다.
6. 임의의 셀을 클릭한 후 [개발 도구] → 코드 → **기록 중지**를 클릭한다.
7. 도형의 바로 가기 메뉴에서 **[텍스트 편집]**을 선택한 후 **테두리**를 입력한다.

02. 차트

1 데이터 범위 추가

1. [C3:C11] 영역을 블록으로 지정한 후 복사(Ctrl + C)한다.
2. 차트를 선택한 후 붙여넣기(Ctrl + V)한다.

2 차트 종류 변경 및 보조 축 지정

1. '판매액' 계열의 바로 가기 메뉴에서 **[계열 차트 종류 변경]**을 선택한다.
2. '차트 종류 변경' 대화상자의 '혼합' 탭에서 '판매액' 계열의 '차트 종류'를 '표식이 있는 꺾은선형'으로 선택하고 '보조 축'에 체크 표시를 한 후 〈확인〉을 클릭한다.

4 '판매액' 계열 서식

1. '판매액' 계열의 바로 가기 메뉴에서 **[데이터 계열 서식]**을 선택한다.
2. '데이터 계열 서식' 창에서 [계열 옵션] → (채우기 및 선) → 선 → 선 → 너비 → 3 pt를 지정한다.

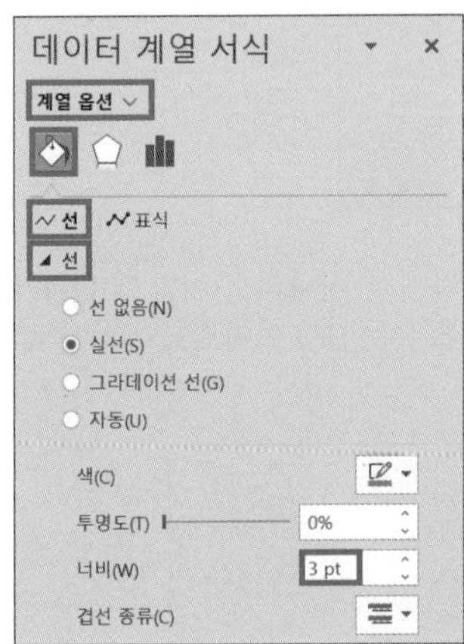

3. 이어서 [계열 옵션] → (채우기 및 선) → **표식**에서 '표식 옵션'의 '기본 제공'을 선택하고 형식 '◆', 크기 10을 지정한 후 '닫기(☒)'를 클릭한다.

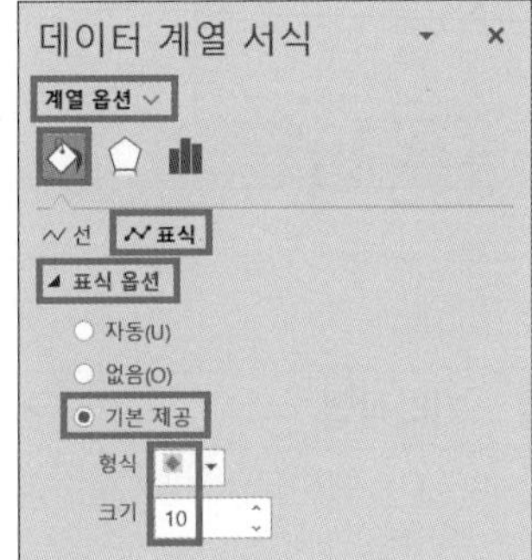

5 그림 영역 스타일 지정 및 주 눈금선 삭제

1. 그림 영역을 클릭한 후 [서식] → 도형 스타일의 ⌄ → **미세 효과 – 황금색, 강조 4**를 선택한다.
2. 주 눈금선을 선택한 후 Delete를 눌러 삭제한다.

EXAMINATION

C 형

실전 모의고사

프로그램명	제한시간
EXCEL 2021	40분

수험번호 :

성　　명 :

〈 유 의 사 항 〉

- 인적 사항 누락 및 잘못 작성으로 인한 불이익은 수험자 책임으로 합니다.
- 화면에 암호 입력창이 나타나면 아래의 암호를 입력하여야 합니다.
  ○ **암호 : 52#384**
- 작성된 답안은 주어진 경로 및 파일명을 변경하지 마시고 그대로 저장해야 합니다.
  이를 준수하지 않으면 실격 처리됩니다.
  ○ **답안 파일명의 예 : C:\OA\수험번호8자리.xlsm**
- **외부 데이터 위치 : C:\OA\파일명**
- 별도의 지시사항이 없는 경우, 다음과 같이 처리 시 실격 처리됩니다.
  ○ 제시된 시트 및 개체의 순서나 이름을 임의로 변경한 경우
  ○ 제시된 시트 및 개체를 임의로 추가 또는 삭제한 경우
  ○ 외부 데이터를 시험 시작 전에 열어본 경우
- 답안은 반드시 문제에서 지시 또는 요구한 셀에 입력하여야 하며, 다음과 같이 처리 시 채점 대상에서 제외됩니다.
  ○ 제시된 함수가 있을 경우 제시된 함수만을 사용하여야 하며 그 외 함수 사용 시 채점 대상에서 제외
  ○ 수험자가 임의로 지시하지 않은 셀의 이동, 수정, 삭제, 변경 등으로 인해 셀의 위치 및 내용이 변경된 경우 해당 작업에 영향을 미치는 관련문제 모두 채점 대상에서 제외
  ○ 도형 및 차트의 개체가 중첩되어 있거나 동일한 계산결과 시트가 복수로 존재할 경우 해당 개체나 시트는 채점 대상에서 제외
- 수식 작성 시 제시된 문제 파일의 데이터는 변경 가능한(가변적) 데이터임을 감안하여 문제 풀이를 하시오.
- 별도의 지시사항이 없는 경우, 주어진 각 시트 및 개체의 설정값 또는 기본 설정값(Default)으로 처리하시오.
- 저장 시간은 별도로 주어지지 않으므로 제한된 시간 내에 저장을 완료해야 하며, 제한 시간 내에 저장이 되지 않은 경우에는 실격 처리됩니다.
- 출제된 문제의 용어는 Microsoft Office 2021(LTSC 2108 버전) 기준으로 작성되어 있습니다.

대한상공회의소

4333031

문제 1 기본작업(20점) 주어진 시트에서 다음 과정을 수행하고 저장하시오.

1. '기본작업-1' 시트에 다음의 자료를 주어진 대로 입력하시오. (5점)

	A	B	C	D	E
1	주요 스키장안내				
2					
3	이름	위치	예약전화	개장일자	폐장일자
4	Sky 리조트	강원도 고성	033)777-5555	11월 17일	2월 28일
5	Star 리조트	강원도 평창	033)543-4567	11월 24일	2월 25일
6	Jisan 리조트	전북 무주	063)345-6262	12월 15일	3월 2일
7	Alps 리조트	강원도 홍천	033)332-6000	11월 24일	2월 28일
8	Viva 리조트	강원도 횡성	033)535-6222	11월 24일	2월 28일
9	Bears 리조트	경기도 남양주	031)255-5511	12월 8일	3월 2일
10					

2. '기본작업-2' 시트에 대하여 다음의 지시사항을 처리하시오. (각 2점)

① [B1:G1] 영역은 '선택 영역의 가운데로', 글꼴 '궁서', 크기 18, 글꼴 스타일 '굵은 기울임꼴', 밑줄 '실선'으로 지정하시오.

② [G2] 셀은 사용자 지정 표시 형식을 이용하여 날짜를 [표시 예]와 같이 표시하시오. [표시 예 : 2024-01-01 → 24/01/01]

③ [B3:G3], [B13] 셀은 '가로 균등 분할'로 지정하고, 셀 스타일 '파랑, 강조색1'을 적용하시오.

④ [E3] 셀에 "2023년부터 누적"이라는 메모를 삽입한 후 항상 표시되도록 하시오.

⑤ [B3:G13] 영역은 '모든 테두리(田)'를 적용하고, [B3:G3] 영역은 '아래쪽 이중 테두리(▦)'를 적용하여 표시하시오.

3. '기본작업-3' 시트에서 다음의 지시사항을 처리하시오. (5점)

'아르바이트 비용 지급 현황' 표에서 성별이 '여'이면서 지급액이 지급액 평균 이상인 데이터를 고급 필터를 사용하여 검색하시오.

▶ AVERAGE 함수 사용

▶ 고급 필터 조건은 [A15:C17] 영역 내에 알맞게 입력하시오.

▶ 고급 필터 결과 복사 위치는 동일 시트의 [A19] 셀에서 시작하시오.

4333032

문제 2 계산작업(40점) '계산작업' 시트에서 다음 과정을 수행하고 저장하시오.

1. [표1]에서 1주차[B3:B12], 2주차[C3:C12], 3주차[D3:D12]를 모두 출석했으면 "개근"을, 그렇지 않으면 공백을 출석[E3:E12]에 표시하시오. (8점)
   ▶ IF, COUNTBLANK 함수 사용

2. [표2]에서 국가[G3:G12]는 모두 대문자로, 수도[H3:H12]는 모두 소문자로 변환하여 지역[I3:I12]에 표시하시오. (8점)
   ▶ 표기 예 : 국가가 'Canada', 수도가 'Ottawa'인 경우 'CANADA(ottawa)'로 표시
   ▶ UPPER, LOWER 함수와 & 연산자 사용

3. [표3]에서 근태[C16:C22]와 시험[D16:D22]이 모두 80점 이상이고 총점[E16:E22]이 총점 평균을 초과하는 사원들이 승진한다. 승진하는 사원들의 승진율을 [E23] 셀에 계산하시오. (8점)
   ▶ 승진율 = 조건을 모두 만족하는 사원의 수 / 전체 사원의 수
   ▶ COUNTIFS, AVERAGE, COUNTA 함수와 & 연산자 사용

4. [표4]에서 적립포인트[I16:I22]가 가장 많은 고객의 고객코드[J16:J22]를 [J23] 셀에 표시하시오. (8점)
   ▶ HLOOKUP, VLOOKUP, SMALL, LARGE 함수 중 알맞은 함수들을 선택하여 사용

5. [표5]에서 시험일자[A27:A34]의 요일이 월~금요일이면 "평일", 토~일요일이면 "주말"을 시험요일[D27:D34]에 표시하시오. (8점)
   ▶ 단, 요일 계산 시 월요일이 1인 유형으로 지정
   ▶ IF, WEEKDAY 함수 사용

4333033

문제 3 분석작업(20점) 주어진 시트에서 다음 작업을 수행하고 저장하시오.

1. '분석작업-1' 시트에 대하여 다음의 지시사항을 처리하시오. (10점)

   '1학기 성적표'는 출석점수[C2]와 중간점수[C3], 기말점수[C4], 그리고 항목별 반영비율[C10:E10]을 이용하여 가중평균[C5]을 계산한 것이다. [데이터 표] 기능을 이용하여 출석점수 반영비율[C10]과 중간점수 반영비율[D10]의 변동에 따른 가중평균을 [H4:L8] 영역에 계산하시오.

2. '분석작업-2' 시트에 대하여 다음의 지시사항을 처리하시오. (10점)

   데이터 도구 [통합] 기능을 이용하여 [표1], [표2]에 대한 주요 매장별 판매량의 평균을 [표3]의 [C13:E14] 영역에 계산하시오.
   ▶ '하이'로 시작하는 매장과 '프라자'로 끝나는 매장의 판매량 평균을 계산하시오.

문제 4 기타작업(20점) 주어진 시트에서 다음 작업을 수행하고 저장하시오.

1. '매크로작업' 시트의 [표]에서 다음과 같은 기능을 수행하는 매크로를 현재 통합 문서에 작성하고 실행하시오. (각 5점)

① [G4:G14] 영역에 건물명별 합계를 계산하는 매크로를 생성하여 실행하시오.

- ▶ 매크로 이름 : 합계
- ▶ SUM 함수 사용
- ▶ [개발 도구] → [컨트롤] → [삽입] → [양식 컨트롤]의 '단추(▭)'를 동일 시트의 [C16:D17] 영역에 생성하고, 텍스트를 "합계"로 입력한 후 단추를 클릭할 때 '합계' 매크로가 실행되도록 설정하시오.

② [D4:G14] 영역에 표시 형식을 '통화'로 적용하는 매크로를 생성하여 실행하시오.

- ▶ 매크로 이름 : 통화
- ▶ [삽입] → [일러스트레이션] → [도형] → [기본 도형]의 '팔각형(⬡)'을 동일 시트의 [F16:G17] 영역에 생성하고, 텍스트를 "통화"로 입력한 후 도형을 클릭할 때 '통화' 매크로가 실행되도록 설정하시오.

※ 셀 포인터의 위치에 상관없이 현재 통합 문서에서 매크로가 실행되어야 정답으로 인정됨

2. '차트작업' 시트의 차트를 지시사항에 따라 아래 〈그림〉과 같이 수정하시오. (각 2점)

※ 차트는 반드시 문제에서 제공한 차트를 사용하여야 하며, 신규로 작성 시 0점 처리됨

① '영업소'가 '경기'와 '인천'에 해당하는 '성명'별 '7~9월' 계열만 표시되도록 데이터 범위를 수정하시오.

② 차트의 종류를 '표식이 있는 꺾은선형'으로 변경하시오.

③ 차트 제목은 '차트 위'로 추가하여 [K2] 셀과 연동하고, 채우기 색 '표준 색 – 노랑', 글꼴 색 '표준 색 – 빨강'으로 지정하시오.

④ 세로(값) 축의 최소값을 100, 기본 단위를 50으로 지정하시오.

⑤ '9월' 계열의 선을 '완만한 선'으로 지정하고, 차트 영역에 '데이터 테이블'을 '범례 표지 없음'으로 지정하시오.

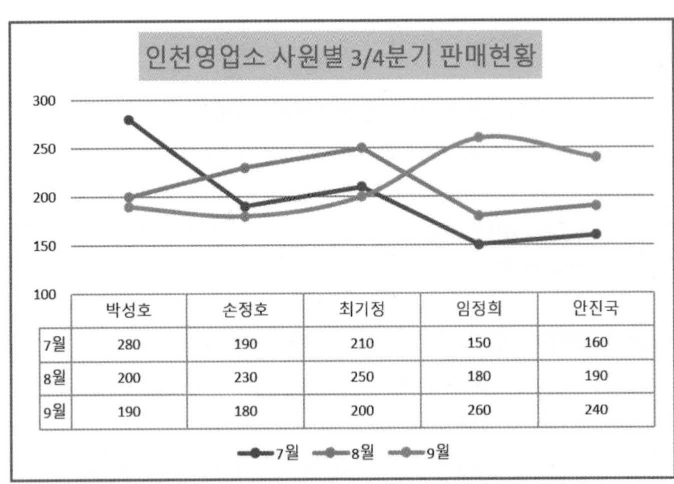

실전 모의고사 정답 및 해설

문제 1 기본작업

02. 셀 서식

정답

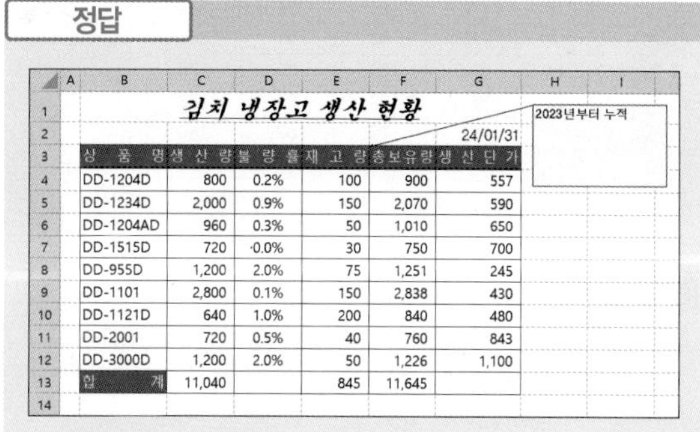

	A	B	C	D	E	F	G	H	I
1		김치 냉장고 생산 현황						2023년부터 누적	
2							24/01/31		
3		상품명	생산량	불량률	재고량	총보유량	생산단가		
4		DD-1204D	800	0.2%	100	900	557		
5		DD-1234D	2,000	0.9%	150	2,070	590		
6		DD-1204AD	960	0.3%	50	1,010	650		
7		DD-1515D	720	-0.0%	30	750	700		
8		DD-955D	1,200	2.0%	75	1,251	245		
9		DD-1101	2,800	0.1%	150	2,838	430		
10		DD-1121D	640	1.0%	200	840	480		
11		DD-2001	720	0.5%	40	760	843		
12		DD-3000D	1,200	2.0%	50	1,226	1,100		
13		합계	11,040		845	11,645			
14									

2 사용자 지정 표시 형식

1. [G2] 셀을 클릭한 후 Ctrl + 1을 누른다.
2. '셀 서식' 대화상자의 '표시 형식' 탭에서 범주와 형식을 그림과 같이 지정한 후 〈확인〉을 클릭한다.

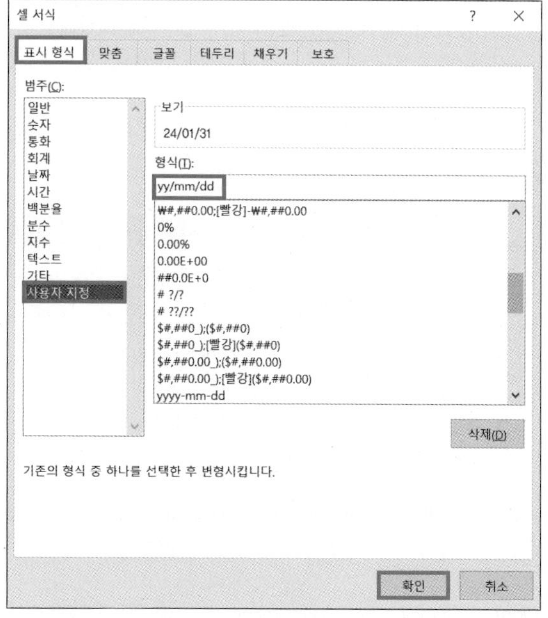

03. 고급 필터

정답

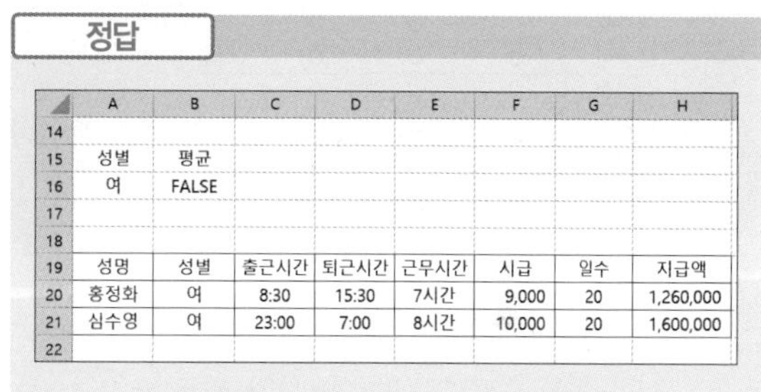

	A	B	C	D	E	F	G	H
14								
15	성별	평균						
16	여	FALSE						
17								
18								
19	성명	성별	출근시간	퇴근시간	근무시간	시급	일수	지급액
20	홍정화	여	8:30	15:30	7시간	9,000	20	1,260,000
21	심수영	여	23:00	7:00	8시간	10,000	20	1,600,000
22								

1. [A15:B16] 영역에 그림과 같이 조건을 입력한다.

	A	B	C
14			
15	성별	평균	
16	여	FALSE	
17			

- [B16] : =H4>=AVERAGE($H$4:$H$12)
- 조건에 수식이나 함수식이 사용되는 경우 필드명(B15)을 입력하지 않거나 데이터 영역의 필드명(A3:H3)과 다른 필드명을 사용해야 합니다.

2. 데이터 영역(A3:H12)의 임의의 셀을 선택한 후 [데이터] → 정렬 및 필터 → **고급**을 클릭한다.
3. '고급 필터' 대화상자에서 그림과 같이 지정한 후 〈확인〉을 클릭한다.

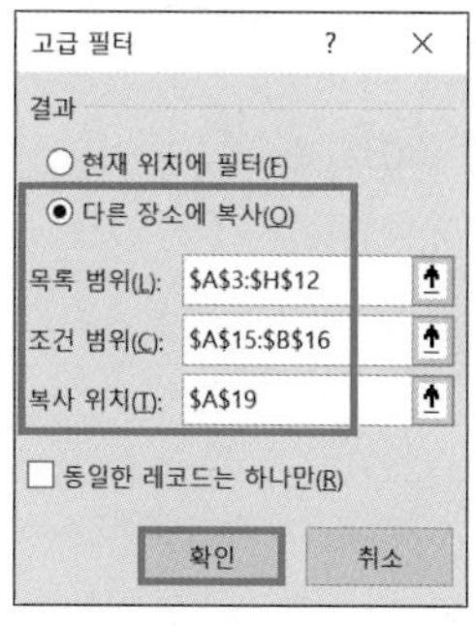

문제 2 계산작업

01. 출석

정답

	A	B	C	D	E
1	[표1]	출석현황			
2	이름	1주차	2주차	3주차	출석
3	백성수	O	O	O	개근
4	박윤지	O	O	O	개근
5	이주호		O	O	
6	윤솔아	O	O	O	개근
7	김주혁	O		O	
8	이하늘	O	O	O	개근
9	박선아	O	O	O	개근
10	조윤준	O	O	O	개근
11	박종여		O		
12	임원희	O	O	O	개근

[E3] : =IF(COUNTBLANK(B3:D3)=0, "개근", "")

02. 지역

정답

	G	H	I
1	[표2]	국가별 정보	
2	국가	수도	지역
3	Korea	Seoul	KOREA(seoul)
4	Greece	Athens	GREECE(athens)
5	Ghana	Accra	GHANA(accra)
6	Japan	Tokyo	JAPAN(tokyo)
7	France	Paris	FRANCE(paris)
8	Brazil	Brasilia	BRAZIL(brasilia)
9	Chile	Santiago	CHILE(santiago)
10	Russia	Moskva	RUSSIA(moskva)
11	Taiwan	Taipei	TAIWAN(taipei)
12	Egypt	Cairo	EGYPT(cairo)

[I3] : =UPPER(G3) & "(" & LOWER(H3) & ")"

03. 승진율

정답

	A	B	C	D	E
14	[표3]	승진시험 결과			
15	이름	부서명	근태	시험	총점
16	최영진	기획	92	87	179
17	유재석	기획	82	85	167
18	강연성	마케팅	66	76	142
19	박하나	마케팅	84	91	175
20	김경일	영업	89	87	176
21	김진희	영업	93	95	188
22	임성식	영업	79	87	166
23	승진율				57%

[E23] : =COUNTIFS(C16:C22, ">=80", D16:D22, ">=80", E16:E22, ">"&AVERAGE(E16:E22)) / COUNTA(A16:A22)

궁금해요 시나공 Q&A 베스트

Q '총점 평균 초과'의 수식을 ">AVERAGE(E16:E22)"으로 입력하면 안 되나요?

A 안됩니다. 함수를 큰따옴표(" ")로 묶어서 입력하면 함수가 아닌 텍스트로 인식하여 올바른 결과가 나오지 않습니다. 함수를 이용하여 조건을 지정하려면 ">"&AVERAGE(E16:E22)와 같이 관계연산자(>=, >, <=)와 함수를 분리하여 입력하고, 관계연산자는 큰따옴표(" ")로 묶어 줘야 합니다. 그리고 두 개의 문자열을 &로 연결합니다.

04. 적립포인트가 가장 많은 고객

정답

	G	H	I	J
14	[표4]	포인트적립 현황		
15	가입년도	구매횟수	적립포인트	고객코드
16	2018년	67	82,410	HSP-001
17	2016년	86	105,780	HSP-002
18	2019년	16	19,680	HSP-003
19	2015년	150	184,500	HSP-004
20	2017년	99	121,770	HSP-005
21	2016년	91	111,930	HSP-006
22	2018년	70	86,100	HSP-007
23	적립포인트가 가장 많은 고객			HSP-004

[J23] : =VLOOKUP(LARGE(I16:I22, 1), I16:J22, 2, FALSE)

05. 시험요일

정답

	A	B	C	D
25	[표5]	시험접수현황		
26	시험일자	접수번호	지역	시험요일
27	2024-06-01	123001	제주	주말
28	2024-06-04	123002	강릉	평일
29	2024-06-07	123003	부산	평일
30	2024-06-08	123004	목포	주말
31	2024-06-10	123005	청주	평일
32	2024-06-13	123006	상주	평일
33	2024-06-14	123007	창원	평일
34	2024-06-19	123008	무주	평일

[D27] : =IF(WEEKDAY(A27, 2)<=5, "평일", "주말")

문제 3 분석작업

01. 데이터 표

정답

	F	G	H	I	J	K	L
1							
2					중간비율		
3		75.6	10%	20%	30%	40%	50%
4		10%	47.4	53.8	60.2	66.6	73
5		20%	56.4	62.8	69.2	75.6	82
6	출석비율	30%	65.4	71.8	78.2	84.6	91
7		40%	74.4	80.8	87.2	93.6	100
8		50%	83.4	89.8	96.2	102.6	109
9							

1. [C5] 셀의 수식 **=C2*C10+C3*D10+C4*E10**을 수식 입력줄에서 복사(Ctrl + C)한 후 Esc를 누른다.
2. [G3] 셀을 클릭한 후 복사한 수식을 붙여넣기(Ctrl + V)한다.
3. [G3:L8] 영역을 블록으로 지정한 후 [데이터] → 예측 → 가상 분석 → **데이터 표**를 선택한다.
4. '데이터 테이블' 대화상자에서 행 입력 셀과 열 입력 셀을 그림과 같이 지정한 후 〈확인〉을 클릭한다.

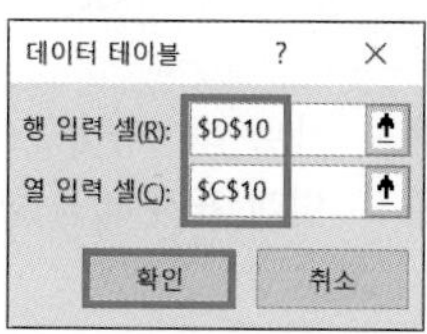

02. 통합

정답

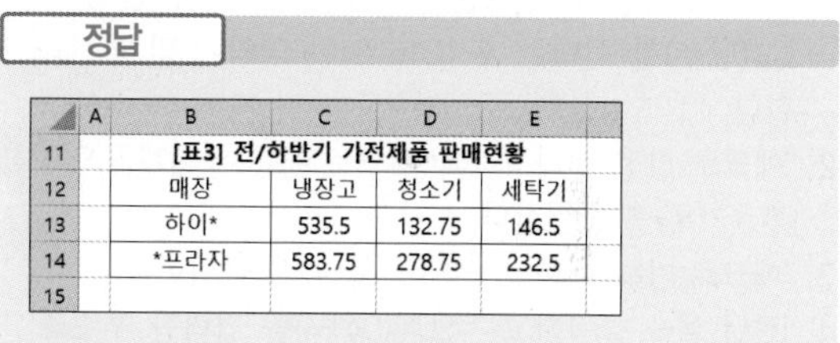

	A	B	C	D	E
11		[표3] 전/하반기 가전제품 판매현황			
12		매장	냉장고	청소기	세탁기
13		하이*	535.5	132.75	146.5
14		*프라자	583.75	278.75	232.5
15					

1. [B13] 셀에 **하이***를, [B14] 셀에 ***프라자**를 입력한다.
2. [B12:E14] 영역을 블록으로 지정한 후 [데이터] → 데이터 도구 → **통합**을 클릭한다.
3. '통합' 대화상자에서 함수, 참조 범위, 사용할 레이블을 그림과 같이 지정한 후 〈확인〉을 클릭한다.

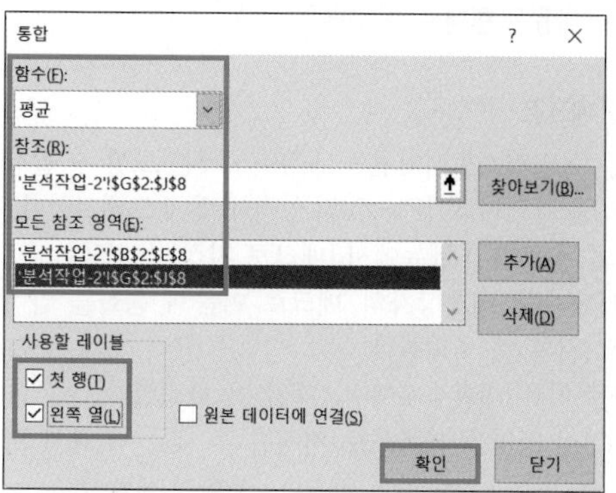

문제 4 기타작업

01. 매크로

정답

상공상사의 건물관리대장

(단위 : 천원)

번호	건물명	보증금	임차료	관리비	합계
4	삼화301호	₩130,000	₩10,350	₩1,750	₩142,100
5	삼화302호	₩130,000	₩10,350	₩1,750	₩142,100
8	유봉301호	₩440,000	₩6,000	₩2,590	₩448,590
6	미현203호	₩200,000	₩14,000	₩3,600	₩217,600
1	대아201호	₩800,000	₩20,000	₩4,320	₩824,320
7	국제405호	₩178,000	₩17,800	₩4,960	₩200,760
11	유림402호	₩400,000	₩14,100	₩5,200	₩419,300
3	국제405호	₩343,000	₩12,362	₩5,500	₩360,862
10	유림401호	₩500,000	₩22,000	₩6,720	₩528,720
2	대아209호	₩700,000	₩97,500	₩7,100	₩804,600
9	관세 202호	₩350,000	₩49,550	₩5,280	₩404,830

합계 통화

1 '합계' 매크로

1. [개발 도구] → 컨트롤 → 삽입 → 양식 컨트롤 → □**(단추)**를 선택한 후 [C16:D17] 영역에 맞게 드래그한다.
2. '매크로 지정' 대화상자의 '매크로 이름'에 **합계**를 입력한 후 〈기록〉을 클릭한다.
3. '매크로 기록' 대화상자에서 〈확인〉을 클릭한다.
4. [G4] 셀을 클릭하고, =SUM(D4:F4)를 입력한 후 Enter를 누른다.
5. [G4] 셀의 채우기 핸들을 [G14] 셀까지 드래그하여 수식을 복사한다.
6. 임의의 셀을 클릭한 후 [개발 도구] → 코드 → **기록 중지**를 클릭한다.
7. 단추의 바로 가기 메뉴에서 **[텍스트 편집]**을 선택한 후 입력된 내용을 **합계**로 수정한다.

2 '통화' 매크로

1. [삽입] → 일러스트레이션 → 도형 → 기본 도형 → **팔각형**(⊙)을 클릭한 후 [F16:G17] 영역에 맞게 드래그한다.
2. 도형의 바로 가기 메뉴에서 **[매크로 지정]**을 선택한다.
3. '매크로 지정' 대화상자의 '매크로 이름'에 **통화**를 입력한 후 〈기록〉을 클릭한다.
4. '매크로 기록' 대화상자에서 〈확인〉을 클릭한다.
5. [D4:G14] 영역을 블록으로 지정한 후 [홈] → 표시 형식 → 일반 (표시 형식)의 ⌄ → **통화**를 선택한다.
6. 임의의 셀을 클릭한 후 [개발 도구] → 코드 → **기록 중지**를 클릭한다.
7. 도형의 바로 가기 메뉴에서 **[텍스트 편집]**을 선택한 후 **통화**를 입력한다.

02. 차트

1 데이터 범위 변경

1. 차트의 바로 가기 메뉴에서 **[데이터 선택]**을 선택한다.
2. '데이터 원본 선택' 대화상자에서 '차트 데이터 범위'의 범위 지정 단추(↑)를 클릭하고 데이터 범위를 [B3:B4], [B6], [B8], [B10:B11], [J3:L4], [J6:L6], [J8:L8], [J10:L11] 영역으로 변경한 후 범위 지정 단추(▣)를 클릭한다.
3. '데이터 원본 선택' 대화상자에서 〈확인〉을 클릭한다.

3 제목 연동 및 서식 지정

1. 차트를 선택한 후 [차트 디자인] → 차트 레이아웃 → 차트 요소 추가 → 차트 제목 → **차트 위**를 선택하여 차트 제목을 삽입한다.
2. 차트 제목이 선택된 상태에서 수식 입력줄을 클릭하고 =을 입력한 후 [K2] 셀을 클릭하고 Enter를 누른다.
3. [홈] → **글꼴**에서 채우기 색(◇ ⌄)을 '노랑', 글꼴 색(가 ⌄)을 '빨강'으로 지정한다.

4 세로(값) 축 눈금 지정

1. 세로(값) 축의 바로 가기 메뉴에서 **[축 서식]**을 선택한다.
2. '축 서식' 창의 [축 옵션] → ▮(축 옵션) → **축 옵션**에서 경계의 '최소값'을 100, 단위의 '기본'을 50으로 지정한 후 '닫기(☒)'를 클릭한다.

5 '9월' 계열 서식 및 데이터 테이블 지정

1. '9월' 계열의 바로 가기 메뉴에서 **[데이터 계열 서식]**을 선택한다.
2. '데이터 계열 서식' 창에서 [계열 옵션] → ◇(채우기 및 선) → 선 → 선 → **완만한 선**을 선택한 후 '닫기(☒)'를 클릭한다.
3. 차트를 선택한 후 [차트 디자인] → 차트 레이아웃 → 차트 요소 추가 → 데이터 테이블 → **범례 표지 없음**을 선택한다.

EXAMINATION

D 형

실전 모의고사

프로그램명	제한시간
EXCEL 2021	40분

수험번호 :

성　　명 :

〈 유 의 사 항 〉

- 인적 사항 누락 및 잘못 작성으로 인한 불이익은 수험자 책임으로 합니다.
- 화면에 암호 입력창이 나타나면 아래의 암호를 입력하여야 합니다.
  - ○ **암호** : 50^670
- 작성된 답안은 주어진 경로 및 파일명을 변경하지 마시고 그대로 저장해야 합니다.
  이를 준수하지 않으면 실격 처리됩니다.
  - ○ **답안 파일명의 예 : C:\OA\수험번호8자리.xlsm**
- **외부 데이터 위치 : C:\OA\파일명**
- 별도의 지시사항이 없는 경우, 다음과 같이 처리 시 실격 처리됩니다.
  - ○ 제시된 시트 및 개체의 순서나 이름을 임의로 변경한 경우
  - ○ 제시된 시트 및 개체를 임의로 추가 또는 삭제한 경우
  - ○ 외부 데이터를 시험 시작 전에 열어본 경우
- 답안은 반드시 문제에서 지시 또는 요구한 셀에 입력하여야 하며, 다음과 같이 처리 시 채점 대상에서 제외됩니다.
  - ○ 제시된 함수가 있을 경우 제시된 함수만을 사용하여야 하며 그 외 함수 사용 시 채점 대상에서 제외
  - ○ 수험자가 임의로 지시하지 않은 셀의 이동, 수정, 삭제, 변경 등으로 인해 셀의 위치 및 내용이 변경된 경우 해당 작업에 영향을 미치는 관련문제 모두 채점 대상에서 제외
  - ○ 도형 및 차트의 개체가 중첩되어 있거나 동일한 계산결과 시트가 복수로 존재할 경우 해당 개체나 시트는 채점 대상에서 제외
- 수식 작성 시 제시된 문제 파일의 데이터는 변경 가능한(가변적) 데이터임을 감안하여 문제 풀이를 하시오.
- 별도의 지시사항이 없는 경우, 주어진 각 시트 및 개체의 설정값 또는 기본 설정값(Default)으로 처리하시오.
- 저장 시간은 별도로 주어지지 않으므로 제한된 시간 내에 저장을 완료해야 하며, 제한 시간 내에 저장이 되지 않은 경우에는 실격 처리됩니다.
- 출제된 문제의 용어는 Microsoft Office 2021(LTSC 2108 버전) 기준으로 작성되어 있습니다.

대한상공회의소

문제 1 기본작업(20점) 주어진 시트에서 다음 과정을 수행하고 저장하시오.

1. '기본작업-1' 시트에 다음의 자료를 주어진 대로 입력하시오. (5점)

	A	B	C	D	E	F
1	사원 급여 명세서					
2						
3	사원코드	사원명	직위	판매량	성과율	지급액
4	SAL-14	이상철	부장	490	25%	4,430,000
5	PLA-23	조찬진	과장	300	20%	3,360,000
6	ACC-59	박신호	대리	350	20%	2,880,000
7	MAT-80	최노철	과장	350	20%	3,480,000
8	PUB-77	신동희	대리	300	20%	2,820,000
9	MAN-05	노진호	부장	480	25%	4,560,000
10						

2. '기본작업-2' 시트에 대하여 다음의 지시사항을 처리하시오. (각 2점)

① [A1:I1] 영역은 '선택 영역의 가운데로', 글꼴 '궁서', 크기 16, 글꼴 스타일 '기울임꼴', 행의 높이를 24로 지정하시오.

② [A3:I3], [A4:A12] 영역은 셀 스타일 '주황, 강조색2'를 지정하고, [A13:B13], [A14:B14] 영역은 '병합하고 가운데 맞춤'으로 지정하시오.

③ [C4:F14] 영역은 '쉼표 스타일(,)'로 지정하고, [I4:I12] 영역은 '오른쪽 들여쓰기 1'로 지정하시오.

④ [G4:G14] 영역은 '셀에 맞춤'을 지정하고, 사용자 지정 표시 형식을 이용하여 천 단위까지만 표시하고, 1000 단위 구분 기호와 숫자 뒤에 "천원"을 [표시 예]와 같이 표시하시오. [표시 예 : 1396000 → 1,396천원]

⑤ [A3:I12] 영역은 '모든 테두리(田)'를, [A13:I14] 영역은 '굵은 바깥쪽 테두리(▣)'를 적용하여 표시하시오.

3. '기본작업-3' 시트에서 다음의 지시사항을 처리하시오. (5점)

[A4:H16] 영역에서 경력(월)이 100 이상인 행 전체에 대하여 글꼴 스타일을 '굵게', 채우기 색을 '표준 색 – 빨강'으로, 20 미만인 행 전체에 대하여 글꼴 스타일을 '굵은 기울임꼴', 밑줄을 '실선'으로 지정하는 조건부 서식을 작성하시오.

▶ 단, 규칙 유형은 '수식을 사용하여 서식을 지정할 셀 결정'을 이용하시오.

문제 2 계산작업(40점) '계산작업' 시트에서 다음 과정을 수행하고 저장하시오.

1. [표1]에서 생년월일[B3:B9]을 이용하여 태어난 해의 요일[C3:C9]을 표시하시오. (8점)

▶ 단, 요일 계산 시 월요일이 1인 유형으로 지정
▶ 요일은 '토요일'과 같이 문자열 전체를 표시하게 지정
▶ CHOOSE와 WEEKDAY 함수 사용

2. [표2]에서 주민등록번호[F3:F9]의 8번째 자리를 이용하여 성별[G3:G9]을 표시하시오. (8점)

▶ 주민등록번호의 8번째 자리가 1이나 3이면 "남", 2나 4면 "여"를 지정
▶ IF, MID, OR 함수 사용

3. [표3]에서 소속[B13:B20]이 "경리부"이면서 영어[C13:C20]가 80 이상이거나, 소속이 "관리부"이면서 전산[D13:D20]이 90 이상인 직원들의 합계[E13:E20] 평균을 정수로 [F20] 셀에 표시하시오. (8점)

▶ 조건은 [F13:H15] 영역에 입력하시오.
▶ INT, DAVERAGE 함수 사용

4. [표4]에서 구입수량[B24:B30]의 빈도가 가장 높은 고객들의 구입총액[D24:D30] 합계를 [D31] 셀에 계산하시오. (8점)

▶ SUMIF, MODE.SNGL 함수 사용

5. [표5]에서 저장 수량[G24:G29]을 각 월의 하루 사용량[H24:H29]만큼 사용하면 사용할 수 있는 일수와 나머지는 얼마인지 일수(나머지)[I24:I29]에 계산하시오. (8점)

▶ 일수(몫)와 나머지 표시 방법 : 일수(몫)가 10이고, 나머지가 4 → 10(4)
▶ INT, MOD 함수와 & 연산자 사용

문제 3 분석작업(20점) 주어진 시트에서 다음 작업을 수행하고 저장하시오.

1. '분석작업-1' 시트에 대하여 다음의 지시사항을 처리하시오. (10점)

데이터 도구 [통합] 기능을 이용하여 [표1], [표2]에 대한 모델분류별 '디자인', '성능', '총점'의 평균을 '제품 분석 현황' 표에 계산하시오.

2. '분석작업-2' 시트에 대하여 다음의 지시사항을 처리하시오. (10점)

[목표값 찾기] 기능을 이용하여 '길분 콘도 이용 현황' 표에서 '유형만' 고객의 할인금액[E10]이 30,000이 되려면 사용요금[D10]이 얼마가 되어야 하는지 계산하시오.

문제 4 기타작업(20점) 주어진 시트에서 다음 작업을 수행하고 저장하시오.

1. '매크로작업' 시트의 [표]에서 다음과 같은 기능을 수행하는 매크로를 현재 통합 문서에 작성하고 실행하시오. (각 5점)

① [F4:F11] 영역에 학생별 성적의 평균을 계산하는 매크로를 생성하여 실행하시오.
- ▶ 매크로 이름 : 평균
- ▶ AVERAGE 함수 사용
- ▶ [개발 도구] → [컨트롤] → [삽입] → [양식 컨트롤]의 '단추(▭)'를 동일 시트의 [B13:C14] 영역에 생성하고, 텍스트를 "평균"으로 입력한 후 단추를 클릭할 때 '평균' 매크로가 실행되도록 설정하시오.

② [A3:F3] 영역에 셀 스타일을 '파랑, 강조색5'로 지정하는 매크로를 생성하여 실행하시오.
- ▶ 매크로 이름 : 셀스타일
- ▶ [삽입] → [일러스트레이션] → [도형] → [사각형]의 '사각형: 둥근 모서리(▢)'를 동일 시트의 [E13:F14] 영역에 생성하고, 텍스트를 "셀스타일"로 입력한 후 도형을 클릭할 때 '셀스타일' 매크로가 실행되도록 설정하시오.

※ 셀 포인터의 위치에 상관없이 현재 통합 문서에서 매크로가 실행되어야 정답으로 인정됨

2. '차트작업' 시트의 차트를 지시사항에 따라 아래 〈그림〉과 같이 수정하시오. (각 2점)

※ 차트는 반드시 문제에서 제공한 차트를 사용하여야 하며, 신규로 작성 시 0점 처리됨

① 거래처명이 '삼화페인트'인 정보만 '품목명'별 '판매금액'과 '미수금'이 차트에 표시되도록 데이터 범위를 변경하고, '미수금' 계열은 '보조 축'으로 지정하시오.

② 그림 영역은 채우기 색 '표준 색 – 노랑'을 지정하고, 범례는 차트의 '위쪽'에 배치한 후 도형 스타일을 '미세 효과 – 주황, 강조 2'로 지정하시오.

③ '판매금액' 계열에만 데이터 레이블 '값'을 표시하고, 레이블의 위치를 '가운데'로 설정하시오.

④ 세로(값) 축 눈금의 기본 단위는 100,000, 보조 세로(값) 축 눈금의 기본 단위는 200,000으로 지정하시오.

⑤ 차트 영역의 테두리 스타일은 테두리 '실선', 테두리 색 '검정, 텍스트 1', 너비 '3 pt'로 지정하시오.

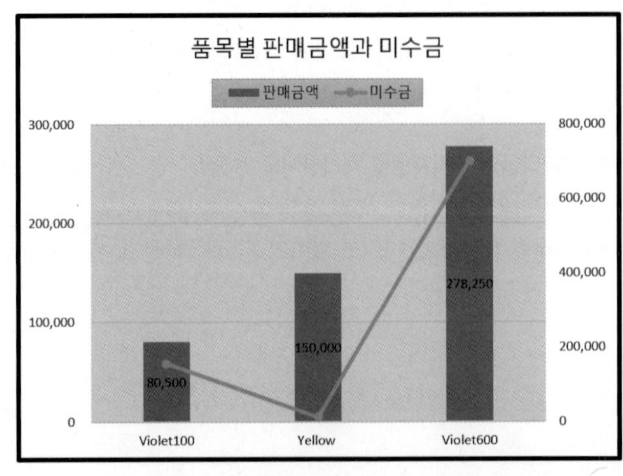

EXAMINATION

D형 실전 모의고사 정답 및 해설

문제 1 기본작업

02. 셀 서식

정답

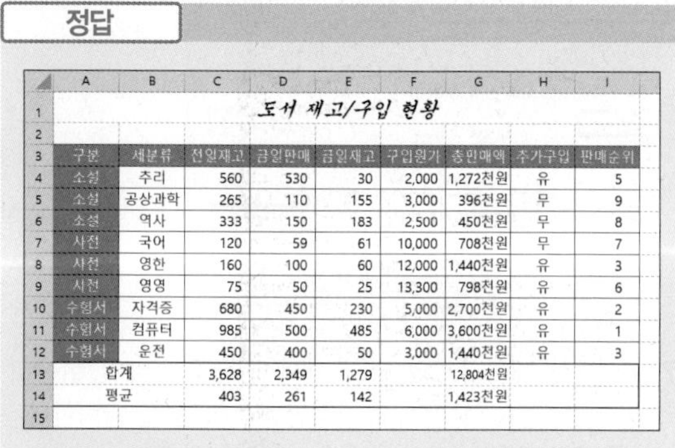

	A	B	C	D	E	F	G	H	I
1	도서 재고/구입 현황								
2									
3	구분	세분류	전일재고	금일판매	금일재고	구입원가	총판매액	추가구입	판매순위
4	소설	추리	560	530	30	2,000	1,272천원	유	5
5	소설	공상과학	265	110	155	3,000	396천원	무	9
6	소설	역사	333	150	183	2,500	450천원	무	8
7	사전	국어	120	59	61	10,000	708천원	무	7
8	사전	영한	160	100	60	12,000	1,440천원	유	3
9	사전	영영	75	50	25	13,300	798천원	유	6
10	수험서	자격증	680	450	230	5,000	2,700천원	유	2
11	수험서	컴퓨터	985	500	485	6,000	3,600천원	유	1
12	수험서	운전	450	400	50	3,000	1,440천원	유	3
13	합계		3,628	2,349	1,279		12,804천원		
14	평균		403	261	142		1,423천원		
15									

4 사용자 지정 표시 형식

1. [G4:G14] 영역을 블록으로 지정한 후 Ctrl + 1을 누른다.
2. '셀 서식' 대화상자의 '표시 형식' 탭과 '맞춤' 탭에서 그림과 같이 지정한 후 〈확인〉을 클릭한다.

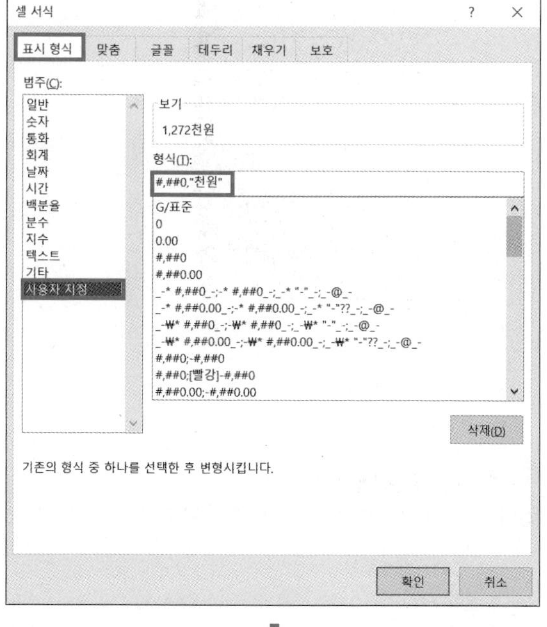

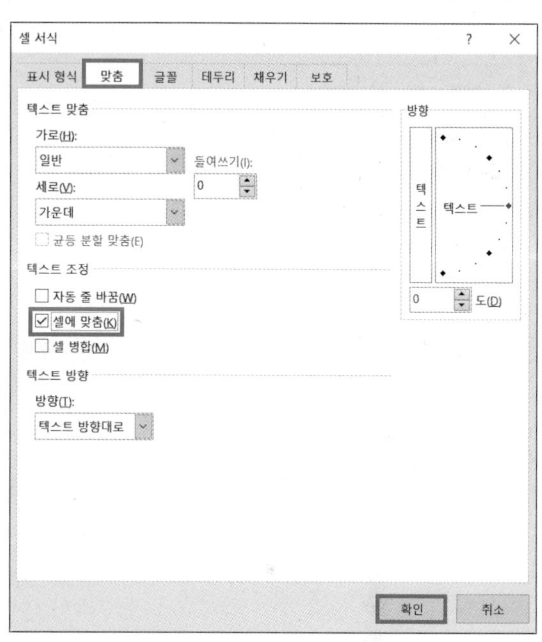

03. 조건부 서식

정답

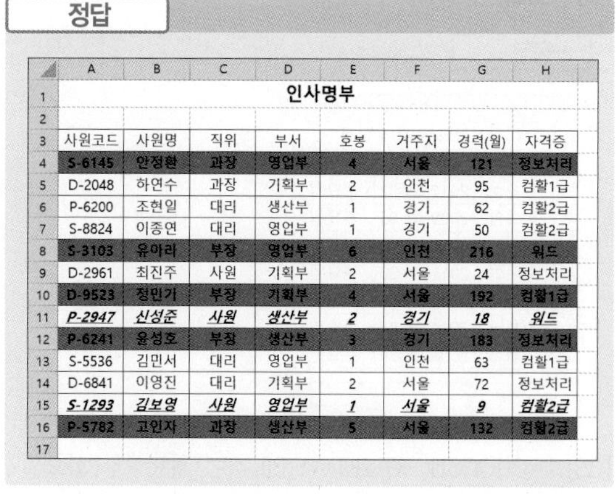

	A	B	C	D	E	F	G	H
1	인사명부							
2								
3	사원코드	사원명	직위	부서	호봉	거주지	경력(월)	자격증
4	S-6145	안정환	과장	영업부	4	서울	121	정보처리
5	D-2048	하연수	과장	기획부	2	인천	95	컴활1급
6	P-6200	조현일	대리	생산부	1	경기	62	컴활2급
7	S-8824	이종연	대리	영업부	1	경기	50	컴활2급
8	S-3103	유아라	부장	영업부	6	인천	216	워드
9	D-2961	최진주	사원	기획부	2	서울	24	정보처리
10	D-9523	정민기	부장	기획부	4	서울	192	컴활1급
11	P-2947	신성준	사원	생산부	2	경기	18	워드
12	P-6241	윤성호	부장	생산부	3	경기	183	정보처리
13	S-5536	김민서	대리	영업부	1	인천	63	컴활1급
14	D-6841	이영진	대리	기획부	2	서울	72	정보처리
15	S-1293	김보영	사원	영업부	1	서울	9	컴활2급
16	P-5782	고인자	과장	생산부	5	서울	132	컴활2급
17								

1. [A4:H16] 영역을 블록으로 지정한 후 [홈] → 스타일 → 조건부 서식 → **새 규칙**을 선택한다.

2. '새 서식 규칙' 대화상자에서 '수식을 사용하여 서식을 지정할 셀 결정'을 선택하고 수식 입력란에 =$G4>=100을 입력한 후 〈서식〉을 클릭한다.

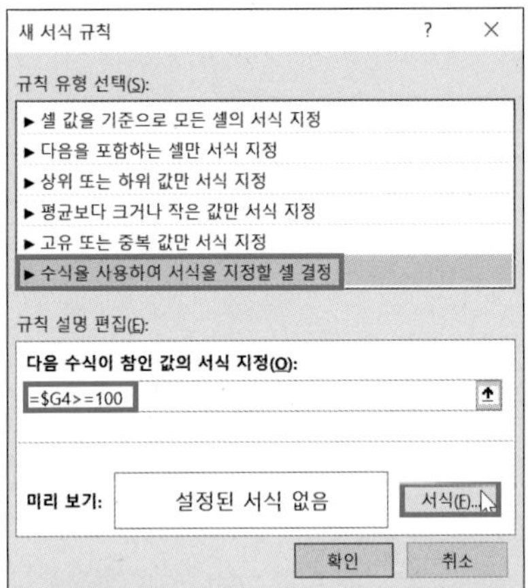

3. '셀 서식' 대화상자의 '글꼴' 탭에서 글꼴 스타일 '굵게', '채우기' 탭에서 배경색을 '빨강'으로 지정한 후 〈확인〉을 클릭한다.
4. '새 서식 규칙' 대화상자에서도 〈확인〉을 클릭한다.
5. [A4:H16] 영역이 블록이 지정된 상태에서 [홈] → 스타일 → 조건부 서식 → **새 규칙**을 선택한다.

6. '새 서식 규칙' 대화상자에서 '수식을 사용하여 서식을 지정할 셀 결정'을 선택하고 수식 입력란에 =$G4<20을 입력한 후 〈서식〉을 클릭한다.

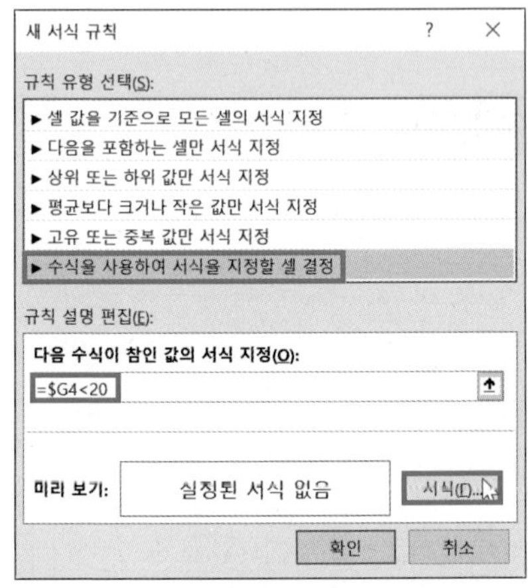

7. '셀 서식' 대화상자의 '글꼴' 탭에서 글꼴 스타일 '굵은 기울임꼴', 밑줄 '실선'으로 지정한 후 〈확인〉을 클릭한다.
8. '새 서식 규칙' 대화상자에서도 〈확인〉을 클릭한다.

문제 2 계산작업

01. 요일

정답

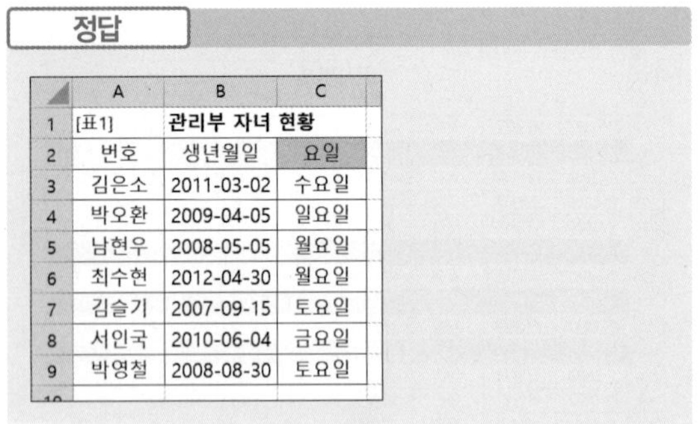

	A	B	C
1	[표1]	관리부 자녀 현황	
2	번호	생년월일	요일
3	김은소	2011-03-02	수요일
4	박오환	2009-04-05	일요일
5	남현우	2008-05-05	월요일
6	최수현	2012-04-30	월요일
7	김슬기	2007-09-15	토요일
8	서인국	2010-06-04	금요일
9	박영철	2008-08-30	토요일

[C3] : =CHOOSE(WEEKDAY(B3, 2), "월요일", "화요일", "수요일", "목요일", "금요일", "토요일", "일요일")

02. 성별

정답

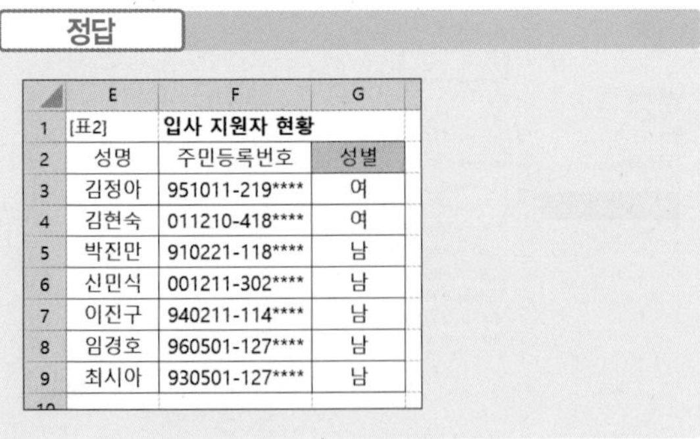

	E	F	G
1	[표2]	입사 지원자 현황	
2	성명	주민등록번호	성별
3	김정아	951011-219****	여
4	김현숙	011210-418****	여
5	박진만	910221-118****	남
6	신민식	001211-302****	남
7	이진구	940211-114****	남
8	임경호	960501-127****	남
9	최시아	930501-127****	남

[G3] : =IF(OR(MID(F3, 8, 1)="1", MID(F3, 8, 1)="3"), "남", "여")

텍스트 함수(LEFT, RIGHT, MID 등)를 이용하여 추출된 값 1, 2, 3, 4는 숫자 데이터가 아니고 문자 데이터 "1", "2", "3", "4"이므로 이 문자 데이터와 비교하기 위해 숫자 데이터를 큰따옴표로 묶어야 합니다(MID(F3, 8, 1)="1").

03. 조건에 맞는 평균

정답

	A	B	C	D	E	F	G	H
11	[표3]	직원 승진시험 현황						
12	성명	소속	영어	전산	합계			
13	김진국	경리부	87	65	152	소속	영어	전산
14	박동희	관리부	64	70	134	경리부	>=80	
15	서영수	영업부	73	60	133	관리부		>=90
16	강남영	경리부	70	66	136			
17	명운수	경리부	86	83	169			
18	이성철	관리부	75	78	153			
19	김소연	관리부	70	91	161	조건에 맞는 평균		
20	최고수	영업부	69	60	129	160		

[F20] : =INT(DAVERAGE(A12:E20, 5, F13:H15))

04. 구입빈도 높은 구입총액 합계

정답

	A	B	C	D
22	[표4]	고객관리현황		
23	고객코드	구입수량	등급	구입총액
24	HS03	8	일반	356,000
25	BC02	9	골드	688,000
26	BS01	8	실버	294,000
27	CU02	7	일반	321,000
28	KY01	6	실버	292,000
29	JS02	8	골드	409,000
30	LU03	7	골드	216,000
31	구입빈도 높은 구입총액 합계			1,059,000

[D31] : =SUMIF(B24:B30, MODE.SNGL(B24:B30), D24:D30)

05. 일수(나머지)

정답

	F	G	H	I
22	[표5]	용기별 적재 할당계획		
23	월	저장 수량	하루 사용량	일수(나머지)
24	1월	380	12	31(8)
25	2월	375	13	28(11)
26	3월	350	11	31(9)
27	4월	340	11	30(10)
28	5월	375	12	31(3)
29	6월	390	13	30(0)

[I24] : =INT(G24/H24) & "(" & MOD(G24, H24) & ")"

문제 3 분석작업

01. 통합

정답

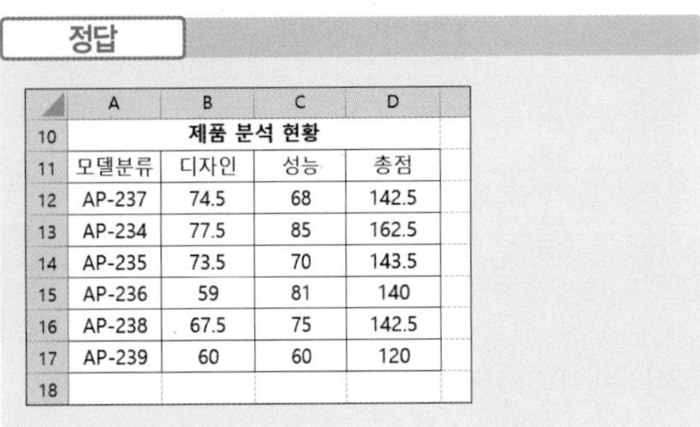

	A	B	C	D
10	제품 분석 현황			
11	모델분류	디자인	성능	총점
12	AP-237	74.5	68	142.5
13	AP-234	77.5	85	162.5
14	AP-235	73.5	70	143.5
15	AP-236	59	81	140
16	AP-238	67.5	75	142.5
17	AP-239	60	60	120
18				

1. [A11:D17] 영역을 블록으로 지정한 후 [데이터] → 데이터 도구 → **통합**을 클릭한다.
2. '통합' 대화상자에서 함수, 참조 범위, 사용할 레이블을 그림과 같이 지정한 후 〈확인〉을 클릭한다.

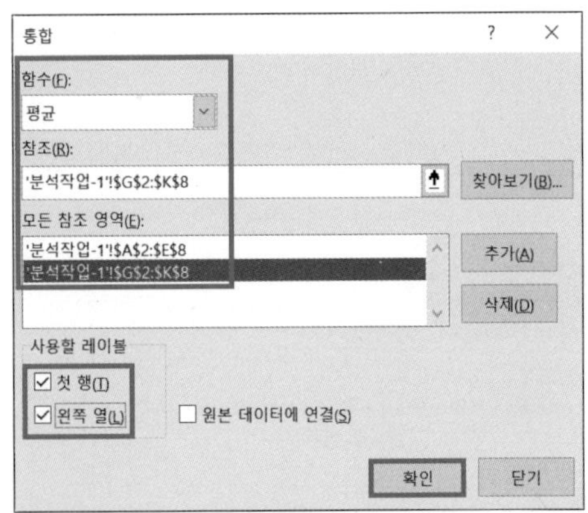

결과를 표시할 영역의 왼쪽 열(A12:A17)이 비어 있을 경우 첫 번째 참조 영역(표1)의 왼쪽 열을 기준으로 결과가 표시됩니다.

02. 목표값 찾기

정답

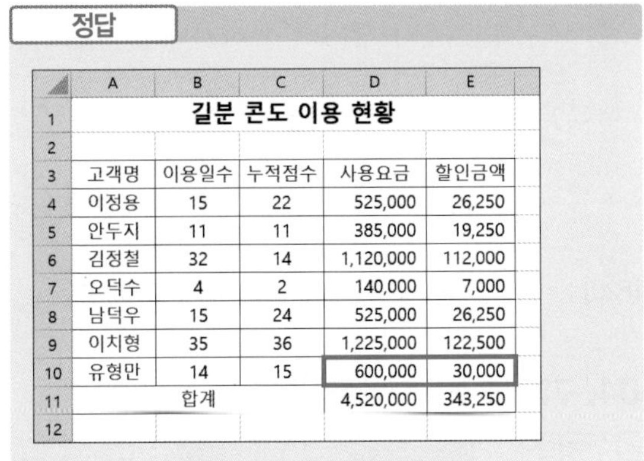

	A	B	C	D	E
1	길분 콘도 이용 현황				
2					
3	고객명	이용일수	누적점수	사용요금	할인금액
4	이정용	15	22	525,000	26,250
5	안두지	11	11	385,000	19,250
6	김정철	32	14	1,120,000	112,000
7	오덕수	4	2	140,000	7,000
8	남덕우	15	24	525,000	26,250
9	이치형	35	36	1,225,000	122,500
10	유형만	14	15	600,000	30,000
11	합계			4,520,000	343,250
12					

1. [데이터] → 예측 → 가상 분석 → **목표값 찾기**를 선택한다.
2. '목표값 찾기' 대화상자에서 수식 셀, 찾는 값, 값을 바꿀 셀을 그림과 같이 지정한 후 〈확인〉을 클릭한다.

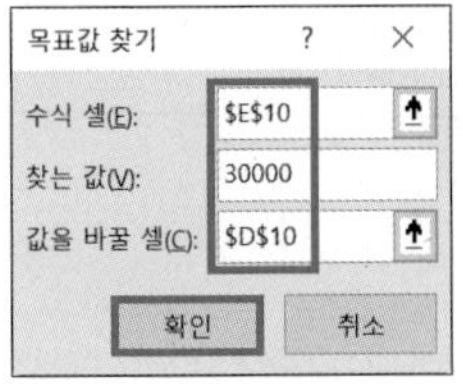

3. '목표값 찾기 상태' 대화상자에서 〈확인〉을 클릭한다.

문제 4 기타작업

01. 매크로

정답

	A	B	C	D	E	F
1	성적 현황					
2						
3	성명	전공학과	출석점수	중간고사	기말고사	평균
4	이미영	컴퓨터	98	90	88	92.0
5	구기자	국문	94	100	90	94.7
6	한명구	경영	96	87	95	92.7
7	사오정	국문	84	78	80	80.7
8	오동추	컴퓨터	90	46	75	70.3
9	윤수아	경영	88	66	90	81.3
10	김기자	컴퓨터	92	89	88	89.7
11	우주태	경영	96	90	95	93.7
12						
13		평균			셀스타일	
14						
15						

1 '평균' 매크로

1. [개발 도구] → 컨트롤 → 삽입 → 양식 컨트롤 → ▭(**단추**)를 선택한 후 [B13:C14] 영역에 맞게 드래그한다.
2. '매크로 지정' 대화상자의 '매크로 이름'에 **평균**을 입력한 후 〈기록〉을 클릭한다.
3. '매크로 기록' 대화상자에서 〈확인〉을 클릭한다.
4. [F4] 셀을 클릭하고, **=AVERAGE(C4:E4)**를 입력한 후 Enter를 누른다.
5. [F4] 셀의 채우기 핸들을 [F11] 셀까지 드래그하여 수식을 복사한다.
6. 임의의 셀을 클릭한 후 [개발 도구] → 코드 → **기록 중지**를 클릭한다.
7. 단추의 바로 가기 메뉴에서 **[텍스트 편집]**을 선택한 후 입력된 내용을 **평균**으로 수정한다.

2 '셀스타일' 매크로

1. [삽입] → 일러스트레이션 → 도형 → 사각형 → **사각형: 둥근 모서리(▢)**를 선택한 후 [E13:F14] 영역에 맞게 드래그한다.
2. 도형의 바로 가기 메뉴에서 **[매크로 지정]**을 선택한다.
3. '매크로 지정' 대화상자의 '매크로 이름'에 **셀스타일**을 입력한 후 〈기록〉을 클릭한다.
4. '매크로 기록' 대화상자에서 〈확인〉을 클릭한다.
5. [A3:F3] 영역을 블록으로 지정한 후 [홈] → 스타일 → 셀 스타일 → **파랑, 강조색5**를 선택한다.
6. 임의의 셀을 클릭한 후 [개발 도구] → 코드 → **기록 중지**를 클릭한다.
7. 도형의 바로 가기 메뉴에서 **[텍스트 편집]**을 선택한 후 **셀스타일**을 입력한다.

02. 차트

1 데이터 범위 변경 및 보조 축 지정

1. 차트의 바로 가기 메뉴에서 **[데이터 선택]**을 선택한다.
2. '데이터 원본 선택' 대화상자에서 '차트 데이터 범위'의 범위 지정 단추(⬆)를 클릭하고 데이터 범위를 [B3], [B6], [B8], [B10], [D3:E3], [D6:E6], [D8:E8], [D10:E10] 영역으로 변경한 후 범위 지정 단추(⬇)를 클릭한다.
3. '데이터 원본 선택' 대화상자에서 〈확인〉을 클릭한다.
4. '미수금' 계열의 바로 가기 메뉴에서 **[데이터 계열 서식]**을 선택한다.
5. '데이터 계열 서식' 창에서 [계열 옵션] → (계열 옵션) → 계열 옵션 → 데이터 계열 지정 → **보조 축**을 선택한 후 '닫기(☒)'를 클릭한다.

3 데이터 레이블 추가

'판매금액' 계열을 선택한 후 [차트 디자인] → 차트 레이아웃 → 차트 요소 추가 → 데이터 레이블 → **가운데**를 선택한다.

4 세로(값) 축 및 보조 세로(값) 축 눈금 지정

1. 세로(값) 축의 바로 가기 메뉴에서 **[축 서식]**을 선택한다.
2. '축 서식' 창의 [축 옵션] → (축 옵션) → **축 옵션**에서 '기본' 단위를 **100,000**으로 지정한 후 '닫기(☒)'를 클릭한다.
3. 동일한 방법으로 보조 세로(값) 축의 '기본' 단위를 **200,000**으로 지정한다.

EXAMINATION

E형 실전 모의고사

프로그램명	제한시간
EXCEL 2021	40분

수험번호 :

성　　명 :

〈 유 의 사 항 〉

- 인적 사항 누락 및 잘못 작성으로 인한 불이익은 수험자 책임으로 합니다.
- 화면에 암호 입력창이 나타나면 아래의 암호를 입력하여야 합니다.
  - ○ **암호 : 54#386**
- 작성된 답안은 주어진 경로 및 파일명을 변경하지 마시고 그대로 저장해야 합니다.
  이를 준수하지 않으면 실격 처리됩니다.
  - ○ **답안 파일명의 예 : C:\OA\수험번호8자리.xlsm**
- **외부 데이터 위치 : C:\OA\파일명**
- 별도의 지시사항이 없는 경우, 다음과 같이 처리 시 실격 처리됩니다.
  - ○ 제시된 시트 및 개체의 순서나 이름을 임의로 변경한 경우
  - ○ 제시된 시트 및 개체를 임의로 추가 또는 삭제한 경우
  - ○ 외부 데이터를 시험 시작 전에 열어본 경우
- 답안은 반드시 문제에서 지시 또는 요구한 셀에 입력하여야 하며, 다음과 같이 처리 시 채점 대상에서 제외됩니다.
  - ○ 제시된 함수가 있을 경우 제시된 함수만을 사용하여야 하며 그 외 함수 사용 시 채점 대상에서 제외
  - ○ 수험자가 임의로 지시하지 않은 셀의 이동, 수정, 삭제, 변경 등으로 인해 셀의 위치 및 내용이 변경된 경우 해당 작업에 영향을 미치는 관련문제 모두 채점 대상에서 제외
  - ○ 도형 및 차트의 개체가 중첩되어 있거나 동일한 계산결과 시트가 복수로 존재할 경우 해당 개체나 시트는 채점 대상에서 제외
- 수식 작성 시 제시된 문제 파일의 데이터는 변경 가능한(가변적) 데이터임을 감안하여 문제 풀이를 하시오.
- 별도의 지시사항이 없는 경우, 주어진 각 시트 및 개체의 설정값 또는 기본 설정값(Default)으로 처리하시오.
- 저장 시간은 별도로 주어지지 않으므로 제한된 시간 내에 저장을 완료해야 하며, 제한 시간 내에 저장이 되지 않은 경우에는 실격 처리됩니다.
- 출제된 문제의 용어는 Microsoft Office 2021(LTSC 2108 버전) 기준으로 작성되어 있습니다.

대한상공회의소

문제 1 기본작업(20점) 주어진 시트에서 다음 과정을 수행하고 저장하시오.

1. '기본작업-1' 시트에 다음의 자료를 주어진 대로 입력하시오. (5점)

	A	B	C	D	E	F
1	영업사원별 급여 현황					
2						
3	사원코드	성명	소속지점	직위	성과급	총급여
4	kej4872	김은주	종로	대리	1,400	4,400
5	ksh8731	고상현	서초	과장	3,200	7,200
6	wjj0254	황진주	강남	사원	1,200	2,200
7	lky9427	이경엽	강남	과장	4,400	8,400
8	ksh7486	고승희	서초	사원	1,000	5,000
9	ksy8541	김상윤	서초	부장	5,600	10,600
10	bks4589	배기성	종로	대리	600	4,600
11						

2. '기본작업-2' 시트에 대하여 다음의 지시사항을 처리하시오. (각 2점)

① [A4:A6], [A7:A9], [A10:A12], [A13:A15] 영역은 '병합하고 가운데 맞춤'을 지정하고, [A3:G3] 영역은 글꼴 스타일 '굵게', 채우기 색 '표준 색 – 노랑'으로 지정하시오.

② [E4:E15] 영역의 이름을 "할인율"로 정의하고, [C3] 셀의 "수량"을 한자 "數量"으로 변환하시오.

③ [C1] 셀에 '위치 : 마포구 상암동'이라는 메모를 삽입한 후 항상 표시되도록 지정하고, 메모 서식에서 맞춤 '자동 크기'를 지정하시오.

④ [G4:G15] 영역은 사용자 지정 표시 형식을 이용하여 문자 뒤에 "까지"를 [표시 예]와 같이 표시하시오. [표시 예 : 1월1일 → 1월1일까지]

⑤ [A3:G15] 영역은 '모든 테두리(田)'를 적용하여 표시하시오.

3. '기본작업-3' 시트에서 다음의 지시사항을 처리하시오. (5점)

[B4:B10] 영역의 데이터를 텍스트 나누기를 실행하여 나타내시오.

▶ 데이터는 '세미콜론'으로 구분되어 있음

▶ '총계' 열은 제외할 것

문제 2

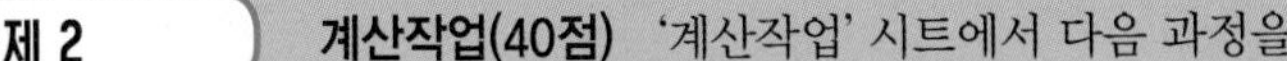

계산작업(40점) '계산작업' 시트에서 다음 과정을 수행하고 저장하시오.

1. [표1]에서 평균[E3:E12]이 90 이상이면 "수", 80 이상이면 "우", 70 이상이면 "미", 60 이상이면 "양", 60 미만이면 "가"를 등급[F3:F12]에 표시하시오. (8점)

▶ IFS 함수 사용

2. [표2]에서 실적[J3:J12]이 높은 1~3위는 "우수", 낮은 1~3위는 "노력", 나머지는 공백을 비고[K3:K12]에 표시하시오. (8점)

▶ IF, LARGE, SMALL 함수 사용

3. [표3]에서 계열[A16:A22]이 "공학"인 학과의 취업률[C16:C22] 평균을 [C23] 셀에 계산하시오. (8점)

▶ 공학계열 취업률 평균은 소수점 이하 둘째 자리에서 올림하여 첫째 자리까지 표시 [표시 예 : 71.34 → 71.4]

▶ 조건은 [E22:E23] 영역에 입력하시오.

▶ DAVERAGE, ROUNDUP 함수 사용

4. [표4]에서 기록[J16:J23]을 기준으로 순위를 구하여 1위는 "1위", 2위는 "2위", 3위는 "3위", 나머지는 공백을 순위[K16:K23]에 표시하시오. (8점)

▶ 순위는 기록이 가장 짧은 것이 1위

▶ IF, CHOOSE, RANK.EQ 함수 사용

5. [표5]에서 상품코드[B27:B36]와 상품구성표[B39:F41]를 이용하여 단가[E27:E36]를 계산하시오. (8점)

▶ 상품 구성표의 의미 : 상품코드 앞의 2자리가 "MW"이면 단가가 30, "MI"이면 120, "MD"이면 70, "KB"이면 35, "HD"이면 130을 적용함

▶ HLOOKUP, LEFT 함수 사용

문제 3

분석작업(20점) 주어진 시트에서 다음 작업을 수행하고 저장하시오.

1. '분석작업-1' 시트에 대하여 다음의 지시사항을 처리하시오. (10점)

[부분합] 기능을 이용하여 '컴퓨터개론 성적 일람표' 표에 〈그림〉과 같이 학과별 '중간'과 '기말'의 평균을 계산한 후 성별별 '출석'과 '과제'의 합계를 계산하시오.

▶ 정렬은 첫째 기준 '학과', 둘째 기준 '성별'을 기준으로 오름차순으로 처리하시오.

▶ 평균의 소수 자릿수는 1로 하시오.

▶ 부분합에 '연한 파랑, 표 스타일 밝게 16' 서식을 적용하시오.

▶ 평균과 합계는 위에 명시된 순서대로 처리하시오.

	A	B	C	D	E	F	G	H	I	J
1	컴퓨터개론 성적 일람표									
2										
3	학번	이름	학과	성별	중간	기말	출석	과제	총점	합계
4	S002	이용실	사무자동화과	남	29	38	10	19	96	67
5	S001	박달재	사무자동화과	남	20	35	9	18	82	55
6				남 요약			19	37		
7	S003	차새대	사무자동화과	여	25	34	8	20	87	59
8				여 요약			8	20		
9			사무자동화과 평균		24.7	35.7				
10	W001	도자기	웹디자인과	남	27	30	8	12	77	57
11	W003	황무지	웹디자인과	남	25	28	5	15	73	53
12				남 요약			13	27		
13	W002	정든별	웹디자인과	여	29	40	10	18	97	69
14				여 요약			10	18		
15			웹디자인과 평균		27.0	32.7				
16	J001	강정국	정보처리과	남	28	38	8	17	91	66
17	J004	장승목	정보처리과	남	25	33	5	20	83	58
18				남 요약			13	37		
19	J003	송지연	정보처리과	여	30	37	8	18	93	67
20	J002	나자윤	정보처리과	여	26	32	10	18	86	58
21				여 요약			18	36		
22			정보처리과 평균		27.3	35.0				
23				총합계			81	175		
24			전체 평균		26.4	34.5				
25										

2. '분석작업-2' 시트에 대하여 다음의 지시사항을 처리하시오. (10점)

[정렬] 기능을 이용하여 '상공주식회사 인사 기록' 표의 '부서명'을 '기획부-생산부-자재부-마케팅부' 순으로 정렬하고, 동일한 부서명인 경우 '근무기간'의 글꼴 색이 'RGB(255, 120, 216)'인 값이 위에 표시되도록 정렬하시오.

문제 4 기타작업(20점) 주어진 시트에서 다음 작업을 수행하고 저장하시오.

1. '매크로작업' 시트의 [표]에서 다음과 같은 기능을 수행하는 매크로를 현재 통합 문서에 작성하고 실행하시오. (각 5점)

① [G4:G9] 영역에 품목별 순이익금을 계산하는 매크로를 생성하여 실행하시오.

▶ 매크로 이름 : 순이익금

▶ 순이익금 = 매출액 - (재료비 + 전기료)

▶ [개발 도구] → [컨트롤] → [삽입] → [양식 컨트롤]의 '단추(▭)'를 동일 시트의 [A11:A13] 영역에 생성하고, 텍스트를 "순이익금"으로 입력한 후 단추를 클릭할 때 '순이익금' 매크로가 실행되도록 설정하시오.

② [C4:G9] 영역의 셀 서식을 '회계 표시 형식(₩)'으로 지정하는 매크로를 생성하여 실행하시오.

▶ 매크로 이름 : 회계

▶ [삽입] → [일러스트레이션] → [도형] → [별 및 현수막]의 '물결(⌇)'을 동일 시트의 [B11:B13] 영역에 생성하고, 텍스트를 "회계"로 입력한 후 텍스트 맞춤을 가로 '가운데', 세로 '가운데'로 설정하며, 도형을 클릭할 때 '회계' 매크로가 실행되도록 설정하시오.

※ 셀 포인터의 위치에 상관없이 현재 통합 문서에서 매크로가 실행되어야 정답으로 인정됨

2. '차트작업' 시트의 차트를 지시사항에 따라 아래 〈그림〉과 같이 수정하시오. (각 2점)

※ 차트는 반드시 문제에서 제공한 차트를 사용하여야 하며, 신규로 작성 시 0점 처리됨

① '합계' 계열이 제거되도록 데이터 범위를 수정하고, 차트 종류를 '3차원 원형'으로 변경하시오.

② 차트 영역에 '차트 스타일 5'를 지정하시오.

③ 차트 제목은 '차트 위'로 추가하여 〈그림〉과 같이 입력하고, 글꼴 '돋움체', 크기 18, 글꼴 스타일 '굵게', 글꼴 색 '표준 색 – 빨강'으로 지정하시오.

④ 데이터 계열의 '첫째 조각의 각'을 20도로 지정하고, 데이터 계열에 데이터 레이블 '항목 이름'과 '백분율'을 표시한 후 레이블의 위치를 '안쪽 끝에'로 지정하시오.

⑤ 차트 영역의 테두리 스타일을 테두리 '실선', 테두리 색 '표준 색 – 파랑', 너비 '2 pt', '둥근 모서리'로 지정하시오.

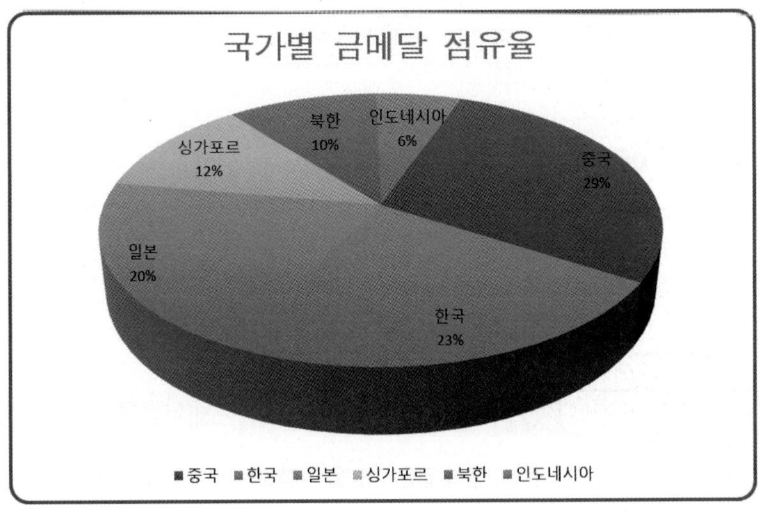

EXAMINATION

E 형 실전 모의고사 정답 및 해설

문제 1 기본작업

02. 셀 서식

정답

	A	B	C	D	E	F	G
1			상공마트 할인 행사			위치 : 마포구 상암동	
2							
3	구분	제품명	數量	판매가	할인율	할인가	판매기간
4	수산물	신선오징어	300	8,200	18%	1,480	6월14일까지
5		훈제연어	200	10,000	18%	1,800	6월14일까지
6		순살고등어	250	6,500	18%	1,170	6월14일까지
7	정육	춘천닭갈비	120	9,600	15%	1,440	6월14일까지
8		칼집삼겹살	250	14,200	15%	2,130	6월14일까지
9		오리바베큐	200	9,900	15%	1,490	6월14일까지
10	과자	꿀꽈배기	500	1,100	20%	220	6월21일까지
11		초코홈런볼	450	1,500	20%	300	6월21일까지
12		생생감자칩	300	1,800	20%	360	6월21일까지
13	즉석식품	카레마왕	200	3,200	15%	480	6월21일까지
14		미역국라면	300	4,500	15%	680	6월21일까지
15		맑은쌀밥	180	6,900	15%	1,040	6월21일까지
16							

4 사용자 지정 표시 형식

1. [G4:G15] 영역을 블록으로 지정한 후 Ctrl + 1을 누른다.
2. '셀 서식' 대화상자의 '표시 형식' 탭에서 범주와 형식을 그림과 같이 지정한 후 〈확인〉을 클릭한다.

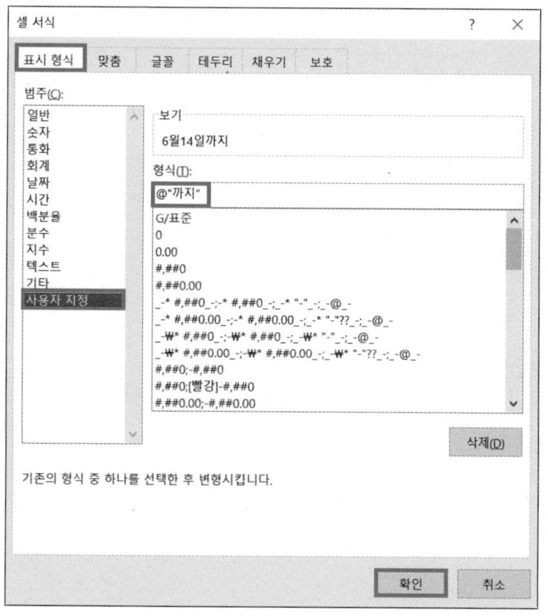

03. 텍스트 나누기

정답

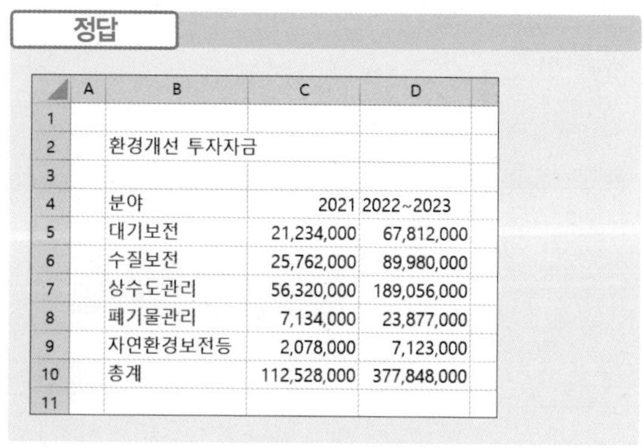

	A	B	C	D
1				
2		환경개선 투자자금		
3				
4		분야	2021	2022~2023
5		대기보전	21,234,000	67,812,000
6		수질보전	25,762,000	89,980,000
7		상수도관리	56,320,000	189,056,000
8		폐기물관리	7,134,000	23,877,000
9		자연환경보전등	2,078,000	7,123,000
10		총계	112,528,000	377,848,000
11				

1. [B4:B10] 영역을 블록으로 지정한 후 [데이터] → 데이터 도구 → **텍스트 나누기**를 클릭한다.
2. '텍스트 마법사 1단계' 대화상자에서 '구분 기호로 분리됨'을 선택한 후 〈다음〉을 클릭한다.
3. '텍스트 마법사 2단계' 대화상자에서 '탭'을 해제하고, '세미콜론'을 선택한 후 〈다음〉을 클릭한다.

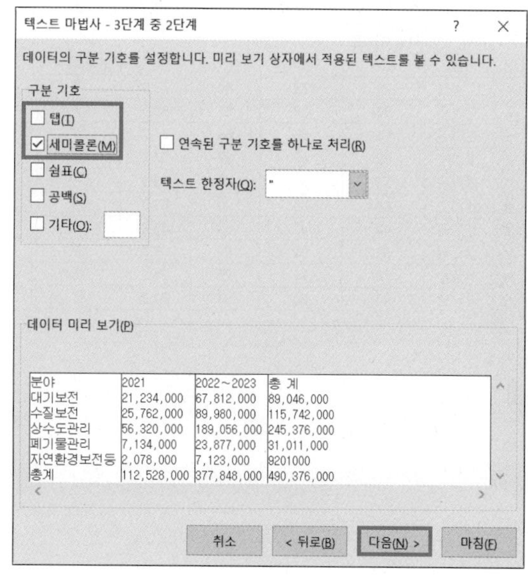

4. '텍스트 마법사 3단계' 대화상자에서 '총계' 열을 선택하고 '열 가져오지 않음(건너뜀)'을 선택한 후 〈마침〉을 클릭한다.

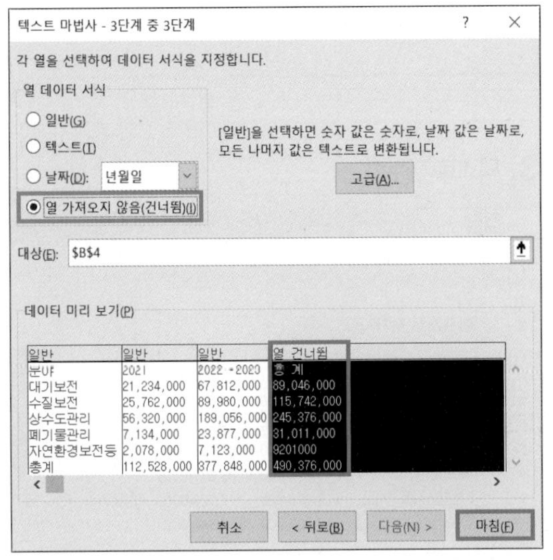

문제 2 계산작업

01. 등급

정답

	A	B	C	D	E	F
1	[표1]	시험성적표				
2	이름	국어	영어	수학	평균	등급
3	김수정	75	73	80	76.0	미
4	박정호	86	88	81	85.0	우
5	최아름	71	68	64	67.7	양
6	박진수	95	92	97	94.7	수
7	한지민	55	59	46	53.3	가
8	권민수	88	83	79	83.3	우
9	윤정희	44	42	50	45.3	가
10	강호정	92	94	94	93.3	수
11	서영수	78	76	76	76.7	미
12	강남영	90	80	91	87.0	우

[F3] : =IFS(E3>=90, "수", E3>=80, "우", E3>=70, "미", E3>=60, "양", E3<60, "가")

수식에서 마지막 조건인 E3<60 대신 TRUE를 입력해도 결과는 동일합니다.

02. 비고

정답

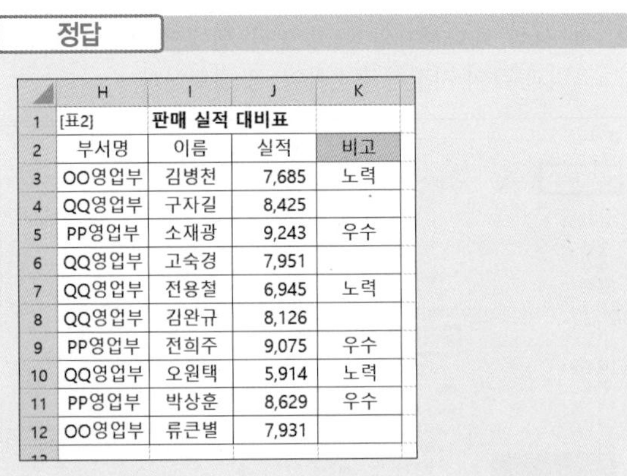

	H	I	J	K
1	[표2]	판매 실적 대비표		
2	부서명	이름	실적	비고
3	OO영업부	김병천	7,685	노력
4	QQ영업부	구자길	8,425	
5	PP영업부	소재광	9,243	우수
6	QQ영업부	고숙경	7,951	
7	QQ영업부	전용철	6,945	노력
8	QQ영업부	김완규	8,126	
9	PP영업부	전희주	9,075	우수
10	QQ영업부	오원택	5,914	노력
11	PP영업부	박상훈	8,629	우수
12	OO영업부	류큰별	7,931	

[K3] : =IF(J3>=LARGE($J$3:$J$12, 3), "우수", IF(J3<=SMALL($J$3:$J$12, 3), "노력", " "))

03. 공학계열 취업률 평균

정답

	A	B	C	D	E
14	[표3]	학과별 취업현황			
15	계열	학과별	취업률(%)		
16	자연	기계과	72		
17	공학	물리학과	73		
18	자연	화학과	67		
19	공학	건축과	75		
20	공학	토목과	73		
21	자연	미생물학과	69		<조건>
22	자연	컴퓨터과	78		계열
23	공학계열 취업률 평균		73.7		공학

[C23] : =ROUNDUP(DAVERAGE(A15:C22, 3, E22:E23), 1)

04. 순위

정답

	H	I	J	K
14	[표4]	100m 기록		
15	성명	반	기록	순위
16	이경환	1	15.11	
17	김한순	1	14.28	3위
18	강영택	1	14.67	
19	조광희	2	14.19	1위
20	한정휴	2	15.22	
21	김선호	2	14.94	
22	정경호	3	14.26	2위
23	문세윤	3	15.34	

[K16] : =IF(RANK.EQ(J16, $J$16:$J$23, 1)<=3, CHOOSE(RANK.EQ(J16, $J$16:$J$23, 1), "1위", "2위", "3위"), " ")

05. 단가

정답

	A	B	C	D	E	F
25	[표5]	상품구매 내역				
26	대리점	상품코드	상품명	수량	단가	금액
27	영등포	MW01	마우스	205	30	6,150
28	용산	MI01	메인보드	100	120	17,500
29	명동	MI07	메인보드	150	120	26,250
30	명동	MD02	모뎀	105	70	3,675
31	명동	MW02	마우스	100	30	1,500
32	명동	HD07	하드디스크	200	130	37,200
33	영등포	HD05	하드디스크	170	130	31,620
34	용산	KB03	키보드	150	35	3,000
35	명동	KB05	키보드	220	35	4,400
36	영등포	MW03	마우스	110	30	1,650
37						
38	<상품구성표>					
39	코드	MW	MI	MD	KB	HD
40	상품명	마우스	메인보드	모뎀	키보드	하드디스크
41	단가	30	120	70	35	130

[E27] : =HLOOKUP(LEFT(B27, 2), $B$39:$F$41, 3, FALSE)

문제 3 분석작업

01. 부분합

1. 데이터 영역(A3:J13)의 임의의 셀을 선택한 후 [데이터] → 정렬 및 필터 → **정렬**을 클릭한다.
2. '정렬' 대화상자에서 그림과 같이 지정한 후 〈확인〉을 클릭한다.

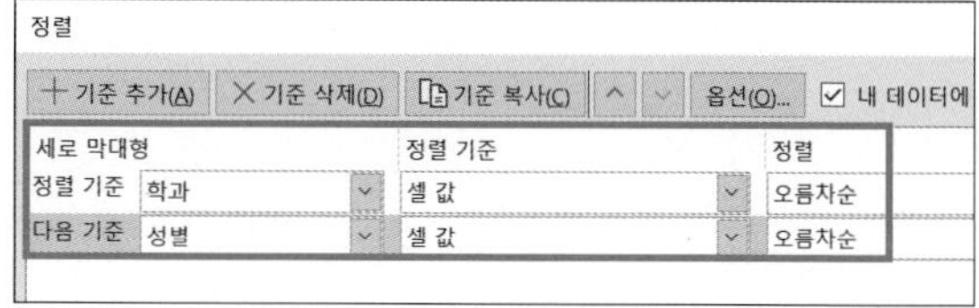

3. 데이터 영역(A3:J13) 안에 셀 포인터가 놓여 있는 상태에서 [데이터] → 개요 → **부분합**을 클릭한다.
4. '부분합' 대화상자에서 그림과 같이 지정한 후 〈확인〉을 클릭한다.

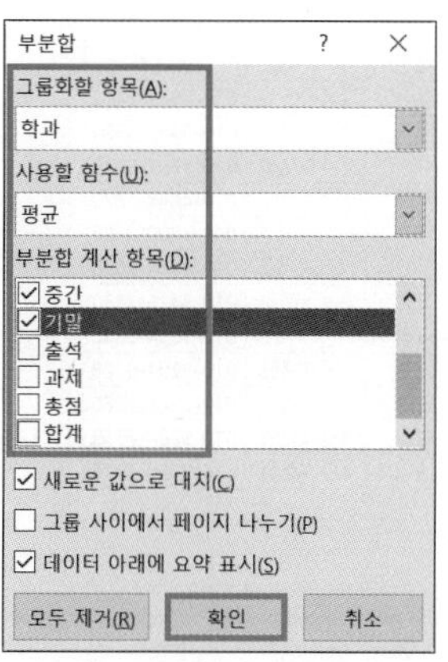

5. '성별'별 '출석'과 '과제'의 합계를 계산하기 위해 [데이터] → 개요 → **부분합**을 클릭한다.
6. '부분합' 대화상자에서 그림과 같이 지정하고, '새로운 값으로 대치'를 해제한 후 〈확인〉을 클릭한다.

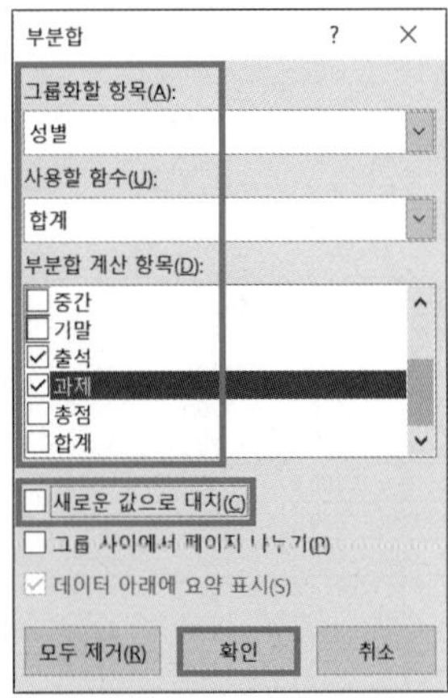

7. 평균이 계산된 [E9:F9], [E15:F15], [E22:F22], [E24:F24] 영역을 블록으로 지정한 후 [홈] → **표시 형식**에서 '자릿수 늘림'과 '자릿수 줄임'을 차례로 클릭한다.
8. [홈] → 스타일 → 표 서식 → 밝게 → **연한 파랑, 표 스타일 밝게 16**을 선택한다.
9. '표 서식' 대화상자에서 표에 사용할 데이터를 [A3:J24]로 지정하고 '머리글 포함'에 체크 표시한 후 〈확인〉을 클릭한다.

※ '표 서식' 대화상자에서 데이터 범위를 지정하면 '표 서식' 대화상자가 '표 만들기'로 변경됩니다.

02. 정렬

정답

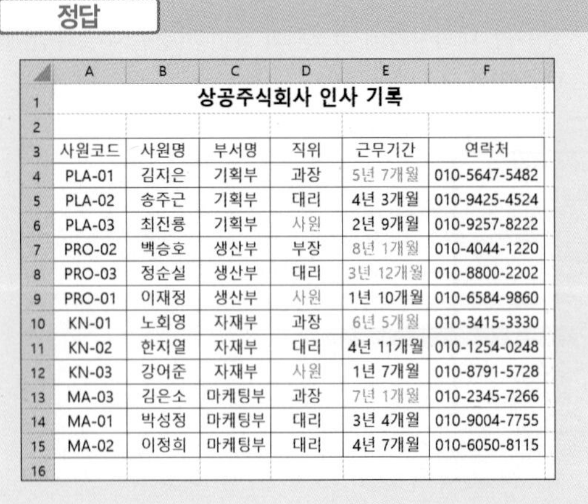

	A	B	C	D	E	F
1	상공주식회사 인사 기록					
2						
3	사원코드	사원명	부서명	직위	근무기간	연락처
4	PLA-01	김지은	기획부	과장	5년 7개월	010-5647-5482
5	PLA-02	송주근	기획부	대리	4년 3개월	010-9425-4524
6	PLA-03	최진룡	기획부	사원	2년 9개월	010-9257-8222
7	PRO-02	백승호	생산부	부장	8년 1개월	010-4044-1220
8	PRO-03	정순실	생산부	대리	3년 12개월	010-8800-2202
9	PRO-01	이재정	생산부	사원	1년 10개월	010-6584-9860
10	KN-01	노회영	자재부	과장	6년 5개월	010-3415-3330
11	KN-02	한지열	자재부	대리	4년 11개월	010-1254-0248
12	KN-03	강어준	자재부	사원	1년 7개월	010-8791-5728
13	MA-03	김은소	마케팅부	과장	7년 1개월	010-2345-7266
14	MA-01	박성정	마케팅부	대리	3년 4개월	010-9004-7755
15	MA-02	이정희	마케팅부	대리	4년 7개월	010-6050-8115
16						

1. 데이터 영역(A3:F15)에서 임의의 셀을 클릭한 후 [데이터] → 정렬 및 필터 → **정렬**을 선택한다.
2. '정렬' 대화상자에서 '정렬 기준'을 '부서명'으로 선택한 후 '정렬'에서 '사용자 지정 목록'을 선택한다.
3. '사용자 지정 목록' 대화상자의 '목록 항목' 난에 **기획부, 생산부, 자재부, 마케팅부**를 입력한 후 〈추가〉와 〈확인〉을 차례대로 클릭한다.

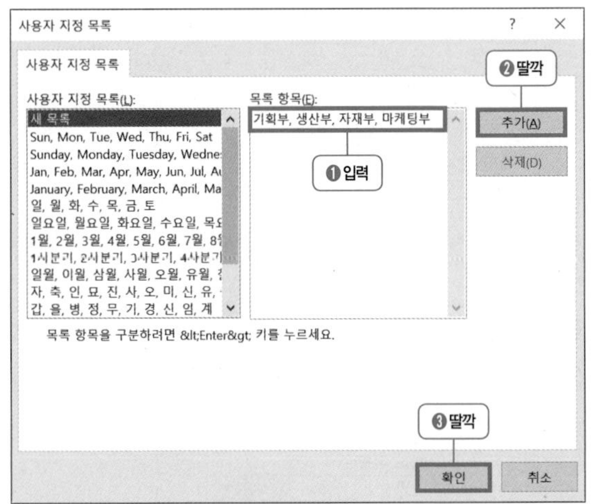

4. '정렬' 대화상자에서 '기준 추가'를 클릭하고 '다음 기준'에서 '근무기간', '글꼴 색', 'RGB(255, 120, 216)'을 선택한 후 〈확인〉을 클릭한다.

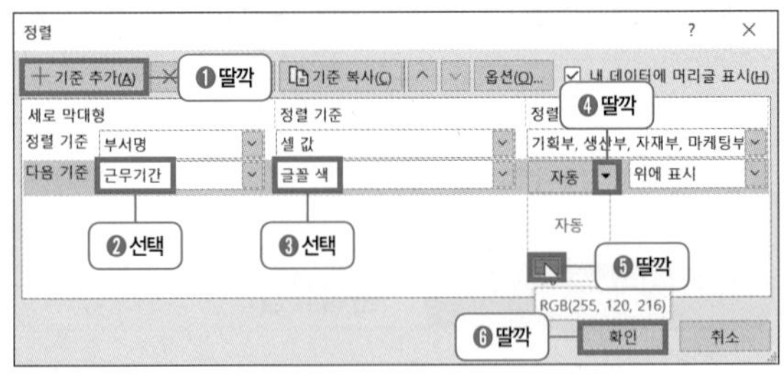

01. 매크로

정답

	A	B	C	D	E	F	G
1	자판기 판매 월수익금						
2							
3	품목	판매량(컵)	단가	매출액	재료비	전기료	순이익금
4	커피(고급)	937	₩ 400	₩ 374,800	₩ 196,770	₩ 20,000	₩ 158,030
5	커피(일반)	3,456	₩ 300	₩ 1,036,800	₩ 691,200	₩ 20,000	₩ 325,600
6	율무차	2,560	₩ 300	₩ 768,000	₩ 460,800	₩ 25,000	₩ 282,200
7	생강차	1,867	₩ 300	₩ 560,100	₩ 317,390	₩ 25,000	₩ 217,710
8	대추차	436	₩ 300	₩ 130,800	₩ 78,480	₩ 27,000	₩ 25,320
9	우유	353	₩ 300	₩ 105,900	₩ 63,540	₩ 25,000	₩ 17,360
10							
11							
12	순이익금	회계					
13							
14							

1 '순이익금' 매크로

1. [개발 도구] → 컨트롤 → 삽입 → 양식 컨트롤 → ▭(**단추**)를 선택한 후 [A11:A13] 영역에 맞게 드래그한다.
2. '매크로 지정' 대화상자의 '매크로 이름'에 **순이익금**을 입력한 후 〈기록〉을 클릭한다.
3. '매크로 기록' 대화상자에서 〈확인〉을 클릭한다.
4. [G4] 셀을 클릭하고, **=D4-(E4+F4)**를 입력한 후 Enter를 누른다.
5. [G4] 셀의 채우기 핸들을 [G9] 셀까지 드래그하여 수식을 복사한다.
6. 임의의 셀을 클릭한 후 [개발 도구] → 코드 → **기록 중지**를 클릭한다.
7. 단추의 바로 가기 메뉴에서 **[텍스트 편집]**을 선택한 후 입력된 내용을 **순이익금**으로 수정한다.

2 '회계' 매크로

1. [삽입] → 일러스트레이션 → 도형 → 별 및 현수막 → **물결**(⌇)을 선택한 후 [B11:B13] 영역에 맞게 드래그한다.
2. 도형의 바로 가기 메뉴에서 **[매크로 지정]**을 선택한다.
3. '매크로 지정' 대화상자의 '매크로 이름'에 **회계**를 입력한 후 〈기록〉을 클릭한다.
4. '매크로 기록' 대화상자에서 〈확인〉을 클릭한다.
5. [C4:G9] 영역을 블록으로 지정한 후 [홈] → 표시 형식 → **회계 표시 형식**(₩)을 클릭한다.
6. 임의의 셀을 클릭한 후 [개발 도구] → 코드 → **기록 중지**를 클릭한다.
7. 도형의 바로 가기 메뉴에서 **[텍스트 편집]**을 선택한다.
8. [홈] → **맞춤**에서 '세로 가운데 맞춤(☰)'과 '가로 가운데 맞춤(☰)'을 차례로 클릭한 후 **회계**를 입력한다.

02. 차트

1 데이터 계열 삭제

그림 영역에서 '합계' 계열을 선택한 후 Delete를 눌러 삭제한다.

2 차트 스타일 지정

차트를 선택한 후 [차트 디자인] → 차트 스타일 → **스타일 5**를 클릭한다.

4 첫째 조각의 각 및 데이터 레이블 지정

1. 데이터 계열의 바로 가기 메뉴에서 **[데이터 계열 서식]**을 선택한다.
2. '데이터 계열 서식' 창에서 [계열 옵션] → ▮(계열 옵션) → 계열 옵션 → 첫째 조각의 각 → **20**을 지정한 후 '닫기(☒)'를 클릭한다.
3. 데이터 계열이 선택된 상태에서 [차트 디자인] → 차트 레이아웃 → 차트 요소 추가 → 데이터 레이블 → **기타 데이터 레이블 옵션**을 선택한다.
4. '데이터 레이블 서식' 창의 [레이블 옵션] → ▮(레이블 옵션) → **레이블 옵션**에서 레이블 내용의 '항목 이름'과 '백분율'은 선택하고 '값'은 해제한다.
5. 이어서 레이블 위치를 '안쪽 끝에'로 선택한 후 '닫기(☒)'를 클릭한다.

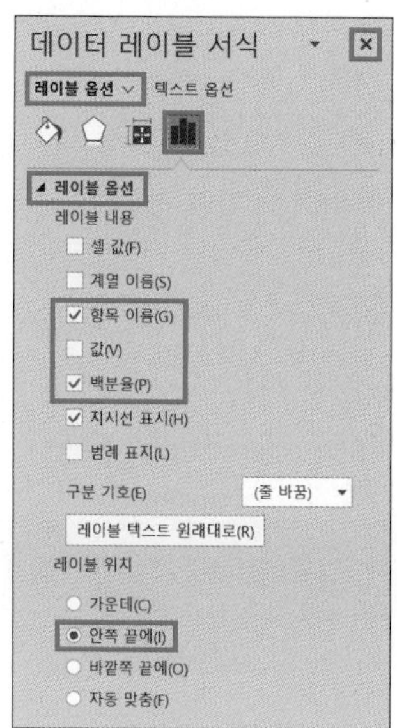

5 차트 영역 서식 지정

1. 차트 영역의 바로 가기 메뉴에서 **[차트 영역 서식]**을 선택한다.
2. '차트 영역 서식' 창의 [차트 옵션] → (채우기 및 선) → **테두리**에서 색 '파랑', 너비 2 pt, '둥근 모서리'를 지정한 후 '닫기(☒)'를 클릭한다.

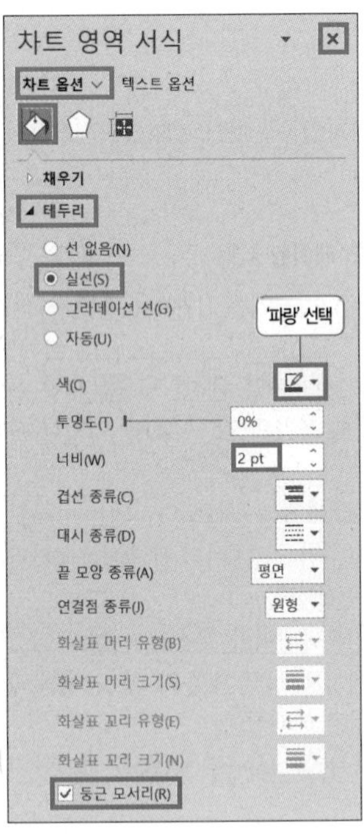

나머지 실전모의고사 5회분은 'C:\길벗컴활2급' 폴더에 "실전모의고사.pdf" 파일로 저장되어 있습니다.

컴퓨터활용능력

2급 실기 기본서

길벗알앤디 지음 (강윤석, 김용갑, 김우경, 김종일)

수험생을 위한 시나공 서비스

1등만이 드릴 수 있는 1등 혜택!

서비스 1

무엇이든 물어보세요! 수험생 지원센터 (sinagong.co.kr)

시나공 홈페이지에서는 최신기출문제와 해설, 선배들의 합격 수기와 합격 전략, 책 내용에 대한 문의 및 관련 자료 등 IT자격증 시험을 위한 모든 정보를 제공합니다. 공부하다 답답하거나 궁금한 내용이 있으면, 시나공 홈페이지 '책 내용 질문하기' 게시판에 질문을 올리세요. 길벗알앤디의 전문가들이 빠짐없이 답변해 드립니다.

서비스 2

이해 쏙! 시간 절약! 시나공 토막강의

혼자 공부하다가 어려운 부분이 나와도 고민하지 마세요!
책 속의 QR코드를 스마트폰으로 찍기만 하면 언제든지 저자의 속 시원한 해설을 들을 수 있습니다.

방법1. 스마트폰으로 QR코드를 스캔하세요.

방법2. 시나공 홈페이지의 [컴퓨터활용능력] → [2급 실기] → [동영상 강좌] → [토막강의]에서 강의번호를 입력하세요.

방법3. 유튜브 검색 창에 "시나공"+강의번호를 입력하세요.

서비스 3

온라인 채점 프로그램

채점 프로그램으로 실제 시험 전 내 실력을 확인하세요.
그동안 컴퓨터에 설치해서 사용하던 채점 프로그램은 컴퓨터마다 환경이 달라서 설치나 이용이 어렵기도 했습니다.
이제는 인터넷만 연결되어 있으면 언제 어디서나 빠르게 채점할 수 있습니다.

방법. 시나공 홈페이지(sinagong.co.kr)에 접속하여 [컴퓨터활용능력] → [2급 실기] → [온라인채점] → [채점하기]를 클릭하세요.

서비스 4

합격을 위한 최종점검!
실기 시험 대비 온라인 특강 서비스

(주)도서출판 길벗에서는 실기 시험 준비를 위한 온라인 특강을 무료로 제공하고 있습니다.
다음과 같은 방법으로 이용하세요.

1. 길벗출판사 홈페이지(gilbut.co.kr)에 로그인하세요!
2. 상단 메뉴 중 [동영상 강좌] → [IT자격증] → [컴퓨터활용능력]을 클릭하세요!
3. '[2025] 컴활2급실기 [실제시험장을 옮겨놓았다]'를 클릭하여 시청하세요.

컴퓨터활용능력

2급 실기

컴활 함수 사전 + 계산문제 20회 + 최신기출문제 10회

길벗알앤디 지음

길벗

지은이 길벗알앤디
강윤석, 김용갑, 김우경, 김종일
IT 서적을 기획하고 집필하는 출판 기획 전문 집단으로, 2003년부터 길벗출판사의 IT 수험서인 〈시험에 나오는 것만 공부한다!〉 시리즈를 기획부터 집필 및 편집까지 총괄하고 있다. 30여 년간 자격증 취득에 관한 교육, 연구, 집필에 몰두해 온 강윤석 실장을 중심으로 IT 자격증 시험의 분야별 전문가들이 모여 국내 IT 수험서의 수준을 한 단계 높이기 위한 다양한 연구와 집필 활동에 전념하고 있다.

컴퓨터활용능력 2급 실기 – 시나공 시리즈 ⑩
The Practical Examination for Intermediate Computer Proficiency Certificate

초판 발행 · 2024년 8월 26일
초판 2쇄 발행 · 2024년 12월 9일

발행인 · 이종원
발행처 · (주)도서출판 길벗
출판사 등록일 · 1990년 12월 24일
주소 · 서울시 마포구 월드컵로 10길 56(서교동)
주문 전화 · 02)332-0931 **팩스** · 02)323-0586
홈페이지 · www.gilbut.co.kr **이메일** · gilbut@gilbut.co.kr

기획 및 책임 편집 · 강윤석(kys@gilbut.co.kr), 김미정(kongkong@gilbut.co.kr), 정혜린(sunriin@gilbut.co.kr)
디자인 · 강은경, 윤석남 제작 · 이준호, 손일순, 이진혁 마케팅 · 조승모, 유영은
영업관리 · 김명자 독자지원 · 윤정아 독자혁신팀 · 한준희

편집진행 및 교정 · 길벗알앤디(강윤석 · 김용갑 · 김우경 · 김종일) **일러스트** · 윤석남
전산편집 · 예다움 **CTP 출력 및 인쇄** · 정민 **제본** · 정민

ISBN 979-11-407-1067-6 13000
(길벗 도서번호 030937)

가격 24,000원

부실한 교재로 인한 시간과 돈의 낭비는 이제 그만…

이 책은 컴퓨터활용능력 2급 실기 시험을 준비하는 수험생이 한 번에 거뜬히 합격할 수 있도록 꼭 필요한 요소들만 모아서 구성했습니다.

첫째 함수만 모았습니다.

컴퓨터활용능력 실기 시험을 준비하는 수험생에게 있어 함수의 사용은 기본입니다. 기본서에서는 함수를 이용한 수식 만드는 요령을 학습하는 것이지 함수 자체를 배우는 것은 아닙니다. 컴퓨터활용능력 2급 실기 시험 범위에 포함된 모든 함수를 중요도별로 나열한 후 관련 기출문제와 함께 수록하였습니다. 함수 사용에 익숙하지 않은 수험생이라면 꼭 선행 학습이 이뤄져야 할 부분입니다.

둘째 합격을 위해 넘어야 할 산, 계산작업 문제만 모았습니다.

실전 모의고사 10회, 최신기출문제 10회에서 계산작업 문제만 추출하여 컴퓨터 없이 눈으로 보고 풀어볼 수 있도록 수록하였습니다. 중첩함수나 논리식이 들어가는 계산 문제는 평소에 사용하지 않는 논리를 수식으로 변환하는 것이라 단기간에 숙달되지 않습니다. 문제만 보고 바로 개략적인 함수식이 만들어 질 때까지 반복 연습하세요.

셋째 최신기출문제 10회를 수록하였습니다.

최신기출문제는 최근의 시험 출제 경향을 잘 반영합니다. 최신기출문제만 완벽하게 이해하면 합격은 그리 멀리 있지 않습니다. 기본적인 학습을 마친 후에는 실제 시험을 치르는 기분으로 시간을 재보면서 직접 풀어본 후 채점해 보세요.

2024년 여름날에 강윤석

01장 컴활 함수 사전

05 찾기 / 참조 함수

06 텍스트 함수

07 통계 함수

02장 계산작업 문제 모음

03장 최신기출문제

PDF 파일은 'C:\길벗컴활2급' 폴더에 "최신기출문제.pdf" 파일로 저장되어 있습니다.

컴활 함수사전

컴퓨터활용능력 2급 실기

날짜 / 시간 함수

001 날짜의 일련번호 구하기 — DATE

19.상시, 12.3, 05.4, 03.4

DATE 함수는 1900년 1월 1일을 기준일로 하여 특정 날짜에 대한 일련번호를 반환하는 함수입니다. 예를 들어 1900년 2월 1일은 32(31+1)로 반환됩니다. DATE 함수는 '년', '월', '일'이 상수가 아닌 수식으로 지정되어야 하는 수식에서 유용하게 사용됩니다.

형식 DATE(년, 월, 일) : '년', '월', '일'에 대한 일련번호를 구합니다.

준비하세요! : 'C:\길벗컴활2급\06 부록' 폴더의 'DATE.xlsm' 파일을 열어 '기본' 시트에서 실습하세요.

	A	B	C	D
1	날짜의 일련번호 구하기			
2				
3	년	월	일	일련번호
4	2024	9	17	45552 ❶
5	1545	4	28	564419
6	0	1	1	1 ❷
7	1900	7	31	213
8	1950	6	25	18439 ❸
9	2024	13	45	45702

❶ =DATE(A4, B4, C4) : [A4], [B4], [C4] 셀의 '년', '월', '일'에 대한 일련번호 45552가 [D4] 셀에 입력됩니다.

❷ =DATE(A6, B6, C6) : [A6], [B6], [C6] 셀의 '년', '월', '일'에 대한 일련번호 1이 [D6] 셀에 입력됩니다.

❸ =DATE(A8, B8, C8) : [A8], [B8], [C8] 셀의 '년', '월', '일'에 대한 일련번호 18439가 [D8] 셀에 입력됩니다.

결과가 날짜 서식으로 표시되므로 일반 숫자로 보려면 '셀 서식' 대화상자의 '표시 형식' 탭에서 범주를 '일반'으로 지정해야 합니다.

기출문제 따라잡기 '기출' 시트에서 실습하세요.

주민등록번호를 이용하여 생년월일을 표시하세요.

▶ 표시 예 : 1988-10-12 → 1988년 10월 12일

	A	B	C	D
1		동호회 회원 명단		
2		성명	주민등록번호	생년월일
3		이정우	881012-1******	1988년 10월 12일
4		남국현	861123-1******	1986년 11월 23일
5		연제식	970203-1******	1997년 2월 3일
6		송달호	960420-1******	1996년 4월 20일
7		원정균	890804-2******	1989년 8월 4일

정답 [D3] : =DATE(MID(C3, 1, 2), MID(C3, 3, 2), MID(C3, 5, 2))

수식의 이해

중첩 함수가 사용된 수식을 만들 때는 최종적으로 값을 반환하는, 즉 가장 바깥쪽에 사용할 함수부터 찾아서 수식을 세우고 수식을 이해할 때는 우선 순위에 따라 안쪽에서부터 바깥쪽 방향으로 하나씩 상수로 변환하면서 이해하면 쉽습니다.

=DATE(MID(C3, 1, 2), MID(C3, 3, 2), MID(C3, 5, 2))
❶ ❷ ❸

- ❶ MID(C3, 1, 2) : "881012-1******"의 1 번째 위치부터 2 글자만 추출한 "88"을 반환합니다.
- ❷ MID(C3, 3, 2) : "881012-1******"의 3 번째 위치부터 2 글자만 추출한 "10"을 반환합니다.
- ❸ MID(C3, 5, 2) : "881012-1******"의 5 번째 위치부터 2 글자만 추출한 "12"를 반환합니다.
- "88", "10", "12"를 ❶, ❷, ❸에 대입하면 다음과 같습니다.
- =DATE("88", "10", "12") : "88"을 연도로, "10"을 월로, "12"를 일로 적용한 날짜 "1988년 10월 12일"이 [D3] 셀에 입력됩니다.

전문가의 조언

MID 함수는 지정된 문자 수에 따라 텍스트 문자열의 특정 위치에서 원하는 수 만큼의 문자를 추출하는 함수입니다. 자세한 설명은 53쪽을 참고하세요.

002 날짜에서 일만 추출하기 – DAY

23.상시, 19.상시, 18.2, 06.2

DAY 함수는 날짜에서 일(Day)만을 추출하여 반환하는 함수로, 일(Day)은 1에서 31까지의 정수로 표시됩니다. 날짜는 DATE 함수를 사용하여 입력하거나 다른 수식 또는 함수의 결과값으로 입력해야 합니다. 예를 들어, 2024년 5월 23일을 직접 입력하여 일(Day)만을 추출하려면 DAY(DATE(2024, 5, 23))과 같이 DATE 함수를 사용해야 합니다. 날짜를 텍스트로 입력해도 되지만 오류가 발생할 수 있습니다.

형식 DAY(날짜) : '날짜'에서 일을 추출합니다.

준비하세요! : 'C:\길벗컴활2급\06 부록' 폴더의 'DAY.xlsm' 파일을 열어 '기본' 시트에서 실습하세요.

	A	B
1	날짜에서 일만 추출하기	
2		
3	날짜	일
4	2024/9/17	17 ❶
5	2024년 09월 17일	17
6	45,552	17 ❷
7	2024/09/17 0:00	17
8	17-Sep-24	17
9	2024-09-31	#VALUE! ❸

❶ =DAY(A4) : [A4] 셀에서 일만 추출한 17이 [B4] 셀에 입력됩니다.

❷ =DAY(A6) : 45,552는 "2024/09/17"에 대한 날짜 일련번호로 45,552에서 일만 추출한 17이 [B6] 셀에 입력됩니다.

❸ =DAY(A9) : "2024/09/31"이라는 날짜는 없으므로 오류값(#VALUE!)이 [B9] 셀에 입력됩니다. 9월은 30일까지만 있습니다.

기출문제 따라잡기 '기출' 시트에서 실습하세요.

거래일자를 이용하여 상품발송 여부를 표시하세요.

▶ 거래일자에서 일이 10일에서 20일 사이이면 "발송", 그 외에는 공백으로 표시

	A	B	C	D	E
1		상품거래 일자			
2		거래처	연락처	거래일자	상품발송
3		대한상회	2758-9645	05월 12일	발송
4		상공물산	3547-9852	10월 20일	발송
5		현대수산	4253-1452	08월 23일	
6		고려상사	2563-7412	11월 30일	
7		조선무역	2583-7458	10월 19일	발송

정답 [E3] : IF(AND(DAY(D3)>=10, DAY(D3)<=20), "발송", " ")

수식의 이해

중첩 함수가 사용된 수식을 만들 때는 최종적으로 값을 반환하는, 즉 가장 바깥쪽에 사용할 함수부터 찾아서 수식을 세우고 수식을 이해할 때는 우선 순위에 따라 안쪽에서부터 바깥쪽 방향으로 하나씩 상수로 변환하면서 이해하면 쉽습니다.

=IF(AND(DAY(D3)>=10, DAY(D3)<=20), "발송", " ")
(❶: AND(DAY(D3)>=10, DAY(D3)<=20), ❷: "발송", ❸: " ")

조건(❶)이 참(TRUE)이면 ❷를 표시하고, 거짓(FALSE)이면 ❸을 표시합니다.

- AND(DAY(D3)>=10, DAY(D3)<=20)
  (❹: DAY(D3), ❹: DAY(D3))
  - ❹ DAY(D3) : [D3] 셀의 날짜에서 일만 추출한 12가 반환됩니다. 12를 ❹에 대입하면 다음과 같습니다.
  - AND(12>=10, 12<=20) : 12가 10보다 크고, 20보다 작으므로 참(TRUE)을 반환합니다. 참을 ❶에 대입하면 다음과 같습니다.
- =IF(참, "발송", " ") : 조건이 참이므로 [E3] 셀에는 "발송"이 입력됩니다.

전문가의 조언

- AND 함수는 인수가 모두 참이면 참(TRUE)을 반환하는 함수입니다. 자세한 설명은 24쪽을 참고하세요.
- IF 함수는 참과 거짓에 관한 논리식을 판별하여 참일 때와 거짓일 때 서로 다른 값을 반환하기 위해 사용하는 함수입니다. 자세한 설명은 22쪽을 참고하세요.

003 근무일 수 계산하기 — DAYS

23.상시, 22.상시, 21.상시

DAYS 함수는 두 날짜 사이의 일수를 반환하는 함수입니다. 날짜는 DATE 함수를 사용하여 입력하거나 다른 수식 또는 함수의 결과값으로 입력해야 합니다. 예를 들어, 2024년 5월 23일을 직접 함수의 인수로 입력하려면 DAYS(DATE(2024, 5, 23), …)와 같이 DATE 함수를 사용해야 합니다.

형식 DAYS(끝 날짜, 시작 날짜) : '끝 날짜'에서 '시작 날짜'를 뺀 일 수를 계산합니다.

준비하세요! : 'C:\길벗컴활2급\06 부록' 폴더의 'DAYS.xlsm' 파일을 열어 '기본' 시트에서 실습하세요.

	A	B	C
1	근무일수 계산하기		
2			
3	입사일	퇴사일	근무일수
4	2013-12-04	2024-03-05	3,744 ❶
5	2016-08-31	2022-05-06	2,074
6	2019-09-22	2023-09-22	1,461 ❷
7	2021-11-21	2024-03-08	838
8	2014-05-31	2022-07-31	2,983
9	2015-04-29	2023-03-20	2,882

❶ =DAYS(B4, A4) : [B4] 셀의 "2024-03-05"에서 [A4] 셀의 "2013-12-04"를 뺀 일 수 3,744가 [C4] 셀에 입력됩니다.

❷ =DAYS(B6, A6) : [B6] 셀의 "2024-09-22"에서 [A6] 셀의 "2019-09-22"를 뺀 일 수 1,461이 [C6] 셀에 입력됩니다.

기출문제 따라잡기 '기출' 시트에서 실습하세요.

기준일부터 휴가출발일까지 남은일수를 계산하세요.

▶ 남은일수 = 휴가출발일 − 기준일

▶ 남은일수 뒤에 "일"을 표시 [표시 예 : 3일]

	A	B	C	D	E
1	사원별 휴가현황				
2					
3	사원명	휴가출발일	남은일수		기준일
4	김태현	2024-06-07	13일		2024-05-25
5	이나연	2024-06-07	13일		
6	한동석	2024-06-10	16일		
7	유영미	2024-06-10	16일		
8	김지윤	2024-06-18	24일		
9	조경원	2024-06-18	24일		

정답 [C4] : =DAYS(B4, $E$4) & "일"

수식의 이해

=DAYS(B4, $E$4) & "일"
❶

- ❶ **DAYS(B4, $E$4)** : [B4] 셀의 "2024-06-07"에서 [E4] 셀의 "2024-05-25"를 뺀 일 수 13을 반환합니다. 13을 ❶에 대입하면 다음과 같습니다.
- **=13 & "일"** : 문자열 결합 연산자(&)에 의해 13과 "일"이 합쳐진 "13일"이 [C4] 셀에 입력됩니다.

004 날짜에서 연도만 추출하기 – YEAR

YEAR 함수는 날짜에서 연도(Year)만 추출하여 표시하는 함수로 연도는 1900에서 9999까지의 정수로 표시됩니다.

형식 YEAR(날짜) : '날짜'에서 연도를 추출합니다.

준비하세요! : 'C:\길벗컴활2급\06 부록' 폴더의 'YEAR.xlsm' 파일을 열어 '기본' 시트에서 실습하세요.

	A	B
1	날짜에서 년만 추출하기	
2		
3	날짜	년
4	2024/9/17	2024 ❶
5	2024년 09월 17일	2024
6	45,552	2024 ❷
7	2024/09/17 0:00	2024
8	17-Sep-24	2024
9	2024-09-31	#VALUE! ❸

❶ =YEAR(A4) : [A4] 셀의 값 "2024/09/17"에서 연도만 추출한 2024가 [B4] 셀에 입력됩니다.

❷ =YEAR(A6) : 45,552는 "2024/09/17"에 대한 날짜 일련번호로, 45,552에서 연도만 추출한 2024가 [B6] 셀에 입력됩니다.

❸ =YEAR(A9) : "2024/09/31"이라는 날짜는 없으므로 오류값(#VALUE!)이 [B9] 셀에 입력됩니다. 9월은 30일까지만 있습니다.

기출문제 따라잡기

'기출' 시트에서 실습하세요.

현재년도와 결혼기념일을 이용해서 결혼주년을 계산하고, 결혼기념일표에서 결혼주년에 해당되는 결혼기념 명칭을 찾아 결혼기념에 표시하세요.

▶ 결혼주년 = 현재년도 – 결혼년도

정답 [E3] : =VLOOKUP(YEAR(TODAY( )) – YEAR(D3), $G$3:$H$9, 2)

	A	B	C	D	E	F	G	H
1		회원 관리 현황					<결혼기념일표>	
2		회원번호	이름	결혼기념일	결혼기념		주년	결혼기념명칭
3		95-034	이동권	2020-05-08	혁혼식(革婚式)		1	지혼식(紙婚式)
4		95-035	이동기	2018-02-01	목혼식(木婚式)		2	고혼식(藁婚式)
5		95-036	이동률	2022-01-13	고혼식(藁婚式)		3	과혼식(菓婚式)
6		95-037	이동묵	2017-04-03	화혼식(花婚式)		4	혁혼식(革婚式)
7		95-038	이동욱	2019-03-15	목혼식(木婚式)		5	목혼식(木婚式)
8		95-039	이동주	2021-11-10	과혼식(菓婚式)		7	화혼식(花婚式)
9		95-040	이동희	2022-08-18	고혼식(藁婚式)		10	석혼식(錫婚式)

※ 결혼기념의 결과값은 현재 날짜의 연도에 따라 달라집니다.

수식의 이해

중첩 함수가 사용된 수식을 만들 때는 최종적으로 값을 반환하는, 즉 가장 바깥쪽에 사용할 함수부터 찾아서 수식을 세우고 수식을 이해할 때는 우선순위에 따라 안쪽에서부터 바깥쪽 방향으로 하나씩 상수로 변환하면서 이해하면 쉽습니다.

VLOOKUP(YEAR(TODAY( )) – YEAR(D3), G3:H9, 2)

• ❶ TODAY( ) : 오늘 날짜(오늘이 2024-01-15인 경우) "2024-01-15"를 반환합니다. "2024-01-15"를 ❶에 대입하면 다음과 같습니다.

=VLOOKUP(YEAR("2024-01-15") – YEAR(D3), G3:H9, 2)
(❷: YEAR("2024-01-15"), ❸: YEAR(D3))

• ❷ YEAR("2024-01-15") : "2024-01-15"에서 연도만 추출한 2024를 반환합니다.

• ❸ YEAR(D3) : [D3] 셀의 값 "2020-05-08"에서 연도만 추출한 2020을 반환합니다. 2024와 2020을 ❷와 ❸에 대입하면 다음과 같습니다.

• =VLOOKUP(2024 – 2020, G3:H9, 2) : '2024 – 2020'은 4이므로 계산 순서는 다음과 같습니다.

㉠ [G3:H9] 영역의 맨 왼쪽 열에서 4를 넘지 않는 근사값을 찾습니다. 6행에 있는 4를 찾습니다.

㉡ 4가 있는 행에서 2열에 있는 값 "혁혼식(革婚式)"을 찾아서 [E3] 셀에 입력합니다.

	F	G	H
1		<결혼기념일표>	
2		주년	결혼기념명칭
3		1	지혼식(紙婚式)
4		2 ㉠	고혼식(藁婚式)
5		3	과혼식(菓婚式)
6		4	혁혼식(革婚式)
7		5	목혼식(木婚式) ㉡
8		7	화혼식(花婚式)
9		10	석혼식(錫婚式)

전문가의 조언

• VLOOKUP 함수는 범위로 정한 영역의 맨 왼쪽 열에서 특정 기준값으로 자료를 찾고, 그 자료가 속한 행 중에서 필요한 값이 있는 열의 위치를 지정하여 값을 반환하는 함수입니다. 자세한 설명은 47쪽을 참고하세요.

• TODAY 함수는 현재 날짜를 반환하는 함수입니다. 자세한 설명은 13쪽을 참고하세요.

005 날짜에서 요일 알아내기 — WEEKDAY

WEEKDAY 함수는 날짜에서 요일을 추출하는 함수입니다. 기본적으로 요일은 1(일요일)에서 7(토요일)까지의 정수로 표시합니다. 날짜는 DATE 함수를 사용하여 입력하거나 다른 수식 또는 함수의 결과로 입력해야 합니다.

형식 WEEKDAY(날짜, 옵션) : '날짜'에 해당하는 요일번호를 추출합니다. '옵션'은 계산 방법을 지정합니다.

준비하세요! : 'C:\길벗컴활2급\06 부록' 폴더의 'WEEKDAY.xlsm' 파일을 열어 '기본' 시트에서 실습하세요.

	A	B
1	요일 알아내기	
2		
3	날짜	요일번호
4	1979-04-28	7 ❶
5	1990-03-24	7
6	2013-06-21	6 ❷
7	2016-12-01	5
8	2023-08-21	2 ❸

❶ =WEEKDAY(A4, 1) : [A4] 셀에 입력된 날짜의 요일 번호를 옵션에 맞게 추출한 7(토요일)이 [B4] 셀에 입력됩니다.

❷ =WEEKDAY(A6, 1) : [A6] 셀에 입력된 날짜의 요일 번호를 옵션에 맞게 추출한 6(금요일)이 [B6] 셀에 입력됩니다.

❸ =WEEKDAY(A8, 1) : [A8] 셀에 입력된 날짜의 요일 번호를 옵션에 맞게 추출한 2(월요일)가 [B8] 셀에 입력됩니다.

WEEKDAY 함수에서 옵션 값의 종류
- **1 또는 생략** : 1(일요일)에서 7(토요일)까지의 숫자를 사용합니다.
- 2 : 1(월요일)에서 7(일요일)까지의 숫자를 사용합니다.
- 3 : 0(월요일)에서 6(일요일)까지의 숫자를 사용합니다.

기출문제 따라잡기 '기출' 시트에서 실습하세요.

판매일을 이용하여 해당되는 요일을 판매요일에 표시하세요.

▶ 단, 요일 계산 시 일요일이 1인 유형으로 지정

▶ '일요일'과 '토요일'만 표시되도록 하고, 나머지 요일은 빈 칸으로 할 것

정답 [E3] : =CHOOSE(WEEKDAY(C3, 1), **"일요일"**, " ", " ", " ", " ", " ", **"토요일"**)

	A	B	C	D	E
1		제품별 판매단가			
2		제품코드	판매일	단가	판매요일
3		A-101	2024-03-10	13,500	일요일
4		A-104	2024-02-01	3,000	
5		A-105	2024-01-06	7,000	토요일
6		A-107	2024-03-15	9,000	
7		A-104	2024-03-22	3,000	

수식의 이해

중첩 함수가 사용된 수식을 만들 때는 최종적으로 값을 반환하는, 즉 가장 바깥쪽에 사용할 함수부터 찾아서 수식을 세우고 수식을 이해할 때는 우선순위에 따라 안쪽에서부터 바깥쪽 방향으로 하나씩 상수로 변환하면서 이해하면 쉽습니다.

CHOOSE(WEEKDAY(C3, 1), **"일요일"**, " ", " ", " ", " ", " ", **"토요일"**)
❶

❶ WEEKDAY(C3, 1) : [C3] 셀에 입력된 날짜의 요일번호 1을 반환합니다. 1을 ❶에 대입하면 다음과 같습니다.

=CHOOSE(1, **"일요일"**, " ", " ", " ", " ", " ", **"토요일"**) : 1번째에 있는 일요일이 [E3] 셀에 입력됩니다.

전문가의 조언
- 오늘의 요일을 표시하려면 'WEEKDAY(TODAY( ))'를 입력하면 됩니다.
- CHOOSE 함수는 인덱스 번호를 이용하여 특정 번째에 있는 값을 반환하는 함수입니다. 자세한 내용은 48쪽을 참고하세요.

006 현재 날짜 표시하기 — TODAY

19.상시, 12.2, 06.1

TODAY 함수는 현재 시스템의 날짜를 반환하는 함수입니다. 함수가 입력되기 전에 셀이 일반 서식을 가지고 있어도 결과 값은 날짜 서식으로 표시됩니다. 현재의 날짜와 시간이 같이 표시되게 하려면 NOW 함수를 사용하세요.

형식 TODAY( ) : TODAY 함수는 인수 없이 사용합니다. 현재 시스템의 날짜를 반환합니다.

준비하세요! : 'C:\길벗컴활2급\06 부록' 폴더의 'TODAY.xlsm' 파일을 열어 '기본' 시트에서 실습하세요.

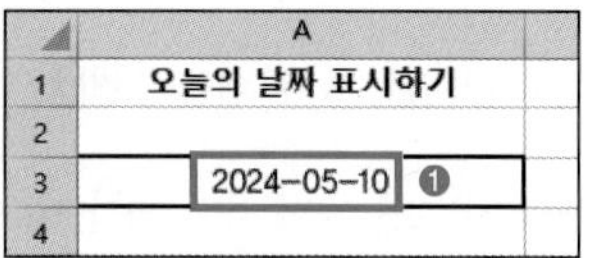

	A
1	오늘의 날짜 표시하기
2	
3	2024-05-10 ❶
4	

❶ = TODAY( ) : 현재의 날짜인 "2024-05-10"이 [A3] 셀에 입력됩니다.

TODAY 함수의 결과값은 현재 날짜에 따라 다르게 표시됩니다.

기출문제 따라잡기

'기출' 시트에서 실습하세요.

현재년도와 결혼기념일을 이용해서 결혼주년을 계산하고, 결혼기념일표에서 결혼주년에 해당되는 결혼기념 명칭을 찾아 결혼기념에 표시하세요.

▶ 결혼주년 = 현재년도 − 결혼년도

정답 [E3] : =VLOOKUP(YEAR(TODAY( )) − YEAR(D3), $G$3:$H$9, 2)

	A	B	C	D	E	F	G	H
1		회원 관리 현황					<결혼기념일표>	
2		회원번호	이름	결혼기념일	결혼기념		주년	결혼기념명칭
3		95-034	이동권	2020-05-08	혁혼식(革婚式)		1	지혼식(紙婚式)
4		95-035	이동기	2018-02-01	목혼식(木婚式)		2	고혼식(藁婚式)
5		95-036	이동률	2022-01-13	고혼식(藁婚式)		3	과혼식(菓婚式)
6		95-037	이동묵	2017-04-03	화혼식(花婚式)		4	혁혼식(革婚式)
7		95-038	이동욱	2019-03-15	목혼식(木婚式)		5	목혼식(木婚式)
8		95-039	이동주	2021-11-10	과혼식(菓婚式)		7	화혼식(花婚式)
9		95-040	이동희	2022-08-18	고혼식(藁婚式)		10	석혼식(錫婚式)

※ 결혼기념의 결과값은 현재 날짜의 연도에 따라 달라집니다.

수식의 이해

중첩 함수가 사용된 수식을 만들 때는 최종적으로 값을 반환하는, 즉 가장 바깥쪽에 사용할 함수부터 찾아서 수식을 세우고 수식을 이해할 때는 우선순위에 따라 안쪽에서부터 바깥쪽 방향으로 하나씩 상수로 변환하면서 이해하면 쉽습니다.

VLOOKUP(YEAR(TODAY( )) − YEAR(D3), G3:H9, 2)
(❶ = TODAY( ))

- ❶ TODAY( ) : 오늘 날짜(오늘이 2024-01-15인 경우) "2024-01-15"를 반환합니다. "2024-01-15"를 ❶에 대입하면 다음과 같습니다.
  =VLOOKUP(YEAR("2024-01-15") − YEAR(D3), G3:H9, 2)
  (❷ = YEAR("2024-01-15"), ❸ = YEAR(D3))
- ❷ YEAR("2024-01-15") : "2024-01-15"에서 연도만 추출한 2024를 반환합니다.
- ❸ YEAR(D3) : [D3] 셀의 값 "2020-05-08"에서 연도만 추출한 2020을 반환합니다. 2024와 2020을 ❷와 ❸에 대입하면 다음과 같습니다.
- =VLOOKUP(2024 − 2020, G3:H9, 2) : '2024 − 2020'은 4이므로 계산 순서는 다음과 같습니다.

㉠ [G3:H9] 영역의 맨 왼쪽 열에서 4를 넘지 않는 근사값을 찾습니다. 6행에 있는 4를 찾습니다.

㉡ 4가 있는 행에서 2열에 있는 값 "혁혼식(革婚式)"을 찾아서 [E3] 셀에 입력합니다.

	F	G	H
1		<결혼기념일표>	
2		주년	결혼기념명칭
3		1	지혼식(紙婚式)
4		2 ㉠	고혼식(藁婚式)
5		3	과혼식(菓婚式)
6		4	혁혼식(革婚式)
7		5	목혼식(木婚式) ㉡
8		7	화혼식(花婚式)
9		10	석혼식(錫婚式)

전문가의 조언

- VLOOKUP 함수는 범위로 정한 영역의 맨 왼쪽 열에서 특정 기준값으로 자료를 찾고, 그 자료가 속한 행 중에서 필요한 값이 있는 열의 위치를 지정하여 값을 반환하는 함수입니다. 자세한 설명은 47쪽을 참고하세요.
- YEAR 함수는 날짜에서 연도(Year)만 추출하여 표시하는 함수입니다. 자세한 설명은 11쪽을 참고하세요.

날짜 / 시간 함수

007 시간의 일련번호 계산하기 — TIME

23.상시, 22.상시, 21.상시, 20.상시, 11.1

TIME 함수는 특정 시간에 대한 일련번호를 실수값으로 반환하는 함수로, 시간은 0에서 0.99999999까지의 실수로 표시되는데, 이는 0:00:00(오전12:00:00)부터 23:59:59(오후11:59:59)까지의 시간을 나타냅니다. 함수가 입력되기 전에 셀이 일반 서식을 가지고 있어도 결과 값은 시간 서식으로 지정됩니다.

형식 TIME(시, 분, 초) : '시', '분', '초'에 대한 시간의 일련번호를 구합니다.

준비하세요! : 'C:\길벗컴활2급\06 부록' 폴더의 'TIME.xlsm' 파일을 열어 '기본' 시트에서 실습하세요.

	A	B	C	D	
1	시간의 일련번호 구하기				
2					
3	시	분	초	일련번호	
4	0	0	65	0.000752315	❶
5	0	1	5	0.000752315	
6	1	1	1	0.042372685	❷
7	25	1	1	0.042372685	
8	12	1	1	0.500706019	
9	23	59	59	0.999988426	❸

❶ =TIME(A4, B4, C4) : [A4], [B4], [C4] 셀의 '시', '분', '초'에 대한 일련번호 0.000752315가 [D4] 셀에 입력됩니다.

❷ =TIME(A6, B6, C6) : [A6], [B6], [C6] 셀의 '시', '분', '초'에 대한 일련번호 0.042372685가 [D6] 셀에 입력됩니다.

❸ =TIME(A9, B9, C9) : [A9], [B9], [C9] 셀의 '시', '분', '초'에 대한 일련번호 0.999988426이 [D9] 셀에 입력됩니다.

결과가 시간 서식으로 표시되므로 일련번호 형태로 보려면 '셀 서식' 대화상자의 '표시 형식' 탭에서 범주를 '일반'으로 지정해야 합니다.

기출문제 따라잡기 '기출' 시트에서 실습하세요.

출발시간과 정류장수를 이용하여 도착예정시간을 구하세요.

▶ 도착예정시간 = 출발시간 + 정류장수 × 정류장 당 소요 시간(4분)

	A	B	C	D
1	버스운행시간표			
2	도착지	출발시간	정류장수	도착예정시간
3	시청	10:15	5	10:35
4	망원동	9:30	6	9:54
5	서교동	10:05	4	10:21
6	상암동	9:45	5	10:05
7	영등포역	9:45	6	10:09
8	신촌역	10:15	4	10:31
9	남대문	9:30	3	9:42

정답 [D4] : =TIME(HOUR(B3), MINUTE(B3)+C3*4, 0)

수식의 이해

중첩 함수가 사용된 수식을 만들 때는 최종적으로 값을 반환하는, 즉 가장 바깥쪽에 사용할 함수부터 찾아서 수식을 세우고 수식을 이해할 때는 우선순위에 따라 안쪽에서부터 바깥쪽 방향으로 하나씩 상수로 변환하면서 이해하면 쉽습니다.

=TIME(HOUR(B3), MINUTE(B3)+C3*4, 0)

❶ ❷ ❸

- ❶ **HOUR(B3)** : [B3] 셀에서 시만 추출한 값인 10을 반환합니다.
- ❷ **MINUTE(B3)** : [B3] 셀에서 분만 추출한 값인 15를 반환합니다.
- ❸ **C3*4** : [C3] 셀에 4를 곱한 값인 20을 반환합니다. 10, 15, 20을 ❶, ❷, ❸에 대입하면 다음과 같습니다.
- **TIME(10, 15+20, 0)** : 10(시), 35(분), 0(초)에 대한 일련번호인 0.440972222가 [D3] 셀에 입력됩니다.

※ 셀 서식이 '시간'으로 지정되어 있어 '10:35'로 표시됩니다.

전문가의 조언

- HOUR 함수는 시간에서 '시'만 추출하는 함수입니다. 자세한 내용은 15쪽을 참고하세요.
- MINUTE 함수는 시간에서 '분'만 추출하는 함수입니다. 자세한 내용은 16쪽을 참고하세요.

008 시간에서 시만 추출하기 — HOUR

23.상시, 20.상시, 19.상시, 11.1, 05.1, 04.4

HOUR 함수는 시간값에서 시(Hour)만을 추출합니다. 시간은 0(오전 12:00)부터 23(오후 11:00)까지의 정수로 표시됩니다. 시간은 큰따옴표로 묶은 텍스트 문자열("6:45 PM")이나 실수(6:45 PM을 의미하는 0.78125) 또는 다른 수식이나 함수의 결과(TIMEVALUE("6:45 PM"))로 입력할 수 있습니다.

형식 HOUR(시간) : '시간'에서 시만 추출합니다.

준비하세요! : 'C:\길벗컴활2급\06 부록' 폴더의 'HOUR.xlsm' 파일을 열어 '기본' 시트에서 실습하세요.

	A	B
1	시간에서 시만 추출하기	
2		
3	시간	시
4	1:34:55 PM	13 ❶
5	1:34:00 AM	1
6	11:01:47 PM	23 ❷
7	12:46:48 AM	0
8	2024-09-23 2:25:05 AM	2
9	24-01-Wed 12:58:54 PM	12 ❸

❶ =HOUR(A4) : [A4] 셀에서 시만 추출한 13이 [B4] 셀에 입력됩니다.
❷ =HOUR(A6) : [A6] 셀에서 시만 추출한 23이 [B6] 셀에 입력됩니다.
❸ =HOUR(A9) : [A9] 셀에서 시만 추출한 12가 [B9] 셀에 입력됩니다.

기출문제 따라잡기 '기출' 시트에서 실습하세요.

도착시간과 출발시간의 차이를 이용하여 요금을 계산하세요.

▶ 요금은 10분당 65원임

	A	B	C	D
1	고속 버스 요금 계산			
2	버스번호	출발시간	도착시간	요금
3	BS331	10:00	12:30	975
4	BS332	9:10	13:20	1,625
5	BS333	8:30	18:00	3,705
6	BS334	9:00	11:20	910
7	BS335	11:00	12:50	715
8	BS336	12:30	15:20	1,105
9	BS337	15:20	16:00	260
10	BS338	13:20	14:50	585
11	BS339	15:50	18:30	1,040

정답 [D3] : =(HOUR(C3−B3)*60 + MINUTE(C3−B3)) / 10*65

수식의 이해

=(HOUR(C3−B3)*60 + MINUTE(C3−B3)) / 10*65
(❶ HOUR(C3−B3), ❷ MINUTE(C3−B3))

- ❶ HOUR(C3−B3) : [C3] 셀과 [B3] 셀에서 시만 추출한 후 두 값(12 − 10)의 차이인 2를 반환합니다.
- ❷ MINUTE(C3−B3) : [C3] 셀과 [B3] 셀에서 분만 추출한 후 두 값(30 − 0)의 차이인 30을 반환합니다. 2와 30을 ❶과 ❷에 대입하면 다음과 같습니다.
- (2*60+30) / 10*65 : 계산된 결과인 975가 [D3] 셀에 입력됩니다.

MINUTE 함수는 시간 값에서 분(Minute)을 추출하는 함수입니다. 자세한 내용은 16쪽을 참고하세요.

009 시간에서 분만 추출하기 — MINUTE

23.상시, 20.상시, 11.1, 04.4

MINUTE 함수는 시간값에서 분(Minute)만을 추출합니다. 분은 0부터 59까지의 정수로 표시됩니다. 시간은 큰따옴표로 묶은 텍스트 문자열("6:45 PM")이나 실수(6:45 PM을 나타내는 0.78125) 또는 다른 수식이나 함수의 결과(TIMEVALUE("6:45 PM"))로 입력할 수 있습니다.

형식 MINUTE(시간) : '시간'에서 분만 추출합니다.

준비하세요! : 'C:\길벗컴활2급\06 부록' 폴더의 'MINUTE.xlsm' 파일을 열어 '기본' 시트에서 실습하세요.

	A	B
1	시간에서 분만 추출하기	
2		
3	시간	분
4	1:34:55 PM	34 ❶
5	1:34:00 AM	34
6	11:01:47 PM	1 ❷
7	12:46:48 AM	46
8	2024-09-23 2:25:05 AM	25
9	24-01-Wed 12:58:54 PM	58 ❸

❶ =MINUTE(A4) : [A4] 셀에서 분만 추출한 34가 [B4] 셀에 입력됩니다.
❷ =MINUTE(A6) : [A6] 셀에서 분만 추출한 1이 [B6] 셀에 입력됩니다.
❸ =MINUTE(A9) : [A9] 셀에서 분만 추출한 58이 [B9] 셀에 입력됩니다.

기출문제 따라잡기 '기출' 시트에서 실습하세요.

도착시간과 출발시간의 차이를 이용하여 요금을 계산하세요.

▶ 요금은 10분당 65원임

	A	B	C	D
1	고속 버스 요금 계산			
2	버스번호	출발시간	도착시간	요금
3	BS331	10:00	12:30	975
4	BS332	9:10	13:20	1,625
5	BS333	8:30	18:00	3,705
6	BS334	9:00	11:20	910
7	BS335	11:00	12:50	715
8	BS336	12:30	15:20	1,105
9	BS337	15:20	16:00	260
10	BS338	13:20	14:50	585
11	BS339	15:50	18:30	1,040

 [D3] : =(HOUR(C3-B3)*60 + MINUTE(C3-B3)) / 10*65

수식의 이해

=(HOUR(C3-B3)*60 + MINUTE(C3-B3)) / 10*65
 ❶ ❷

- ❶ HOUR(C3-B3) : [C3] 셀과 [B3] 셀에서 시만 추출한 후 두 값(12 – 10)의 차이인 2를 반환합니다.
- ❷ MINUTE(C3-B3) : [C3] 셀과 [B3] 셀에서 분만 추출한 후 두 값(30 – 0)의 차이인 30을 반환합니다. 2와 30을 ❶과 ❷에 대입하면 다음과 같습니다.
- (2*60+30) / 10*65 : 계산된 결과인 975가 [D3] 셀에 입력됩니다.

전문가의 조언

HOUR 함수는 시간 값에서 시(Hour)를 추출하는 함수입니다. 자세한 내용은 15쪽을 참고하세요.

010 날짜에서 월만 추출하기 — MONTH

24.상시, 23.상시, 22.상시, 21.상시, 08.3, 04.4, 04.3

MONTH 함수는 주어진 날짜에서 월(Month)만을 표시하는 함수로, 월은 1에서 12까지의 정수로 표시됩니다.

형식 MONTH(날짜) : '날짜'에서 월만 추출합니다.

준비하세요! : 'C:\길벗컴활2급\06 부록' 폴더의 'MONTH.xlsm' 파일을 열어 '기본' 시트에서 실습하세요.

	A	B
1	날짜에서 월만 추출하기	
2		
3	날짜	월
4	2024/9/17	9 ❶
5	2024년 09월 17일	9
6	45,552	9 ❷
7	2024/09/17 0:00	9
8	17-Sep-24	9
9	2024-09-31	#VALUE! ❸
10		

❶ =MONTH(A4) : [A4] 셀에서 월만 추출한 9가 [B4] 셀에 입력됩니다.

❷ =MONTH(A6) : 45,552는 "2024/09/17"에 대한 날짜 일련번호로 45,552에서 월만 추출한 9가 [B6] 셀에 입력됩니다.

❸ =MONTH(A9) : "2024/09/31"이라는 날짜는 없으므로 오류값(#VALUE!)이 [B9] 셀에 입력됩니다. 9월은 30일까지만 있습니다.

기출문제 따라잡기 '기출' 시트에서 실습하세요.

코드, 생산일자, 인식표를 이용하여 제품코드를 표시하세요.

▶ 제품코드는 코드 뒤에 "−", 생산일자 중 월 뒤에 "−", 인식표를 연결한 후 대문자로 변환한 것임

▶ 표시 예 : 코드가 jh, 생산일자가 2024−10−2, 인식표가 ek이면 → JH−10−EK

정답 [D3] : =UPPER(A3) & "−" & MONTH(B3) & "−" & UPPER(C3)

	A	B	C	D
1	생산품목 현황			
2	코드	생산일자	인식표	제품코드
3	ag	2024-11-11	w	AG-11-W
4	rf	2024-08-30	e	RF-8-E
5	dk	2024-12-30	f	DK-12-F
6	ik	2024-10-15	d	IK-10-D
7	wd	2024-11-22	e	WD-11-E
8	od	2024-12-10	w	OD-12-W
9	uf	2024-09-03	h	UF-9-H
10	dh	2024-12-29	d	DH-12-D
11				

수식의 이해

=UPPER(A3) & "−" & MONTH(B3) & "−" & UPPER(C3)
❶ ❷ ❸

- ❶ UPPER(A3) : [A3] 셀의 문자열을 대문자로 변환한 "AG"를 반환합니다.
- ❷ MONTH(B3) : [B3] 셀에서 월만 추출한 11을 반환합니다.
- ❸ UPPER(C3) : [C3] 셀의 문자열을 대문자로 변환한 "W"를 반환합니다. "AG", 11, "W"를 ❶, ❷, ❸에 대입하면 다음과 같습니다.
- "AG" & "−" & 11 & "−" & "W" : & 연산자에 의해 모든 문자열이 합쳐진 "AG−11−W"가 [D3] 셀에 입력됩니다.

전문가의 조언

- UPPER 함수는 문자열에 포함된 소문자를 모두 대문자로 변환하는 함수입니다. 자세한 내용은 57쪽을 참고하세요.
- '&'는 2개 이상의 문자열을 합쳐 하나의 문자열로 만들 때 사용하는 문자열 결합 연산자입니다.

011 시간에서 초만 추출하기 — SECOND

23.상시

SECOND 함수는 시간값에서 초(Second)만을 추출합니다. 초는 0부터 59까지의 정수로 표시됩니다. 시간은 큰따옴표로 묶은 텍스트 문자열("6:45PM")이나 실수(6:45 PM을 나타내는 0.78125) 또는 다른 수식이나 함수의 결과(TIMEVALUE("6:45 PM"))로 입력할 수 있습니다.

형식 SECOND(시간) : '시간'에서 초만 추출합니다.

준비하세요! : 'C:\길벗컴활2급\06 부록' 폴더의 'SECOND.xlsm' 파일을 열어 '기본' 시트에서 실습하세요.

	A	B
1	시간에서 초만 추출하기	
2		
3	시간	초
4	1:34:55 PM	55 ❶
5	1:34:00 AM	0
6	11:01:47 PM	47 ❷
7	12:46:48 AM	48
8	2024-09-23 2:25:05 AM	5
9	24-01-Wed 12:58:54 PM	54 ❸
10		

❶ =SECOND(A4) : [A4] 셀에서 초만 추출한 55가 [B4] 셀에 입력됩니다.
❷ =SECOND(A6) : [A6] 셀에서 초만 추출한 47이 [B6] 셀에 입력됩니다.
❸ =SECOND(A9) : [A9] 셀에서 초만 추출한 54가 [B9] 셀에 입력됩니다.

기출문제 따라잡기

'기출' 시트에서 실습하세요.

기록이 가장 빠른 선수의 기록을 찾아 표시하세요.

▶ 표시 예 : 1:23:34 → 1시간23분34초

	A	B	C	D
1	하프마라톤 결과			
2	선수번호	소속	나이	기록
3	168001	춘천	35	1:49:27
4	168002	영월	42	1:45:51
5	168003	강릉	29	2:03:26
6	168004	평창	38	1:51:15
7	168005	영월	44	1:32:08
8	168006	고성	51	1:41:53
9	가장 빠른 기록		1시간32분8초	
10				

정답 [C9] : =HOUR(SMALL(D3:D8, 1)) & "시간" & MINUTE(SMALL(D3:D8, 1)) & "분" & SECOND(SMALL(D3:D8, 1)) & "초"

수식의 이해

중첩 함수가 사용된 수식을 만들 때는 최종적으로 값을 반환하는, 즉 가장 바깥쪽에 사용할 함수부터 찾아서 수식을 세우고 수식을 이해할 때는 우선순위에 따라 안쪽에서부터 바깥쪽 방향으로 하나씩 상수로 변환하면서 이해하면 쉽습니다.

=HOUR(SMALL(D3:D8, 1)) & "시간" & MINUTE(SMALL(D3:D8, 1)) & "분" & SECOND(SMALL(D3:D8, 1)) & "초"

❶ ❶ ❶

❷ ❸ ❹

- ❶ SMALL(D3:D8, 1) : [D3:D8] 영역에서 가장 작은 기록인 1:32:08을 반환합니다. 1:32:08을 ❶에 대입하면 다음과 같습니다.
- ❷ HOUR(1:32:08) : 1:32:08에서 시만 추출한 값인 1을 반환합니다.
- ❸ MINUTE(1:32:08) : 1:32:08에서 분만 추출한 값인 32를 반환합니다.
- ❹ SECOND(1:32:08) : 1:32:08에서 초만 추출한 값인 08을 반환합니다.
- 1 & "시간" & 32 & "분" & 8 & "초" : & 연산자에 의해 모든 문자열이 합쳐진 "1시간32분8초"가 [C9] 셀에 입력됩니다.

날짜 / 시간 함수

012 현재 날짜와 시간 표시하기 – NOW

NOW 함수는 현재 날짜와 시간을 반환하는 함수입니다. 함수가 입력되기 전에 셀이 일반 서식을 가지고 있어도 결과 값은 날짜 서식으로 지정됩니다. 오늘의 날짜만 나타나도록 하려면 TODAY( ) 함수를 사용하세요.

형식 NOW( ) : NOW 함수는 인수 없이 사용합니다.

준비하세요! : 'C:\길벗컴활2급\06 부록' 폴더의 'NOW.xlsm' 파일을 열어 '기본' 시트에서 실습하세요.

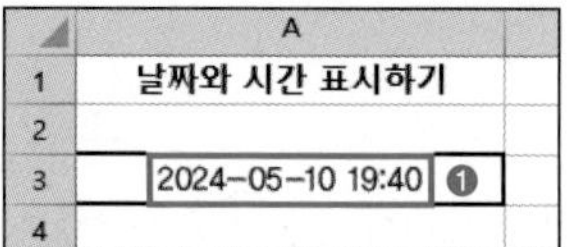

	A
1	날짜와 시간 표시하기
2	
3	2024-05-10 19:40 ❶
4	

❶ =NOW( ) : 현재의 날짜와 시간인 '2024-05-10 19:40'이 [A3] 셀에 입력됩니다.

Now 함수의 결과값은 현재 날짜와 시간에 따라 다르게 입력됩니다.

날짜 / 시간 함수

013 3개월 전/후 오늘의 일련번호 구하기 – EDATE

EDATE 함수는 특정 날짜로부터 지정한 개월이 더해진 날짜에 대한 일련번호를 반환하는 함수입니다. 날짜는 DATE 함수를 사용하여 입력하거나 다른 수식 또는 함수의 결과값으로 입력해야 합니다. 예를 들어 2024년 10월 14일을 직접 입력하여 한 달 전 날짜를 추출하려면 EDATE(DATE(2024, 10, 14), -1)과 같이 DATE 함수를 사용해야 합니다. 날짜를 텍스트로 입력해도 되지만 오류가 발생할 수 있습니다.

형식 EDATE(시작 날짜, 개월 수) : '시작 날짜'에서 '개월 수'를 더한 날짜를 반환합니다.

준비하세요! : 'C:\길벗컴활2급\06 부록' 폴더의 'EDATE.xlsm' 파일을 열어 '기본' 시트에서 실습하세요.

	A	B	C
1	3개월 전/후 오늘의 일련번호 구하기		
2			
3	날짜	전/후 개월 수	일련번호
4	2024-08-20	-3	45432 ❶
5	2024-12-01	-2	45566
6	2024-07-25	-1	45468
7	2024-08-23	1	45558
8	2024-06-21	2	45525
9	2024-09-31	3	#VALUE! ❷

❶ =EDATE(A4, B4) : 더해진 개월 수가 음수이므로 [A4] 셀의 날짜에서 3개월 전의 날짜에 대한 일련번호 45432가 [C4] 셀에 입력됩니다.

❷ =EDATE(A9, B9) : "2024-09-31"이라는 날짜는 없으므로 오류값(#VALUE!)이 [C9] 셀에 입력됩니다. 9월은 30일까지만 있습니다.

- 특정 날짜에 지정한 개월 수를 더했을 때 결과에 해당하는 날짜가 없는 경우에는 가장 마지막 날짜가 표시됩니다. 예를 들어 3월 31일에 1개월을 더하면 4월 31일 표시되어야 하지만 4월은 30일 까지만 있으므로 4월 30일이 표시됩니다.
- 더해지는 개월 수는 정수만 가능하므로, 소수점 이하 자릿수는 무시됩니다.

014 3개월 전/후 달의 마지막 날짜에 대한 일련번호 구하기 – EOMONTH

EOMONTH 함수는 특정 날짜로부터 지정한 개월이 더해진 달의 마지막 날짜에 대한 일련번호를 반환하는 함수입니다. 날짜는 DATE 함수를 사용하여 입력하거나 다른 수식 또는 함수의 결과값으로 입력해야 합니다. 예를 들어 2024년 10월 14일을 직접 입력하여 한 달 전 마지막 날짜를 추출하려면 EOMONTH(DATE(2024, 10, 14), -1)과 같이 DATE 함수를 사용해야 합니다. 날짜를 텍스트로 입력해도 되지만 오류가 발생할 수 있습니다.

형식 EOMONTH(시작 날짜, 개월 수) : '시작 날짜'에서 '개월 수'를 더한 달의 마지막 날짜를 반환합니다.

준비하세요! : 'C:\길벗컴활2급\06 부록' 폴더의 'EOMONTH.xlsm' 파일을 열어 '기본' 시트에서 실습하세요.

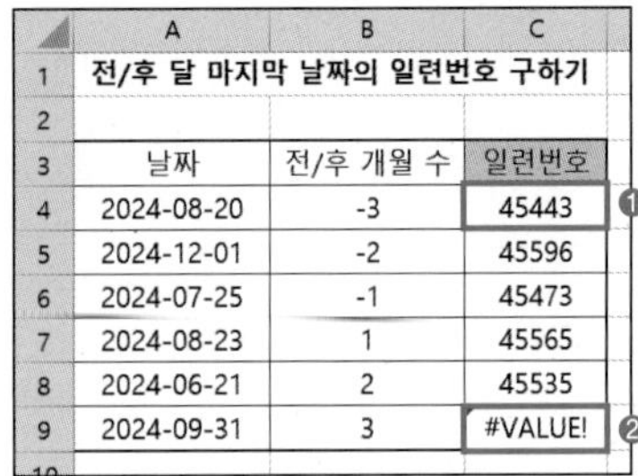

	A	B	C
1	전/후 달 마지막 날짜의 일련번호 구하기		
2			
3	날짜	전/후 개월 수	일련번호
4	2024-08-20	-3	45443 ❶
5	2024-12-01	-2	45596
6	2024-07-25	-1	45473
7	2024-08-23	1	45565
8	2024-06-21	2	45535
9	2024-09-31	3	#VALUE! ❷

❶ =EOMONTH(A4, B4) : 더해진 개월 수가 음수이므로 [A4] 셀의 날짜에서 3개월 전 달의 마지막 날짜에 대한 일련번호 45443이 [C4] 셀에 입력됩니다.

❷ =EOMONTH(A9, B9) : "2024-09-31"이라는 날짜는 없으므로 오류값(#VALUE!)이 [C9] 셀에 입력됩니다. 9월은 30일까지만 있습니다.

더해지는 개월 수는 정수만 가능하므로 소수점 이하 자릿수는 무시됩니다.

015 주말을 제외한 휴가 마지막 날 계산하기 – WORKDAY

23.상시, 19.상시, 14.3

WORKDAY 함수는 특정일을 기준으로 해서 토, 일요일과 휴일 날짜를 제외하고 지정한 근무일 수만큼 지난 날이 며칠인지를 계산하는 함수입니다. 날짜는 DATE 함수를 사용하여 입력하거나 다른 수식 또는 함수의 결과값으로 입력해야 합니다. 예를 들어 2024년 10월 14일을 직접 입력하여 3일째 근무하는 날을 계산하려면 WORKDAY(DATE(2024, 10, 14), 3)과 같이 DATE 함수를 사용해야 합니다. 날짜를 텍스트로 입력해도 되지만 오류가 발생할 수 있습니다.

형식 WORKDAY(시작 날짜, 일 수, 휴일 날짜) : '시작 날짜'에 토, 일요일과 '휴일 날짜'를 제외하고 '일수'만큼 지난 날짜를 반환합니다.

준비하세요! : 'C:\길벗컴활2급\06 부록' 폴더의 'WORKDAY.xlsm' 파일을 열어 '기본' 시트에서 실습하세요.

WORKDAY 함수를 이용하여 토, 일요일과 휴일 날짜를 제외한 휴가 마지막 날을 계산해 보겠습니다.

	A	B	C	D
1	여름 휴가 일정			
2				
3	근무 마지막 날	휴가일수	휴일날짜	휴가 마지막날
4	2024-08-22	7	2024-08-25	2024-09-02 ❶
5	2024-12-01	8		2024-12-11
6	2024-07-25	7	2024-07-27	2024-08-05
7	2024-08-23	5		2024-08-30
8	2024-06-21	3		2024-06-26
9	2024-09-31	7	2024-10-05	#VALUE! ❷

❶ =WORKDAY(A4, B4, C4) : [A4] 셀의 날짜에서 토, 일요일과 휴일 날짜를 제외하고 7일째가 되는 "2024-09-02"가 [D4] 셀에 입력됩니다.

❷ =WORKDAY(A9, B9, C9) : "2024-09-31"이라는 날짜는 없으므로 오류값(#VALUE!)이 [D9] 셀에 입력됩니다. 9월은 30일까지만 있습니다.

더해지는 날짜 수는 정수만 가능하므로 소수점 이하 자릿수는 무시됩니다.

기출문제 따라잡기 '기출' 시트에서 실습하세요.

휴가출발일과 휴가일수를 이용하여 회사출근일을 표시하세요.

▶ 주말(토, 일요일)은 제외

정답 [D4] : =WORKDAY(B4, C4)

	A	B	C	D
1	휴가 일정표			
2				
3	성명	휴가출발일	휴가일수	회사출근일
4	성소민	2024-04-01	4	2024-04-05
5	이수양	2024-04-01	8	2024-04-11
6	김성찬	2024-04-10	6	2024-04-18
7	장선욱	2024-04-10	7	2024-04-19
8	이수아	2024-04-16	8	2024-04-26
9	최수현	2024-04-16	5	2024-04-23

수식의 이해

=WORKDAY(B4, C4)

[B4] 셀의 날짜(2024-04-01)에서 토, 일요일과 휴일 날짜를 제외하고 4일째가 되는 "2024-04-05"가 [D4] 셀에 입력됩니다.

016 1월 실적이 평균 이상이면 "우수", 평균 미만이면 "미달" 표시하기 — IF

IF 함수는 참과 거짓에 관한 논리식을 판별하여 참일 때와 거짓일 때 서로 다른 값을 반환하기 위해 사용하는 함수입니다. 예를 들어 1월 실적이 평균 이상이면 "우수"를 반환하고 평균 미만이면 "미달"을 반환하는 수식은 '=IF(1월실적 >= 평균, "우수", "미달")'과 같이 입력하여 사용할 수 있습니다.

형식 IF(조건, 인수1, 인수2) : '조건'이 참이면 '인수1', 거짓이면 '인수2'를 반환합니다.

준비하세요! : 'C:\길벗컴활2급\06 부록' 폴더의 'IF.xlsm' 파일을 열어 '기본' 시트에서 실습하세요.

IF 함수를 이용하여 1월 실적이 평균보다 크면 평가에 "우수"를, 그렇지 않으면 공백을 표시해 보겠습니다.

	A	B	C	D	E
1		개인별 영업 실적 현황			
2					
3		영업소	사원이름	1월 실적	평가
4		서울	김정식	137,000	우수
5		경기	박기수	78,900	
6		강원	한송희	57,900	
7		충북	장영철	103,400	우수
8		대구	김만호	117,800	우수
9		경북	최수정	78,900	
10		부산	서용식	114,000	우수
11		평균		98,271	

❶ =IF(D4>D11, "우수", " ") : [D4] 셀의 1월 실적(137,000)이 평균 실적(98,271)을 초과하므로 "우수"가 [E4] 셀에 표시됩니다.

❷ =IF(D6>D11, "우수", " ") : [D6] 셀의 1월 실적(57,900)이 평균 실적(98,271) 미만이므로 공백이 [E6] 셀에 표시됩니다.

❸ =IF(D9>D11, "우수", " ") : [D9] 셀의 1월 실적(78,900)이 평균 실적(98,271) 미만이므로 공백이 [E9] 셀에 표시됩니다.

[E4] 셀에 수식을 입력한 후 [E10] 셀까지 수식을 복사하여 나머지 셀을 계산하려면 '=IF(D4>$D$11, "우수", " ")'로 입력해야 합니다.

기출문제 따라잡기

'기출' 시트에서 실습하세요.

근태점수, 실적점수, 연수점수 모두가 70 이상이면 "승진", 그렇지 않으면 공백을 승진여부에 표시하세요.

	A	B	C	D	E	F
1		사원 승진 심사표				
2		성명	근태점수	실적점수	연수점수	승진여부
3		김선우	78	86	67	
4		유세준	90	88	70	승진
5		손상훈	62	76	84	
6		김승완	83	56	78	
7		박진수	89	74	96	승진

정답 [F3] : =IF(AND(C3>=70, D3>=70, E3>=70), "승진", " ")

수식의 이해

=IF(AND(C3>=70, D3>=70, E3>=70), "승진", " ")
(❶: AND(C3>=70, D3>=70, E3>=70), ❷: "승진", ❸: " ")

- 조건(❶)이 참(TRUE)이면 ❷를, 거짓(FALSE)이면 ❸을 표시합니다.
- ❶ AND(C3>=70, D3>=70, E3>=70)
  (❹: C3>=70, ❺: D3>=70, ❻: E3>=70)
  - ❹, ❺, ❻이 모두 참이면 참을, 셋 중에 하나라도 거짓이면 거짓을 반환합니다.
  - ❹ : [C3] 셀의 값 78이 70보다 크므로 참
  - ❺ : [D3] 셀의 값 86이 70보다 크므로 참
  - ❻ : [E3] 셀의 값 67이 70보다 작으므로 거짓
  - ❹와 ❺는 참이나 ❻이 거짓이므로 거짓을 반환합니다.
- 조건(❶)이 거짓이므로 ❸을 수행하여 [F3] 셀에 " "(공백)이 표시됩니다.

전문가의 조언

AND 함수는 인수가 모두 참이면 참(TRUE)을 반환하는 함수입니다. 자세한 설명은 24쪽을 참고하세요.

논리 함수

017 과목번호가 1이면 "영어", 2이면 "수학", 3이면 "국어" 표시하기 – IFS

IFS 함수는 조건이 여러 개일 때 조건에 만족하는 값을 반환하는 함수입니다. 예를 들어 과목번호가 1이면 "영어", 2이면 "수학", 3이면 "국어"를 반환하는 수식은 '=IFS(과목번호=1, "영어", 과목번호=2, "수학", 과목번호=3, "국어")'와 같이 입력하여 사용할 수 있습니다.

형식 IFS(조건1, 인수1, 조건2, 인수2, … 조건n, 인수n) : 조건1이 '참'이면 인수1, 조건2가 '참'이면 인수2, … 조건n이 '참'이면 인수n을 반환합니다.

준비하세요! : 'C:\길벗컴활2급\06 부록' 폴더의 'IFS.xlsm' 파일을 열어 '기본' 시트에서 실습하세요.

IFS 함수를 이용하여 과목번호가 1이면 "영어", 2이면 "수학", 3이면 "국어"를 표시해 보겠습니다.

	A	B	C	D	E
1		상공학원 강사 현황			
2					
3		이름	성별	과목번호	담당과목
4		신민서	여	1	영어 ❶
5		이한열	남	2	수학
6		박성훈	남	3	국어 ❷
7		최영선	여	1	영어
8		유현숙	여	2	수학

❶ =IFS(D4=1, "영어", D4=2, "수학", D4=3, "국어") : [D4] 셀의 과목번호가 1이므로 "영어"가 [E4] 셀에 표시됩니다.

❷ =IFS(D6=1, "영어", D6=2, "수학", D6=3, "국어") : [D6] 셀의 과목번호가 3이므로 "국어"가 [E6] 셀에 표시됩니다.

마지막 조건인 **D4=3** 대신 **TRUE**를 입력해도 됩니다.
=IFS(D4=1, "영어", D4=2, "수학", TRUE, "국어")

논리 함수

018 요일이 "토"나 "일"이면 "주말", "월"~"금"이면 "평일" 표시하기 – SWITCH

SWITCH 함수는 IFS와 마찬가지로 조건이 여러 개일 때 조건에 만족하는 값을 반환하는 함수입니다. 예를 들어 요일이 "토"나 "일"이면 "주말"을 반환하고, "월"~"금"이면 "평일"을 반환하는 수식은 '=SWITCH(요일, "토", "주말", "일", "주말", "평일")'과 같이 입력하여 사용할 수 있습니다.

형식 SWITCH(인수, 비교값1, 반환값1, 비교값2, 반환값2, …, 일치하는 비교값 없을 때 반환값) : '인수'가 '비교값1'과 같으면 '반환값1', '비교값2'와 같으면 '반환값2', … '인수'와 일치하는 비교값이 없을 경우 '일치하는 비교값이 없을 때 반환값'을 반환합니다.

준비하세요! : 'C:\길벗컴활2급\06 부록' 폴더의 'SWITCH.xlsm' 파일을 열어 '기본' 시트에서 실습하세요.

SWITCH 함수를 이용하여 요일이 "토"나 "일"이면 "주말"을, "월"~"금"이면 "평일"을 표시해 보겠습니다.

	A	B	C	D
1		평일/주말 구분하기		
2				
3		날짜	요일	구분
4		2024-07-05	금	평일 ❶
5		2024-07-06	토	주말
6		2024-07-07	일	주말 ❷
7		2024-07-08	월	평일
8		2024-07-09	화	평일

❶ =SWITCH(C4, "토", "주말", "일", "주말", "평일") : [C4] 셀의 요일이 "금"이므로 "평일"이 [D4] 셀에 표시됩니다.

❷ =SWITCH(C6, "토", "주말", "일", "주말", "평일") : [C6] 셀의 요일이 "일"이므로 "주말"이 [D6] 셀에 표시됩니다.

019 모두 참(TRUE)일 때 참(TRUE) 반환하기 – AND

AND 함수는 여러 개의 논리식 결과가 모두 참(TRUE)일 때만 참(TRUE)을 반환하는 함수입니다. 예를 들어 임의의 값 X가 5보다 크고, 10보다 작은 조건에 맞는지를 판별할 때는 '=AND(X>5, X<10)'와 같이 함수식을 입력하면 됩니다. 그러면 X가 6~9 사이에 있을 때만 논리식이 모두 참이 되어 TRUE를 반환하고, 6~9 사이를 벗어나면 거짓이 되어 FALSE를 반환합니다. AND 함수 안에 표시하는 인수는 1개에서 255개까지 지정할 수 있습니다.

형식 AND(인수1, 인수2, …) : 주어진 '인수'가 모두 참이면 참입니다.

준비하세요! : 'C:\길벗컴활2급\06 부록' 폴더의 'AND.xlsm' 파일을 열어 '기본' 시트에서 실습하세요.

	A	B	C	D
1		AND 진리표		
2		A	B	X
3		FALSE	FALSE	FALSE ❶
4		TRUE	FALSE	FALSE ❷
5		FALSE	TRUE	FALSE
6		TRUE	TRUE	TRUE ❸
7				

❶ =AND(B3:C3) : [B3] 셀과 [C3] 셀의 값이 모두 거짓(FALSE)이므로 거짓(FALSE)이 [D3] 셀에 입력됩니다.

❷ =AND(B4:C4) : [B4] 셀은 참(TRUE), [C4] 셀은 거짓(FALSE)이므로 거짓(FALSE)이 [D4] 셀에 입력됩니다.

❸ =AND(B6:C6) : [B6] 셀과 [C6] 셀의 값이 모두 참(TRUE)이므로 참(TRUE)이 [D6] 셀에 입력됩니다.

기출문제 따라잡기 '기출' 시트에서 실습하세요.

근태점수, 실적점수, 연수점수 모두가 70 이상이면 "승진", 그렇지 않으면 공백을 승진여부에 표시하세요.

	A	B	C	D	E	F
1		사원 승진 심사표				
2		성명	근태점수	실적점수	연수점수	승진여부
3		김선우	78	86	67	
4		유세준	90	88	70	승진
5		손상훈	62	76	84	
6		김승완	83	56	78	
7		박진수	89	74	96	승진
8						

정답 [F3] : =IF(AND(C3>=70, D3>=70, E3>=70), "승진", " ")

수식의 이해

중첩 함수가 사용된 수식을 만들 때는 최종적으로 값을 반환하는, 즉 가장 바깥쪽에 사용할 함수부터 찾아서 수식을 세우고 수식을 이해할 때는 우선순위에 따라 안쪽에서부터 바깥쪽 방향으로 하나씩 상수로 변환하면서 이해하면 쉽습니다.

=IF(AND(C3>=70, D3>=70, E3>=70), "승진", " ")
(❶: AND(C3>=70, D3>=70, E3>=70), ❷: "승진", ❸: " ")

- 조건(❶)이 참(TRUE)이면 ❷를, 거짓(FALSE)이면 ❸을 표시합니다.
- ❶ AND(C3>=70, D3>=70, E3>=70)
  (❹: C3>=70, ❺: D3>=70, ❻: E3>=70)

– ❹, ❺, ❻이 모두 참이면 참을, 셋 중에 하나라도 거짓이면 거짓을 반환합니다.
– ❹ : [C3] 셀의 값 78이 70보다 크므로 참
– ❺ : [D3] 셀의 값 86이 70보다 크므로 참
– ❻ : [E3] 셀의 값 67이 70보다 작으므로 거짓
– ❹와 ❺는 참이나 ❻이 거짓이므로 거짓을 반환합니다.

- 조건(❶)이 거짓이므로 ❸을 수행하여 [F3] 셀에 " "(공백)이 표시됩니다.

전문가의 조언

IF 함수는 참과 거짓에 관한 논리식을 판별하여 참일 때와 거짓일 때 서로 다른 값을 반환하기 위해 사용하는 함수입니다. 자세한 설명은 22쪽을 참고하세요.

020 하나라도 참(TRUE)이면 참(TRUE) 반환하기 – OR

OR 함수는 여러 개의 논리식 결과 중 하나라도 참(TRUE)이면 참(TRUE)을 반환하는 함수입니다. 예를 들어 임의의 값 X가 10보다 크거나, 5보다 작은 조건에 맞는지를 판별할 때는 '=OR(X>10, X<5)'와 같이 함수식을 입력하면 됩니다. 그러면 X가 5~10 사이에 있을 때만 모두 거짓이 되어 FALSE를 반환하고, 그 이외의 값은 모두 TRUE를 반환합니다. OR 함수 안에 표시하는 인수는 1개에서 255개까지 지정할 수 있습니다.

형식 OR(인수1, 인수2, …) : '인수' 중 하나라도 참이면 참입니다.

준비하세요! : 'C:\길벗컴활2급\06 부록' 폴더의 'OR.xlsm' 파일을 열어 '기본' 시트에서 실습하세요.

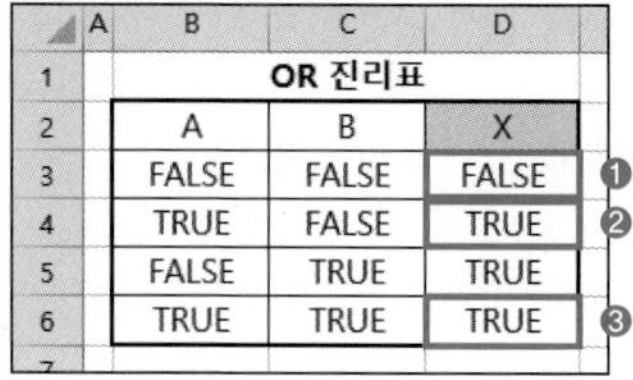

	A	B	C	D
1		OR 진리표		
2		A	B	X
3		FALSE	FALSE	FALSE ❶
4		TRUE	FALSE	TRUE ❷
5		FALSE	TRUE	TRUE
6		TRUE	TRUE	TRUE ❸

❶ =OR(B3:C3) : [B3] 셀과 [C3] 셀이 모두 거짓(FALSE)이므로 거짓(FALSE)이 [D3] 셀에 입력됩니다.

❷ =OR(B4:C4) : [B4] 셀은 참(TRUE), [C4] 셀은 거짓(FALSE)이므로 참(TRUE)이 [D4] 셀에 입력됩니다.

❸ =OR(B6:C6) : [B6] 셀과 [C6] 셀이 모두 참(TRUE)이므로 참(TRUE)이 [D6] 셀에 입력됩니다.

기출문제 따라잡기 '기출' 시트에서 실습하세요.

개인별 계획서, 작품성, 평점의 점수 중 한 항목이라도 점수가 70 미만이면 "탈락", 그 이외는 "통과"로 평가에 표시하세요.

	A	B	C	D	E	F
1		1차 대회 성적				
2		성명	계획서	작품성	평점	평가
3		이구연	90	78	84	통과
4		나잘해	78	80	79	통과
5		정민철	92	70	81	통과
6		최고다	45	34	39.5	탈락
7		한가위	56	45	50.5	탈락

정답 [F3] : =IF(OR(C3<70, D3<70, E3<70), "탈락", "통과")

수식의 이해

중첩 함수가 사용된 수식을 만들 때는 최종적으로 값을 반환하는, 즉 가장 바깥쪽에 사용할 함수부터 찾아서 수식을 세우고 수식을 이해할 때는 우선순위에 따라 안쪽에서부터 바깥쪽 방향으로 하나씩 상수로 변환하면서 이해하면 쉽습니다.

=IF(OR(C3<70, D3<70, E3<70), "탈락", "통과")
❶ ❷ ❸

- 조건(❶)이 참(TRUE) ❷를 표시하고, 거짓(FALSE)이면 ❸을 표시합니다.
- ❶ OR(C3<70, D3<70, E3<70)
  ❹ ❺ ❻

– ❹, ❺, ❻ 중 하나라도 참이면 참을, 셋 모두 거짓이면 거짓을 반환합니다.
– ❹ : [C3] 셀의 값 90이 70보다 크므로 거짓
– ❺ : [D3] 셀의 값 78이 70보다 크므로 거짓
– ❻ : [E3] 셀의 값 84가 70보다 크므로 거짓
– ❹, ❺, ❻이 모두 거짓이므로 거짓을 반환합니다.

- 조건(❶)이 거짓이므로 ❸을 수행하여 [F3] 셀에 "통과"가 표시됩니다.

전문가의 조언

IF 함수는 참과 거짓에 관한 논리식을 판별하여 참일 때와 거짓일 때 서로 다른 값을 반환하기 위해 사용하는 함수입니다. 자세한 설명은 22쪽을 참고하세요.

021 논리식의 결과 부정하기 – NOT

NOT 함수는 논리식의 결과를 부정하는 함수입니다. 즉, 논리식의 결과가 참(TRUE)이면 거짓(FALSE)을 반환하고, 거짓(FALSE)이면 참(TRUE)을 반환하는 함수입니다.

형식 NOT(인수) : '인수'의 반대 값을 반환합니다.

준비하세요! : 'C:\길벗컴활2급\06 부록' 폴더의 'NOT.xlsm' 파일을 열어 '기본' 시트에서 실습하세요.

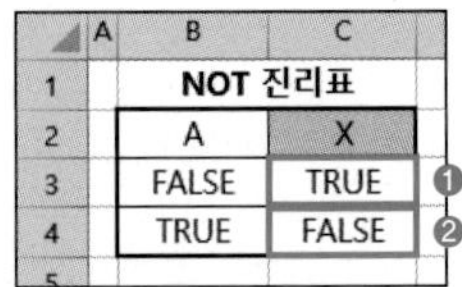

	A	B	C
1		NOT 진리표	
2		A	X
3		FALSE	TRUE ❶
4		TRUE	FALSE ❷
5			

❶ =NOT(B3) : [B3] 셀의 값이 거짓(FALSE)이므로 반대 값인 참(TRUE)이 [C3] 셀에 입력됩니다.

❷ =NOT(B4) : [B4] 셀의 값이 참(TRUE)이므로 반대 값인 거짓(FALSE)이 [C4] 셀에 입력됩니다.

022 수식의 결과가 오류일 경우 "오류" 표시하기 – IFERROR

IFERROR 함수는 인수로 지정한 수식에서 오류가 발생할 경우 사용자가 지정한 오류 값을 반환하고, 그렇지 않으면 수식의 결과를 반환하는 함수입니다.

형식 IFERROR(인수, 오류 시 표시할 값) : '인수'로 지정한 수식이나 셀에서 오류가 발생했으면 '오류 시 표시할 값'을 반환하고, 그렇지 않으면 결과값을 반환합니다.

준비하세요! : 'C:\길벗컴활2급\06 부록' 폴더의 'IFERROR.xlsm' 파일을 열어 '기본' 시트에서 실습하세요.

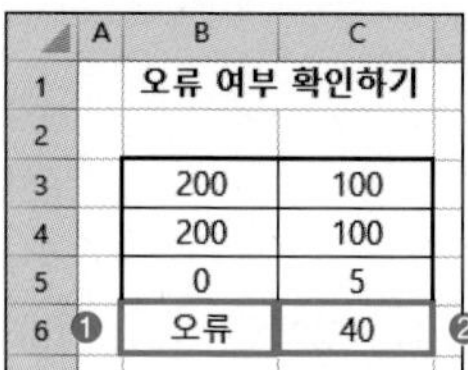

	A	B	C
1		오류 여부 확인하기	
2			
3		200	100
4		200	100
5		0	5
6	❶	오류	40 ❷

❶ =IFERROR((B3+B4)/B5, "오류") : (B3+B4)/B5의 결과가 오류(#DIV/0!)이므로 [B6] 셀에 "오류"가 입력됩니다.

❷ =IFERROR((C3+C4)/C5, "오류") : (C3+C4)/C5의 결과 40이 [C6] 셀에 입력됩니다.

#DIV/0! : 나누는 수가 빈 셀이나 0이 있는 셀을 참조한 경우 나타나는 오류 메시지입니다.

기출문제 따라잡기

'기출' 시트에서 실습하세요.

내신등급과 등급표를 이용하여 등급을 구하시오. 단, 내신등급이 등급표에 존재하지 않는 경우 등급에 "등급오류"라고 표시하세요.

▶ 등급표의 의미 : 내신등급이 1~3이면 "A", 4~6이면 "B", 7~10이면 "C", 11~13이면 "D", 14 이상이면 "E"를 적용함

정답 [F3] : =IFERROR(HLOOKUP(E3, $B$13:$F$14, 2), "등급오류")

	A	B	C	D	E	F
1			입학 지원자 현황			
2	학교명	성명	결석일수	자격증	내신등급	등급
3	대한고	서유민	0	유	2	A
4	망원고	엄진아	10	무	14	E
5	명유고	표현진	6	무	0	등급오류
6	군자고	전수식	4	유	1	A
7	강서고	김정린	5	유	8	C
8	영생고	강남원	1	유	4	B
9	수영고	이진국	2	유	12	D
10	명천고	안현정	5	무	6	B
11						
12			<등급표>			
13	내신등급	1	4	7	11	14
14	등급	A	B	C	D	E

수식의 이해

중첩 함수가 사용된 수식을 만들 때는 최종적으로 값을 반환하는, 즉 가장 바깥쪽에 사용할 함수부터 찾아서 수식을 세우고 수식을 이해할 때는 우선순위에 따라 안쪽에서부터 바깥쪽 방향으로 하나씩 상수로 변환하면서 이해하면 쉽습니다.

=IFERROR(HLOOKUP(E3, $B$13:$F$14, 2), "등급오류")

❶

• ❶ HLOOKUP(E3, $B$13:$F$14, 2) : [E3] 셀의 값이 2이므로 계산 순서는 다음과 같습니다.

– ㉠ : [B13:F14] 영역의 첫 번째 행에서 2를 넘지 않는 근사값을 찾습니다. B열에 있는 1을 찾습니다.

– ㉡ : 1이 있는 열에서 2행에 있는 값 "A"를 찾아서 반환합니다.

	A	B	C	D	E	F
12		㉠	<등급표>			
13	내신등급	1	4	7	11	14
14	등급	A ㉡	B	C	D	E

• =IFERROR(❶, "등급오류") : ❶의 결과가 오류가 아니고 "A"를 반환하므로 [F3] 셀에 "A"가 입력됩니다.

전문가의 조언

HLOOKUP 함수는 범위로 정한 영역의 첫 번째 행에서 특정 기준값으로 자료를 찾고, 그 자료가 속한 열 중에서 필요한 값이 있는 행의 위치를 지정하여 값을 반환하는 함수입니다. 자세한 내용은 46쪽을 참고하세요.

023 과일의 평균 판매 금액 계산하기 – DAVERAGE

DAVERAGE 함수는 데이터 목록에서 조건에 맞는 자료만의 평균을 계산할 때 사용하는 함수입니다. 데이터 목록은 행(레코드)과 열(필드)로 이루어진 관련 데이터의 모임으로 목록의 첫째 행에는 반드시 각 열의 제목(필드명)이 있어야 합니다. 그리고 DAVERAGE 함수와 같은 데이터베이스 함수는 데이터 목록과는 별도의 셀에 조건을 지정한 후 함수의 인수로 사용하는 것이 일반적입니다.

형식 DAVERAGE(범위, 열 번호, 조건) : 해당 '범위'에서 '조건'에 맞는 자료를 대상으로 지정된 '열 번호'에서 평균을 계산합니다.

준비하세요! : 'C:\길벗컴활2급\06 부록' 폴더의 'DAVERAGE.xlsm' 파일을 열어 '기본' 시트에서 실습하세요.

DAVERAGE 함수를 이용하여 품목별로 평균 판매 금액을 계산해 보겠습니다.

	A	B	C	D	E	F
1		과일 판매 현황				
2		날짜	품명	수량	단가	금액
3		1	사과	10	100	1,000
4		1	배	20	200	4,000
5		1	감	30	300	9,000
6		2	사과	10	100	1,000
7		2	배	20	200	4,000
8		2	감	10	300	3,000
9						
10			<품목별 금액의 평균>			
11			품명	품명	품명	
12			사과	배	감	
13		❶	1,000	4,000	6,000	❷

❶ =DAVERAGE(B2:F8, 5, C11:C12) : [B2:F8] 영역에서 [C11:C12] 영역의 조건, 즉 품명이 "사과"인 과일의 금액들을 5열(F)에서 찾은 후 금액들(1,000, 1,000)의 평균인 1,000이 [C13] 셀에 입력됩니다.

❷ =DAVERAGE(B2:F8, 5, E11:E12) : [B2:F8] 영역에서 [E11:E12] 영역의 조건, 즉 품명이 "감"인 과일의 금액들을 5열(F)에서 찾은 후 금액들(9,000, 3,000)의 평균인 6,000이 [E13] 셀에 입력됩니다.

조건을 지정할 때는 반드시 데이터 목록의 필드명과 같은 필드명을 사용해야 합니다.

기출문제 따라잡기 '기출' 시트에서 실습하세요.

"출신고"가 "우주고"인 학생들의 종합 점수 평균을 구하여 표시하세요.

▶ 우주고 종합 평균은 소수점 이하 둘째 자리에서 반올림하여 첫째 자리까지 표시 [표시 예 : 64.66 → 64.7]

	A	B	C	D	E	F
1		경시대회 성적				
2		성명	출신고	필기	실기	종합
3		고영인	우주고	75	95	85
4		성수영	대한고	77	89	83
5		구정철	우주고	88	93	90.5
6		박대철	우주고	91	67	79
7		전소영	상공고	85	56	70.5
8						
9				우주고 종합 평균		
10				84.8		

정답 [D10] : =ROUND(DAVERAGE(B2:F7, 5, C2:C3), 1)

수식의 이해

중첩 함수가 사용된 수식을 만들 때는 최종적으로 값을 반환하는, 즉 가장 바깥쪽에 사용할 함수부터 찾아서 수식을 세우고 수식을 이해할 때는 우선순위에 따라 안쪽에서부터 바깥쪽 방향으로 하나씩 상수로 변환하면서 이해하면 쉽습니다.

=ROUND(DAVERAGE(B2:F7, 5, C2:C3), 1)
❶

- ❶ DAVERAGE(B2:F7, 5, C2:C3) : [B2:F7] 영역에서 [C2:C3] 영역의 조건, 즉 출신고가 "우주고"인 학생들([C3], [C5], [C6])의 종합 점수를 5열(F)에서 찾은 후 찾은 종합 점수들(85, 90.5, 79)의 평균인 84.833…을 반환합니다. 84.833…을 ❶에 대입하면 다음과 같습니다.
- =ROUND(84.833…, 1) : 84.833…을 소수점 이하 둘째 자리에서 반올림하여 소수점 이하 첫째 자리까지 표시한 84.8이 [D10] 셀에 입력됩니다.

전문가의 조언

- ROUND 함수는 숫자를 지정한 자릿수로 반올림하여 표시하는 함수입니다. 자세한 내용은 38쪽을 참고하세요.
- 데이터베이스 함수는 데이터 목록과는 별도의 셀에 조건을 지정한 후 함수의 인수로 사용하는 것이 일반적이지만 위 문제처럼 데이터 목록 내의 값(C2:C3)을 함수의 조건 인수로 사용할 수도 있습니다.

024 가장 적게 팔린 과일의 금액 찾기 – DMIN

DMIN 함수는 데이터 목록에서 조건에 맞는 자료 중 가장 작은 값을 찾을 때 사용하는 함수입니다. 데이터 목록은 행(레코드)과 열(필드)로 이루어진 관련 데이터의 모임으로, 목록의 첫째 행에는 반드시 각 열의 제목(필드명)이 있어야 합니다. 그리고 DMIN 함수와 같은 데이터베이스 함수는 데이터 목록과는 별도의 셀에 조건을 지정한 후 함수의 인수로 사용하는 것이 일반적입니다.

형식 DMIN(범위, 열 번호, 조건) : 해당 '범위'에서 '조건'에 맞는 자료를 대상으로 지정된 '열 번호'에서 가장 작은 값을 찾습니다.

준비하세요! : 'C:\길벗컴활2급\06 부록' 폴더의 'DMIN.xlsm' 파일을 열어 '기본' 시트에서 실습하세요.

DMIN 함수를 이용하여 품목별로 최소 판매 금액을 찾아 보겠습니다.

	A	B	C	D	E	F
1			과일 판매 현황			
2		날짜	품명	수량	단가	금액
3		1	사과	10	100	1,000
4		1	배	20	200	4,000
5		1	배	30	200	6,000
6		2	사과	20	100	2,000
7		2	배	20	200	4,000
8		2	감	30	300	9,000
9						
10			<품목별 최소 판매 금액>			
11			품명	품명	품명	
12			사과	배	감	
13			1,000 ❶	4,000 ❷	9,000	

❶ DMIN(B2:F8, 5, C11:C12) : [B2:F8] 영역에서 [C11:C12] 영역의 조건, 즉 품명이 "사과"인 과일의 금액을 5열(F)에서 찾은 후 그 금액들(1,000, 2,000) 중 가장 작은 금액인 1,000이 [C13] 셀에 입력됩니다.

❷ =DMIN(B2:F8, 5, D11:D12) : [B2:F8] 영역에서 [D11:D12] 영역의 조건, 즉 품명이 "배"인 과일의 금액을 5열(F)에서 찾은 후 그 금액들(4,000, 6,000, 4,000) 중 가장 작은 금액인 4,000이 [D13] 셀에 입력됩니다.

조건을 지정할 때는 반드시 데이터 목록의 필드명과 같은 필드명을 사용해야 합니다.

기출문제 따라잡기

'기출' 시트에서 실습하세요.

구분이 "사탐"인 과목 중에서 표준편차의 최고점수와 최저점수의 차이값을 구하세요.

▶ [C11:C12] 영역에 조건을 입력하여 함수 적용

	A	B	C	D	E
1		선택과목 원점수 평균 및 표준편차			
2		구분	과목명	평균	표준편차
3		직탐	프로그래밍	21.19	10.56
4		사탐	한국지리	14.05	7.32
5		사탐	국사	23.34	12.33
6		사탐	윤리	23.22	8.31
7		과탐	생물	15.03	9.86
8		사탐	세계지리	15.31	8.97
9		직탐	공업입문	27.05	14.02
10					
11			구분	차이값	
12			사탐	5.01	

정답
- **먼저 [C11] 셀에 구분, [C12] 셀에 사탐을 입력하여 조건을 만든 후 [D12] 셀에 수식을 입력합니다.**
- **[D12] : =DMAX(B2:E9, 4, C11:C12) – DMIN(B2:E9, 4, C11:C12)**

수식의 이해

=DMAX(B2:E9, 4, C11:C12) – DMIN(B2:E9, 4, C11:C12)
❶ ❷

- ❶ **DMAX(B2:E9, 4, C11:C12)** : [B2:E9] 영역에서 [C11:C12] 영역의 조건, 즉 구분이 "사탐"인 학생의 표준편차를 4열(E)에서 찾은 후 찾은 표준편차들(7.32, 12.33, 8.31, 8.97) 중 가장 큰 12.33을 반환합니다.
- ❷ **DMIN(B2:E9, 4, C11:C12)** : [B2:E9] 영역에서 [C11:C12] 영역의 조건, 즉 구분이 "사탐"인 학생의 표준편차를 4열(E)에서 찾은 후 찾은 표준편차들(7.32, 12.33, 8.31, 8.97) 중 가장 작은 7.32를 반환합니다. 12.33과 7.32를 ❶과 ❷에 대입하면 다음과 같습니다.
- **=12.33 – 7.32** : 12.33에서 7.32를 뺀 5.01이 [D12] 셀에 입력됩니다.

전문가의 조언

'열 번호'에 4 대신 필드명인 **표준편차**를 직접 입력하거나 셀 주소인 **E2**를 입력해도 됩니다. 필드명 중 '구분'은 첫 번째 필드이고, '표준편차'는 네 번째 필드입니다.

025 가장 많이 팔린 과일의 금액 찾기 – DMAX

DMAX 함수는 데이터 목록에서 조건에 맞는 자료 중 가장 큰 값을 찾을 때 사용하는 함수입니다. 데이터 목록은 행(레코드)과 열(필드)로 이루어진 관련 데이터의 모임으로, 목록의 첫째 행에는 반드시 각 열의 제목(필드명)이 있어야 합니다. 그리고 DMAX 함수와 같은 데이터베이스 함수는 데이터 목록과는 별도의 셀에 조건을 지정한 후 함수의 인수로 사용하는 것이 일반적입니다.

형식 DMAX(범위, 열 번호, 조건) : 해당 '범위'에서 '조건'에 맞는 자료를 대상으로 지정된 '열 번호'에서 가장 큰 값을 찾습니다.

준비하세요! : 'C:\길벗컴활2급\06 부록' 폴더의 'DMAX.xlsm' 파일을 열어 '기본' 시트에서 실습하세요.

DMAX 함수를 이용하여 품목별로 최대 판매 금액을 찾아보겠습니다.

	A	B	C	D	E	F
1		과일 판매 현황				
2		날짜	품명	수량	단가	금액
3		1	사과	10	100	1,000
4		1	배	20	200	4,000
5		1	배	30	200	6,000
6		2	사과	20	100	2,000
7		2	배	20	200	4,000
8		2	감	30	300	9,000
9						
10			<품목별 최대 판매 금액>			
11			품명	품명	품명	
12			사과	배	감	
13			2,000	6,000	9,000	

❶ =DMAX(B2:F8, 5, C11:C12) : [B2:F8] 영역에서 [C11:C12] 영역의 조건, 즉 품명이 "사과"인 과일의 금액을 5열(F)에서 찾은 후 그 금액들(1,000, 2,000) 중 가장 큰 금액인 2,000이 [C13] 셀에 입력됩니다.

❷ =DMAX(B2:F8, 5, D11:D12) : [B2:F8] 영역에서 [D11:D12] 영역의 조건, 즉 품명이 "배"인 과일의 금액을 5열(F)에서 찾은 후 그 금액들(4,000, 6,000, 4,000) 중 가장 큰 금액인 6,000이 [D13] 셀에 입력됩니다.

조건을 지정할 때는 반드시 데이터 목록의 필드명과 같은 필드명을 사용해야 합니다.

기출문제 따라잡기　'기출' 시트에서 실습하세요.

구분이 "사탐"인 과목 중에서 표준편차의 최고점수와 최저점수의 차이값을 구하세요.

▶ [C11:C12] 영역에 조건을 입력하여 함수 적용

	A	B	C	D	E
1		선택과목 원점수 평균 및 표준편차			
2		구분	과목명	평균	표준편차
3		직탐	프로그래밍	21.19	10.56
4		사탐	한국지리	14.05	7.32
5		사탐	국사	23.34	12.33
6		사탐	윤리	23.22	8.31
7		과탐	생물	15.03	9.86
8		사탐	세계지리	15.31	8.97
9		직탐	공업입문	27.05	14.02
10					
11			구분	차이값	
12			사탐	5.01	

정답
- **먼저 [C11] 셀에 구분, [C12] 셀에 사탐을 입력하여 조건을 만든 후 [D12] 셀에 수식을 입력합니다.**
- **[D12] : =DMAX(B2:E9, 4, C11:C12) – DMIN(B2:E9, 4, C11:C12)**

수식의 이해

=DMAX(B2:E9, 4, C11:C12) – DMIN(B2:E9, 4, C11:C12)
　　　　❶　　　　　　　　　　❷

- ❶ **DMAX(B2:E9, 4, C11:C12)** : [B2:E9] 영역에서 [C11:C12] 영역의 조건, 즉 구분이 "사탐"인 학생의 표준편차를 4열(E)에서 찾은 후 찾은 표준편차들(7.32, 12.33, 8.31, 8.97) 중 가장 큰 12.33을 반환합니다.
- ❷ **DMIN(B2:E9, 4, C11:C12)** : [B2:E9] 영역에서 [C11:C12] 영역의 조건, 즉 구분이 "사탐"인 학생의 표준편차를 4열(E)에서 찾은 후 찾은 표준편차들(7.32, 12.33, 8.31, 8.97) 중 가장 작은 7.32를 반환합니다. 12.33과 7.32를 ❶과 ❷에 대입하면 다음과 같습니다.
- **=12.33 – 7.32** : 12.33에서 7.32를 뺀 5.01이 [D12] 셀에 입력됩니다.

전문가의 조언

'열 번호'에 4 대신 필드명인 **표준편차**를 직접 입력하거나 셀 주소인 **E2**를 입력해도 됩니다. 필드명 중 '구분'은 첫 번째 필드이고, '표준편차'는 네 번째 필드입니다.

026 과일의 판매 수량 합계 계산하기 – DSUM

DSUM 함수는 데이터 목록에서 조건에 맞는 자료들의 합계를 계산할 때 사용하는 함수입니다. 데이터 목록은 행(레코드)과 열(필드)로 이루어진 관련 데이터의 모임으로 목록의 첫째 행에는 반드시 각 열의 제목(필드명)이 있어야 합니다. 그리고 DSUM 함수와 같은 데이터베이스 함수는 데이터 목록과는 별도의 셀에 조건을 지정한 후 함수의 인수로 사용하는 것이 일반적입니다.

형식 DSUM(범위, 열 번호, 조건) : 해당 '범위'에서 '조건'에 맞는 자료를 대상으로 지정된 '열 번호'에서 합계를 계산합니다.

준비하세요! : 'C:\길벗컴활2급\06 부록' 폴더의 'DSUM.xlsm' 파일을 열어 '기본' 시트에서 실습하세요.

DSUM 함수를 이용하여 품목별로 판매 수량의 합계를 계산해 보겠습니다.

	A	B	C	D	E	F
1		과일 판매 현황				
2		날짜	품명	수량	단가	금액
3		1	사과	10	100	1,000
4		1	배	20	200	4,000
5		1	배	30	200	6,000
6		2	사과	20	100	2,000
7		2	배	20	200	4,000
8		2	감	30	300	9,000
9						
10			<품목별 판매 수량의 합계>			
11			품명	품명	품명	
12			사과	배	감	
13		❶	30	70	30	❷

❶ =DSUM(B2:F8, 3, C11:C12) : [B2:F8] 영역에서 [C11:C12] 영역의 조건, 즉 품명이 "사과"인 과일의 수량을 3열(D)에서 찾아 그 수량들(10, 20)의 합계인 30이 [C13] 셀에 입력됩니다.

❷ =DSUM(B2:F8, 3, E11:E12) : [B2:F8] 영역에서 [E11:E12] 영역의 조건, 즉 품명이 "감"인 과일의 수량을 3열(D)에서 찾아 그 수량(30)의 합계인 30이 [E13] 셀에 입력됩니다.

조건을 지정할 때는 반드시 데이터 목록의 필드명과 같은 필드명을 사용해야 합니다.

기출문제 따라잡기 '기출' 시트에서 실습하세요.

부서명이 "총무부"인 사원들의 출장비 합계를 총무부합계에 표시하세요.

정답 [E10] : =DSUM(B2:E8, 4, C2:C3)

	A	B	C	D	E
1		부서별 출장비 지급 내역			
2		일자	부서명	신청자	출장비
3		03월 05일	총무부	김승찬	123,000
4		03월 10일	홍보부	박준영	58,000
5		04월 04일	총무부	전운덕	64,000
6		04월 11일	인사부	정동명	115,000
7		04월 13일	홍보부	조순철	44,000
8		04월 15일	총무부	황규태	134,000
9					
10				총무부합계	321,000

수식의 이해

=DSUM(B2:E8, 4, C2:C3)

[B2:E8] 영역에서 [C2:C3] 영역의 조건, 즉 부서명이 "총무부"인 직원들([C3], [C5], [C8])의 출장비를 4열(E)에서 찾아 그 출장비들(123,000, 64,000, 134,000)의 합계인 321,000이 [E10] 셀에 입력됩니다.

전문가의 조언

'열 번호'에 4 대신 필드명인 **출장비**를 직접 입력하거나 셀 주소인 **E2**를 입력해도 됩니다. 필드명 중 '일자'는 첫 번째 필드이고, '출장비'는 네 번째 필드입니다.

027 과일의 판매 건수 계산하기 – DCOUNTA

DCOUNTA 함수는 데이터 목록에서 조건에 맞는 자료 중 데이터가 있는 레코드의 개수를 계산할 때 사용하는 함수입니다. 데이터 목록은 행(레코드)과 열(필드)로 이루어진 관련 데이터의 모임으로 목록의 첫째 행에는 반드시 각 열의 제목(필드명)이 있어야 합니다. 그리고 DCOUNTA 함수와 같은 데이터베이스 함수는 데이터 목록과는 별도의 셀에 조건을 지정한 후 함수의 인수로 사용하는 것이 일반적입니다.

형식 DCOUNTA(범위, 열 번호, 조건) : 해당 '범위'에서 '조건'에 맞는 자료를 대상으로 지정된 '열 번호'에서 비어 있지 않은 셀의 개수를 계산합니다.

준비하세요! : 'C:\길벗컴활2급\06 부록' 폴더의 'DCOUNTA.xlsm' 파일을 열어 '기본' 시트에서 실습하세요.

DCOUNTA 함수를 이용하여 품목별로 판매 건수를 계산해 보겠습니다.

	A	B	C	D	E	F
1		과일 판매 현황				
2		날짜	품명	수량	단가	금액
3		1	사과	10	100	1,000
4		1	배	20	200	4,000
5		1	배	30	200	6,000
6		2	사과	10	100	1,000
7		2	배	20	200	4,000
8		2	감	10	300	3,000
9						
10			<품목별 주문 건수>			
11			품명	품명	품명	
12			사과	배	감	
13		❶	2	3	1	❷

❶ =DCOUNTA(B2:F8, 2, C11:C12) : [B2:F8] 영역에서 [C11:C12] 영역의 조건, 즉 품명이 "사과"인 과일을 2열(C)에서 찾은 후 그 개수인 2가 [C13] 셀에 입력됩니다.

❷ =DCOUNTA(B2:F8, 2, E11:E12) : [B2:F8] 영역에서 [E11:E12] 영역의 조건, 즉 품명이 "감"인 과일을 2열(C)에서 찾은 후 그 개수인 1이 [E13] 셀에 입력됩니다.

조건을 지정할 때는 반드시 데이터 목록의 필드명과 같은 필드명을 사용해야 합니다.

기출문제 따라잡기 '기출' 시트에서 실습하세요.

상태가 "쾌적"인 일수를 구하여 표시하세요.

▶ 일수 뒤에 "일"을 표시 [표시 예 : 5일]

정답 [C15] : =DCOUNTA(B2:D12, 3, B14:B15) & "일"

	A	B	C	D
1		불쾌지수 현황		
2		날짜	불쾌지수	상태
3		07월 22일	84	심한불쾌
4		07월 23일	94	심한불쾌
5		07월 24일	83	심한불쾌
6		07월 25일	75	불쾌
7		07월 26일	70	쾌적
8		07월 27일	67	쾌적
9		07월 28일	69	쾌적
10		07월 29일	73	불쾌
11		07월 30일	79	불쾌
12		07월 31일	82	심한불쾌
13				
14		상태	일수	
15		쾌적	3일	

수식의 이해

=DCOUNTA(B2:D12, 3, B14:B15) & "일"
❶

- ❶ **DCOUNTA(B2:D12, 3, B14:B15)** : [B2:D12] 영역에서 [B14:B15] 영역의 조건, 즉 상태가 "쾌적"인 날(D7, D8, D9)을 3열(D)에서 찾아 그 상태들의 개수인 3을 반환합니다. 3을 ❶에 대입하면 다음과 같습니다.
- **=3 & "일"** : 문자열 결합 연산자(&)에 의해 3과 "일"이 합쳐진 "3일"이 [C15] 셀에 입력됩니다.

※ 이 문제에서 열 번호는 빈 셀이 없는 열을 지정하면 되므로 3 대신 1, 2 중 하나를 입력해도 됩니다.

028 과일의 판매 건수 계산하기 – DCOUNT

19.상시, 15.상시, 10.3, 10.1

DCOUNT 함수는 데이터 목록에서 조건에 맞는 자료 중 숫자가 있는 레코드의 개수를 계산할 때 사용하는 함수입니다. 데이터 목록은 행(레코드)과 열(필드)로 이루어진 관련 데이터의 모임으로, 목록의 첫째 행에는 반드시 각 열의 제목(필드명)이 있어야 합니다. 그리고 DCOUNT 함수와 같은 데이터베이스 함수는 데이터 목록과는 별도의 셀에 조건을 지정한 후 함수의 인수로 사용하는 것이 일반적입니다. 문자, 오류값 등이 들어 있는 셀의 개수도 세어야 할 때는 DCOUNTA 함수를 사용하세요.

형식 DCOUNT(범위, 열 번호, 조건) : 해당 '범위'에서 '조건'에 맞는 자료를 대상으로 지정된 '열 번호'에서 숫자가 있는 셀의 개수를 계산합니다.

준비하세요! : 'C:\길벗컴활2급\06 부록' 폴더의 'DCOUNT.xlsm' 파일을 열어 '기본' 시트에서 실습하세요.

DCOUNT 함수를 이용하여 품목별로 판매 건수를 계산해 보겠습니다.

	A	B	C	D	E	F
1				과일 판매 현황		
2		날짜	품명	수량	단가	금액
3		1	사과	10	100	1,000
4		1	배	20	200	4,000
5		1	배	취소	취소	취소
6		2	사과	10	100	1,000
7		2	배	20	200	4,000
8		2	감	10	300	3,000
9						
10				<품목별 판매 건수>		
11			품명	품명	품명	
12			사과	배	감	
13		❶	2	2	1	

❶ =DCOUNT(B2:F8, 5, C11:C12) : [B2:F8] 영역에서 [C11:C12] 영역의 조건, 즉 품명이 "사과"인 과일의 금액을 5열(F)에서 찾은 후 찾은 금액들(1,000, 1,000)의 개수인 2가 [C13] 셀에 입력됩니다.

❷ =DCOUNT(B2:F8, 5, D11:D12) : [B2:F8] 영역에서 [D11:D12] 영역의 조건, 즉 품명이 '배'인 과일의 금액을 5열(F)에서 찾은 후 찾은 금액들(4,000, 취소, 4,000) 중 숫자가 있는 셀의 개수인 2가 [D13] 셀에 입력됩니다.

조건을 지정할 때는 반드시 데이터 목록의 필드명과 같은 필드명을 사용해야 합니다.

기출문제 따라잡기 '기출' 시트에서 실습하세요.

희망부서가 "기획부"인 사원의 인원수를 구하세요.

▶ 인원수 뒤에 "명"을 표시 [표시 예 : 3명]

정답 [C17] : =DCOUNT(B2:D14, 3, B16:B17) & "명"

	A	B	C	D
1			신입 사원 현황	
2		사원번호	희망부서	입사시험 성적
3		A1204	영업부	98
4		A1205	총무부	76
5		A1206	기획부	86
6		A1207	총무부	80
7		A1208	총무부	65
8		A1209	기획부	100
9		A1210	기획부	98
10		A1211	영업부	85
11		A1212	기획부	100
12		A1213	총무부	90
13		A1214	기획부	85
14		A1215	영업부	75
15				
16		희망부서	인원수	
17		기획부	5명	

수식의 이해

=DCOUNT(B2:D14, 3, B16:B17) & "명"
❶

- ❶ **DCOUNT(B2:D14, 3, B16:B17)** : [B2:D14] 영역에서 [B16:B17] 영역의 조건, 즉 희망부서가 "기획부"인 사원들([C5], [C8], [C9], [C11], [C13])의 입사시험 성적을 3열(D)에서 찾아 그 입사시험 성적의 개수인 5를 반환합니다. 5를 ❶에 대입하면 다음과 같습니다.
- **=5 & "명"** : 문자열 결합 연산자(&)에 의해 5와 "명"이 합쳐진 "5명"이 [C17] 셀에 입력됩니다.

※ DCOUNT 함수는 조건을 만족하는 숫자의 개수를 구하는 함수이므로 개수를 구할 열 번호는 숫자가 입력된 3열을 지정해야 합니다.

029 1에 가까운 방향으로 자리 올림하기 — ROUNDUP

ROUNDUP 함수는 숫자를 지정한 자릿수로 자리 올림하여 표시하는 함수입니다. 예를 들어 'ROUNDUP(35.6713, 2)'라면 35.6713을 소수 셋째 자리에서 자리 올림하여 소수 이하 둘째 자리까지 표시하므로 35.68이 됩니다.

형식 ROUNDUP(인수, 올림 자릿수) : '인수'에 대하여 지정한 '자릿수'로 올림합니다.

준비하세요! : 'C:\길벗컴활2급\06 부록' 폴더의 'ROUNDUP.xlsm' 파일을 열어 '기본' 시트에서 실습하세요.

ROUNDUP 함수로 평균을 소수 첫째 자리에서 자리 올림하겠습니다.

	A	B	C	D	E	F	G
1		심사 결과					
2		이름	근무	능력	실적	평균	평가점수
3		박주형	72	78	80	76.6667	77 ❶
4		남영진	100	90	94	94.6667	95
5		강구라	100	90	93	94.3333	95 ❷
6		안미리	76	72	70	72.6667	73
7		조석구	75	72	70	72.3333	73

❶ =ROUNDUP(F3, 0) : [F3] 셀의 값 76.6667을 소수 이하 1자리에서 자리 올림하여 소수 이하 0자리까지 표시하므로 77이 [G3] 셀에 입력됩니다.

❷ =ROUNDUP(F5, 0) : [F5] 셀의 값 94.333을 소수 이하 1자리에서 자리 올림하여 소수 이하 0자리까지 표시하므로 95가 [G5] 셀에 입력됩니다.

기출문제 따라잡기 '기출' 시트에서 실습하세요.

판매수량과 할인율표를 이용하여 할인액을 계산하세요.

▶ 할인액 = 판매금액 × 할인율

▶ 할인액은 십의 자리에서 올림하여 백의 자리까지 표시
[표시 예 : 34,530 → 34,600]

	A	B	C	D	E	F
1		상공 문구 판매 현황				
2		제품명	판매가격	판매수량	판매금액	할인액
3		다이어리	2,550	55	140,250	4,300
4		수첩	12,350	65	802,750	24,100
5		명함꽂이	3,450	60	207,000	6,300
6		딱풀	765	100	76,500	4,600
7		붓	7,650	77	589,050	35,400
8						
9			<할인율표>			
10		판매수량	1	40	70	
11		할인율	0%	3%	6%	

정답 [F3] : =ROUNDUP(E3 * HLOOKUP(D3, $C$10:$E$11, 2), −2)

수식의 이해

=ROUNDUP(E3 * HLOOKUP(D3, C10:E11, 2), −2)

(❶ = HLOOKUP(D3, C10:E11, 2))

- ❶ **HLOOKUP(D3, C10:E11, 2)** : [D3] 셀의 값이 55이므로 계산 순서는 다음과 같습니다.
  - [C10:E11] 영역의 첫 번째 행에서 55를 넘지 않는 근사값을 찾습니다. D열에 있는 40을 찾습니다.
  - 40이 있는 열에서 2행에 있는 값 3%를 찾아서 반환합니다.
  - 3%를 ❶에 대입하면 다음과 같습니다.
- **=ROUNDUP(E3 * 3%, −2)** : [E3] 셀의 값 140,250에 3%를 곱한 값 4,207.5를 십의 자리에서 자리 올림하여 백의 자리까지 표시한 4,300이 [F3] 셀에 입력됩니다.

ROUNDUP 함수의 올림 자릿수

올림 자릿수가 0보다 크면 숫자는 지정한 소수 이하 자릿수로, 0이면 가장 가까운 정수로, 0보다 작으면 소수점 왼쪽에서 올림됩니다.

3	8	6	4	.	5	5	8	8
−3자리	−2자리	−1자리	0자리		1자리	2자리	3자리	4자리

전문가의 조언

HLOOKUP 함수는 범위로 정한 영역의 첫 번째 행에서 특정 기준값으로 자료를 찾고, 그 자료가 속한 열 중에서 필요한 값이 있는 행의 위치를 지정하여 값을 반환하는 함수입니다. 자세한 내용은 46쪽을 참고하세요.

030 조건에 맞는 품목의 합계 구하기 – SUMIF

SUMIF 함수는 많은 자료 중에서 조건에 맞는 데이터만 찾아서 합계를 구하는 함수입니다. 조건이 적용될 범위에서 조건에 맞는 데이터를 찾아 합계를 구할 범위 중 같은 행에 있는 값들의 합계를 계산합니다.

형식 SUMIF(조건이 적용될 범위, 조건, 합계를 구할 범위) : '조건이 적용될 범위'에서 '조건'에 맞는 셀을 찾아 '합계를 구할 범위' 중 같은 행에 있는 값들의 합계를 계산합니다.

준비하세요! : 'C:\길벗컴활2급\06 부록' 폴더의 'SUMIF.xlsm' 파일을 열어 '기본' 시트에서 실습하세요.

SUMIF 함수를 이용하여 품목별 판매 금액의 합계를 계산해 보겠습니다.

	A	B	C	D	E	F	G
1	판매현황					품목별 합계	
2							
3	품목	수량	단가	금액		품목	금액
4	냉장고	6	250	1,500		컴퓨터	7,500 ❶
5	컴퓨터	8	300	2,400		캠코더	6,000
6	냉장고	5	250	1,250		냉장고	2,750 ❷
7	캠코더	7	500	3,500			
8	컴퓨터	10	300	3,000			
9	캠코더	5	500	2,500			
10	컴퓨터	7	300	2,100			

❶ =SUMIF(A4:A10, "컴퓨터", D4:D10) : [A4:A10] 영역에서 "컴퓨터"가 입력된 셀을 찾아, [D4:D10] 영역의 같은 행에 있는 금액들(2,400, 3,000, 2,100)의 합계인 7,500이 [G4] 셀에 입력됩니다.

❷ =SUMIF(A4:A10, "냉장고", D4:D10) : [A4:A10] 영역에서 "냉장고"가 입력된 셀을 찾아, [D4:D10] 영역의 같은 행에 있는 금액들(1,500, 1,250)의 합계인 2,750이 [G6] 셀에 입력됩니다.

기출문제 따라잡기

'기출' 시트에서 실습하세요.

직위가 "사원"인 실적의 합계와 직위가 "대리"인 실적의 합계 차이를 구하여 절대값으로 표시하세요.

	A	B	C	D	E
1		사원별 실적 현황			
2		사원명	직위	목표액	실적
3		서용석	대리	4,500	4,250
4		신영균	사원	3,600	3,590
5		장영식	대리	3,200	3,210
6		김인수	사원	4,230	4,200
7		전지현	대리	3,780	3,890
8					
9			차이값	3,560	

정답 [D9] : =ABS(SUMIF(C3:C7, "사원", E3:E7) – SUMIF(C3:C7, "대리", E3:E7))

수식의 이해

중첩 함수가 사용된 수식을 만들 때는 최종적으로 값을 반환하는, 즉 가장 바깥쪽에 사용할 함수부터 찾아서 수식을 세우고 수식을 이해할 때는 우선순위에 따라 안쪽에서부터 바깥쪽 방향으로 하나씩 상수로 변환하면서 이해하면 쉽습니다.

=ABS(SUMIF(C3:C7, "사원", E3:E7) – SUMIF(C3:C7, "대리", E3:E7))
❶ ❷

- ❶ **SUMIF(C3:C7, "사원", E3:E7)** : [C3:C7] 영역에서 "사원"이 입력된 셀([C4], [C6])을 찾은 후 [E3:E7] 영역의 같은 행([E4], [E6])에 있는 실적들의 값(3,590, 4,200)을 더한 7,790을 반환합니다.
- ❷ **SUMIF(C3:C7, "대리", E3:E7)** : [C3:C7] 영역에서 "대리"가 입력된 셀([C3], [C5], [C7])을 찾은 후 [E3:E7] 영역의 같은 행([E3], [E5], [E7])에 있는 실적들의 값(4,250, 3,210, 3,890)을 더한 11,350을 반환합니다. 7,790과 11,350을 각각 ❶, ❷에 대입하면 다음과 같습니다.
- **=ABS(7790 – 11350)** : 7,790 – 11,350의 결과인 –3,560의 절대값 3,560이 [D9] 셀에 입력됩니다.

031 절대값 계산하기 – ABS

24.상시, 23.상시, 22.상시, 21.상시, 19.상시, 09.1, 06.1, 05.2, 05.1, 03.3

ABS 함수는 숫자의 부호 없이 숫자의 크기만을 나타내는 절대값을 계산할 때 사용합니다. 예를 들어, -5의 절대값은 5이고 +5의 절대값도 5입니다. 절대값은 특정 값과의 차이를 알아내서 비교할 때 많이 사용됩니다.

형식 ABS(인수) : '인수'로 주어진 숫자의 절대값을 계산합니다.

준비하세요! : 'C:\길벗컴활2급\06 부록' 폴더의 'ABS.xlsm' 파일을 열어 '기본' 시트에서 실습하세요.

ABS 함수를 이용하여 키에 대한 평균과의 차이를 절대값으로 표시해 보겠습니다.

	A	B	C	D	E	F
1		길벗고 신장 비교표				
2						
3		성명	성별	키	평균과의 차이	절대값
4		고신애	여	168	-2	2 ❶
5		김애자	여	165	-5	5
6		김혁민	남	180	10	10
7		박수동	남	175	5	5 ❷
8		서수일	남	179	9	9
9		소성환	남	180	10	10
10		신길자	여	155	-15	15 ❸
11		이승혁	남	168	-2	2
12		조보람	여	162	-8	8 ❹
13		평균		170		

❶ =ABS(E4) : [E4] 셀의 숫자에 절대값을 취한 값인 2가 [F4] 셀에 입력됩니다.

❷ =ABS(E7) : [E7] 셀의 숫자에 절대값을 취한 값인 5가 [F7] 셀에 입력됩니다.

❸ =ABS(E10) : [E10] 셀의 숫자에 절대값을 취한 값인 15가 [F10] 셀에 입력됩니다.

❹ =ABS(E12) : [E12] 셀의 숫자에 절대값을 취한 값 인 8이 [F12] 셀에 입력됩니다.

기출문제 따라잡기

'기출' 시트에서 실습하세요.

직위가 "사원"인 실적의 합계와 직위가 "대리"인 실적의 합계 차이를 구하여 절대값으로 표시하세요.

	A	B	C	D	E
1		사원별 실적 현황			
2		사원명	직위	목표액	실적
3		서용석	대리	4,500	4,250
4		신영균	사원	3,600	3,590
5		장영식	대리	3,200	3,210
6		김인수	사원	4,230	4,200
7		전지현	대리	3,780	3,890
8					
9			차이값	3,560	

정답 [D9] : =ABS(SUMIF(C3:C7, "사원", E3:E7) – SUMIF(C3:C7, "대리", E3:E7))

수식의 이해

중첩 함수가 사용된 수식을 만들 때는 최종적으로 값을 반환하는, 즉 가장 바깥쪽에 사용할 함수부터 찾아서 수식을 세우고 수식을 이해할 때는 우선순위에 따라 안쪽에서부터 바깥쪽 방향으로 하나씩 상수로 변환하면서 이해하면 쉽습니다.

=ABS(SUMIF(C3:C7, "사원", E3:E7) – SUMIF(C3:C7, "대리", E3:E7))
❶ ❷

- ❶ **SUMIF(C3:C7, "사원", E3:E7)** : [C3:C7] 영역에서 "사원"이 입력된 셀([C4], [C6])을 찾은 후 [E3:E7] 영역의 같은 행([E4], [E6])에 있는 실적들의 값(3,590, 4,200)을 더한 7,790을 반환합니다.
- ❷ **SUMIF(C3:C7, "대리", E3:E7)** : [C3:C7] 영역에서 "대리"가 입력된 셀([C3], [C5], [C7])을 찾은 후 [E3:E7] 영역의 같은 행([E3], [E5], [E7])에 있는 실적들의 값(4,250, 3,210, 3,890)을 더한 11,350을 반환합니다. 7,790과 11,350을 각각 ❶, ❷에 대입하면 다음과 같습니다.
- **=ABS(7790 – 11350)** : 7,790 – 11,350의 결과인 –3,560의 절대값 3,560이 [D9] 셀에 입력됩니다.

032 나머지 계산하기 – MOD

23.상시, 22.상시, 21.상시, 19.상시, 18.2, 13.1, 10.2, 09.3, 09.2, 06.4, 05.3, 03.2

MOD 함수는 숫자를 나누기한 후 나머지를 구하는 함수입니다. 예를 들면, 5/2는 몫이 2이고 나머지가 1인데 MOD는 나머지 1을 구하는 함수입니다. 결과는 나누는 수의 부호를 갖습니다. MOD는 홀짝을 판별하거나 어떤 수의 배수 여부를 판별할 때 많이 사용됩니다.

형식 MOD(인수1, 인수2) : '인수1'을 '인수2'로 나눈 나머지를 구합니다.

준비하세요! : 'C:\길벗컴활2급\06 부록' 폴더의 'MOD.xlsm' 파일을 열어 '기본' 시트에서 실습하세요.

	A	B	C
1	나머지 계산하기		
2			
3	숫자	나누는 수	나머지
4	67	5	2 ❶
5	4	2	0
6	29	6	5 ❷
7	-7	3	2 ❸

❶ =MOD(A4, B4) : 67을 5로 나누기한 후 나머지 값인 2가 [C4] 셀에 입력됩니다.

❷ =MOD(A6, B6) : 29를 6으로 나누기한 후 나머지 값인 5가 [C6] 셀에 입력됩니다.

❸ =MOD(A7, B7) : -7을 3으로 나누기한 후 나머지 값인 2가 [C7] 셀에 입력됩니다.

기출문제 따라잡기 '기출' 시트에서 실습하세요.

주민등록번호의 8번째 숫자가 홀수면 "남", 짝수면 "여"로 표시하세요.

	A	B	C	D	E
1		스포츠센터 회원 현황			
2		회원명	가입년도	주민등록번호	성별
3		윤다현	2018년	800621-1******	남
4		오지윤	2016년	920101-2******	여
5		송주명	2019년	000317-4******	여
6		양명준	2018년	960725-1******	남
7		안성수	2017년	950226-1******	남

정답 [E3] : =IF(MOD(MID(D3, 8, 1), 2)=1, "남", "여")

수식의 이해

중첩 함수가 사용된 수식을 만들 때는 최종적으로 값을 반환하는, 즉 가장 바깥쪽에 사용할 함수부터 찾아서 수식을 세우고 수식을 이해할 때는 우선순위에 따라 안쪽에서부터 바깥쪽 방향으로 하나씩 상수로 변환하면서 이해하면 쉽습니다.

=IF(MOD(MID(D3, 8, 1), 2)=1, "남", "여")
(❶ MOD(MID(D3, 8, 1), 2)=1, ❷ "남", ❸ "여")

조건(❶)이 참(TRUE)이면 ❷를 표시하고, 거짓(FALSE)이면 ❸을 표시합니다.

- ❶ MOD(MID(D3, 8, 1), 2)=1 (❹ MID(D3, 8, 1))
  - ❹ MID(D3, 8, 1) : "800621-1******"의 8번째 위치부터 1 글자만 추출한 "1"을 반환합니다. 1을 ❹에 대입하면 다음과 같습니다.
  - MOD(1, 2)=1 : 1을 2로 나누기한 후 나머지 값인 1을 반환합니다. 1은 1과 같으므로 참을 반환합니다. 참을 ❶에 대입하면 다음과 같습니다.
- =IF(참, "남", "여") : 조건이 참이므로 [E3] 셀에 "남"이 입력됩니다.

033 반올림하기 — ROUND

ROUND 함수는 숫자를 지정한 자릿수로 반올림하여 표시하는 함수입니다. 가령 'ROUND(35.6768, 2)'라면 35.6768을 소수 이하 셋째 자리에서 반올림하여 소수 이하 둘째 자리까지 표시하므로 35.68이 됩니다.

형식 ROUND(인수, 반올림 자릿수) : '인수'에 대하여 지정한 '자릿수'로 반올림합니다.

준비하세요! : 'C:\길벗컴활2급\06 부록' 폴더의 'ROUND.xlsm' 파일을 열어 '기본' 시트에서 실습하세요.

	A	B	C
1	반올림		
2			
3	숫자	자릿수	결과
4	78325.67429	3	78325.674 ❶
5	78325.67429	2	78325.67
6	78325.67429	1	78325.7
7	78325.67429	0	78326
8	78325.67429	-1	78330
9	78325.67429	-2	78300 ❷
10	78325.67429	-3	78000

❶ =ROUND(A4, B4) : [A4] 셀의 값 78325.67429를 소수 이하 넷째 자리에서 반올림하여 소수 이하 셋째 자리까지 표시하므로 78325.674가 [C4] 셀에 입력됩니다.

❷ =ROUND(A9, B9) : [A9] 셀의 값 78325.67429를 십의 자리에서 반올림하여 백의 자리까지 표시하므로 78300이 [C9] 셀에 입력됩니다.

기출문제 따라잡기 '기출' 시트에서 실습하세요.

"출신고"가 "우주고"인 학생들의 종합 점수 평균을 구하여 표시하세요.

▶ 우주고 종합 평균은 소수점 이하 둘째 자리에서 반올림하여 첫째 자리까지 표시 [표시 예 : 64.66 → 64.7]

정답 [C10] : =ROUND(DAVERAGE(B2:F7, 5, C2:C3), 1)

	A	B	C	D	E	F
1		경시대회 성적				
2		성명	출신고	필기	실기	종합
3		고영인	우주고	75	95	85
4		성수영	대한고	77	89	83
5		구정철	우주고	88	93	90.5
6		박대철	우주고	91	67	79
7		전소영	상공고	85	56	70.5
8						
9				우주고 종합 평균		
10				84.8		

수식의 이해

중첩 함수가 사용된 수식을 만들 때는 최종적으로 값을 반환하는, 즉 가장 바깥쪽에 사용할 함수부터 찾아서 수식을 세우고 수식을 이해할 때는 우선순위에 따라 안쪽에서부터 바깥쪽 방향으로 하나씩 상수로 변환하면서 이해하면 쉽습니다.

=ROUND(DAVERAGE(B2:F7, 5, C2:C3), 1)
❶

- ❶ **DAVERAGE(B2:F7, 5, C2:C3)** : [B2:F7] 영역에서 [C2:C3] 영역의 조건, 즉 출신고가 "우주고"인 학생들([C3], [C5], [C6])의 종합 점수를 5열(F)에서 찾은 후 찾은 종합 점수들(85, 90.5, 79)의 평균인 84.833…을 반환합니다. 84.833…을 ❶에 대입하면 다음과 같습니다.
- **=ROUND(84.833…, 1)** : 84.833…을 소수점 이하 둘째 자리에서 반올림하여 소수점 이하 첫째 자리까지 표시한 84.8이 [D10] 셀에 입력됩니다.

ROUND 함수의 반올림 자릿수

반올림 자릿수가 0보다 크면 숫자는 지정한 소수 이하 자릿수로, 0이면 가장 가까운 정수로, 0보다 작으면 소수점 왼쪽에서 반올림됩니다.

3	8	6	4	.	5	5	8	8
−3자리	−2자리	−1자리	0자리		1자리	2자리	3자리	4자리

전문가의 조언

DAVERAGE 함수는 데이터 목록에서 조건에 맞는 자료만의 평균을 계산할 때 사용하는 함수입니다. 자세한 내용은 28쪽을 참고하세요.

034 실수를 정수로 변경하기 — INT

24.상시, 19.상시, 13.1, 09.3, 06.1

INT 함수는 실수의 소수점 이하를 제거하여 정수로 변환시킬 때 사용하는 함수입니다. INT는 인수로 주어진 실수보다 크지 않은 정수로 변환시킵니다. 예를 들어, 'INT(5.1)'은 5를 반환하고, 'INT(−5.1)'은 −6을 반환합니다.

형식 INT(인수) : '인수'로 주어진 실수를 정수로 변환합니다.

준비하세요! : 'C:\길벗컴활2급\06 부록' 폴더의 'INT.xlsm' 파일을 열어 '기본' 시트에서 실습하세요.

	A	B
1	정수로 변환하기	
2		
3	실수	정수
4	4.5	4 ❶
5	4.99	4
6	125.12	125 ❷
7	-6.1	-7
8	-85.9	-86 ❸

❶ =INT(A4) : [A4] 셀의 값 '4.5' 보다 크지 않은 정수 4가 [B4] 셀에 입력됩니다.
❷ =INT(A6) : [A6] 셀의 값 '125.12' 보다 크지 않은 정수 125가 [B6] 셀에 입력됩니다.
❸ =INT(A8) : [A8] 셀의 값 '−85.9' 보다 크지 않은 정수 −86이 [B8] 셀에 입력됩니다.

기출문제 따라잡기 '기출' 시트에서 실습하세요.

영어, 경제, 경영의 평균이 1이면 "D", 2면 "C", 3이면 "B", 4면 "A"를 표시하세요.

	A	B	C	D	E	F
1		1학기 성적표				
2		이름	영어	경제	경영	학점
3		김두영	2.3	2.7	2.4	C
4		이향기	3.6	3.5	3.7	B
5		한민관	4.2	4.1	4.2	A
6		최시연	1.6	1.4	1.3	D
7		유효진	3.2	3.3	3.5	B

정답 [F3] : =CHOOSE(INT(AVERAGE(C3:E3)), "D", "C", "B", "A")

수식의 이해

중첩 함수가 사용된 수식을 만들 때는 최종적으로 값을 반환하는, 즉 가장 바깥쪽에 사용할 함수부터 찾아서 수식을 세우고 수식을 이해할 때는 우선순위에 따라 안쪽에서부터 바깥쪽 방향으로 하나씩 상수로 변환하면서 이해하면 쉽습니다.

=CHOOSE(INT(AVERAGE(C3:E3)), "D", "C", "B", "A")

❶

❷

- ❶ AVERAGE(C3:E3) : [C3:E3] 영역의 평균 2.467…을 반환합니다. 2.467…을 ❶에 대입하면 다음과 같습니다.
- ❷ INT(2.467…) : 2.467…보다 크지 않은 정수 2를 반환합니다. 2를 ❷에 대입하면 다음과 같습니다.
- =CHOOSE(2, "D", "C", "B", "A") : 두 번째에 있는 값 "C"가 [F3] 셀에 입력됩니다.

035 합계 구하기 — SUM

24.상시, 23.상시, 22.상시, 21.상시, 19.상시, 13.1, 10.3

SUM 함수는 인수로 주어진 숫자들의 합계를 계산하는 함수로, 인수는 255개까지 지정할 수 있습니다. 인수는 숫자이거나 숫자가 포함된 이름, 배열 또는 셀 주소이어야 합니다.

형식 SUM(인수1, 인수2, …) : '인수'로 주어진 숫자들의 합계를 계산합니다.

준비하세요! : 'C:\길벗컴활2급\06 부록' 폴더의 'SUM.xlsm' 파일을 열어 '기본' 시트에서 실습하세요.

	A	B	C	D
1	합계계산			
2				
3	숫자1	숫자2	숫자3	합계
4	6	7	8	21
5	20	30	40	90
6	-	30	26	56
7	8		10	18

❶ =SUM(A4:C4) : [A4:C4] 영역의 합계인 21이 [D4] 셀에 입력됩니다.

❷ =SUM(A6:C6) : [A6:C6] 영역의 합계인 56이 [D6] 셀에 입력됩니다.

기출문제 따라잡기

'기출' 시트에서 실습하세요.

불량률과 공정개수를 이용하여 평균불량률을 구하세요.

▶ 평균불량률 = 불량률합계 / 0이 아닌 공정개수

▶ 평균불량률은 반올림 없이 정수로 표시

	A	B	C
1	지역별 불량률 현황		
2	지역	불량률	공정개수
3	서울	10	0
4	제주	8	1
5	청주	11	3
6	광주	9	2
7	부산	9	0
8	대구	10	2
9	인천	12	0
10			
11	평균불량률		17

정답 [C11] : =TRUNC(SUM(B3:B9) / COUNTIF(C3:C9, "<>0"))

수식의 이해

중첩 함수가 사용된 수식을 만들 때는 최종적으로 값을 반환하는, 즉 가장 바깥쪽에 사용할 함수부터 찾아서 수식을 세우고 수식을 이해할 때는 우선순위에 따라 안쪽에서부터 바깥쪽 방향으로 하나씩 상수로 변환하면서 이해하면 쉽습니다.

=TRUNC(SUM(B3:B9) / COUNTIF(C3:C9, "<>0"))
❶ ❷

- ❶ **SUM(B3:B9)** : [B3:B9] 영역의 합계인 69를 반환합니다.
- ❷ **COUNTIF(C3:C9, "<>0")** : [C3:C9] 영역에서 0이 아닌 셀([C4], [C5], [C6], [C8])의 개수 4를 반환합니다.
- **TRUNC(69/4)** : 69를 4로 나누기한 값 17.25를 반올림 없이 소수점 이하를 제거한 17이 [C11] 셀에 입력됩니다.

전문가의 조언

- TRUNC 함수는 인수에 대하여 지정한 자릿수 미만의 수치를 버리는 함수입니다. 자세한 내용은 41쪽을 참고하세요.
- COUNTIF 함수는 지정된 범위에서 조건에 맞는 셀의 개수를 반환하는 함수입니다. 자세한 내용은 63쪽을 참고하세요.

036 소수 이하 잘라내기 — TRUNC

TRUNC 함수는 숫자에서 지정한 자릿수 미만의 수치를 버릴 때 사용하는 함수입니다. 예를 들어, 'TRUNC(56.789, 1)'는 56.7을 반환합니다. 자릿수를 지정하지 않으면 자릿수가 0이 되어 INT와 유사한 기능을 합니다. TRUNC는 숫자의 소수 부분을 버리고, INT는 해당 숫자보다 크지 않은 정수로 변환합니다. INT와 TRUNC는 음수를 사용할 때만 다른 결과를 얻게 됩니다.

형식 TRUNC(인수, 자릿수) : '인수'에 대하여 지정한 '자릿수' 미만의 수치를 버립니다.

준비하세요! : 'C:\길벗컴활2급\06 부록' 폴더의 'TRUNC.xlsm' 파일을 열어 '기본' 시트에서 실습하세요.

	A	B	C
1	필요없는 수치 제거하기		
2			
3	숫자	자릿수	결과
4	78325.67429	3	78325.674 ❶
5	78325.67429	2	78325.67
6	78325.67429	1	78325.6
7	78325.67429	0	78325
8	78325.67429	-1	78320 ❷
9	78325.67429	-2	78300
10	78325.67429	-3	78000

❶ =TRUNC(A4, B4) : [A4] 셀의 값 78325.67429에서 소수점 이하 셋째 자리 미만의 숫자를 버린 값 78325.674가 [C4] 셀에 입력됩니다.

❷ =TRUNC(A8, B8) : [A8] 셀의 값 78325.67429에서 십의 자리 미만의 숫자를 버린 값 78320이 [C8] 셀에 입력됩니다.

TRUNC 함수의 자릿수

자릿수가 0보다 크면 숫자는 지정한 소수 이하 자릿수로, 0이면 소수 이하를 모두 제거하고, 0보다 작으면 소수점 왼쪽에서 제거합니다.

3	8	6	4	.	5	5	8	8
-3자리	-2자리	-1자리	0자리		1자리	2자리	3자리	4자리

기출문제 따라잡기 '기출' 시트에서 실습하세요.

각 학생들의 중간, 수행, 기말 점수에 대한 평균을 구하여 표시하세요.

▶ 반올림 없이 소수 이하 첫째 자리까지 표시
[표시 예 : 94.37 → 94.3]

정답 [F3] : =TRUNC(AVERAGE(C3:E3), 1)

	A	B	C	D	E	F
1		1학기 국어 성적				
2		성명	중간	수행	기말	평균
3		김정훈	78.45	45.78	87.23	70.4
4		오석현	88.79	87.34	90.45	88.8
5		이영선	92.45	80.23	78.23	83.6
6		임현재	88.45	77.54	98.56	88.1
7		남정왕	88.66	89.12	89.54	89.1

수식의 이해

중첩 함수가 사용된 수식을 만들 때는 최종적으로 값을 반환하는, 즉 가장 바깥쪽에 사용할 함수부터 찾아서 수식을 세우고 수식을 이해할 때는 우선순위에 따라 안쪽에서부터 바깥쪽 방향으로 하나씩 상수로 변환하면서 이해하면 쉽습니다.

=TRUNC(AVERAGE(C3:E3), 1)
❶ (AVERAGE(C3:E3))

- ❶ AVERAGE(C3:E3) : [C3:E3] 영역의 평균 70.486…을 반환합니다. 70.486…을 ❶에 대입하면 다음과 같습니다.
- =TRUNC(70.486…, 1) : 70.486…을 반올림 없이 소수점 이하 첫째 자리까지 표시한 70.4가 [F3] 셀에 표시됩니다.

전문가의 조언

AVERAGE 함수는 인수로 주어진 숫자들의 평균을 계산하는 함수입니다. 자세한 설명은 66쪽을 참고하세요.

수학 / 삼각 함수

037 로또 번호 예상하기 1 — RAND

RAND 함수는 0보다 크거나 같고 1보다 작은 난수를 구하는 함수입니다. 즉, 이 함수를 사용하면 0.78640392와 같은 숫자가 무작위로 추출됩니다. RAND 함수를 사용해서 난수를 구하면 워크시트가 계산될 때마다 새로운 난수가 구해지므로 자동으로 시트의 데이터가 변경됩니다.

형식 RAND( ) : RAND 함수는 인수 없이 사용합니다.

준비하세요! : 'C:\길벗컴활2급\06 부록' 폴더의 'RAND.xlsm' 파일을 열어 '기본' 시트에서 실습하세요.

	A	B	C
1	로또 번호 만들기		
2			
3	시작번호	끝번호	로또번호
4	1	43	37 ❶
5	1	43	30
6	1	43	17
7	1	43	43
8	1	43	4
9	1	43	31

❶ =INT(RAND( ) * (B4–A4+1)+A4) : [A4] 셀과 [B4] 셀의 값 사이의 난수 값 중 하나(정수)가 [C4] 셀에 입력됩니다.

- 두 수 A(작은 수), B(큰 수) 사이의 난수를 계산하려면 다음의 수식을 이용해야 합니다.
  =RAND * (큰 수 – 작은 수 +1) + 작은 수
- 결과는 소수점이 있는 실수로 나오며, 정수로 만들기 위해서 만든 수식을 INT( ) 함수의 인수로 지정해야 합니다.
- RAND 함수는 무작위 수를 구하는 함수로서 계산할 때마다 다른 난수를 표시합니다. 그러므로 위의 그림에 있는 로또 번호 결과가 같을 수는 없겠죠? 무작위 수를 계산한 후 재 계산 기능이 있는 F9를 눌러보면, 누를 때마다 결과가 변하는 것을 알 수 있습니다.

수학 / 삼각 함수

038 로또 번호 예상하기 2 — RANDBETWEEN

RANDBETWEEN 함수는 인수로 지정한 두 수 사이의 정수를 출력하는 함수입니다. 예를 들어, RANDBETWEEN(5, 10)을 입력하면 5~10 사이의 임의의 수가 반환됩니다. RANDBETWEEN 함수를 사용해서 임의의 수를 구하면 워크시트가 계산될 때마다 새로운 난수가 구해져 자동으로 시트의 데이터가 변경됩니다.

형식 RANDBETWEEN(인수1, 인수2) : '인수1'과 '인수2'의 사이에 있는 임의의 정수를 출력합니다.

준비하세요! : 'C:\길벗컴활2급\06 부록' 폴더의 'RANDBETWEEN.xlsm' 파일을 열어 '기본' 시트에서 실습하세요.

	A	B	C
1	로또 번호 만들기		
2			
3	시작번호	끝번호	로또번호
4	1	43	32 ❶
5	1	43	5
6	1	43	16
7	1	43	1
8	1	43	40
9	1	43	26

❶ =RANDBETWEEN(A4, B4) : [A4] 셀의 값 1과 [B4] 셀의 값 43 사이의 임의의 정수가 [C4] 셀에 입력됩니다.

- RANDBETWEEN 함수를 사용하여 난수를 만들고 셀이 계산될 때마다 만들어진 난수가 변경되지 않도록 하려면 셀에 **=RANDBETWEEN(1, 43)**을 입력한 후 Enter를 누르기 전에 F9를 눌러 수식을 결과 값으로 변경하면 됩니다.
- RANDBETWEEN 함수로 구한 결과는 계산할 때마다 다른 수로 표시되므로 위 그림의 로또 번호와 다를 수 있습니다.

039 자리 내림하기 – ROUNDDOWN

ROUNDDOWN 함수는 숫자를 지정한 자릿수로 자리 내림하여 표시하는 함수입니다. 예를 들어, ROUNDDOWN(35.6768, 2)라면 35.6768을 소수 셋째 자리에서 자리 내림하여 소수 이하 둘째 자리까지 표시하므로 35.67이 됩니다.

형식 ROUNDDOWN(인수, 내림 자릿수) : '인수'에 대하여 지정한 '자릿수'로 내림합니다.

준비하세요! : 'C:\길벗컴활2급\06 부록' 폴더의 'ROUNDDOWN.xlsm' 파일을 열어 '기본' 시트에서 실습하세요.

	A	B	C
1	자리내림		
2			
3	숫자	자릿수	결과
4	78325.67429	3	78325.674 ❶
5	78325.67429	1	78325.6
6	78325.67429	0	78325
7	78325.67429	-1	78320 ❷
8	78325.67429	-3	78000

❶ =ROUNDDOWN(A4, B4) : [A4] 셀의 값 78325.67429를 소수 이하 넷째 자리에서 자리 내림하여 소수 이하 셋째 자리까지 표시하므로 [C4] 셀에 78325.674가 입력됩니다.

❷ =ROUNDDOWN(A7, B7) : [A7] 셀의 값 78325.67429를 일의 자리에서 자리 내림하여 십의 자리까지 표시하므로 [C7] 셀에 78320이 입력됩니다.

ROUNDDOWN 함수의 내림 자릿수

내림 자릿수가 0보다 크면 숫자는 지정한 소수 이하 자릿수로, 0이면 가장 가까운 정수로, 0보다 작으면 소수점 왼쪽에서 내림됩니다.

3	8	6	4	.	5	5	8	8
-3자리	-2자리	-1자리	0자리		1자리	2자리	3자리	4자리

기출문제 따라잡기 '기출' 시트에서 실습하세요.

대리점이 "금성물산"인 자료들의 판매금액 합계를 구하여 표시하세요.

▶ 판매금액 합계는 십의 자리에서 내림하여 백의 자리까지 표시
[표시 예 : 1,550 → 1,500]

	A	B	C	D
1	대리점 판매 현황			
2	대리점	단가	출고수량	판매금액
3	금성물산	1,673	40	66,920
4	우주상사	1,506	58	87,348
5	신안공업	1,126	91	102,466
6	삼성상사	2,953	99	292,347
7	금성물산	1,423	54	76,842
8	신안공업	1,338	40	53,520
9	우주상사	1,996	46	91,816
10	삼성상사	2,167	91	197,197
11				
12	금성물산 판매금액 합계			143,700

정답 [D12] : =ROUNDDOWN(SUMIF(A3:A10, "금성물산", D3:D10), −2)

수식의 이해

중첩 함수가 사용된 수식을 만들 때는 최종적으로 값을 반환하는, 즉 가장 바깥쪽에 사용할 함수부터 찾아서 수식을 세우고 수식을 이해할 때는 우선순위에 따라 안쪽에서부터 바깥쪽 방향으로 하나씩 상수로 변환하면서 이해하면 쉽습니다.

=ROUNDDOWN(SUMIF(A3:A10, "금성물산", D3:D10), −2)
❶

- ❶ **SUMIF(A2:A10, "금성물산", D3:D10)** : [A3:A10] 영역에서 "금성물산"이 입력된 셀([A3], [A7])을 찾은 후 [D3:D10] 영역의 같은 행([D3], [D7])에 있는 판매금액들의 값(66,920, 76,842)을 더한 143,762를 반환합니다. 143,762를 ❶에 대입하면 다음과 같습니다.
- **=ROUNDDOWN(143762, −2)** : 143,762를 십의 자리에서 내림하여 백의 자리까지 표시한 143,700이 [D12] 셀에 입력됩니다.

전문가의 조언

SUMIF 함수는 조건이 적용될 범위에서 조건에 맞는 셀을 찾아 합계를 구할 범위 중 같은 행에 있는 값들의 합계를 구하는 함수입니다. 자세한 내용은 35쪽을 참고하세요.

040 부서별 직급별 기본급의 합계 계산하기 – SUMIFS

SUMIFS 함수는 여러 개의 조건에 맞는 자료의 합계를 구하는 함수입니다. 예를 들면 부서가 기획부이고, 급수가 1급이고, 남자인 사원들의 기본급 합계를 구할 수 있습니다. 조건은 최대 127개까지 지정할 수 있습니다.

형식 SUMIFS(합계를 구할 범위, 첫 번째 조건이 적용될 범위, 첫 번째 조건, 두 번째 조건이 적용될 범위, 두 번째 조건, …) : 여러 개의 '조건이 적용될 범위'에서 여러 개의 '조건'에 맞는 셀을 찾아 '합계를 구할 범위' 중 같은 행에 있는 값들의 합계를 계산합니다.

준비하세요! : 'C:\길벗컴활2급\06 부록' 폴더의 'SUMIFS.xlsm' 파일을 열어 '기본' 시트에서 실습하세요.

SUMIFS 함수를 이용하여 부서별 직급별 기본급의 합계를 계산해 보겠습니다.

	A	B	C	D	E	F	G	H
1	기본급 지급 현황					부서별 직급별 기본급의 합계		
2								
3	성명	부서	직급	기본급		직급 / 부서	1급	2급
4	이승연	판매부	1급	1,450,000		판매부	2,900,000	2,650,000
5	김경수	기획부	2급	1,350,000		기획부	2,650,000	2,550,000
6	이학봉	판매부	2급	1,350,000				
7	지순녀	기획부	2급	1,200,000				
8	김자연	판매부	1급	1,450,000				
9	박원래	기획부	1급	1,450,000				
10	최지은	기획부	1급	1,200,000				
11	강유라	판매부	2급	1,300,000				

❶ =SUMIFS(D4:D11, B4:B11, "판매부", C4:C11, "1급") : [B4:B11] 영역에서 "판매부"가 입력된 셀들을 찾고, [C4:C11] 영역에서 같은 행들에 있는 "1급"이 입력된 셀들을 찾아 [D4:D11] 영역의 같은 행들에 있는 기본급(1,450,000, 1,450,000)의 합계인 2,900,000이 [G4] 셀에 입력됩니다.

❷ =SUMIFS(D4:D11, B4:B11, "기획부", C4:C11, "2급") : [B4:B11] 영역에서 "기획부"가 입력된 셀들을 찾고, [C4:C11] 영역에서 같은 행들에 있는 "2급"이 입력된 셀들을 찾아 [D4:D11] 영역의 같은 행들에 있는 기본급(1,350,000, 1,200,000)의 합계인 2,550,000이 [H5] 셀에 입력됩니다.

기출문제 따라잡기

'기출' 시트에서 실습하세요.

장르가 "코미디"이면서 관람등급이 "전체"인 영화의 예매총액 합계를 계산하세요.

▶ 합계 뒤에 "만원"을 표시 [표시 예 : 123 → 123만원]

	A	B	C	D	E
1	영화예매 현황				
2	영화명	장르	관람등급	예매량	예매총액
3	대구행	액션	12세이상	5,336	4,802
4	구름넘어서	드라마	15세이상	4,423	3,981
5	꿈의선물	코미디	전체	3,686	3,317
6	변호사	드라마	15세이상	6,987	6,288
7	범죄의마왕	코미디	전체	5,454	4,909
8	해적	액션	15세이상	6,589	5,930
9	수상한아이	코미디	12세이상	4,359	3,923
10	코미디-전체 예매총액 합계				8226만원

정답 [E10] : =SUMIFS(E3:E9, B3:B9, "코미디", C3:C9, "전체") & "만원"

수식의 이해

=SUMIFS(E3:E9, B3:B9, "코미디", C3:C9, "전체") & "만원"
❶

- ❶ SUMIFS(E3:E9, B3:B9, "코미디", C3:C9, "전체") : [B3:B9] 영역에서 "코미디"가 입력된 셀들([B5], [B7], [B9])을 찾고, [C3:C9] 영역에서 "코미디"가 입력된 셀과 같은 행들에 있는 셀 중 "전체"가 입력된 셀들([C5], [C7])을 찾고, [E3:E9] 영역에서 "코미디"와 "전체"가 입력된 셀과 같은 행인 [E5], [E7]에 있는 예매총액(3,317, 4,909)의 합계인 8,226을 반환합니다. 8,226을 ❶에 대입하면 다음과 같습니다.
- =8226 & "만원" : 문자열 결합 연산자(&)에 의해 8,226과 "만원"이 합쳐진 "8,226만원"이 [E10] 셀에 입력됩니다.

수학 / 삼각 함수

041 거듭 제곱 계산하기 – POWER

23.상시, 22.상시, 21.상시

POWER 함수는 숫자의 거듭 제곱을 계산하는 함수입니다. 즉 POWER(5, 3)은 5×5×5를 의미합니다. 숫자는 실수를 지정해도 됩니다. POWER 함수는 연산자 ∧와 같은 기능을 하므로 POWER(5, 3)를 5∧3과 같이 입력해도 결과는 같습니다.

형식 POWER(인수, 제곱값) : '인수'를 '제곱값'만큼 거듭 곱한 값을 계산합니다.

준비하세요! : 'C:\길벗컴활2급\06 부록' 폴더의 'POWER.xlsm' 파일을 열어 '기본' 시트에서 실습하세요.

	A	B	C
1	거듭 제곱 구하기		
2			
3	숫자	지수	결과
4	2	1	2 ❶
5	3	2	9
6	5	3	125 ❷
7	7	4	2401

❶ =POWER(A4, B4) : [B4] 셀의 지수(1)만큼 [A4] 셀의 숫자(2)를 한 번 곱한 값 (2×1)인 2가 [C4] 셀에 입력됩니다.

❷ =POWER(A6, B6) : [B6] 셀의 지수(3)만큼 [A6] 셀의 숫자(5)를 세 번 곱한 값 (5×5×5)인 125가 [C6] 셀에 입력됩니다.

기출문제 따라잡기

'기출' 시트에서 실습하세요.

체질량지수가 20 미만이면 "저체중", 20 이상 25 미만이면 "정상", 25 이상이면 "비만"으로 체질량지수에 표시하세요.

▶ 체질량지수(BMI) = 체중 ÷ (신장)^2

	A	B	C	D
1	신체검사결과			
2				
3	성명	신장(m)	체중(kg)	체질량지수
4	한혜진	1.61	59	정상
5	황진주	1.57	62	비만
6	강재준	1.82	91	비만
7	김소희	1.65	54	저체중
8	안정환	1.77	69	정상
9	허지석	1.68	60	정상

정답 [D4] : =IF(C4/POWER(B4, 2)<20, "저체중", IF(C4/POWER(B4, 2) <25, "정상", "비만"))

수식의 이해

중첩 함수가 사용된 수식을 만들 때는 최종적으로 값을 반환하는, 즉 가장 바깥쪽에 사용할 함수부터 찾아서 수식을 세우고 수식을 이해할 때는 우선순위에 따라 안쪽에서부터 바깥쪽 방향으로 하나씩 상수로 변환하면서 이해하면 쉽습니다.

=IF(C4 / POWER(B4, 2)<20, "저체중", IF(C4/POWER(B4, 2)<25, "정상", "비만"))

❶ C4 / POWER(B4, 2)<20 ❷ "저체중" ❸ IF(C4/POWER(B4, 2)<25, "정상", "비만")

조건(❶)이 참(TRUE)이면 ❷를 표시하고, 거짓(FALSE)이면 ❸을 표시합니다.

- ❶ C4/POWER(B4, 2)<2
  - POWER(B4, 2) : [B4] 셀의 값 1.61을 두 번 곱한 값 2.59를 반환합니다.
  - [C4] 셀의 값 59를 2.59로 나눈 값 22.76은 20보다 크므로 거짓을 반환합니다. 거짓을 ❶에 대입하면 다음과 같습니다.
- =IF(거짓, "저체중", IF(C4/POWER(B4, 2)<25, "정상", "비만")) : 조건(❶)이 거짓이므로 ❸을 실행합니다.

  ❶ 거짓 ❷ "저체중" ❸ IF(C4/POWER(B4, 2)<25, "정상", "비만")
- ❸ IF(C4/POWER(B4, 2)<25, "정상", "비만")

  ❹ C4/POWER(B4, 2)<25 ❺ "정상" ❻ "비만"

조건(❹)이 참이면 ❺를 표시하고, 거짓이면 ❻을 표시합니다.

- ❹ C4/POWER(B4, 2)<25
  - POWER(B4, 2) : [B4] 셀의 값 1.61을 두 번 곱한 값 2.59를 반환합니다.
  - [C4] 셀의 값 59를 2.59로 나눈 값 22.76은 25보다 작으므로 참을 반환합니다. 참을 ❹에 대입하면 다음과 같습니다.
- IF(참, "정상", "비만") : 조건이 참이므로 [C4] 셀에 "정상"이 입력됩니다.

042 직위별 상여급 계산하기 – HLOOKUP

HLOOKUP 함수는 범위로 정한 영역의 첫 번째 행에서 특정 기준값으로 자료를 찾고, 그 자료가 속한 열 중에서 필요한 값이 있는 행의 위치를 지정하여 값을 반환하는 함수입니다. 만약 범위로 정한 영역의 맨 왼쪽 열에서 기준값을 찾고자 할 경우에는 VLOOKUP 함수를 이용하세요.

형식 HLOOKUP(찾을값, 범위, 행 번호, 옵션) : '범위'의 첫 번째 행에서 '찾을값'과 같은 데이터를 찾은 후 '찾을값'이 있는 열에서 지정된 '행 번호' 위치에 있는 데이터를 반환합니다.

준비하세요! : 'C:\길벗컴활2급\06 부록' 폴더의 'HLOOKUP.xlsm' 파일을 열어 '기본' 시트에서 실습하세요.

HLOOKUP 함수를 이용하여 상여급을 계산해 보겠습니다.

	A	B	C	D	E
1		상여급 지급			
2		이름	직위	상여급	
3		김신락	사원	500,000 ❶	
4		홍길동	부장	700,000	
5		김천만	과장	650,000	
6		신선해	대리	600,000	
7		막막해	사원	500,000	
8					
9		<직위별 지급 기준>			
10	직위	사원	대리	과장	부장
11	상여급	500,000	600,000	650,000	700,000
12	초과수당	3,500	4,500	5,500	6,000

❶ =HLOOKUP(C3, $B$10:$E$12, 2, FALSE) : [B10:E12] 영역의 첫 번째 행에서 [C3] 셀의 값, 즉 "사원"과 정확히 일치하는 값을 찾습니다. 찾은 값 "사원"이 있는 1열에서 행 번호로 지정된 두 번째 행의 값(상여급) 500,000이 [D3] 셀에 입력됩니다. "사원"과 정확히 일치하는 값을 찾는 이유는 옵션에 논리값 'FALSE'가 지정되었기 때문입니다.

옵션에 지정할 논리값
- **TRUE 또는 생략** : 근사값을 찾습니다. 즉 정확하게 일치하는 값이 없으면 찾을값보다 작은 값 중에서 가장 근접한 값을 찾습니다.
- **FALSE** : 정확하게 일치하는 값을 찾으며, 정확히 일치하는 값이 없으면 '#N/A' 오류값이 반환됩니다.

기출문제 따라잡기 '기출' 시트에서 실습하세요.

판매수량과 할인율표를 이용하여 할인액을 계산하세요.

▶ 할인액 = 판매금액 × 할인율
▶ 할인액은 십의 자리에서 올림하여 백의 자리까지 표시
[표시 예 : 34,530 → 34,600]

	A	B	C	D	E	F
1		상공 문구 판매 현황				
2		제품명	판매가격	판매수량	판매금액	할인액
3		다이어리	2,550	55	140,250	4,300
4		수첩	12,350	65	802,750	24,100
5		명함꽂이	3,450	60	207,000	6,300
6		딱풀	765	100	76,500	4,600
7		붓	7,650	77	589,050	35,400
8						
9			<할인율표>			
10		판매수량	1	40	70	
11		할인율	0%	3%	6%	

정답 [F3] : =ROUNDUP(E3 * HLOOKUP(D3, $C$10:$E$11, 2), −2)

수식의 이해

=ROUNDUP(E3 * HLOOKUP(D3, C10:E11, 2), −2)
❶

- ❶ **HLOOKUP(D3, C10:E11, 2)** : [D3] 셀의 값이 55이므로 계산 순서는 다음과 같습니다.
  - ㉠ [C10:E11] 영역의 첫 번째 행에서 55를 넘지 않는 근사값을 찾습니다. D열에 있는 40을 찾습니다.
  - ㉡ 40이 있는 열에서 2행에 있는 값 3%를 찾아서 반환합니다.
  - 3%를 ❶에 대입하면 다음과 같습니다.

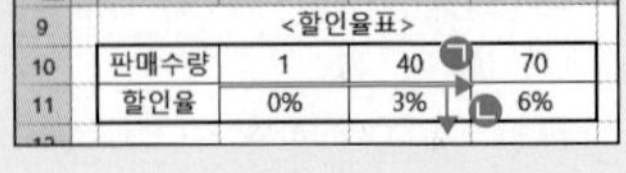

	A	B	C	D	E
9			<할인율표>		
10		판매수량	1	40 ㉠	70
11		할인율	0%	3% ㉡	6%

- **=ROUNDUP(E3 * 3%, −2)** : [E3] 셀의 값 140,250에 3%를 곱한 값 4,207.5를 십의 자리에서 자리 올림하여 백의 자리까지 표시한 4,300이 [F3] 셀에 입력됩니다.

전문가의 조언

ROUNDUP 함수는 숫자를 지정한 자릿수로 자리 올림하여 표시하는 함수입니다. 자세한 내용은 34쪽을 참고하세요.

043 직위별 상여급 계산하기 – VLOOKUP

VLOOKUP 함수는 범위로 정한 영역의 맨 왼쪽 열에서 특정 기준값으로 자료를 찾고, 그 자료가 속한 행 중에서 필요한 값이 있는 열의 위치를 지정하여 값을 반환하는 함수입니다. 만약 범위로 정한 영역의 첫 번째 행에서 기준값을 찾고자 할 경우에는 HLOOKUP 함수를 이용하세요.

형식 VLOOKUP(찾을값, 범위, 열 번호, 옵션) : '범위'의 맨 왼쪽 열에서 '찾을 값'과 같은 값을 찾은 후 '찾을 값'이 있는 행에서 지정된 '열 번호' 위치에 있는 데이터를 반환합니다.

준비하세요! : 'C:\길벗컴활2급\06 부록' 폴더의 'VLOOKUP.xlsm' 파일을 열어 '기본' 시트에서 실습하세요.

VLOOKUP 함수를 이용하여 상여급을 계산해 보겠습니다.

	A	B	C	D
1		상여급 지급		
2		이름	직위	상여급
3		김신락	과장	650,000 ❶
4		홍길동	부장	700,000
5		김천만	과장	650,000
6		신선해	대리	600,000
7		막막해	사원	500,000
8				
9		<직위별 지급 기준>		
10		직위	상여급	초과수당
11		사원	500,000	3,500
12		대리	600,000	4,500
13		과장	650,000	5,500
14		부장	700,000	6,000

❶ =VLOOKUP(C3, $B$11:$D$14, 2, FALSE) : [B11:D14] 영역의 맨 왼쪽 열에서 [C3] 셀의 값, 즉 "과장"과 정확히 일치하는 값을 찾습니다. 찾은 값 "과장"이 있는 3행에서 열 번호로 지정된 두 번째 열의 값(상여급) 650,000이 [D3] 셀에 입력됩니다. "과장"과 정확히 일치하는 값을 찾는 이유는 옵션에 논리값 'FALSE'가 지정되었기 때문입니다.

옵션에 지정할 논리값

- **TRUE 또는 생략** : 근사값을 찾습니다. 즉 정확하게 일치하는 값이 없으면 찾을값 보다 작은 값 중에서 가장 근접한 값을 찾습니다.
- **FALSE** : 정확하게 일치하는 값을 찾으며, 정확히 일치하는 값이 없으면 '#N/A' 오류값이 반환됩니다.

기출문제 따라잡기 '기출' 시트에서 실습하세요.

취득총점의 순위를 구한 후 수상목록에서 순위에 해당하는 수상명을 찾아 표시하세요.

▶ 순위는 취득총점이 가장 높은 것이 1위

정답 [D3] : =VLOOKUP(RANK.EQ(C3, $C$3:$C$11), $F$4:$G$9, 2)

	A	B	C	D	E	F	G
1		모형 항공기 제작 경진 대회					
2		팀명	취득총점	수상명		<수상목록>	
3		비상	158	동상		순위	수상명
4		하늘	195	금상		1	대상
5		창공	157	동상		2	금상
6		송골매	154	장려상		3	은상
7		보라매	120			4	동상
8		이상	198	대상		6	장려상
9		불새	145	장려상		9	
10		마하	135	장려상			
11		최원영	160	은상			

수식의 이해

=VLOOKUP(RANK.EQ(C3, C3:C11), F4:G9, 2)
❶

- ❶ RANK.EQ(C3, C3:C11) : [C3:C11] 영역에서 [C3] 셀의 값 158의 내림차순을 기준으로 계산한 순위 4를 반환합니다. 4를 ❶에 대입하면 다음과 같습니다.
- =VLOOKUP(4, F4:G9, 2)
  - ㉠ [F4:G9] 영역의 맨 왼쪽 열에서 4를 넘지 않는 가장 근접한 값, 7행에 있는 4를 찾습니다.
  - ㉡ 4가 있는 행에서 2열에 있는 값 "동상"을 찾아서 [D3] 셀에 입력합니다.

※ 4를 넘지 않는 가장 근접한 값을 찾는 것은 '옵션'에 지정된 논리값이 생략되었기 때문입니다. 생략하거나 'TRUE'인 경우에는 찾을 값보다 크지 않으면서 가장 근접한 값을 찾습니다.

	F	G
1		
2	<수상목록>	
3	순위	수상명
4	1	대상
5	2	금상
6	㉠ 3	은상
7	4	㉡ 동상
8	6	장려상
9	9	

전문가의 조언

RANK.EQ 함수는 지정된 범위 안에서 인수의 순위를 구하는 함수입니다. 자세한 내용은 64쪽을 참고하세요.

044 요일 번호로 요일 표시하기 – CHOOSE

CHOOSE 함수는 인덱스 번호를 이용하여 특정 번째에 있는 값을 반환하는 함수입니다. CHOOSE 함수를 사용하여 29개까지의 값 중에서 한 개의 값을 선택할 수 있습니다.

형식 CHOOSE(인수, 첫 번째, 두 번째, … n번째) : '인수'가 1이면 '첫 번째'를, '인수'가 2이면 '두 번째'를, … '인수'가 n이면 'n번째'를 반환합니다.

준비하세요! : 'C:\길벗컴활2급\06 부록' 폴더의 'CHOOSE.xlsm' 파일을 열어 '기본' 시트에서 실습하세요.

CHOOSE 함수로 날짜에 해당하는 요일번호를 이용해서 요일을 표시해 보겠습니다.

	A	B	C	D
1		요일 계산하기		
2		날짜	요일번호	요일
3		2024-01-21	1	일 ❶
4		2024-01-22	2	월
5		2024-01-23	3	화
6		2024-01-24	4	수
7		2024-01-25	5	목
8		2024-01-26	6	금
9		2024-01-27	7	토 ❷

❶ =CHOOSE(C3, "일", "월", "화", "수", "목", "금", "토") : [C3] 셀의 값이 1이므로 첫 번째에 있는 "일"이 [D3] 셀에 입력됩니다.

❷ =CHOOSE(C9, "일", "월", "화", "수", "목", "금", "토") : [C9] 셀의 값이 7이므로 일곱 번째에 있는 "토"가 [D9] 셀에 입력됩니다.

기출문제 따라잡기 '기출' 시트에서 실습하세요.

접수번호의 첫 자리가 1이면 "사회", 2이면 "과학", 3이면 "직업"으로 선택과목에 표시하세요.

	A	B	C	D	E
1		학력평가 접수현황			
2		접수번호	학교명	성명	선택과목
3		10238	상공고	전현우	사회
4		20472	대한고	이승완	과학
5		10635	서울고	조인호	사회
6		30987	고려고	정명우	직업
7		20345	조선고	김충협	과학

정답 [E3] : =CHOOSE(LEFT(B3, 1), "사회", "과학", "직업")

수식의 이해

중첩 함수가 사용된 수식을 만들 때는 최종적으로 값을 반환하는, 즉 가장 바깥쪽에 사용할 함수부터 찾아서 수식을 세우고 수식을 이해할 때는 우선순위에 따라 안쪽에서부터 바깥쪽 방향으로 하나씩 상수로 변환하면서 이해하면 쉽습니다.

=CHOOSE(LEFT(B3, 1), "사회", "과학", "직업")
❶ (LEFT(B3, 1))

- ❶ LEFT(B3, 1) : [B3] 셀에 입력된 값의 왼쪽에서 1글자를 추출한 "1"이 반환됩니다. "1"을 ❶에 대입하면 다음과 같습니다.
- =CHOOSE("1", "사회", "과학", "직업") : 첫 번째에 있는 값 "사회"가 [E3] 셀에 입력됩니다.

※ 'LEFT(B3, 1)'의 결과는 문자 "1"이 반환되지만 CHOOSE 함수의 '인수'는 숫자가 오는 자리이므로 문자화된 숫자가 숫자로 인식되어 계산됩니다.

전문가의 조언

LEFT 함수는 텍스트 문자열의 첫 문자부터 원하는 문자수만큼의 문자를 추출하는 함수입니다. 자세한 설명은 54쪽을 참고하세요.

045 직급별, 호봉별 급여 기준액 계산하기 — INDEX

INDEX 함수는 셀 범위나 데이터 배열에서 행 번호와 열 번호가 교차하는 곳에 있는 값을 반환하는 함수입니다. 행 번호와 열 번호가 셀 범위를 벗어나면 '#REF!' 오류값이 반환됩니다.

형식 INDEX(범위, 행 번호, 열 번호) : 지정된 '범위'에서 '행 번호'와 '열 번호'에 위치한 데이터를 입력합니다.

준비하세요! : 'C:\길벗컴활2급\06 부록' 폴더의 'INDEX.xlsm' 파일을 열어 '기본' 시트에서 실습하세요.

INDEX 함수로 급여 기준표에서 직급별, 호봉별 급여를 찾아 급여 지급표를 완성해 보겠습니다.

	A	B	C	D	E
1		급여 지급			
2		성명	직급	호봉	급여
3		김신락	2	2	620,000 ❶
4		홍길동	3	3	750,000
5		김천만	4	3	850,000
6		신선해	1	3	550,000
7		막막해	5	2	920,000 ❷
8					
9		급여 기준표			
10		구분	1호봉	2호봉	3호봉
11		1급	500,000	520,000	550,000
12		2급	600,000	620,000	650,000
13		3급	700,000	720,000	750,000
14		4급	800,000	820,000	850,000
15		5급	900,000	920,000	950,000

❶ =INDEX($C$11:$E$15, C3, D3) : [C3] 셀의 값 2를 행 번호로 지정하고, [D3] 셀의 값 2를 열 번호로 지정하였으므로, [C11:E15] 영역에서 2행 2열의 값 620,000을 찾아 [E3] 셀에 입력합니다.

❷ =INDEX($C$11:$E$15, C7, D7) : [C7] 셀의 값 5를 행 번호로 지정하고, [D7] 셀의 값 2를 열 번호로 지정하였으므로, [C11:E15] 영역에서 5행 2열의 값 920,000을 찾아 [E7] 셀에 입력합니다.

기출문제 따라잡기 '기출' 시트에서 실습하세요.

[B3:E6] 영역을 참조하여 출발지(서울)에서 도착지(수원)까지의 택배요금을 표시하세요.

▶ 출발지와 도착지의 구분은 ( )안의 두 자리 숫자를 이용

정답 [E8] : =INDEX(B3:E6, MID(C8, 5, 1), MID(D8, 5, 1))

	A	B	C	D	E
1	수도권 택배 요금표				
2		서울(01)	인천(02)	수원(03)	안양(04)
3	서울(01)	5,000	10,000	15,000	14,000
4	인천(02)	10,000	5,000	18,000	17,000
5	수원(03)	15,000	18,000	5,000	8,000
6	안양(04)	14,000	17,000	8,000	5,000
7			출발코드	도착코드	요금
8			서울(01)	수원(03)	15,000

수식의 이해

중첩 함수가 사용된 수식을 만들 때는 최종적으로 값을 반환하는, 즉 가장 바깥쪽에 사용할 함수부터 찾아서 수식을 세우고 수식을 이해할 때는 우선순위에 따라 안쪽에서부터 바깥쪽 방향으로 하나씩 상수로 변환하면서 이해하면 쉽습니다.

=INDEX(B3:E6, MID(C8, 5, 1), MID(D8, 5, 1))
　　　　　　　　　❶　　　　　　　❷

- ❶ MID(C8, 5, 1) : '서울(01)(C8)'의 5번째 위치부터 1글자만 추출한 "1"을 반환합니다.
- ❷ MID(D8, 5, 1) : '수원(03)(D8)'의 5번째 위치부터 1글자만 추출한 "3"을 반환합니다.
- "1", "3"을 ❶, ❷에 대입하면 다음과 같습니다.
- =INDEX(B3:E6, "1", "3") : [B3:E6] 영역의 1행 3열의 값 15,000을 찾아 [E8] 셀에 입력합니다.

전문가의 조언

MID 함수는 지정된 문자수에 따라 텍스트 문자열의 특정 위치에서 원하는 수만큼의 문자를 추출하는 함수입니다. 자세한 설명은 53쪽을 참고하세요.

046 자료가 기록된 위치 찾기 — MATCH

24.상시, 23.상시, 22.상시, 21.상시, 18.1

MATCH 함수는 지정된 범위에서 기준값과 같은 데이터를 찾아 범위 내에서의 상대적인 위치를 반환하는 함수입니다. 항목의 위치 대신 항목의 값이 필요한 경우는 LOOKUP 함수를 사용합니다.

형식 MATCH(찾을값, 범위, 옵션) : '범위'에서 '찾을값'과 같은 데이터를 찾아 '옵션'을 적용하여 그 위치를 일련번호로 표시합니다.

준비하세요! : 'C:\길벗컴활2급\06 부록' 폴더의 'MATCH.xlsm' 파일을 열어 '기본' 시트에서 실습하세요.

MATCH 함수를 이용하여 실험 결과 영역에서 점수의 위치를 찾아보겠습니다.

	A	B	C
1		실험 결과의 위치 찾기	
2		점수	상대위치
3		59	1 ❶
4		80	4
5			
6		실험 결과	
7		56	
8		60	
9		70	
10		80	
11		90	

❶ =MATCH(B3, $B$7:$B$11, 1) : [B7:B11] 영역에서 [B3] 셀의 값 59를 찾는데, 옵션이 1이므로 59보다 작거나 같은 값 중 가장 근접한 값을 찾습니다. 59보다 작은 값 중 가장 근접한 값 56을 찾아 [B7:B11]에서의 위치인 1이 [C3] 셀에 입력됩니다.

MATCH 함수의 옵션
- -1 : 찾을값보다 크거나 같은 값 중 가장 작은 값을 찾습니다. 범위는 반드시 내림차순으로 정렬되어 있어야 합니다.
- 0 : 찾을값과 첫 번째로 정확하게 일치하는 값을 찾습니다. 범위는 정렬되어 있지 않아도 됩니다.
- 1 : 찾을값보다 작거나 같은 값 중에서 가장 큰 값을 찾습니다. 범위는 반드시 오름차순으로 정렬되어 있어야 합니다.

기출문제 따라잡기 '기출' 시트에서 실습하세요.

판매량과 가격표를 이용하여 판매총액을 계산하세요.

▶ 판매총액 = 판매량 × 할인가

▶ 할인가는 의류코드와 〈가격표〉를 이용하여 산출

	A	B	C	D
1	의류 판매 현황			
2	의류코드	사이즈	판매량	판매총액
3	mk-101	M	31	790,500
4	mk-101	L	29	739,500
5	mk-102	M	35	966,875
6	mk-102	L	24	663,000
7	mk-103	M	28	826,560
8	mk-103	L	33	974,160
9				
10	<가격표>			
11	의류코드	mk-101	mk-102	mk-103
12	판매가	30,000	32,500	36,000
13	할인가	25,500	27,625	29,520

정답 [D3] : =C3 * INDEX($B$12:$D$13, 2, MATCH(A3, $B$11:$D$11, 0))

수식의 이해

=C3 * INDEX($B$12:$D$13, 2, MATCH(A3, $B$11:$D$11, 0))

❷

- ❶ MATCH(A3, $B$11:$D$11, 0) : 옵션이 0이므로 [B11:D11] 영역에서 [A3] 셀의 문자열 "mk-101"과 정확히 일치하는 문자열을 찾습니다. "mk-101"을 찾은 후 [B11:D11] 영역에서 "mk-101"의 상대적 위치 1을 반환합니다. 1을 ❶에 대입하면 다음과 같습니다.
- ❷ INDEX($B$12:$D$13, 2, 1) : [B12:D13] 영역의 2행 1열의 값 25,500을 찾습니다. 25,500을 ❷에 대입하면 다음과 같습니다.
- C3 * 25,500 : [C3] 셀의 값 31에 25,500을 곱한 값 790,500이 [D3] 셀에 입력됩니다.

전문가의 조언

- MATCH 함수는 범위에서 일치하는 값이 아니라 일치하는 값의 위치를 반환합니다.
- MATCH는 텍스트의 대·소문자를 구분하지 않습니다.

찾기 / 참조 함수

047 현재 셀의 열 번호 알아내기 – COLUMN

COLUMN 함수는 셀 주소에 대한 열 번호를 알아내는 함수로, 행의 위치에 관계없이 1열에서부터 계산한 해당 열에 대한 번호를 반환합니다. 예를 들어 [F2] 셀은 F가 처음부터 여섯 번째 열에 해당하므로 6을 반환합니다. 인수를 생략하면 현재 셀의 열 번호를 반환합니다.

형식 COLUMN(범위) : 지정된 '범위'의 열 번호를 반환합니다.

준비하세요! : 'C:\길벗컴활2급\06 부록' 폴더의 'COLUMN.xlsm' 파일을 열어 '기본' 시트에서 실습하세요.

	A	B	C
1		열 번호 알아내기	
2		주소	열 번호
3		현재 셀의 열 번호	3
4		D2 셀의 열 번호	4

❶ =COLUMN( ) : 현재 셀의 열 번호인 3이 [C3] 셀에 입력됩니다.
❷ =COLUMN(D2) : [D2] 셀의 열 번호인 4가 [C4] 셀에 입력됩니다.

찾기 / 참조 함수

048 셀 범위에 포함된 열의 개수 알아내기 – COLUMNS

COLUMNS 함수는 지정한 범위 안에 들어 있는 열의 개수를 알아내는 함수로, 행의 개수에 관계 없이 열의 개수만을 반환합니다. 예를 들어 'COLUMNS(B1:D100)'은 B, C, D 세 열을 포함하므로 3을 반환합니다.

형식 COLUMNS(범위) : 지정된 '범위' 안에 들어 있는 열의 개수를 반환합니다.

준비하세요! : 'C:\길벗컴활2급\06 부록' 폴더의 'COLUMNS.xlsm' 파일을 열어 '기본' 시트에서 실습하세요.

	A	B	C
1		열의 수 계산	
2		셀 범위	열의 개수
3		A1:F2	6
4		B10:H1000	7

❶ =COLUMNS(A1:F2) : [A1:F2] 영역의 열의 개수인 6이 [C3] 셀에 입력됩니다.
❷ =COLUMNS(B10:H1000) : [B10:H1000] 영역의 열의 개수인 7이 [C4] 셀에 입력됩니다.

찾기 / 참조 함수

049 현재 셀의 행 번호 알아내기 — ROW

ROW 함수는 셀 주소에 대한 행 번호를 알아내는 함수로, 열의 위치에 관계없이 1행에서부터 계산한 해당 행에 대한 번호를 반환합니다. 예를 들어 [F2] 셀은 2가 처음부터 두 번째 행에 해당하므로 2를 반환합니다. 인수를 생략하면 현재 셀의 행 번호를 반환합니다.

형식 ROW(범위) : 지정된 '범위'의 행 번호를 반환합니다.

준비하세요! : 'C:\길벗컴활2급\06 부록' 폴더의 'ROW.xlsm' 파일을 열어 '기본' 시트에서 실습하세요.

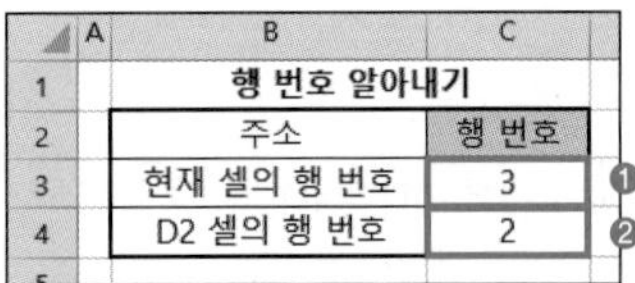

	A	B	C
1		행 번호 알아내기	
2		주소	행 번호
3		현재 셀의 행 번호	3
4		D2 셀의 행 번호	2

❶ =ROW( ) : 현재 셀의 행 번호인 3이 [C3] 셀에 입력됩니다.
❷ =ROW(D2) : [D2] 셀의 행 번호인 2가 [C4] 셀에 입력됩니다.

찾기 / 참조 함수

050 셀 범위에 포함된 행의 개수 알아내기 — ROWS

ROWS 함수는 지정한 범위 안에 들어 있는 행의 개수를 알아내는 함수로, 열의 개수에 관계 없이 행의 개수만을 반환합니다. 예를 들어 'ROWS(B2:P3)'은 2와 3, 두 행을 포함하므로 2를 반환합니다.

형식 ROWS(범위) : 지정된 '범위' 안에 들어 있는 행의 개수를 반환합니다.

준비하세요! : 'C:\길벗컴활2급\06 부록' 폴더의 'ROWS.xlsm' 파일을 열어 '기본' 시트에서 실습하세요.

	A	B	C
1		행의 수 계산	
2		셀 범위	행의 개수
3		A1:F2	2
4		B10:H20	11

❶ =ROWS(A1:F2) : [A1:F2] 영역의 행의 개수인 2가 [C3] 셀에 입력됩니다.
❷ =ROWS(B10:H20) : [B10:H20] 영역의 행의 개수인 11이 [C4] 셀에 입력됩니다.

051 시작 위치부터 지정한 수만큼 추출하기 — MID

MID 함수는 텍스트 문자열의 특정 위치에서 원하는 수만큼의 문자를 추출합니다. 예를 들어 MID("길벗출판사", 2, 3)은 "벗출판"을 추출합니다.

형식 MID(텍스트, 시작위치, 개수) : '텍스트'의 '시작위치'부터 지정한 '개수'만큼 추출합니다.

준비하세요! : 'C:\길벗컴활2급\06 부록' 폴더의 'MID.xlsm' 파일을 열어 '기본' 시트에서 실습하세요.

	A	B	C	D	
1	중간에서 문자열 추출하기				
2					
3	문자열	시작위치	문자수	결과	
4	KOREA	3	2	RE	❶
5	KOREA	2	4	OREA	
6	KOREA	-1	3	#VALUE!	❷
7	KOREA	2	-1	#VALUE!	
8	대한민국	2	2	한민	
9	12345678	4	3	456	❸

❶ =MID(A4, B4, C4) : [B4] 셀의 값을 시작위치로 지정하고, [C4] 셀의 값을 추출할 문자수로 지정하였으므로, [A4] 셀의 값 "KOREA"의 3번째 위치부터 2글자를 추출한 "RE"가 [D4] 셀에 입력됩니다.

❷ =MID(A6, B6, C6) : 시작위치가 0보다 작으므로 오류값(#VALUE!)이 [D6] 셀에 입력됩니다.

❸ =MID(A9, B9, C9) : [B9] 셀의 값을 시작위치로 지정하고, [C9] 셀의 값을 추출할 문자수로 지정하였으므로, [A9] 셀의 값 "12345678"의 4번째 위치부터 3글자를 추출한 "456"이 [D9] 셀에 입력됩니다.

기출문제 따라잡기 '기출' 시트에서 실습하세요.

주민등록번호를 이용하여 생년월일을 표시하세요.

▶ 표시 예 : 1988-10-12 → 1988년 10월 12일

정답 [D3] : =DATE(MID(C3, 1, 2), MID(C3, 3, 2), MID(C3, 5, 2))

	A	B	C	D
1		동호회 회원 명단		
2		성명	주민등록번호	생년월일
3		이정우	881012-1******	1988-10-12
4		남국현	861123-1******	1986-11-23
5		연제식	970203-1******	1997-02-03
6		송달호	960420-1******	1996-04-20
7		원정균	890804-2******	1989-08-04

수식의 이해

중첩 함수가 사용된 수식을 만들 때는 최종적으로 값을 반환하는, 즉 가장 바깥쪽에 사용할 함수부터 찾아서 수식을 세우고 수식을 이해할 때는 우선순위에 따라 안쪽에서부터 바깥쪽 방향으로 하나씩 상수로 변환하면서 이해하면 쉽습니다.

=DATE(MID(C3, 1, 2), MID(C3, 3, 2), MID(C3, 5, 2))
❶ ❷ ❸

- ❶ MID(C3, 1, 2) : "881012-1******"의 1 번째 위치부터 2 글자만 추출한 "88"을 반환합니다.
- ❷ MID(C3, 3, 2) : "881012-1******"의 3 번째 위치부터 2 글자만 추출한 "10"을 반환합니다.
- ❸ MID(C3, 5, 2) : "881012-1******"의 5 번째 위치부터 2 글자만 추출한 "12"를 반환합니다.
- "88", "10", "12"를 ❶, ❷, ❸에 대입하면 다음과 같습니다.
- =DATE("88", "10", "12") : "88"을 연도로, "10"을 월로, "12"를 일로 적용한 날짜 "1988-10-12"가 [D3] 셀에 입력됩니다.

전문가의 조언

DATE 함수는 1900년 1월 1일을 기준일로 하여 특정 날짜에 대한 일련번호를 반환하는 함수로 결과는 날짜 서식으로 표시됩니다. 자세한 설명은 8쪽을 참고하세요.

052 왼쪽에서 지정한 수만큼 추출하기 – LEFT

LEFT 함수는 텍스트 문자열의 첫 문자부터 원하는 문자수만큼의 문자를 추출합니다. 예를 들어 LEFT("길벗출판사", 2)는 "길벗"을 추출합니다.

형식 LEFT(텍스트, 개수) : '텍스트'의 왼쪽부터 지정한 '개수'만큼 추출합니다.

준비하세요! : 'C:\길벗컴활2급\06 부록' 폴더의 'LEFT.xlsm' 파일을 열어 '기본' 시트에서 실습하세요.

	A	B	C
1	왼쪽에 있는 문자 추출하기		
2			
3	문자	문자수	결과
4	KOREA	2	KO ❶
5	KOREA	-1	#VALUE! ❷
6	KOREA	0	
7	KOREA	6	KOREA
8	대한민국	2	대한 ❸
9	1234	2	12

❶ =LEFT(A4, B4) : [B4] 셀의 값을 추출할 문자수로 지정하였으므로, [A4] 셀의 값 "KOREA"의 왼쪽 첫 글자부터 2만큼 추출한 "KO"가 [C4] 셀에 입력됩니다.

❷ =LEFT(A5, B5) : 추출할 문자수가 0보다 작으므로 오류값(#VALUE!)이 [C5] 셀에 입력됩니다.

❸ =LEFT(A8, B8) : [B8] 셀의 값을 추출할 문자수로 지정하였으므로, [A8] 셀의 값 "대한민국"의 왼쪽 첫 글자부터 2만큼 추출한 "대한"이 [C8] 셀에 입력됩니다.

기출문제 따라잡기 '기출' 시트에서 실습하세요.

접수번호의 첫 자리가 1이면 "사회", 2이면 "과학", 3이면 "직업"으로 선택과목에 표시하세요.

	A	B	C	D	E
1		학력평가 접수현황			
2		접수번호	학교명	성명	선택과목
3		10238	상공고	전현우	사회
4		20472	대한고	이승완	과학
5		10635	서울고	조인호	사회
6		30987	고려고	정명우	직업
7		20345	조선고	김충협	과학

정답 [E3] : =CHOOSE(LEFT(B3, 1), "사회", "과학", "직업")

수식의 이해

중첩 함수가 사용된 수식을 만들 때는 최종적으로 값을 반환하는, 즉 가장 바깥쪽에 사용할 함수부터 찾아서 수식을 세우고 수식을 이해할 때는 우선순위에 따라 안쪽에서부터 바깥쪽 방향으로 하나씩 상수로 변환하면서 이해하면 쉽습니다.

=CHOOSE(LEFT(B3, 1), "사회", "과학", "직업")

- **❶ LEFT(B3, 1)** : [B3] 셀에 입력된 값의 왼쪽에서 1글자를 추출한 "1"이 반환됩니다. "1"을 ❶에 대입하면 다음과 같습니다.
- **=CHOOSE("1", "사회", "과학", "직업")** : 첫 번째에 있는 값 "사회"가 [E3] 셀에 입력됩니다.

※ 'LEFT(B3, 1)'의 결과는 문자 "1"이 반환되지만 CHOOSE( ) 함수의 첫 번째 인수는 숫자가 오는 자리이므로 문자화된 숫자가 숫자로 인식되어 계산됩니다.

전문가의 조언

CHOOSE 함수는 인덱스 번호를 이용하여 특정 번째에 있는 값을 반환하는 함수입니다. 자세한 내용은 48쪽을 참고하세요.

23.상시, 22.상시, 21.상시, 20.상시, 19.상시, 15.3, 13.3, 11.2, 11.1, 10.1, 09.3, 06.4, 06.3, 05.2, 04.2, 03.4, 03.3

053 오른쪽에서 지정한 수만큼 추출하기 – RIGHT

RIGHT 함수는 텍스트 문자열의 끝(오른쪽) 문자부터 원하는 문자 수만큼의 문자를 추출합니다. 예를 들어 RIGHT("길벗출판사", 3)은 "출판사"를 추출합니다.

형식 RIGHT(텍스트, 개수) : '텍스트'의 오른쪽부터 지정한 '개수'만큼 추출합니다.

준비하세요! : 'C:\길벗컴활2급\06 부록' 폴더의 'RIGHT.xlsm' 파일을 열어 '기본' 시트에서 실습하세요.

	A	B	C	
1	오른쪽에 있는 문자 추출하기			
2				
3	문자	문자수	결과	
4	KOREA	2	EA	❶
5	KOREA	-1	#VALUE!	❷
6	KOREA	0		
7	KOREA	6	KOREA	
8	대한민국	2	민국	❸
9	1234	2	34	

❶ =RIGHT(A4, B4) : [B4] 셀의 값을 추출할 문자수로 지정하였으므로, [A4] 셀의 값 "KOREA"의 오른쪽 끝 글자부터 2만큼 추출한 "EA"가 [C4] 셀에 입력됩니다.

❷ =RIGHT(A5, B5) : 추출할 문자수가 0보다 작으므로 오류값(#VALUE!)이 [C5] 셀에 입력됩니다.

❸ =RIGHT(A8, B8) : [B8] 셀의 값을 추출할 문자수로 지정하였으므로, [A8] 셀의 값 "대한민국"의 오른쪽 끝 글자부터 2만큼 추출한 "민국"이 [C8] 셀에 입력됩니다.

기출문제 따라잡기 '기출' 시트에서 실습하세요.

사원코드의 오른쪽 끝 문자가 1이면 "영업부", 2이면 "인사부", 3이면 "총무부", 4이면 "기획부"로 소속부서를 표시하세요.

	B	C	D	E
1	상공전자 사원 현황			
2	사원코드	성명	근무년수	소속부서
3	H203-1	이지원	12	영업부
4	K102-2	나오미	13	인사부
5	B333-3	권경애	8	총무부
6	D104-2	강수영	15	인사부
7	F405-3	나우선	19	총무부

정답 [E3] : =CHOOSE(RIGHT(B3, 1), "영업부", "인사부", "총무부", "기획부")

수식의 이해

중첩 함수가 사용된 수식을 만들 때는 최종적으로 값을 반환하는, 즉 가장 바깥쪽에 사용할 함수부터 찾아서 수식을 세우고 수식을 이해할 때는 우선순위에 따라 안쪽에서부터 바깥쪽 방향으로 하나씩 상수로 변환하면서 이해하면 쉽습니다.

=CHOOSE(RIGHT(B3, 1), "영업부", "인사부", "총무부", "기획부")
❶

- ❶ RIGHT(B3, 1) : [B3] 셀에 입력된 값의 오른쪽 끝의 1글자를 추출한 "1"이 반환됩니다. "1"을 ❶에 대입하면 다음과 같습니다.
- =CHOOSE("1", "영업부", "인사부", "총무부", "기획부") : 첫 번째에 있는 값 "영업부"가 [E3] 셀에 입력됩니다.

※ 'RIGHT(B3, 1)'의 결과는 문자 "1"이 반환되지만 CHOOSE 함수의 '인수'는 숫자가 오는 자리이므로 문자화된 숫자가 숫자로 인식되어 계산됩니다.

전문가의 조언

CHOOSE 함수는 인덱스 번호를 이용하여 특정 번째에 있는 값을 반환하는 함수입니다. 자세한 내용은 48쪽을 참고하세요.

23.상시, 22.상시, 21.상시, 21.공개, 20.상시, 19.상시, 17.1, 16.3, 16.2, 15.1, 14.1, 12.2, 09.1, 07.4, 06.2, 05.2, 04.3, 03.4, 03.1, 01.2

054 대 · 소문자 알맞게 변환하기 — PROPER

21.공개, 20.상시, 19.상시, 18.2, 17.상시, 05.3, 05.2

PROPER 함수는 문자열에 포함된 대 · 소문자를 적절하게 변환하는 함수로, 영어 단어의 첫 번째 문자와 영문자가 아닌 문자 다음에 오는 영문자를 대문자로 변환하고, 나머지 문자들은 소문자로 변환합니다. 예를 들어 PROPER("24TH SEOUL OLYMPIC")은 "24Th Seoul Olympic"이 됩니다.

형식 PROPER(텍스트) : '텍스트'의 첫 번째 문자만 대문자로 변환합니다.

준비하세요! : 'C:\길벗컴활2급\06 부록' 폴더의 'PROPER.xlsm' 파일을 열어 '기본' 시트에서 실습하세요.

	A	B
1	대소문자를 적절하게 변환하기	
2		
3	문자열	결과
4	24TH SEOUL OLYMPIC	24Th Seoul Olympic ❶
5	2-cent's worth	2-Cent'S Worth
6	this is a title	This Is A Title
7	길벗 publisher	길벗 Publisher
8	king kong	King Kong
9	a-123b	A-123B
10		

❶ =PROPER(A4) : 첫 번째 영어 단어인 "SEOUL"의 "S"와 영문자가 아닌 문자 다음에 오는 영문자인 "24TH"의 "T", 그리고 공백 다음에 오는 문자인 "OLYMPIC"의 "O"는 대문자로 변환되고 나머지 영문자는 소문자로 변환된 "24Th Seoul Olympic"이 [B4] 셀에 입력됩니다.

기출문제 따라잡기 '기출' 시트에서 실습하세요.

팀명은 전체 문자를 대문자로 변환하고, 국가는 첫 문자를 대문자로 변환하여 팀명(국가)에 표시하세요.

▶ 표시 예 : SUSUNG(Korea)

정답 [E3] : =UPPER(C3) & "(" & PROPER(D3) & ")"

	A	B	C	D	E
1		세계 클럽컵 축구대회			
2		순위	팀명	국가	팀명(국가)
3		1	susung	korea	SUSUNG(Korea)
4		2	baroserona	spain	BAROSERONA(Spain)
5		3	chelsy	england	CHELSY(England)
6		4	roma	italy	ROMA(Italy)
7		5	hoven	netherlands	HOVEN(Netherlands)
8					

수식의 이해

=UPPER(C3) & "(" & PROPER(D3) & ")"
　　❶　　　　　　　❷

- ❶ **UPPER(C3)** : [C3] 셀의 문자열을 대문자로 변환한 "SUSUNG"을 반환합니다.
- ❷ **PROPER(D3)** : [D3] 셀의 첫 번째 문자를 대문자로 변환한 "Korea"를 반환합니다. "SUSUNG"과 "Korea"를 각각 ❶, ❷에 대입하면 다음과 같습니다.
- **="SUSUNG" & "(" & "Korea" & ")"** : & 연산자에 의해 모든 문자열이 합쳐진 "SUSUNG(Korea)"가 [E3] 셀에 입력됩니다.

전문가의 조언

UPPER 함수는 문자열에 포함된 소문자를 모두 대문자로 변환하는 함수입니다. 자세한 설명은 57쪽을 참고하세요.

055 소문자를 대문자로 변환하기 — UPPER

UPPER 함수는 문자열에 포함된 소문자를 모두 대문자로 변환합니다. 예를 들어, UPPER("Miss Kim")은 "MISS KIM"이 됩니다. 숫자, 특수 문자, 한글과 같이 대 · 소문자 구별이 없는 문자는 반환되지 않습니다.

형식 UPPER(텍스트) : 문자열에 포함된 소문자를 모두 대문자로 변환합니다.

준비하세요! : 'C:\길벗컴활2급\06 부록' 폴더의 'UPPER.xlsm' 파일을 열어 '기본' 시트에서 실습하세요.

	A	B
1	대문자로 변환하기	
2		
3	문자열	변환
4	korea	KOREA ❶
5	대한민국	대한민국
6	Miss 경기도	MISS 경기도 ❷
7	!error#	!ERROR#
8	1234567	1234567 ❸
9	King, Sejong.	KING, SEJONG.

❶ =UPPER(A4) : [A4] 셀의 "korea"를 대문자로 변환한 "KOREA"가 [B4] 셀에 입력됩니다.

❷ =UPPER(A6) : [A6] 셀의 "Miss 경기도"를 대문자로 변환한 "MISS 경기도"가 [B6] 셀에 입력됩니다.

❸ =UPPER(A8) : [A8] 셀의 "1234567"을 대문자로 변환한 "1234567"이 [B8] 셀에 입력됩니다. 숫자가 문자로 변환됩니다.

기출문제 따라잡기

'기출' 시트에서 실습하세요.

팀명은 대해 전체 문자를 대문자로 변환하고, 국가는 첫 문자를 대문자로 변환하여 팀명(국가)에 표시하세요.

▶ 표시 예 : SUSUNG(Korea)

정답 [E3] : =UPPER(C3) & "(" & PROPER(D3) & ")"

	A	B	C	D	E
1		세계 클럽컵 축구대회			
2		순위	팀명	국가	팀명(국가)
3		1	susung	korea	SUSUNG(Korea)
4		2	baroserona	spain	BAROSERONA(Spain)
5		3	chelsy	england	CHELSY(England)
6		4	roma	italy	ROMA(Italy)
7		5	hoven	netherlands	HOVEN(Netherlands)

수식의 이해

=UPPER(C3) & "(" & PROPER(D3) & ")"
❶ UPPER(C3), ❷ PROPER(D3)

- ❶ **UPPER(C3)** : [C3] 셀의 문자열을 대문자로 변환한 "SUSUNG"을 반환합니다.
- ❷ **PROPER(D3)** : [D3] 셀의 첫 번째 문자를 대문자로 변환한 "Korea"를 반환합니다. "SUSUNG"과 "Korea"를 각각 ❶, ❷에 대입하면 다음과 같습니다.
- **="SUSUNG" & "(" & "Korea" & ")"** : & 연산자에 의해 모든 문자열이 합쳐진 "SUSUNG(Korea)"가 [E3] 셀에 입력됩니다.

전문가의 조언

PROPER 함수는 문자열에 포함된 대 · 소문자를 적절하게 변환하는 함수입니다. 자세한 설명은 54쪽을 참고하세요.

056 문자열의 양쪽 끝 공백 제거하기 – TRIM

19.상시, 07.4

TRIM 함수는 단어 사이에 있는 한 칸의 공백을 제외하고 텍스트에 포함된 모든 공백을 제거합니다. 다른 응용 프로그램에서 전달받은 텍스트에 불필요한 공백이 있을 때 TRIM 함수를 사용합니다. 예를 들어, TRIM(" 겨 울 연 가 ")는 단어 양쪽의 공백을 모두 제거하고 글자 사이에 있는 공백은 한 칸만 남겨 "겨 울 연 가"가 됩니다.

형식 TRIM(텍스트) : 문자열의 공백을 제거합니다.

준비하세요! : 'C:\길벗컴활2급\06 부록' 폴더의 'TRIM.xlsm' 파일을 열어 '기본' 시트에서 실습하세요.

	A	B
1	문자열의 공백제거	
2		
3	문자열	결과
4	KOREA	KOREA
5	대한　민국	대한 민국
6	Miss　　경기도	Miss 경기도
7	!ERROR!	!ERROR!
8	1 2 3 4 5 6 7	1 2 3 4 5 6 7
9	Kim　mi　na	Kim mi na

❶ =TRIM(A4) : [A4] 셀에 입력된 " KOREA "에서 양쪽의 공백을 제거한 "KOREA"가 [B4] 셀에 입력됩니다.

❷ =TRIM(A6) : [A6] 셀에 입력된 " Miss　　경기도 "에서 양쪽의 공백을 제거하고, "Miss"와 "경기도" 사이의 공백 4칸을 제거한 "Miss 경기도"가 [B6] 셀에 입력됩니다.

기출문제 따라잡기 '기출' 시트에서 실습하세요.

도서코드의 앞뒤에 있는 공백을 제거한 후 전체 문자를 대문자로 변환하고, 변환된 문자열 뒤에 "-KR"을 추가하여 변환도서코드에 표시하세요.

▶ 표시 예 : mng-002 → MNG-002-KR

정답 [D3] : =UPPER(TRIM(A3)) & "-KR"

	A	B	C	D
1	도서관리			
2	도서코드	출판사	출판년도	변환도서코드
3	mng-002	한국산업	2015	MNG-002-KR
4	psy-523	민음사	2013	PSY-523-KR
5	mng-091	두란노	2015	MNG-091-KR
6	psy-725	에코의 서재	2015	PSY-725-KR
7	nov-264	마티	2016	NOV-264-KR
8	lan-183	상공사	2010	LAN-183-KR
9	lan-184	민음사	2016	LAN-184-KR

수식의 이해

중첩 함수가 사용된 수식을 만들 때는 최종적으로 값을 반환하는, 즉 가장 바깥쪽에 사용할 함수부터 찾아서 수식을 세우고 수식을 이해할 때는 우선순위에 따라 안쪽에서부터 바깥쪽 방향으로 하나씩 상수로 변환하면서 이해하면 쉽습니다.

=UPPER(TRIM(A3)) & "-KR"
　　　　　❶

- ❶ TRIM(A3) : [A3] 셀에 입력된 " mng-002 "에서 양쪽의 공백이 제거된 "mng-002"를 반환합니다. "mng-002"를 ❶에 대입하면 다음과 같습니다.
- UPPER("mng-002") : [A3] 셀의 문자열을 대문자로 변환한 "MNG-002"를 반환합니다.
- "MNG-002" & "-KR" : & 연산자에 의해 문자열이 합쳐져 "MNG-002-KR"이 [D3] 셀에 입력됩니다.

전문가의 조언

UPPER 함수는 문자열에 포함된 소문자를 모두 대문자로 변환하는 함수입니다. 자세한 설명은 57쪽을 참고하세요.

057 대문자를 소문자로 변환하기 — LOWER

23.상시, 22.상시, 21.상시

LOWER 함수는 문자열의 대문자를 모두 소문자로 변환합니다. 예를 들어, LOWER("Miss Kim")은 "miss kim"이 됩니다. 숫자, 특수 문자, 한글과 같이 소문자가 없는 문자는 변환되지 않습니다.

형식 LOWER(텍스트) : 문자열에 포함된 대문자를 모두 소문자로 변환합니다.

준비하세요! : 'C:\길벗컴활2급\06 부록' 폴더의 'LOWER.xlsm' 파일을 열어 '기본' 시트에서 실습하세요.

	A	B	
1	소문자로 변환하기		
2			
3	문자열	변환	
4	KOREA	korea	❶
5	대한민국	대한민국	
6	Miss 경기도	miss 경기도	❷
7	!ERROR#	!error#	
8	1234567	1234567	❸
9	King, Sejong.	king, sejong.	
10			

❶ =LOWER(A4) : [A4] 셀의 "KOREA"를 소문자로 변환한 "korea"가 [B4] 셀에 입력됩니다.

❷ =LOWER(A6) : [A6] 셀의 "Miss 경기도"를 소문자로 변환한 "miss 경기도"가 [B6] 셀에 입력됩니다.

❸ =LOWER(A8) : [A8] 셀의 "1234567"을 소문자로 변환한 "1234567"이 [B8] 셀에 입력됩니다(숫자가 문자로 변환됨).

기출문제 따라잡기

'기출' 시트에서 실습하세요.

국가는 모두 대문자로 변환하고, 수도는 모두 소문자로 변환하여 지역에 표시하세요.

▶ 표시 예 : KOREA(seoul)

정답 [C4] : =UPPER(A4) & "(" & LOWER(B4) & ")"

	A	B	C
1	국가별 수도		
2			
3	국가	수도	국가(수도)
4	Germany	Berlin	GERMANY(berlin)
5	Canada	Ottawa	CANADA(ottawa)
6	Japan	Tokyo	JAPAN(tokyo)
7	Portugal	Lisbon	PORTUGAL(lisbon)
8	China	Beijing	CHINA(beijing)
9	Angola	Luanda	ANGOLA(luanda)
10			

수식의 이해

=UPPER(A4) & "(" & LOWER(B4) & ")"

- ❶ **UPPER(A4)** : [A4] 셀의 문자열을 대문자로 변환한 "GERMANY"를 반환합니다.
- ❷ **LOWER(B4)** : [B4] 셀의 문자열을 소문자로 변환한 "berlin"을 반환합니다.
- **="GERMANY" & "(" & "berlin" & ")"** : 문자열 결합 연산자(&)에 의해 모든 문자열이 합쳐진 "GERMANY(berlin)"이 [C4] 셀에 입력됩니다.

텍스트 함수

058 문자열에서 특정 문자의 위치 찾기(글자 단위) — FIND

FIND 함수는 문자열에 포함된 특정 문자를 찾아 그 위치를 반환하는 함수인데, 글자 단위로 구분하여 위치를 카운트하며, 찾는 문자가 없을 경우 오류값을 표시합니다. 예를 들어 FIND("R", "★오必勝 KOREA★", 1)은 8을 반환합니다. 이때 대·소문자를 구분하며, 와일드 카드(*, ?)는 사용할 수 없습니다.

형식 FIND(찾을 텍스트, 문자열, 시작 위치) : '문자열'의 '시작 위치'에서부터 '찾을 텍스트'를 찾아 그 위치를 반환합니다.

준비하세요! : 'C:\길벗컴활2급\06 부록' 폴더의 'FIND.xlsm' 파일을 열어 '기본' 시트에서 실습하세요.

	A	B	C	D
1	찾을 텍스트 위치 값 반환하기			
2				
3	문자	찾을 텍스트	시작 위치	결과
4	KOREA	r	1	#VALUE! ❶
5	No.1 sinagong	o	4	11
6	♥I Love YOU♥	O	2	10 ❷
7	★꿈! 夢! Dream★	e	3	10 ❸
8	1234	3	4	#VALUE!

❶ =FIND(B4, A4, C4) : [A4] 셀의 "KOREA"에 영문 소문자 "r"이 없으므로 오류값(#VALUE!)이 [D4] 셀에 입력됩니다.

❷ =FIND(B6, A6, C6) : [A6] 셀에 입력된 "♥I Love YOU♥"의 두 번째 글자에서부터 영문 대문자 "O"를 찾아 그 위치인 10을 [D6] 셀에 입력합니다.

❸ =FIND(B7, A7, C7) : [A7] 셀에 입력된 "★꿈! 夢! Dream★"의 세 번째 글자에서부터 영문 소문자 "e"를 찾아 그 위치인 10을 [D7] 셀에 입력합니다.

텍스트 함수

059 문자열의 길이 알아내기 — LEN

LEN 함수는 문자열의 문자 수를 구할 때 사용하는 함수입니다. 예를 들어, LEN("유비쿼터스")는 5를 반환합니다. 이 때 한글과 영문, 공백은 똑같이 한 글자로 취급합니다.

형식 LEN(텍스트) : '텍스트'의 길이(개수)를 구합니다.

준비하세요! : 'C:\길벗컴활2급\06 부록' 폴더의 'LEN.xlsm' 파일을 열어 '기본' 시트에서 실습하세요.

	A	B
1	문자열의 길이 세기	
2		
3	문자열	문자수
4	KOREA	5 ❶
5	대한민국	4
6	Miss 경기도	8 ❷
7	!ERROR!	7
8	1234567	7
9	King Sejong	11 ❸

❶ =LEN(A4) : [A4] 셀의 값 "KOREA"의 문자 수인 5가 [B4] 셀에 입력됩니다.

❷ =LEN(A6) : [A6] 셀의 값 "Miss 경기도"의 문자 수인 8이 [B6] 셀에 입력됩니다.

❸ =LEN(A9) : [A9] 셀의 값 "King Sejong"의 문자 수인 11이 [B9] 셀에 입력됩니다.

전문가의 조언

문자열의 길이
- 공백도 문자 수에 포함됩니다.
- 문자열의 길이를 바이트 수로 구하려면 LENB를 이용하세요.

060 문자열에서 특정 문자의 위치 찾기(글자 단위) – SEARCH

19.상시, 14.1

SEARCH 함수는 문자열에 포함된 특정 문자를 찾아 그 위치를 반환하는 함수인데, 글자 단위로 구분하여 위치를 카운트하며, 찾는 문자가 없을 경우 오류값을 표시합니다. 예를 들어 SEARCH("R", "★오必勝 KOREA★", 1)은 8을 반환합니다. FIND 함수와 다른 점은 대·소문자 구분이 없고, 와일드카드(*, ?)를 사용할 수 있다는 것입니다.

형식 SEARCH(찾을 텍스트, 문자열, 시작 위치) : '문자열'의 '시작 위치'에서부터 '찾을 텍스트'를 찾아 그 위치를 반환합니다.

준비하세요! : 'C:\길벗컴활2급\06 부록' 폴더의 'SEARCH.xlsm' 파일을 열어 '기본' 시트에서 실습하세요.

	A	B	C	D
1	찾을 텍스트 위치 값 반환하기			
2				
3	문자	찾을 텍스트	시작 위치	결과
4	KOREA	r	1	3 ❶
5	No.1 sinagong	o	4	11
6	♥I Love YOU♥	O	2	5 ❷
7	★꿈! 夢! Dream★	e	3	10
8	1234	3	4	#VALUE! ❸

❶ =SEARCH(B4, A4, C4) : [A4] 셀에 입력된 "KOREA"의 첫 번째 글자에서부터 "r"을 찾아 그 위치인 3을 [D4] 셀에 입력합니다.

❷ =SEARCH(B6, A6, C6) : [A6] 셀에 입력된 "♥I Love YOU♥"의 두 번째 글자에서부터 "O"를 찾아 그 위치인 5를 [D6] 셀에 입력합니다.

❸ =SEARCH(B8, A8, C8) : [A8] 셀에 입력된 "1234"의 네 번째 글자에서부터 3을 찾는데 3이 없으므로 오류값(#VALUE!)이 [D8] 셀에 입력됩니다.

기출문제 따라잡기 '기출' 시트에서 실습하세요.

E-메일에서 "@" 앞의 문자열만 추출하여 닉네임에 표시하세요.

▶ 표시 예 : abc@naver.com → abc

정답 [C4] : =MID(D4, 1, SEARCH("@", D4, 1) – 1)

	A	B	C	D
1	카페 신입회원 정보			
2				
3	성명	지역	닉네임	E-메일
4	최정예	서울	love99	love99@naver.com
5	심일훈	경기	muakiea	muakiea@nate.com
6	이아랑	인천	starcmk	starcmk@nate.com
7	김정필	부산	99023	99023@gmail.com
8	홍현서	대전	yses	yses@daum.net

수식의 이해

중첩 함수가 사용된 수식을 만들 때는 최종적으로 값을 반환하는, 즉 가장 바깥쪽에 사용할 함수부터 찾아서 수식을 세우고 수식을 이해할 때는 우선순위에 따라 안쪽에서부터 바깥쪽 방향으로 하나씩 상수로 변환하면서 이해하면 쉽습니다.

=MID(D4, 1, SEARCH("@", D4, 1) – 1)
❶

- ❶ SEARCH("@", D4, 1) : [D4] 셀에 입력된 "love99@naver.com"의 첫 번째 글자에서부터 "@"을 찾아 그 위치인 7을 반환합니다.
- MID(D4, 1, 7 – 1) : 'love99@naver.com'의 1 번째 위치부터 6(7–1) 글자만 추출한 'love99'가 [C4] 셀에 입력됩니다.

전문가의 조언

MID 함수는 지정된 문자 수에 따라 텍스트 문자열의 특정 위치에서 원하는 수 만큼의 문자를 추출하는 함수입니다. 자세한 설명은 53쪽을 참고하세요.

061 부서별 직급별 인원수 파악하기 – COUNTIFS

COUNTIFS 함수는 여러 개의 조건에 맞는 자료의 개수를 구하는 함수입니다. 예를 들면, 부서가 판매부이고, 급수가 1급이고, 남자인 사원들의 수를 셀 수 있습니다. 조건은 최대 127개까지 지정할 수 있습니다.

형식 **COUNTIFS(첫 번째 조건이 적용될 범위, 첫 번째 조건, 두 번째 조건이 적용될 범위, 두 번째 조건, …)** : 여러 개의 '조건이 적용될 범위'에서 여러 개의 '조건'에 맞는 셀을 찾아 개수를 계산합니다.

준비하세요! : 'C:\길벗컴활2급\06 부록' 폴더의 'COUNTIFS.xlsm' 파일을 열어 '기본' 시트에서 실습하세요.

COUNTIFS 함수를 이용하여 부서별 직급별 사원수를 계산해 보겠습니다.

	A	B	C	D	E	F	G	H	I
1		기본급 지급 현황					부서별 직급별 인원수		
2									
3		성명	부서	직급	기본급		직급 / 부서	1급 ❶	2급
4		이승연	판매부	1급	1,450,000		판매부	2	2
5		김경수	기획부	2급	1,350,000		기획부	2	2
6		이학봉	판매부	2급	1,350,000				❷
7		지순녀	기획부	2급	1,200,000				
8		김지연	판매부	1급	1,450,000				
9		박원래	기획부	1급	1,450,000				
10		최지은	기획부	1급	1,200,000				
11		강유라	판매부	2급	1,300,000				

❶ =COUNTIFS(C4:C11, "판매부", D4:D11, "1급")
: [C4:C11] 영역에서 "판매부"가 입력된 셀들을 찾아 [D4:D11] 영역에서 같은 행들에 "1급"이 입력된 셀들의 개수인 2가 [H4] 셀에 입력됩니다.

❷ =COUNTIFS(C4:C11, "기획부", D4:D11, "2급")
: [C4:C11] 영역에서 "기획부"가 입력된 셀들을 찾아 [D4:D11] 영역에서 같은 행들에 "2급"이 입력된 셀들의 개수인 2가 [I5] 셀에 입력됩니다.

기출문제 따라잡기 '기출' 시트에서 실습하세요.

적립포인트가 600 이상이면서 등급이 "VIP"인 고객수를 구하세요.

▶ 고객수 뒤에 "명"을 표시 [표시 예 : 1명]

정답 [E12] : =COUNTIFS(D3:D10, ">=600", E3:E10, "VIP") & "명"

	A	B	C	D	E
1	고객 현황				
2	고객코드	성별	나이	적립포인트	등급
3	K1001	남	66	580	VIP
4	K1125	남	48	700	VIP
5	K3948	여	32	650	일반
6	K2840	여	29	500	일반
7	K1753	여	46	685	VIP
8	K2385	남	33	420	일반
9	K9375	남	52	600	VIP
10	K8923	여	45	360	일반
11					
12	적립포인트가 600 이상인 VIP 고객				3명

수식의 이해

=COUNTIFS(D3:D10, ">=600", E3:E10, "VIP") & "명"
❶

- ❶ **COUNTIFS(D3:D10, ">=600", E3:E10, "VIP")** : [D3:D10] 영역에서 적립포인트가 600 이상인 셀들([D4], [D5], [D7], [D9])을 찾은 다음 [E3:E10] 영역의 같은 행들 중에서 "VIP"가 입력된 셀들([D4], [D7], [D9])의 개수인 3을 반환합니다. 3을 ❶에 대입하면 다음과 같습니다.
- **=3 & "명"** : 3과 "명"을 결합한 "3명"이 [E12] 셀에 입력됩니다.

062 품목의 판매 건수 구하기 – COUNTIF

COUNTIF 함수는 많은 자료 중에서 조건에 맞는 데이터의 개수만을 구하는 함수입니다. 찾을 조건이 적용된 범위에서 조건에 맞는 데이터를 찾아 개수를 계산합니다.

형식 COUNTIF(범위, 조건) : 지정된 '범위'에서 '조건'에 맞는 셀의 개수를 계산합니다.

준비하세요! : 'C:\길벗컴활2급\06 부록' 폴더의 'COUNTIF.xlsm' 파일을 열어 '기본' 시트에서 실습하세요.

COUNTIF 함수를 이용하여 품목별 판매 건수를 계산해 보겠습니다.

	A	B	C	D	E	F	G
1	판매현황					품목별 판매건수	
2							
3	품목	수량	단가	금액		품목	건수
4	냉장고	6	250	1,500		컴퓨터	3 ❶
5	컴퓨터	8	300	2,400		캠코더	2
6	냉장고	5	250	1,250		냉장고	2 ❷
7	캠코더	7	500	3,500			
8	컴퓨터	10	300	3,000			
9	캠코더	5	500	2,500			
10	컴퓨터	7	300	2,100			
11							

❶ =COUNTIF(A4:A10, "컴퓨터") : [A4:A10] 영역에서 "컴퓨터"가 입력된 셀의 개수 3이 [G4] 셀에 입력됩니다.

❷ =COUNTIF(A4:A10, "냉장고") : [A4:A10] 영역에서 "냉장고"가 입력된 셀의 개수 2가 [G6] 셀에 입력됩니다.

기출문제 따라잡기 '기출' 시트에서 실습하세요.

도서코드가 "B002", "B004"인 도서의 수를 구하여 표시하세요.

▶ 도서수 뒤에 "권"을 표시 [표시 예 : 3권]

정답 [C13] : =COUNTIF($B$3:$B$10, C12) & "권"

	A	B	C	D
1		도서 관리		
2		도서코드	도서명	대여료
3		B002	성공심리학	500
4		B003	컴퓨터구조	800
5		B001	한국사	700
6		B005	엑셀2000	1,200
7		B004	기업윤리	300
8		B002	성공심리학	500
9		B004	기업윤리	300
10		B002	성공심리학	700
11				
12		도서코드	B002	B004
13		도서수	3권	2권
14				

수식의 이해

=COUNTIF(B3:B10, C12) & "권"
❶ (COUNTIF(B3:B10, C12))

- ❶ **COUNTIF(B3:B10, C12)** : [B3:B10] 영역에서 [C12] 셀의 값과 같은 셀([B3], [B8], [B10]), 즉 도서코드가 "B002"인 셀의 개수 3을 반환합니다. 3을 ❶에 대입하면 다음과 같습니다.
- **=3 & "권"** : 3과 "권"을 결합한 "3권"이 [C13] 셀에 입력됩니다.

063 순위 계산하기 1 — RANK.EQ

RANK.EQ 함수는 지정된 범위 안에서 인수의 순위를 구하되, 동일한 값들은 동일하지 않을 경우 나올 수 있는 순위들 중 가장 높은 순위를 동일하게 표시하는 함수입니다. 예를 들어 2위인 점수 90이 3개가 있다면 동일하지 않을 경우 나올 수 있는 순위 2, 3, 4 중 가장 높은 순위인 2가 동일하게 표시되고, 다음 순위는 3위, 4위없이 5위가 표시됩니다.

형식 RANK.EQ(인수, 범위, 옵션) : 지정된 '범위' 안에서 '인수'의 순위를 구하되, 동일한 값들은 동일하지 않을 경우 나올 수 있는 순위들 중 가장 높은 순위를 동일하게 표시합니다.

준비하세요! : 'C:\길벗컴활2급\06 부록' 폴더의 'RANK.EQ.xlsm' 파일을 열어 '기본' 시트에서 실습하세요.

RANK.EQ 함수를 이용하여 총점을 기준으로 한 순위를 계산하여 표시해 보겠습니다.

	A	B	C	D	E	F
1	성적표					
2	성명	국어	영어	수학	총점	순위
3	고아라	72	90	78	240	2 ❶
4	나영희	88	80	72	240	2
5	박철수	75	98	75	248	1
6	안도해		100	100	200	4
7	최순이	85		85	170	5

❶ =RANK.EQ(E3, $E$3:$E$7) : [E3:E7] 영역에서 [E3] 셀의 값 240의 순위를 가장 높은 점수에 1위를 부여하는 방식(내림차순)을 적용하여 계산하되, 240이 두 개이므로 동일하지 않을 경우 나올 수 있는 순위 2, 3 중 가장 높은 순위 2가 [F3] 셀에 입력됩니다. 논리값이 생략되었으므로 내림차순으로 계산합니다.

RANK.EQ 함수의 옵션
- **0 또는 생략** : 내림차순을 기준으로 한 순위를 부여(가장 큰 값에 1위를 부여)
- **0 이외의 값** : 오름차순을 기준으로 한 순위를 부여(가장 작은 값에 1위를 부여)

기출문제 따라잡기 '기출' 시트에서 실습하세요.

취득총점의 순위를 구한 후 수상목록에서 순위에 해당하는 수상명을 찾아 표시하세요.

▶ 순위는 취득총점이 가장 높은 것이 1위

	A	B	C	D	E	F	G
1		모형 항공기 제작 경진 대회					
2		팀명	취득총점	수상명		<수상목록>	
3		비상	158	동상		순위	수상명
4		하늘	195	금상		1	대상
5		창공	157	동상		2	금상
6		송골매	154	장려상		3	은상
7		보라매	120			4	동상
8		이상	198	대상		6	장려상
9		불새	145	장려상		9	
10		마하	135	장려상			
11		최원영	160	은상			

정답 [D3] : =VLOOKUP(RANK.EQ(C3, $C$3:$C$11), $F$4:$G$9, 2)

수식의 이해

=VLOOKUP(RANK.EQ(C3, C3:C11), F4:G9, 2)
❶ = RANK.EQ(C3, C3:C11)

- ❶ RANK.EQ(C3, C3:C11) : [C3:C11] 영역에서 [C3] 셀의 값 158의 내림차순을 기준으로 계산한 순위 4를 반환합니다. 4를 ❶에 대입하면 다음과 같습니다.
- =VLOOKUP(4, F4:G9, 2)
  - ㉠ [F4:G9] 영역의 맨 왼쪽 열에서 4를 넘지 않는 가장 근접한 값, 4행에 있는 4를 찾습니다.
  - ㉡ 4가 있는 행에서 2열에 있는 값 "동상"을 찾아서 [D3] 셀에 입력합니다.

※ 4를 넘지 않는 가장 근접한 값을 찾는 것은 '옵션'에 지정된 논리값이 생략되었기 때문입니다. 생략하거나 'TRUE'인 경우에는 찾을 값보다 크지 않으면서 가장 근접한 값을 찾습니다.

	F	G
1		
2	<수상목록>	
3	순위	수상명
4	1	대상
5	㉠ 2	금상
6	3	은상
7	4	동상
8	6 ㉡	장려상
9	9	

전문가의 조언

VLOOKUP 함수는 범위로 정한 영역의 맨 왼쪽 열에서 특정 기준값으로 자료를 찾고, 그 자료가 속한 행 중에서 필요한 값이 있는 열의 위치를 지정하여 값을 반환하는 함수입니다. 자세한 내용은 47쪽을 참고하세요.

24.상시, 23.상시, 22.상시, 21.상시, 21.공개, 20.상시, 19.상시, 18.2, 17.상시, 14.2, 10.3, 09.2, 08.3, 08.1, 07.2, 06.2, 06.1, 04.4, 04.1, 03.1

064 N번째로 큰 수 찾기 – LARGE

LARGE 함수는 자료 범위에서 N번째로 큰 값을 반환하는 함수입니다. 이 함수를 사용하여 상대적인 순번에 해당하는 값을 선택할 수 있습니다. 예를 들면, LARGE 함수를 사용하여 1등, 2등, 3등의 점수를 구할 수 있습니다.

형식 LARGE(범위, N번째) : '범위' 중 'N번째'로 큰 값을 반환합니다.

준비하세요! : 'C:\길벗컴활2급\06 부록' 폴더의 'LARGE.xlsm' 파일을 열어 '기본' 시트에서 실습하세요.

	A	B	C	D	E	F
1	지정된 큰수 찾기					
2						
3	숫자1	숫자2	숫자3			
4	12	21	18		제일 큰수	24 ❶
5	5	2	19		두번째 큰수	21
6	7	16	18		세번째 큰수	19 ❷
7	4	15	24			

❶ =LARGE(A4:C7, 1) : [A4:C7] 영역에서 첫 번째로 큰 수, 즉 가장 큰 수인 24가 [F4] 셀에 입력됩니다.

❷ =LARGE(A4:C7, 3) : [A4:C7] 영역에서 세 번째로 큰 수인 19가 [F6] 셀에 입력됩니다.

- 자료 범위가 비어 있으면 '#NUM!' 오류값이 반환됩니다.
- 인수 N이 0보다 작거나 데이터 요소 개수보다 크면 '#NUM!' 오류값이 반환됩니다.
- 범위에 있는 데이터 요소가 n개이면, LARGE(범위, 1)은 가장 큰 값을 LARGE(범위, n)은 가장 작은 값을 구합니다.

기출문제 따라잡기 '기출' 시트에서 실습하세요.

가장 큰 총점과 두 번째로 큰 총점의 차이를 구하여 표시하세요.

	A	B	C	D	E
1		교원 공채 시험 결과			
2		성명	이론	논술	총점
3		장진영	98	98	196
4		황갑영	97	100	197
5		심순영	95	90	185
6		이철순	85	87	172
7		장영혜	100	99	199
8					
9		1등과 2등의 점수 차이			2

정답 [E9] : =MAX(E3:E7) – LARGE(E3:E7, 2)

수식의 이해

=MAX(E3:E7) – LARGE(E3:E7, 2)

- ❶ **MAX(E3:E7)** : [E3:E7] 영역에서 가장 큰 값 199를 반환합니다.
- ❷ **LARGE(E3:E7, 2)** : [E3:E7] 영역에서 2번째로 큰 값 197을 반환합니다. 199와 197을 각각 ❶, ❷에 대입하면 다음과 같습니다.
- **=199 – 197** : 199에서 197을 뺀 값 2가 [E9] 셀에 입력됩니다.

전문가의 조언

MAX 함수는 인수로 주어진 숫자들 중에서 최대값을 구하는 함수입니다. 자세한 내용은 69쪽을 참고하세요.

065 평균 계산하기 – AVERAGE

AVERAGE 함수는 인수로 주어진 숫자들의 평균을 계산하는 함수로, 인수는 1개에서 255개까지 지정할 수 있습니다. 인수는 숫자이거나 숫자가 포함된 이름, 배열 또는 셀 주소이어야 합니다.

형식 AVERAGE(인수1, 인수2, …) : '인수'로 주어진 숫자들의 평균을 계산합니다.

준비하세요! : 'C:\길벗컴활2급\06 부록' 폴더의 'AVERAGE.xlsm' 파일을 열어 '기본' 시트에서 실습하세요.

	A	B	C	D	
1	평균계산				
2					
3	숫자1	숫자2	숫자3	평균	
4	5.5	6.5	7.5	6.5	❶
5	20	30	40	30	
6	0	30	26	18.6667	❷
7	8		10	9	

❶ =AVERAGE(A4:C4) : [A4:C4] 영역의 평균 6.5가 [D4] 셀에 입력됩니다.
❷ =AVERAGE(A6:C6) : [A6:C6] 영역의 평균 18.6667이 [D6] 셀에 입력됩니다.

[파일] → **[옵션]**을 선택한 후 'Excel 옵션' 대화상자의 '고급' 탭에서 '이 워크시트의 표시 옵션'의 '0값이 있는 셀에 0 표시' 확인란이 선택되어 있지 않으면 0이 들어 있는 셀에 데이터가 없는 것처럼 빈 셀로 표시되어 혼동할 수 있습니다. 왜냐하면 셀의 평균을 구할 때 0이 들어 있는 셀은 평균에 포함되어 계산되지만 빈 셀은 계산되지 않기 때문입니다.

기출문제 따라잡기 '기출' 시트에서 실습하세요.

각 학생들의 중간, 수행, 기말 점수에 대한 평균을 구하여 표시하세요.

▶ 반올림 없이 소수 이하 첫째 자리까지 표시
[표시 예 : 94.37 → 94.3]

정답 [F3] : =TRUNC(AVERAGE(C3:E3), 1)

	A	B	C	D	E	F
1		1학기 국어 성적				
2		성명	중간	수행	기말	평균
3		김정훈	78.45	45.78	87.23	70.4
4		오석현	88.79	87.34	90.45	88.8
5		이영선	92.45	80.23	78.23	83.6
6		임현재	88.45	77.54	98.56	88.1
7		남정왕	88.66	89.12	89.54	89.1

수식의 이해

중첩 함수가 사용된 수식을 만들 때는 최종적으로 값을 반환하는, 즉 가장 바깥쪽에 사용할 함수부터 찾아서 수식을 세우고 수식을 이해할 때는 우선순위에 따라 안쪽에서부터 바깥쪽 방향으로 하나씩 상수로 변환하면서 이해하면 쉽습니다.

=TRUNC(AVERAGE(C3:E3), 1)

- ❶ AVERAGE(C3:E3) : [C3:E3] 영역의 평균 70.486…을 반환합니다. 70.486…을 ❶에 대입하면 다음과 같습니다.
- =TRUNC(70.486…, 1) : 70.486…을 반올림 없이 소수 이하 첫째 자리까지 표시한 70.4가 [F3] 셀에 표시됩니다.

전문가의 조언

TRUNC 함수는 숫자에서 지정한 자릿수 이하의 숫자를 버릴 때 사용하는 함수입니다. 자세한 설명은 41쪽을 참고하세요.

통계 함수

066 문자도 포함하여 평균 계산하기 – AVERAGEA

AVERAGEA 함수는 빈 셀을 제외한 모든 인수를 포함하여 평균을 계산하는 함수입니다. 문자가 포함되어 있으면 문자를 0(영)으로 취급하여 평균을 계산합니다. 인수는 숫자, 이름, 배열, 참조 영역 등으로 1개에서 255개까지 지정할 수 있습니다. 문자를 포함하지 않는 평균을 구할 때에는 AVERAGE 함수를 사용합니다.

형식 AVERAGEA(인수1, 인수2, …) : '인수'로 주어진 값들의 평균을 계산합니다.

준비하세요! : 'C:\길벗컴활2급\06 부록' 폴더의 'AVERAGEA.xlsm' 파일을 열어 '기본' 시트에서 실습하세요.

	A	B	C	D
1	평균계산			
2				
3	숫자1	숫자2	숫자3	평균
4	FALSE	2	4	2 ❶
5	20	무효	40	20 ❷
6	0		5	2.5
7	10	TRUE	4	5 ❸

❶ =AVERAGEA(A4:C4) : FALSE는 0으로 간주됩니다. 즉 '(0+2+4)/3'을 계산한 2가 [D4] 셀에 입력됩니다.

❷ =AVERAGEA(A5:C5) : "무효"는 문자이므로 0으로 간주됩니다. 즉 '(20+0+40)/3'을 계산한 20이 [D5] 셀에 입력됩니다.

❸ =AVERAGEA(A7:C7) : TRUE는 1로 간주됩니다. 즉 '(10+1+4)/3'을 계산한 5가 [D7] 셀에 입력됩니다.

[파일] → **[옵션]**을 선택한 후 'Excel 옵션' 대화상자의 '고급' 탭에서 '이 워크시트의 표시 옵션'의 '0값이 있는 셀에 0 표시' 확인란이 선택되어 있지 않으면 0이 들어 있는 셀에 데이터가 없는 것처럼 빈 셀로 표시되어 혼동할 수 있습니다. 왜냐하면 셀의 평균을 구할 때 0이 들어 있는 셀은 평균에 포함되어 계산되지만 빈 셀은 계산되지 않기 때문입니다.

통계 함수

067 분산 계산하기 – VAR.S

VAR.S 함수는 인수로 주어진 숫자들에 대한 분산을 계산할 때 사용하는 함수입니다. VAR.S 함수는 인수를 모집단의 표본으로 간주하며, 논리값이나 텍스트는 무시됩니다.

형식 VAR.S(인수1, 인수2, …) : '인수'로 주어진 숫자들의 분산을 구합니다.

준비하세요! : 'C:\길벗컴활2급\06 부록' 폴더의 'VAR.S.xlsm' 파일을 열어 '기본' 시트에서 실습하세요.

	A	B	C	D
1	분산 계산			
2				
3	숫자1	숫자2	숫자3	분산
4	1	2	3	1.00 ❶
5	2	2	2	0.00
6	0	3	5	6.33
7	4		2	2.00 ❷

❶ =VAR.S(A4:C4) : [A4:C4] 영역에 대한 표본 분산 1.00이 [D4] 셀에 입력됩니다.

❷ =VAR.S(A7:C7) : [A7:C7] 영역에 대한 표본 분산 2.00이 [D7] 셀에 입력됩니다.

068 자료가 없는 셀의 개수 세기 – COUNTBLANK

19.상시, 05.4, 05.3, 04.2

COUNTBLANK 함수는 주어진 셀 범위에서 자료가 없는 셀의 개수를 구하는 함수입니다.

형식 COUNTBLANK(범위) : '범위' 중에서 자료가 없는 셀의 개수를 구합니다.

준비하세요! : 'C:\길벗컴활2급\06 부록' 폴더의 'COUNTBLANK.xlsm' 파일을 열어 '기본' 시트에서 실습하세요.

	A	B	C	D
1	빈셀의 수			
2				
3	자료1	자료2	자료3	빈셀의 수
4	2021-09-14	52		1 ❶
5	TRUE	0	85	0
6	엑셀		67	1
7	4	92	#DIV/0!	0 ❷

❶ =COUNTBLANK(A4:C4) : [A4:C4] 영역 중 빈 셀의 개수 1이 [D4] 셀에 입력됩니다.

❷ =COUNTBLANK(A7:C7) : [A7:C7] 영역 중 빈 셀의 개수 0이 [D7] 셀에 입력됩니다.

빈 텍스트(Null 값)를 반환하는 수식이 들어 있는 셀은 개수 계산에 포함되지만 0값을 갖는 셀은 계산에 포함되지 않습니다.

기출문제 따라잡기 '기출' 시트에서 실습하세요.

수업료, 급식비, 교과서 대금의 미납자수를 구하여 미납자수에 표시하세요.

	A	B	C	D	E	F
1		각종 대금 납부 현황				
2		학번	성명	수업료	급식비	교과서
3		4101	김미연		납부	
4		4102	원동철	납부		납부
5		4103	이지함	납부	납부	
6		4104	한두리		납부	납부
7		4105	신민영	납부	납부	납부
8		4106	구찬우	납부	납부	
9		4107	장철우		납부	
10		4108	김인애	납부		납부
11			미납자수	3	2	4

정답 [D11] : =COUNTBLANK(D3:D10)

수식의 이해

=COUNTBLANK(D3:D10)

[D3:D10] 영역에서 비어 있는 셀([D3], [D6], [D9])의 개수 3이 [D11] 셀에 입력됩니다.

069 가장 큰 수 찾기 – MAX

23.상시, 22.상시, 21.상시, 20.상시, 06.1, 04.4

MAX 함수는 인수로 주어진 숫자들 중에서 최대값을 구하는 함수로, 1개부터 255개까지의 인수를 사용할 수 있습니다. 인수에 포함된 텍스트, 논리값 또는 빈 셀은 무시됩니다. 인수에 숫자가 하나도 없으면 0이 반환됩니다.

형식 MAX(인수1, 인수2, …) : '인수'로 주어진 숫자 중에서 가장 큰 수를 반환합니다.

준비하세요! : 'C:\길벗컴활2급\06 부록' 폴더의 'MAX.xlsm' 파일을 열어 '기본' 시트에서 실습하세요.

	A	B	C	D	E	
1	가장 큰 수 찾기					
2						
3	숫자1	숫자2	숫자3	숫자4	가장 큰수	
4	12	21	18	5	21	❶
5	5	2	19	21	21	
6	7	16	18	14	18	❷
7	4	15	24	2	24	

❶ =MAX(A4:D4) : [A4:D4] 영역에서 가장 큰 값 21이 [E4] 셀에 입력됩니다.

❷ =MAX(A6:D6) : [A6:D6] 영역에서 가장 큰 값 18이 [E6] 셀에 입력됩니다.

기출문제 따라잡기

'기출' 시트에서 실습하세요.

가장 큰 총점과 두 번째로 큰 총점의 차이를 구하여 표시하세요.

	A	B	C	D	E
1		교원 공채 시험 결과			
2		성명	이론	논술	총점
3		장진영	98	98	196
4		황갑영	97	100	197
5		심순영	95	90	185
6		이철순	85	87	172
7		장영혜	100	99	199
8					
9		1등과 2등의 점수 차이			2

정답 [E9] : =MAX(E3:E7) – LARGE(E3:E7, 2)

수식의 이해

=MAX(E3:E7) – LARGE(E3:E7, 2)
❶ ❷

- ❶ **MAX(E3:E7)** : [E3:E7] 영역에서 가장 큰 값 199를 반환합니다.
- ❷ **LARGE(E3:E7, 2)** : [E3:E7] 영역에서 2번째로 큰 값 197을 반환합니다. 199와 197을 각각 ❶, ❷에 대입하면 다음과 같습니다.
- **=199 – 197** : 199에서 197을 뺀 값 2가 [E9] 셀에 입력됩니다.

전문가의 조언

LARGE 함수는 자료 범위에서 n번째로 큰 값을 반환하는 함수입니다. 자세한 내용은 65쪽을 참고하세요.

통계 함수

070 가장 작은 수 찾기 – MIN

20.상시, 10.3, 06.1

MIN 함수는 인수로 주어진 숫자들 중에서 최소값을 구하는 함수로, 1개부터 255개까지의 인수를 사용할 수 있습니다. 인수에 텍스트, 논리값 또는 빈 셀이 포함되는 경우 그 값은 무시됩니다. 인수에 숫자가 하나도 없으면 0이 반환됩니다.

형식 MIN(인수1, 인수2, …) : '인수'로 주어진 숫자 중에서 가장 작은 수를 반환합니다.

준비하세요! : 'C:\길벗컴활2급\06 부록' 폴더의 'MIN.xlsm' 파일을 열어 '기본' 시트에서 실습하세요.

	A	B	C	D	E
1	가장 작은 수 찾기				
2					
3	숫자1	숫자2	숫자3	숫자4	가장 작은 수
4	12	21	18	5	5 ❶
5	5	2	19	21	2
6	7	16	18	14	7 ❷
7	4	15	24	2	2

❶ =MIN(A4:D4) : [A4:D4] 영역에서 가장 작은 값 5가 [E4] 셀에 입력됩니다.

❷ =MIN(A6:D6) : [A6:D6] 영역에서 가장 작은 값 7이 [E6] 셀에 입력됩니다.

기출문제 따라잡기 '기출' 시트에서 실습하세요.

가격을 기준으로 가격이 가장 높으면 "최고가", 가장 낮으면 "최저가", 나머지 셀은 공백으로 표시하세요.

	A	B	C	D
1		핸드폰 가격 비교		
2		쇼핑몰	가격	비교
3		F-MARKET	464,310	
4		K-MARKET	465,000	최고가
5		B-MARKET	449,820	
6		A-MARKET	440,000	최저가
7		H-MARKET	459,620	
8		D-MARKET	454,100	
9		C-MARKET	453,000	

정답 [D3] : =IF(MAX($C$3:$C$9)=C3, "최고가",
IF(MIN($C$3:$C$9)=C3, "최저가", " "))

수식의 이해

=IF(MAX(C3:C9)=C3, "최고가", IF(MIN(C3:C9)=C3, "최저가", " "))
(❶ MAX(C3:C9)=C3, ❷ "최고가", ❸ IF(MIN(C3:C9)=C3, "최저가", " "))

조건(❶)이 참(TRUE)이면 ❷를 실행하고 거짓(FALSE)이면 ❸을 실행합니다.

- ❶ MAX(C3:C9)=C3 : [C3:C9] 영역에서 가장 큰 값 465,000과 [C3] 셀의 값 464,310이 다르므로 거짓을 반환합니다. 거짓을 ❶에 대입하면 다음과 같습니다.
- =IF(거짓, "최고가", IF(MIN(C3:C9)=C3, "최저가", " ")) : 조건(❶)이 거짓이므로 ❸을 실행합니다.
  (❶ 거짓, ❷ "최고가", ❸ IF(MIN(C3:C9)=C3, "최저가", " "))
- ❸ IF(MIN(C3:C9)=C3, "최저가", " ")
  (❹ MIN(C3:C9)=C3, ❺ "최저가", ❻ " ")

조건(❹)이 참이면 ❺를 실행하고 거짓이면 ❻을 실행합니다.

- ❹ MIN(C3:C9)=C3 : [C3:C9] 영역에서 가장 작은 값 440,000과 [C3] 셀의 값 464,310이 다르므로 거짓을 반환합니다. 거짓을 ❹에 대입하면 다음과 같습니다.
- =IF(거짓, "최저가", " ") : 조건이 거짓이므로 [D3] 셀에 " "(공백)이 입력됩니다.

전문가의 조언

IF 함수는 참과 거짓에 관한 논리식을 판별하여 참일 때와 거짓일 때 서로 다른 값을 반환하기 위해 사용하는 함수입니다. 자세한 설명은 22쪽을 참고하세요.

071 숫자가 들어 있는 셀의 개수 세기 – COUNT

24.상시, 23.상시, 08.1, 03.2

COUNT 함수는 인수로 주어진 값에서 숫자가 있는 셀의 개수를 구하는 함수입니다. 인수는 1개에서 255개까지 사용할 수 있으나 개수 계산에는 숫자만 포함됩니다. 논리값, 텍스트 또는 오류값도 포함하여 개수를 계산해야 하는 경우에는 COUNTA 함수를 사용합니다.

형식 COUNT(인수1, 인수2, …) : '인수'로 주어진 값 중 숫자가 있는 셀의 개수를 구합니다.

준비하세요! : 'C:\길벗컴활2급\06 부록' 폴더의 'COUNT.xlsm' 파일을 열어 '기본' 시트에서 실습하세요.

	A	B	C	D
1	자료수 세기			
2				
3	자료1	자료2	자료3	자료의 수
4	2021-09-14	52		2 ❶
5	TRUE	1:01 AM	85	2
6	엑셀		67	1 ❷
7	4	92	#DIV/0!	1 ❸

❶ =COUNT(A4:C4) : [A4:C4] 영역에서 숫자가 들어 있는 셀의 개수 2가 [D4] 셀에 입력됩니다.

❷ =COUNT(A6:C6) : [A6:C6] 영역에서 숫자가 들어 있는 셀의 개수 1이 [D6] 셀에 입력됩니다.

❸ =COUNT(A7:C7) : [A7:C7] 영역에서 숫자가 들어 있는 셀의 개수 1이 [D7] 셀에 입력됩니다. [A7] 셀의 "4"는 문자 "4"이므로 개수에 포함되지 않습니다.

기출문제 따라잡기

'기출' 시트에서 실습하세요.

근무점수가 70 이상 80 미만인 사람의 수를 구하세요.

	A	B	C	D
1		직원 근무 평가		
2		성명	입사일	근무점수
3		박정호	2014-06-06	73
4		신정희	2016-04-01	68
5		김용태	2012-05-06	98
6		김진영	2015-11-01	73
7		유현숙	2013-01-01	69
8				
9		70점대		
10		2		

정답 [B10] : =COUNT(D3:D7) – COUNTIF(D3:D7, "<70") – COUNTIF(D3:D7, ">=80")

수식의 이해

=COUNT(D3:D7) – COUNTIF(D3:D7, "<70") – COUNTIF(D3:D7, ">=80")
(❶ COUNT(D3:D7), ❷ COUNTIF(D3:D7, "<70"), ❸ COUNTIF(D3:D7, ">=80"))

- ❶ **COUNT(D3:D7)** : 전체 인원수를 구하는 것으로, [D3:D7] 영역에서 숫자가 있는 셀의 개수 5를 반환합니다.
- ❷ **COUNTIF(D3:D7, "<70")** : 근무점수가 70 미만인 사람의 인원수를 구하는 것으로, [D3:D7] 영역에서 70점 미만인 셀의 개수 2를 반환합니다.
- ❸ **COUNTIF(D3:D7, ">=80")** : 근무점수가 80 이상인 사람의 인원수를 구하는 것으로, [D3:D7] 영역에서 80점 이상인 셀의 개수 1을 반환합니다. 5, 2, 1을 각각 ❶, ❷, ❸에 대입하면 다음과 같습니다.
- **=5–2–1** : '5–2–1'의 결과 2가 [B10] 셀에 입력됩니다.

전문가의 조언

- 근무점수가 70 이상이고 80 미만이라는 것은 전체 인원수에서 근무점수가 70 미만인 사람의 수와 80 이상인 사람의 수를 뺀 것과 같은 의미입니다.
- COUNTIF 함수는 많은 자료 중에서 조건에 맞는 데이터의 개수만을 구하는 함수입니다. 자세한 내용은 63쪽을 참고하세요.

072 자료가 입력되어 있는 모든 셀의 개수 세기 – COUNTA

COUNTA 함수는 인수로 주어진 값 중에서 자료가 입력되어 있는 모든 셀의 개수를 세는 함수입니다. 인수는 1개에서 255개까지 사용할 수 있으나 빈 셀은 개수 계산에서 제외됩니다. 숫자가 들어 있는 셀만 세고자 할 경우에는 COUNT 함수를 사용합니다.

형식 COUNTA(인수1, 인수2, …) : '인수'로 주어진 값 중 자료가 입력되어 있는 셀의 개수를 구합니다.

준비하세요! : 'C:\길벗컴활2급\06 부록' 폴더의 'COUNTA.xlsm' 파일을 열어 '기본' 시트에서 실습하세요.

	A	B	C	D
1	자료수 세기			
2				
3	자료1	자료2	자료3	자료의 수
4	2021-09-14	52		2
5	TRUE	1:01 AM	85	3
6	엑셀		67	2
7	4	92	#DIV/0!	3

❶ =COUNTA(A4:C4) : [A4:C4] 영역 중 빈 셀을 제외한 셀의 개수 2가 [D4] 셀에 입력됩니다.

❷ =COUNTA(A6:C6) : [A6:C6] 영역 중 빈 셀을 제외한 셀의 개수 2가 [D6] 셀에 입력됩니다.

기출문제 따라잡기

'기출' 시트에서 실습하세요.

컴퓨터일반과 엑셀이 모두 60점 이상이면 합격입니다. 합격률을 표시하세요.

▶ 합격률 = '컴퓨터일반'과 '엑셀'이 모두 60점 이상인 수험생 수 / 총 수험생 수

정답 [C11] : =COUNTIFS(B3:B10, ">=60", C3:C10, ">=60") / COUNTA(A3:A10)

	A	B	C
1	컴활2급 시험 결과		
2	수험번호	컴퓨터일반	엑셀
3	1270121	92	76
4	1270122	38	55
5	1270123	86	92
6	1270124	62	48
7	1270125	91	93
8	1270126	49	56
9	1270127	89	93
10	1270128	67	68
11	합격률		63%

수식의 이해

=COUNTIFS(B3:B10, ">=60", C3:C10, ">=60") / COUNTA(A3:A10)
(❶: COUNTIFS(...), ❷: COUNTA(...))

- ❶ **COUNTIFS(B3:B10, ">=60", C3:C10, ">=60")** : [B3:B10] 영역에서 60 이상인 셀들([B3], [B5], [B6], [B7], [B9], [B10])을 찾은 다음 [C3:C10] 영역의 같은 행들 중에서 60 이상인 셀들([B3], [B5], [B7], [B9], [B10])의 개수인 5를 반환합니다.
- ❷ **COUNTA(A3:A10)** : [A3:A10] 영역에서 자료가 입력되어 있는 모든 셀의 개수 8을 반환합니다. 5와 8을 ❶과 ❷에 대입하면, 5 / 8, 즉 0.625가 [C11] 셀에 입력됩니다.

※ 셀 서식이 '백분율'로 지정되어 있어 '63%'로 표시됩니다.

통계 함수

073 중간에 위치한 값 찾아내기 — MEDIAN

23.상시, 19.상시, 16.3, 07.3

MEDIAN 함수는 인수로 주어진 숫자들을 크기 순으로 나열했을 때 중간 위치에 해당하는 값을 반환하는 함수입니다. 즉, 수의 반은 중간값보다 큰 값을 가지고 나머지 반은 중간값보다 작은 값을 가집니다. 인수에 텍스트, 논리값 또는 빈 셀이 포함되는 경우 그 값은 무시되지만 값이 0인 셀은 계산에 포함됩니다.

형식 MEDIAN(인수1, 인수2, …) : '인수'로 주어진 숫자들 중에서 중간에 해당하는 값을 반환합니다.

준비하세요! : 'C:\길벗컴활2급\06 부록' 폴더의 'MEDIAN.xlsm' 파일을 열어 '기본' 시트에서 실습하세요.

	A	B	C	D	E	F
1	중간 값 찾기					
2						
3	숫자1	숫자2	숫자3	숫자4	숫자5	중간값
4	1	2	3	4	5	3 ❶
5	0	1	2	3	4	2
6	7	14	16	18		15 ❷
7	25	15	7	3	1	7

❶ =MEDIAN(A4:E4) : [A4:E4] 영역에서 중간에 해당하는 값 3이 [F4] 셀에 입력됩니다.

❷ =MEDIAN(A6:E6) : [A6:E6] 영역에서 중간에 해당하는 값 15가 [F6] 셀에 입력됩니다. 인수의 개수가 짝수인 경우 중간의 두 값의 평균을 반환합니다. 즉 중간의 두 값 [B6] 셀의 14와 [C6] 셀의 16을 더한 후 2로 나눈 값 15가 반환됩니다.

기출문제 따라잡기 '기출' 시트에서 실습하세요.

각 상품의 분기합계가 전체 분기합계의 중앙값 이상이면 "우수상품", 그 이외에는 공백으로 비고에 표시하세요.

	A	B	C	D	E	F
1	2/4분기 판매현황					
2	상품명	4월	5월	6월	분기합계	비고
3	DMB	1,250	1,542	1,871	4,663	
4	핸드폰	2,451	2,874	3,120	8,445	우수상품
5	MP3	3,245	3,382	3,579	10,206	우수상품
6	DVD	1,479	1,657	1,897	5,033	우수상품
7	LCD-TV	358	457	587	1,402	
8	PDP-TV	748	854	698	2,300	
9	드럼세탁기	1,458	1,987	2,147	5,592	우수상품
10	에어컨	587	789	1,548	2,924	

정답 [F3] : =IF(E3>=MEDIAN($E$3:$E$10), "우수상품", " ")

수식의 이해

중첩 함수가 사용된 수식을 만들 때는 최종적으로 값을 반환하는, 즉 가장 바깥쪽에 사용할 함수부터 찾아서 수식을 세우고 수식을 이해할 때는 우선순위에 따라 안쪽에서부터 바깥쪽 방향으로 하나씩 상수로 변환하면서 이해하면 쉽습니다.

=IF(E3>=MEDIAN($E$3:$E$10), "우수상품", " ")

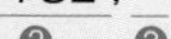

❶ ❷ ❸

- 조건(❶)이 참(TRUE)이면 ❷를, 거짓(FALSE)이면 ❸을 표시합니다.
- ❶ E3>=MEDIAN($E$3:$E$10)
  - MEDIAN($E$3:$E$10) : [E3:E10] 영역에서 중간에 해당하는 값 4,848을 반환합니다.
  - [E3] 셀의 값 4,663이 [E3:E10] 영역의 중간값 4,848보다 작으므로 거짓을 반환합니다.
- 조건(❶)이 거짓이므로 ❸을 수행하여 [F3]셀에 " "(공백)이 표시됩니다.

전문가의 조언

IF 함수는 참과 거짓에 관한 논리식을 판별하여 참일 때와 거짓일 때 서로 다른 값을 반환하기 위해 사용하는 함수입니다. 자세한 설명을 22쪽을 참고하세요.

통계 함수

074 가장 많이 나오는 수(최빈수) 찾아내기 — MODE.SNGL

24.상시, 18.상시

MODE.SNGL 함수는 인수로 주어진 숫자들 중 가장 많이 발생한 값(최빈수)을 반환하는 함수로, 인수는 1개에서 255개까지 지정할 수 있습니다. 인수는 숫자이거나 숫자가 포함된 이름, 배열 또는 셀 범위여야 합니다. 지정된 인수에 텍스트, 논리값 또는 빈 셀이 포함되는 경우 그 값은 무시되지만 값이 0인 셀은 계산에 포함됩니다.

형식 MODE.SNGL(인수1, 인수2, …) : '인수'로 주어진 숫자들 중에서 가장 빈도수가 많은 값을 반환합니다.

준비하세요! : 'C:\길벗컴활2급\06 부록' 폴더의 'MODE.SNGL.xlsm' 파일을 열어 '기본' 시트에서 실습하세요.

	A	B	C	D	E	F
1	최빈 값 찾기					
2						
3	숫자1	숫자2	숫자3	숫자4	숫자5	최빈값
4	1	1	2	2	4	1 ❶
5	1	2	3	4	5	#N/A ❷
6	4	4	2	2	0	4
7		15	1	15		15

❶ =MODE.SNGL(A4:E4) : [A4:E4] 영역의 숫자 중 가장 많이 발생한 값(최빈수)인 1이 [F4] 셀에 입력됩니다.

❷ =MODE.SNGL(A5:E5) : [A5:E5] 영역의 숫자들은 빈도수가 모두 같으므로 오류값(#N/A)이 [F5] 셀에 입력됩니다.

기출문제 따라잡기 '기출' 시트에서 실습하세요.

구입수량에서 가장 높은 빈도를 가진 고객들의 구입총액 합계를 계산하세요.

	A	B	C	D	E
1	고객별 구입 현황				
2	고객명	성별	등급	구입수량	구입총액
3	허영욱	남	골드	4	1,208,000
4	최주원	여	일반	9	2,214,000
5	이수학	남	골드	5	1,425,000
6	김신성	남	VIP	4	1,168,000
7	선기섭	남	일반	4	1,020,000
8	정신영	여	VIP	9	1,967,000
9	구입빈도 높은 고객의 구입총액 합계				3,396,000

정답 [E9] : =SUMIF(D3:D8, MODE.SNGL(D3:D8), E3:E8)

수식의 이해

중첩 함수가 사용된 수식을 만들 때는 최종적으로 값을 반환하는, 즉 가장 바깥쪽에 사용할 함수부터 찾아서 수식을 세우고 수식을 이해할 때는 우선순위에 따라 안쪽에서부터 바깥쪽 방향으로 하나씩 상수로 변환하면서 이해하면 쉽습니다.

=SUMIF(D3:D8, MODE.SNGL(D3:D8), E3:E8)
❶ (MODE.SNGL(D3:D8))

- ❶ MODE.SNGL(D3:D8) : [D3:D8] 영역의 숫자 중 최빈수인 4를 반환합니다. 4를 ❶에 대입하면 다음과 같습니다.
- =SUMIF(D3:D8, 4, E3:E8) : [D3:D8] 영역에서 4가 입력된 셀([D3], [D6:D7])을 찾은 후 [E3:E8] 영역의 같은 행([E3], [E6:E7])에 있는 구입총액들의 값(1,208,000, 1,168,000, 1,020,000)을 더한 3,396,000이 [E9] 셀에 입력됩니다.

전문가의 조언

SUMIF 함수는 조건이 적용될 범위에서 조건에 맞는 셀을 찾아 합계를 구할 범위 중 같은 행에 있는 값들의 합계를 구하는 함수입니다. 자세한 내용은 35쪽을 참고하세요.

075 N번째로 작은 수 찾기 – SMALL

24.상시, 23.상시, 22.상시, 21.상시, 19.상시, 15.3, 05.2, 04.4

SMALL 함수는 자료 범위에서 N번째로 작은 값을 반환하는 함수입니다. 이 함수를 사용하여 상대적인 순번에 해당하는 값을 선택할 수 있습니다.

형식 SMALL(범위, N번째) : '범위' 중 'N번째'로 작은 값을 반환합니다.

준비하세요! : 'C:\길벗컴활2급\06 부록' 폴더의 'SMALL.xlsm' 파일을 열어 '기본' 시트에서 실습하세요.

	A	B	C	D	E	F
1	지정된 작은 수 찾기					
2						
3	숫자1	숫자2	숫자3			
4	12	21	18		제일 작은 수	2
5	5	2	19		두번째 작은 수	4
6	7	16	18		세번째 작은 수	5
7	4	15	24			

❶ =SMALL(A4:C7, 1) : [A4:C7] 영역에서 첫 번째로 작은 수, 즉 가장 작은 수 2가 [F4] 셀에 입력됩니다.

❷ =SMALL(A4:C7, 3) : [A4:C7] 영역에서 세 번째로 작은 수인 5가 [F6] 셀에 입력됩니다.

기출문제 따라잡기

'기출' 시트에서 실습하세요.

이용금액이 가장 작은 회원의 이용ID를 찾아 표시하세요.

정답 [A11] : =VLOOKUP(SMALL(C3:C8, 1), C3:D8, 2, FALSE)

	A	B	C	D
1	개나리 클럽 이용 현황			
2	회원번호	회원명	이용금액	이용ID
3	10202	김신우	98,000	ksh0202
4	10203	나영미	285,000	nymi1004
5	10204	우승헌	365,000	wsh3702
6	10205	변정수	56,000	bjs-0808
7	10206	윤석헌	154,000	wsh3402
8	10207	도연지	567,000	dyj
9				
10	이용금액이 가장 작은 회원의 이용ID			
11	bjs-0808			

수식의 이해

중첩 함수가 사용된 수식을 만들 때는 최종적으로 값을 반환하는, 즉 가장 바깥쪽에 사용할 함수부터 찾아서 수식을 세우고 수식을 이해할 때는 우선순위에 따라 안쪽에서부터 바깥쪽 방향으로 하나씩 상수로 변환하면서 이해하면 쉽습니다.

=VLOOKUP(SMALL(C3:C8, 1), C3:D8, 2, FALSE)
❶

- ❶ **SMALL(C3:C8, 1)** : [C3:C8] 영역에서 가장 작은 이용금액인 56,000을 반환합니다. 56,000을 ❶에 대입하면 다음과 같습니다.
- **=VLOOKUP(56,000, C3:D8, 2, FALSE)**
  – ㉠ [C3:D8] 영역의 맨 왼쪽 열에서 56,000을 찾습니다.
  – ㉡ 56,000이 있는 행에서 2열에 있는 값 "bjs-0808"을 찾아서 [B11] 셀에 입력합니다.

	C	D
2	이용금액	이용ID
3	98,000	ksh0202
4	285,000	nymi1004
5	365,000	wsh3702
6	56,000	bjs-0808
7	154,000	wsh3402
8	567,000	dyj

전문가의 조언

VLOOKUP 함수는 범위로 정한 영역의 맨 왼쪽 열에서 특정 기준값으로 자료를 찾고, 그 자료가 속한 행 중에서 필요한 것이 있는 열의 위치를 지정하여 값을 반환하는 함수입니다. 자세한 내용은 47쪽을 참고하세요.

076 표준편차 계산하기 – STDEV.S

23.상시, 22.상시, 21.상시, 19.상시, 14.2, 13.상시

STDEV.S 함수는 인수로 주어진 숫자들의 표준편차를 계산하는 함수로, 인수는 1개에서 255개까지 지정할 수 있습니다. 인수에 텍스트, 논리값 또는 빈 셀이 포함되는 경우 그 값은 무시되지만 값이 0인 셀은 포함됩니다.

형식 STDEV.S(인수1, 인수2, …) : '인수'로 주어진 숫자들의 표준편차를 구합니다.

준비하세요! : 'C:\길벗컴활2급\06 부록' 폴더의 'STDEV.S.xlsm' 파일을 열어 '기본' 시트에서 실습하세요.

	A	B	C	D
1	표준 편차 계산			
2				
3	숫자1	숫자2	숫자3	표준편차
4	1	2	3	1.00 ❶
5	2	2	2	0.00
6	0	3	5	2.52 ❷
7	4		2	1.41

❶ =STDEV.S(A4:C4) : [A4:C4] 영역에 대한 표본 표준편차를 계산한 1.00이 [D4] 셀에 입력됩니다.

❷ =STDEV.S(A6:C6) : [A6:C6] 영역에 대한 표본 표준편차를 계산한 2.52가 [D6] 셀에 입력됩니다.

기출문제 따라잡기 '기출' 시트에서 실습하세요.

생산품(B)의 표본 표준편차를 구하세요.

▶ 표준편차는 소수점 이하 두 번째 자리에서 내림하여 첫 번째 자리까지 표시 [표시 예 : 123.45 → 123.4]

정답 [D15] : =ROUNDDOWN(STDEV.S(C3:C14), 1)

	A	B	C	D
1	월별생산현황			
2	월	생산품(A)	생산품(B)	생산품(C)
3	1월	5,535	6,021	4,831
4	2월	5,468	6,871	5,001
5	3월	5,724	6,278	4,835
6	4월	5,689	6,389	4,297
7	5월	5,179	6,172	5,017
8	6월	5,348	6,008	4,983
9	7월	5,493	6,217	4,998
10	8월	5,157	6,397	4,328
11	9월	5,537	6,284	4,682
12	10월	5,399	6,316	4,179
13	11월	5,176	6,784	4,385
14	12월	5,697	6,418	4,267
15	생산품(B) 표준편차			261.6

수식의 이해

중첩 함수가 사용된 수식을 만들 때는 최종적으로 값을 반환하는, 즉 가장 바깥쪽에 사용할 함수부터 찾아서 수식을 세우고 수식을 이해할 때는 우선순위에 따라 안쪽에서부터 바깥쪽 방향으로 하나씩 상수로 변환하면서 이해하면 쉽습니다.

=ROUNDDOWN(STDEV.S(C3:C14), 1)

- ❶ **STDEV.S(C3:C14)** : [C3:C14] 영역의 표본 표준편차를 계산한 261.682…를 반환합니다.
- **ROUNDDOWN(261.682…, 1)** : 261.682…를 소수점 이하 둘째 자리에서 내림하여 소수점 이하 첫째 자리까지 표시한 261.6이 [D15] 셀에 입력됩니다.

전문가의 조언

ROUNDDOWN 함수는 숫자를 지정한 자릿수로 내림하여 표시하는 함수입니다. 자세한 내용은 43쪽을 참고하세요.

통계 함수

077 과목별 최대 가산점 구하기 — MAXA

MAXA 함수는 주어진 인수 내에서 가장 큰 값을 반환하는 함수로, 1~255개의 인수를 사용할 수 있습니다. MAX와 다른 점은 숫자는 물론, 빈 셀, 논리값(TRUE/FALSE), 숫자로 표시된 텍스트 등도 인수로 사용할 수 있다는 것입니다.

형식 MAXA(인수1, 인수2, …) : '인수' 중에서 가장 큰 값을 반환합니다.

준비하세요! : 'C:\길벗컴활2급\06 부록' 폴더의 'MAXA.xlsm' 파일을 열어 '기본' 시트에서 실습하세요.

MAXA 함수를 이용하여 최대 가산점을 계산해 보겠습니다.

	A	B	C	D	E
1		성적표			
2		※ 보훈 자녀는 TRUE로 표시하며, 가산점은 1점입니다!			
3		성명	학과	영어	수학
4		전현수	건축과	0.72	0.88
5		김명훈	기계과	0.55	0.7
6		하현호	경영과	0.98	0.8
7		강진성	기계과	0.76	0.94
8		박희선	건축과	TRUE	0.67
9		엄정희	건축과	0.84	0.9
10		최대 가산점		1 ❶	0.94 ❷

❶ =MAXA(D4:D9) : [D4:D9] 영역에서 가장 큰 값인 1(TRUE)이 [D10] 셀에 입력됩니다.

❷ =MAXA(E4:E9) : [E4:E9] 영역에서 가장 큰 값인 0.94가 [E10] 셀에 입력됩니다.

통계 함수

078 과목별 최소 가산점 구하기 — MINA

MINA 함수는 주어진 인수 내에서 가장 작은 값을 반환하는 함수로, 1~255개의 인수를 사용할 수 있습니다. MIN과 다른 점은 숫자는 물론, 빈 셀, 논리값(TRUE/FALSE), 숫자로 표시된 텍스트 등도 인수로 사용할 수 있다는 것입니다.

형식 MINA(인수1, 인수2, …) : '인수' 중에서 가장 작은 값을 반환합니다.

준비하세요! : 'C:\길벗컴활2급\06 부록' 폴더의 'MINA.xlsm' 파일을 열어 '기본' 시트에서 실습하세요.

MINA 함수를 이용하여 최소 가산점을 계산해 보겠습니다.

	A	B	C	D	E
1		성적표			
2		※ 보훈 자녀는 TRUE로 표시하며, 가산점은 1점입니다!			
3		성명	학과	영어	수학
4		전현수	건축과	0.72	0.88
5		김명훈	기계과	0.55	0.7
6		하현호	경영과	0.98	0.8
7		강진성	기계과	0.76	0.94
8		박희선	건축과	TRUE	0.67
9		엄정희	건축과	0.84	0.9
10		최소 가산점		0.55 ❶	0.67 ❷

❶ =MINA(D4:D9) : [D4:D9] 영역에서 가장 작은 값인 0.55가 [D10] 셀에 입력됩니다.

❷ =MINA(E4:E9) : [E4:E9] 영역에서 가장 작은 값인 0.67이 [E10] 셀에 입력됩니다.

079 부서별 기본급의 평균 계산하기 – AVERAGEIF

AVERAGEIF 함수는 많은 자료 중에서 지정한 조건에 맞는 데이터만 찾아서 평균을 구하는 함수입니다. 찾을 조건이 있는 범위에서 조건에 맞는 데이터를 찾아 평균을 계산할 범위 중 같은 행에 있는 값들의 평균을 계산합니다.

형식 AVERAGEIF(조건이 적용될 범위, 조건, 평균을 구할 범위) : '조건이 적용될 범위'에서 '조건'에 맞는 셀을 찾아 '평균을 구할 범위' 중 같은 행에 있는 값들의 평균을 계산합니다.

준비하세요! : 'C:\길벗컴활2급\06 부록' 폴더의 'AVERAGEIF.xlsm' 파일을 열어 '기본' 시트에서 실습하세요.

AVERAGEIF 함수를 이용하여 부서별 기본급의 평균을 계산해 보겠습니다.

	A	B	C	D	E	F	G
1		기본급 지급 현황				부서별 기본급의 평균	
2							
3		성명	부서	기본급		부서	평균
4		이승연	판매부	1,450,000		판매부	1,387,500 ❶
5		김경수	기획부	1,350,000		기획부	1,300,000 ❷
6		이학봉	판매부	1,350,000			
7		지순녀	기획부	1,200,000			
8		김지연	판매부	1,450,000			
9		박원래	기획부	1,450,000			
10		최지은	기획부	1,200,000			
11		강유라	판매부	1,300,000			

❶ =AVERAGEIF(C4:C11, "판매부", D4:D11) : [C4:C11] 영역에서 "판매부"가 입력된 셀들을 찾아, [D4:D11] 영역의 같은 행들에 있는 기본급(1,450,000, 1,350,000, 1,450,000, 1,300,000)의 평균인 1,387,500이 [G4] 셀에 입력됩니다.

❷ =AVERAGEIF(C4:C11, "기획부", D4:D11) : [C4:C11] 영역에서 "기획부"가 입력된 셀들을 찾아, [D4:D11] 영역의 같은 행들에 있는 기본급(1,350,000, 1,200,000, 1,450,000, 1,200,000)의 평균인 1,300,000이 [G5] 셀에 입력됩니다.

기출문제 따라잡기

'기출' 시트에서 실습하세요.

남학생들의 영어 평균을 계산하여 표시하세요.

▶ 평균 점수는 반올림없이 정수로 표시

정답 [F9] : =TRUNC(AVERAGEIF(C3:C8, "남", E3:E8))

	A	B	C	D	E	F
1		중간고사 성적표				
2		성명	성별	국어	영어	수학
3		변지서	여	80	85	86
4		최서정	여	95	92	94
5		박승완	남	75	78	80
6		김석훈	남	89	80	86
7		박상아	여	90	93	92
8		이재준	남	87	83	80
9		남학생 영어 평균점수				80

수식의 이해

중첩 함수가 사용된 수식을 만들 때는 최종적으로 값을 반환하는, 즉 가장 바깥쪽에 사용할 함수부터 찾아서 수식을 세우고 수식을 이해할 때는 우선순위에 따라 안쪽에서부터 바깥쪽 방향으로 하나씩 상수로 변환하면서 이해하면 쉽습니다.

=TRUNC(AVERAGEIF(C3:C8, "남", E3:E8))
❶

- ❶ AVERAGEIF(C3:C8, "남", E3:E8) : [C3:C8] 영역에서 "남"이 입력된 셀들([C5:C6], [C8])을 찾고, [E3:E8] 영역에서 "남"이 입력된 셀과 같은 행([E5:E6], [E8])에 있는 영어(78, 80, 83)의 평균 80.333…을 반환합니다. 80.333…을 ❶에 대입하면 다음과 같습니다.
- =TRUNC(80.333…) : 80.333…을 반올림 없이 정수로 표시한 80이 [F9] 셀에 표시됩니다.

전문가의 조언

TRUNC 함수는 인수에 대하여 지정한 자릿수 미만의 수치를 버리는 함수입니다. 자세한 내용은 41쪽을 참고하세요.

080 부서별 직급별 기본급의 평균 계산하기 – AVERAGEIFS

AVERAGEIFS 함수는 여러 개의 조건에 맞는 자료의 평균을 구하는 함수입니다. 예를 들면 부서가 판매부이고, 급수가 1급이고, 남자인 사원들의 기본급의 평균을 구할 수 있습니다. 조건은 최대 127개까지 지정할 수 있습니다.

형식 AVERAGEIFS(평균을 구할 범위, 첫 번째 조건이 적용될 범위, 첫 번째 조건, 두 번째 조건이 적용될 범위, 두 번째 조건, …) : 여러 개의 '조건이 적용될 범위'에서 여러 개의 '조건'에 맞는 셀을 찾아 '평균을 구할 범위' 중 같은 행에 있는 값들의 평균을 계산합니다.

준비하세요! : 'C:\길벗컴활2급\06 부록' 폴더의 'AVERAGEIFS.xlsm' 파일을 열어 '기본' 시트에서 실습하세요.

AVERAGEIFS 함수를 이용하여 부서별 직급별 기본급의 평균을 계산해 보겠습니다.

	A	B	C	D	E	F	G	H	I
1		기본급 지급 현황					부서별 직급별 기본급의 평균		
2									
3		성명	부서	직급	기본급		직급 / 부서	❶ 1급	2급
4		이승연	판매부	1급	1,450,000		판매부	1,450,000	1,325,000
5		김경수	기획부	2급	1,350,000		기획부	1,325,000	1,275,000
6		이학봉	판매부	2급	1,350,000				❷
7		지순녀	기획부	2급	1,200,000				
8		김지연	판매부	1급	1,450,000				
9		박원래	기획부	1급	1,450,000				
10		최지은	기획부	1급	1,200,000				
11		강유라	판매부	2급	1,300,000				

❶ =AVERAGEIFS(E4:E11, C4:C11, "판매부", D4:D11, "1급") : [C4:C11] 영역에서 "판매부"가 입력된 셀들을 찾고, [D4:D11] 영역에서 같은 행들에 있는 "1급"이 입력된 셀들을 찾아 [E4:E11] 영역의 같은 행들에 있는 기본급(1,450,000, 1,450,000)의 평균인 1,450,000이 [H4] 셀에 입력됩니다.

❷ =AVERAGEIFS(E4:E11, C4:C11, "기획부", D4:D11, "2급") : [C4:C11] 영역에서 "기획부"가 입력된 셀들을 찾고, [D4:D11] 영역에서 같은 행들에 있는 "2급"이 입력된 셀들을 찾아 [E4:E11] 영역의 같은 행들에 있는 기본급(1,350,000, 1,200,000)의 평균인 1,275,000이 [I5] 셀에 입력됩니다.

기출문제 따라잡기

'기출' 시트에서 실습하세요.

학과가 "생물"이 아니면서 전공이 30 이상인 학생들의 총점 평균을 계산하여 표시하세요.

▶ 평균 점수는 소수점 이하 둘째 자리에서 반올림하여 첫째 자리까지 표시

정답 [F13] : =ROUND(AVERAGEIFS(F3:F12, C3:C12, "<>생물", D3:D12, ">=30"), 1)

	A	B	C	D	E	F
1		중간고사 성적표				
2		성명	학과	전공	교양	총점
3		임소희	생물	48	46	94
4		태우식	조경	45	40	85
5		서기운	환경	44	39	83
6		한채연	조경	28	33	61
7		김부성	생물	40	35	75
8		최성완	환경	18	26	44
9		김승현	생물	27	29	56
10		이수민	조경	25	31	56
11		김성은	생물	33	35	68
12		장태일	환경	40	37	77
13		조경/환경학과의 전공 우수자 총점 평균				81.7

수식의 이해

=ROUND(AVERAGEIFS(F3:F12, C3:C12, "<>생물", D3:D12, ">=30"), 1)
❶

- ❶ **AVERAGEIFS(F3:F12, C3:C12, "<>생물", D3:D12, ">=30")** : [C3:C12] 영역에서 "생물"이 입력되지 않은 셀들([C4:C6], [C8], [C10], [C12])을 찾고, [D3:D12] 영역에서 "생물"이 입력되지 않는 셀과 같은 행들에 있는 셀 중 30 이상인 셀들([D4:D5], [D12])을 찾고, [F3:F12] 영역에서 "생물"이 입력되지 않고 전공이 30 이상인 셀과 같은 행([F4:F5], [F12])에 있는 총점(85, 83, 77)의 평균 81.666…을 반환합니다. 81.666…을 ❶에 대입하면 다음과 같습니다.
- **=ROUND(81.666…, 1)** : 81.666…을 소수점 이하 두 번째 자리에서 반올림하여 첫 번째 자리까지 표시한 81.7이 [F13] 셀에 표시됩니다.

전문가의 조언

ROUND 함수는 숫자를 지정한 자릿수로 반올림하여 표시하는 함수입니다. 자세한 내용은 38쪽을 참고하세요.

합격수기

합격수기 코너는 시나공으로 공부하신 독자분들이 시험에 합격하신 후에 직접
시나공 홈페이지(sinagong.co.kr)의 〈합격전략/후기〉에 올려주신 자료를 토대로 구성됩니다.

컴활 필기를 치르고 나서

와... 드디어 시험을 치고 저도 수기를 올릴 수 있게 되었네요.^^
시나공 평가단으로 뽑힌 데다, 주변 사람들에게도 많은 자랑을 해둔 터라 반드시 붙어야만 하는 시험이었습니다.^^; 제 전공이 전자이다 보니, 전공자 아닌 전공자의 입장에서 컴활 시험을 치르게 되었습니다.
사실 컴활의 1과목을 공부할 때는 그다지 어려운 줄 몰랐습니다. 복잡하게 외워야 하는 부분도 전공에서 접하다 보니 그 용어 자체들도 낯설지 않아 쉽게 공부할 수 있었죠. 하지만 의외로 저를 당황하게 했던 부분은 스프레드시트 전반을 다루는 2과목이었습니다. 책을 눈으로만 보면서 공부하기엔 조금 부족하다는 생각도 들더군요.^^
수많은 엑셀의 단축키와 메뉴에서 찾는 방법들은 직접 엑셀을 이용해 실습해 보는 것이 최고라고 생각합니다. 별것 아닌 것 같아 보이는 예제라도 직접 해보는 것과 책을 읽는 것은 정말 큰 차이가 있으니까요.
저의 경우엔 평가단 활동을 하면서 매주 2회씩 공부일기를 작성해 놓은 것이 큰 도움이 되었습니다!! 짧게 공부한 내용을 요약해 놓고, 생소한 어휘를 정리해 놓았을 뿐인데도 시험 전날에 한번 쭉~ 훑어보니까 그 두꺼운 책의 핵심이 머릿속에 쏙쏙^^ 컴활뿐 아니라 다른 자격증을 준비할 때도 공부일기를 간단히 작성해 놓는 것이 큰 도움이 될 것이라 생각했습니다.
한 가지 에피소드를 말해드릴게요.
컴활 시험을 아침 9시에 치렀어요. 방학이라서 늘 늦잠을 자다보니 그만 8시에 일어나고 말았어요.^^;
허둥지둥하다가 시험장소도 잘못 찾아가는 바람에 엄청 헤맸습니다. 결국 5분 남겨놓고 입실했지만요.
시나공 수험생 여러분도 신분증과 수험표는 전날 꼭~ 챙겨놓고 당일에는 일찍 일어나서 시험장에 여유 있게 도착하도록 하세요.^^

윤미현 • loluca

계산작업 문제모음

컴퓨터활용능력 2급 실기

계산작업 학습방법

1. 함수 사용법 숙지는 기본입니다.

함수 사용에 익숙하지 않은 수험생은 제공된 부록을 이용하여 기본적인 함수 사용법을 충분히 학습하세요. 시험 범위로 주어진 80개 함수 중 한 번이라도 시험에 출제된 함수는 62개뿐입니다. 함수 이름만 봐도 어떤 기능을 하는 함수인지, 어떤 용도로 사용하는지 바로 알 수 있을 정도로 연습해야 합니다.

2. 논리에 맞게 수식을 세울 수 있어야 합니다.

섹션05~08 함수 편에는 논리에 맞게 단계적으로 수식 세우는 방법을 수록하였습니다. 수식에는 난이도의 차이가 있지만 수식을 세우는 원리는 난이도에 관계없이 모두 동일합니다. 수식 세우는 방법을 숙지하세요.

3. 모의고사, 기출문제에서 계산문제만 골라 풀어 봅니다.

함수 섹션을 끝냈으면 기본 모의고사 10회, 실전 모의고사 10회, 최신기출문제 10회 중 2번 계산문제만 골라서 컴퓨터로 직접 모두 풀어 봅니다.

4. 수식이 바로 만들어질 때까지 반복합니다.

모의고사를 모두 풀어보았다고 수식 공부가 끝난 것이 아닙니다. 논리 수식이나 중첩 함수식은 평소에 사용하지 않는 논리를 수식으로 변환하는 것이라 단기간에 숙달되지 않습니다. 제공된 별책 부록에는 컴퓨터 없이도 문제를 풀어볼 수 있도록 계산문제만 수록하여 놓았습니다. 문제를 읽으면 대충의 계산식이 바로 만들어질 때까지 반복하여 연습하세요.

	A	B	C	D	E	F	G	H	I	J	K	L
1	[표1]	사원 관리 현황				[표2]	근무자료					
2			기준일 :	2024-05-01		성명	부서명	본봉총액	수당	상여급		
3	사원명	부서명	입사일자	근무		갈석근	임원실	20,400	9,600	20,000		
4	나영희	생산부	2016-03-24	☆		김원택	기술부	12,000	3,600	10,400		
5	박시영	생산부	2019-11-18	☆		목공순	관리부	21,600	9,600	20,800		부서명
6	임영아	영업부	2010-05-09	★		박원점	관리부	14,400	3,600	12,000		관리부
7	안효동	영업부	2013-10-22	★		염옥희	관리부	15,600	6,000	14,400		
8	이신세	기획부	2018-06-07	☆		우명덕	기술부	19,200	9,600	19,200		상여급 평균
9	강진성	기획부	2020-09-03			우산해	기술부	13,200	3,600	11,200		15,700
10												
11	[표3]	키즈카페 이용현황				[표4]	완구류 매출					
12	이름	입실시간	퇴실시간	이용시간		제품코드	품명	판매량	판매금액			
13	김대호	13:08	14:44	2시간		Y201K	곰인형	45	135,000			
14	유아영	13:22	16:11	3시간		B450N	놀이동산	89	400,500			
15	김서하	13:36	15:29	2시간		Y203D	딸랑이	230	345,000			
16	고시아	14:11	16:21	2시간		Y012G	꼬마인형	30	168,000			
17	안보현	14:33	15:58	1시간		Y305K	곰인형	120	360,000			
18	김주원	14:46	16:04	1시간		Y365Y	우유병	120	384,000			
19	이유진	15:23	17:43	2시간		B304N	놀이동산	125	562,500			
20	고강민	15:29	16:27	1시간		B123D	딸랑이	60	90,000			
21												
22	[표5]	미수금 현황					<제품 코드표>					
23	거래처명	품목명	수량	판매금액		코드	품명	판매단가				
24	고려화학	Blue	20	240,000		K	곰인형	3,000				
25	명지페인트	Red300	7	84,000		N	놀이동산	4,500				
26	삼화페인트	Violet550	7	80,500		D	딸랑이	1,500				
27	고려화학	Red334	12	300,000		G	꼬마인형	5,600				
28	삼화페인트	Yellow	12	150,000		Y	우유병	3,200				
29	명지페인트	Violet550	7	80,500								
30	삼화페인트	Violet600	15	278,250								
31												
32	삼화페인트 판매금액 평균			169,583								
33												

1. [표1]에서 [D2] 셀을 기준으로 입사기간이 10년 이상이면 "★", 10년 미만 5년 이상이면 "☆", 5년 미만이면 공백을 근무[D4:D9]에 표시하시오. (8점)

▶ IF, YEAR 함수 사용

[ ]

2. [표2]에서 부서명[G3:G9]이 "관리부"인 사원들의 상여급[J3:J9] 평균을 [L9] 셀에 계산하시오. (8점)

▶ 상여급 평균은 십의 자리에서 반올림하여 백의 자리까지 표시 [표시 예 : 123,456 → 123,500]

▶ 조건은 [L5:L6] 영역에 입력하시오.

▶ DAVERAGE, ROUND 함수 사용

[ ]

3. [표3]에서 입실시간[B13:B20]과 퇴실시간[C13:C20]을 이용하여 이용시간[D13:D20]을 계산하시오. (8점)

▶ 이용시간 = 퇴실시간 − 입실시간, 단 '퇴실시간 − 입실시간'의 '분'이 30분을 초과한 경우 이용시간에 1을 더하시오.
[표시 예 : 이용시간이 2:00 → 2시간, 2:40 → 3시간]

▶ IF, HOUR, MINUTE 함수와 & 연산자 사용

[ ]

4. [표4]에서 제품코드[F13:F20]와 제품 코드표[F24:H28] 그리고 판매량[H13:H20]을 이용하여 판매금액[I13:I20]을 계산하시오. (8점)

▶ 판매금액 = 판매량×판매단가

▶ VLOOKUP, RIGHT 함수 사용

[ ]

5. [표5]에서 거래처명[A24:A30]이 "삼화페인트"인 거래처의 판매금액[D24:D30] 평균을 정수로 [D32] 셀에 계산하시오. (8점)

▶ SUMIF, COUNTIF, INT 함수 사용

[ ]

수식의 이해

1. [D4] : =IF(YEAR($D$2)−YEAR(C4)>=10, "★", IF(YEAR($D$2)−YEAR(C4)>=5, "☆", " "))

2. [L9] : =ROUND(DAVERAGE(F2:J9, 5, L5:L6), −2)

3. [D13] : =IF(MINUTE(C13−B13)>30, HOUR(C13−B13)+1, HOUR(C13−B13)) & "시간"

4. [I13] : =H13 * VLOOKUP(RIGHT(F13, 1), $F$24: $H$28, 3, FALSE)

5. [D32] : =INT(SUMIF(A24:A30, "삼화페인트", D24:D30) / COUNTIF(A24:A30, "삼화페인트"))

	A	B	C	D	E	F	G	H	I	J
1	[표1]	인사고과 결과				[표2]	지점별 경영성과			
2	사원코드	근태	실적	평가		지점코드	총매출액	매출원가	매출이익	지역
3	SG-001	86	82	준수		S01	1,137	823	314	수도권
4	SG-002	94	93	우수		D02	1,027	720	307	경상도
5	SG-003	73	86	준수		G03	923	792	131	전라도
6	SG-004	91	95	우수		B04	1,278	879	399	경상도
7	SG-005	90	81	준수		K05	1,087	811	276	수도권
8	SG-006	67	61	노력		S06	987	823	163	수도권
9						B07	1,234	983	251	경상도
10	<평가표>									
11	평균	0	70	90						
12	평가	노력	준수	우수						
13						[표4]	제품 생산 현황			
14	[표3]	수송 요금표				생산기간	생산부서	생산량		
15	고객명	종류	단가(B)	최종요금		1월	생산A	2,287		
16	김정숙	특송	7,900	47,400		1월	생산B	2,200		
17	김수자	일반	9,400	84,600		2월	생산A	3,128		
18	이민정	일반	9,400	42,300		2월	생산B	3,153		
19	김영균	특송	1,500	9,000		3월	생산A	1,780		
20	박경석	일반	5,800	46,400		3월	생산B	3,300		
21	박영은	일반	3,000	36,000		4월	생산A	2,865	생산부서	생산량 합계
22	표준편차		3,300	24,300		4월	생산B	3,094	생산B	11,740
23										
24	[표5]	병원환자현황								
25	이름	주민등록번호	가족수	성별	생년월일					
26	김민국	780723-106****	4	남자	1978-07-23					
27	김수영	010125-326****	3	남자	2001-01-25					
28	김영숙	851120-215****	2	여자	1985-11-20					
29	김영한	871230-112****	5	남자	1987-12-30					
30	남시정	790519-178****	3	남자	1979-05-19					
31	민형자	010706-468****	6	여자	2001-07-06					
32										

1. [표1]에서 근태[B3:B8], 실적[C3:C8]과 평가표[B11:D12]를 참조하여 평가[D3:D8]를 표시하시오. (8점)

▶ 평균은 각 사원의 근태와 실적으로 계산함

▶ AVERAGE, HLOOKUP 함수 사용

[ ]

2. [표2]에서 지점코드[F3:F9]의 첫 번째 자리가 "S"이거나 "K"이면 "수도권", "D"이거나 "B"이면 "경상도", 나머지는 "전라도"로 지역[J3:J9]에 표시하시오. (8점)

▶ IFS, OR, LEFT 함수 사용

[ ]

3. [표3]에서 단가(B)[C16:C21]와 최종요금[D16:D21]의 표준편차[C22:D22]를 반올림하여 백의 자리까지 계산하시오. (8점)

▶ STDEV.S, ROUND 함수 사용

[ ]

4. [표4]에서 생산부서[G15:G22]가 "생산B"인 부서의 생산량[H15:H22] 합계를 [J22] 셀에 계산하시오. (8점)

▶ 생산량 합계는 일의 자리에서 내림하여 십의 자리까지 표시 [표시 예 : 1,234 → 1,230]

▶ 조건은 [I21:I22] 영역에 입력하시오.

▶ ROUNDDOWN, DSUM 함수 사용

[ ]

5. [표5]에서 주민등록번호[B26:B31]를 이용하여 성별[D26:D31]과 생년월일[E26:E31]에 해당하는 날짜를 표시하시오. (8점)

▶ 성별은 주민등록번호의 앞에서 여덟 번째 숫자가 짝수이면 "여자", 홀수이면 "남자"로 표시

▶ 주민등록번호의 앞에서 여덟 번째 숫자가 2보다 크면 2000년대에 태어난 것이고, 아니면 1900년대에 태어난 것임

▶ IF, DATE, MID, MOD 함수중 알맞은 함수들과 & 연산자 사용

[ ]

수식의 이해

1. [D3] : =HLOOKUP(AVERAGE(B3:C3), $B$11:$D$12, 2)

2. [J3] : =IFS(OR(LEFT(F3, 1)="S", LEFT(F3, 1)="K"), "수도권", OR(LEFT(F3, 1)="D", LEFT(F3, 1)="B"), "경상도", TRUE, "전라도")

3. [C22] : =ROUND(STDEV.S(C16:C21), -2)

4. [J22] : =ROUNDDOWN(DSUM(F14:H22, 3, I21:I22), -1)

5. [D26] : =IF(MOD(MID(B26, 8, 1), 2)=0, "여자", "남자")

[E26] : =DATE(IF(MID(B26, 8, 1)>"2", "20", "19") & MID(B26, 1, 2), MID(B26, 3, 2), MID(B26, 5, 2))

	A	B	C	D	E	F	G	H	I	J
1	[표1]	출석현황					[표2]	국가별 정보		
2	이름	1주차	2주차	3주차	출석		국가	수도	지역	
3	백성수	O	O	O	개근		Korea	Seoul	KOREA(seoul)	
4	박윤지	O	O	O	개근		Greece	Athens	GREECE(athens)	
5	이주호		O	O			Ghana	Accra	GHANA(accra)	
6	윤솔아	O	O	O	개근		Japan	Tokyo	JAPAN(tokyo)	
7	김주혁	O		O			France	Paris	FRANCE(paris)	
8	이하늘	O	O	O	개근		Brazil	Brasilia	BRAZIL(brasilia)	
9	박선아	O	O	O	개근		Chile	Santiago	CHILE(santiago)	
10	조윤준	O	O	O	개근		Russia	Moskva	RUSSIA(moskva)	
11	박종연		O				Taiwan	Taipei	TAIWAN(taipei)	
12	임원희	O	O	O	개근		Egypt	Cairo	EGYPT(cairo)	
13										
14	[표3]	승진시험 결과					[표4]	포인트적립 현황		
15	이름	부서명	근태	시험	총점		가입년도	구매횟수	적립포인트	고객코드
16	최영진	기획	92	87	179		2018년	67	82,410	HSP-001
17	유재석	기획	82	85	167		2016년	86	105,780	HSP-002
18	강연성	마케팅	66	76	142		2019년	16	19,680	HSP-003
19	박하나	마케팅	84	91	175		2015년	150	184,500	HSP-004
20	김경일	영업	89	87	176		2017년	99	121,770	HSP-005
21	김진희	영업	93	95	188		2016년	91	111,930	HSP-006
22	임성식	영업	79	87	166		2018년	70	86,100	HSP-007
23	승진율				57%		적립포인트가 가장 많은 고객			HSP-004
24										
25	[표5]	시험접수현황								
26	시험일자	접수번호	지역	시험요일						
27	2024-06-01	123001	제주	주말						
28	2024-06-04	123002	강릉	평일						
29	2024-06-07	123003	부산	평일						
30	2024-06-08	123004	목포	주말						
31	2024-06-10	123005	청주	평일						
32	2024-06-13	123006	상주	평일						
33	2024-06-14	123007	창원	평일						
34	2024-06-19	123008	무주	평일						
35										

1. [표1]에서 1주차[B3:B12], 2주차[C3:C12], 3주차[D3:D12]를 모두 출석했으면 "개근"을, 그렇지 않으면 공백을 출석[E3:E12]에 표시하시오. (8점)

▶ IF, COUNTBLANK 함수 사용

[ ]

2. [표2]에서 국가[G3:G12]는 모두 대문자로, 수도[H3:H12]는 모두 소문자로 변환하여 지역[I3:I12]에 표시하시오. (8점)

▶ 표기 예 : 국가가 'Canada', 수도가 'Ottawa'인 경우 'CANADA(ottawa)'로 표시

▶ UPPER, LOWER 함수와 & 연산자 사용

[ ]

3. **[표3]에서 근태[C16:C22]와 시험[D16:D22]이 모두 80점 이상이고 총점[E16:E22]이 총점 평균을 초과하는 사원들이 승진한다. 승진하는 사원들의 승진율을 [E23] 셀에 계산하시오. (8점)**

▶ 승진율 = 조건을 모두 만족하는 사원의 수 / 전체 사원의 수
▶ COUNTIFS, AVERAGE, COUNTA 함수와 & 연산자 사용

[ ]

4. **[표4]에서 적립포인트[I16:I22]가 가장 많은 고객의 고객코드[J16:J22]를 [J23] 셀에 표시하시오. (8점)**

▶ HLOOKUP, VLOOKUP, SMALL, LARGE 함수 중 알맞은 함수들을 선택하여 사용

[ ]

5. **[표5]에서 시험일자[A27:A34]의 요일이 월~금요일이면 "평일", 토~일요일이면 "주말"을 시험요일[D27:D34]에 표시하시오. (8점)**

▶ 단, 요일 계산 시 월요일이 1인 유형으로 지정
▶ IF, WEEKDAY 함수 사용

[ ]

수식의 이해

1. [E3] : =IF(COUNTBLANK(B3:D3)=0, "개근", "")

2. [I3] : =UPPER(G3) & "(" & LOWER(H3) & ")"

3. [E23] : =COUNTIFS(C16:C22, ">=80", D16:D22, ">=80", E16:E22, ">"&AVERAGE(E16:E22)) / COUNTA(A16:A22)

4. [J23] : =VLOOKUP(LARGE(I16:I22, 1), I16:J22, 2, FALSE)

5. [D27] : =IF(WEEKDAY(A27, 2)<=5, "평일", "주말")

	A	B	C	D	E	F	G	H	I
1	[표1]	관리부 자녀 현황			[표2]	입사 지원자 현황			
2	번호	생년월일	요일		성명	주민등록번호	성별		
3	김은소	2011-03-02	수요일		김정아	951011-219****	여		
4	박오환	2009-04-05	일요일		김현숙	011210-418****	여		
5	남현우	2008-05-05	월요일		박진만	910221-118****	남		
6	최수현	2012-04-30	월요일		신민식	001211-302****	남		
7	김슬기	2007-09-15	토요일		이진구	940211-114****	남		
8	서인국	2010-06-04	금요일		임경호	960501-127****	남		
9	박영철	2008-08-30	토요일		최시아	930501-127****	남		
10									
11	[표3]	직원 승진시험 현황							
12	성명	소속	영어	전산	합계				
13	김진국	경리부	87	65	152	소속	영어	전산	
14	박동희	관리부	64	70	134	경리부	>=80		
15	서영수	영업부	73	60	133	관리부		>=90	
16	강남영	경리부	70	66	136				
17	명운수	경리부	86	83	169				
18	이성철	관리부	75	78	153				
19	김소연	관리부	70	91	161	조건에 맞는 평균			
20	최고수	영업부	69	60	129	160			
21									
22	[표4]	고객관리현황				[표5]	용기별 적재 할당계획		
23	고객코드	구입수량	등급	구입총액		월	저장 수량	하루 사용량	일수(나머지)
24	HS03	8	일반	356,000		1월	380	12	31(8)
25	BC02	9	골드	688,000		2월	375	13	28(11)
26	BS01	8	실버	294,000		3월	350	11	31(9)
27	CU02	7	일반	321,000		4월	340	11	30(10)
28	KY01	6	실버	292,000		5월	375	12	31(3)
29	JS02	8	골드	409,000		6월	390	13	30(0)
30	LU03	7	골드	216,000					
31	구입빈도 높은 구입총액 합계			1,059,000					
32									

1. [표1]에서 생년월일[B3:B9]을 이용하여 태어난 해의 요일[C3:C9]을 표시하시오. (8점)

▶ 단, 요일 계산 시 월요일이 1인 유형으로 지정

▶ 요일은 '토요일'과 같이 문자열 전체를 표시하게 지정

▶ CHOOSE와 WEEKDAY 함수 사용

[ ]

2. [표2]에서 주민등록번호[F3:F9]의 8번째 자리를 이용하여 성별[G3:G9]을 표시하시오. (8점)

▶ 주민등록번호의 8번째 자리가 1이나 3이면 "남", 2나 4면 "여"를 지정

▶ IF, MID, OR 함수 사용

[ ]

3. [표3]에서 소속[B13:B20]이 "경리부"이면서 영어[C13:C20]가 80 이상이거나 소속이 "관리부"이면서 전산[D13:D20]이 90 이상인 직원들의 합계[E13:E20] 평균을 정수로 [F20] 셀에 표시하시오. (8점)

▶ 조건은 [F13:H15] 영역에 입력하시오.

▶ INT, DAVERAGE 함수 사용

[ ]

4. [표4]에서 구입수량[B24:B30]의 빈도가 가장 높은 고객들의 구입총액[D24:D30] 합계를 [D31] 셀에 계산하시오. (8점)

▶ SUMIF, MODE.SNGL 함수 사용

[ ]

5. [표5]에서 저장 수량[G24:G29]을 각 월의 하루 사용량[H24:H29]만큼 사용하면 사용할 수 있는 일수와 나머지는 얼마인지 일수(나머지)[I24:I29]에 계산하시오. (8점)

▶ 일수(몫)와 나머지 표시 방법 : 일수(몫)가 10이고, 나머지가 4 → 10(4)

▶ INT, MOD 함수와 & 연산자 사용

[ ]

수식의 이해

1. **[C3]** : =CHOOSE(WEEKDAY(B3, 2), "월요일", "화요일", "수요일", "목요일", "금요일", "토요일", "일요일")

2. **[G3]** : =IF(OR(MID(F3, 8, 1)="1", MID(F3, 8, 1)="3"), "남", "여")

3. **[F20]** : =INT(DAVERAGE(A12:E20, 5, F13:H15))

4. **[D31]** : =SUMIF(B24:B30, MODE.SNGL(B24:B30), D24:D30)

5. **[I24]** : =INT(G24/H24) & "(" & MOD(G24, H24) & ")"

[표1] **시험성적표**

이름	국어	영어	수학	평균	등급
김수정	75	73	80	76.0	미
박정호	86	88	81	85.0	우
최아름	71	68	64	67.7	양
박진수	95	92	97	94.7	수
한지민	55	59	46	53.3	가
권민수	88	83	79	83.3	우
윤정희	44	42	50	45.3	가
강호정	92	94	94	93.3	수
서영수	78	76	76	76.7	미
강남영	90	80	91	87.0	우

[표2] **판매 실적 대비표**

부서명	이름	실적	비고
OO영업부	김병천	7,685	노력
QQ영업부	구자길	8,425	
PP영업부	소재광	9,243	우수
QQ영업부	고숙경	7,951	
QQ영업부	전용철	6,945	노력
QQ영업부	김완규	8,126	
PP영업부	전희주	9,075	우수
QQ영업부	오원택	5,914	노력
PP영업부	박상훈	8,629	우수
OO영업부	류큰별	7,931	

[표3] **학과별 취업현황**

계열	학과별	취업률(%)
자연	기계과	72
공학	물리학과	73
자연	화학과	67
공학	건축과	75
공학	토목과	73
자연	미생물학과	69
자연	컴퓨터과	78
공학계열 취업률 평균		73.7

<조건>

계열
공학

[표4] **100m 기록**

성명	반	기록	순위
이경환	1	15.11	
김한순	1	14.28	3위
강영택	1	14.67	
조광희	2	14.19	1위
한정휴	2	15.22	
김선호	2	14.94	
정경호	3	14.26	2위
문세윤	3	15.34	

[표5] **상품구매 내역**

대리점	상품코드	상품명	수량	단가	금액
영등포	MW01	마우스	205	30	6,150
용산	MI01	메인보드	100	120	17,500
명동	MI07	메인보드	150	120	26,250
명동	MD02	모뎀	105	70	3,675
명동	MW02	마우스	100	30	1,500
명동	HD07	하드디스크	200	130	37,200
영등포	HD05	하드디스크	170	130	31,620
용산	KB03	키보드	150	35	3,000
명동	KB05	키보드	220	35	4,400
영등포	MW03	마우스	110	30	1,650

<상품구성표>

코드	MW	MI	MD	KB	HD
상품명	마우스	메인보드	모뎀	키보드	하드디스크
단가	30	120	70	35	130

1. [표1]에서 평균[E3:E12]이 90 이상이면 "수", 80 이상이면 "우", 70 이상이면 "미", 60 이상이면 "양", 60 미만이면 "가"를 등급[F3:F12]에 표시하시오. (8점)

▶ IFS 함수 사용

[ ]

2. [표2]에서 실적[J3:J12]이 높은 1~3위는 "우수", 낮은 1~3위는 "노력", 나머지는 공백을 비고[K3:K12]에 표시하시오. (8점)

▶ IF, LARGE, SMALL 함수 사용

[ ]

3. [표3]에서 계열[A16:A22]이 "공학"인 학과의 취업률[C16:C22] 평균을 [C23] 셀에 계산하시오. (8점)

▶ 공학계열 취업률 평균은 소수점 이하 둘째 자리에서 올림하여 첫째 자리까지 표시
[표시 예 : 71.34 → 71.4]

▶ 조건은 [E22:E23] 영역에 입력하시오.

▶ DAVERAGE, ROUNDUP 함수 사용

[ ]

4. [표4]에서 기록[J16:J23]을 기준으로 순위를 구하여 1위는 "1위", 2위는 "2위", 3위는 "3위", 나머지는 공백을 순위[K16:K23]에 표시하시오. (8점)

▶ 순위는 기록이 가장 짧은 것이 1위

▶ IF, CHOOSE, RANK.EQ 함수 사용

[ ]

5. [표5]에서 상품코드[B27:B36]와 상품구성표[B39:F41]를 이용하여 단가[E27:E36]를 계산하시오. (8점)

▶ 상품 구성표의 의미 : 상품코드 앞의 2자리가 "MW"이면 단가가 30, "MI"이면 120, "MD"이면70, "KB"이면 35, "HD"이면 130을 적용함

▶ HLOOKUP, LEFT 함수 사용

[ ]

수식의 이해

1. [F3] : =IFS(E3>=90, "수", E3>=80, "우", E3>=70, "미", E3>=60, "양", E3<60, "가")

2. [K3] : =IF(J3>=LARGE($J$3:$J$12, 3), "우수", IF(J3<=SMALL($J$3:$J$12, 3), "노력", " "))

3. [C23] : =ROUNDUP(DAVERAGE(A15:C22, 3, E22:E23), 1)

4. [K16] : =IF(RANK.EQ(J16, $J$16:$J$23, 1)<=3, CHOOSE(RANK.EQ(J16, $J$16:$J$23, 1), "1위", "2위", "3위"), " ")

5. [E27] : =HLOOKUP(LEFT(B27, 2), $B$39:$F$41, 3, FALSE)

	A	B	C	D	E	F	G	H	I
1	[표1]	제품입고현황				[표2]	사원 현황		
2	제품코드	입고일자	입고가	비고		사원번호	사원명	직위	부서명
3	SK-1-92	2024-07-08	36,500			A-23	배순용	과장	영업부
4	CB-3-88	2024-08-11	65,200	신제품		B-34	이길순	과장	생산부
5	AN-9-37	2024-08-24	53,600	신제품		C-11	하길주	대리	총무부
6	FD-5-65	2024-09-03	39,000			B-44	이선호	대리	생산부
7	ET-8-24	2024-09-19	62,000			C-22	강성수	과장	관리부
8	MI-7-73	2024-09-30	55,400			A-32	김보견	사원	관리부
9	OP-4-52	2024-10-07	72,000	신제품		B-13	천수만	대리	영업부
10	RW-6-18	2024-10-26	48,600	신제품		A-21	이성수	사원	총무부
11	TU-2-46	2024-11-12	56,000			C-84	윤희주	대리	생산부
12	KF-3-69	2024-11-25	47,900			A-63	김신영	사원	영업부
13									
14	[표3]	100m 달리기 결과				[표4]	직원 근무 평가		
15	참가번호	소속	기록(초)	순위		사원명	입사일	부서명	근무점수
16	152001	서울	12.5			박정호	2016-06-06	기획부	73
17	152002	인천	12.4			신정희	2019-04-01	기획부	68
18	152003	경기	12.9			김용태	2011-05-06	생산부	98
19	152004	부산	12.5			김진영	2010-11-01	생산부	65
20	152005	대구	11.8	1위		유현숙	2018-01-01	영업부	69
21	152006	광주	12.3	3위		최정렬	2005-06-10	영업부	80
22	152007	충남	12.8			강창희	2013-09-11	영업부	86
23	152008	경남	12.1	2위		천영주	2010-06-10	홍보부	70
24						박인수	2008-05-06	홍보부	93
25	[표5]	전자상거래사 시험 성적							
26	이름	직업	필기시험	실기시험	합격여부		근무점수가 80 이상인 비율		
27	김승진	공무원	80	70	불합격		44%		
28	이소라	회사원	50	60	불합격				
29	최승엽	군인	70	70	합격				
30	이유리	의사	80	75	합격				
31	김동철	교사	50	60	불합격				
32	하진호	회사원	45	55	불합격				
33	이미수	교사	85	80	합격				
34	박인호	회사원	75	60	불합격				
35	최진유	학생	70	95	합격				
36	합격한 학생의 평균		76	80					
37									

1. [표1]에서 입고일자[B3:B12]가 8월 또는 10월이면 "신제품"을, 그 외에는 공백을 비고[D3:D12]에 표시하시오. (8점)

▶ IF, OR, MONTH 함수 사용

[ ]

2. [표2]에서 사원번호[F3:F12]의 마지막 자리가 1이면 "총무부", 2이면 "관리부", 3이면 "영업부", 4이면 "생산부"로 부서명[I3:I12]에 표시하시오. (8점)

▶ CHOOSE, RIGHT 함수 사용

[ ]

컴퓨터로 실습하려면 'C:\길벗컴활2급' 폴더의 '계산작업문제모음.xlsm' 파일의 '실전F형' 시트에서 작업하세요.

3. [표3]에서 기록(초)[C16:C23]이 가장 빠르면 "1위", 두 번째로 빠르면 2위, 세 번째로 빠르면 3위, 나머지는 공백을 순위[D16:D23]에 표시하시오. (8점)

▶ SWITCH, SMALL 함수 사용

[ ]

4. [표4]에서 근무점수[I16:I24]가 80 이상인 사원들의 비율을 [G27] 셀에 계산하시오. (8점)

▶ 비율 = 근무점수가 80 이상 / 전체 사원수

▶ COUNT, COUNTIF 함수 사용

[ ]

5. [표5]의 합격여부[E27:E35]를 이용하여 합격한 학생의 필기시험[C27:C35]과 실기시험[D27:D35]의 평균[C36:D36]을 계산하시오. (8점)

▶ 결과값은 반올림 없이 정수로 표시

▶ COUNTIF, SUMIF, TRUNC 함수 사용

[ ]

수식의 이해

1. **[D3]** : IF(OR(MONTH(B3)=8, MONTH(B3)=10), "신제품", " ")

2. **[I3]** : =CHOOSE(RIGHT(F3, 1), "총무부", "관리부", "영업부", "생산부")

3. **[D16]** : =SWITCH(C16, SMALL($C$16:$C$23, 1), "1위", SMALL($C$16:$C$23, 2), "2위", SMALL($C$16:$C$23, 3), "3위", " ")

4. **[G27]** : =COUNTIF(I16:I24, ">=80") / COUNT(I16:I24)

5. **[C36]** : =TRUNC(SUMIF($E$27:$E$35, "합격", C27:C35) / COUNTIF($E$27:$E$35, "합격"))

	A	B	C	D	E	F	G	H
1	[표1]	수학경시대회			[표2]	사원별 판매실적표		
2	응시번호	점수	수상여부		사원코드	전반기	후반기	총판매량
3	123001	86			SE-01	145	218	363
4	123002	94	3등		SE-02	252	364	616
5	123003	89			SE-03	179	255	434
6	123004	90			HA-01	220	137	357
7	123005	95	2등		HA-02	200	186	386
8	123006	92			HA-03	168	211	379
9	123007	97	1등		MA-01	236	230	466
10	123008	88			MA-01	248	361	609
11	123009	93			조건에 맞는 총판매량 평균			612.5개
12								
13	[표3]	신제품 판매 현황			[표4]	기부현황		
14	사원명	지점명	판매금액		고객번호	고객명	구매금액	기부
15	나유미	중부	15,960		A-001	김재덕	86,200	★★★★
16	김호정	남부	10,944		A-002	신애라	23,600	★★
17	강호동	북부	15,960		A-003	김새연	94,500	★★★
18	김기탁	남부	11,856		A-004	이학범	71,800	★
19	남영주	중부	24,624		A-005	유예소	45,500	★★★
20	성우철	중부	15,504		A-006	조재호	33,000	★★
21	도지원	남부	20,064		A-007	김서하	61,700	★
22	임수인	북부	19,608		A-008	안창림	53,000	★★
23	태현실	남부	10,488		A-009	박은빈	58,300	★★★★★
24								
25	중부판매금액		56,100		<기부구분표>			
26					이상	미만	기부	
27	[표5]	사원 급여 현황			0	2000	★	
28	성명	부서명	급여		2000	4000	★★	
29	홍기남	기획부	2,288,000		4000	6000	★★★	
30	이기자	총무부	1,687,500		6000	8000	★★★★	
31	차후서	인사부	1,220,000		8000	10000	★★★★★	
32	허인기	영업부	1,932,000					
33	김인자	경리부	1,159,000					
34	박혁제	영업부	1,220,000					
35	김순례	기획부	2,584,600					
36	우인철	개발부	1,687,500					
37	유철민	총무부	1,863,000					
38								
39	기획부 제외 평균		1,538,429					
40								

1. [표1]에서 점수[B3:B11]에 대한 순위를 구하여 1위는 "1등", 2위는 "2등", 3위는 "3등", 나머지는 공백으로 수상여부 [C3:C11]에 표시하시오. (8점)

▶ 순위는 점수가 가장 높은 것이 1위

▶ IF, RANK.EQ 함수 사용

[ ]

컴퓨터로 실습하려면 'C:\길벗컴활2급' 폴더의 '계산작업문제모음.xlsm' 파일의 '실전G형' 시트에서 작업하세요.

2. [표2]에서 전반기[F3:F10]가 200 이상이면서 후반기[G3:G10]가 300 이상인 사원들의 총판매량[H3:H10] 평균을 [H11] 셀에 계산하시오. (8점)

▶ 계산된 평균 뒤에 "개"를 포함하여 표시 [표시 예 : 100개]

▶ AVERAGE, AVERAGEIF, AVERAGEIFS 함수 중 알맞은 함수와 & 연산자 사용

[ ]

3. [표3]에서 지점명[B15:B23]이 "중부"인 지점의 판매금액[C15:C23] 합계를 중부판매금액[C25]에 계산하시오. (8점)

▶ 중부판매금액은 십의 자리에서 반올림하여 백의 자리까지 표시 [표시 예 : 53,375 → 53,400]

▶ ROUND, DSUM 함수 사용

[ ]

4. [표4]에서 구매금액[G15:G23]을 10,000으로 나눈 나머지와 기부구분표[E27:G31]를 이용하여 기부[H15:H23]에 "★"를 표시하시오. (8점)

▶ VLOOKUP, MOD 함수 사용

[ ]

5. [표5]에서 부서명[B29:B37]이 "기획부"가 아닌 사원들의 급여[C29:C37] 평균을 [C39] 셀에 계산하시오. (8점)

▶ SUMIF, COUNTIF 함수 사용

[ ]

수식의 이해

1. [C3] : =IF(RANK.EQ(B3, $B$3:$B$11)=1, "1등", IF(RANK.EQ(B3, $B$3:$B$11)=2, "2등", IF(RANK.EQ(B3, $B$3:$B$11)=3, "3등", "")))

2. [H11] : =AVERAGEIFS(H3:H10, F3:F10, ">=200", G3:G10, ">=300") & "개"

3. [C25] : =ROUND(DSUM(A14:C23, 3, B14:B15), -2)

4. [H15] : =VLOOKUP(MOD(G15, 10000), $E$27:$G$31, 3)

5. [C39] : =SUMIF(B29:B37, "<>기획부", C29:C37) / COUNTIF(B29:B37, "<>기획부")

	A	B	C	D	E	F	G	H	I	J
1	[표1]	운행정보					[표2]	남산㈜ 승진시험 성적 현황		
2	구분	출발시간	도착시간	주행기록			성명	근태	영어	전산
3	모범택시	10:15	13:39	3:24			박시영	91	88	92
4	하나자동차	10:42	11:24	0:44			김명훈	94	95	93
5	공항버스	11:00	14:23	3:23			서태훈	76	92	91
6	개인택시	11:06	16:12	5:06			강수현	89	95	95
7	국민자동차	11:23	12:53	1:32			정미숙	85	86	88
8	스쿨버스	11:55	14:31	2:36			김보람	85	94	96
9	대한자동차	12:18	13:44	1:28			최정민	90	91	90
10	마을버스	12:21	13:52	1:31						
11								합격자수		4명
12										
13	[표3]	급여 현황					[표4]	교양 점수 현황		
14	직위	사원명	호봉	근속기간	기본급		성명	학과	영어	수학
15	사원	김혜자	2	4	2,480,000		김명훈	기계과	82	70
16	과장	최불암	5	9	3,630,000		전현수	건축과	73	88
17	사원	박미선	1	2	2,360,000		하현호	경영과	98	80
18	대리	허영란	5	10	3,110,000		강진성	기계과	76	94
19	과장	강남길	9	19	3,490,000		박희선	건축과	66	74
20	대리	신혜선	6	13	3,150,000		엄정희	건축과	84	90
21	사원	표인봉	3	5	2,220,000		이성식	기계과	58	64
22	과장	이봉주	3	6	3,720,000		김영희	건축과	78	82
23										
24					기본급 차이		학과	영어평균		
25					776,667		건축과	75.2		
26										
27	[표5]	음악경연대회 결과								
28	성명	성별	점수	결과						
29	김한국	남	84							
30	정미애	여	97	최우수						
31	박진만	남	90							
32	강현태	남	87							
33	강수정	여	91							
34	최현우	여	96	우수						
35	박미정	남	89							
36	안혁진	여	93							
37										

1. [표1]에서 출발시간[B3:B10]과 도착시간[C3:C10]을 이용하여 주행기록[D3:D10]을 계산하시오. (8점)

▶ 주행기록 = 도착시간 − 출발시간
▶ 구분의 마지막 세 글자가 "자동차"면 주행기록에 2분을 더하여 표시함
▶ IF, TIME, RIGHT 함수 사용

[ ]

2. [표2]에서 근태[H3:H9]가 80 이상이고, 영어[I3:I9]와 전산[J3:J9]이 90 이상인 합격자수를 [J11] 셀에 계산하시오. (8점)

▶ 계산된 합격자수 뒤에는 "명"을 포함하여 표시 [표시 예 : 3명]
▶ AVERAGEIFS, SUMIFS, COUNTIFS 함수 중 알맞은 함수와 & 연산자 사용

[ ]

3. [표3]에서 직위[A15:A22]가 "사원"인 직원의 기본급[E15:E22] 평균과 직위가 "대리"인 직원의 기본급 평균의 차이를 절대값으로 [E25] 셀에 계산하시오. (8점)

▶ ABS, SUMIF, COUNTIF 함수 사용

[ ]

4. [표4]에서 학과[H15:H22]가 "건축과"인 학생들의 영어[I15:I22] 점수 평균을 [H25] 셀에 계산하시오. (8점)

▶ 영어 점수의 평균은 소수점 이하 둘째 자리에서 내림하여 첫째 자리까지 표시 [표시 예 : 87.65 → 87.6]
▶ 조건은 [G24:G25] 영역에 입력하시오.
▶ ROUND, ROUNDUP, ROUNDDOWN, DAVERAGE 함수 중 알맞은 함수들을 선택하여 사용

[ ]

5. [표5]에서 점수[C29:C36]의 순위를 구하여 1위는 "최우수", 2위는 "우수", 그 외에는 공백을 결과[D29:D36]에 표시하시오. (8점)

▶ 순위는 점수가 가장 높은 것이 1위
▶ CHOOSE, IFERROR, RANK.EQ 함수 사용

[ ]

수식의 이해

1. [D3] : =IF(RIGHT(A3, 3)="자동차", (C3-B3)+TIME(,2,), C3-B3)

2. [J11] : =COUNTIFS(H3:H9, ">=80", I3:I9, ">=90", J3:J9, ">=90") & "명"

3. [E25]

=ABS(SUMIF(A15:A22, "사원", E15:E22) / COUNTIF(A15:A22, "사원") - SUMIF(A15:A22, "대리", E15:E22) / COUNTIF(A15:A22, "대리"))

4. [H25] : =ROUNDDOWN(DAVERAGE(G14:J22, 3, G24:G25), 1)

5. [D29] : =IFERROR(CHOOSE(RANK.EQ(C29, $C$29:$C$36), "최우수", "우수"), "")

	A	B	C	D	E	F	G	H	I	J
1	[표1]	**장학금**				[표2]	**인사 자료**			
2	이름	학과	학년	장학금		사원명	소속	평점		
3	박성재	건축과	3	4,000,000		김진국	영업부	87		
4	김아랑	법학과	1	3,000,000		박동희	관리부	64		
5	최정재	법학과	3	3,800,000		서영수	영업부	72		
6	한성구	건축과	4	4,500,000		강남영	경리부	70		
7	정효주	법학과	4	4,400,000		명운수	경리부	86		
8	김정렬	건축과	4	4,500,000		이성철	관리부	72		<조건>
9	마성철	법학과	2	3,500,000		김소연	경리부	70		평점
10	강신장	건축과	1	3,200,000		최고수	경리부	68		>=80
11	심마음	건축과	2	3,600,000		김은소	영업부	90		
12	서운해	법학과	2	3,600,000		이향기	관리부	77	80점 이상 사원수	
13	법학과 고학년 평균			4,100,000		이동준	영업부	81	4명	
14										
15	[표3]	**사원별 판매 현황**				[표4]	**근무평가표**			
16	성명	영업소	판매량	결과		사원명	성별	업무	근태	총점
17	박성호	경기	540	우수		김정훈	남	28.45	37.23	65.68
18	김현승	대구	430	우수		오석현	남	38.79	40.45	79.24
19	손정호	인천	120			이영선	여	42.45	28.23	70.68
20	강만식	부산	500	우수		임현재	남	38.45	48.53	86.98
21	최기정	인천	120			남정왕	남	38.66	39.36	78.02
22	하경희	대구	480	우수		고인숙	여	40.39	27.45	67.84
23	임정희	인천	160			황정은	여	25.62	32.46	58.08
24	김상욱	부산	420			성시율	여	34.95	38.33	73.28
25										
26	[표5]	**회원 관리 현황**							여사원 평균	
27	회원명	성별	가입일	가입한요일		<요일구분표>			67.4	
28	배순용	남	2017-06-29	목요일		구분	요일			
29	이상희	여	2020-11-16	월요일		1	월요일			
30	하길주	남	2016-04-02	토요일		2	화요일			
31	이선호	남	2019-12-13	금요일		3	수요일			
32	강성수	남	2022-10-04	화요일		4	목요일			
33	김보연	여	2020-08-06	목요일		5	금요일			
34	신정아	여	2018-03-28	수요일		6	토요일			
35	이성미	여	2021-02-21	일요일		7	일요일			
36										

1. [표1]에서 학과[B3:B12]과 "법학과"이면서 학년[C3:C12]이 3, 4학년인 학생들의 장학금[D3:D12] 평균을 [D13] 셀에 계산하시오. (8점)

▶ SUMIF, SUMIFS, AVERAGEIFS 함수 중 알맞은 함수 사용

[ ]

2. [표2]에서 평점[H3:H13]이 80점 이상인 사원수를 [I13] 셀에 표시하시오. (8점)

▶ 조건은 [J9:J10] 영역에 입력하시오.
▶ 계산된 사원수 뒤에는 "명"을 포함하여 표시 [표시 예 : 3명]
▶ SUM, DAVERAGE, DCOUNT 함수 중 알맞은 함수 사용
[ ]

3. [표3]에서 판매량[C17:C24]이 중간값 이상이면 "우수", 그렇지 않으면 공백을 결과[D17:D24]에 표시하시오. (8점)

▶ IF, MEDIAN 함수 사용
[ ]

4. [표4]에서 성별[G17:G24]을 이용하여 여사원들의 총점[J17:J24] 평균을 [I27] 셀에 계산하시오. (8점)

▶ 계산된 평균은 반올림 없이 소수점 이하 첫째 자리까지 표시 [표시 예 : 94.37 → 94.3]
▶ AVERAGEIF, TRUNC 함수 사용
[ ]

5. [표5]에서 가입일[C28:C35]과 요일구분표[F29:G35]를 이용하여 가입한요일[D28:D35]을 표시하시오. (8점)

▶ 단, 요일 계산 시 월요일이 1인 유형으로 지정
▶ VLOOKUP, WEEKDAY 함수 사용
[ ]

수식의 이해

1. [D13] : =AVERAGEIFS(D3:D12, B3:B12, "법학과", C3:C12, ">=3")

2. [I13] : =DCOUNT(F2:H13, 3, J9:J10) & "명"

3. [D17] : =IF(C17>=MEDIAN($C$17:$C$24), "우수", "")

4. [I27] : =TRUNC(AVERAGEIF(G17:G24, "여", J17:J24), 1)

5. [D28] : =VLOOKUP(WEEKDAY(C28, 2), $F$29:$G$35, 2)

[표1] **예약 현황**

예약자	예약일자	예약인원	할인여부
강수지	2024-07-05	15	
심동준	2024-07-06	18	
김성신	2024-07-07	20	할인
노경호	2024-07-12	21	
김홍민	2024-07-13	12	
전계권	2024-07-14	25	할인
이진주	2024-07-19	24	
한효진	2024-07-20	16	
변성수	2024-07-21	17	

[표2] **판매 현황**

고객번호	판매가	매입수량	매입처
A-30101	1,240	10	현대상사
A-30102	2,450	20	대림상사
A-30103	1,400	35	동아상사
A-30104	2,300	5	삼성상사
B-22100	1,500	11	삼성상사
B-22101	1,670	30	현대상사
B-22102	1,580	45	대림상사
B-22103	3,560	20	동아상사
C-34001	2,570	32	대림상사

<조건>

매입처	매입처
삼성상사	대림상사

삼성-대림 수량 차이
81

[표3] **생산 현황**

공장	1월	2월	3월	총생산량
1공장	6,500	8,000	7,500	22,000
2공장	8,000	7,500	8,500	24,000
3공장	9,500	9,000	9,500	28,000
4공장	5,500	6,000	6,000	17,500
5공장	5,000	4,500	5,500	15,000
6공장	6,000	7,000	6,000	19,000
7공장	7,000	7,000	7,500	21,500
8공장	7,500	8,000	7,000	22,500
생산량이 가장 많은 공장				3공장

[표4] **엑스트라 출연일지**

이름	문제1	문제2	문제3	문제4	문제5	점수
이상철	○	○	○	○	○	만점
김훈영		○	○	○		
한철진		○		○	○	
이방자	○	○	○	○	○	만점
김용인	○		○	○	○	

[표5] **1사분기 영업 실적**

사번	이름	부서	1월	2월	3월
3212	김사원	영업2부	35,200	35,000	36,000
3214	김흥부	영업2부	12,500	21,000	20,000
3114	노지심	영업1부	62,500	65,000	64,000
3412	송치윤	영업4부	62,533	61,890	63,000
3312	이관우	영업3부	32,560	33,000	32,000
3213	이봉주	영업2부	64,250	56,000	66,000
3413	이수진	영업4부	45,850	43,650	48,000
				표준편차	18,170

1. [표1]에서 예약일자[B3:B11]의 요일이 "일요일"이면서 예약인원[C3:C11]이 20 이상이면 "할인"을, 그 외에는 공백을 할인여부[D3:D11]에 표시하시오. (8점)

▶ 단, 요일 계산 시 일요일이 1인 유형으로 지정

▶ IF, AND, WEEKDAY 함수 사용

[ ]

2. [표2]에서 매입처[J3:J11]가 "삼성상사"인 업체의 매입수량[I3:I11] 합계와 매입처가 "대림상사"인 업체의 매입수량 합계 차이를 절대값으로 [L8] 셀에 계산하시오. (8점)

▶ 조건은 [L4:M5] 영역에 입력하시오.

▶ ABS, DSUM 함수 사용

[ ]

3. [표3]에서 총생산량[E15:E22]이 가장 많은 공장[A15:A22]을 찾아 [E23] 셀에 표시하시오. (8점)

▶ INDEX, MATCH, MAX 함수 사용

[ ]

4. [표4]에서 이름별로 문제1~5[H15:L19]에 모두 "O"가 있으면 "만점"을, 그렇지 않으면 공백을 점수[M15:M19]에 표시하시오. (8점)

▶ IF, COUNTA 함수 사용

[ ]

5. [표5]에서 3월[F27:F33]의 표준편차를 내림하여 십의 자리까지 [F35] 셀에 계산하시오. (8점)

▶ STDEV.S, ROUNDDOWN 함수 사용

[ ]

수식의 이해

1. **[D3]** : IF(AND(WEEKDAY(B3)=1, C3)=20), "할인", " ")

2. **[L8]** : =ABS(DSUM(G2:J11, 3, L4:L5) – DSUM(G2:J11, 3, M4:M5))

3. **[E23]** : =INDEX(A15:E22, MATCH(MAX(E15:E22), E15:E22, 0), 1)

4. **[M15]** : =IF(COUNTA(H15:L15)=5, "만점", " ")

5. **[F35]** : =ROUNDDOWN(STDEV.S(F27:F33), –1)

	A	B	C	D	E	F	G	H	I	J	K	L
1	[표1]	사원별 판매 실적					[표2]	K리그 순위				
2	사원코드	부서	4월	5월	6월		구단명	승	무	패	승점	최종결과
3	DS-351	영업1팀	2,534	2,463	2,954		서울FC	15	11	12	56	
4	DS-932	영업2팀	5,381	5,071	4,866		강원FC	14	8	16	50	
5	DS-667	영업1팀	1,967	3,549	2,672		인천FC	9	10	19	37	
6	DS-804	영업2팀	2,648	2,786	3,078		전북FC	22	13	3	79	우승
7	DS-272	영업1팀	4,259	4,862	5,037		상주FC	16	7	15	55	
8	DS-683	영업2팀	3,809	3,793	3,945		수원FC	12	12	14	48	
9	DS-550	영업2팀	1,661	2,158	1,998		포항FC	16	8	14	56	
10	DS-964	영업1팀	3,940	3,704	3,513		울산FC	22	10	6	76	준우승
11	영업1팀 4월, 5월 평균 실적 차이				470		대구FC	13	16	9	55	
12												
13	[표3]	신입사원 관리			<부서코드표>			[표4]	제품출고 현황			
14	사원명	임시코드	부서명		코드	부서명		제품	구분코드	출고가	출고량	출고일자
15	전윤주	p58482	PLANNING		p	planning		원피스	33	34,400	200	4월2일
16	이아현	f40175	FINANCE		l	logistics		구두	11	68,200	120	4월2일
17	박대인	l93647	LOGISTICS		s	sales		스커트	33	22,800	240	4월2일
18	문정은	f38466	FINANCE		f	finance		모자	22	15,000	100	4월8일
19	조수연	s75801	SALES					운동화	11	31,000	300	4월8일
20	양이윤	p20079	PLANNING					지갑	22	29,400	140	4월8일
21	신승윤	l10663	LOGISTICS					청바지	33	30,100	350	4월8일
22	안범준	s67168	SALES					면바지	33	27,600	320	4월16일
23	김은소	p82011	PLANNING					벨트	22	12,800	170	4월16일
24								스니커즈	11	25,400	130	4월16일
25	[표5]	일기예보 현황						빈도가 가장 높은 제품 수				4개
26	날짜	최저	최고	강수량	나들이							
27	2024-04-05	12	17	0								
28	2024-04-06	8	14	5								
29	2024-04-07	4	12	15								
30	2024-04-12	9	17	10								
31	2024-04-13	10	18	0								
32	2024-04-14	9	16	0	적합							
33	2024-04-19	8	17	20								
34	2024-04-20	12	25	0								
35	2024-04-21	11	24	0	적합							

1. [표1]에서 부서[B3:B10]가 "영업1팀"인 사원들의 4월[C3:C10] 실적 평균과 5월[D3:D10] 실적 평균의 차이를 절대값으로 [E11] 셀에 계산하시오. (8점)

▶ ABS, AVERAGEIF 함수 사용

[ ]

2. [표2]에서 승점[K3:K11]에 대한 순위를 구하여 1위는 "우승", 2위는 "준우승", 그 외에는 공백을 최종결과[L3:L11]에 표시하시오. (8점)

▶ 순위는 승점이 가장 높은 것이 1위

▶ IFERROR, CHOOSE, RANK.EQ 함수 사용

[ ]

3. [표3]에서 임시코드[B15:B23]의 첫 번째 글자와 부서코드표[E15:F18]를 이용하여 각 사원들의 부서명[C15:C23]을 표시하시오. (8점)

▶ 부서명은 모두 대문자로 표시 [표시 예 : p12345 → PLANNING]
▶ VLOOKUP, LEFT, UPPER 함수 사용
[ ]

4. [표4]에서 구분코드[I15:I24]의 빈도가 가장 높은 제품의 개수를 [L25] 셀에 계산하시오. (8점)

▶ 계산된 제품의 개수 뒤에는 "개"를 포함하여 표시 [표시 예 : 2개]
▶ COUNTIF, MODE.SNGL 함수와 & 연산자 사용
[ ]

5. [표5]에서 날짜[A27:A35]의 요일이 "일요일"이면서 강수량[D27:D35]이 0이면 "적합"을, 그 외에는 공백을 나들이 [E27:E35]에 표시하시오. (8점)

▶ 단, 요일 계산 시 일요일이 1인 유형으로 지정
▶ IF, AND, WEEKDAY 함수 사용
[ ]

수식의 이해

1. [E11] : =ABS(AVERAGEIF(B3:B10, "영업1팀", C3:C10) – AVERAGEIF(B3:B10, "영업1팀", D3:D10))

2. [L3] : =IFERROR(CHOOSE(RANK.EQ(K3, $K$3:$K$11), "우승", "준우승"), " ")

3. [C15] : =UPPER(VLOOKUP(LEFT(B15, 1), $E$15:$F$18, 2, FALSE))

4. [L25] : =COUNTIF(I15:I24, MODE.SNGL(I15:I24)) & "개"

5. [E27] : =IF(AND(WEEKDAY(A27)=1, D27=0), "적합", " ")

	A	B	C	D	E	F	G	H	I	J	K	L
1	[표1]	상공컨벤션 예약 현황				[표2]	사원평가표					
2	예약코드	구분	예약인원	할인율		이름	근태	실적	시험	총점	평가	
3	1-K-24	이벤트	120	15%		최소희	82	94	86	262	B	
4	3-R-48	세미나	100	30%		조채아	69	88	62	219	D	
5	1-R-72	이벤트	150	15%		고아지	91	95	97	283	A	
6	3-K-18	이벤트	180	15%		손호준	80	70	79	229	C	
7	1-R-39	세미나	130	30%		허은우	77	71	69	217	D	
8	1-K-88	세미나	120	15%		황지성	96	93	95	284	A	
9	3-K-62	기업회의	160	15%		송도원	84	88	91	263	B	
10	3-R-90	기업회의	150	15%		양주희	94	90	90	274	A	
11	1-K-55	세미나	180	15%		김성한	86	84	87	257	C	
12												
13	[표3]	일일 매출 현황				<평가기준표>						
14	분류	제품명	수량	매출액		순위	1	4	6	8		
15	생활용품	종이컵	23	41,400		평가	A	B	C	D		
16	사무용품	포스트잇	37	74,000								
17	사무용품	테이프	51	84,150								
18	사무용품	가위	19	23,750								
19	생활용품	물티슈	34	74,800								
20	생활용품	화장지	22	79,200								
21	사무용품	볼펜	65	71,500		<조건>						
22	생활용품	건전지	24	84,000		분류						
23	사무용품 매출액 평균			63,300		사무용품						
24												
25	[표4]	박스오피스				[표5]	자동차 정보	(단위 : 만원)				
26	영화명	등급	평점	관객수		모델명	연료	연비	가격			
27	극한도시	15세 이상	8.1	2,524,124		스타디아	휘발유	12.4	3,650			
28	슈가보이	전체	6.7	1,835,991		카니윤	경유	13.8	4,210			
29	신의정원	전체	8.8	3,365,725		크나	전기	14.2	5,100			
30	스턴트	15세 이상	9.4	6,189,472		아이오	전기	12.5	4,980			
31	지구탈출	12세 이상	7.1	1,365,543		다나타	휘발유	11.8	3,250			
32	더공조	전체	8.5	5,395,001		타싼	경유	12.5	2,880			
33	분노의신	15세 이상	8.1	2,654,872		아반스	휘발유	14.3	4,670			
34	골드라인	12세 이상	7.5	2,204,589		마티아	경유	15.2	2,260		연료가 휘발유인 자동차 중 연비가 가장 높은 모델명	
35	두남자	전체	92	1,854,204		투슬라	전기	11.4	4,840			
36	관객수가 3,000,000 이상인 비율			33%		유리오	휘발유	12.7	4,190		아반스	
37												

1. [표1]에서 예약코드[A3:A11]의 세 번째 글자가 "R"이면서 구분[B3:B11]이 "세미나"이면 "30%", 그 외에는 "15%"를 할인율[D3:D11]에 표시하시오. (8점)

▶ IF, MID, AND 함수 사용

[ ]

2. [표2]에서 총점[J3:J11]을 기준으로 한 순위와 평가기준표[G14:J15]를 이용하여 평가[K3:K11]를 표시하시오. (8점)

▶ 순위는 총점이 가장 높은 것이 1위

▶ HLOOKUP, RANK.EQ 함수 사용

[ ]

3. [표3]에서 분류[A15:A22]가 "사무용품"인 제품의 매출액[D15:D22] 평균을 [D23] 셀에 계산하시오. (8점)

▶ 매출액 평균은 십의 자리에서 내림하여 백의 자리까지 표시 [표시 예 : 5,670 → 5,600]
▶ 조건은 [F22:F23] 영역에 입력하시오.
▶ DAVERAGE, DSUM, ROUND, ROUNDUP, ROUNDDOWN 함수 중 알맞은 함수들을 사용

[ ]

4. [표4]에서 관객수[D27:D35]가 3,000,000 이상인 영화의 비율을 [D36] 셀에 계산하시오. (8점)

▶ 비율 = 관객수가 3,000,000 이상인 영화 수 / 전체 영화 수
▶ COUNT, COUNTIF 함수 사용

[ ]

5. [표5]에서 연료[G27:G36]가 "휘발유"인 자동차 중 연비[H27:H36]가 가장 높은 자동차의 모델명[F27:F36]을 찾아 [J36] 셀에 표시하시오. (8점)

▶ INDEX, MATCH, DMAX 함수 사용

[ ]

수식의 이해

1. **[D3]** : =IF(AND(MID(A3, 3, 1)="R", B3="세미나"), "30%", "15%")

2. **[K3]** : =HLOOKUP(RANK.EQ(J3, $J$3:$J$11), $G$14:$J$15, 2)

3. **[D23]** : =ROUNDDOWN(DAVERAGE(A14:D22, 4, F22:F23), -2)

4. **[D36]** : =COUNTIF(D27:D35, ">=3000000") / COUNT(D27:D35)

5. **[J36]** : =INDEX(F27:I36, MATCH(DMAX(F26:I36, 3, G26:G27), H27:H36, 0), 1)

2024년 상시03

상시 | 계산작업

	A	B	C	D	E	F	G	H	I	J	K
1	[표1]	신제품 홍보 현황				[표2]	지점 판매현황				
2	제품코드	홍보예정일	담당자	보도자료		제품명	지점	판매량	판매총액		
3	SN-5761	2024-02-16	조경원			키보드	마포	243	3,037,500		
4	SK-3814	2024-02-27	정은경			키보드	용산	385	4,812,500		
5	SL-0336	2024-03-08	이부성	발송		키보드	서초	196	2,450,000		
6	SK-2398	2024-03-22	정은경	발송		마우스	마포	134	1,273,000		
7	SL-0409	2024-04-15	이부성			마우스	용산	310	2,945,000		
8	SN-4228	2024-04-24	조경원			마우스	서초	251	2,384,500		
9	SK-3911	2024-05-10	정은경	발송		프린터	마포	89	7,609,500		
10	SL-6570	2024-05-30	이부성	발송		프린터	용산	101	8,635,500		
11	SN-2574	2024-06-11	조경원			프린터	서초	67	5,728,500		
12	SK-7013	2024-06-28	정은경			용산점 판매량 비율			45%		
13											
14	[표3]	상공항공 예약 현황					[표4]	사원별 판매실적			
15	예약코드	예약일자	도착지	인원	좌석		사원명	부서	실적		
16	OP-1-93	2024-04-08	로마	4	일반석		김가은	영업1팀	56,986,400		
17	OP-1-57	2024-04-10	하와이	8	일반석		윤주헌	영업2팀	35,470,100		
18	OP-3-22	2024-04-11	몽골	4	일등석		한원우	영업1팀	68,341,200		
19	OP-2-61	2024-04-11	두바이	2	비즈니스석		한미진	영업2팀	50,185,000		
20	OP-1-16	2024-04-16	오사카	6	일반석		이은경	영업2팀	62,734,900		
21	OP-2-29	2024-04-18	파리	5	비즈니스석		정상혁	영업1팀	39,900,000		
22	OP-3-81	2024-04-18	뉴욕	3	일등석		노경호	영업1팀	46,984,200		
23	OP-2-09	2024-04-22	사이판	4	비즈니스석		윤정희	영업2팀	55,121,000	<조건>	
24	OP-1-84	2024-04-24	다낭	8	일반석		강소정	영업1팀	43,764,900	부서	부서
25	OP-1-70	2024-04-24	푸켓	6	일반석		최대실적평균		65,539,000	영업1팀	영업2팀
26											
27	[표5]	회원 관리 현황				<구분코드표>					
28	이름	생년월일	구분	회원코드		구분	코드				
29	송윤진	1991-03-08	B1	1991man1		D1	mas1				
30	주시아	1984-06-21	A1	1984fam1		D2	mas2				
31	강은찬	2001-04-09	C1	2001fri1		C1	fri1				
32	전주린	1995-03-25	D1	1995mas1		C2	fri2				
33	최세현	1987-07-14	C2	1987fri2		B1	man1				
34	이대로	1988-10-03	D2	1988mas2		B2	man2				
35	배상엽	1999-01-30	A2	1999fam2		A1	fam1				
36	오남규	2000-05-07	B2	2000man2		A2	fam2				
37											

1. [표1]에서 홍보예정일[B3:B12]이 3월 또는 5월이면 "발송"을, 그 외에는 공백을 보도자료[D3:D12]에 표시하시오. (8점)

▶ IF, OR, MONTH 함수 사용

[ ]

2. [표2]에서 지점[G3:G11]이 "용산"인 제품의 판매량[H3:H11] 비율을 [I12] 셀에 계산하시오. (8점)

▶ 판매량 비율 = 용산 판매량 / 전체 판매량

▶ SUM, SUMIF 함수 사용

[ ]

3. [표3]에서 예약코드[A16:A25]의 네 번째 글자가 "1"이면 "일반석", "2"이면 "비즈니스석", "3"이면 "일등석"을 좌석[E16:E25]에 표시하시오. (8점)

▶ CHOOSE, MID 함수 사용

[ ]

4. [표4]에서 부서[H16:H24]가 "영업1팀"인 사원의 최대 실적[I16:I24]과 "영업2팀"인 사원의 최대 실적의 평균을 [I25] 셀에 계산하시오. (8점)

▶ 최대 실적 평균은 백의 자리에서 올림하여 천의 자리까지 표시 [표시 예 : 23,456 → 24,000]

▶ 조건은 [J24:K25] 영역에 입력하시오.

▶ ROUNDUP, AVERAGE, DMAX 함수 사용

[ ]

5. [표5]에서 생년월일[B29:B36], 구분[C29:C36]과 구분코드표[F29:G36]를 이용하여 회원코드[D29:D36]를 표시하시오. (8점)

▶ 회원코드는 생년월일의 년도와 코드를 연결하여 표시
[표기 예 : 생년월일이 '2000-01-01', 코드가 'com1' → 2000com1]

▶ VLOOKUP, YEAR 함수와 & 연산자 사용

[ ]

수식의 이해

1. [D3] : =IF(OR(MONTH(B3)=3, MONTH(B3)=5), "발송", " ")

2. [I12] : =SUMIF(G3:G11, "용산", H3:H11) / SUM(H3:H11)

3. [E16] : =CHOOSE(MID(A16, 4, 1), "일반석", "비즈니스석", "일등석")

4. [I25] : =ROUNDUP(AVERAGE(DMAX(G15:I24, 3, J24:J25), DMAX(G15:I24, 3, K24:K25)), -3)

5. [D29] : =YEAR(B29) & VLOOKUP(C29, $F$29:$G$36, 2, FALSE)

	A	B	C	D	E	F	G	H	I	J	K
1	[표1]	장비 대여 현황				[표2]	선수별 평점				
2	장비코드	대여일자	수량	반납예정일자		클럽	포지션	선수명	평점		
3	HER962	2024-08-05	5	2024-08-12		포항	수비수	윤보경	7.64		
4	KMD238	2024-08-06	3	2024-08-12		대전	공격수	이정환	8.91		
5	GJW183	2024-08-08	6	2024-08-13		포항	공격수	이태용	8.13		
6	PSL725	2024-08-09	4	2024-08-14		포항	수비수	강명보	6.46		
7	BWC651	2024-08-13	3	2024-08-19		대전	수비수	황재준	7.59		
8	MBA401	2024-08-16	4	2024-08-21		포항	공격수	손승민	8.28		
9	KIH390	2024-08-20	6	2024-08-26		대전	수비수	김민우	6.73	대전수비수 평점 평균	
10	SET077	2024-08-22	5	2024-08-27		대전	공격수	김지성	7.32	7.2	
11											
12	[표3]	제품 납품 현황				[표4]	1학기 성적표				
13	납품일자	거래처명	납품량	납품총액		이름	과학기술	문화예술	역사철학	학점	
14	7월23일	하나전자	480	2,640,000		김두완	3.2	3.5	3.1	B	
15	7월23일	우리전자	650	3,575,000		박영재	1.5	2.1	1.8	D	
16	7월23일	상공전자	450	2,475,000		이지환	4.1	4.2	4.1	A	
17	7월30일	하나전자	590	3,245,000		전서혜	2.5	2.7	2.8	C	
18	7월30일	우리전자	550	3,025,000		유가온	3.1	2.9	3.6	B	
19	8월3일	진성전자	620	3,410,000		권도현	2.8	2.5	2.7	C	
20	8월3일	상공전자	500	2,750,000		배재현	0.9	1.4	0.8	D	
21	8월10일	우리전자	680	3,740,000		김영택	3.1	2.7	2.4	C	
22	8월10일	진성전자	470	2,585,000		권애린	3.6	3.9	3.4	B	
23	최대-최소 납품총액 차이			1,265,000		조종연	3.1	3.2	3.5	B	
24											
25	[표5]	수험자 정보				<종목번호표>					
26	이름	수험번호	시험장	날짜-종목		번호	종목				
27	서재영	100215368	1실	1002-워드		1	워드				
28	윤은찬	101433025	2실	1014-컴활2급		2	컴활1급				
29	전태원	101029041	2실	1010-컴활1급		3	컴활2급				
30	송은주	101624257	1실	1016-컴활1급							
31	문진영	100218961	3실	1002-워드							
32	백현준	101435487	3실	1014-컴활2급							
33	고강민	101126698	1실	1011-컴활1급							
34	장세현	101125804	3실	1011-컴활1급							
35	김진아	101531523	2실	1015-컴활2급							
36	우영희	101636857	3실	1016-컴활2급							
37											

1. [표1]에서 대여일자[B3:B10]를 이용하여 반납예정일자[D3:D10]를 계산하시오. (8점)

▶ 반납예정일자 = 대여일자 + 5, 단 반납예정일자가 주말(토, 일요일)인 경우 다음 주 월요일로 계산

▶ 요일 계산 시 월요일이 1인 유형으로 지정

▶ IF, WEEKDAY 함수 사용

[ ]

2. [표2]에서 클럽[F3:F10]이 "대전"이면서 포지션[G3:G10]이 "수비수"인 선수들의 평점[I3:I10] 평균을 [J10] 셀에 계산하시오. (8점)

▶ 평점 평균은 소수점 이하 둘째 자리에서 반올림하여 첫째 자리까지 표시 [표시 예 : 3.45 → 3.5]
▶ ROUND, ROUNDUP, ROUNDDOWN, COUNTIFS, AVERAGEIFS 함수 중 알맞은 함수들을 사용

[ ]

3. [표3]에서 납품총액[D14:D22]의 최대값과 최소값의 차이를 [D23] 셀에 계산하시오. (8점)

▶ LARGE, SMALL 함수 사용

[ ]

4. [표4]에서 과학기술[G14:G23], 문화예술[H14:H23], 역사철학[I14:I23]의 평균이 1이면 "D", 2이면 "C", 3이면 "B", 4이면 "A"를 학점[J14:J23]에 표시하시오. (8점)

▶ CHOOSE, AVERAGE, INT 함수 사용

[ ]

5. [표5]에서 수험번호[B27:B36]와 종목번호표[F27:G29]를 이용하여 날짜-종목[D27:D36]을 표시하시오. (8점)

▶ 날짜는 수험번호의 앞 4글자로 표시하고, 종목은 수험번호의 5번째 글자를 이용하여 1이면 "워드", 2이면 "컴활1급", 3이면 "컴활2급"으로 표시
[표시 예 : 수험번호가 '100123456'이면 '1001-컴활1급'으로 표시]
▶ VLOOKUP, LEFT, MID 함수와 & 연산자 사용

[ ]

수식의 이해

1. **[D3]** : =IF(WEEKDAY(B3+5, 2)=6, B3+7, IF(WEEKDAY(B3+5, 2)=7, B3+6, B3+5))

2. **[J10]** : =ROUND(AVERAGEIFS(I3:I10, F3:F10, "대전", G3:G10, "수비수"), 1)

3. **[D23]** : =LARGE(D14:D22, 1) – SMALL(D14:D22, 1)

4. **[J14]** : =CHOOSE(INT(AVERAGE(G14:I14)), "D", "C", "B", "A")

5. **[D27]** : =LEFT(B27, 4) & "–" & VLOOKUP(MID(B27, 5, 1)*1, $F$27:$G$29, 2, FALSE)

	A	B	C	D	E	F	G	H	I	J	K
1	[표1]	사원관리				[표2]	시험 결과				
2	사원번호	사원명	부서명	소속		이름	반	점수		1, 3반 최저 점수 평균	
3	A-1529	김준용	기획부	본사		정다운	2반	92		64.5	
4	B-6011	이경실	기획부	지사		이대로	3반	89			
5	A-2768	허안주	기획부	본사		김민정	1반	59			
6	A-0644	이동준	영업부	본사		최고집	1반	95			
7	B-9537	고강민	영업부	지사		안혜경	3반	79			
8	B-2436	김민경	영업부	지사		조신수	2반	65			
9	A-8167	한상현	관리부	본사		정성민	3반	70		<조건>	
10	A-3551	김단희	관리부	본사		주지훈	2반	88		반	반
11	B-0472	이동엽	관리부	지사		박성은	1반	91		1반	3반
12											
13	[표3]	제품판매현황					[표4]	하프마라톤 결과			
14	구분	제품명	판매가	판매량	총판매액		선수번호	소속	나이	기록	
15	냉장	생쫄면	2,980	24	71,520		168001	춘천	35	1:49:27	
16	냉장	가락우동	3,690	16	59,040		168002	영월	42	1:45:51	
17	냉동	군만두	4,500	32	144,000		168003	강릉	29	2:03:26	
18	냉장	수제비	2,850	24	68,400		168004	평창	38	1:51:15	
19	냉동	핫도그	3,300	22	72,600		168005	영월	44	1:32:08	
20	냉동	피자	4,920	18	88,560		168006	고성	51	1:41:53	
21	냉동	치킨너겟	3,840	19	72,960		168007	춘천	32	2:01:17	
22	냉장	떡볶이	3,600	23	82,800		168008	강릉	40	1:39:22	
23	냉장	쌀국수	4,180	15	62,700		168009	평창	23	1:56:25	
24	판매량 10 이상 20 미만인 판매 건수 비율				44%		가장 빠른 기록		1시간32분8초		
25											
26	[표5]	회원관리현황									
27	회원코드	성별	등급	지역							
28	1-K-320	여	정회원	경기							
29	3-S-966	남	준회원	서울							
30	8-B-415	남	준회원	부산							
31	6-B-527	여	준회원	부산							
32	2-S-605	남	정회원	서울							
33	3-B-012	여	준회원	부산							
34	9-K-048	여	정회원	경기							
35	4-K-213	여	정회원	경기		<지역코드표>					
36	5-S-217	남	정회원	서울		코드	S	K	B		
37	5-B-309	남	준회원	부산		지역	서울	경기	부산		
38											

1. [표1]에서 사원번호[A3:A11]의 첫 번째 문자가 "A"이면 "본사", "B"이면 "지사"를 소속[D3:D11]에 표시하시오. (8점)

▶ IF, LEFT 함수 사용

[ ]

2. [표2]에서 반[G3:G11]이 "1반"인 학생의 최저 점수[H3:H11]와 "3반"인 학생의 최저 점수의 평균을 [J3] 셀에 계산하시오. (8점)

▶ 조건은 [J10:K11] 영역에 입력하시오.

▶ DMIN, AVERAGE 함수 사용

[ ]

3. [표3]에서 판매량[D15:D23]이 10 이상 20 미만인 제품들의 판매 건수 비율을 [E24] 셀에 계산하시오. (8점)

▶ 판매 건수 비율 = 10 이상 20 미만 판매 건수 / 전체 판매 건수

▶ COUNT, COUNTIFS 함수 사용

[ ]

4. [표4]에서 기록[J15:J23]이 가장 빠른 선수의 기록을 찾아 [I24] 셀에 표시하시오. (8점)

▶ 표시 예 : 1:23:34 → 1시간23분34초

▶ HOUR, MINUTE, SECOND, SMALL 함수와 & 연산자 사용

[ ]

5. [표5]에서 회원코드[A28:A37]의 세 번째 문자와 지역코드표[G36:I37]를 이용하여 지역[D28:D37]을 표시하시오. (8점)

▶ HLOOKUP, MID 함수 사용

[ ]

수식의 이해

1. **[D3]** : =IF(LEFT(A3, 1)="A", "본사", "지사")

2. **[J3]** : =AVERAGE(DMIN(F2:H11, 3, J10:J11), DMIN(F2:H11, 3, K10:K11))

3. **[E24]** : =COUNTIFS(D15:D23, ">=10", D15:D23, "<20") / COUNT(D15:D23)

4. **[I24]** : =HOUR(SMALL(J15:J23, 1)) & "시간" & MINUTE(SMALL(J15:J23, 1)) & "분" & SECOND(SMALL(J15:J23, 1)) & "초"

5. **[D28]** : =HLOOKUP(MID(A28, 3, 1), $G$36:$I$37, 2, FALSE)

2023년 상시02 상시 | 계산작업

	A	B	C	D	E	F	G	H	I	J	K	L
1	[표1]	독서실 이용현황				[표2]	부동산 투자현황					
2	고객명	입실시간	퇴실시간	총이용시간		구분	면적	보증금	월임대료	실투자금액		구분
3	김은소	9:10	11:20	2시간		내과	69	150,000,000	2,100,000	230,000,000		소아과
4	조경원	9:34	10:41	1시간		소아과	79	170,000,000	2,500,000	260,000,000		
5	이천수	10:03	11:57	2시간		안과	66	150,000,000	2,100,000	210,000,000		
6	박정연	10:29	11:36	1시간		정형외과	148	330,000,000	4,700,000	480,000,000		
7	김종현	10:31	12:09	2시간		내과	72	160,000,000	2,200,000	230,000,000		
8	권민서	10:45	12:33	2시간		소아과	105	230,000,000	3,300,000	340,000,000		
9	한상민	11:02	12:11	1시간		정형외과	135	300,000,000	4,200,000	440,000,000		
10	최연재	11:14	12:58	2시간		소아과	99	220,000,000	3,100,000	320,000,000		
11	유현진	11:25	12:46	1시간		소아과의 실투자금액 평균				306,666,000		
12												
13	[표3]	컴활2급 시험 결과				[표4]	제품구매현황					
14	수험번호	컴퓨터일반	엑셀			제품코드	주문수량	본사보유량	매장요청량	구매예정수량		
15	1270121	92	76			S-120-D	1,200	1,072	1,400	1,200		
16	1270122	38	55			G-430-F	1,500	1,138	1,300	1,500		
17	1270123	86	92			A-218-Y	1,000	943	900	1,000		
18	1270124	62	48			W-462-N	800	507	900	900		
19	1270125	91	93			C-573-B	1,200	1,138	1,000	1,200		
20	1270126	49	56			H-946-P	900	835	1,000	900		
21	1270127	89	93			F-438-E	1,000	719	1,200	1,200		
22	1270128	67	68			K-149-V	1,300	1,068	1,200	1,300		
23	합격률		63%			M-527-L	1,500	1,329	1,300	1,500		
24												
25	[표5]	재학생정보										
26	학번	입학년도	성명	학과			<학과정보표>					
27	AE1542	2020	김영철	디자인		학과코드	학과교수	학과명				
28	DE2546	2020	신서인	미디어		AE	강종원	디자인				
29	FH1095	2021	양지현	실용음악		DE	한혜진	미디어				
30	AE2428	2021	유새론	디자인		FH	김성민	실용음악				
31	BS2937	2022	이슬아	문예창작		BS	최정용	문예창작				
32	DE3810	2022	송준성	미디어								
33	FH2767	2023	박영훈	실용음악								
34	BS1571	2023	배다해	문예창작								
35												

1. [표1]에서 입실시간[B3:B11]과 퇴실시간[C3:C11]을 이용하여 총이용시간[D3:D11]을 계산하시오. (8점)

▶ 총이용시간은 '퇴실시간 - 입실시간'으로 계산하되, '퇴실시간 - 입실시간'의 '분'이 30분을 초과한 경우 '퇴실시간 - 입실시간'의 '시'에 1을 더하시오. [표시 예 : 총이용시간이 6:00 → 6시간, 6:40 → 7시간]

▶ IF, HOUR, MINUTE 함수와 & 연산자 사용

[ ]

2. [표2]에서 구분[F3:F10]이 "소아과"인 자료의 실투자금액[J3:J10] 평균을 [J11] 셀에 계산하시오. (8점)

▶ 실투자금액의 평균은 백의 자리에서 내림하여 천의 자리까지 표시 [표시 예 : 123,456 → 123,000]
▶ 조건은 [L2:L3] 영역에 입력하시오.
▶ DAVERAGE와 ROUND, ROUNDUP, ROUNDDOWN 함수 중 알맞은 함수를 선택하여 사용

[ ]

3. [표3]에서 컴퓨터일반[B15:B22]과 엑셀[C15:C22]이 모두 60점 이상인 수험생의 합격률을 [C23] 셀에 계산하시오. (8점)

▶ 합격률 = '컴퓨터일반'과 '엑셀'이 모두 60점 이상인 수험생 수 / 총 수험생 수
▶ COUNTIFS, COUNTA 함수 사용

[ ]

4. [표4]에서 주문수량[G15:G23]이 본사보유량[H15:H23]보다 200 이상 많은 경우 주문수량과 매장요청량[I15:I23] 중 큰 값을 표시하고, 그 외에는 주문수량을 구매예정수량[J15:J23]에 표시하시오. (8점)

▶ IF, MAX 함수 사용

[ ]

5. [표5]에서 학번[A27:A34]과 학과정보표[F28:H31]를 이용하여 학과[D27:D34]를 표시하시오. (8점)

▶ 학번의 처음 두 글자가 학과코드임
▶ VLOOKUP, LEFT 함수 사용

[ ]

수식의 이해

1. [D3] : =IF(MINUTE(C3-B3)>30, HOUR(C3-B3)+1, HOUR(C3-B3)) & "시간"

2. [J11] : =ROUNDDOWN(DAVERAGE(F2:J10, 5, L2:L3), -3)

3. [C23] : =COUNTIFS(B15:B22, ">=60", C15:C22, ">=60") / COUNTA(A15:A22)

4. [J15] : =IF(G15-H15>=200, MAX(G15, I15), G15)

5. [D27] : =VLOOKUP(LEFT(A27, 2), $F$28:$H$31, 3, FALSE)

	A	B	C	D	E	F	G	H	I	J
1	[표1]	도서 대여 현황				[표2]	상공학원 시험 결과			
2	도서코드	대출일자	대출기간	반납일자		학교	성명	국어	영어	수학
3	G10351	2023-04-06	4	4/12		상공고	변효정	86	84	90
4	P82509	2023-04-07	6	4/17		군자고	김영수	88	85	88
5	E52043	2023-04-07	4	4/13		상공고	홍보현	93	91	94
6	G35614	2023-04-12	7	4/21		경성고	강형준	92	91	90
7	G74952	2023-04-12	5	4/19		군자고	강민성	91	93	90
8	P25078	2023-04-17	5	4/24		상공고	유하은	70	76	79
9	E29677	2023-04-18	4	4/24		경성고	박정훈	86	76	75
10	P46611	2023-04-18	7	4/27		군자고	김시준	90	95	92
11	P30967	2023-04-19	3	4/24		상공고 국어 평균 - 전체 국어 평균				-4
12										
13	[표3]	과일 판매 현황					[표4]	고객 관리 현황		
14	품명	매입액	판매액	재고량	손익		고객명	성별	총구입금액	등급
15	딸기	900,000	1,150,000	19	250,000		오종환	남	3,524,000	◆
16	사과	1,500,000	1,370,000	61	-130,000		전선길	남	883,000	◇
17	배	800,000	860,000	32	60,000		신채아	여	1,380,000	◇
18	바나나	1,200,000	1,520,000	9	320,000		한재훈	남	4,921,000	◆
19	파인애플	500,000	402,000	56	-98,000		최인영	여	1,665,000	
20	포도	1,300,000	1,560,000	11	260,000		허이한	남	967,000	◇
21	오렌지	1,600,000	1,930,000	7	330,000		유지선	여	2,498,000	
22	체리	700,000	930,000	13	230,000		권민한	남	5,240,000	◆
23	바나나를 제외한 평균 손익 이상인 손익의 합계				1,070,000		문수빈	여	2,012,000	
24										
25	[표5]	분식 주문 현황								
26	번호	메뉴	수량	금액		<메뉴 가격표>				
27	1	라면	3	15,000		메뉴	김밥	라면	떡볶이	돈까스
28	2	돈까스	2	14,000		가격	3,500	5,000	5,500	7,000
29	3	김밥	5	17,500						
30	4	떡볶이	3	16,500						
31	5	떡볶이	2	11,000						
32	6	튀김	4	주문오류						
33	7	돈까스	3	21,000						
34	8	라면	5	25,000						
35	9	김밥	6	21,000						
36										

1. [표1]에서 대출일자[B3:B11]와 대출기간[C3:C11]을 이용하여 반납일자[D3:D11]를 계산하시오. (8점)

▶ 반납일자 = 대출일자 + 대출기간, 단 주말(토, 일요일)은 제외
[표시 예 : 대출일자가 '2023-04-06', 대출기간이 4인 경우 '4/12'로 표시]

▶ MONTH, DAY, WORKDAY 함수와 & 연산자 사용

[ ]

컴퓨터로 실습하려면 'C:\길벗컴활2급' 폴더의 '계산작업문제모음.xlsm' 파일의 '23년상시03' 시트에서 작업하세요.

2. [표2]에서 학교[F3:F10]가 "상공고"인 학생들의 국어[H3:H10] 점수의 평균에서 전체 국어 점수의 평균을 뺀 값을 [J11] 셀에 계산하시오. (8점)

▶ DAVERAGE, AVERAGE 함수 사용

[ ]

3. [표3]에서 "바나나"를 제외한 과일의 손익[E15:E22] 중 손익의 평균 이상인 손익의 합계를 [E23] 셀에 계산하시오. (8점)

▶ SUMIFS, AVERAGE 함수와 & 연산자 사용

[ ]

4. [표4]에서 총구입금액[I15:I23]이 상위 3위 이내이면 "◆", 하위 3위 이내이면 "◇", 그 외에는 공백을 등급[J15:J23]에 표시하시오. (8점)

▶ IF, LARGE, SMALL 함수 사용

[ ]

5. [표5]에서 메뉴[B27:B35], 수량[C27:C35], 메뉴 가격표[G27:J28]를 이용하여 금액[D27:D35]을 계산하시오. (8점)

▶ 금액 = 수량 × 가격

▶ 단, 오류 발생 시 "주문오류"로 표시

▶ HLOOKUP, IFERROR 함수 사용

[ ]

수식의 이해

1. **[D3]** : =MONTH(WORKDAY(B3, C3)) & "/" & DAY(WORKDAY(B3, C3))

2. **[J11]** : =DAVERAGE(F2:J10, 3, F2:F3) – AVERAGE(H3:H10)

3. **[E23]** : =SUMIFS(E15:E22, A15:A22, "<>바나나", E15:E22, ">="&AVERAGE(E15:E22))

4. **[J15]** : =IF(I15>=LARGE($I$15:$I$23, 3), "◆", IF(I15<=SMALL($I$15:$I$23, 3), "◇", ""))

5. **[D27]** : =IFERROR(C27 * HLOOKUP(B27, $G$27:$J$28, 2, FALSE), "주문오류")

	A	B	C	D	E	F	G	H	I
1	[표1]	**승진 시험 결과**				[표2]	**종목별 시험 일정표**		
2	사원명	외국어	이론	총점		종목	시험일자	구분	
3	권영일	86	81	167		정보처리	2023-03-03	상시시험	
4	이규창	38	42	80		사무자동화	2023-03-04	상시시험	
5	김정아	93	92	185		에너지관리	2023-03-05	정기시험	
6	이진희	82	79	161		전기	2023-03-10	정기시험	
7	한세영	74	81	155		자동차정비	2023-03-11	상시시험	
8	장석영	92	95	187		건설기계	2023-03-12	상시시험	
9	윤소정	69	68	137		토목	2023-03-18	상시시험	
10	신선부	59	43	102		정보관리	2023-03-19	상시시험	
11	비율			63%		한식조리	2023-03-20	정기시험	
12									
13	[표3]	**사원 관리 현황**					[표4]	**사원별 실적 현황**	
14	사원명	입사년도	임시코드	지점	사원코드		사원코드	판매량	평가
15	홍명찬	2020	pro535k	서울	PRO-2020-K		SG-1245	1,253	노력
16	서혜진	2019	pla321d	부산	PLA-2019-D		SG-6782	1,657	
17	양세완	2018	bck220a	서울	BCK-2018-A		SG-2401	2,666	우수
18	유도원	2022	iuf035e	제주	IUF-2022-E		SG-3844	1,809	
19	최윤희	2021	fvh693p	서울	FVH-2021-P		SG-1059	2,468	
20	허현주	2019	ncr722u	부산	NCR-2019-U		SG-2574	2,578	우수
21	한세호	2021	blc269y	제주	BLC-2021-Y		SG-3322	1,027	노력
22	노재연	2019	nto484l	부산	NTO-2019-L		SG-6091	1,968	
23									
24	[표5]	**심사 결과표**							
25	참가번호	1차	2차	3차	4차	5차	평균		
26	A12301	86	88	92	86	90	91		
27	A12302	92	93	94	93	94	94		
28	A12303	94	84	88	92	90	93		
29	A12304	79	84	87	83	85	86		
30	A12305	82	72	75	80	76	81		
31	A12306	69	68	69	65	60	69		
32	A12307	77	82	71	80	75	81		
33	A12308	82	84	86	90	84	88		
34	A12309	93	91	95	93	95	95		
35									

1. [표1]에서 외국어[B3:B10]와 이론[C3:C10]이 모두 45 이상이고 총점[D3:D10]이 총점 평균 이상인 사원의 비율을 [D11] 셀에 계산하시오. (8점)

   ▶ 비율 = 조건에 해당하는 사원 수 / 전체 사원 수

   ▶ COUNTIFS, COUNTA, AVERAGE 함수와 & 연산자 사용

   [ ]

2. [표2]에서 시험일자[G3:G11]의 "일"이 5의 배수이면 "정기시험", 그 외에는 "상시시험"으로 구분[H3:H11]에 표시하시오. (8점)

   ▶ IF, MOD, DAY 함수 사용

   [ ]

3. [표3]에서 입사년도[B15:B22], 임시코드[C15:C22]의 앞 3글자와 마지막 1글자를 이용하여 사원코드[E15:E22]를 표시하시오. (8점)

▶ 표시 예 : 입사년도가 2023, 임시코드가 "kor1234b"인 경우 "KOR-2023-B"로 표시
▶ UPPER, LEFT, RIGHT 함수와 & 연산자 사용

[ ]

4. [표4]에서 판매량[H15:H22]의 순위를 구하여 1, 2위는 "우수", 7, 8위는 "노력", 그 외에는 공백을 평가[I15:I22]에 표시하시오. (8점)

▶ 순위는 판매량이 가장 많은 것이 1위
▶ CHOOSE, RANK.EQ 함수 사용

[ ]

5. [표5]에서 참가번호[A26:A34]별로 1~5차[B26:F34]에서 중간 값보다 큰 값만의 평균을 평균[G26:G34]에 계산하시오. (8점)

▶ AVERAGEIF, MEDIAN 함수와 & 연산자 사용

[ ]

수식의 이해

1. [D11] : =COUNTIFS(B3:B10, ">=45", C3:C10, ">=45", D3:D10, ">="&AVERAGE(D3:D10)) / COUNTA(A3:A10)

2. [H3] : =IF(MOD(DAY(G3), 5)=0, "정기시험", "상시시험")

3. [E15] : =UPPER(LEFT(C15, 3) & "–" & B15 & "–" & RIGHT(C15, 1))

4. [I15] : =CHOOSE(RANK.EQ(H15, $H$15:$H$22), "우수", "우수", " ", " ", " ", " ", "노력", "노력")

5. [G26] : =AVERAGEIF(B26:F26, ">"&MEDIAN(B26:F26), B26:F26)

	A	B	C	D	E	F	G	H	I
1	[표1]	**사원별 판매실적현황**				[표2]	**회원관리현황**		
2	부서명	직급	판매실적	사원명		회원코드	구입횟수	구입총액	등급
3	영업1부	과장	645	김상욱		HP-A-01	94	1,382,000	일반
4	영업2부	과장	574	황진주		HP-A-02	156	1,794,000	VIP
5	영업3부	과장	429	김민서		HP-A-03	83	1,652,000	일반
6	영업1부	대리	721	이상희		HP-A-04	248	4,950,000	VIP
7	영업2부	대리	827	심영훈		HP-A-05	77	1,223,000	일반
8	영업3부	대리	704	최대건		HP-A-06	64	978,000	일반
9	영업1부	사원	628	윤정희		HP-A-07	85	2,460,000	VIP
10	영업2부	사원	699	김민성		HP-A-08	173	2,961,000	VIP
11	영업3부	사원	763	노유영		HP-A-09	59	889,000	일반
12	판매실적이 가장 높은 사원			이상희		HP-A-10	67	1,067,000	일반
13									
14	[표3]	**교양 성적표**				[표4]	**영어발표대회**		
15	학번	학과	학생명	점수		회원명	점수	결과	
16	211016	정보처리	박현숙	86		김연경	91		
17	215007	컴퓨터	송진우	94		박종훈	95	은메달	
18	215015	컴퓨터	이선빈	75		조유리	86		
19	211025	정보처리	전지석	81		강혜원	86		
20	211031	정보처리	한유빈	96		권은비	98	금메달	
21	215064	컴퓨터	강영웅	88		심우석	90		
22	211046	정보처리	김한수	79		김한성	86		
23	215089	컴퓨터	최미경	67		이효진	94	동메달	
24	컴퓨터-정보처리 점수 차이			18		최미영	88		
25									
26	[표5]	**상공몰 판매현황**							
27	카테고리	상품명	판매가	판매량	총판매액				
28	채소	양배추	3,900	116	452,400				
29	과일	바나나	4,600	128	588,800				
30	과일	포도	9,800	88	862,400				
31	정육	닭고기	6,700	123	824,100				
32	과일	사과	8,800	94	827,200				
33	정육	돼지고기	9,500	157	1,491,500	<조건>			
34	채소	감자	4,500	167	751,500	카테고리			
35	과일 총판매액 합계				2,279,000	과일			
36									

1. [표1]에서 부서명[A3:A11]이 "영업1부"인 사원들 중 판매실적[C3:C11]이 가장 높은 사원명[D3:D11]을 [D12] 셀에 표시하시오. (8점)

▶ VLOOKUP, DMAX 함수 사용

[ ]

2. [표2]의 구입횟수[G3:G12]가 150 이상이거나 구입총액[H3:H12]이 구입총액의 평균보다 크면 "VIP", 그렇지 않으면 "일반"으로 등급[I3:I12]에 표시하시오. (8점)

▶ AVERAGE, IF, OR 함수 사용

[ ]

3. [표3]에서 학과[B16:B23]가 "컴퓨터"인 학생들의 점수[D16:D23] 합계와 학과가 "정보처리"인 학생들의 점수 합계 차이를 절대값으로 [D24] 셀에 계산하시오. (8점)

▶ SUMIF, ABS 함수 사용

[ ]

4. [표4]에서 점수[G16:G24]를 기준으로 순위를 구하여 1위는 "금메달", 2위는 "은메달", 3위는 "동메달", 그 외에는 공백을 결과[H16:H24]에 표시하시오. (8점)

▶ 순위는 점수가 높은 것이 1위임

▶ IF, RANK.EQ, CHOOSE 함수 사용

[ ]

5. [표5]에서 카테고리[A28:A34]가 "과일"인 상품의 총판매액[E28:E34] 합계를 [E35] 셀에 계산하시오. (8점)

▶ 총판매액 합계는 백의 자리에서 올림하여 천의 자리까지 표시 [표시 예 : 12,345 → 13,000]

▶ 조건은 [F34:F35] 영역에 입력하시오.

▶ ROUNDUP, DSUM 함수 사용

[ ]

수식의 이해

1. [D12] : =VLOOKUP(DMAX(A2:D11, 3, A2:A3), C2:D11, 2, FALSE)

2. [I3] : =IF(OR(G3>=150, H3>AVERAGE($H$3:$H$12)), "VIP", "일반")

3. [D24] : =ABS(SUMIF(B16:B23, "컴퓨터", D16:D23) – SUMIF(B16:B23, "정보처리", D16:D23))

4. [H16] : =IF(RANK.EQ(G16, $G$16:$G$24)<=3, CHOOSE(RANK.EQ(G16, $G$16:$G$24), "금메달", "은메달", "동메달"), " ")

5. [E35] : =ROUNDUP(DSUM(A27:E34, 5, F34:F35), –3)

	A	B	C	D	E	F	G	H	I	J
1	[표1]	**수학경시대회 결과**				[표2]	**도서판매현황**			
2	참가번호	이름	출신지역	평가점수		서점	도서	상반기	하반기	합계
3	P00001	강준호	서울	86		하나문고	SF	63,545	70,535	134,080
4	P00002	안혜진	인천	91		북스토리	소설	41,981	40,396	82,377
5	P00003	한지민	부산	75		낮의서점	로맨스	38,517	36,206	74,723
6	P00004	유서연	서울	69		망원서점	SF	57,134	53,706	110,840
7	P00005	정병우	광주	95		노란책방	소설	67,012	74,383	141,395
8	P00006	한지은	부산	82		책크인	로맨스	50,679	47,638	98,317
9	P00007	최방원	인천	79		우리문고	SF	49,660	53,170	102,830
10	출신지역이 서울인 학생수			2명		국민서점	소설	62,248	69,095	131,343
11										
12	[표3]	**상공은행 대출현황**		(단위:만원)			도서	소설 최대값-최소값 차이		
13	대출상품	고객명	대출금액	이자			소설			59,018
14	결혼자금	박혜경	3,500	88						
15	주택마련	조세웅	18,150	545						
16	출산	김연중	475	8						
17	예금	이민호	6,834	154		[표4]	**높이뛰기 기록(cm)**			
18	학자금	황미경	1,622	21		참가번호	선수명	기록	수상	
19						324001	유광현	215		
20	<이자율표>					324002	김현진	220	3등	
21	대출상품	이자율				324003	이의조	214		
22	출산	1.50%				324004	이경민	225	1등	
23	결혼자금	2.50%				324005	고희식	210		
24	주택마련	3%				324006	김준용	218		
25	학자금	1.25%				324007	이상식	224	2등	
26	예금	2.25%				324008	손지혁	217		
27										
28	[표5]	**국가별 환율**								
29	통화명	환율								
30	USD	1,213.91								
31	AUD	915.52								
32	GBP	1,591.79								
33	JPY	990.44		환율						
34	CNY	190.58	AUD	915						
35										

1. [표1]에서 출신지역[C3:C9]이 "서울"인 학생들의 수를 [D10] 셀에 계산하시오. (8점)

▶ 계산된 학생수 뒤에는 "명"을 포함하여 표시 [표시 예 : 3명]

▶ COUNTIF, SUMIF, AVERAGEIF 함수 중 알맞은 함수와 & 연산자 사용

[ ]

2. [표2]에서 도서[G3:G10]가 "소설"인 도서의 합계[J3:J10] 최대값과 최소값의 차이를 [H13] 셀에 계산하시오. (8점)

▶ 조건은 [G12:G13] 영역에 입력하시오.

▶ DMAX, DMIN 함수 사용

[ ]

3. [표3]에서 대출상품[A14:A18]과 대출금액[C14:C18], 이자율표[A22:B26]를 이용하여 이자[D14:D18]를 계산하시오. (8점)

▶ 이자 = 대출금액 × 이자율
▶ 이자는 소수점 이하 첫째 자리에서 올림하여 정수로 표시 [표시 예 : 123.4 → 124]
▶ ROUNDUP, VLOOKUP 함수 사용

[ ]

4. [표4]에서 기록[H19:H26]이 1위면 "1등", 2위면 "2등", 3위면 "3등", 나머지는 공백을 수상[I19:I26]에 표시하시오. (8점)

▶ 기록이 가장 높은 것이 1위
▶ IF, RANK.EQ 함수 사용

[ ]

5. [표5]에서 통화명[A30:A34]이 "AUD"[C34]인 통화의 환율[B30:B34]을 찾아 [D34] 셀에 표시하시오. (8점)

▶ 결과값은 반올림 없이 정수로 표시
▶ TRUNC, INDEX, MATCH 함수 사용

[ ]

수식의 이해

1. [D10] : =COUNTIF(C3:C9, "서울") & "명"

2. [H13] : =DMAX(F2:J10, 5, G12:G13) – DMIN(F2:J10, 5, G12:G13)

3. [D14] : =ROUNDUP(C14 * VLOOKUP(A14, $A$22:$B$26, 2, FALSE), 0)

4. [I19] : =IF(RANK.EQ(H19, $H$19:$H$26)=1, "1등", IF(RANK.EQ(H19, $H$19:$H$26)=2, "2등", IF(RANK.EQ(H19, $H$19:$H$26)=3, "3등", " ")))

5. [D34] : =TRUNC(INDEX(A30:B34, MATCH(C34, A30:A34, 0), 2))

합격수기

합격수기 코너는 시나공으로 공부하신 독자분들이 시험에 합격하신 후에 직접
시나공 홈페이지(sinagong.co.kr)의 〈합격전략/후기〉에 올려주신 자료를 토대로 구성됩니다.

저도 컴활 2급 합격했어요~

기쁜 마음에 글 남기고 갑니다. ^^

상설로 실기시험을 3월 23일에 치렀는데 오늘 발표가 났어요. 시험 칠 때 감이라는 게 있어서 붙을것 같다고 생각하긴 했는데, 막상 기다리는 동안은 지루했지만 발표가 나니까 후련하네요.

저의 경우 필기시험을 합격하고 바로 실기 책을 사긴 했는데 공부는 안 했답니다.

함수 부분에서 도저히 무슨 말인지 모르겠더라고요. 그래서 반은 포기 상태로 작년 한 해를 보내고 올해 실기시험 날짜가 다가오자, 너무 아깝다는 생각에 다시 공부를 시작했습니다. 평일에는 퇴근하고 집에 돌아와 12시까지 공부했는데 오히려 주말엔 나태해져서 공부가 안 되더군요. 나름 열심히 한다고 했는데…

함수는 도저히 모르겠더라고요. 다른 분들 합격 수기에는 풀다보면 저절로(?) 알게 된다고 하는데 아무리 봐도 감도 안 오고 전 수식 세우는 자체가 안 되더라고요. 그래서 나는 안 되나보다 생각했죠. 그래도(?) 포기하지 않고 무식하게 계속 풀었습니다. 그런데 정말 어느 순간 딱! 감이 오더라고요. 나중엔 함수가 막 재미있기까지 하고 ^^;; 저는 워낙 그쪽으로 머리가 발달이 안 되서 그런지 감이 늦었지만, 잘 하는 분들은 며칠만 공부해도 바로 잘하는 것 같아요.

아! 그리고 막상 시험 치를 때는 운 좋게도 쉬운 문제가 나와서 오히려 함수 부분은 금방 풀었답니다.

여러분들도 열심히 준비해서 좋은 결과 있기를 바랍니다!! 모두 힘내세요!! ^^*

김민정 • fairy8008

최신기출문제

2024년 상시01 2급

2024년 상시02 2급

2024년 상시03 2급

2024년 상시04 2급

2023년 상시01 2급

2023년 상시02 2급

2023년 상시03 2급

2023년 상시04 2급

2022년 상시01 2급

2022년 상시02 2급

'C:\길벗컴활2급' 폴더에 "최신기출문제.pdf" 파일로 저장되어 있습니다.

EXAMINATION
상시

2024년 상시01 컴퓨터활용능력 2급

프로그램명	제한시간
EXCEL 2021	40분

수험번호 :

성　　명 :

2급	상시01

〈 유 의 사 항 〉

- 인적 사항 누락 및 잘못 작성으로 인한 불이익은 수험자 책임으로 합니다.
- 화면에 암호 입력창이 나타나면 아래의 암호를 입력하여야 합니다.
  - **암호 : 98&354**
- 작성된 답안은 주어진 경로 및 파일명을 변경하지 마시고 그대로 저장해야 합니다.
  이를 준수하지 않으면 실격 처리됩니다.
  - **답안 파일명의 예 : C:\OA\수험번호8자리.xlsm**
- **외부 데이터 위치 : C:\OA\파일명**
- 별도의 지시사항이 없는 경우, 다음과 같이 처리 시 실격 처리됩니다.
  - 제시된 시트 및 개체의 순서나 이름을 임의로 변경한 경우
  - 제시된 시트 및 개체를 임의로 추가 또는 삭제한 경우
  - 외부 데이터를 시험 시작 전에 열어본 경우
- 답안은 반드시 문제에서 지시 또는 요구한 셀에 입력하여야 하며, 다음과 같이 처리 시 채점 대상에서 제외됩니다.
  - 제시된 함수가 있을 경우 제시된 함수만을 사용하여야 하며 그 외 함수 사용 시 채점 대상에서 제외
  - 수험자가 임의로 지시하지 않은 셀의 이동, 수정, 삭제, 변경 등으로 인해 셀의 위치 및 내용이 변경된 경우 해당 작업에 영향을 미치는 관련문제 모두 채점 대상에서 제외
  - 도형 및 차트의 개체가 중첩되어 있거나 동일한 계산결과 시트가 복수로 존재할 경우 해당 개체나 시트는 채점 대상에서 제외
- 수식 작성 시 제시된 문제 파일의 데이터는 변경 가능한(가변적) 데이터임을 감안하여 문제 풀이를 하시오.
- 별도의 지시사항이 없는 경우, 주어진 각 시트 및 개체의 설정값 또는 기본 설정값(Default)으로 처리하시오.
- 저장 시간은 별도로 주어지지 않으므로 제한된 시간 내에 저장을 완료해야 하며, 제한 시간 내에 저장이 되지 않은 경우에는 실격 처리됩니다.
- 출제된 문제의 용어는 Microsoft Office 2021(LTSC 2108 버전) 기준으로 작성되어 있습니다.

대한상공회의소

4324011

문제 1 기본작업(20점) 주어진 시트에서 다음 과정을 수행하고 저장하시오.

1. '기본작업-1' 시트에 다음의 자료를 주어진 대로 입력하시오. (5점)

	A	B	C	D	E	F
1	거래처 정보 현황					
2						
3	거래처코드	거래처명	거래량	거래금액	반품량	반품비율
4	sw-32	그린산업	5,200	738만원	68	1.31%
5	hg-50	튼튼실업	2,750	391만원	37	1.35%
6	kc-97	해피산업	4,820	684만원	159	3.31%
7	pe-53	한국실업	3,990	569만원	81	2.03%
8	sm-18	국민산업	6,440	914만원	152	2.36%
9						

2. '기본작업-2' 시트에 대하여 다음의 지시사항을 처리하시오. (각 2점)

① [A1:G1] 영역은 '선택 영역의 가운데로', 크기 16, 글꼴 스타일 '굵게', 글꼴 색 '표준 색 – 파랑'으로 지정하시오.

② [A3:A4], [B3:B4], [C3:E3], [F3:F4], [G3:G4], [C14:E14] 영역은 '병합하고 가운데 맞춤'을, [A3:G4] 영역은 셀 스타일을 '주황, 강조색2'로 지정하시오.

③ [F3] 셀의 "평균"을 한자 "平均"으로 변환하시오.

④ [F5:F13] 영역은 사용자 지정 표시 형식을 이용하여 숫자를 소수점 이하 두 번째 자리까지 표시하고, 숫자 뒤에 "점"을 [표시 예]와 같이 표시하시오. [표시 예 : 87.3333 → 87.33점, 0 → 0.00점]

⑤ [A3:G14] 영역은 '모든 테두리(⊞)'를, [F14] 셀은 '대각선(X)'을 적용하여 표시하시오.

3. '기본작업-3' 시트에서 다음의 지시사항을 처리하시오. (5점)

'상공홈쇼핑 4월 판매현황' 표에서 방송일이 2024년 4월 15일 이후이면서 판매량이 1,000 이상, 1,500 이하인 데이터를 고급 필터를 사용하여 검색하시오.

▶ 고급 필터 조건은 [A17:C19] 영역 내에 알맞게 입력하시오.

▶ 고급 필터 결과 복사 위치는 동일 시트의 [A21] 셀에서 시작하시오.

4324012

문제 2 계산작업(40점) '계산작업' 시트에서 다음 과정을 수행하고 저장하시오.

1. [표1]에서 부서[B3:B10]가 "영업1팀"인 사원들의 4월[C3:C10] 실적 평균과 5월[D3:D10] 실적 평균의 차이를 절대값으로 [E11] 셀에 계산하시오. (8점)

▶ ABS, AVERAGEIF 함수 사용

2. [표2]에서 승점[K3:K11]에 대한 순위를 구하여 1위는 "우승", 2위는 "준우승", 그 외에는 공백을 최종결과[L3:L11]에 표시하시오. (8점)

▶ 순위는 승점이 가장 높은 것이 1위

▶ IFERROR, CHOOSE, RANK.EQ 함수 사용

3. [표3]에서 임시코드[B15:B23]의 첫 번째 글자와 부서코드표[E15:F18]를 이용하여 각 사원들의 부서명[C15:C23]을 표시하시오. (8점)

▶ 부서명은 모두 대문자로 표시 [표시 예 : p12345 → PLANNING]

▶ VLOOKUP, LEFT, UPPER 함수 사용

4. [표4]에서 구분코드[I15:I24]의 빈도가 가장 높은 제품의 개수를 [L25] 셀에 계산하시오. (8점)

▶ 계산된 제품의 개수 뒤에는 "개"를 포함하여 표시 [표시 예 : 2개]

▶ COUNTIF, MODE.SNGL 함수와 & 연산자 사용

5. [표5]에서 날짜[A27:A35]의 요일이 "일요일"이면서 강수량[D27:D35]이 0이면 "적합"을, 그 외에는 공백을 나들이 [E27:E35]에 표시하시오. (8점)

▶ 단, 요일 계산 시 일요일이 1인 유형으로 지정

▶ IF, AND, WEEKDAY 함수 사용

문제 3 분석작업(20점) 주어진 시트에서 다음 작업을 수행하고 저장하시오.

1. '분석작업-1' 시트에 대하여 다음의 지시사항을 처리하시오. (10점)

[피벗 테이블] 기능을 이용하여 '상공홈쇼핑 주문 현황' 표의 주문일자는 '행', 회원등급은 '열'로 처리하고, '값'에는 구매수량과 구매금액의 합계를 계산하시오.

▶ 피벗 테이블 보고서는 동일 시트의 [A18] 셀에서 시작하시오.

▶ 'Σ' 기호를 '행' 영역으로 이동하시오.

▶ 보고서 레이아웃은 '개요 형식'으로 지정하시오.

▶ 주문일자는 '월' 단위로 그룹을 지정하시오.

▶ 피벗 테이블 보고서의 빈 셀은 '*' 기호로 표시하시오.

2. '분석작업-2' 시트에 대하여 다음의 지시사항을 처리하시오. (10점)

데이터 도구 [통합] 기능을 이용하여 [표1], [표2]에서 백화점과 마트별 패션, 생활, 식당의 평균을 [표3]의 [B11:D12] 영역에 계산하시오.

▶ '백화점'과 '마트'로 끝나는 지점의 평균을 계산하시오.

문제 4 기타작업(20점) 주어진 시트에서 다음 작업을 수행하고 저장하시오.

1. '매크로작업' 시트의 [표]에서 다음과 같은 기능을 수행하는 매크로를 현재 통합 문서에 작성하고 실행하시오. (각 5점)

① [E4:E10] 영역에 응시자별 총점을 계산하는 매크로를 생성하여 실행하시오.

- ▶ 매크로 이름 : 총점
- ▶ SUM 함수 사용
- ▶ [개발 도구] → [컨트롤] → [삽입] → [양식 컨트롤]의 '단추(▭)'를 동일 시트의 [G3:G4] 영역에 생성하고, 텍스트를 "총점"으로 입력한 후 단추를 클릭할 때 '총점' 매크로가 실행되도록 설정하시오.

② [A3:E3] 영역에 글꼴 색 '표준 색 – 노랑', 채우기 색 '표준 색 – 빨강'을 적용하는 매크로를 생성하여 실행하시오.

- ▶ 매크로 이름 : 서식
- ▶ [삽입] → [일러스트레이션] → [도형] → [사각형]의 '사각형: 둥근 모서리(▢)'를 동일 시트의 [G5:G6] 영역에 생성하고, 텍스트를 "서식"으로 입력한 후 도형을 클릭할 때 '서식' 매크로가 실행되도록 설정하시오.

※ 셀 포인터의 위치에 상관없이 현재 통합 문서에서 매크로가 실행되어야 정답으로 인정됨

2. '차트작업' 시트의 차트에서 다음 지시사항에 따라 아래 〈그림〉과 같이 수정하시오. (각 2점)

※ 차트는 반드시 문제에서 제공한 차트를 사용하여야 하며, 신규로 작성 시 0점 처리됨

① '10대', '50대' 계열과 '포털D' 요소가 제거되도록 데이터 범위를 수정하시오.

② 차트 제목은 '차트 위'로 지정한 후 [A1] 셀과 연동되도록 설정하시오.

③ '20대' 계열에만 데이터 레이블 '항목 이름'과 '값'을 표시하고, 레이블의 위치를 '바깥쪽 끝에'로 지정하시오.

④ 차트에 '기본 주 세로' 눈금선을 표시하시오.

⑤ 차트 영역의 테두리 스타일을 '선 없음'으로 지정하고, 그림자를 '안쪽: 가운데'로 지정하시오.

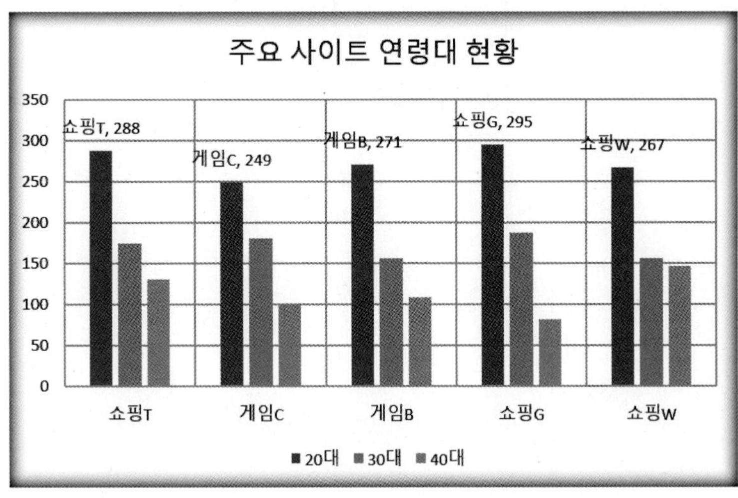

채점 프로그램을 이용하여 여러분이 완성한 답안 파일을 채점해 보세요. 채점 프로그램 사용법에 대한 내용은 본서 12쪽을 참고하세요.

문제 1 기본작업

02. 셀 서식_참고 : Section 01 셀 서식 30쪽

정답

	A	B	C	D	E	F	G
1	컴퓨터활용능력 1급 필기 시험 결과						
2							
3	수험번호	이름	구분			평균	합격여부
4			1과목	2과목	3과목		
5	11110231	권종수	79	85	82	82.00점	합격
6	11110232	차이윤	56	51	54	53.67점	불합격
7	11110233	손수아	95	92	93	93.33점	합격
8	11110234	조하온	62	51	58	57.00점	불합격
9	11110235	차해진	85	88	79	84.00점	합격
10	11110236	곽승우	51	52	45	49.33점	불합격
11	11110237	황진주	94	95	95	94.67점	합격
12	11110238	김원경	85	86	81	84.00점	합격
13	11110239	박은영	69	37	76	60.67점	불합격
14	11110240	이상희	미응시				불합격
15							

4 '셀 서식' 대화상자([F5:F13])

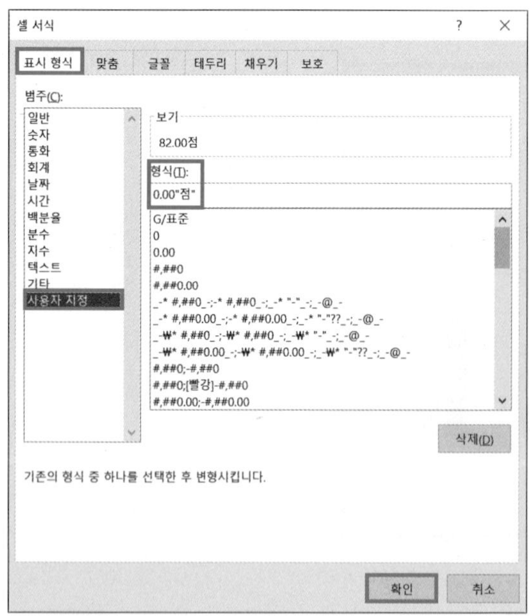

03. 고급 필터_참고 : Section 03 고급 필터/자동 필터 60쪽

정답

	A	B	C	D	E	F
16						
17	방송일	판매량	판매량			
18	>=2024-04-15	>=1000	<=1500			
19						
20						
21	구분	상품명	방송일	판매가	판매량	판매금액
22	가전제품	파워청소기	2024-04-16	420,000	1,279	537,180,000
23	화장품	화이트앰플	2024-04-23	136,200	1,392	189,590,400
24	화장품	달라로알세럼	2024-04-30	76,000	1,425	108,300,000
25						

• '고급 필터' 대화상자

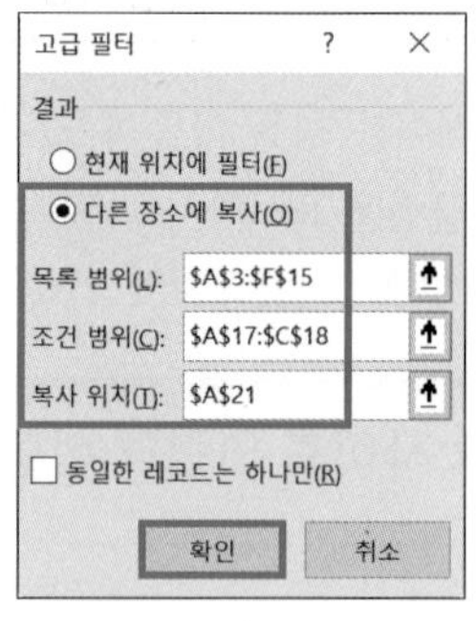

문제 2 계산작업

01. 영업1팀 4월, 5월 평균 실적 차이

정답

	A	B	C	D	E
1	[표1]	사원별 판매 실적			
2	사원코드	부서	4월	5월	6월
3	DS-351	영업1팀	2,534	2,463	2,954
4	DS-932	영업2팀	5,381	5,071	4,866
5	DS-667	영업1팀	1,967	3,549	2,672
6	DS-804	영업2팀	2,648	2,786	3,078
7	DS-272	영업1팀	4,259	4,862	5,037
8	DS-683	영업2팀	3,809	3,793	3,945
9	DS-550	영업2팀	1,661	2,158	1,998
10	DS-964	영업1팀	3,940	3,704	3,513
11	영업1팀 4월, 5월 평균 실적 차이				470
12					

[E11] : =ABS(AVERAGEIF(B3:B10, "영업1팀", C3:C10) − AVERAGEIF(B3:B10, "영업1팀", D3:D10))

02. 최종결과

정답

	G	H	I	J	K	L
1	[표2]	K리그 순위				
2	구단명	승	무	패	승점	최종결과
3	서울FC	15	11	12	56	
4	강원FC	14	8	16	50	
5	인천FC	9	10	19	37	
6	전북FC	22	13	3	79	우승
7	상주FC	16	7	15	55	
8	수원FC	12	12	14	48	
9	포항FC	16	8	14	56	
10	울산FC	22	10	6	76	준우승
11	대구FC	13	16	9	55	
12						

[L3] : =IFERROR(CHOOSE(RANK.EQ(K3, $K$3:$K$11), "우승", "준우승"), " ")

03. 부서명

정답

	A	B	C	D	E	F
13	[표3]	신입사원 관리			<부서코드표>	
14	사원명	임시코드	부서명		코드	부서명
15	전윤주	p58482	PLANNING		p	planning
16	이아현	f40175	FINANCE		l	logistics
17	박대인	l93647	LOGISTICS		s	sales
18	문정은	f38466	FINANCE		f	finance
19	조수연	s75801	SALES			
20	양이윤	p20079	PLANNING			
21	신승윤	l10663	LOGISTICS			
22	안범준	s67168	SALES			
23	김은소	p82011	PLANNING			
24						

[C15] : =UPPER(VLOOKUP(LEFT(B15, 1), $E$15:$F$18, 2, FALSE))

04. 빈도가 가장 높은 제품 수

정답

	H	I	J	K	L
13	[표4]	제품출고 현황			
14	제품	구분코드	출고가	출고량	출고일자
15	원피스	33	34,400	200	4월2일
16	구두	11	68,200	120	4월2일
17	스커트	33	22,800	240	4월2일
18	모자	22	15,000	100	4월8일
19	운동화	11	31,000	300	4월8일
20	지갑	22	29,400	140	4월8일
21	청바지	33	30,100	350	4월8일
22	면바지	33	27,600	320	4월16일
23	벨트	22	12,800	170	4월16일
24	스니커즈	11	25,400	130	4월16일
25	빈도가 가장 높은 제품 수				4개
26					

[L25] : =COUNTIF(I15:I24, MODE.SNGL(I15:I24)) & "개"

05. 나들이

정답

	A	B	C	D	E
25	[표5]	**일기예보 현황**			
26	날짜	최저	최고	강수량	나들이
27	2024-04-05	12	17	0	
28	2024-04-06	8	14	5	
29	2024-04-07	4	12	15	
30	2024-04-12	9	17	10	
31	2024-04-13	10	18	0	
32	2024-04-14	9	16	0	적합
33	2024-04-19	8	17	20	
34	2024-04-20	12	25	0	
35	2024-04-21	11	24	0	적합
36					

[E27] : =IF(AND(WEEKDAY(A27)=1, D27=0), "적합", " ")

문제 3 분석작업

01. 피벗 테이블_참고 : Section 11 피벗 테이블 142쪽

정답

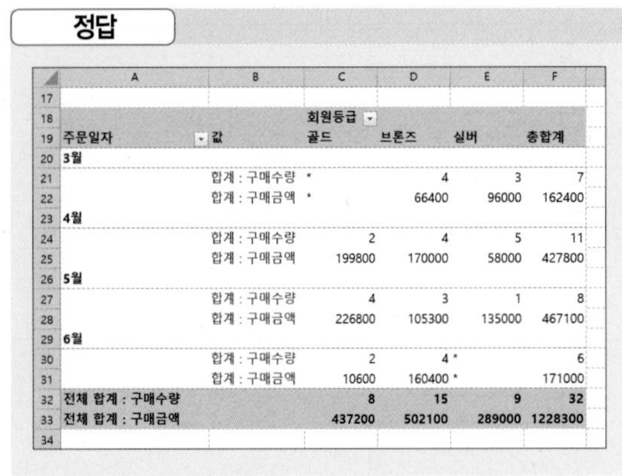

	A	B	C	D	E	F
17						
18			회원등급			
19	주문일자	값	골드	브론즈	실버	총합계
20	3월					
21		합계 : 구매수량		4	3	7
22		합계 : 구매금액		66400	96000	162400
23	4월					
24		합계 : 구매수량	2	4	5	11
25		합계 : 구매금액	199800	170000	58000	427800
26	5월					
27		합계 : 구매수량	4	3	1	8
28		합계 : 구매금액	226800	105300	135000	467100
29	6월					
30		합계 : 구매수량	2	4		6
31		합계 : 구매금액	10600	160400		171000
32	전체 합계 : 구매수량		8	15	9	32
33	전체 합계 : 구매금액		437200	502100	289000	1228300
34						

• '피벗 테이블 필드' 창

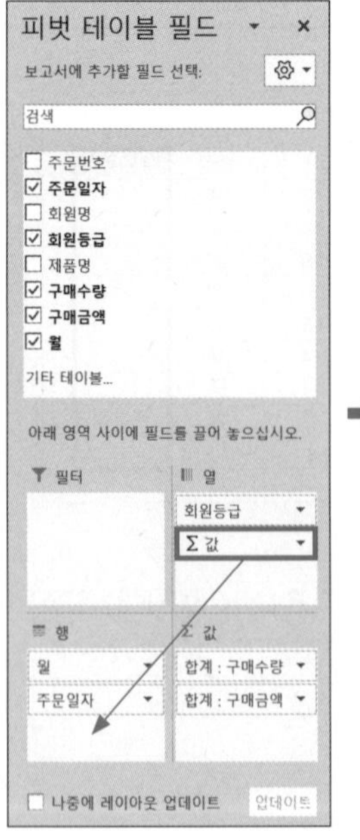

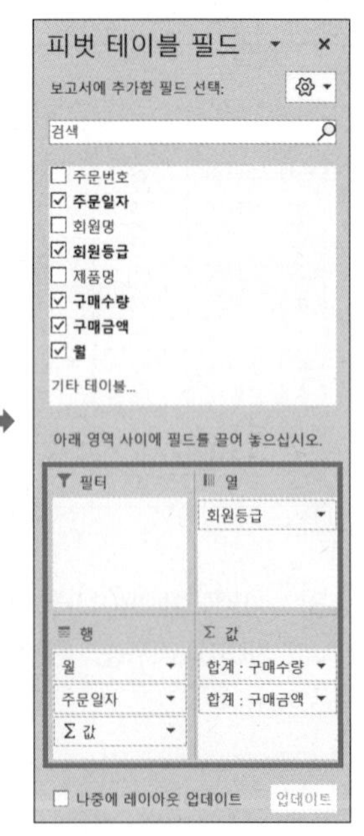

• '그룹화' 대화상자

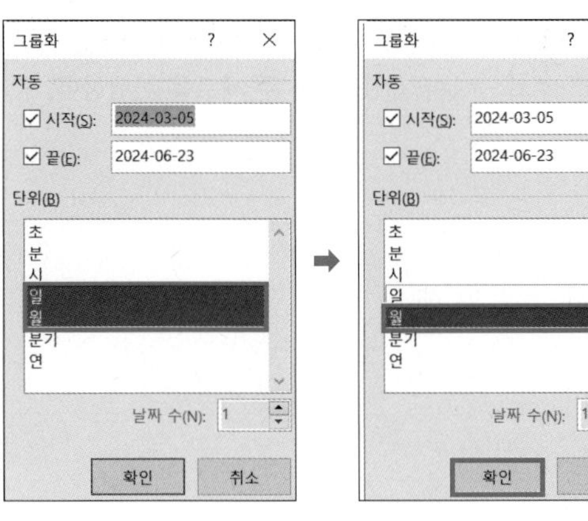

02. 통합_참고 : Section 14 통합 167쪽

정답

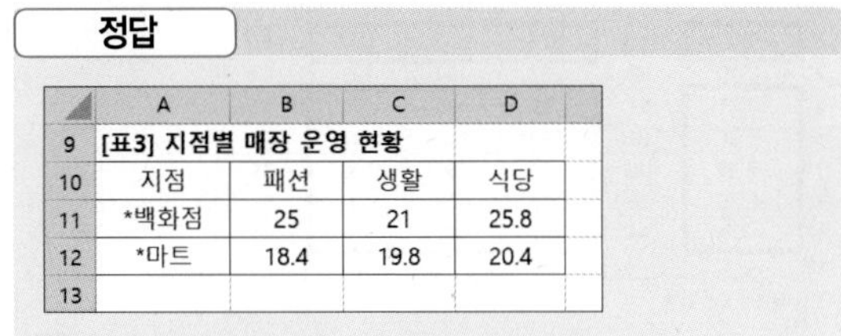

	A	B	C	D
9	[표3] 지점별 매장 운영 현황			
10	지점	패션	생활	식당
11	*백화점	25	21	25.8
12	*마트	18.4	19.8	20.4
13				

• [A11] 셀에 ***백화점**, [A12] 셀에 ***마트** 입력

• '통합' 대화상자

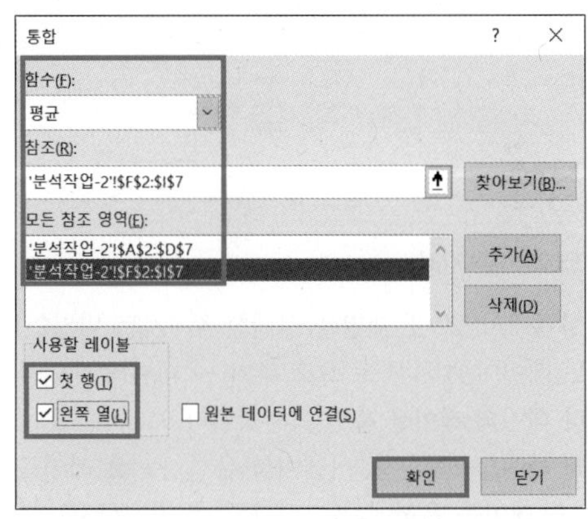

문제 4 기타작업

01. 매크로_참고 : Section 16 매크로 178쪽

정답

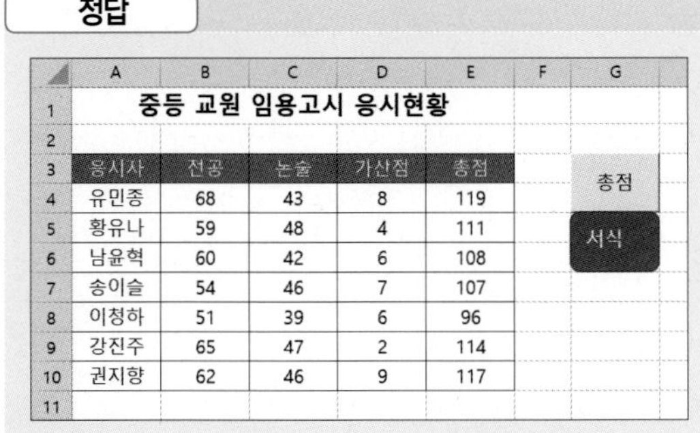

	A	B	C	D	E	F	G
1	중등 교원 임용고시 응시현황						
2							
3	응시자	전공	논술	가산점	총점		총점
4	유민종	68	43	8	119		
5	황유나	59	48	4	111		서식
6	남윤혁	60	42	6	108		
7	송이슬	54	46	7	107		
8	이청하	51	39	6	96		
9	강진주	65	47	2	114		
10	권지향	62	46	9	117		
11							

02. 차트_참고 : Section 17 차트 193쪽

1 데이터 범위 수정

1. 차트의 바로 가기 메뉴에서 **[데이터 선택]**을 선택한다.
2. '데이터 원본 선택' 대화상자에서 '차트 데이터 범위'의 범위 지정 단추(⬆)를 클릭하고 데이터 범위를 [A3], [A5:D9], [C3:E3], [C5:E9] 영역으로 변경한 후 범위 지정 단추(▣)를 클릭한다. 이어서 '데이터 원본 선택' 대화상자에서 〈확인〉을 클릭한다.

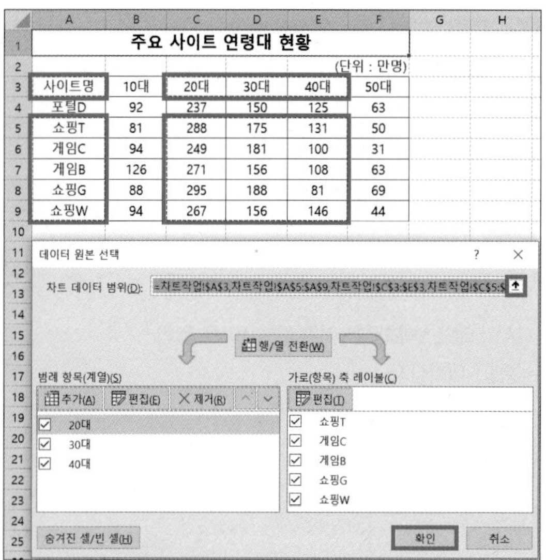

3 데이터 레이블 지정

1. 그림 영역에서 '20대' 계열을 선택한 후 [차트 디자인] → 차트 레이아웃 → 차트 요소 추가 → 데이터 레이블 → **기타 데이터 레이블 옵션**을 선택한다.
2. '데이터 레이블 서식' 창의 [레이블 옵션] → (레이블 옵션) → **레이블 옵션**에서 그림과 같이 지정한 후 '닫기(☒)'를 클릭한다.

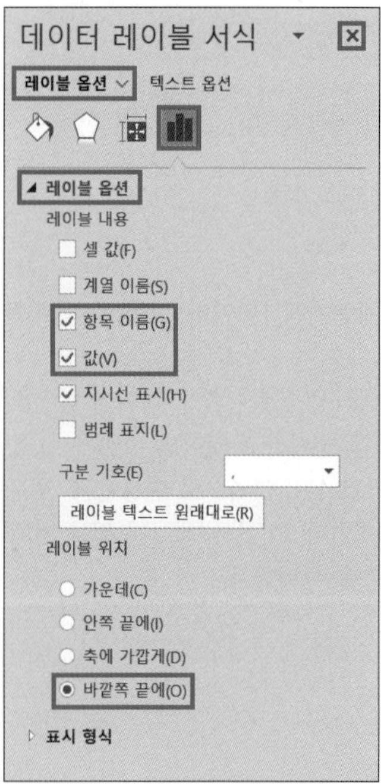

4 눈금선 표시

차트를 선택한 후 [차트 디자인] → 차트 레이아웃 → 차트 요소 추가 → 눈금선 → **기본 주 세로**를 선택한다.

EXAMINATION 상시

2024년 상시02 컴퓨터활용능력 2급

프로그램명	제한시간
EXCEL 2021	40분

수험번호 :

성　　명 :

2급	상시02

〈 유 의 사 항 〉

- 인적 사항 누락 및 잘못 작성으로 인한 불이익은 수험자 책임으로 합니다.
- 화면에 암호 입력창이 나타나면 아래의 암호를 입력하여야 합니다.
  - ○ **암호 : 20#235**
- 작성된 답안은 주어진 경로 및 파일명을 변경하지 마시고 그대로 저장해야 합니다.
  이를 준수하지 않으면 실격 처리됩니다.
  - ○ **답안 파일명의 예 :** C:\OA**수험번호8자리**.xlsm
- **외부 데이터 위치 :** C:\OA**파일명**
- 별도의 지시사항이 없는 경우, 다음과 같이 처리 시 실격 처리됩니다.
  - ○ 제시된 시트 및 개체의 순서나 이름을 임의로 변경한 경우
  - ○ 제시된 시트 및 개체를 임의로 추가 또는 삭제한 경우
  - ○ 외부 데이터를 시험 시작 전에 열어본 경우
- 답안은 반드시 문제에서 지시 또는 요구한 셀에 입력하여야 하며, 다음과 같이 처리 시 채점 대상에서 제외됩니다.
  - ○ 제시된 함수가 있을 경우 제시된 함수만을 사용하여야 하며 그 외 함수 사용 시 채점 대상에서 제외
  - ○ 수험자가 임의로 지시하지 않은 셀의 이동, 수정, 삭제, 변경 등으로 인해 셀의 위치 및 내용이 변경된 경우 해당 작업에 영향을 미치는 관련문제 모두 채점 대상에서 제외
  - ○ 도형 및 차트의 개체가 중첩되어 있거나 동일한 계산결과 시트가 복수로 존재할 경우 해당 개체나 시트는 채점 대상에서 제외
- 수식 작성 시 제시된 문제 파일의 데이터는 변경 가능한(가변적) 데이터임을 감안하여 문제 풀이를 하시오.
- 별도의 지시사항이 없는 경우, 주어진 각 시트 및 개체의 설정값 또는 기본 설정값(Default)으로 처리하시오.
- 저장 시간은 별도로 주어지지 않으므로 제한된 시간 내에 저장을 완료해야 하며, 제한 시간 내에 저장이 되지 않은 경우에는 실격 처리됩니다.
- 출제된 문제의 용어는 Microsoft Office 2021(LTSC 2108 버전) 기준으로 작성되어 있습니다.

대한상공회의소

문제 1 기본작업(20점) 주어진 시트에서 다음 과정을 수행하고 저장하시오.

1. '기본작업-1' 시트에 다음의 자료를 주어진 대로 입력하시오. (5점)

	A	B	C	D	E	F	G
1	E-BOOK 판매 현황						
2							
3	도서코드	도서명	지은이	출간일	도서가격	판매량	판매지수
4	d5398a	투자의기술	이동준	2024-01-05	9,500	968	8.6
5	f6023n	과학과미래	김단	2024-01-19	11,200	1,352	7.3
6	v4911k	불편의법칙	한상현	2024-01-22	15,300	857	9.4
7	s3542p	현명한미술관	강승희	2024-02-03	12,500	2,685	6.5
8	a5877u	솜사탕제조법	유희정	2024-02-10	14,600	3,964	8.2
9							

2. '기본작업-2' 시트에 대하여 다음의 지시사항을 처리하시오. (각 2점)

① [A1:F1] 영역은 '병합하고 가운데 맞춤', 셀 스타일 '제목 1', 행의 높이를 28로 지정하시오.

② [A1] 셀의 제목 앞뒤에 특수문자 "★"을 삽입하시오.

③ [B4:B10] 영역은 사용자 지정 표시 형식을 이용하여 날짜를 [표시 예]와 같이 표시하시오.
[표시 예 : 2024-04-01 → 2024년 04월 01일 월요일]

④ [E4:E10] 영역의 이름을 "열람권수"로 정의하고, [D4:D10], [F4:F10] 영역은 표시 형식을 '쉼표 스타일(,)'로 지정하시오.

⑤ [A3:F10] 영역은 '모든 테두리(田)'를 적용한 후 '굵은 바깥쪽 테두리(⊞)'를 적용하여 표시하시오.

3. '기본작업-3' 시트에서 다음의 지시사항을 처리하시오. (5점)

[A4:F15] 영역에서 판매금액이 판매금액 평균보다 큰 행 전체에 대하여 글꼴 색을 '표준 색 – 빨강', 글꼴 스타일을 '굵은 기울임꼴'로 지정하는 조건부 서식을 작성하시오.

▶ AVERAGE 함수 사용

▶ 단, 규칙 유형은 '수식을 사용하여 서식을 지정할 셀 결정'을 사용하시오.

문제 2 계산작업(40점) '계산작업' 시트에서 다음 과정을 수행하고 저장하시오.

1. [표1]에서 예약코드[A3:A11]의 세 번째 글자가 "R"이면서 구분[B3:B11]이 "세미나"이면 "30%", 그 외에는 "15%"를 할인율[D3:D11]에 표시하시오. (8점)

▶ IF, MID, AND 함수 사용

2. [표2]에서 총점[J3:J11]을 기준으로 한 순위와 평가기준표[G14:J15]를 이용하여 평가[K3:K11]를 표시하시오. (8점)

▶ 순위는 총점이 가장 높은 것이 1위

▶ HLOOKUP, RANK.EQ 함수 사용

3. [표3]에서 분류[A15:A22]가 "사무용품"인 제품의 매출액[D15:D22] 평균을 [D23] 셀에 계산하시오. (8점)

▶ 매출액 평균은 십의 자리에서 내림하여 백의 자리까지 표시 [표시 예 : 5,670 → 5,600]

▶ 조건은 [F22:F23] 영역에 입력하시오.

▶ DAVERAGE, DSUM, ROUND, ROUNDUP, ROUNDDOWN 함수 중 알맞은 함수들을 사용

4. [표4]에서 관객수[D27:D35]가 3,000,000 이상인 영화의 비율을 [D36] 셀에 계산하시오. (8점)

▶ 비율 = 관객수가 3,000,000 이상인 영화 수 / 전체 영화 수

▶ COUNT, COUNTIF 함수 사용

5. [표5]에서 연료[G27:G36]가 "휘발유"인 자동차 중 연비[H27:H36]가 가장 높은 자동차의 모델명[F27:F36]을 찾아 [J36] 셀에 표시하시오. (8점)

▶ INDEX, MATCH, DMAX 함수 사용

문제 3 분석작업(20점) 주어진 시트에서 다음 작업을 수행하고 저장하시오.

1. '분석작업-1' 시트에 대하여 다음의 지시사항을 처리하시오. (10점)

[부분합] 기능을 이용하여 '상공버거 일일 판매 현황' 표에 〈그림〉과 같이 구분별로 '중량'과 '열량'의 평균을 계산한 후 '판매량'의 최대를 계산하시오.

▶ 정렬은 '구분'을 기준으로 오름차순으로 처리하시오.

▶ 평균과 최대는 위에 명시된 순서대로 처리하시오.

	A	B	C	D	E	F	G
1	상공버거 일일 판매 현황						
2							
3	메뉴	구분	중량	열량	가격	판매량	판매액
4	새우버거	단품	682	925	4,500	76	342,000
5	치킨버거	단품	627	896	4,700	58	272,600
6	치즈버거	단품	769	1,169	5,100	57	290,700
7	불고기버거	단품	846	1,083	6,200	52	322,400
8		**단품 최대**				76	
9		**단품 평균**	731	1,018			
10	치즈스틱	사이드	49	136	1,500	122	183,000
11	프렌치프라이	사이드	135	370	2,400	196	470,400
12	너겟킹	사이드	156	294	2,800	156	436,800
13		**사이드 최대**				196	
14		**사이드 평균**	113	267			
15	불고기버거세트	세트	963	1,341	7,800	139	1,084,200
16	새우버거세트	세트	779	1,112	6,100	91	555,100
17	치즈버거세트	세트	865	1,228	6,700	94	629,800
18	치킨버거세트	세트	738	1,068	5,300	108	572,400
19		**세트 최대**				139	
20		**세트 평균**	836	1,187			
21		**전체 최대값**				196	
22		**전체 평균**	601	875			
23							

2. '분석작업-2' 시트에 대하여 다음의 지시사항을 처리하시오. (10점)

[시나리오 관리자] 기능을 이용하여 '제품 주문 내역서' 표에서 세율[G4]이 다음과 같이 변동되는 경우 월별 세금 소계[E8, E13, E18]의 변동 시나리오를 작성하시오.

▶ [G4] 셀의 이름은 '세율', [E8] 셀의 이름은 '소계1월', [E13] 셀의 이름은 '소계2월', [E18] 셀의 이름은 '소계3월'로 정의하시오.

▶ 시나리오1 : 시나리오 이름은 '세율인상', 세율은 18%로 설정하시오.

▶ 시나리오2 : 시나리오 이름은 '세율인하', 세율은 12%로 설정하시오.

▶ 시나리오 요약 시트는 '분석작업-2' 시트 바로 왼쪽에 위치해야 함

※ 시나리오 요약 보고서 작성 시 정답과 일치하여야 하며, 오자로 인한 부분 점수는 인정하지 않음

4324024

문제 4 기타작업(20점) 주어진 시트에서 다음 작업을 수행하고 저장하시오.

1. '매크로작업' 시트의 [표]에서 다음과 같은 기능을 수행하는 매크로를 현재 통합 문서에 작성하고 실행하시오. (각 5점)

① [F4:F11] 영역에 사원코드별 실수령액을 계산하는 매크로를 생성하여 실행하시오.

▶ 매크로 이름 : 실수령액

▶ 실수령액 = 기본급+추가근로수당+식대-세금

▶ [개발 도구] → [컨트롤] → [삽입] → [양식 컨트롤]의 '단추(▭)'를 동일 시트의 [B13:B14] 영역에 생성하고, 텍스트를 "실수령액"으로 입력한 후 단추를 클릭할 때 '실수령액' 매크로가 실행되도록 설정하시오.

② [A3:F3] 영역에 셀 스타일을 '파랑, 강조색1'로 지정하는 매크로를 생성하여 실행하시오.

▶ 매크로 이름 : 셀스타일

▶ [삽입] → [일러스트레이션] → [도형] → [기본 도형]의 '사각형: 빗면(▣)'을 동일 시트의 [C13:C14] 영역에 생성하고, 텍스트를 "셀스타일"로 입력한 후 도형을 클릭할 때 '셀스타일' 매크로가 실행되도록 설정하시오.

※ 셀 포인터의 위치에 상관없이 현재 통합 문서에서 매크로가 실행되어야 정답으로 인정됨

2. '차트작업' 시트의 차트에서 다음 지시사항에 따라 아래 〈그림〉과 같이 수정하시오. (각 2점)

※ 차트는 반드시 문제에서 제공한 차트를 사용하여야 하며, 신규로 작성 시 0점 처리됨

① '판매금액' 계열과 '합계' 요소가 제거되도록 데이터 범위를 수정하시오.

② '반품수량' 계열의 차트 종류를 '표식이 있는 꺾은선형'으로 변경하고, '보조 축'으로 지정하시오.

③ 차트 제목은 '차트 위'로 추가하여 〈그림〉과 같이 입력하고, 도형 스타일을 '색 채우기 - 주황, 강조 2'로 지정하시오.

④ 세로(값) 축의 최대값은 8,000, 기본 단위는 2,000, 보조 세로(값) 축의 최대값은 80, 기본 단위는 20으로 지정하시오.

⑤ '판매수량' 계열에 '지수' 추세선을 설정하시오.

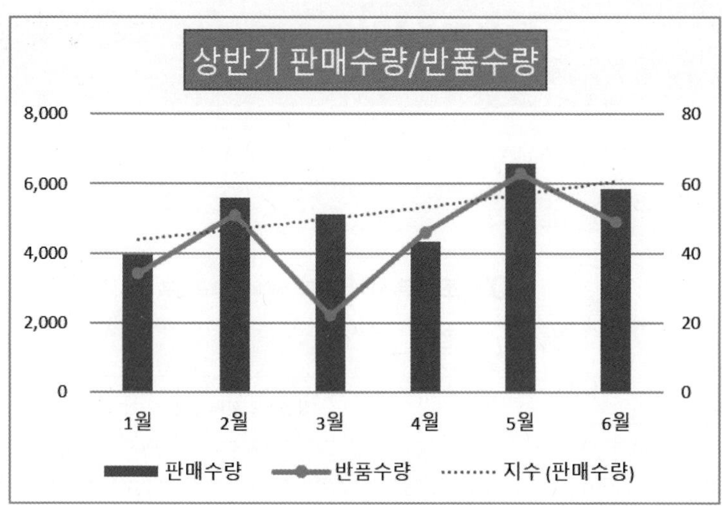
상반기 판매수량/반품수량
8,000
6,000
4,000
2,000
0
80
60
40
20
0
1월
2월
3월
4월
5월
6월
판매수량
반품수량
지수 (판매수량)

문제 1 기본작업

02. 셀 서식_참고 : Section 01 셀 서식 30쪽

정답

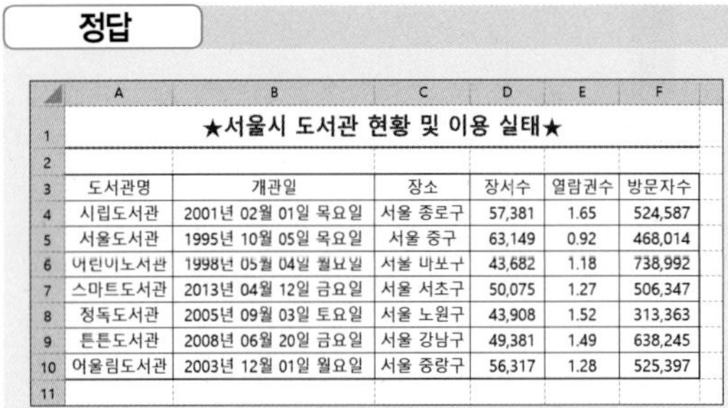

	A	B	C	D	E	F
1	★서울시 도서관 현황 및 이용 실태★					
2						
3	도서관명	개관일	장소	장서수	열람권수	방문자수
4	시립도서관	2001년 02월 01일 목요일	서울 종로구	57,381	1.65	524,587
5	서울도서관	1995년 10월 05일 목요일	서울 중구	63,149	0.92	468,014
6	어린이도서관	1998년 05월 04일 월요일	서울 마포구	43,682	1.18	738,992
7	스마트도서관	2013년 04월 12일 금요일	서울 서초구	50,075	1.27	506,347
8	정독도서관	2005년 09월 03일 토요일	서울 노원구	43,908	1.52	313,363
9	튼튼도서관	2008년 06월 20일 금요일	서울 강남구	49,381	1.49	638,245
10	어울림도서관	2003년 12월 01일 월요일	서울 중랑구	56,317	1.28	525,397
11						

3 '셀 서식' 대화상자([B4:B10])

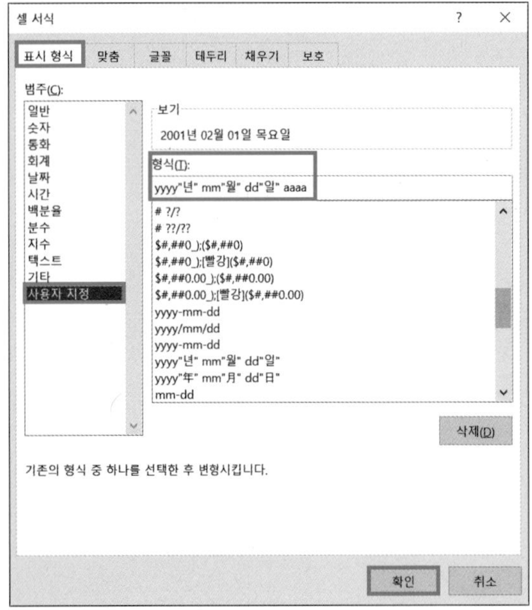

03. 조건부 서식_참고 : Section 02 조건부 서식 51쪽

정답

	A	B	C	D	E	F
1	상공마트 판매 현황					
2						
3	제품명	입고일자	입고량	판매량	판매가	판매금액
4	맛있는라면	2024-04-01	1,000	836	4,200	3,511,200
5	***대패삼겹살***	***2024-04-02***	***650***	***524***	***9,900***	***5,187,600***
6	***새빨간사과***	***2024-04-03***	***400***	***392***	***12,000***	***4,704,000***
7	***신선대란***	***2024-04-04***	***1,550***	***1,499***	***7,000***	***10,493,000***
8	꿀고구마	2024-04-05	300	236	11,500	2,714,000
9	우리우유	2024-04-06	800	786	4,480	3,521,280
10	훈제오리	2024-04-07	250	192	13,600	2,611,200
11	제주은갈치	2024-04-08	150	106	23,500	2,491,000
12	***꽃갈비살***	***2024-04-09***	***200***	***149***	***32,600***	***4,857,400***
13	***모둠초밥***	***2024-04-10***	***300***	***276***	***15,900***	***4,388,400***
14	성주참외	2024-04-11	450	429	9,800	4,204,200
15	씨없는포도	2024-04-12	350	331	11,600	3,839,600
16						

• '새 서식 규칙' 대화상자

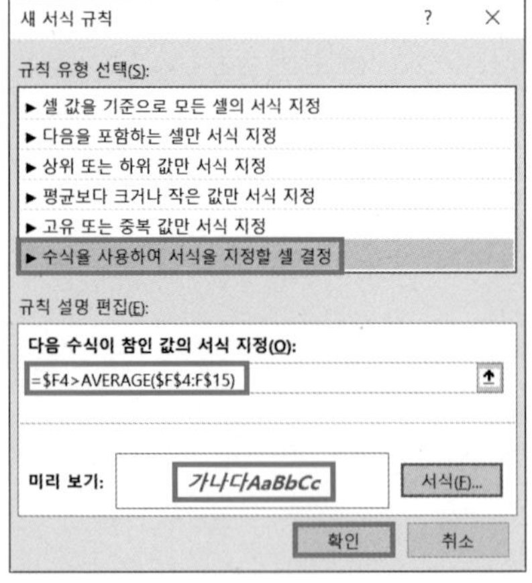

문제 2 계산작업

01. 할인율

정답

	A	B	C	D
1	[표1]	상공컨벤션 예약 현황		
2	예약코드	구분	예약인원	할인율
3	1-K-24	이벤트	120	15%
4	3-R-48	세미나	100	30%
5	1-R-72	이벤트	150	15%
6	3-K-18	이벤트	180	15%
7	1-R-39	세미나	130	30%
8	1-K-88	세미나	120	15%
9	3-K-62	기업회의	160	15%
10	3-R-90	기업회의	150	15%
11	1-K-55	세미나	180	15%
12				

[D3] : =IF(AND(MID(A3, 3, 1)="R", B3="세미나"), "30%", "15%")

02. 평가

정답

	F	G	H	I	J	K
1	[표2]	사원평가표				
2	이름	근태	실적	시험	총점	평가
3	최소희	82	94	86	262	B
4	조채아	69	88	62	219	D
5	고아지	91	95	97	283	A
6	손호준	80	70	79	229	C
7	허은우	77	71	69	217	D
8	황지성	96	93	95	284	A
9	송도원	84	88	91	263	B
10	양주희	94	90	90	274	A
11	김성한	86	84	87	257	C
12						
13	<평가기준표>					
14	순위	1	4	6	8	
15	평가	A	B	C	D	
16						

[K3] : =HLOOKUP(RANK.EQ(J3, $J$3:$J$11), $G$14:$J$15, 2)

03. 사무용품 매출액 평균

정답

	A	B	C	D	E	F
13	[표3]	일일 매출 현황				<평가기준표>
14	분류	제품명	수량	매출액		순위
15	생활용품	종이컵	23	41,400		평가
16	사무용품	포스트잇	37	74,000		
17	사무용품	테이프	51	84,150		
18	사무용품	가위	19	23,750		
19	생활용품	물티슈	34	74,800		
20	생활용품	화장지	22	79,200		
21	사무용품	볼펜	65	71,500		<조건>
22	생활용품	건전지	24	84,000		분류
23	사무용품 매출액 평균			63,300		사무용품
24						

[D23] : =ROUNDDOWN(DAVERAGE(A14:D22, 4, F22:F23), -2)

04. 관객수가 3,000,000 이상인 비율

정답

	A	B	C	D
25	[표4]	박스오피스		
26	영화명	등급	평점	관객수
27	극한도시	15세 이상	8.1	2,524,124
28	슈가보이	전체	6.7	1,835,991
29	신의정원	전체	8.8	3,365,725
30	스턴트	15세 이상	9.4	6,189,472
31	지구탈출	12세 이상	7.1	1,365,543
32	더공조	전체	8.5	5,395,001
33	분노의신	15세 이상	8.1	2,654,872
34	골드라인	12세 이상	7.5	2,204,589
35	두남자	전체	92	1,854,204
36	관객수가 3,000,000 이상인 비율			33%
37				

[D36] : =COUNTIF(D27:D35, ">=3000000") / COUNT(D27:D35)

05. 연료가 휘발유인 자동차 중 연비가 가장 높은 모델명

정답

	F	G	H	I	J	K	L
25	[표5]	자동차 정보		(단위 : 만원)			
26	모델명	연료	연비	가격			
27	스타디아	휘발유	12.4	3,650			
28	카니윤	경유	13.8	4,210			
29	크나	전기	14.2	5,100			
30	아이오	전기	12.5	4,980			
31	다나타	휘발유	11.8	3,250			
32	타싼	경유	12.5	2,880			
33	아반스	휘발유	14.3	4,670			
34	마티아	경유	15.2	2,260	연료가 휘발유인 자동차 중		
35	투슬라	전기	11.4	4,840	연비가 가장 높은 모델명		
36	유리오	휘발유	12.7	4,190	아반스		
37							

[J36] : =INDEX(F27:I36, MATCH(DMAX(F26:I36, 3, G26:G27), H27:H36, 0), 1)

문제 3 분석작업

01. 부분합_참고 : Section 10 부분합 130쪽

• '정렬' 대화상자

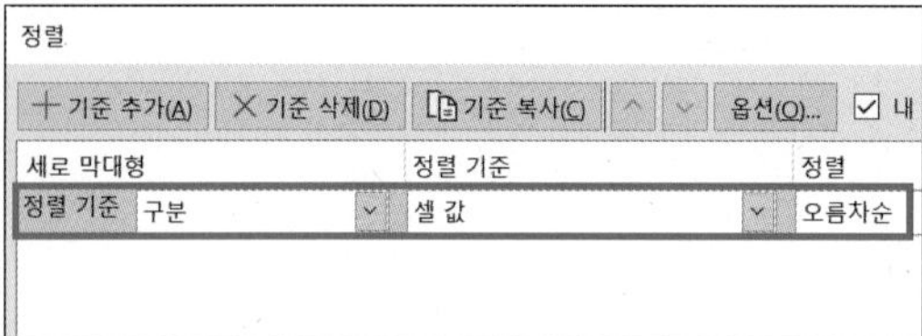

• 1차 '부분합' 대화상자

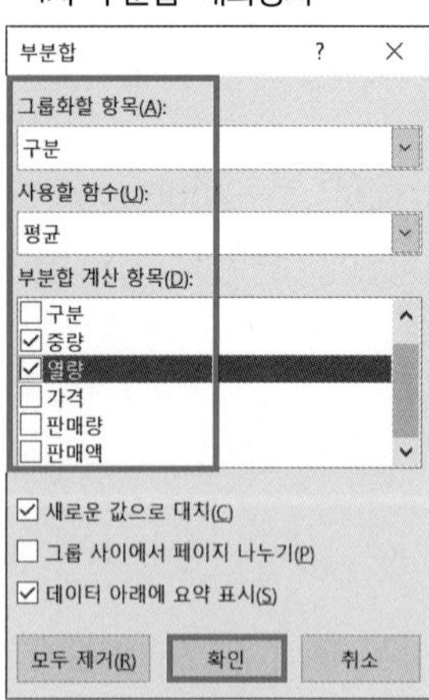

• 2차 '부분합' 대화상자

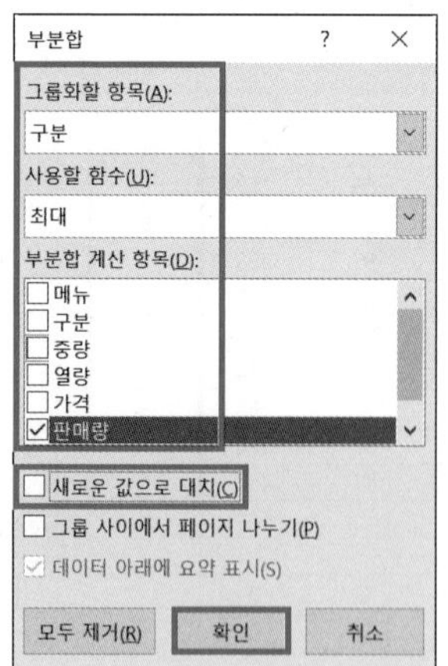

02. 시나리오_참고 : Section 13 시나리오 159쪽

정답

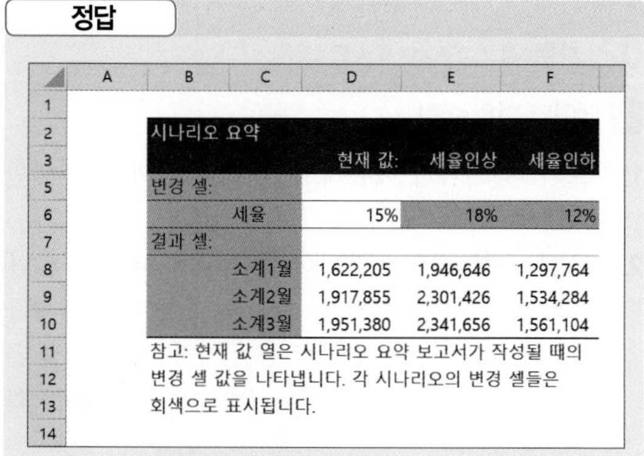

	A	B	C	D	E	F
1						
2		시나리오 요약				
3				현재 값:	세율인상	세율인하
5		변경 셀:				
6			세율	15%	18%	12%
7		결과 셀:				
8			소계1월	1,622,205	1,946,646	1,297,764
9			소계2월	1,917,855	2,301,426	1,534,284
10			소계3월	1,951,380	2,341,656	1,561,104
11		참고: 현재 값 열은 시나리오 요약 보고서가 작성될 때의				
12		변경 셀 값을 나타냅니다. 각 시나리오의 변경 셀들은				
13		회색으로 표시됩니다.				
14						

• 첫 번째 '시나리오' 대화상자

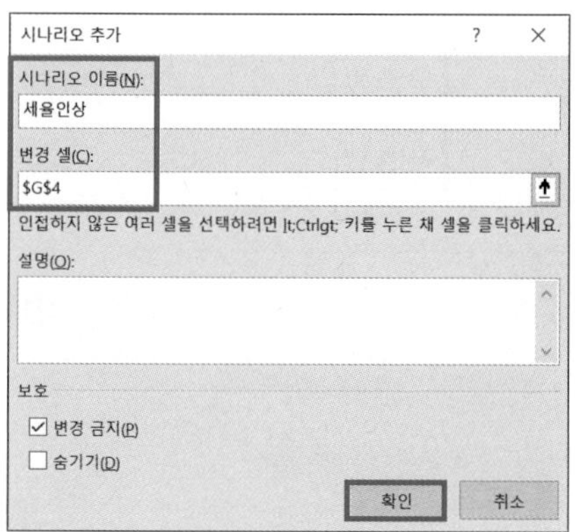

• '시나리오 값' 대화상자

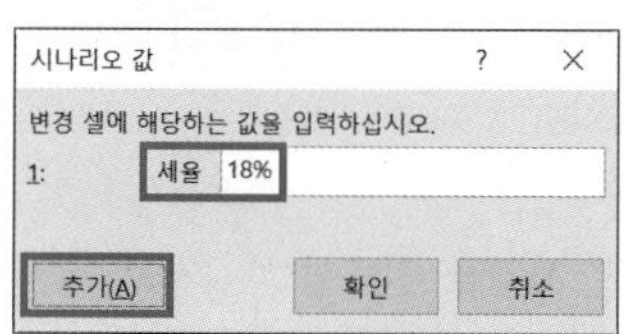

• 두 번째 '시나리오' 대화상자

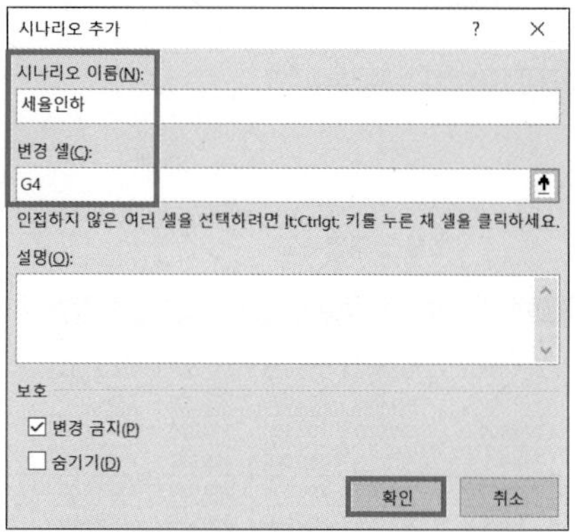

• '시나리오 값' 대화상자

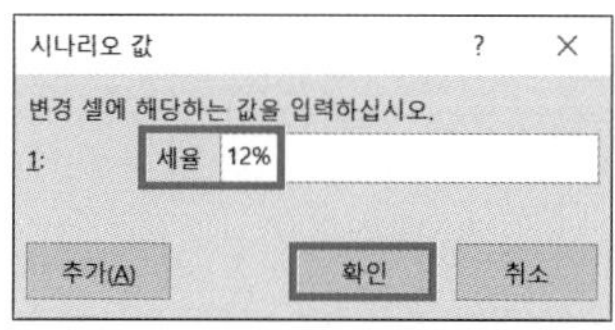

• '시나리오 관리자' 대화상자

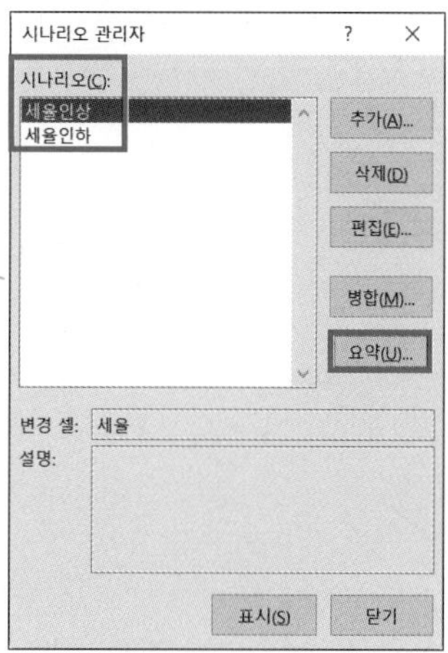

• '시나리오 요약' 대화상자

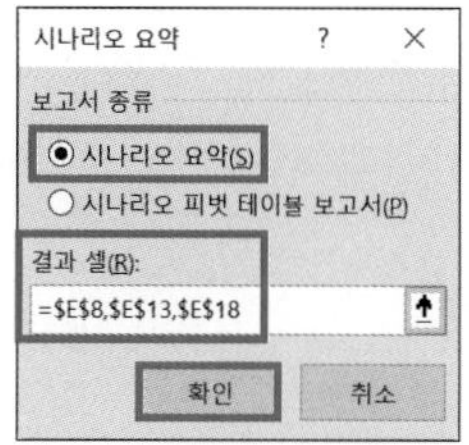

01. 매크로_참고 : Section 16 매크로 178쪽

정답

	A	B	C	D	E	F
1	5월 급여명세표					
2						
3	사원코드	기본급	추가근로수당	식대	세금	실수령액
4	DE-3891	2,820,000	687,000	200,000	500,400	3,206,600
5	DE-0604	3,425,000	840,000	200,000	602,800	3,862,200
6	DE-5527	3,170,000	504,000	200,000	523,000	3,351,000
7	SA-2718	3,726,000	600,000	200,000	611,000	3,915,000
8	SA-4007	2,768,000	705,000	200,000	495,900	3,177,100
9	SA-9312	3,350,000	590,000	200,000	558,900	3,581,100
10	CM-4928	2,790,000	570,000	200,000	480,600	3,079,400
11	CM-5271	3,812,000	627,000	200,000	626,300	4,012,700
12						
13		실수령액	셀스타일			
14						
15						

02. 차트_참고 : Section 17 차트 193쪽

1 데이터 범위 수정

1. 차트의 바로 가기 메뉴에서 **[데이터 선택]**을 선택한다.
2. '데이터 원본 선택' 대화상자에서 '차트 데이터 범위'의 범위 지정 단추(⬆)를 클릭하고 데이터 범위를 [A3:C9] 영역으로 변경한 후 범위 지정 단추(⬇)를 클릭한다. 이어서 '데이터 원본 선택' 대화상자에서 〈확인〉을 클릭한다.

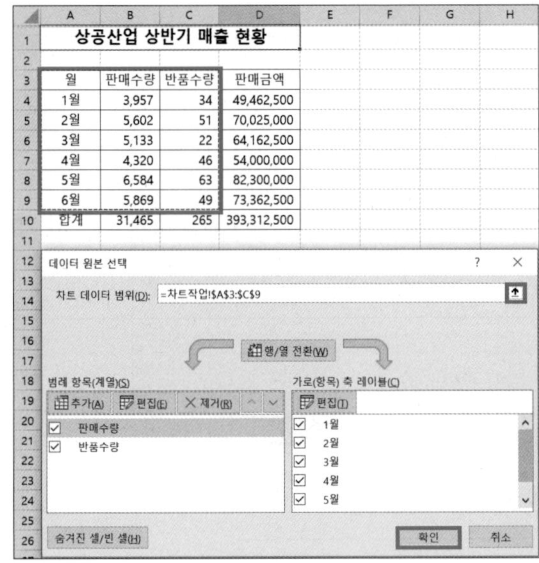

	A	B	C	D
1	상공산업 상반기 매출 현황			
2				
3	월	판매수량	반품수량	판매금액
4	1월	3,957	34	49,462,500
5	2월	5,602	51	70,025,000
6	3월	5,133	22	64,162,500
7	4월	4,320	46	54,000,000
8	5월	6,584	63	82,300,000
9	6월	5,869	49	73,362,500
10	합계	31,465	265	393,312,500

5 추세선 표시

그림 영역에서 '판매수량' 계열을 선택한 후 [차트 디자인] → 차트 레이아웃 → 차트 요소 추가 → 추세선 → **지수**를 선택한다.

EXAMINATION 상시

2024년 상시03 컴퓨터활용능력 2급

프로그램명	제한시간
EXCEL 2021	40분

수험번호 :

성 명 :

2급	상시03

〈 유 의 사 항 〉

- 인적 사항 누락 및 잘못 작성으로 인한 불이익은 수험자 책임으로 합니다.
- 화면에 암호 입력창이 나타나면 아래의 암호를 입력하여야 합니다.
  - **암호** : 6208!3
- 작성된 답안은 주어진 경로 및 파일명을 변경하지 마시고 그대로 저장해야 합니다.
  이를 준수하지 않으면 실격 처리됩니다.
  - **답안 파일명의 예** : C:\OA\수험번호8자리.xlsm
- **외부 데이터 위치** : C:\OA\파일명
- 별도의 지시사항이 없는 경우, 다음과 같이 처리 시 실격 처리됩니다.
  - 제시된 시트 및 개체의 순서나 이름을 임의로 변경한 경우
  - 제시된 시트 및 개체를 임의로 추가 또는 삭제한 경우
  - 외부 데이터를 시험 시작 전에 열어본 경우
- 답안은 반드시 문제에서 지시 또는 요구한 셀에 입력하여야 하며, 다음과 같이 처리 시 채점 대상에서 제외됩니다.
  - 제시된 함수가 있을 경우 제시된 함수만을 사용하여야 하며 그 외 함수 사용 시 채점 대상에서 제외
  - 수험자가 임의로 지시하지 않은 셀의 이동, 수정, 삭제, 변경 등으로 인해 셀의 위치 및 내용이 변경된 경우 해당 작업에 영향을 미치는 관련문제 모두 채점 대상에서 제외
  - 도형 및 차트의 개체가 중첩되어 있거나 동일한 계산결과 시트가 복수로 존재할 경우 해당 개체나 시트는 채점 대상에서 제외
- 수식 작성 시 제시된 문제 파일의 데이터는 변경 가능한(가변적) 데이터임을 감안하여 문제 풀이를 하시오.
- 별도의 지시사항이 없는 경우, 주어진 각 시트 및 개체의 설정값 또는 기본 설정값(Default)으로 처리하시오.
- 저장 시간은 별도로 주어지지 않으므로 제한된 시간 내에 저장을 완료해야 하며, 제한 시간 내에 저장이 되지 않은 경우에는 실격 처리됩니다.
- 출제된 문제의 용어는 Microsoft Office 2021(LTSC 2108 버전) 기준으로 작성되어 있습니다.

대한상공회의소

4324031 

문제 1 기본작업(20점) 주어진 시트에서 다음 과정을 수행하고 저장하시오.

1. '기본작업-1' 시트에 다음의 자료를 주어진 대로 입력하시오. (5점)

	A	B	C	D	E	F
1	상공학원 수강신청 현황					
2						
3	수강코드	강좌명	강사명	수강일수	신청인원	수강료
4	fs-2308	코딩(python)	최서연	30	24	125,000
5	nh-4915	빅데이터분석	황석진	45	18	180,000
6	ct-6824	네트워크보안	박은철	35	26	164,000
7	se-2577	프론트엔드개발	김요한	40	25	150,000
8	am-9823	ai프로젝트	임은원	30	22	160,000
9	gb-5416	웹퍼블리셔	이강남	35	28	176,000
10						

2. '기본작업-2' 시트에 대하여 다음의 지시사항을 처리하시오. (각 2점)

① [A1:G1] 영역은 '병합하고 가운데 맞춤', 글꼴 '궁서체', 크기 18, 밑줄 '실선'으로 지정하시오.

② [A4:A8], [A9:A10], [A11:A12] 영역은 '병합하고 가운데 맞춤'을, [A3:G3] 영역은 채우기 색을 '표준 색 – 노랑'으로 지정하시오.

③ [C4:C12] 영역은 표시 형식을 '간단한 날짜'로 지정하시오.

④ [E4:E12], [G4:G12] 영역은 사용자 지정 표시 형식을 이용하여 천 단위 구분 기호와 숫자 뒤에 "원"을 [표시 예]와 같이 표시하시오. [표시 예 : 12345 → 12,345원, 0 → 0원]

⑤ [A3:G12] 영역은 '모든 테두리(⊞)'를 적용하고, [A3:G3] 영역은 '아래쪽 이중 테두리(▭)'를 적용하여 표시하시오.

3. '기본작업-3' 시트에서 다음의 지시사항을 처리하시오. (5점)

'상공상사 제품 거래 현황' 표에서 수량이 1,200 초과이거나 총액이 25,000,000 미만인 데이터를 고급 필터를 사용하여 검색하시오.

- ▶ 고급 필터 조건은 [A19:C21] 영역 내에 알맞게 입력하시오.
- ▶ 고급 필터 결과는 '거래처명', '단가', '수량', '총액'만 순서대로 표시하시오.
- ▶ 고급 필터 결과 복사 위치는 동일 시트의 [A24] 셀에서 시작하시오.

4324032 

문제 2 계산작업(40점) '계산작업' 시트에서 다음 과정을 수행하고 저장하시오.

1. [표1]에서 홍보예정일[B3:B12]이 3월 또는 5월이면 "발송"을, 그 외에는 공백을 보도자료[D3:D12]에 표시하시오. (8점)

▶ IF, OR, MONTH 함수 사용

2. [표2]에서 지점[G3:G11]이 "용산"인 제품의 판매량[H3:H11] 비율을 [I12] 셀에 계산하시오. (8점)

▶ 판매량 비율 = 용산 판매량 / 전체 판매량

▶ SUM, SUMIF 함수 사용

3. [표3]에서 예약코드[A16:A25]의 네 번째 글자가 "1"이면 "일반석", "2"이면 "비즈니스석", "3"이면 "일등석"을 좌석[E16:E25]에 표시하시오. (8점)

▶ CHOOSE, MID 함수 사용

4. [표4]에서 부서[H16:H24]가 "영업1팀"인 사원의 최대 실적[I16:I24]과 "영업2팀"인 사원의 최대 실적의 평균을 [I25] 셀에 계산하시오. (8점)

▶ 최대 실적 평균은 백의 자리에서 올림하여 천의 자리까지 표시 [표시 예 : 23,456 → 24,000]

▶ 조건은 [J24:K25] 영역에 입력하시오.

▶ ROUNDUP, AVERAGE, DMAX 함수 사용

5. [표5]에서 생년월일[B29:B36], 구분[C29:C36]과 구분코드표[F29:G36]를 이용하여 회원코드[D29:D36]를 표시하시오. (8점)

▶ 회원코드는 생년월일의 년도와 코드를 연결하여 표시
[표기 예 : 생년월일이 '2000-01-01', 코드가 'com1' → 2000com1]

▶ VLOOKUP, YEAR 함수와 & 연산자 사용

4324033

문제 3 **분석작업(20점)** 주어진 시트에서 다음 작업을 수행하고 저장하시오.

1. '분석작업-1' 시트에 대하여 다음의 지시사항을 처리하시오. (10점)

[부분합] 기능을 이용하여 '1분기 실적 현황' 표에 〈그림〉과 같이 부서별로 '1월', '2월', '3월'의 합계를 계산한 후 '총계'의 평균을 계산하시오.

▶ 정렬은 '부서'를 기준으로 오름차순으로 처리하시오.

▶ 부분합에 표 서식을 '파랑, 표 스타일 보통 2'로 적용하시오.

▶ 합계와 평균은 위에 명시된 순서대로 처리하시오.

	A	B	C	D	E	F
1	1분기 실적 현황					
2						
3	사원명	부서	1월	2월	3월	총계
4	곽민긴	영업1팀	53,610,000	70,770,000	78,550,000	202,930,000
5	이혜은	영업1팀	62,800,000	76,620,000	80,410,000	219,830,000
6	임동율	영업1팀	51,650,000	49,070,000	43,580,000	144,300,000
7	한가온	영업1팀	56,930,000	72,880,000	77,420,000	207,230,000
8		**영업1팀 평균**				193,572,500
9		**영업1팀 요약**	224,990,000	269,340,000	279,960,000	
10	고시율	영업2팀	36,720,000	34,890,000	34,190,000	105,800,000
11	권승원	영업2팀	46,300,000	51,860,000	48,220,000	146,380,000
12	배시안	영업2팀	55,040,000	59,450,000	65,740,000	180,230,000
13	전유진	영업2팀	46,050,000	38,230,000	45,870,000	130,150,000
14		**영업2팀 평균**				140,640,000
15		**영업2팀 요약**	184,110,000	184,430,000	194,020,000	
16	강송연	영업3팀	49,540,000	57,970,000	51,590,000	159,100,000
17	배현준	영업3팀	35,000,000	26,950,000	36,200,000	98,150,000
18	이성우	영업3팀	49,350,000	45,900,000	44,980,000	140,230,000
19	전서현	영업3팀	60,420,000	67,070,000	63,710,000	191,200,000
20		**영업3팀 평균**				147,170,000
21		**영업3팀 요약**	194,310,000	197,890,000	196,480,000	
22		**전체 평균**				160,460,833
23		**총합계**	603,410,000	651,660,000	670,460,000	
24						

2. '분석작업-2' 시트에 대하여 다음의 지시사항을 처리하시오. (10점)

'5월 영업이익' 표의 영업이익[B7]은 판매단가[B2], 판매수량[B3], 생산원가[B4], 인건비[B5], 임대료[B6]를 이용하여 계산한 것이다. [데이터 표] 기능을 이용하여 판매단가와 판매수량의 변동에 따른 영업이익의 변화를 [C12:G16] 영역에 계산하시오.

문제 4 기타작업(20점) 주어진 시트에서 다음 작업을 수행하고 저장하시오.

1. '매크로작업' 시트의 [표]에서 다음과 같은 기능을 수행하는 매크로를 현재 통합 문서에 작성하고 실행하시오. (각 5점)

① [I4:I10] 영역에 지점별 입장객의 평균을 계산하는 매크로를 생성하여 실행하시오.

▶ 매크로 이름 : 평균

▶ AVERAGE 함수 사용

▶ [개발 도구] → [컨트롤] → [삽입] → [양식 컨트롤]의 '단추(□)'를 동일 시트의 [C12:D13] 영역에 생성하고, 텍스트를 "평균"으로 입력한 후 단추를 클릭할 때 '평균' 매크로가 실행되도록 설정하시오.

② [B3:B10], [D3:D10], [F3:F10], [H3:H10] 영역에 채우기 색을 '표준 색 – 노랑'으로 적용하는 매크로를 생성하여 실행하시오.

▶ 매크로 이름 : 서식

▶ [삽입] → [일러스트레이션] → [도형] → [사각형]의 '직사각형(□)'을 동일 시트의 [E12:F13] 영역에 생성하고, 텍스트를 "서식"으로 입력한 후 도형을 클릭할 때 '서식' 매크로가 실행되도록 설정하시오.

※ 셀 포인터의 위치에 상관없이 현재 통합 문서에서 매크로가 실행되어야 정답으로 인정됨

2. '차트작업' 시트의 차트에서 다음 지시사항에 따라 아래 〈그림〉과 같이 수정하시오. (각 2점)

※ 차트는 반드시 문제에서 제공한 차트를 사용하여야 하며, 신규로 작성 시 0점 처리됨

① '강서', '강동' 요소가 제거되도록 데이터 범위를 수정하시오.

② 차트 종류를 '3차원 묶은 세로 막대형'으로 변경하고, 3차원 회전에서 'X 회전'과 'Y 회전'을 0으로 지정하시오.

③ '잡비' 계열의 '세로 막대 모양'을 '원통형'으로 지정하시오.

④ 범례는 '위쪽'에 배치한 후 도형 스타일을 '미세 효과 – 파랑, 강조 5'로 지정하시오.

⑤ 차트 영역에 그림자는 '안쪽: 가운데', 테두리는 '둥근 모서리'로 지정하시오.

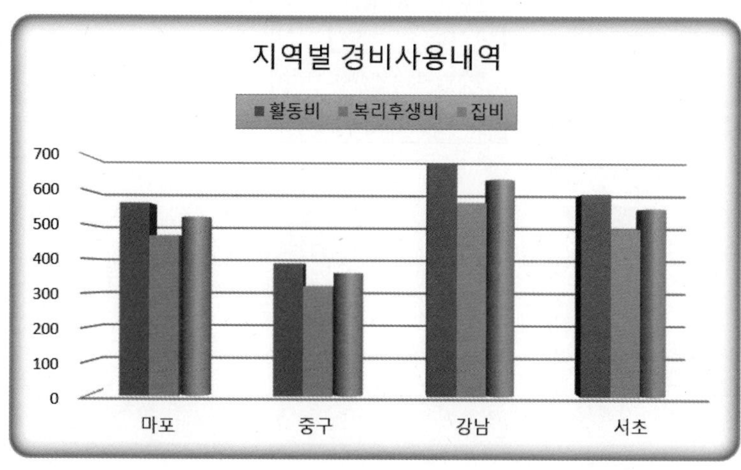

문제 1 기본작업

02. 셀 서식_참고 : Section 01 셀 서식 30쪽

정답

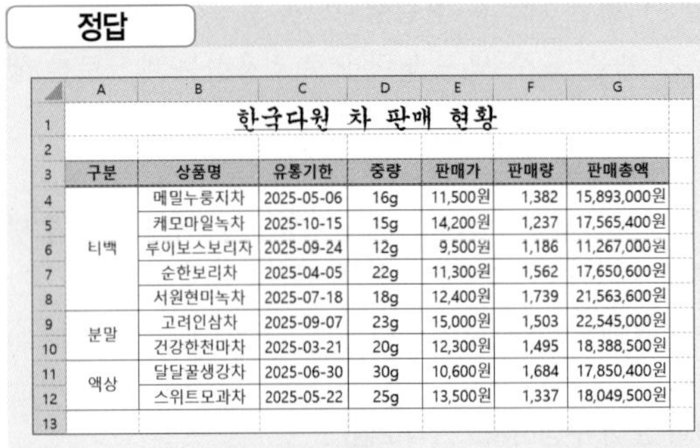

	A	B	C	D	E	F	G
1	한국다원 차 판매 현황						
2							
3	구분	상품명	유통기한	중량	판매가	판매량	판매총액
4	티백	메밀누룽지차	2025-05-06	16g	11,500원	1,382	15,893,000원
5		케모마일녹차	2025-10-15	15g	14,200원	1,237	17,565,400원
6		루이보스보리차	2025-09-24	12g	9,500원	1,186	11,267,000원
7		순한보리차	2025-04-05	22g	11,300원	1,562	17,650,600원
8		서원현미녹차	2025-07-18	18g	12,400원	1,739	21,563,600원
9	분말	고려인삼차	2025-09-07	23g	15,000원	1,503	22,545,000원
10		건강한천마차	2025-03-21	20g	12,300원	1,495	18,388,500원
11	액상	달달꿀생강차	2025-06-30	30g	10,600원	1,684	17,850,400원
12		스위트모과차	2025-05-22	25g	13,500원	1,337	18,049,500원
13							

4 '셀 서식' 대화상자([E4:E12], [G4:G12])

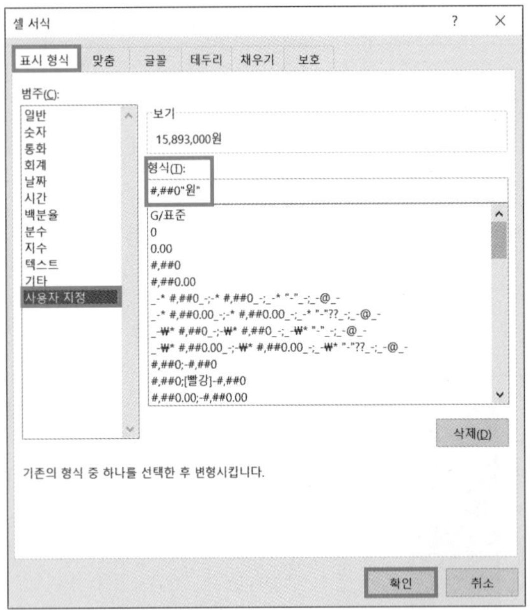

03. 고급 필터_참고 : Section 03 고급 필터/자동 필터 60쪽

정답

	A	B	C	D
18				
19	수량	총액		
20	>1200			
21		<25000000		
22				
23				
24	거래처명	단가	수량	총액
25	대림유통	27,600	900	24,840,000
26	원영무역	28,800	1,500	43,200,000
27	휴먼상사	30,600	800	24,480,000
28	한성물산	32,500	1,250	40,625,000
29				

• '고급 필터' 대화상자

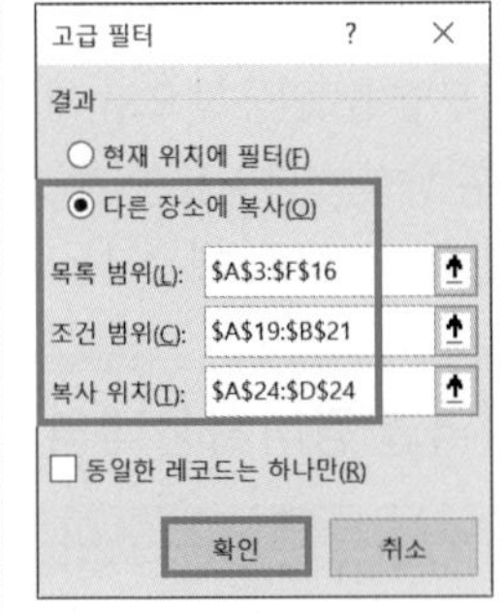

문제 2 계산작업

01. 보도자료

정답

	A	B	C	D
1	[표1]	신제품 홍보 현황		
2	제품코드	홍보예정일	담당자	보도자료
3	SN-5761	2024-02-16	조경원	
4	SK-3814	2024-02-27	정은경	
5	SL-0336	2024-03-08	이부성	발송
6	SK-2398	2024-03-22	정은경	발송
7	SL-0409	2024-04-15	이부성	
8	SN-4228	2024-04-24	조경원	
9	SK-3911	2024-05-10	정은경	발송
10	SL-6570	2024-05-30	이부성	발송
11	SN-2574	2024-06-11	조경원	
12	SK-7013	2024-06-28	정은경	
13				

[D3] : =IF(OR(MONTH(B3)=3, MONTH(B3)=5), "발송", " ")

02. 용산점 판매량 비율

정답

	F	G	H	I
1	[표2]	지점 판매현황		
2	제품명	지점	판매량	판매총액
3	키보드	마포	243	3,037,500
4	키보드	용산	385	4,812,500
5	키보드	서초	196	2,450,000
6	마우스	마포	134	1,273,000
7	마우스	용산	310	2,945,000
8	마우스	서초	251	2,384,500
9	프린터	마포	89	7,609,500
10	프린터	용산	101	8,635,500
11	프린터	서초	67	5,728,500
12	용산점 판매량 비율			45%
13				

[I12] : =SUMIF(G3:G11, "용산", H3:H11) / SUM(H3:H11)

03. 좌석

정답

	A	B	C	D	E
14	[표3]	상공항공 예약 현황			
15	예약코드	예약일자	도착지	인원	좌석
16	OP-1-93	2024-04-08	로마	4	일반석
17	OP-1-57	2024-04-10	하와이	8	일반석
18	OP-3-22	2024-04-11	몽골	4	일등석
19	OP-2-61	2024-04-11	두바이	2	비즈니스석
20	OP-1-16	2024-04-16	오사카	6	일반석
21	OP-2-29	2024-04-18	파리	5	비즈니스석
22	OP-3-81	2024-04-18	뉴욕	3	일등석
23	OP-2-09	2024-04-22	사이판	4	비즈니스석
24	OP-1-84	2024-04-24	다낭	8	일반석
25	OP-1-70	2024-04-24	푸켓	6	일반석
26					

[E16] : =CHOOSE(MID(A16, 4, 1), "일반석", "비즈니스석", "일등석")

04. 최대실적평균

정답

	G	H	I	J	K
14	[표4]	사원별 판매실적			
15	사원명	부서	실적		
16	김가은	영업1팀	56,986,400		
17	윤주헌	영업2팀	35,470,100		
18	한원우	영업1팀	68,341,200		
19	한미진	영업2팀	50,185,000		
20	이은경	영업2팀	62,734,900		
21	정상혁	영업1팀	39,900,000		
22	노경호	영업1팀	46,984,200		
23	윤정희	영업2팀	55,121,000	<조건>	
24	강소정	영업1팀	43,764,900	부서	부서
25	최대실적평균		65,539,000	영업1팀	영업2팀
26					

[I25] : =ROUNDUP(AVERAGE(DMAX(G15:I24, 3, J24:J25), DMAX(G15:I24, 3, K24:K25)), −3)

05. 회원코드

정답

	A	B	C	D	E	F	G
27	[표5]	회원 관리 현황				<구분코드표>	
28	이름	생년월일	구분	회원코드		구분	코드
29	송윤진	1991-03-08	B1	1991man1		D1	mas1
30	주시아	1984-06-21	A1	1984fam1		D2	mas2
31	강은찬	2001-04-09	C1	2001fri1		C1	fri1
32	전주린	1995-03-25	D1	1995mas1		C2	fri2
33	최세현	1987-07-14	C2	1987fri2		B1	man1
34	이대로	1988-10-03	D2	1988mas2		B2	man2
35	배상엽	1999-01-30	A2	1999fam2		A1	fam1
36	오남규	2000-05-07	B2	2000man2		A2	fam2
37							

[D29] : =YEAR(B29) & VLOOKUP(C29, $F$29:$G$36, 2, FALSE)

문제 3 분석작업

01. 부분합_참고 : Section 10 부분합 130쪽

• '정렬' 대화상자

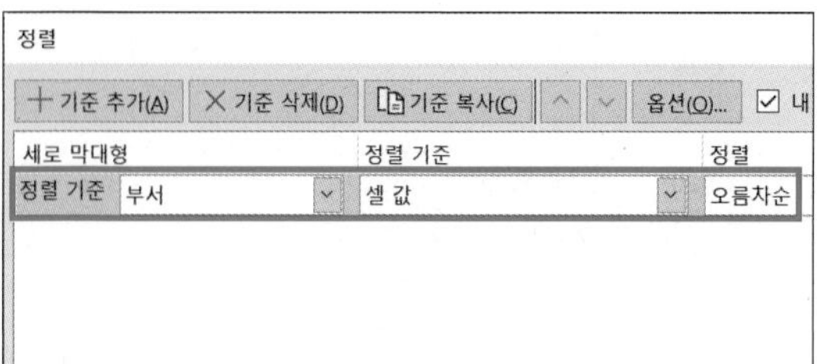

• 1차 '부분합' 대화상자

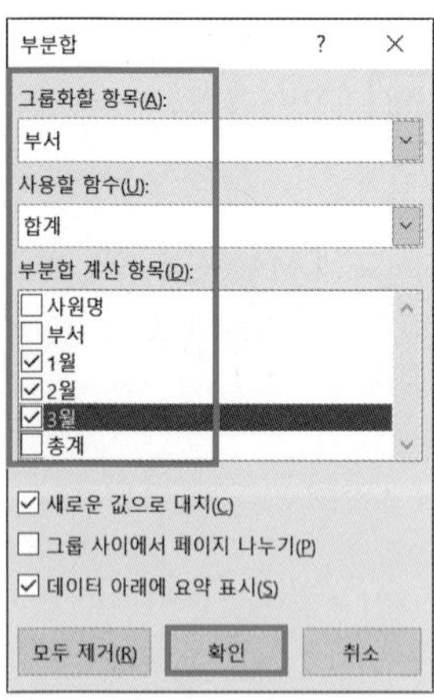

• 2차 '부분합' 대화상자

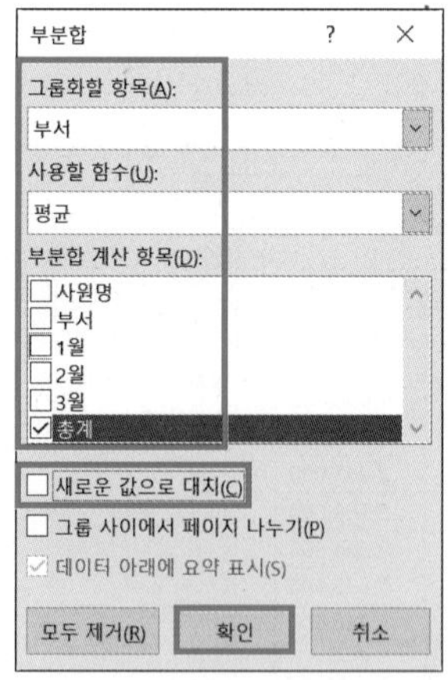

• '표 만들기' 대화상자

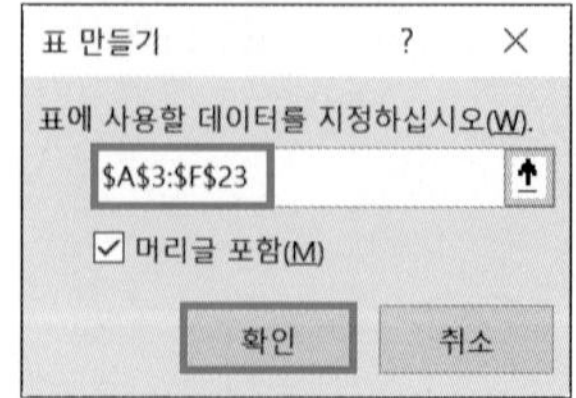

02. 데이터 표_참고 : Section 12 데이터 표 155쪽

정답

	A	B	C	D	E	F	G
9							
10			판매수량				
11	판매단가	94,600,000	10,000	11,000	12,000	13,000	14,000
12		20,000	33,000,000	47,000,000	61,000,000	75,000,000	89,000,000
13		22,000	47,000,000	62,400,000	77,800,000	93,200,000	108,600,000
14		24,000	61,000,000	77,800,000	94,600,000	111,400,000	128,200,000
15		26,000	75,000,000	93,200,000	111,400,000	129,600,000	147,800,000
16		28,000	89,000,000	108,600,000	128,200,000	147,800,000	167,400,000
17							

• '데이터 테이블' 대화상자

데이터 테이블 ? ×

행 입력 셀(R): $B$3

열 입력 셀(C): $B$2

확인 취소

문제 4 기타작업

01. 매크로_참고 : Section 16 매크로 178쪽

정답

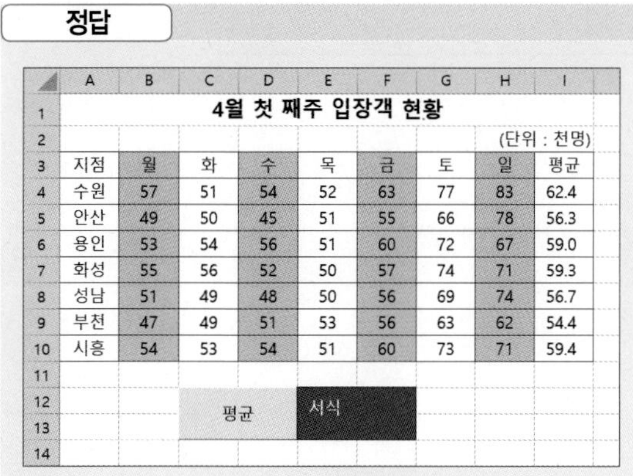

	A	B	C	D	E	F	G	H	I
1	4월 첫 째주 입장객 현황								
2									(단위 : 천명)
3	지점	월	화	수	목	금	토	일	평균
4	수원	57	51	54	52	63	77	83	62.4
5	안산	49	50	45	51	55	66	78	56.3
6	용인	53	54	56	51	60	72	67	59.0
7	화성	55	56	52	50	57	74	71	59.3
8	성남	51	49	48	50	56	69	74	56.7
9	부천	47	49	51	53	56	63	62	54.4
10	시흥	54	53	54	51	60	73	71	59.4
11									
12			평균		서식				
13									
14									

02. 차트_참고 : Section 17 차트 193쪽

1 데이터 범위 수정

1. 차트의 바로 가기 메뉴에서 **[데이터 선택]**을 선택한다.

2. '데이터 원본 선택' 대화상자에서 '차트 데이터 범위'의 범위 지정 단추(⬆)를 클릭하고 데이터 범위를 [A3:D4], [A7:D9] 영역으로 변경한 후 범위 지정 단추(⬇)를 클릭한다. 이어서 '데이터 원본 선택' 대화상자에서 〈확인〉을 클릭한다.

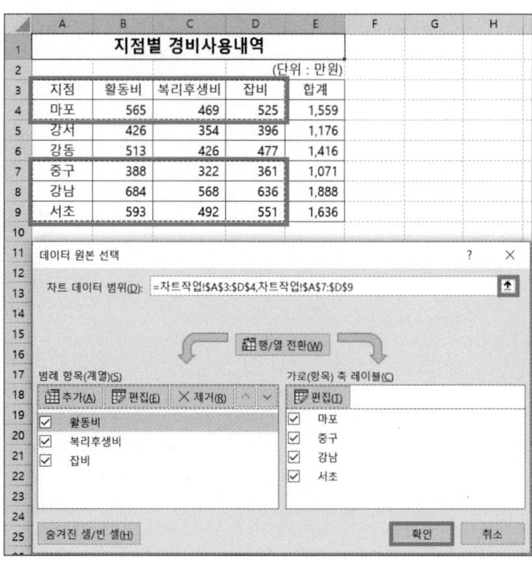

	A	B	C	D	E
1	지점별 경비사용내역				
2					(단위 : 만원)
3	지점	활동비	복리후생비	잡비	합계
4	마포	565	469	525	1,559
5	강서	426	354	396	1,176
6	강동	513	426	477	1,416
7	중구	388	322	361	1,071
8	강남	684	568	636	1,888
9	서초	593	492	551	1,636

2 3차원 회전 지정

1. 차트 영역의 바로 가기 메뉴에서 **[3차원 회전]**을 선택한다.
2. '차트 영역 서식' 창의 [차트 옵션] → (효과) → **3차원 회전**에서 'X 회전'과 'Y 회전'을 0으로 지정한 후 '닫기(×)'를 클릭한다.

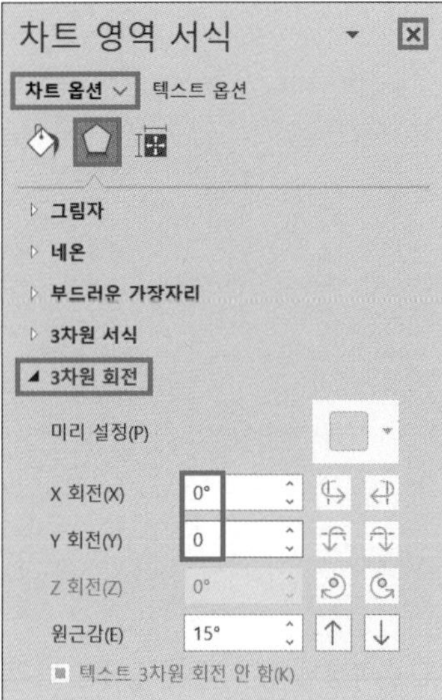

3 데이터 계열 서식 지정

1. '잡비' 계열의 바로 가기 메뉴에서 **[데이터 계열 서식]**을 선택한다.
2. '데이터 계열 서식' 창의 [계열 옵션] → (계열 옵션) → **계열 옵션**에서 '세로 막대 모양'의 '원통형'을 선택한 후 '닫기(×)'를 클릭한다.

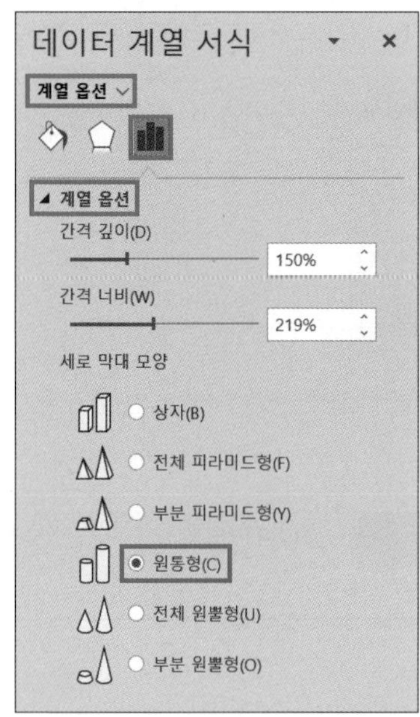

EXAMINATION 상시

2024년 상시04 컴퓨터활용능력 2급

프로그램명	제한시간
EXCEL 2021	40분

수험번호 :

성　　명 :

2급	상시04

〈 유 의 사 항 〉

- 인적 사항 누락 및 잘못 작성으로 인한 불이익은 수험자 책임으로 합니다.
- 화면에 암호 입력창이 나타나면 아래의 암호를 입력하여야 합니다.
  - ○ **암호 : 572$07**
- 작성된 답안은 주어진 경로 및 파일명을 변경하지 마시고 그대로 저장해야 합니다. 이를 준수하지 않으면 실격 처리됩니다.
  - ○ **답안 파일명의 예 : C:\OA\수험번호8자리.xlsm**
- **외부 데이터 위치 : C:\OA\파일명**
- 별도의 지시사항이 없는 경우, 다음과 같이 처리 시 실격 처리됩니다.
  - ○ 제시된 시트 및 개체의 순서나 이름을 임의로 변경한 경우
  - ○ 제시된 시트 및 개체를 임의로 추가 또는 삭제한 경우
  - ○ 외부 데이터를 시험 시작 전에 열어본 경우
- 답안은 반드시 문제에서 지시 또는 요구한 셀에 입력하여야 하며, 다음과 같이 처리 시 채점 대상에서 제외됩니다.
  - ○ 제시된 함수가 있을 경우 제시된 함수만을 사용하여야 하며 그 외 함수 사용 시 채점 대상에서 제외
  - ○ 수험자가 임의로 지시하지 않은 셀의 이동, 수정, 삭제, 변경 등으로 인해 셀의 위치 및 내용이 변경된 경우 해당 작업에 영향을 미치는 관련문제 모두 채점 대상에서 제외
  - ○ 도형 및 차트의 개체가 중첩되어 있거나 동일한 계산결과 시트가 복수로 존재할 경우 해당 개체나 시트는 채점 대상에서 제외
- 수식 작성 시 제시된 문제 파일의 데이터는 변경 가능한(가변적) 데이터임을 감안하여 문제 풀이를 하시오.
- 별도의 지시사항이 없는 경우, 주어진 각 시트 및 개체의 설정값 또는 기본 설정값(Default)으로 처리하시오.
- 저장 시간은 별도로 주어지지 않으므로 제한된 시간 내에 저장을 완료해야 하며, 제한 시간 내에 저장이 되지 않은 경우에는 실격 처리됩니다.
- 출제된 문제의 용어는 Microsoft Office 2021(LTSC 2108 버전) 기준으로 작성되어 있습니다.

대한상공회의소

문제 1 기본작업(20점) 주어진 시트에서 다음 과정을 수행하고 저장하시오.

1. '기본작업-1' 시트에 다음의 자료를 주어진 대로 입력하시오. (5점)

	A	B	C	D	E	F
1	상공여행사 상품 등록 현황					
2						
3	상품번호	상품명	일정	최소출발인원	예약인원	예약률
4	D240562	서유럽3국	8박 10일	25	29	116%
5	A617487	이탈리아일주	7박 9일	30	24	80%
6	H416500	북유럽4국	11박 13일	20	31	155%
7	M250143	스페인일주	10박 12일	25	19	76%
8	G649780	발칸5국	14박 15일	30	22	73%
9	E804521	동유럽3국	8박 10일	20	25	125%
10						

2. '기본작업-2' 시트에 대하여 다음의 지시사항을 처리하시오. (각 2점)

① [A1:G1] 영역은 '선택 영역의 가운데로', 크기 18, 글꼴 스타일 '굵게', 행의 높이를 30으로 지정하시오.

② [A3:G3] 영역은 셀 스타일을 '파랑, 강조색1'로 지정하시오.

③ [D4:D13] 영역은 사용자 지정 표시 형식을 이용하여 문자 뒤에 "이사"를 [표시 예]와 같이 표시하시오.
[표시 예 : 포장 → 포장이사]

④ [E3] 셀의 "물량"을 한자 "物量"으로 변환하고, [G4:G13] 영역의 이름을 "이사비용"으로 정의하시오.

⑤ [A3:G13] 영역은 '모든 테두리(田)'를 적용한 후 '굵은 바깥쪽 테두리(□)'를 적용하여 표시하시오.

3. '기본작업-3' 시트에서 다음의 지시사항을 처리하시오. (5점)

[A3:A13] 영역의 데이터를 텍스트 나누기를 실행하여 나타내시오.

▶ 데이터는 쉼표(,)로 구분되어 있음

▶ '이름', '국어', '영어', '수학', '평균' 열만 가져오시오.

문제 2 계산작업(40점) '계산작업' 시트에서 다음 과정을 수행하고 저장하시오.

1. [표1]에서 대여일자[B3:B10]를 이용하여 반납예정일자[D3:D10]를 계산하시오. (8점)

▶ 반납예정일자 = 대여일자 + 5, 단 반납예정일자가 주말(토, 일요일)인 경우 다음 주 월요일로 계산

▶ 요일 계산 시 월요일이 1인 유형으로 지정

▶ IF, WEEKDAY 함수 사용

2. [표2]에서 클럽[F3:F10]이 "대전"이면서 포지션[G3:G10]이 "수비수"인 선수들의 평점[I3:I10] 평균을 [J10] 셀에 계산하시오. (8점)

▶ 평점 평균은 소수점 이하 둘째 자리에서 반올림하여 첫째 자리까지 표시 [표시 예 : 3.45 → 3.5]

▶ ROUND, ROUNDUP, ROUNDDOWN, COUNTIFS, AVERAGEIFS 함수 중 알맞은 함수들을 사용

3. [표3]에서 납품총액[D14:D22]의 최대값과 최소값의 차이를 [D23] 셀에 계산하시오. (8점)

▶ LARGE, SMALL 함수 사용

4. [표4]에서 과학기술[G14:G23], 문화예술[H14:H23], 역사철학[I14:I23]의 평균이 1이면 "D", 2이면 "C", 3이면 "B", 4이면 "A"를 학점[J14:J23]에 표시하시오. (8점)

▶ CHOOSE, AVERAGE, INT 함수 사용

5. [표5]에서 수험번호[B27:B36]와 종목번호표[F27:G29]를 이용하여 날짜-종목[D27:D36]을 표시하시오. (8점)

▶ 날짜는 수험번호의 앞 4글자로 표시하고, 종목은 수험번호의 5번째 글자를 이용하여 1이면 "워드", 2이면 "컴활1급", 3이면 "컴활2급"으로 표시
[표시 예 : 수험번호가 '100123456'이면 '1001-컴활1급'으로 표시]

▶ VLOOKUP, LEFT, MID 함수와 & 연산자 사용

4324043

문제 3 **분석작업(20점)** 주어진 시트에서 다음 작업을 수행하고 저장하시오.

1. '분석작업-1' 시트에 대하여 다음의 지시사항을 처리하시오. (10점)

[피벗 테이블] 기능을 이용하여 '유제품 납품 현황' 표의 납품업체는 '필터', '제품명'은 '행', 납품일자는 '열'로 처리하고, '값'에는 납품수량과 납품총액의 합계를 계산하시오.

▶ 피벗 테이블 보고서는 동일 시트의 [A20] 셀에서 시작하시오.

▶ 피벗 테이블 보고서는 열의 총합계만 설정하시오.

▶ 값 영역의 납품수량, 납품총액의 합계는 표시 형식을 '값 필드 설정'의 '셀 서식' 대화상자에서 '숫자' 범주의 '1000 단위 구분 기호 사용'으로 지정하시오.

▶ 피벗 테이블에 '연한 파랑, 피벗 스타일 보통 13' 서식을 지정하시오.

2. '분석작업-2' 시트에 대하여 다음의 지시사항을 처리하시오. (10점)

[정렬] 기능을 이용하여 '상공스포츠 회원 명단' 표에서 '종목'을 '수영 - 헬스 - 테니스 - 골프' 순으로 정렬하고, 동일한 종목인 경우 '가입년도'의 셀 색이 'RGB(198, 224, 180)'인 값이 위에 표시되도록 정렬하시오.

문제 4 **기타작업(20점)** 주어진 시트에서 다음 작업을 수행하고 저장하시오.

1. '매크로작업' 시트의 [표]에서 다음과 같은 기능을 수행하는 매크로를 현재 통합 문서에 작성하고 실행하시오. (각 5점)

① [F4:F11] 영역에 메뉴별 총판매금액을 계산하는 매크로를 생성하여 실행하시오.

▶ 매크로 이름 : 총판매금액

▶ 총판매금액 = 판매수량 × 판매가

▶ [개발 도구] → [컨트롤] → [삽입] → [양식 컨트롤]의 '단추(▭)'를 동일 시트의 [A13:A14] 영역에 생성하고, 텍스트를 "총판매금액"으로 입력한 후 단추를 클릭할 때 '총판매금액' 매크로가 실행되도록 설정하시오.

② [E4:F11] 영역에 표시 형식을 '통화'로 적용하는 매크로를 생성하여 실행하시오.

▶ 매크로 이름 : 통화

▶ [삽입] → [일러스트레이션] → [도형] → [기본 도형]의 '사각형: 빗면(▢)'을 동일 시트의 [B13:B14] 영역에 생성하고, 텍스트를 "통화"로 입력한 후 도형을 클릭할 때 '통화' 매크로가 실행되도록 설정하시오.

※ 셀 포인터의 위치에 상관없이 현재 통합 문서에서 매크로가 실행되어야 정답으로 인정됨

2. '차트작업' 시트의 차트에서 다음 지시사항에 따라 아래 〈그림〉과 같이 수정하시오. (각 2점)

※ 차트는 반드시 문제에서 제공한 차트를 사용하여야 하며, 신규로 작성 시 0점 처리됨

① '합계'만 표시되도록 데이터 범위를 수정하시오.

② 차트 종류를 '3차원 원형'으로 변경하시오.

③ 데이터 계열의 '첫째 조각의 각'을 40도로 지정하시오.

④ 데이터 계열에 데이터 레이블 '값'과 '백분율'을 표시하고, 레이블의 위치를 '안쪽 끝에'로 지정하시오.

⑤ 차트 영역의 도형 스타일을 '색 채우기 – 녹색, 강조 6'으로 지정하시오.

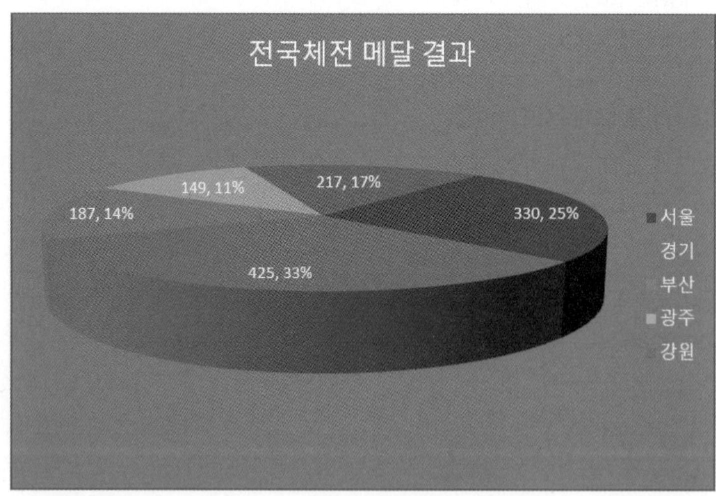

상시 04

2024년 컴퓨터활용능력 2급 실기

정답 및 해설

문제 1 기본작업

02. 셀 서식_참고 : Section 01 셀 서식 30쪽

정답

	A	B	C	D	E	F	G
1	상공이사센터 계약 현황						
2							
3	계약자	이사일자	지역	종류	物量(ton)	작업인원	이사비용
4	장혜선	04월 01일	서초	가정이사	7.5	6	2,200,000
5	우은하	04월 03일	마포	원룸이사	3	3	800,000
6	한슬기	04월 04일	용산	가정이사	5	5	2,000,000
7	이용규	04월 06일	관악	회사이사	12	9	3,600,000
8	곽지운	04월 06일	강서	가정이사	7.5	6	2,200,000
9	황성훈	04월 11일	송파	가정이사	8	6	2,400,000
10	서유환	04월 12일	도봉	회사이사	15	12	4,200,000
11	고인숙	04월 12일	은평	원룸이사	2.5	3	700,000
12	조광희	04월 16일	종로	가정이사	5	5	2,000,000
13	김영택	04월 19일	금천	회사이사	10	8	3,200,000
14							

3 '셀 서식' 대화상자([D4:D15])

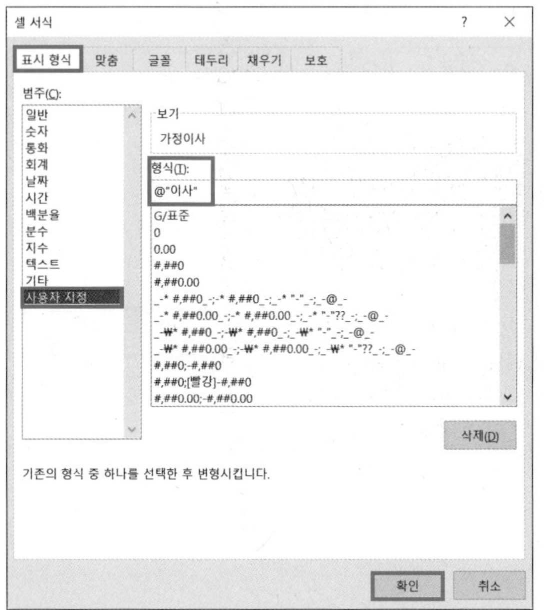

03. 텍스트 나누기_참고 : Section 04 텍스트 나누기 71쪽

정답

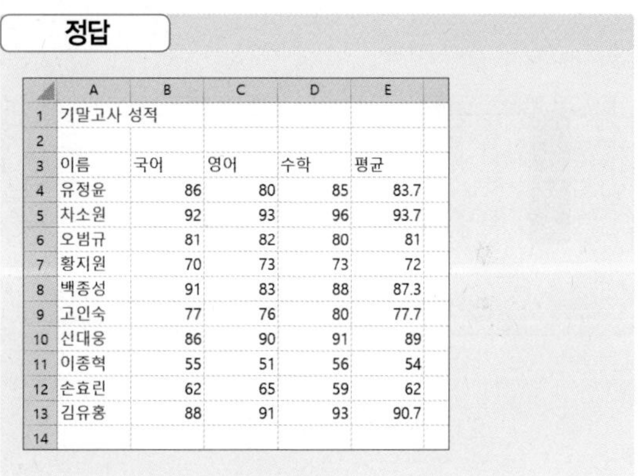

	A	B	C	D	E
1	기말고사 성적				
2					
3	이름	국어	영어	수학	평균
4	유정윤	86	80	85	83.7
5	차소원	92	93	96	93.7
6	오범규	81	82	80	81
7	황지원	70	73	73	72
8	백종성	91	83	88	87.3
9	고인숙	77	76	80	77.7
10	신대웅	86	90	91	89
11	이종혁	55	51	56	54
12	손효린	62	65	59	62
13	김유홍	88	91	93	90.7
14					

• '텍스트 마법사 – 3단계 중 2단계' 대화상자

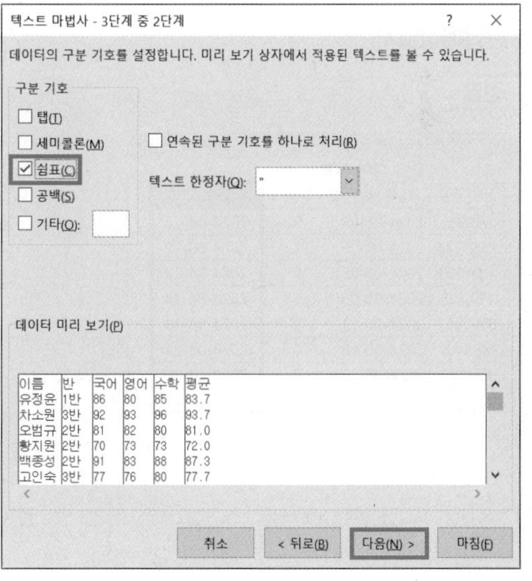

• '텍스트 마법사 – 3단계 중 3단계' 대화상자

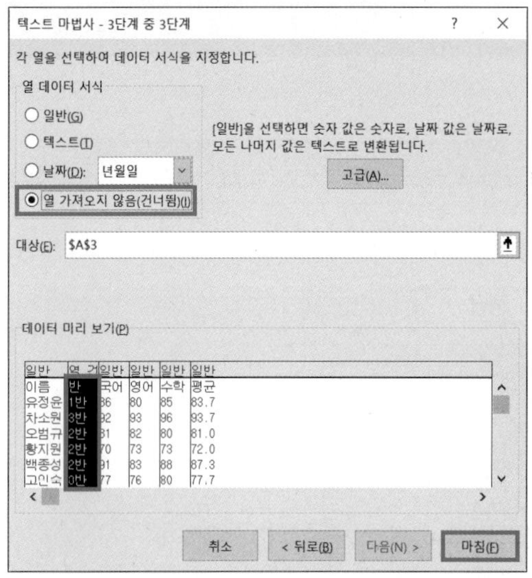

문제 2 계산작업

01. 반납예정일자

정답

	A	B	C	D
1	[표1]	장비 대여 현황		
2	장비코드	대여일자	수량	반납예정일자
3	HER962	2024-08-05	5	2024-08-12
4	KMD238	2024-08-06	3	2024-08-12
5	GJW183	2024-08-08	6	2024-08-13
6	PSL725	2024-08-09	4	2024-08-14
7	BWC651	2024-08-13	3	2024-08-19
8	MBA401	2024-08-16	4	2024-08-21
9	KIH390	2024-08-20	6	2024-08-26
10	SET077	2024-08-22	5	2024-08-27
11				

[D3] : =IF(WEEKDAY(B3+5, 2)=6, B3+7, IF(WEEKDAY(B3+5, 2)=7, B3+6, B3+5))

02. 대전수비수 평점 평균

정답

	F	G	H	I	J	K
1	[표2]	선수별 평점				
2	클럽	포지션	선수명	평점		
3	포항	수비수	윤보경	7.64		
4	대전	공격수	이정환	8.91		
5	포항	공격수	이태용	8.13		
6	포항	수비수	강명보	6.46		
7	대전	수비수	황재준	7.59		
8	포항	공격수	손승민	8.28		
9	대전	수비수	김민우	6.73	대전수비수 평점 평균	
10	대전	공격수	김지성	7.32	7.2	
11						

[J10] : =ROUND(AVERAGEIFS(I3:I10, F3:F10, "대전", G3:G10, "수비수"), 1)

03. 최대-최소 납품총액 차이

정답

	A	B	C	D
12	[표3]	제품 납품 현황		
13	납품일자	거래처명	납품량	납품총액
14	7월23일	하나전자	480	2,640,000
15	7월23일	우리전자	650	3,575,000
16	7월23일	상공전자	450	2,475,000
17	7월30일	하나전자	590	3,245,000
18	7월30일	우리전자	550	3,025,000
19	8월3일	진성전자	620	3,410,000
20	8월3일	상공전자	500	2,750,000
21	8월10일	우리전자	680	3,740,000
22	8월10일	진성전자	470	2,585,000
23	최대-최소 납품총액 차이			1,265,000
24				

[D23] : =LARGE(D14:D22, 1) – SMALL(D14:D22, 1)

04. 학점

정답

	F	G	H	I	J
12	[표4]	1학기 성적표			
13	이름	과학기술	문화예술	역사철학	학점
14	김두완	3.2	3.5	3.1	B
15	박영재	1.5	2.1	1.8	D
16	이지환	4.1	4.2	4.1	A
17	전서혜	2.5	2.7	2.8	C
18	유가온	3.1	2.9	3.6	B
19	권도현	2.8	2.5	2.7	C
20	배재현	0.9	1.4	0.8	D
21	김영택	3.1	2.7	2.4	C
22	권애린	3.6	3.9	3.4	B
23	조종연	3.1	3.2	3.5	B
24					

[J14] : =CHOOSE(INT(AVERAGE(G14:I14)), "D", "C", "B", "A")

05. 날짜-종목

정답

	A	B	C	D	E	F	G
25	[표5]	수험자 정보				<종목번호표>	
26	이름	수험번호	시험장	날짜-종목		번호	종목
27	서재영	100215368	1실	1002-워드		1	워드
28	윤은찬	101433025	2실	1014-컴활2급		2	컴활1급
29	전태원	101029041	2실	1010-컴활1급		3	컴활2급
30	송은주	101624257	1실	1016-컴활1급			
31	문진영	100218961	3실	1002-워드			
32	백현준	101435487	3실	1014-컴활2급			
33	고강민	101126698	1실	1011-컴활1급			
34	장세현	101125804	3실	1011-컴활1급			
35	김진아	101531523	2실	1015-컴활2급			
36	우영희	101636857	3실	1016-컴활2급			
37							

[D27] : =LEFT(B27, 4) & "–" & VLOOKUP(MID(B27, 5, 1)*1, $F$27:$G$29, 2, FALSE)

MID 함수의 결과값은 문자 데이터이고, '종목번호표'의 '번호'는 숫자 데이터이므로 MID 함수의 수식 뒤에 *1을 입력하여 숫자 데이터로 변환해야 합니다.

01. 피벗 테이블_참고 : Section 11 피벗 테이블 142쪽

정답

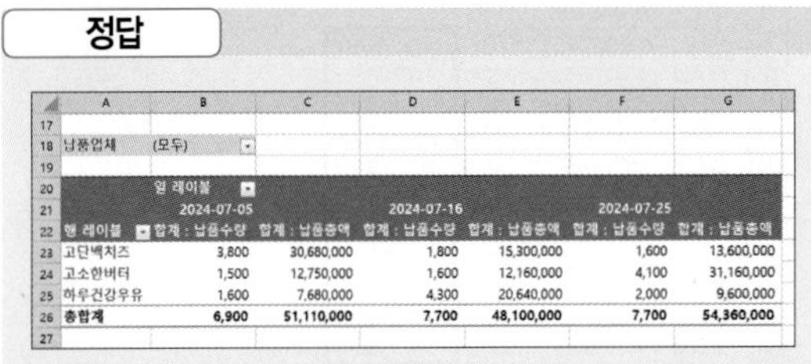

	A	B	C	D	E	F	G
17							
18	납품업체	(모두)					
19							
20		열 레이블					
21		2024-07-05		2024-07-16		2024-07-25	
22	행 레이블	합계 : 납품수량	합계 : 납품총액	합계 : 납품수량	합계 : 납품총액	합계 : 납품수량	합계 : 납품총액
23	고단백치즈	3,800	30,680,000	1,800	15,300,000	1,600	13,600,000
24	고소한버터	1,500	12,750,000	1,600	12,160,000	4,100	31,160,000
25	하루건강우유	1,600	7,680,000	4,300	20,640,000	2,000	9,600,000
26	**총합계**	**6,900**	**51,110,000**	**7,700**	**48,100,000**	**7,700**	**54,360,000**
27							

• '피벗 테이블 필드' 창

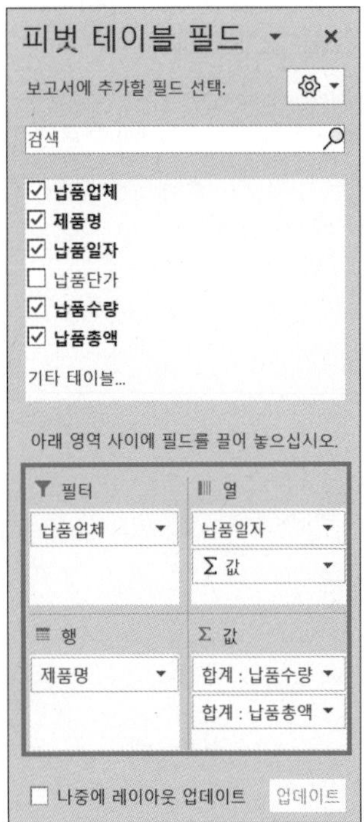

02. 정렬_참고 : Section 09 정렬 126쪽

정답

	A	B	C	D	E	F
1	상공스포츠 회원 명단					
2						
3	종목	성명	성별	나이	가입년도	구분
4	수영	강다은	여	35	2016	정회원
5	수영	송채호	남	41	2016	정회원
6	수영	강두환	남	52	2023	준회원
7	수영	최성완	남	27	2023	준회원
8	수영	김경아	여	51	2019	정회원
9	헬스	권종헌	남	38	2015	정회원
10	헬스	김한순	남	35	2014	정회원
11	헬스	양준석	남	46	2023	준회원
12	헬스	홍재일	남	33	2022	준회원
13	테니스	안수혜	여	25	2015	정회원
14	테니스	임영아	여	49	2018	정회원
15	골프	최소율	여	54	2017	정회원
16	골프	임정민	남	22	2024	준회원
17	골프	유해리	여	36	2022	준회원
18						

• '사용자 지정 목록' 대화상자

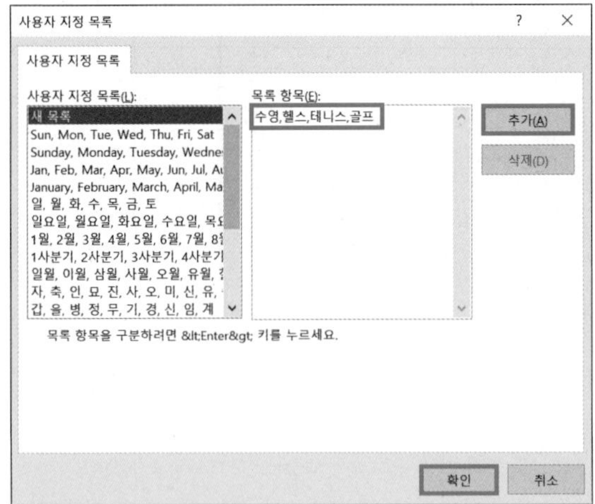

• '정렬' 대화상자

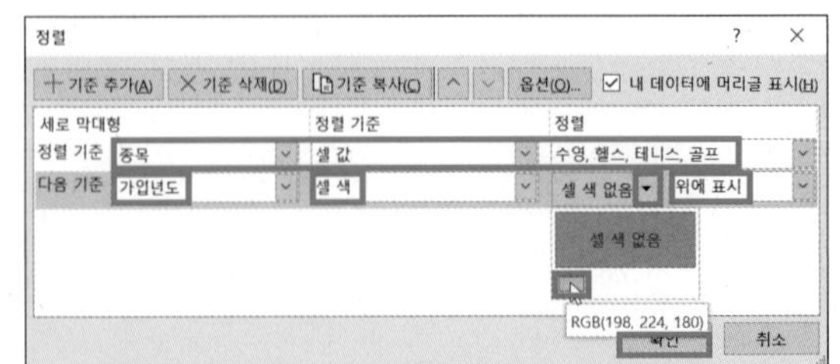

문제 4 기타작업

01. 매크로_참고 : Section 16 매크로 178쪽

정답

	A	B	C	D	E	F
1	3월 치킨 판매 현황					
2						
3	메뉴	예상수량	판매수량	달성률	판매가	총판매금액
4	후라이드치킨	600	639	94%	₩16,000	₩10,224,000
5	양념치킨	480	501	96%	₩17,000	₩8,517,000
6	반반치킨	450	438	103%	₩17,000	₩7,446,000
7	간장치킨	240	193	124%	₩18,000	₩3,474,000
8	파닭치킨	300	341	88%	₩18,500	₩6,308,500
9	허니콤보치킨	360	395	91%	₩20,000	₩7,900,000
10	뿌리오치킨	360	327	110%	₩20,000	₩6,540,000
11	맵단짠치킨	360	422	85%	₩20,000	₩8,440,000
12						
13	총판매금액	통화				
14						
15						

02. 차트_참고 : Section 17 차트 193쪽

1 데이터 계열 삭제

1. 그림 영역에서 '금' 계열을 선택한 후 Delete를 눌러 삭제한다.
2. 동일한 방법으로 '은'과 '동' 계열도 삭제한다.

3 첫째 조각의 각 지정

1. 데이터 계열의 바로 가기 메뉴에서 **[데이터 계열 서식]**을 선택한다.
2. '데이터 계열 서식' 창의 [계열 옵션] → (계열 옵션) → **계열 옵션**에서 '첫째 조각의 각'을 **40**으로 지정한 후 '닫기(☒)'를 클릭한다.

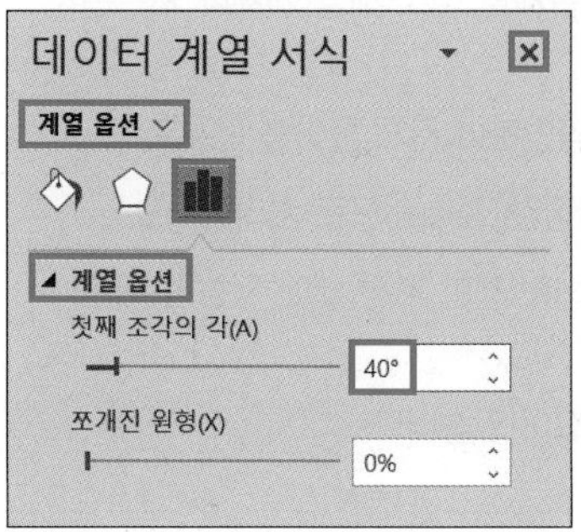

4 데이터 레이블 지정

1. 데이터 계열을 선택한 후 [차트 디자인] → 차트 레이아웃 → 차트 요소 추가 → 데이터 레이블 → **기타 데이터 레이블 옵션**을 선택한다.
2. '데이터 레이블 서식' 창의 [레이블 옵션] → (레이블 옵션) → **레이블 옵션**에서 그림과 같이 지정한 후 '닫기(☒)'를 클릭한다.

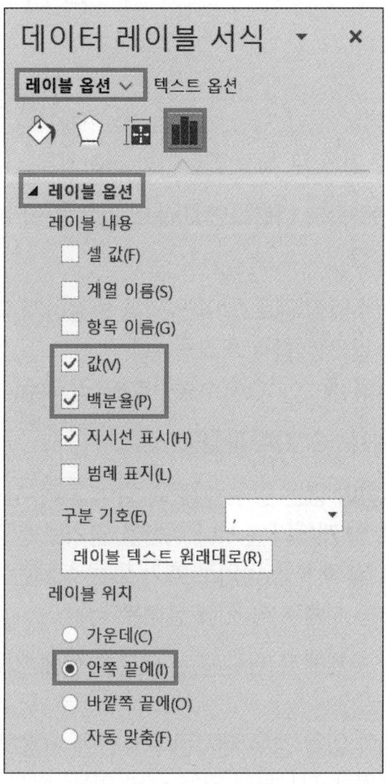

EXAMINATION 상시

2023년 상시01 컴퓨터활용능력 2급

프로그램명	제한시간
EXCEL 2021	40분

수험번호 :

성　　명 :

2급	상시01

〈 유 의 사 항 〉

- 인적 사항 누락 및 잘못 작성으로 인한 불이익은 수험자 책임으로 합니다.
- 화면에 암호 입력창이 나타나면 아래의 암호를 입력하여야 합니다.
  - **암호 : 157%39**
- 작성된 답안은 주어진 경로 및 파일명을 변경하지 마시고 그대로 저장해야 합니다. 이를 준수하지 않으면 실격 처리됩니다.
  - **답안 파일명의 예 : C:\OA\수험번호8자리.xlsm**
- **외부 데이터 위치 : C:\OA\파일명**
- 별도의 지시사항이 없는 경우, 다음과 같이 처리 시 실격 처리됩니다.
  - 제시된 시트 및 개체의 순서나 이름을 임의로 변경한 경우
  - 제시된 시트 및 개체를 임의로 추가 또는 삭제한 경우
  - 외부 데이터를 시험 시작 전에 열어본 경우
- 답안은 반드시 문제에서 지시 또는 요구한 셀에 입력하여야 하며, 다음과 같이 처리 시 채점 대상에서 제외됩니다.
  - 제시된 함수가 있을 경우 제시된 함수만을 사용하여야 하며 그 외 함수 사용 시 채점 대상에서 제외
  - 수험자가 임의로 지시하지 않은 셀의 이동, 수정, 삭제, 변경 등으로 인해 셀의 위치 및 내용이 변경된 경우 해당 작업에 영향을 미치는 관련문제 모두 채점 대상에서 제외
  - 도형 및 차트의 개체가 중첩되어 있거나 동일한 계산결과 시트가 복수로 존재할 경우 해당 개체나 시트는 채점 대상에서 제외
- 수식 작성 시 제시된 문제 파일의 데이터는 변경 가능한(가변적) 데이터임을 감안하여 문제 풀이를 하시오.
- 별도의 지시사항이 없는 경우, 주어진 각 시트 및 개체의 설정값 또는 기본 설정값(Default)으로 처리하시오.
- 저장 시간은 별도로 주어지지 않으므로 제한된 시간 내에 저장을 완료해야 하며, 제한 시간 내에 저장이 되지 않은 경우에는 실격 처리됩니다.
- 출제된 문제의 용어는 Microsoft Office 2021(LTSC 2108 버전) 기준으로 작성되어 있습니다.

대한상공회의소

4323011

문제 1 　기본작업(20점) 주어진 시트에서 다음 과정을 수행하고 저장하시오.

1. '기본작업-1' 시트에 다음의 자료를 주어진 대로 입력하시오. (5점)

	A	B	C	D	E	F
1	상공아트홀 공연 예매 현황					
2						
3	공연코드	공연명	공연장	좌석수	관람료	예매량
4	KH0541	상상마술쇼	CK씨어터	150	12,500	142
5	RV74563	바람과함께여행	하나아트센터	200	15,000	168
6	SN9627	행복한연예	드림플러스	180	10,000	171
7	BG4018	친구들	원소극장	120	13,500	113
8	AT8225	시크릿뮤지션	뮤직스쿨	240	14,500	209
9						

2. '기본작업-2' 시트에 대하여 다음의 지시사항을 처리하시오. (각 2점)

① [A1:G1] 영역은 '병합하고 가운데 맞춤', 셀 스타일 '제목 1', 행의 높이를 27로 지정하시오.
② [A4:A6], [A7:A9], [A10:A12] 영역은 '병합하고 가운데 맞춤'을, [A3:G3] 영역은 채우기 색을 '표준 색 – 노랑'으로 지정하시오.
③ [F6] 셀에 "우천시 체육관"이라는 메모를 삽입한 후 항상 표시되도록 지정하고, 메모 서식에서 맞춤 '자동 크기'를 지정하시오.
④ [G4:G12] 영역은 사용자 지정 표시 형식을 이용하여 숫자 뒤에 "명"을 [표시 예]와 같이 표시하시오. [표시 예 : 5 → 5명, 0 → 0명]
⑤ [A3:G12] 영역은 '모든 테두리(田)'를 적용한 후 '굵은 바깥쪽 테두리(▣)'를 적용하여 표시하시오.

3. '기본작업-3' 시트에서 다음의 지시사항을 처리하시오. (5점)

[A4:G17] 영역에서 성이 '김'씨인 행 전체에 대하여 글꼴 색을 '표준 색 – 파랑', 글꼴 스타일을 '굵게'로 지정하는 조건부 서식을 작성하시오.

▶ LEFT 함수 사용
▶ 단, 규칙 유형은 '수식을 사용하여 서식을 지정할 셀 결정'을 사용하시오.

4323012

문제 2 　계산작업(40점) '계산작업' 시트에서 다음 과정을 수행하고 저장하시오.

1. [표1]에서 사원번호[A3:A11]의 첫 번째 문자가 "A"이면 "본사", "B"이면 "지사"를 소속[D3:D11]에 표시하시오. (8점)

▶ IF, LEFT 함수 사용

2. [표2]에서 반[G3:G11]이 "1반"인 학생의 최저 점수[H3:H11]와 "3반"인 학생의 최저 점수의 평균을 [J3] 셀에 계산하시오. (8점)

▶ 조건은 [J10:K11] 영역에 입력하시오.
▶ DMIN, AVERAGE 함수 사용

3. [표3]에서 판매량[D15:D23]이 10 이상 20 미만인 제품들의 판매 건수 비율을 [E24] 셀에 계산하시오. (8점)

▶ 판매 건수 비율 = 10 이상 20 미만 판매 건수 / 전체 판매 건수

▶ COUNT, COUNTIFS 함수 사용

4. [표4]에서 기록[J15:J23]이 가장 빠른 선수의 기록을 찾아 [I24] 셀에 표시하시오. (8점)

▶ 표시 예 : 1:23:34 → 1시간23분34초

▶ HOUR, MINUTE, SECOND, SMALL 함수와 & 연산자 사용

5. [표5]에서 회원코드[A28:A37]의 세 번째 문자와 지역코드표[G36:I37]를 이용하여 지역[D28:D37]을 표시하시오. (8점)

▶ HLOOKUP, MID 함수 사용

4323013

문제 3 분석작업(20점) 주어진 시트에서 다음 작업을 수행하고 저장하시오.

1. '분석작업-1' 시트에 대하여 다음의 지시사항을 처리하시오. (10점)

[부분합] 기능을 이용하여 '상공산업 급여지급명세서' 표에 〈그림〉과 같이 부서명별로 '총급여'의 최대를 계산한 후 '기본급', '상여금', '세금'의 평균을 계산하시오.

▶ 정렬은 '부서명'을 기준으로 오름차순으로 처리하시오.

▶ 최대와 평균은 위에 명시된 순서대로 처리하시오.

	A	B	C	D	E	F	G
1	상공산업 급여지급명세서						
2							
3	부서명	사원명	직위	기본급	상여금	세금	총급여
4	생산부	이미현	부장	4,823,000	1,929,000	1,080,000	5,672,000
5	생산부	이종민	과장	4,186,000	1,674,000	938,000	4,922,000
6	생산부	박해수	대리	3,770,000	1,508,000	844,000	4,434,000
7	생산부	조광희	사원	3,549,000	1,420,000	795,000	4,174,000
8	**생산부 평균**			4,082,000	1,632,750	914,250	
9	**생산부 최대**						5,672,000
10	영업부	이선미	부장	4,979,000	1,992,000	1,115,000	5,856,000
11	영업부	김태균	과장	4,095,000	1,638,000	917,000	4,816,000
12	영업부	권지향	대리	3,718,000	1,487,000	833,000	4,372,000
13	영업부	권수연	사원	3,588,000	1,435,000	804,000	4,219,000
14	**영업부 평균**			4,095,000	1,638,000	917,250	
15	**영업부 최대**						5,856,000
16	홍보부	박영선	부장	4,771,000	1,908,000	1,069,000	5,610,000
17	홍보부	고회식	과장	4,342,000	1,737,000	973,000	5,106,000
18	홍보부	심영훈	대리	3,822,000	1,529,000	856,000	4,495,000
19	홍보부	윤정아	사원	3,484,000	1,394,000	780,000	4,098,000
20	**홍보부 평균**			4,104,750	1,642,000	919,500	
21	**홍보부 최대**						5,610,000
22	**전체 평균**			4,093,917	1,637,583	917,000	
23	**전체 최대값**						5,856,000
24							

2. '분석작업-2' 시트에 대하여 다음의 지시사항을 처리하시오. (10점)

데이터 도구 [통합] 기능을 이용하여 [표1], [표2], [표3]에서 제품별 1~4분기의 합계를 [표4]의 [H10:K13] 영역에 계산하시오.

문제 4 기타작업(20점) 주어진 시트에서 다음 작업을 수행하고 저장하시오.

1. '매크로작업' 시트의 [표]에서 다음과 같은 기능을 수행하는 매크로를 현재 통합 문서에 작성하고 실행하시오. (각 5점)

① [H4:H8] 영역에 진료과별 1~6월의 평균을 계산하는 매크로를 생성하여 실행하시오.

▶ 매크로 이름 : 평균

▶ AVERAGE 함수 사용

▶ [삽입] → [일러스트레이션] → [도형] → [기본 도형]의 '사각형: 빗면(□)'을 동일 시트의 [B10:C11] 영역에 생성하고, 텍스트를 "평균"으로 입력한 후 도형을 클릭할 때 '평균' 매크로가 실행되도록 설정하시오.

② [A3:H3] 영역에 글꼴 색 '표준 색 – 빨강', 채우기 색 '표준 색 – 노랑'을 적용하는 매크로를 생성하여 실행하시오.

▶ 매크로 이름 : 서식

▶ [개발 도구] → [컨트롤] → [삽입] → [양식 컨트롤]의 '단추(□)'를 동일 시트의 [E10:F11] 영역에 생성하고, 텍스트를 "서식"으로 입력한 후 단추를 클릭할 때 '서식' 매크로가 실행되도록 설정하시오.

※ 셀 포인터의 위치에 상관없이 현재 통합 문서에서 매크로가 실행되어야 정답으로 인정됨

2. '차트작업' 시트의 차트에서 다음 지시사항에 따라 아래 〈그림〉과 같이 수정하시오. (각 2점)

※ 차트는 반드시 문제에서 제공한 차트를 사용하여야 하며, 신규로 작성 시 0점 처리됨

① '2019년' 계열과 '합계' 요소가 제거되도록 데이터 범위를 수정하시오.

② 세로(값) 축의 최대값은 5,000, 기본 단위는 1,000으로 지정하시오.

③ '2022년' 계열에만 데이터 레이블 '값'을 표시하고, 레이블의 위치를 '바깥쪽 끝에'로 지정하시오.

④ 범례는 '위쪽'에 배치한 후 도형 스타일을 '미세 효과 – 황금색' 강조 4'로 지정하시오.

⑤ 차트 영역에 그림자는 '안쪽: 가운데', 테두리는 '둥근 모서리'로 지정하시오.

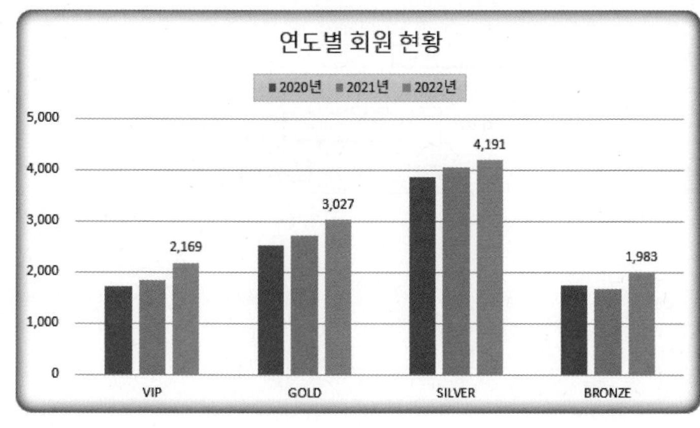

문제 1 기본작업

02. 셀 서식_참고 : Section 01 셀 서식 30쪽

정답

방과후학교 운영 현황

분류	프로그램명	강사명	요일	시간	장소	인원
스포츠	음악줄넘기	최경민	월, 수	13시~14시	체육관	20명
	방송댄스	이효진	월, 수	13시~14시	체육관	24명
	축구	박지성	화, 목	14시~15시	운동장	25명
과학	로봇과학	심영훈	화, 목	14시~15시	제1과학실	22명
	드론항공	강상성	화, 목	13시~14시	제2과학실	30명
	실험과학	윤정희	월, 수	14시~15시	제3과학실	18명
기타	창의미술	김은소	월, 수	14시~15시	제1미술실	20명
	아동요리	박보미	화, 목	14시~15시	제3과학실	15명
	마술	홍세종	화, 목	13시~14시	제2미술실	25명

메모: 우천시 체육관

4 '셀 서식' 대화상자([G4:G12])

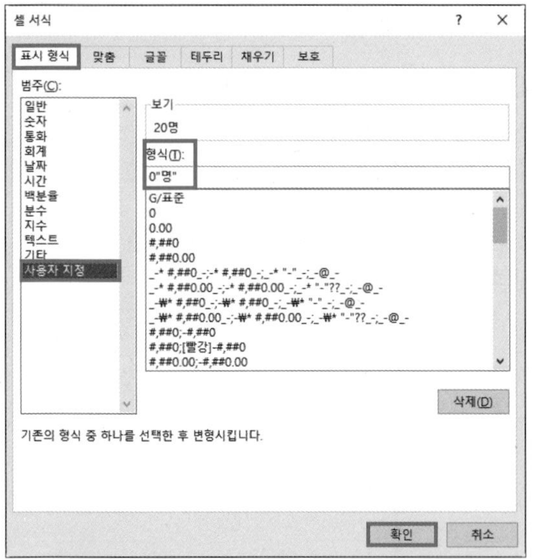

03. 조건부 서식_참고 : Section 02 조건부 서식 51쪽

정답

정보처리과 성적표

학번	이름	중간	기말	과제	출석	합계
2102463	유일한	32	33	16	9	90
2105407	신영혀	30	28	13	10	81
2103159	**김서하**	**27**	**26**	**15**	**8**	**76**
2102058	한지혜	32	35	18	10	95
2108673	최현진	25	21	12	7	65
2103042	**김명철**	**33**	**33**	**17**	**10**	**93**
2102996	**김상순**	**28**	**29**	**14**	**9**	**80**
2104871	이의리	26	30	15	8	79
2107570	조규성	35	34	19	10	98
2102918	조성은	34	33	20	10	97
2107164	황중희	30	31	16	9	86
2105060	**김예소**	**29**	**26**	**15**	**10**	**80**
2106865	송중기	31	32	17	10	90
2103671	신혜선	33	29	13	8	83

• '새 서식 규칙' 대화상자

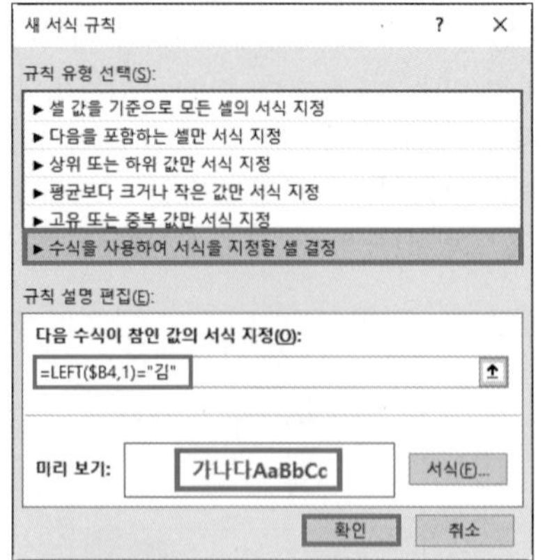

문제 2 계산작업

01. 소속

정답

	A	B	C	D
1	[표1]	사원관리		
2	사원번호	사원명	부서명	소속
3	A-1529	김준용	기획부	본사
4	B-6011	이경실	기획부	지사
5	A-2768	허안주	기획부	본사
6	A-0644	이동준	영업부	본사
7	B-9537	고강민	영업부	지사
8	B-2436	김민경	영업부	지사
9	A-8167	한상현	관리부	본사
10	A-3551	김단희	관리부	본사
11	B-0472	이동엽	관리부	지사
12				

[D3] : =IF(LEFT(A3, 1)="A", "본사", "지사")

02. 1, 3반 최저 점수 평균

정답

	F	G	H	I	J	K
1	[표2]	시험 결과				
2	이름	반	점수		1, 3반 최저 점수 평균	
3	정다운	2반	92		64.5	
4	이대로	3반	89			
5	김민정	1반	59			
6	최고집	1반	95			
7	안혜경	3반	79			
8	조신수	2반	65			
9	정성민	3반	70		<조건>	
10	주지훈	2반	88		반	반
11	박성은	1반	91		1반	3반
12						

[J3] : =AVERAGE(DMIN(F2:H11, 3, J10:J11), DMIN(F2:H11, 3, K10:K11))

03. 판매량 10 이상 20 미만인 판매 건수 비율

정답

	A	B	C	D	E
13	[표3]	제품판매현황			
14	구분	제품명	판매가	판매량	총판매액
15	냉장	생쫄면	2,980	24	71,520
16	냉장	가락우동	3,690	16	59,040
17	냉동	군만두	4,500	32	144,000
18	냉장	수제비	2,850	24	68,400
19	냉동	핫도그	3,300	22	72,600
20	냉동	피자	4,920	18	88,560
21	냉동	치킨너겟	3,840	19	72,960
22	냉장	떡볶이	3,600	23	82,800
23	냉장	쌀국수	4,180	15	62,700
24	판매량 10 이상 20 미만인 판매 건수 비율				44%
25					

[E24] : =COUNTIFS(D15:D23, ">=10", D15:D23, "<20") / COUNT(D15:D23)

04. 가장 빠른 기록

정답

	G	H	I	J
13	[표4]	하프마라톤 결과		
14	선수번호	소속	나이	기록
15	168001	춘천	35	1:49:27
16	168002	영월	42	1:45:51
17	168003	강릉	29	2:03:26
18	168004	평창	38	1:51:15
19	168005	영월	44	1:32:08
20	168006	고성	51	1:41:53
21	168007	춘천	32	2:01:17
22	168008	강릉	40	1:39:22
23	168009	평창	23	1:56:25
24	가장 빠른 기록		1시간32분8초	
25				

[I24] : =HOUR(SMALL(J15:J23, 1)) & "시간" & MINUTE(SMALL(J15:J23, 1)) & "분" & SECOND(SMALL(J15:J23, 1)) & "초"

05. 지역

정답

	A	B	C	D	E	F	G	H	I
26	[표5]	회원관리현황							
27	회원코드	성별	등급	지역					
28	1-K-320	여	정회원	경기					
29	3-S-966	남	준회원	서울					
30	8-B-415	남	준회원	부산					
31	6-B-527	여	준회원	부산					
32	2-S-605	남	정회원	서울					
33	3-B-012	여	준회원	부산					
34	9-K-048	여	정회원	경기					
35	4-K-213	여	정회원	경기		<지역코드표>			
36	5-S-217	남	정회원	서울		코드	S	K	B
37	5-B-309	남	준회원	부산		지역	서울	경기	부산
38									

[D28] : =HLOOKUP(MID(A28, 3, 1), $G$36:$I$37, 2, FALSE)

문제 3 분석작업

01. 부분합_참고 : Section 10 부분합 130쪽

• '정렬' 대화상자

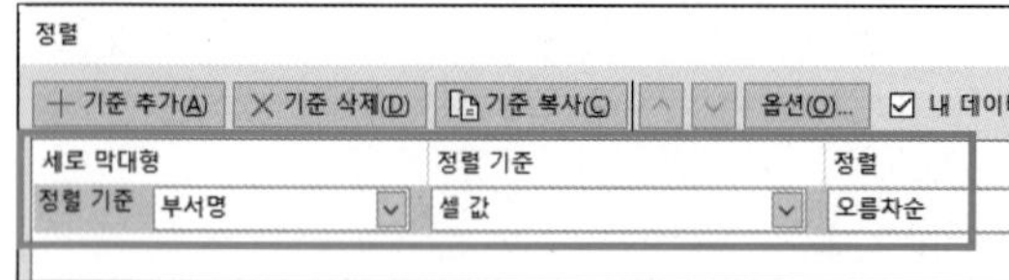

• 1차 '부분합' 대화상자

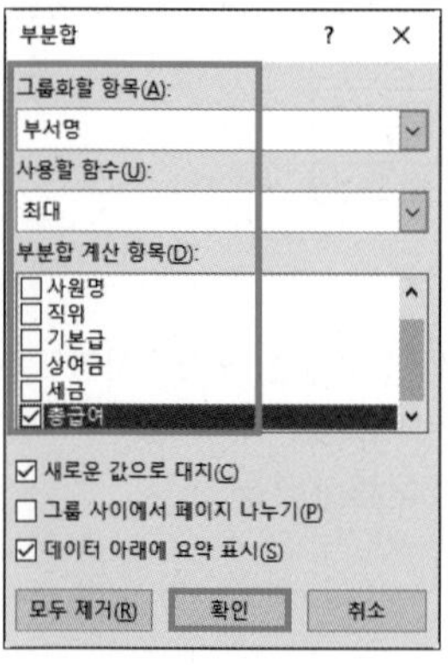

• 2차 '부분합' 대화상자

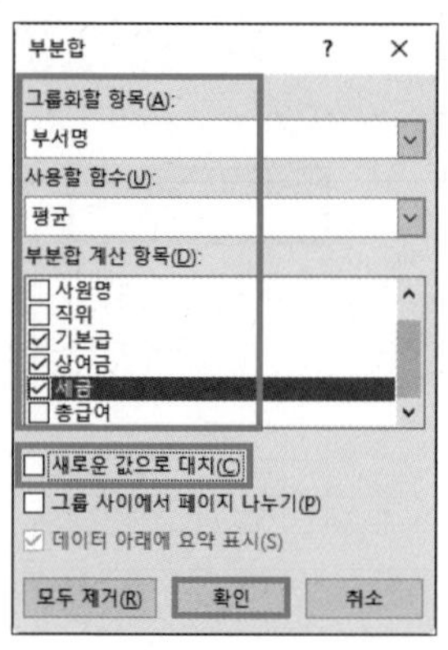

02. 데이터 통합_참고 : Section 14 데이터 통합 167쪽

정답

	G	H	I	J	K
8	[표4]	수도권 판매량 합계			
9	제품	1분기	2분기	3분기	4분기
10	침대	3,287	2,985	3,657	3,545
11	소파	2,472	2,863	2,771	2,835
12	식탁	2,823	2,953	3,026	3,220
13	책상	3,795	4,315	3,737	3,913
14					

• '통합' 대화상자

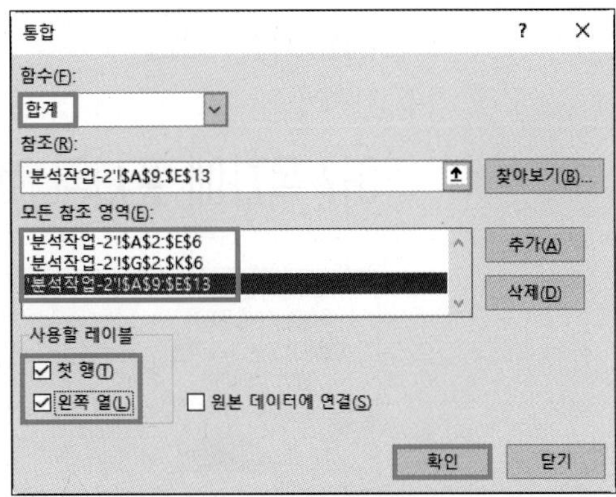

문제 4 기타작업

01. 매크로_참고 : Section 16 매크로 178쪽

정답

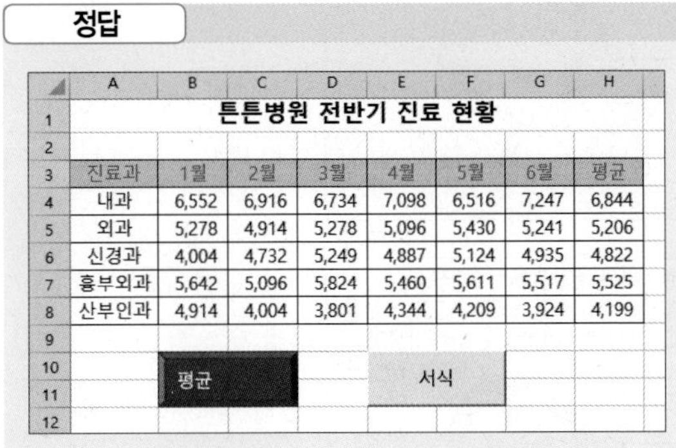

	A	B	C	D	E	F	G	H
1	튼튼병원 전반기 진료 현황							
2								
3	진료과	1월	2월	3월	4월	5월	6월	평균
4	내과	6,552	6,916	6,734	7,098	6,516	7,247	6,844
5	외과	5,278	4,914	5,278	5,096	5,430	5,241	5,206
6	신경과	4,004	4,732	5,249	4,887	5,124	4,935	4,822
7	흉부외과	5,642	5,096	5,824	5,460	5,611	5,517	5,525
8	산부인과	4,914	4,004	3,801	4,344	4,209	3,924	4,199
9								
10		평균			서식			
11								
12								

02. 차트_참고 : Section 17 차트 193쪽

1 데이터 범위 수정

1. 차트의 바로 가기 메뉴에서 **[데이터 선택]**을 선택한다.
2. '데이터 원본 선택' 대화상자에서 '차트 데이터 범위'의 범위 지정 단추(⬆)를 클릭하고 데이터 범위를 [A3:A7], [C3:E7] 영역으로 변경한 후 범위 지정 단추(⬇)를 클릭한다. 이어서 '데이터 원본 선택' 대화상자에서 〈확인〉을 클릭한다.

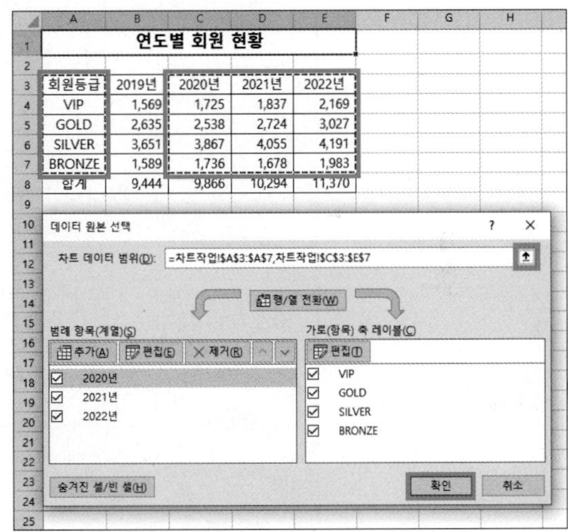

쉬어가는 코너

어? 목차에 표시된 것과 회차가 다르네요~

합격수기

합격수기 코너는 시나공으로 공부하신 독자분들이 시험에 합격하신 후에 직접 시나공 홈페이지(sinagong.co.kr)의 〈합격전략/후기〉에 올려주신 자료를 토대로 구성됩니다.

컴활2급, 워드 필기 모두 거머쥐었어요!

수험생 여러분에게 조금이나마 도움을 드리고자 저의 경험을 말씀드리겠습니다.

우선, 워드와 컴활2급의 필기시험은 문제 은행제라고 해서 운전면허시험과 마찬가지로 문제를 많이 풀거나 여러 번 읽어본다면 쉽게 합격할 수 있습니다. 시나공의 필기 수험서는 핵심요약과 기출문제의 두 파트로 분리되어 있습니다. 시간적 여유가 있다면 핵심요약을 본 후 기출문제를 풀어 보는 것이 좋겠지만, 단시간 안에(1일에서 1주일 정도) 시험 준비를 끝내야 한다면 기출문제를 중점적으로 공부하는 것이 좋을 것 같습니다. 특히 문제마다 출제 빈도가 표시되어 있는데 그것을 참조하는 것도 시간을 절약할 수 있는 하나의 장법이 될 것입니다. 한번 훑어보고 나면 어떤 문제가 자주 출제되는지 알 수 있습니다. 그런 문제들에는 특별히 별표를 표시해서 더 주의 깊게 본다면 많은 도움이 됩니다. 저는 상설시험으로 보았는데 시험지에 1/3 이상이 별표를 표시한 내용 중에서 나왔습니다. 그렇다면 30점 이상은 확보하게 되는 거죠. 컴활2급은 별표한 내용에서 많이 나왔지만 워드는 불행이도 1/3만이 별표한 내용에서 나왔습니다. 기출문제 이외의 문제나 모르는 문제가 나왔다고 해서 당황하게 되는 경우가 있는데, 문제를 잘 읽어보면 문제에 답이 나와 있는 경우도 있으니 침착하게 잘 읽어보기 바랍니다. 또 보기 지문에서 오류일 거 같은 답이 보이기도 합니다. '옳은 것은?'과 '아닌 것은?'만 잘 읽는다면 기출문제 이외의 문제도 어렵지 않게 풀 수 있을 것이라 생각합니다. 그런데 컴활2급 실기의 경우 처음 책을 봤을 때는 어려워서 조금 어리둥절했습니다. 특히 함수 부분에서는 함수를 직접 일일이 입력해야 해서 힘들었지만 나중에는 요령이 생겼습니다.

'='을 누르면 왼쪽 부분에 함수를 선택할 수 있는데 영타가 빠른 분이 아니라면 직접 입력하는 것보다는 함수를 선택하는 것이 시간을 단축시킬 수 있습니다. 더욱이 채점 프로그램이 있어서 어느 곳이 틀렸는지 확실히 알 수 있기 때문에 독학하기 어렵지 않습니다.

조금이나마 도움이 되었으면 하는 바람에서 수기를 써봤습니다. 컴활2급 자격증 덕분인지 지원한 회사에 합격하여 2주 후에 출근할 예정입니다. 입사한 후에도 정보처리기사나 정보처리산업기사, 정보처리기능사 중에서 한 가지 이상에 도전해 볼 생각입니다. 그때 역시 시나공이 합격의 영광을 안겨 줄 것이라 기대합니다.

이중건 • catwould

나는 스마트 시나공이다!
차원이 다른 동영상 강의

시나공만의 토막강의를 만나보세요

아직도 혼자 공부하세요? 혼자 공부하다가 어려운 부분이 나와도 고민하지 마세요!

토막강의 번호를 입력하거나 QR코드를 스마트폰으로 찍기만 하면
언제든지 시나공 저자의 속 시원한 해설을 바로 동영상으로 확인할 수 있습니다.

1. 스마트폰으로 QR코드를 찍어보세요!

STEP 1
스마트폰의 QR코드 리더 앱을 실행하세요.

STEP 2
시나공 토막강의 QR코드를 스캔하세요.

STEP 3
스마트폰을 통해 토막강의가 시작됩니다.

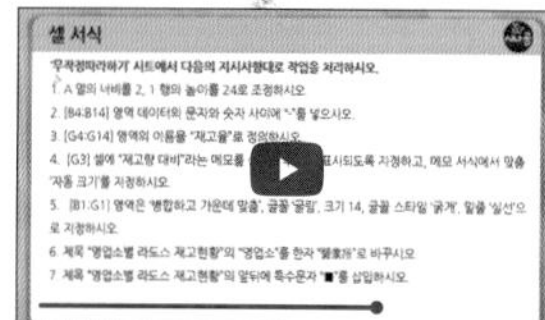

2. 시나공 홈페이지에서 토막강의 번호를 입력하세요!

STEP 1
시나공 홈페이지에 접속한 후 [컴퓨터활용능력] → [2급 실기] → [동영상 강좌] → [토막강의]를 클릭하세요.

STEP 2
'강의번호'에 토막강의 번호를 입력하면 강의목록이 표시됩니다.

STEP 3
강의명을 클릭하면 토막강의를 볼 수 있습니다.

3. 유튜브에서는 이렇게 이용하세요!

STEP 1
유튜브 검색 창에 "시나공"+토막강의 번호를 입력하세요.

STEP 2
검색된 항목 중 원하는 토막강의를 클릭하여 시청하세요.

★ 토막강의가 지원되는 도서는 시나공 홈페이지를 통해 확인할 수 있습니다.
★ 스마트폰을 이용하실 경우 무선랜(Wi-Fi)에 연결되지 않은 상태에서 토막강의를 이용하시면 가입하신 요금제에 따라 과금이 됩니다.

이 책은 IT 자격증 전문가와 수험생이 함께 만든 책입니다.

'시나공' 시리즈는 독자의 지지와 격려 속에 성장합니다!

컴퓨터활용능력 합격의 왕도! 공부에는 왕도가 없다지만 자격증 합격에는 왕도가 있습니다. 시나공 시리즈는 자격증 합격의 왕도로 당신을 이끌 것입니다. 시나공이라면 충분히 독학이 가능합니다. | 알라딘 회색** |

시나공 맘에 듭니다. 한 권은 상세한 설명, 한 권은 기출문제와 함수사전으로 구성되어 있네요. 한 권으로 두껍게 되어 있으면 들고 다니기 힘든데 너무 편하네요. | 도서11번가 shoc*** |

길벗 책 정말 좋습니다. 필기 책을 다른 걸 써서 실기 책 구매할 때 갈등했는데, 정말 잘 샀다고 생각합니다. 따라 하기 쉽게 되어 있어서 재미도 있고 실력도 금방 느는 것 같습니다. 보름 전에 준비해서 좀 힘들 것이라고 생각했지만, 이젠 자신감도 생기고 합격할 수 있을 것 같습니다. 이 책 정말 강추입니다. | 인터파크 최** |

컴퓨터 초보자들도 쉽게 따라 할 수 있는 자세한 설명! 게다가 함수사전, 계산문제, 기출문제로 구성된 부록이 함께 있어서 더 좋습니다. | 교보문고 csg2*** |

이 책으로 공부하면서 너무너무 만족합니다. 정말 쉽게 잘 설명되어 있어서 공부하는 내내 즐거웠습니다. 내용 설명이 쉽게 따라 할 수 있게 잘 되어 있어서 너무 맘에 들었습니다. 초보자인 저도 정말 재미있게 공부했습니다. | YES24 firs*** |

헷갈릴만한 것들은 정확하게 짚어주는 '전문가의 조언'이 정말 도움이 되었어요. 채점 프로그램은 내가 뭘 틀렸는지, 어느 부분이 약한지 알 수 있어서 좋습니다. 추천해드리고 싶어요! | 알라딘 ch*** |

역시 시나공입니다. 시나공 특유의 전문가 조언과 팁으로 유의사항과 예외사항에 대비하세요. | 도서11번가 eunj*** |

'시험에 나오는 것만 공부한다'는 말 그대로 설명도 쉽고 따라 하기도 편하게 되어 있습니다. 레이아웃도 보기 편하게 되어 있어서 엑셀을 잘 모르는 사람들도 쉽게 볼 수 있습니다. | YES24 coola*** |

처음에 시나공 필기를 가지고 공부를 시작했습니다. 책에서 시키는 대로만 따라 해서 필기에 합격했습니다. 그리고 실기는 엑셀의 여러 기능 중에서 꼭 알아야 할 것만 공부한다는 점에서 저처럼 시간이 없는 직장인이 공부하기에 가장 좋지 않은가 생각합니다. | 인터파크 양** |

컴퓨터활용능력 분야 베스트셀러 1위 기준 : 2024년 1월, 5월, 6월(알라딘)

sinagong.co.kr

가격 24,000원
ISBN 979-11-407-1067-6

TO.시나공 온라인 독자엽서

스마트한 시나공 수험생 지원센터